中国历代图书总目

艺术卷

13

李致忠 主编

北京国图书店有限责任公司
北京广臻文化艺术有限公司 编纂

文物出版社

第十三分册目录

书法、篆刻

中国书法、篆刻

中国碑帖、书法作品(按时代分)

现代书法作品

(包括外国人的汉字书法作品)

J0102715
中山先生墨迹选萃 孙中山书
香港 中原出版社 1986年 影印本 86页
26cm(16开)

J0102716
周总理诗:樱花红陌上,柳叶绿池边,燕子声声哀,相思又一年 (书法条幅)
长沙 湖南美术出版社 1986年 1张 76cm(2开)
定价:CNY0.80

J0102717
朱熹劝学诗 沈鹏书
太原 山西人民出版社 1986年 1张 76cm(2开)
定价:CNY0.23
作者沈鹏(1931—),书法家、美术评论家、诗人。生于江苏江阴。历任中国文联副主席、中国书法家协会主席、中国美术出版总社顾问以及《中国书画》主编、炎黄书画院副院长、中国书画函授大学教授、《书法之友》杂志名誉主席等职。书法作品有著作:《书画论评》《沈鹏书画谈》《三余吟草》《沈鹏书法选》《沈鹏书法作品集》。

J0102718
诸葛亮前出师表 (一至六)岳飞书;周慧珺书
郑州 河南美术出版社 1986年 6张 53cm(4开)
定价:CNY3.00
作者周慧珺(1939—),女,书法家。浙江镇海人,就读于上海市青年宫书法学习班。历任中国书法家协会副主席,上海书法家协会主席,中国书法家协会顾问,上海市书法家协会名誉主席。出版有《周慧珺古代爱国诗词行书字帖》。

J0102719
自古英雄多磨难;从来纨绔少伟男
长沙 湖南美术出版社 1986年 1张 76cm(2开)
定价:CNY0.80

J0102720
百家姓 宁斧成书
天津 天津杨柳青画社 1987年 71页 25×12cm
ISBN:7-80503-003-0 定价:CNY1.00
本书为中国现代隶书法帖。作者宁斧成(1898—1966),书法家。字宗侯,号老腐,别署腐成,辽宁海城人。出版有《宁斧成书法篆刻集》《宁斧成印存》等。

J0102721
包俊宜书法篆刻集 包俊宜书
贵阳 贵州美术出版社 1987年 30页 有照片

29cm（15 开）ISBN：7-5413-0015-2
定价：CNY5.00
（贵州艺术家画库）

J0102722
北京国书展作品集　（北方十四省市自治区书
法展）
天津《今晚报》社主办 1987 年 103 页 25×26cm

J0102723
步出夏门行·龟虽寿　钱茂生书
上海 上海人民美术出版社 1987 年 2 张（2 开）
定价：CNY2.40

J0102724
春夜喜雨　高式熊书
上海 上海人民美术出版社 1987 年 1 张（2 开）
定价：CNY1.20
　　作者高式熊（1921—2019），书法家、金石篆
刻家。浙江鄞县人。历任中国书协会员、西泠印
社名誉副社长、上海市书协顾问、上海市文史研
究馆馆员。代表作品《西泠印社同人印传》《高
式熊印稿》等。

J0102725
戴明贤书法篆刻集　戴明贤作
贵阳 贵州美术出版社 1987 年 [30]页
26cm（16 开）ISBN：7-5413-0015-2
定价：CNY5.00
（贵州艺术家画库）
　　本书收入戴明贤的草书、行书、隶书 49 幅，
篆刻 60 方。通过字体、章法、笔势、墨色等手段，
配合文字内容，使所写诗文隽语得到体现。作者
戴明贤（1935—　），编辑。生于贵州安顺。历任
《友谊》杂志编辑，贵州人民广播电台新闻部编
辑，贵阳市川剧团编剧，《花溪》月刊副主编，编
审。出版作品有《岔河涨水》《九疑烟尘》《戴明
贤书法篆刻集》等。

J0102726
单晓天小楷　单晓天书
上海 上海书画出版社 1987 年 46 页 26cm（16 开）
定价：CNY0.70
　　作者单晓天（1921—1987），书画篆刻家。原
名孝天，字琴宰，浙江绍兴人。历任中国书法家

协会会员，中国书协上海分会常务理事。出版有
《鲁迅诗歌印谱》《晓天印稿》《单晓天临钟王小
楷八种》等。

J0102727
当代书法墨迹　王永兴等书
北京 北京体育学院出版社 1987 年 96 页
有照片 26cm（16 开）统一书号：8451.11
定价：CNY2.70

J0102728
当代书家墨迹诗文集　王个簃等书
上海 上海书画出版社 1987 年 342 页 39cm（4 开）
精装 ISBN：7-80512-160-5 定价：CNY70.00
　　本书汇集 33 位当代中国著名书法篆刻家的
作品和诗文。有王个簃、方去疾、冯建、吴龚望、
谢稚柳等。作者王个簃（1897—1988），教育家、
诗人、书画艺术大师。原名能贤，后改名贤，字
启之，号个簃，以号行等。出生于江苏海门。曾
任上海画院副院长、名誉院长，中国美术家协会
理事、美术家协会和书法家协会上海分会副主
席，西泠印社副社长等职。著作有《王个簃随想
录》《个簃印存》《王个簃画集》。

J0102729
邓散木书法篆刻选　邓散木书
北京 人民美术出版社 1987 年 50 页 26cm（16 开）
统一书号：8027.7532 定价：CNY1.50
（现代书法）
　　本书选入作者篆刻作品 123 方、书法作品
43 幅。

J0102730
邓拓书法作品选　[邓拓书]
北京 中国书店 1987 年 40 页 + [1]页图版
33cm（5 开）定价：CNY2.20
　　邓拓（1912—1966），政论家、历史学家、诗
人。乳名旭初，原名邓子健，笔名马南邨。福建
闽县人。曾任《人民日报》社社长兼总编辑、全
国新闻工作者协会主席、中共北京市委书记处书
记、《前线》主编等职。作品有《燕山夜话》《邓
拓散文》《邓拓文集》《邓拓诗词选》等。

J0102731
董阳玫作品集　董阳玫绘；沈花末等编辑

台北 汉光文化事业公司 1987 年 120 页
29cm（15 开）定价：TWD490.00
（中华之美系列）
　　外 文 书 名：The Works of Grace Yang—Tze
Tong.

J0102732
读万卷书；行万里路　沙曼翁书
南京 江苏美术出版社 1987 年 1 轴（2 开）
定价：CNY0.90

J0102733
杜甫诗《望岳》　王颂余书
呼和浩特 内蒙古人民出版社 1987 年 1 张（2 开）
定价：CNY0.69
　　作者王颂余（1910—2005），书法家、山水画
家。出生于天津。天津美术学院任教。代表作
品《把余粮卖给国家》《凯歌黄金路》《滦水清兮
清且甘》等。

J0102734
段云书法作品选　段云书
石家庄 河北美术出版社 1987 年 102 页
26cm（16 开）定价：CNY5.90
　　本书收入作品百余件。其中碑刻 5 件，篆书
6 件，条幅大字 10 余件，扇面 4 件，其余均为行
书、楷书作品。还有与著名画家合作的书画联璧
7 件。作者段云（1912—1983），经济学家、书法
家。又名段连荣，山西蒲县人，就读于山西法学
院政经科和日本明治大学经济系。主要著作有
《段云书法作品选》《旅踪咏拾》《段云选集》等。

J0102735
方滨生字贴书唐人咏诸葛亮诗　方滨生书
成都 巴蜀书社 1987 年 26cm（16 开）
定价：CNY0.65

J0102736
峰高无坦途　沈鹏书
兰州 甘肃人民出版社 1987 年 1 轴（2 开）
定价：CNY1.20

J0102737
高二适书法选集　高二适书
南京 江苏美术出版社 1987 年 118 页 有照片

38cm（6 开）定价：CNY16.00
　　本集收入作者书法作品 130 余件，时间跨度
50 余年，含文稿、诗稿、书信、摹古、题跋各类。
作者高二适（1903—1977），书法家、学者、诗
人。原名锡璜，中年曾署瘖盦，晚年署舒凫。斋
号证草圣斋、孤桐堂。著有《新定急就章及考证》
《校录》《刘宾客辨易九流疏记》《高二适书法选
集》等。

J0102738
郭子绪书法选　郭子绪书
北京 人民美术出版社 1987 年 27 页 有照片
26cm（16 开）统一书号：8027.10493
定价：CNY1.50
（现代书法）
　　作者郭子绪（1940—2018），教授。字楠石，
号卧溪、雪衲。生于河北乐亭，鲁迅美术学院中
国画系肄业。历任辽宁画院专业创作、教授，国
际书法家协会副主席，中国名人书画院副院长，
鲁迅美术学院客座教授，沧浪书社社员，辽宁画
院副研究员。代表作品《梅花册页》。

J0102739
韩绍玉行草书唐诗选　韩绍玉书
北京 中国计量出版社 1987 年 94 页 26cm（16 开）
ISBN：7-5026-0018-3 定价：CNY2.20

J0102740
河北省首届书法篆刻评展作品精选　王克
勤等书
石家庄 河北人民出版社 1987 年 96 页
有照片 26cm（16 开）统一书号：8086.1726
ISBN：7-202-00084-9 定价：CNY3.50

J0102741
华世奎书墓表　华世奎书
天津 天津市古籍书店 1987 年 影印本
26cm（16 开）定价：CNY0.86
　　作者华世奎（1863—1942），书法家。字思闬，
壁臣，天津人。

J0102742
华应申书法选　华应申书
南宁 广西人民出版社 1987 年 36 页 有肖像
26cm（16 开）ISBN：7-219-00023-5

定价: CNY0.70

J0102743

佳句手书　欧阳中石著

北京 北京体育学院出版社 1987年 64页

有照片 26cm（16开）统一书号: 8451.46

定价: CNY1.60

作者欧阳中石（1928—2020），著名文化学者、书法家、书法教育家。山东肥城市人。毕业于北京大学哲学系。历任首都师范大学教授、博士生导师、中国书法文化研究所所长、中国书法家协会顾问、中国画研究院院务委员。书法作品有《欧阳中石书沈鹏诗词选》《中石夜读词钞》，主要著作有《中国逻辑史》《书法与中国文化》《中国书法史鉴》《章草便检》等。

J0102744

简化字字帖　单晓天书

上海 上海教育出版社 1987年 61页 19cm（32开）

定价: CNY0.39

J0102745

简化字总表习字帖　翁闿运书

沈阳 辽宁大学出版社 1987年 136页

26cm（16开）ISBN: 7-5610-0160-6

定价: CNY2.10

作者翁闿运（1912—2006），书法家。字慧仁，生于江苏苏州，原籍浙江杭州。历任中国书法家协会会员，上海书法家协会名誉理事，上海大学兼职教授，上海中国画院兼职画师，上海市文史研究馆馆员，上海市书法家协会顾问。著有《辞海》（书法·碑帖部分）《大学书法》（技法部分）《简化字总表习字帖》等。

J0102746

姜东舒书鲁兵诗钞　姜东舒书

贵阳 贵州美术出版社 1987年 40页 26cm（16开）

ISBN: 7-5413-0012-8 定价: CNY1.28

作者姜东舒（1923—2008），作家、书法家。山东乳山人。曾任中国硬笔书法家协会主席，浙江省钱江书法研究会会长，文澜书画社社长。代表作品有《姜东舒诗集》《女运粮》《前后亦壁赋》等。

J0102747

姜东舒中楷书谱　姜东舒书

太原 山西人民出版社 1987年 70页 26cm（16开）

统一书号: 8088.2141 定价: CNY3.00

J0102748

介眉先生隶书　佃介眉书

1987年 26cm（16开）线装

佃介眉（1887—1969），名颐，又名寿年，字号雁门退士、十一郎、荻江居士，早年自称眉生，晚年称老眉。潮州人。专心与书画篆刻，书则隶、篆、行、楷各具特色，尤以隶书为人所称。出版有《佃介眉书画篆刻选》。

J0102749

九寨题词选　（英汉对照）贾正兴等编；三畏译

成都 四川民族出版社 1987年 有彩照

19cm（32开）ISBN: 7-5409-0068-7

定价: CNY2.50

外文书名: The Selected Appreciations and Poems of Jiuzhai（Nine Village Valley）.

J0102750

昆明大观楼长联　昆明市旅游读物编委会编

昆明 云南人民出版社 1987年 1轴（2开）

定价: CNY2.00

（春城旅游丛书）

J0102751

老山前线楹联集锦　（书法作品百幅）李凯轩书

西安 陕西人民出版社 1987年 ［66］页

26cm（16开）ISBN: 7-224-00073-6

定价: CNY2.20

J0102752

李白、杜甫诗　费新我书

南京 江苏美术出版社 1987年 4轴（2开）

定价: CNY3.20

作者费新我（1903—1992），书法家、画家。学名斯恩，原字省吾，字立千、号立斋，后改名新我，湖州南浔双林镇人。毕业于上海白鹅绘画学校。代表作品有《怎样画毛笔画》《怎样学书法》《楷书初阶》《怎样画铅笔画》。

J0102753
李力生书法作品集　李力生著
北京　长城出版社　1987 年　64 页　19cm（32 开）
统一书号：8269.158　定价：CNY3.00

J0102754
林汉涛书增广贤文　林汉涛书
桂林　漓江出版社　1987 年　106 页　26cm（16 开）
ISBN：7-5407-0030-0　定价：CNY3.50

J0102755
刘自读书法选　刘自读书；人民美术出版社编
北京　人民美术出版社　1987 年　27 页　有肖像
26cm（16 开）ISBN：7-102-00254-8
定价：CNY1.50
（现代书法）

J0102756
龙虎字书法　张虎编
北京　北京日报出版社　1987 年　156 页
19cm（32 开）ISBN：7-80502-032-9
定价：CNY2.60

J0102757
麦兆暄书醉翁亭记　麦兆暄书
深圳　海天出版社　1987 年　15 页　37×26cm
ISBN：7-80542-013-0　定价：CNY1.50

J0102758
梅花香自苦寒来　高峡书；丹汀画
兰州　甘肃人民出版社　1987 年　1 张（2 开）
定价：CNY0.25

J0102759
门前青松老；云里白鹤闲　朱乃正书
兰州　甘肃人民出版社　1987 年　1 轴（2 开）
定价：CNY1.20
　　作者朱乃正（1935—2013），教授。浙江海盐人，毕业于中央美术学院。历任中央美术学院学术委员会主任、教授，中国美术家协会理事。代表作品有《金色的季节》《春华秋实》《青海长云》。

J0102760
名家墨迹　张虎，张荣生编

北京　中国国际广播出版社　1987 年　122 页
26cm（16 开）ISBN：7-80035-041-X
定价：CNY3.50

J0102761
名人名言　（一　周恩来语录）蔡竹虚书
成都　四川美术出版社　1987 年　1 张
定价：CNY0.20

J0102762
名人名言　（二　邓小平语录）蔡竹虚书
成都　四川美术出版社　1987 年　1 张
定价：CNY0.26

J0102763
名人名言　（三　鲁迅语录）蔡竹虚书
成都　四川美术出版社　1987 年　1 张
定价：CNY0.26

J0102764
名人名言　（四　贝多芬语录）蔡竹虚书
成都　四川美术出版社　1987 年　1 张
定价：CNY0.26

J0102765
名人名言　（五　爱因斯坦语录）蔡竹虚书
成都　四川美术出版社　1987 年　1 张
定价：CNY0.26

J0102766
名人名言　（六　爱因斯坦语录）蔡竹虚书
成都　四川美术出版社　1987 年　1 张
定价：CNY0.26

J0102767
名人名言钢笔字帖　寇士林，张华辑；王清玺写
天津　新蕾出版社　1987 年　107 页　19cm（32 开）
ISBN：7-5307-0383-8　定价：CNY1.60
（钢笔字丛书）

J0102768
墨情　陈沛彬，（日）仓山雪州书
南宁　广西民族出版社　1987 年　［94］页　有照片
26cm（16 开）ISBN：7-5363-0159-6

定价: CNY3.00

作者陈沛彬(1949—　)，书法家。出生于广西柳州。历任桂林中日友好书法研究会副会长，桂林中日友好书法碑林馆馆长，中国书法家协会会员，广西政协委员。有《陈沛彬书法选》行世。作者仓山雪州，日本著名书法家和教育家。

J0102769
秦咢生自书诗　秦咢生书
广州 岭南美术出版社 1987年 96页 有照片
33cm(5开) ISBN: 7-5362-0037-4
定价: CNY5.95
(岭南书艺丛集)

作者秦咢生(1900—1996)，书法家、印学艺术家。原名寿南，字古循，初名岳生，嗣改译生。曾任中国书法协会理事，广东省书法家协会广东分会主席，广东文史馆副馆长等职。著有《秦咢生石头记》《秦咢生行书册》《秦咢生手书宋词》《秦咢生自书诗》《秦咢生诗书篆刻选集》等。

J0102770
秦咢生自书诗　秦咢生书
广州 岭南美术出版社 1987年 96页 33cm(5开)
统一书号: 8260.1786 ISBN: 7-5362-0037-4
定价: CNY9.80
(岭南书艺丛集)

J0102771
青玉案·元夕　周慧珺书
上海 上海人民美术出版社 1987年 1张(2开)
定价: CNY1.20

作者周慧珺(1939—　)，女，书法家。浙江镇海人，就读于上海市青年宫书法学习班。历任中国书法家协会副主席，上海书法家协会主席，中国书法家协会顾问，上海市书法家协会名誉主席。出版有《周慧珺古代爱国诗词行书字帖》。

J0102772
青冢藏墨选　呼和浩特市文物事业管理处编
呼和浩特 内蒙古人民出版社 1987年 92页
25cm(15开) ISBN: 7-204-00101-X
定价: CNY6.00

本书为有关王昭君"胡汉和亲"，以及芳魂长留青冢的名人墨迹。

J0102773
全国第二届中青年书法篆刻展览作品集
中国书法杂志社编
重庆 重庆出版社 1987年 166页 有照片
26cm(16开) 统一书号: 8114.654
ISBN: 7-5366-0288-X 定价: CNY5.27

J0102774
全国青年书法篆刻作品选
太原 山西人民出版社 1987年 102页
26cm(16开) 统一书号: 8203.130 定价: CNY4.20

J0102775
全国青少年书法银河大奖赛获奖作品集
青少年书法编辑部编
郑州 河南美术出版社 1987年 207页
26cm(16开) ISBN: 7-5401-0002-8
定价: CNY6.60

J0102776
全国中青年书法家22人集　王歌之等书
重庆 重庆出版社 1987年 128页 26cm(16开)
ISBN: 7-5366-0298-7 定价: CNY3.26

J0102777
散木手临九成宫醴泉铭　邓散木书
哈尔滨 哈尔滨地图出版社 1987年 106页
26cm(16开) ISBN: 7-80529-002-4
定价: CNY1.40

本书采用原帖与临本对照形式，临本标出已简化的异字，并附邓散木有关欧字特征分析的文章。作者邓散木(1898—1963)，著名书法、篆刻家。原名菊初。字散木，别号粪翁等。出生于上海，中国书法研究社社员。代表作品《篆刻学》《中国书法演变史》。

J0102778
沙孟海行书对　沙孟海书
杭州 西泠印社出版社 1987年 2轴(2开)
定价: CNY1.90

作者沙孟海(1900—1992)，书法家。原名文若，字孟海，号石荒、沙村。生于浙江鄞县，毕业于浙江省立第四师范学校。曾任浙江大学中文系教授、浙江美术学院教授、西泠印社社长、西泠书画院院长、浙江省博物馆名誉馆长、中国书法家协会副主席。代表作品《集王圣教序》。

J0102779
沙孟海书法集　沙孟海书
上海　上海书画出版社　1987 年　170 页　有肖像
39cm（4 开）ISBN：7-80512-074-9
定价：CNY25.00, CNY35.00（精装）
　　本集荟萃其 1933 年至 1986 年作者所作的各
体书法作品 113 件，并有 1924 年至 1974 年间的
篆文作品 28 件。

J0102780
佘雪曼书法集　佘雪曼著
香港　雪曼艺文院　1987 年　115 页　有图
29cm（16 开）精装

J0102781
神剑书法作品选　神剑文学艺术学会编
北京　新时代出版社　1987 年　75 页　26cm（16 开）
统一书号：9241.4　定价：CNY2.20

J0102782
沈尹默澹静庐诗誊　沈尹默书
上海　上海书店　1987 年　影印本［24］页
26cm（16 开）定价：CNY0.40
（历代法书自习范本）
　　作者沈尹默（1883—1971），学者、诗人、书
法家、教育家。出生于陕西汉阴，祖籍浙江吴兴。
初名君默、字中、号秋明。曾任北京大学文学教
授，河北省教育厅厅长、中法文化交流出版委员
会主任、上海市文联副主席、上海市文管会会
员、上海中国书法篆刻研究会主任等职。代表作
有《沈尹默手稿墨迹》《二王法书管窥》《历代名
家学书经验谈辑要释义》。

J0102783
沈尹默书秦妇吟卷　沈尹默书
济南　山东大学出版社　1987 年［46］页
24cm（16 开）ISBN：7-5607-0007-1
定价：CNY1.90

J0102784
寿　姬目耕书
武汉　长江文艺出版社［1987 年］1 轴（2 开）
定价：CNY2.40

J0102785
书法画　（李白诗）桑植县供稿
长沙　湖南美术出版社　1987 年　1 轴
定价：CNY2.00

J0102786
书房客厅对联墨迹　杨再春著
北京　中国文联出版公司　1987 年　90 页
18cm（32 开）统一书号：8355.827 定价：CNY1.00
　　作者杨再春（1943—　），书法家。河北唐山
人，毕业于北京体育大学。历任北京体育大学出
版社社长兼总编，中国摄影著作权协会副总干事
长，中国书画函授大学教授。代表作品有《行草
章法》《墨迹章法通览》等。

J0102787
书房客厅对联墨迹　杨再春书
北京　中国文联出版公司　1988 年　90 页
17cm（35 开）ISBN：7-5059-0334-9
定价：CNY1.00

J0102788
书画　（梅花香自苦寒来）高峡书；丹汀画
兰州　甘肃人民出版社　1987 年　1 轴（2 开）
定价：CNY1.20

J0102789
水调歌头　（宋）苏东坡词；王镛书
石家庄　河北美术出版社　1987 年　1 轴（2 开）
定价：CNY1.70
　　王镛（1948—　），别署凸斋、鼎楼主人等。
生于北京，山西太原人。硕士毕业于中央美术学
院。历任中央美术学院教授、书法艺术研究室主
任、中国书法家协会篆刻艺术委员会副主任。

J0102790
水调歌头　刘小晴书
上海　上海人民美术出版社　1987 年　1 张
定价：CNY1.20
　　作者刘小晴（1942—　），书法家。号一瓢、
二泉，上海崇明人。毕业于鲁迅美术学院国画系，
曾担任上海书法家协会副主席，《书法》杂志副
主编，中国书法家协会会员，上海文史馆馆员。
出版有《少年小楷习字帖》《中国书法技法述要》
《怎样写行书》。

J0102791

司徒越书法选　　司徒越书

合肥　安徽美术出版社　1987 年　144 页　有照片

26cm（16 开）ISBN：7-5398-0025-9

定价：CNY4.30，CNY5.80（精装）

　　本书收入 125 幅图。其作品以狂草见长，作者对金文、甲骨文、篆隶各体均有很深的造诣。

J0102792

四体书唐诗　　胡旻等书

石家庄　河北美术出版社　1987 年　4 轴（2 开）

定价：CNY1.90

J0102793

四体书唐诗　　庄珠娣等书

石家庄　河北美术出版社　1987 年　2 张（2 开）

定价：CNY0.62

J0102794

宋·徐元杰《湖上》诗　　周国城书

杭州　浙江人民美术出版社　1987 年　1 张（2 开）

定价：CNY0.40

J0102795

台静农书法选　　台静农书

北京　人民美术出版社　1987 年　43 页　有肖像

26cm（16 开）统一书号：8027.10507

定价：CNY2.20

（现代书法）

　　作者台静农（1903—1990），作家、书法家。安徽霍邱县（今六安市叶集区）人。字伯简，笔名有青曲、孔嘉等。北京大学研究所国学门肄业，曾任教于中法大学、辅仁大学、厦门大学、山东大学、台湾大学中文系。作品有《地之子》《建塔者》《中国文学史》等。

J0102796

泰山诗联集墨　　安廷山，张荣生编

北京　紫禁城出版社　1987 年　232 页　26cm（16 开）

ISBN：7-80047-024-5　定价：CNY8.00

　　作者张荣生（1932—　　），教授。别名荣升，辽宁营口人，毕业于哈尔滨外国语学院。任中央美术学院俄语老师、编译，共同课教研室主任、教授。编著有《非洲岩石艺术》《柯罗——艺术家·人》《非洲雕刻》《俄汉对照美术专业常用词汇编》等。

J0102797

探春令　　吴建贤书

上海　上海人民美术出版社　1987 年　1 张（全开）

定价：CNY1.20

J0102798

唐·李白诗《送孟浩然之广陵》　　林建勋书

南宁　广西人民出版社　1987 年　1 张（2 开）

定价：CNY0.65

J0102799

唐·李白诗《送孟浩然之广陵》　　刘丕举书

天津　天津人民美术出版社　1987 年　1 轴（2 开）

定价：CNY0.80

J0102800

唐贺知章咏柳　　张邦彦书；丹汀画

兰州　甘肃人民出版社　1987 年　1 张（2 开）

定价：CNY0.25

　　作者张邦彦（1914—1988），甘肃天水市人。曾任职于甘肃省政府、甘肃省博物馆。著有《张邦彦书法集》等。

J0102801

唐贺知章咏柳　　张邦彦书；丹汀画

兰州　甘肃人民出版社　1987 年　1 轴（2 开）

定价：CNY1.20

J0102802

唐诗《登鹳雀楼》　　（唐）王之涣诗；沙曼翁书

南京　江苏美术出版社　1987 年　1 张（2 开）

定价：CNY0.90

J0102803

唐诗名篇　　陈天然书

郑州　河南美术出版社　1987 年　4 轴（2 开）

定价：CNY5.90

　　作者陈天然（1926—2018），书画家、版画家、诗人。河南巩义人。历任中国美术家协会、中国书法家协会常务理事，河南省书画院院长。代表作品有《牛群》《套耙》《山地冬播》等。

J0102804

唐诗书法 周国城等书
杭州 浙江人民美术出版社 1987 年 4 张（2 开）
定价：CNY1.00

J0102805

唐宋诗词五体书 杨玉光书
成都 四川美术出版社 1987 年 ［62］页
26cm（16 开）统一书号：8373.1052
ISBN：7-5410-0013-2 定价：CNY2.50

J0102806

王福庵篆书千字文 王福庵书；上海书画出
版社编
上海 上海书画出版社 1987 年 34 页 26cm（16 开）
定价：CNY1.70
　　作者王福庵（1880—1960），书法篆刻家。原
名寿祺，字维季，号福庵，晚号持默老人，浙江
杭州人。西泠印社创办人之一。代表作品《说文
部首》。

J0102807

王福庵篆书千字文 王福庵书；上海书画出
版社编
上海 上海书画出版社 1987 年 34 页 33cm（5 开）
ISBN：7-80512-078-1 定价：CNY0.70

J0102808

王如柏诗词书法集 王如柏著书
贵阳 贵州美术出版社 1987 年 55 页 26cm（16 开）
ISBN：7-5413-0013-6 定价：CNY1.48

J0102809

王学仲书法选 王学仲书；人民美术出版社编
北京 人民美术出版社 1987 年 31 页 26cm（16 开）
统一书号：8027.10171 定价：CNY1.65
（现代书法）
　　作者王学仲（1925—2013），画家、教育家。
别名王黾、滕固词人，山东滕州人。毕业于中央
美术学院。历任中国书法家协会顾问，中国书法
家协会副主席、学术委员会主任，天津大学艺术
研究所所长、教授。代表作品有《四季繁荣图》
《王学仲美术论》《垂杨饮马图》等。

J0102810

魏启后书法选 魏启后书；人民美术出版社编
北京 人民美术出版社 1987 年 28 页 26cm（16 开）
统一书号：8027.10306 定价：CNY1.50
（现代书法）
　　作者魏启后（1920—2009），书法家、画家。
生于山东济南。就读于北京辅仁大学中文系。
历任中国书协理事、中国书协创作评审委员会委
员、山东书协副主席、济南画院顾问、济南诗词
协会副会长、山东画院顾问等职。作品集有《魏
启后书法选》《魏启后书画集》等。

J0102811

吴玉如书法集 吴玉如书；天津文史研究馆编
天津 天津人民美术出版社 1987 年 150 页
有照片 36cm（6 开）ISBN：7-5305-0045-7
定价：CNY15.00
　　作者吴玉如（1898—1982），书法家。后以
字行，晚号迂叟，生于江苏南京，祖籍安徽泾县。
就读于天津南开中学，曾执教于南开大学、工商
学院。有《吴玉如书法集》等传世。

J0102812

吴子复书好太王碑字 吴子复书
广州 岭南美术出版社 1987 年 有照片
33×19cm ISBN：7-5362-0089-6 定价：CNY5.95
（岭南书艺丛集）
　　本书收入 84 幅图。选取吴子复书集碑字联
29 幅，选书该碑字页 54 幅，书前附其挚友抱瓮
斋主人序言一篇。

J0102813

现代国际临书大展作品选 现代国际临书大
展筹委会编
郑州 河南美术出版社 1987 年 26cm（16 开）
ISBN：7-5401-0004-4 定价：CNY6.80

J0102814

谢无量自写诗卷 谢无量书
北京 中国文联出版公司 1987 年 55 页 有肖像
26cm（16 开）统一书号：8355.870 定价：CNY1.55
　　作者谢无量（1884—1964），书画家。原名蒙，
字大澄，号希范，后易名沉，字无量，别署啬庵。
四川乐至人。历任黄埔军校教官，川西博物馆馆
长、中国人民大学教授、中央文史馆副馆长。

J0102815
心静　李雁作
南宁　广西人民出版社　1987年　1张　76cm（2开）
定价：CNY0.45
　　　　作者李雁，广西南宁市人。历任广西书画院副院长，广西艺术创作中心副主任，广西书协副主席。作品集有《李雁书法选》《李雁狂墨》《李雁行草千字文》《李雁金琵琶书法集》等。

J0102816
学无止境　蔡竹虚书
成都　四川美术出版社　1987年　1张（2开）
定价：CNY0.26

J0102817
杨萱庭书法集　杨萱庭书
济南　山东美术出版社　1987年　74页　有照片26cm（16开）ISBN：7-5330-0034-X
定价：CNY5.95
　　　　作者杨萱庭（1917—2005），研究员。山东聊城人。历任中央文史研究馆馆员、山东师范大学兼职教授等。主要作品有《杨萱庭书法集》《杨萱庭书法艺术》《剑胆书魂》等。

J0102818
楹联集翰　中国楹联学会，中国书法家协会主编
北京　农业出版社　1987年　130页　26cm（16开）
ISBN：7-109-00015-X　定价：CNY6.00

J0102819
咏柳　沈培方书
上海　上海人民美术出版社　1987年　1张（2开）
定价：CNY1.20

J0102820
有志者事竟成　尚涛书
郑州　河南美术出版社　1987年　1轴
定价：CNY1.35

J0102821
有志者事竟成　（宋）岳飞书
济南　山东美术出版社　1987年　1张
定价：CNY0.30
　　　　岳飞（1103—1142），南宋时期军事家、战略家、书法家、诗人。字鹏举，相州汤阴（今河南省汤阴县）人。抗金名将。代表作有《满江红·写怀》《小重山·昨夜寒蛩不住鸣》《五岳祠盟记》。

J0102822
于右任书曾孟鸣碑　于右任书
西安　陕西人民美术出版社　1987年　20页26cm（16开）统一书号：8199.1374　定价：CNY0.95
　　　　作者于右任（1878—1964），政治家、教育家、书法家。原名伯循，以字行，号骚心。陕西三原县人。代表作品《右任诗存》《右任文存》《右任墨存》《标准草书》等。

J0102823
于右任书法选　于右任书；钟明善编
北京　人民美术出版社　1987年　48页　有照片26cm（16开）统一书号：8027.9733　定价：CNY1.60
（现代书法）
　　　　本书收入作者的书法作品31幅。

J0102824
长安当代著名老书画家作品集　黄钟，宫晓瑾主编
西安　陕西旅游出版社　1987年　122页　有肖像26cm（16开）ISBN：7-5418-0005-8
定价：CNY7.00，CNY9.50（精装）
　　　　本作品集收入西安地区43位当代著名老书画家作品220余幅。全面反映了长安当代书画名家的风采，其中有代表性的画家有：方济众、罗铭、修军、李滋宣、程克刚等。

J0102825
长寿诀　常玉玺词；李正中书
长春　吉林美术出版社　1987年　1张
定价：CNY0.26

J0102826
浙江书法选　黄宾虹等书
杭州　西泠印社　1987年　80页　25cm（小16开）
ISBN：7-80517-000-2　定价：CNY2.50
（现代浙江书画篆刻选集）
　　　　本书选取浙江现、当代书法家80人的作品。书体包括甲骨文、大篆、章草、行、楷、草等。作者黄宾虹（1865—1955），山水画家。初名懋质，后改名质，字朴存，号宾虹，别署予向。生于浙

江金华，原籍安徽歙县，代表作《山居烟雨》《新安江舟中作》等，著有《黄山画家源流考》《虹庐画谈》《画法要旨》等作品。

J0102827

郑孝胥书济众亭记　郑孝胥书
天津　天津市古籍书店　1987 年　影印本
33×19cm　定价：CNY1.20
　　作者郑孝胥（1860—1938），书法家。字太夷，号苏勘。福建闽侯人。代表作品有《海藏楼诗集》等。

J0102828

郑孝胥宜园记　郑孝胥书
天津　天津市古籍书店　1987 年　影印本　35 页
26cm（16 开）定价：CNY0.85

J0102829

治学佳联墨迹　杨再春书
北京　北京体育学院出版社　1987 年　64 页
24cm（26 开）ISBN：7-81003-039-6
定价：CNY1.20
　　作者杨再春（1943—　　），书法家。河北唐山人，毕业于北京体育大学。历任北京体育大学出版社社长兼总编，中国摄影著作权协会副总干事长，中国书画函授大学教授。代表作品有《行草章法》《墨迹章法通览》等。

J0102830

中国新文艺大系　（1976-1982 书法集）沙孟海主编
北京　中国文联出版公司　1987 年　295 页
26cm（16 开）精装　统一书号：8355.910
定价：CNY15.00
　　主编沙孟海（1900—1992），书法家。原名文若，字孟海，号石荒、沙村。生于浙江鄞县，毕业于浙江省立第四师范学校。曾任浙江大学中文系教授、浙江美术学院教授、西泠印社社长、西泠书画院院长、浙江省博物馆名誉馆长、中国书法家协会副主席。代表作品《集王圣教序》。

J0102831

中国新文艺大系　（1949-1966 书法集）陈荒煤主编
北京　中国文联出版公司　1993 年　294 页

26cm（16 开）ISBN：7-5059-1679-3
定价：CNY38.00
　　主编陈荒煤（1913—1996），原名陈光美，笔名沪生，湖北襄阳人。历任中国作家协会副主席，文化部电影局局长、文化部副部长，中国社会科学院文学研究所副所长。作品有短篇小说《忧郁的歌》《长江上》《在教学里唱歌》，报告文学集《刘伯承将军印象记》《陈赓将军印象记》，散文集《荒野中的地火》《梦之歌》等。

J0102832

柏昆毛笔小楷　曹柏昆［书］
天津　天津人民出版社　1988 年　54 页　20cm（32 开）
ISBN：7-201-00157-4　定价：CNY1.30

J0102833

北京中青年书法作品精选　杨再春编
北京　北京体育学院出版社　1988 年　60 页
26cm（16 开）ISBN：7-81003-143-0
定价：CNY2.50

J0102834

博大精深　朱乃正书
兰州　甘肃人民出版社　1988 年　1 张　76cm（2 开）
定价：CNY0.37
　　作者朱乃正（1935—2013），教授。浙江海盐人，毕业于中央美术学院。历任中央美术学院学术委员会主任、教授，中国美术家协会理事。代表作品有《金色的季节》《春华秋实》《青海长云》。

J0102835

蔡元培先生手迹　启功，牟小东编
北京　北京大学出版社　1988 年　105 页　有肖像
26cm（16 开）精装　ISBN：7-301-00251-3
定价：CNY24.00
　　编者启功（1912—2005），满族，中国现代著名书法家。字元伯，北京人。曾任北京师范大学教授，中央文史研究馆副馆长，中国书协名誉主席等职、世界华人书画家联合会创会主席、中国佛教协会、故宫博物院、国家博物馆顾问，西泠印社社长。

J0102836

藏幽　陈天然书

沈阳 辽宁美术出版社 1988年 1张 76cm（2开）
定价：CNY0.80

　　作者陈天然（1926—2018），书画家、版画家、诗人。河南巩义人。历任中国美术家协会、中国书法家协会常务理事，河南省书画院院长。代表作品有《牛群》《套耙》《山地冬播》等。

J0102837

陈恒安书法选 　陈恒安书；周运真，张双锡编
北京 人民美术出版社 1988年 28页 有肖像
26cm（16开） ISBN：7-102-00167-3
定价：CNY1.50

J0102838

陈景舒书法作品选集 　陈景舒书；广东省地图出版社编
广州 广东省地图出版社 1988年 128页
26cm（16开） ISBN：7-80522-040-9
定价：CNY5.00

　　作者陈景舒（1931—2012），书法家。字靖庵，别署凝碧楼主，出生于广东佛山。曾任广东省人民政府文史研究馆馆员、中国书法家协会会员、广东省书法家协会名誉主席、广东省书法艺术基金会会长等。代表著作有《实用隶书字帖》《隶书书写门径》《四体楹联》等。

J0102839

成才名言集锦 　郭锋书
西安 陕西人民美术出版社 1988年 26cm（16开）
ISBN：7-5368-0032-0 定价：CNY2.50

J0102840

程与天金石书法 　程与天书
北京 工人出版社 1988年 58页 26cm（16开）
ISBN：7-5008-0294-3 定价：CNY4.00

J0102841

当代书法名家作品选 　江苏省美术馆编
南京 江苏美术出版社 1988年 88页 25×25cm
ISBN：7-5344-0053-8 定价：CNY8.80

J0102842

当代中国书法作品集 　邹德忠，徐扣根主编
北京 北京工艺美术出版社 1988年 835页
26cm（16开） 精装 ISBN：7-80526-001-X

定价：CNY50.00

　　本书收集了当代著名书法家835人的代表作品。与明立出版事业公司合作出版。主编邹德忠（1938— ），教授。别名知不知子，笔名斋惠，生于山东烟台。中国书协书法培训中心教授，中国书法家协会理事。

J0102843

邓拓诗词墨迹选 　邓拓著；丁一岚编
福州 福建人民出版社 1988年 274页 有肖像
20cm（32开） ISBN：7-211-00378-2
定价：CNY5.50

　　本书所收作者墨迹抗日战争以前5幅，抗日战争和解放战争时期49幅，中华人民共和国成立后74幅，128幅。充满了战斗激情。邓拓的诗词墨迹，经过十年浩劫，留存甚少。本书所刊，是作者夫人丁一岚遍历艰辛搜集的，弥足珍贵。邓拓（1912—1966），政论家、历史学家、诗人。乳名旭初，原名邓子健，笔名马南邨。福建闽县人。曾任《人民日报》社社长兼总编辑、全国新闻工作者协会主席、中共北京市委书记处书记、《前线》主编等职。作品有《燕山夜话》《邓拓散文》《邓拓文集》《邓拓诗词选》等。

J0102844

杜甫望岳诗 　沙孟海书
杭州 浙江人民美术出版社 1988年 1张
76cm（2开）定价：CNY0.50

　　作者沙孟海（1900—1992），书法家。原名文若，字孟海，号石荒、沙村。生于浙江鄞县，毕业于浙江省立第四师范学校。曾任浙江大学中文系教授、浙江美术学院教授、西泠印社社长、西泠书画院院长、浙江省博物馆名誉馆长、中国书法家协会副主席。代表作品《集王圣教序》。

J0102845

杜牧阿房宫赋楷书帖 　李树琪书
西安 三秦出版社 1988年 66页 26cm（16开）
ISBN：7-80546-055-8 定价：CNY2.10

　　李树琪（1931— ），书法家。河北高阳人，中国书法家协会陕西分会会员、香港东方文化中心书画部副秘书长。出版有《杜牧阿房宫赋比书帖》《诸葛亮前出师表》等。

J0102846
丰子恺书法　丰子恺书；丰一吟编
成都　四川美术出版社　1988年　96页　37cm（8开）
ISBN：7-5410-0107-4　定价：CNY18.00

　　本书收作者1918—1975年间各种书法作品100幅。作者丰子恺（1898—1975），画家、文学家、艺术教育家。原名丰润，又名仁、仍，字子颛，后改为子恺，笔名TK，浙江嘉兴人。作品有《缘缘堂随笔》、画集《子恺漫画》等。编者丰一吟（1929—　　），画家、翻译学家。浙江崇德县（今桐乡市石门镇）人。其父是著名画家丰子恺。毕业于中苏友协俄文学校。上海市文史研究馆馆员，丰子恺研究会顾问，上海翻译家协会会员。主要著作有《潇洒风神——我的父亲丰子恺》《丰子恺漫画全集》《爸爸的画》等。

J0102847
高尔基语录　赵彦良书
乌鲁木齐　新疆人民出版社　1988年　1张
78cm（2开）定价：CNY0.20
（名人名言）

J0102848
弓彤轩章草草诀歌集　弓彤轩书
石家庄　河北美术出版社　1988年　26cm（16开）
ISBN：7-5310-0202-7　定价：CNY5.10

　　作者弓彤轩（1916—？），女，书法家。笔名弓也，河北衡水人。毕业于中国人民大学。历任中国书法家协会会员，河北省老年书画研究会顾问，保定地区和唐山市书画会名誉会长，中共中央组织部干部。出版有《弓彤轩章草草诀歌》《弓彤轩书法篆刻绘画选集》《弓彤轩书刻集——毛泽东诗词三十七首》等。

J0102849
关重尧诗稿　关重尧著
长春　吉林人民出版社　1988年　26cm（16开）
ISBN：7-206-00089-4　定价：CNY2.00

J0102850
桂林山水诗书法选
南宁　广西人民出版社　1988年　64页　26cm（16开）
ISBN：7-219-00787-6　定价：CNY4.50

J0102851
郭化若诗词墨迹选　郭化若书
北京　军事科学出版社　1988年　26cm（16开）
ISBN：7-80021-098-7　定价：CNY2.90

　　作者郭化若（1904—1995），军事家、诗人、书法家。福建福州市人。著有《新教育教学法》《军事辩证法》《郭化若书法集》《郭化若诗词墨迹选》等。

J0102852
河南平顶山书法作品集　孔德雪主编
郑州　河南人民出版社　1988年　26cm（16开）
ISBN：7-215-00439-2　定价：CNY3.50

J0102853
侯德昌刻字书法选　侯德昌作
合肥　安徽美术出版社　1988年　17×19cm
ISBN：7-5398-0015-1　定价：CNY2.50

J0102854
胡小石书法选集　胡小石书
南京　江苏美术出版社　1988年　91页　39cm（4开）
精装　ISBN：7-5344-0054-6　定价：CNY26.00

J0102855
华罗庚、爱迪生名言书屏　苏华书
广州　岭南美术出版社　1988年　2张　76cm（2开）
定价：CNY0.80

J0102856
华罗庚、爱迪生名言书屏　苏华书
广州　岭南美术出版社　1988年　2轴　76cm（2开）
定价：CNY2.20

J0102857
华罗庚语录　赵彦良书
乌鲁木齐　新疆人民出版社　1988年　1张
78cm（2开）定价：CNY0.20
（名人名言）

J0102858
黄苗子书法选　黄苗子书
北京　中国友谊出版公司　1988年　63页　有彩照
25cm（15开）ISBN：7-5057-0018-9
定价：CNY16.00

J0102859

吉庆满门　钟展模作

南宁　广西人民出版社　1988年　4张　54cm（4开）

定价：CNY0.22

J0102860

姜东舒书岑琦诗　谢云主编

南宁　广西人民出版社　1988年　65页　26cm（16开）

ISBN：7-219-00790-6　定价：CNY3.50

（诗与书法）

　　主编谢云（1929—　　），书法家、出版家、作家。原名谢盛培，号裳翁。浙江苍南人。毕业于中国人民大学新闻系。曾任中国书法家协会秘书长、广西出版总社社长、广西书画院院长等职。代表作品《谢云书法展》《灯前余墨》《谢云鸟虫篆书法艺术》等。

J0102861

楷行隶草书唐诗字帖　（一）邬西濠等书

北京　中国城市经济社会出版社　1988年

26cm（16开）ISBN：7-5074-0095-6

定价：CNY2.90

J0102862

楷书大字帖　（宋·苏东坡《赤壁怀古》）李思宪书

西安　陕西人民出版社　1988年　13页　29cm（15开）

ISBN：7-224-00164-3　定价：CNY1.00

J0102863

老子语录　赵彦良书

乌鲁木齐　新疆人民出版社　1988年　1张

78cm（2开）定价：CNY0.20

（名人名言）

J0102864

李晖书法选　李晖著

沈阳　辽宁人民出版社　1988年　26cm（16开）

ISBN：7-205-00757-7　定价：CNY3.50

J0102865

李普同书法选集　（墨迹本）［李普同著］

心正书会［发行］1988年　145页　有图

30cm（15开）

J0102866

李四光语录　贾启明书

乌鲁木齐　新疆人民出版社　1988年　1张

78cm（2开）定价：CNY0.20

（名人名言）

　　作者贾启明（1933—　　），书法家。号西域楚人，生于湖北宜昌市。历任乌鲁木齐陆军学校文化教研室主任、副教授，中国书法家协会会员、新疆书法家协会常务理事。代表作品有《夜歌》《常用词辨析》《千字文：贾启明手书》等。

J0102867

连家生论书绝句　连家生书

北京　中国画报出版公司　1988年　有照片

33cm（5开）ISBN：7-80024-038-X

定价：CNY4.00

J0102868

柳倩诗书卷之一　（大西北行）柳倩著

成都　四川文艺出版社　1988年　有照片

36cm（6开）ISBN：7-5411-0344-6

定价：CNY4.50

J0102869

柳倩诗书卷之二　（川汉纪游）柳倩著

成都　四川文艺出版社　1989年　30页　有照片

36cm（6开）ISBN：7-5411-0344-6

定价：CNY4.50

J0102870

么喜龙书法作品集　么喜龙书

沈阳　辽宁美术出版社　1988年　118页

32cm（10开）ISBN：7-5314-0028-6

定价：CNY11.00

　　作者么喜龙（1950—　　），国家一级美术师。生于沈阳。历任沈阳市文史研究馆副馆长、沈阳书画院名誉院长、辽宁画院特聘画师、沈阳大学书法艺术教授、美国天普美术学院荣誉院长兼名誉教授。主要著作有《两体注释千家诗》《草书唐诗三百首》《么喜龙书法作品集》等。

J0102871

米芾书法屏

郑州　河南美术出版社　1988年　1轴　76cm（2开）

定价：CNY3.00

米芾（1051—1107），北宋书法家、画家、书画理论家。祖籍太原，出生于湖北襄阳，长期居润州（今江苏镇江）。初名黻，后改芾，字元章，号襄阳居士、海岳山人等。书画自成一家，枯木竹石，山水画独具风格特点。在书法也颇有造诣，擅篆、隶、楷、行、草等书体，长于临摹古人书法。代表作品有《宝晋英光集》《宝章待访录》《书史》《画史》《砚史》。

J0102872
民国时期书法　　四川美术出版社编
成都　四川美术出版社　1988 年　3 册（725 页）
37cm（8 开）函装　ISBN：7-5410-0156-2
定价：CNY128.00
　　本书汇集了 1911—1949 年间，社会名人、学者、书画家的丰富墨迹。

J0102873
名人入琼墨踏选　　麦穗等选编
海口　海南人民出版社　1988 年　90 页　25×26cm
ISBN：7-80541-160-3　定价：CNY23.00
　　本书收海南新中国成立以来到过海南的党和国家领导人、作家、画家、书法家、学者等各界名人 96 位的 122 幅墨迹。

J0102874
名言警句宋体字帖　　王建国书
哈尔滨　哈尔滨地图出版社　1988 年　61 页
26cm（16 开）定价：CNY1.00

J0102875
欧阳中石书沈鹏诗词选　　谢云主编
南宁　广西人民出版社　1988 年　90 页 26cm（16 开）
ISBN：7-219-00788-4　定价：CNY4.80
（诗与书法）

J0102876
鹏程万里　　严勇书
广州　岭南美术出版社　1988 年　1 张　76cm（2 开）
定价：CNY0.70

J0102877
屈原《离骚》句　　朱关田书
杭州　浙江人民美术出版社　1988 年　1 张
76cm（2 开）定价：CNY0.50

朱关田（1944—　），书法家、篆刻家、书法史家。字曼倬，斋号思微室，浙江绍兴人，毕业于浙江美术学院。历任中国书法家协会常务理事、学术委员会副主任，西泠印社副社长等职。著有《中国书法全集·颜真卿卷》《中国书法全集·李邕卷》等。

J0102878
全国青少年神龙大奖赛书法篆刻作品选集
黑龙江省《青少年书法报》社编
北京　人民美术出版社　1988 年　106 页
26cm（16 开）ISBN：7-102-00200-9
定价：CNY4.50

J0102879
全国书法篆刻展览作品集　　长乐县郑和史迹陈列馆等编
福州　福建美术出版社　1988 年　146 页
26cm（16 开）ISBN：7-5393-0006-X
定价：CNY4.80
　　本书收入"纪念郑和下西洋五百八十周年全国书法篆刻展览"的书法作品 190 幅，篆刻作品 56 组。

J0102880
全国著名老书法家 16 人集　　王个簃等书
重庆　重庆出版社　1988 年　32 页 26cm（16 开）
ISBN：7-5366-0221-9　定价：CNY1.66
　　本书是中国现代书法作品选集，并有书法家简介。

J0102881
日本女书法家联展　（1988）日本财团法人全国美术振兴会，香港艺术中心编
香港　香港艺术中心　1988 年　30cm（16 开）
定价：HKD20.00
　　外文书名：Works by Japanese Women Calligraphers.

J0102882
散木书三都赋　　邓散木著
哈尔滨　哈尔滨地图出版社　1988 年　影印本
52 页　19cm（32 开）ISBN：7-80529-046-6
定价：CNY1.80
　　本书是根据作者手书原样影印出版，由邓散

木生前装订成册，自题书签。作者邓散木（1898—1963），著名书法、篆刻家。原名菊初。字散木，别号粪翁等。出生于上海，中国书法研究社社员。代表作品《篆刻学》《中国书法演变史》。

J0102883
邵玉铮书法选　邵玉铮书
北京 中国林业出版社 1988年 58页 26cm（16开）
ISBN：7-5038-0177-8 定价：CNY1.50

J0102884
沈鹏书李锐诗词选　谢云主编
南宁 广西人民出版社 1988年 80页 26cm（16开）
ISBN：7-219-00789-2 定价：CNY4.30
（诗与书法）

J0102885
石门颂　龚望书
天津 天津杨柳青画社 1988年 37cm（8开）
ISBN：7-80503-037-5 定价：CNY5.37
　　作者龚望（1914—2001），书法家、文物收藏鉴赏家。字作家、迁公，号沙曲散人，天津市人。中国书法家协会会员、天津分会副主席，天津文史馆馆员。

J0102886
书画四条　张孝谦画
石家庄 河北美术出版社 1988年 2张 76cm（2开）
定价：CNY0.84

J0102887
书籍是青年人的生命伴侣和导师　程十发作
上海 上海书画出版社 1988年 1张 76cm（2开）
定价：CNY0.36
　　作者程十发（1921—2007），画家。出生于上海金山，毕业于上海美术专科学校国画系。代表作品有《丽人行》《迎春图》《列宁的故事》《孔乙己》等。出版有《程十发近作选》《程十发花鸟习作选》《程十发作品展》。

J0102888
舒同书法艺术　（山东收藏作品选）舒同书
济南 山东美术出版社 1988年 48页 26cm（16开）
ISBN：7-5330-0164-8 定价：CNY4.50
　　作者舒同（1905—1998），书法家。号宜禄，

又名文藻，江西东乡人，毕业于江西抚州省立师范学校。曾任中共山东省委第一书记，陕西省委书记，中国人民解放军军事科学院副院长，中国书法家协会第一任主席，中国书法家协会名誉主席。出版《舒同字帖》《舒同书法》《舒同书法艺术》等。

J0102889
四体唐诗　吴建贤等作
南京 江苏古籍出版社 1988年 4轴 76cm（2开）
定价：CNY4.00

J0102890
松阳书法集　松阳书
北京 清华大学出版社 1988年 106页 有照片 26cm（16开）ISBN：7-302-00413-7
定价：CNY12.00

J0102891
宋诗词书法　（袖珍本）杨再春书；鲁牧编
北京 北京体育学院出版社 1988年 288页 12cm（72开）ISBN：7-81003-107-4
定价：CNY1.50

J0102892
孙平书法　（第二集）[孙平书]
西安 陕西人民教育出版社 1988年 366+21页 有照片 26cm（16开）ISBN：7-5419-0186-5
定价：CNY12.30，CNY15.00（精装）

J0102893
唐诗书法　（四首）秦咢生等书
广州 岭南美术出版社 1988年 4张 76cm（2开）
定价：CNY1.60
　　秦咢生（1900—1996），书法家、印学艺术家。原名寿南，字古循，初名岳生，嗣改译生。曾任中国书法协会理事，广东省书法家协会广东分会主席，广东文史馆副馆长等职。著有《秦咢生石头记》《秦咢生行书册》《秦咢生手书宋词》《秦咢生自书诗》《秦咢生诗书篆刻选集》等。

J0102894
唐诗四首　谢宠书；赵星画
兰州 甘肃人民出版社 1988年 4张 76cm（2开）
定价：CNY1.48

J0102895

唐宋诗词书法篆刻精选　杨再春书，刘春风刻
北京　北京体育学院出版社　1988 年　91 页
26cm（16 开）ISBN：7-81003-169-4
定价：CNY2.75

J0102896

唐张继枫桥夜泊诗　王明九书
南宁　广西民族出版社　1988 年　20 页　22cm（30 开）
ISBN：7-5363-0176-6　定价：CNY0.96
　　王明九（1913—2001），书法家。原名王旭堂，字明九，笔名象，后以字行世。祖籍浙江绍兴。历任中国民族博物馆艺术顾问、中国书法家协会会员、天津市书法家协会名誉理事。代表作品有《中华五千年翰墨精粹集锦》《王明九书古诗文百篇》《书法三昧浅说》《唐诗百首·书法百种》等。

J0102897

王遐举隶书陶诗　王遐举书
北京　宇航出版社　1988 年　53 页　26cm（16 开）
ISBN：7-80034-108-9　定价：CNY3.00
　　作者王遐举（1909—1995），书法家。原名克元，字清泉，号野农。出生于湖北荆州，毕业于武昌中华大学。历任中央文史研究馆馆员，海峡两岸书画家联谊会会长，中国书法艺术研究院院长等职。出版有《野农轩诗话》《王遐举书法作品集》《中国舞台布景与民族传统绘画》等。

J0102898

吴凤之书法作品选　吴凤之书；肖瑞连责任编辑
北京　农村读物出版社　1988 年　83 页　有照片
26cm（16 开）统一书号：8267.163　定价：CNY2.90

J0102899

吴华现代书法　吴华书
兰州　甘肃人民出版社　1988 年　46 页　有肖像
26cm（16 开）ISBN：7-226-00419-4
定价：CNY5.50
　　作者吴华（1959—　　），画家。出生于陕西西安，毕业于中央工艺美术学院。中国美协陕西分会会员。

J0102900

吴文蜀书法集　吴文蜀书

成都　四川美术出版社　1988 年　有照片
38cm（6 开）ISBN：7-5410-0082-5（宋锦函装）
定价：CNY22.20

J0102901

吴玉如临《乐毅论》遗墨　吴家琭书
天津　天津古籍出版社　1988 年　重印本
26cm（16 开）ISBN：7-80504-004-4
定价：CNY0.70
　　作者吴家琭（1898—1982），书法家。字玉如，生于江苏南京，原籍安徽泾县。历任天津市政协委员、中国书法家协会名誉理事、天津市文联委员、天津市文史馆馆员。作品集有《吴玉如书法集》《迂叟魏书千字文》《迂叟自书诗稿》《吴玉如行书千字文》等。

J0102902

吴丈蜀书兰亭序　吴丈蜀著
［武汉］湖北美术出版社　1988 年　10 页　有图
35cm（8 开）ISBN：7-5394-0010-2　定价：CNY0.90
　　作者吴丈蜀（1919—2006），学者、诗人、书法家。字恂子，别署苟芷。生于四川泸州。历任湖北省社会科学院研究员，中华诗词学会副会长，湖北省诗词学会会长，《书法报》社社长，中国书法家协会理事。作品有《吴丈蜀书兰亭序》《吴丈蜀书法集》《吴丈蜀书法辑》。

J0102903

现代书家书唐人咏长安诗　刘自读等编选
西安　陕西人民美术出版社　1988 年　26cm（16 开）
ISBN：7-5368-0019-3　定价：CNY6.50

J0102904

小楷字帖　董寿熹书
贵阳　贵州人民出版社　1988 年　68 页　26cm（16 开）
ISBN：7-221-00355-6　定价：CNY1.00

J0102905

谢无量书法　（上册　楹联·条屏·横幅·扇面·信札）四川美术出版社编
成都　四川美术出版社　1988 年　111 页　有照片
38cm（6 开）ISBN：7-5410-0114-7　定价：CNY 36.60（全 2 册）
　　本套书收作者各种书法代表作品 220 幅。谢无量（1884—1964），书画家。原名蒙，字大澄，

号希范，后易名沉，字无量，别署嵛庵。四川乐至人。历任黄埔军校教官、川西博物馆馆长、中国人民大学教授、中央文史馆副馆长。

J0102906
谢无量书法 （下册 诗册）四川美术出版社编
成都 四川美术出版社 1988年 100页 38cm（6开）
ISBN：7-5410-0114-7 定价：CNY 36.60（全2册）

J0102907
心旷神怡　黎泉书
兰州 甘肃人民出版社 1988年 1张 76cm（2开）
定价：CNY0.37

J0102908
虚怀若谷　马负书书
兰州 甘肃人民出版社 1988年 1张 76cm（2开）
定价：CNY0.37

J0102909
许德珩书法作品选编　许德珩书
北京 北京燕山出版社 1988年 146页
26cm（16开）ISBN：7-5402-0114-2
定价：CNY10.00
　　本书收录作者自"五四"运动以来的书法墨迹150余件。内容有他写给蔡元培先生的信件手札；有临习"兰亭"的书法习作；也有抄录的毛主席诗词以及他自作的诗词、对联等。作者许德珩（1890—1990），政治活动家、教育家、书法家、文化名人。原名许础，字楚生，江西德化（今江西九江县）人。曾任水产部长、全国政协副主席、全国人大常委会副委员长。

J0102910
学海无涯　林锴书
北京 人民美术出版社 1988年 1张 76cm（2开）
定价：CNY0.38
　　作者林锴（1924—2006），著名书画家、篆刻家、诗人、国家一级美术师。福建福州人，毕业于国立艺专（现中国美术学院）。人民美术出版社专业画家。出版有《林锴画选》《墨花集》《苔文集》（诗集）等。

J0102911
杨鲁安书法作品选　杨鲁安书

呼和浩特 内蒙古人民出版社 1988年 78页
26cm（16开）ISBN：7-204-00547-3
定价：CNY3.00
　　本书收入正书、金文、行书、隶书、甲骨文、陶文、草书、篆书等不同品种百余件，是作者攻习古文字学、钱币学、书学理论与技法，潜心于甲骨、金文和碑帖研究之成果。作者杨鲁安（1928—2009），原名杨继曾，出生于天津一个回族商人家庭，祖籍河北沧州。1951年大学毕业来到呼和浩特，西泠印社理事兼收藏与鉴定研究室主任、中国书法家协会会员、内蒙古北疆印社社长、内蒙古钱币学会副会长、内蒙古文史研究馆馆员、中国书画函授大学教授、呼和浩特书画院顾问。

J0102912
业精于勤荒于嬉　阮文辉书
兰州 甘肃人民出版社 1988年 1张 76cm（2开）
定价：CNY0.37

J0102913
一帆风顺
南宁 广西人民出版社 1988年 1张 54cm（4开）
定价：CNY0.22

J0102914
伊秉绶书法选　伊秉绶书
北京 荣宝斋 1988年 22页 26cm（16开）
ISBN：7-5003-0030-1 定价：CNY1.30

J0102915
迂叟自书诗稿　吴玉如书
天津 天津古籍出版社 1988年 90页 37cm（8开）
ISBN：7-80504-063-X 定价：CNY6.50
　　本书是中国现代行草书法作品。以其书法写其诗作。作者吴玉如（1898—1982），书法家。后以字行，晚号迂叟，生于江苏南京，祖籍安徽泾县。就读于天津南开中学，曾执教于南开大学、工商学院。有《吴玉如书法集》等传世。

J0102916
于右任墨宝　天津市古籍书店编
天津 天津市古籍书店 1988年 影印本 12页
35cm（18开）定价：CNY1.10
　　本书据民国初年上海华商书店珂罗版影印。

作者于右任（1878—1964），政治家、教育家、书法家。原名伯循，以字行，号骚心。陕西三原县人。代表作品《右任诗存》《右任文存》《右任墨存》《标准草书》等。

J0102917
余纲书法篆刻选集　余纲书
厦门　厦门大学出版社 1988年　有照片
26cm（16开）ISBN：7-5615-0097-1
定价：CNY4.00

J0102918
岳飞《满江红·登黄鹤楼有感》　王公寿书
郑州　河南美术出版社 1988年　4张 76cm（2开）
定价：CNY4.20

J0102919
云鹤　陈天然书
沈阳　辽宁美术出版社 1988年　1张 76cm（2开）
定价：CNY0.80
　　作者陈天然（1926—2018），书画家、版画家、诗人。河南巩义人。历任中国美术家协会、中国书法家协会常务理事，河南省书画院院长。代表作品有《牛群》《套耙》《山地冬播》等。

J0102920
张大千书法　张大千书；张心庆，肖建初编
成都　四川美术出版社 1988年　138页　有照片
38cm（6开）函装　ISBN：7-5410-0109-0　定价：CNY40.00
　　本书收作者各个时期的诗词、对联、横轴、扇面书法作品138幅。作者张大千（1899—1983），国画大师、山水画大家、书法家。四川内江人，祖籍广东番禺。代表作有《爱痕湖》《长江万里图》《四屏大荷花》《八屏西园雅集》等。

J0102921
章友芝先生书岳飞《满江红》　章友芝书
福州　福建美术出版社 1988年　17页　37×26cm
ISBN：7-5393-0012-4　定价：1.40
　　本书为中国现代隶书书法作品。

J0102922
长乐　王见书
兰州　甘肃人民出版社 1988年　1张 76cm（2开）

定价：CNY0.37

J0102923
赵熙书法　赵熙书；四川省文化厅文物处，四川美术出版社编
成都　四川美术出版社 1988年　150页 39cm（4开）
函装　ISBN：7-5410-0111-2　定价：CNY39.00
　　本书收入作者现代行书书法作品180余幅。作者赵熙（1867—1948），晚清民国初学者、诗人、书画家。字尧生，别号香宋。代表作品有《香宋词》《赵熙书法》，主纂《四川通志》。

J0102924
真草隶篆唐诗三百首四体书法艺术丛书
（14）周偁主编
牡丹江　黑龙江朝鲜民族出版社 1988年　90页
有图 26cm（16开）ISBN：7-5389-0067-5
定价：CNY2.90
　　主编周偁（1936—　　），山西平陆人。中国书法家协会会员，中山书画社社员，北京秦文学会常务理事。

J0102925
真草隶篆唐诗三百首四体书法艺术丛书
（15）周偁主编
牡丹江　黑龙江朝鲜民族出版社 1988年　90页
26cm（16开）ISBN：7-5389-0068-3
定价：CNY2.90

J0102926
真草隶篆唐诗三百首四体书法艺术丛书
（16）周偁主编
牡丹江　黑龙江朝鲜民族出版社 1988年　90页
有肖像 26cm（16开）ISBN：7-5389-0076-4
定价：CNY2.90

J0102927
真草隶篆唐诗三百首四体书法艺术丛书
（17）周偁主编
牡丹江　黑龙江朝鲜民族出版社 1988年　90页
26cm（16开）ISBN：7-5389-0077-2
定价：CNY2.90

J0102928
真草隶篆唐诗三百首四体书法艺术丛书

（18）周侗主编
牡丹江 黑龙江朝鲜民族出版社 1988 年 90 页
26cm（16 开）ISBN：7-5389-0080-2
定价：CNY2.90

J0102929
真草隶篆唐诗三百首四体书法艺术丛书
（19）周侗主编
牡丹江 黑龙江朝鲜民族出版社 1988 年 90 页
26cm（16 开）ISBN：7-5389-0081-0
定价：CNY2.90

J0102930
真草隶篆唐诗三百首四体书法艺术丛书
（20）周侗主编
牡丹江 黑龙江朝鲜民族出版社 1988 年 90 页
26cm（16 开）ISBN：7-5389-0082-9
定价：CNY2.90

J0102931
真草隶篆唐诗三百首四体书法艺术丛书
（21）周侗主编
牡丹江 黑龙江朝鲜民族出版社 1988 年 90 页
26cm（16 开）ISBN：7-5389-0115-9
定价：CNY2.90

J0102932
真草隶篆唐诗三百首四体书法艺术丛书
（23）周侗主编
牡丹江 黑龙江朝鲜民族出版社 1988 年 90 页
26cm（16 开）ISBN：7-5389-0129-9
定价：CNY2.90

J0102933
中国当代书法大观　　阎正编
北京 文化艺术出版社 1988 年 201 页
26cm（16 开）ISBN：7-5039-0268-X
定价：CNY13.00

J0102934
中国少字数书法　　杨再春书
北京 北京体育学院出版社 1988 年 119 页
19cm（32 开）ISBN：7-81003-168-6
定价：CNY1.90
　　作者杨再春（1943—　　），书法家。河北唐山

人，毕业于北京体育大学。历任北京体育大学出
版社社长兼总编，中国摄影著作权协会副总干事
长，中国书画函授大学教授。代表作品有《行草
章法》《墨迹章法通览》等。

J0102935
中国书法家协会理事作品选　　烟台美术博物
馆编
北京 人民美术出版社 1988 年 48页 36cm（6开）
ISBN：7-102-00094-4 定价：CNY7.50

J0102936
中日书法交流展　　莫绮华编
香港 香港艺术中心 1988 年 26cm（16 开）
定价 HKD50.00
　　外 文 书 名：Joint Exhibition of Chinese and
Japanese Calligraphy.

J0102937
中外书法家作品展览选集　　秦咢生主编
广州 科学普及出版社广州分社 1988 年 288 页
26cm（16 开）精装 ISBN：7-110-00201-2
定价：CNY22.00
　　作者秦咢生（1900—1996），书法家、印学艺
术家。原名寿南，字古循，初名岳生，嗣改译生。
曾任中国书法协会理事，广东省书法家协会广东
分会主席，广东文史馆副馆长等职。著有《秦咢
生石头记》《秦咢生行书册》《秦咢生手book宋词》
《秦咢生自书诗》《秦咢生诗书篆刻选集》等。

J0102938
周而复书琵琶行　　周而复书
北京 中国画报出版公司 1988 年 32 页 有摹真
38cm（6 开）ISBN：7-80024-017-7
定价：CNY3.20
　　作者周而复（1949—2004），作家。生于江苏
南京，毕业于上海光华大学。历任上海市委宣传
部副部长，文化部副部长，中国书法家协会顾问
等职。代表作品《上海的早晨》《山谷里的春天》
《北望楼杂文》，出版有《周而复书法作品选》《周
而复文集》《周而复书琵琶行》等。

J0102939
壮为写作　　王壮为作
台北 文史哲出版社 1988 年 31cm（10 开）

折装 ISBN: 978–957–547–777–6 定价: TWD560.00

J0102940

安宁碑刻楹联集　杨明熙主编；中国人民政
治协商会议云南省安宁县委员会编
昆明　云南省新闻出版局　1989 年　128 页
26cm（16 开）

J0102941

博览　黄学文书
福州　福建美术出版社［1989 年］1 张　76cm（2 开）
定价: CNY0.40

J0102942

博学广闻　余险锋书
福州　福建美术出版社［1989 年］1 张　76cm（2 开）
定价: CNY0.50

J0102943

蔡松男书法展选集　蔡松男编著
台北　蔡松男　1989 年　53 页　26cm（16 开）

J0102944

陈肯书法选集　陈肯书
南京　江苏人民出版社　1989 年　33 页
25cm（小 16 开）ISBN: 7–214–00341–4
定价: CNY2.20

J0102945

陈叔亮书法集　陈叔亮书
杭州　浙江人民美术出版社　1989 年　50 页
有照片　33×19cm　ISBN: 7–5340–0131–5
定价: CNY7.00

　　作者陈叔亮（1901—1991），工艺美术教育
家、书画家。浙江黄岩人，名寿颐。毕业于上海
美术专科学校。曾在延安鲁迅艺术学院任教，历
任华东文化部艺术处副处长、中央工艺美术学院
院长、中国美术家协会理事、中国书法家协会副
主席。有剪纸艺术专著《窗花》《新美术运动及
其他》。

J0102946

成功之道　（1　立志）（三国）诸葛亮文；方传
鑫书
上海　上海人民美术出版社　1989 年　1 张

76cm（2 开）定价: CNY0.55

J0102947

成功之道　（2　探索）（战国）屈原文；承文浩书
上海　上海人民美术出版社　1989 年　1 张
76cm（2 开）定价: CNY0.55

J0102948

成功之道　（3　勤奋）（唐）韩愈文；侯殿华书
上海　上海人民美术出版社　1989 年　1 张
76cm（2 开）定价: CNY0.55

J0102949

成功之道　（4　坚忍）（战国）荀况文；叶隐谷书
上海　上海人民美术出版社　1989 年　1 张
76cm（2 开）定价: CNY0.55

J0102950

春联　（一）墨丹书；树有作
长春　吉林美术出版社　1989 年　1 张　107cm（全开）
定价: CNY1.20

J0102951

春联　（二）墨丹书；树有作
长春　吉林美术出版社　1989 年　1 张　107cm（全开）
定价: CNY1.20

J0102952

崔子崇隶书前赤壁赋　崔子崇书；山东省出
版总社聊城分社编
济南　山东友谊书社　1989 年　28 页　26cm（16 开）
ISBN: 7–80551–240–X　定价: CNY1.95

J0102953

当代著名书法家作品精选　许以力主编
青岛　青岛出版社　1989 年　274 页　31cm（10 开）
精装　ISBN: 7–5436–0363–2

　　本书在书法艺术体式上，有篆、隶、行、草、
楷各体，荟萃 66 位当代著名书法家的精品佳作，
包括当代知名的港台书法家的作品。书中有艺
术家的生平介绍和照片。还收入了著名书法理
论家沈鹏和吴域的文章。本书有中、英、日 3 种
文字。

J0102954
滴水穿石　马继武书
呼和浩特 内蒙古人民出版社 1989 年 1 张(卷轴)
107cm(全开) 定价: CNY2.60

J0102955
东成西就　良量书
广州 岭南美术出版社 1989 年 1 张 39cm(4 开)
定价: CNY0.18

J0102956
段生才书法鉴赏　段生才书;陈树文编
长春 吉林大学出版社 1989 年 50 页 26cm(16 开)
ISBN: 7-5601-0339-1 定价: CNY2.20
　　作者段生才(1942—　),书法家。河南洛宁
县人。中华诗词学会会员,内蒙古书法家协会会
员,兼任呼伦贝尔市书协顾问、市诗词协会副主
席、海拉尔晚晴诗社社长。出版有《段生才四体
钢笔书法》《新编现代学生汉语词典》。

J0102957
方傅鑫书历代百花诗帖　方傅鑫书
上海 上海书画出版社 1989 年 112 页 有照片
33cm(5 开) ISBN: 7-80512-331-4
定价: CNY8.70

J0102958
非澹泊无以明志，非宁静无以致远　刘小
晴书
上海 上海书画出版社 1989 年 1 张 76cm(2 开)
定价: CNY0.55
　　作者刘小晴(1942—　),书法家。号一瓢,
二泉,上海崇明人。毕业于鲁迅美术学院国画系,
曾担任上海书法家协会副主席,《书法》杂志副
主编,中国书法家协会会员,上海文史馆馆员。
出版有《少年小楷习字帖》《中国书法技法述要》
《怎样写行书》。

J0102959
高小岩书法选　高小岩书
济南 山东美术出版社 1989 年 96 页 有照片
26cm(16 开) ISBN: 7-5330-0211-3
定价: CNY5.80

J0102960
古今格言书法　吴炳伟书
福州 海峡文艺出版社 1989 年 94 页 35cm(18 开)
ISBN: 7-80534-188-5 定价: CNY4.95
　　本书系中国现代草书作品选集。

J0102961
古诗四体字帖　(楷行篆隶)刘艺编写
成都 四川辞书出版社 1989 年 232 页
19cm(32 开) ISBN: 7-80543-083-7
定价: CNY3.50
　　作者刘艺(1931—2016),书法家。原名王平,
别署王实子,原籍台湾台中市。历任中国书法家
协会副主席,中国书法家协会副主席、创作评审
委员会主任、编审,中国书法家协会顾问等。代
表作品《书苑徘徊》,著有《刘艺书法作品集》《刘
艺草书秋兴八首》等。

J0102962
古诗五十首行书隶书字帖　周榕林书
南宁 广西民族出版社 1989 年 100 页
26cm(16 开) ISBN: 7-5363-0562-1
定价: CNY2.50

J0102963
行草墨迹　金希明书
北京 北京体育学院出版社 1989 年 47 页
26cm(16 开) ISBN: 7-81003-183-X
定价: CNY1.70

J0102964
浩然逆书作品选　刘浩然著
西安 陕西人民美术出版社 1989 年 26cm(16 开)
ISBN: 7-5368-0128-9 定价: CNY4.30
　　作者刘浩然(1943—　),回族,书法家。字
一之,河南周口人,毕业于北京师范学院中国书
法艺术专业。历任西安市文联艺术创作研究创
作员,中国书法家协会会员,西安市书法家协会
名誉主席。著有《颜真卿行书探寻》《浩然逆收
作品选》《真行学书百韵歌》《怎样进行楷书训
练》等。

J0102965
贺林书法作品选　李贺林书
北京 海洋出版社 1989 年 49 页 19cm(20 开)

定价：CNY1.60

J0102966
弘一大师书华严集联　李叔同书
上海　上海书画出版社　1989年　39cm（4开）线装
定价：CNY59.00

　　本书共集华严经300联。每百联之后，还附录原本经文中连续而非集缀的字联。有李叔同及友人的序文，附华严经读颂研习入门等。集联中书法一味恬静，精严净妙。书中不但对研究弘一大师的人品和书品，同时对于华严经的理解和研究都具有重要的价值。作者李叔同（1880—1942），音乐家、美术教育家、书法家、戏剧活动家。法名演音，号弘一，晚号晚晴老人，后被人尊称为弘一法师。曾任浙江两级师范学校音乐、图画教师，南京高等师范学校音乐、图画教师。代表作品《送别》《南京大学校歌》《三宝歌》等。

J0102967
鸿禧　严勇书
广州　岭南美术出版社　1989年　1张　76cm（2开）
定价：CNY0.53

J0102968
厚重字形五十法　廖蕴玉书
广州　岭南美术出版社　1989年　81页　26cm（16开）
ISBN：7-5362-0355-1　定价：CNY4.40

　　中国现代楷书书法作品。作者廖蕴玉（1925—　），教师。字琢之，广东五华人。历任中山大学教师、中国书法家协会会员、中国书法家协会广东省分会理事、广东省文史研究馆名誉馆员。

J0102969
积学储宝　臧铁军书
呼和浩特　内蒙古人民出版社　1989年　1张（卷轴）
107cm（全开）定价：CNY2.60

J0102970
简琴斋书法篆刻　简琴斋著
香港　香港市政局　1989年　88页　23cm（10开）
ISBN：962-215-089-6　定价：HKD19.00
　　外文书名：Calligraphy & Seal-carving of Jian Qinzhai.

J0102971
楷行隶篆四体新编千字文字帖　陈竹朋书
西安　陕西人民出版社　1989年　127页
26cm（16开）ISBN：7-224-00665-3
定价：CNY7.20

J0102972
楷书《孙子兵法》　黄廷栋书
成都　四川美术出版社　1989年　258页
26cm（16开）ISBN：7-5410-0361-1
定价：CNY14.00

J0102973
楷书行书大字帖　（书法秘诀百首）赵玉亭著
北京　原子能出版社　1989年　2版　修订本
26cm（16开）ISBN：7-5022-0244-7
定价：CNY2.80

　　本书共收楷书体大字近400个，行书字2000个。选印作者28幅书法作品。将汉字楷书字架结构分为100类，每一类字形的书法规律分别用四句口诀阐明和用行书体书写，并附印刷体。

J0102974
楷书唐诗八十首　李华锦书
重庆　重庆出版社　1989年　80页　26cm（16开）
ISBN：7-5366-0905-1　定价：CNY2.00

　　作者李华锦（1941—　），书法家、教授。生于江苏镇江市，毕业于北京电影学院美术系。曾在长春电影制片厂工作，后任中央党校教授。

J0102975
乐峰陆忠中书法陶塑作品集　（中英对照）
乐峰书；陆忠中作
上海　复旦大学出版社　1989年　有照片
26cm（16开）ISBN：7-309-00458-2
定价：CNY9.70

　　本书书名还分别有：《乐峰书法作品集》《陆忠中陶塑作品集》。

J0102976
李太平书法艺术　李太平书
北京　中国妇女出版社　1989年　76页　有肖像
26cm（16开）ISBN：7-80016-168-4
定价：CNY6.20

J0102977

李裕康书法集　李裕康书

南京　江苏美术出版社　1989年　有照片

25cm（15开）ISBN：7-5344-0106-2

定价：CNY4.50

J0102978

凌云志　余国松书

贵阳　贵州美术出版社［1989年］1张 76cm（2开）

定价：CNY0.36

J0102979

凌云志　张青渠书

长沙　湖南美术出版社　1989年　1张　76cm（2开）

定价：CNY0.40

J0102980

刘行之先生法书集　刘行之著

台北　刘行之［自刊］1989年　194页 38cm（6开）

J0102981

龙年国际书赛获奖作品　李潺编

桂林　漓江出版社　1989年　191页 26cm（16开）

ISBN：7-5407-0389-X　定价：CNY12.00

J0102982

马叙伦先生法书选集　马叙伦书

上海　上海书画出版社　1989年　66页　有肖像

38cm（6开）ISBN：7-80512-204-0

定价：CNY7.49

　　本书收集作者作品除录古代名家诗词外，还有其自作的诗词，以及论书法诗。墨迹精丽秀逸，法度谨严。各个时期的代表作共70件。作者马叙伦（1885—1970），民主革命家、教育家、学者、书法家。字彝初，更字夷初，号石翁，寒香，晚号石屋老人。浙江杭县（今杭州）人。曾任商务印书馆《东方杂志》编辑，《新世界学报》主编，《政光通报》主笔，中央人民政府教育部部长、高等教育部部长等职。出版有《中国文字之构造法》《马叙伦先生法书选集》《马叙伦墨迹选集》等。

J0102983

麦华三楷书　麦华三书

广州　岭南美术出版社　1989年　83页　有照片

33cm（5开）ISBN：7-5362-0348-9

定价：CNY6.40

（岭南书艺丛集）

　　本书汇集作者小楷精品有《乐毅论》《兰亭序》《曹娥诔》《宣示表》《黄庭经》《阴符经》《献之正版十三行》《李邕端州石宝记》《题十香园》等14篇，中楷有《黄庭经帖》。都是他二十世纪六七十年代临写的。作者麦华三（1907—1986），广州美术学院副教授。编写有《中国书法艺术》。

J0102984

眠云听泉　张统良书

贵阳　贵州美术出版社［1989年］1张 76cm（2开）

定价：CNY0.36

J0102985

名家书法精选　王学仲等书

南宁　广西民族出版社　1989年　46幅 26cm（16开）

ISBN：7-5363-0599-0　定价：CNY3.90

　　本书精选苏局仙和秦咢生、沙曼翁、费新我、王学仲等书法家作品46幅。书体有真、草、篆、隶等多种，风格迥异，各有特色，反映了当代中国书坛百花齐放的繁荣局面。初版为散装本，可单幅悬挂陈列欣赏。再版后改为装订本，增收李百忍、李鹤年等名家作品。

J0102986

磨炼　杨向阳书

贵阳　贵州美术出版社［1989年］1张 76cm（2开）

定价：CNY0.36

　　作者杨向阳，书画家、学者、教授。号楚布，字书地人，湖南湘潭人。历任湖南科技大学艺术学院院长，中国当代书画家协会副主席，齐白石画院副院长，中国工业设计协会常务理事等职。主要代表著作有《三体书》《书法要略》《简繁对照字帖》《书法基础》。

J0102987

宁静致远　刘永高书

贵阳　贵州美术出版社［1989年］1张 76cm（2开）

定价：CNY0.36

J0102988

潘受诗墨　（新加坡）潘受书

北京　中国友谊出版公司　1989年　42页　有照片

36cm（6 开）ISBN：7-5057-0186-X
定价：CNY10.00

J0102989
千里共婵娟　　吴锡康书
上海　上海人民美术出版社　1989 年　1 张
76cm（2 开）定价：CNY0.55

J0102990
天行健君子以自强不息　　黄济元书
贵阳　贵州美术出版社［1989 年］1 张 76cm（2 开）
定价：CNY0.36

J0102991
锲而不舍　　林干，乐平作
杭州　浙江人民美术出版社　1989 年　1 张
76cm（2 开）定价：CNY0.55

J0102992
秦胜国书法选　　秦胜国书
南宁　广西人民出版社　1989 年　26 页　26cm（16 开）
ISBN：7-219-01252-7 定价：CNY1.50

J0102993
勤学勤业勤交友　　范曾书
天津　天津人民美术出版社　1989 年　1 张
76cm（2 开）定价：CNY0.50

J0102994
清风亮节　　单良生书
长沙　湖南美术出版社　1989 年　1 张 76cm（2 开）
定价：CNY0.40

J0102995
全国煤矿书法研究会会员作品集　　全国煤
矿书法研究会编辑
郑州　河南美术出版社　1989 年　26cm（16 开）
ISBN：7-5401-0075-3

J0102996
全军书法比赛获奖作品　　解放军报社编
北京　海军出版社　1989 年　120 页　26cm（16 开）
ISBN：7-5070-0047-8 定价：CNY5.20

J0102997
沙孟海翰墨生涯　　陈振濂主编
澳门　艺林出版社　1989 年　163 页　有照片
32cm（10 开）精装

J0102998
山园小梅　　周慧珺书
上海　上海人民美术出版社　1989 年　1 张
107cm（全开）定价：CNY1.00
　　　作者周慧珺（1939—　　），女，书法家。浙江
镇海人，就读于上海市青年宫书法学习班。历任
中国书法家协会副主席，上海书法家协会主席，
中国书法家协会顾问，上海市书法家协会名誉主
席。出版有《周慧珺古代爱国诗词行书字帖》。

J0102999
诗书雅集　　（人民政协成立四十周年 1949—
1989）政协四会县委员会编
四会［政协四会县委员会］1989 年　74 页　有图
26cm（16 开）

J0103000
时来运转家昌盛　心想事成百业兴　　良
量书
广州　岭南美术出版社　1989 年　1 张 53cm（4 开）
定价：CNY0.70

J0103001
实事求是　　韬成，俊卿书
杭州　浙江人民美术出版社　1989 年　1 张
76cm（2 开）定价：CNY0.55

J0103002
**首届全国少年儿童书法习字竞赛获奖作品
集**　　中国书协教育委员会编
重庆　重庆出版社　1989 年　79 页　有照片
26cm（16 开）定价：CNY3.60

J0103003
书法百家墨迹　　中国书法家协会河北分会编
石家庄　河北美术出版社　1989 年　94 页
26cm（16 开）ISBN：7-5310-0236-1
定价：CNY4.60

J0103004

书法对联集　张文祥编写
西安　西安地图出版社　1989年　168页
19cm（32开）ISBN：7-80545-026-9
定价：CNY3.80

J0103005

书画家格言荟萃　张虎编
北京　中国国际广播出版社　1989年　222页
有照片　26cm（16开）ISBN：7-80035-199-8
定价：CNY6.00

J0103006

书为友　黄学文书
福州　福建美术出版社　1989年　1张　76cm（2开）
定价：CNY0.50

J0103007

苏华书法艺术　苏华书
海口　海南人民出版社　1989年　84页　有照片
37cm（8开）ISBN：7-80541-680-X
定价：CNY45.00
　　本书以草书为主，兼有一些隶书和行书。选收当代女书法家苏华创作的对联、条幅、横幅及巨幅型的书法作品98幅。作者苏华（1943—　），女，一级美术师，擅长中国画。广东阳江人，1966年毕业于广州美术学院中国画系；同年在阳江漆器厂事设计工作；1973年调岭南美术出版社任编辑。1983年起为广州画院专业画家，现为该院高级美术师，艺术委员会主任；中国美术家协会会员，广东省书法家协会副主席。擅长山水画、大写意花鸟画及书法；作品有中国画《深圳新拓区》《处女地》《大沙田》等。

J0103008

唐诗百首书法百种　王明九书
福州　福建人民出版社　1989年　204页
30cm（16开）ISBN：7-211-01088-6
定价：CNY10.00
　　作者王明九（1913—2001），书法家。原名王旭堂，字明九，笔名象，后以字行世。祖籍浙江绍兴。历任中国民族博物馆艺术顾问、中国书法家协会会员、天津市书法家协会名誉理事。代表作品有《中华五千年翰墨精粹集锦》《王明九书古诗文百篇》《书法三昧浅说》《唐诗百首·书法

百种》等。

J0103009

唐诗行书字帖　金吕夏书
北京　北京燕山出版社　1989年　165页　有照片
26cm（16开）ISBN：7-5402-0149-5
定价：CNY3.60

J0103010

唐诗楷书字帖　李华锦书
银川　宁夏人民出版社　1989年　40页　26cm（16开）
ISBN：7-227-00472-4　定价：CNY1.30
　　本书选择七言古诗1首，五言绝句19首、七言绝句20首。朱光潜作序，称赞李华锦的字"有很强的艺术感染力。从美学角度看秀丽而不俗、优美而刚健、稳妥而洒脱、古拙中见神采。他的字有晋人之韵，唐人之法，宋人之意"。作者李华锦（1941—　），书法家、教授。生于江苏镇江市，毕业于北京电影学院美术系。曾在长春电影制片厂工作，后任中央党校教授。

J0103011

唐宋绝句行楷字帖　骆恒光书
杭州　浙江人民出版社　1989年　254页
20cm（32开）ISBN：7-213-00229-5
定价：CNY2.60
　　骆恒光（1943—　），书法家。号翼之，浙江诸暨人。毕业于浙江美术学院。历任浙江教育出版社美术编辑，中国硬笔书法家协会副主席，中国书法家协会会员、浙江分会理事，浙江省书法理论研究会副会长兼秘书长。著有《骆恒光论书》《行书法图说》《王羲之圣教序及其笔法》。

J0103012

天下为公　孙中山书；崔占芬移植
天津　天津人民美术出版社　1989年　1张（卷轴）
78cm（2开）ISBN：7-5305-25147　定价：CNY1.20

J0103013

王宠行草瞻眺诗帖　王宠行著
天津　天津杨柳青画社　1989年　25页
ISBN：7-80503-094-4　定价：CNY2.40

J0103014

王蘧常书法集　王蘧常书

杭州 浙江人民出版社 1989年 有肖像
37cm(8开) 精装 ISBN：7-213-00228-7
定价：CNY55.00

外文书名：Collection of Wang Quchang's Calligraphy. 本书收作者篆、隶、楷、行、草各体的作品，以章草为主。形式有：署书、楹联、屏幅、杂品、诗文和书札6大栏目。其书法蟠屈龙蛇，古据凝重，别具一格。作者王蘧常(1900—1989)，书法家、历史学家。字瑷仲，号明两，别号涤如、角里翁、欣欣老人。出生于天津，祖籍浙江嘉兴。曾任上海交通大学、光华大学(今华东师范大学)、复旦大学教授。著作有《诸子学派要诠》《王蘧常章草艺术》《钱衍石年谱》《国学讲演稿》等。

J0103015

王雪樵墨迹选 王雪樵书；武绍文编
西安 陕西人民美术出版社 1989年 26cm(16开)
ISBN：7-5368-0156-4 定价：CNY2.60

作者王雪樵(1894—1939)，书法家。名光荫，号一苇居士，陕西神木县人。肄业于北京法政大学。曾任北洋政府农商部主事、陕西督军李根源秘书、府谷县县丞等职。

J0103016

为人师表 王健书
杭州 浙江人民美术出版社 1989年 1张
76cm(2开) 定价：CNY0.59

J0103017

文集金石书画集 史文集书
北京 春秋出版社 1989年 有照片 26cm(16开)
ISBN：7-5069-0234-6 定价：CNY2.50

J0103018

夏时雨百种论书墨迹 夏时雨著
北京 中国国际广播出版社 1989年 46页
26cm(16开) ISBN：7-80035-076-2
定价：CNY2.15

作者夏时雨(1935—)，书法家、书法理论家、散文作家和诗人。就职于保定市文联，《大千世界》报副社长、副主编，冀中书画大学副校长、教授等职。

J0103019

先天下之忧而忧 后天下之乐而乐 范曾书
天津 天津人民美术出版社 1989年 1张(卷轴)
107cm(全开) 定价：CNY2.00

J0103020

萧退庵书法选 萧退庵书
北京 人民美术出版社 1989年 27页 有肖像
26cm(16开) ISBN：7-102-00522-9
定价：CNY2.60

作者萧退庵(1875—1958)，书法家。原名守忠，后改名嶙，号退庵等。江苏常熟人。

J0103021

谢云作品选 谢云书
北京 中国书籍出版社 1989年 68页
24×25cm(12开) ISBN：7-5407-0431-4
定价：CNY9.50
(中国现代书法丛书)

本书由中国书籍出版社和漓江出版社联合出版。

J0103022

心静 朱义方书
南昌 江西人民出版社 1989年 1张(卷轴)
107cm(全开) 定价：CNY2.00

J0103023

心静 朱义方书；刘超俊制作
南昌 江西人民出版社 1989年 1张 76cm(2开)
定价：CNY0.48

J0103024

新编成语字帖 朱文郁写
南京 江苏教育出版社 1989年 46页 19cm(32开)
定价：CNY0.60

J0103025

性灵豁畅 张静芳书
贵阳 贵州美术出版社 [1989年] 1张 76cm(2开)
定价：CNY0.36

作者张静芳(1942—)，女，高级美术师。上海人。历任中国书法家协会会员，上海书法家协会常务理事、办公室主任等职。

J0103026
徐寒书法作品选　　徐寒书
北京 北京大学出版社 1989年 32页 26cm（16开）
ISBN：7-301-00787-6 定价：CNY2.40

J0103027
徐浩然书前后赤壁赋　　徐浩然书
南京 江苏人民出版社 1989年 12页 26cm（16开）
ISBN：7-214-00314-7 定价：CNY0.95
　　中国现代行楷书法作品。

J0103028
学而不厌　　蒋平畴书
福州 福建美术出版社［1989年］1张 76cm（2开）
定价：CNY0.40
　　作者蒋平畴（1944—　　），画家。字平韶，斋号远风斋，出生于福建福州，祖籍福建长乐。历任福建省书法家协会副主席，中国书法家协会会员。出版专著《书法述要》《书画要义》《中国书画精义》等。

J0103029
学而不厌　　蒋平畴书
福州 福建美术出版社 1989年 1张 76cm（2开）
定价：CNY0.50

J0103030
学贤有恒　　陈奋武书
福州 福建美术出版社［1989年］1张 76cm（2开）
定价：CNY0.40

J0103031
阎梓昭书法选　　阎梓昭书
北京 中国食品出版社 1989年 54页 30cm（15开）
ISBN：7-80044-262-4 定价：CNY10.00

J0103032
游山西村　　钱茂生书
上海 上海人民美术出版社 1989年 1张
107cm（全开）定价：CNY1.00

J0103033
欲除烦恼须无我，历尽艰辛好为人　　陆抑非书
上海 上海书画出版社 1989年 1张 76cm（2开）

定价：CNY0.55
　　作者陆抑非（1908—1997），美术教育家。名翀，初字一飞，改字抑非，号非翁，又号苏叟。江苏常熟人。历任中国美术学院教授、研究生导师，西泠书画院副院长，常熟书画院名誉院长。作品有《花好月圆》《春到农村》《寿桃图》等，著有《非翁画语录》。

J0103034
赵西林诗词书法集　　赵西林书
贵阳 贵州美术出版社 1989年 26cm（16开）
　　本书收入作者的甲骨文、隶书、行草、篆书等书法作品等。书法内容多是作者创作的歌颂贵州的诗歌，能融诗书于一体。作者赵西林（1930—2016），书法家。贵州贵阳市人。历任中国书法家协会会员，贵州省书法教育研究会理事长，全国市长书画研究院院士。出版有《赵西林诗词书法集》《赵西林书法精品六十幅》《赵西林诗词书法集》等专集。

J0103035
志存高远　　周志高书
贵阳 贵州美术出版社［1989年］1张 76cm（2开）
定价：CNY0.36

J0103036
志在千里　　吴涤生书
杭州 浙江人民美术出版社 1989年 1张
76cm（2开）定价：CNY0.55

J0103037
中国报头大观　（上）杨波主编
北京 新华出版社 1989年 278页 26cm（16开）
ISBN：7-5011-0370-4 定价：CNY29.50

J0103038
中国当代女书法家作品荟萃　　谭梅英等书
北京 北京体育学院出版社 1989年 64页
26cm（16开）ISBN：7-81003-286-0
定价：CNY3.80

J0103039
中石夜读词抄　　欧阳中石书
北京 北京经济学院出版社 1989年 80页
32cm（10开）ISBN：7-5638-0093-X

定价：CNY5.95

中国现代行书书法作品。作者欧阳中石（1928—2020），著名文化学者、书法家、书法教育家。山东肥城市人。毕业于北京大学哲学系。历任首都师范大学教授、博士生导师、中国书法文化研究所所长、中国书法家协会顾问、中国画研究院院务委员。书法作品有《欧阳中石书沈鹏诗词选》《中石夜读词钞》，主要著作有《中国逻辑史》《书法与中国文化》《中国书法史鉴》《章草便检》等。

J0103040

周昭怡书法选　　周昭怡书
长沙　湖南美术出版社　1989 年　48 页　35cm（15 开）
ISBN：7-5356-0259-2　定价：CNY5.80

本书精选作者行草有周恩来《东渡日本诗》等 38 幅，隶书有韩愈《师说》等 10 幅，篆书有《说文解字叙》等 2 幅，楷书有《重修岳麓书院》等 10 幅。共 60 幅。作者周昭怡（1912—1989），女，书法家。湖南长沙人，中国书法家协会理事，中国书协湖南分会主席。出版有《岳麓书院记》《石钟山记》《国际书法展览作品精选》等。

J0103041

朱关田书历代咏物诗帖　　朱关田书
上海　上海书画出版社　1989 年　108 页　有照片
33cm（5 开）ISBN：7-80512-372-1
定价：CNY8.70

中国现代草书书法作品。作者朱关田（1944—　），书法家、篆刻家、书法史家。字曼倬，斋号思微室，浙江绍兴人，毕业于浙江美术学院。历任中国书法家协会常务理事、学术委员会副主任，西泠印社副社长等职。著有《中国书法全集·颜真卿卷》《中国书法全集·李邕卷》等。

J0103042

卓越书法家聂根升作品选　　聂根升书
北京　中国卓越出版公司　1989 年　26cm（16 开）
ISBN：7-80071-077-7　定价：CNY2.40
（当代卓越人物丛书）

作者聂根升（1948—　），教授。别署墨兰轩主、兰竹轩主，山西大宁人，祖籍河南杞县。历任北京东方祥和书画院副院长，首都书画艺术研究会会长，中华清风书画协会副主席，

中国书法艺术研究院教授，中国三峡画院艺术顾问。

J0103043

自强不息　　周志高书
上海　上海书画出版社　1989 年　1 张　76cm（2 开）
定价：CNY0.55

J0103044

自强不息　　王健书
杭州　浙江人民美术出版社　1989 年　1 张
76cm（2 开）定价：CNY0.55

J0103045

《小学生日常行为规范》三字歌大字帖　　王正锋编
西安　陕西人民教育出版社　1990 年　34 页
19cm（小 32 开）定价：CNY1.00

J0103046

啊　黄河　　顾棣摄；林鹏书
太原　山西人民出版社　1990 年　1 张　107cm（全开）
定价：CNY3.00

J0103047

博学多思　　王建书
杭州　浙江人民美术出版社　1990 年　1 张
76cm（2 开）定价：CNY0.55

J0103048

曾景充书法选　　曾景充书
广州　岭南美术出版社　1990 年　54 页　26cm（16 开）
ISBN：7-5362-0621-6　定价：CNY4.20

作者曾景充（1932—2009），书法家。生于广州。中国书法家协会会员，曾任广东书协理事，广东书协艺术指导委员，广州市书协副会长，美协广东分会会员，广东省中国文物鉴藏家协会理事，广州市文史研究馆馆员，东方书画院客座教授。著有《行书要法》《魏体千字文》《曾景充钢笔书》《五体临池指要》等。

J0103049

陈嘉子书法作品集　　陈嘉子著
台北　1990 年　73 页　有图 38cm（6 开）

J0103050

陈沛彬书法选　　陈沛彬书

广州　岭南美术出版社　1990 年　93 页　有彩照

28cm（16 开）ISBN：7-5362-0622-4

定价：CNY20.00

　　外文书名：Selected Works of Calligraphy by Chen Peibin. 作者陈沛彬（1949—　　），书法家。出生于广西柳州。历任桂林中日友好书法研究会副会长，桂林中日友好书法碑林馆馆长，中国书法家协会会员，广西政协委员。有《陈沛彬书法选》行世。

J0103051

陈元高书法选　　陈元高书

沈阳　辽宁美术出版社　1990 年　117 页

26cm（16 开）ISBN：7-5314-0877-5

定价：CNY10.00

J0103052

陈肇汉自书诗　　陈肇汉书

武汉　湖北美术出版社　1990 年　52 页　有肖像

26cm（16 开）ISBN：7-5394-0164-8

定价：CNY2.80

（火柴棒书法）

J0103053

春夏秋冬　　（清）叶燮等诗；史穆等书

长沙　湖南美术出版社　1990 年　4 张　54cm（4 开）

定价：CNY1.00

J0103054

澹泊明志　　刘丕举书

天津　天津人民美术出版社　1990 年　1 张

76cm（2 开）定价：CNY0.50

J0103055

当代名家书千字文

北京　中国和平出版社［1990—1999 年］

26cm（16 开）

　　本书有启功草书千字文，刘炳森隶书千字文。

J0103056

邓散木楹联墨迹选　　邓散木书；邓散木艺术陈列馆供稿

哈尔滨　哈尔滨地图出版社　1990 年　101 页

33cm（5 开）ISBN：7-80529-045-8

定价：CNY6.00

　　本书所选楹联真、草、隶、篆各体俱全，情境优美，富有深邃的哲理。介绍了邓散木早、中、晚期的书法造诣。

J0103057

读万卷书·行万里路　　国城，林干书

杭州　浙江人民美术出版社　1990 年　1 轴

76cm（2 开）定价：CNY2.40

J0103058

读万卷书·行万里路　　国城，林干书

杭州　浙江人民美术出版社　1990 年　1 张

76cm（2 开）定价：CNY0.55

J0103059

发扬雷锋精神　　汪显辉书

上海　上海人民美术出版社　1990 年　1 张

76cm（2 开）定价：CNY0.55

J0103060

法制名言书法选　　成葆德，康建亭主编

太原　山西人民出版社　1990 年　178 页

26cm（16 开）ISBN：7-203-01299-9

定价：CNY8.50

J0103061

繁体书法十诀字帖　　彭飞著

长沙　中南工业大学出版社　1990 年　118 页

19cm（小 32 开）定价：CNY2.80

J0103062

古今名联五体书　　罗永嵩等书

成都　四川美术出版社　1990 年　26cm（16 开）

ISBN：7-5410-0525-8　定价：CNY6.50

J0103063

古诗佳联字帖　　毛谷风选辑；任平写帖

长沙　岳麓书社　1990 年　108 页　26cm（16 开）

ISBN：7-80520-204-4　定价：CNY2.70

　　本字帖包括古诗佳联 200 副。由杭州大学教师、书法家任平以毛笔和钢笔书写。任平（1952—　　），书法家。江苏如皋人，毕业于杭州

大学中文系，获博士学位。历任文化部中国艺术研究院教授、博士生导师，中国艺术研究院美术研究所学术委员会委员、书法研究室主任。中国书法家协会书法教育专业委员会委员、中国语言学会会员等。代表作品优《中国书法》《说隶》《笔歌墨舞》《中国书法全集》等。

J0103064
顾随先生临同州圣教序　顾随书
天津　天津市古籍书店　1990 年　影印本　44 页
33cm（5 开）定价：CNY2.50
　　作者顾随（1897—1960），作家、书法家。字美季，号苦水，河北清河县人，毕业于北京大学。曾任天津师范学院教授。代表作品有《顾随文集》《无病词》《味辛词》《荒原词》等。

J0103065
郭沫若书毛泽东诗词　郭沫若书
北京　人民美术出版社　1990 年　60 页 26cm（16 开）
ISBN：7-102-00758-2 定价：CNY4.50
　　作者郭沫若（1892—1978 年），文学家、历史学家。原名开贞，字鼎堂，号尚武，乳名文豹，笔名沫若、麦克昂、郭鼎堂，四川乐山人，毕业于日本九州帝国大学。历任中国科学院首任院长、中国科学技术大学首任校长、苏联科学院外籍院士。代表作《郭沫若全集》《甲骨文字研究》《中国史稿》等。

J0103066
郭子绪书法选　郭子绪书
沈阳　辽宁美术出版社　1990 年　127 页　有照片
26cm（16 开）精装 ISBN：7-5314-0856-2
定价：CNY56.00
　　外文书名：Selected Calligraphy of Mr. Guo ZiXu. 作者郭子绪（1940—2018），教授。字楠石，号卧溪、雪衲。生于河北乐亭，鲁迅美术学院中国画系肄业。历任辽宁画院专业创作、教授，国际书法家协会副主席，中国名人书画院副院长，鲁迅美术学院客座教授，沧浪书社社员，辽宁画院副研究员。代表作品《梅花册页》。

J0103067
国际文化交流赛克勒杯中国书法竞赛作品集　赵瑞清等
北京　国际文化出版公司　1990 年　134 页　有图

25×27cm ISBN：7-80049-653-8 定价：CNY17.90

J0103068
过故人庄　周慧珺书
上海　上海人民美术出版社　1990 年　1 张
107cm（全开）定价：CNY1.00
　　作者周慧珺（1939—　），女，书法家。浙江镇海人，就读于上海市青年宫书法学习班。历任中国书法家协会副主席，上海书法家协会主席，中国书法家协会顾问，上海市书法家协会名誉主席。出版有《周慧珺古代爱国诗词行书字帖》。

J0103069
海内存知已·天涯若比邻　范曾书
天津　天津人民美术出版社　1990 年　1 张
76cm（2 开）定价：CNY0.50
　　作者范曾（1938—　），画家、学者。字十翼，别署抱冲斋主，江苏南通人。毕业于中央美术学院中国画系。历任中央工艺美术学院讲师、副教授，南开大学东方艺术系教授、博士生导师，中国艺术研究院终身研究员等。代表作品有《庄子显灵记》《范曾自述》《老子出关》《钟馗神威》等。

J0103070
行书临范　钟明善选编
西安　三秦出版社　1990 年　85 页 26cm（16 开）
ISBN：7-80546-320-4 定价：CNY3.95

J0103071
胡问遂临魏碑四种
上海　上海书店　1990 年　38cm（6 开）
ISBN：7-80569-205-X 定价：CNY4.60

J0103072
胡忠恕小楷　胡忠恕书
天津　天津大学出版社　1990 年　13 页 26cm（16 开）
ISBN：7-5618-0211-0 定价：CNY1.00
　　作者胡忠恕（1935—　），教授。河北鸡泽人，毕业于河北师范大学物理系。先后任教于河北大学和天津医学院，河北大学艺术考古室书法教授。出版有《胡忠恕书孙子》《胡忠恕书毛泽东诗词四十二首》《胡忠恕书金刚经》等。

J0103073
虎　陈骧龙书；张光莹绘
天津　天津人民美术出版社　1990 年　1 轴（卷轴）
附配画 1 对　定价：CNY5.00
　　作者陈骧龙（1941—2012），书法家。生于北京，祖籍浙江温州。曾任天津人民美术出版社编辑、中国书法家协会会员，美术家协会天津分会会员。著有《华夏五千年艺术丛书　版画集》《青少年书法五十讲》等。作者张光莹（1939—　），画家。生于重庆大足县。历任永川书画院副院长、中国美协四川分会会员。画集《百虎图》《张光莹虎作精品选集》《重庆野生动物世界》《珍稀动物集锦》等。专著有《老虎画法》。

J0103074
华美现代书法集　华美现代书法研究室编
厦门　厦门大学出版社　1990 年　69 页　26cm（16 开）
ISBN：7–5615–0313–X　定价：CNY8.00

J0103075
黄宾虹书法集　黄宾虹书；汪孝文选编
南京　江苏美术出版社　1990 年　117 页　有肖像
26cm（16 开）ISBN：7–5344–0158–5
定价：CNY13.80
　　本书汇入作者 1889 至 1955 年间，早、中、晚期书法作品百余幅。内容有手札、题画、题跋、文稿、篆联、册页、诗稿等。作者黄宾虹（1865—1955），近现代画家，擅画山水，为山水画一代宗师。原籍安徽徽州歙县，生于浙江金华，成长于老家歙县潭渡村。初名懋质，后改名质，字朴存，号宾虹，别署予向。代表作《山居烟雨》《新安江舟中作》等。

J0103076
楷·行·草·隶硬笔、毛笔字帖精品集　（全国历届一等奖获得者书写）吴铮主编
上海　三联书店上海分店　1990 年　76 页
26cm（16 开）ISBN：7–5426–0367–1
定价：CNY3.60

J0103077
楷书爱我中华三字经　隋学芳书
北京　华夏出版社　1990 年　284 页　有肖像
26cm（16 开）ISBN：7–80053–342–5
定价：CNY7.20

J0103078
楷书七言唐诗　黄廷栋编
北京　北京燕山出版社　1990 年　63 页　26cm（16 开）
ISBN：7–5402–0199–1　定价：CNY2.50
（燕山书法丛书）

J0103079
楷书宋词二十三首　刘明洲书
南宁　广西民族出版社　1990 年　120 页
26cm（16 开）ISBN：7–5363–0854–X
定价：CNY3.60

J0103080
孔孟好学　刘丕举作
天津　天津人民美术出版社　1990 年　1 张
107cm（全开）定价：CNY2.50

J0103081
老耘书法集　老耘作
合肥　安徽美术出版社　1990 年　50 页　26cm（16 开）
ISBN：7–5398–0128–X　定价：CNY4.00

J0103082
李华君书法集　（对联集锦）李华君书
昆明　云南教育出版社　1990 年　71 页　有肖像
26cm（16 开）ISBN：7–5415–0394–0
定价：CNY3.95

J0103083
李真书法选集　《李真书法选集》编委会编辑
北京　长城出版社　1990 年　112 页　有图
37cm（8 开）精装　ISBN：7–80017–129–9
定价：CNY50.00

J0103084
刘炳森隶书千字文　刘炳森书
北京　中国和平出版社　1990 年　46 页　26cm（16 开）
ISBN：7–80037–418–1　定价：CNY3.40
（当代名家书千字文）

J0103085
刘崇寿书法艺术　刘崇寿书
广州　岭南美术出版社　1990 年　98 页　有照片
26cm（16 开）ISBN：7–5362–0630–5
定价：CNY6.50

作者刘崇寿（1931—　），教授。湖北汉川人。历任广州市楚宝斋艺术公司总经理、中国书法家协会会员、中国文物学会会员、广东省书法家协会会员、武汉市美术家协会会员、湖北江夏书画院秘书长等。出版有《刘崇寿书法艺术》《刘崇寿书法楹联集》等。

J0103086

刘福寿楹联书法　刘福寿书
石家庄　河北美术出版社　1990 年　9614 页
有照片　26cm（16 开）ISBN：7-5310-0377-5
定价：CNY5.50

J0103087

刘健书法作品集　刘健书
天津　天津人民美术出版社　1990 年　81 页
有照片　26cm（16 开）ISBN：7-5305-0253-0
定价：CNY4.40

J0103088

刘孟嘉、段玉鹏书法篆刻选　刘孟嘉，段玉鹏书
济南　山东友谊出版社　1990 年　72 页　26cm（16 开）
ISBN：7-80551-285-X　定价：CNY13.00

作者刘孟嘉（1952—　），书法家、教授。本名刘朴，祖籍山东诸城。现为山东师范大学教授、硕士研究生导师。作者段玉鹏（1949—　），书法家。山东济宁市人。中国书法家协会对外艺术交流委员会副主任，西泠印社社员，山东省书法家协会副主席等。

J0103089

刘志平书法作品集　刘志平书
香港　国际出版公司［1990—1999 年］32 页
26cm（16 开）ISBN：962-245-009-1
定价：HKD15.00
（当代著名书画家丛书）

J0103090

龙泉青瓷杯全国中师书法大赛获奖作品集
黄尚厚主编
西安　陕西人民美术出版社　1990 年　26cm（16 开）
ISBN：7-5368-0240-4　定价：CNY7.80

J0103091

陋室铭　刘丕举书
天津　天津人民美术出版社　1990 年　1 张
76cm（2 开）定价：CNY1.50

J0103092

卢乐群书法集　卢乐群书；金吕夏编
杭州　浙江文艺出版社［1990 年］44 页　有照片
38×17cm　ISBN：7-5339-0320-X　定价：CNY10.00

J0103093

卢有光书法新作选　卢有光书
海口　三环出版社　1990 年　20 页　26cm（16 开）
定价：CNY3.30

作者卢有光（1938—　），书法家。生于广东肇庆。历任中国书法家协会会员、广东省书法家协会副主席、广州市文史研究馆副馆长。著有《卢有光书法选集》《王羲之兰亭序书法入门》《卢有光楹联展书法集》《卢有光书法新作选》《卢有光书道展》。

J0103094

卢有光楹联书法集　卢有光书
广州　广东人民出版社　1990 年　90 页　20cm（32 开）
ISBN：7-218-00513-6　定价：CNY3.60

本书展示作者楷、行、草、隶、篆各体书法作品 90 幅，风格变化多端。

J0103095

毛笔钢笔粉笔习字帖（规范化书法训练）胡明鑫等编
昆明　云南大学出版社　1990 年　215 页
19cm（32 开）ISBN：7-81025-083-3
定价：CNY1.95

J0103096

梅花诗屏　武中奇书
南京　江苏美术出版社　1990 年　4 张　76cm（2 开）
定价：CNY5.95

作者武中奇（1907—2006），书法家。山东长清人。历任江苏省人民代表大会常务委员，中国书法家协会理事，中国书法家协会江苏分会主席，江苏省画院副院长。出版有《武中奇书法篆刻集》。

J0103097
梅花诗屏　　武中奇书
南京 江苏美术出版社 1990 年 4 张 107cm（全开）
定价：CNY32.00

J0103098
莫道桑榆晚·为霞尚满天　　范曾书
天津 天津人民美术出版社 1990 年 1 张
76cm（2 开）定价：CNY0.50

J0103099
莫等闲白了少年头　　范曾书
天津 天津人民美术出版社 1990 年 1 张
76cm（2 开）定价：CNY0.50

J0103100
莫等闲白了少年头　　范曾书
天津 天津人民美术出版社 1990 年 1 轴
76cm（2 开）定价：CNY1.50

J0103101
念奴娇·赤壁怀古　　刘小晴书
上海 上海人民美术出版社 1990 年 1 张
107cm（全开）定价：CNY1.00

J0103102
聂根升刘洪彪书法作品集　　聂根升，刘洪彪书
北京 文津出版社 1990 年 93 页 26cm（16 开）
ISBN：7-80554-061-6 定价：CNY4.30
　　作者聂根升（1948— ），教授。别署墨兰轩主、兰竹轩主，山西大宁人，祖籍河南杞县。历任北京东方祥和书画院副院长，首都书画艺术研究会会长，中华清风书画协会副主席，中国书法艺术研究院教授，中国三峡画院艺术顾问。作者刘洪彪（1954— ），字后夷，号逆版斋主，中国书协培训中心副教授，中国书法家协会会员。

J0103103
宁静致远　　刘小晴书
上海 上海书画出版社 1990 年 1 张 76cm（2 开）
定价：CNY0.55

J0103104
宁静致远　　乐平，韬成作
杭州 浙江人民美术出版社 1990 年 1 张

76cm（2 开）定价：CNY0.55

J0103105
彭鸿赓虞书集　　彭鸿作
台北 宾和鸣［1990—1999 年］150 页
38cm（6 开）精装

J0103106
启功草书千字文　　启功书
北京 中国和平出版社 1990 年 30 页 26cm（16 开）
ISBN：7-80037-417-3 定价：CNY2.50
（当代名家书千字文）
　　作者启功（1912—2005），满族，中国现代著名书法家。字元伯，北京人。曾任北京师范大学教授，中央文史研究馆副馆长，中国书协名誉主席等职、世界华人书画家联合会创会主席、中国佛教协会、故宫博物院、国家博物馆顾问，西泠印社社长。

J0103107
锲而不舍·金石可镂　　范曾书
天津 天津人民美术出版社 1990 年 1 张
76cm（2 开）定价：CNY0.50

J0103108
秦锦章书法选　　秦锦章书
上海 华东师范大学出版社 1990 年 93 页
26cm（16 开）ISBN：7-5617-0681-2
定价：CNY6.50
　　作者秦锦章（1948— ），书法家。安徽全椒人，历任安徽书法家协会理事，中国硬笔书法研究会安徽分会艺术指导，安徽省包装装潢设计委员会委员，滁县地区书法协会理事。

J0103109
全国第三届中青年书法篆刻家展览作品集
安徽美术出版社编
合肥 安徽美术出版社 1990 年 187 页
26cm（16 开）ISBN：7-5398-0143-3
定价：CNY12.50
　　本书共编入 400 多位作者的书法、篆刻作品，分获奖作品、优秀作品、参展作品，还将部分评委的作品一并编入。共收录 867 幅图。

J0103110
三字经　李山泉
南京 江苏美术出版社 1990年 1张 76cm（2开）
定价：CNY1.90

J0103111
诗词名言佳句书法　吴经缘书
北京 北京体育学院出版社 1990年 312页
13cm（60开）ISBN：7-81003-424-3
定价：CNY3.60
　　本书精选了三百多条诗词、名言、佳句，用真、草、隶、篆、行书体，格式有中堂、条幅、对联、扇面等。作者吴经缘（1940—　），书法家。字丹石，号安清，北京市门头沟区书法协会主席，中国书法家协会会员，北京市书法家协会会员。出版专著《诗词名言佳句书法》《吴经缘书法集》《吴经缘专辑》等。

J0103112
石浦港书法藏品选　象山县书法家协会编
北京 人民美术出版社［1990年］65页
19cm（32开）ISBN：7-102-00862-7
定价：CNY7.20

J0103113
实践出真知　沈宝龙，韬成作
杭州 浙江人民美术出版社 1990年 1张
76cm（2开）定价：CNY0.55

J0103114
书法百帧　赵翼荣书
昆明 云南教育出版社 1990年 100页
26cm（16开）精装 ISBN：7-5415-0395-9
定价：CNY12.00
　　作者赵翼荣（1946—　），教授、书法家。浙江东阳人。历任昆明学院教授，昆明书法家协会主席，云南省诗词协会学术委员，昆明书法家协会副主席兼秘书长等职。出版有《溯古汲今——诗论书法自释》《师范书法讲稿》《书法百帧》《初中写字教程》等。

J0103115
书法百帧　赵翼荣书
昆明 云南教育出版社 1990年 100页
26cm（16开）ISBN：7-8415-0379-7

定价：CNY8.50

J0103116
四体书格言警句选　焦传生等书
北京 人民美术出版社 1990年 60页 26cm（16开）
ISBN：7-102-00768-X 定价：CNY2.80
（四体书法丛书）
　　本书是中国现代四体书法帖。选辑中国广播为流传、有积极意义的格言、警句43则，共计448字。作者焦传生（1926—1999），号无砚斋。山东章丘焦家庄人，毕业于国立西北大学法政学院。曾任教于山东淄博第六中学，中国书法艺术研究会艺术委员会委员，中国翰墨文化促进会会员，中国老年书画研究会会员。作品有《篆书唐诗八十首》等。

J0103117
唐罡草书三吏三别　唐根生书
合肥 安徽美术出版社 1990年 42页 26cm（16开）
ISBN：7-5398-0133-6 定价：CNY3.00
　　作者唐根生（1942—　），书法家。笔名唐罡，安徽枞阳人。历任安庆市图书馆馆长、副研究馆员，中国书法家协会会员，安徽省美术家协会会员。

J0103118
唐诗屏　沙曼翁书
南京 江苏美术出版社 1990年 4张 76cm（2开）
定价：CNY5.95

J0103119
棠湖国际书法邀请展作品精选集　程玉书；
沈学方编
成都 成都科技大学出版社 1990年 134页
39cm（8开）定价：CNY28.00

J0103120
天下为公　袁乐平作
杭州 浙江人民美术出版社 1990年 1张
76cm（2开）定价：CNY0.55

J0103121
田英章临欧书皇甫君碑　田英章著
北京 中国经济出版社 1990年 38页
32×19cm（15开）ISBN：7-5017-0787-1

定价: CNY3.30

（田英章系列书法字帖）

　　作者田英章(1950—　　)，书法家。字存青、存卿，出生于天津。先后毕业于首都师范大学、日本东京学艺大学。中国硬笔书法协会首任会长，中国书法家协会会员、欧阳询书法艺术研究会会长。代表作品有《田英章系列书法字帖》《田英章作品精选》等。

J0103122

王维德书法集　　王维德书

兰州　甘肃人民美术出版社　1990年　有照片

26cm（16开）ISBN: 7-80588-003-4

定价: CNY6.40

　　作者王维德(1931—　　)，书法家。号岳川，生于甘肃民勤。出版有《行书字帖》《王维德书法集》。

J0103123

王宪张旭怀义书法作品集　　弓超编

北京　文化艺术出版社　1990年　120页　有照片

25×26cm ISBN: 7-5039-0766-5　定价: CNY16.00

J0103124

望庐山瀑布　　及俊海书

石家庄　河北美术出版社［1990年］1张

107cm（全开）定价: CNY2.00

J0103125

为人民服务　　陈建民作

杭州　浙江人民美术出版社　1990年　1张

76cm（2开）定价: CNY0.55

J0103126

闻鸡起舞　　刘海粟书

南京　江苏美术出版社　1990年　1张　76cm（2开）

定价: CNY9.50

　　作者刘海粟(1896—1994)，画家、美术教育家。名槃，字季芳，号海翁。江苏武进人。参与创办上海私立美术学院。曾任华东艺术专科学校校长，南京艺术学院院长。代表作《黄山云海奇观》《披狐皮的女孩》《九溪十八涧》等，有画集《黄山》《海粟老人书画集》等。

J0103127

闻鸡起舞　　（书法）刘海粟书

南京　江苏美术出版社　1995年　1轴　135×37cm

定价: CNY45.00

J0103128

吴丈蜀书法辑　　吴丈蜀书

武汉　湖北人民出版社　1990年　175页　有肖像

38×27cm ISBN: 7-216-00631-3　定价: CNY16.00

　　作者吴丈蜀(1919—2006)，学者、诗人、书法家。字恂子，别署茍芷。生于四川泸州。历任湖北省社会科学院研究员，中华诗词学会副会长，湖北省诗词学会会长，《书法报》社社长，中国书法家协会理事。作品有《吴丈蜀书兰亭序》《吴丈蜀书法集》《吴丈蜀书法辑》。

J0103129

伍中一书历代名人咏峨眉　　伍中一抄录

成都　西南交通大学出版社　1990年　26cm（16开）

ISBN: 7-81022-148-5　定价: CNY2.20

　　本书为中国现代楷书法贴。作者伍中一(1923—2008)，书法家。号渡叟，四川眉山市人。历任中国诗书画研究馆研究员，四川省书法家协会会员，四川省楹联学会顾问，眉山市文联顾问、东坡诗社顾问。出版有《历代名人咏峨眉》《眉州远景楼记》《伍中一墨迹》等。

J0103130

辛亥革命以来名人墨迹　　任学良主编

杭州　浙江美术学院出版社　1990年　190页

26cm（16开）ISBN: 7-81019-056-3

定价: CNY8.00

　　本书收录269人的墨宝395件。

J0103131

新魏书字帖　　陈钟咏著

上海　上海书店　1990年　26cm（16开）

ISBN: 7-80569-320-X　定价: CNY1.25

　　作者陈钟咏(1944—　　)，书法家。号正斋。中国书法家协会上海分会会员，中国神剑文艺学会会员，上海宝山区职工书法协会副会长。出版有《新魏书字帖》《新魏书结构字帖》等。

J0103132

醒世恒言名句书法　马华林书
南宁 广西民族出版社 1990 年 100 页
19cm（32 开）ISBN：7-5363-0946-5
定价：CNY3.00

J0103133

袖珍古诗书法集　（1）孙介凡编选
沈阳 辽宁美术出版社［1990 年］9 张
13cm（64 开）定价：CNY0.80

J0103134

学海无涯　王再天书
呼和浩特 内蒙古人民出版社 1990 年 1 张
107cm（全开）定价：CNY2.60

J0103135

学海无涯　高峡书
西安 陕西人民美术出版社 1990 年 1 张
76cm（2 开）定价：CNY0.60

J0103136

学海无涯　谢三中书
杭州 浙江人民美术出版社 1990 年 1 张
76cm（2 开）定价：CNY0.55

J0103137

延年益寿　武中奇书
南京 江苏美术出版社 1990 年 1 张 76cm（2 开）
定价：CNY9.50

J0103138

杨农生书滕王阁序　杨农生书
南昌 江西美术出版社 1990 年 26cm（16 开）
ISBN：7-80580-010-3 定价：CNY1.90

J0103139

养心集　金龙编写
香港 现代出版社［1990—1999 年］9×21cm
定价：HKD35.00
（金龙书法系列 3）
　　作者金龙（1962— ），字大磬，号小川山
人，浙江台州人，深圳图书馆任职。曾在香港及
国内出版《金龙书法》《写心集》《养心集》《修心
集》《明心集》等。

J0103140

业精于勤　高峡书
西安 陕西人民美术出版社［1990 年］1 张
76cm（2 开）定价：CNY0.60

J0103141

业精于勤　吴涤生书
杭州 浙江人民美术出版社 1990 年 1 张
76cm（2 开）定价：CNY0.55

J0103142

殷焕先诗词墨迹　殷焕先书；李志华，鲁明编选
济南 山东大学出版社［1990—1999 年］52 页
有照片 26cm（16 开）ISBN：7-5607-1141-3
定价：CNY8.00
　　本书汇辑了作者的部分诗词墨迹和学术
手札。

J0103143

楹联墨迹集粹　张立选编
福州 福建美术出版社 1990 年 300 页 26×15cm
ISBN：7-5393-0119-8 定价：CNY9.50
　　本书以民国吴石潜编印的《古今楹联汇刊》
为基础，并从其他有关书刊上选收从明代到近代
的 246 位著名学者、书法家的楹联作品 300 副。
为中国现代书法选集，作品有真、草、隶、篆
各体。

J0103144

楹联书法大观　方绍武，黄书权编
合肥 黄山书社 1990 年 289 页 26cm（16 开）
ISBN：7-80535-139-2 定价：CNY15.00

J0103145

于右任先生书法　于右任书
西安 三秦出版社 1990 年 影印本 303 页
39cm（8 开）精装 定价：CNY60.00
　　本书收入了草书《千字文》《正气歌》和近
30 帧手札。体现作者不同时期的真、草、行书体
的书法特色的作品 227 帧。作者于右任（1878—
1964），政治家、教育家、书法家。原名伯循，以
字行，号骚心。陕西三原县人。代表作品《右任
诗存》《右任文存》《右任墨存》《标准草书》等。

J0103146
欲穷千里目·更上一层楼　王建，林干书
杭州 浙江人民美术出版社 1990 年 1 轴
76cm（2 开）定价：CNY2.40

J0103147
欲穷千里目·更上一层楼　王建，林干书
杭州 浙江人民美术出版社 1990 年 1 张
76cm（2 开）定价：CNY0.55

J0103148
袁斗书法选集　袁斗书
武汉 湖北美术出版社 1990 年 110 页
26cm（16 开）ISBN：7-5394-0209-1
定价：CNY8.00
　　作者袁斗（1934—2015），字其祥、吉慧，自
号楚乡人，中国书法家协会湖北分会会员。

J0103149
赵玉亭行书诸葛亮出师表　（上）赵玉亭书
北京 原子能出版社 1990 年 26cm（16 开）
ISBN：7-5022-0252-8 定价：CNY3.20

J0103150
赵玉亭行书诸葛亮出师表　（下）赵玉亭书
北京 原子能出版社 1990 年 26cm（16 开）
ISBN：7-5022-0272-2 定价：CNY3.20

J0103151
知足常乐　胡文遂书
上海 上海书画出版社 1990 年 1 张 76cm（2 开）
定价：CNY0.55

J0103152
知足常乐　周国城书
杭州 浙江人民美术出版社 1990 年 1 张
76cm（2 开）定价：CNY0.55

J0103153
志存高远　俞建华书
杭州 浙江人民美术出版社 1990 年 1 张
76cm（2 开）定价：CNY0.55
　　作者俞建华（1944—　），美术编辑。生于
浙江海盐，毕业于浙江美术学校中国画系山水专
业。历任浙江人民美术出版社美术编辑，中国

书法家协会浙江分会副主席，中国书法家协会
会员。

J0103154
中国当代书法名家集萃　王成纲，张新学主编
北京 宇航出版社 1990 年 228 页 26cm（16 开）
ISBN：7-80067-142-9 定价：CNY35.00
　　本书由宇航出版社和奥林匹克出版社联合
出版。

J0103155
中国当代书法名家墨迹　曾仁，戴宗济主编
北京 职工教育出版社 1990 年 300 页 有肖像
26cm（16 开）精装 ISBN：7-80059-293-6
定价：CNY28.00
　　主编戴宗济（1946—　），编辑。号云南游人
等，祖籍江苏邳县，生于北京。历任中国人事出
版社副主任，国家人事部书画研究会副会长，北
京东城中国书画艺术学会副会长，河南平顶山书
画院顾问等职。

J0103156
朱家济行楷六种　朱家济书
杭州 西泠印社 1990 年 31 页 33cm（5 开）
ISBN：7-80517-055-1 定价：CNY3.50
（现代名家法帖丛书）
　　本书收入朱家济小楷、行书作品 6 种。附汪
济英《朱家济先生传略》和李文采《朱家济先生
法书赏析》两文。作者朱家济（1902—1969），书
法家。字豫卿，又字虞卿、余清。毕业于北京大
学，曾任浙江美术学院教授。出版有《朱家济行
楷六种》等。

J0103157
自强不息　周志高书
上海 上海书画出版社 1990 年 1 张 76cm（2 开）
定价：CNY0.55

J0103158
自强不息　周国城书
杭州 浙江人民美术出版社 1990 年 1 张
76cm（2 开）定价：CNY0.55

J0103159
自胜者强　刘丕举书

天津　天津人民美术出版社　1990 年　1 张
76cm（2 开）定价：CNY0.50

J0103160

醉翁亭记　陈大福书
兰州　甘肃人民美术出版社　1990 年　51 页
34cm（10 开）ISBN：7-80588-002-6
定价：CNY2.85

J0103161

补砚斋书法篆刻　林健著
福州　海峡文艺出版社　1991 年　118 页　有肖像
32cm（10 开）ISBN：7-80534-390-X
定价：CNY9.50

　　作者林健（1942—　　），书法篆刻家。字力帆，福建福州人。历任西泠印社社员，中国书法家协会会员，福州市书法篆刻研究会理事兼秘书长，福州画院特约画师。著有《篆刻字汇》《蒲砚斋书法篆刻》《力帆林建印存》。

J0103162

柴建方书法篆刻集
北京　长城出版社　1991 年　95 页　有照片
26cm（16 开）ISBN：7-80017-155-8
定价：CNY9.00

　　外文书名：Collected Works of Calligraphy and Seals-Cutting by Chai Jian-Fang.

J0103163

陈初生书法选　陈初生著
广州　暨南大学出版社　1991 年　42 页　有彩照
38cm（6 开）ISBN：7-81029-059-2
定价：CNY18.00

　　作者陈初生（1946—　　），书法家。字之狭，别署陈出新，三余斋主，五研楼主，月光丘子，湖南涟源人。历任中国书法家协会会员，暨南大学中文系副教授，广东省人民政府文史研究馆书法院院长。主要著作有《金文常用字典》《商周古文字读本》（合作）《陈初生书法选》等。

J0103164

陈曦书法选　陈曦书
福州　福建人民出版社　1991 年　27 页 26cm（16 开）
ISBN：7-211-01571-3　定价：CNY1.10

J0103165

当代湖南书法选　湖南书法家协会编
长沙　湖南美术出版社　1991 年　92 页　有照片
29cm（16 开）ISBN：7-5356-0474-9
定价：CNY9.50

　　本书包括篆、隶、草、行、楷等书体。所收作品均系湖南当代书法家作品，共 9 帧。附有书法家照片和简历。

J0103166

当代中日著名女书家作品精选　林岫主编
青岛　青岛出版社　1991 年　188 页　有肖像
30cm（10 开）精装　ISBN：7-5436-0668-2
定价：CNY70.00

　　本书是一部集当今中日两国著名女书家作品之精华的高档次艺术作品。有书法艺术家的照片和生平简介。共收录 83 幅图。

J0103167

邓生才书法选集　邓生才书
南宁　广西美术出版社　1991 年　81 页 26cm（16 开）
ISBN：7-80582-206-9　定价：CNY7.00

　　作者邓生才，作家、诗人、书法家。广西桂平人。历任武汉大学学报编辑及科长、广西教育局办公室副主任，广西广播电视厅厅长、党组书记、总编辑，中国作家协会会员。

J0103168

第二届全国电视书法篆刻大赛获奖作品选集　中央电视台文化生活组编
北京　文物出版社　1991 年　68 页 26cm（16 开）
ISBN：7-5010-0606-7　定价：CNY4.00

J0103169

董文书法作品集　董文著
沈阳　辽宁教育出版社　1991 年　120 页　有彩照
29cm（16 开）精装　ISBN：7-5382-1337-6
定价：CNY48.00

　　外　文　书　名：Selected Calligraphy Works of Mr.Dong Wen. 作者董文（1946—　　），教授、书法家。别署大风堂主人，辽宁沈阳市人。历任中国书法家协会理事，沈阳师范学院书法艺术研究所所长、教授，辽宁省高等院校书协副主席，辽宁省书法家协会副主席。出版《董文艺术论》《董文艺术论》《董文书法作品集》。

J0103170

奉献集 （广州市书法家协会会员新作选）广州市书法家协会编

广州 岭南美术出版社 1991年 97页 26cm（16开）

ISBN：7-5362-0682-8 定价：CNY6.80

J0103171

福禄寿喜 赵伯光书

天津 天津人民美术出版社 1991年 4幅

76cm（2开）ISBN：7-5305-2532-2

定价：CNY5.20

J0103172

古今中外用人名言书法选 王彦增，李膺昭主编

太原 山西人民出版社 1991年 142页

26cm（16开）ISBN：7-203-01958-6

定价：CNY9.60

J0103173

古诗文标准行草书 林宪民书

福州 福建人民出版社 1991年 220页 有照片

35cm（15开）ISBN：7-211-01759-7

定价：CNY13.30

　　作者林宪民（1914—1999），书法家。福建福州市人。福建省文史研究馆馆员，中日友好书道场教授，福州林则徐书画院院长，中国书法家协会会员。出版有《红楼梦诗词曲赋行书字帖》《古诗文标准行草书字帖》《历代爱国诗行草字帖》《四季风景诗字帖》等。

J0103174

蝶扁体千字文帖 刘竹铭书

南京 江苏教育出版社 1991年 40页 有照片

34×19cm ISBN：7-5343-1418-6 定价：CNY2.15

J0103175

翰墨缘名家诗翰墨迹选辑 杨通谊编纂

台北 文史哲出版社 1991年 132页 31cm（10开）

ISBN：957-547-048-6

J0103176

行书实用对联精选 李家原书

北京 北京科学技术出版社 1991年 74页

27cm（大16开）ISBN：7-5304-0770-8

定价：CNY2.80

　　作者李家原（1957— ），书法家。号静观，咨砚斋主人，河南固始县人。历任中央国家机关书协副秘书长，中国书法家协会会员，东方书画家协会会长，北京当代东方书画艺术交流中心主任。作品有小楷巨制长卷册页《孙子兵法》《茶经》《易经》等。

J0103177

行书唐诗八十首 李华锦书

青岛 青岛出版社 1991年 80页 26cm（18开）

ISBN：7-5436-0569-6 定价：CNY2.90

J0103178

行书字范 苏安德，刘易甄著

南宁 广西美术出版社 1991年 120页 有肖像

26cm（16开）ISBN：7-80582-180-1

定价：CNY5.60

　　作者苏安德，台湾省书画教育协会理事长。作者刘易甄，台湾省书画教育协会总干事。

J0103179

胡忠恕书孙子 胡忠恕书

北京 军事科学出版社 1991年 26cm（16开）

ISBN：7-80021-370-6 定价：CNY2.90

　　作者胡忠恕（1935— ），教授。河北鸡泽人，毕业于河北师范大学物理系。先后任教于河北大学和天津医学院，河北大学艺术考古室书法教授。出版有《胡忠恕书孙子》《胡忠恕书毛泽东诗词四十二首》《胡忠恕书金刚经》等。

J0103180

建大事者不思小怨 李鹤年作

天津 天津人民美术出版社 1991年 1张

76cm（2开）ISBN：7-5305-2210-5

定价：CNY0.55

J0103181

将帅墨迹选 《将帅墨迹选》编委会编

北京 北京燕山出版社 1991年 276页 有照片

29×21cm 精装 ISBN：7-5402-0358-7

定价：CNY32.00

　　本书主要收入我国第一批受衔的元帅、将军们的书法、墨迹。另有毛泽东、周恩来、刘少奇和少数第二批晋升为将军老一辈领导人的书法

作品 275 幅。

J0103182
静以修身俭以养德 王学仲作
天津 天津人民美术出版社 1991 年 1 张
76cm（2 开）ISBN：7-5305-2210-2
定价：CNY0.55
　　作者王学仲（1925—2013），画家、教育家。别名王黾、滕固词人，山东滕州人。毕业于中央美术学院。历任中国书法家协会顾问，中国书法家协会副主席、学术委员会主任，天津大学艺术研究所所长、教授。代表作品有《四季繁荣图》《王学仲美术论》《垂杨饮马图》等。

J0103183
可行草堂诗书集 李乾山著
郑州 河南美术出版社 1991 年 92 页 有照片
26cm（16 开）ISBN：7-5401-0237-3
定价：CNY8.00
　　本书包括书法、诗词两部分。

J0103184
老一辈革命家手迹选 中共中央文献研究室，中央档案馆编
北京 人民出版社 1991 年 342 页 28cm（16 开）
精装 ISBN：7-01-001080-3 定价：CNY40.00
　　本书收入了毛泽东、周恩来、刘少奇、朱德、任弼时、邓小平、陈云的题词、诗词、文稿、书信等手迹 257 件。

J0103185
老一辈革命家手迹选 中共中央文献研究室，中央档案馆编
北京 人民出版社 1991 年 342 页 28cm（16 开）
ISBN：7-01-001081-1 定价：CNY21.00

J0103186
梨园抒怀 白金书法；丁宇光摄影
天津 天津人民美术出版社 1991 年 2 张
76cm（2 开）ISBN：7-5305-2213-1
定价：CNY1.20

J0103187
隶书百花诗 洪民生著
长春 吉林美术出版社 1991 年 229 页 有照片
26cm（16 开）ISBN：7-5386-0221-6
定价：CNY15.00
　　作者洪民生（1932—　），书法家、电视艺术家、编辑。浙江宁波人，历任中央电视台副台长兼总编辑，联合国教科文组织中国委员，中国书法家协会会员。代表作品有《全国电视书法大赛》。

J0103188
隶书水写字帖 王民惠编
郑州 河南美术出版社 1991 年 19cm（小 32 开）
ISBN：7-5401-0173-3 定价：CNY1.45
（毛笔水写纸字帖 5）

J0103189
林少明书法选集 林少明书
广州 广东人民出版社 1991 年 60 页 20cm（32 开）
ISBN：7-218-00602-7 定价：CNY2.80
　　作者林少明（1930—　），中国书法家协会广东分会理事、广东省科学书画气功研究会理事。

J0103190
林信成现代书法艺术 林信成著
北京 中国华侨出版公司 1991 年 80 页 有彩照
25×26cm 精装 ISBN：7-80074-529-5
定价：CNY39.90
　　作者林信成（1952—　），策划、编导。笔名思想仔。出生于北京，毕业于北京师范学院中国书法艺术专业。历任中央美术学院教师，中央电视台策划、编导，中国现代书画学会副秘书长，现代水墨联盟副秘书长，中国书法家协会会员。著有长篇小说类《赌》《如果爱》，诗歌《撕下的日子》《灵魂的听觉》等。

J0103191
刘炳森隶书字帖 刘炳森书
天津 天津市古籍书店 1991 年 46 页 有照片
26cm（16 开）定价：CNY4.00
　　作者刘炳森（1937—2005），书法家、国画家。字树盦，号海村，生于上海，祖籍天津武清。就读于北京艺术学院美术系中国画山水科。曾任北京故宫博物院研究员，中国书法家协会副主席，中国书画函授大学特约教授，山东曹州书画院名誉院长。出版有《刘炳森楷书千字文》《刘炳森隶书千字》《刘炳森选编勤礼碑字帖》《刘炳

森主编中国书法艺术》等。

J0103192

刘炳森书包公神道碑　　刘炳森书
北京　紫禁城出版社　1991 年　74 页　27cm（16 开）
ISBN：7-80047-094-6　定价：CNY5.80

J0103193

刘繁昌书法选　　刘繁昌书
济南　山东美术出版社　1991 年　44 页　26×24cm
ISBN：7-5330-0399-3　定价：CNY4.40

J0103194

刘健楷书千字文　　刘健书
北京　北京航空航天大学出版社　1991 年　48 页
26cm（16 开）ISBN：7-81012-276-2
定价：CNY3.50

J0103195

刘正成书法集　　刘正成书
北京　荣宝斋　1991 年　159 页　有照片
37cm（8 开）ISBN：7-5003-0124-3
定价：CNY18.00
　　本书收集作者的斗方、屏条、卷幅、对联、扇面、翰札、册页 7 类，以楷行、草书为主，计 81 件 153 幅。作者刘正成（1946—　），编审。笔名听涛斋主、八方斋主、松竹梅花堂主人等，生于四川成都。历任国际书法家协会主席，中国书法家协会副秘书长，中国书协学术委员会副主任，《中国书法》杂志社社长、主编，《中国书法全集》主编。编著有《刘正成书法集》《当代书法精品集 - 刘正成》《书法艺术概论》《晤对书艺 - 刘正成书法对话录》等。

J0103196

柳体楷书口诀一百首　　梁恩益，吕梁编著
南宁　广西美术出版社　1991 年　27cm（大 16 开）
ISBN：7-80582-120-8　定价：CNY3.20

J0103197

柳体楷书水写字帖　　李健强编
郑州　河南美术出版社　1991 年　19cm（小 32 开）
ISBN：7-5401-0173-3　定价：CNY1.45
（毛笔水写纸字帖 3）

J0103198

娄以忠联语集　　娄以忠著；山东省文艺创作研究室，山东省画院选编
北京　文化艺术出版社　1991 年　70 页　26cm（16 开）
ISBN：7-5039-0998-6　定价：CNY11.50
　　本书法集收作者书写的 68 幅联句。

J0103199

马一浮遗墨　　马一浮书；夏宗禹编
北京　华夏出版社　1991 年　240 页　有图
32×21cm　精装　ISBN：7-80053-949-0
定价：CNY70.00
　　本书选编我国当代学者、新儒学的杰出代表马一浮先生的各体书法和诗词、书简、序跋手迹精品 400 余幅和篆刻百方，并附有年表和评介文章 10 余篇。作者马一浮（1883—1967），哲学家、理学家、佛学家、翻译家、书法家。幼名福田，后更名浮，字一浮。浙江会稽（今浙江绍兴）人。代表作品有《泰和会语》《宜山会语》《复性书院讲录》《尔雅台答问》等。

J0103200

马一浮遗墨　　马一浮书；夏宗禹编
北京　华夏出版社　1999 年　2 版　216 页　有图
32×21cm　精装　ISBN：7-80053-967-9
定价：CNY95.00

J0103201

毛泽东诗词字帖　　史穆等书
长沙　湖南文艺出版社　1991 年　111 页　19×33cm
ISBN：7-5404-0824-3　定价：CNY7.50

J0103202

么喜龙书法作品选　　么喜龙书
海口　南海出版公司　1991 年　26cm（16 开）
ISBN：7-80570-187-3　定价：CNY28.00
　　作者么喜龙（1950—　），国家一级美术师。生于沈阳。历任沈阳市文史研究馆副馆长、沈阳书画院名誉院长、辽宁画院特聘画师、沈阳大学书法艺术教授、美国天普美术学院荣誉院长兼名誉教授。主要著作有《两体注释千家诗》《草书唐诗三百首》《么喜龙书法作品集》等。

J0103203

觅石书法作品选　　慕世旺书

兰州　甘肃人民美术出版社　1991 年　31 页
26cm（16 开）ISBN：7-80588-024-7
定价：CNY1.85

　　作者慕世旺（1944—　　），笔名觅石。东方艺
社艺友会会员，甘肃硬笔书法家协会会员。

J0103204

闵祥德书法作品集　　闵祥德书

广州　广东人民出版社　1991 年　96 页　20cm（32 开）
ISBN：7-218-00603-5　定价：CNY3.80

　　作者闵祥德（1949—　　），书法家，教授，国
家一级美术师。安徽宿州市人。历任南京财经
大学艺术教研室主任、安徽省书法家协会副主
席、东南大学博士生导师、中国书画学会副主席
等职。擅长书法，兼攻理论，作品多次参加国内
外大型书展。作品有《书法浅谈》《书法百问百
答》《图解书法指南》《行书书写门径》。部分著
作被台湾、香港大学指定为教科书。

J0103205

墨彩大观　　刘明星主编

福州　福建教育出版社　1991 年　320 页
26cm（16 开）ISBN：7-5334-0985-X
定价：CNY75.00

　　本书汇集当代国内外书画名家和新秀的书
画篆刻作品 300 余幅。外文书名：The Panorama
of Painting and Calligraphy.

J0103206

墨海遗珠　　张之，韩焕峰编

天津　天津杨柳青画社　1991 年　170 页
26cm（16 开）ISBN：7-80503-133-9
定价：CNY13.50

　　本书是沧州地区书法家协会，沧州印社选编
的全国 300 多名青年作者的书法篆刻作品。共
170 幅图。

J0103207

欧体楷书水写字帖　　云平编

郑州　河南美术出版社　1991 年　19cm（小 32 开）
ISBN：7-5401-0173-3　定价：CNY1.45
（毛笔水写纸字帖 1）

J0103208

潘天寿行草二种　　潘天寿书

杭州　浙江人民美术出版社　1991 年　46 页
33×19cm　ISBN：7-5340-0273-7　定价：CNY3.50
（画家墨迹拔萃）

　　本书收作者行草手卷二种：《雁荡纪游杂
诗》《荫山阁看云》。作者潘天寿（1897—1971），
现代著名国画家，美术教育家，原名天授，字大
颐，号寿者。浙江宁海县人。擅画花鸟、山水，
兼善指画，亦能书法、诗词、篆刻。曾任中国文
联委员，中国美术家协会副主席，浙江省文联副
主席，中国美协浙江分会主席，浙江美术学院院
长、教授等职。著有《中国绘画史》《听天阁画谈
随笔》等。

J0103209

勤能胜贫谨可治家　　曹柏昆作

天津　天津人民美术出版社　1991 年　1 张
76cm（2 开）ISBN：7-5305-2210-4
定价：CNY0.55

J0103210

全国煤炭系统中小学生书法大赛作品集

王泽仁主编；《全国煤炭系统中小学生书法大赛
作品集》编审委员会编
北京　煤炭工业出版社　1991 年　100 页
26cm（16 开）ISBN：7-5020-0646-X
定价：CNY5.70

J0103211

任步武书千字文　　任步武书

西安　陕西人民美术出版社　1991 年　23 页
33cm（12 开）ISBN：7-5368-0290-0
定价：CNY2.65

　　作者任步武，中国书法家协会会员，宝鸡市
书法家协会副主席等。

J0103212

三字经注解字帖　　李山泉书注

南京　江苏古籍出版社　1991 年　95 页　30cm（10 开）
ISBN：7-80519-291-X　定价：CNY4.50

J0103213

山海丹　　任新昌书

西安　陕西人民出版社　1991 年　57 页　有照片
26cm（16 开）ISBN：7-224-01899-6
定价：CNY4.50

本书以行草墨迹记述了著名冠心病专家赵国欣研制冠心病克星"山海丹"的事迹。

J0103214
少年学古诗画屏 骧龙书;冯毅,唐人绘
天津 天津人民美术出版社 1991年 2张
76cm(2开) ISBN:7-5305-2212-9
定价:CNY1.20

J0103215
神剑之歌 (张爱萍诗词、书法、摄影选集)张爱萍著
北京 人民美术出版社 1991年 495页
20cm(32开) 精装 ISBN:7-102-00859-7
定价:CNY40.00

本书收集诗歌312篇,书法作品61幅,摄影17幅。书后有李又兰写的后记,杨志鸿写《挥剑决浮云,铸剑安天下》、孙美兰写《将军的诗、书法与摄影艺术》各一篇。

J0103216
神剑之歌 (张爱萍诗词、书法、摄影选集)张爱萍著
北京 人民美术出版社 1992年 2版 527页
20cm(32开) 精装 ISBN:7-102-00859-7
定价:CNY40.00

J0103217
沈鹏行草书千字文 沈鹏书
北京 中国和平出版社 1991年 46页 26cm(16开)
ISBN:7-80037-593-5 定价:CNY4.30
(当代名家书千字文)

作者沈鹏(1931—),书法家、美术评论家、诗人。生于江苏江阴。历任中国文联副主席、中国书法家协会主席、中国美术出版总社顾问以及《中国书画》主编、炎黄书画院副院长、中国书画函授大学教授、《书法之友》杂志名誉主席等职。书法作品有著作:《书画论评》《沈鹏书画谈》《三余吟草》《沈鹏书法选》《沈鹏书法作品集》。

J0103218
书论吟 彭飞编著
武汉 中国地质大学出版社 1991年
2册(120;97页) 有图 26cm(16开)
ISBN:7-5625-0497-0 定价:CNY11.00

本书包括上册化欧体书百卅韵和下册中国笔悟杯书法邀请赛精品选。作者彭飞,中国书画家协会荣誉主席,中国书画家协会湖南分会主席。

J0103219
水既生书法篆刻选 水既生编著
北京 紫禁城出版社 1991年 226页 26cm(16开)
ISBN:7-80047-118-7 定价:CNY22.00

本书作者是山西著名书法、篆刻家。本书共收书法作品88幅,篆刻307方。作者水既生(1928—),书法家、篆刻家。山西朔州人。曾任山西轻工业厅科技处及省玻璃陶瓷研究所总工程师,山西政协委员,中国书法家协会会员。

J0103220
四季诗句四体书 孙多全书
济南 山东教育出版社 1991年 97页 26cm(16开)
ISBN:7-5328-1110-7 定价:CNY4.00

本书包括从古诗中精选了以反映春、夏、秋、冬四个季节为内容的四十首(附十四首古句),用楷、草、隶、篆四种字体书成。作者孙多全(1931—),教师。生于江苏睢宁县。历任临沂中国书画函大副校长、副教授,中国书画研究会会员等。出版有《四季诗句四体书》《花鸟诗四体书》等。

J0103221
松风楷书 李德盛书
广州 岭南美术出版社 1991年 38页 33cm(12开)
ISBN:7-5362-0762-X 定价:CNY6.50

J0103222
宋诗词书法 (袖珍本)杨再春书;鲁牧编
北京 北京体育学院出版社 1991年 重印本
288页 9×13cm ISBN:7-81003-490-1
定价:CNY2.95

J0103223
唐诗行楷字帖 李华锦书
北京 中国和平出版社 1991年 77页 26cm(16开)
ISBN:7-80037-570-6 定价:CNY4.90

本书选择了唐诗名篇多首,由书法家李华锦用楷、行二体写成字帖。

J0103224
唐诗书法　（袖珍本）杨再春书；鲁牧编
北京　北京体育学院出版社　1991年　重印本
361页　9×13cm　ISBN：7-81003-489-8
定价：CNY3.15

J0103225
唐宋诗词书法　（袖珍本）杨再春书；鲁牧编
北京　北京体育学院出版社　1991年
2册（361；288页）9×13cm　函装
ISBN：7-81003-488-X　定价：CNY7.80
　　本书包括《唐诗书法》和《宋诗词书法》两册。

J0103226
滕王阁杯全国少年儿童书法大奖赛优秀作品集　百花洲文艺出版社编辑
南昌　百花洲文艺出版社　1991年　102页
26cm（16开）定价：CNY12.50

J0103227
铁辛手书诗词初稿选　铁辛著
沈阳　春风文艺出版社　1991年　123页　有彩照
26cm（16开）ISBN：7-5313-0671-9
定价：CNY7.30
　　作者铁辛（1915—1991），书法家、诗人。原名陈怀，字铁辛，号晚晴楼主。

J0103228
瓦翁书顾炎武复庵记　俞樾曲园记　瓦翁书
苏州　古吴轩出版社　1991年　21页　26cm（16开）
ISBN：7-80574-005-4　定价：CNY1.80

J0103229
王承水书法选　王承水书
济南　山东友谊书社　1991年　73页　26cm（16开）
ISBN：7-80551-360-0　定价：CNY15.00
　　作者王承水（1945—　），山东淄博人。中国书画研究会会员，曾任淄博市淄川区技术监督局局长。出版有《王承水书法选》等。

J0103230
王海书法篆刻作品集　王海书
郑州　河南美术出版社　1991年　74页　有照片
26cm（16开）ISBN：7-5401-0234-9
定价：CNY8.50
　　外　文　书　名：Penmanship and Seal-Cutting Works of Wang Hai. 作者王海（1949—　），字海岑，号旭峤，河南省新乡市群众艺术馆馆员，中国书法家协会会员。

J0103231
王颂余书法艺术　王颂余书
太原　山西人民出版社　1991年　71页　26cm（16开）
ISBN：7-203-01603-X　定价：CNY5.90
　　作者王颂余（1910—2005），书法家、山水画家。出生于天津。天津美术学院任教。代表作品《把余粮卖给国家》《凯歌黄金路》《滦水清分清且甘》等。

J0103232
王云书法篆刻选　王云著
西宁　青海人民出版社　1991年　72页　有肖像
26cm（16开）ISBN：7-225-00459-X
定价：CNY3.40
　　作者王云（1945—　），字峻青，号源上人，中国书法家协会青海分会主席。

J0103233
尉天池书法选集　尉天池书
南京　南京出版社　1991年　81页　有彩照
36cm（9开）ISBN：7-80560-640-4
定价：CNY29.00，CNY58.00（精装）
　　本书精选作者1958年到1991年间创作的书法作品，草书27件，行书40件，楷书6件，篆书2件，隶书5件。形式有中堂、对联、条幅、四条屏、二条屏、册页、斗方、折扇、横批、手卷、团扇，附有作者常用印鉴。作者尉天池（1936—　），书法教授。安徽砀山，毕业于南京师范学院中文系。历任南京师范大学美术系主任、书法教授，中国书法家协会理事，江苏省书法家协会副主席等。代表作品有《书法基础知识》《于右任书法精品集》等。

J0103234
渭南翰墨　（渭南市书协会员作品集）渭南市书法家协会，渭南市文化局编
西安　陕西人民出版社　1991年　112页
26cm（16开）ISBN：7-224-01662-4
定价：CNY6.50

本集收入渭南市书协会员在建国四十周年书法展览中的优秀作品。

J0103235

魏碑水写字帖　　许雄志编

郑州　河南美术出版社　1991年　19cm（小32开）
ISBN：7-5401-0173-3　定价：CNY1.45
（毛笔水写纸字帖 6）

作者许雄志（1963—　　），教授。别署少孺，斋号未央室、百印楼，生于河南郑州，祖籍江苏海门。历任中国书协篆书委员会委员、中国书协培训中心教授、西泠印社理事、河南省书协副主席兼篆刻委员会主任等。代表作品有《许雄志书法作品集》等。

J0103236

魏立刚书法篆刻集　　魏立刚刻

太原 山西人民出版社　1991年 53页 26cm（16开）
ISBN：7-203-01799-0 定价：CNY4.50

作者魏立刚（1964—　　），书法家、画家、篆刻家。号雪庵，就读于天津南开大学数学系。任太原师范学校教师。出版《魏立刚书法篆刻集》。

J0103237

翁闿运行书唐诗　　翁闿运书

上海　上海书店　1991年　38cm（6开）
ISBN：7-80569-389-7 定价：CNY5.80

作者翁闿运（1912—2006），书法家。字慧仁，生于江苏苏州，原籍浙江杭州。历任中国书法家协会会员，上海书法家协会名誉理事，上海大学兼职教授，上海中国画院兼职画师，上海市文史研究馆馆员，上海市书法家协会顾问。著有《辞海》（书法、碑帖部分）《大学书法》（技法部分）《简化字总表习字帖》等。

J0103238

吴冠玉小楷荀子劝学　　吴冠玉书

海口　三环出版社　1991年 23页 有肖像
26cm（16开）ISBN：7-80564-407-1
定价：CNY3.20

作者吴冠玉（1957—　　），海南省政府办公厅任职，海南省书法家协会会员。

J0103239

吴玉如先生行书册　　吴玉如书

天津　天津杨柳青画社　1991年 影印本 24页
39cm（8开）ISBN：7-80503-127-4
定价：CNY3.80

本书有吴先生"小议"数语、"书论"数篇，以及迻写的《韩诗外传》约半部左右。共27幅图。作者吴玉如（1898—1982），书法家。后以字行，晚号迂叟，生于江苏南京，祖籍安徽泾县。就读于天津南开中学，曾执教于南开大学、工商学院。有《吴玉如书法集》等传世。

J0103240

习书留痕　　董孝全书

北京　人民美术出版社　1991年 64页 有照片
26cm（16开）ISBN：7-102-00951-8
定价：CNY18.80

J0103241

萧娴书法选集　　萧娴书

南京　江苏美术出版社　1991年 53页 有照片
38cm（6开）ISBN：7-5344-0219-0
定价：CNY25.00

本书收入作者书法精品50余件。其书风以风神高古、雄深苍浑著称于世。在书法园地里辛勤耕耘了80余个春秋，为继承、发展、推动中国书法艺术作出重要贡献，无愧于其老师康有为"卫管重来主坫坛"的评价。

J0103242

写意甲骨文　　王乃栋书

乌鲁木齐　新疆美术摄影出版社　1991年
26cm（16开）ISBN：7-80547-049-9
定价：CNY3.80

作者王乃栋（1946—　　），书法家。笔名王乃东，生于上海，祖籍福建南安。毕业于新疆大学文博专业。历任中国书法家协会会员，新疆书法家协会理事，上海工艺美术职业学院书画鉴定专业客座教授，西域印社社长，中国书法家协会会员，中国书协新疆分会理事。出版有《王乃栋书法集》《写意甲骨文》《写意甲骨文书法》等。

J0103243

谢亦鸣书法选集　　谢亦鸣书

［1991年］29页 +［1］页图版 33cm（12开）

J0103244
新魏书字帖 （毛泽东诗词九首）祁继庆书
兰州 甘肃人民美术出版社 1991年 78页
26cm（16开）ISBN：7-80588-019-0
定价：CNY2.95
　　作者祁继庆，书法家。毕业于中国逻辑与语言函授大学。出版有《新魏书字帖》《汉字书写经纬十字定位法》等。

J0103245
修身格言 赵伯光书
天津 天津人民美术出版社 1991年 4幅
76cm（2开）ISBN：7-5305-2525-1
定价：CNY5.20

J0103246
徐炽书法集 徐炽书
沈阳 辽宁美术出版社 1991年 95页 有彩照
32cm（10开）精装 ISBN：7-5314-0900-3
定价：CNY55.00

J0103247
颜体楷书水写字帖 魏广军编
郑州 河南美术出版社 1991年 19cm（小32开）
ISBN：7-5401-0173-3 定价：CNY1.45
（毛笔水写纸字帖 2）

J0103248
杨秀枝行书千字文 杨秀枝书；广西美术出版社编
南宁 广西美术出版社 1991年 125页
26cm（16开）ISBN：7-80582-202-6
定价：CNY5.00

J0103249
杨再春书法作品集 杨再春书
北京 北京体育学院出版社 1991年 172页
25×26cm ISBN：7-81003-486-3 定价：CNY19.50
　　作者杨再春（1943—　），书法家。河北唐山人，毕业于北京体育大学。历任北京体育大学出版社社长兼总编，中国摄影著作权协会副总干事长，中国书画函授大学教授。代表作品有《行草章法》《墨迹章法通览》等。

J0103250
尹默法书 沈尹默书
西安 三秦出版社 1991年 影印本 线装
ISBN：7-80546-432-4 定价：CNY8.00
　　本书据原迹影印。

J0103251
游嘉瑞诗书印选 游嘉瑞书
福州 福建美术出版社 1991年 91页
28cm（大16开）ISBN：7-5393-0165-1
定价：CNY16.00
　　本书收入作者包括诗翰、横幅、中堂等，其中草书《苦笋颂》《石竹叙》笔势飞扬洒脱，堪称佳作。书法作品50幅，所选印章36方，古拙朴茂，颇具功力。作者游嘉瑞，字山川，福建永泰人，中国书法家协会福建分会理事、福建诗词学会常务副会长。

J0103252
余任天草书二种 余任天书
杭州 浙江人民美术出版社 1991年 49页
33cm（12开）ISBN：7-5340-0314-8
定价：CNY3.50
（画家墨迹拔萃）
　　本书收作者草书手卷2件，其一为《雁荡纪游诗》，其二为《绍兴访徐文长故居三首》。附有骆恒光撰《一艺功成岂偶然，人工天赋两相连》一文。作者余任天（1908—1984），画家。曾用名栎年，字天庐，居室名任、归汉室等，浙江诸暨人。代表作品《天庐画谈》《历代书画家补遗》《陈老莲年谱》。

J0103253
袁旭临书法篆刻集 袁旭临著；太原市群众艺术馆选编
太原 北岳文艺出版社 1991年 34页 有照片
26×27cm ISBN：7-5378-0666-7 定价：CNY6.50
　　作者袁旭临（1937—　），书法家。号雪岭、墨滏，生于河北沧州市。历任山西太原市文化局副局长，山西省书协常务理事，太原市画院副院长，太原市书法家协会主席。编著出版《楷书基础知识》《欧阳询、颜真卿、柳公权碑帖精选》《楷书汉字笔顺图解》《楷书练习系列册》等。

J0103254

张海隶书两种 张海书

郑州 河南教育出版社 1991 年 48 页 26cm（16 开）

ISBN：7-5347-1010-3 定价：CNY1.40

作者张海（1941— ），书法家。祖籍河南偃师县。历任河南省书法家协会主席，艺术品中国资深顾问，河南省书画院院长，郑州大学美术学院院长，中国书法家协会理事，《青少年书法》主编。出版有《张海书法作品集》《张海书增广汉隶辨异歌》等。

J0103255

张长弓书法选 张长弓［作］

北京 解放军出版社 1991 年 64 页 26cm（16 开）

ISBN：7-5065-1808-2 定价：CNY6.00

J0103256

张自忠将军百岁诞辰纪念碑林书法选 胡雷主编；清渊诗社编

济南 山东美术出版社 1991 年 114 页 26cm（16 开）ISBN：7-5330-0435-3

定价：CNY9.50

J0103257

赵体楷书水写字帖 查仲林编

郑州 河南美术出版社 1991 年 19cm（小 32 开）

ISBN：7-5401-0173-3 定价：CNY1.45

（毛笔水写纸字帖 4）

J0103258

真行学书百韵歌 浩然著

西安 三秦出版社 1991 年 110 页 26cm（16 开）

ISBN：7-80546-358-1 定价：CNY4.35

本书以五言百韵长歌全方位表现中国书法艺术，并以楷、行书写。作者浩然（1943— ），回族，研究员。字一之，号中州颍畔书童，西安市文联副研究员，中国书法家协会会员。

J0103259

至宝斋法帖：草诀歌 张树华供稿

天津 天津人民美术出版社 1991 年 18 页 27cm（大 16 开）ISBN：7-5305-0259-X 定价：CNY2.10

J0103260

中国成语书法集 冼小前编著

南宁 广西民族出版社 1991 年 100 页 19×18cm

ISBN：7-5363-1221-0 定价：CNY3.50

编者冼小前（1955— ），书画家。笔名廉人，原籍广东，毕业于广西艺术学院。中国美术家协会会员，中国书法家协会会员，中国书法艺术研究院特聘书画家，广西美术出版社副编审、书法编辑部主任。作品有油画《春望》《八桂英华》《法卡边防》等。

J0103261

中国当代书法名家墨迹 曾仁主编

北京 北京师范学院出版社 1991 年 388 页 有照片 26cm（16 开）精装 ISBN：7-81014-473-1

定价：CNY28.00

本书汇集了海内外的来稿三百余帧作品，书体真、草、隶、篆均俱，风格各异。

J0103262

朱振周书法作品选 朱振周书

天津 天津古籍出版社 1991 年 100 页 有彩照 26cm（16 开）定价：CNY35.00

J0103263

诸子名言 李鹤年书

天津 天津人民美术出版社 1991 年 4 轴 76cm（2 开）ISBN：7-5305-2530-1

定价：CNY5.20

J0103264

1993：毛主席诗词墨迹 （挂历）

济南 山东美术出版社 1992 年 77cm（2 开）

定价：CNY19.80

年历形式的毛主席诗词书法作品。

J0103265

百成书法 张百成书

西安 陕西人民美术出版社 1992 年 98 页 26cm（16 开）ISBN：7-5368-0382-6

定价：CNY9.80

作者张百成（1943— ），陕西省书协会员，渭南市书协理事，中国公关协会艺委会南联络部主任。

J0103266
百花诗书法 洪民生，杨再春书
北京 北京体育学院出版社 1992年 85页
26cm（16开）ISBN：7-81003-599-1
定价：CNY5.50

作者洪民生（1932— ），书法家、电视艺术家、编辑。浙江宁波人，历任中央电视台副台长兼总编辑，联合国教科文组织中国委员，中国书法家协会会员。代表作品有《全国电视书法大赛》。作者杨再春（1943— ），书法家。河北唐山人，毕业于北京体育大学。历任北京体育大学出版社社长兼总编，中国摄影著作权协会副总干事长，中国书画函授大学教授。代表作品有《行草章法》《墨迹章法通览》等。

J0103267
百家姓 三字经 千字文隶书字帖 洪民生书
兰州 甘肃少年儿童出版社 1992年
19cm（小32开）ISBN：7-5422-0687-7
定价：CNY3.20

J0103268
百寿长卷 （风浪斋藏墨集 当代百位名家书法珍迹）何小明，阎友宵主编
北京 军事谊文出版社 1992年 136页
26cm（16开）精装 ISBN：7-80027-292-3
定价：CNY25.00

本书荟萃了尹瘦石、溥杰、沈鹏、程思远、周怀民等百位各具匠心的著名书法家书写的"寿"字作品。

J0103269
北京大学当代学者墨迹选 梁惠陵编
北京 北京大学出版社 1992年 185页
29cm（16开）ISBN：7-301-01859-2
定价：CNY45.00

本书汇编了北京大学当代名家、学者对书法艺术的见解与体会。共170幅墨迹和17人的论书法的文章。本书与香港文化教育出版社有限公司合作出版。

J0103270
北京大学当代学者墨迹选 梁惠陵编
北京 北京大学出版社 1992年 185页

30cm（10开）精装 ISBN：7-301-01857-6
定价：HKD220.00

本书由北京大学出版社和香港文化教育出版社联合出版。

J0103271
蔡国声隶书阿房宫赋 蔡国声书
上海 上海书店 1992年 35cm（15开）
ISBN：7-80569-590-3 定价：CNY2.80

蔡国声（1941— ），书法家，文物鉴定专家。浙江定海人。历任中国书法家协会会员、上海书法家协会理事、西泠印社社员。出版《珍宝鉴别指南》《古玩与收藏》《蔡国声隶书阿房宫赋》《过眼云烟录——蔡国声谈古玩鉴赏》。

J0103272
曹素功杯国际小主人书法大赛获奖作品集
《小主人》报社，上海爱国教育社编
福州 福建少年儿童出版社 1992年 108页
26cm（16开）ISBN：7-5395-0669-5
定价：CNY6.00

曹素功杯国际大赛是首届国际性汉字书法大赛，除国内29个省市少年儿童外，还有日本、新加坡、中国香港、中国澳门等国家和地区的少年儿童参加。本书选收铜奖以上的作品，每幅作品都请书法评论家对其特点进行简释，重在指出获奖者今后的努力方向。

J0103273
曾良书法作品集 曾良书
上海 学林出版社 1992年 40页 有照片
25×26cm 软精装 ISBN：7-80510-816-1
定价：CNY15.00

外文书名：A Collection of Zeng Liang's Calligraphic Works. 作者曾良（1957— ），江苏江阴人，中国书法家协会江苏分会会员，日中青年艺术交流协会会员。

J0103274
陈晓彦五岁书法作品集 陈晓彦书
长沙 湖南美术出版社 1992年 50页 有照片
26cm（16开）ISBN：7-5356-0560-5
定价：CNY8.50

作者陈晓彦（1985— ），女，书法家。出生于湖南株洲。硕士毕业于北京师范大学。4岁时

在湖南株洲举办个人书法作品展。曾多次参加
全国书法大赛并获奖。出版《陈晓彦四岁书法作
品集》《陈晓彦诗文集》。

J0103275
陈晓彦十岁书法作品集　　陈晓彦书
长沙　湖南美术出版社　1999 年　54 页　有照片
26cm（16 开）ISBN：7-5356-1293-8
定价：CNY12.00

J0103276
大楷九成官醴泉铭　　田英章书
北京　中国青年出版社　1992 年　112 页　有照片
26cm（16 开）ISBN：7-5006-1229-X
定价：CNY6.20
（田英章书法作品精选）
　　作者田英章（1950—　　），书法家。字存青、
存卿，出生于天津。先后毕业于首都师范大学、
日本东京学艺大学。中国硬笔书法协会首任会
长，中国书法家协会会员、欧阳询书法艺术研究
会会长。代表作品有《田英章系列书法字帖》《田
英章作品精选》等。

J0103277
大足石刻艺术题词选　　《大足石刻艺术题词
选》编委会编
重庆　重庆大学出版社　1992 年　96 页　26cm（16 开）
ISBN：7-5624-0541-7　定价：CNY8.60
　　本书包括新中国成立后至 1989 年中外名人、
学者、专家旅游、参观、考察石刻等留下的手书
作品。

J0103278
淡泊明志　　国城作
杭州　浙江人民美术出版社　1992 年　1 张
77×53cm　定价：CNY1.30

J0103279
当代淮阴书法集　　淮阴市书法家协会编
南京　南京出版社　1992 年　45 页　26cm（16 开）
ISBN：7-80560-665-X　定价：CNY8.20

J0103280
当代日本书法　　覃力编著
天津　天津大学出版社　1992 年　106 页

26cm（16 开）ISBN：7-5618-0586-1
定价：CNY8.80

J0103281
当代中国书法艺术大成　　邹德忠，徐扣根主编
哈尔滨　哈尔滨出版社　1992 年　2 册（2844 页）
有肖像　26cm（16 开）精装
ISBN：7-80557-481-2　定价：CNY220.00
　　本书收选中国书法家协会近 3000 名会员（含
以汉族为主的 20 个民族）的 4300 多件书法、篆
刻作品。将"人名录"与"会员作品集"合二为一，
上下 2 册，分书法部分与篆刻部分。对已故的书
法家搜录其他出版物上的资料予以载入。对入
选者的生平、艺术风格、流派、成就等进行介绍，
并附作者作品一幅。主编邹德忠（1938—　　），教
授。别名知不知子，笔名斋惠，生于山东烟台。
中国书协书法培训中心教授，中国书法家协会
理事。

J0103282
邓散木临张迁碑　　邓散木书
上海　上海书店　1992 年　35×19cm
ISBN：7-80569-589-X　定价：CNY4.90
　　作者邓散木（1898—1963），著名书法、篆刻
家。原名菊初。字散木，别号粪翁等。出生于上海，
中国书法研究社社员。代表作品《篆刻学》《中
国书法演变史》。

J0103283
**第二届国际文化交流赛克勒杯中国书法竞
赛作品集**　　中国国际文化交流中心主办
北京　国际文化出版公司　1992 年　144 页
25×26cm　ISBN：7-80049-914-6　定价：CNY19.20

J0103284
董成柯书法作品集　　董成柯著
北京　新华出版社　1992 年　132 页　24×23cm
ISBN：7-5011-1614-8　定价：CNY20.00
　　本书收入真、草、隶、篆各体作品 108 幅，
篆刻 22 方。外文书名：The Works of Chinese
Calligrapher Dong Chengke.作者董成柯（1946—　　），
记者。笔名木戈、石见，生于山西平定县。中国
书法家协会会员，中国书法家协会书法培训中心
教授，中华书法教育学会第二届理事。出版有《董
成柯书法作品集》。

J0103285

段雪峰书画篆刻存稿 段雪峰著
昆明 云南教育出版社 1992年 48页 有图
26cm（16开）定价：CNY3.20
（昆明市文学艺术界联合会艺术类丛书 2）

J0103286

段云自书诗词 段云书
石家庄 河北少年儿童出版社 1992年 99页
有照片 26cm（16开）ISBN：7-5376-0764-8
定价：CNY4.00
作者段云（1912—1983），经济学家、书法
家。又名段连荣，山西蒲县人，就读于山西法学
院政经科和日本明治大学经济系。主要著作有
《段云书法作品选》《旅踪咏拾》《段云选集》等。

J0103287

多体钢笔毛笔优秀字帖 （上海中华书法协
会会员优秀作品选）王须兴主编；上海中华书
法协会编
上海 学林出版社 1992年 44页 26cm（16开）
ISBN：7-80510-792-0 定价：CNY2.00

J0103288

冯大彪行草三字经弟子规 （毛笔行草书法
字帖）冯大彪书
北京 中国发展出版社 1992年 90页 20cm（32开）
ISBN：7-80087-032-4 定价：CNY3.50
作者冯大彪（1938—　　），书法家、编辑。河
北蠡县人。历任中国新闻社主任编辑，中国书法
家协会会员，兼任北京国墨书画院副院长等。出
版有《武林英豪》《武林女杰》《体坛明星之路》
《文武撷英》《园丁情》等。

J0103289

傅耀华小楷滕王阁序 傅耀华书
南昌 江西美术出版社 1992年 1张 15×13cm
经折 定价：CNY1.00
作者傅耀华（1953—　　），书法家。江西樟树
市广播电视局调研员，樟树市书协主席。出版《傅
耀华小楷滕王阁序》《小学语文古诗钢笔字帖》、
小楷《唐诗三百首》等。

J0103290

高建民书法作品集 高建民书
合肥 安徽美术出版社 1992年 有照片
26cm（16开）ISBN：7-5398-0231-6
定价：CNY7.40
作者高建民（1936—　　），河南洛阳人。曾任
淮北矿务局党委宣传部长，《淮北矿工报》社社
长，中国书画函授大学淮北矿区分校副校长。

J0103291

葛介屏书法金石集 葛介屏著
合肥 安徽美术出版社 1992年 77页 有照片
26cm（16开）ISBN：7-5398-0234-0
定价：CNY8.20
本书收入了作者部分书画、篆刻作品。皆妩
媚典雅。作者葛介屏（1912—1999），书法家、文
物鉴定家、金石学家、诗人。原名葛德藩，安徽
合肥人。曾任职于安徽省博物馆，从事文物鉴定
工作。代表作有《毛公鼎铭》等。

J0103292

行书佳联选 马岱宗书
桂林 广西师范大学出版社 1992年 50页
38×18cm ISBN：7-5633-1245-5 定价：CNY3.50
（书法系列指导丛书）
作者马岱宗（1931—　　），广西资源人。桂林
市教育局调研员，中国书法教育研究会理事，中
国书协广西分会理事，桂林市中小学书法教育研
究会会长等。

J0103293

何绍甲自书诗联 何绍甲书
广州 岭南美术出版社 1992年 110页 有照片
33cm（12开）ISBN：7-5362-0828-6
定价：CNY13.80
（岭南书艺丛集）
本书所收何绍甲先生所书诗联110幅。作
者何绍甲（1904—1999），心理学家、音乐家。广
东番禺人，毕业于中山大学心理学系。先后在广
东文理学院、华南师范学院任教授，历任中国心
理学会会员、中国音乐家协会会员、中国书法家
协会会员，还担任香港书法家协会顾问、广东省
青年书法理论研究会顾问。

J0103294

红楼梦诗词书法篆刻帖 王三山作
武汉 华中师范大学出版社 1992年 140页

19cm（小 32 开）ISBN：7-5622-0861-1
定价：CNY4.60

J0103295
侯传勋先生书法集　侯传勋作
台北　三峰出版社　1992 年　143 页　26cm（16 开）
定价：TWD600.00

J0103296
胡问遂临九成宫　胡问遂书
上海　上海书店　1992 年　38cm（6 开）
ISBN：7-80569-548-2　定价：CNY6.80

J0103297
胡小石书法选集　胡小石书
南京　江苏美术出版社　1992 年　重印本　91 页
有照片　38cm（14 开）ISBN：7-5344-0054-6
定价：CNY30.00
　　本集收入作者的作品 116 件，时间跨度 50
余年，反映作者的书法艺术成就。

J0103298
胡小石书法选集　胡小石书
南京　江苏美术出版社　1992 年　重印本　91 页
有照片　38cm（14 开）精装
ISBN：7-5344-0054-6　定价：CNY39.00

J0103299
胡忠恕书出师二表赤壁二赋　胡忠恕书
天津　南开大学出版社　1992 年　28 页　有照片
26cm（16 开）ISBN：7-310-00515-5
定价：CNY3.00
　　作者胡忠恕（1935—　　），教授。河北鸡泽人，
毕业于河北师范大学物理系。先后任教于河北
大学和天津医学院，河北大学艺术考古室书法教
授。出版有《胡忠恕书孙子》《胡忠恕书毛泽东
诗词四十二首》《胡忠恕书金刚经》等。

J0103300
黄子厚行草书册　（唐孙过庭《书谱序》）黄子
厚书
广州　岭南美术出版社　1992 年　103 页　有照片
34×19cm　ISBN：7-5362-0740-9　定价：CNY11.50
　　作者黄子厚（1918—1998），书法家。广东开
平人，曾任广东省书法家协会常务理事，广州市

文史研究馆馆员，中国书法家协会会员。出版有
《黄子厚行草书册》。

J0103301
家教格言　曹柏昆书
天津　天津人民美术出版社　1992 年　1 张
77×106cm　ISBN：7-5305-2227-0　定价：CNY1.30

J0103302
姜东舒小楷永州八记　姜东舒书
杭州　浙江教育出版社　1992 年　新 1 版　重印本
26cm（16 开）ISBN：7-5338-0700-6
定价：CNY1.00
　　作者姜东舒（1923—2008），作家、书法家。
山东乳山人。曾任中国硬笔书法家协会主席，浙
江省钱江书法研究会会长，文澜书画社社长。代
表作品有《姜东舒诗集》《女运粮》《前后赤壁
赋》等。

J0103303
楷行书巧对妙联 300 例　卢中南、高惠敏书；
熊永年等编
北京　北京师范大学出版社　1992 年　194 页
26cm（16 开）ISBN：7-303-01895-6
定价：CNY12.00

J0103304
来楚生草书集　来楚生书；上海书画出版社编
上海　上海书画出版社　1992 年　195 页　33cm
ISBN：7-80512-488-4　定价：CNY20.60
　　本集刊出的书法墨迹有《龙泓老人论印绝
句十二首》《鲁迅诗选》《孟浩然李白诗选》。作
者来楚生（1903—1975），画师。浙江萧山人，原
名来稷勋、号负翁，笔名然犀室、安处楼等。曾
任上海美专、新华艺专教师，中国美术家协会会
员。主要作品有《来楚生画集》《来楚生法书集》
《来楚生篆书千字文》《来楚生草书千字文》等。

J0103305
兰亭记楷书三种　（田英章书法作品精选）田
英章书
北京　中国青年出版社　1992 年　54 页　有照片
26cm（16 开）ISBN：7-5006-1228-1
定价：CNY4.40
　　作者田英章（1950—　　），书法家。字存青、

存卿，出生于天津。先后毕业于首都师范大学、日本东京学艺大学。中国硬笔书法协会首任会长，中国书法家协会会员、欧阳询书法艺术研究会会长。代表作品有《田英章系列书法字帖》《田英章作品精选》等。

J0103306

乐图南书法选　　乐图南书

南京　南京大学出版社　1992 年　88 页　有照片 38cm（6 开）ISBN：7-305-01595-4

定价：CNY26.00

　　本书收条幅、对联、左笔、横幅 70 余幅。作者乐图南（1903—1989），书法家。本名乐一鹏，字图南。毕业于省立第六师范图画科。历任镇江画院顾问，全国书协会员，江苏书协名誉理事等。著有《经石峪笔意千字》《乐图南书法选》《经石峪笔意千字》《乐图南钢笔行书》等。

J0103307

黎民敏行草书　　黎民敏书

长沙　湖南美术出版社　1992 年　29 页　33cm（12 开）ISBN：7-5356-0547-8　定价：CNY5.20

　　作者黎民敏（1917—　），湖南临湘人。著有《台北市古迹概览》《台北市志胜迹篇》《台北市发展史》等。

J0103308

李白《渡荆门送别》书法　　胡问遂书

上海　上海人民美术出版社　1992 年　1 张 77×53cm　定价：CNY0.65

　　作者胡问遂（1918—1999），书法家。浙江绍兴人。历任上海中国画院一级美术师、中国书法家协会理事、上海书法家协会主席团成员、上海文史馆馆员。代表作品《大楷习字帖》《七律·到韶山》《七律·自嘲》《常用字字帖》等。

J0103309

李瑞清楷行三种　　李瑞清书；李定一辑

杭州　浙江人民美术出版社　1992 年　影印本 38 页　33cm（12 开）ISBN：7-5340-0321-0

定价：CNY3.80

（名家书艺探源）

　　本书收作者魏体《寄禅禅师冷香塔铭》《跋全椒积玉桥残字宋拓本》，以及行书《玉梅花临古自叙》。作者李瑞清（1867—1920），教育家、美术家、书法家。字仲麟，号梅庵，晚号清道人，戏号李百蟹。江西抚州人。曾出任两江优级师范学堂监督。著述有《左氏问难》《春秋大事表》《历代帝王年表》《和陶诗》等。

J0103310

李亚如书法篆刻集　　李亚如书

南京　南京出版社　1992 年　48 页　26cm（16 开）精装　ISBN：7-80560-487-8　定价：CNY5.00

　　作者李亚如（1918—2003），书画家、一级美术师。江苏扬州人。历任《泰州报》社副社长，扬州专署文化局长、扬州市副市长、扬州市国画院名誉院长，中国书法家协会会员等。专著有《李亚如画辑》《中国园林的美》《扬州园林》等。

J0103311

隶书字帖　　（马广文隶书谈诗品）马广文书

北京　北京经济学院出版社　1992 年　107 页 33cm（12 开）ISBN：7-5638-0329-7

定价：CNY9.00

　　作者马广文（1942—　），书法家。字马帮，北京铁路师范讲师，北京理工大学书法艺术专科主讲教师，中国书法家协会会员。

J0103312

梁梦龙书元曲西厢百韵　　梁梦龙书

北京　外文出版社　1992 年　72 页　26cm（16 开）ISBN：7-119-01512-5　定价：CNY3.90

J0103313

廖平书法作品选集　　廖平书

南宁　广西美术出版社　1992 年　90 页　有照片 26cm（16 开）ISBN：7-80582-387-1

定价：CNY6.90

　　作者廖平（1931—2007），侗族，书法家。字志之，号苗岭人、杉村士。广西融水苗族自治县人。历任中国书法家协会会员，广西书法家协会常务理事，广西柳州市书法家协会名誉主席。出版《廖平书法作品选集》《魏书范本》《隶书入门》等。

J0103314

林散之书法选集　　林散之书

南京　江苏美术出版社　1992 年　重印　124 页 有照片 38cm（6 开）ISBN：7-5344-0228-X

定价: CNY45.00, CNY55.00（精装）

　　本集汇集作者从1921—1985年65年间的120余件书法作品，反映作者书法艺术的卓越成就。作者林散之（1898—1989），山水画家、书法家。名霖，又名以霖，字散之，号三痴、左耳等。生于江苏江浦县，祖籍安徽和县。历任南京书画院名誉院长，江苏省书法家协会名誉主席。代表作有《许瑶诗论怀素草书》《自作诗论书一首》《李白草书歌行》等。

J0103315

灵心劲节　　谢三中作

杭州 浙江人民美术出版社 1992年 1张
77×53cm 定价: CNY1.30

　　作者谢三中（1941—　　）原名谢保畊，笔名三言中部，字谋鹤，号乐易，别署山中、立中、乐易斋主等。浙江黄岩人。1962年毕业于中国美院附中中国画科。现为《风景名胜》杂志美术编辑、编辑室主任。副编审。中国书法家协会会员，浙江省书法家协会刻字委员会委员，杭州市书法家协会理事，香港东方文化中心书画研究部委员，杭州市科普美协副理事长，杭州大学专科协会顾问。他师从莫朴、张怀仁、朱颖人、马玉如、周沧米等。篆刻始宗秦汉，近法浙皖，综融诸家，印作爽健厚朴，清新雅逸，颇富神韵。作品多次入选浙江省书法篆刻展览，入选江、浙、沪等书展。擅长篆刻，兼事书、画、理论研究及美术设计。作品曾参加国际书法展等展出。1983年获全国篆刻征稿评比优秀作品奖，1986年获全国首届篆刻艺术"黄鹤奖"，代表作有《小康人家》《繁荣昌盛》《春归人间》《石墨当歌》《墨趣神韵》等，并撰有《印章的造型艺术》《书画钤印》《简论印组》等。

J0103316

刘一光隶书作品选　　刘一光书

乌鲁木齐 新疆美术摄影出版社 1992年
26cm（16开）ISBN: 7-80547-090-1
定价: CNY6.60

　　本书收集作者现代隶书作品100余幅。作者刘一光，江苏人，新疆电视台编辑、中国作家协会新疆分会会员。创作歌词有《咱们新疆好地方》《伊犁河啊，我心中的河》《我的琴声》等，出版有《刘一光隶书作品选》。

J0103317

陆家衡书法作品集　　陆家衡书

苏州 古吴轩出版社 1992年 32页 有彩照
26cm×25cm ISBN: 7-80574-039-9
定价: CNY18.00

　　外文书名: Lu Jiaheng Selected Works of Calligraphy. 作者陆家衡（1947—　　），江苏昆山人。江苏省昆山书画院副院长，中国书法家协会会员。出版有《陆家衡书法作品集》《中国书款题类编》《玉峰翰墨志》等。

J0103318

陆抑非行草长卷　　陆抑非书

杭州 浙江人民美术出版社 1992年 46页
33cm（12开）ISBN: 7-5340-0345-8
定价: CNY4.00
（画家墨迹拔萃）

　　本书作者书法从明代文徵明入手，继学唐代的孙过庭、宋代的黄庭坚以及明人大草，形成了跌宕清新的书风，以其行草《元曲十二首》长卷为佼佼者。作者陆抑非（1908—1997），美术教育家。名翀，初字一飞，改字抑非，号非翁，又号苏叟。江苏常熟人。历任中国美术学院教授、研究生导师，西泠书画院副院长，常熟书画院名誉院长。作品有《花好月圆》《春到农村》《寿桃图》等，著有《非翁画语录》。

J0103319

罗锡铎书法集　　罗锡铎书

沈阳 辽宁美术出版社 1992年 68页 32cm（10开）
ISBN: 7-5314-0903-8 定价: CNY18.80

　　作者罗锡铎（1932—　　），满族，辽宁黑山人。辽宁省科委主任，四川乐山书法家协会名誉会长。

J0103320

马玉浩书法集　　马玉浩书

兰州 甘肃人民美术出版社 1992年 78页 有肖像
26cm（16开）ISBN: 7-80588-028-X
定价: CNY6.30

　　作者马玉浩（1921—　　），原名毓豪，字志超，甘肃民勤县人，毕业于甘肃省武威师范学校师范科。民勤县文化馆副研究馆员，中国书协甘肃分会名誉理事，武威地区文联副主席、武威地区书协名誉主席。出版有《马玉浩书法集》等。

J0103321

毛笔行书钢笔楷书字帖　权希军，罗奇松书；
吴英浩编

北京　警官教育出版社　1992年　32页　26cm（16开）

ISBN：7-81027-159-8　定价：CNY1.95

　　本字帖文字内容为《中学生日常行为规范》。

J0103322

毛泽东诗词楷书字帖　李华锦书

沈阳　辽宁大学出版社　1992年　82页　26cm（16开）

ISBN：7-5610-1663-8　定价：CNY8.00

J0103323

毛泽东诗词沁园春书法　周慧珺书

上海　上海人民美术出版社　1992年　1张

77×53cm　定价：CNY0.65

J0103324

毛泽东诗词三十七首　（弓彤轩书刻集）弓彤
轩书

石家庄　河北美术出版社　1992年　79页

26cm（16开）ISBN：7-5310-0450-X

定价：CNY15.00

　　本书全部采用隶书入印，别致新颖，通俗易
读。书风清雅奇秀，用笔圆实挺健，分布自然得
体。被艺术大师刘开渠赞为"豪迈宽宏，婉转流
畅"。作者将毛泽东的《长征》《沁园春·雪》《送
瘟神》等37首诗词制成了289方印章。作者弓
彤轩（1916-？），女，书法家。笔名弓也，河北
衡水人。毕业于中国人民大学。历任中国书法
家协会会员，河北省老年书画研究会顾问，保定
地区和唐山市书画会名誉会长，中共中央组织部
干部。出版有《弓彤轩章草草诀歌》《弓彤轩书
法篆刻绘画选集》《弓彤轩书刻集——毛泽东诗
词三十七首》等。

J0103325

毛泽东书艺精萃博览　蒋昌诗，谢应成编著

成都　四川大学出版社　1992年　748页

20cm（32开）ISBN：7-5614-0539-1

定价：CNY22.60（软精），CNY19.00（硬精）

　　本书分："书艺精萃，珍奇创造"、"正书入
门，心追手摹"、"正行探索，目览千贴"、"草行飘
逸，博采众长"、"专攻草书，天纵自然"、"意气贯
通，书精定名"6大部分，书后附《毛泽东生平大

事简表》。作者蒋昌诗（1938—　），教师。名金
沙，四川三台人。毕业于四川师范学院中文系。
历任四川省财政学校高级讲师、成都市书法家协
会会员等。著有《现代实用文体写作》《现代实
用写作》《现代实用书法训练指导》《行书精粹总
览》等。

J0103326

毛泽东同志诗词·沁园春·雪　毛泽东作

长沙　湖南美术出版社　1992年　1张　77×106cm

定价：CNY2.50

　　作者毛泽东（1893—1976），中国人民的领
袖，伟大的马克思主义者，无产阶级革命家、战
略家和理论家，中国共产党、中国人民解放军和
中华人民共和国的主要缔造者和领导人，诗人，
书法家。湖南湘潭人。字润之（原作咏芝，后改
润芝），笔名子任等。毕业于湖南省立第一师范
学校。现代世界历史中最重要的人物之一。1949
至1976年担任中华人民共和国最高领导人。代
表作有《毛泽东选集》《毛泽东诗词选》《湖南农
民运动考察报告》等。

J0103327

毛泽东同志诗词·沁园春·长沙　毛泽东作

长沙　湖南美术出版社　1992年　1张　77×106cm

定价：CNY2.50

J0103328

眉州远景楼记　（宋）苏轼撰；伍中一书

成都　西南交通大学出版社　1992年　有画像

26cm（16开）ISBN：7-81022-412-3

定价：CNY2.60

　　作者苏轼（1037—1101），北宋文学家、书画
家。字子瞻、和仲，号铁冠道人、东坡居士，世
称苏东坡。在诗、词、散文、书、画等方面取得
很高成就，擅长文人画，尤擅墨竹、怪石、枯木
等。作品有《东坡七集》《东坡易传》《东坡乐府》
《潇湘竹石图卷》《古木怪石图卷》等。作者伍中
一（1923—2008），书法家。号渡叟，四川眉山市
人。历任中国诗书画研究馆研究员，四川省书法
家协会会员，四川省楹联学会顾问，眉山市文联
顾问、东坡诗社顾问。出版有《历代名人咏峨眉》
《眉州远景楼记》《伍中一墨迹》等。

J0103329
美宇之歌 （李杰书法集）李杰书
北京 中国社会出版社 1992 年 133 页 有照片
19cm（小 32 开）ISBN：7-80088-330-2
定价：CNY3.50
　　作者李杰（1941—　　），河北井陉人。河北省
书法家协会会员，中国人才研究会会员。

J0103330
名人格言 陈秋明书
广州 岭南美术出版社 1992 年 1 张 77×53cm
定价：CNY0.60
　　作者陈秋明（1946-），广东普宁人。历任广
州市海珠博物馆、邓世昌纪念馆副馆长，广州市
文史研究馆馆员、中国书法家协会会员、广州市
书法家协会副主席、广州市书画专修学院副教
授、海珠区书法家协会主席等职。出版有《陈秋
明书法选》《陈秋明书东坡诗帖》《陈秋明书法》
及《硬笔书艺》等。

J0103331
墨海旭日 任进强编
香港 亚洲出版社 1992 年 128 页 19cm（小 32 开）
ISBN：962-7547-22-0 定价：HKD25.00

J0103332
欧广勇书法集 欧广勇作
上海 上海书画出版社 1992 年 93 页 有照片
31cm（10 开）ISBN：7-80512-620-8
定价：CNY13.50
　　作者欧广勇（1940—　　），书法家。广东德庆
人。中国书协创作委员会委员，广东省书协副主
席，岭南书法篆刻艺术研究会会长，中国书协理
事，中国书协创作评审委员，中国书法家协会理
事，书协广东分会副秘书长。著有《中国历代书
艺概论》《中国历代书艺概览》《欧广勇书法集》。

J0103333
潘学固先生遗墨 潘学固书
上海 上海书店 1992 年 35cm（15 开）
ISBN：7-80569-548-2 定价：CNY4.80

J0103334
佩岚书法选 李佩岚编著
北京 新华出版社 1992 年 130 页 有彩照

26cm（16 开）ISBN：7-5011-1860-4
定价：CNY18.60
　　本书共选入了作者的书法作品 140 余件。
作者李佩岚（1943—　　），字云峰，号静泊，河北
蠡县人。曾任涿州市常务副市长，中国书法家协
会会员。

J0103335
拼搏进取 李维信书
天津 天津人民美术出版社 1992 年 1 张
77×53cm ISBN：7-5305-2226-8 定价：CNY0.60

J0103336
千种书法大观 夏时雨著
北京 中国妇女出版社 1992 年 506 页 有照片
26cm（16 开）ISBN：7-80016-755-0
定价：CNY34.00
　　本书收作者的千种书法作品，书后附历代书
法。作者夏时雨（1935—　　），书法家、书法理论
家、散文作家和诗人。就职于保定市文联，《大
千世界》报副社长、副主编，冀中书画大学副校
长、教授等职。

J0103337
清风化远 雨石书
杭州 浙江人民美术出版社 1992 年 1 张
77×53cm 定价：CNY1.30

J0103338
全国名优企业职工书法艺术大赛作品选
邓法奇主编；全国名优企业职工书法艺术大赛
组委会编
北京 中国国际广播出版社 1992 年 28 页
有彩图 26cm（16 开）
　　本书包括 1988 年 8 月至 1989 年 3 月止的全
国书法艺术大赛获奖作品百余件。

J0103339
任政隶书字帖 任政书
上海 上海书店 1992 年 有照片 26cm（16 开）
ISBN：7-80569-549-0 定价：CNY2.50
　　作者任政（1916—1999），书法家，字兰斋，
浙江黄岩人。历任上海文史研究馆馆员，中国书
法家协会会员，上海书法家协会常务理事，上海
外国语学院艺术顾问，复旦大学国际文化交流学

院艺术顾问。出版有《楷书基础知识》《少年书法》《祖国的书法艺术》《书法教学》《隶书写法指南》《兰斋唐诗宋词行书帖》。

J0103340
沈尹默书毛泽东诗词　　沈尹默书；任政收藏
杭州　浙江人民美术出版社　1992年　57页
37cm　ISBN：7-5340-0377-6　定价：CNY10.00
　　本书作者早年学书从唐碑入手，继学魏碑。中年后皈依王羲之、王献之父子的帖学体系，苦学几十年，为后人学习二王书法总结出不少规律性的知识和技法，被誉为书坛"法家"。并于1960年在充分领会了毛泽东诗词的意境和气韵后的精心之作，书写了当时发表的毛泽东诗词17首。作者沈尹默（1883—1971），学者、诗人、书法家、教育家。出生于陕西汉阴，祖籍浙江吴兴。初名君默、字中、号秋明。曾任北京大学文学教授，河北省教育厅厅长、中法文化交流出版委员会主任、上海市文联副主席、上海市文管会会员、上海中国书法篆刻研究会主任等职。代表作有《沈尹默手稿墨迹》《二王法书管窥》《历代名家学书经验谈辑要释义》。

J0103341
诗海南　书海南　　郑兰茂著
海口　海南摄影美术出版社　1992年　67页
26cm（16开）ISBN：7-80571-389-8
定价：CNY18.80
　　本书收入的作品包括书法和篆刻，以书法作品为主。

J0103342
诗情墨缘　　丹文手书著文
石家庄　河北美术出版社　1992年　199页　有照片
26cm（16开）ISBN：7-5310-0505-0
定价：CNY9.80
　　本书收入了作者的书法作品100幅，书写内容系唐宋两代名家诗作。作者丹文（1926—　），原名俞元文，河北老年大学书画教研组组长，全国老年书画研究会会员，河北老年书画研究会常务理事。

J0103343
实用诗联书法　　杨秀枝书
南宁　广西美术出版社　1992年　92页　26cm（16开）

ISBN：7-80582-496-7　定价：CNY4.40

J0103344
实用诗联书法　　杨秀枝书
南宁　广西美术出版社　1998年　增订本　210页
有肖像　26cm（16开）ISBN：7-80625-511-7
定价：CNY22.00

J0103345
史长江书法篆刻选　　史长江著
北京　文津出版社　1992年　98页　有照片
21×19cm　ISBN：7-80554-158-2　定价：CNY7.50
　　本书内容有：书法作品、临摹古印、篆刻作品3部分。作者史长江（1952—　），北京市延庆县文化文物局工作，北京市音乐家协会会员，北京市书法家协会会员，北京印社社员。

J0103346
世界各国国名国都书法篆刻集　　冯联承主编
天津　天津大学出版社　1992年　195页　有照片
26cm（16开）ISBN：7-5618-0337-0
定价：CNY16.00
　　本书荟萃了中国书协、著名书法篆刻家、海外友人等600余人的墨宝及作品，书中每一页介绍一个国家，国名由各体书法写出，国都由不同篆刻展示。主编冯联承（1948—　），画家。生于河北唐山市，笔名冯界桥、冯上，曾用名冯连城，字光先，号璧卿。肄业于海军第一航空兵学校。曾任亚太国际文化艺术交流促进会秘书长、中国龙文化艺术研究会主席、中国美术家协会河北省分会会员，河北省雕塑家协会会员，工艺美术高级工程师。主要作品有《百塔图》《冯联承书法集》《中国当代印坛大观》等。

J0103347
书法实用对联500例　　杨再春书；高寨，流溪编
北京　北京师范大学出版社　1992年　191页
26cm（16开）ISBN：7-303-01252-4
定价：CNY9.00

J0103348
淑气庆集　　邵华安书；唐云来摄
天津　天津人民美术出版社　1992年　2张
77×53cm　ISBN：7-5305-2225-5　定价：CNY1.60

J0103349
宋词名篇毛笔行书字帖　　薛夫彬书
北京　中国物资出版社　1992年　66页　有照片
26cm（16开）ISBN：7-5047-0145-9
定价：CNY3.10
　　作者薛夫彬（1944—　　），回族，书法家。生
于北京。历任北京教育学院美术系副教授、书法
研究室主任，中国书法家协会理事等。著有《薛
夫彬书法篆刻作品选》《楷书技法》《中国书法概
述》《余墨杂痕》等。

J0103350
滕王阁序行书字帖　　李延柱书
南宁　广西民族出版社　1992年　22页　26cm（16开）
ISBN：7-5363-1727-1　定价：CNY1.30

J0103351
田端推云书法选
济南　山东美术出版社　1992年　30页　26cm（16开）
ISBN：7-5330-0606-2　定价：CNY31.42

J0103352
万泉书法选　　马万泉书写
北京　海洋出版社　1992年　29页　26cm（16开）
ISBN：7-5027-2468-0　定价：CNY2.90

J0103353
王鸿玉篆隶作品集　　王鸿玉书
郑州　河南美术出版社　1992年　有照片
26cm（16开）ISBN：7-5401-0266-7
定价：CNY12.00
　　作者王鸿玉（1941—　　），文学家。河南获嘉
人，毕业于郑州大学中文系。历任中共河南省委
宣传部文艺处长，河南省文联主席团成员，河南
省书协理事。出版《王鸿玉篆隶作品集》。

J0103354
王景鲁书法篆刻选集　　王景鲁书
天津　天津人民美术出版社　1992年　111页
有照片　35×19cm　ISBN：7-5305-0311-1
定价：CNY12.80
　　作者王景鲁（1905-？），名纯嘏，后以字行，
山东诸城人，就读于上海美专西洋画系。曾在
天津人民美术出版社任职，天津书法家协会任
理事。

J0103355
王镛书法集　　王镛书
北京　荣宝斋　1992年　有照片　36cm（15开）
ISBN：7-5003-0169-3　定价：CNY28.60
　　本书展示了作者以传统笔墨为本，粗犷稚
拙，荒率简化的书风。集立幅、斗方、对联、册
页、横批、扇面6类，有真、行、草、隶、篆诸体，
计109幅作品。

J0103356
王正良书沁园春
西安　陕西人民美术出版社　1992年　34cm（10开）

J0103357
无欲则刚　　王健作
杭州　浙江人民美术出版社　1992年　1张
77×53cm　定价：CNY1.30

J0103358
五言对联书法1000条　　杨再春书写；鲁牧编选
北京　北京体育学院出版社　1992年　528页
有照片　26cm（16开）ISBN：7-81003-617-3
定价：CNY27.50
　　本书分：科教文、农牧渔、工交商、军事用
联、通用春联、寿联、婚联、挽联、书房客厅联、
修养联、名胜联等几大类。书体有隶、魏、楷、
行、草。

J0103359
武中奇书法集　　武中奇书
南京　江苏美术出版社　1992年　重印本　87页
有照片　38×27cm　ISBN：7-5344-0024-4
定价：CNY18.50，CNY26.00（精装）
　　作者武中奇（1907—2006），书法家。山东
长清人。历任江苏省人民代表大会常务委员，中
国书法家协会理事，中国书法家协会江苏分会主
席，江苏省画院副院长。出版有《武中奇书法篆
刻集》。

J0103360
西湖诗词楹联精选书法欣赏　　傅良才，傅录
用书
北京　中国国际广播出版社　1992年　140页
15×26cm　ISBN：7-5078-0399-6　定价：CNY3.75
　　本书题名还有西湖诗词楹联精选钢笔毛笔

书法欣赏画册。

J0103361

希望 （江筱箬书法选集）江筱箬著
南宁　接力出版社　1992年　30页　有照片
26cm（16开）ISBN：7-80581-410-4
定价：CNY3.00

J0103362

萧劳诗联自书墨迹　萧劳书
北京　北京工艺美术出版社　1992年　204页
有照片　26cm（16开）ISBN：7-80526-036-2
定价：CNY12.00

　　作者萧劳（1896—1996），书画家。原名禀原、字钟美、重梅，号萧斋，广东梅县人。中央文史研究馆馆员、中国书法家协会名誉理事、中国书法家协会北京分会常务理事、北京中国书画研究社社长。书法作品有《褚遂良雁塔圣教序》《李邕云麾将军》《李思训碑》。

J0103363

修心集　金龙书
南宁　广西美术出版社［1992年］72页　有照片
21×26cm　ISBN：7-80582-427-4　定价：CNY9.30
（中国经典文化精粹 书法系列 4）

　　本书由广西美术出版社和香港现代出版社联合出版。作者金龙（1962—　　　），字大耆，号小川山人，浙江台州人，深圳图书馆任职。曾在香港及国内出版《金龙书法》《写心集》《养心集》《修心集》《明心集》等。

J0103364

徐楚德草书唐诗三百首　（上）徐楚德书
北京　国际文化出版公司　1992年　150页　有彩照
26cm（16开）ISBN：7-80049-897-2
定价：CNY9.50

　　作者徐楚德（1938—　　　），苗族，教授。号潭沱轩主。出生于湖南湘潭，毕业于湖北艺术学院。历任中央新闻纪录电影制片厂国家一级美术师，中国书协会员，中国影协会员，北京书画美术研究会秘书长。

J0103365

徐楚德草书唐诗三百首　（下）徐楚德书
北京　国际文化出版公司　1993年　150页

26cm（16开）ISBN：7-80049-897-2
定价：CNY9.50

J0103366

徐永锡书法选　徐永锡著
西安　陕西人民出版社　1992年　96页　有照片
26cm（16开）ISBN：7-224-02663-8
定价：CNY5.90

　　作者徐永锡（1936—2006），编辑。陕西勉县人。历任陕西省汉中日报编辑，陕西省书法协会、陕西省作家协会会员等。

J0103367

学到老　谢三中作
杭州　浙江人民美术出版社　1992年　1张
77×53cm　定价：CNY1.30

J0103368

养心怡神　董戈翔书
兰州　甘肃人民美术出版社［1992年］1张
77×53cm　定价：CNY1.50

J0103369

张大千书法集　张大千书；杨诗云编
成都　巴蜀书社　1992年　438+81页　38cm（6开）
精装　ISBN：7-80523-139-7

　　本集收录了张大千自1921年至1983年的墨迹、石刻、竹木刻拓本三百余件。外文书名：The Calligraphy of Zhang Daqian. 作者张大千（1899—1983），国画大师、山水画大家、书法家。四川内江人，祖籍广东番禺。代表作有《爱痕湖》《长江万里图》《四屏大荷花》《八屏西园雅集》等。

J0103370

张森书法艺术　张森著
上海　学林出版社　1992年　75页　有照片
23×26cm　ISBN：7-80510-732-7　定价：CNY6.25

J0103371

长恨歌、正气歌小篆字帖　张永明书
北京　北京理工大学出版社　1992年　79页
26cm（16开）ISBN：7-81013-502-3
定价：CNY4.00

　　作者张永明（1950—　　　），书法家。河南新县人。历任中国书法家协会会员，北京书法教育学

会副会长，中国楹联学会会员。著作有《篆书与篆书笔法》《篆书技法》《篆书章法》《秦篆书刻石四种解析字帖》《西周金文五种解析字帖》等。

J0103372

赵佛重书法　　赵佛重书

台北　赵崇德堂　1992 年　80 页　31cm（10 开）

J0103373

郑必宽书法集　　郑必宽书

南京　南京出版社　1992 年　有照片　20×20cm
精装　ISBN：7-80560-628-5　定价：CNY12.00

　　作者郑必宽（1952—　　），书法家。江苏南京人，毕业于武汉大学哲学系。历任金陵书法艺术研究院院长，江苏美术出版社书画研究室主任，江苏省书法艺术研究会会长等职。书法作品有《夜雨巴山》《阿弥陀佛》《北风寒》等。

J0103374

中国当代报头书法集　　冯晋彪编

成都　四川大学出版社　1992 年　210 页　28cm（大 16 开）　ISBN：7-5614-0666-5
定价：CNY28.00

　　作者冯晋彪（1926—1993），山西保德县人。曾任中国医学科学院分院党委书记，四川省自然资源研究所党委书记。作品有报告文学《红色南江》。

J0103375

中国当代书法名家墨迹　　戴宗济主编

北京　民族出版社　1992 年　377 页　26cm（16 开）
精装　ISBN：7-105-01539-X　定价：CNY29.00

　　主编戴宗济（1946—　　），编辑。号云南游人等，祖籍江苏邳县，生于北京。历任中国人事出版社副主任，国家人事部书画研究会副会长，北京东城中国书画艺术学会副会长，河南平顶山书画院顾问等职。

J0103376

中国日本当代书法作品选萃　　周莲等编

长春　吉林美术出版社　1992 年　242 页　有图　26cm（16 开）　精装　ISBN：7-5386-0258-5
定价：CNY158.00

　　本书收录中国、日本当代书法名作家作品各121 幅。作品书体行、草、隶、篆、楷俱全，反映

了中日当代书法艺术的现状和发展趋势。

J0103377

中国书坛新人作品展作品集

郑州　河南美术出版社　1992 年　274 页　26cm（16 开）　ISBN：7-5401-0252-7
定价：CNY16.50

J0103378

中华民间常用对联　　龙三杰等编

南宁　广西民族出版社　1992 年　94 页　26cm（16 开）
ISBN：7-5363-2055-8　定价：CNY4.98

J0103379

中日百人书法作品集　　李溥编

长沙　湖南美术出版社　1992 年　66 页　26cm（16 开）
ISBN：7-5356-0542-7　定价：CNY15.00

J0103380

钟家佐诗书　　钟家佐书

南宁　广西美术出版社　1992 年　26cm（16 开）
精装　ISBN：7-80582-483-5　定价：CNY14.50

　　作者钟家佐（1930—　　），广西贺县人。广西壮族自治区政协副主席，中国书法家协会理事，广西书协主席，广西诗词学会会长。

J0103381

钟孝君书法作品选　　钟孝君书

西安　中国陕西人民美术出版社　1992 年　31 页　25×26cm　ISBN：7-5368-0399-0　定价：CNY10.00

　　外文书名：The Selected Calligraphic Works of Zhong Xiaojun.

J0103382

重庆书法篆刻作品选　　徐文彬主编；重庆书法家协会编

重庆　重庆出版社　1992 年　109 页　26cm（16 开）
ISBN：7-5366-1905-7　定价：CNY8.50

J0103383

周恩来青年时代诗词钢笔毛笔书法欣赏

姚之书书

北京　中国国际广播出版社　1992 年　75 页　20cm（32 开）　ISBN：7-5078-0689-8
定价：CNY2.70

J0103384
周永健书法作品 周永健书
昆明 云南人民出版社 1992年 59页 26cm(16开)
ISBN：7-222-00838-1 定价：CNY5.00
　　外 文 书 名：Zhou Yongjian's Calligraphy
Works.

J0103385
朱伯庐先生治家格言 陈骧龙作
天津 天津人民美术出版社 1992年 1张
77×53cm ISBN：7-5305-2226-9 定价：CNY0.60
　　本书是中国书法绘画集，《朱子家训》亦称
《朱柏庐治家格言》，简称《治家格言》。《朱子家
训》以"修身"、"齐家"为宗旨，集儒家为人处
世方法之大成，含义博大精深。朱用纯(1617—
1698)，明末清初理学家、教育家。字致一，自号
柏庐。江苏昆山县人。著有《治家格言》《愧讷集》
《大学中庸讲义》等。

J0103386
朱复戡草书千字文 朱复戡书
上海 上海人民美术出版社 1992年 37页
36cm(15开) ISBN：7-5322-1082-0
定价：CNY6.50
　　本书收录草书千字文37幅图。作者朱复戡
(1902—1989)，书画家、金石家。原名义方，字
百行，号静龛。历任朱复戡艺术研究室主席，上
海美术专科教授，中国画委员会常委。代表作
品《复戡印存》《朱复戡大篆》《朱复戡金石书画
选》等。

J0103387
朱复戡修补草诀歌 朱复戡著
上海 上海人民美术出版社 1992年 53页
36cm(15开) ISBN：7-5322-1081-2
定价：CNY8.50

J0103388
诸葛亮前出师表楷书字帖 李树琪书
北京 中国戏剧出版社 1992年 80页 26cm(16开)
ISBN：7-104-00379-7 定价：CNY3.20
　　作者李树琪(1931—　)，书法家。河北高阳
人，中国书法家协会陕西分会会员、香港东方文
化中心书画部副秘书长。出版有《杜牧阿房宫赋
比书帖》《诸葛亮前出师表》等。

J0103389
竹影乱清风 周生香书
兰州 甘肃人民美术出版社［1992年］1张
77×53cm 定价：CNY1.50

J0103390
祝逐之书画篆刻集 祝逐之书
杭州 浙江美术学院出版社 1992年 25页
36cm(15开) 精装 ISBN：7-81019-173-X
定价：CNY160.00
　　作者祝逐之，浙江美术学院教授，中国书法
家协会学术委员，西泠印社社员。

J0103391
自修格言 顾志新作
天津 天津人民美术出版社 1992年 2张
77×53cm ISBN：7-5305-2226-6 定价：CNY1.60
　　作者顾志新(1945—　)，书法家、国家一级
美术师。生于天津，祖籍江苏吴县。历任天津书
法家协会副主席、天津书法家协会篆刻专业委员
会主任、中国书法家协会理事、九三学社天津书
画院副院长等。出版有《顾志新书画小品集》《中
南海珍藏书法集》等。

J0103392
邹锡元书法 邹锡元书
福州 福建美术出版社 1992年 46页 26cm(16开)
ISBN：7-5393-171-6 定价：CNY2.50
　　本书按篆隶书体的"发展演变，点画造型，
结构态势"以及作者的基本运笔法式和结构态势
编写而成。

J0103393
醉高歌二十章 于右任书
西安 陕西人民出版社 1992年 33×19cm
ISBN：7-224-02124-5 定价：CNY4.30
(陕西文史研究馆书画作品选萃)
　　作者于右任(1878—1964)，政治家、教育
家、书法家。原名伯循，以字行，号骚心。陕西
三原县人。代表作品《右任诗存》《右任文存》《右
任墨存》《标准草书》等。

J0103394
左齐左笔书法集 左齐书
济南 黄河出版社 1992年 128页 有彩照

26cm（16开）ISBN：7-80558-327-7
定价：CNY10.00

　　作者左齐，江西永新人，中国书法家协会山东分会名誉主席，齐鲁书画研究院名誉院长。

J0103395

座右铭行书笺　（冼小前作品）冼小前书
南宁 广西人民出版社 1992年 52页 20×11cm
ISBN：7-219-02143-7 定价：CNY3.20

　　荟萃古今中外箴言52帧，涉及立志、修身、处世、治学、哲理等6方面。作者冼小前（1955—　），书画家。笔名廉人，原籍广东，毕业于广西艺术学院。中国美术家协会会员，中国书法家协会会员，中国书法艺术研究院特聘书画家，广西美术出版社副编审、书法编辑部主任。作品有油画《春望》《八桂英华》《法卡边防》等。

J0103396

《三字经》简繁体毛笔字帖　沈鸿根书
上海 学林出版社 1993年 125页 26cm（16开）
ISBN：7-80510-797-1 定价：CNY4.50

　　沈鸿根（1943—　），书法家。别号江鸟，出生于上海。曾任《写字》杂志副总编，上海中华书画协会副会长，中国书法家协会会员，上海市书法家协会硬笔书法家联谊会首任会长。出版作品《行书概论》《书法十五讲》《硬笔书法百日通》等。

J0103397

百家姓字帖　（毛笔钢笔书写）唐光志书
北京 中国妇女出版社 1993年 160页
19cm（小32开）ISBN：7-80016-774-7
定价：CNY4.60

　　唐光志（1946—　），外交部工作，著名实用字书法家。

J0103398

北京电视栏目书法大奖赛获奖作品集　北京电视台编
北京 兵器工业出版社 1993年 76页 26cm（16开）
ISBN：7-80038-587-8 定价：CNY8.00

J0103399

曹兴福书法集　曹兴福书
南京 江苏美术出版社 1993年 71页 有彩照

26cm（16开）ISBN：7-5344-0268-9
定价：CNY26.00，CNY30.00（精装）

　　作者曹兴福（1932—2005），教授。生于江苏张家港。历任政协苏州市主席，江苏省书法家协会会员，常熟市书画院名誉院长，苏州大学兼职教授、中国市长书画院院士等。出版有《曹兴福书法集》。

J0103400

陈复澄书法艺术作品集　陈复澄著
北京 华文出版社 1993年 298页 有照片
26cm（16开）ISBN：7-5075-0129-9
定价：CNY24.00

　　本书收有陈复澄书法作品、篆刻作品、刻陶书法作品和书法创作论文等。外文书名：Selected Works of Chinese Calligraphy Art of Chen Fucheng.

J0103401

陈孟康书孙子兵法　陈孟康书
北京 文津出版社 1993年 87页 有彩照
26cm（16开）ISBN：7-80554-222-8
定价：CNY8.30

　　作者陈孟康（1931—　），书法家。生于河北雄县。历任中国书法家协会会员，北京市书法家协会会员，中国老年书画研究会北京市分会理事等。

J0103402

陈政魏体千字文　陈政书
南宁 广西美术出版社 1993年 67页 26cm（16开）
精装 ISBN：7-80582-560-2 定价：CNY6.00

　　作者陈政（1919—2002），书法家。广东新会侨乡人，毕业于中山大学。中国书法家协会会员，广西文史馆员，中国国际文化交流中心广西分会理事等。作品有《中学生作文选》《学生字帖》《字源谈趣》。

J0103403

陈仲明书法集　陈仲明书
南京 南京出版社 1993年 有照片 26cm（16开）
ISBN：7-80560-725-7 定价：CNY14.49

　　本书收入作者近年来的书法作品37件。作者陈仲明（1953—　），教师。江苏泰兴人，毕业于南京师范大学音乐系、美术系。历任南京师范大学美术系副教授，书法教研室主任，中国书法家协会会员，中国青年书法理论家协会理事。代表作品《陈仲明书法集》《陈仲明书法作品选辑》《朝鲜书法史》。

J0103404
成汉飚书法集　　成汉飚书
苏州　古吴轩出版社　1993 年　44 页　有照片
27cm（大 16 开）ISBN：7-80574-106-9
定价：CNY12.90

J0103405
成化小楷　　王成化书
北京　教育科学出版社　1993 年　26cm（16 开）
ISBN：7-5041-1065-5　定价：CNY1.50
　　作者王成化，中国书法家协会河北分会会员、河北省教育学会书法教育研究会常务理事。

J0103406
成语楷书字帖　　李世清书
上海　华东理工大学出版社　1993 年　73 页
26cm（16 开）ISBN：7-5628-0425-7
定价：CNY3.80
　　作者李世清，上海市青少年艺校任教，上海书法家协会会员，上海中华书画协会副理事长。

J0103407
程云鹤书法选集　　程云鹤书
武汉　湖北美术出版社　1993 年　26cm（16 开）
ISBN：7-5394-0478-7　定价：CNY15.00

J0103408
春雷颂　（书法诗词集）胡若嘏著；胡忠恕书
北京　解放军文艺出版社　1993 年　有照片
26cm（16 开）ISBN：7-5033-0409-X
定价：CNY2.90
　　本书收集诗词 17 首，记录了我国核武器事业发展的历程。胡忠恕（1935—　），教授。河北鸡泽人，毕业于河北师范大学物理系。先后任教于河北大学和天津医学院，河北大学艺术考古室书法教授。出版有《胡忠恕书孙子》《胡忠恕书毛泽东诗词四十二首》《胡忠恕书金刚经》等。

J0103409
春深诗酒醉中华　（戴宗济毛笔楷书绝句）戴宗济书
北京　兵器工业出版社　1993 年　74 页　26cm（16 开）
ISBN：7-80038-690-2　定价：CNY6.00
　　作者戴宗济（1946—　），编辑。号云南游人等，祖籍江苏邳县，生于北京。历任中国人事出版社副主任，国家人事部书画研究会副会长，北京东城中国书画艺术学会副会长，河南平顶山书画院顾问等职。

J0103410
大康书碑四通　　康殷手书
北京　国际文化出版公司　1993 年　34cm（10 开）
ISBN：7-80049-635-X　定价：CNY12.00

J0103411
丹墨斋名家题额　　陈坚樵编
广州　岭南美术出版社　1993 年　106 页　有照片
25×27cm　ISBN：7-5362-0932-0　定价：CNY32.00
　　"丹墨斋"为书画收藏家毛润添的书斋画室。本书收编各地名家为其亲笔题书的墨迹。

J0103412
当代名家书千字文
北京　中国和平出版社　1993 年　9 册　26cm（16 开）
ISBN：7-80037-935-3　定价：CNY86.00

J0103413
当代书法家书毛泽东和老一辈革命家诗词集　　启功等著
北京　军事谊文出版社　1993 年　417 页　有照片
26cm（16 开）精装　ISBN：7-80027-410-1
定价：CNY168.00

J0103414
当代书法精选　（书法名家书古诗）上海教育出版社编
上海　上海教育出版社　1993 年　151 页
26cm（16 开）ISBN：7-5320-2929-8
定价：CNY15.00

J0103415
当代著名书法家手书毛泽东诗词　　赵朴初，启功主编
北京　中央文献出版社　1993 年　170 页　37cm
精装　ISBN：7-5073-0195-8　定价：CNY190.00
　　本书分：书法作品、毛泽东诗词、书法家简

介 3 部分，书法作品部分收入 43 位当代著名书法家的作品 102 件。主编赵朴初（1907—2000），佛教领袖、书法家、社会活动家。安徽太湖人，就读于苏州东吴大学。历任中国佛教协会会长，中国佛学院院长，中国藏语系高级佛学院顾问，中国宗教和平委员会主席，中国书法家协会名誉理事等。主要作品《片石集》《滴水集》等。主编启功（1912—2005），满族，中国现代著名书法家。字元伯，北京人。曾任北京师范大学教授，中央文史研究馆副馆长，中国书协名誉主席等职、世界华人书画家联合会创会主席、中国佛教协会、故宫博物院、国家博物院顾问，西泠印社社长。

J0103416

邓福星书法集

济南　山东美术出版社　1993 年　59 页　有照片 28cm（大 16 开）精装　ISBN：7-5330-0656-9 定价：CNY26.00

J0103417

邓散木临史晨碑　邓散木书

上海　上海书店出版社　1993 年　33cm（12 开） ISBN：7-80569-751-5　定价：CNY7.20

J0103418

邓散木临乙瑛碑　邓散木书

上海　上海书店出版社　1993 年　33cm（12 开） ISBN：7-80569-752-3　定价：CNY4.50

J0103419

董必武、陈毅诗书法字帖　张瑞龄书

北京　书目文献出版社　1993 年　94 页 26cm（16 开） ISBN：7-5013-1013-0　定价：CNY9.50 （张瑞龄书法系列墨稿）

　　张瑞龄（1936— 　），书法家、教授。号滴石，河北唐山人。作品有楷书《华夏正气歌》《三字经》《百家姓》《千字文》等。

J0103420

杜颂琴书法选　杜颂琴书

北京　人民美术出版社　1993 年　32 页　有照片 26cm（16 开）　ISBN：7-102-01319-1 定价：CNY6.80 （现代书法）

　　作者杜颂琴（1917—2001），教授、书法家。号老琴，山东莱州人。历任中国书法家协会会员，中国书画函授大学青岛分校名誉教授。

J0103421

对联精选　（名人钢笔毛笔书法）金平编

武汉　中国地质大学出版社　1993 年　131 页 有照片　19cm（小 32 开）ISBN：7-5625-0798-8 定价：CNY2.98

　　本书以书法艺术形式，选编了各种对联，如：新婚用联、寿联、挽联、屋宇用联、名人对联等。

J0103422

多体书法毛主席诗词选　（李旭初先生墨存）李旭初书

西安　三秦出版社　1993 年　42 页　有肖像 26cm（16 开）ISBN：7-80546-476-6 定价：CNY2.80

　　作者李旭初（1914—1974），书法家、牌匾艺术大师，河南济源人。

J0103423

冯大彪行草常用古诗选　冯大彪书

北京　华文出版社　1993 年　82 页　26cm（16 开） ISBN：7-5075-0158-2　定价：CNY7.50

　　作者冯大彪（1938— 　），书法家、编辑。河北蠡县人。历任中国新闻社主任编辑，中国书法家协会会员，兼任北京国墨书画院副院长等。出版有《武林英豪》《武林女杰》《体坛明星之路》《文武撷英》《园丁情》等。

J0103424

阜新书法篆刻作品集　赵鲁等编；阜新市书法家协会编

沈阳　辽宁美术出版社　1993 年　101 页 26cm（16 开）ISBN：7-5314-1023-0 定价：CNY18.00

J0103425

高宝庆书法选　高宝庆书

济南　山东美术　1993 年　60 页　26cm（16 开） ISBN：7-5330-0630-5　定价：CNY18.80

　　作者高宝庆（1943— 　），画家。字寒梅，号板崮山人，山东潍坊人。中国书法家协会会员、

山东省楹联艺术家协会主席、莺都书画研究院院长等。著有《郑板桥轶事》《高宝庆行书楹联》《赏月轩诗集》《高宝庆书法集》等。

J0103426

高治国书法选集　　高治国书
昆明　云南美术出版社　1993 年　76 页　26cm（16 开）
ISBN：7-80586-007-6　定价：CNY10.00

　　本书收有作者书法作品 76 幅。作者高治国（1914—1998），山西五台人。曾任云南大学校长，中共云南省委宣传部部长、省委副书记，中国老年书画研究会顾问、云南民族画院名誉院长等。出版有《高治国书法选集》等。

J0103427

谷有荃书法篆刻选集　　谷有荃书；贺飞白主编
武汉　湖北美术出版社　1993 年　108 页　有彩照
29cm（18 开）ISBN：7-5394-0006-4
定价：CNY68.00，CNY98.00（精装）

　　作者谷有荃（1927—2010），书画家。别号虚斋，湖南耒阳人，就读于广州大学和华中高等师范（今华中师大）。历任湖北书画艺术专修学院副院长，湖北书画研究会副会长，中国书协会员。出版有《书法教学通论》。

J0103428

光年自书诗稿　　何光年书
长沙　湖南美术出版社　1993 年　28 页　33×19cm
ISBN：7-5356-0619-9　定价：CNY5.80

　　作者何光年（1925—2003），书法家、编辑。字继纯，号半楼，生于湖南长沙，毕业于长沙市教师进修学院古文系古典文学专业。历任湖南省文史研究馆馆员，中国书法家协会会员，湖南诗词学会顾问，长沙市书法家协会顾问等职。

J0103429

规范楷书歌诀书法字帖　　李石文编写
北京　朝华出版社　1993 年　103 页　26cm（16 开）
ISBN：7-5054-0177-7　定价：CNY5.60

　　作者李石文（1955—　），生于辽宁沈阳，祖籍山东黄县。历任中国民航杂志社社长兼总编，华艺硬笔字会副会长，中国书协第一届硬笔专业委员会委员、副秘书长。

J0103430

贵阳书法篆刻选　　周运真编
贵阳　贵州人民出版社　1993 年　41 页
28cm（大 16 开）ISBN：7-221-03199-1
定价：CNY20.00
（贵阳艺苑　第 2 辑）

J0103431

郭化若书法集　　郭化若书；福州市政协编
福州　福建美术　1993 年　109 页　有彩照
37cm（8 开）ISBN：7-5393-0230-5
定价：CNY66.00，CNY96.00（精装）

　　作者郭化若（1904—1995），军事家、诗人、书法家。福建福州市人。著有《新教育教学法》《军事辩证法》《郭化若书法集》《郭化若诗词墨迹选》等。

J0103432

郭绍虞手书毛泽东诗词　　郭绍虞书
上海　上海古籍出版社　1993 年　69 页　26cm（16 开）
ISBN：7-5325-1686-5　定价：CNY6.30

　　郭绍虞（1893—1984），教育家、古典文学家、语言学家、书法家。名希汾，字绍虞，江苏苏州人。历任复旦大学教授，上海文联副主席，《上海文学》编委等职。著有《中国文学批评史》《沧浪诗话校释》《宋诗话考》等。

J0103433

翰墨千秋　　王明远书
沈阳　辽宁美术出版社　1993 年　68 页　有彩图
36cm（12 开）ISBN：7-5314-1006-0
定价：CNY68.00，CNY98.00（精装）
（中国当代书法家）

　　本书介绍了王明远的生平事迹及其书法、绘画、篆刻作品。作者王明远（1951—　），书法家、教授。号北国墨士，黑龙江肇源人。东方书画院院长。

J0103434

行草书绝妙宋词　　沈鹏书
福州　福建美术出版社　1993 年　99 页　26cm（16 开）
ISBN：7-5393-0176-7　定价：CNY9.80

　　本书收入了沈鹏所书宋词 12 首。

J0103435
行草宋词六十首　屈趁斯书
重庆　重庆出版社　1993年　97页　有照片
26cm（16开）ISBN：7-5366-1972-3
定价：CNY3.65

J0103436
行书七言千家诗　逸彬书
武汉　湖北美术　1993年　65页　26cm（16开）
ISBN：7-5394-0452-3　定价：CNY5.80
（千家诗丛书）

J0103437
行书千字文　阿敏书
北京　北京体育学院出版社　1993年　126页
26cm（16开）ISBN：7-81003-724-2
定价：CNY7.80

J0103438
行书入门　孟繁禧书
北京　华龄出版社　1993年　42页　26cm（16开）
ISBN：7-80082-401-2　定价：CNY3.90
（书法入门）
　　作者孟繁禧（1954—　），著名书法家。北京
人，祖籍山东章丘。任中国书法家协会理事，北
京书法家协会副主席，中国书法家协会会员。供
职于国家京剧院。编著有《如何临习欧体九成宫
碑》《行书入门》《虞恭公碑解析字帖》等。

J0103439
行书五言千家诗　胡树国书
武汉　湖北美术　1993年　65页　26cm（16开）
ISBN：7-5394-0452-3　定价：CNY5.80
（千家诗丛书）

J0103440
行书字帖　（唐·孙过庭书谱）张品重书
兰州　甘肃人民美术出版社　1993年　74页
26cm（16开）ISBN：7-80588-053-0
定价：CNY5.50
　　张品重，甘肃礼县人，书法家。

J0103441
行书字帖　（岳阳楼记）冯志福，张际春编写
西安　陕西人民美术出版社　1993年　37页

26cm（16开）ISBN：7-5368-0597-7
定价：CNY2.98
（书法技法）

J0103442
糊涂人王一新书艺选　王一新书；余继明编
杭州　浙江大学出版社　1993年　102页　有照片
26cm（16开）ISBN：7-308-01477-0
定价：CNY12.50
　　本书收有王一新书法作品百余幅。作者王
一新（1916—2003），书画家。号半桥。山西榆次
人。历任中国书画家联谊会副会长，中国书法家
协会会员，中国古钱币学会会员等。

J0103443
花鸟诗四体书　（纪念书圣王羲之诞辰一千
六百九十周年）孙多全书
济南　山东大学出版社　1993年　105页
26cm（16开）ISBN：7-5607-1104-9
定价：CNY7.80
　　本书是纪念书圣王羲之诞辰一千六百九十
周年书法集。作者孙多全（1931—　），教师。生
于江苏睢宁县。历任临沂中国书画函大副校长、
副教授，中国书画研究会会员等。出版有《四季
诗句四体书》《花鸟诗四体书》等。

J0103444
怀义书法集　郑怀义书
北京　同心出版社　1993年　66页　有照片
35cm（15开）精装　ISBN：7-80593-053-8
定价：CNY120.00
　　作者郑怀义（1935—　），河南温县人。中共
北京市委副秘书长、市委研究室主任，中国书法
家协会会员。

J0103445
纪念毛主席百年诞辰　（李尔重手书毛泽东
诗词选）李尔重书
武汉　武汉出版社　1993年　42页　25cm（小16开）
ISBN：7-5430-1052-6　定价：CNY5.00

J0103446
嘉言书法集　（佛言禅语篇）中国佛教文化研
究所编；（释）净慧等选注
北京　今日中国出版社　1993年　110页

26cm（16 开）ISBN：7-5072-0515-0
定价：CNY20.00

本书以书法的形式，选编了佛教经、论、语录中有益于修身处世的嘉言108条。

J0103447
健康长寿书法篆刻选辑　张之主编
北京 中国旅游出版社 1993 年 120 页
26cm（16 开）ISBN：7-5032-0702-7
定价：CNY15.60

本书收入全国各地名家墨宝260余件，篆刻印拓100余方。

J0103448
将军的怀念　（孙毅手书毛主席诗词37首）孙毅书
北京 军事谊文出版社 1993 年 影印本 120 页
有 照 片 26cm（16 开）ISBN：7-80027-487-X
定价：CNY48.00

作者孙毅，中国老年书画研究会名誉副会长等。

J0103449
蒋开征书法选　蒋开征书
济南 山东友谊书社 1993 年 20 页 有照片
26cm（16 开）ISBN：7-80551-527-1
定价：CNY8.00

作者蒋开征（1935—　），字公棹，号鲁郡，生于山东滕州市。中国书法家协会会员，山东省书法家协会会员，济宁市书法协会副主席等。出版有《蒋开征书法选》。

J0103450
金陵书法艺术研究院作品集　季伏昆等书
南京 南京出版社 1993 年 26cm（16 开）精装
ISBN：7-80560-799-0 定价：CNY20.00

本书论述了收有金陵书法艺术研究院季伏昆、乐泉、王刚、刘越等17位书法家的作品。作者季伏昆（1940—　），号季公，生于江苏镇江，祖籍苏州，毕业于南京师范学院中文系。历任南京艺术学院教授，江苏省政府文史研究馆馆员，中国书法家协会会员，中国林散之研究会秘书长。出版《中国书论辑要》《林散之研究》等。

J0103451
金铭书法作品选　金铭书
天津 天津杨柳青画社 1993 年 52 页 有照片
26cm（16 开）ISBN：7-80503-239-4
定价：CNY6.00

作者金铭（1942—　），书法家。原名郭金铭，字童蒙，天津人。北京市宣武区少年美术馆副馆长，中国书法家协会委员，北京市书法教育研究会理事。

J0103452
景舜逸书石鼓千字文　景舜逸编著
北京 人民中国出版社 1993 年 89 页 26cm（16 开）
ISBN：7-80065-231-9 定价：CNY12.80
（景舜逸书画专著系列）

作者景舜逸（1959—　），学者、书画家。河北任丘人。历任中日韩经济发展协会副会长，中国书画界联合会理事，中国书法家协会会员，中国历史文献研究会会员，中日韩国际书法礼仪研究院常务副院长。代表作品《石鼓文研究》《书法与礼仪》《书法与哲学》《书法与汉字》。

J0103453
景舜逸书钟鼎千字文　景舜逸编著
北京 人民中国出版社 1993 年 89 页 26cm（16 开）
ISBN：7-80065-226-2 软精装 定价：CNY19.80
（景舜逸书画专著系列）

J0103454
九鼎书品　钱九鼎书
上海 学林出版社 1993 年 40 页 26cm（16 开）
ISBN：7-80510-842-0 定价：CNY12.00

J0103455
开国将军纪念毛泽东诞辰一百周年墨宝选
鱼汲胜主编
北京 中国统计出版社 1993 年 405 页 有肖像
26cm（16 开）精装 ISBN：7-5037-1298-8
定价：CNY80.00

J0103456
康庄楷书千字文　康庄书
呼和浩特 内蒙古人民出版社 1993 年 有彩照
31cm（10 开）ISBN：7-204-02292-0
定价：CNY7.90

作者康庄(1945—　　),国家一级美术师。字梦蝶,山东济南人。山东济南画院创作组组长,中国美术家协会会员,民进中央开明画院理事,山东开明画院院长。代表作品有《龙卧千秋波》《泰岱松云》《屹立东方》等。

J0103457
科学名言名家书法集　周而复等著
南宁　广西科学技术出版社　1993年　81页
25×25cm　精装　ISBN:7-80565-651-7
定价:CNY69.00

本书精选27位书法名家的作品81幅,内容涉及爱国、理想、事业、修身等,含篆、隶、真、行、草、楷6种书体。作者周而复(1949—2004),作家。生于江苏南京,毕业于上海光华大学。历任上海市委宣传部副部长,文化部副部长,中国书法家协会顾问等职。代表作品《上海的早晨》《山谷里的春天》《北望楼杂文》,出版有《周而复书法作品选》《周而复文集》《周而复书琵琶行》等。

J0103458
蓝天翰墨大观　孟繁锦主编
北京　蓝天出版社　1993年　305页　有照片
28cm(大16开)　精装　ISBN:7-80081-402-5
定价:CNY49.80

本书为空军书法篆刻作品集,分毛笔书法、硬笔书法和篆刻作品3部分。主编孟繁锦(1939—2014),中国当代著名楹联家、书法家。吉林梨树县人。毕业于空军导弹学院。曾任空军政治部文化部部长、中国书法家学会会员、空军老干部书画研究会副会长、中国楹联学会常务理事等。代表作品《中国空军进行曲》歌词。著作有《孟繁锦书法集》《蓝天翰墨大观》《百家联稿》等。

J0103459
乐泉书法集　乐泉书
南京　江苏美术出版社　1993年　48页　有照片
25×26cm　ISBN:7-5344-0309-X　定价:CNY28.00

作者乐泉(1950—2019),书法家。号拓园,万千莲花斋,生于江苏南京。历任中国艺术研究院中国书法院研究员,中国书协会员,中华诗词学会会员。出版有《乐泉书法集》《当代书法家精品集——乐泉卷》《中国名画家精品集——乐泉卷》《当代画坛六人之约》等。

J0103460
黎光祖书法集　黎光祖书
合肥　安徽美术出版社　1993年　85页
28cm(大16开)　ISBN:7-5398-0256-1
定价:CNY8.80

作者黎光祖(1915—2006),书法家。安徽宿松人。历任中国老年书画研究会会员,安徽省著名红军书法家,中国书法家协会安徽分会名誉理事等。出版有《黎光祖离休书课》《采熔轩书法集》《黄山百咏》《离休吟》等。

J0103461
李炳义书法选　李炳义书;中国公关艺术委员会,山东书画联谊会编
济南　山东省地图出版社　1993年　63页
26cm(16开)　ISBN:7-80532-145-0
定价:CNY6.80

作者李炳义(1939—　　),字子正,笔名华冠。山东政法管理干部学院书法研究会主席,中国书法家协会山东分会会员等。出版有《李炳义诗词选》《李炳义书法撰联集》《李炳义书法选》《李炳义诗词联精选》等。

J0103462
李丁陇书法气功　李丁陇著
上海　上海书店　1993年　85页　26cm(16开)
ISBN:7-80569-611-X　定价:CNY4.20

本书作者以书法80余条的文字,总结了边书写边练气功的经验、体会。

J0103463
李恭临书法艺术　李恭临书;林彬等主编
济南　山东教育出版社　1993年　50页　有照片
26cm(16开)　ISBN:7-5328-1735-0
定价:CNY5.00

作者李恭临(1930—　　),教师。济南历城人。历任济南市书法家协会,山东书画艺术促进会,山东民族文化学会,齐鲁书画家协会会员。出版《李恭临书法艺术》《李恭临书法选》等。

J0103464
李坚冰墨迹选　(一)李坚冰书
昆明　云南民族出版社　1993年　101页
26cm(16开)　ISBN:7-5367-0613-8
定价:CNY12.00

作者李坚冰(1929—　　)，女，书法家。云南省老干部书画协会，云南省老年书画研究会秘书长和常务副理事长。著有《李坚冰墨迹选》。

J0103465

李佐书毛泽东诗词　李佐书

大连　大连出版社　1993年　26cm(16开)
ISBN：7-80555-908-2　定价：CNY7.60

作者李佐(1939—　　)，别名李子列，大连教育委员会职工教育处处长，大连成人教育学会常务理事，硬书学报记者。

J0103466

历代名家论书画　(王恺书法集)王恺书

北京　中国大地出版社　1993年　72页　26cm(16开)
ISBN：7-80097-025-6　定价：CNY4.80

作者王恺(1929—　　)，作家。原名王华峰，山东利津县人。历任渤海军区政治部耀南剧团编导股副股长，山东军区政治部文化部和海军政治部文化部创作室副主任、文艺处副处长等职，中国作家协会会员。著有《水下阳光》《夜航》《翠微堂笔记》《童年拾记》等。出版《草书毛泽东诗集》等。

J0103467

历代名家论养生　(王恺书法集)王恺书

北京　中国大地出版社　1993年　71页　26cm(16开)
ISBN：7-80097-026-4　定价：CNY4.80

J0103468

历代名言帖谱　田英章书；刘少英刻

北京　中国经济出版社　1993年　140页　有照片
26cm(16开)　ISBN：7-5017-1519-X
定价：CNY9.50

本帖谱汇集了从战国至明清以来史书、散文、传记中人们喜爱并广为流传的四言名句。由楷书、行书和篆刻组配而成。作者田英章(1950—　　)，书法家。字存青、存卿，出生于天津。先后毕业于首都师范大学、日本东京学艺大学。中国硬笔书法协会首任会长，中国书法家协会会员、欧阳询书法艺术研究会会长。代表作品有《田英章系列书法字帖》《田英章作品精选》等。作者刘少英(1961—　　)，书法家。字撰堂，号一量，河北人，毕业于香港艺术学院研究生班。中国现代硬笔书法研究会秘书长。出版有《历代名言帖谱》《负闲杂艺》。

J0103469

梁冰书长恨歌　梁冰书

广东　岭南美术出版社　1993年　57页　有照片
26cm(16开)　ISBN：7-5362-0964-9
定价：CNY6.50

作者梁冰(1925—　　)，美术教师。名朝佐，字寒斋，广东开平人，就读于广东省立艺专和广州市立艺专美术科。曾任广州春燕少年艺校校长。

J0103470

刘丹枫书法作品集锦　刘丹枫书

西安　陕西人民美术出版社　1993年　88页
有照片　26cm(16开)　ISBN：7-5368-0423-7
定价：CNY7.20

作者刘丹枫，原名刘刚，字华阳，陕西商州人，任职于西安华阳装饰工程公司，陕西省民族书画家协会理事等。

J0103471

刘艺草书琵琶行　刘艺书

杭州　浙江人民美术出版社　1993年　46页
32×18cm　ISBN：7-5340-0390-3　定价：CNY5.00

作者刘艺(1931—2016)，书法家。原名王平，别署王实子，原籍台湾台中市。历任中国书法家协会副主席，中国书法家协会副主席、创作评审委员会主任、编审，中国书法家协会顾问等。代表作品《书苑徘徊》，著有《刘艺书法作品集》《刘艺草书秋兴八首》等。

J0103472

刘艺草书滕王阁序　刘艺书

上海　上海书店　1993年　影印本　61页　37cm(8开)
ISBN：7-80569-749-3　定价：CNY8.80

J0103473

卢有光书法集　卢有光绘

广州　广东旅游出版社　1993年　有图　26cm(16开)
ISBN：7-80521-459-X
定价：CNY21.00，CNY28.00(精装)

J0103474

鲁翁诗抄　(圣陶先生手迹)夏宗禹编

北京 华夏出版社 1993 年 38 页 13cm（64 开）
ISBN：7-5080-0264-4 定价：CNY4.00

本书是叶圣陶先生手抄的鲁迅诗词，包括："自题小象"、"悼柔石"、"无题"、"湘灵歌"等。

J0103475
马一浮诗翰六种　　马一浮书
杭州 浙江人民出版社 1993 年 46 页 33cm（12 开）
ISBN：7-5340-0379-2 定价：CNY4.00
（名家书艺探源）

作者马一浮（1883—1967），哲学家、理学家、佛学家、翻译家、书法家。幼名福田，后更名浮，字一浮。浙江会稽（今浙江绍兴）人。代表作品有《泰和会语》《宜山会语》《复性书院讲录》《尔雅台答问》等。

J0103476
毛选选楷书毛泽东词　　毛选选书
北京 海洋出版社 1993 年 70 页 26cm（16 开）
ISBN：7-5027-3842-8 定价：CNY6.30

J0103477
毛泽东词选　（楷书字帖）郭永琰书
北京 中央文献出版社 1993 年 65 页 26cm（16 开）
ISBN：7-5073-0140-0 定价：CNY5.90
（老一代无产阶级革命家诗文字帖丛书）

作者郭永琰（1962—　　），书法家、画家。湖北随州人，毕业于北京师范大学和北京交通大学。历任中国书法家协会会员，中央警卫部队文化教员。代表作《郭永琰楷书唐诗》《双鹰图》《大吉图》《荷香图》等。

J0103478
毛泽东诗词简化字楷书字帖　　张瑞龄书
北京 语文出版社 1993 年 134 页 26cm（16 开）
ISBN：7-80006-746-7 定价：CNY9.50（普及本）

张瑞龄（1936—　　），书法家、教授。号滴石，河北唐山人。作品有楷书《华夏正气歌》《三字经》《百家姓》《千字文》等。

J0103479
毛泽东诗词简化字楷书字帖　　张瑞龄书
北京 语文出版社 1993 年 134 页 28cm（大 16 开）
精装 ISBN：7-80006-747-5 定价：CNY35.00

J0103480
毛泽东诗词七体书法艺术　　张根堂书
西安 陕西人民美术出版社 1993 年 326 页
26cm（16 开）ISBN：7-5368-0418-0
定价：CNY24.00

本书收入毛泽东诗词 37 首，每首分别用甲骨文、金文、大篆、隶书、楷书、行草七种字体顺序书写。

J0103481
毛泽东诗词三十七首　　沈尹默，吴玉如书
天津 天津古籍出版社 1993 年 210 页 38cm（6 开）
精装 ISBN：7-80504-293-4 定价：CNY125.00

本书分沈尹默书毛泽东诗词和吴玉如书毛主席诗词各 37 首。沈尹默（1883—1971），学者、诗人、书法家、教育家。出生于陕西汉阴，祖籍浙江吴兴。初名君默、字中、号秋明。曾任北京大学文学教授，河北省教育厅厅长、中法文化交流出版委员会主任、上海市文联副主席、上海市文管会会员、上海中国书法篆刻研究会主任等职。代表作有《沈尹默手稿墨迹》《二王法书管窥》《历代名家学书经验谈辑要释义》。吴玉如（1898—1982），书法家。后以字行，晚号迂叟，生于江苏南京，祖籍安徽泾县。就读于天津南开中学，曾执教于南开大学、工商学院。有《吴玉如书法集》等传世。

J0103482
毛泽东诗词书法字帖　　张瑞龄书
北京 书目文献出版社 1993 年 162 页
26cm（16 开）ISBN：7-5013-1010-6
定价：CNY15.00
（张瑞龄书法系列墨稿）

J0103483
毛泽东诗词四十二首　　胡忠恕书
天津 天津人民出版社 1993 年 34cm（10 开）
ISBN：7-201-01691-1 定价：CNY7.50

J0103484
毛泽东诗词五十首　　肖为炳书
哈尔滨 黑龙江人民出版社 1993 年 47 页
26cm（16 开）ISBN：7-207-02747-8
定价：CNY4.60

J0103485

毛泽东诗词五十首楷书行书字帖　詹肃龙，姚哲人书
北京 华语教学出版社 1993 年 85 页 26cm（16 开）
ISBN：7-80052-316-0 定价：CNY4.95

　　詹肃龙（1929— ），浙江常山人，中国书法家协会浙江分会会员，常山县书法协会副主席兼秘书长。姚哲人（1929— ），浙江诸暨人，中国书法家协会浙江分会会员，浙江省衢州市书法家协会理事，常山县书法协会主席。

J0103486

毛泽东书法大字典　毛泽东书；中央档案馆编
北京 人民出版社 1993 年 1058 页 有照片
26cm（16 开）精装 ISBN：7-01-001881-2
定价：CNY150.00

J0103487

毛泽东书法精选　毛泽东书；苏彦斌编
太原 山西人民出版社 1993 年 135 页
26cm（16 开）ISBN：7-203-02282-X
定价：CNY6.90

J0103488

毛主席纪念堂珍藏书法集　汪永基摄影
北京 新华出版社 1993 年 144 页 35cm（12 开）
ISBN：7-5011-1730-6
定价：CNY78.00，CNY98.00（精装）

J0103489

毛主席诗词大楷字帖　李华锦书
重庆 重庆出版社 1993 年 152 页 有照片
26cm（16 开）ISBN：7-5366-2373-9
定价：CNY5.15

J0103490

毛主席诗词楷书字帖　任政书；《写字》编辑部编
上海 汉语大词典出版社 1993 年 影印本 169 页
26cm（16 开）ISBN：7-5432-0084-8
定价：CNY8.80

　　任政（1916—1999），书法家，字兰斋，浙江黄岩人。历任上海文史研究馆馆员，中国书法家协会会员，上海书法家协会常务理事，上海外国语学院艺术顾问，复旦大学国际文化交流学院

艺术顾问。出版有《楷书基础知识》《少年书法》《祖国的书法艺术》《书法教学》《隶书写法指南》《兰斋唐诗宋词行书帖》。

J0103491

毛主席诗词楷书字帖　李华锦书
北京 华文出版社 1993 年 26cm（16 开）
ISBN：7-5075-0132-9 定价：CNY3.20

J0103492

毛主席诗词三十六首隶书字帖　董福成书
济南 山东文艺出版社 1993 年 51 页 26cm（16 开）
ISBN：7-5329-0990-5 定价：CNY9.00

J0103493

潘传贤书法选集　潘传贤书
北京 人民美术出版社 1993 年 69 页 37cm（8 开）
ISBN：7-102-01312-4 定价：CNY42.00

J0103494

彭飞诗词　彭飞著
海口 海南出版社 1993 年 146 页 20cm（32 开）
ISBN：7-80590-703-X 定价：CNY14.80

　　本书分：诗词 36 章、各体书法、名人赐篇、四言倡议等 6 个部分。作者彭飞，浙江衢州人，长沙市退休新闻工作者，中国书画家协会荣誉主席、中国老年书画研究会理事等。

J0103495

片言录　黄绮著；张瑞龄书
北京 语文出版社 1993 年 170 页 19cm（小 32 开）
ISBN：7-80006-637-1 定价：CNY3.20

　　本书汇集了作者的警句、格言，用小楷抄写。作者黄绮（1914—2005），学者、教育家、书法家。号九一，生于安徽安庆，毕业于西南联大。曾任教于安徽大学、天津津沽大学、河北大学，中国书法家协会副主席，河北省书法家协会主席，中国语言学会理事、中国音韵研究会理事等。篆刻作品和理论专著有《黄绮八十寿辰书画展览作品选》《黄绮书画精品集》《黄绮书法刻印集》和《黄绮论书款跋》等。

J0103496

七绝百首行草　李裕昌著
广州 华南理工大学出版社 1993 年 147 页

19cm（小 32 开）ISBN：7-5623-0492-0
定价：CNY4.65

J0103497

启笛手书毛泽东诗词四十首　毛泽东著；启笛书

北京 中国劳动出版社 1993 年 100 页 有彩照
26cm（16 开）ISBN：7-5045-1419-5
定价：CNY9.80

　　袁守启（1948—　），研究员，博士生导师。笔名启笛，山东莘县人。毕业于山东大学。历任国家发展和改革委员会宏观经济研究院研究员，中国东方文化研究会会长、中国宏观经济研究会副会长、中国书法艺术研究院院长。中国书法家协会会员，中国王羲之基金会理事，国际书画学会会员。创造方正启笛字体。编著有《中国书法简明教程》《启笛手书毛泽东诗词四十首》《启笛钢笔书法字帖》等。

J0103498

千思录　（姚祥智书录姚华萼先生纪念诗文）
姚祥智书

汕头 汕头大学出版社 1993 年 118 页 有照片
26cm（16 开）ISBN：7-81036-015-9
定价：CNY18.00

　　本书包括题字、怀念文章、摘书、念诗文以及姚先生喜爱的诗文、名句等。

J0103499

秋子书印作品集　申晓君著

兰州 甘肃民族出版社 1993 年 74 页 26cm（16 开）
ISBN：7-5421-0249-4 定价：CNY16.20

　　作者申晓君，编审，教授。笔名秋子，别署大申、半翰斋主，陕西人。历任兰州大学客座教授，中华诗词学会会员，甘肃省书协副主席，甘肃书法院特聘书法家，兰州大学书法研究所研究员，中国硬笔书协学术委员会副主任。著有《中国上古书法史》《中国书法史略》《敦煌风漫话》。

J0103500

全国第五届中青年书法篆刻家展览作品集
荣宝斋编辑

北京 荣宝斋 1993 年 241 页 26cm（16 开）
ISBN：7-5003-0222-3 定价：CNY28.60

J0103501

全国第六届中青年书法篆刻家展览作品集　中国书法家协会，《中国书法》杂志社主办
北京 荣宝斋出版社 1995 年 264 页 26cm（16 开）
ISBN：7-5003-0330-0 定价：CNY48.00

J0103502

全国第六届中青年书法篆刻家展览作品集
北京 荣宝斋出版社 1995 年 283 页 29cm（15 开）
精装 ISBN：7-5003-0333-5 定价：CNY290.00

J0103503

全国书法邀请展作品选集　中国书法家协会，广东省书法家协会编

广州 岭南美术出版社 1993 年 108 页 有照片
26cm（16 开）ISBN：7-5362-0598-8
定价：CNY21.00

J0103504

全国中小学师生书法作品选集　车天德，吴基元主编

济南 山东教育出版社 1993 年 86 页 26cm（16 开）
ISBN：7-5328-1841-1 定价：CNY15.00

J0103505

人间词话　王国维著；孙晓云书
南京 南京出版社 1993 年 45 页 26cm（16 开）
ISBN：7-80560-888-1 定价：CNY5.00

J0103506

三民主义碑刻　孙中山纪念馆编
南京 江苏人民出版社 1993 年 138 页 38cm（8 开）
软精装 ISBN：7-214-01141-7 定价：CNY28.00

　　本碑刻是从中山陵园藏经楼碑廊陈列的碑刻拓印而来。

J0103507

三民主义碑刻　孙中山纪念馆编
南京 江苏人民出版社 1999 年 2 版 138 页
38cm（8 开）线装 ISBN：7-214-02446-2
定价：CNY150.00

J0103508

山阳墨萃　周立仁主编
郑州 中州古籍出版社 1993 年 339 页 有照片

29cm（16 开）精装 ISBN：7-5348-1027-2
定价：CNY180.00，USD30.00

J0103509
上海青年书法家十人作品选
上海 上海书画出版社 1993 年 29×21cm
ISBN：7-80512-778-6 定价：CNY12.00

J0103510
上海青年书法家作品荟萃　上海青年书法家
协会编
上海 上海书画出版社 1993 年 108 页
26cm（16 开）ISBN：7-80512-679-8
定价：CNY15.00

J0103511
实用春联百幅书法　丁永康书
北京 朝华出版社 1993 年 100 页 26cm（16 开）
ISBN：7-5054-0267-6 定价：CNY4.90
　　作者丁永康（1956—　），书法教师。江苏淮
阴人，毕业于首都师范大学书法专业。历任中国
人民保险公司工会干部，中国书法家协会会员，
华艺硬笔习字会副会长。代表作品有《3500 常
用字钢笔字帖》《常用字钢笔楷书行书对照字帖》
《钢笔楷书行书技法指南》等。

J0103512
实用书法大辞典：楷行草隶篆五体注音
梅正国，邱又兰主编
武汉 湖北人民出版社 1993 年 832 页
20cm（32 开）精装 ISBN：7-216-01148-1
定价：CNY29.80

J0103513
实用书法对联　郭晓东编著
北京 气象出版社 1993 年 102 页 19cm（小 32 开）
ISBN：7-5029-1091-3 定价：CNY2.80
　　本书汇集了春联、喜联、寿联、挽联及各行
业用联等。

J0103514
书法诗百首　冯亦吾著；葛孚敬书
北京 测绘出版社 1993 年 77 页 有彩照
26cm（16 开）ISBN：7-5030-0602-1
定价：CNY9.80

　　作者冯亦吾（1903—2000），书法家、书法理
论家。号逸瓮，江苏沛县人。曾任北京书法家协
会理事兼评委、北京卿云书画联谊社社长等。代
表作品有《冯亦吾文集》《书法丛谈》《书法探求》
等。葛孚敬（1926—　），教授。山东寿光人。历
任广东省书协会员，国际美联中韩文化艺术专家
委员会委员，中国三味书画院院士，中国书画家
协会顾问等。出版有《书法诗百首》。

J0103515
四体百家姓　众成书
北京 中国物资出版社 1993 年 20 页 26cm（16 开）
ISBN：7-5047-0463-6 定价：CNY2.00

J0103516
孙江天书法选　孙江天书
上海 上海人民美术出版社 1993 年 28 页
26cm（16 开）ISBN：7-5322-1284-X
定价：CNY8.00
　　作者孙江天（1921—2000），书法家、书法教
育家。字旭之，江苏常州人。曾任江苏省书协会
员、常州书协顾问。出版《孙江天书法选》《孙江
天书毗陵皇华亭延陵季子亭碑记》等。

J0103517
谭建春书法集　谭建春书
西安 陕西人民美术出版社 1993 年 75 页 有图
19cm（小 32 开）定价：CNY6.98
　　作者谭建春（1965—　），书法家。中国现代
青年书画家协会会员、中国音乐家协会陕西分会
会员。

J0103518
谭仁杰书法集　谭仁杰书
武汉 武汉大学出版社 1993 年 82 页 有彩照
26cm（16 开）ISBN：7-307-01602-8
定价：CNY18.00
　　作者谭仁杰（1959—　），教授。安徽临泉人，
经济学博士。历任武汉大学副教授，校书画研究
会副会长，湖北省书画研究会理事，湖北省高等
学校书画研究会常务理事等。著有《谭仁杰书法
作品集》。

J0103519
唐诗行楷字帖　（简繁字体）李俊明书

北京 海洋出版社 1993 年 26cm（16 开）
ISBN：7-5027-3348-5 定价：CNY3.70

J0103520

唐诗楷书字帖　（简繁字体）李俊明书
北京 海洋出版社 1993 年 影印本 26cm（16 开）
ISBN：7-5027-3347-7 定价：CNY3.70

J0103521

王海书法作品选　（1993）王海著
北京 新华出版社 1993 年 有照片 26cm（16 开）
ISBN：7-5011-2100-1 定价：CNY34.00
　　本书共收入作者的书法作品 96 幅。作者王
海（1949—　　），字海岑，号旭峤，河南省新乡市
群众艺术馆馆员，中国书法家协会会员。

J0103522

王际欣书毛泽东诗词　王际欣书
郑州 海燕出版社 1993 年 57 页 33cm（12 开）
精装 ISBN：7-5350-0882-8 定价：CNY8.40

J0103523

王如岱书法选　王如岱书
济南 济南出版社 1993 年 39 页 有照片
26cm（16 开）定价：CNY7.00
　　作者王如岱（1945—　　），著名书法家。山东
历城人。出版有《王如岱书画作品选》《王如岱
书画作品选》《王如岱国画小品》等。

J0103524

王伟平小楷唐诗百首　王伟平书
上海 上海书店 1993 年 影印本 31cm（10 开）
ISBN：7-80569-706-X 定价：CNY4.40

J0103525

王新泉书法集　王新泉书
郑州 河南美术出版社 1993 年 76 页 26cm（16 开）
ISBN：7-5401-0359-0 定价：CNY6.45
　　本书分：梅、兰、竹、菊 4 部分。

J0103526

王允昌格言帖　王允昌编著
沈阳 春风文艺出版社 1993 年 36 页 有照片
26cm（16 开）ISBN：7-5313-0892-4
定价：CNY5.00

作者王允昌，书法家。中国老年书画研究会
会员。

J0103527

王长水书画艺术　王长水绘
济南 山东美术 1993 年 22 页 有彩照
28cm（大 16 开）ISBN：7-5330-0552-X
定价：CNY8.00
　　作者王长水，山东大学东方书画艺术研究院
院长，山东书法教育研究会副理事长等。

J0103528

温同春书法集　温同春书
北京 中国标准出版社 1993 年 199 页 有照片
38cm（6 开）精装 ISBN：7-5066-0834-0
定价：CNY65.00
　　作者温同春，字六如、一字孝钧，辽宁辽阳
人，中国书法家协会会员、辽宁省书协理事兼评
审委员、辽阳市书法家协会名誉主席、辽宁省楹
联学会理事等。

J0103529

闻山百诗书画展作品选　闻山书；柯杰俦主编
广州 广东人民出版社 1993 年 96 页 37cm（8 开）
ISBN：7-218-01208-6 定价：CNY28.00
　　作者闻山（1927—2011），著名作家、文艺
评论家、诗人和书法家。原名沈季平，广东茂名
人，毕业于清华大学。曾任中国艺术研究院编审。
著有《诗与美》《闻山百诗书画展作品选》《山，
滚动了！》《我们大家的家》《紫色的雾——怀念
朱自清先生》。

J0103530

吴冠玉行书琼诗四十八首　吴冠玉书
广州 中山大学出版社 1993 年 51 页 26cm（16 开）
ISBN：7-306-00668-1 定价：CNY4.80
　　作者吴冠玉（1957—　　），海南省政府办公厅
任职，海南省书法家协会会员。

J0103531

吴廷富书法集　吴廷富书
兰州 甘肃人民美术出版社 1993 年 59 页
有照片 24×25cm ISBN：7-80588-050-6
定价：CNY9.80
　　作者吴廷富（1934—　　），回族，甘肃天水市

人。历任甘肃省委统战部副部长、省政协常务委员等职。主要著作有《吴廷富书法集》《兰亭序及兰亭修褉图赏析》《往事琐忆》等。

J0103532
吴颐人汉简书法 吴颐人编著
上海 上海书店 1993 年 68 页 38cm（6 开）
ISBN：7-80569-776-0 定价：CNY20.00

作者吴颐人（1942— ），书画家。别署宁坞、壬壶、忘我庐等，上海人。历任上海闵行书画院院长，西泠印社社员，中国书法家协会会员。主要著作有《篆刻五十讲》《篆刻法》《篆刻跟我学》《印章名作欣赏》《常用汉字演变图说》等。

J0103533
显色纸水写习字帖 （一 王体）陈青勤编
北京 中国国际广播出版社 1993 年 18×20cm
ISBN：7-5078-0439-9 定价：CNY3.00

J0103534
显色纸水写习字帖 （二 唐体）陈青勤编
北京 中国国际广播出版社 1993 年 18×20cm
ISBN：7-5078-0399-6 定价：CNY3.00

J0103535
显色纸水写习字帖 （三 褚体）陈青勤编
北京 中国国际广播出版社 1993 年 18×20cm
ISBN：7-5078-0400-3 定价：CNY3.00

J0103536
显色纸水写习字帖 （四 赵体）陈青勤编
北京 中国国际广播出版社 1993 年 18×20cm
ISBN：7-5078-0401-1 定价：CNY3.00

J0103537
显色纸水写习字帖 （五 行楷）陈青勤编
北京 中国国际广播出版社 1993 年 18×20cm
ISBN：7-5078-0402-X 定价：CNY3.00

J0103538
显色纸水写习字帖 （六 楷书）陈云晓编
北京 中国国际广播出版社 1993 年 18×20cm
ISBN：7-5078-0403-8 定价：CNY3.00

J0103539
显色纸水写习字帖 （七 行书）陈云晓编
北京 中国国际广播出版社 1993 年 18×20cm
ISBN：7-5078-0404-6 定价：CNY3.00

J0103540
显色纸水写习字帖 （八 简体）陈云晓编
北京 中国国际广播出版社 1993 年 18×20cm
ISBN：7-5078-0405-4 定价：CNY3.00

J0103541
显色纸水写习字帖 （九 新魏）陈云晓编
北京 中国国际广播出版社 1993 年 18×20cm
ISBN：7-5078-0406-2 定价：CNY3.00

J0103542
显色纸水写习字帖 （十 隶书）陈云晓编
北京 中国国际广播出版社 1993 年 18×20cm
ISBN：7-5078-0407-0 定价：CNY3.00

J0103543
萧娴先生书法集 萧娴书
贵阳 贵州人民出版社 1993 年 59 页 有照片
28cm（大 16 开）ISBN：7-221-03150-9
定价：CNY20.00
（贵阳艺苑）

外文书名：Selected Calligraphys of Xiao Xian. 作者萧娴（1902—1997），女，当代著名书法家。字稚秋，号蜕阁，署枕琴室主。贵州贵阳市人。曾在江苏文史馆和江苏美术馆任职。代表作品有《萧娴书法选》《萧娴先生书法集》《石门颂萧娴临本》。

J0103544
小楷唐诗三百首 卢中南书
北京 学苑出版社 1993 年 115 页 26cm（16 开）
ISBN：7-5077-0753-9 定价：CNY10.00

作者卢中南（1950— ），书法家。生于湖北武汉，祖籍河南济源。中国人民革命军事博物馆副研究馆员，中国书法家协会会员。代表作品有《卢中南楷书成语字帖》《魏碑基础入门》。

J0103545
写意甲骨文书法 王乃栋著
北京 中国书籍出版社 1993 年 36 页 26cm（16 开）

ISBN：7-5068-0074-8 定价：CNY3.50

　　作者王乃栋（1946—　），书法家。笔名王乃东，生于上海，祖籍福建南安。毕业于新疆大学文博专业。历任中国书法家协会会员，新疆书法家协会理事，上海工艺美术职业学院书画鉴定专业客座教授，西域印社社长，中国书法家协会会员，中国书协新疆分会理事。出版有《王乃栋书法集》《写意甲骨文》《写意甲骨文书法》等。

J0103546

谢稚柳草书诗册　　谢稚柳书

杭州 浙江人民美术出版社 1993年 52页
33×18cm ISBN：7-5340-0391-1 定价：CNY5.00
（画家墨迹拔萃）

　　作者谢稚柳（1910—1997），书画家、书画鉴定家。原名稚，字稚柳，后以字行，晚号壮暮翁，斋名鱼饮溪堂等。江苏常州人。历任上海市文物保护委员会编纂、副主任、上海市博物馆顾问、中国书法家协会理事、国家文物局全国古代书画鉴定小组组长等。编著有《敦煌石室记》《敦煌艺术叙录》《水墨画》《唐五代宋元名迹》等。

J0103547

新编增广贤文　　何启明编；余祥记书

武汉 长江文艺出版社 1993年 151页
19cm（小32开）ISBN：7-5354-0839-7
定价：CNY2.98

　　本书收古今名言、谚语，按同音近韵的办法编排，用毛笔行楷书写。

J0103548

邢日祥书颜体唐宋词　（《勤礼碑》参照帖）
邢日祥书

长春 吉林人民出版社 1993年 90页 26cm（16开）
ISBN：7-206-01732-0 定价：CNY8.40（全套）

J0103549

徐楚德草书毛泽东诗词选　　徐楚德书

北京 旅游教育出版社 1993年 149页 有彩照
26cm（16开）ISBN：7-5637-0481-7
定价：CNY9.80

　　本书选书了毛泽东同志从1918年至1965年所作诗词46首。作者徐楚德（1938—　），苗族，教授。号潭沱轩主。出生于湖南湘潭，毕业于湖北艺术学院。历任中央新闻纪录电影制片厂国

家一级美术师，中国书协会员，中国影协会员，北京书画美术研究会秘书长。

J0103550

许行书唐诗　　许行书

北京 北京燕山出版社 1993年 26cm（16开）
ISBN：7-5402-0501-6 定价：CNY5.70

　　作者许行（1925—　），书法家。本名宁洪俊，字汶阳，山东省泰安市宁阳县人。历任中国书法家协会会员，北京书法家协会理事等。

J0103551

许云瑞书法选集　　许云瑞书

北京 中国书店 1993年 65页 有照片
29cm（16开）ISBN：7-80568-567-3
定价：CNY18.00

J0103552

杨虎城将军诗作名家墨迹　　西安事变研究会编

西安 陕西人民美术出版社 1993年 42页
有图 26cm（16开）ISBN：7-5368-0609-4
定价：CNY15.00

　　本书收杨虎城将军早年创作的20首诗，并由20余位书法大师分别书写。

J0103553

杨焕章书法作品集　　杨焕章书；李剑霞等编

沈阳 辽宁人民出版社 1993年 103页 有照片
26cm（16开）ISBN：7-205-02589-3
定价：CNY17.00

　　作者杨焕章（1920—1990），字子丹，江苏丹阳人，辽宁省书法家协会会员、沈阳市书法家协会会员、辽宁省老年书画研究会会员。

J0103554

杨萱庭书法集　　杨萱庭书

北京 今日中国出版社 1993年 92页 38cm（6开）
ISBN：7-5072-0684-X 定价：CNY68.00

　　本书收有书法作品100余幅。作者杨萱庭（1917—2005），研究员。山东聊城人。历任中央文史研究馆馆员、山东师范大学兼职教授等。主要作品有《杨萱庭书法集》《杨萱庭书法艺术》《剑胆书魂》等。

J0103555

叶圣陶遗墨　叶圣陶书；夏宗禹编
北京 华夏出版社 1993 年 239 页 有绣像
31cm（10 开）ISBN：7-5080-0263-6
定价：CNY70.00, CNY95.00（精装）

J0103556

夜海心漪　（孙志成诗文书印选集）孙志成著
芒市 德宏民族出版社 1993 年 154 页
19cm（小 32 开）ISBN：7-80525-209-2
定价：CNY4.85

J0103557

伊里书法　伊里书
西安 三秦出版社 1993 年 96 页 有彩图
26cm（16 开）ISBN：7-80546-740-4
定价：CNY9.80
　　　作者伊里（1922— ），河南叶县人，原名许
清廉，陕西省老年书画学会会员等。

J0103558

殷宪诗文书法集　殷宪书
太原 山西人民出版社 1993 年 58 页 有照片
26cm（16 开）ISBN：7-203-02738-4
定价：CNY7.50
　　　作者殷宪（1943— ），太原人，中共大同市
委副秘书长兼政策研究室主任，中国书法家协会
会员，山西省书协常务理事等职。

J0103559

于文瑞诗书　于文瑞书
济南 山东文艺出版社 1993 年 55 页 有照片
26cm（16 开）ISBN：7-5329-1072-5
定价：CNY16.80
　　　作者于文瑞（1954— ），字异仙，号浮来山
人，山东莒县人，日照市作家协会会员。

J0103560

张金沙书法选　张金沙书
南京 南京出版社 1993 年 64 页 有照片
26cm（16 开）ISBN：7-80560-826-1
定价：CNY10.00
　　　作者张金沙，书法家。字坚吾，本名张福庚，
江苏金坛人。历任江苏省文史馆名誉馆员，中国
书法家协会会员，南京市中山书画社顾问。代表

作品有《张金沙书法选》。

J0103561

张静芳楷书琵琶行　张静芳书
上海 上海书店 1993 年 影印本 34cm（10 开）
ISBN：7-80569-705-1 定价：CNY4.00
　　　作者张静芳（1942— ），女，高级美术师。
上海人。历任中国书法家协会会员，上海书法家
协会常务理事、办公室主任等职。

J0103562

张孝友书法选　张孝友书
乌鲁木齐 新疆美术摄影出版社 1993 年
26cm（16 开）ISBN：7-80547-146-0
定价：CNY4.20

J0103563

张宗祥书苏诗行草卷　张宗祥书；宣大庆藏
杭州 浙江人民美术出版社 1993 年 34 页
33×18cm ISBN：7-5340-0393-8 定价：CNY3.50
（名家书艺探源）
　　　作者张宗祥（1882—1965），学者、书法家。
原名思曾，字阆声，号冷僧，浙江海宁人。历任
西泠印社社长、浙江省图书馆馆长、省文史馆副
馆长、中国美术家协会浙江分会副主席等职。出
版有《说郛》《国榷》《罪惟录》《越绝书》等。

J0103564

赵浩如行草书　赵浩如书
昆明 云南美术出版社 1993 年 29 页 26cm（16 开）
ISBN：7-80586-031-9

J0103565

赵普隶书治家格言　赵普书
上海 上海书店 1993 年 35×19cm
ISBN：7-80569-667-5 定价：CNY5.50
　　　作者赵普（1939— ），工艺美术师。北京人。
中国书法家协会会员、北京书法家协会会员、北
京京都书画社成员、中国国际广播出版社顾问。

J0103566

郑成功碑林　（征集"墨宝"汇编）梁奕川等主
编；福建南安郑成功碑林筹建委员会编
福州 海风出版社 1993 年 364 页 有图
20cm（32 开）ISBN：7-80597-031-9

J0103567
中国儿童书法选　徐璐等书
武汉 湖北少年儿童出版社 1993 年 48 页
25×26cm ISBN：7-5353-1217-9 定价：CNY11.50

J0103568
中国人民解放军书法篆刻作品选集　总政
文化部编
北京 蓝天出版社 1993 年 194 页 29cm（16 开）
ISBN：7-80081-475-0 定价：CNY46.00
　　本书收 1991 年全军书法篆刻观摩展和 1993
年纪念毛泽东诞辰 100 周年全军书法篆刻大赛
中选出的 300 余件优秀作品。

J0103569
**中国丝绸之路吐鲁番书法大奖赛获奖作品
选**
北京 中国文联出版公司 1993 年 66 页
26cm（16 开）ISBN：7-5059-1735-8
定价：CNY4.80

J0103570
周昌谷草书三种　周昌谷书
杭州 浙江人民美术出版社 1993 年 61 页
33×18cm ISBN：7-5340-0392-X 定价：CNY5.00
（画家墨迹拔萃）
　　作者周昌谷（1929—1985），画家。号老谷，
浙江乐清人，毕业于国立艺术专科学校，留校任
教。作品有《荔枝熟了》《春》等，著有《意笔人
物画技法探索》《妙语与创造》《周昌谷画选》等。

J0103571
周恩来诗、邓颖超信书法字帖　张瑞龄书
北京 书目文献出版社 1993 年 105 页
26cm（16 开）ISBN：7-5013-1012-2
定价：CNY10.00
（张瑞龄书法系列墨稿）

J0103572
周鹏飞书毛泽东主席书体作品集　周鹏飞书
北京 军事谊文出版社 1993 年 90 页 有彩照
38cm（6 开）精装 ISBN：7-80027-481-0 定价：
CNY68.00

J0103573
朱德诗书法字帖　张瑞龄书
北京 书目文献出版社 1993 年 62 页 26cm（16 开）
ISBN：7-5013-1011-4 定价：CNY6.50
（张瑞龄书法系列墨稿）

J0103574
朱德炘书法选　朱德炘书
南京 江苏古籍出版社 1993 年 57 页 26cm（16 开）
ISBN：7-80519-479-3 定价：CNY6.50
　　作者朱德炘（1922—2013），字景炎。中国电
视艺术家协会理事，中国书法家协会会员，甘肃
省书法家协会顾问。出版有《朱德炘书法选》。

J0103575
竹山君隶书字帖　竹山君书
成都 成都科技大学出版社 1993 年 有照片
38cm（6 开）ISBN：7-5616-1421-7 定价：CNY8.90
　　作者竹山君，原名王一波。西南中国书画院
副院长，中国书画家协会常务理事等。著有《竹
山君隶书字帖》《竹山君书法》《竹山君书画作
品》《中日书法辞典》等。

J0103576
著名书法家王鸿涛小楷字帖　（当代《石头
记》手抄本书法）王鸿涛书；梁德选编
长春 吉林科学技术出版社 1993 年 144 页
19cm（小 32 开）ISBN：7-5384-1134-8
定价：CNY6.90

J0103577
篆书诗词名句选　刘绍刚著
桂林 广西师范大学出版社 1993 年 114 页
26cm（16 开）ISBN：7-5633-1681-7
定价：CNY8.50
（书法系列指导丛书）

J0103578
篆书唐诗八十首　焦传生书
青岛 青岛出版社 1993 年 80 页 26cm（16 开）
ISBN：7-5436-0916-9 定价：CNY3.80
　　作者焦传生（1926—1999），号无砚斋。山东
章丘焦家庄人，毕业于国立西北大学法政学院。
曾任教于山东淄博第六中学，中国书法艺术研究
会艺术委员会委员，中国翰墨文化促进会会员，

中国老年书画研究会会员。

J0103579
《破体书法国际展》作品集 王苏镇主编
南京 江苏教育出版社 1994年 有彩图
21×24cm ISBN：7-5343-2121-2 定价：CNY19.80

J0103580
1995：王文摄影书法精品 （书法挂历）王文书
南京 江苏美术出版社 1994年 96cm（2开）
定价：CNY38.80

J0103581
3500 常用字索查字帖 （柳体）李荣国撰书；
陈白柳选编
上海 上海交通大学出版社 1994年 333页
有图 26cm（16开）ISBN：7-313-01276-4
定价：CNY7.20

J0103582
3500 常用字索查字帖 （欧体）李荣国撰书；
陈白柳选编
上海 上海交通大学出版社 1994年 327页
有图 26cm（16开）ISBN：7-313-01278-0
定价：CNY16.80

J0103583
3500 常用字索查字帖 （颜体）刘小晴撰书；
陈白柳选编
上海 上海交通大学出版社 1994年 323页
有图 26cm（16开）ISBN：7-313-01277-2
定价：CNY17.00
　　这套字帖的范字以国家语言文字工作委员会和国家教委颁布的3500个常用字为蓝本，并请上海书法界名家参照碑帖真迹书写而成。首批推出颜体、欧体、柳体共3本。

J0103584
巴根汝书法选集 巴根汝书
石家庄 河北美术出版社 1994年 108页 有照片
29cm（16开）精装 ISBN：7-5310-0649-9
定价：CNY68.00
　　外文书名：Selected Calligraphy of Mr.Ba Genru.

J0103585
包林书法篆刻作品选 包林书篆
通辽 内蒙古少年儿童出版社 1994年 80页
有照片 26cm（16开）ISBN：7-5312-0409-6
定价：CNY9.18

J0103586
曹后灵书法作品选 曹后灵书
苏州 古吴轩出版社 1994年 44页 有照片
25×26cm ISBN：7-80574-140-9 定价：CNY18.00

J0103587
曾邕生易气书法 曾邕生书
南宁 广西民族出版社 1994年 重印本 55页
有照片 26cm（16开）ISBN：7-5363-2163-5
定价：CNY5.80
　　作者曾邕生（1951— ），画家。生于广西南宁市。历任中国美术家协会会员，广西美术创作院院长，广西美协副秘书长，南宁市美协主席。出版有《曾邕生易气书法》《曾邕生易气画法》等。

J0103588
常用隶书对联集萃 方爱建书
南京 江苏古籍出版社 1994年 54页 有照片
26cm（16开）ISBN：7-80519-601-X
定价：CNY4.40
　　作者方爱建，江苏省书法家协会、扬州市书法家协会会员、高邮市政协委员。

J0103589
巢伟民书法 巢伟民书
上海 学林出版社 1994年 有彩照 26cm（16开）
ISBN：7-80510-963-X 定价：CNY8.00
　　作者巢伟民（1951— ），书法家。江苏常州人，毕业于华东师大中文系。中国书法家协会会员，上海市书法家协会会员，上海市美学学会会员。著有《楚文化与中国书法》《试论中国书法的民族性》等。

J0103590
陈东成自书诗联文选集 陈东成书
深圳 海天出版社 1994年 97页 29cm（18开）
ISBN：7-80615-083-8
定价：CNY88.00，CNY98.00（精装）

J0103591

陈立人书法集 陈立人书

南京 江苏美术出版社 1994 年 有彩照

26cm（16 开）ISBN：7-5344-0387-1

定价：CNY18.00

J0103592

陈伟添书法集 陈伟添书

广州 广东高等教育 1994 年 67 页 26cm（16 开）

ISBN：7-5361-1501-6 定价：CNY4.98

J0103593

程治宇书法作品集 程治宇书

沈阳 辽宁美术出版社 1994 年 86 页 有照片

26cm（16 开）ISBN：7-5314-1145-8

定价：CNY9.80

J0103594

春蚕颂 （文学家作品集）汪介培主编

济南 山东友谊出版社 1994 年 95 页 26cm（16 开）

ISBN：7-80551-647-2 定价：CNY25.00

　　本书收有 90 余位著名文学家歌颂教师的书法诗句、短语。

J0103595

爨乡书法作品集 王敏主编

昆明 云南美术出版社 1994 年 90 页 26cm（16 开）

ISBN：7-80586-128-5 定价：CNY28.80

J0103596

淡泊居士书法艺术集 淡泊居士书

昆明 云南美术出版社 1994 年 26cm（16 开）

ISBN：7-80586-123-4 定价：CNY15.00

J0103597

当代名家楷书谱 谢云主编；沈鹏等书

北京 中国线装书局 1994 年 3 册 33cm（12 开）

线装 ISBN：7-80106-000-8 定价：CNY80.00

　　本书包括："千字文"、"三字经"、"朱子家训"珍藏本函套装。主编谢云（1929— ），书法家、出版家、作家。原名谢盛培，号裳翁。浙江苍南人。毕业于中国人民大学新闻系。曾任中国书法家协会秘书长、广西出版总社社长、广西书画院院长等职。代表作品《谢云书法展》《灯前余墨》《谢云鸟虫篆书法艺术》等。

J0103598

当代书法家作品选 张九鹏主编

昆明 云南科技出版社 1994 年 120 页

26cm（16 开）ISBN：7-5416-0556-5

定价：CNY18.80

J0103599

当代文艺名家书信手迹选 佟韦编

北京 中国文联出版公司 1994 年 106 页

26cm（16 开）ISBN：7-5059-1992-X

定价：CNY11.60

　　本书收有毛峰、苏适、林默涵、贺敬之等 70 余位文艺名家的书信手迹。

J0103600

当代著名书法家手书邓小平名言 张旭光，方舟主编

北京 华文出版社 1994 年 138 页 有彩图 37cm

精装 ISBN：7-5075-0394-1 定价：CNY120.00

　　主编张旭光（1955— ），书法家。字散云，河北雄安人。历任中国书法家协会第四届、第五届副秘书长，荣宝斋艺术总监，清华大学张旭光书法艺术工作室导师，北京大学书法研究所客座教授，中国书法协会会员。代表作品有《行书八讲》《张旭光批注十七帖》《张旭光系列艺术文丛》等。

J0103601

邓明阁书法篆刻集 邓明阁书

北京 中国检察出版社 1994 年 93 页 有彩图

26cm（16 开）精装 ISBN：7-80086-254-2

定价：CNY69.80

J0103602

第一届全国楹联书法大展作品集 施友义主编

福州 海风出版社 1994 年 229 页 26cm（16 开）

ISBN：7-80597-1181-0 定价：CNY18.00

　　主编施友义（1947— ），画家。笔名石奇，福建平潭人。曾任中国美术家协会福建分会会员，福建出版集团编审，华艺出版社副社长。出版有《施友义国画选》《侯官县烈女歼仇》《千里送京娘》《千古名媛》。

J0103603

丁乐春书法选集　丁乐春书

济南　山东文艺出版社　1994年　109页　有彩照

26cm（16开）ISBN：7-5329-1181-0

定价：CNY48.00

J0103604

风来翰墨香　（贵阳市中小学生书法作品精选）

黄晋裳主编

贵阳　贵州人民出版社　1994年　19×18cm

ISBN：7-221-03154-1　定价：CNY5.60

（贵阳市中小学生作品精选丛书）

J0103605

高小岩书孔子事迹图解　高小岩书；周军主编

济南　山东友谊出版社　1994年　170页

33cm（12开）ISBN：7-80551-670-7

定价：CNY39.60

J0103606

高占祥书法选　高占祥书

天津　天津杨柳青画社　1994年　153页　有彩图

29cm（16开）精装　ISBN：7-80503-258-0

定价：CNY180.00

　　作者高占祥（1935—　），诗人、书法家。笔
名罗丁、高翔，北京通县人。曾任文化部常务
副部长，中国作家协会、中国书法家协会、中国
摄影家协会会员，北京大学、中国人民大学、上
海交通大学客座教授。著有《人生宝鉴》《咏荷
四百首》《浇花集》《微笑集》等，摄影集有《莲
花韵》《祖国颂》等。

J0103607

贡维琩教授书法选辑　贡维琩书

香港　鉴古书学社　1994年　48页　28cm（大16开）

J0103608

桂竹杯全国书法大赛作品集　刘新主编

海口　海南摄影美术出版社　1994年　148页

26cm（16开）ISBN：7-80571-766-4

定价：CNY28.00

J0103609

行书字范　苏安德，刘易甄著

桂林　漓江出版社　1994年　120页　26cm（16开）

ISBN：7-5407-1587-1　定价：CNY6.30

　　作者苏安德，台湾省书画教育协会理事长。
作者刘易甄，女，台湾省书画教育协会总干事。

J0103610

弘涛书法集　弘涛书

北京　中国三峡出版社　1994年　90页　25×26cm

ISBN：7-80099-051-6　定价：CNY28.00

J0103611

红楼梦诗词集　徐瑞林书

桂林　漓江出版社　1994年　175页　20cm（32开）

ISBN：7-5407-1648-7　定价：CNY8.50

J0103612

红楼梦诗词书法艺术　石东华书

长春　吉林摄影出版社　1994年　110页　有照片

26×15cm　ISBN：7-80606-007-3　定价：CNY12.00

　　本书以真、草、隶、篆4体书写《红楼梦》中
的诗词。作者石东华（1929—2006），"红学"书法
家。吉林省吉林市人。曾任吉林画报社副编审，
中国书法家协会会员、吉林省书法家协会名誉理
事，中国红楼梦学会会员等。代表作品有《红楼
梦诗词书法艺术》《逸墨斋诗稿》。

J0103613

侯斌书前后赤壁赋　侯斌书

武汉　武汉工业大学出版社　1994年　27页

有照片　30cm（10开）ISBN：7-5629-0921-0

定价：CNY6.00

J0103614

花逢坤真书书谱　花逢坤书

兰州　甘肃文化出版社　1994年　208页

26cm（16开）ISBN：7-80608-016-3

定价：CNY14.80

（墨苑丛书　7）

J0103615

画余吟草　（黄棠自书诗）黄棠书

广州　广州出版社　1994年　80页　有彩照

26cm（16开）ISBN：7-80592-117-2

定价：CNY25.00

J0103616

换鹅会二十周年书法集　　换鹅书会编辑委员
会编辑
台北　换鹅书会　1994 年　104 页　30cm（10 开）
ISBN：957-99823-0-9　定价：TWD400.00

J0103617

黄守宝楷书字帖　　黄守宝书
沈阳　辽宁美术出版社　1994 年　61 页　有彩照
26cm（16 开）ISBN：7-5314-1048-6
定价：CNY7.00

J0103618

简盦集汉简千字文　　陈建贡编
上海　上海书画出版社　1994 年　104 页　32×18cm
ISBN：7-80512-760-3　定价：CNY14.60
　　本书以《千字文》为题材，集编汉代简牍而
成。作者陈建贡，书法家。字曦，号昱佛，简盦
主人。中国书法家协会会员。著作有《简牍帛书
字典》《简盦集汉简千文字》《简盦集汉简唐诗》。

J0103619

江鸟书法作品选　　沈鸿根著
上海　上海文化出版社　1994 年　80 页　有照片
26cm（16 开）ISBN：7-80511-689-X
定价：CNY6.00
　　沈鸿根（1943—　　），书法家。别号江鸟，出
生于上海。曾任《写字》杂志副总编，上海中华
书画协会副会长，中国书法家协会会员，上海市
书法家协会硬笔书法家联谊会首任会长。出版
作品《行书概论》《书法十五讲》《硬笔书法百日
通》等。

J0103620

姜祖禹书法集　　姜祖禹书
北京　人民美术出版社　1994 年　74 页　有照片
26cm（16 开）ISBN：7-102-01362-0
定价：CNY20.00
　　作者姜祖禹（1924—1989），字疏河，语文教
师。擅长书法。

J0103621

金刚般若波罗蜜经　　胡忠恕书
天津　南开大学出版社　1994 年　57 页　34×18cm
ISBN：7-310-00786-7　定价：CNY9.50

J0103622

金膺显启功书法作品集　　（韩）金膺显，启
功书
北京　荣宝斋　1994 年　59 页　26cm（16 开）
ISBN：7-5003-0258-4　定价：CNY19.00
（展览系列　书法）
　　作者金膺显（1927—2007），书法家。字善卿，
生于韩国首尔。曾为中国西泠印社名誉副社长，
著有论文集《东方书艺讲座》《书与其人》《东方
书范》等。作者启功（1912—2005），满族，中国
现代著名书法家。字元伯，北京人。曾任北京师
范大学教授，中央文史研究馆副馆长，中国书协
名誉主席等职、世界华人书画家联合会创会主
席、中国佛教协会、故宫博物院、国家博物馆顾
问，西泠印社社长。

J0103623

精英翰墨　　（历届全国书展全国中青年书展获
奖作者作品集）鲍贤伦主编
杭州　浙江人民美术出版社　1994 年　87 页
有照片　28×29cm　ISBN：7-5340-0428-4
定价：CNY32.00
　　外文书名：Highlights of Works of Calligraphy.

J0103624

楷行隶篆四体归去来辞　　赵家熹等书
北京　国际文化出版公司 1994 年　75 页
26cm（16 开）ISBN：7-80105-126-2
定价：CNY6.80
（当代中青年书法家历代名篇书法丛书）
　　作者赵家熹（1948—　　），教师。山东掖县人，
北京景山学校高级教师，北京师范大学艺术系副
教授，北京书法协会常务理事。

J0103625

楷行隶篆四体兰亭集序　　卢中南等书
北京　国际文化出版公司　1994 年　73 页
26cm（16 开）ISBN：7-80105-126-2
定价：CNY6.80
（当代中青年书法家历代名篇书法丛书）

J0103626

楷行隶篆四体秋声赋　　李纯博等书
北京　国际文化出版公司　1994 年　97 页
26cm（16 开）ISBN：7-80105-126-2

定价：CNY6.80
（当代中青年书法家历代名篇书法丛书）

J0103627
楷行隶篆四体桃花源记　王立志等书
北京 国际文化出版公司 1994年 79页
26cm（16开）ISBN：7-80105-126-2
定价：CNY6.80
（当代中青年书法家历代名篇书法丛书）

J0103628
楷行隶篆四体岳阳楼记　卢中南等书
北京 国际文化出版公司 1994年 90页
26cm（16开）ISBN：7-80105-126-2
定价：CNY6.80
（当代中青年书法家历代名篇书法丛书）

J0103629
楷行隶篆四体醉翁亭记　薛夫彬等书
北京 国际文化出版公司 1994年 86页
26cm（16开）ISBN：7-80105-126-2
定价：CNY6.80
（当代中青年书法家历代名篇书法丛书）
　　作者薛夫彬（1944— ），回族，书法家。生
于北京。历任北京教育学院美术系副教授、书法
研究室主任，中国书法家协会理事等。著有《薛
夫彬书法篆刻作品选》《楷书技法》《中国书法概
述》《余墨杂痕》等。

J0103630
楷书临范　孙信德书
兰州 甘肃人民美术出版社 1994年 26cm（16开）
ISBN：7-80588-077-8 定价：CNY2.50

J0103631
楷书千字文　沈鹏书
北京 中国线装书局 1994年 影印本 线装
（当代名家楷书谱）
　　据手稿影印。作者沈鹏（1931— ），书法家、
美术评论家、诗人。生于江苏江阴。历任中国
文联副主席、中国书法家协会主席、中国美术出
版总社顾问以及《中国书画》主编、炎黄书画院
副院长、中国书画函授大学教授、《书法之友》杂
志名誉主席等职。书法作品有著作：《书画论评》
《沈鹏书画谈》《三余吟草》《沈鹏书法选》《沈鹏

书法作品集》。

J0103632
莱西八家书法集　李文周等书
青岛 青岛出版社 1994年 165页 26cm（16开）
ISBN：7-5436-1087-6 定价：CNY36.00
　　本书收李文周、李士宽、李茂彬、程绍国、
董书林、郭少俐、刘知远、谭家广8人的书法
作品。

J0103633
雷锋杯全国书法大赛作品选　吴兴华，余耀
国主编
贵阳 贵州人民出版社 1994年 132页
26cm（16开）ISBN：7-221-03609-8
定价：CNY58.00

J0103634
李炳义书法撰联集　李炳义书；中国公关艺
术委员会，山东省诗词协会编
济南 山东省地图出版社 1994年 82页
26cm（16开）ISBN：7-80532-168-X
定价：CNY12.80
　　作者李炳义（1939— ），字子正，笔名华
冠。山东政法管理干部学院书法研究会主席，中
国书法家协会山东分会会员等。出版有《李炳义
诗词选》《李炳义书法撰联集》《李炳义书法选》
《李炳义诗词联精选》等。

J0103635
李傅周书法作品集　李傅周书
北京 中国文联出版公司 1994年 80页
29cm（16开）ISBN：7-5059-0497-3
定价：CNY28.00

J0103636
李广祥书法集　李广祥书；中国书法家协会，
广东省书法家协会编
广州 岭南美术出版社 1994年 122页 有照片
29cm（16开）精装 ISBN：7-5362-1134-1
定价：CNY88.00
　　外文书名：Li Guangxiang Calligraphy Works.
作者李广祥（1917—1998），字善卿，室名静远
斋，别署秋明堂主，山西文水人。曾任广州市副
市长，国家公安部常务副部长。

J0103637

李建邦书艺　李建邦书
昆明　云南美术出版社　1994年　59页　26cm（16开）
ISBN：7-80586-133-1　定价：CNY8.80

J0103638

李云川书法集　（第二集）李云川书
北京　中国青年出版社　1994年　137页　有彩照
29cm（16开）精装　ISBN：7-5006-1473-X
定价：CNY82.00
　　　作者李云川（1957—　），甘肃武山人，毕
业于西北师范大学。历任敦煌艺术研究会会长、
敦煌美术馆馆长。出版有《李云川书画艺术》
《佛经》。

J0103639

李真书法作品集　中国书法家协会，中国新
兴（集团）总公司编
北京　长城出版社　1994年　107页　29cm（16开）
ISBN：7-80017-241-4
定价：CNY87.50，CNY125.00（精装）

J0103640

历代名篇书法丛书　卢中南等书
北京　国际文化出版公司　1994年　6册
26cm（16开）ISBN：7-80105-126-2
定价：CNY40.80

J0103641

林仲兴书法集　林仲兴著
上海　华东师范大学出版社　1994年　170页
有彩照　26cm（16开）ISBN：7-5617-1211-1
定价：CNY20.00，CNY27.00（精装）

J0103642

临野斋书印集　陈和年著
昆明　云南教育出版社　1994年　45页　有照片
26cm（16开）ISBN：7-5415-0753-9
定价：CNY5.00

J0103643

刘炳森楷书三字经　刘炳森书
北京　中国线装书局　1994年　影印本　线装
（当代名家楷书谱）
　　　据手稿影印。

J0103644

刘兴隆书法篆刻艺术　刘兴隆著
北京　国际文化出版公司　1994年　157页　有照片
26cm（16开）ISBN：7-80105-054-1
定价：CNY27.00

J0103645

流花集字帖　阴建功诗；王留鳌书
太原　山西人民出版社　1994年　2册（126；135页）
26cm（16开）ISBN：7-203-03230-2
定价：CNY24.80
　　　王留鳌（1928—2005），书法家、书法艺术教
育家。山西五台人。历任山西省参事室文史参
事，中国书法家协会会员，中国硬笔书法协会常
务理事。

J0103646

柳体楷书间架结构九十二法字帖　杨璐主编
北京　中国书店　1994年　38页　26cm（16开）
ISBN：7-80568-617-3　定价：CNY3.60
（书法技法丛帖）

J0103647

卢苏书法　卢苏书
成都　四川美术出版社　1994年　102页　有照片
37cm（8开）ISBN：7-5410-0928-8

J0103648

鲁屋楮墨编　徐寿嶂书
济南　山东友谊出版社　1994年　141页　有照片
29cm（16开）ISBN：7-80551-637-5
定价：CNY80.00

J0103649

毛泽东诗词草书　韦式诚书
南宁　广西美术出版社　1994年　112页
26cm（16开）ISBN：7-80582-805-9
定价：CNY10.00

J0103650

毛泽东诗词书法集　北京大天元信息公司编辑
北京　西苑出版社　1994年　105页　38cm（6开）
精装　ISBN：7-80108-032-7　定价：CNY180.00

J0103651

煤矿安全歌字帖　　朱荣昌著；朱荣昌，肖调燕书
北京　煤炭工业出版社　1994年　207页
19cm（小32开）ISBN：7-5020-1013-0
定价：CNY8.90

J0103652

孟广治行草唐宋诗词集　　孟广治书
南宁　广西美术出版社　1994年　94页　有肖像
26cm（16开）ISBN：7-80582-698-6
定价：CNY6.00

J0103653

孟广治行草唐宋诗词集　（续集）孟广治书；
梁盈禧编著
南宁　广西美术出版社　1997年　102页
26cm（16开）ISBN：7-80625-351-3
定价：CNY12.00

J0103654

墨蹈古兵法　　谢德萍书
北京　军事科学出版社　1994年　149页
20cm（32开）精装　ISBN：7-80021-795-7
定价：CNY11.90

　　本书以书法的形式，辑选了古代兵法名言
154条，分治军、论将、用兵、谋略4篇。作者
谢德萍（1939—2000），书法家。陕西三原人，毕
业于西北大学历史系。历任中国对外艺术展览
公司宣传部副经理，文化部副研究员，西北大学
兼职副教授，中华书学会会长等职。出版《谈谈
草书》《中国现代书法选》《郭沫若、于立群墨
迹选》。

J0103655

墨海双帆　（田蕴章、田英章兄弟书法作品精
粹）田蕴章，田英章著
北京　中国经济出版社　1994年　59页　有彩图
26cm（16开）ISBN：7-5017-2712-0
定价：CNY18.00

J0103656

欧体楷书间架结构九十二法字帖　　杨璐主编
北京　中国书店　1994年　38页　26cm（16开）
ISBN：7-80568-618-1　定价：CNY3.60
（书法技法丛帖）

J0103657

潘伯鹰法书集　　潘伯鹰书
上海　上海书画出版社　1994年　110页　有照片
28cm（大16开）ISBN：7-80512-783-2
定价：CNY30.00

　　作者潘伯鹰（1904—1966），书法家、诗人、
小说家。安徽怀宁人。原名式，字伯鹰，后以字
行，号兔公有发翁，别署孤云。小说作品有《人
海微澜》《隐刑》《寒安五记》等。论著有《书法
杂论》《中国的书法》《中国书法简论》。作品出
版有《潘伯鹰行草墨迹》等。

J0103658

裴爱群书法篆刻集　　裴爱群作
哈尔滨　黑龙江美术出版社　1994年　45页
有照片　25×25cm　ISBN：7-5318-0266-X
定价：CNY25.00

J0103659

七言对联行书字帖　　杨再春书
北京　北京体育大学出版社　1994年　60页
34cm（10开）ISBN：7-81003-807-9
定价：CNY6.00

　　本书收对联60幅。作者杨再春（1943—　），
书法家。河北唐山人，毕业于北京体育大学。历
任北京体育大学出版社社长兼总编，中国摄影著
作权协会副总干事长，中国书画函授大学教授。
代表作品有《行草章法》《墨迹章法通览》等。

J0103660

钱瘦铁隶行六种　　钱瘦铁书；钱大礼藏
杭州　浙江人民美术出版社　1994年　36页
33cm（12开）ISBN：7-5340-0522-1
定价：CNY6.50
（画家墨迹拔萃）

　　作者钱瘦铁（1897—1967），现代书画家、篆
刻家。名厓，又字叔厓，别号数青峰馆主，天池
龙涎斋斋主。晚年自号淞滨病叟。江苏无锡人。
郑文焯弟子。出版有《钱瘦铁楷书千字文册》《钱
瘦铁画集》。

J0103661

乔大壮书法　　乔大壮书
成都　四川美术出版社　1994年　197页　有图
38cm（8开）ISBN：7-5410-0638-6

定价：CNY98.00，CNY128.00（函装）

J0103662

秦咢生诗书篆刻选集　广东省文史研究馆，
惠州市西湖风景区管理局编辑
广州　岭南美术出版社　1994 年　142 页　有照片
29cm（16 开）ISBN：7-5362-1190-2
定价：CNY90.00

J0103663

情系国魂当代书法家精品集　李宝光等主编
郑州　河南美术出版社　1994 年　1022 页　有照片
26cm（16 开）精装　ISBN：7-5401-0422-8
定价：CNY165.00

　　主编李宝光（1922— ），女。河北顺平县
人。历任中共中央妇委委员，全国妇联第四届
副主席，中共河南省书记，当代中国书画网艺术
顾问、中华炎黄文化研究会常务副会长、常务
顾问、中华文学基金会理事，国际名人研究院顾
问、黄帝陵基金会顾问等。出版作品有《李宝光
诗词楹联作品集》等。

J0103664

全国第一届正书大展作品集　中国书法家协
会编
北京　中国摄影出版社　1994 年　196 页　有照片
26cm（16 开）ISBN：7-80007-121-9
定价：CNY88.00

J0103665

全国青少年书法大赛作品集　冯书根，魏海
涛主编
石家庄　河北人民出版社　1994 年　217 页　有肖像
26cm（16 开）ISBN：7-202-01599-4
定价：CNY18.00

　　本书收衡水老白干杯赛书法篆刻作品 300
多幅，按特邀作品、毛笔书法、硬笔书法、篆刻
作品排列。主编冯书根（1953— ），书法家。河
北饶阳人。历任中国炎黄书画家协会副主席，河
北省书画艺术研究会副会长，中国硬笔书法协会
理事。就职于河北省衡水地区广播电视局。出
版有《硬笔书法基础知识》《全国青少年书法大
赛作品集》。主编魏海涛（1961— ），中国硬笔
书法家协会会员，中国书画人才研修中心书画
师，河北省青少年书法家协会常务理事等。

J0103666

拳指书法诗词欣赏　郑文华编著
郑州　中州古籍出版社　1994 年　96 页　有照片
26cm（16 开）ISBN：7-5348-0832-4
定价：CNY15.00

　　本书由两部分组成。一部分是作者用手指
与拳头蘸墨书写的书法作品；一部分选注千古
诗词名篇，并对每首诗词撰有原诗、注释、今译、
欣赏文字，还有诗词人生平简介等。作者郑文华
（1945— ），祖籍河北磁州，北京拳宝斋主人，
北京拳指书法研究会会长，中国中外名人文化研
究中心拳指书法艺术委员会主任。著有《拳指书
法诗词欣赏》等。

J0103667

人生格言书法手册　张虎臣主编
昆明　云南美术出版社　1994 年　138 页　17×9cm
精装　ISBN：7-80586-075-0　定价：CNY7.40

　　主编张虎臣（1950— ），书法家。笔名苦辛，
山东省聊城市交通局任职，东昌书画家联谊会会
长。主编《硬笔书法家精品大全》《书画艺苑报》
《中国书画作品集粹》等。

J0103668

沙孟海真行草书集　沙孟海著
上海　上海书画出版社　1994 年　214 页　38cm（6 开）
ISBN：7-80512-539-2　定价：CNY50.00

　　作者沙孟海（1900—1992），书法家。原名文
若，字孟海，号石荒、沙村。生于浙江鄞县，毕
业于浙江省立第四师范学校。曾任浙江大学中
文系教授、浙江美术学院教授、西泠印社社长、
西泠书画院院长、浙江省博物馆名誉馆长、中国
书法家协会副主席。代表作品《集王圣教序》。

J0103669

陕西老年诗词书法选　陕西老年书画学会编
西安　陕西人民出版社　1994 年　153 页
28cm（大 16 开）ISBN：7-224-02566-6
定价：CNY26.00

　　本书收有当代陕西省老年优秀书法作品 200
余幅。

J0103670

沈年润书法选　沈年润书
兰州　甘肃少年儿童出版社　1994 年　有照片

26cm（16 开）ISBN：7-5422-1025-4
定价：CNY10.00

J0103671
沈尹默书小草千字文　　沈尹默书
北京　中国和平出版社　1994 年　重印本　34 页
26cm（16 开）ISBN：7-80037-828-4
定价：CNY4.50
（当代名家书千字文丛书）

J0103672
书法辑萃　　曹大沧编著
哈尔滨　黑龙江教育出版社　1994 年　90 页
26cm（16 开）ISBN：7-5316-2160-6
定价：CNY6.90
　　本书所临碑帖上溯商周秦汉、下逮晋唐至今
的正草隶篆、甲骨金文。

J0103673
书情养神　　盘天生书
南宁　广西美术出版社　1994 年　90 页　26cm（16 开）
精装　ISBN：7-80582-711-7　定价：CNY31.80
　　作者盘天生，瑶族，广西富川人，曾任广西
轻工业厅党组书记兼厅长。

J0103674
书山有路　　王见山书
南京　江苏美术出版社　1994 年　1 张　38×106cm
定价：CNY2.00

J0103675
四体书古今楹联选　　李昕等书
北京　人民美术出版社　1994 年　60 页　26cm（16 开）
ISBN：7-102-01472-4　定价：CNY4.80

J0103676
松风鹤志　　方爱建书
南京　江苏美术出版社　1994 年　1 张　38×106cm
定价：CNY2.00

J0103677
苏步青业余诗词钞　　苏步青著
北京　群言出版社　1994 年　影印本　284 页
27cm（大 16 开）线装　ISBN：7-80080-083-0
定价：CNY28.00

J0103678
孙璘书法选集　　孙璘书
上海　上海书店　1994 年　25×26cm
ISBN：7-80569-756-6　定价：CNY20.00

J0103679
泰兴市碑刻集　　高浚源书
南京　江苏古籍出版社　1994 年　118 页
29cm（16 开）ISBN：7-80519-590-0
定价：CNY12.00
　　本书收《泰兴市沿革》《衡南图书馆题记》
《科技活动中心纪功碑》等碑石拓片。

J0103680
唐诗三百首小楷　　包振民书
南京　江苏教育出版社　1994 年　13+171 页
35×19cm　ISBN：7-5343-2087-9　定价：CNY7.80

J0103681
唐诗三百首小楷墨迹　　张瑞龄书写
北京　中国财政经济出版社　1994 年　268 页
有彩照　28cm（大 16 开）ISBN：7-5005-2491-9
定价：CNY26.00

J0103682
佟铸隶书作品集　　佟铸书
沈阳　辽宁美术出版社　1994 年　影印本　51 页
有彩图　26cm（16 开）ISBN：7-5314-1049-4
定价：CNY14.50
　　本书收有书法作品 50 余幅。作者佟铸
（1928—　），满族，教授，画家。辽宁沈阳人，中
国书画函授大学盛京分校常务副校长、教授，中
国书法家协会会员。

J0103683
童婴书桃花源记　　童婴书
青岛　青岛出版社　1994 年　影印本　56 页
26cm（16 开）ISBN：7-5436-1245-3
定价：CNY5.00

J0103684
王纲行书　　王纲编著
成都　电子科技大学出版社　1994 年　59 页
26cm（16 开）ISBN：7-81016-807-X
定价：CNY8.80

（王纲书法丛书）

　　作者王纲（1932—　　），土家族，四川石柱县人。四川省社会科学院历史研究所副研究员。

J0103685

王堃骋诗书画集　　王堃骋书

沈阳　辽宁大学出版社　1994年　69页　有彩照

25×26cm　ISBN：7-5610-2189-5　定价：CNY38.00

　　本书所选作品分为绘画、书法、诗文3部分。

J0103686

王乐同楷书滕王阁序　　王乐同书

石家庄　河北人民出版社　1994年　有照片

26cm（16开）ISBN：7-202-01498-X

定价：CNY6.00

J0103687

王庆先书法艺术集　　王庆先书

广州　广东高等教育出版社　1994年　92页

有彩照　26cm（16开）ISBN：7-5361-1391-9

定价：CNY9.50

　　本书包括王庆先书法作品选及其释文两部分。

J0103688

王瑞璧先生墨宝选集　　王瑞璧书

厦门　厦门大学出版社　1994年　95页　有彩图

29cm（16开）ISBN：7-5615-0955-3

定价：CNY15.00

J0103689

王廷风书法集　　王廷风书

沈阳　辽宁美术出版社　1994年　103页

32cm（10开）精装　ISBN：7-5314-1010-9

定价：CNY55.00

　　作者王廷风（1933—2011），书法家。辽宁海城人。历任中国书法家协会理事，辽宁书法家学会副主席，中国书法家协会理事，《书法艺术》杂志主编等。代表作品有《李世伟篆刻作品集》。

J0103690

王仲武书五体千字文　　王仲武书

济南　山东大学出版社　1994年　128页

26cm（16开）ISBN：7-5607-1433-1

定价：CNY15.80

J0103691

卫俊秀书历代名贤诗文选　　卫俊秀书

太原　山西古籍出版社　1994年　147页

26cm（16开）ISBN：7-80598-044-6

定价：CNY16.80

J0103692

魏碑入门　　张书范书

北京　华龄出版社　1994年　重印本　44页

26cm（16开）ISBN：7-80082-401-2

定价：CNY4.50

（书法入门）

　　作者张书范（1943—　　），字语迟，祖籍河北深州，中国书法家协会会员，北京市书法家协会理事。编写有《楷行书章法一百例》《魏碑技法》《柳体技法》等。

J0103693

文君书法艺术　　徐文君著

哈尔滨　黑龙江科学技术出版社　1994年　178页

有照片　26cm（16开）ISBN：7-5388-2612-2

定价：CNY9.80

　　本书介绍了写好楷、行、草书等字体的方法，并收有楷书、行书书写的唐宋诗词。

J0103694

文信国公正气歌　　张荣强著

永和［台湾］张继远［发行人］［1994年］30页

31cm（10开）定价：TWD70.00

J0103695

翁伏深书魏碑唐人诗　　翁伏深书

南京　江苏教育出版社　1994年　51页　34cm（10开）

ISBN：7-5343-2062-3　定价：CNY2.65

（魏碑字帖2）

J0103696

五言对联行书字帖　　杨再春书

北京　北京体育大学出版社　1994年　60页

34cm（10开）ISBN：7-81003-806-0

定价：CNY6.00

J0103697

伍纯道书法作品选　　伍纯道书

桂林　广西师范大学出版社　1994年　144页

有照片　25×26cm　ISBN：7-5633-1809-7
定价：CNY68.00

J0103698
谢澄光书法选　谢澄光书；厦门市文学艺术
界联合会编
厦门　鹭江出版社　1994年　89页　有彩照
28cm（16开）ISBN：7-80610-044-X
定价：CNY16.00，CNY22.00（精装）
　　　外　文　书　名：Calligraphy Anthology of Xie
Chengguang.

J0103699
徐伯清小楷宋词　徐伯清书
上海　上海书店　1994年　61页　26cm（16开）
ISBN：7-80569-922-4　定价：CNY2.80
　　　作者徐伯清（1926—2010），书法家。浙江温
州人。历任上海文史研究馆馆员，中国书法家协
会会员，上海书法家协会常务理事，中华艺术家
协会会长，上海市文联委员，上海师范大学书法
专业客座教授，浙江舟山书画院名誉院长。代表
作品有《儿童学书法》《宋人轶事汇编》等。

J0103700
许成锋书法集　许成锋书
长沙　湖南美术出版社　1994年　46页　26cm（16开）
ISBN：7-5356-0674-1　定价：CNY7.80

J0103701
许霏书法篆刻选集　许霏［作］
福州　海潮摄影艺术出版社　1994年　110页
有图　29cm（16开）ISBN：7-80562-176-4
定价：CNY30.00

J0103702
养生三字经　（楷书、行书）杨自立书
上海　学林出版社　1994年　205页　有照片
26cm（16开）ISBN：7-80510-929-X
定价：CNY13.90
　　　作者杨自立，安徽颍上人，著名书法家，
国家二级美术师，副教授，齐鲁书画研究院研
究员。

J0103703
姚俊卿书法　姚俊卿书

北京　中国劳动出版社　1994年　94页　26cm（16开）
ISBN：7-5045-1507-8　定价：CNY8.00

J0103704
叶尚志书法集　叶尚志书
上海　上海书画出版社　1994年　26cm（16开）
ISBN：7-80512-480-9　定价：CNY20.00

J0103705
一沙书法　吴佐仁书
上海　上海书画出版社　1994年　有照片
25×26cm　ISBN：7-80512-005-6　定价：CNY18.00
　　　作者吴佐仁（1944—　　），书画家。字一沙，
斋名九兰楼。中国书法家协会浙江分会会员，温
州市书法家协会理事。

J0103706
尹建鼎墨迹　尹建鼎书
兰州　甘肃文化出版社　1994年　52页　有照片
28cm（大16开）ISBN：7-80608-011-2
定价：CNY14.80
（墨苑丛书　1）

J0103707
于书亭书法集　于书亭作
北京　人民美术出版社　1994年　73页　有照片
26cm（16开）ISBN：7-102-01405-8
定价：CNY17.00
　　　作者于书亭，山东省平度市博物馆馆长、副
研究员，中国书法家协会、中国考古学会、中国
先秦史学会会员，青岛市书法家协会主席。

J0103708
于植元书法作品集　于植元书
青岛　青岛出版社　1994年　影印本　162页　有彩图
36cm（15开）精装　ISBN：7-5436-1050-7
定价：CNY269.00

J0103709
余明善书法集　余明善著
天津　百花文艺出版社　1994年　29cm（16开）
ISBN：7-5306-1535-1　定价：CNY30.00

J0103710
余险峰书法　余险峰书

福州 海峡文艺出版社 1994 年 79 页 有照片
26cm（16 开）ISBN：7-80534-738-7
定价：CNY30.00

J0103711
羽家书法选　翟泰丰书
重庆 重庆出版社 1994 年 54 页 26cm（16 开）
ISBN：7-5366-2994-X 定价：CNY10.00

J0103712
岳山书法展专集　陈岳山著
云林县[台湾] 云林县文化中心 1994 年 87 页
39cm（8 开）精装 定价：TWD700.00

J0103713
增广贤文新撰　武天合编著；武炳文撰书
西安 陕西人民美术出版社 1994 年 137 页
26cm（16 开）ISBN：7-5368-0699-X
定价：CNY12.80

J0103714
张爱萍墨迹
北京 解放军文艺出版社［1994 年］203 页
有照片 37cm（8 开）ISBN：7-5033-0486-3
定价：CNY186.00，CNY210.00（精装）

J0103715
张金海楹联与名人书法选　张金海［作］
南京 江苏文艺出版社 1994 年 有照片
36cm（12 开）ISBN：7-5399-0732-0
定价：CNY258.00，CNY280.00（精装）
　　本书选收当代名人刘海粟、启功、冯其庸、
黄胄、周怀民、钱绍武、阿甲、肖娴等的书法作
品多幅，并含编者所作的楹联若干。张金海，教
授。自号闲云散人，历任锡山市交通部门高级工
程师，吴文化研究促进会会长，苏州大学旅游专
业兼职教授，北京师范大学国学研究兼职教授。

J0103716
张鹏翼书前后赤壁赋　张鹏翼书
杭州 浙江人民美术出版社 1994 年 38 页
有肖像 33cm（12 开）ISBN：7-5340-0436-5
定价：CNY5.00

J0103717
章伯年书法选　章伯年书
上海 上海书店 1994 年 57 页 37cm（8 开）
ISBN：7-80569-926-7 定价：CNY18.00

J0103718
长恨歌　（碑帖）（唐）白居易著；茹桂书
西安 陕西人民美术 1994 年 62 页 30cm（10 开）
ISBN：7-5368-0663-9 定价：CNY11.20
　　茹桂（1936— ），教授。陕西长安人。就读
于西安美术学院和陕西师大中文系。历任西安
美术学院教授，陕西省书法协会副主席，中国书
协学术委员，日本京都造型艺术大学客座教授。
代表性作品有《文学创作常识》《艺术美学纲要》
《茹桂书法教学手记》。

J0103719
赵冷月八旬书法集　赵冷月著
上海 上海古籍出版社 1994 年 138 页 有图
38cm（6 开）精装 ISBN：7-5325-1756-X
定价：CNY130.00

J0103720
赵嗣伦书法作品集　赵嗣伦书
广州 岭南美术出版社 1994 年 96 页 33cm（12 开）
ISBN：7-5362-1119-8 定价：CNY20.00

J0103721
哲成书法楹联　哲成书
沈阳 辽宁美术出版社 1994 年 100 页
26cm（16 开）ISBN：7-5314-1157-1
定价：CNY18.00

J0103722
郑阶平书法　郑阶平书
上海 上海书画出版社 1994 年 28 页 有照片
26cm（16 开）ISBN：7-80512-482-5
定价：CNY10.00

J0103723
中国当代书法艺术大奖赛获奖作品集　许
化廉等主编
郑州 河南美术出版社 1994 年 26cm（16 开）
精装 ISBN：7-5401-0404-X 定价：CNY76.00

J0103724

中国西凤酒　任新昌书

西安　陕西科学技术出版社　1994 年　47 页

有照片　26cm（16 开）ISBN：7-5369-2038-5

定价：CNY7.00

J0103725

中南海珍藏书法集　（第一卷）杨宪金主编；

中南海画册编辑委员会编辑

北京　西苑出版社　1994 年　279 页　38cm（6 开）

精装　ISBN：7-80108-018-1　定价：CNY380.00

外 文 书 名：Calligraphy from Zhongnanhai's Collection Volume 1.

J0103726

中南海珍藏书法集　（第二卷）杨宪金主编；

中南海画册编辑委员会编辑

北京　西苑出版社　1998 年　271 页　38cm（6 开）

精装　ISBN：7-80108-132-3　定价：CNY380.00

（中南海珍藏书画系列）

外 文 书 名：Calligraphy from Zhongnanhai's Collection Volume 2.

J0103727

朱子治家格言　欧阳中石书

北京　中国线装书局　1994 年　影印本　线装

（当代名家楷书谱）

据手稿影印。收于《当代名家楷书谱》中。作者欧阳中石（1928—2020），著名文化学者、书法家、书法教育家。山东肥城市人。毕业于北京大学哲学系。历任首都师范大学教授、博士生导师、中国书法文化研究所所长、中国书法家协会顾问、中国画研究院院务委员。书法作品有《欧阳中石书沈鹏诗词选》《中石夜读词钞》，主要著作有《中国逻辑史》《书法与中国文化》《中国书法史鉴》《章草便检》等。

J0103728

"胜利杯"全国石油书法篆刻大奖赛获奖作品集　王运昆等主编

东营　石油大学出版社　1995 年　89 页　26cm（16 开）

ISBN：7-5636-0729-3　定价：CNY35.00

主编王运昆，中国书法家协会会员、胜利石油管理局文联副主席。

J0103729

"新三字经"四体毛笔字帖　廖蕴玉等书

广州　广东人民出版社　1995 年　104 页

26cm（16 开）ISBN：7-218-01617-0

定价：CNY6.80

J0103730

1996：沁园春　（挂历）方永熙摄

杭州　浙江人民美术出版社　1995 年　77×53cm

ISBN：7-5340-0577-9　定价：CNY24.50

J0103731

爱国与理想名言中学生字帖　逸彬，树国书

武汉　华中师范大学出版社　1995 年　116 页

19×21cm　ISBN：7-5622-1526-X　定价：CNY12.00

J0103732

八然斋甲骨游艺集　袁德炯撰书

台中　袁德炯　1995 年　275 页　有图　38cm（6 开）

ISBN：957-97114-3-7　定价：TWD1500.00

（［台湾］甲骨文学会丛刊 11）

本书为作者甲骨文诗词力作，其中对联四百余副，诗词 80 余首。作者袁德炯，字修明，号八然。

J0103733

笔记速记法　吴身元著

杭州　浙江科学技术出版社　1995 年　240 页

20cm（32 开）ISBN：7-5341-0818-7

定价：CNY10.00

（学生习字丛书）

作者吴身元（1948—　），书法家、书法教育家。笔名梧桐、吾舍等，浙江嘉兴人。历任浙江省硬笔书法家协会副主席。出版有《毛笔书法自学教程》《钢笔书法自学教程》等。

J0103734

标准字硬笔描红　（3）王学军编；梁盈禧书

南宁　广西美术出版社　1995 年　36 页　17×19cm

ISBN：7-80582-869-5　定价：CNY2.20

J0103735

蔡永胜草书曹植诗　蔡永胜书

北京　文津出版社　1995 年　45 页　38cm（6 开）

ISBN：7-80554-254-6　定价：CNY16.00

作者蔡永胜（1964—　　），哲学家、书法家、作家、剧作家。就读于华北电力大学和中国文化书院。代表作品有《中国文明的世界意义》《宇宙历史哲学》《蔡永胜子书诗二种》《悲欣诗集》等。

J0103736

曹州碑林作品集　李荣海主编

北京　新世界出版社　1995 年　231 页　有彩照 36cm（15 开）精装　ISBN：7-80005-150-1
定价：CNY200.00

本书收录曹州碑林部分作品。作品中以赞扬国花牡丹为主，也选刻部分名诗佳句。碑文以专业书法家为主，也选刻数位伟人、领袖的书法作品。

J0103737

草书木兰词　黄苗子书

香港　华宝斋书社有限公司　1995 年　影印本 有图　线装　ISBN：962-7989-009-6

据 1995 年抄本影印。

J0103738

常用字易错字钢笔习字帖　黄大剑编写

北京　中国计量出版社　1995 年　68 页 19cm（小 32 开）ISBN：7-5026-0789-7
定价：CNY5.00

J0103739

陈春盛书法集　陈春盛书

广州　岭南美术出版社　1995 年　64 页　有彩照 28cm（大 16 开）ISBN：7-5362-1332-8
定价：CNY18.00

作者陈春盛（1961—　　），广东澄海人，毕业于中共广东省委党校经济学专业。曾任中国现代青年书画家协会副主席，中国书法家协会广东分会会员。出版有《陈春盛书法集》《陈春盛书法选》《硬笔书法常用字五体字典》《心语—陈春盛书法集》。

J0103740

陈平问故廛书法选　陈平书

北京　荣宝斋出版社　1995 年　有图　37cm（8 开）
ISBN：7-5003-0337-8　定价：CNY75.00

作者陈平（1960—　　），教授。北京人。毕业

于中央美术学院。历任中央美术学院书法艺术研究室讲师、中国美术家协会会员、中国书法家协会会员。主要作品《半村半郭人家》《淡静的日子》《家乡美景眼画》等。

J0103741

陈善元书法艺术作品选　陈善元著

上海　华东理工大学出版社　1995 年　122 页 26cm（16 开）ISBN：7-5628-0590-3
定价：CNY45.00
（华夏翰墨情）

J0103742

陈永革书法集　陈永革书

兰州　甘肃人民美术出版社　1995 年　87 页　有照片 29cm（16 开）ISBN：7-80588-118-9
定价：CNY48.00

作者陈永革（1957—　　），书法家。笔名四友，别署四友屋主人。生于甘肃兰州，祖籍河北枣强。兰州市博物馆馆长助理，中国书协甘肃分会会员，甘肃省青年书法家协会常务理事。出版有《陈永革书画集》《陈永革书法台历》《行书基础理论》《西风 20 人作品集》等。

J0103743

程锡铭书法集　程锡铭书

天津　百花文艺出版社　1995 年　有彩照 36cm（8 开）ISBN：7-5306-2171-8
定价：CNY100.00，CNY120.00（精装）

作者程锡铭，广东中山人，中山市文化局副局长，中山市对外艺术交流中心副主任，广东省戏剧家协会会员。

J0103744

崇文区少年宫学员书法习作选　崇文区少年宫编

北京　中国旅游出版社　1995 年　204 页　有照片 19cm（小 32 开）ISBN：7-5032-0816-3
定价：CNY9.00

本书分硬笔书法习作和毛笔书法习作两部分。

J0103745

储云章草古诗十九首　储云书

南京　江苏教育出版社　1995 年　35 页　33cm（12 开）

ISBN：7-5343-2493-9　定价：CNY3.90

J0103746
崔宝堂书法选　崔宝堂［作］
西安　陕西人民美术出版社　1995 年　56 页
有照片　30cm（10 开）ISBN：7-5368-0792-9
定价：CNY19.80
　　作者崔宝堂（1956—　），编辑、书法家。陕
西宝鸡人。高级经济师,《陕西金融》杂志副主
编，陕西省书法家协会会员。出版有《崔宝堂书
法选》。

J0103747
大漠西风歌　（王良旺诗集）王良旺著；萧风书
兰州　敦煌文艺出版社　1995 年　104 页　有彩照
20cm（32 开）ISBN：7-80587-283-X
定价：CNY28.00

J0103748
澹园诗词书法选　钟锡九书
西宁　青海人民出版社　1995 年　116 页　有肖像
26cm（16 开）ISBN：7-225-01037-9
定价：CNY22.00
　　作者钟锡九（1909—1998），书画家。号澹远，
青海西宁人。历任中国书画函授大学青海分校
教授、中国书法家协会会员、青海省书法家协会
顾问、西宁市书协名誉主席。

J0103749
当代画家书法　吴越中，张进贤编
乌鲁木齐　新疆美术摄影出版社　1995 年　117 页
26cm（16 开）ISBN：7-80547-295-5
定价：CNY45.00

J0103750
当代名家纪念续范亭翰墨集　梁开锦主编
北京　团结出版社　1995 年　57 页　26cm（16 开）
ISBN：7-80061-256-2　定价：CNY12.00

J0103751
丁佛言书法选　丁佛言书；丁蒙编
北京　人民美术出版社　1995 年　59 页　有照片
26cm（16 开）ISBN：7-102-01558-5
定价：CNY6.50
（现代书法）

J0103752
董欣武书春夜宴桃李园序　董欣武书
天津　天津杨柳青画社　1995 年　25×26cm
精装　ISBN：7-80503-281-5　定价：CNY48.00

J0103753
读古人书　友天下士　（书法对联）林散之书
南京　江苏美术出版社　1995 年　2 轴　140×31cm
定价：CNY90.00

J0103754
二十一世纪英杰广场杯少儿书法精品集
沈阳　辽宁画报出版社　1995 年　162 页
26cm（16 开）ISBN：7-80601-066-1
定价：CNY60.00

J0103755
范曾书法壹佰幅作品　（珍藏本）范曾书
北京　中国青年出版社　1995 年　188 页　有图
38cm（6 开）精装　ISBN：7-5006-1912-X
定价：CNY180.00
　　作者范曾（1938—　），画家、学者。字十
翼，别署抱冲斋主，江苏南通人。毕业于中央美
术学院中国画系。历任中央工艺美术学院讲师、
副教授，南开大学东方艺术系教授、博士生导
师，中国艺术研究院终身研究员等。代表作品有
《庄子显灵记》《范曾自述》《老子出关》《钟馗神
威》等。

J0103756
范奉臣书法作品集　范奉臣作
天津　天津人民美术出版社　1995 年　60 页
26cm（16 开）ISBN：7-5305-0543-2
定价：CNY12.00

J0103757
方庆云书法作品选　方庆云书
福州　福建美术出版社　1995 年　有彩照
28cm（大 16 开）ISBN：7-5393-0375-1
定价：CNY30.00
　　作者方庆云，福建闽侯人。历任福州市委副
书记，福州市书法家协会名誉主席。

J0103758
福乐长寿　（书法年画）蒋思方书

南京 江苏美术出版社 1995 年 1 张 38×106cm
定价: CNY2.50

J0103759
傅其伦书法篆刻集　　傅其伦作
杭州 中国美术学院出版社 1995 年 25×26cm
ISBN: 7-81019-408-9 定价: CNY48.00
　　　作者傅其伦(1950—)，书法家。浙江桐乡
人。任职于嘉兴博物馆，中国书法家协会会员，
浙江篆刻创作委员会委员。出版《傅其伦书法篆
刻集》《傅其伦作品集》《傅其伦印存》等。

J0103760
高培新翰墨　　高培新书
福州 福建美术出版社 1995 年 62 页 有彩照
34cm(12 开) ISBN: 7-5393-0320-4
定价: CNY68.00, CNY88.00（精装）
　　　作者高培新(1938—)，教授。笔名方志，
又名丁一川，山东寿光人。中国书法家协会会员，
福建省书法家协会会员，海峡书画研究院副院
长，山东财经大学教授，厦门大学、福建师范大
学兼职教授。出版有《高培新翰墨》《高培新正
楷书法》等。

J0103761
歌颂广州书法集　　（广州地区领导干部）董百
振，周宇安主编；广州美术馆编
广州 岭南美术出版社 1995 年 82页 37cm(8开)
ISBN: 7-5362-1291-7 定价: CNY130.00

J0103762
古今诗词五体书法字帖　　赵永华书
桂林 漓江出版社 1995 年 72 页 26cm(16 开)
ISBN: 7-5407-1837-4 定价: CNY8.50
　　　作者赵永华(1942—)，湖南邵东人。中原
书画研究院高级书画师，江苏省连云港市花果山
书画院副院长，湖南省书法家协会会员。

J0103763
古诗小楷范本　　刘治林书
天津 天津人民美术出版社 1995 年 16 页
26cm(16 开) ISBN: 7-5305-0521-1
定价: CNY3.80

J0103764
国策之歌　　（李杰书法集）李杰书
北京 中国人口出版社 1995 年 136 页 有书影
19cm(小 32 开) ISBN: 7-80079-280-3
定价: CNY8.00
　　　作者李杰(1941—)，河北井陉人。河北省
书法家协会会员，中国人才研究会会员。

J0103765
国际书法精品选　　中国书法家协会主编
北京 中国文联出版公司 1995 年 324 页
26cm(16 开) ISBN: 7-5059-1698-X
定价: CNY48.00
　　　外　文　书　名: Selected Works of World
Calligraphy.

J0103766
国际现代书法集　　中国中外名人文化研究会编
郑州 河南美术出版社 1995 年 17+835 页 有肖像
26cm(16 开) 精装 ISBN: 7-5401-0490-2
定价: CNY138.00
　　　外　文　书　名: A Collection of the International
Modern Calligraphy.

J0103767
国兴先生书法作品　　（拾体小楷 汉英对照）
盛国兴书
贵阳 贵州人民出版社 1995 年 81 页 30cm(10开)
精装 ISBN: 7-221-03861-9 定价: CNY138.00

J0103768
翰墨尉忠魂　　翰墨慰忠魂编委会［编］
南京《江苏文史资料》编辑部 1995 年 130 页
有照片 21cm(32 开) 统一书号: 32-1287
定价: CNY16.00
（江苏文史资料 第 88 辑）
　　　本书收录了泗洪县各烈士陵园珍藏的挽祭
烈士的书法作品，充分表达了各界人士对革命先
烈的怀念和崇敬之情。

J0103769
行草四季诗　　周申明书
石家庄 河北教育出版社 1995 年 188 页
26cm(16 开) ISBN: 7-5434-2317-0
定价: CNY28.80

（诗书合璧丛书 1 ）

J0103770
贺中祥小楷 （陆机文赋 钟嵘诗品序）贺中祥书
北京 中国书籍出版社 1995年 51页 有彩照
32cm（10开）ISBN：7-5068-0443-3
定价：CNY30.00
　　作者贺中祥（1952—　），书法家。字祯之，
山东潍坊人。历任青岛画院专业书法家，中国书
法家协会会员，山东省书法家协会副主席。

J0103771
胡铁生书法 胡铁生书；上海《美化生活》杂
志社编
济南 山东美术出版社 1995年 61页 26cm（16开）
ISBN：7-5330-0905-3 定价：CNY15.00

J0103772
胡忠恕书王学仲文赋 胡忠恕书
天津 天津大学出版社 1995年 有肖像
26cm（16开）ISBN：7-5618-0792-9
定价：CNY3.80
　　作者胡忠恕（1935—　），教授。河北鸡泽人，
毕业于河北师范大学物理系。先后任教于河北
大学和天津医学院，河北大学艺术考古室书法教
授。出版有《胡忠恕书孙子》《胡忠恕书毛泽东
诗词四十二首》《胡忠恕书金刚经》等。

J0103773
黄廷惠书法选集 黄廷惠书
杭州 浙江少年儿童出版社 1995年 26cm（16开）
ISBN：7-5342-1192-1 定价：CNY5.60
　　作者黄廷惠（1930—　），山东泰安人，泰山
书画院院长，中国书法家协会会员，泰安市书协
主席。

J0103774
井上有一书法 （日）井上有一书；李建华，杨
晶译
天津 天津人民美术出版社 1995年 120页
25×26cm ISBN：7-5305-0537-8 定价：CNY97.00
　　作者井上有一（1916—1985），日本书法家。
生于东京，代表作品《书法之美》。

J0103775
景维新草书千字文 景维新书
兰州 甘肃人民美术出版社 1995年 59页
有照片 34×19cm ISBN：7-80588-117-0
定价：CNY18.60

J0103776
浪淘沙 （毛主席诗词书法）林散之书
南京 江苏美术出版社 1995年 1轴 160×37cm
定价：CNY55.00

J0103777
李书和书法作品集 李书和书
石家庄 河北教育出版社 1995年 64页 有肖像
24×23cm ISBN：7-5434-1882-7 定价：CNY8.80
　　外文书名：The Works of Chinese Calligrapher
Li Shuhe. 作者李书和（1942—　），生于山东乐陵
市。历任河北省口岸办主任，中国书法家协会会
员，北戴河书画院名誉院长。

J0103778
李永悌书启功论书诗词绝句 李永悌书
北京 经济科学出版社 1995年 152页 有彩照
26cm（16开）ISBN：7-5058-0825-7
定价：CNY18.00
　　作者李永悌（1916—2007），无线电专家、书
法家。四川宣汉县人。中国人民解放军总参谋
部三部原副部长、顾问、少将，中国书法家协会
会员，中国老年书画协会顾问，总参书画协会副
会长。出版有《李永悌将军书画艺术成就回顾》。

J0103779
李毓遒草书三篇 李毓遒书
济南 山东文艺出版社 1995年 75页 26cm（16开）
ISBN：7-5329-1273-6 定价：CNY20.00
　　作者李毓遒（1939—　），字优政，号叶波，
山东青州人。潍坊市人事局局长，中国书法家
协会山东分会会员，潍坊市老年书画研究会副
会长。

J0103780
隶草篆论诗绝句百首 王梦赓编著
天津 南开大学出版社 1995年 252页
20cm（32开）ISBN：7-310-00687-9
定价：CNY9.50

　　作者王梦赓(1938—)，研究员。字宝坻，曾用字厉影，号京东乡人、醉墨斋主，天津人。历任沈阳故宫博物院研究室主任、研究员、沈阳市政协委员。

J0103781

连家生书法集　连家生作
澳门　澳门基金会　1995 年　29cm(16 开)
ISBN：972-8147-57-0

J0103782

林凡选书中国历代妇女诗词名作　王影主编
广州　花城出版社　1995 年　111 页　33cm(12 开)
线装　ISBN：7-5360-2095-3
定价：CNY266.00，USD50.00

J0103783

刘炳森书板桥道情　刘炳森书
北京　中国工人出版社　1995 年　59 页　26cm(16 开)
ISBN：7-5008-1754-1　定价：CNY12.50
　　作者刘炳森(1937—2005)，书法家、国画家。字树盦，号海村，生于上海，祖籍天津武清。就读于北京艺术学院美术系中国画山水科。曾任北京故宫博物院研究员，中国书法家协会副主席，中国书画函授大学特约教授，山东曹州书画院名誉院长。出版有《刘炳森楷书千字文》《刘炳森隶书千字》《刘炳森选编勤礼碑字帖》《刘炳森主编中国书法艺术》等。

J0103784

刘洪彪翟振喜作品爱国百家言书法集　刘洪彪，翟振喜书；第二炮兵政治部文化部编
北京　民族出版社　1995 年　100 页　有肖像
28cm(大 16 开)　ISBN：7-105-02550-6
定价：CNY29.00
　　作者刘洪彪(1954—)，字后夷，号逆版斋主，中国书协培训中心副教授，中国书法家协会会员。作者翟振喜(1950—)，第二炮兵政治部文化工作站站长，中国书法家协会会员。

J0103785

刘启林书潮汕名胜诗词　刘启林书；谢惠鹏，陈绍卿主编
汕头　汕头大学出版社　1995 年　68 页　有照片
26cm(16 开)　ISBN：7-81036-128-7
定价：CNY20.00
　　作者刘启林(1944—)，教师。吉林九台人，毕业于东北师范大学中文系。历任广东汕头大学文学院副教授，中国书法家协会广东分会会员。著作有《梦溪笔谈艺文部校注》《中国古代书法理论评注》《中华名胜掌故大典》《古今书法要论》等。

J0103786

刘文质先生墨迹选　刘文质书；北京市文艺学会编
北京　对外经济贸易大学出版社　1995 年　145 页
有照片　29cm(16 开)　精装
ISBN：7-81000-764-5　定价：CNY168.00

J0103787

刘兴隆甲骨文集联　[刘兴隆书]
北京　荣宝斋出版社　1995 年　110 页　有照片
26cm(16 开)

J0103788

龙之魂　(李春恩书法作品集)李春恩书
武汉　湖北美术出版社　1995 年　217 页　有照片
28cm(大 16 开)　精装　ISBN：7-5394-0523-6
定价：CNY198.00
　　作者李春恩(1953—)，河南潢川人。中国书画家协会理事、研究员，世界书法家协会会员，中国作家协会河南分会会员，鸡公山中外书画研究院名誉院长，信阳市作家协会副主席。出版有《龙之魂》《凤之灵》《李春恩龙凤书法集》。

J0103789

陆修伯书法作品选　陆修伯书
苏州　古吴轩出版社　1995 年　47 页　有彩照
28cm(大 16 开)　ISBN：7-80574-204-9
定价：CNY58.00

J0103790

吕光远行草书法　吕光远著
桂林　漓江出版社　1995 年　59 页　有照片
26cm(16 开)　ISBN：7-5407-1805-6
定价：CNY9.80
　　作者吕光远(1938—)，号墨缘斋主，广西桂林人。桂林地区群众艺术馆副馆长、副研究员，桂林国际现代书画研究会顾问，桂林中日友好书

法研究会常务理事。出版有《吕光远书法集》等。

J0103791

绿染神州　（"首都绿色文化碑林"墨迹选）李莉主编；"首都绿色文化碑林"编委会编

北京　北京出版社　1995 年　157 页　25×26cm

ISBN：7-200-02668-9　定价：CNY80.00

　　本书包括"首都绿色文化碑林"石刻墨迹约三百幅、小西山绿化记、作者名录，共三部分内容。

J0103792

马亦钊书法篆刻选　马亦钊[作]

杭州　西泠印社　1995 年　有照片　29cm（16 开）

ISBN：7-80517-185-8　定价：CNY38.00

　　作者马亦钊（1946—　），教授。生于浙江温州。历任中国书法家协会会员，浙江书法家协会理事，西泠印社社员，温州市书法协会副主席，温州市文联委员，温州大学教授。出版有《马亦钊书法篆刻选》。

J0103793

毛泽东论人口行书字帖　王溯源书

北京　中国人口出版社　1995 年　143 页

26cm（16 开）ISBN：7-80079-224-2

定价：CNY9.80

　　王溯源（1934—　），研究员。辽宁锦州人。历任黑龙江省计划生育委员会主任，黑龙江省及哈尔滨市书法家协会会员。代表作品《毛泽东论人口行书字帖》《老当益壮——古今咏老诗词书法集》《春潮——诗歌散文书法集》等。

J0103794

墨海飞龙　（谢德萍书法艺术作品集）谢德萍书；王成主编

西安　陕西旅游出版社　1995 年　119 页　有照片

28cm（大 16 开）精装　ISBN：7-5418-1235-8

定价：CNY168.00

　　外 文 书 名：Flying Dragon in the Seafink: A Collection of Xie Deping's Calligraphic Art and Works. 作者谢德萍（1939—2000），书法家。陕西三原人，毕业于西北大学历史系。历任中国对外艺术展览公司宣传部副经理，文化部副研究员，西北大学兼职副教授，中华书学会会长等职。出版《谈谈草书》《中国现代书法选》《郭沫若、于

立群.墨迹选》。

J0103795

墨童诗书作品集　吕永杰著

北京　中国青年出版社　1995 年　108 页　有照片

26cm（16 开）ISBN：7-5006-2041-1

定价：CNY45.00

　　作者吕永杰（1956—　），字墨童、号淑阳子，北京人。廊坊县委宣传部任职，中国书协河北会员、中华书学会理事。

J0103796

千字文描红　谢云主编；康雍书

北京　线装书局　1995 年　2 版　修订本　68 页

19×26cm　ISBN：7-80106-002-4　定价：CNY4.55

J0103797

钱君匋印跋书法选　钱君匋书

上海　上海书店出版社　1995 年　202 页

28cm（大 16 开）ISBN：7-80569-927-5

定价：CNY22.00

（君匋艺术院丛书 5）

　　作者钱君匋（1907—1998），编审，书画家。浙江桐乡人。名玉堂、锦堂，字君陶，号豫堂、禹堂。现通用名为钱君陶。毕业于上海艺术师范学校。曾任西泠印社副社长、上海文艺出版社编审、上海市政协委员等职。代表作品《长征印谱》《君长跋巨卯选》《鲁迅印谱》《钱君陶印存》。

J0103798

晴山堂法帖　《晴山堂法帖》出版委员会整理

上海　上海古籍出版社　1995 年　423 页

28cm（大 16 开）（精装）ISBN：7-5325-1974-0

定价：CNY89.50

J0103799

屈应超书法作品集　屈应超书

西安　陕西人民教育出版社　1995 年　76 页

有照片　28cm（大 16 开）ISBN：7-5419-4732-5

定价：CNY16.00

　　外 文 书 名：The Collection of Qu Ying-Chao's Calligraphy Works. 作 者 屈 应 超（1945—　），书法家。陕西蓝田人。历任陕西省教育厅副厅长、西安美术学院党委书记、中国书

法家协会会员、陕西省教育书法研究会会长、陕西省老年书画学会副理事长、西安市书法家协会艺术顾问、陕西炎黄书画院艺术顾问等。著作有《屈应超书名记十篇》《书法作品集》。

J0103800

阙汉骞书法艺术　阙汉骞书；李相时主编；湖南省文史研究馆编

长沙 湖南出版社 1995年 462页 有照片 29cm（16开）精装 ISBN：7-5438-1091-3 定价：CNY128.00

　　作者阙汉骞（1902—1972），书法家。湖南宁远人。曾任国民革命军陆军第五十四军军长，代表作品《戎马余闲录》《戎马关山话当年》等。

J0103801

任桂子书法选集　任桂子书

石家庄 河北美术出版社 1995年 108页 有照片 26cm（16开）精装 ISBN：7-5310-0707-X 定价：CNY60.00

　　作者任桂子（1959—　），女。编辑，记者。又名任桂芬，别名任懿，河北保定人。毕业于河北大学中文系。曾任河北人民广播电台编辑与记者，中国书法家协会会员，河北省青年书画家协会副会长。出版有《任桂子书法选集》《任桂子书法精品集》《河北当代书法家————任桂子》等。

J0103802

任叔衡行书滕王阁序　任叔衡书

沈阳 辽宁人民出版社 1995年 56页 有照片 26cm（16开）ISBN：7-205-03288-1 定价：CNY8.00

　　作者任叔衡（1924—　），书法家。笔名任愈，北京通县人。中国书法家学会会员，辽宁省书法家协会顾问。

J0103803

三国演义卷首句隶书字帖三体　于涛书

北京 北京体育大学出版社 1995年 1函 29cm（12开）经折装 ISBN：7-81051-001-0 定价：CNY18.00

　　作者于涛（1936—1999），字雨村，号片月斋主，河北黄骅人，大连书画院副院长，国家二级美术师，国际文人画家联谊会常务理事。

J0103804

三字经描红　（上册）谢云主编；康雍书

北京 线装书局 1995年 2版 修订本 56页 19×26cm ISBN：7-80106-001-6 定价：CNY3.85

　　作者谢云（1929—　），书法家、出版家、作家。原名谢盛培，号莫翁。浙江苍南人。毕业于中国人民大学新闻系。曾任中国书法家协会秘书长、广西出版总社社长、广西书画院院长等职。代表作品《谢云书法展》《灯前余墨》《谢云鸟虫篆书法艺术》等。

J0103805

三字经描红　（下册）谢云主编；康雍书

北京 线装书局 1995年 2版 修订本 57页 19×26cm ISBN：7-80106-001-6 定价：CNY3.65

J0103806

邵宗伯先生法书　邵宗伯书

石家庄 河北教育出版社 1995年 25页 有肖像 26cm（16开）ISBN：7-5434-2522-X 定价：CNY4.80

　　作者邵宗伯（1897—1982），书法家。又名邵振龙，浙江淳安人。

J0103807

沈阳市少年儿童书法集　姚哲成主编

沈阳 辽宁美术出版社 1995年 125页 26cm（16开）ISBN：7-5314-1256-X 定价：CNY32.00

J0103808

诗词书法专辑　傅光明，彭饶主编

［湖北省孝感市诗词学会］1995年 116页 有图 19cm（小32开）

J0103809

诗墨余痕　陈略著

黄石 黄石市精美图印公司 1995年 32页 有图 19cm（小32开）定价：CNY4.00

　　作者陈略（1943—　），广东信宜人。毕业于广州美术学院国画系。曾任阳春市美协主席，中国美术家协会会员。作品有《父子英雄》《赵子龙张翼德》《陈略人物画集》等。

J0103810
诗情画意 （书法年画）王见山书
南京 江苏美术出版社 1995年 1张 38×106cm
定价：CNY2.50

J0103811
石开书法集 石开书
北京 荣宝斋出版社 1995年 100页 有照片
37cm（8开）ISBN：7-5003-0300-9
定价：CNY68.00
　　作者石开（1951—　），书法篆刻家。别名吉
舟，生于福建福州市。福建省书法家协会副主席、
中国书法家协会篆刻委员、中国书法进修学院教
授。出版有《石开印存》《石开书法集》《当代篆
刻名家精品·石开卷》。

J0103812
室静兰香 （书法年画）方爱建书
南京 江苏美术出版社 1995年 1张 38×106cm
定价：CNY2.50
　　作者方爱建，江苏省书法家协会、扬州市书
法家协会会员、高邮市政协委员。

J0103813
书法联展作品精选 王祥之主编
北京 华文出版社 1995年 103页 26cm（16开）
ISBN：7-5075-0488-3 定价：CNY18.00

J0103814
舒同书法集 舒同书
上海 上海人民美术出版社 1995年 有照片
38cm（6开）精装 ISBN：7-5322-1516-4
定价：CNY280.00
　　作者舒同（1905—1998），书法家。号宜禄，
又名文藻，江西东乡人，毕业于江西抚州省立师
范学校。曾任中共山东省委第一书记，陕西省委
书记，中国人民解放军军事科学院副院长，中国
书法家协会第一任主席，中国书法家协会名誉主
席。出版《舒同字帖》《舒同书法》《舒同书法艺
术》等。

J0103815
四时田园杂兴六十首 （宋）范成大作；黄云书
南宁 广西美术出版社 1995年 34cm（10开）
经折装 ISBN：7-80625-104-9 定价：CNY80.00

作者黄云（1921—2011），书法家。广东阳
春人，曾任广西壮族自治区副主席、区党委副
书记，广西书画院名誉院长，中国书法家协会
会员。

J0103816
苏子龙书法选 苏子龙书
南京 江苏美术出版社 1995年 63页 有彩照
29cm（18开）ISBN：7-5344-0483-5
定价：CNY78.00，CNY108.00（精装）
　　作者苏子龙（1941—　），作家。河北人，毕
业于江苏新闻专科学校。历任江苏电视台台长、
高级记者，中国书法家协会会员。作品有《苍苔
履痕》《荥河泛舟》《难忘乡情》。

J0103817
孙伯翔书法集 孙伯翔书
天津 天津人民美术出版社 1995年 84页 有照
片 37cm（8开）精装 ISBN：7-5305-0494-0
定价：CNY95.00
　　作者孙伯翔（1934—　），艺术家。字振羽，
别署师魏斋主人，天津武清人。历任中国书法家
协会理事，天津市文学艺术界联合会委员，天津
市书法家协会副主席。

J0103818
唐诗一首 （书法）林散之书
南京 江苏美术出版社 1995年 1轴 164×33cm
定价：CNY55.00

J0103819
腾越书家墨迹 刘正龙主编；腾冲县文联编
昆明 云南美术出版社 1995年 77页 有肖像
19cm（小32开）ISBN：7-80586-235-4
定价：CNY12.00
（腾冲文化系列丛书 6）

J0103820
王铎书法墨迹汇编 辽宁博物馆王铎书法墨
迹编辑组编
北京 荣宝斋出版社 1995年 191页 36cm（15开）
精装 ISBN：7-5003-0293-2 定价：CNY90.00

J0103821
王贺良书法集 王贺良书

沈阳 辽宁美术出版社 1995 年 112 页 有彩照 32cm（10 开）精装 ISBN：7-5314-1338-8 定价：CNY58.00

　　作者王贺良（1935—　　），书法家。出生于辽宁沈阳。辽宁美术馆专职书法家，一级美术师，中国书法家协会会员，辽宁书法家协会理事。

J0103822

王了望书法研究　　赵正著

兰州 甘肃人民美术出版社 1995 年 76 页 26cm（16 开）ISBN：7-80588-054-9 定价：CNY30.00

J0103823

王宁书法篆刻集　　王宁著

沈阳 辽宁美术出版社 1995 年 49 页 有肖像 24×26cm ISBN：7-5314-1309-4 定价：CNY25.00

　　作者王宁（1965—　　），书法家、自由摄影人。字焕尧，号四丁、知如，生于辽宁沈阳。历任辽宁省太平洋书画院院长，中国热带雨林艺术研究院常务理事，沈阳书画院签约书法家，沈阳海宁印社社长。代表作品有《王宁书法篆刻集》《王宁艺术作品集》。

J0103824

王希尧书法　　王希尧书

福州 海峡文艺出版社 1995 年 40 页 有肖像 32cm（10 开）ISBN：7-80534-776-X 定价：CNY10.00

　　作者王希尧（1918—　　），书法家。字墨禅，福州人。历任中国书法家协会会员，福建省文史馆馆员，福州乌石山书画院副院长等。

J0103825

王一新书法选　　王一新书

北京 新时代出版社 1995 年 126 页 26cm（16 开）ISBN：7-5042-0241-X 定价：CNY6.80

　　作者王一新（1916—2003），书画家。号半桥。山西榆次人。历任中国书画家联谊会副会长，中国书法家协会会员，中国古钱币学会会员等。

J0103826

王玉宽楷书千字文　　王玉宽书

海口 南海出版公司 1995 年 84 页 26cm（16 开）ISBN：7-5442-0452-9 定价：CNY8.00

J0103827

魏建功先生手书毛主席诗词　　魏建功书；吴永坤编

南京 江苏教育出版社 1995 年 21 页 有照片 28cm（大 16 开）ISBN：7-5343-2432-7 定价：CNY5.95

　　作者魏建功（1901—1980），语言文字学家、教育家。字国光，笔名天行、文里（狸）、山鬼，出生于江苏南通市。毕业于北京大学中文系，留校任教。北京大学中文系古典文献专业的奠基人。代表作品《古音系研究》《中国声韵学概述》《文字学概要》《汉语文学语言史》《汉字形体变迁史》等。

J0103828

吴经缘书法集　　吴经缘书

北京 中国工人出版社 1995 年 73 页 有照片 26cm（16 开）ISBN：7-5008-1762-2 定价：CNY12.00，CNY18.00（精装）

　　作者吴经缘（1940—　　），书法家。字丹石，号安清，北京市门头沟区书法协会主席，中国书法家协会会员，北京市书法家协会会员。出版专著《诗词名言佳句书法》《吴经缘书法集》《吴经缘专辑》等。

J0103829

吴敬恒篆书碑刻　　吴稚晖书；高斯等主编；孙中山纪念馆编

南京 江苏人民出版社 1995 年 107 页 有照片 38cm（6 开）软精装 ISBN：7-214-01478-5 定价：CNY45.00

　　吴稚晖（1865—1953），近代资产阶级思想家、政治家、教育家、书法家。名敬恒，字稚晖。江苏武进人。曾任国民党中央监察委员、国民政府委员。代表作品《吴稚晖先生全集》。

J0103830

喜庆门联精选　　王海舰书

北京 印刷工业出版社 1995 年 200 页 25×13cm ISBN：7-80000-179-2 定价：CNY12.80

　　作者王海舰（1958—　　），北京市海淀区教委社教办任职，中国硬笔书法家协会会员、中国书画家协会会员、北京硬笔书法学会会员。

J0103831
夏家骏书法
北京 地震出版社 1995 年 143 页 有照片
29cm（16 开）精装 ISBN：7-5028-1274-1
定价：CNY70.00

J0103832
先事后先事后　尤者乐傲者尤 （书法）曹
柏昆书
天津 天津人民美术出版社 1995 年 1 张
106×38cm 定价：CNY2.20

J0103833
新编常用五体五联　赵望进书
太原 北岳文艺出版社 1995 年 120 页 有照片
26cm（16 开）ISBN：7-5378-1429-5
定价：CNY12.98
　　作者赵望进（1940—　　），山西临猗人。《火
花》文艺月刊主编，山西省文学艺术界联合会常
务副主席，中国书法家协会会员。

J0103834
新三字经　（毛笔楷书隶书临帖　上册）梁鼎
光，周树坚书
广州 岭南美术出版社 1995 年 46 页 26cm（16 开）
ISBN：7-5362-1310-7 定价：CNY3.80
　　作者梁鼎光（1938—　　），书法家、动物解剖
学家。广东恩平人。华南农业大学副教授，广东
省书法家协会副主席。代表作品有《浅谈书法》
《小楷书法》等。作者周树坚（1947—　　），广东茂
名人。岭南美术出版社编辑，中国书法家协会会
员，广东省书法家协会副主席，广州市硬笔书法
家协会副会长。

J0103835
新三字经　（毛笔楷书隶书临帖　下册）梁鼎
光，周树坚书
广州 岭南美术出版社 1995 年 106 页
26cm（16 开）ISBN：7-5362-1311-5
定价：CNY4.80

J0103836
熊卓蒙先生法书四种　岷沱出版社整理
成都 岷沱出版社 1995 年 42 页 28cm（大 16 开）

J0103837
修德书法选集　修德书
青岛 青岛出版社 1995 年 187 页 有照片
36cm（15 开）精装 ISBN：7-5436-1100-7
定价：CNY216.00
　　作者修德（1920—1992），书法家。字石竹，
山东青岛人。中国书法家协会会员、山东省书法
协会理事。出版作品有《修德书法艺术集》《修
德书法手卷》《修德书法作品集》等。

J0103838
徐楚德草书古典散文选　徐楚德写
北京 农村读物出版社 1995 年 233 页
26cm（16 开）ISBN：7-5048-2342-2
定价：CNY16.00
　　作者徐楚德（1938—　　），苗族，教授。号潭
沲轩主。出生于湖南湘潭，毕业于湖北艺术学院。
历任中央新闻纪录电影制片厂国家一级美术师，
中国书协会员，中国影协会员，北京书画美术研
究会秘书长。

J0103839
学生毛笔字帖　王介南主编
杭州 浙江科学技术出版社 1995 年 205 页
20cm（32 开）ISBN：7-5341-0816-0
定价：CNY8.00
（学生习字丛书）

J0103840
学生铅笔字帖　王学文主编
杭州 浙江科学技术出版社 1995 年 160 页
20cm（32 开）ISBN：7-5341-0812-8
定价：CNY7.00
（学生习字丛书）

J0103841
延庆书法集　董家耕，曹金刚主编
北京 中国人事出版社 1995 年 122 页
26cm（16 开）ISBN：7-80076-805-8
定价：CNY20.00

J0103842
杨炳南书法选集　杨炳南书
长沙 湖南美术出版社 1995 年 46 页 35cm（15 开）
ISBN：7-5356-0632-6 定价：CNY9.98

外　文　书　名：Selecled Works of Chinese Calligraphy of Yang Binnan. 作者杨炳南，笔名一牛，中国书法家协会会员，湖南省书法家协会常务理事。

J0103843
杨凝式、李建中法书集　上海书画出版社编
上海　上海书画出版社 1995 年 46 页 38cm（6开）
ISBN：7-80512-863-4 定价：CNY14.50
（历代法书萃英）

J0103844
杨培鑫楹联书法集　杨培鑫书
兰州　甘肃人民美术出版社 1995 年 125 页
26cm（16开）ISBN：7-80588-107-3
定价：CNY9.80
　　作者杨培鑫，笔名南洛村、原野，陕西华阴人，兰州市文学艺术界联合会党组书记、副主席，兰州聚文社顾问，兰州老年人书画协会名誉会长。

J0103845
曜湘居藏楹联书法集　陈少湘编
广州　广东高等教育出版社 1995 年 66 页
29cm（16开）ISBN：7-5361-1627-6
定价：CNY29.00

J0103846
沂蒙之光墨迹选　《沂蒙之光丛书》编委会编
济南　山东人民出版社 1995 年 320 页 有图
26cm（16开）精装 ISBN：7-209-01747-X
定价：CNY55.00
（沂蒙之光丛书）

J0103847
于右任书法集　于右任书
天津　天津古籍出版社 1995 年 重印本 130 页
38cm（8开）ISBN：7-80504-369-8
定价：CNY28.50
　　作者于右任（1878—1964），政治家、教育家、书法家。原名伯循，以字行，号骚心。陕西三原县人。代表作品《右任诗存》《右任文存》《右任墨存》《标准草书》等。

J0103848
粤台书法联展作品集　广东省书法家协会编
广州　岭南美术出版社 1995 年 181 页 有照片
26cm（16开）ISBN：7-5362-1345-X
定价：CNY33.80

J0103849
张海书法　张海书
郑州　河南美术出版社 1995 年 88 页 有彩照
38cm（6开）精装 ISBN：7-5401-0482-1
定价：CNY98.00
　　作者张海（1941—　　），书法家。祖籍河南偃师县。历任河南省书法家协会主席，艺术品中国资深顾问，河南省书画院院长，郑州大学美术学院院长，中国书法家协会理事，《青少年书法》主编。出版有《张海书法作品集》《张海书增广汉隶辨异歌》等。

J0103850
中国当代名家书法篆刻作品集　罗一鸣藏
福州　福建美术出版社 1995 年 103 页 有照片
26cm（16开）ISBN：7-5393-0384-0
定价：CNY30.00
　　作者罗一鸣，收藏家、书法家。生于辽宁大连。代表作品有《一笔百鸟朝凤》《一笔孔雀双飞》《一笔美人鱼》等，著有《思维绘画》《线之舞线描》《金脚印画集》《罗氏硬笔》《点视开智法》等。

J0103851
中国当代名家作品暨中国书协书法培训中心教学成果作品集　中国书法家协会书法培训中心编
北京　中国文联出版公司 1995 年 197 页
26cm（16开）ISBN：7-5059-2270-X
定价：CNY28.00

J0103852
中国当代楹联墨迹集　李之鹏等主编
郑州　河南美术出版社 1995 年 12+977 页 有照片
26cm（16开）精装 ISBN：7-5401-0468-6
定价：CNY165.00

J0103853
中国吉祥百字　黄全信编著

北京 中央民族大学出版社 1995 年 104 页
26cm（16 开）ISBN：7-81001-330-0
定价：CNY12.00
（中国吉祥书画艺术丛书 1）

J0103854
中国吉祥百联　黄全信编著
北京 中央民族大学出版社 1995 年 100 页
26cm（16 开）ISBN：7-81001-331-9
定价：CNY12.00
（中国吉祥书画艺术丛书 2）

J0103855
中国吉祥百幅　黄全信编著
北京 中央民族大学出版社 1995 年 100 页
26cm（16 开）ISBN：7-81001-332-7
定价：CNY12.00
（中国吉祥书画艺术丛书 3）
　　作者黄全信（1944— ），满族，北京人。历任北京师大附中美术、书法高级教师，北京书法家协会会员，北京书法教育研究会会员。出版有《中国书法自学丛书》《黄全信钢笔书法教学系列》《中国历代皇帝墨宝》等。

J0103856
中国历代名言警句书法作品展优秀作品集
国家文物局团委主编
北京 地质出版社 1995 年 56 页 有彩照
25×26cm ISBN：7-116-01915-4 定价：CNY50.00

J0103857
中国书画函授大学建校十周年师生书法作品选　中国书画函授大学编
北京 中国社会出版社 1995 年 152 页
29cm（16 开）ISBN：7-80088-686-7
定价：CNY80.00

J0103858
中华少儿书法标准字范　（行书字范）王正良编著
南宁 广西美术出版社 1995 年 76 页 26cm（16 开）
ISBN：7-80582-763-X 定价：CNY6.90
　　中国现代书法作品。作者王正良（1949— ），编辑。浙江嵊县人，历任《浙江青年报》总编，兼《中国钢笔书法》杂志主编，中国

硬笔书法家协会副主席。

J0103859
中华少儿书法标准字范　（楷书字范）吕惟诚编著
南宁 广西美术出版社 1995 年 76 页 26cm（16 开）
ISBN：7-80582-762-1 定价：CNY6.90

J0103860
中华少儿书法标准字范　（隶书字范）卢定山编著
南宁 广西美术出版社 1995 年 76 页 26cm（16 开）
ISBN：7-80582-764-8 定价：CNY6.90
　　作者卢定山（1945— ），书法家。广东高州人，广西书法家协会理事、南宁市书法协会主席。著有《隶书入门字谱》《行书入门字谱》《楷书入门字谱》。

J0103861
周国仲书法作品　（1939—1995）[周国仲著]
澳门 澳门文化司署 [1995—1999 年] 67 页
26×30cm

J0103862
周鸿俊书法作品集　周鸿俊书
郑州 海燕出版社 1995 年 100 页 29cm（16 开）
ISBN：7-5350-1241-8 定价：CNY15.00

J0103863
周鼐诗词书法选　周鼐著；周启明等编
南宁 广西美术出版社 1995 年 180 页 有肖像
29cm（16 开）精装 ISBN：7-80625-062-X
定价：CNY80.00

J0103864
朱子家训·描红　谢云主编；康雍书
北京 线装书局 1995 年 2 版 修订本 36 页
19×26cm ISBN：7-80106-003-2 定价：CNY2.65
　　主编谢云（1929— ），书法家、出版家、作家。原名谢盛培，号裳翁。浙江苍南人。毕业于中国人民大学新闻系。曾任中国书法家协会秘书长、广西出版总社社长、广西书画院院长等职。代表作品《谢云书法展》《灯前余墨》《谢云鸟虫篆书法艺术》等。

J0103865

诸葛亮前后出师表 （行楷字帖）张仲愈书
北京　西苑出版社　1995 年　72 页　26cm（16 开）
ISBN：7-80108-035-1　定价：CNY7.50
（书法入门丛书）

　　　张仲愈（1923—　　），书法家。山东荣成市人。
历任中国书法家协会会员，中国书画院研究员，
世界华人艺术家协会特邀艺术顾问、人民画报书
画院高级顾问、北京青少年教育协会顾问、东城
区书画协会副主席等。代表作品《行草章法举要》
《怎样临习圣教序》《行书千字文》等。

J0103866

邹德忠书法集　　邹德忠书
北京　文津出版社　1995 年　89 页　有照片
28cm（大 16 开）ISBN：7-80554-277-5
定价：CNY15.00

　　　作者邹德忠（1938—　　），别名知不知子，笔
名斋惠，曹州书画院教授，中国书法家协会理
事、组联部副主任。

J0103867

20 世纪国际书法精作博览　　郁枫主编；中国
中外名人文化研究会文化艺术委员会［编］
北京　中国人事出版社　1996 年　10+440 页
26cm（16 开）精装　ISBN：7-80076-901-1
定价：CNY138.00

J0103868

白公馆渣滓洞革命烈士诗抄　　中国人民政治
协商会议重庆市沙坪坝区委员会等编；张幼兰书
成都　四川大学出版社　1996 年　86 页
19cm（小 32 开）ISBN：7-5614-1475-7
定价：CNY5.00

J0103869

白书杰小楷书孙子兵法　　白书杰书
北京　文津出版社　1996 年　26cm（16 开）
ISBN：7-80554-318-6　定价：CNY8.50

J0103870

白允叔书法集　　白允叔书；何应辉主编
成都　四川美术出版社　1996 年　74 页　有照片
38cm（6 开）精装　ISBN：7-5410-1159-2
定价：CNY78.00

　　　作者白允叔（1927—1996），书法家。别名德
润，字孟潜，号应予，生于成都。四川省文史研
究馆馆员，成都翰林中国书画艺术学院书法部主
任、教授，中国书法家协会会员。著有《白允叔
书画集》。

J0103871

柏月诗书合璧作品选　　赵柏月著
北京　清华大学出版社　1996 年　100 页　有照片
26cm（16 开）ISBN：7-302-02198-8
定价：CNY12.00

　　　作者赵柏月（1945—　　），本名赵立元，字柏
月，天津武清人。北京市神品阁书画社总经理，
东方书画艺术研究会理事，中华诗词协会会员。

J0103872

碑帖临书鉴赏　　崔学路主编
北京　中国画报出版社　1996 年　10+490 页　有照
片　28cm（大 16 开）ISBN：7-80024-325-7
定价：CNY198.00

　　　主编崔学路（1945—　　），书法家。号藏鲁斋
主，山东平原人。曾创办并担任《青少年书法报》
社社长兼总编辑，中国硬笔书法家协会常务理
事，中国书法家协会会员。

J0103873

草书毛泽东诗词字帖　　刘建国主编，张耀海
［书］
天津　天津人民美术出版社　1996 年　104 页
26cm（16 开）ISBN：7-5305-0618-8
定价：CNY25.00

J0103874

草书唐宋诗十九首　　朱漱梅著
昆明　云南人民出版社　1996 年　26cm（16 开）
ISBN：7-222-02041-1　定价：CNY29.80

J0103875

陈大羽书法篆刻集　　陈大羽书
南京　江苏美术出版社　1996 年　52 页　有照片
37cm（8 开）精装　ISBN：7-5344-0551-3
定价：CNY220.00

　　　作者陈大羽（1912—2001），画家、书法家、
篆刻家。原名汉卿，更名翱，字大羽。广东潮阳
人，毕业于上海美术专业学校中国画系。历任南

京艺术学院教授，中国画协常务理事。主要作品有《红梅公鸡》《庐山》《松柏长青》等。出版有《陈大羽书画篆刻作品集》《大羽画集》等。

J0103876
陈浩书法篆刻集　陈浩书
北京　新华出版社　1996 年　88 页　29cm（16 开）
ISBN：7-5011-3320-4　定价：CNY86.00

J0103877
陈天啸书千字文　陈天啸书
贵阳　贵州人民出版社　1996 年　34cm（10 开）
ISBN：7-221-04175-X　定价：CNY14.00

J0103878
陈之泉书法集　陈之泉书
广州　岭南美术出版社　1996 年　有照片
26cm（16 开）ISBN：7-5362-1195-3
定价：CNY23.00
　　　作者陈之泉（1937—2018），书法家，高级工程师。笔名昱木、春水。出生于山西闻喜县。毕业于天津建设工程学院。曾任广东省建设委员会党组书记，广东省人大常委会委员，中国建设书法家协会副会长，广东省书法家协会会员。出版有《陈之泉书法集》《诗话人生》（硬笔书法）等书。

J0103879
成化丛帖　（之二）王成化书
北京　航空工业出版社　1996 年　2 册　26cm（16 开）
ISBN：7-80134-081-7　定价：CNY4.00
　　　本书包括：成化丛帖之一毛主席诗词，成化丛帖之二月中楹联。作者王成化，中国书法家协会河北分会会员、河北省教育学会书法教育研究会常务理事。

J0103880
程军书法篆刻选　程军［作］
重庆　重庆出版社　1996 年　79 页　有彩照
25cm（小 16 开）ISBN：7-5366-3535-4
定价：CNY22.00

J0103881
程扬书法篆刻　程扬作
广州　岭南美术出版社　1996 年　2 册（48；50 页）

有彩照　29cm（16 开）ISBN：7-5362-1426-X
定价：CNY45.00

J0105980
爨碑之乡杰出书法家　（张子玉墨迹）张子玉书
昆明　云南教育出版社　1996 年　104 页
26cm（16 开）ISBN：7-5415-1101-3
定价：CNY25.00

J0103882
萃书　段成桂［编著］
长春　吉林教育出版社　1996 年　61 页　26cm（16 开）
ISBN：7-5383-3071-2　定价：CNY12.00
（正误笔 欣赏卷）

J0103883
戴一峰书法篆刻集　戴一峰作
上海　上海书画出版社　1996 年　29cm（16 开）
ISBN：7-80635-041-1　定价：CNY20.00

J0103884
当代名家书董必武诗作品集　董必武著
北京　中国文联出版公司　1996 年　118 页　有照片
28cm（大 16 开）精装　ISBN：7-5059-2452-4
定价：CNY65.00

J0103885
当代名家书宋词百首　中共中央党校出版社编
北京　中共中央党校出版社　1996 年　176 页
有照片　29cm（16 开）ISBN：7-5035-1317-9
定价：CNY80.00

J0103886
当代书法家精品集　（沈鹏）
石家庄　河北教育出版社　1996 年　133 页
37cm（8 开）精装　ISBN：7-5434-2977-2
定价：CNY248.00
　　　本书由河北教育出版社和广东教育出版社合作出版。

J0103887
当代书法家精品集　（熊任望）
石家庄　河北教育出版社　1996 年　120 页　有照片
37cm（8 开）精装　ISBN：7-5434-3013-4
定价：CNY248.00

本书由河北教育出版社和广东教育出版社合作出版。

J0103888

当代书法家精品集 （赵冷月）
石家庄 河北教育出版社 1996年 133页 有照片
37cm（8开）精装 ISBN：7-5434-2979-9
定价：CNY248.00

　　本书收：行书《李白诗节句》、行书《巴金语》、篆书《乐天子畏七言联句》、楷书《自尊》、楷书《梅石》、行书《国光》等。由河北教育出版社和广东教育出版社合作出版。

J0103889

第三届中国书法篆刻电视大赛获奖作品选集 中央电视台编
北京 文物出版社 1996年 26cm（16开）
ISBN：7-5010-0901-5 定价：CNY20.00

J0103890

东南书法研究社作品集 李文采主编；东南书法研究社编
杭州 中国美术学院出版社 1996年 94页
28cm（大16开）ISBN：7-81019-531-X
定价：CNY32.80

J0103891

杜宏本书法集 杜宏本书
合肥 安徽美术出版社 1996年 70页 有彩照
28cm（16开）ISBN：7-5398-0457-2
定价：CNY66.00

J0103892

杜宏本书法集 杜宏本书
合肥 安徽美术出版社 1996年 70页 有彩照
28cm（16开）精装 ISBN：7-5398-0457-2
定价：CNY78.00

J0103893

杜锡瑞作品集 （书法 篆刻 巧雕印钮）杜锡瑞著
石家庄 河北美术出版社 1996年 74页 有照片
26cm（16开）ISBN：7-5310-0841-6
定价：CNY56.00

　　作者杜锡瑞（1947— ），书画家、国家一级

美术师。河北乐亭人。河北省作家协会、中国书法家协会会员，河北省书法家协会副主席，河北省民间工艺美术大师（巧雕印钮类），河北逸书堂书画院高级顾问。代表作品有《书法与篆刻》《杜锡瑞作品集》等。

J0103894

二十世纪书法经典 （陆维钊卷）陆维钊书；章祖安主编
广州 广东教育出版社 1996年 21+123页 有照片 37cm（8开）精装 ISBN：7-5406-3680-7

　　本书由广东教育出版社和河北教育出版社合作出版。作者陆维钊（1899—1980），书画家、教授。原名子平，字微昭，晚年自署劭翁。浙江平湖人。南京高等师范文史地部毕业。浙江美术学院教授，中国美术家协会浙江分会理事。代表作品有《中国书法》《全清词钞》等。

J0103895

二十世纪书法经典 （沙孟海卷）沙孟海书；沙更世，沙茂世主编
广州 广东教育出版社 1996年 142页 37cm（8开）精装 ISBN：7-5406-3677-7

　　本书由广东教育出版社和河北教育出版社合作出版。作者沙孟海（1900—1992），书法家。原名文若，字孟海，号石荒、沙村。生于浙江鄞县，毕业于浙江省立第四师范学校。曾任浙江大学中文系教授、浙江美术学院教授、西泠印社社长、西泠书画院院长、浙江省博物馆名誉馆长、中国书法家协会副主席。代表作品《集王圣教序》。主编沙更世（1926— ），编辑。又名沙更思，浙江鄞县人。历任西泠印社会员，人民画报、人民美术出版社编辑、创作员，中央民族学院中国画教研室主任、硕士研究生工作室副主任、导师，教授、中国美术协会、中国书法协会会员。作品有《雪山浴日》《江山如此多娇》等。出版有《沙孟海篆刻集》《二十世纪书法经典——沙孟海卷》《沙更世书画篆刻选集》。

J0103896

二十世纪书法经典 （王蘧常卷）王蘧常书；王运天主编
广州 广东教育出版社 1996年 152页 37cm（8开）
精装 ISBN：7-5406-3679-3

本书由广东教育出版社和河北教育出版社合作出版。作者王蘧常（1900—1989），书法家、历史学家。字瑗仲，号明两，别号涤如、甪里翁、欣欣老人。出生于天津，祖籍浙江嘉兴。曾任上海交通大学、光华大学（今华东师范大学）、复旦大学教授。著作有《诸子学派要诠》《王蘧常章草艺术》《钱衎石年谱》《国学讲演稿》等。

J0103897

二十世纪书法经典 （高二适卷）高二适书；尹树人主编

石家庄 河北教育出版社 1996 年 14+132 页
有照片 37cm（8开）精装 ISBN：7-5434-2725-7

本书由河北教育出版社和广东教育出版社合作出版。作者高二适（1903—1977），书法家、学者、诗人。原名锡璜，中年曾署瘄盫，晚年署舒凫。斋号证草圣斋、孤桐堂。著有《新定急就章及考证》《校录》《刘宾客辨易九流疏记》《高二适书法选集》等。

J0103898

二十世纪书法经典 （郭沫若卷）郭沫若书；郭平英主编

石家庄 河北教育出版社 1996 年 14+137 页
有照片 37cm（8开）精装 ISBN：7-5434-2728-1

本书由河北教育出版社和广东教育出版社合作出版。作者郭沫若（1892—1978年），文学家、历史学家。原名开贞，字鼎堂，号尚武，乳名文豹，笔名沫若、麦克昂、郭鼎堂，四川乐山人，毕业于日本九州帝国大学。历任中国科学院首任院长、中国科学技术大学首任校长、苏联科学院外籍院士。代表作《郭沫若全集》《甲骨文字研究》《中国史稿》等。

J0103899

二十世纪书法经典 （胡小石卷）胡小石书；朱培尔，张成主编

石家庄 河北教育出版社 1996 年 12+138 页
有照片 37cm（8开）精装 ISBN：7-5434-2721-4

本书由河北教育出版社和广东教育出版社合作出版。作者胡小石（1888—1962），文字学家、史学家、艺术家、书法家。名光炜，字小石。祖籍浙江嘉兴，生于南京。曾任金陵大学教授。南京大学中文系教授、南京大学图书馆馆长等职。代表作《甲骨文例》等。主编朱培尔（1962—　　），

书法家、国家一级美术师。生于江苏无锡。中国书协会员，西泠印社社员，《中国书法》执行编辑、主编助理，中国书协篆刻艺术专业委员会秘书长。出版有《朱培尔作品集》《当代青年篆刻家精选集：朱培尔》。

J0103900

二十世纪书法经典 （林散之卷）林散之书；桑作楷主编

石家庄 河北教育出版社 1996 年 12+154 页
有照片 37cm（8开）精装 ISBN：7-5434-2660-9

本书由河北教育出版社和广东教育出版社合作出版。作者林散之（1898—1989），山水画家、书法家。名霖，又名以霖，字散之，号三痴、左耳等。生于江苏江浦县，祖籍安徽和县。历任南京书画院名誉院长，江苏省书法家协会名誉主席。代表作有《许瑶诗论怀素草书》《自作诗论书一首》《李白草书歌行》等。

J0103901

二十世纪书法经典 （马一浮卷）马一浮书；王道瑞主编

石家庄 河北教育出版社 1996 年 12+146 页
有照片 37cm（8开）精装 ISBN：7-5434-2724-9

本书由河北教育出版社和广东教育出版社合作出版。作者马一浮（1883—1967），哲学家、理学家、佛学家、翻译家、书法家。幼名福田，后更名浮，字一浮。浙江会稽（今浙江绍兴）人。代表作品有《泰和会语》《宜山会语》《复性书院讲录》《尔雅台答问》等。

J0103902

二十世纪书法经典 （齐白石卷）齐白石书；萨本介主编

石家庄 河北教育出版社 1996 年 12+143 页
有照片 37cm（8开）精装 ISBN：7-5434-2658-7

本书由河北教育出版社和广东教育出版社合作出版。作者齐白石（1864—1957），近现代中国绘画大师，国画家、篆刻家。湖南湘潭人。原名纯之，字渭青，号兰亭，后改名璜，字濒生，号白石等。历任国立北京艺术专科学校和京华美术专科学校教习、教授，中央美术学院名誉教授，中国文学艺术界联合会主席团委员，中国画研究会和中国美术家协会主席，中国画院名誉院长。代表作有《蛙声十里出山泉》《墨虾》等。

著有《白石诗草》《齐白石作品集》《白石老人自述》等。

J0103903
二十世纪书法经典 （沈尹默卷）沈尹默书；马保杰主编
石家庄 河北教育出版社 1996年 20+126页
有照片 37cm（8开）精装 ISBN：7-5434-2662-5
　　　本书由河北教育出版社和广东教育出版社合作出版。

J0103904
二十世纪书法经典 （台静农卷）台静农书；郭昌伟主编
石家庄 河北教育出版社 1996年 134页
37cm（8开）精装 ISBN：7-5434-2727-3
　　　本书由河北教育出版社和广东教育出版社合作出版。作者台静农（1903—1990），作家、书法家。安徽霍邱县（今六安市叶集区）人。字伯简，笔名有青曲、孔嘉等。北京大学研究所国学门肄业，曾任教于中法大学、辅仁大学、厦门大学、山东大学、台湾大学中文系。作品有《地之子》《建塔者》《中国文学史》等。

J0103905
二十世纪书法经典 （吴玉如卷）吴玉如书；韩嘉祥主编
石家庄 河北教育出版社 1996年 12+114页
有照片 37cm（8开）精装 ISBN：7-5434-2729-X
　　　本书由河北教育出版社和广东教育出版社合作出版。

J0103906
二十世纪书法经典 （谢无量卷）谢无量书；王镛主编
石家庄 河北教育出版社 1996年 121页
37cm（8开）精装 ISBN：7-5434-2722-2
　　　本书由河北教育出版社和广东教育出版社合作出版。作者谢无量（1884—1964），书画家。原名蒙，字大澄，号希范，后易名沉，字无量，别署啬庵。四川乐至人。历任黄埔军校教官，川西博物馆馆长、中国人民大学教授、中央文史馆副馆长。

J0103907
二十世纪书法经典 （徐生翁卷）徐生翁书；沈定庵主编
石家庄 河北教育出版社 1996年 14+112页
有照片 37cm（8开）精装 ISBN：7-5434-2726-5
　　　本书由河北教育出版社和广东教育出版社合作出版。

J0103908
二十世纪书法经典 （于右任卷）于右任书；梅墨生，周芳主编
石家庄 河北教育出版社 1996年 14+127页
有照片 37cm（8开）精装 ISBN：7-5434-2723-0
　　　本书由河北教育出版社和广东教育出版社合作出版。主编梅墨生（1960—2019），书画家、诗人、太极拳家。生于河北。又名觉公。曾任首都师范大学、北京大学艺术学院、中国书法院台湾艺术大学教授，书法研究所所长、博士生导师等。编著有《现代书法家批评》《书法图式研究》等。

J0103909
范汝寅书法集 范汝寅书
合肥 安徽美术出版社 1996年 66页
28cm（大16开）ISBN：7-5398-0532-3
定价：CNY14.80

J0103910
方圆趣味书法 方圆［书］
乌鲁木齐 新疆人民出版社 1996年 72页
26cm（16开）ISBN：7-228-04054-6
定价：CNY22.50
　　　本书为中国现代书法印谱选集。作者方圆（1944—　　），画家。本名解兴禄，笔名方圆。河北人。历任新疆美协国画艺委会委员、新疆画院特聘画家、新疆山水画研究会理事、博尔塔拉蒙古自治州书画院院长。作品有《天山天外山云杉云里衫》，出版有《放歌天山——解兴禄山水画作品选》《方圆趣味书法》。

J0103911
高二适墨迹 高二适书；张诚主编
昆明 云南美术出版社 1996年 123页 有照片
26cm（16开）ISBN：7-80586-286-9
定价：CNY50.00

作者高二适(1903—1977)，书法家、学者、诗人。原名锡璜，中年曾署瘖盦，晚年署舒凫。斋号证草圣斋、孤桐堂。著有《新定急就章及考证》《校录》《刘宾客辨易九流疏记》《高二适书法选集》等。作者张诚，工艺美术师。字则明，云南昆明人。中国书法家协会会员、中国书协云南分会理事、钱南园研究会会长、昆明美术家协会会员等。

J0103912

古代格言警句行草字帖　　冯大彪书

北京 中国发展出版社 1996年 60页 26cm(16开) ISBN：7-80087-042-1 定价：CNY12.00

作者冯大彪(1938—)，书法家、编辑。河北蠡县人。历任中国新闻社主任编辑，中国书法家协会会员，兼任北京国墨书画院副院长等。出版有《武林英豪》《武林女杰》《体坛明星之路》《文武撷英》《园丁情》等。

J0103913

古今名人联句欣赏　　汪献强书

兰州 甘肃人民美术出版社 1996年 101页 28cm(大16开) ISBN：7-80588-135-9 定价：CNY38.00

作者汪献强(1955—)，书法家。笔名雪石，甘肃人。中国当代硬笔书法习字会副会长、甘肃省监察厅干部。

J0103914

古田书法集　　翁惠文主编

福州 福建美术出版社 1996年 51页 29cm(16开) ISBN：7-5393-0528-2 定价：CNY50.00

J0103915

古帖新临　　吴建民作

贵阳 贵州民族出版社 1996年 110页 20cm(32开) ISBN：7-5412-0676-8 定价：CNY15.00

作者吴建民(1958—)，教师。字近墨，杭州大学等院校书法教师，浙江省书法家协会会员。

J0103916

顾廷龙书法选集　　(一卷)顾廷龙撰并书

香港 华宝斋书社有限公司 1996年 影印本

线装 ISBN：962-7989-23-X 定价：CNY195.00 据稿本影印。

J0103917

关山秋月　　(李青惠诗歌·书法集)李青惠著

兰州 敦煌文艺出版社 1996年 299页 有彩照 20cm(32开) ISBN：7-80587-353-4 定价：CNY18.00

作者李青惠(1937—)，书法家、诗人。兰州市环保局副局长，甘肃省文史馆文史研究员，于右任书法艺术研究会副会长，兰州市书法家协会会员。

J0103918

郭沫若行草书单字精选　　郭沫若书；王太学编

沈阳 辽宁美术出版社 1996年 118页 26cm(16开) ISBN：7-5314-1413-9 定价：CNY30.00

作者郭沫若(1892—1978年)，文学家、历史学家。原名开贞，字鼎堂，号尚武，乳名文豹，笔名沫若、麦克昂、郭鼎堂，四川乐山人，毕业于日本九州帝国大学。历任中国科学院首任院长、中国科学技术大学首任校长、苏联科学院外籍院士。代表作《郭沫若全集》《甲骨文字研究》《中国史稿》等。编者王太学，学者、书法家。辽宁抚顺市人。历任抚顺市顺城区文学艺术界联合会主席，中华诗词学会、抚顺市作家协会会员。出版有《走进郭沫若》《郭沫若行草单字精选》《郭沫若轶事》《郭沫若题字大观》等。

J0103919

海上当代书法作品集　　韩碧池编

上海 上海书画出版社 1996年 189页 38cm(6开) 精装 ISBN：7-80635-002-0 定价：CNY250.00

外文书名：A Collection of Contemporary Calligraphy Works in Shanghai.

J0103920

翰海漫游　　(唐双宁书法集)唐双宁书

沈阳 沈阳出版社 1996年 148页 有彩照 26cm(16开) ISBN：7-5441-0586-5 定价：CNY68.00，CNY88.00(精装)

J0103921

郝良彬行书诗册　　郝良彬书

北京　中国三峡出版社　1996年　116页
26cm（16开）ISBN：7-80099-151-2
定价：CNY18.00

J0103922
何保华作品选　　何保华绘
杭州　西泠印社［1996年］28cm（大16开）
ISBN：7-80517-144-0　定价：CNY135.00（全套）
（中国当代书画篆刻掇英　15）

J0106022
贺敬之诗书集　　贺敬之著
北京　中国文联出版公司　1996年　388页　有照片
35×19cm　精装　ISBN：7-5059-2331-5
定价：CNY148.00
（中国文联晚霞文库）

J0103923
侯开嘉书法集　　侯开嘉书
成都　四川美术出版社　1996年　有彩照
28×29cm　ISBN：7-5410-1216-5
定价：CNY78.00，CNY120.00（精装）
　　　外文书名：The Calligraphy Art of Kaijia Hou.

J0103924
黄宾虹题画墨迹　　黄宾虹书；钱学文编
上海　上海人民美术出版社　1996年　135页
26cm（16开）ISBN：7-5322-1441-9
定价：CNY21.00

J0103925
黄勇书法　　黄勇书
广州　岭南美术出版社　1996年　有彩照
29cm（16开）ISBN：7-5362-1388-3
定价：CNY15.00

J0103926
纪怀昌书法艺术　　纪怀昌书
济南　山东友谊出版社　1996年　87页　有彩照
29cm（16开）ISBN：7-80551-869-6
定价：CNY68.00
　　　外文书名：Calligraphy Art of Ji Huaichang. 作
者纪怀昌（1944—　），画家、记者。字理吾，天
津人。历任紫光阁书画院副院长、中国地质矿产
报北京中心记者站站长、记者，中国书法家协会

会员、中国地质书法家协会副主席、北京职工艺
术家协会常务副会长。代表作品《中国书画鉴赏
与收藏》《中国书画鉴赏与收藏》《纪怀昌书法艺
术》等。

J0103927
江苏书法选　　（1994）江苏省书法家协会主编
南京　江苏文艺出版社　1996年　94页　26cm（16开）
ISBN：7-5399-0902-1　定价：CNY30.00

J0103928
今古墨缘书法撷英　　余耀国，雪刚编
广州　广州出版社　1996年　196+79页
38cm（6开）精装　ISBN：7-80592-402-3
定价：CNY150.00

J0103929
金荣华书法作品集　　金荣华书
乌鲁木齐　新疆人民出版社［1996年］173页
有照片　28cm（大16开）ISBN：7-228-03458-9
定价：CNY38.00

J0103930
九怪山人书法　　李仲安书
上海　学林出版社［1996年］31页　有彩照
26cm（16开）ISBN：7-80616-118-X
　　　作者李仲安（1919—　），书法家。别号李
九怪、九怪山人，生于江苏苏州。作品有《百龟
图》等。

J0103931
楷书诗文选　　郑福裕书
北京　清华大学出版社　1996年　26cm（16开）
ISBN：7-302-02023-X　定价：CNY8.00
　　　作者郑福裕（1936—　），生于山东，毕业于
清华大学工程物理系。清华大学教授，业余爱好
书法。出版有《楷书诗文选》等。

J0103932
乐府诗选小楷　　陶上谷书
南京　江苏教育出版社　1996年　155页
34cm（10开）ISBN：7-5343-2680-X
定价：CNY14.00
　　　作者陶上谷（1946—　），书法家。江苏连
云港人。江苏射阳印刷厂厂长、工艺美术师，中

国书法家协会江苏分会会员、省轻工美术学会会员。

J0103933
李恭临书法选　李恭临著
武汉　湖北人民出版社　1996年　59页　26cm（16开）
ISBN：7-216-01907-5　定价：CNY18.00

　　作者李恭临（1930—　），教师。济南历城人。历任济南市书法家协会，山东书画艺术促进会，山东民族文化学会，齐鲁书画家协会会员。出版《李恭临书法艺术》《李恭临书法选》等。

J0103934
李鹤年书法　李鹤年书
天津　天津人民美术出版社　1996年　152页
有照片　37cm（8开）精装　ISBN：7-5305-0594-7
　　外文书名：The Calligraphy of Mr.Li Henian.

J0103935
李慧书法集　李慧书
北京　人民美术出版社　1996年　125页　有照片
29cm（16开）ISBN：7-102-01685-9
定价：CNY38.00

J0103936
李慧书法集　李慧书
北京　人民美术出版社　1996年　125页
29cm（16开）精装　ISBN：7-102-01607-7
定价：CNY54.00

J0103937
李曲斋行草书札　李曲斋书
广州　岭南美术出版社　1996年　117页　有照片
29cm（16开）ISBN：7-5362-1454-5
定价：CNY38.80
（岭南名家翰墨）

　　作者李曲斋（1916—1996），书法家。参与筹办广东书法篆刻研究会，历任副会长、代会长，曾任广州市文史研究馆副馆长，广东省书法家协会名誉主席。出版有《李曲斋行草书札》。

J0103938
李群杰书法作品选集　李群杰著
昆明　云南民族出版社　1996年　191页　有照片
29cm（16开）ISBN：7-5367-1118-2

定价：CNY100.00，CNY125.00（精装），
USD60.00

J0103939
林散之　林散之书；王冬龄编
杭州　中国美术学院出版社　1996年　26cm（16开）
ISBN：7-81019-543-3　定价：CNY4.00
（学书范本精华　草书册页）

　　编者王冬龄（1945—　），书法家。江苏台东人，毕业于中国美术学院。中国书法家协会学术委员、中国书法进修学院副院长，浙江省书协副主席、美国明尼苏达大学客座教授。代表作品《书画艺术》。

J0103940
林廷美书法选　林廷美书
汕头　汕头大学出版社　1996年　有彩照
36cm（15开）ISBN：7-81036-161-9
定价：CNY108.00

　　作者林廷美（1912—　），教师，中国书协广东分会会员，汕头市书法家协会理事。

J0103941
刘海义书法集　刘海义书
兰州　甘肃人民美术出版社　1996年　92页　有肖像
28cm（大16开）ISBN：7-80588-161-8
定价：CNY36.80

J0103942
刘艺草书秋兴八首　刘艺书
青岛　青岛出版社　1996年　72页　37cm
ISBN：7-5436-1517-7　定价：CNY26.00

　　作者刘艺（1931—2016），书法家。原名王平，别署王实子，原籍台湾台中市。历任中国书法家协会副主席、中国书法家协会副主席、创作评审委员会主任、编审，中国书法家协会顾问等。代表作品《书苑徘徊》，著有《刘艺书法作品集》《刘艺草书秋兴八首》等。

J0103943
刘云泉书流沙河对联　流沙河撰联；刘云泉书
北京　中国文联出版公司　1996年　48页
26cm（16开）ISBN：7-5059-2239-4
定价：CNY8.80

J0103944
柳诒征书法选　柳诒征书；柳曾符编
北京 人民美术出版社 1996 年 60 页 有照片
26cm（16 开）ISBN：7-102-01744-8
定价：CNY7.20
（现代书法）

J0103945
六体正气歌　夏时雨书
北京 社会科学文献出版社 1996 年 75 页
26cm（16 开）ISBN：7-80050-747-5
定价：CNY6.00

J0103946
卢野书法集　卢野书
成都 四川美术出版社 1996 年 25×26cm
ISBN：7-5410-1124-X 定价：CNY38.00
　　外 文 书 名：Calligraphy of Lu Ye. 作者卢野
（1956— ），丝路书画院画师，新疆师范大学美
术系画廊经理，中国美术家协会新疆分会、中国
书法家协会新疆分会会员，新疆山水画研究会
理事。

J0103947
鲁迅先生诗存　鲁迅著；许广平辑注；魏建功
手书
南京 江苏教育出版社 1996 年 26cm（16 开）
精装 ISBN：7-5343-2824-1 定价：CNY9.00

J0103948
陆徽彰书法集　陆徽彰书
天津 天津人民美术出版社 1996 年 174 页
有照片 26cm（16 开）ISBN：7-5305-0602-1
定价：CNY50.00

J0103949
陆维钊　陆维钊书；王冬龄编
杭州 中国美术学院出版社 1996 年 26cm（16 开）
ISBN：7-81019-544-1 定价：CNY4.00
（学书范本精华 陆维钊书法卷）
　　作者陆维钊（1899—1980），书画家、教授。
原名子平，字微昭，晚年自署劭翁。浙江平湖
人。南京高等师范文史地部毕业。浙江美术学
院教授，中国美术家协会浙江分会理事。代表作
品有《中国书法》《全清词钞》等。编者王冬龄

（1945— ），书法家。江苏台东人，毕业于中国
美术学院。中国书法家协会学术委员、中国书法
进修学院副院长，浙江省书协副主席、美国明尼
苏达大学客座教授。代表作品《书画艺术》。

J0103950
毛发祥书法作品集　毛发祥书
兰州 甘肃人民美术出版社 1996 年 103 页
29cm（16 开）精装 ISBN：7-80588-155-3
定价：CNY62.00

J0103951
毛泽东诗词碑铭　姜公醉书刻
北京 中国文联出版社 1996 年 260 页 25×26cm
ISBN：7-5059-2269-6 定价：CNY88.00

J0103952
廿世纪中韩书法家作品精赏　中国中外名人
文化研究会文化艺术委员会编
北京 群众出版社 1996 年 397+116 页
26cm（16 开）精装 ISBN：7-5014-1537-4
定价：CNY156.00

J0103953
欧伯达书法选集　欧伯达书
北京 中国摄影出版社 1996 年 100 页 有肖像
26cm（16 开）ISBN：7-80007-215-0
定价：CNY27.50
（中国文联晚霞文库）

J0103954
潘天寿　潘天寿书；张爱国编
杭州 中国美术学院出版社 1996 年 26cm（16 开）
ISBN：7-81019-541-7 定价：CNY4.00
（学书范本精华 潘天寿行草诗卷）
　　作者潘天寿（1897—1971），现代著名国画
家，美术教育家，原名天授，字大颐，号寿者。
浙江宁海县人。擅画花鸟、山水，兼善指画，亦
能书法、诗词、篆刻。曾任中国文联委员，中国
美术家协会副主席，浙江省文联副主席，中国
美协浙江分会主席，浙江美术学院院长、教授等
职。著有《中国绘画史》《听天阁画谈随笔》等。

J0103955
潘学聪书法作品集　潘学聪书

石家庄 河北教育出版社 1996年 83页
37cm（8开）ISBN：7-5434-2627-7
定价：CNY15.80

J0103956
庞国钟书法集　庞国钟书
广州 岭南美术出版社 1996年 80页 38cm（6开）
ISBN：7-5362-1544-4 定价：CNY68.00
（当代中青年书法家翰墨）

J0103957
彭醇士书翰　（致曾绍杰）彭醇士作
台北 蕙风堂笔墨出版部 1996年 62页
30cm（10开）ISBN：957-9532-04-4
定价：TWD350.00

J0103958
轻舟书法选　轻舟书；施友义主编
福州 海风出版社 ［1996年］59页 29cm（16开）
ISBN：7-80597-128-5 定价：CNY60.00

J0103959
全国第二届楹联书法大展作品集　中国书
法家协会主编
北京 荣宝斋出版社 1996年 11+232页
26cm（16开）ISBN：7-5003-0363-7
定价：CNY38.00

J0103960
全国纪委书记监察局长书法选　张路德，李
敏善主编；中华清风书画协会等组编
武汉 长江文艺出版社 1996年 227页
26cm（16开）ISBN：7-5354-1411-7
定价：CNY45.00

J0103961
全国特邀书法家作品展作品集　［江苏省国
画院编］
南京 江苏美术出版社 1996年 104页
28cm（大16开）ISBN：7-5344-0548-3
定价：CNY48.00

J0103962
沙孟海　沙孟海书；戴家妙编
杭州 中国美术学院出版社 1996年 26cm（16开）

ISBN：7-81019-548-4 定价：CNY4.00
（学书范本精华 沙孟海行草卷）
　　作者沙孟海（1900—1992），书法家。原名文
若，字孟海，号石荒、沙村。生于浙江鄞县，毕
业于浙江省立第四师范学校。曾任浙江大学中
文系教授、浙江美术学院教授、西泠印社社长、
西泠书画院院长、浙江省博物馆名誉馆长、中国
书法家协会副主席。代表作品《集王圣教序》。

J0103963
山东·海南书法联展作品集　山东省书法家
协会，海南省书法家协会主编
济南 黄河出版社 1996年 129页 有肖像
29cm（16开）ISBN：7-80558-792-2
定价：CNY98.00

J0103964
邵华泽书法选　邵华泽书
青岛 青岛出版社 1996年 69页 有彩照
28cm（大16开）ISBN：7-5436-1525-8
定价：CNY80.00
　　作者邵华泽（1933—　），人民日报社社长，
中国书法家协会会员。

J0103965
沈延毅书法选集　沈延毅书；辽宁美术出版
社，辽宁省书法家协会编
沈阳 辽宁美术出版社 1996年 116页 有照片
38cm（6开）精装 ISBN：7-5314-1394-9
定价：CNY180.00

J0103966
书家毛泽东　毛泽东书；李树庭等编著
长沙 湖南文艺出版社 1996年 重印本
33+48+1007页 26cm（16开）精装
ISBN：7-5404-1295-X 定价：CNY120.00
　　作者毛泽东（1893—1976），中国人民的领
袖，伟大的马克思主义者，无产阶级革命家、战
略家和理论家，中国共产党、中国人民解放军和
中华人民共和国的主要缔造者和领导人，诗人，
书法家。湖南湘潭人。字润之（原作咏芝，后改
润芝），笔名子任等。毕业于湖南省立第一师范
学校。现代世界历史中最重要的人物之一。1949
至1976年担任中华人民共和国最高领导人。代
表作有《毛泽东选集》《毛泽东诗词选》《湖南农

民运动考察报告》等。作者李树庭(1946—　　)，湖北天门人。历任中国县市报研究会学部委员，湖北省县市报研究会副会长，湖北省新闻摄影学会常务理事。著有《毛泽东书法研究》《书家毛泽东》《说不尽的毛泽东》等。

J0103967

宋词三百首小楷墨迹　张瑞龄书

北京　中国财政经济出版社　1996 年　226 页
有彩照　28cm（大 16 开）ISBN：7-5005-2985-6
定价：CNY58.00

　　作者张瑞龄(1936—　　)，书法家、教授。号滴石，河北唐山人。作品有楷书《华夏正气歌》《三字经》《百家姓》《千字文》等。

J0103968

苏子瞻赤壁赋　于右任书

西安　陕西人民出版社　1996 年　92 页　有照片
35cm（12 开）ISBN：7-224-04154-8
定价：CNY30.00

　　作者于右任(1878—1964)，政治家、教育家、书法家。原名伯循，以字行，号骚心。陕西三原县人。代表作品《右任诗存》《右任文存》《右任墨存》《标准草书》等。

J0103969

岁寒三友诗书集　周申明［书］

石家庄　河北教育出版社　1996 年　120 页
26cm（16 开）ISBN：7-5434-2622-6
定价：CNY14.00
（诗书合璧丛书）

J0103970

孙敏草书宋词作品集　孙敏书

上海　上海书画出版社　1996 年　50 页　有照片
33cm　ISBN：7-80635-024-1　定价：CNY16.00

　　作者孙敏(1957—　　)，上海人，中国书法家协会、上海书法家协会会员。

J0103971

孙其峰书法篆刻选　［孙其峰书］；孙季康编

北京　人民美术出版社　1996 年　63 页　有照片
26cm（16 开）ISBN：7-102-01531-3
定价：CNY7.50

　　本书收入孙其峰先生的书法篆刻作品，包括

"五言联句"、"双槐楼匾额"、"拟汉瓦当文"、"隶书横幅"、"书前人集宋诗联句"等。作者孙其峰(1920—　　)，教授，艺术家。原名奇峰，曾用名琪峰，山东招远人。历任天津美术学院教授、中国书法家协会理事、中国美术家协会理事，北京铁路局文协美术工作者、北京美协会员。代表作品《花鸟画谱》《孙其峰画辑》《孙其峰扇面选集》等。

J0103972

孙永屹书法集　孙永屹书

沈阳　辽宁美术出版社　1996 年　223 页　有照片
38cm（6 开）精装　ISBN：7-5314-1447-3
定价：CNY258.00

J0103973

孙中山遗嘱书法集萃　肖为炳书

北京　新华出版社　1996 年　63 页　26cm（16 开）
ISBN：7-5011-3271-2　定价：CNY10.00

J0103974

唐诗楷书帖　李华锦著

北京　中国计量出版社　1996 年　100 页
26cm（16 开）ISBN：7-5026-0877-X
定价：CNY10.00

　　作者李华锦(1941—　　)，书法家、教授。生于江苏镇江市，毕业于北京电影学院美术系。曾在长春电影制片厂工作，后任中央党校教授。

J0103975

唐诗三百首书法艺术集　李华锦书

石家庄　河北教育出版社　1996 年　513 页
26cm（16 开）精装　ISBN：7-5434-2569-6
定价：CNY48.00

J0103976

天津少儿书法作品集　（第三届"和平杯"天津少儿书法获奖作品）孟宪维主编

天津　天津杨柳青画社　1996 年　166 页
26cm（16 开）ISBN：7-80503-260-2
定价：CNY35.00

J0103977

佟韦书法集　佟韦著

北京　大众文艺出版社　1996 年　85 页　有照片

26cm（16开）ISBN：7-80094-160-4
定价：CNY32.00

　　作者佟韦（1929—　　），满族，书法家。原名佟遇鹏，笔名冬韦，冬青，韦人等。辽宁昌图人。历任中国书法家协会副主席，中国诗书画研究院艺术顾问。代表作品有《书坛纪事》《佟韦书法集》等。

J0103978
汪淮一书法选　汪淮一著
兰州 甘肃人民美术出版社 1996年 66页 有彩照 26cm（16开）ISBN：7-80588-162-6
定价：CNY28.00

　　作者汪淮一（1936—　　），字济泉，笔名汪浪，甘肃省公路局编史室主任，甘肃省文史馆研究员，甘肃省书法家协会会员，中国交通书画协会理事。

J0103979
王昌林书法集　王昌林书
兰州 甘肃人民美术出版社 1996年 117页 有彩照 37cm（8开）ISBN：7-80588-147-2
定价：CNY85.00，CNY98.00（精装）

　　作者王昌林（1941—　　），书法家。山西祁县人，兰州军区后勤某分部政治委员。出版有《王昌林书法作品集》《王昌林书法》。

J0103980
王超尘书法选集　王超尘书
长沙 湖南美术出版社 1996年 60页 有照片 37cm ISBN：7-5356-0791-8 定价：CNY31.00

　　作者王超尘（1925—　　），书法家。湖南津市人。历任湖南省文史研究馆馆员，中国书法家协会会员，湖南省书法家协会名誉理事。出版有《王超尘隶书》《王超尘书法选集》《王超尘书岳阳楼记》。

J0103981
王个簃书法选集　王个簃书
上海 上海书画出版社 1996年 有照片 38cm（6开）精装 ISBN：7-80512-926-6
定价：CNY240.00

　　本书是王个簃先生诞辰一百周年纪念书法选集。作者王个簃（1897—1988），教育家、诗人、书画艺术大师。原名能贤，后改名贤，字启之，

号个簃，以号行等。出生于江苏海门。曾任上海画院副院长、名誉院长，中国美术家协会理事、美术家协会和书法家协会上海分会副主席，西泠印社副社长等职。著作有《王个簃随想录》《个簃印存》《王个簃画集》。

J0103982
王今胜书法集　王今胜书
沈阳 辽宁美术出版社 1996年 96页 有彩照 32cm（10开）精装 ISBN：7-5314-1388-4
定价：CNY58.00

　　作者王今胜（1938—　　），书法家。号云樵。历任辽宁省新闻出版局副局长，中国书法家协会辽宁分会会员。

J0103983
王蒙书法艺术百种　王蒙书
西安 陕西旅游出版社 1996年 78页 有照片 29cm（16开）ISBN：7-5418-1228-5
定价：CNY［53.00］

　　外文书名：Various Styles of Wang Meng's Calligraphy Art. 作者王蒙（1953—　　），教授、书法家。笔名阿蒙，号龟背庐主、雁塔西楼客。历任陕西省政协常委，陕西省青年书协主席，中国书法家协会会员，西北书画研究院副院长，陕西艺术培训学院书法教授，中国书法家协会会员等。专著有《王蒙书法艺术百种》。

J0103984
王乃栋书法集　王乃栋书
广州 岭南美术出版社 1996年 有彩照 29cm（16开）ISBN：7-5362-1474-X
定价：CNY99.00

　　外文书名：A Collection Naidong Wang's Calligraphy Works. 作者王乃栋（1946—　　），书法家。笔名王乃东，生于上海，祖籍福建南安。毕业于新疆大学文博专业。历任中国书法家协会会员，新疆书法家协会理事，上海工艺美术职业学院书画鉴定专业客座教授，西域印社社长，中国书法家协会会员，中国书协新疆分会理事。出版有《王乃栋书法集》《写意甲骨文》《写意甲骨文书法》等。

J0103985
王蘧常　王蘧常书；蒋进编

杭州 中国美术学院出版社 1996年 26cm（16开）
ISBN：7-81019-546-8 定价：CNY4.00
（学书范本精华 章草《千字文》）

　　作者王蘧常（1900—1989），书法家、历史学
家。字瑗仲，号明两，别号涤如、甪里翁、欣欣
老人。出生于天津，祖籍浙江嘉兴。曾任上海交
通大学、光华大学（今华东师范大学）、复旦大学
教授。著作有《诸子学派要诠》《王蘧常章草艺
术》《钱衎石年谱》《国学讲演稿》等。

J0103986
王树人书法集　王树人书
武汉 湖北美术出版社 1996年 94页 有彩图
28cm（大16开）ISBN：7-5394-0606-2
定价：CNY35.00

　　作者王树人（1916—2003），书法家。河南人，
自幼学书曾攻习魏碑20余年。作品被收入《中
国现代书法选》《全国著名书画家作品集》《中国
古今书法选》等，为多处博物馆、艺术馆收藏或
被碑刻。曾任中国书法家协会会员，湖北书法家
协会副主席。

J0103987
王羲之故居诗碑　（姜东舒楷书）姜东舒书；
王正良主编
北京 大众文艺出版社 1996年 68页 26cm（16开）
ISBN：7-80094-290-2 定价：CNY18.00

　　作者姜东舒（1923— ），山东乳山人，作
家、书法家、研究馆员，浙江省人大常委会办公
厅咨询，中国硬笔书法家协会主席。主编王正良
（1949— ），编辑。浙江嵊县人，历任《浙江青
年报》总编，兼《中国钢笔书法》杂志主编，中国
硬笔书法家协会副主席。

J0103988
吴东源书法展专辑　［吴东源书］；赖万发
［等］编辑
彰化县 台湾彰化县立文化中心 1996年 70页
26cm（16开）ISBN：957-00-6717-9

J0103989
吴进贤隶书千字文　吴进贤书
北京 煤炭工业出版社 1996年 53页 有彩照
26cm（16开）ISBN：7-5020-1356-3
定价：CNY15.00

　　作者吴进贤（1903—1999），书法家。字寒秋，
出生于安徽歙县，中国书法家协会会员，苏州市
文联艺术指导委员会委员。出版有《毛主席诗词
三十七首》《吴进贤隶书千字文》等。

J0103990
祥梦墨迹　祥梦书；任丽璋主编
广州 岭南美术出版社 1996年 有照片
29cm（16开）ISBN：7-5362-1478-2
定价：CNY130.00

　　作者祥梦（1929—1996），壮族，全名甘祥
梦，广西武鸣县人。曾任南宁市副市长，市长，
市人大常委会主任，市人民政府特约顾问，中国
书法家协会会员、中国书法家协会广西分会顾
问等。

J0103991
晓风楼艺文集　梁子江作
香港 晓风学社 1996年 176页 30cm（10开）
精装 ISBN：962-8125-01-X

J0103992
谢新安书法集　谢新安书
兰州 甘肃人民美术出版社 1996年 71页
26cm（16开）ISBN：7-80588-158-8
定价：CNY22.80

J0103993
徐崇嘉墨迹选　徐崇嘉书
南京 江苏美术出版社 1996年 53页 有彩照
29cm（16开）ISBN：7-5344-0544-0
定价：CNY40.00

　　作者徐崇嘉（1943— ），书法家。浙江绍兴
人。历任江苏省昆山市副市长，昆山市红十字会
会长，昆山书画院名誉院长。

J0103994
徐尚义书法集　徐尚义书
兰州 甘肃人民美术出版社 1996年 74页
有肖像 28cm（大16开）ISBN：7-80588-119-7
定价：CNY28.00

　　作者徐尚义（1946— ），美术师。生于甘肃
临夏。兰州画院美术师，中国书法家协会会员，
甘肃省书法家协会副主席。

J0103995

徐无闻书法集　徐无闻书
成都　四川美术出版社　1996年　98页　有照片
38cm（6开）精装　ISBN：7-5410-1172-X
定价：CNY98.00

外文书名：The Collection of Xu Wuwen's Calligraphy. 作者徐无闻（1931—1993），书法家、教授。名永年，字嘉龄，四川成都人。毕业于四川大学中文系。曾任西南师范大学中文系教授，中国作家协会会员，中国书法家学会理事，四川省书法家协会副主席。代表作品《徐无闻书法集》《徐无闻印存》《徐无闻临中山王厝鼎》等。

J0103996

徐振玉书顾毓琇诗　顾毓琇著；徐振玉书
上海　上海书店出版社　1996年　56页　有照片
29cm（16开）ISBN：7-80622-127-1
定价：CNY30.00

徐振玉（1944—　　），女，教授。江苏昆山人，美洲中华书法学会理事。

J0103997

徐之美楷书千字文　徐之美书
上海　上海书店　1996年　32页　33cm
ISBN：7-80622-100-X　定价：CNY7.90

作者徐之美，本名徐俊，上海宝山人。

J0103998

薛冲波书法作品集　薛冲波书
北京　解放军出版社　1996年　85页　有照片
29cm（16开）ISBN：7-5065-3207-7
定价：CNY60.00

外文书名：A Collection of the Calligraphic Works by Xue Chongbo.

J0103999

亚冬之光名家书法展选集　第三届亚洲冬季运动会组织委员会，中国书法家协会编
哈尔滨　黑龙江人民出版社　1996年　99页
29cm（16开）精装　ISBN：7-207-03362-1
定价：CNY80.00

外文书名：The 3rd Asian Winter Games Famous Person Calligraphy Show Selections of Asian Winter Light.

J0104000

延增成书法集　延增成书；马忠义，苏郁主编
西安　陕西旅游出版社　1996年　68页　有照片
29cm（18开）ISBN：7-5418-1276-5
定价：CNY86.00, CNY98.00（精装）

作者延增成（1938—　　），教授、书法家。陕西人，毕业于陕西省委党校。历任榆林高等专科学校党委宣传部长，西安地质学院、延安大学书法艺术客座教授，陕西省书法家协会会员，榆林地区书法家协会副主席。出版《榆林高专师生墨迹选》《延增成书法集》。

J0104001

颜家龙书法集　颜家龙书
长沙　湖南美术出版社　1996年　60页　有照片
37cm（8开）ISBN：7-5356-0792-6
定价：CNY31.00

作者颜家龙（1928—　　），湖南涟源人，湖南师范大学艺术学院名誉教授，中南工业大学、湖南财经学院兼职教授，中国书法家协会理事，湖南省书法家协会主席。

J0104002

养心篇　（易学登诗词、书法、篆刻选集）易学登［作］
广州　广州出版社　1996年　82页　有图　26cm（16开）ISBN：7-80592-553-4　定价：CNY50.00

J0104003

楹联墨迹选集　高朝英编著
石家庄　河北美术出版社　1996年　131页
37cm（8开）ISBN：7-5310-0879-3
定价：CNY69.00

J0104004

雨花台纪念碑廊墨迹　雨花台烈士陵园管理局编
南京　江苏人民出版社　1996年　489页　有彩图
34cm（10开）精装　ISBN：7-214-01735-0　定价：CNY100.00

J0104005

袁仁智书法作品选集　袁仁智著
广州　岭南美术出版社　1996年　84页　25×26cm
精装　ISBN：7-5362-1496-0　定价：CNY98.00

J0104006

岳武穆满江红词 张荣强著

永和[台湾] 张继远[发行人] [1996年] 28页 31cm(10开) 定价:TWD100.00

J0104007

张爱萍将军受诬囚歌 李永悌书

北京 原子能出版社 1996年 96页 有彩照 28cm(大16开) ISBN:7-5022-1631-6 定价:CNY46.00

　　作者李永悌(1916—2007),无线电专家、书法家。四川宣汉县人。中国人民解放军总参谋部三部原副部长、顾问、少将,中国书法家协会会员,中国老年书画协会顾问,总参书画协会副会长。出版有《李永悌将军书画艺术成就回顾》。

J0104008

张叔愚书法篆刻艺术 张叔愚作;张瑞璋,王秀泉编

济南 山东美术出版社 1996年 70页 有照片 26cm(16开) ISBN:7-5330-0935-5 定价:CNY38.00

　　作者张叔愚(1908—1997),篆刻家。原名文煜,山东昌邑人。历任中国书法家协会会员,青岛市书法家协会名誉主席。

J0104009

张伟生书法集 张伟生书

上海 上海书画出版社 1996年 有照片 29cm(16开) ISBN:7-80635-039-X 定价:CNY22.00

　　作者张伟生(1954—),编审,画家。历任中国书法家协会新闻出版委员会委员,上海书法家协会副主席,上海书画出版社编审、编辑室主任,《书与画》杂志执行主编,上海吴昌硕艺术研究会副会长,上海书画院画师。出版有《临帖指南》《颜真卿多宝塔碑临习》《宋元书法》《上海百年文化史·书法卷》《书法名家经典十讲》《楷书道德经》等。

J0104010

张向明书法集 张向明书

南宁 广西民族出版社 1996年 72页 有照片 26cm(16开) ISBN:7-5363-3109-6 定价:CNY12.80,CNY15.00(精装)

　　作者张向明(1954—),广西北流人,中国书法家协会广西分会、中国作家协会广西分会会员。

J0104011

张晓明正书后赤壁赋 张晓明书

上海 上海画报出版社 1996年 26cm(16开) ISBN:7-80530-226-X 定价:CNY10.00 (书法自学丛书)

J0104012

浙江省首届中青年书法展作品集 浙江省书法家协会编

杭州 西泠印社 1996年 361页 29cm(16开) ISBN:7-80517-190-4 定价:CNY98.00

J0104013

郑海涛书法作品集 郑海涛书

武汉 湖北美术出版社 1996年 46页 有彩照 28cm(大16开) ISBN:7-5394-0638-0 定价:CNY28.00

J0104014

中国八百小书家作品集 (1995—1996)东方书画家协会编辑

北京 中国物价出版社 1996年 393页 有肖像 26cm(16开) ISBN:7-80070-585-4 定价:CNY86.00

J0104015

中国当代名联墨迹荟萃 卿启云主编

北京 冶金工业出版社 1996年 333页 26cm(16开) 精装 ISBN:7-5024-1830-X 定价:CNY69.00

J0104016

中国当代书法家精品集 (矫红本书法专辑) 矫红本书

沈阳 辽宁美术出版社 1996年 48页 27×27cm ISBN:7-5314-1487-2 定价:CNY58.00

J0104017

中国当代书法家精品集 (杨成杰书法专辑) 杨成杰书

沈阳 辽宁美术出版社 1996年 36页 27×27cm

ISBN：7-5314-1463-5 定价：CNY55.00

J0104018

中国当代书法家楹联墨迹选　陈新良主编；新疆先锋文化艺术发展中心编

乌鲁木齐 新疆美术摄影出版社 1996 年 135 页 26cm（16 开）ISBN：7-80547-474-5

定价：CNY70.00

J0104019

中国书法名家题签墨宝　王朋学编著

哈尔滨 黑龙江美术出版社 1996 年 109 页

有照片 19×21cm ISBN：7-5318-0383-6

定价：CNY28.50

J0104020

中国书协书法培训中心首届学员结业暨教学成果展作品集　中国书协书法培训中心编

北京 中国文联出版公司 1996 年 190 页

26cm（16 开）ISBN：7-5059-2485-0

定价：CNY36.00

J0104021

中国书协书法培训中心第四届学员结业暨教学成果作品集　中国书法家协会书法培训中心编

北京 西苑出版社 1998 年 116 页 26cm（16 开）

ISBN：7-80108-139-0 定价：CNY58.00

J0104022

中国西王母万碑林入刻作品大典　张怀群编

兰州 甘肃人民美术出版社 1996 年 26+584 页

有照片 26cm（16 开）精装

ISBN：7-80588-145-6 定价：CNY268.00

J0104023

中日书潮名作展　中国书协中直分会，郭沫若纪念馆，日本书潮会主办

1996 年 125 页 有图 28cm（大 16 开）

J0104024

中日书法作品汇观　陈振濂主编

北京 中国人事出版社 1996 年 14+662 页 有照片

26cm（16 开）精装 ISBN：7-80076-838-4

定价：CNY129.00

（中日书法交流丛书）

　　主编陈振濂（1956—　　），书法家。号颐斋。生于上海，浙江鄞县人。曾任浙江大学人文学院副院长，中国文联副主席，中国书法家协会副主席，中国文艺评论家协会副主席，浙江省文联副主席，西泠印社副社长。著作有《书法美学》《大学书法教材集成》。

J0104025

中石钞读清照词　欧阳中石书

北京 首都师范大学出版社 1996 年 146 页

有彩照 28cm（大 16 开）精装

ISBN：7-81039-654-4 定价：CNY80.00

　　作者欧阳中石（1928—2020），著名文化学者、书法家、书法教育家。山东肥城市人。毕业于北京大学哲学系。历任首都师范大学教授、博士生导师、中国书法文化研究所所长、中国书法家协会顾问、中国画研究院院务委员。书法作品有《欧阳中石书沈鹏诗词选》《中石夜读词钞》，主要著作有《中国逻辑史》《书法与中国文化》《中国书法史鉴》《章草便检》等。

J0104026

周恩来手迹大字典　潘新明主编；中华人民共和国外交部档案馆编

北京 人民出版社 1996 年 1127 页 有照片

26cm（16 开）精装 ISBN：7-01-002279-8

定价：CNY288.00

J0104027

周海鹰书孙子兵法　周海鹰书

合肥 安徽美术出版社 1996 年 141 页

28cm（大 16 开）精装 ISBN：7-5398-0361-4

定价：CNY80.00

J0104028

周山书法　魏周山书

兰州 甘肃人民美术出版社 1996 年 124 页

有照片 29cm（16 开）精装

ISBN：7-80588-136-7 定价：CNY96.00

　　作者魏周山（1948—　　），笔名夜舟，甘肃省土畜产品进出口公司总经理，甘肃省书法协会会员。

J0104029
朱守道书法作品集　　朱守道书
北京 中国和平出版社 1996年 16页
28cm（大16开）ISBN：7-80037-683-4
定价：CNY8.00

J0104030
1998：毛泽东书法艺术　（书法挂历）东方
图书公司供稿
杭州 中国美术学院出版社 1997年 12页
75×52cm ISBN：7-81019-571-9 定价：CNY27.50

J0104031
'97河南青年书法家邀请展作品集　　张建
才主编
郑州 河南美术出版社 1997年 有照片
26cm（16开）ISBN：7-5401-0650-6
定价：CNY36.00

J0104032
白光书法篆刻集　　白光书
呼和浩特 远方出版社 1997年 84页 26cm（16开）
ISBN：7-80595-339-2 定价：CNY26.00

J0104033
白云林书法作品选　　白云林选辑
北京 文津出版社 1997年 56页 26cm（16开）
ISBN：7-80554-329-1 定价：CNY10.00

J0104034
百归图书法集　　汪满洲编著
西安 陕西人民美术出版社 1997年 108页
29cm（12开）ISBN：7-5368-0917-4
定价：CNY97.00，CNY168.00（精装）
　　作者汪满洲，笔名九水，陕西定边人。中华
硬笔书法学会理事，定边县总工会副主席。

J0104035
百家书苏轼诗文选　　（宋）苏轼著；周兴俊编；
张圣洁注
北京 国际文化出版公司 1997年
2册（135；122页）26cm（16开）
ISBN：7-80105-589-6 定价：CNY55.00
（中外文化书库）

J0104036
包步洲书法集　　包步洲书
兰州 甘肃人民美术出版社 1997年 50页
29cm（16开）ISBN：7-80588-206-1
定价：CNY28.00

J0104037
曹容先生遗赠书法目录　　台北故宫博物院编
辑委员会编辑
台北 台北故宫博物院 1997年 39页 30cm（10开）
精装 ISBN：957-562-287-1

J0104038
曾来德书法艺术　　曾来德写
南京 江苏美术出版社 1997年 170页 有照片
38cm（6开）精装 ISBN：7-5344-0700-1
定价：CNY298.00

J0104039
常州书法作品选　　常州市书法协会编
合肥 安徽美术出版社 1997年 53页 26cm（16开）
ISBN：7-5398-0631-1 定价：CNY58.00

J0104040
陈肯行草杜甫秋兴八首　　陈肯［书］
南京 南京出版社 1997年 55页 26cm（16开）
ISBN：7-80614-362-9 定价：CNY12.00

J0104041
陈小奇自书歌词选　　陈小奇书
广州 岭南美术出版社 1997年 52页 有彩照
25×26cm ISBN：7-5362-1674-2 定价：CNY60.00
　　作者陈小奇（1957— ），湖南青年美术家协
会会员。

J0104042
楚图南书法作品　　楚图南书
昆明 云南教育出版社 1997年 62页 42cm（8开）
ISBN：7-5415-1381-4 定价：CNY79.00
　　本书收录了《临黄河·赞祖国》《登古长城》
《唐大明宫遗址》《读杜甫诗集》等楚图南的隶书
书法作品和用章集粹。

J0104043
楚图南书法作品　　楚图南书

昆明 云南教育出版社 1997 年 62 叶（函）
56cm（8 开）ISBN：7-5415-1375-X
定价：CNY598.00

J0104044
当代大学生——洪文岭书法作品集　洪文岭书
北京 民族出版社 1997 年 109 页 有彩照
26cm（16 开）ISBN：7-105-02954-4
定价：CNY42.00

J0104045
当代名家书写毛泽东诗词作品集　毛泽东著；高占祥主编
长春 长春出版社 1997 年 157 页 29cm（16 开）
精装 ISBN：7-80604-441-8 定价：CNY99.00
　　主编高占祥（1935—　），诗人、书法家。笔名罗丁、高翔，北京通县人。曾任文化部常务副部长，中国作家协会、中国书法家协会、中国摄影家协会会员，北京大学、中国人民大学、上海交通大学客座教授。著有《人生宝鉴》《咏荷四百首》《浇花集》《微笑集》等，摄影集有《莲花韵》《祖国颂》等。

J0104046
当代书家五体千字文　胡问遂等书
上海 上海书店出版社 1997 年 100 页 37cm
ISBN：7-80622-255-3 定价：CNY30.00
　　作者胡问遂（1918—1999），书法家。浙江绍兴人。历任上海中国画院一级美术师、中国书法家协会理事、上海书法家协会主席团成员、上海文史馆馆员。代表作品《大楷习字帖》《七律·到韶山》《七律·自嘲》《常用字字帖》等。

J0104047
德慈禅书法作品集　德慈禅书
天津 百花文艺出版社 1997 年 125 页
29cm（16 开）精装 ISBN：7-5306-2521-7
定价：CNY280.00

J0104048
登祝融峰记　谭修撰书
长沙 岳麓诗书画社 1997 年 29cm（16 开）

J0104049
邓生才书法续集　邓生才书；孟国治选编
广州 广州出版社 1997 年 85 页 有彩照
29cm（16 开）ISBN：7-80592-688-3
定价：CNY20.00
　　作者邓生才，作家、诗人、书法家。广西桂平人。历任武汉大学学报编辑及科长、广西教育局办公室副主任，广西广播电视厅厅长、党组书记、总编辑，中国作家协会会员。

J0104050
电影表演艺术家李仁堂书法　李仁堂书
北京 北京体育大学出版社 1997 年 88 页
有照片 26cm（16 开）ISBN：7-81051-005-3
定价：CNY19.80

J0104051
雕龙集　（黄渭唐诗品鉴泼墨）黄渭著
长春 吉林人民出版社 1997 年 30+593 页 有彩照
20cm（32 开）精装 ISBN：7-206-02763-6
定价：CNY48.00

J0104052
范润华楷狂对照选　（五言联语）车永仁编
天津 天津人民美术出版社 1997 年 93 页 有照片
28cm（大 16 开）ISBN：7-5305-0754-0
定价：CNY21.00

J0104053
舫山碑苑作品集　蔡鹤影主编
厦门 鹭江出版社 1997 年 99 页 有照片
29cm（18 开）ISBN：7-80610-550-6
定价：CNY42.00，CNY52.00（精装）

J0104054
高传和书法选　高传和著
天津 天津杨柳青画社 1997 年 58 页 有照片
28cm（大 16 开）ISBN：7-80503-373-0
定价：CNY35.70

J0104055
高军虎书法集　高军虎书
石家庄 河北美术出版社 1997 年 64 页
28cm（大 16 开）ISBN：7-5310-1034-8
定价：CNY28.00

J0104056
龚望书法集　龚望书
天津　天津人民美术出版社　1997 年　159 页
有彩照　38cm（8 开）ISBN：7-5305-0685-4
定价：CNY130.00，CNY170.00（精装）
　　作者龚望（1914—2001），书法家、文物收藏
鉴赏家。字作家、迁公，号沙曲散人，天津市人。
中国书法家协会会员、天津分会副主席，天津文
史馆馆员。

J0104057
关怀与期望　中国人民解放军总参谋部通信
部［编］
1997 年　142 页　有照片　19cm（小 32 开）

J0104058
郭庆雪诗词书法集　郭庆雪著
沈阳　春风文艺出版社　1997 年　212 页　有彩照
26cm（16 开）ISBN：7-5313-1857-1
定价：CNY79.00

J0104059
郭延年翰墨刊集　郭延年书
济南　山东人民出版社　1997 年　134 页　有照片
29cm（16 开）ISBN：7-209-02157-4
定价：CNY198.00

J0104060
韩绍玉墨迹　韩绍玉书
北京　北京体育大学出版社　1997 年　有照片
37cm（8 开）ISBN：7-81051-004-5
定价：CNY160.00

J0104061
河北书法家　（中英文本）程栋才主编
石家庄　河北教育出版社　1997 年　89 页
29cm（16 开）精装　ISBN：7-5434-3020-7
定价：CNY36.00
　　本书汇集了王永兴、王旭东、田怀义、张之、
李树林、安振海、郭文志等 80 余人的书法作品。

J0104062
河汉履踪　綦连安著
北京　中国水利水电出版社　1997 年　185+47 页
有照片　29cm（16 开）ISBN：7-80124-605-5

J0104063
洪厚甜书法作品集　洪厚甜书
成都　四川美术出版社　1997 年　24 页　25×26cm
ISBN：7-5410-1386-2　定价：CNY30.00

J0104064
胡立民楷书　（爱国诗词十首）胡立民书
北京　长城出版社　1997 年　38 页　26cm（16 开）
ISBN：7-80017-355-0　定价：CNY8.50

J0104065
湖北省第四届书法篆刻展览作品集　湖北
省书法家协会《书法报》社编
武汉　湖北美术出版社　1997 年　28cm（大 16 开）
ISBN：7-5394-0696-8　定价：CNY80.00

J0104066
华北书法作品集　冯骥才，王学仲主编；中国
（天津）首届书法艺术节组委会编
天津　天津杨柳青画社　1997 年　108 页
28cm（大 16 开）ISBN：7-80503-368-4
定价：CNY49.00
　　主编冯骥才（1942—　　），作家、画家、文化
学者、教授。浙江宁波人。历任中国文学艺术界
联合会荣誉委员，中国民间文艺家协会名誉主
席，国务院参事，天津大学冯骥才文学艺术研究
院院长、教授、博士生导师。代表作品有《雕花
烟斗》《高女人和她的矮丈夫》《神鞭》《三寸金
莲》《珍珠鸟》《一百个人的十年》等。

J0104067
怀义书法集　郑怀义书
北京　中国国际广播出版社　1997 年　91 页　有彩照
26×27cm　精装　ISBN：7-5078-0266-3
定价：CNY180.00
　　作者郑怀义（1935—　　），河南温县人。中共
北京市委副秘书长、市委研究室主任，中国书法
家协会会员。

J0104068
黄宾虹草书千字文　黄宾虹书；许礼平，苏
士澍主编
北京　文物出版社　1997 年　76 页　有照片
29cm（16 开）ISBN：7-5010-0976-7
（中国名家法书 7）

J0104069

季伏昆书法选集　季伏昆书

南京 江苏美术出版社 1997年 79页 29cm（16开）

ISBN：7-5344-0722-2 定价：CNY48.00

　　作者季伏昆（1940—　　），号季公，生于江苏镇江，祖籍苏州，毕业于南京师范学院中文系。历任南京艺术学院教授，江苏省政府文史研究馆馆员，中国书法家协会会员，中国林散之研究会秘书长。出版《中国书论辑要》《林散之研究》等。

J0104070

甲骨文书法　李鸿伦书

合肥 安徽美术出版社 1997年 44页 有彩照 26cm（16开）ISBN：7-5398-0618-4

定价：CNY16.00

J0104071

简盦集汉简宋词　陈建贡编

上海 上海书画出版社 1997年 104页

33cm（12开）ISBN：7-80635-119-1

定价：CNY30.00

　　陈建贡，书法家。字曦，号昱佛，简盦主人。中国书法家协会会员。著作有《简牍帛书字典》《简盦集汉简千文字》《简盦集汉简唐诗》。

J0104072

简盦集汉简唐诗　陈建贡编

上海 上海书画出版社 1997年 107页

33cm（12开）ISBN：7-80635-118-3

定价：CNY30.00

J0104073

姜华书法艺术　姜华编著

南京 江苏美术出版社 1997年 90页 26cm（16开）

ISBN：7-5344-0744-3 定价：CNY28.50

　　作者姜华（1950—　　），笔名一汀，江苏涟水人。中国书法家协会会员，江苏省人大代表，江苏省政协委员，淮阴师范专科学校美术系副教授。

J0104074

蒋云泉书法　蒋云泉书

天津 天津教育出版社 1997年 76页 26cm（16开）

ISBN：7-5309-2843-0 定价：CNY15.60

J0104075

金文集联　杨士林书

合肥 安徽美术出版社 1997年 99页 35cm（12开）

ISBN：7-5398-0385-1 定价：CNY13.80

（安徽墨宝选辑）

J0104076

井冈山墨迹选　徐诚，鲍甫生主编

青岛 青岛出版社 1997年 130页 37cm（8开）

精装 ISBN：7-5436-1733-1

定价：CNY280.00, CNY360.00

J0104077

楷书千字文行书琵琶行　周连鹏书

沈阳 东北大学出版社 1997年 有肖像

26cm（16开）ISBN：7-81054-277-X

定价：CNY12.00

J0104078

老当益壮　（古今咏老诗词书法集）王溯源书

北京 中国人口出版社 1997年 112页 有照片

26cm（16开）ISBN：7-80079-312-5

定价：CNY18.00

　　作者王溯源（1934—　　），研究员。辽宁锦州人。历任黑龙江省计划生育委员会主任，黑龙江省及哈尔滨市书法家协会会员。代表作品《毛泽东论人口行书字帖》《老当益壮——古今咏老诗词书法集》《春潮——诗歌散文书法集》等。

J0104079

乐蜀侨笔墨积　乐蜀侨著

乐蜀侨[自刊][1997年] 98页 19cm（小32开）

J0104080

乐蜀侨书法集　（吊唁刘少奇主席）乐蜀侨书

乐蜀侨[自刊][1997年] 66页 19cm（小32开）

J0104081

黎晶书法集　黎晶书

北京 北京出版社 1997年 56页 有照片

28cm（大16开）ISBN：7-200-03330-8

定价：CNY25.00

J0104082

李春恩龙凤书法集　李春恩书

郑州　河南美术出版社　1997年　326页　有照片
29cm（16开）精装　ISBN：7-5401-0590-9
定价：CNY260.00

　　作者李春恩（1953—　　），河南潢川人。中
国书画家协会理事、研究员，世界书法家协会会
员，中国作家协会河南分会会员，鸡公山中外书
画研究院名誉院长，信阳市作家协会副主席。出
版有《龙之魂》《凤之灵》《李春恩龙凤书法集》。

J0104083

李纯博书千字文　　李纯博著
北京　大众文艺出版社　1997年　37页　有照片
26cm（16开）ISBN：7-80094-342-9
定价：CNY8.00

J0104084

李果青书百龙吟　　李果青书
成都　四川美术出版社　1997年　92页　有照片
29cm（16开）ISBN：7-5410-1370-6
定价：CNY45.00

J0104085

历代名人咏江阴　　（王祥之隶书）王祥之书；
卧龙书画社选编
南京　江苏古籍出版社　1997年　79页　26cm（16开）
ISBN：7-80519-933-7　定价：CNY18.00

J0104086

**历届党和国家领导人为北京市西城区教育
事业题词汇集**　　杨文玉，李建国，金子成主编
［北京］［北京市西城区档案馆］1997年　141页
29cm（16开）

J0104087

隶书保险法　　段学明书
天津　天津人民美术出版社　1997年　160页
20cm（32开）ISBN：7-5305-0763-X
定价：CNY12.00

　　作者段学明（1955—　　），研究员。生于北京。
就职于中国人民保险公司，中国民族书画艺术研
究院研究员、中国企业家俱乐部书画院院士。著
有《隶书保险法》《隶书银行法》《养生书法》等。

J0104088

林散之书法集　　林散之［书］

苏州　古吴轩出版社　1997年　241页　37cm（8开）
精装　ISBN：7-80574-255-3

J0104089

刘一闻楹联书法　　韩碧池编
上海　上海书画出版社　1997年　29cm（16开）
ISBN：7-80635-186-8　定价：CNY88.00

J0104090

刘正成草书归去来辞　　刘正成书
北京　荣宝斋出版社　1997年　52页　有彩照
37cm（8开）ISBN：7-5003-0418-8
定价：CNY56.00

　　作者刘正成（1946—　　），编审。笔名听涛斋
主、八方斋主、松竹梅花堂主人等，生于四川成
都。历任国际书法家协会主席，中国书法家协会
副秘书长，中国书协学术委员会副主任，《中国
书法》杂志社社长、主编，《中国书法全集》主编。
编著有《刘正成书法集》《当代书法精品集——
刘正成》《书法艺术概论》《晤对书艺——刘正成
书法对话录》等。

J0104091

柳志光书法　　刘志光书
北京　人民美术出版社　1997年　124页　有照片
36cm（15开）精装　ISBN：7-102-01751-0
定价：CNY168.00

J0104092

龙华碑苑　　李永贵主编
北京　红旗出版社　1997年　183页　20cm（32开）
ISBN：7-5051-0091-2　定价：CNY25.00

J0104093

陆俨少书法精品选集　　陆俨少书
杭州　浙江人民美术出版社　1997年　98页
29cm（16开）ISBN：7-5340-0719-4
定价：CNY22.00

　　作者陆俨少（1909—1993），画家、教师。又
名砥，字宛若，上海嘉定县人。毕业于无锡美术
专科学校。历任上海中国画院画师，浙江美术
学院教师，浙江画院院长。代表作品有《嘉陵江
上》《峡江险水》《雁荡泉瀑》《溪山秋色》《黄山
松云》等。

J0104094
罗勇书法作品选　罗勇书
桂林　漓江出版社 1997 年 97 页 26cm（16 开）
ISBN：7-5407-2082-4 定价：CNY12.00

J0104095
罗振玉法书集　罗振玉书
北京　文物出版社 1997 年 93 页 有照片
29cm（16 开）ISBN：7-5010-0982-1
（中国名家法书 13）
　　作者罗振玉（1866—1940），古文字学家，金石收藏家。浙江上虞人。字叔蕴，又字叔言，号雪堂、陆庵。任学部参事，兼京师大学堂农科监督，辛亥后任伪满监察院长。著有《殷虚书契前编》、编《三代吉金文存》《西城精舍杂文甲编》《松翁近稿》等。

J0104096
马双喜书法作品集　马双喜书
上海　上海书画出版社 1997 年 76 页 26cm（16 开）
ISBN：7-80635-157-4 定价：CNY25.00

J0104097
毛泽东　邓小平　江泽民名言书法集　成志伟编
北京　学习出版社 1997 年 170 页 有照片
29cm（16 开）精装 ISBN：7-80116-122-X
定价：CNY195.00

J0104098
毛泽东书法选　毛泽东书；程朗天编
广州　广州出版社 1997 年 重印本 92 页
20cm（32 开）ISBN：7-80592-610-7
定价：CNY140.00（全套）
（历代书法名作选系列）

J0104099
梅墨生书法集　梅墨生书
北京　荣宝斋出版社 1997 年 有照片 37cm（8 开）
ISBN：7-5003-0402-1 定价：CNY68.00
　　作者梅墨生（1960—2019），书画家、诗人、太极拳家。生于河北。又名觉公。曾任首都师范大学、北京大学艺术学院、中国书法院台湾艺术大学教授，书法研究所所长、博士生导师等。编著有《现代书法家批评》《书法图式研究》等。

J0104100
煤海书艺集英　（全国煤矿书法家作品集）王泽仁主编；中国煤矿文联，中国煤矿书法家协会编
北京　中国文联出版公司 1997 年 112 页 有照片
29cm（16 开）定价：CNY49.00

J0104101
蒙仁周书法作品选集　蒙仁周书；蒙军主编
南宁　广西美术出版社 1997 年 66 页 有彩照
29cm（16 开）ISBN：7-80625-192-8
定价：CNY58.00

J0104102
潘受诗书集　（一卷）潘受撰并书
艺林堂 1997 年 影印本 有图 线装
　　据稿本影印。

J0104103
庞中华书法集　庞中华著
重庆　重庆出版社 1997 年 104 页 有彩照
29cm（15 开）ISBN：7-5366-3736-5
定价：CNY25.00
（庞中华书法系列）
　　作者庞中华（1945—　），著名书法家、教育家和诗人。四川重庆人，毕业于西南科技大学地质勘探专业。中国当代硬笔书法的奠基者，全国政协委员，中国硬笔书法协会会长。代表作品有《庞中华钢笔字帖》《庞中华现代硬笔字帖》等。著作《庞中华散文集》《庞中华谈谈学写钢笔字》《硬笔书法简论》等。

J0104104
彭飞诗词楹联字帖　彭飞著
北京　书目文献出版社 1997 年 90 页 26cm（16 开）
ISBN：7-5013-1297-4 定价：CNY15.80

J0104105
齐白石法书集　齐白石书；许礼平，苏士澍主编
北京　文物出版社 1997 年 93 页 有照片
29cm（16 开）ISBN：7-5010-0977-5
（中国名家法书 6）
　　作者齐白石（1864—1957），近现代中国绘画大师，国画家、篆刻家。湖南湘潭人。原名纯之，字渭青，号兰亭，后改名璜，字濒生，号白石等。

历任国立北京艺术专科学校和京华美术专科学校教习、教授，中央美术学院名誉教授，中国文学艺术界联合会主席团委员，中国画研究会和中国美术家协会主席，中国画院名誉院长。代表作有《蛙声十里出山泉》《墨虾》等。著有《白石诗草》《齐白石作品集》《白石老人自述》等。

J0104106

琴斋诗词翰墨　　金德琴［著］
1997 年　52 页　有照片　32cm（10 开）线装

J0104107

庆回归楹联书法集　　广州市文学艺术界联合会编
广州　广东旅游出版社　1997 年
ISBN：7-80521-817-X　定价：CNY20.00

J0104108

屈原碑林　　《屈原碑林》编委会编
长沙　湖南美术出版社　1997 年　400 页　有图
29cm（16 开）ISBN：7-5356-0967-8
定价：CNY48.00

J0104109

全国百名将军百名公仆百名企业家书法作品集　　冯骥才，王学仲主编；首届书法艺术节组委会编
天津　天津杨柳青画社　1997 年　178 页
28cm（大 16 开）ISBN：7-80503-371-4
定价：CNY70.00

　　主编冯骥才（1942—　　），作家、画家、文化学者、教授。浙江宁波人。历任中国文学艺术界联合会荣誉委员，中国民间文艺家协会名誉主席，国务院参事，天津大学冯骥才文学艺术研究院院长、教授、博士生导师。代表作品有《雕花烟斗》《高女人和她的矮丈夫》《神鞭》《三寸金莲》《珍珠鸟》《一百个人的十年》等。

J0104110

全国第二届正书大展作品集　　中国书法家协会编
天津　天津杨柳青画社　1997 年　243 页
28cm（大 16 开）ISBN：7-80503-370-6
定价：CNY78.00

J0104111

全国少儿书法大赛优秀作品集　　冯骥才，王学仲主编
天津　天津教育出版社　1997 年　162 页
28cm（大 16 开）ISBN：7-5309-2799-X
定价：CNY59.00

　　主编王学仲（1925—2013），画家、教育家。别名王黾、滕固词人，山东滕州人。毕业于中央美术学院。历任中国书法家协会顾问，中国书法家协会副主席、学术委员会主任，天津大学艺术研究所所长、教授。代表作品有《四季繁荣图》《王学仲美术论》《垂杨饮马图》等。

J0104112

三峡赋　　颜其麟著
北京　中国三峡出版社　1997 年　103 页　有彩照
42cm（8 开）精装　ISBN：7-80099-109-1
定价：CNY398.00，HKD798.00
（颜其麟自书赋丛书）

　　本书由中国三峡出版社和香港大学出版社印务公司合作出版。

J0104113

三峡诗　　王士杰书
武汉　武汉出版社　1997 年　100 页　有照片
26cm（16 开）ISBN：7-5430-1630-3
定价：CNY24.00

J0104114

上谷李凌书法作品集　　李凌书
石家庄　河北教育出版社　1997 年　54 页
有彩照　29cm（16 开）ISBN：7-5434-2987-X
定价：CNY15.00

J0104115

沈尹默小楷　　沈尹默书
南京　江苏古籍出版社　1997 年　26 页　26cm（16 开）
ISBN：7-80519-858-6　定价：CNY5.20

J0104116

瘦金书唐律诗字帖　　郝幼权书
长春　时代文艺出版社　1997 年　77 页　26cm（16 开）
ISBN：7-5387-1057-4　定价：CNY7.80

J0104117

书情诗意影集　李贵著

石家庄　河北美术出版社　1997 年　90 页

28cm（大 16 开）ISBN：7-5310-0900-5

定价：CNY58.00

J0104118

书缘　乐峰著

上海　同济大学出版社　1997 年　78 页

28cm（大 16 开）ISBN：7-5608-1783-1

定价：CNY38.00

J0104119

舒炯书法艺术　舒炯书

成都　四川美术出版社　1997 年　有照片

37cm（8 开）ISBN：7-5410-1339-0

定价：CNY96.00

　　外文书名：Shu Jiong Calligraphy Art.

J0104120

舒体字帖　丁泽卿书

北京　军事科学出版社　1997 年　154 页

20cm（32 开）ISBN：7-80137-098-8

定价：CNY7.20

（周末文化生活丛书）

　　作者丁泽卿（1933—　），教授、书法家。山东沾化人。中国艺术研究院创作员。出版有《英语语法》《字帖》《舒体字帖》。

J0104121

孙万千书法作品集　孙万千书

石家庄　河北美术出版社　1997 年　83 页　有彩照

28cm（大 16 开）ISBN：7-5310-1015-1

定价：CNY48.00

J0104122

田伯平楹联书法作品集　田伯平［书］

北京　民族出版社　1997 年　56 页　26cm（16 开）

ISBN：7-105-02735-5　定价：CNY28.00

J0104123

佟韦书法近作选　佟韦著

北京　中国文联出版公司　1997 年　68 页　有彩照

26cm（16 开）ISBN：7-5059-2750-7

定价：CNY56.00

　　作者佟韦（1929—　），满族，书法家。原名佟遇鹏，笔名冬韦，冬青，韦人等。辽宁昌图人。历任中国书法家协会副主席，中国诗书画研究院艺术顾问。代表作品有《书坛纪事》《佟韦书法集》等。

J0104124

王宝纯书法集　王宝纯著

沈阳　辽宁美术出版社　1997 年　104 页

32cm（10 开）精装　ISBN：7-5314-1758-8

定价：CNY68.00

J0104125

王化成手书选集　王化成书

哈尔滨　哈尔滨出版社　1997 年　102 页

有彩照 26cm（16 开）ISBN：7-80639-051-0

定价：CNY46.00

J0104126

王山洪书法选　王山洪著

苏州　古吴轩出版社　1997 年　54 页　有彩照

28cm（大 16 开）ISBN：7-80574-317-7

定价：CNY38.00

J0104127

王伟雄书法作品选　王伟雄书

福州　福建美术出版社　1997 年　35 页　有照片

19×20cm　ISBN：7-5393-0512-6　定价：CNY96.00

（全套）

（福建师生书画作品·论文辑）

J0104128

王学仲自书诗词文　（小楷字帖）王学仲书

天津　天津大学出版社　1997 年　44 页　有照片

26cm（16 开）ISBN：7-5618-1005-9

定价：CNY5.00

　　作者王学仲（1925—2013），画家、教育家。别名王黾、滕固词人，山东滕州人。毕业于中央美术学院。历任中国书法家协会顾问，中国书法家协会副主席、学术委员会主任，天津大学艺术研究所所长、教授。代表作品有《四季繁荣图》《王学仲美术论》《垂杨饮马图》等。

J0104129

王以敬书法集　王以敬书

上海 上海书画出版社 1997 年 有照片
28cm（大 16 开）ISBN：7-80635-091-8
定价：CNY18.00

J0104130
王愚书法作品选　王愚书；愚华主编
昆明 云南美术出版社 1997 年 重印本 75 页
有照片 26cm（16 开 ）ISBN：7-80586-234-6
定价：CNY21.80

J0104131
王玉玺书法选 （出访作品）王玉玺书；山东
省书法家协会编
济南 山东文艺出版社 1997 年 71 页 有彩照
29cm（16 开）精装 ISBN：7-5329-1427-5
定价：CNY96.00
　　外 文 书 名：Selected Calligraphic Works of
Wang Yuxi.

J0104132
王之鳞书法集　王之鳞书
北京 荣宝斋出版社 1997 年 56 页 33cm（12 开）
ISBN：7-5003-0412-9 定价：CNY55.00

J0104133
韦义长书法选　韦义长书
济南 济南出版社 1997 年 104 页 有彩照
29cm（16 开）ISBN：7-80629-082-6
定价：CNY36.00

J0104134
卫俊秀书法　卫俊秀书；柴建国等主编
北京 北京出版社 1997 年 120 页 有彩照
37cm（8 开）ISBN：7-200-03188-7
定价：CNY80.00
　　主编柴建国（1946-），书法家。字也愚，笔
名斯木，山西翼城县人，山西师大古汉语专业研
究生毕业。历任山西师范大学图书馆馆长，中国
书法家协会会员，中国教育学会书法教育专业委
员会顾问，中华诗词学会会员，中国人民大学徐
悲鸿艺术学院书法研究生特聘指导教授。著有
《山西书法通鉴》等。

J0104135
魏传统书法精品选　魏传统书

北京 长城出版社 1997 年 175 页 有照片
28cm（18 开）ISBN：7-80017-350-X
定价：CNY88.00, CNY128.00（精装）

J0104136
文景明书法　文景明书
北京 北京美术摄影出版社 1997 年 47 页
36cm（15 开）ISBN：7-80501-199-0
定价：CNY48.00

J0104137
闻韶轩墨缘 （书法百家书罗渊诗词集）罗渊
主编
香港 高意设计制作公司 1997 年 160 页 有照片
29cm（16 开）ISBN：962-8238-05-1
定价：HKD88.00
　　主编罗渊（1961—　　），画家、书法家、诗人。
广东兴宁人，字清源。就读于中山大学和广州美
术学院。历任中国美术家协会会员，中华诗词学
会会员、广东省书法家协会理事、广州美术馆特
约画家。主要作品有《天地之诞图》《荒原月色》
《金汤永固》《永远的钢铁长城》等。

J0104138
西柏坡题词书法选　张志平主编；西柏坡纪
念馆编撰
1997 年 160 页 29cm（16 开）

J0104139
谢超元艺游诗选书卷　谢超元著
北京 海潮出版社 1997 年 96 页 有图
29cm（16 开）精装 ISBN：7-80054-891-0
定价：CNY42.00

J0104140
谢丹凤书法集　谢丹凤书
郑州 河南美术出版社 1997 年 有彩照
26cm（16 开）ISBN：7-5401-0651-4
定价：CNY38.00

J0104141
谢稚柳书集　谢稚柳书；上海书法家协会，上
海书画出版社编
上海 上海书画出版社 1997 年 142 页 38cm（6 开）
精装 ISBN：7-80635-114-0 定价：CNY199.00

作者谢稚柳(1910—1997),书画家、书画鉴定家。原名稚,字稚柳,后以字行,晚号壮暮翁,斋名鱼饮溪堂等。江苏常州人。历任上海市文物保护委员会编纂、副主任、上海市博物馆顾问、中国书法家协会理事、国家文物局全国古代书画鉴定小组组长等。编著有《敦煌石室记》《敦煌艺术叙录》《水.墨画》《唐五代宋元名迹》等。

J0104142

心泉集　胡文昌撰书
武汉　湖北美术出版社　1997 年　93 页　有彩照
28cm(大 16 开) ISBN:7-5394-0650-X
定价:CNY16.00

J0104143

熊任望先生临兰亭长卷　熊任望书
南京　江苏美术出版社　1997 年　1 幅　34×272cm
盒装　定价:CNY18.50

J0104144

徐悲鸿法书集　徐悲鸿书;许礼平,苏士澍主编
北京　文物出版社　1997 年　92 页　有照片
29cm(16 开) ISBN:7-5010-0978-3
(中国名家法书 8)
作者徐悲鸿(1895—1953),著名画家、美术教育家。原名徐寿康,江苏宜兴市屺亭镇人,毕业于巴黎国立美术学校。曾任教于国立中央大学艺术系、北平大学艺术学院和北平艺专,后任中央美术学院院长。代表作品《愚公移山图》《八骏图》《负伤之狮》《田横五百士》等。

J0104145

徐科松书法作品集　徐科松书
杭州　中国美术学院出版社　1997 年　55 页
29cm(16 开) ISBN:7-81019-601-4
定价:CNY32.00

J0104146

徐长荣书法作品集　徐长荣书
昆明　云南美术出版社 1997 年 87 页 26cm(16 开)
ISBN:7-80586-416-0　定价:CNY24.80

J0104147

徐振玉书顾毓琇词　徐振玉书;顾毓琇词
上海　上海书店出版社　1997 年　79 页　有照片

29cm(16 开) ISBN:7-80622-341-X
定价:CNY50.00
作者徐振玉(1944—　),女,教授。江苏昆山人,美洲中华书法学会理事。出版有《徐振玉书顾毓琇诗》。

J0104148

许集厚书法　许集厚[书]
广州　岭南美术出版社 1997 年 89 页 29cm(16 开)
ISBN:7-5362-1726-9 定价:CNY58.00

J0104149

鄢福初的书法艺术　鄢福初书
长沙　湖南美术出版社 1997 年 56 页 29cm(16 开)
ISBN:7-5356-0969-4 定价:CNY26.00

J0104150

严学章书法　严学章著
乌鲁木齐　新疆美术摄影出版社　1997 年　40 页
29cm(16 开) ISBN:7-80547-553-9
定价:CNY28.00

J0104151

养生之道　俞祺德书
呼和浩特　内蒙古人民出版社　1997 年　58 页
26cm(16 开) ISBN:7-204-03398-1
定价:CNY15.00

J0104152

于寓真书柳亚子诗词选　于寓真书
天津　百花文艺出版社　1997 年　166 页　有照片
28cm(大 16 开) ISBN:7-5306-2500-4
定价:CNY80.00

J0104153

余任天书法选　余任天书;闵学林等编
北京　人民美术出版社 1997 年　有照片
26cm(16 开) ISBN:7-102-01890-8
定价:CNY15.00
(现代书法)
作者余任天(1908—1984),画家。曾用名栎年,字天庐,居室名任、归汉室等,浙江诸暨人。代表作品《天庐画谈》《历代书画家补遗》《陈老莲年谱》。编者闵学林(1946—　),画家,教授。江西人,毕业于中国美术学院中国画系。任中

国美术学院中国画系教授。中国画代表作品《我亦望机乐似鱼》《茶花》《茶花》，著有《闵学林画集》《中国当代书画》等。

J0104154
苑边吟墨　陈谦著；汕头市政协岭海诗社编
汕头　汕头大学出版社 1997年 105页 有彩照
20cm（32开）ISBN：7–81036–230–5
定价：CNY20.00

J0104155
张弓书法作品集　张弓书
南宁　广西美术出版社 1997年 42页 有彩照
29cm（16开）精装 ISBN：7–80625–338–6
定价：CNY38.00

J0104156
张怀仁书法选集　张怀仁著
天津　百花文艺出版社 1997年 48页 29cm（16开）
ISBN：7–5306–2506–3 定价：CNY30.00

J0104157
张嘉贞书法作品集　张嘉贞书
呼和浩特　远方出版社 1997年 26cm（16开）
ISBN：7–80595–298–1 定价：CNY19.80

J0104158
张万庆书法作品选　张万庆编著
郑州　河南美术出版社 1997年 74页 有彩照
29cm（16开）ISBN：7–5401–0664–6
定价：CNY85.00

J0104159
张兴斌书法　张兴斌书
西安　三秦出版社 1997年 43页 有照片
37cm（8开）ISBN：7–80628–081–2
定价：CNY25.00

J0104160
张志勇书法集　张志勇书
［南京］［1997年］85页 有图 29cm（16开）

J0104161
赵雁君书法集　赵雁君书
北京　荣宝斋出版社 1997年 115页 有照片

37cm（8开）ISBN：7–5003–0399–8
定价：CNY68.00

J0104162
郑延平郡王诸诗　张荣强，张太白著
1997年 40页 有照片 30cm（10开）

J0104163
志苑珍宝　郭凤岐主编
北京　方志出版社 1997年 306页 26cm（16开）
精装 ISBN：7–80122–276–8 定价：CNY66.00

J0104164
中国当代书法家精品集　（王业刚书法专集）
王业刚书
沈阳　辽宁美术出版社 1997年 36页 27×27cm
ISBN：7–5314–1689–1 定价：CNY45.00

J0104165
中国地质书法家作品集　中国地质书法家协会编
天津　百花文艺出版社 1997年 47页 25×24cm
ISBN：7–5306–2496–2 定价：CNY35.00

J0104166
中华魂楹联书画墨迹选　刘俸麟主编
延吉　延边人民出版社 1997年 242页
26cm（16开）ISBN：7–80599–767–5
定价：CNY98.00

J0104167
中华人民共和国香港特别行政区基本法墨宝集　高占祥主编
北京　大众文艺出版社 1997年 97叶 有照片
37cm（8开）精装 ISBN：7–80094–048–9
定价：CNY380.00
　　主编高占祥（1935—　），诗人、书法家。笔名罗丁、高翔，北京通县人。曾任文化部常务副部长，中国作家协会、中国书法家协会、中国摄影家协会会员，北京大学、中国人民大学、上海交通大学客座教授。著有《人生宝鉴》《咏荷四百首》《浇花集》《微笑集》等，摄影集有《莲花韵》《祖国颂》等。

J0104168

重庆书法篆刻精品集　重庆书法家协会编
重庆 重庆出版社 1997年 145页 28cm（大16开）
ISBN：7-5366-3636-9 定价：CNY30.00

J0104169

3500 常用字索查字帖　（行书）李荣国撰书；
陈白柳选编
上海 上海交通大学出版社 1998年 328页
26cm（16开）ISBN：7-313-01994-7
定价：CNY21.00

J0104170

3500 常用字索查字帖　（隶书）方传鑫撰书；
陈白柳选编
上海 上海交通大学出版社 1998年 18+335页
26cm（16开）ISBN：7-313-01992-0
定价：CNY21.00

J0104171

3500 常用字索查字帖　（魏体）周华金撰书；
陈白柳选编
上海 上海交通大学出版社 1998年 334页
26cm（16开）ISBN：7-313-01995-5
定价：CNY21.00

J0104172

爱便是美　杨修品著
昆明 云南民族出版社 1998年 119页
20cm（32开）ISBN：7-5367-1721-0
定价：CNY15.00
（云南师范大学比较文学海鸥丛书）
　　作者杨修品（1943—　），云南昆明人。中国
书法家协会理事，云南省书法家协会副主席，云
南师范大学中文系教授，云南省文学艺术政府
奖书法评审委员会主任，中日篆刻联展访日代表
团团长，云南省文史馆馆员。作品多次参加全
国书法展览。获 1979 年全国书法征稿评比一等
奖，五次国际大赛奖。国画获海内外名家邀请展
金奖。

J0104173

北大百年百联　谷向阳［撰联］；沈鹏等书
北京 北京大学出版社 1998年 268页
29cm（16开）精装 ISBN：7-301-03736-8

定价：CNY199.80

J0104174

草书毛泽东诗词字帖　王恺书
北京 农村读物出版社 1998年 重印本 153页
26cm（16开）ISBN：7-5048-2646-4
定价：CNY18.00
　　作者王恺（1929—　），作家。原名王华峰，
山东利津县人。历任渤海军区政治部耀南剧团
编导股副股长，山东军区政治部文化部和海军政
治部文化部创作室副主任、文艺处副处长等职，
中国作家协会会员。著有《水下阳光》《夜航》《翠
微堂笔记》《童年拾记》等。出版《草书毛泽东诗
集》等。

J0104175

草书周恩来诗选　蔡华林书
郑州 河南美术出版社 1998年 158页 有照片
29cm（18开）ISBN：7-5401-0702-2
定价：CNY78.00，CNY85.00（精装）

J0104176

陈福书法选集　陈福［书］
兰州 甘肃人民美术出版社 1998年 54页
有彩照 29cm（16开）ISBN：7-80588-215-0
定价：CNY72.00
　　作者陈福（1940—　），字如海，笔名雨龙，
斋号三思堂、梦驼斋、观风楼，甘肃景泰县人。

J0104177

陈曼若书法篆刻选　陈曼若［作］；柴建国等
主编
太原 山西人民出版社 1998年 151页 有照片
26cm（16开）ISBN：7-203-03808-4
定价：CNY28.00
（书法名迹系列丛书）
　　主编柴建国（1946—　），书法家。字也愚，
笔名斯木，山西翼城县人，山西师大古汉语专业
研究生毕业。历任山西师范大学图书馆馆长，中
国书法家协会会员，中国教育学会书法教育专业
委员会顾问，中华诗词学会会员，中国人民大学
徐悲鸿艺术学院书法研究生特聘指导教授。著
有《山西书法通鉴》等。

J0104178
陈正义书法集　陈正义书
昆明　云南美术出版社　1998 年　64 页　有彩照
29cm（16 开）ISBN：7-80586-532-9
定价：CNY58.00

J0104179
春潮　王溯源著
哈尔滨　哈尔滨出版社　1998 年　188 页　有照片
20cm（32 开）ISBN：7-80639-116-9
定价：CNY196.00（全套）
（黑龙江金色文学选粹）
　　　作者王溯源（1934—　　　），研究员。辽宁锦州
人。历任黑龙江省计划生育委员会主任，黑龙江
省及哈尔滨市书法家协会会员。代表作品《毛泽
东论人口行书字帖》《老当益壮——古今咏老诗
词书法集》《春潮——诗歌散文书法集》等。

J0104180
崔寒柏书法篆刻艺术　崔寒柏［作］
天津　天津人民美术出版社　1998 年　48 页
29cm（16 开）ISBN：7-5305-0804-0
定价：CNY22.00

J0104181
崔鸿林书法　崔鸿林书
天津　天津人民美术出版社　1998 年　有彩照
38cm（6 开）精装　ISBN：7-5305-0889-X
定价：CNY268.00

J0104182
大港油田职工书法篆刻集　大港油田精神文
明建设编撰委员会，天津杨柳青画社［编］
天津　天津杨柳青画社　1998 年　74 页　29cm（16 开）
ISBN：7-80503-207-6　定价：CNY48.00
（精神文明建设系列丛书　文化系列 1）

J0104183
大江东去帖　周兴俊编
北京　长城出版社　1998 年　112 页　28cm（大 16 开）
ISBN：7-80017-363-1　定价：CNY50.00
（当代百家五体字帖）

J0104184
当代诗词手迹选　吴小铁选编

郑州　河南美术出版社　1998 年　834 页
20cm（32 开）精装　ISBN：7-5401-0789-8
定价：CNY60.00，USD30.00
　　　本书收录的诗词作品创作年代以 1949 年以
后为主，斟酌收 1949 年以前有影响的作品。作
品按作者姓氏排列。

J0104185
当代书法家精品集　（苗子）黄苗子书
石家庄　河北教育出版社　1998 年　133 页
37cm（8 开）精装　ISBN：7-5434-3012-6
定价：CNY248.00
　　　本书由河北教育出版社和广东教育出版社
合作出版。

J0104186
当代书法家精品集　（启功）启功书；侯刚主编
石家庄　河北教育出版社　1998 年　114 页
37cm（8 开）ISBN：7-5434-3015-0
定价：CNY248.0
　　　本书由河北教育出版社和广东教育出版社
合作出版。作者启功（1912—2005），满族，中国
现代著名书法家。字元伯，北京人。曾任北京师
范大学教授，中央文史研究馆副馆长，中国书协
名誉主席等职、世界华人书画家联合会创会主
席、中国佛教协会、故宫博物院、国家博物馆顾
问，西泠印社社长。

J0104187
当代书法家精品集　（萧娴）
石家庄　河北教育出版社　1998 年　94 页　有照片
37cm（8 开）精装　ISBN：7-5434-3014-2
定价：CNY248.00

J0104188
当代书画名家题签艺术大典　（珍藏本）张
子勤，马书斌主编
北京　中国人事出版社　1998 年　10+542 页
29cm（16 开）精装　ISBN：7-80139-154-3
定价：CNY198.00

J0104189
当代书坛名家精品与技法　林岫主编
北京　兵器工业出版社　1998 年　260 页　有照片
29cm（16 开）精装　ISBN：7-80132-437-4

定价：CNY220.00

J0104190
当代著名书法家代表作　（展览作品集）张
海主编
郑州　河南美术出版社　1998年　167页　37cm（8开）
精装　ISBN：7-5401-0772-3　定价：CNY180.00

J0104191
第四届中国书坛新人作品展作品集　蔡祥
麟主编
石家庄　河北教育出版社　1998年　311页
29cm（16开）ISBN：7-5434-3309-5
定价：CNY150.00

J0104192
丁振来书法作品集　丁振来书
北京　中国世界语出版社　1998年　26页　有彩照
28×27cm　ISBN：7-5052-0390-8　定价：CNY36.00
（中国当代书画家）

J0104193
董当年书法作品选　董当年书
武汉　长江文艺出版社　1998年　120页
26cm（16开）ISBN：7-5354-1645-4
定价：CNY18.00

J0104194
冯济泉书法选　冯济泉书
贵阳　贵州人民出版社　1998年　81页　有彩照
29cm（16开）ISBN：7-221-04567-4
定价：CNY70.00

J0104195
傅瑞亭回文联墨迹　傅瑞亭书
济南　山东友谊出版社　1998年　101页
26cm（16开）ISBN：7-80642-149-1
定价：CNY76.00

J0104196
甘珉书法集　甘珉书
北京　中国文联出版公司　1998年　31页
29cm（16开）ISBN：7-5059-3204-7
定价：CNY32.00

J0104197
高信峰书集　高信峰书
北京　中国民族摄影艺术出版社　1998年　95页
有彩照　29cm（20开）ISBN：7-80069-220-5
定价：CNY26.00，CNY56.00（精装）

J0104198
公路法习字帖　刘迎今书
天津　天津人民美术出版社　1998年　104页
26cm（16开）ISBN：7-5305-0790-7
定价：CNY18.00

J0104199
郭强书法篆刻集　郭强［作］
成都　四川美术出版社　1998年　重印本　有彩照
29cm（15开）精装　ISBN：7-5410-1412-5
定价：CNY138.00

J0104200
海丙离书法作品选　王济民编
郑州　河南美术出版社　1998年　86页　有照片
37cm（8开）ISBN：7-5401-0741-3
定价：CNY68.00
　　海丙离（1934—　），郑州市人。中国书法家
协会会员、河南省书法家协会会员、河南国际少
林武术书画研究院常务副院长、郑州中国书画学
会副会长、中国书画函授大学郑州分校教授、郑
州市书法家协会理事、郑州市职工书协副主席、
郑州市老年书画研究会副会长。

J0104201
韩天雍书法篆刻艺术　韩天雍书
杭州　中国美术学院出版社　1998年　43页
有照片　29cm（18开）ISBN：7-81019-681-2
定价：CNY48.00，CNY60.00（精装）
　　作者韩天雍（1957—　），教师。辽宁沈阳
人，毕业于浙江美术学院。历任中国美术学院国
画系副教授、书法系教授。代表作品《日本篆刻
艺术》。

J0104202
韩文忠书法　韩文忠书
北京　民族出版社　1998年　86页　有彩照
29cm（16开）ISBN：7-105-03101-8
定价：CNY98.00

J0104203

翰苑别枝　黄忠明著

成都　四川大学出版社　1998 年　100 页

19cm（小 32 开）ISBN：7-5614-1778-0

定价：CNY7.80

J0104204

行草书法百例　李可述书

武汉　长江文艺出版社　1998 年　166 页

20cm（32 开）ISBN：7-5354-1762-0

定价：CNY18.80

J0104205

行书闽南童谣百首　厦门市文化局编

福州　福建美术出版社　1998 年　100 页　19×20cm

ISBN：7-5393-0742-0　定价：CNY30.00

J0104206

何仰羲书法作品集　何仰羲［书］

郑州　河南美术出版社　1998 年　有照片

26cm（16 开）ISBN：7-5401-0731-6

定价：CNY38.00

J0104207

贺传武书法集　贺传武书

沈阳　辽宁民族出版社　1998 年　64 页　有彩照

26cm（16 开）精装　ISBN：7-80644-091-7

定价：CNY50.00

J0104208

鹤乡书法作品集　曹伯铭主编

长春　吉林美术出版社　1998 年　140 页　有照片

30cm（10 开）ISBN：7-5386-0710-2

定价：CNY50.00

J0104209

红楼梦诗词行书字帖　王之麟书

北京　北京体育大学出版社　1998 年　58 页

26cm（16 开）ISBN：7-81051-247-1

定价：CNY8.60

J0104210

红楼梦诗词书法集　申万胜书；首都书画艺

术研究会编

北京　民族出版社　1998 年　205 页　有照片

29cm（16 开）精装　ISBN：7-105-03132-8

定价：CNY108.00

J0104211

胡厥文诗书选　［胡厥文书］

［1998 年］136 页　有照片　29cm（16 开）

　　本书收有《山光潭影》《万世师表》《同舟共

济 振兴中华》《赠金日成将军》《黄河歌》《和平

改造胜利歌》《渔家傲》等诗词书法。

J0104212

胡适手札　胡适撰并书

扬州　江苏广陵古籍刻印社　1998 年　影印本

线装　ISBN：7-60101-259-X　定价：CNY150.00

　　分二册。据民国间稿本影印。

J0104213

胡问遂　胡问遂［书］；上海中国画院画廊编

上海　上海画报出版社　1998 年　29cm（16 开）

ISBN：7-80530-381-9　定价：CNY48.00

（上海中国画院画家作品丛书）

　　作者胡问遂（1918—1999），书法家。浙江绍

兴人。历任上海中国画院一级美术师、中国书法

家协会理事、上海书法家协会主席团成员、上海

文史馆馆员。代表作品《大楷习字帖》《七律·到

韶山》《七律·自嘲》《常用字字帖》等。

J0104214

回首望　（农谚对联诗词书法）李楣著

哈尔滨　哈尔滨出版社　1998 年　80 页　有照片

26cm（16 开）ISBN：7-80639-138-X

定价：CNY13.60

J0104215

蒋必达书法集　蒋必达书

沈阳　沈阳出版社　1998 年　76 页　有彩照

29cm（16 开）ISBN：7-5441-0954-2

定价：CNY88.00

J0104216

金伯兴书法作品集　金伯兴著

香港　香港文学报社出版公司　1998 年　有肖像

36cm（15 开）ISBN：962-962-020-0

定价：HKD88.00

J0104217

金律 （金融职业道德格言书法集）中国人民
银行江西省萍乡市分行编
南昌　江西美术出版社　1998年　63页　29cm（16开）
ISBN：7-80580-526-1　定价：CNY88.00

J0104218

金希明书法选　金希明书
西安　陕西人民美术出版社　1998年　88页　有照片
29cm（18开）ISBN：7-5368-1041-5
定价：CNY78.00，CNY88.00（精装）

J0104219

锦绣中华回归颂诗碑　胡世厚，吴北如编
郑州　河南美术出版社　1998年　78页　有彩照
20cm（32开）ISBN：7-5401-0719-7
定价：CNY9.70

J0104220

井冈山碑林 （老一辈无产阶级革命家·名人
墨迹）
1998年　120页　26cm（16开）

J0104221

楷行书对联书法　黄赵元著
北京　北京体育大学出版社　1998年　71页　有肖像
26cm（16开）ISBN：7-81051-239-0
定价：CNY9.90

J0104222

楷书华夏正气歌　张瑞龄书
北京　学习出版社　1998年　249页　29cm（16开）
ISBN：7-80116-139-4　定价：CNY98.00

J0104223

康务学书法杂集　康务学书
兰州　甘肃人民美术出版社　1998年　87页　有照片
29cm（16开）精装　ISBN：7-80588-264-9
定价：CNY60.00

J0104224

李保钧书法集　李保钧书
上海　上海画报出版社　1998年　100页　有彩照
29cm（16开）精装　ISBN：7-80530-377-0
定价：CNY110.00

J0104225

李潺书法选　李潺著
长沙　湖南美术出版社　1998年　42页　26×26cm
ISBN：7-5356-0997-X　定价：CNY20.00

J0104226

李春廷将军书法艺术选集
济南　黄河出版社　1998年　88页　有彩照
29cm（16开）精装　ISBN：7-80558-994-1
定价：CNY300.00

J0104227

李刚田书法集　李刚田书
北京　荣宝斋出版社　1998年　100页　有照片
37cm　ISBN：7-5003-0410-2　定价：CNY70.00
　　　作者李刚田（1946—　　），书法家、篆刻家、
书法篆刻理论家。号司工、石鱼斋主人、仓父等，
河南洛阳人。历任中国书法家协会理事，中国书
协篆刻艺术委员会副主任，西泠印社副社长，中
国艺术研究院篆刻院研究员，郑州市书法家协会
主席。出版有《李刚田篆刻选集》《李刚田书法
篆刻集》等。

J0104228

李海观书法作品集　李海观书
西宁　青海人民出版社　1998年　88页　有肖像
29cm（16开）ISBN：7-225-01531-1
定价：CNY68.00

J0104229

李力生书法艺术集　李力生书
北京　长城出版社　1998年　126页　有彩照
38cm（6开）ISBN：7-80017-368-2
定价：CNY168.00，CNY198.00（精装）

J0104230

李寿万书法集　李寿万编著
郑州　河南美术出版社　1998年　195页　有彩照
29cm（15开）精装　ISBN：7-5401-0757-X
定价：CNY187.00
　　　本书收作者的书法作品，包括"临王羲之姨
母帖"、"韩愈题牡丹　七言诗　斗方"、"毛泽东词
贺新郎　竖幅"等。作者李寿万（1944—　　），教授。
河南伊川县人。历任中国书法家协会会员，中国
书画函授大学教授，郑州大学文学院书画培训部

书法专业教授，河南炎黄书画院副院长。编著有
《李寿万书法集》。

J0104231

李长路诗书作品选集　李长路书

北京 北京图书馆出版社 1998 年 103 页 有彩照
29cm（16 开）ISBN：7-5013-1502-7

定价：CNY45.00

J0104232

林散之书法选集　林散之撰并书；刘永明等
主编

南京 江苏古籍出版社 1998 年 影印本 有照片
1 函（132 页）34×34cm 线装

ISBN：7-80643-169-1 定价：CNY198.00

　　据稿本影印。作者林散之（1898—1989），山
水画家、书法家。名霖，又名以霖，字散之，号
三痴、左耳等。生于江苏江浦县，祖籍安徽和县。
历任南京书画院名誉院长，江苏省书法家协会名
誉主席。代表作有《许瑶诗论怀素草书》《自作
诗论书一首》《李白草书歌行》等。

J0104233

林散之书毛泽东词　林散之书

苏州 古吴轩出版社 1998 年 27 页 38cm（6 开）

ISBN：7-80574-351-7 定价：CNY6.00

（古今书法精粹）

J0104234

刘宝华书法集　（条幅）刘宝华书

济南 济南出版社 1998 年 104 页 有彩照
29cm（16 开）ISBN：7-80572-574-8

定价：CNY31.50

J0104235

刘炳森楷书百家姓　刘炳森书

北京 中国和平出版社 1998 年 60 页 26cm（16 开）

ISBN：7-80101-675-0 定价：CNY10.00

（当代名家书百家姓）

J0104236

刘超书法　刘超书

重庆 重庆出版社 1998 年 71 页 有彩照
29cm（16 开）ISBN：7-5366-4091-9

定价：CNY29.20

J0104237

刘仁刚书法作品集　刘仁刚书

北京 中国画报出版社 1998 年 136 页 有彩照
32cm（10 开）ISBN：7-80024-501-2

定价：CNY188.00

J0104238

刘云龙行书千字文　刘云龙书

北京 海潮出版社 1998 年 28cm（大 16 开）

ISBN：7-80054-980-1 定价：CNY16.00

J0104239

论语箴言名家书法集　樊清平，郑洪峨主编

太原 山西人民出版社 1998 年 66 页 29cm（16 开）

ISBN：7-203-03618-9 定价：CNY15.00

J0104240

罗复堪书法选　罗复堪书；罗宗霭，叶喆民编

北京 人民美术出版社 1998 年 75 页 有肖像及图
26cm（16 开）ISBN：7-102-01938-6

定价：CNY16.50

（现代书法）

J0104241

马大林书法艺术作品选　马大林书

北京 民族出版社 1998 年 105 页 有彩照
26×26cm 精装 ISBN：7-105-02960-9

定价：CNY80.00

J0104242

毛笔硬笔行草唐诗三百首　黄钟骏书

福州 福建美术出版社 1998 年 447 页 有照片
26cm（16 开）精装 ISBN：7-5393-0748-X

定价：CNY118.00

　　作者黄钟骏（1931—2010），斋号数飞，江苏
吴江县人，中国书法家协会会员，装帧艺术研究
会理事，老摄影家协会理事。著有《毛笔硬笔行
草唐诗三百首》。

J0104243

毛广淞书法选　毛广淞书

深圳 海天出版社 1998 年 68 页 有彩照
29cm（16 开）ISBN：7-80615-869-3

定价：CNY100.00

J0104244
毛泽东诗词硬笔隶书帖　李国维书
太原 山西人民出版社 1998年 62页 26cm（16开）
ISBN：7-203-03742-8 定价：CNY13.00

J0104245
毛泽东手书真迹（经典珍藏）毛泽东书；杨
宪金，侯敏主编；中南海画册编辑委员会编辑
北京 西苑出版社 1998年 2册（24+1080页）
28cm（大16开）精装 ISBN：7-80108-144-7
定价：CNY796.00

J0104246
么喜龙书法　么喜龙书
石家庄 河北美术出版社 1998年 139页
有照片 37cm 精装 ISBN：7-5310-1055-0
定价：CNY106.00
　　　作者么喜龙（1950—　），国家一级美术师。
生于沈阳。历任沈阳市文史研究馆副馆长、沈阳
书画院名誉院长、辽宁画院特聘画师、沈阳大学
书法艺术教授、美国天普美术学院荣誉院长兼名
誉教授。主要著作有《两体注释千家诗》《草书
唐诗三百首》《么喜龙书法作品集》等。

J0104247
墨绿萃观（王宪增 李正时 刘尔福书法作品
集）王宪增等书
沈阳 辽海出版社 1998年 3册（92+92+92页）
有照片 29cm（16开）ISBN：7-80638-794-3
定价：CNY276.00

J0104248
启骧书艺集　启骧书
北京 解放军文艺出版社 1998年 有照片
29cm（16开）ISBN：7-5033-0986-5
定价：CNY120.00

J0104249
钱道宗书法（唐代白居易《长恨歌》）钱道宗
书写
南京 南京出版社［1998年］42页 26cm（16开）
ISBN：7-80560-334-0 定价：CNY3.50
　　　作者钱道宗（1939—　），书法家。字伯云，
会稽山人。

J0104250
钱茂生　钱茂生书；上海中国画院画廊编
上海 上海画报出版社 1998年 29cm（16开）
ISBN：7-80530-401-7 定价：CNY48.00
（上海中国画院画家作品丛书）

J0104251
求索斋书法（罗荣渠遗墨选）罗荣渠书；周
颖如编
沈阳 辽宁大学出版社 1998年 90页 有彩照
29cm（15开）ISBN：7-5610-3541-1
定价：CNY65.00

J0104252
全国第一届扇面书法大展作品集　蔡祥麟
主编
北京 荣宝斋出版社 1998年 264页 29cm（16开）
精装 ISBN：7-5003-0453-6 定价：CNY306.00

J0104253
日本墨迹举要　雷志雄著
武汉 湖北美术出版社 1998年 124页
19cm（小32开）ISBN：7-5394-0797-2
定价：CNY7.50

J0104254
沙家浜杯全国"双拥"书法大赛作品集　张
浩元主编
合肥 安徽美术出版社 1998年 87页 29cm（16开）
ISBN：7-5398-0711-3 定价：CNY48.00

J0104255
山文琛书法艺术　山文琛书
青岛 青岛出版社 1998年 91页 26cm（16开）
ISBN：7-5436-1691-2 定价：CNY8.00

J0104256
邵玉铮隶书老子道德经（附白话译注及名
言索引）邵玉铮书
北京 中国档案出版社 1998年 26cm（16开）
ISBN：7-80019-762-X 定价：CNY28.50

J0104257
师岱堂集墨（杨辛泰山诗书集）杨辛书
济南 山东画报出版社 1998年 2版 68页

29cm（16 开）精装 ISBN：7-80603-041-7
定价：CNY68.00

J0104258

世纪之光——九九归一翰墨抒怀 （百年梦圆）[刘朝晖主编]
北京 人民出版社 1998 年 29cm（16 开）
线装 ISBN：7-01-002868-0
定价：CNY3600.00（全 5 册）
　　本书 1 套 5 册，附藏书票 1 套，卷轴 1 幅。

J0104259

世纪之光——九九归一翰墨抒怀 （风雅颂）[刘朝晖主编]
北京 人民出版社 1998 年 56 页 29cm（16 开）
线装 ISBN：7-01-002868-0
定价：CNY3600.00（全 5 册）

J0104260

世纪之光——九九归一翰墨抒怀 （黄钟大吕）[刘朝晖主编]
北京 人民出版社 1998 年 1 附件 29cm（16 开）
经折装 ISBN：7-01-002868-0
定价：CNY3600.00（全 5 册）

J0104261

世纪之光——九九归一翰墨抒怀 （金石长城）[刘朝晖主编]
北京 人民出版社 1998 年 29cm（16 开）经折装
ISBN：7-01-002868-0 定价：CNY3600.00（全 5 册）

J0104262

世纪之光——九九归一翰墨抒怀 （九九归一）[刘朝晖主编]
北京 人民出版社 1998 年 99 叶 29cm（16 开）
线装 ISBN：7-01-002868-0
定价：CNY3600.00（全 5 册）

J0104263

首届当代名家书法精品展作品集 中国书法家协会编
北京 荣宝斋出版社 1998 年 232 页 有彩照
28cm（大 16 开）ISBN：7-5003-0332-7
定价：CNY78.00

J0104264

书法教育家书作 （马岱宗书法艺术）马岱宗书
天津 天津教育出版社 1998 年 46 页 有照片
29cm（16 开）ISBN：7-5309-2954-2
定价：CNY22.00
　　作者马岱宗（1931— ），广西资源人。桂林市教育局调研员，中国书法教育研究会理事，中国书协广西分会理事，桂林市中小学书法教育研究会会长等。

J0104265

宋金涛书法集 宋金涛书
石家庄 河北教育出版社 1998 年 81 页 有彩照
29cm（16 开）ISBN：7-5434-3363-X
定价：CNY55.00

J0104266

天津八家书法集
天津 天津人民美术出版社 1998 年 128 页
有照片 38cm（6 开）ISBN：7-5305-0875-X
定价：CNY118.00

J0104267

童衍方 童衍方[书]；上海中国画院画廊编
上海 上海画报出版社 1998 年 29cm（16 开）
ISBN：7-80530-403-3 定价：CNY48.00
（上海中国画院画家作品丛书）

J0104268

推进祖国和平统一 （摘自江泽民在中国共产党第十五次全国代表大会上的报告）张瑞龄书
北京 华艺出版社 [1998 年] 1 折 36cm（15 开）
经折装 ISBN：7-80142-044-6 定价：CNY12.00

J0104269

万寿图 董世丰作
澳门 万寿出版社 1998 年 26cm（16 开）精装
ISBN：972-97681-0-2

J0104270

汪兴益书法选 汪兴益书
北京 中国经济出版社 1998 年 127 页 38cm（6 开）
精装 ISBN：7-5017-4263-4 定价：CNY258.00

J0104271

王邸书法作品选　王邸［书］

贵阳 贵州人民出版社 1998年 83页 有彩照
29cm（16开）ISBN：7-221-04773-1
定价：CNY80.00

J0104272

王康乐题画诗文墨迹本　王康乐著

杭州 西泠印社 1998年 225页 35cm（15开）
ISBN：7-80517-315-X 定价：CNY45.00

J0104273

王新泉书法作品集　王新泉编著

郑州 河南美术出版社 1998年 89页 有彩照
26cm（16开）ISBN：7-5401-0768-5
定价：CNY19.80

J0104274

王砚辉书兰亭序　王砚辉书

西安 陕西人民美术出版社 1998年 28页
有彩照 29cm（16开）ISBN：7-5368-1126-8
定价：CNY7.80

J0104275

王渊华竹片书法艺术　王渊华书

福州 福建美术出版社 1998年 95页 29cm（16开）
ISBN：7-5393-0754-4
定价：CNY34.00，CNY48.00（精装）

J0104276

韦立荣书法集　韦立荣书

南宁 广西教育出版社 1998年 46页 26cm（16开）
ISBN：7-5435-2708-1 定价：CNY6.00

J0104277

魏传统诗选　魏传统著；刘超等主编

北京 长城出版社 1998年 201页 有照片及图
26cm（16开）ISBN：7-80017-353-4
定价：CNY45.00

J0104278

吴善璋书法作品　吴善璋书

银川 宁夏人民出版社 1998年 68页 有彩照
28cm（大16开）ISBN：7-227-01802-4
定价：CNY88.00

J0104279

西泠印社首届国际书法篆刻大展图录

杭州 西泠印社 1998年 127页 28cm（大16开）
ISBN：7-80517-304-4 定价：CNY98.00

J0104280

郗士格书法作品集　郗士格著

太原 北岳文艺出版社 1998年 150页 25×26cm
ISBN：7-5378-1861-4 定价：CNY36.80

J0104281

现代书法作品选　孙群豪主编；慈溪市文化
局等编辑

宁波 宁波出版社 1998年 65页 28cm（大16开）
ISBN：7-80602-233-3 定价：CNY28.00

J0104282

萧克诗词书法选　萧克著

深圳 海天出版社 1998年 26+232页 有肖像及
照片 20cm（32开）ISBN：7-80615-892-8
定价：CNY19.00

J0104283

心行集　（明夷翰墨抄诗录）二文堂书

杭州 西泠印社 1998年 52页 26×29cm
ISBN：7-80517-310-9 定价：CNY30.00

J0104284

心系中华　（诗文书法作品选）顾新，峻碣主
编；湖北人民广播电台编

武汉 长江文艺出版社 1998年 268页
20cm（32开）ISBN：7-5354-1642-X
定价：CNY31.80

J0104285

徐汉炎手书周恩来诗抄　徐汉炎书

南京 江苏教育出版社 1998年 38cm（6开）
经折装 ISBN：7-5343-3179-X 定价：CNY30.00

J0104286

许业坤书法艺术作品集　许业坤书

西安 陕西人民美术出版社 1998年 47页
28cm（大16开）ISBN：7-5368-1141-1
定价：CNY25.00
（书画家丛书 作品专辑）

外文书名：Xu Yekun's Works of Calligraphy.

J0104287
阎秉会书法　阎秉会［书］
天津　天津人民美术出版社　1998 年　80 页
26cm（16 开）ISBN：7-5305-0842-3
定价：CNY26.00

J0104288
扬州历代诗词　（中国当代书法名家手书）沈鹏，晓光主编
天津　天津人民美术出版社　1998 年　100 页
36cm（15 开）精装　ISBN：7-5305-0788-5
定价：CNY148.00
　　主编沈鹏（1931— ），书法家、美术评论家、诗人。生于江苏江阴。历任中国文联副主席、中国书法家协会主席、中国美术出版总社顾问以及《中国书画》主编、炎黄书画院副院长、中国书画函授大学教授、《书法之友》杂志名誉主席等职。书法作品有著作：《书画论评》《沈鹏书画谈》《三余吟草》《沈鹏书法选》《沈鹏书法作品集》。

J0104289
杨隆山书法选　杨隆山著；李彬主编
西安　陕西人民美术出版社　1998 年　48 页
有照片　29cm（16 开）ISBN：7-5368-1066-0
定价：CNY38.00

J0104290
杨辛独字书法艺术　杨辛著
北京　北京大学出版社　1998 年　17 张　38cm（6 开）
散页套装　ISBN：7-301-03307-9
定价：CNY120.00

J0104291
叶锦培现代书法选　叶锦培著
广州　岭南美术出版社　1998 年　66 页　有照片
26cm（16 开）ISBN：7-5362-1882-6
定价：CNY60.00

J0104292
义乌高清扫书　义乌高清书
福州　福建美术出版社　1998 年　42 页　38cm（6 开）
ISBN：7-5393-0740-4　定价：CNY50.00
　　作者义乌高清，浙江义乌人。原名：吴进、

高清，早年入国立艺专（现为中国美术学院）攻读油画专业。福建美协秘书长。

J0104293
逸墨斋诗稿　石东华撰著
长春　吉林美术出版社　1998 年　17+142 页　有图
19cm（小 32 开）ISBN：7-5386-0779-X
定价：CNY18.00
　　作者石东华（1929—2006），"红学"书法家。吉林省吉林市人。曾任吉林画报社副编审，中国书法家协会会员、吉林省书法家协会名誉理事，中国红楼梦学会会员等。代表作品有《红楼梦诗词书法艺术》《逸墨斋诗稿》。

J0104294
尹先敦行草书菊花诗　尹先敦［书］
郑州　河南美术出版社　1998 年　135 页
26cm（16 开）ISBN：7-5401-0699-9
定价：CNY25.00

J0104295
袁健民书千字文　袁健民书
天津　天津杨柳青画社　1998 年　68 页　26cm（16 开）
ISBN：7-80503-277-7　定价：CNY16.80

J0104296
债翁书志　李智廉书
北京　石油工业出版社　1998 年　141 页　22×28cm
ISBN：7-5021-2454-3　定价：CNY60.00

J0104297
张次辉诗书选　张次辉著
桂林　漓江出版社　1998 年　115 页　有照片
25×26cm　ISBN：7-5407-2195-2　定价：CNY45.00

J0104298
张海新作选　张海书
郑州　河南美术出版社　1998 年　有彩照　37cm
精装　ISBN：7-5401-0727-8　定价：CNY220.00
　　作者张海（1941— ），书法家。祖籍河南偃师县。历任河南省书法家协会主席，艺术品中国资深顾问，河南省书画院院长，郑州大学美术学院院长，中国书法家协会理事，《青少年书法》主编。出版有《张海书法作品集》《张海书增广汉隶辨异歌》等。

J0104299
张浩元书法集　张浩元书
合肥　安徽美术出版社　1998 年　62 页　有彩照
29cm（16 开）ISBN：7-5398-0710-5
定价：CNY38.00

J0104300
张九意书法作品集　张九意书
南宁　广西美术出版社　1998 年　71 页　28×29cm
ISBN：7-80625-379-3　定价：CNY80.00

J0104301
张森　张森书；上海中国画院画廊编
上海　上海画报出版社　1998 年　有照片
29cm（16 开）ISBN：7-80530-391-6
定价：CNY48.00
（上海中国画院画家作品丛书）

J0104302
张之淦书法作品集　张之淦著
台湾　南华管理学院　1998 年　271 页　有照片
30cm（10 开）精装　定价：TWD1200.00

J0104303
郑诵先书法集　郑诵先书
北京　荣宝斋出版社　1998 年　92 页　有照片
42cm（8 开）ISBN：7-5003-0430-7
定价：CNY70.00

J0104304
中国当代书法百家　周兴俊主编
北京　国际文化出版公司　1998 年　429 页　有照片
26cm（16 开）精装　ISBN：7-80105-623-X
定价：CNY125.00

J0104305
中国二十世纪书法大展　（当代书坛名家作品集）
石家庄　河北教育出版社　1998 年　112 页
29cm（16 开）ISBN：7-5434-3017-7
定价：CNY78.00

J0104306
中国跨世纪少儿书法精英　肖华主编；少年书法报社编辑

北京　航空工业出版社　1998 年　387 页　有肖像
26cm（16 开）ISBN：7-80134-272-0
定价：CNY198.00

J0104307
中韩书法家作品宝典　郁志桐主编
北京　人民中国出版社　1998 年　400 页
26cm（16 开）精装　ISBN：7-80065-607-1
定价：CNY168.00

J0104308
钟绍僮墨迹　钟绍僮［书］
南宁　广西美术出版社　1998 年　67 页　有照片
34cm（10 开）ISBN：7-80625-495-1
定价：CNY80.00

J0104309
周恩来墨迹　《周恩来墨迹》编辑委员会编
沈阳　辽宁人民出版社　1998 年　292+14 页
26cm（16 开）ISBN：7-205-03528-7
定价：CNY45.00

J0104310
周慧珺　周慧珺书；上海中国画院画廊编
上海　上海画报出版社　1998 年　29cm（16 开）
ISBN：7-80530-399-1　定价：CNY48.00
（上海中国画院画家作品丛书）

J0104311
朱其善书法集　朱其善书
银川　宁夏人民出版社　1998 年　84 页　有照片
20cm（32 开）ISBN：7-227-01862-8
定价：CNY118.00
　　本书收临明拓汉礼器碑、临王羲之兰亭序、临郑板桥诗、承天寺塔简介碑、郑板桥诗、唐李白诗《静夜思》等 80 余幅作品。作者朱其善（1926—　），书法家。生于镇江，中国书法家协会会员，著有《朱其善书法集》。

J0104312
竹影诗作及当代名家墨宝集　徐竹影编著
大连　大连出版社　1998 年　146 页　26cm（16 开）
ISBN：7-80612-425-X　定价：CNY100.00

J0104313
烛光颂 （中国书法艺术大观）李家原主编
北京 语文出版社 1998 年 576 页 26cm（16 开）
精装 ISBN：7-80126-383-9 定价：CNY168.00
　　主编李家原（1957—　 ），书法家。号静观，
咨砚斋主人，河南固始县人。历任中央国家机关
书协副秘书长，中国书法家协会会员、东方书画
家协会会长，北京当代东方书画艺术交流中心主
任。作品有小楷巨制长卷册页《孙子兵法》《茶
经》《易经》等。

J0104314
篆隶草行真 （五体临帖示范）徐利明著
南京 江苏教育出版社 1998 年 236 页 有肖像
20×29cm ISBN：7-5343-3383-0 定价：CNY28.00
　　作者徐利明，南京艺术学院教授。出版有
《徐利明书画篆刻》。

J0104315
庄廷伟作品集 庄廷伟书
广州 岭南美术出版社 1998 年 29cm（16 开）
ISBN：7-5362-1870-2 定价：CNY20.00
（广州国际艺术博览会丛书）

J0104316
追求 （鄂烈书法与诗文选集）鄂烈著
北京 中国人口出版社 1998 年 48+193 页
20cm（32 开）ISBN：7-80079-519-5
定价：CNY18.00

J0104317
自话集 商承霖著
哈尔滨 哈尔滨出版社 1998 年 144 页 有照片
20cm（32 开）ISBN：7-80639-116-9
定价：CNY196.00（全套）
（黑龙江金色文学选粹）
　　本书为现代中国文学作品与书法集。

J0104318
自选书法篆刻集 黄工乐［书］
成都 四川美术出版社 1998 年 有彩照
29cm（16 开）精装 ISBN：7-5410-1432-X
定价：CNY150.00

J0104319
'99 上海市书法篆刻系列大展 （4 上海青
少年书法篆刻作品集）上海市书法家协会编
上海 上海书画出版社 1999 年 100 页
29cm（16 开）ISBN：7-80635-542-1
定价：CNY325.00（全 3 册）
　　本书所收录的书法篆刻作品均选自"上海市
青少年书法篆刻展"。其中最小的作者年龄仅有
5 岁，他们用自己的笔展现了上海书法的过去、
现在和未来。

J0104320
"小羲之"少儿书法班作品 福建省美术教育
研究会编
福州 福建美术出版社 1999 年 49 页 有照片
21×19cm ISBN：7-5393-0537-1
定价：CNY120.00（全套）
（福建师生书画作品·论文辑 3）
　　本书为现代中国儿童书法集，版权页丛书名
题：福建师生书画论文辑。

J0104321
3500 常用字索查字帖 （草书）李荣国撰书；
陈白柳选编
上海 上海交通大学出版社 1999 年 18+302 页
26cm（16 开）ISBN：7-313-02161-5
定价：CNY24.00

J0104322
'99 全国书法名家作品邀请展作品集 中
国书法家协会等主编
广州 新世纪出版社 1999 年 106 页 有照片
29cm（16 开）ISBN：7-5405-2077-9
定价：CNY68.00
　　本书是将 2000 年 11 月在广东东莞举办的
全国书法名家作品邀请展的一些名家书法作品
汇编成册，以供读者鉴赏。

J0104323
'99 上海市书法篆刻系列大展 （2 上海书
法作品集）上海市书法家协会编
上海 上海书画出版社 1999 年 151 页
28cm（大 16 开）ISBN：7-80635-542-1
定价：CNY325.00（全 3 册）
　　本书收入了上海市作家协会会员、理事沈培

方、徐植、张淳、王晓云、田士威、程十发、孙庆
生等多人的各种笔体的书法作品。

J0104324

安徽当代书法集　安徽省书法家协会编
合肥 安徽美术出版社 1999年 193页 37cm（8开）
精装 ISBN：7-5398-0479-3 定价：CNY260.00

J0104325

巴黎·现代中国书法艺术大展作品集　刘正
成主编
青岛 青岛出版社 1999年 16+197页 37cm
精装 ISBN：7-5436-1958-X 定价：CNY368.00
　　主编刘正成（1946— ），编审。笔名听涛斋
主、八方斋主、松竹梅花堂主人等，生于四川成
都。历任国际书法家协会主席，中国书法家协会
副秘书长，中国书协学术委员会副主任，《中国
书法》杂志社社长、主编，《中国书法全集》主编。
编著有《刘正成书法集》《当代书法精品集——
刘正成》《书法艺术概论》《晤对书艺——刘正成
书法对话录》等。

J0104326

白砥小楷集　白砥［书］
杭州 中国美术学院出版社 1999年 36页
29cm（16开）ISBN：7-81019-733-9
定价：CNY28.00

J0104327

白蕉兰题杂存卷　白蕉书；上海书画出版社编
上海 上海书画出版社 1999年 44页 33cm
ISBN：7-80635-339-9 定价：CNY9.50
（近现代名家丛帖）

J0104328

北墨星云　（黑龙江省书法作品选集）杨克炎
主编；黑龙江省书法作品选集编委会［编］
哈尔滨 哈尔滨出版社 1999年 128页 有肖像
26cm（16开）ISBN：7-80639-242-4
定价：CNY36.00
　　本书收录了黑龙江省书法领域的中国书法
家协会会员的作品及部分省级书法家协会会员
作品。作者杨克炎（1943— ），山东省莱州市
人，中国书法家协会会员，黑龙江省书法家协会
会员，哈尔滨市书法家协会理事。主编《北墨星

云——黑龙江省书法作品选集》。

J0104329

冰青书法集　冰青书
福州 海峡文艺出版社 1999年 96页 26cm（16开）
ISBN：7-80640-269-1 定价：CNY33.00

J0104330

岑元熹书法集　岑元熹［书］；谷天编
北京 ［谷天］1999年 116页 有彩照 26cm（16开）
定价：［赠送］

J0104331

禅思美文　（古今名诗名句一百篇）兆晖书
北京 国际文化出版公司 1999年 123页 有彩照
29cm（16开）ISBN：7-80105-774-0
定价：CNY86.00

J0104332

昌明大师书法集　昌明撰书；隆非编注
武汉 湖北人民出版社 1999年 102页 有彩照
26cm（16开）ISBN：7-216-02449-4
定价：CNY28.00

J0104333

常用字行楷字帖　秦永龙书
北京 新华出版社 1999年 122页 26cm（16开）
ISBN：7-5011-4423-0 定价：CNY17.00

J0104334

陈播书法集　陈播书
杭州 浙江人民美术出版社 1999年 82页 有彩照
38cm（6开）ISBN：7-5340-0898-0
定价：CNY168.00

J0104335

陈春梅书法作品集　陈春梅书
兰州 甘肃人民美术出版社 1999年 29cm（16开）
ISBN：7-80588-300-9 定价：CNY46.00

J0104336

陈启智书法作品集　陈启智书
天津 天津人民美术出版社 1999年 58页 有照片
29cm（16开）ISBN：7-5305-1041-X
定价：CNY38.00

J0104337

陈铁生书法集　[陈铁生作]

[香港]世界华人艺术出版社 1999 年 53 页

有照片 37cm ISBN：962-8246-28-3

定价：HKD108.00，CNY88.00

（中国当代艺术家）

J0104338

陈锡镇书千字文　陈锡镇书

北京 北京科学技术出版社 1999 年 87 页

26cm（16 开）ISBN：7-5304-2335-5

定价：CNY18.00

（当代名家书千字文丛书）

J0104339

陈远书法作品初集　[陈远书]

杭州 西泠印社 1999 年 有照片 38cm（6 开）

ISBN：7-80517-429-6 定价：CNY87.00

　　本书收入作者的《临怀素小草》《文衡山诗》

《周权诗》《辛稼轩西江月》等书法作品七十余幅

以及一些篆刻。作者陈远（1959—　　），书法家。

字余道，祖籍上海，生于福建宁德。历任福建省

宁德市文联副主席，中国书法家协会会员，著有

《中国历代玺印精品博览·花押印》等。

J0104340

陈振国书法作品集　陈振国书

广州 新世纪出版社 1999 年 57 页 有照片

35cm（15 开）精装 ISBN：7-5405-1893-6

定价：CNY50.00

　　作者陈振国（1944—　　），教授。湖北汉阳人，

毕业于广州美术学院中国画系。历任广州美术

学院中国画系主任、教授，广东美协常务理事。

J0104341

成语连环八百阵书法大典　沈鹏主编

北京 金城出版社 1999 年 4 册 26cm（16 开）

ISBN：7-80084-263-0 定价：CNY178.00

　　本书荟萃中国 800 位名家墨宝，将 4000 条

成语纵横排列、上下贯通、首尾相连、循环往复

成一个成语巨型组合图，共分为 800 个方阵，写

成 800 幅书法作品。

J0104342

戴媛墨韵　戴媛书

成都 四川人民出版社 1999 年 208 页 37cm

精装 ISBN：7-220-04473-9 定价：CNY680.00

　　外文书名：Dai Yuan's Rhythm of Ink.

J0104343

当代名家书千字文丛书　田绪明主编

北京 北京科学技术出版社 1999 年 26cm（16 开）

　　主编田绪明（1962—　　），书法家。湖北云梦

人，毕业于首都师范大学书法专业。历任中国书

法家协会会员、中国长城书画协会副秘书长，中

国现代硬笔书法研究会会员，全国神剑文学艺术

学会会员。编著有《北魏墓志三种解析字帖》《张

黑女墓志放大本》《汉张迁碑放大本》等。

J0104344

当代书法家精品集　（刘正成）

石家庄 河北教育出版社 1999 年 183 页

有照片 37cm 精装 ISBN：7-5434-3499-7

定价：CNY360.00

J0104345

当代书风　（何满宗书法集 第一卷 斗方创意）

周湘麟主编

长沙 湖南美术出版社 1999 年 97 页 有照片

29cm（12 开）ISBN：7-5356-1225-3

定价：CNY120.00，CNY150.00（精装）

J0104346

当代中国著名书法家作品选集　陈新良主编

西安 陕西人民出版社 1999 年 240 页

26cm（16 开）ISBN：7-224-04796-1

定价：CNY26.00

J0104347

第三届全国楹联书法大展作品集　中国书

法家协会、浙江省义乌市人民政府主编

北京 荣宝斋出版社 1999 年 292 页 29cm（16 开）

ISBN：7-5003-0467-6 定价：CNY48.00

J0104348

第三届山东省书法篆刻展览作品集　山东

省书法家协会编

北京 新华出版社 1999 年 227 页 29cm（16 开）

ISBN：7-5011-4629-2 定价：CNY118.00

　　本书收录了山东省第三届书法篆刻作品展

览的获奖和参展作品，其中包括孟鸿声、刘鸿田、庄泽智、宁兰智、燕守谷篆刻等。

J0104349

第四届国际文化交流赛克勒杯中国书法竞赛作品集　国际文化交流赛克勒杯中国书法竞赛组委会编

北京　国际文化出版公司　1999 年　141 页　有肖像及彩照　25×25cm　ISBN：7-80105-783-X

定价：CNY78.00

J0104350

第五届国际书法交流台北大展　（2000）一灯等编辑

台北　中国书法学会　1999 年　374 页　有肖像　30cm（10 开）精装　ISBN：957-97434-2-8

定价：TWD1000.00

　　本书是第五届国际书法交流台北大展的资料集，收录有：献词、历届书法交流一览表、作品及书法家简介等内容。外文书名：The 5th International Chinese Calligraphy Exchange Exhibition in Taibei.

J0104351

第一届全国少年儿童书法展览作品集　蔡祥麟主编

北京　荣宝斋出版社　1999 年　312 页　25×26cm　ISBN：7-5003-0482-X　定价：CNY96.00

J0104352

二十世纪宁波书坛回顾　（书法作品选集）徐良雄主编

宁波　宁波出版社　1999 年　153 页　29cm（16 开）精装　ISBN：7-80602-345-3　定价：CNY180.00

J0104353

二十世纪中国名人墨宝　南兆旭主编

广州　广东旅游出版社　1999 年　14+486 页　有照片　42cm（8 开）精装　ISBN：7-80521-841-2

定价：CNY1999.00

J0104354

方志恩书法艺术　方志恩［书］

杭州　中国美术学院出版社　1999 年　41 页　有彩照　29cm（16 开）　ISBN：7-81019-736-3

定价：CNY46.00

J0104355

费新我书法集　费新我书

南京　江苏美术出版社　1999 年　重印本　83 页　有照片　38cm（8 开）　ISBN：7-5344-0213-1

定价：CNY58.00

　　本书作者自幼酷爱书画，勤奋好学、坚持不懈。早年画过西与画和中国画。其书法先从唐入手，上溯南北朝、魏、汉，探源穷微，博采众长。本书汇集其毕生书作精品 80 余件，反映了作者书法艺术的独特风貌及艺术成就。作者费新我（1903—1992），书法家、画家。学名斯恩，原字省吾，字立千、号立斋，后改名新我，湖州南浔双林镇人。毕业于上海白鹅绘画学校。代表作品有《怎样画毛笔画》《怎样学书法》《楷书初阶》《怎样画铅笔画》。

J0104356

福建书法作品集　福建省书法家协会编

福州　福建美术出版社　1999 年　324 页　29cm（18 开）　ISBN：7-5393-0852-4

定价：CNY98.00，CNY118.00（精装）

J0104357

傅伯言书法作品集　傅伯言书

广州　岭南美术出版社　1999 年　88 页　有彩照　28cm（大 16 开）　ISBN：7-5362-2042-1

定价：CNY85.00

J0104358

高庆春书法篆刻集　高庆春［作］

哈尔滨　黑龙江美术出版社　1999 年　83 页　29cm（16 开）　ISBN：7-5318-0629-0

定价：CNY46.00

J0104359

高占祥书法作品集　［任慧英，罗杨主编］

沈阳　辽宁美术出版社　1999 年　41cm（8 开）散页装　ISBN：978-7-5314-2261-7

定价：CNY980.00

J0104360

故乡屋檐下　蔡芳本诗；蔡宗伟书

福州　海风出版社　1999 年　93 页　有彩照

21×19cm ISBN：7-80597-222-2 定价：CNY24.80

　　本书为蔡芳本关于老泉州的"诗配影"，曾以"故乡屋檐下"为总题在报刊连载，本次出版配以蔡宗伟的书法，创出了诗书影"三合一"的独特形式。

J0104361

广东省书法界"晚霞工程"系列丛书　广东省书法家协会，广东省文史馆编
广州　岭南美术出版社［1999年］29cm（16开）

J0104362

郭钧西草书长恨歌　郭钧西［书］
西安　陕西人民美术出版社　1999年　35页
有照片　29cm（16开）ISBN：7-5368-1223-X
定价：CNY12.00

J0104363

郭沫若书法集　《郭沫若书法集》编委会编
成都　四川辞书出版社　1999年　311页　有照片
38cm（6开）精装　ISBN：7-80543-791-2
定价：CNY880.00

J0104364

海口书法篆刻集　杨毅主编
海口　南海出版公司　1999年　94页　有照片
28cm（大16开）ISBN：7-5442-1044-8
定价：CNY40.00

　　主编杨毅（1949—　　），书法家。海南琼山市人。历任海口市文联副主席，中国书法家协会会员。作品有《杨毅书画作品集》《影子》等。

J0104365

何鲁书风　何鲁书；程重赓主编
重庆　重庆出版社　1999年　16页　29cm（16开）
ISBN：7-5366-4400-0　定价：CNY12.00
（中国历代书风系列）

J0104366

黑龙江书法精品　（珍藏本）
哈尔滨　哈尔滨出版社　1999年　98页
26cm（16开）精装　ISBN：7-80639-229-7
定价：CNY288.00［全套］
（黑土文学选粹）

J0104367

弘一大师墨宝：修行联语格言精华　心佛居士编著
台北　世界佛教出版社　1999年　207页　有图
21cm（32开）ISBN：957-0392-01-0
定价：TWD200.00

J0104368

洪丕谟书法集　洪丕谟书
上海　复旦大学出版社　1999年　107页　有彩照
38cm（6开）精装　ISBN：7-309-02404-4
定价：CNY120.00

　　作者洪丕谟（1940—2005），医生、教师。生于上海，毕业于上海市卫生局中医大专班。华东政法学院教师。中国书法家协会第一届学术委员，上海市大学书法教育学会会长等。著有《洪丕谟书法集》《中国书法史话》等。

J0104369

胡德才书法　胡德才书
北京　民族出版社　1999年　56页　有彩照
29cm（16开）ISBN：7-105-03754-7
定价：CNY50.00

　　本书收录了"长乐"、"情"、"寿"、"酒"、"弄潮"、"飘逸"、"万里长风送秋雁"、"路在脚下"等书法作品56篇。作者胡德才，瑶族，广西金秀瑶族自治县人。广西书法家协会会员。著有《胡德才书法》。

J0104370

胡小石临敬使君碑等　胡小石［书］
合肥　安徽美术出版社　1999年　37cm
ISBN：7-5398-0737-7　定价：CNY14.00
（名家临书　第二辑　7）

J0104371

黄宾虹书法集　黄宾虹书
上海　上海书画出版社　1999年　170页　有照片
38cm（6开）精装　ISBN：7-80635-314-3
定价：CNY120.00

　　作者黄宾虹（1865—1955），山水画家。初名懋质，后改名质，字朴存，号宾虹，别署予向。生于浙江金华，原籍安徽歙县，代表作《山居烟雨》《新安江舟中作》等，著有《黄山画家源流考》《虹庐画谈》《画法要旨》等作品。

J0104372

黄宾虹书信墨迹　黄宾虹书；钱学文编

北京　荣宝斋出版社　1999 年　207 页

28cm（大 16 开）ISBN：7-5003-0426-9

定价：CNY48.00

J0104373

黄河书法集　黄河［书］

北京　长城出版社　1999 年　51 页　有照片

29cm（16 开）ISBN：7-80017-486-7

定价：CNY60.00

J0104374

黄中航书法集　黄中航书

北京　中国画报出版社　1999 年　有照片

29cm（16 开）ISBN：7-80024-547-0

定价：CNY24.80

（当代中国艺术家丛书 23）

　　外文书名：Calligraphys by Huang Zhonghang.
作者黄中航（1964— ），号渔樵、渔村，斋名烟雨楼，生于山东东明，中国书法家协会山东分会会员。作品有《黄中航书法集》。

J0104375

惠民诗词楹联书画集　张惠民著

福州　海风出版社　1999 年　11+130 页　有图

19cm（小 32 开）ISBN：7-80597-239-7

定价：CNY12.60

　　作者张惠民，美术教师。毕业于广州美术专科学校，历任南宁、桂林、百色等中学及南武师范学校美术教师，广西壮族自治区美术家协会会员，中华全国中医学会广西分会副会长。

J0104376

霍安荣　佟铸书法作品集　霍安荣，佟铸书

沈阳　辽宁美术出版社　1999 年　64 页　有照片

26cm（16 开）ISBN：7-5314-2259-X

定价：CNY52.00

　　作者佟铸（1928— ），满族，教授，画家。辽宁沈阳人，中国书画函授大学盛京分校常务副校长、教授，中国书法家协会会员。

J0104377

吉祥语五体字帖　刘小晴等书

上海　上海书画出版社　1999 年　117 页　25×26cm

ISBN：7-80635-355-0　定价：CNY28.00

J0104378

济南市书法家协会会员作品选集

济南　济南出版社　1999 年　182 页　29cm（16 开）

ISBN：978-7-80629-484-0　定价：CNY135.00

J0104379

甲骨文集联　南朝明著

沈阳　辽宁美术出版社　1999 年　101 页

32cm（10 开）精装　ISBN：7-5314-2281-6

定价：CNY98.00

J0104380

甲骨文字歌　何崝著

上海　上海书画出版社　1999 年　131 页

26cm（16 开）ISBN：7-80635-544-8

定价：CNY22.00

　　本书以诗歌的形式编排甲骨文，用甲、篆、楷三体对照书写，是一部学习甲骨文的较为通俗的著作。全书分为自序、原版周序、前甲散字歌、后甲骨文字歌、注释、甲骨文字歌用字例等部分。作者何崝（1947— ），教授。四川成都人，毕业于华东师范大学中文系。四川大学历史文化学院教授、硕士生导师，中国文字学会会员，中国书法家协会会员，四川省书学学会副会长。著有《中国古代社会研究》《甲骨文字研究》《商文化管窥》《实用六体书字典》等。

J0104381

江浩墨趣　［江浩作］

福州　海潮摄影艺术出版社　1999 年　60 页

有彩照及图 28cm（大 16 开）精装

ISBN：7-80562-676-6　定价：CNY48.00

　　本书收入作者的书法、篆刻和绘画作品多则。作者江浩（1933— ），福建仙游人，曾在厦门市绿化办公室、厦门市中级人民法院、厦门市人大常委会、中共厦门市委政法委员会工作。著有《艺海放舟》等。

J0104382

江苏书法五十年　（1949— 1999）尉天池主编

南京　江苏美术出版社　1999 年　217 页

29cm（16 开）精装　ISBN：7-5344-0989-6

定价：CNY280.00

J0104383
江苏楹联书法作品选　刘禾生，刘晖主编
南京　南京师范大学出版社 1999 年 209 页
26cm（16 开）ISBN：7-81047-394-8
定价：CNY28.00

J0104384
蒋力华书法选　蒋力华书
长春　吉林美术出版社 1999 年 101 页 有彩照
29cm（16 开）ISBN：7-5386-0896-6
定价：CNY38.00

J0104385
九怪山人书法集　李仲安书
重庆　重庆出版社 1999 年 63 页 29cm（16 开）
ISBN：7-5366-4341-1 定价：CNY15.00
　　作者李仲安（1919—　），书法家。别号李
九怪、九怪山人，生于江苏苏州。作品有《百龟
图》等。

J0104386
九乡题咏　九乡风景名胜区管理局编
[九乡风景名胜区管理局] 1999 年 18cm（小 32 开）
定价：CNY5.00
（九乡风物·丛书 2）

J0104387
军旅翰墨　万一摄影
南宁 广西美术出版社 1999 年 93 页 29cm（16 开）
精装 ISBN：7-80625-739-X 定价：CNY80.00

J0104388
楷书繁简两体唐诗　李文采书
杭州　西泠印社 1999 年 138 页 26cm（16 开）
ISBN：7-80517-381-8 定价：CNY18.00

J0104389
昆明当代书法选集　昆明市文学艺术界联合
会，昆明当代书法选集编委会编
昆明　云南美术出版社 1999 年 104 页
29cm（16 开）ISBN：7-80586-600-7
定价：CNY100.00
（昆明市文学艺术界联合会艺术类丛书 3）
　　本书集选了昆明当代的书法作品约 100 余
件，记录了昆明半个世纪以来书法艺术活动的

成就。

J0104390
李潨手书诗选　李潨书
长沙　岳麓书社 1999 年 91 页 有照片
25 × 27cm ISBN：7-80520-883-2
定价：CNY32.00，CNY37.00（精装）

J0104391
李大钊诗帖　贺兴中编撰
北京　科学普及出版社 1999 年 66 页 有肖像
26cm（16 开）ISBN：7-110-04694-X
定价：CNY15.00

J0104392
李铎行书千字文　李铎书
北京 北京科学技术出版社 1999 年 107 页
26cm（16 开）ISBN：7-5304-2339-8
定价：CNY22.00
（当代名家书千字文丛书）

J0104393
李炯书法集　李炯书
西安　陕西旅游出版社 1999 年 70 页
28cm（大 16 开）ISBN：7-5418-1666-3
定价：CNY28.00
　　作者李炯（1939—　），笔名凝丹，陕西西
安人。机械工业部第十一设计研究院研究员级
高工，陕西省书法家协会会员，著有《李炯书法
集》等。

J0104394
李普同书法纪念展　历史博物馆编辑委员会
编辑
台北　历史博物馆 1999 年 163 页 有照片
30cm（10 开）精装 ISBN：957-02-5170-0
定价：TWD400.00

J0104395
李强书法集　李强编著
郑州　河南美术出版社 1999 年 69 页 有照片
29cm（16 开）ISBN：7-5401-0790-1
定价：CNY58.00
　　本书收入"大方无隅"、"白居易长恨歌"、
"墨经摘句"、"陈元光四灵为畜赋"、"司马光资治

通鉴摘句"等书法作品。

J0104396
李然书前后赤壁赋　前后出师表　李然[书]
北京 海潮出版社 1999 年 80 页 29cm（16 开）
ISBN：7-80151-125-5 定价：CNY30.00（全 2 册）
　　本书由《李然书前后赤壁赋》《李然书前后
出师表》合订。收录了李然所书写的草书：前赤
壁赋、后赤壁赋等作品，其字劲健雄逸，精能古
雅，给人以美感。

J0104397
李树杰书法篆刻作品选　李树杰[书]
北京 中国档案出版社 1999 年 24 页 29cm（16 开）
ISBN：7-80019-703-4 定价：CNY28.00
（中国书画家）
　　作者李树杰（1959—　），生于河北束鹿县。
中国白马书画院秘书长，中国书法家协会会员。
著有《李树杰书法篆刻作品选》。

J0104398
李新明书法集　（汉英对照）李新明绘
北京 中国画报出版社 1999 年 29cm（16 开）
ISBN：7-80024-547-0 定价：CNY24.80
（当代中国艺术家丛书）

J0104399
李英书法艺术　李英书；茹郁青编纂
海口 南海出版公司 1999 年 58 页 有照片
29cm（16 开）ISBN：7-5442-1262-9
定价：CNY50.00

J0104400
李正刚书法集　李正刚书；萧平主编
南京 江苏美术出版社 1999 年 89 页 有彩照
25×26cm 精装 ISBN：7-5344-0948-9
定价：CNY280.00

J0104401
李志平书法作品集　李志平著
呼和浩特 内蒙古人民出版社 1999 年 72 页
29cm（16 开）ISBN：7-204-05159-9
定价：CNY82.00

J0104402
李著豪书法作品集　李著豪书
桂林 漓江出版社 1999 年 95 页 29cm（16 开）
ISBN：7-5407-2412-9 定价：CNY80.00

J0104403
隶书唐诗字帖　李文采书
杭州 西泠印社 1999 年 51 页 26cm（16 开）
ISBN：7-80517-380-X 定价：CNY9.80

J0104404
隶书银行法　段学明书
北京 中国摄影出版社 1999 年 150 页
20cm（32 开）ISBN：7-80007-326-2
定价：CNY20.00
　　本书既宣传了国家金融界的一部重要法规，
又为书法爱好者提供了一个临习的范本，对读者
学法、欣赏、习书，可为一举多得的好事。作者
段学明（1955—　），研究员。生于北京。就职于
中国人民保险公司，中国民族书画艺术研究院研
究员、中国企业家俱乐部书画院院士。著有《隶
书保险法》《隶书银行法》《养生书法》等。

J0104405
刘锡山书法
济南 山东美术出版社 1999 年 50 页 有照片
29cm（16 开）ISBN：7-5330-1319-0
定价：CNY38.00

J0104406
刘一仑书法篆刻　刘一仑著
长沙 湖南美术出版社 1999 年 72 页
28cm（大 16 开）ISBN：7-5356-1101-X
定价：CNY25.00

J0104407
刘艺书法作品集　刘艺著
北京 荣宝斋出版社 1999 年 112 页 有照片
38cm（6 开）精装 ISBN：7-5003-0475-7
定价：CNY120.00
　　本书以收录了刘艺书法家草书作品为主，
同时涉及章草、行书、篆书、隶书、楷书五种字
体共 77 幅书法作品和作者常用印章。作者刘艺
（1931—2016），书法家。原名王平，别署王实子，
原籍台湾台中市。历任中国书法家协会副主席，

中国书法家协会副主席、创作评审委员会主任、编审，中国书法家协会顾问等。代表作品《书苑徘徊》，著有《刘艺书法作品集》《刘艺草书秋兴八首》等。

J0104408

刘艺章草千字文　刘艺书
北京　北京科学技术出版社　1999 年　86 页
26cm（16 开）ISBN：7-5304-2338-X
定价：CNY18.00
（当代名家书千字文丛书）

J0104409

卢有光书法　卢有光书
广州　广东旅游出版社　1999 年　91 页　有照片
29cm（16 开）ISBN：7-80521-840-4
定价：CNY50.00

作者卢有光（1938—　），书法家。生于广东肇庆。历任中国书法家协会会员、广东省书法家协会副主席、广州市文史研究馆副馆长。著有《卢有光书法选集》《王羲之兰亭序书法入门》《卢有光楹联展书法集》《卢有光书法新作选》《卢有光书道展》。

J0104410

卢兆祥书法集　卢兆祥书
西安　太白文艺出版社　1999 年　57 页　有彩照
25×26cm　ISBN：7-80605-820-6　定价：CNY30.00

作者卢兆祥（1943—　），研究员。生于陕西洋县，毕业于西安美术学院。历任陕西省书法教育研究会会长，西安美术学院研究院研究员，陕西省高等学校艺术教育研究会会长，中国美术教育研究会会员，陕西美术出版社特邀编审等职。出版有《装饰风景》《校园美术》《书法艺术》《卢兆祥画集》等。

J0104411

马建钧书法篆刻集　马建钧著
北京　人民美术出版社　1999 年　56 页　有照片
26cm（16 开）ISBN：7-102-02020-1
定价：CNY17.00

J0104412

毛泽东手书精选　（十卷）毛泽东撰并书；中央档案馆编
北京　中国档案出版社　1999 年　影印暨胶印本
线装　ISBN：7-80019-918-5　定价：CNY2980.00
分十册。据民国十年稿本影印。

J0104413

孟繁锦书法集　孟繁锦书
北京　蓝天出版社　1999 年　48 页　有照片
29cm（16 开）ISBN：7-80081-880-2
定价：CNY68.00

作者孟繁锦（1939—2014），中国当代著名楹联家、书法家。吉林梨树县人。毕业于空军导弹学院。曾任空军政治部文化部部长、中国书法家学会会员、空军老干部书画研究会副会长、中国楹联学会常务理事等。代表作品《中国空军进行曲》歌词。著有作《孟繁锦书法集》《蓝天翰墨大观》《百家联稿》等。

J0104414

苗培红书法集　[苗培红书]
北京　大众文艺出版社　1999 年　有照片
29cm（16 开）ISBN：7-80094-774-2
定价：CNY150.00（全 10 册）
（当代中国书画家精品系列书画集）

J0104415

名诗佳句书法　（夏湘平书法作品选）夏湘平书
北京　北京体育大学出版社　1999 年　83 页
有照片　29cm（16 开）ISBN：7-81051-249-8
定价：CNY16.00

J0104416

名贤题咏　中国常德诗墙丛书编委会编
北京　中国文联出版公司　1999 年　65 页
29cm（16 开）ISBN：7-5059-3370-1
定价：CNY28.00
（中国常德诗墙丛书　书画系列 2）

J0104417

墨池　（李挥诗书集）李挥书
长春　吉林美术出版社　1999 年　83 页　有照片
29cm（16 开）ISBN：7-5386-0871-0
定价：CNY58.00

J0104418

墨海探笔　（潘琦书法作品集）潘琦书

南宁 广西美术出版社 1999年 80页 有照片
29cm（16开） 精装 ISBN：7-80625-634-2
定价：CNY68.00

J0104419

墨苑荟萃 （赵锦云楷行书千字文）[赵锦云书]
天津 天津杨柳青画社 1999年 66页 29cm（16开）
ISBN：7-80503-218-1 定价：CNY25.00

本书为赵锦云所书千字文有楷行两种，书法以唐楷奠其基，以行书活其脉，入欧阳率更之室，取法《九成宫》《夫子庙堂碑》等。作者赵锦云，字凌肖，河北文安县人。文安镇文化站站长，著有《墨苑荟萃——赵锦云楷行书千字文》等。

J0104420

沐雨楼翰墨留真 （杨仁恺书法集）杨仁恺书
沈阳 春风文艺出版社 1999年 163页 有彩照
29cm（16开） 精装 ISBN：7-5313-2161-0
定价：CNY180.00

作者杨仁恺（1915—2008），博物馆学家、书画鉴赏大师、书画大家、美术史家。号遗民，笔名易木，斋名沐雨楼。四川岳池人。曾任中国博物馆协会名誉理事，文史研究馆名誉馆长，人民大学国学院教授，中央美术学院研究生导师，美术家协会名誉主席等职。代表作品有《国宝沉浮录》《中国书画鉴定学稿》《沐雨楼书画论稿》等。

J0104421

潘伯鹰题二王帖卷 潘伯鹰书；上海书画出版社编
上海 上海书画出版社 1999年 16页 33cm
ISBN：7-80635-347-X 定价：CNY6.00
（近现代名家丛帖）

作者潘伯鹰（1904—1966），书法家、诗人、小说家。安徽怀宁人。原名式，字伯鹰，后以字行，号兔公有发翁，别署孤云。小说作品有《人海微澜》《隐刑》《寒安五记》等。论著有《书法杂论》《中国的书法》《中国书法简论》。作品出版有《潘伯鹰行草墨迹》等。

J0104422

潘梦石书法集 潘梦石书
北京 中国画报出版社 1999年 有彩照
29cm（16开） ISBN：7-80024-547-0
定价：CNY24.80

（当代中国艺术家丛书 书法作品 14）

J0104423

启笛手书毛泽东诗词 启笛[书]
北京 中国摄影出版社 1999年 75页 有照片
28×28cm 精装 ISBN：7-80007-335-1
定价：CNY260.00

本书是依据中央文献出版社1996年出版的《毛泽东诗词集》而书写的。其中：毛泽东诗词六十七首，毛泽东奉和知名人士的诗词以及读名人诗词的批语（诗语）共六首。作者袁守启（1948—　），研究员，博士生导师。笔名启笛，山东莘县人。毕业于山东大学。历任国家发展和改革委员会宏观经济研究院研究员、中国东方文化研究会会长、中国宏观经济研究会副会长、中国书法艺术研究院院长。中国书法家协会会员，中国王羲之基金会理事，国际书画学会会员。创造方正启笛字体。编著有《中国书法简明教程》《启笛手书毛泽东诗词四十首》《启笛钢笔书法字帖》等。

J0104424

庆祝中华人民共和国成立五十周年系列书法大展作品集 庆祝中华人民共和国成立五十周年系列书法大展组委会编
北京 中国文联出版社 1999年 313页
29cm（16开） ISBN：7-5059-3492-9
定价：CNY120.00

J0104425

邱柏源书法集 [邱柏源书]
北京 大众文艺出版社 1999年 有照片
29cm（16开） ISBN：7-80094-774-2
定价：CNY150.00（全10册）
（当代中国书画家精品系列书画集）

J0104426

区潜云书法集 区潜云书；广东省书法家协会编
广州 岭南美术出版社 1999年 113页 有照片
38cm（6开） ISBN：7-5362-1976-8
定价：CNY80.20
（广东省书法界"晚霞工程"系列丛书）

J0104427

全国书法百家作品集 郑州市人大常委会办公厅, 河南省书法家协会编

郑州 河南美术出版社 1999年 29cm(16开)

ISBN: 7-5401-0838-X 定价: CNY46.00

本书收有王有杰、岳修武、沈鹏、李铎、刘炳森、于曙光、于小山、王友谊、王冬龄、刘云泉、刘文华、孙伯翔等百家书法作品。

J0104428

任步武书法作品集 任步武书

北京 中国文联出版公司 1999年 114页 有彩照 38cm(6开) 精装 ISBN: 7-5059-1674-2

定价: CNY268.00

作者任步武, 中国书法家协会会员, 宝鸡市书法家协会副主席等。

J0104429

山西文艺创作五十年精品选 (1949–1999 书法卷)

太原 山西人民出版社 1999年 150页 29cm(16开) 精装 ISBN: 7-203-03857-2

定价: CNY238.00

J0104430

邵华泽书法集 邵华泽[书]

北京 人民美术出版社 1999年 38cm(6开) 精装 ISBN: 7-102-02077-5 定价: CNY350.00

本书收作者书法作品111幅, 并附有"邵宗伯先生法书的由来"、"邵华泽书法艺术活动"、"邵华泽常用印章"。作者邵华泽(1933—), 人民日报社社长, 中国书法家协会会员。

J0104431

邵式平遗墨 邵式平书

南昌 江西美术出版社 1999年 110页 有肖像 42cm(8开) ISBN: 7-80580-635-7

定价: CNY200.00(精装), CNY260.00(豪华本)

J0104432

沈尹默墨迹二种 沈尹默书; 上海书画出版社编

上海 上海书画出版社 1999年 10页 33cm

ISBN: 7-80635-348-8 定价: CNY3.80

(近现代名家丛帖)

作者沈尹默(1883—1971), 学者、诗人、书法家、教育家。出生于陕西汉阴, 祖籍浙江吴兴。初名君默、字中、号秋明。曾任北京大学文学教授, 河北省教育厅厅长、中法文化交流出版委员会主任、上海市文联副主席、上海市文管会委员、上海中国书法篆刻研究会主任等职。代表作有《沈尹默手稿墨迹》《二王法书管窥》《历代名家学书经验谈辑要释义》。

J0104433

沈尹默手稿墨迹 [沈尹默书]; 张晓明主编

上海 上海书画出版社 1999年 110页 29cm(16开) 精装 ISBN: 7-80635-514-6

定价: CNY120.00

本书收集了沈尹默先生的草稿、书札等四十件, 能让人进一步全面了解他高超的书法艺术风范。

J0104434

石鼓文全集 杨文明著

昆明 云南人民出版社 1999年 64页 有照片 26cm(16开) ISBN: 7-222-02732-7

定价: CNY12.00

J0104435

石鼓文书法之春 (唐金海创集石鼓文书法荟萃 中英日文本)唐金海著;(日)原田松三郎日译; 唐涛, 唐澜英译

上海 文汇出版社 1999年 149页 有照片 29cm(16开) 精装 ISBN: 7-80531-660-0

定价: CNY128.00

本书收作者的石鼓文书法作品多幅, 包括格言、对联、诗句等, 文字古朴优美、令人回味无穷, 是不可多得的艺术品。作者唐金海(1941—), 教授。生于上海。毕业于复旦大学。历任复旦大学教授、博士生导师, 中国新文学学会副会长, 茅盾研究会常务理事, 巴金研究所顾问。著有《石鼓文书法之春》《新文学里程碑》《作家学论纲》等。

J0104436

世纪之交千人千作 (全国第七届书法篆刻展览作品集)蔡祥麟主编

北京 荣宝斋出版社 1999年 3册(282; 598; 250页)29cm(16开)

ISBN：7-5003-0481-1 定价：CNY148.00

J0104437
书法篆刻选集　北京市文史研究馆编
北京 北京出版社 1999 年 69 页 29cm（16 开）
ISBN：7-200-03792-3 定价：CNY55.00

J0104438
书法字帖　朱家旺书
昆明 云南美术出版社 1999 年 69 页 26cm（16 开）
ISBN：7-80586-574-4 定价：CNY8.80

J0104439
舒玉清书法作品选　[舒玉清书]
成都 四川美术出版社 1999 年 32 页 有彩照
29cm（16 开）ISBN：7-5410-1733-7
定价：CNY26.00
　　本书是中青年书法家舒玉清先生的书法作品集，读他的作品，可以从中看出他是在以自己心灵轨迹为契机，书写人的精神境界。作者舒玉清（1955—　），四川广元人，四川省广元市驻成都办事处副主任，四川省书法家协会会员、广元市青年联合会副秘书长，著有《舒玉清书法作品选》。

J0104440
宋季丁书风　宋季丁书；王歌之主编
重庆 重庆出版社 1999 年 40 页 29cm（16 开）
ISBN：7-5366-4403-5 定价：CNY22.00
（中国历代书风系列）

J0104441
宋英书法选　[宋英书]
济南 山东美术出版社 1999 年 52 页 25×24cm
ISBN：7-5330-1294-1 定价：CNY12.00
　　本书收有作者的各体书法作品，风格浑厚典雅，笔力遒劲，气势奔放。

J0104442
谭延闿书风　谭延闿书；程重赓主编
重庆 重庆出版社 1999 年 16 页 29cm（18 开）
ISBN：7-5366-4401-9 定价：CNY12.00
（中国历代书风系列）
　　作者谭延闿（1880—1930），政治家、书法家、诗人。字组庵，号畏三，湖南茶陵人。曾任

国民政府主席、行政院长等职。代表作品《组庵诗集》《慈卫室诗草》等。

J0104443
田树苌书法集　[田树苌书]
北京 荣宝斋出版社 1999 年 112 页 有照片
37cm ISBN：7-5003-0480-3 定价：CNY72.00
　　作者田树苌（1944—　），书法家。字楚材，生于山西省祁县。历任中国书法家协会理事，中国书协书法培训中心教授，一级美术师。著有《田树苌书法集》等。

J0104444
王朝宾书法集　[王朝宾书]
郑州 河南美术出版社 1999 年 37cm
ISBN：7-5401-0798-7
定价：CNY76.00，CNY120.00（精装）

J0104445
王澄诗文书法集　王澄编著
郑州 河南美术出版社 1999 年 265 页
29cm（16 开）精装 ISBN：7-5401-0866-5
定价：CNY188.00
　　本书收录了王澄的诗文和书法，有现代书法、楷书扇面、行书斗方、草书横幅、行草书册页、行书轴等。

J0104446
王恩科师生书法集　[王恩科等书]
上海 上海画报出版社 1999 年 84 页 29cm（16 开）
精装 ISBN：7-80530-466-1 定价：CNY160.00

J0104447
王祥之隶书诗联声律　王祥之编著
北京 中国人民公安大学出版社 1999 年
13+150 页 26cm（16 开）ISBN：7-81059-411-7
定价：CNY30.00

J0104448
王玉玺书七体千字文　（草书）[张业法主编；山东书法家协会编]
济南 山东文艺出版社 1999 年 16 叶 30cm（16 开）
线装

J0104449
王玉玺书七体千字文 （大篆）[张业法主编；山东书法家协会编]
济南 山东文艺出版社 1999年 16叶 30cm（16开）
线装

J0104450
王玉玺书七体千字文 （行书）[张业法主编；山东书法家协会编]
济南 山东文艺出版社 1999年 16叶 30cm（16开）
线装

J0104451
王玉玺书七体千字文 （楷书）[张业法主编；山东书法家协会编]
济南 山东文艺出版社 1999年 16叶 30cm（16开）
线装

J0104452
王玉玺书七体千字文 （隶书）[张业法主编；山东书法家协会编]
济南 山东文艺出版社 1999年 16叶 30cm（16开）
线装

J0104453
王玉玺书七体千字文 （小篆）[张业法主编；山东书法家协会编]
济南 山东文艺出版社 1999年 16叶 30cm（16开）
线装

J0104454
王玉玺书七体千字文 （章草）[张业法主编；山东书法家协会编]
济南 山东文艺出版社 1999年 16叶 30cm（16开）
线装

J0104455
王正良书法选　王正良书
西安 陕西人民美术出版社 1999年 43页
有照片 29cm（16开）ISBN：7-5368-1210-8
定价：CNY13.50
　　作者王正良（1949—　），编辑。浙江嵊县人，历任《浙江青年报》总编，兼《中国钢笔书法》杂志主编，中国硬笔书法家协会副主席。

J0104456
王壮为书法集　王壮为书
北京 人民美术出版社 1999年 108页 有照片
28cm（大16开）ISBN：7-102-01749-9
定价：CNY45.00

J0104457
忘斋书法集　鲍江逊书
北京 荣宝斋出版社 1999年 149页 有照片
38cm（6开）精装 ISBN：7-5003-0473-0
定价：CNY156.00
　　作者鲍江逊（1947—　），号忘斋，湖北蒲圻人，作品有《忘斋书法集》。

J0104458
韦克义书法　韦克义书
南宁 广西美术出版社 1999年 72页 有彩照
29cm（18开）ISBN：7-80625-709-8
定价：CNY35.00, CNY58.00（精装）
　　作者韦克义（1949—　），壮族，广西宜州市人。曾在广西区监察厅供职，历任广西社会科学院党组书记，广西民族书画院副院长，广西玉林市文联名誉主席，广西硬笔书法协会副主席等。著作《秘书工作通书》《钢笔魏体隶书字帖》等。

J0104459
无锡书法作品选
上海 百家出版社 1999年 112页 29cm（16开）
ISBN：7-80656-000-9 定价：CNY30.00

J0104460
吴汉书法选集　[吴汉书]
南宁 广西美术出版社 1999年 71页 29cm（16开）
ISBN：7-80625-804-3 定价：CNY50.00
　　本书包括：《毛泽东词一首》《毛泽东诗句》《续千字文》《夏》《自强不息》《奋发向上》等书法作品。作者吴汉（1937—　），书法家。广西那坡县人，广西书法家协会会员、中国书法家协会会员。代表作《吴汉书法选集》。

J0104461
吴湖帆佞宋词痕册　吴湖帆书；上海书画出版社编
上海 上海书画出版社 1999年 20页 33cm
ISBN：7-80635-349-6 定价：CNY6.00

（近现代名家丛帖）

作者吴湖帆（1894—1968），山水画家、书法家、鉴定家。江苏苏州人。名倩，又名万，号倩庵，别署丑簃、翼燕。历任上海中国画院筹备委员、画师，上海大学美术学院副教授，中国美术家协会上海分会副主席。代表作品有《云表奇峰》《渔浦桃花》等。

J0104462
吴齐墨迹　吴齐书
北京　人民美术出版社　1999 年　116 页　有彩照
38cm（6 开）精装　ISBN：7-102-01425-2
定价：CNY138.00

J0104463
吴守篯书法作品选集　吴守篯书
北京　新时代出版社　1999 年　86 页　有彩照
29cm（16 开）ISBN：7-5042-0454-4
定价：CNY46.00

J0104464
吴振中书法作品选　吴振中书
兰州　甘肃人民美术出版社　1999 年　65 页
有照片　26cm（16 开）ISBN：7-80588-277-0
定价：CNY22.80

J0104465
郗士格书法集　郗士格书
北京　北京美术摄影出版社　1999 年　117 页
29cm（16 开）ISBN：7-80501-219-9
定价：CNY70.00

J0104466
现代书法字库　（张旭光卷 1）戴山青，刘丛星主编；张旭光著
长春　吉林美术出版社 ［1999 年］223 页
29cm（16 开）ISBN：7-5386-0712-9
定价：CNY58.00

主编戴山青（1944—2004），书法家。字云父，曾任"现代书法学会"秘书长。作者张旭光（1955—　　），书法家。字散云，河北雄安人。历任中国书法家协会第四届、第五届副秘书长，荣宝斋艺术总监，清华大学张旭光书法艺术工作室导师，北京大学书法研究所客座教授，中国书法协会会员。代表作品有《行书八讲》《张旭光批

注十七帖》《张旭光系列艺术文丛》等。

J0104467
现代书法字库　（张旭光卷 2）戴山青，刘丛星主编；张旭光著
长春　吉林美术出版社 ［1999 年］222 页
29cm（16 开）ISBN：7-5386-0713-7
定价：CNY58.00

J0104468
现代书法字库　（陈滞冬卷）戴山青，刘丛星主编；陈滞冬著
长春　吉林美术出版社 ［1999 年］222 页 29cm
（16 开）ISBN：7-5386-0714-5 定价：CNY58.00
作者陈滞冬（1951—　　），画家、书法家、艺术史学者。四川成都人。硕士毕业于四川师范大学中国古代文学研究所。出版《陈滞冬画集》《中国书画与文人意识》《中国书学论著提要》等著作。

J0104469
现代书法字库　（古干卷）戴山青，刘丛星主编；古干著
长春　吉林美术出版社 ［1999 年］223 页 29cm
（16 开）ISBN：7-5386-0711-0 定价：CNY58.00
作者古干（1942—　　），画家。中国美术家协会会员，中国现代书画学会会长，世界书法家协会荣誉顾问。

J0104470
萧娴临石门铭　萧娴书
合肥　安徽美术出版社　1999 年　37cm　ISBN：
7-5398-0746-6 定价：CNY15.00
（名家临书 第二辑 2）

J0104471
谢无量书风　谢无量书；程重赓，袁融主编
重庆　重庆出版社　1999 年　16 页 29cm（16 开）
ISBN：7-5366-4402-7 定价：CNY12.00
（中国历代书风系列）
作者谢无量（1884—1964），书画家。原名蒙，字大澄，号希范，后易名沉，字无量，别署啬庵。四川乐至人。历任黄埔军校教官，川西博物馆馆长、中国人民大学教授、中央文史馆副馆长。

J0104472
谢孝思书风　　谢孝思书；谢友苏主编
重庆 重庆出版社 1999 年 16 页 29cm（16 开）
ISBN：7-5366-4399-3 定价：CNY12.00
（中国历代书风系列）
　　　　作者谢孝思（1905—2008），国画艺术家。字
仲谋，出生于贵州贵阳，就读于中央大学艺术教
育科国画组和南京中央大学。曾任达德中学校
长。代表作有《盆菊》《梅花》《太湖之夏》《峨嵋
金顶》《黄山松谱》等。

J0104473
新概念习字　（行书 2500 常用字摹描临习字
帖）王正良书写
杭州 浙江人民出版社 1999 年 60 页 20cm（32 开）
ISBN：7-213-01964-3 定价：CNY4.80
　　　　作者王正良（1949—　），编辑。浙江嵊县人，
历任《浙江青年报》总编，兼《中国钢笔书法》杂
志主编，中国硬笔书法家协会副主席。

J0104474
新概念习字　（楷书 2500 常用字摹描临习字
帖）卢中南书写
杭州 浙江人民出版社 1999 年 60 页 20cm（32 开）
ISBN：7-213-01963-5 定价：CNY4.80
　　　　作者卢中南（1950—　），书法家。生于湖北
武汉，祖籍河南济源。中国人民革命军事博物馆
副研究馆员，中国书法家协会会员。代表作品有
《卢中南楷书成语字帖》《魏碑基础入门》。

J0104475
新疆第二届书法篆刻展览作品集　毛长水
主编
乌鲁木齐 新疆人民出版社 1999 年 83 页
29cm（16 开）ISBN：7-228-04928-4
定价：CNY35.00
　　　　本书收录由新疆维吾尔自治区书法家协会
等五单位在哈密举办的"新疆维吾尔自治区第
二届书法、篆刻大展"上展出的 136 件书法篆刻
作品。

J0104476
徐汉炎书牡丹诗五十首　徐汉炎书
南京 江苏美术出版社 1999 年 56 页 有图
37cm ISBN：7-5344-0997-7 定价：CNY106.00

J0104477
徐州书法篆刻精品集　王冰石主编；徐州市
文学艺术界联合会，徐州市书法家协会［编］
苏州 古吴轩出版社 1999 年 94 页 29×26cm
ISBN：7-80574-452-1 定价：CNY48.00

J0104478
薛夫彬书法篆刻作品选　薛夫彬［书］
北京 中国档案出版社 1999 年 25 页 29cm（16 开）
ISBN：7-80019-703-4 定价：CNY28.00
（中国书画家）
　　　　外　文　书　名：Collection of Xue Fubin's
Calligraphic Works and Seal Cuttings. 作者薛夫彬
（1944—　），回族，书法家。生于北京。历任北
京教育学院美术系副教授、书法研究室主任，中
国书法家协会理事等。著有《薛夫彬书法篆刻
作品选》《楷书技法》《中国书法概述》《余墨杂
痕》等。

J0104479
杨清振诗书集　杨清振编著
郑州 河南美术出版社 1999 年 66 页 有彩照
26cm（16 开）ISBN：7-5401-0801-0
定价：CNY45.00

J0104480
艺术与生活　（郑通卫）蔡於良主编；［郑通
卫书］
海口 海南出版社 1999 年 45 页 18×21cm
ISBN：7-80645-051-3 定价：CNY290.00（全套）
　　　　本书为中国现代书法集。作者郑通卫
（1956—　），笔名郑力城，海南省三亚市保港镇
人，三亚市政府副秘书长，著有《艺术与生活：
郑通卫》。

J0104481
尹连城书法　尹连城书
天津 天津人民美术出版社 1999 年 57 页
有照片 29cm（16 开）ISBN：7-5305-1104-1
定价：CNY48.00

J0104482
尹氏兄弟书法作品集　［尹伊，尹戈］书
杭州 西泠印社 1999 年 127 页 有照片
34cm（10 开）精装 ISBN：7-80517-323-0

定价：CNY280.00

J0104483
楹联多体书法字帖　许高如编撰
上海　上海交通大学出版社　1999 年　143 页
26cm（16 开）ISBN：7-313-02102-X
定价：CNY15.00

J0104484
游寿临董美人墓志　游寿［书］
合肥　安徽美术出版社　1999 年　22 页　37cm
ISBN：7-5398-0739-3　定价：CNY14.00
（名家临书　第二辑　3）

J0104485
于明汉书法集　于明汉书
贵阳　贵州人民出版社　1999 年　46 页　有照片及图
25×29cm　ISBN：7-221-04151-2　定价：CNY38.00

J0104486
于右任草书碑刻　孙中山纪念馆编；高斯等
主编
南京　江苏人民出版社　1999 年　影印本　线装
ISBN：7-214-02445-4　定价：CNY130.00
　　据民国间碑拓影印。

J0104487
于右任静宁墨迹选　魏柏树，樊晓峰编
兰州　甘肃文化出版社　1999 年　94 页　有照片
38cm（6 开）精装　ISBN：7-80608-456-8
定价：CNY88.40
（墨苑丛书　8）

J0104488
于右任书总理军人精神教育训词摘录　（军
争·第七）于右任书
西安　陕西人民出版社　1999 年　55 页　有照片
38cm（6 开）ISBN：7-224-05012-1
定价：CNY25.00
　　作者于右任（1878—1964），政治家、教育
家、书法家。原名伯循，以字行，号骚心。陕西
三原县人。代表作品《右任诗存》《右任文存》《右
任墨存》《标准草书》等。

J0104489
于右任先生最后遗墨　于右任书
北京　中国友谊出版公司　1999 年　272 页　有照片
29cm（16 开）ISBN：7-5057-1493-7
定价：CNY68.00

J0104490
余德先自书诗卷　（军旅篇）余德先［书］
北京　蓝天出版社　1999 年　93 页　28cm（大 16 开）
ISBN：7-80081-970-1　定价：CNY22.80

J0104491
喻启礼小楷字帖　喻启礼书
合肥　黄山书社　1999 年　2 版　46 页　26cm（16 开）
ISBN：7-80535-705-6　定价：CNY9.80

J0104492
张邦彦书法集　［张邦彦书］；徐祖蕃主编
兰州　甘肃人民美术出版社　1999 年　47 页
有照片　37cm　ISBN：7-80588-213-4
定价：CNY38.00
　　作者张邦彦（1914—1988），甘肃天水市人。
曾任职于甘肃省政府、甘肃省博物馆。著有《张
邦彦书法集》等。

J0104493
张凤德行书楹联集　张凤德书
济南　黄河出版社　1999 年　210 页　有照片
29cm（16 开）精装　ISBN：7-80152-144-7
定价：CNY186.00

J0104494
张一福书法艺术　张一福［书］
长沙　湖南美术出版社　1999 年　78 页　有照片
29cm（16 开）ISBN：7-5356-1352-7
定价：CNY28.00

J0104495
章祖安书法集　章祖安书
北京　人民美术出版社　1999 年　125 页　有照片
38cm（6 开）精装　ISBN：7-102-01883-5
定价：CNY170.00

J0104496
长征碑林题字集　（一）中共瓮安县委党史研

究室编
瓮安县（贵州省）1999年 336页 27cm（大16开）

J0104497
赵发潜魏楷千字文　赵发潜书
北京 北京科学技术出版社 1999年 71页
26cm（16开）ISBN：7-5304-2340-1
定价：CNY16.00
（当代名家书千字文丛书）

　　　作者赵发潜（1937—　），高级教师。山西
汾阳人，毕业于北京艺术学院，曾在北京宣武区
少年宫执教绘画和书法，北京市宣武师范学校
副教授，中国书法家协会会员，北京美术家协会
会员。

J0104498
赵普书法集　赵普书
北京 北京美术摄影出版社 1999年 63页
37cm ISBN：7-80501-220-2 定价：CNY45.00

J0104499
赵学伦书法集　赵学伦书
北京 中国画报出版社 1999年 有彩照
29cm（16开）ISBN：7-80024-547-0
定价：CNY24.80
（当代中国艺术家丛书 书法作品 18）

J0104500
哲成书法作品集　哲成书
沈阳 辽宁美术出版社 1999年 96页 有照片
26cm（16开）精装 ISBN：7-5314-2251-4
定价：CNY60.00

J0104501
浙江书法作品集　朱关田主编
杭州 浙江教育出版社 1999年 168页
36cm（15开）精装 ISBN：7-5338-3633-2
定价：CNY350.00

　　本书记录了五十年来浙江书法发展的轨迹，
其中包括黄宾虹的"大篆对联"，徐生翁的"行书
对联"，潘天寿的"行书条幅"，李文宽的"草书条
幅"及一部分篆刻。

J0104502
中国改革二十年书法作品精选　中国书法

家协会中央国家机关分会，中国老年书画研究
会，中国改革二十年书法联谊会编委会编
北京 华文出版社 1999年 326页 有照片
28cm（大16开）ISBN：7-5075-0847-1
定价：CNY168.00

J0104503
中国名胜诗文墨迹大观　周兴俊主编
北京 长城出版社 1999年 20+724页
29cm（16开）精装 ISBN：7-80017-451-4
定价：CNY3600.00（全套）
（千古奇观 4）

J0104504
中国名胜诗文墨迹大观　周兴俊主编
北京 长城出版社 1999年 20+724页
29cm（16开）精装 ISBN：7-80017-412-3
定价：CNY580.00

　　本书收录了当代书法家手书的诗文、楹联作
品1268篇，加上转载的现当代已故书法大家的9
篇，总计1277篇。

J0104505
中国书法名家作品集
北京 学苑出版社 1999年 366页 有照片
29cm（16开）精装 ISBN：7-5077-1370-9
定价：CNY158.00

　　外文书名：The Florilegium of Chinese Cal-
ligraphers.

J0104506
中国书法选集　（1978—1998）皇甫传铁主编
北京 国际文化出版公司 1999年
2册（400+400页）29cm（16开）精装
ISBN：7-80105-746-5 定价：CNY780.00

J0104507
中国书法作品集　（纪念孔子诞辰2550周年
全国美术作品展）《中国书法作品集》编辑委员
会［编］
北京 人民美术出版社 1999年 155页 38cm（6开）
精装 ISBN：7-102-02052-X 定价：CNY320.00

　　本书汇集了沈鹏、欧阳中石、刘艺、刘江、
熊伯齐、王友谊、朱守道、金运昌、李松等60余
位书法家为纪念孔子诞辰而提供的书法作品。

J0104508

中国现代书画目录　王建宇，邱东联编著
海口　南方出版社　1999 年　2 册（218；221 页）
21cm（32 开）ISBN：7-80609-983-2
定价：CNY98.00

　　本书收录 1950—1998 年 200 多位书画家的 900 多幅书画作品，每一作品均标明其名称、形式、质地、尺寸、创作年代及最新的市场参考价格。

J0104509

中国楹联第一城——曲阜楹联集　（一）曲阜市楹联协会，曲阜孔子博物院编
济南　山东友谊出版社　1999 年　255 页
29cm（16 开）ISBN：7-80642-265-X
定价：CNY90.00

　　本卷体现了孔子学说、儒家文化的精华，突出了曲阜的地方特色和时代风采，展示了当代书法家真、草、隶、篆、行诸书体的精湛技艺。

J0104510

中国楹联精萃　李勇编
北京　经济日报出版社　1999 年　402 页
20cm（32 开）ISBN：7-80127-543-8
定价：CNY19.50

J0104511

中华历史名人纪念楹联　成葆德等主编
北京　北京师范大学出版社　1999 年　12+268 页
26cm（16 开）ISBN：7-303-04162-1
定价：CNY50.00

J0104512

祝嘉书法集　祝嘉书
南京　江苏美术出版社　1999 年　109 页　有照片
37cm　ISBN：7-5344-0893-8　定价：CNY138.00

　　作者祝嘉（1899—1995），书法家、书法理论家和书法教育家。字燕秋，海南文昌人。中国书协江苏分会顾问。代表作品有《书学》《书学史》等。

J0104513

庄辉书法作品集　庄辉书
南京　江苏美术出版社　1999 年　39 页 29cm（16 开）
ISBN：7-5344-0991-8　定价：CNY32.00

J0104514

走向新世纪　（上海国际书法邀请展作品集）
上海书画出版社编
上海　上海书画出版社　1999 年　189 页　有照片
38cm（6 开）精装　ISBN：7-80635-511-1
定价：CNY280.00

中国书法作品（按书体分）

J0104515

五体金刚经　（一卷）□□辑
明万历四十一年［1613］刻本

J0104516

木板四体千字文　（不分卷）□□辑
清　刻本　线装
　　四行八字四周双边单鱼尾。

J0104517

绘图百体千字文　（清）周洪编
清嘉庆十一年［1806］

J0104518

三体石经
清末至民国初　拓本　经折装

J0104519

真草隶篆四体千字文　（清）佚名撰
上海　广益书局　清末　石印本
　　九行分四栏每栏九行四字黑口四周双边单鱼尾。

J0104520

增订四体字法　（清）刘若瑑编
文奎堂　清咸丰四年［1854］刻本　有图　线装
　　六行字数不等白口四周单边。

J0104521

千字文习字帖　（清）郑孝胥书
上海　商务印书馆　清宣统二年［1910］石印本
线装
　　三行五字白口四周单边。

J0104522

真草隶篆四体千字文　（晋）王羲之书
[民国] 42 叶　有图　20cm（32 开）定价：大洋六角
　　　作者王羲之（303—361），东晋著名书法家。
字逸少，山东临沂人。代表作《兰亭序》《黄庭经》
《乐毅论》《十七帖》《兰亭集序》《初月帖》等。

J0104523

毗陵庄繁诗女士楷隶楚辞　庄闲书
上海　商务印书馆　民国四年 [1915] 影印本
有照片　线装
　　　分二册。作者庄闲（1872—1956），女，江苏
武进人。字繁诗，别署慧闻室主人。晚年出家，
法名"妙道"，曾任上海市文史馆馆员。

J0104524

真草隶篆四体大字典　罗既望著
上海　民国十五年 [1926] 石印本　20cm（32 开）
线装
　　　分四函二十八册。半叶字数不均白黑口上
下单鱼尾上下单边左右双边。

J0104525

正草隶篆四体大字典　（十二集）陈和祥等
编辑　上海　扫叶山房　民国十五年 [1926] 石印
本　线装
　　　本书由《正草隶篆四体大字典》《名人楹联
大观》陈和祥等编辑合订。　分二十八册。

J0104526

玉烟堂本急就章　北平研究院字体研究会选
北平　国立北平研究院　民国十九年 [1930]
拓本　线装

J0104527

正草隶篆大字典　中国文字研究社编
上海　春明书店　民国三十七年 [1948] 2 版
482 页　15cm（40 开）精装
　　　本书为正、草、隶、篆四体字典。按正楷部
首检字。

J0104528

钢笔写字帖　梁任编
上海　宏文书局　1953 年　影印本　2 册（20+20 页）
13×19cm　定价：旧币 2,000 元（两册）

J0104529

书法苑　（一卷）
文学古籍刊行社　1956 年　影印本　线装
（类说）
　　　本书据明天启间刻本影印　收于《类说》第
卷之五十八中。

J0104530

新字帖　白蕉写
上海　上海文化出版社　1956 年　影印本　33 页
有图　17cm（32 开）统一书号：T7077.57
定价：CNY0.13

J0104531

学生大字帖　黄七五书写
南京　江苏人民出版社　1958 年　24 页　21cm（32 开）
统一书号：7100.597　定价：CNY0.10

J0104532

写字练习本　文字改革出版社编辑
北京　文字改革出版社　1959 年　60 页
　　　中国汉字书写练习法帖。

J0104533

汉字写字本　文字改革出版社编
北京　文字改革出版社　1960 年　36 页　19cm（32 开）
定价：CNY0.08

J0104534

中学生习字帖　湖南省教育厅教研室编
长沙　湖南人民出版社　1963 年　影印本　32 页
19cm（32 开）统一书号：K7109.664　定价：CNY0.09

J0104535

四体简化字谱　邓散木书
北京　文字改革出版社　1965 年 [70] 页
26cm（16 开）统一书号：9060.571　定价：CNY0.60

J0104536

四体简化字谱　邓散木书
北京　文字改革出版社　1985 年　2 版　65 页
26cm（16 开）统一书号：9060.571　定价：CNY0.98
　　　本书分真、行、草、隶四种字体。

J0104537
中国古代书法展览展品选辑　上海博物馆编
上海　上海书画社　1973 年　37 页　25×27cm
统一书号：7172.52　定价：CNY0.90

J0104538
上海中小学生毛笔字作品选　上海书画社
编辑
上海　上海书画社　1976 年　16 张（套）
19cm（小 32 开）定价：CNY0.17

J0104539
仿影　郝迟书
哈尔滨　黑龙江人民出版社　1979 年 ［104］页
19cm（32 开）统一书号：8093.572　定价：CNY0.40
　　中国现代法帖。

J0104540
毛主席诗词三十九首　（书帖）赵达金书
南昌　江西人民出版社　1979 年　166 页
25cm（小 16 开）统一书号：7110.183
定价：CNY2.51

J0104541
五体书正气歌　邓散木书
上海　上海书画出版社　1979 年　60 页　26cm（16 开）
统一书号：7172.114　定价：CNY0.46

J0104542
六体书唐诗二十首　吴建贤等书写
北京　人民美术出版社　1980 年　60 页
25cm（小 16 开）统一书号：8027.7441
定价：CNY0.42
　　本书选编读者所熟悉的唐诗 20 首，共 560
字，分别以楷书、篆书、草书、隶书、行书、简体
6 种书体书写。

J0104543
四体大字典　陈和祥著
北京　北京市中国书店　1980 年　4 册　21cm（32 开）
定价：CNY9.00

J0104544
四体大字典
北京　中国书店　1995 年　影印本　重印本

2 册（2074 页）20cm（32 开）精装
ISBN：7-80568-064-7　定价：CNY59.00

J0104545
中国名家书法　（楷书、隶书）泉源出版社编
辑部编
台北　泉源出版社 ［1980—1989 年］239 页
26cm（16 开）精装　定价：TWD400.00

J0104546
周恩来诗选　（真行草隶篆五体字帖）刘平，
博嘉仪书
西安　陕西人民出版社　1980 年　56 页
25cm（小 16 开）统一书号：8199.261
定价：CNY0.49

J0104547
历代书法字汇　大通书局编辑部编辑
台北　大通书局　1981 年　增订版　影印本
1653 页　26cm（16 开）精装

J0104548
真草隶篆四体大字典　陈和祥编纂
台北　大通书局　1981 年　影印本　4 册
20cm（32 开）精装

J0104549
正草棣篆四体字典
上海　上海书店　1981 年　482 页　15cm（40 开）
定价：CNY1.20

J0104550
楷、隶、行、草、篆常用字字帖　（一）上海
书画出版社编辑
上海　上海书画出版社　1982 年　200 页
26cm（16 开）统一书号：7172.196　定价：CNY0.64

J0104551
楷、隶、行、草、篆常用字字帖　（二）上海
书画出版社编辑
上海　上海书画出版社　1982 年　200 页
26cm（16 开）统一书号：7172.196　定价：CNY0.64

J0104552
楷、隶、行、草、篆常用字字帖　（三）上海

书画出版社编辑
上海 上海书画出版社 1982 年 106 页
26cm（16 开）统一书号：7172.173 定价：CNY0.64

J0104553
楷、隶、行、草、篆常用字字帖 （四）上海
书画出版社编辑
上海 上海书画出版社 1982 年 200 页
26cm（16 开）统一书号：7172.174 定价：CNY0.56

J0104554
书法集锦　　山西人民出版社编
太原 山西人民出版社 1982 年 25cm（16 开）
统一书号：8088.1491 定价：CNY0.45
　　本书选编《全国第一届书法篆刻展览会》及
山西几位书法家的部分作品，其中包括篆、楷、
行、草等各种书体。

J0104555
真草隶篆四体百家姓
长春 长春市古籍书店 1982 年 20 页 19cm（32 开）
定价：CNY0.13
　　本书是中国书法法帖。

J0104556
中华七体大字典　　郑孝淳编
台北 荣文出版社 1982 年 932 页
22cm（30 开）精装 定价：TWD500.00

J0104557
中华七体大字典　　郑孝淳编
台北 天工书局（发行）1985 年 再版 932 页
22cm（30 开）精装 定价：TWD340.00

J0104558
清代书家篆隶字集
杭州 西泠印社 1983 年 1390 页 25cm（16 开）
统一书号：8191.245 定价：CNY10.00

J0104559
商用字汇　（颜体）刘元祥写作
台北 文史哲出版社 1983 年 再版 50+714 页
26cm（16 开）精装 定价：TWD1100.00

J0104560
楷书行书大字帖　（书法秘诀百首）赵玉亭编著
北京 原子能出版社 1985 年 26cm（16 开）
统一书号：7175.688 定价：CNY1.25
　　本书共收楷书体大字近 400 个，行书字 2000
个。选印作者 28 幅书法作品。将汉字楷书字架
结构分为 100 类，每一类字形的书法规律分别用
四句口诀阐明和用行书体书写，并附印刷体。

J0104561
书法大典
台北 辅新书局 1985 年 271 页 30cm（15 开）
精装 定价：TWD700.00

J0104562
唐诗三百首四体书法艺术　（真草隶篆　一）
周偁主编
北京 中国展望出版社 1985 年 90 页 26cm（16 开）
统一书号：8271.045 定价：CNY2.15
（唐诗三百首四体书法艺术）
　　本书分 25 卷。按照唐诗三百首的编排顺序，
以真、草、隶、篆四体书法对照书写，并以诗配
画的大型套书。

J0104563
唐诗三百首四体书法艺术　（真草隶篆　二）
周偁主编
牡丹江 黑龙江朝鲜民族出版社 1987 年
90 页 26cn（16 开）ISBN：7-5389-0166-3
定价：CNY3.20

J0104564
唐诗三百首四体书法艺术　（真草隶篆　三）
周偁主编
牡丹江 黑龙江朝鲜民族出版社 1987 年 90 页
有图照片 26cm（16 开）定价：CNY2.45

J0104565
唐诗三百首四体书法艺术　（真草隶篆　四）
周偁主编
牡丹江 黑龙江朝鲜民族出版社 1987 年 90 页
有图照片 26cm（16 开）定价：CNY2.45

J0104566
唐诗三百首四体书法艺术　（真草隶篆　五）

周倜主编
牡丹江 黑龙江朝鲜民族出版社 1987 年 90 页
有图照片 26cm（16 开）定价：CNY2.45

J0104567
唐诗三百首四体书法艺术（真草隶篆 六）
周倜主编
牡丹江 黑龙江朝鲜民族出版社 1987 年 90 页
有图照片 26cm（16 开）定价：CNY2.45

J0104568
唐诗三百首四体书法艺术（真草隶篆 七）
周倜主编
牡丹江 黑龙江朝鲜民族出版社 1987 年 90 页
有图照片 26cm（16 开）定价：CNY2.45

J0104569
唐诗三百首四体书法艺术（真草隶篆 八）
周倜主编
牡丹江 黑龙江朝鲜民族出版社 1987 年 90 页
有图照片 26cm（16 开）ISBN：7–5389–0021–7
定价：CNY2.45

J0104570
唐诗三百首四体书法艺术（真草隶篆 九）
周倜主编
牡丹江 黑龙江朝鲜民族出版社 1987 年 90 页
有图照片 26cm（16 开）ISBN：7–5389–0022–5
定价：CNY2.45

J0104571
唐诗三百首四体书法艺术（真草隶篆 十）
周倜主编
牡丹江 黑龙江朝鲜民族出版社 1987 年 90 页
有图照片 26cm（16 开）ISBN：7–5389–0023–3
定价：CNY2.45

J0104572
唐诗三百首四体书法艺术（真草隶篆
十一）周倜主编
牡丹江 黑龙江朝鲜民族出版社 1987 年 90 页
有图照片 26cm（16 开）定价：CNY2.45

J0104573
唐诗三百首四体书法艺术（真草隶篆

十二）周倜主编
牡丹江 黑龙江朝鲜民族出版社 1987 年 90 页
26cm（16 开）ISBN：7–5389–0053–5
定价：CNY2.45

J0104574
唐诗三百首四体书法艺术（真草隶篆
十三）周倜主编
牡丹江 黑龙江朝鲜民族出版社 1987 年 90 页
26cm（16 开）ISBN：7–5389–0053–5
定价：CNY3.20

J0104575
唐诗三百首四体书法艺术（真草隶篆
十四）周倜主编
牡丹江 黑龙江朝鲜民族出版社 1988 年 90 页
26cm（16 开）定价：CNY2.90

J0104576
唐诗三百首四体书法艺术（真草隶篆
十五）周倜主编
牡丹江 黑龙江朝鲜民族出版社 1988 年 90 页
26cm（16 开）定价：CNY2.90

J0104577
唐诗三百首四体书法艺术（真草隶篆
十六）周倜主编
牡丹江 黑龙江朝鲜民族出版社 1988 年 90 页
26cm（16 开）定价：CNY2.90

J0104578
唐诗三百首四体书法艺术（真草隶篆
十七）周倜主编
牡丹江 黑龙江朝鲜民族出版社 1988 年 90 页
26cm（16 开）定价：CNY2.90

J0104579
唐诗三百首四体书法艺术（真草隶篆
十八）周倜主编
牡丹江 黑龙江朝鲜民族出版社 1988 年 90 页
26cm（16 开）定价：CNY2.90

J0104580
唐诗三百首四体书法艺术（真草隶篆
十九）周倜主编

牡丹江 黑龙江朝鲜民族出版社 1988 年 90 页
26cm（16 开）定价：CNY2.90

J0104581
唐诗三百首四体书法艺术（真草隶篆
二十）周偶主编
牡丹江 黑龙江朝鲜民族出版社 1988 年 90 页
26cm（16 开）定价：CNY2.90

J0104582
唐诗三百首四体书法艺术（真草隶篆
二十一）周偶主编
牡丹江 黑龙江朝鲜民族出版社 1988 年 90 页
有图 26cm（16 开）ISBN：7-5389-0116-7
定价：CNY2.90

J0104583
唐诗三百首四体书法艺术（真草隶篆
二十二）周偶主编
牡丹江 黑龙江朝鲜民族出版社 1988 年 90 页
有图 26cm（16 开）ISBN：7-5389-0116-7
定价：CNY2.90

J0104584
唐诗三百首四体书法艺术（真草隶篆
二十三）周偶主编
牡丹江 黑龙江朝鲜民族出版社 1988 年 90 页
26cm（16 开）ISBN：7-5389-0130-2
定价：CNY2.90

J0104585
唐诗三百首四体书法艺术（真草隶篆
二十四）周偶主编
牡丹江 黑龙江朝鲜民族出版社 1988 年 90 页
26cm（16 开）ISBN：7-5389-0130-2
定价：CNY2.90

J0104586
唐诗三百首四体书法艺术（真草隶篆
二十五）周偶主编
牡丹江 黑龙江朝鲜民族出版社 1988 年 90 页
26cm（16 开）ISBN：7-5389-0131-0
定价：CNY2.90
　　本书分 25 卷。按照唐诗三百首的编排顺序，
以真、草、隶、篆四体书法对照书写，并以诗配

画的大型套书。

J0104587
历代勤学诗正草字帖　周志高书
上海 上海书画出版社 1986 年 122 页
25cm（15 开）定价：CNY1.55

J0104588
蒙学三种　天津市古籍书店编
天津 天津市古籍书店 1986 年 30 页 19cm（32 开）
定价：CNY0.42

J0104589
毛笔·硬笔真行草隶四体字帖　吴友编
长春 吉林教育出版社 1987 年 335 页
20cm（32 开）ISBN：7-5383-0226-3
定价：CNY2.70

J0104590
青年硬软笔字帖　张秀等书
武汉 湖北人民出版社 1987 年 199 页
26cm（16 开）ISBN：7-216-00140-0
定价：CNY2.95

J0104591
中国历史三字谣（四体字帖）康默如书
石家庄 河北美术出版社 1987 年 112 页
26cm（16 开）统一书号：8087.1673 定价：CNY2.90
　　作者康默如（1957—　），著名书法家，号
少康，字龙友，生于广东广州，祖籍河北乐亭。
国家博物馆研究馆员。代表作品有《苦笋》《风
信》等。

J0104592
中国楹联墨迹荟萃　李煜昕，宋梶恩编
济南 山东友谊书社 1987 年 117 页 26cm（16 开）
ISBN：7-80551-037-7 定价：CNY4.75
　　本书是集中国楹联学会书法家启功、费新
我、葛介屏、屈武、郑乃光等墨宝 100 余幅。各
作品皆附作者出生年和现任职务。编者李煜昕
（1935—　），山东高唐人，毕业于山东师范大学和
中国文化书院中外文化比较研究班。历任聊城师
范学院外语系党总支书记、副研究员，中国楹联学
会会员，中国楹联学会书法委员会委员，中国艺术
研究院创作委员，出版有《中国楹联墨迹荟萃》。

J0104593

宝文堂五体百家姓字帖　宝文堂编辑部编
北京 宝文堂书店 1988 年 94 页 26cm（16 开）
ISBN：7-80030-35-8 定价：CNY1.55

J0104594

宝文堂五体百家姓字帖　宝文堂编辑部编
北京 中国戏剧出版社 1990 年 新 1 版 94 页
26cm（16 开）ISBN：7-104-00255-3
定价：CNY3.50

J0104595

六体常用字钢笔字帖　王君等编
石家庄 河北教育出版社 1988 年 19cm（32 开）
ISBN：7-5434-0206-8 定价：CNY1.00

　　编者王君（1938—　），中国书法家协会河北
分会和中国硬笔书法协会会员。

J0104596

六体书楹联　上海书画出版社编
上海 上海书画出版社 1988 年 200 页 19×26cm
ISBN：7-80512-163-X 定价：CNY5.50

J0104597

七体书法字典　赵侣编
北京 博文书社 1988 年 617 页 20cm（32 开）
精装 ISBN：7-5055-0001-5 定价：CNY9.80

J0104598

四体楹联　黄子厚等书
广州 岭南美术出版社 1988 年 100 页
26cm（16 开）ISBN：7-5362-0138-9
定价：CNY3.95

J0104599

四体楹联　黄子厚等书
广州 岭南美术出版社 1992 年 重印本 100 页
26cm（16 开）ISBN：7-5362-0138-9
定价：CNY4.70

　　本书集有黄子厚的楷书，陈景舒的隶书，董
百振的行书，周树坚的篆书佳品 100 幅图。作者
黄子厚（1918—1998），书法家。广东开平人，曾
任广东省书法家协会常务理事，广州市文史研究
馆馆员，中国书法家协会会员。出版有《黄子厚
行草书册》。

J0104600

中国书法通鉴　黄思源著
郑州 河南美术出版社 1988 年 1004 页
26cm（16 开）ISBN：7-5401-0013-3
定价：CNY34.50

　　本书收入自殷商至民国的代表性书法作品
2000 余件。

J0104601

中国现代书法　易述时编
长春 时代文艺出版社 1988 年 83 页 有图片
26cm（16 开）精装 ISBN：7-5387-0086-2
定价：CNY3.50

J0104602

陈政多体字帖　陈政书
南宁 广西民族出版社 1989 年 112 页
26cm（16 开）ISBN：7-5363-0617-2
定价：CNY3.20

　　作者陈政（1919—2002），书法家。广东新会
侨乡人，毕业于中山大学。中国书法家协会会员，
广西文史馆员，中国国际文化交流中心广西分会
理事等。作品有《中学生作文选》《学生字帖》《字
源谈趣》。

J0104603

古诗行草集粹　朝花美术出版社编
北京 朝花美术出版社 1989 年 32 页 26cm（16 开）
定价：CNY1.95

J0104604

汉字九体书　冯联承，肖一编
石家庄 河北美术出版社 1989 年 337 页
26cm（16 开）ISBN：7-5310-0180-2
定价：CNY12.50

　　本书包括篆、隶、魏、新魏、楷、草、行、
宋体、黑体等九体书法作品。编者冯联承
（1948—　），画家。生于河北唐山市，笔名冯界
桥、冯上，曾用名冯连城，字光先，号壁卿。肄
业于海军第一航空兵学校。曾任亚太国际文化
艺术交流促进会秘书长、中国龙文化艺术研究会
主席、中国美术家协会河北省分会会员，河北省
雕塑家协会会员，工艺美术高级工程师。主要作
品有《百塔图》《冯联承书法集》《中国当代印坛
大观》等。

J0104605

胡问遂行草字帖　胡问遂书

上海　上海书店　1989 年　36cm（12 开）

定价：CNY1.70

J0104606

简繁汉字四用字帖　朱涛等编

上海　少年儿童出版社　1989 年　245 页

26cm（16 开）定价：CNY7.00

J0104607

宝文堂五体千字文字帖　宝文堂编辑部编

北京　宝文堂书店　1990 年　167 页　26cm（16 开）

ISBN：7-80030-164-8　定价：CNY3.90

J0104608

宝文堂五体千字文字帖　宝文堂编辑部编

北京　中国戏剧出版社　1990 年　新 1 版　167 页

26cm（16 开）ISBN：7-104-00253-7

定价：CNY5.90

J0104609

常用字四体书法字典　钱沛云等编书

北京　知识出版社　1990 年　250 页　20cm（32 开）

ISBN：7-5015-0424-5　定价：CNY3.50

　　作者钱沛云（1946—　　），著名硬笔书法家。字鹤斋，浙江上虞人，毕业于上海师大中文系。中国书法家协会会员，中国书画函授大学书法系教授。主要作品有《楷书基础知识》《怎样写快写好钢笔字》《钢笔书法技巧要领》《红楼梦诗词钢钢笔行书书帖》等。

J0104610

历代名句六体字帖　（一　诗）刘小晴等书写

上海　上海书画出版社　1990 年　158 页

26cm（16 开）ISBN：7-80512-411-6

定价：CNY6.00

J0104611

香港书法　（香港艺术馆藏品）香港艺术馆编

香港　香港市政局　1990 年　173 页　29cm（16 开）

ISBN：962-215-097-7　定价：HKD73.00

　　外文书名：Hong Kong Calligraphy: Collection of the Hong Kong Museum of Art.

J0104612

学生楷行成语字帖　钱沛云书

南宁　广西民族出版社　1990 年　82 页　19cm（32 开）

ISBN：7-5363-0847-7　定价：CNY1.30

　　作者钱沛云（1946—　　），著名硬笔书法家。字鹤斋，浙江上虞人，毕业于上海师大中文系。中国书法家协会会员，中国书画函授大学书法系教授。主要作品有《楷书基础知识》《怎样写快写好钢笔字》《钢笔书法技巧要领》《红楼梦诗词钢钢笔行书书帖》等。

J0104613

学生软硬笔字帖　林敏书写

北京　中国国际广播出版社　1990 年　166 页

19cm（32 开）ISBN：7-80035-562-4

定价：CNY2.50

　　作者林敏，青年书法家。

J0104614

常用汉字六体书法毛笔字帖　（楷、魏、行、草、隶、篆）赵家熹等撰

北京　北京出版社　1991 年　327 页　26cm（16 开）

ISBN：7-200-01498-2　定价：CNY11.25

　　作者赵家熹（1948—　　），教师。山东掖县人，北京景山学校高级教师，北京师范大学艺术系副教授，北京书法协会常务理事。

J0104615

当代中国书法大字典　王宝洺，张新学主编

北京　华夏出版社　1991 年　785 页　26cm（16 开）

ISBN：7-80053-239-9

定价：CNY46.00，CNY56.00（精装）

　　本书由中国当代著名书法家：启功、肖劳、董寿平、熊白齐等名家共同书写，共计 3500 余个单字。主编王宝洺（1958—　　），书画艺术家。北京人，祖籍山东乐陵。别署半步斋主。中国对外经贸大学与中国中医药大学书法客座教授、北京霍英东书法学院院长、中国书画家协会理事、世界华人艺术家协会副主席、北京刘炳森书法研究室主任、中国书法家协会会员及北京书法家协会专业创作员。代表作品《学生隶书练习技法》。

J0104616

商用字汇　（分书）刘元祥写作

台北　文史哲出版社　1991 年　再版　12+308 页

15×21cm ISBN:957-547-040-0
定价:TWD600.00

J0104617
四体书诗词名句选　李昕等书
北京 人民美术出版社 1991年 60页 26cm(16开)
ISBN:7-102-00966-6 定价:CNY3.00
(四体书法丛书)

J0104618
五体书法字典　日本法书会编辑部编
长春 吉林文史出版社 1991年 615页
19cm(小32开) ISBN:7-80528-377-X
定价:CNY10.00

　　本书原名《五体字类》,共收4478字,以常用的楷、行、草为主,以篆、隶为副,篆书取自徐铉的《说文》,隶书取自顾南原的《隶辨》。

J0104619
中国书法通鉴　黄思源等主编
台北 中国文化大学出版部 1991年 1003页
26cm(16开) 精装 ISBN:957-9538-58-1
定价:TWD800.00

J0104620
常用字十一体书写字典　任可,肖楠编撰
重庆 重庆出版社 1992年 438页 20cm(32开)
ISBN:7-5366-0859-4 定价:CNY6.90

J0104621
行书草书多种写法小字典　尹俊龙主编;沈鸿根书
北京 北京体育学院出版社 1992年 156页
19cm(小32开) ISBN:7-81003-609-2
定价:CNY5.50
(中国书法与训练丛书)

　　本书选用有代表性的815字为例,按部首分类,每个字的行、草书多种写法以图展示,有楷书繁体释文,还附有书写方法的提要。沈鸿根(1943—　),书法家。别号江鸟,出生于上海。曾任《写字》杂志副总编,上海中华书画协会副会长,中国书法家协会会员,上海市书法家协会硬笔书法家联谊会首任会长。出版作品《行书概论》《书法十五讲》《硬笔书法百日通》等。

J0104622
六体书法字典　华人德主编;言公达等编写
南京 江苏教育出版社 1992年 重印本 501+60页
20cm(32开) 精装 ISBN:7-5343-1589-1
定价:CNY12.30

　　本书正文按1936年中华书局版《辞海》的部首笔画编排,每字列有正、行、草、章草、隶、篆等6种书体,逆向之序则为汉字历史演变的脉络;每字前有该字的汉语拼音和简要释义,每个篆体字后有备注。共选收古今常用的汉字6000多个,包括在古代书法作品中使用较多的异体字。主编华人德(1947—　),研究馆员。笔名维摩,斋号维摩方丈室,江苏无锡人,毕业于北京大学图书馆学系。历任苏州大学图书馆员,江苏省文史研究馆馆员,中国书法家协会学术委员会委员等职。著有《中国书法全集·三国两晋南北朝墓志卷》《中国书法史·两汉卷》等。

J0104623
名家书法字典　(日)水岛修三编
北京 中国青年出版社 1992年 559页
20cm(32开) 精装 ISBN:7-5006-1139-0
定价:CNY18.50

　　本书收集了我国自汉朝至清朝历代书法家的墨迹及100多种著名碑帖的字体,其中也包括了极少数日本书法家的字体。

J0104624
名家书法字典　(日)水岛修三编
北京 中国青年出版社 1999年 559页
20cm(32开) 精装 ISBN:7-5006-1139-0
定价:CNY31.60

J0104625
学生水写习字帖　刘炳森书
哈尔滨 黑龙江美术出版社 1992年 26cm(16开)
ISBN:7-5318-0153-1 定价:CNY2.30

J0104626
真行草三体书法字典
北京 北京广播学院出版社 1992年 2册
13cm(64开) ISBN:7-81004-325-0
定价:CNY10.60

J0104627

正草隶篆四体字典

上海　上海书店　1992 年　影印本　482 页

13cm（60 开）ISBN：7-80569-229-7

定价：CNY2.90

J0104628

标准三体字典　（日）吉川蕉仙编

南宁　广西民族出版社　1993 年　313 页

19cm（小 32 开）ISBN：7-5363-2709-9

定价：CNY14.00

　　本字典收录楷书、行书、草书典型字形，楷
书模仿唐朝样式，行书、草书以东晋王羲之风格
为基调，排列原则上依照《康熙字典》，卷末附
索引。

J0104629

常用字六体书法字帖　孙万程等编写

长春　长春出版社　1993 年　319 页　19cm（小 32 开）

ISBN：7-80604-003-X　定价：CNY5.80

　　本帖包容 3500 个常用字，包括：楷、行、草、
隶、篆各体和简体楷书。

J0104630

历代书法精粹字典　叶惠元等选编

北京　农村读物出版社　1993 年　515 页

20cm（32 开）ISBN：7-5048-1960-3

定价：CNY17.20

　　本书着重选收了历代书法家的真草篆隶行
各体常用字笔迹。

J0104631

毛笔多体字帖　陈英群书

长春　吉林美术出版社　1993 年　125 页

26cm（16 开）ISBN：7-5386-0350-6

定价：CNY5.60

J0104632

毛笔六体对联字帖　汪少林选编

南昌　江西美术出版社　1993 年　26cm（16 开）

ISBN：7-80580-112-6　定价：CNY3.75

J0104633

毛笔六体对联字帖　汪少林选编

南昌　江西美术出版社　1997 年　重印本

26cm（16 开）ISBN：7-80580-395-1

定价：CNY5.00

J0104634

中国现代名家书法大字典　《中国现代名家
书法大字典》编委会编

北京　中国广播电视出版社　1993 年　影印本

1509 页　26cm（16 开）精装

ISBN：7-5043-2171-0　定价：CNY125.00

　　本书选入现代 41 位著名书法家的字帖，分
为楷、行、草、隶、篆等书体。

J0104635

中华书法大典　刘艺主编；李文合，段俊如编纂

北京　国际文化出版公司　1993 年　944 页

26cm（16 开）精装　ISBN：7-80049-891-3

定价：CNY75.00

（中华国粹丛典）

　　本书分别按篆、隶、楷、行、草编排，包括从
商周时代的甲骨文到现代和当代魏碑、楷、行、
草以及清代中兴的篆书等。

J0104636

常用字简繁对照六体书法字帖字典　刘荫
沄主编

南宁　广西教育出版社　1994 年　95+384 页

20cm（32 开）ISBN：7-5435-2039-7

定价：CNY14.00

　　本书为广西教育出版社与广西美术出版社
合作出版。主编刘荫沄，书画家。笔名云水居士，
广西师范大学副编审。

J0104637

楷行隶三体中国成语　卢中南书

北京　海潮出版社　1994 年　100 页　26cm（16 开）

ISBN：7-80054-593-8　定价：CNY5.80

J0104638

毛主席诗词六体书法　（楷　行　草　隶　篆　魏
碑）夏时雨书

北京　中国国际广播出版社　1994 年　77 页

26cm（16 开）ISBN：7-5078-1058-5

定价：CNY5.50

　　作者夏时雨（1935—　　），书法家、书法理论
家、散文作家和诗人。就职于保定市文联，《大

千世界》报副社长、副主编，冀中书画大学副校长、教授等职。

J0104639

书法练习册　（试用本）全国职业高中商品营销专业教材编写组编

上海　上海科技教育出版社　1994年　26cm（16开）

ISBN：7-5428-0936-9　定价：CNY5.70

J0104640

五体书法字典　范韧庵编著

上海　上海书店出版社　1994年　800页

20cm（32开）精装　ISBN：7-80569-964-X

定价：CNY35.00

　　作者范韧庵（1916—　），书画家。字乐山，号怀日，生于江苏如皋。历任上海海墨画社社员、海安书画院顾问、仲贞子艺术馆名誉馆长、上海豫园书画楼特约画师、中国书法家协会会员、上海文史馆馆员等职。编著有《五体书法辞典》《中国行书大字典》《中国隶书大字典》《中国篆书大字典》《中国楷书大字典》等。

J0104641

新书道字典　（《书源》普及版）（日）藤原鹤来编

南宁　广西美术出版社　1994年　1067页

19cm（小32开）精装　ISBN：7-80582-700-1

定价：CNY39.00

　　本书以古代书法真迹为资料编辑而成，字迹以楷、行、草、隶、篆、古文为顺序，辑录古代碑碣法帖字迹51348字。

J0104642

学生六体书法小字典　何庸主编；《学生六体书法小字典》编辑委员会编

北京　北京大学出版社　1994年　353+30页

13cm（64开）精装　ISBN：7-301-02446-0

定价：CNY6.80

　　本字典以国家颁布的常用字、次常用字为基础，收录单字3500个。

J0104643

多功能中国书法大字典　夏时雨著

北京　中国国际广播出版社　1995年　1402页　有照片　26cm（16开）精装　ISBN：7-5078-1001-1

定价：CNY118.00

本书收有首字7200余个，每个字均含：楷、行、草、隶、魏等各体。作者夏时雨（1935—　），书法家、书法理论家、散文作家和诗人。就职于保定市文联，《大千世界》报副社长、副主编，冀中书画大学副校长、教授等职。

J0104644

楷行草三体毛笔成语字帖　李世清书写

上海　华东理工大学出版社［1995年］76页

26cm（16开）ISBN：7-5628-0608-X

定价：CNY6.00

　　作者李世清，上海市青少年艺校任教，上海书法家协会会员，上海中华书画协会副理事长。

J0104645

隶书　篆书　王运天编

上海　上海人民美术出版社　1995年　26cm（16开）

ISBN：7-5322-1238-6　定价：CNY14.00

（中国历代书法精品丛书）

J0104646

联语书法集　（篆书卷）王友谊书

北京　新时代出版社　1995年　209页　26cm（16开）

ISBN：7-5042-0292-4　定价：CNY23.00

　　作者王友谊（1949—　），中国书法家协会会员。

J0104647

毛笔硬笔五体书法字典　张秀章，俞敏编

大连　大连出版社　1995年　400页　17cm（40开）

ISBN：7-80612-163-3　定价：CNY24.00

J0104648

书法字海　张又栋主编

北京　新时代出版社　1995年　重印本

2册（28+2467页）26cm（16开）

ISBN：7-5042-0253-3

定价：CNY198.00（精装），CNY366.00（豪华本）

J0104649

楷书行书大字帖　（书法秘诀百首）赵玉亭编著

北京　原子能出版社　1996年　3版　26cm（16开）

ISBN：7-5022-0244-7　定价：CNY8.60

　　将汉字楷书字架结构分为100类，每一类字形的书法规律分别用四句口诀阐明和用行书体

书写，并附印刷体。本书共收楷书体大字近 400 个，行书字 2000 个。选印作者 28 幅书法作品。

J0104650
临池墨宝荟萃 （楷、魏、隶、篆书习字帖）安徽美术出版社编辑
合肥 安徽美术出版社 1996 年 240 页
26cm（16 开）精装 ISBN：7-5398-0440-8
定价：CNY32.00

J0104651
毛笔三体字帖 丁泽卿著
北京 军事科学出版社 1996 年 141 页
20cm（32 开）ISBN：7-80021-934-8
定价：CNY7.00
（周末文化生活丛书）
　　作者丁泽卿（1933— ），教授、书法家。山东沾化人。中国艺术研究院创作员。出版有《英语语法》《字帖》《丁泽卿舒体字帖》。

J0104652
四体书法大字典 陈和祥主编
天津 天津古籍出版社 1996 年 影印本
2 册（2074 页）26cm（16 开）精装
ISBN：7-80504-539-9 定价：CNY230.00
（历代书法工具书丛典）

J0104653
唐诗三百首四体书法艺术 周個主编
郑州 河南美术出版社 1996 年 10 册 有图及肖像 26cm（16 开）ISBN：7-5401-0469-4
定价：CNY220.00（全套）
　　作者周個（1936— ），山西平陆人，汉族，中国书法家协会会员，中山书画社社员，北京秦文学会常务理事。

J0104654
中国历代书法精品观止 （草书卷）雷志雄主编
武汉 湖北人民出版社 1996 年 230 页
29cm（16 开）ISBN：7-216-01976-8
定价：CNY38.00

J0104655
中国历代书法精品观止 （行书卷）雷志雄主编
武汉 湖北人民出版社 1996 年 227 页
29cm（16 开）ISBN：7-216-01977-6
定价：CNY38.00

J0104656
中国历代书法精品观止 （楷书卷）雷志雄主编
武汉 湖北人民出版社 1996 年 226 页
29cm（16 开）ISBN：7-216-01979-2
定价：CNY38.00

J0104657
中国历代书法精品观止 （隶书卷）雷志雄主编
武汉 湖北人民出版社 1996 年 236 页
29cm（13 开）ISBN：7-216-01978-4
定价：CNY38.00

J0104658
中国历代书法精品观止 （篆书卷）雷志雄主编 武汉 湖北人民出版社 1996 年 235 页 29cm（13 开）ISBN：7-216-01973-3
定价：CNY38.00

J0104659
常用六书字帖 （楷隶篆行草章草）郑振华书
上海 上海人民美术出版社 1997 年 2 册（254 页）
26cm（16 开）ISBN：7-5322-1871-6
定价：CNY28.00

J0104660
佛字集 金煜编
北京 中国和平出版社 1997 年 92 页 26cm（16 开）
ISBN：7-80101-572-X 定价：CNY14.00
（历代书法选字丛书）

J0104661
龙字集 金煜编
北京 中国和平出版社 1997 年 92 页 26cm（16 开）
ISBN：7-80101-569-X 定价：CNY14.00
（历代书法选字丛书）

J0104662
神字集 金煜编

北京 中国和平出版社 1997年 92页 26cm（16开）
ISBN：7-80101-571-1 定价：CNY14.00
（历代书法选字丛书）

J0104663
苏轼法书字典　李志贤等编著
上海 上海书画出版社 1997年 42+656+28页
26cm（16开）精装 ISBN：7-80512-980-0
定价：CNY128.00
　　作者李志贤（1950—　　），书法家。生于上海，
广东番禺人。历任中国书法家协会会员，上海书
法家协会理事，上海静安区书法协会副主席，朵
云轩古玩公司任业务副总经理。编写有《书法词
典》《我这五十年李志贤书法集》《李志贤书法河
南安阳展——我这五十年（三）》《李志贤书法台
湾高雄展——我这五十年（四）》。

J0104664
中华吉祥墨宝大字典　黄全信主编
北京 学苑出版社 1997年 1271页 26cm（16开）
精装 ISBN：7-5077-0919-1 定价：CNY240.00
　　主编黄全信（1944—　　），满族，北京人。历
任北京师大附中美术、书法高级教师，北京书法
家协会会员，北京书法教育研究会会员。出版有
《中国书法自学丛书》《黄全信钢笔书法教学系
列》《中国历代皇帝墨宝》等。

J0104665
常用字毛笔六体字帖　（楷、行、草、隶、汉
简、篆）张鑫主编
南昌 江西美术出版社 1998年
2册（174+174页）26cm（16开）
ISBN：7-80580-486-9 定价：CNY32.00

J0104666
历代名家书体大字典　沈阳出版社编
沈阳 沈阳出版社 1998年 影印本
3册（3703+50页）26cm（16开）精装
ISBN：7-5441-0967-4 定价：CNY580.00

J0104667
正草隶篆四体大字典　上海扫叶山房编
上海 上海书店出版社 1998年 影印本 519页
26cm（16开）精装 ISBN：7-80622-298-7
定价：CNY68.00

J0104668
中华书法大字库　文山编著
哈尔滨 哈尔滨出版社 1998年 4册 26cm（16开）
ISBN：7-80639-159-2 定价：CNY390.00

J0104669
常用汉字十二体字典　毛孝弢主编
杭州 浙江人民出版社 1999年 858页
26cm（16开）精装 ISBN：7-213-01818-3
定价：CNY98.00
　　本字典收入了5000常用汉字，每字以楷书、
篆书、隶书、行书、草书、魏书、黑体、彩云体、
中圆体等12种字体编排，并在字下注汉语拼音
和汉字笔画。作者毛孝弢（1950—　　），笔名萧涛、
岭文、田心梅、舒林。浙江省书法家协会会员，
中国硬笔书法家协会会员，浙江省书法研究会理
事等。出版有《古今对联行书字帖》《咏花诗钢
笔字帖》等。

J0104670
福禄寿禧书法字汇　张伟生，熊凤鸣编
上海 上海书画出版社 1999年 248页
13cm（64开）精装 ISBN：7-80635-313-5
定价：CNY16.00
　　编者张伟生（1954—　　），编审，画家。历任
中国书法家协会新闻出版委员会委员，上海书法
家协会副主席，上海书画出版社编审、编辑室主
任，《书与画》杂志执行主编，上海吴昌硕艺术研
究会副会长，上海书画院画师。出版有《临帖指
南》《颜真卿多宝塔碑临习》《宋元书法》《上海
百年文化史·书法卷》《书法名家经典十讲》《楷
书道德经》等。

J0104671
楷草隶篆成语字帖　王春林主编
沈阳 辽宁人民出版社 1999年 308页
26cm（16开）ISBN：7-205-04226-7
定价：CNY25.00

J0104672
描影练字法字帖　孙厚琦等编著
济南 黄河出版社 1999年 169页 19×26cm
ISBN：7-80152-082-3 定价：CNY15.00

J0104673

书法大字海 （百名书法大师倾心之作）曾湘
文等主编；书法大字海编委会编
海口 海南出版社 1999年 3册（40+3267页）
29cm（16开）精装 ISBN：7-80645-349-0
定价：CNY880.00

J0104674

唐诗三百首多用速成练习帖 司马彦，司马
东编著
北京 蓝天出版社 1999年 2册 19×26cm
ISBN：7-80081-893-4 定价：CNY16.00
（新编师范生字帖）
　　作者司马彦（1958— ），硬笔书法家。生于
湖北公安，祖籍湖南澧县。任书法艺术学校校长。
编写出版钢笔、毛笔字帖、教材、专著1200余
种。作品有《心灵散文小语钢笔字帖》《古词名
篇钢笔字帖》《情侣散文钢笔字帖》等。作者司
马东（1937— ），书法教育家。湖南澧县人。从
事书法研究和语言文字教学工作。编著字帖、教
材和参考书300余种。

J0104675

颜真卿书法字典 沈振基，邓美云编
北京 中国青年出版社 1999年 48+561页
20cm（32开）精装 ISBN：7-5006-3228-2
定价：CNY37.50

J0104676

于右任书法大字典 夏铭智，包秉民，马维
勇主编
西安 世界图书出版西安公司 1999年
2册（2029页）有照片 28cm（大16开）精装
ISBN：7-5062-3607-9 定价：CNY528.00
　　本书采用《辞海》部首分类法编排，书法字
按篆、隶、楷、行、草顺序排列，每种字体按书写
特点排列等。

J0104677

中国名家书法比较大字典 陈利华主编
北京 中国人事出版社 1999年 3册（1596+46页）
28cm（大16开）精装 ISBN：7-80139-408-9
定价：CNY998.00

J0104678

中华书法大字典 容铁主编
北京 北京燕山出版社 1999年 2册（22+2298页）
28cm（大16开）精装 ISBN：7-5402-1204-7
定价：CNY560.00

篆书书法作品

J0104679

注真三十二篆体金刚经 （不分卷）（宋）释
道肯集篆
明崇祯七年［1634］刻本

J0104680

金文集联 （清）佚名辑
清 抄本 朱丝栏 线装

J0104681

历朝圣贤篆书百体千文 （一卷）（清）孙枝
秀集篆
清橋雪轩 清 刻本
　　本书由《历朝圣贤篆书百体千文一卷》（清）
孙枝秀集篆、《清书千字文一卷》（清）尤珍书、《千
字文注一卷》（清）汪啸尹纂辑合订。

J0104682

历朝圣贤篆书百体千文 （一卷）（清）孙枝
秀集篆
清康熙 刻本
　　本书由《历朝圣贤篆书百体千文一卷》（清）
孙枝秀集篆、《清书千字文一卷》（清）尤珍书、《千
字文注一卷》（清）汪啸尹纂辑合订。

J0104683

历朝圣贤篆书百体千文 （清）周兴嗣编；
（清）孙枝秀集篆
清嘉庆十一年［1806］刻本 有图 线装
　　分二册。

J0104684

历朝圣贤篆书百体千文 （一卷）（清）孙枝
秀集篆
清嘉庆十一年［1806］刻本
　　本书由《历朝圣贤篆书百体千文一卷》（清）

孙枝秀集篆、《清书千字文一卷》(清)尤珍书、《千字文注一卷》(清)汪啸尹篆辑合订。

J0104685
历朝圣贤篆书百体千文 （一卷）（清）孙枝秀集篆
扫叶山房 清光绪八年［1882］刻本
　　本书由《历朝圣贤篆书百体千文一卷》(清)孙枝秀集篆、《清书千字文一卷》(清)尤珍书、《千字文注一卷》(清)汪啸尹篆辑合订。

J0104686
历朝圣贤篆书百体千文 （清）孙枝秀集篆
上海 同文书局 清光绪十年［1884］影印本
有图 线装
　　分二册。

J0104687
千字文注 （一卷）（清）汪啸尹篆辑
清樏雪轩 清 刻本
　　本书由《历朝圣贤篆书百体千文一卷》(清)孙枝秀集篆、《清书千字文一卷》(清)尤珍书、《千字文注一卷》(清)汪啸尹篆辑合订。

J0104688
千字文注 （一卷）（清）汪啸尹篆辑
清康熙 刻本
　　本书由《历朝圣贤篆书百体千文一卷》(清)孙枝秀集篆、《清书千字文一卷》(清)尤珍书、《千字文注一卷》(清)汪啸尹篆辑合订。

J010692
千字文注 （一卷）（清）汪啸尹篆辑
清嘉庆十一年［1806］刻本
　　本书由《历朝圣贤篆书百体千文一卷》(清)孙枝秀集篆、《清书千字文一卷》(清)尤珍书、《千字文注一卷》(清)汪啸尹篆辑合订。

J0104689
千字文注 （一卷）（清）汪啸尹篆辑
扫叶山房 清光绪八年［1882］刻本
　　本书由《历朝圣贤篆书百体千文一卷》(清)孙枝秀集篆、《清书千字文一卷》(清)尤珍书、《千字文注一卷》(清)汪啸尹篆辑合订。

J0104690
清书千字文 （一卷）（清）尤珍书
樏雪轩 清 刻本
　　本书由《历朝圣贤篆书百体千文一卷》(清)孙枝秀集篆、《清书千字文一卷》(清)尤珍书、《千字文注一卷》(清)汪啸尹篆辑合订。

J0104691
清书千字文 （一卷）（清）尤珍书
清康熙 刻本
　　本书由《历朝圣贤篆书百体千文一卷》(清)孙枝秀集篆、《清书千字文一卷》(清)尤珍书、《千字文注一卷》(清)汪啸尹篆辑合订。

J0104692
清书千字文 （一卷）（清）尤珍书
清嘉庆十一年［1806］刻本
　　本书由《历朝圣贤篆书百体千文一卷》(清)孙枝秀集篆、《清书千字文一卷》(清)尤珍书、《千字文注一卷》(清)汪啸尹篆辑合订。

J0104693
清书千字文 （一卷）（清）尤珍书
扫叶山房 清光绪八年［1882］刻本
　　本书由《历朝圣贤篆书百体千文一卷》(清)孙枝秀集篆、《清书千字文一卷》(清)尤珍书、《千字文注一卷》(清)汪啸尹篆辑合订。

J0104694
易经 ［清］陆和九藏
清 拓本 线装

J0104695
篆字汇 （十二卷）（清）佟世男辑
多山堂 清 刻本

J0104696
篆字汇 （集子 午）佟伟夫编
多山堂 清康熙三十年［1691］

J0104697
篆字汇 （十二卷）（清）佟世男辑
清康熙三十九年［1700］刻本

J0104698
篆汇十集 （不分卷）（清）海敏辑
长白海敏 清乾隆八年［1743］写本 线装
　　分十册。六行字数不等。

J0104699
篆字千字文 （一卷）（清）张日焜书
清光绪 刻本

J0104700
吴宪斋词北宋拓本石鼓文 （清）吴大澂题
戊寅［1878］［12叶］25×34cm（9开）

J0104701
杨濠叟篆书诗经真迹 （清）杨濠叟书
上海 中华书局 民国十年［1921］再版 23叶
30cm（12开）定价：五角
（名人真迹）
　　收于《名人真迹》第一八种中。

J0104702
石鼓文 （清）吴大澂摹写
上虞罗振玉 民国十四年［1925］影印本 线装
　　吴大澂（1835—1902），清代官员、学者、金
石学家、书画家。原名大淳，字止敬、清卿，号
恒轩，别号白云山樵等。江苏吴县人，同治进士。
主要作品《说文古籀补》《皇华纪程》等。

J0104703
籀文夏小正 （宋）佚名书
民国二十五年［1936］影印本 有图 线装

J0104704
中国篆书大字典 大通书局编辑部编辑
台北 大通书局 1979年 石印本 560+88页
25cm（小16开）精装 定价：TWD500.00

J0104705
老子道德经 （篆文对照）田潜书
香港 天地图书公司 1980年 影印本 20cm（32开）
定价：HKD10.00

J0104706
蒋公嘉言 耿万祯篆书
台北 天山出版社 1982年 400页 26cm（16开）

精装 定价：TWD400.00
　　本作品是中国现代篆刻法帖集。

J0104707
清代名家篆隶大字典 大通书局编辑部编辑
台北 大通书局编辑部 1983年 1390页
27cm（16开）精装

J0104708
篆文汇编 赵耕石编
台北 华欣文化事业中心 1983年 1560页
21cm（32开）精装 定价：TWD1000.00（USD25.00）

J0104709
常用字篆字汇 李铁良编
银川 宁夏人民出版社 1984年 224页
19cm（32开）统一书号：8157.432 定价：CNY1.20
　　编者李铁良（1942—　），研究员。黑龙江哈
尔滨人，毕业于中国人民大学。历任黑龙江省教
育情报研究会副理事长，哈尔滨市教育学会副会
长，哈尔滨市陶行知研究会常务理事，《校长与
教师》主编等职。出版有《篆刻篆书字典》《常用
字篆字汇》《报头图案集》等。

J0104710
甲骨文集诗联格言选辑 安国钧书
台北 台湾省立博物馆 1984年 282页
26cm（16开）精装
（台湾省立博物馆人文科学丛书）

J0104711
篆法初步 李清业编著
郑州 河南人民出版社 1984年 114页
18cm（15开）统一书号：8105.1275 定价：CNY2.50
　　本书围绕初学篆书者提出的一些问题，作
了阐述。全书包括五个部分：篆书简介；怎样写
小篆；篆隶异体字和由来简介；碑刻附图；篆法
歌诀。

J0104712
篆文大观 （宋）徐铉书
哈尔滨 黑龙江人民出版社 1984年 122页
26cm（16开）统一书号：8093.1003 定价：CNY4.90

J0104713
篆文大观　（宋）徐铉书
哈尔滨　黑龙江人民出版社　1984 年　368 页
25cm（15 开）精装　统一书号：8093.1002
定价：CNY6.00

J0104714
三十二篆体金刚经　（后秦）鸠摩罗什译
天津　天津市古籍书店　1985 年　影印本
26cm（16 开）定价：CNY3.20
　　据明崇祯年雕版影印的中国明代篆体法书。

J0104715
篆法辩诀　应在著
上海　上海书店　1985 年　66 页　26cm（16 开）
定价：CNY0.50

J0104716
篆书偏旁歌诀　（明）朱之蕃原本
合肥　黄山书社　1985 年　109 页　20cm（32 开）
统一书号：8379.3　定价：CNY0.89

J0104717
千字文集古　袁俊考集
北京　中国书店　1986 年　影印本　90 页
26cm（16 开）定价：CNY2.10
　　本书为中国大篆法帖。

J0104718
千字文集古　袁俊考集
北京　中国书店　1994 年　影印本　重印本　45 页
26cm（16 开）ISBN：7-80568-336-0
定价：CNY4.80

J0104719
篆隶　（上册）上海书画出版社编
上海　上海书画出版社　1986 年　366 页
25cm（15 开）统一书号：7172.212　定价：CNY6.10
（书法自学丛帖）

J0104720
篆隶　（中册）上海书画出版社编
上海　上海书画出版社　1986 年　369-708 页
25cm（15 开）统一书号：7172.212　定价：CNY5.80
（书法自学丛帖）

J0104721
篆隶　（下册）上海书画出版社编
上海　上海书画出版社　1986 年　709-1073 页
25cm（15 开）统一书号：7172.212　定价：CNY6.10

J0104722
篆隶　上海书画出版社编
上海　上海书画出版社　1986 年　2 册（708 页）
25cm（15 开）统一书号：7172.212　定价：CNY11.90

J0104723
篆隶　上海书画出版社编
上海　上海书画出版社　1986 年　3 册（1073 页）
25cm（小 15 开）ISBN：7-80512-064-5
定价：CNY35.00
（书法自学丛帖）

J0104724
虢季子白盘铭
天津　天津市古籍出版社　1987 年　影印本　35 页
26cm（16 开）定价：CNY0.85
　　本书系中国西周时代篆书法帖、金文拓本影
印本。

J0104725
胡澍篆书册　（清）胡澍书
上海　上海书画出版社　1987 年　34 页　26cm（16 开）
统一书号：8172.1788　定价：CNY1.15

J0104726
窓斋缩写石鼓文　天津市古籍书店编写
天津　天津市美术印刷厂　1987 年　22 页
35cm（12 开）定价：CNY1.25

J0104727
清杨沂孙篆书诗经　（清）杨沂孙书
上海　上海书画出版社　1987 年　45 页　26cm（16 开）
定价：CNY0.66
（历代名帖自学选本）
　　作者杨沂孙（1812—1881），清书法家。字子
与，号咏春，晚号濠叟。江苏常熟人。代表作品
有《赠少卿尊兄七言联》《文字说解问伪》《完白
山人传》《石鼓赞》。

J0104728
钟鼎籀篆大观　　吴大澂辑
北京　中国书店 1987 年 566 页 26cm（16 开）
ISBN：7-81019-098-9 定价：CNY9.80

J0104729
钟鼎籀篆大观　　吴大澂辑
北京　中国书店 1987 年 影印本 2 册 26cm（16 开）
定价：CNY14.00

J0104730
钟鼎籀篆大观　　吴大澂辑
北京　中国书店 1995 年 重印本 566 页
26cm（16 开）ISBN：7-80568-098-1
定价：CNY38.00

J0104731
标准篆刻篆书字典　　泉源出版社编辑部编著
台北县　泉源出版社 1988 年 259 页
26cm（16 开）精装

J0104732
龟甲兽骨文字集联　　孙常叙撰集
长春　东北师范大学出版社 1988 年 26cm（16 开）
ISBN：7-5602-0013-3 定价：CNY4.50
　　本书为中国甲骨文法帖。

J0104733
散氏盘铭放大本
天津　天津市古籍书店 1988 年 影印本 40 页
26cm（16 开）定价：CNY1.20
（历代碑帖集萃）
　　本书为中国西周大篆碑帖。

J0104734
石鼓文
天津　天津市古籍书店 1988 年 影印本 43 页
29cm（10 开）定价：CNY3.80
（历代碑帖集萃）
　　中国古代碑帖，据艺苑真赏社印本影印。

J0104735
王禔篆书治家格言　　王禔书
北京　荣宝斋 1988 年 44 页 26cm（16 开）
ISBN：7-5003-0031-X 定价：CNY1.20

王禔（1878—1960），近代著名的书法篆
刻家。

J0104736
魏乐唐书甲骨文集联　　魏乐唐书
武汉　湖北美术出版社 ［1988 年］73 页
26cm（16 开）定价：CNY2.60
（魏乐唐书法丛刊 2）

J0104737
籀文夏小正
天津　天津市古籍书店 1988 年 影印本 19 页
26cm（16 开）定价：CNY1.10
（历代碑帖集萃）
　　本书为中国古代大篆碑帖。

J0104738
篆书概论　　陆学宣编著
南京　江苏古籍出版社 1988 年 54 页 19cm（32 开）
ISBN：7-80519-102-6 定价：CNY0.80
（书法学习丛书）

J0106844
大康学篆　　许宇凌编辑
北京　中国计量出版社 1989 年 125 页
34cm（10 开）ISBN：7-5026-0302-6
定价：CNY16.00

J0104739
水写书法字帖　　（6 篆书）余正编著
杭州　浙江美术学院出版社 1989 年 19cm（32 开）
定价：CNY0.92

J0104740
薛平南篆书西泠印社记　　薛平南著
台北　蕙风堂笔墨公司出版部 1989 年 119 页
30cm（15 开）定价：TWD200.00
（当代范帖选集 1）

J0104741
赵之谦篆书汉铙歌　　（清）赵之谦书
上海　上海书店 1989 年 26cm（16 开）
ISBN：7-80569-089-8 定价：CNY0.85
　　作者赵之谦（1829—1884），晚清书画家。浙
江绍兴人，初字益甫，号冷君，号悲庵、梅庵、无

闷等。著有《六朝别字记》《悲庵居士文存》等，篆刻有《二金蝶堂印存》等。

J0104742

方去疾篆唐诗　　方去疾篆

上海　上海书店　1990 年　26cm（16 开）

ISBN：7-80569-254-8　定价：CNY2.90

　　作者方去疾（1922—2001），篆刻家。原名正孚，号心斋、宋玺斋等，浙江温州人。历任中国书法家协会副主席，西泠印社副社长，上海市文联副主席等职。出版有《明清篆刻流派印谱》。

J0104743

黄葆钺篆书百家姓　　黄葆钺书

上海　上海书店　1990 年　26cm（16 开）

ISBN：7-80569-189-4　定价：CNY1.10

　　作者黄葆钺（1880—1968），现代书法家、篆刻家。字蔼农，小名破钵，别号青山农，青山下村人。历任福建省图书馆馆长，上海文史馆首批馆员。出版有《青山农篆书百家姓》《青山农分书千字文》《青山农书画集》《暖日庐摹印集》《青山农一知录》等。

J0104744

景舜逸临石鼓文　　景舜逸编著

北京　中国城市经济社会出版社　1990 年

85 页　26cm（16 开）ISBN：7-5074-0383-1

定价：CNY5.90

　　本书分 3 个部分：石鼓文作品；石鼓文研究；石鼓文章法。作者景舜逸（1959—　　），学者、书画家。河北任丘人。历任中日韩经济发展协会副会长，中国书画界联合会理事，中国书法家协会会员，中国历史文献研究会会员，中日韩国际书法礼仪研究院常务副院长。代表作品《石鼓文研究》《书法与礼仪》《书法与哲学》《书法与汉字》。

J0104745

楷篆便检　　李春阳编写

西安　三秦出版社　1990 年　136 页　26cm（16 开）

ISBN：7-80546-236-4　定价：CNY5.50

J0104746

习篆一径　　陶博吾著

南宁　广西美术出版社　1990 年　188 页

26cm（16 开）ISBN：7-80582-030-9

定价：CNY8.20

　　本书为小篆字形研究。作者陶博吾（1900—1996），书法家。原名陶文，字博吾，别署白湖散人，江西省九江市彭泽县人。毕业于南京美术专科学校和上海昌明美术专科学校，从黄宾虹、王一亭、潘天寿等学习书画，从曹拙巢先生学习诗文。代表作品有《石鼓文集联》《习篆一径》《陶博吾书画集》。

J0104747

周王孙钟集联　　（清）秦文锦收藏

天津　天津市古籍书店　1990 年　影印本　36 页

33cm（5 开）定价：CNY2.50

（彝联集拓　一）

　　作者秦文锦（1870—1938），画家。字绹孙、裦孙，号云居士、息园老人等。江苏无锡人。创办艺苑真赏社（上海古籍书店的前身）。主要作品《金文集联》《范隶全篇》《碑联集拓》系列等。

J0104748

篆书·篆刻技法　　张永明，刘振英编著

北京　北京体育学院出版社　1990 年　222 页

19cm（32 开）ISBN：7-81003-414-6

定价：CNY4.50

J0104749

篆书的辨识与写法　　郭恒编著

北京　北京体育学院出版社　1990 年　60 页

19cm（32 开）ISBN：7-81003-203-8

定价：CNY2.10

（中国书法系列丛书）

J0104750

篆书临范　　（金文三种）钟明善书

西安　三秦出版社　1990 年　94 页　27cm（大 16 开）

定价：CNY4.30

J0104751

篆字汇　　李铁良编著

银川　宁夏人民出版社　1990 年　440 页　有照片

19cm（32 开）ISBN：7-227-00544-5

定价：CNY7.10

　　本书精选部首字 5200 余个，博采古代篆体字，集纳大篆小篆及民间流传之篆字 40000 个，

是常用篆之总汇。部首以简化字笔画排列，另附简化字与繁体字对照表。所收篆字及部首均由作者硬笔书写。作者李铁良（1942—　　），研究员。黑龙江哈尔滨人，毕业于中国人民大学。历任黑龙江省教育情报研究会副理事长，哈尔滨市教育学会副会长，哈尔滨市陶行知研究会常务理事，《校长与教师》主编等职。出版有《篆刻篆书字典》《常用字篆字汇》《报头图案集》等。

J0104752

历代百寿集锦　　刘澍年编
北京　北京工艺美术出版社　1991 年　86 页
26cm（16 开）ISBN：7-80526-069-9
定价：CNY4.00

J0104753

刘启新寿篆六百例　　刘启新书
北京　人民日报出版社　1991 年　152 页
26cm（16 开）ISBN：7-80002-368-0
定价：CNY18.00
　　作者刘启新（1946—　　），中国农民书画研究会秘书长。

J0104754

怎样写篆书　　辛一夫编著
天津　天津社会科学院出版社　1991 年　165 页
26cm（16 开）ISBN：7-80563-041-0
定价：CNY5.10
（书艺丛谭）

J0104755

篆书字典　　《篆书字典》编写组编
成都　四川辞书出版社　1991 年　353 页
19cm（小 32 开）ISBN：7-80543-192-2
定价：CNY7.90

J0104756

金文书法精华　　大康选辑
北京　国际文化出版公司　1992 年　58 页
38cm（6 开）ISBN：7-80049-845-X
定价：CNY11.50

J0104757

篆书艺术　　侯德昌书
北京　人民美术出版社　1992 年　294 页

26cm（16 开）ISBN：7-102-01108-3
定价：CNY9.80
　　本书着重从艺术的角度汇集了古代各种体式的篆书，经作者整理而成。作者侯德昌是书法家、画家、中央工艺美术学院教授。是他多年研究成果的汇编，书前并附检字表便于检索。

J0104758

标准篆刻篆书字典　　（日）牛洼梧十编
南宁　广西民族出版社　1993 年　304 页
19cm（32 开）ISBN：7-5363-2708-0
定价：CNY15.00
　　本字典收录的汉字为小篆、印篆、金文等各种最典型的字形，排列原则上依照《康熙字典》，卷末附索引。

J0104759

楷篆便检　　李春阳编著
香港　万里书店　1993 年　157 页　29cm（16 开）
ISBN：962-14-0733-8　定价：HKD80.00

J0104760

散氏盘铭　　梁经枚摹
长沙　湖南美术出版社　1993 年　38 页　26cm（16 开）
ISBN：7-5356-0616-4　定价：CNY3.00
　　散氏盘，又称矢人盘，西周晚期青铜器，因铭文中有"散氏"字样而得名。清乾隆年间出土于陕西凤翔（今宝鸡市凤翔县），现藏于台北故宫博物院。盘高 20.6 厘米，圆形，浅腹，双附耳，高圈足。腹饰夔纹，间以兽首三，圈足饰兽面纹。内底铸有铭文 19 行、357 字。青铜器断代上一般将散氏盘定为周厉王时器。铭文是大篆体。

J0104761

石鼓文集联　　陶博吾著
南宁　广西美术出版社　1993 年　121 页
26cm（16 开）ISBN：7-80582-562-9
定价：CNY9.80

J0104762

吴让之篆书四种　　大众书局编辑部编辑
台南　大众书局　1993 年　76 页　30cm（10 开）
ISBN：957-37-0815-9　定价：TWD100.00
（墨林精粹选辑 26）

J0104763
中国历代名家书法篆隶集粹　君如, 闻赋编
北京 团结出版社 1993年 影印本 155页
26cm（16开）ISBN：7-80061-762-9
定价：CNY9.90

J0104764
篆法指南　钟克豪编
广州 世界图书出版公司广州分公司 1993年
92页 26cm（16开）ISBN：7-5062-2379-1
定价：CNY7.10
（历代碑帖选粹）

J0104765
常用篆书速查手册　（四角号码）樊中岳编
武汉 湖北美术 1994年 2版 307页
19cm（小32开）ISBN：7-5394-0283-0
定价：CNY6.00
（书法篆刻工具丛书）
　　编者樊中岳（1943—　），研究员、编辑。湖
北武汉人。历任湖北省文史研究馆馆员，西泠印
社社员，中国书法家协会会员《书法报》编辑兼
记者、中国硬笔书法家协会常务理事、中国书法
协会会员。出版有《篆书》《金文》《汉印》《鸟虫
篆》等。

J0104766
大盂鼎铭文　《历代碑帖法书选》编辑组编
北京 文物出版社 1994年 影印本 26cm（16开）
ISBN：7-5010-0801-9 定价：CNY1.00
（历代碑帖法书选）

J0104767
大篆基础入门　王友谊编著
北京 国际文化出版公司 1994年 74页
26cm（16开）ISBN：7-80105-217-X
定价：CNY6.20
（书法技法丛书）
　　作者王友谊（1949—　），中国书法家协会
会员。

J0104768
福寿大观　刘澍年撰编
北京 中国民主法制出版社 1994年 239页
有彩照 26cm（16开）精装 ISBN：7-80078-119-4

定价：CNY66.00

J0104769
石鼓文　王宏编
天津 天津古籍出版社 1994年 24页 26cm（16开）
ISBN：7-80504-333-7 定价：CNY2.00
（标准学生习字帖）

J0104770
小篆基础入门　张永明, 董雁编著
北京 国际文化出版公司 1994年 74页
26cm（16开）ISBN：7-80105-217-X
定价：CNY6.20
（书法技法丛书）
　　作者张永明（1950—　），书法家。河南新县
人。历任中国书法家协会会员，北京书法教育学
会副会长，中国楹联学会会员。著作有《篆书与
篆书笔法》《篆书技法》《篆书章法》《秦篆书刻
石四种解析字帖》《西周金文五种解析字帖》等。
作者董雁（1968—　），北京人。字子人，号若
鸿，室名抱素斋。毕业于首都师范大学书法专业。
北京市书法家协会篆刻研究会会员，任职于清华
大学美术学院。书画、篆刻作品辑入《当代名家
唐诗宋词元曲书画集》《中国印学年鉴》等专集。

J0104771
中国篆书大字典　李志贤等编著
上海 上海书画出版社 1994年 影印本
36+1340+27页 27cm（大16开）精装
ISBN：7-80512-770-0 定价：CNY148.00
　　作者李志贤（1950—　），书法家。生于上海，
广东番禺人。历任中国书法家协会会员，上海书
法家协会理事，上海静安区书法协会副主席，朵
云轩古玩公司任业务副总经理。编写有《书法词
典》《我这五十年李志贤书法集》《李志贤书法河
南安阳展——我这五十年（三）》《李志贤书法台
湾高雄展——我这五十年（四）》。

J0104772
中国篆书名帖精华　熊伯齐主编
北京 北京出版社 1994年 539页 26cm（16开）
精装 ISBN：7-200-02342-6 定价：CNY56.00
　　本书收《周毛公鼎》《先秦石鼓文》《唐李阳
冰城隍庙记》《清吴昌硕西泠印社记》等35幅。
主编熊伯齐（1944—　），书法家、国家一级美术

师。又名光汉，号容生，锦里生，天府民。生于四川成都市。西泠印社理事、西泠印社篆刻创作研究室主任、中国书法家协会理事等。出版《熊伯齐印选》《熊伯齐书法集》等。

J0104773

中国篆书名帖精华　熊伯齐主编
北京　北京出版社　1994 年　539 页　26cm（16 开）
ISBN：7-200-02341-8　定价：CNY46.00

J0104774

篆书浅鉴　王世征等著
北京　科学普及出版社　1994 年　133 页
26cm（16 开）ISBN：7-110-03940-4
定价：CNY9.80
　　作者王世征（1938—　），书法家、教授。毕业于北京师范学院。历任首都师范大学古文字专家，北京文史研究馆馆员，中国书法家协会学术委员，北京书法家协会艺术顾问等。主要著述有《〈晏子春秋〉译注》《古文字学指要》。

J0104775

篆书小字典　王文峰著
台北　昭文社　1994 年　102 页　21cm（32 开）
ISBN：957-8526-22-9　定价：TWD100.00
（书法小百科 1）

J0104776

邓石如篆书技法　（清）邓石如书；张敏编著
长沙　湖南文艺出版社　1995 年　60 页　37cm（8 开）
ISBN：7-5404-1355-7　定价：CNY8.40
（书法技巧实用丛书）

J0104777

隶书技法　（隶书笔法与结构）张又栋著
北京　北京出版社　1995 年　重印本　92 页
26cm（16 开）ISBN：7-200-01973-9
定价：CNY6.50
（中国书法技法丛书）

J0104778

毛笔钢笔篆书教程　卢桐编写
银川　宁夏少年儿童出版社　1995 年　26 页
26cm（16 开）ISBN：7-80620-026-6
定价：CNY3.90

（卢桐系列书法教程 6）
　　作者卢桐（1947—　），书法家、国家二级美术师。生于辽宁沈阳，祖籍河北饶阳。历任沈阳民族书画院院长，中国书法艺术研究院艺术委员会理事，东北大学客座教授。出版有《卢桐书法集》。

J0104779

石鼓文　（篆书 秦）[董惠宁编]
南京　江苏美术出版社　1995 年　重印本　58 页
有书影　26cm（16 开）ISBN：7-5344-0368-5
定价：CNY8.60
（习书入门丛帖 6）
　　编者董惠宁（1955—　），教师。江苏南京人。毕业于南京艺术学院，留校任教，兼《艺苑》杂志编辑部编辑，江苏省书法家协会会员，南京印社社员。

J0104780

篆书技法　（小篆笔法与结构）张永明著
北京　北京出版社　1995 年　重印本　94 页
26cm（16 开）ISBN：7-200-01974-7
定价：CNY6.80
（中国书法技法丛书）

J0104781

篆书唐诗字帖　王延林书
上海　上海人民美术出版社　1995 年　104 页
26cm（16 开）ISBN：7-5322-1357-9
定价：CNY8.50

J0104782

大盂鼎铭文
杭州　西泠印社　1996 年　21 页　35×19cm
ISBN：7-80517-205-6　定价：CNY7.00
（西泠印社法帖丛编）

J0104783

邓石如篆千字文　（清）邓完白篆
北京　中国书店　1996 年　影印本　25cm（小 16 开）
线装　ISBN：7-80568-683-1　定价：CNY18.00
　　作者本名邓石如（1743—1805），安徽怀宁人。清代篆刻家、书法家，邓派篆刻创始人。初名琰，字石如，避嘉庆帝讳，遂以字行，后更字顽伯，因居皖公山下，又号笈游道人、完白山人、凤水渔长、龙山樵长。

J0104784

高式熊篆书观月记　高式熊书
上海　上海画报出版社　1996 年　28cm（大 16 开）
ISBN：7-80530-225-1　定价：CNY10.00
（书法自学丛书）

　　作者高式熊（1921—2019），书法家、金石篆刻家。浙江鄞县人。历任中国书协会员、西泠印社名誉副社长、上海市书协顾问、上海市文史研究馆馆员。代表作品《西泠印社同人印传》《高式熊印稿》等。

J0104785

虢季子白盘铭文
杭州　西泠印社　1996 年　12 页　35×19cm
ISBN：7-80517-203-X　定价：CNY5.00
（西泠印社法帖丛编）

　　"虢季子白盘"为西周晚期青铜器。虢季子白盘铭文为长方形，长 130.2 厘米，宽 82.7 厘米，高 41.3 厘米，为传世体积最大的西周时代青铜器。在中国书法史上，西周时期出现了几个著名的"盘子"铭文，如《虢季子白盘铭文》《史墙盘铭文》《散氏盘铭文》等，其中《虢季子白盘铭文》的价值较高。

J0104786

钱君匋篆书千字文　钱君匋书
北京　中国和平出版社　1996 年　28 页　26cm（16 开）
ISBN：7-80037-827-6　定价：CNY5.00
（当代名家书千字文丛书）

　　作者钱君匋（1907—1998），编审，书画家。浙江桐乡人。名玉堂、锦堂，字君匋，号豫堂、禹堂。现通用名为钱君陶。毕业于上海艺术师范学校。曾任西泠印社副社长、上海文艺出版社编审、上海市政协委员等职。代表作品《长征印谱》《君长跋巨卯选》《鲁迅印谱》《钱君陶印存》。

J0104787

秦·泰山刻石　（篆书）项未来，张举编著
北京　首都师范大学出版社　1996 年　112 页　26cm（16 开）ISBN：7-81039-627-7
定价：CNY16.00
（《中国历代书法名碑名帖精选·精讲·精练》丛

书 三精书法丛书 第一辑）

J0104788

散氏盘铭文
杭州　西泠印社　1996 年　19 页　35×19cm
ISBN：7-80517-204-8　定价：CNY6.00
（西泠印社法帖丛编）

　　散氏盘为西周后期厉王时代的青铜器，其铭文结构奇古，线条圆润而凝练，因取横势而重心偏低，故愈显朴厚。其"浇铸"感很强烈，表现了浓重的"金味"，因此在碑学体系中，占有重要的位置。散氏盘铭文因为有散氏国与矢国战后割地议和的内容而得名。

J0104789

石鼓文
杭州　西泠印社　1996 年　39 页　35×19cm
ISBN：7-80517-201-3　定价：CNY8.80
（西泠印社法帖丛编）

J0104790

颂鼎铭文
杭州　西泠印社　1996 年　10 页　35×19cm
ISBN：7-80517-219-6　定价：CNY5.00
（西泠印社法帖丛编）

　　本书是西周晚期金文大篆中最成熟最明显的作品，被后世称为临习金文书法的最理想的范本之一。颂鼎为周宣王时代的史官名颂者所作，为西周时期饪食器。此鼎传世共三器，其中上海博物馆、故宫博物院、台北故宫博物院各藏一件。还有同名曰"颂"的簋五件、壶两件。铭文是记录西周时册命制度最完善的文体之一。

J0104791

万福字谱　姬目耕集书
武汉　湖北美术出版社　1996 年　150 页　30cm（10 开）ISBN：7-5394-0622-4
定价：CNY16.80

J0104792

杨沂孙篆书张横渠先生东铭　杨沂孙著
台北　蕙风堂笔墨公司出版部　1996 年　49 页　35cm（15 开）ISBN：957-9532-11-7
定价：TWD300.00

　　作者杨沂孙（1812—1881），清书法家。字子

与，号咏春，晚号濠叟。江苏常熟人。代表作品有《赠少卿尊兄七言联》《文字说解问伪》《完白山人传》《石鼓赞》。

J0104793
增订篆字汇　李铁良撰著
银川　宁夏人民出版社 1996 年 102+437 页
有照片 20cm（32 开）ISBN：7-227-01601-3
定价：CNY38.60

J0104794
篆真字典　洪钧陶等编著
北京　文物出版社 1996 年 66+603 页
26cm（16 开）精装 ISBN：7-5010-0908-2
定价：CNY160.00

　　作者洪钧陶，就读于北京中国大学政治系和华北大学一部，执教于北京卫生学校。历任中国书法家协会会员，北京草书协会主席。著有《草字编》《篆真字典》《草书查字法》等。

J0104795
古篆书法选　程朗天编
广州　广州出版社 1997 年 重印本 90 页
20cm（32 开）ISBN：7-80592-610-7
定价：CNY140.00（全套）
（历代书法名作选系列）

J0104796
康默如篆书千字文　康默如书
北京　中国和平出版社 1997 年 53 页 26cm（16 开）
ISBN：7-80037-628-1 定价：CNY8.00
（当代名家书千字文丛书）

　　作者康默如（1957— ），著名书法家，号少康，字龙友，祖籍河北乐亭，生于广州东山。国家博物馆研究馆员。康默如是康雍之子，大康之侄。康氏一门是国内书法世家，世称"五康"。少康精通篆、隶、草书，临习精博，出入《丧乱》《苦笋》《风信》诸帖，气息高古，更得益于孙过庭《书谱》的奇崛雄健。少康之书，将遒媚与质朴融为一体，不坠流俗。15 岁时在书法界崭露头角。曾出版四体百家姓字帖，印行六十三万册，风行全国，引领一时书风。他能作多种书体，以篆隶为主，更酷嗜草书，是全面的书法家。

J0104797
梁乃予书汉三公山碑集联　梁乃予著
台北　意古楼 1997 年 136 页 26cm（16 开）
精装 定价：TWD300.00

J0104798
秦篆书刻石四种解析字帖　张永明编著
北京　新时代出版社 1997 年 132 页 26cm（16 开）
ISBN：7-5042-0343-2 定价：CNY13.00
（书法字海解析丛帖 第一集）

　　作者张永明（1950— ），书法家。河南新县人。历任中国书法家协会会员，北京书法教育学会副会长，中国楹联学会会员。著作有《篆书与篆书笔法》《篆书技法》《篆书章法》《秦篆书刻石四种解析字帖》《西周金文五种解析字帖》等。

J0104799
实用篆书字典　实用篆书字典编纂组编
上海　上海书店出版社 1997 年 2 册（1725+17 页）
26cm（16 开）精装 ISBN：7-80622-256-1
定价：CNY260.00

J0104800
徐柏涛篆书百家姓　徐柏涛书
北京　中国和平出版社 1997 年 58 页 26cm（16 开）
ISBN：7-80101-074-4 定价：CNY10.00
（当代名家书百家姓）

J0104801
篆法求真　张北超编著
长沙　湖南美术出版社 1997 年 74 页 26cm（16 开）
ISBN：7-5356-0978-3 定价：CNY8.00

J0104802
篆书技法百日通　吕军，钱永忠执笔
北京　中国书籍出版社 1997 年 59 页 26cm（16 开）
ISBN：7-5068-0584-7 定价：CNY6.00
（五大书体技法入门丛书）

J0104803
篆书教程　倪文东编著
乌鲁木齐　新疆人民出版社 1997 年 133 页
26cm（16 开）ISBN：7-228-04166-6
定价：CNY15.80
（书法自学丛书）

作者倪文东(1957—　)，教授。又名倪端、倪陵生，陕西黄陵人，毕业于西北大学中文系。历任西北大学艺术系教授、陕西省青年书法家协会副主席、太白印社社长、中国书法家协会理事、北京师范大学艺术与传媒学院书法系教授。代表作品《二十世纪中国书画家印款辞典》。

J0104804
篆字汇　(清)闵齐伋辑；(清)毕宏述篆订
郑州　中州古籍出版社　1997年　影印本　1036页
20cm(32开)　精装　ISBN：7-5348-1504-5
定价：CNY45.00

J0104805
大盂鼎铭文
沈阳　辽宁画报出版社　1998年　21页　29cm(16开)
ISBN：7-80601-203-6　定价：CNY3.98
(中国历代碑帖)

J0104806
胡苏明先生书法集　胡苏明书
合肥　安徽教育出版社　1998年　77页　37cm
ISBN：7-5336-2114-X　定价：CNY14.50
(中国当代名家系列丛帖)

J0104807
黄宾虹临大盂鼎　黄宾虹[书]
合肥　安徽美术出版社　1998年　13页　37cm
ISBN：7-5398-0713-X　定价：CNY10.00
(名家临书　第二辑　1)

作者黄宾虹(1865—1955)，山水画家。初名懋质，后改名质，字朴存，号宾虹，别署予向。生于浙江金华，原籍安徽歙县，代表作《山居烟雨》《新安江舟中作》等，著有《黄山画家源流考》《虹庐画谈》《画法要旨》等作品。

J0104808
历代篆书大典　高小健等主编
天津　天津古籍出版社　1998年　784页
26cm(16开)　精装　ISBN：7-80504-616-6
定价：CNY85.00
(历代书法丛典)

J0104809
石鼓文　天津人民美术出版社编

天津　天津人民美术出版社　1998年　64页
18cm(36开)　ISBN：7-5305-0835-0
定价：CNY5.80
(中国历代碑帖放大选字本)

J0104810
寿字帖　袁昺著
北京　东方出版社　1998年　26cm(16开)
ISBN：7-5060-1132-8　定价：CNY10.00

J0104811
徐无闻临《中山王厝鼎》　徐无闻书
合肥　安徽美术出版社　1998年　48页
37cm　ISBN：7-5398-0712-1　定价：CNY16.00
(名家临书　第一辑)

作者徐无闻(1931—1993)，书法家、教授。名永年，字嘉龄，四川成都人。毕业于四川大学中文系。曾任西南师范大学中文系教授，中国作家协会会员，中国书法家学会理事，四川省书法家协会副主席。代表作品《徐无闻书法集》《徐无闻印存》《徐无闻临中山王厝鼎》等。

J0104812
篆书五十种　杨仁毅编撰
太原　山西教育出版社　1998年　53页　26cm(16开)
ISBN：7-5440-1233-6　定价：CNY5.90
(书法精华)

J0104813
篆字编　洪钧陶，刘呈瑜主编；张雁编辑
北京　文物出版社　1998年　2册(1628+15+14页)
26cm(16开)　精装　ISBN：7-5010-1099-4
定价：CNY280.00

J0104814
来楚生篆书千字文　来楚生书
上海　上海画报出版社　1999年　65页
28cm(大16开)　ISBN：7-80530-454-8
定价：CNY10.00
(画报写字丛书　名家书千字文)

作者来楚生(1903—1975)，画师。浙江萧山人，原名来稷勋、号负翁，笔名然犀室、安处楼等。曾任上海美专、新华艺专教师，中国美术家协会会员。主要作品有《来楚生画集》《来楚生法书集》《来楚生篆书千字文》《来楚生草书千字

文》等。

J0104815
历代名家篆书字典　怡齐选编
杭州　浙江古籍出版社　1999 年　11+558+11 页
26cm（16 开）
　　本书精选历代篆书的名刻名碑和名家法书
中的优秀范字，从殷周到明清。为浙江古籍出版
社出版的篆、隶、楷、行、草五体字典中的一部。

J0104816
千字文　（篆书）无名氏书；张志和主编；（梁）
周兴嗣次韵
太原　希望出版社　1999 年　101 页　26cm（16 开）
ISBN：7-5379-2257-8　定价：CNY10.00

J0104817
散氏盘　虢季子白盘铭文　《历代碑帖法书
选》编辑组编
北京　文物出版社　1999 年　26cm（16 开）
ISBN：7-5010-1134-6　定价：CNY3.50
（历代碑帖法书选）

J0104818
石鼓文　雷志雄主编
武汉　湖北美术出版社　1999 年　32 页　31cm（10 开）
ISBN：7-5394-0869-3　定价：CNY6.50
（中国历代书法名迹临习指导）

J0104819
石鼓文·泰山刻石
长春　吉林文史出版社　1999 年　51 页　30cm（15 开）
ISBN：7-80626-455-8　定价：CNY7.50
（中国著名碑帖选集　第二集　40）

J0104820
石鼓文临习指南　姜荣贵编著
沈阳　辽宁美术出版社　1999 年　210 页
26cm（16 开）ISBN：7-5314-2182-8
定价：CNY18.00
（名碑名帖临习指南系列丛书）

J0104821
萧娴临《散氏盘》　萧娴书
合肥　安徽美术出版社　1999 年　37cm

ISBN：7-5398-0748-2　定价：CNY12.00
（名家临书　第一辑）

J0104822
篆书反形字汇编　戴京编
北京　文物出版社　1999 年　368 页　19cm（小 32 开）
ISBN：7-5010-1117-6　定价：CNY46.00

J0104823
篆书千字文　（赵孟頫　俞和　吴叡　佚名）刘
兆英编著
西安　陕西旅游出版社　1999 年　250 页
26cm（16 开）ISBN：7-5418-1650-7
定价：CNY29.80
（五体千字文　篆书卷）

J0104824
篆书唐诗一百首　刘江书
杭州　西泠印社　1999 年　100 页　26cm（16 开）
ISBN：7-80517-379-6　定价：CNY20.00

隶书书法作品

J0104825
急就章草　（一卷）（清）汪宗沂辑
清光绪二十二年［1896］刻本
　　本书由《韬庐隶谱二卷》《急就章草一卷》
（清）汪宗沂辑合订。　四行七字白口四周双边单
鱼尾。

J0104826
韬庐隶谱　（二卷）（清）汪宗沂辑
清光绪二十二年［1896］刻本　线装
　　本书由《韬庐隶谱二卷》《急就章草一卷》
（清）汪宗沂辑合订。　四行七字白口四周双边单
鱼尾。

J0104827
邓石如楷书隶书三种墨迹　（清）邓石如书
上海　有正书局　民国八年［1919］影印本　线装

J0104828
隶书大字典　（隶篇十五，续十五，再续十五）
扫叶山房编

上海 扫叶山房 民国十三年［1924］影印
20cm（32 开）线装

　　分四函二十册。白口上双鱼尾上下单边左右双边。

J0104829
王瓘临西狭颂　王瓘书
郑州 河南美术出版社 1958 年 34 页 26cm（16 开）
统一书号：8386.377 定价：CNY0.98
　　清末民初隶书法帖。

J0104830
汉人隶书字帖　（选字本）
上海 朵云轩 1965 年 39cm（4 开）定价：CNY0.20

J0104831
唐人隶书小字帖　（选字本）
上海 朵云轩 1965 年 19cm（小 32 开）
定价：CNY0.20

J0104832
邓石如隶书选　（简装本）
文物出版社 1966 年 38cm（6 开）定价：CNY2.00
　　本书从《邓石如法书集》中选择各个时期的部分隶书作品，并增选两副对联。其中《焚香香书册》原为 24 幅，只选其中 4 幅。

J0104833
毛主席语录隶书字帖　（《纪念白求恩》）
［上海］东方红书画社 1967 年 19cm（小 32 开）
定价：CNY0.12

J0104834
毛主席语录隶书字帖　（《纪念白求恩》）
上海 上海东方红书画社 1969 年 重印本 25 页
13×19cm 定价：CNY0.12

J0104835
毛主席诗词　（隶书小字帖《沁园春长沙》等十九首）
上海 东方红书画社 1968 年 定价：CNY0.22

J0104836
毛主席诗词　隶书小字帖　（《沁园春 长沙》等十九首）

［上海］东方红书画社 1968 年 24cm（26 开）
定价：CNY0.22

J0104837
毛主席诗词　隶书字帖　（《满江红和郭沫若同志》等五首）
［上海］东方红书画社 1968 年 24cm（26 开）
定价：CNY0.23

J0104838
毛主席诗词隶书小字帖　（《沁园春 长沙》等十九首）
上海 上海东方红书画社 1968 年 26cm（16 开）
定价：CNY0.22

J0104839
毛主席诗词隶书字帖　（《满江红和郭沫若同志》等五首）
上海 东方红书画社 1968 年 20cm（32 开）
定价：CNY0.23

J0104840
毛主席诗词隶书字帖　武汉市三工艺美术社供稿
武汉 湖北人民出版社 1972 年 26cm（16 开）
统一书号：9106.34 定价：CNY0.15

J0104841
《国际歌》《三大纪律八项注意》隶书字帖
刘炳森书写；荣宝斋编辑
［北京］荣宝斋 1973 年 24cm（26 开）
统一书号：8030.785 定价：CNY0.33

J0104842
《龙江颂》剧词摘录隶书字帖　康庸书写；荣宝斋编辑
［北京］荣宝斋 1973 年 27cm（16 开）
统一书号：8030.784 定价：CNY0.25

J0104843
隶书字帖　（一 鲁迅诗歌选）刘炳森书
上海 上海书画出版社 1976 年 修订本
26cm（16 开）定价：CNY0.22

J0104844

隶书字帖 （大庆工人阶级的豪言壮语）张森书；上海书画出版社编辑

上海 上海书画出版社 1978 年 40 页 26cm（16 开）

统一书号：7172.86 定价：CNY0.24

　　作者张森（1942—　），书法家、一级美术师。江苏泰县人，祖籍温州鹿城。历任中国书法家协会理事，中国书法家协会创作评审委员会委员，上海市书法家协会顾问，上海市美学学会副主席，上海中国画院画师。出版有《张森隶书滕王阁序》《张森书法艺术》《张森隶书岳阳楼记》等。

J0104845

毛主席词二首隶体新字帖 吴永书

西安 陕西人民出版社 1978 年 22cm（30 开）

统一书号：8094.576 定价：CNY0.22

J0104846

隶书字帖 辽宁美术出版社编辑

沈阳 辽宁美术出版社 1979 年 17 页 26cm（16 开）

统一书号：8117.1641 定价：CNY0.30

J0104847

敬书周总理青年时代诗九首 （学生习字帖）黎泉书

兰州 甘肃人民出版社 1980 年 32 页 26cm（16 开）

统一书号：8096.763 定价：CNY0.46

J0104848

隶辨 （隶书字典）顾南原撰

北京 中国书店 1982 年 影印本 2 册（1286 页）19cm（32 开）定价：CNY4.90

J0104849

隶辨 （隶书字典）顾南原撰集

台南 大孚书局 1983 年 影印本 1286 页 20cm（32 开）精装

J0104850

汉隶七种选临 康殷，康雍书

石家庄 河北美术出版社 1985 年 90 页 26×19cm 统一书号：8087.1191 定价：CNY2.30

　　本书选入著名书法家康殷临《乙瑛碑》《礼器碑》《礼器碑阴》《礼器碑侧》《张迁碑》《汉简》6 种；康雍临《曹全碑》1 种。作者康殷（1926—1999），古文字学家、古玺印专家、篆刻家、书法家、画家。别署大康，祖籍河北乐亭，生于辽宁义县。毕业于吉林师范大学美术系。曾任中央文史研究馆馆员、首都师范大学研究员、中国书法家协会理事、中国美术家协会会员等。著有《古文字形发微》《文字源流浅说》《古文字学新论》《说文部首诠释》，编纂中国第一部古印玺全集《印典》。

J0104851

李伟隶书册 李伟书

广州 科学普及出版社广州分社 1985 年 60 页 26cm（16 开）统一书号：8051.60401

定价：CNY0.95

J0104852

水写纸字帖 （隶书）卢前临写

成都 四川少年儿童出版社 1985 年 ［16 页］26cm（16 开）定价：CNY1.30

　　作者卢前，上海师范大学书法专业兼职教授，中国硬笔书法家协会副主席。

J0104853

隶辨 顾蔼吉编撰

北京 中华书局 1986 年 影印本 322 页 26cm（16 开）统一书号：9018.204 定价：CNY6.75

　　本书是中国清代隶书研究辞典。

J0104854

隶书大字帖《岳阳楼记》 杨小梦书

太原 山西人民出版社 1986 年 25cm（小 16 开）

统一书号：8088.2045 定价：CNY1.35

J0104855

实用隶书字帖 陈景舒编写

广州 广东省地图出版社 1986 年 108 页 26cm（16 开）定价：CNY2.20

　　作者陈景舒（1931—2012），书法家。字靖庵，别署凝碧楼主，出生于广东佛山。曾任广东省人民政府文史研究馆馆员、中国书法家协会会员、广东省书法家协会名誉主席、广东省书法艺术基金会会长等。代表著作有《实用隶书字帖》《隶书书写门径》《四体楹联》等。

J0104856

实用隶书字帖 （第一册）陈景舒编写
广州 广东省地图出版社 1995 年 2 版 108 页
26cm（16 开）ISBN：7-80522-320-3
定价：CNY7.50

J0104857

实用隶书字帖 （第二册）陈景舒编写
广州 广东省地图出版社 1995 年 108 页
26cm（16 开）ISBN：7-80522-321-1
定价：CNY7.50

　　作者陈景舒（1931—　），广东佛山人，广东省文史馆馆员，中国书法家协会会员，广东省书法家协会主席。

J0104858

碑林遗录汉隶二种　蔡松男编著
台北 蔡松男 1987 年 38 页 26cm（16 开）

J0104859

隶书笔法与汉碑　谷溪编著
北京 北京体育学院出版社 1987 年 46+72 页
19cm（32 开）统一书号：8451.16 定价：CNY1.15
（中国书法系列丛书）

J0104860

隶书笔法与汉碑　谷溪编著
北京 北京体育学院出版社 1991 年 重印本
46+74 页 19cm（32 开）ISBN：7-81003-478-2
定价：CNY2.10
（中国书法系列丛书）

J0104861

隶书佳联选萃　张有清书
北京 体育学院出版社 1987 年 57 页 26cm（16 开）
ISBN：7-81003-041-8 定价：CNY1.40

J0104862

实用隶体字帖　梁雨涛书
南京 南京大学出版社 1987 年 99 页 19×26cm
统一书号：8336.014 ISBN：7-305-00056-6
定价：CNY1.80

J0104863

龚望临汉石门颂　龚望著

天津 天津杨柳青画社 1988 年［104］页
［28cm］（16 开）定价：CNY5.37

　　本书为龚望所临汉《石门颂》手迹印本。作者龚望（1914—2001），书法家、文物收藏鉴赏家。字作家、迁公，号沙曲散人，天津市人。中国书法家协会会员、天津分会副主席，天津文史馆馆员。

J0104864

隶书习字帖　王宝洺编著
北京 中国盲文出版社 1988 年 2 册（63+64 页）
26cm（16 开）ISBN：7-5002-0215-6
定价：CNY3.70

J0104865

马王堆汉墓帛书竹简　李正光编
长沙 湖南美术出版社 1988 年 300 页
29cm（16 开）ISBN：7-5356-1295-4
定价：CNY14.00

　　本书从马王堆汉墓出土的约 12 万字帛书，922 支（共 9000 余字）竹简中共精选出 2000 余字，有篆有隶。按字典形式编排，并有部首索引。

J0104866

孙思邈百字养生铭隶字帖　李思宪书
西安 陕西人民出版社 1988 年 31cm（15 开）
统一书号：8094.766 ISBN：7-224-00191-0
定价：CNY0.95

J0104867

王宝洺隶书字帖　王宝洺书
北京 中国盲文出版社 1988 年 1 册 26cm（16 开）
ISBN：7-5002-0180-X 定价：CNY2.30

　　作者王宝洺（1958—　），书画艺术家。北京人，祖籍山东乐陵。别署半步斋主。中国对外经贸大学与中国中医药大学书法客座教授、北京霍英东书法学院院长、中国书画家协会理事、世界华人艺术家协会副主席、北京刘炳森书法研究室主任、中国书法家协会会员及北京书法家协会专业创作员。代表作品《学生隶书练习技法》。

J0104868

王遐举隶书李白诗　王遐举书
北京 中国电影出版社 1988 年 60 页 26cm（16 开）
ISBN：7-106-00218-6 定价：CNY1.95

作者王遐举(1909—1995)，书法家。原名克元，字清泉，号野农。出生于湖北荆州，毕业于武昌中华大学。历任中央文史研究馆馆员，海峡两岸书画家联谊会会长，中国书法艺术研究院院长等职。出版有《野农轩诗话》《王遐举书法作品集》《中国舞台布景与民族传统绘画》等。

J0104869

袖珍古诗隶书字帖　李希膺著
兰州　甘肃少年儿童出版社　1988 年　1 册
9cm（128 开）ISBN：7-5422-0086-0
定价：CNY0.59

J0104870

中小学语文诗词百首隶书字帖　张又栋书
北京　北京燕山出版社　1988 年　26cm（16 开）
ISBN：7-5402-0079-0　定价：42.90

J0104871

隶书帖　（唐太宗和许敬宗对话）李思宪书
西安　三秦出版社　1989 年　11 页　26cm（16 开）
定价：CNY1.10

J0104872

隶书字架结构习字帖　杨再春编写
武汉　武汉出版社　1989 年　59 页　26cm（16 开）
ISBN：7-5430-0228-9　定价：CNY1.80
　　作者杨再春(1943—　)，书法家。河北唐山人，毕业于北京体育大学。历任北京体育大学出版社社长兼总编，中国摄影著作权协会副总干事长，中国书画函授大学教授。代表作品有《行草章法》《墨迹章法通览》等。

J0104873

刘炳森隶书明北京城城墙遗迹维修记　刘炳森书
北京　紫禁城出版社　1989 年　26cm（16 开）
ISBN：7-80047-075-X　定价：CNY3.80

J0104874

刘炳森隶书明北京城城墙遗迹维修记　刘炳森书
北京　紫禁城出版社　1991 年　2 版　26cm（16 开）
ISBN：7-80047-109-5　定价：CNY5.50
　　作者刘炳森(1937—2005)，书法家、国画

家。字树盦，号海村，生于上海，祖籍天津武清。就读于北京艺术学院美术系中国画山水科。曾任北京故宫博物院研究员，中国书法家协会副主席，中国书画函授大学特约教授，山东曹州书画院名誉院长。出版有《刘炳森楷书千字文》《刘炳森隶书千字》《刘炳森选编勤礼碑字帖》《刘炳森主编中国书法艺术》等。

J0104875

毛笔隶书字帖　张森临写
上海　上海教育出版社　1989 年　19cm（32 开）
定价：CNY0.60
　　作者张森(1942—　)，书法家、一级美术师。江苏泰县人，祖籍温州鹿城。历任中国书法家协会理事，中国书法家协会创作评审委员会委员，上海市书法家协会顾问，上海市美学学会副主席，上海中国画院画师。出版有《张森隶书滕王阁序》《张森书法艺术》《张森隶书岳阳楼记》等。

J0104876

千家诗楷书字帖　韦士开等书
南宁　广西民族出版社　1989 年　88 页　17cm（40 开）
ISBN：7-5363-0622-9　定价：CNY3.00

J0104877

水写书法字帖　（5 隶书）杨为国编著
杭州　浙江美术学院出版社　1989 年　19cm（32 开）
定价：CNY0.92
　　作者杨为国(1955—　)，书法家、教授。出生于浙江杭州。历任中国书画艺术委员会副主席，中国书法家协会会员，中国硬笔书法协会副主席、中国美院出版社编辑，浙江省书法家协会会员，北京大学回宫格书法艺术学校校长。碑帖作品有《自书告身》《勤礼》等。

J0104878

何子贞临华山庙碑　（清）何绍基书
上海　上海书店　1990 年　26cm（16 开）
ISBN：7-80569-219-X　定价：CNY1.75
　　本书系何绍基书中国清代隶书法帖。作者何绍基(1799—1873)，清代诗人、书法家。字子贞，号东洲、晚号猿叟（一作蝯叟）。湖南道州（今道县）人。曾任翰林院编修、国史馆总纂。代表作品有《惜道味斋经说》《说文段注驳正》《东洲

草堂诗钞》等。

J0104879

黄葆钺隶书千字文　黄葆钺书
上海　上海书店　1990 年　26cm（16 开）
ISBN：7-80569-222-X　定价：CNY2.40
　　作者黄葆钺（1880—1968），现代书法家、篆
刻家。字蔼农，小名破钵，别号青山农，青山下
村人。历任福建省图书馆馆长，上海文史馆首
批馆员。出版有《青山农篆书百家姓》《青山农
分书千字文》《青山农书画集》《暖日庐摹印集》
《青山农一知录》等。

J0104880

隶书《礼器碑》书法入门　林少明编著
香港　明天出版社　1990 年　143 页　19cm（32 开）
ISBN：962-277-099-1　定价：HKD38.00
（名家碑帖初学丛书）
　　作者林少明（1930—　　），中国书法家协会广
东分会理事、广东省科学书画气功研究会理事。

J0104881

隶书标准习字帖　任玉玲编
北京　北京出版社　1990 年　30 页　26cm（16 开）
ISBN：7-200-01119-3　定价：CNY1.40

J0104882

隶书字典　（隶辨）（清）顾南原撰集
北京　中国书店　1990 年　影印本　重印本
2 册（1286 页）19cm（32 开）
ISBN：7-80568-109-0　定价：CNY12.80

J0104883

刘锡铜隶书选　刘锡铜书
天津　天津人民美术出版社　1990 年　43 页
26cm（16 开）ISBN：7-5305-0263-8
定价：CNY3.85
　　作者刘锡铜（1952-），中国书法家协会山东
分会会员。

J0104884

张森隶书滕王阁序　张森书
上海　上海书店　1990 年　35×19cm
ISBN：7-80569-184-3　定价：CNY2.85
　　作者张森（1942—　　），书法家、一级美术

师。江苏泰县人，祖籍温州鹿城。历任中国书法
家协会理事，中国书法家协会创作评审委员会
委员，上海市书法家协会顾问，上海市美学学会
副主席，上海中国画院画师。出版有《张森隶书
滕王阁序》《张森书法艺术》《张森隶书岳阳楼
记》等。

J0104885

仿宣纸水写帖（汉）曹全碑　黄波编
成都　成都出版社　1991 年　39 页　38cm（6 开）
ISBN：7805751714

J0104886

古代隶书一百种　张昕，廉懿编
北京　中国华侨出版公司　1991 年　143 页
20cm（32 开）ISBN：7-80074-446-9
定价：CNY5.00
　　本书编选了一百余种在历史上有代表性的
隶书精品，把隶书产生、成熟、兴盛、衰落以及
中兴的历史，通过作品勾勒了出来。

J0104887

历代家教诗文隶书字帖　胡金来书
北京　中国工人出版社　1991 年　92 页　26cm（16 开）
ISBN：7-5008-0918-2　定价：CNY4.30

J0104888

隶书千字文　李克昌书
西安　陕西人民出版社　1991 年　50 页　26cm（16 开）
ISBN：7-224-01588-1　定价：CNY2.80

J0104889

隶书字范　苏安德，刘易甄著
南宁　广西美术出版社　1991 年　120 页
26cm（16 开）ISBN：7-80582-181-X
定价：CNY5.60
　　本书分基本笔画、间架结构、同字变化、作
品范例等四部分。作者苏安德，台湾省书画教育
协会理事长。作者刘易甄，台湾省书画教育协会
总干事。

J0104890

隶字编　洪钧陶编
北京　文物出版社　1991 年　2 册（1510 页）
26cm（16 开）精装　ISBN：7-5010-0422-6

定价：CNY150.00

本书是中国历代著名简牍帛书、碑碣刻石、砖瓦及著名书家所写隶书的汇编，共收自秦、汉至近代著名简帛碑刻及著名书家 200 余人的书迹。编者洪钧陶，就读于北京中国大学政治系和华北大学一部，执教于北京卫生学校。历任中国书法家协会会员，北京草书协会主席。著有《草字编》《篆真字典》《草书查字法》等。

J0104891

隶字编　洪钧陶编

北京 文物出版社 1991 年 2 册（1510 页）

26cm（16 开）凸版纸 ISBN：7-5010-0421-8

定价：CNY100.00

J0104892

毛主席诗词选　（隶书字帖）吴进贤书；张寒月篆刻

合肥 安徽美术出版社 1991 年 38 页

19cm（小 32 开）ISBN：7-5398-0165-4

定价：CNY1.65

吴进贤（1903—1999），书法家。字寒秋，出生于安徽歙县，中国书法家协会会员，苏州市文联艺术指导委员会委员。出版有《毛主席诗词三十七首》《吴进贤隶书千字文》等。张寒（1906—2005），书法家。本名政，字莲光，号兆，别署寒月斋主。江苏苏州人。历任中国书法家协会江苏分会理事、西泠印社社员、苏州市文联艺术指导委员会委员、苏州市书法家协会顾问、东吴印社顾问等。出版有《寒月斋主印存》《张寒月金石篆刻选集》等。

J0104893

诗经隶书字帖　王季鹤书

北京 气象出版社 1991 年 49 页 26cm（32 开）

ISBN：7-5029-0573-1 定价：CNY2.90

王季鹤（1920—2002），书法家。字坤源，江苏无锡人。中国书法家协会江苏分会会员，中国老年书画研究会会员等。著有《王季鹤隶书前赤壁赋》《隶书诗经字帖》等。

J0104894

中国隶书大字典　范韧庵等编著

上海 上海书画出版社 1991 年 1292 页

26cm（16 开）精装 ISBN：7-80512-504-X

定价：CNY74.60

本书收辑历代法书上起先秦，下迄现代已故著名书家遗迹。编著者范韧庵（1916—　　），书画家。字乐山，号怀日，生于江苏如皋。历任上海海墨画社社员，海安书画院顾问，仲贞子艺术馆名誉馆长、上海豫园书画楼特约画师，中国书法家协会会员，上海文史馆馆员等职。编著有《五体书法辞典》《中国行书大字典》《中国隶书大字典》《中国篆书大字典》《中国楷书大子典》等。

J0104895

隶书大字典　（清）翟云升辑

石家庄 河北人民出版社 1992 年 342 页

26cm（16 开）精装 ISBN：7-202-01218-9

定价：CNY21.00

本书隶字收罗广泛，全部采用双钩形式体现。原名《隶篇》，原为 32 开本。此次影印出版，改成了 16 开本精装。翟云升（1776—1858），清代书法家、古文字学家。字舜堂，号文泉，山东莱州市人。代表作品《说文形声后案》《说文辨异》等。

J0104896

学生隶书字帖　黄全信编著

海口 南海出版公司 1992 年 90 页 26cm（16 开）

ISBN：7-80570-743-X 定价：CNY5.40

（学生书法丛书）

J0104897

汉简一百天　程方平编制

北京 中央民族学院出版社 1993 年 100 页

37cm ISBN：7-81001-337-8 定价：CNY7.80

本书精选了古今世人公认的名帖字样，为一、二年级小学生以上书法爱好者 100 天习字帖之用。作者程方平，教授。浙江衢州人，历任国家教委高等教育研究中心副研究员，教育与科普研究所所长，中国比较教育学会、陶行知研究会常务理事，中国书法协会会员等职。著有《新师说》《教育情报学简论》《隋唐五代的儒学》《辽金元教育史》《历代名帖速藏习字系列》等。

J0104898

黄绍勋隶书　黄绍勋书

北京 北京工艺美术出版社 1993 年 80 页

26cm（16 开）ISBN：7-80526-111-3

定价：CNY7.50

J0104899
焦常松隶书　（习字范本）焦常松书
北京　中国书店　1993 年　26cm（16 开）
ISBN：7-80568-579-7　定价：CNY2.50
　　本书收唐诗 17 首，均以隶书书写。作者焦常松（1918—　　），曾用名交友三，山东龙口人。世界书画家协会常务理事，中国书法家协会会员，北京书法家协会会员，中国老年书画研究会会员。出版有《焦常松隶书》。

J0104900
康雍隶书千字文　康雍书
北京　国际文化出版公司　1993 年　26cm（16 开）
ISBN：7-80049-646-5　定价：CNY5.60

J0104901
隶书大字帖　（唐宋诗词选）杨小梦书
太原　山西教育出版社　1993 年　116 页　有照片
26cm（16 开）ISBN：7-80578-791-3
定价：CNY9.60

J0104902
隶书临习字帖　黄艳萍选编
南昌　江西美术出版社　1993 年　26cm（16 开）
ISBN：7-80580-117-7　定价：CNY2.20

J0104903
隶书临习字帖　黄艳萍选编
南昌　江西美术出版社　1998 年　重印本
26cm（16 开）ISBN：7-80580-409-5
定价：CNY4.50
（初学书法入门丛书）

J0104904
隶书张迁碑一百天　程方平编制
北京　中央民族学院出版社　1993 年　100 页
37cm　ISBN：7-81001-336-X　定价：CNY7.80
（一百天毛笔速成名帖习字系列）

J0104905
隶书字帖　刘铁平编著
南京　江苏古籍出版社　1993 年　66 页　26cm（16 开）
ISBN：7-80519-417-3　定价：CNY3.50

J0104906
隶体字库
上海　上海书画出版社　1993 年　173 页
26cm（16 开）ISBN：7-80512-725-5
定价：CNY16.80
（现代装潢美术字字库丛书）
　　本书共收有隶体字 4600 余个，分为简、繁两种。

J0104907
中国汉隶全集临本　（第三卷）卜希杨书
北京　学苑出版社　1993 年　299 页　26cm（16 开）
ISBN：7-5077-0794-6　定价：CNY20.00

J0104908
常用隶书速查手册　（四角号码）樊中岳编
武汉　湖北美术　1994 年　307 页　19cm（小 32 开）
ISBN：7-5394-0513-9　定价：CNY6.00
（书法篆刻工具丛书）

J0104909
简直诚书法字帖　简直诚书
重庆　重庆出版社　1994 年　影印本　117 页
26cm（16 开）ISBN：7-5366-2647-9
定价：CNY4.50
　　作者简直诚，四川省长寿县人士，书法爱好者。

J0104910
孔宙碑　白景山编
北京　北京体育学院出版社　1994 年　43 页
34×18cm　ISBN：7-81003-752-8　定价：CNY4.80
（隶书五种字帖）
　　《孔宙碑》又称《汉泰山都尉孔宙碑》。立于东汉延喜七年（164），现存山东曲阜孔庙，全文340 余字。

J0104911
李广祥隶书千字文　李广祥书；林小波，林雅杰编辑
广州　岭南美术出版社　1994 年　58 页　有照片
33×19cm　ISBN：7-5362-1154-6　定价：CNY18.00
（岭南书艺丛集）
　　作者李广祥（1917—1998），字善卿，室名静远斋，别署秋明堂主，山西文水人。曾任广州市

副市长，国家公安部常务副部长。

J0104912
隶书五体自学字帖　　卢建华编著
上海 上海文化出版社 1994 年 65 页 26cm（16 开）
ISBN：7-80511-643-1 定价：CNY5.20
　　作者卢建华，华东师大任教。

J0104913
隶书小字典　　王文峰著
台北 昭文社 1994 年 122 页 21cm（32 开）
ISBN：957-8526-25-3 定价：TWD100.00
（书法小百科 2）

J0104914
隶书字范　　苏安德，刘易甄著
桂林 漓江出版社 1994 年 120 页 26cm（16 开）
ISBN：7-5407-1588-X 定价：CNY6.30
　　作者苏安德，台湾省书画教育协会理事长。
作者刘易甄，女，台湾省书画教育协会总干事。

J0104915
隶书字帖　　何铁山书
南宁 广西美术出版社 1994 年 影印本 80 页
有照片 26cm（16 开）ISBN：7-80582-726-5
定价：CNY5.90

J0104916
青少年隶书范本　　（朱子家训全文）周惠琴书
南宁 广西美术出版社 1994 年 影印本 92 页
有照片 26cm（16 开）ISBN：7-80582-632-3
定价：CNY6.20

J0104917
石门颂　　白景山编
北京 北京体育学院出版社 1994 年 76 页
34cm（10 开）ISBN：7-81003-753-6
定价：CNY7.50
（隶书五种字帖）

J0104918
乙瑛碑　　白景山编
北京 北京体育学院出版社 1994 年 72 页
34cm（10 开）ISBN：7-81003-756-0
定价：CNY6.90

（隶书五种字帖）
　　本书又名《孔和碑》，全文 700 余字。

J0104919
王祥之隶书元曲精选　　王祥之书
北京 中国文联出版公司 1995 年 54 页
26cm（16 开）ISBN：7-5059-1979-2
定价：CNY9.60

J0104920
古代山水诗二十二首　　赵熊书写并编撰
西安 陕西人民美术出版社 1996 年 45 页
26cm（16 开）ISBN：7-5368-0789-9
定价：CNY4.80
（古今书法技法丛书 隶书字帖）

J0104921
何绍基临《曹全碑》　　（清）何绍基［书］
长沙 湖南美术出版社 1996 年 72 页 26cm（16 开）
ISBN：7-5356-0833-7 定价：CNY7.50
（何绍基临汉碑十种）
　　作者何绍基（1799—1873），清代诗人、书法
家。字子贞，号东洲、晚号猿叟（一作蝯叟）。湖
南道州（今道县）人。曾任翰林院编修、国史馆
总纂。代表作品有《惜道味斋经说》《说文段注
驳正》《东洲草堂诗钞》等。

J0104922
何绍基临《衡方碑》　　（清）何绍基［书］
长沙 湖南美术出版社 1996 年 64 页 26cm（16 开）
ISBN：7-5356-0841-8 定价：CNY6.50
（何绍基临汉碑十种）

J0104923
何绍基临《华山碑》　　（清）何绍基［书］
长沙 湖南美术出版社 1996 年 58 页 26cm（16 开）
ISBN：7-5356-0838-8 定价：CNY6.00
（何绍基临汉碑十种）

J0104924
何绍基临《石门颂》　　（清）何绍基书
长沙 湖南美术出版社 1996 年 50 页 26cm（16 开）
ISBN：7-5356-0834-5 定价：CNY5.50

J0104925
何绍基临《史晨碑》（清）何绍基［书］
长沙 湖南美术出版社 1996年 78页 26cm（16开）
ISBN：7-5356-0842-6 定价：CNY7.50
（何绍基临汉碑十种）

J0104926
何绍基临《武荣碑》（清）何绍基［书］
长沙 湖南美术出版社 1996年 16页 26cm（16开）
ISBN：7-5356-0835-3 定价：CNY2.50
（何绍基临汉碑十种）

J0104927
何绍基临《西狭颂》（清）何绍基书
长沙 湖南美术出版社 1996年 36页 26cm（16开）
ISBN：7-5356-0837-X 定价：CNY4.00

J0104928
何绍基临《乙瑛碑》（清）何绍基书
长沙 湖南美术出版社 1996年 50页 26cm（16开）
ISBN：7-5356-0836-1 定价：CNY5.50

J0104929
刘炳森隶书字帖　刘炳森书；王成纲编
天津 天津古籍出版社 1996年 重印本 46页
有照片 26cm（16开）ISBN：7-80504-533-X
定价：CNY6.80

J0104930
张森隶书《岳阳楼记》　张森书
上海 上海画报出版社 1996年 26cm（16开）
ISBN：7-80530-224-3 定价：CNY10.00
（书法自学丛书）

J0104931
《汉张迁碑》临习指南　姜荣贵编著
沈阳 辽宁美术出版社 1997年 200页
26cm（16开）ISBN：7-5314-1703-0
定价：CNY17.00
（名碑名帖临习指南系列）

J0104932
《汉张迁碑》临习技法　董雁主编
海口 南海出版公司 1997年 70页 26cm（16开）
ISBN：7-5442-0848-6 定价：CNY8.80

（历代碑帖法书技法选 隶书卷）

J0104933
隶书《曹全碑》描红本
南京 江苏文艺出版社 1997年 48页 20cm（32开）
ISBN：7-5399-1078-X 定价：CNY3.50

J0104934
隶书大字典　（清）翟云升辑
北京 北京出版社 1997年 影印本
2册（19+1226页）26cm（16开）精装
ISBN：7-200-03087-2 定价：CNY150.00
（中国书法大字典系列）
　　　翟云升（1776—1858），清代书法家、古文字
学家。字舜堂，号文泉，山东莱州市人。代表作
品《说文形声后案》《说文辨异》等。

J0104935
隶字汇　（清）翟云升辑
郑州 中州古籍出版社 1997年 影印本 1164页
20cm（32开）精装 ISBN：7-5348-1505-3
定价：CNY45.00

J0104936
刘炳森隶书《百家姓》　刘炳森书
北京 中国和平出版社 1997年 60页 26cm（16开）
ISBN：7-80101-073-6 定价：CNY10.00
（当代名家书百家姓）

J0104937
刘炳森隶书现行字字汇　刘炳森书
北京 中国工人出版社 1997年 443+25页
26cm（16开）ISBN：7-5008-1872-6
定价：CNY43.00

J0104938
田雨欣隶书帖　田雨欣书
北京 中国旅游出版社 1997年 110页
26cm（16开）ISBN：7-5032-1414-7
定价：CNY15.00

J0104939
东汉　礼器碑　任容清修复
台北 蕙风堂笔墨公司出版部 1998年 3版
90页 26cm（16开）ISBN：957-9532-48-6

定价：TWD140.00
（修复放大碑帖选集 13）

J0104940

何绍基《石门颂》墨迹　（编号本）（清）何绍
基书
上海　上海画报出版社　1998年　影印本
40cm（小8开）线装　ISBN：7-80530-289-8

J0104941

华人德隶书曹操诗五首　华人德书
合肥　安徽教育出版社　1998年　61页　有照片
37cm　ISBN：7-5336-2118-2　定价：CNY12.00
（中国当代名家系列丛帖）

　　作者华人德（1947—　），研究馆员。笔名维
摩，斋号维摩方丈室，江苏无锡人，毕业于北京
大学图书馆学系。历任苏州大学图书馆员，江苏
省文史研究馆馆员，中国书法家协会学术委员会
委员等职。著有《中国书法全集·三国两晋南北
朝墓志卷》《中国书法史·两汉卷》等。

J0104942

礼器碑隶书描红本　（一）微知等编著
长沙　湖南美术出版社　1998年　32页　19×26cm
ISBN：7-5356-1095-1　定价：CNY4.00

J0104943

礼器碑隶书描红本　（二）微知等编著
长沙　湖南美术出版社　1998年　19×26cm
ISBN：7-5356-1096-X　定价：CNY4.00

J0104944

礼器碑隶书描红本　（三）微知等编著
长沙　湖南美术出版社　1998年　32页　19×26cm
ISBN：7-5356-1097-8　定价：CNY4.00

J0104945

历代隶书大典　赵惠民等主编
天津　天津古籍出版社　1998年　784页
26cm（16开）精装　ISBN：7-80504-612-3
定价：CNY85.00
（历代书法丛典）

J0104946

隶书大字典　江苏广陵古籍刻印社［编］

扬州　江苏广陵刻印社　1998年　影印本
2册（1286页）19cm（小32开）精装
ISBN：7-60101-250-6　定价：CNY66.00

J0104947

隶书五十种　张奎杰，黄海编撰
太原　山西教育出版社　1998年　53页　26cm（16开）
ISBN：7-5440-1230-1　定价：CNY5.90
（书法精华）

J0104948

林散之临《孔庙碑》　林散之书
合肥　安徽美术出版社　1998年　34页　37cm
ISBN：7-5398-0714-8　定价：CNY15.00
（名家临书　第一辑）

　　作者林散之（1898—1989），山水画家、书法
家。名霖，又名以霖，字散之，号三痴、左耳等。
生于江苏江浦县，祖籍安徽和县。历任南京书画
院名誉院长，江苏省书法家协会名誉主席。代
表作有《许瑶诗论怀素草书》《自作诗论书一首》
《李白草书歌行》等。

J0104949

林散之临《礼器碑》　林散之书
合肥　安徽美术出版社　1998年　16页　37cm
ISBN：7-5398-0715-6　定价：CNY10.00
（名家临书　第一辑）

J0104950

刘炳森隶书千字文　刘炳森书
北京　中国工人出版社　1998年　88页　26cm（16开）
ISBN：7-5008-2029-1　定价：CNY13.80

J0104951

路灯隶书伯阳青牛园记　路灯著
西安　三秦出版社　1998年　56页　26cm（16开）
ISBN：7-80628-191-6　定价：CNY7.00

J0104952

实用隶书字典　《实用隶书字典》编纂组编
上海　上海书店出版社　1998年　2册（2119+20页）
26cm（16开）精装　ISBN：7-80622-299-5
定价：CNY295.00

J0104953

中小学生毛笔字帖　（隶书）靳一石编辑
北京　金盾出版社　1998 年　90 页　26cm（16 开）
ISBN：7–5082–0725–4　定价：CNY6.00

J0104954

楚学信书增广贤文　楚学信书
北京　中国青年出版社　1999 年　625 页
28cm（大 16 开）精装　ISBN：7–5006–3338–6
定价：CNY128.00
（朝阳文化丛书）

J0104955

胡小石临隶书四种　胡小石书
合肥　安徽美术出版社　1999 年　37cm
ISBN：7–5398–0738–5　定价：CNY15.00
（名家临书　第一辑）

J0104956

李敦甫隶书字帖　李敦甫书
南京　江苏美术出版社　1999 年　48 页　有照片
29cm（16 开）ISBN：7–5344–0950–0
定价：CNY17.60

J0104957

历代名家隶书字典　怡齐选编
杭州　浙江古籍出版社　1999 年　10+598+10 页
26cm（16 开）精装　ISBN：7–80518–513–1
定价：CNY59.00

　　本书精选历代隶书的名帖名刻和名家法书
中的优秀范字，从战国到明清。为浙江古籍出版
社出版的篆、隶、楷、行、草五体字典中的一部。

J0104958

隶书千字文　（赵孟頫 俞和 陆士仁 席夔）刘
兆英编著
西安　陕西旅游出版社　1999 年　250 页
26cm（16 开）ISBN：7–5418–1650–7
定价：CNY29.80
（五体千字文）

J0104959

陆康作品集　陆康书
杭州　西泠印社　1999 年　134 页　有彩照
29cm（18 开）ISBN：7–80517–374–5

定价：CNY85.00，CNY128.00（精装）

J0104960

马王堆汉墓简帛选字　童曼之编
长沙　湖南美术出版社　1999 年　92 页　29cm（16 开）
ISBN：7–5356–1295–4　定价：CNY14.00

　　编者童曼之（1935—　　），编辑。生于湖南
长沙，毕业于岳阳师范，后入湖南艺术学院美术
系。历任湖南美术出版社副编审，中国出版者协
会装帧艺术研究会、美协湖南分会会员。

J0104961

千字文　（隶书）（元）赵孟頫书；张志和主编；
（梁）周兴嗣次韵
太原　希望出版社　1999 年　101 页　26cm（16 开）
ISBN：7–5379–2255–1　定价：CNY10.00

　　作者赵孟頫（1254—1322），元代著名书画
家、诗人。字子昂，号松雪道人等。浙江吴兴（今
浙江湖州市）人。能诗善文，精绘艺，工书法，"楷
书四大家"之一。作品有《秋郊饮马图》《秀石疏
林图》《松石老子图》等，著有《松雪斋文集》等。

J0104962

王福庵隶书千字文　王福庵书
上海　上海画报出版社　1999 年　65 页
28cm（大 16 开）ISBN：7–80530–506–4
定价：CNY10.00
（画报写字丛书　名家书千字文）

　　作者王福庵（1880—1960），书法篆刻家。原
名寿祺，字维季，号福庵，晚号持默老人，浙江
杭州人。西泠印社创办人之一。代表作品《说文
部首》。

楷书书法作品

J0104963

楷帖　（四十种　1）（清）王存善辑
上海　文明书局　清宣统元年［1909］影印本
线装

　　本册内容为《宋拓晋唐小楷八种》：《宣示表
残本》（魏）钟繇书、《黄庭经》（晋）王羲之书、《黄
庭经残本》（晋）王羲之书、《乐毅论》（晋）王羲
之书、《乐毅论》（晋）王羲之书、《洛神赋十三行》
（晋）王献之书、《破邪论》（唐）虞世南撰并书、《阴

符经》(唐)褚遂良书。《宋拓鼎帖五种》:《宣示表》(魏)钟繇书;(晋)王羲之临、《还示帖》(魏)钟繇书;(晋)王羲之临、《丙舍帖》(魏)钟繇书;(晋)王羲之临、《黄庭经》(晋)王羲之书、《曹娥碑》(晋)王羲之书。《宋拓真绛帖一种》:《霜寒帖》《宋拓大观帖一种》:《萧子云书列子》(梁)肖子云书。

J0104964

楷帖　(四十种　1)(清)王存善辑
上海　文明书局　民国十四年[1925]再版
影印本　线装

J0104965

楷帖　(四十种　2)(清)王存善辑
上海　文明书局　清宣统元年[1909]影印本　线装
　　本册内容为《宋拓群玉堂帖二种》:《曹娥碑》(晋)王羲之书、《米南宫小楷书》(宋)米芾书。《宋拓西楼苏帖一种》:《文与可字说》(宋)苏轼书、《宋拓小楷帖三种》:《戎路表》(魏)钟繇书、《宣示表》(魏)钟繇书;(晋)王羲之临、《还示帖》(魏)钟繇书;(晋)王羲之临。《宋拓南城未断本颜帖一种》:《麻姑仙坛记》(唐)颜真卿撰并书。《宋拓星凤楼帖十种》(第一至二种):《洛神赋十三行》(晋)王献之书、《黄庭经》(晋)王羲之书。

J0104966

楷帖　(四十种　2)(清)王存善辑
上海　文明书局　民国十四年[1925]影印本
再版　线装

J0104967

楷帖　(四十种　3)(清)王存善辑
上海　文明书局　清宣统元年[1909]影印本　线装
　　本册内容为《宋拓星凤楼帖十种》(第三至十种):《黄庭经残本》(晋)王羲之书、《东方先生画赞》(晋)王羲之书;(唐)佚名临、《曹娥碑》(晋)王羲之书、《乐毅论》(晋)王羲之书、《宣示表》(魏)钟繇书;(晋)王羲之临、《调元表》《力命表》(魏)钟繇书、《褚临黄庭经》(晋)王羲之书;(唐)褚遂良临。《宋拓临江戏鱼堂帖四种》:《黄庭内景经》(晋)王羲之书、《乐毅论》(晋)王羲之书、《乐毅论》(晋)王羲之书、《曹娥碑》(晋)王羲之书。《颖上本思古斋帖一种》:《黄庭经》(晋)王羲之书。《杭州绿玉本出水时初拓帖一种》:《洛神赋十三行》(晋)王献之书。

J0104968

楷帖　(四十种　3)(清)王存善辑
上海　文明书局　民国十四年[1925]影印本
再版　线装

J0104969

楷帖　(四十种　4)(清)王存善辑
上海　文明书局　清宣统元年[1909]影印本　线装
　　本册内容为《玉枕原石帖一种》:《兰亭序》(晋)王羲之书。《停云馆帖初拓本一种》:《宣示表》(魏)钟繇书;(晋)王羲之临。

J0104970

楷帖　(四十种　4)(清)王存善辑
上海　文明书局　民国十四年[1925]影印本
再版　线装

J0104971

楷帖四十种　(不分卷)(清)王存善辑
上海　文明书局　清宣统元年[1909]影印本

J0104972

佛遗教经　(一卷)(晋)王羲之书
上海　艺苑真赏社　民国　影印本
　　作者王羲之(303–361),东晋著名书法家。字逸少,山东临沂人。代表作《兰亭序》《黄庭经》《乐毅论》《十七帖》《兰亭集序》《初月帖》等。

J0104973

越州石氏本晋唐小楷十种　有正书局编
上海　有正书局　民国　影印本　线装

J0104974

三希堂小楷八种
上海　有正书局　民国十四年[1925]11版
27cm(16开)定价:大洋四角

J0104975

简体字帖　(1)徐澄著
上海　沪江图书公司　1935年　再版　12页
19cm(32开)
　　本书为毛笔字帖,收324个简体字。

J0104976

凤凰生日小楷帖

北京 文达书局 1953 年 25cm（15 开）

定价：旧币 500 元

J0104977

简化汉字大楷字帖 （第一种）文字改革出版社编

北京 文字改革出版社 1958 年 22 页 15×19cm

定价：CNY0.08

J0104978

简化汉字大楷字帖 （第二种）文字改革出版社编

北京 文字改革出版社 1961 年 17 页 15cm（40 开）

统一书号：9060.540/2 定价：CNY0.09

J0104979

简化汉字小楷字帖 文字改革出版社编

北京 文字改革出版社 1958 年 20 页 13×19cm

统一书号：9060.287 定价：CNY0.07

J0104980

学生习字帖 江苏人民出版社编

南京 江苏人民出版社 1958 年 20 页

13×19cm（32 开）统一书号：T7100.590

定价：CNY0.07

J0104981

简化汉字小楷字帖 （革命烈士诗抄十七首 第一册）

北京 文字改革出版社 1961 年 影印本 32 页

19cm（32 开）统一书号：9060.539/1

定价：CNY0.09

J0104982

简化汉字小楷字帖 （革命烈士诗抄二十二首 第二册）

北京 文字改革出版社 1961 年 影印本 32 页

19cm（32 开）统一书号：9060.539/2

定价：CNY0.09

J0104983

简化汉字楷书习字帖 （简繁对照）王南舟书

汉口 群益堂 1962 年 36 页 20cm（32 开）

统一书号：T7108.6 定价：CNY0.25

J0104984

《纪念白求恩》小楷字帖

[上海] 东方红书画社 1968 年 19cm（小 32 开）

定价：CNY0.09

J0104985

雷锋日记（摘录）大楷字帖

[上海] 东方红书画社 1966 年 24cm（26 开）

定价：CNY0.18

J0104986

雷锋日记（摘录）中楷字帖

[上海] 东方红书画社 1966 年 19cm（小 32 开）

定价：CNY0.10

J0104987

欧体中楷字帖

[北京] 朵云轩 1966 年 19cm（小 32 开）

定价：CNY0.10

J0104988

颜体中楷字帖

[北京] 朵云轩 1966 年 19cm（小 32 开）

定价：CNY0.11

J0104989

毛主席诗词二十一首 （小楷习字帖）沈尹默书

上海 上海教育出版社 1962 年 24 页 19cm（32 开）

统一书号：7150.1290 定价：CNY0.11

J0104990

欧体九成宫标准习字帖 柳溥庆编

北京 北京出版社 1962 年 29 页 26cm（16 开）

统一书号：8071.142 定价：CNY0.30

　　编者柳溥庆（1900—1974），印刷技术专家。江苏武进人。又名圊青、步青、柳霖。毕业于上海美术专科学校、巴黎印刷学院。曾任中国人民银行总工程师兼印刷技术研究所所长。编写出版多种颜、柳、欧体书法字帖，著作有《近代平版印刷之理论与实施》《照相凹版术》《蛋白版的原理和方法》等。

J0104991
欧体九成宫标准习字帖　柳溥庆编
北京　北京出版社　1962 年　影印本　29 页
26cm（16 开）统一书号：8071.142 定价：CNY0.26

J0104992
星录小楷　童式规书
上海　上海古籍书店 1962 年［21］页 26cm（16 开）
经折装　定价：CNY0.28

J0104993
欧体九成宫标准习字帖
南昌　江西教育出版社 1963 年 19cm（32 开）
定价：CNY0.10

J0104994
褚遂良中楷字帖　（选字本）
上海　朵云轩 1965 年 19cm（32 开）
定价：CNY0.10

J0104995
简化字楷体字帖　邓散木书
北京　文字改革出版社 1965 年［24］页
13×18cm 统一书号：9060.568 定价：CNY0.07

J0104996
简化字楷体字帖　邓散木书
北京　语文出版社 1987 年 2 版［24］页
13×18cm 定价：CNY0.25

J0104997
今古贤文小楷字帖
上海　上海教育出版社 1965 年 28 页 有图
19cm（32 开）统一书号：7150.1656 定价：CNY0.09

J0104998
雷锋语录字帖　（欧体简化字）
北京　荣宝斋 1965 年 21cm（32 开）
定价：CNY0.25

J0104999
柳体楷书间架结构习字帖　柳溥庆编
北京　北京出版社 1965 年 40 页 26cm（16 开）
统一书号：8071.170 定价：CNY0.38

J0105000
柳体楷书间架结构习字帖　柳溥庆编
北京　北京出版社 1981 年 40 页 25cm（小 16 开）
统一书号：8071.354 定价：CNY0.38

J0105001
柳体楷书间架结构习字帖　柳溥庆编
北京　北京出版社 1998 年 重印本 40 页
26cm（16 开）ISBN：7-200-00082-5
定价：CNY3.10

J0105002
柳体中楷字帖　（摘录雷锋日记）
上海　朵云轩 1965 年［18］页 19cm（32 开）
统一书号：Z-22 定价：CNY0.10

J0105003
苏东坡大楷字帖　（选字本）
上海　朵云轩 1965 年 20cm（32 开）
定价：CNY0.20
　　中国北宋书法作品。

J0105004
王杰日记字帖　（柳体简化字）荣宝斋编辑
北京　人民美术出版社 1966 年 1 册 23cm（10 开）
定价：CNY0.20

J0105005
中楷字帖　（农业靠大寨精神）
上海　上海书画社 1966 年 19cm（32 开）
定价：CNY0.07

J0105006
正楷活页字帖　（第一集）
上海　上海东方红书画社 1970 年 19cm（32 开）
定价：CNY0.21

J0105007
正楷活页字帖　（第一集）胡考书
上海　上海东方红书画社 1971 年 19cm（32 开）
定价：CNY0.16

J0105008
正楷活页字帖　（第二集）胡考书
上海　上海书画社 1973 年 19cm（32 开）

定价：CNY0.15

　　作者胡考（1912—1994），小说家、文艺理论家、漫画家。生于上海，祖籍浙江余姚，毕业于上海新华艺术专科学校。历任《苏北画报》社社长，《人民画报》副总编辑，中国美术家协会会员。出版有《胡考素描》《上海滩》。

J0105009

中楷字帖　（金训华同志日记摘抄）
上海　上海东方红书画社　1970 年　19cm（32 开）
定价：CNY0.18

J0105010

中楷字帖　（选自《雷锋的故事》）任政书
上海　上海书画社　1974 年　19cm（32 开）
统一书号：7172.56　定价：CNY0.10

J0105011

中楷字帖　（摘录　雷锋日记）上海书画社编
上海　上海书画社　1976 年　重印本　19cm（32 开）
统一书号：7172.22　定价：CNY0.06

J0105012

宋人楷书选字帖　上海书画社编辑
上海　上海书画社　1977 年　24 页　26cm（16 开）
统一书号：7172.85　定价：CNY0.24

J0105013

楷书习字帖　（二）朱棠溪书
福州　福建人民出版社　1979 年　30 页　26cm（16 开）
统一书号：7173.393　定价：CNY0.26

J0105014

楷书字帖　辽宁美术出版社编辑
沈阳　辽宁美术出版社　1979 年　16 页　26cm（16 开）
定价：CNY0.30

J0105015

麦华三楷书册　麦华三书
广州　广东人民出版社　1979 年　56 页　26cm（16 开）
统一书号：8111.1968　定价：CNY0.33

J0105016

欧体九成宫标准习字帖　柳溥庆编
北京　北京出版社　1979 年　28 页　26cm（16 开）

统一书号：8071.310　定价：CNY0.30

J0105017

魏书西湖诗抄　姚葆勋书
杭州　浙江人民出版社　1979 年　46 页　26cm（16 开）
统一书号：7103.1075　定价：CNY0.42

　　本书用新魏体来书写唐代白居易，宋代林逋、司马光、苏轼、杨万里的咏西湖诗 9 首。作者把传统的方笔魏碑体，改造成新魏体，并引入了不少行草的笔法。

J0105018

散木书陶诗　（小楷）邓散木书
上海　上海书画出版社　1980 年　56 页　19cm（32 开）
统一书号：7172.135　定价：CNY0.38

　　作者邓散木（1898—1963），著名书法、篆刻家。原名菊初。字散木，别号粪翁等。出生于上海，中国书法研究社社员。代表作品《篆刻学》《中国书法演变史》。

J0105019

小学生大字帖　朱文郁写
南京　江苏人民出版社　1980 年　32 页　19cm（32 开）
统一书号：7100.060　定价：CNY0.11

J0105020

小学生正楷字帖　李洗尘书写
沈阳　辽宁美术出版社　1980 年　13 页　19cm（32 开）
统一书号：8117.1889　定价：CNY0.08

J0105021

学生正楷大字帖　刘永瑞书
武汉　湖北人民出版社　1980 年　40 页　19cm（32 开）
定价：CNY0.28

J0105022

学生正楷习字帖　方绍武书
合肥　安徽人民出版社　1980 年　48 页　19cm（32 开）
统一书号：8102.1161　定价：CNY0.35

J0105023

中学生字帖　上海书画出版社编
上海　上海书画出版社　1980 年　62 页　25cm（16 开）
统一书号：7172.141　定价：CNY0.40

　　本书共 4 种，本册为柳体。内容包括：柳公权"神策军碑玄秘塔碑"楷书习字教范；小楷字范等。

J0105024

中学生字帖　上海书画出版社编
上海 上海书画出版社 1982 年 60 页 26cm（16 开）
统一书号：7172.175 定价：CNY0.40

　　本书共 4 种，本册为颜体。内容包括：颜真卿"勤礼碑"楷书习字教范；小楷字范等。

J0105025

中学生字帖　上海书画出版社编
上海 上海书画出版社 1983 年 60 页 25cm（16 开）
统一书号：7172.195 定价：CNY0.40

　　本书共 4 种，本册为欧体。内容包括：欧阳询"九成宫"楷书习字教范；小楷字范等。

J0105026

中学生字帖　上海书画出版社编
上海 上海书画出版社 1983 年 61 页 25cm（16 开）
统一书号：7172.185 定价：CNY0.40

　　本书共 4 种，本册为赵体。内容包括：赵孟頫"胆巴碑"楷书习字教范；小楷字范等。

J0105027

少年小楷习字帖　（古诗五言绝句四十首）刘小晴书
上海 少年儿童出版社 1981 年 ［16 页］
19cm（32 开）统一书号：R7024.67 定价：CNY0.09

J0105028

小学大楷习字帖　（四年级上学期用）金成钧书
沈阳 辽宁美术出版社 1981 年 27cm（大 16 开）
定价：CNY0.23

J0105029

正楷活页字帖　（成语）许宝驯书
上海 上海书画出版社 1981 年 12 张
19cm（小 32 开）定价：CNY0.16

J0105030

中楷字帖　（新道德三字经）吴建贤书
上海 上海书画出版社 1981 年 35 页 19cm（32 开）
统一书号：7172.158 定价：CNY0.13

J0105031

楷书字帖　李华铮书
杭州 浙江人民美术出版社 1982 年 30 页
18cm（小 32 开）定价：CNY0.19

　　本作品是中国现代书法，书名页题名为：雷锋日记楷书字帖。

J0105032

星录小楷字帖　童星录书
上海 上海书画出版社 1982 年 22 页 19cm（32 开）
统一书号：7172.162 定价：CNY0.11

　　本书还有其他题名：星录小楷。

J0105033

袖珍古诗小楷字帖　金玉振书
兰州 甘肃人民出版社 1982 年 1 册 13cm（60 开）
统一书号：7096.148 定价：CNY0.24

J0105034

学生小楷字帖　陈美祥书
福州 福建教育出版社 1982 年 62 页 19cm（32 开）
统一书号：7159.734 定价：CNY0.31

J0105035

学生中楷字帖　陈美祥书
福州 福建教育出版社 1982 年 54 页 19cm（32 开）
统一书号：7159.733 定价：CNY0.28

J0105036

中楷描临帖　陈美祥编写
福州 福建教育出版社 1983 年 64 页 19cm（32 开）
定价：CNY0.25

J0105037

中楷字帖　（书法基础知识）林昭编；沈炳书
乌鲁木齐 新疆人民出版社 1983 年 53 页
26cm（16 开）统一书号：8098.174 定价：CNY0.48

　　本字帖选入常用字和少数不常用字共 2072 个，按笔画、结构、偏旁对比三部分组编。

J0105038

中小学生楷书字帖　吴守明编
石家庄 河北美术出版社 1983 年 25cm（16 开）
统一书号：8087.1560 定价：CNY0.45

　　编者吴守明（1938—　），书画家。河北滦县人，历任中国美术家协会会员、中国书法家协会会员，河北省山水画研究会会长。代表作品《黄河颂》《长城进行曲》等，出版有《山水画变革要述》《山水画构图》《吴守明画集》等。

J0105039

欧体楷书间架结构习字帖　　柳溥庆编

北京　北京出版社　1984 年　32 页　25cm（小 16 开）

统一书号：8071.496　定价：CNY0.38

J0105040

欧体楷书间架结构习字帖　　柳溥庆，柳伦编

北京　北京出版社　1992 年　2 版（修订本）

32 页　26cm（16 开）ISBN：7-200-00081-X

定价：CNY1.20

J0105041

学生楷书字帖　　徐静波书

杭州　浙江教育出版社　1984 年　40 页

27cm（大 16 开）定价：CNY0.56

J0105042

学生楷书字帖　　徐静波书

杭州　浙江教育出版社　1987 年　40 页　25cm（16 开）

统一书号：7346.127　定价：CNY0.56

J0105043

学生魏碑字帖　　姜东舒书

杭州　浙江教育出版社　1984 年　36 页　26cm（16 开）

统一书号：7346.106　定价：CNY0.76

J0105044

颜体楷书间架结构习字帖　　柳溥庆编

北京　北京出版社　1984 年　32 页　25cm（16 开）

统一书号：8071.497　定价：CNY0.38

J0105045

一心小楷　　成一心书

广州　科学普及出版社广州分社 [1984 年]

1 册　26cm（16 开）统一书号：8051.60239

定价：CNY0.20

J0105046

楷书新编百家姓　　牛葆宁编撰；袁旭临楷书

太原　山西人民出版社　1985 年　156 页

19cm（32 开）统一书号：7088.1391 定价：CNY0.95

作者袁旭临（1937—　），书法家。号雪岭、墨滏，生于河北沧州市。历任山西太原市文化局副局长，山西省书协常务理事，太原市画院副院长，太原市书法家协会主席。编著出版《楷书基础知识》《欧阳询、颜真卿、柳公权碑帖精选》《楷书汉字笔顺图解》《楷书练习系列册》等。

J0105047

欧阳询、颜真卿、柳公权、赵孟頫四家楷体选字帖　　李域铮，赵力光选编

西安　陕西人民出版社　1985 年　32 页　18cm（15 开）

统一书号：7094.422　定价：CNY0.70

J0105048

青少年楷书字范　　（简繁对照）廖蕴玉书

桂林　漓江出版社　1985 年　80 页　20cm（32 开）

定价：CNY0.54

J0105049

中国楷书大字典　　严庆祥，范韧庵编

南京　江苏古籍出版社　1985 年　1257 页

26cm（16 开）精装　统一书号：17354.007

定价：CNY38.00

本书是中国历代著名书法家楷体字的汇编，书中搜集历代著名书法家的作品，从传世的 1125 种碑碣、法帖、墨迹及其影印本中选出首文 3097 字，重文 19443 字，每字均注明时代、作者、帖名。

J0105050

大楷习字帖　　（临池墨宝荟萃）许振轩编撰

合肥　安徽美术出版社　1986 年　48 页　26cm（16 开）

定价：CNY0.90

本书收入 56 幅图。选编《北魏·之怀墓志》《唐·欧阳询书九成宫》《唐·颜真卿书告身墨迹》《唐·柳公权玄秘塔》等。

J0105051

临池墨宝荟萃　　（小楷习字帖）许振轩编撰

合肥　安徽美术出版社　1986 年　28 页　26cm（16 开）

定价：CNY0.60

本书收入 32 幅图。选编王羲之的《乐毅习论》《黄庭经》、王献之的《洛神赋十三行》、钟绍京的《灵飞经》。

J0105052
柳体大楷临习册　上海书画出版社编
上海　上海书画出版社 1986 年　6 页　19×26cm
（16 开）袋装 定价：CNY0.60
（系列塑料活页字帖）

J0105053
名家楷书字帖　何睿晃编著
台北　艺术图书公司 1986 年　再版 112 页
21cm（32 开）定价：TWD150.00

J0105054
名家楷书字帖　何睿晃编
台北　台湾艺术图书公司 1991 年　108 页
19cm（小 32 开）ISBN：7-5062-1004-5
定价：CNY2.90
　　本书为台湾艺术图书公司与世界图书出版
公司合作出版。

J0105055
欧体中楷临习册　上海书画出版社编
上海 上海书画出版社 1986 年 48 页 19cm（32 开）
定价：CNY0.55
（系列塑料活页字帖）

J0105056
欧体中楷字帖
上海 上海书画出版社 1986 年 8 页 19cm（32 开）
袋装 定价：CNY0.52
（系列塑料活页字帖）

J0105057
少儿正楷字帖　钱沛云书写
长沙　湖南少年儿童出版社 1986 年 78 页
19cm（32 开）统一书号：R7280.282
定价：CNY0.58
　　作者钱沛云（1946—　　），著名硬笔书法家。
字鹤斋，浙江上虞人，毕业于上海师大中文系。
中国书法家协会会员，中国书画函授大学书法系
教授。主要作品有《楷书基础知识》《怎样写快
写好钢笔字》《钢笔书法技巧要领》《红楼梦诗词
钢钢笔行书书帖》等。

J0105058
颜体大楷字帖

上海 上海书画出版社 1986 年 6 页 17cm（40 开）
袋装 定价：CNY0.60
（系列塑料活页字帖）

J0105059
赵体寿春堂标准习字帖　柳溥庆遗稿；柳伦编
北京 北京出版社 1986 年 36 页 10cm（64 开）
统一书号：8071.555 定价：CNY0.50

J0105060
赵体寿春堂标准习字帖　柳溥庆遗稿；柳伦编
北京 北京出版社 1988 年 重印本 36 页
26cm（16 开）统一书号：8071.555
ISBN：7-200-00075-2 定价：CNY0.78

J0105061
周昭怡楷书帖　周昭怡著
长沙 湖南少年儿童出版社 1986 年
25cm（小 16 开）统一书号：8280.182
定价：CNY1.40

J0105062
常用字帖　（软硬笔大小楷）刘作义，梁仁编
桂林 漓江出版社 1987 年 376 页 19cm（32 开）
ISBN：7-5407-0105-6 定价：CNY2.10

J0107168
汉字笔顺帖　罗德灵编
兰州 甘肃少年儿童出版社 1987 年 143 页
19cm（32 开）ISBN：7-5422-0056-9
定价：CNY1.30
　　本书为中国现代楷书书法字帖。

J0105063
蓝玉崧书宋词小楷　蓝玉崧书
重庆 重庆出版社 1987 年 76 页 19cm（32 开）
ISBN：7-5366-0222-7 定价：CNY1.23

J0105064
欧书字帖　辛济仁编著
南京 江苏古籍出版社 1987 年 54 页 26cm（16 开）
ISBN：7-80519-053-4 定价：CNY1.70
（书法学习丛书）
　　本书为中国唐代楷书法帖。

J0105065

水写正楷字帖 （一）湖南少年儿童出版社编
长沙 湖南少年儿童出版社 1987年 26cm（16开）
定价：CNY0.50

J0105066

水写正楷字帖 （二）湖南少年儿童出版社编
长沙 湖南少年儿童出版社 1987年 26cm（16开）
定价：CNY0.50

J0105067

水写正楷字帖 （三）湖南少年儿童出版社编
长沙 湖南少年儿童出版社 1987年 26cm（16开）
定价：CNY0.50

J0105068

五柳先生传 （晋）陶潜著；雷世纲书
武汉 湖北美术出版社 1987年 1册 16cm（25开）
折叠装 ISBN：7-5394-0008-0 定价：CNY0.60
　　本书为中国现代楷书法帖。

J0105069

简化字习字帖 黄廷栋书
北京 北京燕山出版社 1988年 49页 26cm（16开）
ISBN：7-5402-0049-9 定价：CNY1.30

J0105070

楷书临摹练习册 （柳体）张巍编写
石家庄 河北教育出版社 1988年 16页
38cm（6开）定价：CNY0.86

J0105071

楷书临摹练习册 （欧体）戴前编写
石家庄 河北教育出版社 1988年 16页
38cm（6开）定价：CNY1.00

J0105072

楷书临摹练习册 （颜体）戴前编写
石家庄 河北教育出版社 1988年 16页
38cm（6开）定价：CNY0.86

J0105073

柳体楷书唐诗字帖 杨培义，肖毅编
北京 北京出版社 1988年 41页 26cm（16开）
ISBN：7-200-00516-9 定价：CNY0.90

J0105074

柳体习字帖 文圣楼编
台北 艺术图书公司 1988年 再版 112页
21cm（32开）定价：TWD150.00
（正楷标准习字帖 2）

J0105075

欧体中小楷字帖 雷崇善书
西安 华岳文艺出版社 1988年 60页 26cm（16开）
ISBN：7-80549-049-X 定价：CNY1.80

J0105076

唐体楷书间架结构习字帖 柳伦编
北京 北京出版社 1988年 40页 26cm（16开）
ISBN：7-200-00659-9 定价：CNY1.30

J0105077

唐体孝弟祠记标准习字帖 柳伦编
北京 北京出版社 1988年 40页 26cm（16开）
ISBN：7-200-00658-0 定价：CNY1.30

J0105078

魏体千字文 曾景充书；魏锦光译
广州 广东旅游出版社 1988年 32页 26cm（16开）
定价：CNY2.30
　　本书通过作者精湛的书写技艺，对魏体石刻
进行了再创造，使魏碑兼有隶书、楷书的精华。
作者曾景充（1932—2009），书法家。生于广州。
中国书法家协会会员，曾任广东书协理事，广东
书协艺术指导委员，广州市书协副会长，美协广
东分会会员，广东省中国文物鉴藏家协会理事，
广州市文史研究馆馆员，东方书画院客座教授。
著有《行书要法》《魏体千字文》《曾景充钢笔书》
《五体临池指要》等。

J0105079

学生古诗词楷书字帖 徐鼎书
杭州 浙江文艺出版社 1988年 40页 26cm（16开）
ISBN：7-5339-0084-7 定价：CNY0.90

J0105080

颜体基本笔画练习帖 胡子为书
福州 福建美术出版社 1988年 42页 26cm（16开）
ISBN：7-5393-0034-5 定价：CNY1.60
　　作者胡子为（1926— ），号黄冈主人，浙江

永康人。福建师院艺术系毕业。福州美术馆国家二级美术师(副教授),福建省美术家协会、南京市颜真卿书画院顾问,书法家协会会员。

J0105081

颜体基本笔画描红簿　　胡子为书
福州 福建美术出版社 1989年 1册 26cm(16开)
定价:CNY0.90

J0105082

诸葛亮出师表　(中小学生楷字帖)郭俊峰书
成都 四川科学技术出版社 1988年 31页
26cm(16开)定价:CNY1.30

J0105083

简化字小楷帖　　张瑞龄书
北京 语文出版社 1989年 35页 19cm(32开)
ISBN:7-80006-227-9 定价:CNY0.70

J0105084

柳体摹书帖　　北京市宣武区少年书法学会编
北京 中国少年儿童出版社 1989年 24页
26cm(16开)定价:CNY0.95

J0105085

毛笔楷书字帖　　卢前临写
上海 上海教育出版社 1989年 19cm(32开)
定价:CNY0.60
　　作者卢前,上海师范大学书法专业兼职教授,中国硬笔书法家协会副主席。

J0105086

毛笔魏碑字帖　　张静芳临写
上海 上海教育出版社 1989年 19cm(32开)
定价:CNY0.60
　　作者张静芳(1942—　　),女,高级美术师。上海人。历任中国书法家协会会员,上海书法家协会常务理事、办公室主任等职。

J0105087

欧体楷书习字与解释　　耿昌编著
南宁 广西民族出版社 1989年 108页
26cm(16开)ISBN:7-5363-0658-X
定价:CNY3.20

J0105088

少儿书法字帖　　孙士熊书
重庆 重庆出版社 1989年 72页 26cm(16开)
ISBN:7-5366-0906-X 定价:CNY1.80

J0105089

申文定公百字铭大楷字帖　　李思宪书
西安 三秦出版社 1989年 13页 36cm(12开)
定价:CNY1.20

J0105090

实用新魏书习字帖　　任玉玲编
北京 北京出版社 1989年 30页 26cm(16开)
ISBN:7-200-00811-7 定价:CNY1.25

J0105091

书法双勾习字册　(柳体 三)梁良,智维编
上海 上海科学普及出版社 1989年 16页
26cm(16开)定价:CNY0.80

J0105092

书法双勾习字册　(柳体 四)梁良,智维编
上海 上海科学普及出版社 1989年 16页
26cm(16开)定价:CNY0.80

J0105093

水写书法字帖　(1 柳体)金鉴才编著
杭州 浙江美术学院出版社 1989年 19cm(32开)
定价:CNY0.92

J0105094

水写书法字帖　(2 欧体)金鉴才编著
杭州 浙江美术学院出版社 1989年 19cm(32开)
定价:CNY0.92

J0105095

水写书法字帖　(3 颜体)杨为国编著
杭州 浙江美术学院出版社 1989年 19cm(32开)
定价:CNY0.92
　　作者杨为国(1955—　　),书法家、教授。出生于浙江杭州。历任中国书画艺术委员会副主席,中国书法家协会会员,中国硬笔书法协会副主席、中国美院出版社编辑,浙江省书法家协会会员,北京大学回宫格书法艺术学校校长。碑帖作品有《自书告身》《勤礼》等。

J0105096

宋词三百首小楷　　陈慎之书
南京　江苏教育出版社　1989 年　209 页
35cm（15 开）ISBN：7-5343-0811-9
定价：CNY6.40

J0105097

唐诗行楷书字帖　　胡志刚书
南昌　江西人民出版社　1989 年　30 页　有肖像
26cm（16 开）ISBN：7-210-00691-5
定价：CNY1.50

　　作者胡志刚（1961—　　），书法家、教授。就
职于江西省鹰潭市月湖区信用联社。历任中国
书法家协会会员、江西省书协硬书委常务理事、
鹰潭市书协副主席、月湖区书协副主席。主
要作品有《唐诗行楷书字帖》《当代硬笔书法家
辞林》。

J0105098

吴建贤书历代山水诗帖　　吴建贤书
上海　上海书画出版社　1989 年　110 页　有照片
33×19cm（10 开）ISBN：7-80512-371-3
定价：CNY8.70

J0105099

小学生常用字帖　　朱涛书
上海　上海交通大学出版社　1989 年　1 册
26cm（16 开）定价：CNY2.95

J0105100

颜体楷书习字与解释　　耿昌著
南宁　广西民族出版社　1989 年　109 页
26cm（16 开）ISBN：7-5363-0656-3
定价：CNY3.20

J0105101

于右任书吴昌硕墓表
天津　天津市古籍书店　1989 年　影印本　30 页
26cm（16 开）定价：CNY1.40
（历代碑帖集萃）
　　本书为中国现代楷书碑帖。

J0105102

中国楷书大字典　　（清）潘存辑；杨守敬编
成都　成都古籍书店　1989 年　影印本　26cm（16 开）

精装　定价：CNY37.00
　　本书又名《楷法溯源》。编者杨守敬（1839—
1915），清代地理学家、书法家、金石学家。代
表作品有《水经注疏》《日本访书志》《湖北金石
志》等。

J0105103

朱以撒书唐诗小楷　　朱以撒书
福州　福建美术出版社　1989 年　26×13cm
ISBN：7-5393-0046-9　定价：CNY2.30

J0105104

佛遗教经
天津　天津杨柳青画社　1990 年　34 页　26×15cm
ISBN：7-80503-096-0　定价：CNY2.40
　　本经内容为释迦牟尼临终时对弟子所作的
教诫。

J0105105

楷书欧颜柳赵四家比较字帖　　喻宜编
北京　北京经济学院出版社　1990 年　174 页
26cm（16 开）ISBN：7-5638-0153-7
定价：CNY13.50
　　本书从 4 大楷书书法家欧阳询、颜真卿、柳
公权、赵孟頫的大量楷字中，选出代表不同时
期，不同风格的字编在一起，通过比较达到了解
各家特点，掌握一家字体的目的。共收首字 465
个，重字 4176 个，每页 24 字。

J0105106

李天马小楷选　　李天马书
南宁　广西美术出版社　1990 年　21 页　37cm（8开）
ISBN：7-80582-031-7　定价：CNY3.75

J0105107

历代题画诗小楷字帖　　徐子久编
北京　北京燕山出版社　1990 年　重印本　105 页
19cm（32 开）ISBN：7-5402-0006-5
定价：CNY1.50
　　编者徐子久（1948—　　），书法家。字寿松，
号白发人，浙江台州人，毕业于曲阜师范大学艺
术系和浙江美术学院国画系。历任中国书协会
员、中国书法研究院副院长、教授，中国书协会
员等职。

J0105108

刘炳森书包公神道碑　刘炳森书

北京　紫禁城出版社 1990 年 74 页 26cm（16 开）

ISBN：7-80047-094-6 定价：CNY5.80

J0105109

柳体实用习字帖　王温良书

北京　团结出版社 1990 年 26cm（16 开）

ISBN：7-80061-365-8 定价：CNY3.00

　　本字帖由著名书法家王温良用柳体书写唐诗 30 首，并附偏旁部首，是一本学习柳体的好范本。作者王温良，书法家。历任北京鼓楼书画研究会秘书长，北京美术家协会会员。

J0105110

毛笔楷书实用技法字帖　（一 基本笔画）田英章著

北京　中国经济出版社 1990 年 41 页 有肖像 26cm（16 开）ISBN：7-5017-0788-X

定价：CNY2.30

（田英章系列书法字帖）

　　本书系中国现代楷书法帖基本笔画专著。作者田英章（1950—　），书法家。字存青、存卿，出生于天津。先后毕业于首都师范大学、日本东京学艺大学。中国硬笔书法协会首任会长，中国书法家协会会员、欧阳询书法艺术研究会会长。代表作品有《田英章系列书法字帖》《田英章作品精选》等。

J0105111

毛笔楷书实用技法字帖　（基本笔画）田英章著

北京　中国经济出版社 1994 年 修订版 70 页 有照片 26cm（16 开）ISBN：7-5017-2436-9

定价：CNY6.50

（田英章系列书法字帖）

J0105112

毛笔楷书实用技法字帖　（间架结构）田英章著

北京　中国经济出版社 1994 年 94 页 有照片 26cm（16 开）ISBN：7-5017-2435-0

定价：CNY6.50

（田英章系列书法字帖）

J0105113

毛笔楷书实用技法字帖　（偏旁部首）田英章著

北京　中国经济出版社 1994 年 96 页 有照片 26cm（16 开）ISBN：7-5017-2434-2

定价：CNY6.50

（田英章系列书法字帖）

J0105114

毛笔楷书习字帖　（第一册 基本笔画练习）李岩选编

济南　山东文艺出版社 1990 年 32 页 27cm（大 16 开）定价：CNY1.45

J0105115

毛笔楷书习字帖　（第三册 间架结构练习）李岩选编写

济南　山东文艺出版社 1992 年 32 页 26cm（16 开）

ISBN：7-5329-0803-8 定价：CNY1.45

　　作者李岩选（1948—　），号砺石斋主，山东临沭人，毕业于曲阜师范大学。历任山东省出版总社编审，明天出版社美术编辑，山东硬笔书法家协会副主席，中日中青年书法家协会理事。代表作品《书法自学指导丛书：草书解读与书写规范》《常用字六体钢笔字帖》《毛笔楷书习字帖》等。

J0105116

毛笔楷书习字帖　（第四册 常用字简繁对照）李岩选编写

济南　山东文艺出版社 1992 年 32 页 26cm（16 开）

ISBN：7-5329-0804-6 定价：CNY1.45

J0105117

欧体简化字雷锋名言字帖　卢中南书

北京　学苑出版社 1990 年 26cm（16 开）

ISBN：7-80060-950-2 定价：CNY2.30

J0105118

任政楷书成语习字帖　任政著

上海　上海书店 1990 年 26cm（16 开）

ISBN：7-80569-319-6 定价：CNY1.25

　　作者任政（1916—1999），书法家，字兰斋，浙江黄岩人。历任上海文史研究馆馆员，中国书法家协会会员，上海书法家协会常务理事，上海外国语学院艺术顾问,复旦大学国际文化交流学院艺术顾问。出版有《楷书基础知识》《少年书法》《祖国的书法艺术》《书法教学》《隶书写法指南》《兰斋唐诗宋词行书帖》。

J0105119

少儿古诗读写画　　韩文学书
哈尔滨 北方文艺出版社 1990年 81页 有图
26cm(16开) ISBN:7-5317-0316-5
定价:CNY3.85

J0105120

王正宇副教授德教医方碑帖　　崔敬义书
西安 陕西人民教育出版社 1990年 32页
26cm(16开) ISBN:7-5419-1406-1
定价:CNY1.50

J0105121

小学生日常行为规范楷书帖　　蒋思昉书
南京 江苏美术出版社 1990年 46页
27cm(大16开) 定价:CNY2.40

J0105122

徐静波小楷字帖　　徐静波书
杭州 浙江少年儿童出版社 1990年 1册
20cm(32开) ISBN:7-5342-0483-6
定价:CNY1.35

J0105123

中国成语毛笔钢笔两用字帖　　顾仲安书写
北京 中国国际广播出版社 1990年 218页
26cm(16开) ISBN:7-80035-597-7
定价:CNY5.00
　　作者顾仲安(1956—　　),书法家。中国硬笔书法家协会副主席,上海教师书画篆刻研究会名誉理事。拍摄有《硬笔书法电视讲座》和《硬笔书法》电视教育片。代表作品有《常用成语钢笔字帖接字成语》。

J0105124

中学生日常行为规范楷书帖　　蒋思昉书
南京 江苏美术出版社 1990年 5页
27cm(大16开) 定价:CNY0.70

J0105125

曹慕园唐诗魏体字帖　　曹慕园书
南京 江苏教育出版社 1991年 20cm(32开)
ISBN:7-5343-1250-7 定价:CNY1.30

J0105126

仿魏体字帖　　(唐·李白《将进酒》)李思宪书
西安 陕西人民出版社 1991年 12页 26cm(16开)
ISBN:7-224-01648-9 定价:CNY1.40

J0105127

黄自元楷书基础字帖　　黄自元书
海口 三环出版社 1991年 26cm(16开)
ISBN:7-80564-681-3 定价:CNY3.00

J0105128

楷书毛泽东诗词选　　毛泽东著;郭永琰书
北京 国际文化出版公司 1991年 76页
19cm(小32开) ISBN:7-80049-699-6
定价:CNY3.20
　　作者郭永琰(1962—　　),书法家、画家。湖北随州人,毕业于北京师范大学和北京交通大学。历任中国书法家协会会员,中央警卫部队文化教员。代表作《郭永琰楷书唐诗》《双鹰图》《大吉图》《荷香图》等。

J0105129

刘炳森楷书千字文　　刘炳森书
北京 中国和平出版社 1991年 103页
26cm(16开) ISBN:7-80037-569-2
定价:CNY6.20
(当代名家书千字文)
　　作者刘炳森(1937—2005),书法家、国画家。字树盒,号海村,生于上海,祖籍天津武清。就读于北京艺术学院美术系中国画山水科。曾任北京故宫博物院研究员,中国书法家协会副主席,中国书画函授大学特约教授,山东曹州书画院名誉院长。出版有《刘炳森楷书千字文》《刘炳森隶书千字》《刘炳森选编勤礼碑字帖》《刘炳森主编中国书法艺术》等。

J0105130

柳体楷书宋诗字帖　　杨培义书;肖毅编
北京 北京出版社 1991年 48页 26cm(16开)
ISBN:7-200-01322-6 定价:CNY2.05

J0105131

毛笔楷书字帖　卢中南书写

北京 中国物资出版社 1991 年 65 页 26cm（16 开）

ISBN：7-5047-0257-9 定价：CNY3.50

J0105132

毛笔楷书字帖　卢中南书写

北京 中国物资出版社 1992 年 65 页 26cm（16 开）

ISBN：7-5047-0257-9 定价：CNY3.50

　　作者卢中南（1950—　），书法家。生于湖北武汉，祖籍河南济源。中国人民革命军事博物馆副研究馆员，中国书法家协会会员。代表作品有《卢中南楷书成语字帖》《魏碑基础入门》。

J0105133

欧体习字帖　文圣楼编

台北 艺术图书公司 1991 年 再版 106 页

21cm（32 开）ISBN：957-9045-55-0

定价：TWD150.00

（正楷标准习字帖 1）

J0105134

欧阳询大楷习字帖　骆恒光编

北京 中国国际广播出版社 1991 年 48 页

26cm（16 开）ISBN：7-5078-0362-7

定价：CNY1.90

　　作者骆恒光（1943—　），书法家。号翼之，浙江诸暨人。毕业于浙江美术学院。历任浙江教育出版社美术编辑，中国硬笔书法家协会副主席，中国书法家协会会员、浙江分会理事，浙江省书法理论研究会副会长兼秘书长。著有《骆恒光论书》《行书法图说》《王羲之圣教序及其笔法》。

J0105135

欧阳询《虞恭公碑》选字帖　苍舒，施霭编

太原 山西人民出版社 1991 年 32 页

19cm（小 32 开）ISBN：7-203-01864-4

定价：CNY1.00

（中楷自学辅导丛帖）

　　《虞恭公碑》又称《温公碑》《温彦博碑》，是《唐故特进尚书右仆射上柱国虞恭虞恭公温公碑》的简称，唐贞观十一（公元 637）年刻，岑文本撰，欧阳询书。

J0105136

少年儿童写古诗毛笔小楷字帖　章熊书写

北京 海洋出版社 1991 年 160 页 19cm（小 32 开）

ISBN：7-5027-1442-1 定价：CNY2.90

J0105137

宋词楷书帖　（中小学生楷书范本）黄廷栋书

北京 中国旅游出版社 1991 年 108 页

26cm（16 开）ISBN：7-5032-0341-2

定价：CNY4.90

J0105138

万泉书长恨歌　万泉书

北京 北京工艺美术出版社 1991 年 56 页

26cm（16 开）ISBN：7-80526-054-0

定价：CNY2.35

J0105139

小学生雷锋日记正楷字帖　陆廷基书

南宁 广西民族出版社 1991 年 70 页

19cm（小 32 开）ISBN：7-5363-1511-2

定价：CNY1.85

J0105140

学生楷书练习技法　王宝洺编著

北京 学苑出版社 1991 年 96 页 26cm（16 开）

ISBN：7-5077-0299-5 定价：CNY3.60

　　作者王宝洺（1958—　），书画艺术家。北京人，祖籍山东乐陵。别署半步斋主。中国对外经贸大学与中国中医药大学书法客座教授、北京霍英东书法学院院长、中国书画家协会理事、世界华人艺术家协会副主席、北京刘炳森书法研究室主任、中国书法家协会会员及北京书法家协会专业创作员。代表作品《学生隶书练习技法》。

J0105141

学生楷书练习技法　王宝洺编著

北京 学苑出版社 1994 年 重印本 96 页

26cm（16 开）ISBN：7-5077-0299-5

定价：CNY4.70

J0105142

正楷临帖　黄自元著

台北 艺术图书公司 1991 年 106 页

19cm（小 32 开）ISBN：7-5062-1003-7

定价: CNY2.90

（书法丛书）

　　本书为艺术图书公司与世界图书出版公司合作出版。作者黄自元(1837—1918)，清末书法家、实业家。字敬舆，号澹叟，湖南安化县龙塘乡人，著有《间架结构九十二法》《黄自元临九成宫》。

J0105143

正楷习字帖　（新编黄自元结构九十二法　一）

长沙 湖南美术出版社 1991年 32页 26cm(16开)

ISBN: 7-5356-0443-9 定价: CNY1.00

J0105144

正楷习字帖　（新编黄自元结构九十二法　二）

长沙 湖南美术出版社 1991年 32页 26cm(16开)

ISBN: 7-5356-0444-7 定价: CNY1.00

J0105145

正楷习字帖　（新编黄自元结构九十二法　三）

长沙 湖南美术出版社 1991年 32页 26cm(16开)

ISBN: 7-5356-0445-5 定价: CNY1.00

J0105146

正楷习字帖　（新编黄自元结构九十二法　四）

长沙 湖南美术出版社 1991年 32页 26cm(16开)

ISBN: 7-5356-0446-3 定价: CNY1.00

J0105147

古文名篇小楷字帖　山东友谊书社编

济南 山东友谊书社 1992年 108页 20cm(32开)

ISBN: 7-80551-434-8 定价: CNY5.00

　　本书内容有《千字文》《三字经》《弟子规》等13篇古代名篇，选录当代9位书法家用毛笔小楷、钢笔小楷书写为临习字帖。

J0105148

楷书周恩来诗选　郭永琰书

北京 世界图书出版公司 1992年 65页 26cm(16开) ISBN: 7-5062-1342-7

定价: CNY4.90

（老一代无产阶级革命家诗文字帖丛书）

　　作者郭永琰(1962—)，书法家、画家。湖北随州人，毕业于北京师范大学和北京交通大学。历任中国书法家协会会员，中央警卫部队文化教员。代表作《郭永琰楷书唐诗》《双鹰图》《大吉图》《荷香图》等。

J0105149

老子道德经楷书字帖　邬惕予书

长沙 湖南文艺出版社 1992年 94页 26cm(16开)

ISBN: 7-5404-0892-8 定价: CNY2.90

J0105150

柳公权楷书写法　文圣楼编辑

广州 世界图书出版公司 1992年 重印本

105页 19cm(32开) ISBN: 7-5062-2221-3

定价: CNY2.90

（楷书写法丛书 2）

　　本书含有柳公权书福林寺帖。本书为世界图书出版公司与艺术图书公司合作出版。

J0105151

欧阳询楷书写法　何睿晃编辑

台北 台湾艺术图书公司 1992年 重印本 93页 19cm(32开) ISBN: 7-5062-2220-5

定价: CNY2.90

（楷书写法丛书）

　　本书为台湾艺术图书公司与世界图书出版公司广州分公司合作编印。

J0105152

欧阳询楷书写法　何睿晃编辑

台北 台湾艺术图书公司 1992年 再版 96页 21cm(32开) ISBN: 957-672-064-8

定价: TWD150.00

（楷书写法丛书 1）

J0105153

欧阳询楷书字汇　沈道荣编

天津 天津市古籍书店 1992年 523页 26cm(16开) 定价: CNY32.00

J0105154

欧阳询楷书字汇　沈道荣编

天津 天津古籍出版社 1996年 523页 26cm(16开) ISBN: 7-80504-444-9

定价: CNY42.00

　　编者沈道荣(1939—)，湖南临湘人。中国书法家协会会员。专著有《草字辨异手册》《硬笔草体辨异字帖》《历代名句硬笔字帖》《欧阳询楷书字汇》等。

J0105155
趣味规律识字系列字帖 （毛笔　第一册）鄢文俊主编；姚德淳书
成都　四川人民出版社 1992 年 66 页 19cm（32 开）
ISBN：7-220-01667-0 定价：CNY1.20
　　作者姚德淳（1962—　），书法家。号百纳馆主、竹庐主人，四川西充人。就职于四川省文物管理局，四川省金石书画研究会副会长，四川省书法家协会会员，成都市青年书法家协会常务理事。出版有《高中古诗文钢笔字帖》《初中古诗文钢笔字帖》《毛笔小楷字帖》《趣味规律识字系列字帖》等。

J0105156
趣味规律识字系列字帖 （毛笔　第二册）鄢文俊主编；姚德淳书
成都　四川人民出版社 1992 年 147 页
19cm（32 开）ISBN：7-220-01664-6
定价：CNY2.00

J0105157
王一新摹颜真卿画赞碑选字帖 王一新书
济南　山东友谊书社 1992 年 36 页 26cm（16 开）
ISBN：7-80551-422-4 定价：CNY2.95
　　作者王一新（1916—2003），书画家。号半桥。山西榆次人。历任中国书画家联谊会副会长，中国书法家协会会员，中国古钱币学会会员等。

J0105158
新编毛笔钢笔习字帖 詹幼寒书
武汉　武汉工业大学出版社 1992 年 58 页
26cm（16 开）ISBN：7-5629-0601-7
定价：CNY2.50
　　本字帖重在向青少年、初学者讲解间架结构。

J0105159
学生楷书字帖 黄全信编著
海口　南海出版公司 1992 年 98 页 26cm（16 开）
ISBN：7-80570-703-0 定价：CNY5.40
（学生书法丛书）

J0105160
学生柳体古诗字帖 黄全信编著
海口　南海出版公司 1992 年 98 页 26cm（16 开）
ISBN：7-80570-705-7 定价：CNY5.40
（学生书法丛书）

J0105161
学生魏碑字帖 黄全信编著
海口　南海出版公司 1992 年 98 页 26cm（16 开）
ISBN：7-80570-485-6 定价：CNY5.40
（学生书法丛书）

J0105162
颜楷三字经 高继铭书
西安　西安地图出版社 1992 年 26cm（16 开）
ISBN：7-80545-138-9 定价：CNY4.20

J0105163
颜楷字帖 文学安编著
太原　北岳文艺出版社 1992 年 60 页 26cm（16 开）
ISBN：7-5378-0921-6 定价：CNY6.80
　　本书分为：书法要领、笔画、部首、结构、多宝塔碑文 5 部分。

J0105164
颜柳欧赵楷书临范 周德聪主编
北京　北京燕山出版社 1992 年 2 册（312 页）
26cm（16 开）ISBN：7-5402-0390-0
定价：CNY10.40
　　主编周德聪（1957—　），教师、书法家。字守愚，笔名笛波，湖北当阳人，毕业于华中师范大学。历任宜昌师专书法讲师，湖北省书法家协会理事，湖北省书法教育专业委员会常务理事等。代表作品有《周德聪书法集》《抱一书论》《书法教程》等。

J0105165
颜体摹书帖 郭金铭编写
北京　中国少年儿童出版社 1992 年 24 页
26cm（16 开）ISBN：7-5007-1682-6
定价：CNY0.95

J0105166
朱德源楷书实用字帖 朱德源书
上海　同济大学出版社 1992 年 200 页 有照片

26cm（16 开）ISBN：7-5608-1155-6
定价：CNY7.15

　　作者朱德源（1919—　），字间，浙江绍兴人。浙江省硬笔书法协会会员，中国书法艺术研究院浙江分院会员。

J0105167
北魏元景造像记·李超墓志　康殷临
北京　国际文化出版公司　1993 年　26cm（16 开）
ISBN：7-80049-646-5　定价：CNY5.60

J0105168
陈义经书黄鹤楼诗联　陈义经书
武汉　湖北美术　1993 年　88 页　有照片
26cm（16 开）ISBN：7-5394-0359-4
定价：CNY3.90

　　作者陈义经（1914—2007），书法家。字孝前，号恩庵，湖北武汉人。历任中国书协湖北分会理事，东湖书画院院士、湖北省暨武汉市老年大学书法教授等职。

J0105169
成语千字文字帖　王健编写
南京　南京出版社　1993 年　75 页　26cm（16 开）
ISBN：7-80560-989-6　定价：CNY5.50

　　作者王健，江苏如东县人。江苏省书法家协会会员，南京军区老战士书画协会理事。

J0105170
古帖今临晋唐小楷法帖七种　张天民编著
上海　上海文化出版社　1993 年　影印本　83 页
26cm（16 开）ISBN：7-80511-644-X
定价：CNY5.90

　　本书选入王羲之、王献之、欧阳询等魏、晋、唐三朝书法家的书法作品。

J0105171
绝妙好诗小楷字帖　黄宏贵书
重庆　重庆出版社　1993 年　64 页　26cm（16 开）
ISBN：7-5366-2158-2　定价：CNY2.35

J0105172
康雍楷书唐诗　康雍书
北京　国际文化出版公司　1993 年　26cm（16 开）
ISBN：7-80049-646-5　定价：CNY5.60

J0105173
柳公权楷书　（唐）柳公权书
北京　中国书籍出版社　1993 年　56 页　26cm（16 开）
ISBN：7-5068-0109-4　定价：CNY2.30

　　作者柳公权（778—865），唐代晚期著名书法家。字诚悬，陕西铜川市人。代表作品《金刚经碑》《玄秘塔碑》《神策军纪圣德碑》等。

J0105174
柳体原碑集字帖　谭秉言主编
北京　中国国际广播出版社　1993 年　44 页
26cm（16 开）ISBN：7-80035-328-1
定价：CNY3.60

　　主编谭秉言（1948—　），书法家。现名谭秉炎。生于湖南长沙。历任中国书法家协会会员、长沙市书法家协会主席。善画山水，兼写花卉。

J0105175
名句佳联集字字帖　（欧阳询《九成宫醴泉铭》）张伟生主编；熊凤鸣、王宜明编著
上海　上海书画出版社　1993 年　58 页　26cm（16 开）
ISBN：7-80512-749-2　定价：CNY8.00

J0105176
名句佳联集字字帖　（颜真卿《多宝塔碑》）张伟生主编；张立凡编著
上海　上海书画出版社　1993 年　58 页　26cm（16 开）
ISBN：7-80512-750-6　定价：CNY8.00

　　主编张伟生（1954—　），编审，画家。历任中国书法家协会新闻出版委员会委员，上海书法家协会副主席，上海书画出版社编审、编辑室主任，《书与画》杂志执行主编，上海吴昌硕艺术研究会副会长，上海书画院画师。出版有《临帖指南》《颜真卿多宝塔碑临习》《宋元书法》《上海百年文化史·书法卷》《书法名家经典十讲》《楷书道德经》等。

J0105177
欧阳询楷书全集临本　（第一卷）卢中南书
北京　朝华出版社　1993 年　368 页　26cm（16 开）
ISBN：7-5054-0179-3　定价：CNY18.40

J0105178
少儿唐诗小楷字帖　高书义书写
西安　陕西旅游出版社　1993 年　62 页

19cm（小 32 开）ISBN：7-5418-0920-9
定价：CNY2.60

J0105179
隋苏孝慈墓志　康殷临
北京　国际文化出版公司 1993 年 26cm（16 开）
ISBN：7-80049-646-5 定价：CNY5.60
　　本帖是隋墓志中的精品，苏孝慈墓志是唐初
四大家欧阳询这一派的先驱，是北朝楷书开始成
熟的新起点，它的结构端方妍丽、筋骨开张、舒
展多变，是初学观摩的范本。

J0105180
新编成语大楷字帖　国风编
西安　陕西旅游出版社 1993 年 48 页 26cm（16 开）
ISBN：7-5418-0899-7 定价：CNY3.10

J0105181
学生小楷字帖　张鹤岭书
郑州　河南教育出版社 1993 年 60 页 26cm（16 开）
ISBN：7-5347-1295-5 定价：CNY2.00
　　作者张鹤岭（1942—　），书法家。又名合岭，
别署鹤斋主，河南遂平人。历任中国书法家协会
会员，洛阳市书法家协会副主席等。

J0105182
学生血防知识字帖　南通市人民政府血防办
公室编
南京　江苏人民出版社 1993 年 39 页 26cm（16 开）
ISBN：7-214-01087-9 定价：CNY3.10

J0105183
中国历代名家书法楷书集粹　君如，闻赋编
北京　团结出版社 1993 年 影印本 155 页
26cm（16 开）ISBN：7-80061-763-7
定价：CNY9.90

J0105184
中小学生楷书字帖　朱宏书；王守义诗
哈尔滨　黑龙江教育出版社 1993 年 54 页
26cm（16 开）ISBN：7-5316-1883-4
定价：CNY3.50

J0105185
常用简化字楷书字帖　夏时雨书

北京　中国书籍出版社 1994 年 122 页
26cm（16 开）ISBN：7-5068-0209-0
定价：CNY6.60
　　作者夏时雨（1935—　），书法家、书法理论
家、散文作家和诗人。就职于保定市文联，《大
千世界》报副社长、副主编，冀中书画大学副校
长、教授等职。

J0105186
汉字楷书结构字典　吕平贵著
西安　陕西人民出版社 1994 年 254 页 有肖像
20cm（32 开）ISBN：7-224-03671-4
定价：CNY8.00
　　本书从点、横、竖、撇、捺等方面汇集编撰
120 法，阐明楷书结构的主要特点，还归纳书法
入门三字经和 172 种偏旁的基本写法等。

J0105187
楷书小字典　王文峰著
台北　昭文社 1994 年 108 页 21cm（32 开）
ISBN：957-8526-26-1 定价：TWD100.00
（书法小百科 3）

J0105188
楷书字帖　（宋词精选）冯志福，张际春编著
西安　陕西人民美术 1994 年 45 页 26cm（16 开）
ISBN：7-5368-0659-0 定价：CNY3.50
（书法技法）

J0105189
历代名家小楷精品　梁山初雪编
沈阳　春风文艺出版社 1994 年 823 页
26cm（16 开）ISBN：7-5313-1156-9
定价：CNY62.00

J0105190
鲁迅诗楷书字帖　李华锦书
杭州　浙江教育出版社 1994 年 26cm（16 开）
ISBN：7-5338-1921-7 定价：CNY4.90

J0105191
聂荣臻碑文楷书字帖　厉国香书
北京　新时代出版社 1994 年 90 页 有照片
28cm（大 16 开）ISBN：7-5042-0229-0
定价：CNY7.50

J0107299

青少年楷书范本　（简繁对照）廖蕴玉书

南宁　广西美术出版社　1994 年　影印本　86 页

有照片　26cm（16 开）ISBN：7-80582-630-7

定价：CNY5.80

J0105192

青少年柳体习字帖　徐春兴编写

福州　福建美术出版社　1994 年　63 页　26cm（16 开）

ISBN：7-5393-0245-3　定价：CNY6.80

J0105193

青少年魏书范本　廖平书

南宁　广西美术出版社　1994 年　104 页

26cm（16 开）ISBN：7-80582-629-3

定价：CNY7.40

　　作者廖平（1931—2007），侗族，书法家。字志之，号苗岭人、杉村士。广西融水苗族自治县人。历任中国书法家协会会员，广西书法家协会常务理事，广西柳州市书法家协会名誉主席。出版《廖平书法作品选集》《魏书范本》《隶书入门》等。

J0105194

十三行灵飞经　王宏编

天津　天津古籍出版社　1994 年　28 页　26cm（16 开）

ISBN：7-80504-331-0　定价：CNY2.20

（标准学生习字帖）

J0105195

苏东坡诗　黄大钊等书

武汉　长江文艺出版社　1994 年　61 页　26cm（16 开）

ISBN：7-5354-1108-8　定价：CNY4.95

（钢笔楷行书字帖）

　　作者黄大钊，曾任北京钢笔书法学校副校长，中国硬笔书法家协会会员。

J0105196

颜书孙子兵法集字帖　王文定集

天津　天津人民美术出版社　1994 年　274 页

26cm（16 开）ISBN：7-5305-0349-9

定价：CNY16.90

J0105197

云南省中专、技校、职中书法练习册：颜体

吴佩琨主编

昆明　云南美术出版社　1994 年　48 页

27cm（大 16 开）ISBN：7-80586-064-5

定价：CNY1.60

　　中国现代书法作品。

J0105198

赵体楷书间架结构九十二法字帖　杨璐主编

北京　中国书店　1994 年　38 页　26cm（16 开）

ISBN：7-80568-619-X　定价：CNY3.60

（书法技法丛帖）

J0107307

中国成语 300 句楷书字帖　卢中南书

北京　海潮出版社　1994 年　100 页　26cm（16 开）

ISBN：7-80054-592-X　定价：CNY5.80

J0105199

中国楷书名帖精华　（1）欧阳中石主编

北京　北京出版社　1994 年　580 页　26cm（16 开）

ISBN：7-200-02086-9　定价：CNY46.00

　　全书 3 册，收《泰山经石峪金刚经》《颜勤礼碑》、文徵明《醉翁亭记》49 帖。作者欧阳中石（1928—2020），著名文化学者、书法家、书法教育家。山东肥城市人。毕业于北京大学哲学系。历任首都师范大学教授、博士生导师、中国书法文化研究所所长、中国书法家协会顾问、中国画研究院院务委员。书法作品有《欧阳中石书沈鹏诗词选》《中石夜读词钞》，主要著作有《中国逻辑史》《书法与中国文化》《中国书法史鉴》《章草便检》等。

J0105200

中国楷书名帖精华　（2）欧阳中石主编

北京　北京出版社　1994 年　556 页　26cm（16 开）

ISBN：7-200-02088-5　定价：CNY46.00

J0105201

中国楷书名帖精华　（3）欧阳中石主编

北京　北京出版社　1994 年　518 页　26cm（16 开）

ISBN：7-200-02090-7　定价：CNY46.00

J0105202

中国楷书名帖精华　（一）欧阳中石主编

北京　北京出版社　1994 年　580 页　29cm（16 开）

精装 ISBN：7-200-02087-7 定价：CNY56.00
（中国书法名帖精华丛书）

J0105203
中国楷书名帖精华 （二）欧阳中石主编
北京 北京出版社 1994 年 556 页 29cm（16 开）
精装 ISBN：7-200-02089-3 定价：CNY56.00
（中国书法名帖精华丛书）

J0105204
中国楷书名帖精华 （三）欧阳中石主编
北京 北京出版社 1994 年 518 页 29cm（16 开）
精装 ISBN：7-200-02091-5 定价：CNY56.00
（中国书法名帖精华丛书）

J0105205
中国魏书名帖精华 欧阳中石主编
北京 北京出版社 1994 年 542 页 29cm（16 开）
精装 ISBN：7-200-02152-0 定价：CNY56.00
（中国书法名帖精华丛书）

J0105206
周恩来诗楷书帖 李华锦著
北京 学苑出版社 1994 年 77 页 26cm（16 开）
ISBN：7-5077-0797-0 定价：CNY5.20

J0105207
何绍基楷书格言 （清）何绍基书；罗春政［编］
沈阳 辽宁美术出版社 1995 年 46 页 26cm（16 开）
ISBN：7-5314-1363-9 定价：CNY10.00
　　　　作者何绍基（1799—1873），清代诗人、书法
家。字子贞，号东洲、晚号猿叟（一作蝯叟）。湖
南道州（今道县）人。曾任翰林院编修、国史馆
总纂。代表作品有《惜道味斋经说》《说文段注
驳正》《东洲草堂诗钞》等。

J0105208
楷行书章法一百例 张书范书
北京 北京体育学院出版社 1995 年 重印本
89 页 26cm（16 开）ISBN：7-81003-141-4
定价：CNY2.85
　　　　作者张书范（1943— ），字语迟，祖籍河北
深州，中国书法家协会会员，北京市书法家协会
理事。编写有《楷行书章法一百例》《魏碑技法》
《柳体技法》等。

J0105209
楷书 刘一闻编
上海 上海人民美术出版社 1995 年 116 页
26cm（16 开）定价：CNY13.00
（中国历代书法精品丛书）

J0105210
楷书字族字帖 鄢文俊主编；金运昌书写
北京 中共中央党校出版社 1995 年 40 页
28cm（大 16 开）ISBN：7-5035-1309-8
定价：CNY7.00
（字族文识字法应用系列）

J0105211
柳体大楷一百天 程方平编著
北京 中央民族大学出版社 1995 年 100 页
26cm（16 开）ISBN：7-81001-903-1
定价：CNY6.80
（一百天毛笔速成名帖习字系列）

J0105212
柳体楷书古诗规范字帖 范德安书
北京 北京科学技术出版社 1995 年 有照片
26cm（16 开）ISBN：7-5304-1530-1
定价：CNY4.95
　　　　作者范德安（1941— ），书法家。北京人。
历任北京石景山区书协主席、中国书法家协会会
员。出版有《五体名言集》《柳体楷书古诗规范
字帖》《隶书古诗字帖》。

J0105213
柳赵欧颜四体楷书摹本 石良编
北京 京华出版社 1995 年
4 册（58 页 +64 页 +58 页 +58 页）26cm（16 开）
ISBN：7-80600-129-8 定价：CNY15.00

J0105214
毛笔楷书实用字帖 万泉书
北京 中国书店 1995 年 72 页 26cm（16 开）
ISBN：7-80568-651-3 定价：CNY5.20

J0105215
毛笔楷书一百天 程方平编著
北京 中央民族大学出版社 1995 年 100 页
26cm（16 开）ISBN：7-81001-906-6

定价：CNY6.80
（一百天毛笔速成名帖习字系列）

J0107325
毛选选楷书杜甫秦州杂诗　毛选选书
北京　紫禁城出版社 1995 年 72 页 26cm（16 开）
ISBN：7-80047-215-9 定价：CNY12.00

J0105216
欧体大楷一百天　程方平编著
北京　中央民族大学出版社 1995 年 100 页
26cm（16 开）ISBN：7-81001-905-8
定价：CNY6.80

J0105217
少儿书法入门　（欧体楷书）南峰著
北京　中国劳动出版社 1995 年 80 页 有插图
26cm（16 开）ISBN：7-5045-1288-5
定价：CNY8.00
　　作者南峰，书法教育工作者。

J0105218
小楷　郑威，张振强编
上海　上海人民美术出版社 1995 年 144 页
26cm（16 开）ISBN：7-5322-1237-8
定价：CNY14.00
（中国历代书法精品丛书）

J0105219
小学生毛笔楷书字帖　周思言书
上海　学林出版社 1995 年 42 页 26cm（16 开）
ISBN：7-80616-153-8 定价：CNY5.00

J0105220
颜体大楷一百天　程方平编著
北京　中央民族大学出版社 1995 年 100 页
26cm（16 开）ISBN：7-81001-902-3
定价：CNY6.80
（一百天毛笔速成名帖习字系列）

J0105221
颜真卿楷书间架结构九十二法　石良主编
北京　中国书籍出版社 1995 年 重印本 39 页
26cm（16 开）ISBN：7-5068-0396-8
定价：CNY4.20

J0105222
赵体大楷一百天　程方平编著
北京　中央民族大学出版社 1995 年 100 页
26cm（16 开）ISBN：7-81001-904-X
定价：CNY6.80
（一百天毛笔速成名帖习字系列）

J0105223
治家格言　（读写两用钢毛笔正楷字帖）顾仲安书
上海　上海文化出版社 1995 年 1 张 76cm（2 开）
ISBN：7-80511-718-7 定价：CNY1.00
　　作者顾仲安（1956—　），书法家。中国硬笔书法家协会副主席，上海教师书画篆刻研究会名誉理事。拍摄有《硬笔书法电视讲座》和《硬笔书法》电视教育片。代表作品有《常用成语钢笔字帖接字成语》。

J0105224
中国楷书大字典　严庆祥主编
南京　江苏古籍出版社 1995 年 重印本
27+1257+22 页 26cm（16 开）精装
ISBN：7-80519-612-5 定价：CNY135.00
　　本书是中国历代著名书法家楷体字的汇编，书中搜集历代著名书法家的作品，从传世的 1125 种碑碣法帖中选出首文 3097 字，每字均注明时代、作者、帖名。

J0105225
中国正书大字典　李志贤等编著
上海　上海书店出版社 1995 年 1407 页
26cm（16 开）精装 ISBN：7-80512-870-7
定价：CNY148.00

J0105226
柏昆小楷菜根谭　曹柏昆书
天津　百花文艺出版社 1996 年 203 页
26cm（16 开）ISBN：7-5306-2452-0
定价：CNY300.00

J0105227
北魏司马显姿魏体习字帖　乐泉编
南京　江苏美术出版社 1996 年 26cm（16 开）
经折装 ISBN：7-5344-0575-0 定价：CNY3.90
（历代名碑名帖选字本）

J0105228
标准楷体大字帖　（清）郭钧书
西安　三秦出版社　1996年　59页　有照片
26cm（16开）ISBN：7-80546-933-4
定价：CNY6.50
　　作者郭均，陕西人，清代书法家。

J0105229
多宝佛塔感应碑　（唐）颜真卿书
成都　成都古籍书店　1996年　影印本　137页
38cm（6开）定价：CNY28.80
（中国书法精品）
　　颜真卿（709-785），唐代书法家。字清臣。
历任监察御史、殿中侍御史。代表作品有《韵海
镜源》《吴兴集》《庐陵集》等，均佚。宋人辑有
《颜鲁公集》。

J0105230
教子古诗字帖　黄全信编著
北京　光明日报出版社　1996年　152页
26cm（16开）ISBN：7-80091-618-9
定价：CNY14.80

J0105231
楷书大字典　（清）潘存辑；（清）杨守敬编
北京　北京出版社　1996年　影印本
2册（12+1394页）26cm（16开）精装
ISBN：7-200-02773-1　定价：CNY180.00
（中国书法大字典系列）
　　编者杨守敬（1839—1915），清代地理学家、
书法家、金石学家。代表作品有《水经注疏》《日
本访书志》《湖北金石志》等。

J0105232
楷书描红帖　夏时雨书
北京　社会科学文献出版社　1996年　78页
26cm（16开）ISBN：7-80050-748-3
定价：CNY36.00（全套）
（夏时雨书法启蒙丛书）

J0105233
梁鼎光小楷古赋十八篇　梁鼎光书
广州　岭南美术出版社　1996年　126页
26cm（16开）ISBN：7-5362-1415-4
定价：CNY56.00

作者梁鼎光（1938—　），书法家、动物解剖
学家。广东恩平人。华南农业大学副教授，广东
省书法家协会副主席。代表作品有《浅谈书法》
《小楷书法》等。

J0105234
刘炳森选编勤礼碑字帖　刘炳森选编
北京　中国和平出版社　1996年　75页　26cm（16开）
ISBN：7-80037-676-1　定价：CNY9.00
（当代名家析名帖）
　　本书用当代名书家赏析历代名帖的方法，选
编颜真卿的代表作品勤礼碑帖700余字，予以加
工整理，并撰写专文介绍颜真卿其人品、书品，
分析了勤礼碑书体的点划形态，运笔规律及书写
方法。刘炳森（1937—2005），书法家、国画家。
字树盦，号海村，生于上海，祖籍天津武清。就
读于北京艺术学院美术系中国画山水科。曾任
北京故宫博物院研究员，中国书法家协会副主
席，中国书画函授大学特约教授，山东曹州书画
院名誉院长。出版有《刘炳森楷书千字文》《刘
炳森隶书千字》《刘炳森选编勤礼碑字帖》《刘炳
森主编中国书法艺术》等。

J0105235
柳公权楷书间架结构 100 法　张永珍等编著
北京　华夏出版社　1996年　92页　26cm（16开）
ISBN：7-5080-1048-5　定价：CNY8.80
（欧颜柳赵楷书间架结构百法丛书）

J0105236
柳公权楷书字汇　（唐）柳公权书；沈道荣编
天津　天津古籍出版社　1996年　443页
26cm（16开）ISBN：7-80504-445-7
定价：CNY36.00
　　作者柳公权（778-865），唐代晚期著名书法
家。字诚悬，陕西铜川市人。代表作品《金刚经碑》
《玄秘塔碑》《神策军纪圣德碑》等。编者沈道荣
（1939—　），湖南临湘人。中国书法家协会会员。
专著有《草字辨异手册》《硬笔草体辨异字帖》
《历代名句硬笔字帖》《欧阳询楷书字汇》等。

J0105237
柳公权玄秘塔楷书字帖　乐泉编
南京　江苏美术出版社　1996年　26cm（16开）
经折装　ISBN：7-5344-0565-3　定价：CNY3.90

（历代名碑名帖选字本）

J0105238
柳书字帖　杜基顺编著
南京　江苏古籍出版社　1996年　52页　26cm（16开）
ISBN：7-80519-830-6　定价：CNY4.80
（书法学习丛书）

J0105239
茫父楷书帖　姚华书
贵阳　贵州人民出版社　1996年　60页　26cm（16开）
ISBN：7-221-04168-7　定价：CNY7.50
　　　作者姚华（1876—1930），学者、文学家、书
画家和教育家。字重光、一鄂，号茫茫、茫父，
贵州贵筑（今贵阳市）人。曾任贵州省参议院议员，
北京女子师范学校校长。代表作品有《弗堂类稿》
《莲花庵书画集》《贵阳姚华茫父颖拓》《金石系》
《黔语》等。

J0105240
欧阳询楷书间架结构100法　张永珍等编著
北京　华夏出版社　1996年　67页　26cm（16开）
ISBN：7-5080-1047-7　定价：CNY7.00
（欧颜柳赵楷书间架结构百法丛书）

J0105241
欧阳询楷书习字帖　马鑫主编；王宇飞等编著
北京　中国书籍出版社　1996年　44页　26cm（16开）
ISBN：7-5068-0525-1　定价：CNY4.20
（名家书法入门丛书）

J0105242
拼音字帖　刘再兴，刘联英编著
哈尔滨　黑龙江教育出版社　1996年　重印本
64页　19cm（32开）ISBN：7-5316-2253-X
定价：CNY2.50

J0105243
沈氏五宫格楷书字范　沈奋强［书］
昆明　云南科技出版社　1996年　87页　26cm（16开）
ISBN：7-5416-0854-8　定价：CNY10.80
　　　作者沈奋强（1957—　），教师。

J0105244
苏东坡丰乐亭记楷书字帖　乐泉编

南京　江苏美术出版社　1996年　26cm（16开）
经折装　ISBN：7-5344-0566-1　定价：CNY3.90
（历代名碑名帖选字本）

J0105245
隋苏孝慈墓志楷书字帖　乐泉编
南京　江苏美术出版社　1996年　26cm（16开）
经折装　ISBN：7-5344-0573-4　定价：CNY3.90
（历代名碑名帖选字本）

J0105246
唐善才寺碑楷书字帖　乐泉编
南京　江苏美术出版社　1996年　26cm（16开）
经折装　ISBN：7-5344-0572-6　定价：CNY3.90
（历代名碑名帖选字本）

J0105247
魏碑字帖　丹亭编著
南京　江苏古籍出版社　1996年　58页　26cm（16开）
ISBN：7-80519-829-2　定价：CNY5.20
（书法学习丛书）

J0105248
学生字帖　季重远编写
上海　华东师范大学出版社　1996年　37页
26cm（16开）ISBN：7-5617-1438-6
定价：CNY5.00
　　　作者季重远（1915—1998），教师。又名季仲
远，字千里，号渔樵。历任上海明德中学文书，
鲁汇大江中学任副教导主任，南汇书画会理事。
出版有《学生字帖》。

J0105249
颜柳欧赵集字成语大全　牛彤主编
北京　中国广播电视出版社　1996年　199页
26cm（16开）ISBN：7-5043-2811-1
定价：CNY25.00
　　　主编牛彤（1968—　），中国书法家协会会
员，中国现代硬笔书法研究会会员。

J0105250
颜体大楷字帖　左克成编
南昌　江西美术出版社　1996年　重印本　1册
26cm（16开）ISBN：7-80580-392-7
定价：CNY4.50

（初学书法入门丛书 名家名帖）

J0105251

颜真卿·勤礼碑 （楷书）（唐）颜真卿书；项未来，张举编著
北京 首都师范大学出版社 1996 年 131 页
26cm（16 开） ISBN：7-81039-625-0
定价：CNY16.00
（《中国历代书法名碑名帖精选·精讲·精练》丛书 三精书法丛书 第一辑）

J0105252

颜真卿楷书笔法实践 陶鼎诚［著］
武汉 华中理工大学出版社 1996 年 82 页
26cm（16 开） ISBN：7-5609-1344-X
定价：CNY9.00

J0105253

颜真卿楷书间架结构 100 法 张永珍等编著
北京 华夏出版社 1996 年 86 页 26cm（16 开）
ISBN：7-5080-1049-3 定价：CNY8.80
（欧颜柳赵楷书间架结构百法丛书）

J0105254

颜真卿楷书入门 赵云轩编
西安 西安地图出版社 1996 年 78 页 26cm（16 开）
ISBN：7-80545-525-2 定价：CNY9.80
（书法基本笔画系列丛书）

J0105255

颜真卿楷书习字帖 （唐）颜真卿书
南京 江苏美术出版社 1996 年 44 页 26cm（16 开）
ISBN：7-5344-0494-0 定价：CNY4.95
（书法家之路丛帖）

　　颜真卿（709-785），唐代书法家。字清臣。历任监察御史、殿中侍御史。代表作品有《韵海镜源》《吴兴集》《庐陵集》等，均佚。宋人辑有《颜鲁公集》。

J0105256

颜真卿楷书习字帖 王宇飞等编著
北京 中国书籍出版社 1996 年 44 页 26cm（16 开）
ISBN：7-5068-0523-5 定价：CNY4.20
（名家书法入门丛书）

J0105257

颜真卿楷书字汇 （唐）颜真卿书；沈道荣编
天津 天津古籍出版社 1996 年 613 页 有画像
26cm（16 开） ISBN：7-80504-443-0
定价：CNY48.00

　　编者沈道荣（1939— ），湖南临湘人。中国书法家协会会员。专著有《草字辨异手册》《硬笔草体辨异字帖》《历代名句硬笔字帖》《欧阳询楷书字汇》等。

J0105258

颜正卿勤礼碑习字帖 乐泉编
南京 江苏美术出版社 1996 年 26cm（16 开）
经折装 ISBN：7-5344-0562-9 定价：CNY3.90
（历代名碑名帖选字本）

　　编者乐泉（1950—2019），书法家。号拓园，万千莲花斋，生于江苏南京。历任中国艺术研究院中国书法院研究员，中国书协会员，中华诗词学会会员。出版有《乐泉书法集》《当代书法家精品集——乐泉卷》《中国名画家精品集——乐泉卷》《当代画坛六人之约》等。

J0105259

医学三字经 （清）陈念祖著；陈宗国书
北京 中国中医药出版社 1996 年 54 页
26cm（16 开） ISBN：7-80089-524-6
定价：CNY12.00

J0105260

虞世南楷书习字帖 （唐）虞世南书
南京 江苏美术出版社 1996 年 44 页 26cm（16 开）
ISBN：7-5344-0498-3 定价：CNY4.95
（书法家之路丛帖）

　　作者虞世南（558 — 638），唐代书法家、文学家、诗人、政治家。字伯施，越州余姚（今浙江省慈溪市）人。主要作品有《虞秘监集》《孔子庙堂碑》。

J0105261

怎样临好《孔子庙堂碑》 （毛笔钢笔两用）
徐庆元编著
上海 上海文化出版社 1996 年 101 页
19cm（小 32 开） ISBN：7-80511-818-3
定价：CNY8.00

J0105262

怎样临摹颜真卿多宝塔碑　王宜早编著
南京 江苏古籍出版社 1996年 98页 26cm（16开）
ISBN：7-80519-697-4 定价：CNY9.80
（名碑名帖实用临摹丛书）

J0105263

怎样临摹颜真卿颜勤礼碑　薛龙春编著
南京 江苏古籍出版社 1996年 98页 26cm（16开）
ISBN：7-80519-698-2 定价：CNY9.80
（名碑名帖实用临摹丛书）

J0105264

怎样临摹赵孟頫三门记　徐金平编著
南京 江苏古籍出版社 1996年 90页 26cm（16开）
ISBN：7-80519-701-6 定价：CNY9.80
（名碑名帖实用临摹丛书）

J0105265

赵孟頫楷书间架结构100法　张永珍等编著
北京 华夏出版社 1996年 77页 26cm（16开）
ISBN：7-5080-1045-0 定价：CNY8.00
（欧颜柳赵楷书间架结构百法丛书）

J0105266

赵书字帖　朱野坪编著
南京 江苏古籍出版社 1996年 63页 26cm（16开）
ISBN：7-80519-828-4 定价：CNY5.60
（书法学习丛书）

J0105267

赵之谦南唐九百六十字魏体字帖　乐泉编
南京 江苏美术出版社 1996年 26cm（16开）
经折装 ISBN：7-5344-0567-X 定价：CNY3.90
（历代名碑名帖选字本）

J0105268

郑孝胥济众亭记楷书字帖　乐泉编
南京 江苏美术出版社 1996年 26cm（16开）
经折装 ISBN：7-5344-0571-8 定价：CNY3.90
（历代名碑名帖选字本）

J0105269

中国历代名家小楷精选　孟滢编
合肥 安徽美术出版社 1996年 559页

28cm（大16开）精装 ISBN：7-5398-0471-8
定价：CNY78.00

J0105270

中学生字帖　（柳体）廖蕴玉书
广州 岭南美术出版社 1996年 60页 26cm（16开）
ISBN：7-5362-1414-6 定价：CNY4.00
　　作者廖蕴玉（1925—　），教师。字琢之，广东五华人。历任中山大学教师、中国书法家协会会员、中国书法家协会广东省分会理事、广东省文史研究馆名誉馆员。

J0105271

中学生字帖　（欧体）廖蕴玉书
广州 岭南美术出版社 1996年 71页 26cm（16开）
ISBN：7-5362-1413-8 定价：CNY4.60

J0105272

曾叔鸣楷书字帖　曾叔鸣书
长沙 湖南美术出版社 1997年 58页 有照片
26cm（16开）ISBN：7-5356-1022-6
定价：CNY21.00

J0105273

陈智永楷书千字文　（隋释）智永书
台北 蕙风堂笔墨公司 1997年 167页
26cm（16开）ISBN：957-9532-43-5
定价：TWD200.00
（修复放大碑帖选集 17）
　　作者智永，隋代书法家、佛教大师。名法极，浙江会稽人。代表作临摹《真草千字文》。

J0105274

何涤楷书千字文　何涤书
广州 岭南美术出版社 1997年 54页 有肖像
26cm（16开）ISBN：7-5362-1642-4
定价：CNY11.00

J0105275

黄自元楷书字帖　黄自元书
延吉 延边人民出版社 1997年 影印本
26cm（16开）ISBN：7-80599-761-6
定价：CNY14.00
（古今墨宝集锦）

J0105276
楷书百家姓　（清）潘龄皋书
北京 中国书店 1997 年 38 页 26cm（16 开）
ISBN：7-80568-783-8 定价：CNY3.50
　　作者潘龄皋（1867—1954），清末民初著名书法家。字锡九，河北安新人。清光绪二十年（1894年）中举人，后殿试中进士，授翰林院编修，曾先后在甘肃任知县等。辛亥革命成功后任甘肃省省长。1949 年后任中央人民政府军事委员会参议．中央文史馆馆员。代表作品有《胡大川幻想诗》《南濠诗话》《又一村诗话》。

J0105277
楷书古文四篇　（清）潘龄皋书
北京 中国书店 1997 年 99 页 26cm（16 开）
ISBN：7-80568-785-4 定价：CNY9.50

J0105278
楷书结构字帖　郭廉俊书
合肥 安徽美术出版社 1997 年 27 页 18×26cm
ISBN：7-5398-0584-6 定价：CNY5.60

J0105279
楷书毛泽东诗词　张志和书
北京 中央文献出版社 1997 年 103 页
26cm（16 开）ISBN：7-5073-0396-9
定价：CNY32.00

J0105280
楷书千字文　（清）潘龄皋书
北京 中国书店 1997 年 84 页 26cm（16 开）
ISBN：7-80568-764-1 定价：CNY8.00

J0105281
楷书阴骘文　（清）潘龄皋书
北京 中国书店 1997 年 38 页 26cm（16 开）
ISBN：7-80568-784-6 定价：CNY3.50

J0105282
楷书朱子治家格言　（清）潘龄皋书
北京 中国书店 1997 年 44 页 26cm（16 开）
ISBN：7-80568-765-X 定价：CNY4.50

J0105283
康雍楷书百家姓　康雍书
北京 中国和平出版社 1997 年 58 页 26cm（16 开）
ISBN：7-80101-077-9 定价：CNY10.00
（当代名家书百家姓）

J0105284
康雍楷书唐人绝句　康雍书
北京 北京图书馆出版社 1997 年 74 页
26cm（16 开）ISBN：7-5013-1252-4
定价：CNY12.50

J0105285
柳公权《玄秘塔》楷书大字谱　黄为川，李润芳编著
南宁 广西美术出版社 1997 年 47 页 38cm（6 开）
ISBN：7-80625-328-9 定价：CNY13.00
（书法大字谱 第一辑）

J0105286
柳公权楷书临摹解析　李富编著
北京 中国华侨出版社 1997 年 76 页 26cm（16 开）
ISBN：7-80120-133-7 定价：CNY7.50

J0105287
柳公权书法精选　（楷书）（唐）柳公权书；晓山等编
北京 中国画报出版社 1997 年 46 页 26cm（16 开）
ISBN：7-80024-363-X 定价：CNY7.00

J0105288
柳体楷书常用字习字帖　杨永胜主编；刘敏等编著
北京 中国书籍出版社 1997 年 46 页 26cm（16 开）
ISBN：7-5068-0609-6 定价：CNY4.20
（初学者丛书）

J0105289
柳体楷书结构大字帖　城市改革杂志社编
成都 成都科技大学出版社 1997 年 46 页
26cm（16 开）ISBN：7-5616-3397-1
定价：CNY6.50
（书法入门）

J0105290
毛笔字帖　李岩选编著
济南 山东教育出版社 1997 年 100 页 19×26cm

ISBN：7-5328-2348-2　定价：CNY7.00

　　作者李岩选(1948—　　)，号砺石斋主，山东临沭人，毕业于曲阜师范大学。历任山东省出版总社编审，明天出版社美术编辑，山东硬笔书法家协会副主席，中日中青年书法家协会理事。代表作品《书法自学指导丛书：草书解读与书写规范》《常用字六体钢笔字帖》《毛笔楷书习字帖》等。

J0105291
欧体大楷字帖　　左克成编
南昌　江西美术出版社　1997年　重印本
26cm(16开) ISBN：7-80580-391-9
定价：CNY4.50
(初学书法入门丛书)

J0105292
欧体楷书常用字习字帖　　杨永胜主编；刘敏等编著
北京　中国书籍出版社　1997年　46页　26cm(16开)
ISBN：7-5068-0621-5　定价：CNY4.20
(初学者丛书)

J0105293
欧体楷书结构大字帖　　城市改革杂志社编
成都　成都科技大学出版社　1997年　重印本
46页　26cm(16开) ISBN：7-5616-3399-8
定价：CNY6.50
(书法入门)

J0105294
欧体楷书描红　　(九成宫碑)吕大铭，王建主编
北京　中国书籍出版社　1997年　48页　19×26cm
ISBN：7-5068-0521-9　定价：CNY3.50
(名家名帖楷书描红系列)

J0105295
欧阳询楷书临摹解析　　李富编著
北京　中国华侨出版社　1997年　76页　26cm(16开)
ISBN：7-80120-134-5　定价：CNY7.50

J0105296
欧阳询书法精选　　(楷书)(唐)欧阳询书；晓山等编
北京　中国画报出版社　1997年　46页　26cm(16开)

ISBN：7-80024-362-1　定价：CNY7.00

　　作者欧阳询(557-641)，唐朝著名书法家。字信本，唐朝潭州临湘(今湖南长沙)人，楷书四大家之一。与同代的虞世南、褚遂良、薛稷三位并称初唐四大家。楷书有《九成宫醴泉铭》《皇甫诞碑》《化度寺碑》《虞恭公温彦博碑》，行书有《仲尼梦奠帖》《行书千字文》。书法著作有《八诀》《传授诀》《用笔论》《三十六法》。

J0105297
钱开文书历代碑帖集　　(二　九成宫醴泉铭)
钱开文书
上海　上海书画出版社　1997年　48页　有照片
42cm(8开) ISBN：7-80635-163-9
定价：CNY58.00

J0105298
商用字汇　　(楷书)刘元祥写作
台北　文史哲出版社　1997年　12+308页
26×38cm　定价：TWD900.00

J0105299
孙庶华庆香港回归散文小楷集　　孙庶华书
济南　山东文艺出版社　1997年　49页　26cm(16开)
ISBN：7-5329-1465-8　定价：CNY19.50

J0105300
唐欧阳询九成宫碑临习技法　　(唐)欧阳询书；董雁主编
海口　南海出版公司　1997年　86页　有画像
26cm(16开) ISBN：7-5442-0847-8
定价：CNY8.80
(历代碑帖法书技法选　楷书卷)

J0105301
庹氏回米格　　(欧体九成宫全本字帖)庹纯双编
成都　四川辞书出版社　1997年　75页　26cm(16开)
ISBN：7-80543-435-2　定价：CNY10.00
(楷书系列)

J0105302
庹氏回米格标准字帖　　(欧体楷书结构100法)庹纯双编著
成都　四川辞书出版社　1997年　重印本　50页
26cm(16开) ISBN：7-80543-344-5

定价：CNY6.00

J0105303

庚氏回米格标准字帖 （颜体楷书结构 100 法）庚纯双编著

成都 四川辞书出版社 1998 年 重印本 50 页 26cm（16 开）ISBN：7-80543-342-9

定价：CNY6.00

J0105304

言成龙中楷字帖 （书醉翁亭记 岳阳楼记） 言成龙书

北京 兵器工业出版社 1997 年 46 页 26cm（16 开）

ISBN：7-80132-352-1 定价：CNY8.80

J0105305

颜体楷书常用字习字帖 杨永胜主编；刘敏 等编著

北京 中国书籍出版社 1997 年 46 页 26cm（16 开）

ISBN：7-5068-0610-X 定价：CNY4.20

（初学者丛书）

J0105306

颜体楷书结构大字帖 城市改革杂志社编

成都 成都科技大学出版社 1997 年 重印本 46 页 26cm（16 开）ISBN：7-5616-3398-X

定价：CNY6.50

（书法入门）

J0105307

颜真卿《勤礼碑》楷书大字谱 何乃灵编著

南宁 广西美术出版社 1997 年 45 页 38cm（6 开）

ISBN：7-80625-326-2 定价：CNY13.00

（书法大字谱 第一辑）

J0105308

颜真卿书法精选 （楷书）（唐）颜真卿书；晓 山等编

北京 中国画报出版社 1997 年 46 页 26cm（16 开）

ISBN：7-80024-361-3 定价：CNY7.00

　　颜真卿（709-785），唐代书法家。字清臣。 历任监察御史、殿中侍御史。代表作品有《韵海 镜源》《吴兴集》《庐陵集》等，均佚。宋人辑有 《颜鲁公集》。

J0105309

元曲三百首小楷墨迹 张瑞龄书

北京 中国财政经济出版社 1997 年 216 页 28cm（大 16 开）ISBN：7-5005-3334-9

定价：CNY58.00

J0105310

怎样临摹王献之洛神赋 王春南编著

南京 江苏古籍出版社 1997 年 88 页 26cm（16 开）

ISBN：7-80519-844-6 定价：CNY9.00

（名碑名帖实用临摹丛书 第二辑）

J0105311

怎样临摹薛稷信行禅师碑 朱兴邦编著

南京 江苏古籍出版社 1997 年 90 页 26cm（16 开）

ISBN：7-80519-849-7 定价：CNY9.00

（名碑名帖实用临摹丛书 第二辑）

J0105312

怎样临摹颜真卿大唐中兴颂 胡曦雯编著

南京 江苏古籍出版社 1997 年 92 页 有肖像 26cm（16 开）ISBN：7-80519-850-0

定价：CNY9.00

（名碑名帖实用临摹丛书 第二辑）

J0105313

怎样临摹赵孟頫汉汲黯传 徐金平编著

南京 江苏古籍出版社 1997 年 93 页 26cm（16 开）

ISBN：7-80519-847-0 定价：CNY9.00

（名碑名帖实用临摹丛书 第二辑 9）

J0105314

怎样临摹郑文公碑 周玉峰编著

南京 江苏古籍出版社 1997 年 92 页 26cm（16 开）

ISBN：7-80519-845-4 定价：CNY9.00

（名碑名帖实用临摹丛书 第二辑 2）

J0105315

张黑女墓志铭临摹教程

上海 上海人民美术出版社 1997 年 140 页 26cm（16 开）ISBN：7-5322-1768-X

定价：CNY19.80

（中国历代名家碑帖临摹教程 魏书）

J0105316

张瑞龄楷书字帖 （三字经 百家姓 千字文）
张瑞龄书
北京 高等教育出版社 1997年 86页 30cm（10开）
ISBN：7-04-005340-3 定价：CNY18.50

J0105317

赵发潜魏楷百家姓 赵发潜书
北京 中国和平出版社 1997年 58页 26cm（16开）
ISBN：7-80101-078-7 定价：CNY10.00
（当代名家书百家姓）

　　作者赵发潜（1937—　　），高级教师。山西
汾阳人，毕业于北京艺术学院，曾在北京宣武区
少年宫执教绘画和书法，北京市宣武师范学校
副教授，中国书法家协会会员，北京美术家协会
会员。

J0105318

赵孟頫楷书临摹解析 李富编著
北京 中国华侨出版社 1997年 76页 26cm（16开）
ISBN：7-80120-136-1 定价：CNY7.50

J0105319

赵体楷书常用字习字帖 杨永胜主编；刘敏
等编著
北京 中国书籍出版社 1997年 46页 26cm（16开）
ISBN：7-5068-0622-3 定价：CNY4.20
（初学者丛书）

J0105320

白居易琵琶行楷书字帖 符洪书
海口 南海出版公司 1998年 63页 有肖像
26cm（16开）ISBN：7-5442-0465-0
定价：CNY6.80

　　作者符洪（1958—　　），海南屯昌人，屯昌县
商业局局长，著有《白居易琵琶行楷书字帖》等。

J0105321

百科知识三字文书法字帖 （繁简体对照）
张瑞龄编撰
北京 北京出版社 1998年 56页 20cm（32开）
ISBN：7-200-03370-7 定价：CNY12.00

J0105322

笔画字帖 丁诚编写

南京 江苏美术出版社 1998年 58页 26cm（16开）
ISBN：7-5344-0842-3 定价：CNY16.00

J0105323

楷书五十种 墨移等编撰
太原 山西教育出版社 1998年 53页 26cm（16开）
ISBN：7-5440-1232-8 定价：CNY5.90
（书法精华）

J0105324

楷字编 刘建编
北京 文物出版社 1998年 1252+11+20页
26cm（16开）精装 ISBN：7-5010-1104-4
定价：CNY200.00

J0105325

历代楷书大典 钟培华等主编
天津 天津古籍出版社 1998年 784页
26cm（16开）精装 ISBN：7-80504-613-1
定价：CNY85.00
（历代书法丛典）

J0105326

柳体正楷标准字描红 雷天等编著
北京 中国华侨出版社 1998年 64页 19×26cm
ISBN：7-80120-194-9 定价：CNY4.00

J0105327

陆维钊楷书字帖 （文道羲云起轩词等）陆维
钊书
杭州 浙江教育出版社 1998年 133页
26cm（16开）ISBN：7-5338-3065-2
定价：CNY11.00
（当代名家字帖系列）

J0105328

欧体楷书古诗规范字帖 黄宁书；蒋红梅编
北京 北京科学技术出版社 1998年 141页
29cm（16开）ISBN：7-5304-2073-9
定价：CNY16.00

J0105329

欧体正楷标准字描红 雷天等编著
北京 中国华侨出版社 1998年 64页 19×26cm
ISBN：7-80120-193-0 定价：CNY4.00

J0107440

沙孟海楷书字帖 （王国维先生墓碑记）沙孟海书

杭州 浙江教育出版社 1998 年 119 页
26cm（16 开）ISBN：7-5338-2864-X
定价：CNY10.00
（当代名家字帖系列）

　　作者沙孟海（1900—1992），书法家。原名文若，字孟海，号石荒、沙村。生于浙江鄞县，毕业于浙江省立第四师范学校。曾任浙江大学中文系教授、浙江美术学院教授、西泠印社社长、西泠书画院院长、浙江省博物馆名誉馆长、中国书法家协会副主席。代表作品《集王圣教序》。

J0105330

实用楷书字典 范韧庵编著

上海 上海书店出版社 1998 年 800 页
26cm（16 开）精装 ISBN：7-80622-200-6
定价：CNY140.00

　　作者范韧庵（1916—　　），书画家。字乐山，号怀日，生于江苏如皋。历任上海海墨画社社员、海安书画院顾问，仲贞子艺术馆名誉馆长、上海豫园书画楼特约画师，中国书法家协会会员，上海文史馆馆员等职。编著有《五体书法辞典》《中国行书大字典》《中国隶书大字典》《中国篆书大字典》《中国楷书大字典》等。

J0105331

孙晓云楷书清词八首 孙晓云书

合肥 安徽教育出版社 1998 年 60 页 37cm
ISBN：7-5336-2116-6 定价：CNY12.00
（中国当代名家系列丛帖）

J0105332

学生常用字帖 江理平书

上海 上海画报出版社 1998 年 73 页 有照片
26cm（16 开）ISBN：7-80530-427-0
定价：CNY7.00
（画报写字丛书）

J0105333

学生楷书标准字帖 （柳体）明德等编

北京 中国少年儿童出版社 1998 年 60 页
26cm（16 开）ISBN：7-5007-4213-4
定价：CNY6.00

J0107445

学生楷书标准字帖 （欧体）明德等编

北京 中国少年儿童出版社 1998 年 60 页
26cm（16 开）ISBN：7-5007-4214-2
定价：CNY6.00

J0105334

学生楷书标准字帖 （颜体）明德等编

北京 中国少年儿童出版社 1998 年 60 页
26cm（16 开）ISBN：7-5007-4212-6
定价：CNY6.00

J0105335

颜体正楷标准字描红 雷天等编著

北京 中国华侨出版社 1998 年 64 页 19×26cm
ISBN：7-80120-195-7 定价：CNY4.00

J0105336

颜真卿楷书笔法水写帖 郭永琰编写

北京 中国书店 1998 年 22 页 26cm（16 开）
ISBN：7-80568-889-3 定价：CNY7.50

　　郭永琰（1962—　　），书法家、画家。湖北随州人，毕业于北京师范大学和北京交通大学。历任中国书法家协会会员，中央警卫部队文化教员。代表作《郭永琰楷书唐诗》《双鹰图》《大吉图》《荷香图》等。

J0105337

颜真卿楷书笔顺分解字帖 李放鸣编著

成都 天地出版社 1998 年 91 页 19×26cm
ISBN：7-80624-210-4 定价：CNY5.00
（历代名家碑帖笔顺习字法）

　　李放鸣（1957—　　），硬笔书法家。毕业于四川师范大学。历任中国现代汉字硬笔书法协会副秘书长，中国当代硬笔书法家协会理事，东方书画艺术家中心创作委员。主要作品有《教师实用钢笔字》《历代名家名帖书法经典》《历代名家碑帖经典集字临创》等。

J0105338

赵体正楷标准字描红 雷天等编著

北京 中国华侨出版社 1998 年 63 页 19×26cm
ISBN：7-80120-192-2 定价：CNY4.00

J0105339
郑文公碑选字帖　　庹纯双编著
成都　四川辞书出版社　1998 年　69 页　26cm（16 开）
ISBN：7–80543–693–2　定价：CNY10.00
（庹氏回米格标准字帖）

J0105340
中小学生毛笔字帖　（楷书）靳一石编辑
北京　金盾出版社　1998 年　90 页　26cm（16 开）
ISBN：7–5082–0722–X　定价：CNY6.00

J0105341
中小学生毛笔字帖　（魏碑）靳一石编辑
北京　金盾出版社　1998 年　90 页　26cm（16 开）
ISBN：7–5082–0724–6　定价：CNY6.00

J0105342
白恒欣书法　　白恒欣［书］
郑州　河南美术出版社　1999 年　48 页
28cm（大 16 开）ISBN：7–5401–0839–8
定价：CNY15.00
　　本书为洛阳偃师书家白恒欣先生书写的《般若波罗蜜多心经》。

J0105343
百家百字帖　　刘玉宏编
北京　中央文献出版社　1999 年　90 页
28cm（大 16 开）ISBN：7–5073–0546–5
定价：CNY15.00

J0105344
北魏碑刻集字千字文　　余明善，臧志建集字
天津　天津人民美术出版社　1999 年　141 页
28cm（大 16 开）ISBN：7–5305–0916–0
定价：CNY17.00

J0105345
褚遂良楷书水写帖　　吴圣麟，吴函隽编
上海　上海教育出版社　1999 年　20 页　19×26cm
ISBN：7–5320–6129–9　定价：CNY5.00

J0105346
楷书描红字帖　（第一册）彭飞书写
武汉　中国地质大学出版社　1999 年　48 页
19×27cm　ISBN：7–5625–1380–5　定价：CNY5.50

J0107459
楷书描红字帖　（第二册）彭飞书写
武汉　中国地质大学出版社　1999 年　48 页
19×27cm　ISBN：7–5625–1380–5　定价：CNY5.50

J0105347
楷书描红字帖　（第三册）彭飞书写
武汉　中国地质大学出版社　1999 年　48 页
19×27cm　ISBN：7–5625–1380–5　定价：CNY5.50

J0105348
刘明洲简体楷书千字文　　刘明洲书
广州　中山大学出版社　1999 年　126 页
26cm（16 开）ISBN：7–306–01501–X
定价：CNY15.00

J0105349
柳公权楷书　　吴身元主编；宁弟等书
杭州　浙江科学技术出版社　1999 年　234 页
20cm（32 开）ISBN：7–5341–1261–3
定价：CNY10.80
（跟我练硬笔书法丛书）
　　主编吴身元（1948—　），书法家、书法教育家。笔名梧桐、吾舍等，浙江嘉兴人。历任浙江省硬笔书法家协会副主席。出版有《毛笔书法自学教程》《钢笔书法自学教程》等。

J0105350
柳公权楷书　　张同印编著
北京　中国少年儿童出版社　1999 年　104 页
26cm（16 开）ISBN：7–5007–4054–9
定价：CNY13.60
（书法大世界）

J0105351
柳公权楷书毛边纸描红本　（1）周飞跃，何芯主编
长沙　湖南美术出版社　1999 年　26×38cm
ISBN　7–5356–1233–4　定价：CNY3.20

J0105352
柳公权楷书毛边纸描红本　（2）周飞跃，何芯主编
长沙　湖南美术出版社　1999 年　26×38cm
ISBN：7–5356–1233–4　定价：CNY3.20

J0107466

柳体大楷水写字帖　聂文豪编

南昌　江西美术出版社 1999 年 26cm（16 开）

ISBN：7-80580-589-X 定价：CNY6.80

J0105353

柳体毛笔字帖　（柳字集联）海南省教育厅教研室编

海口　海南出版社 1999 年 17 页 26cm（16 开）

ISBN：7-80645-315-6 定价：CNY2.80

J0105354

欧阳询楷书毛边纸描红本　（1）周飞跃，何蕊主编

长沙　湖南美术出版社 1999 年 26×38cm

ISBN：7-5356-1237-7 定价：CNY3.20

J0105355

欧阳询楷书毛边纸描红本　（2）周飞跃，何蕊主编

长沙　湖南美术出版社 1999 年 26×38cm

ISBN：7-5356-1235-0 定价：CNY3.20

J0105356

欧阳中石临元倪墓志　欧阳中石［书］

合肥　安徽美术出版社 1999 年 37cm

ISBN：7-5398-0747-4 定价：CNY12.00

（名家临书　第二辑 4）

　　作者欧阳中石（1928—2020），著名文化学者、书法家、书法教育家。山东肥城市人。毕业于北京大学哲学系。历任首都师范大学教授、博士生导师、中国书法文化研究所所长、中国书法家协会顾问、中国画研究院院务委员。书法作品有《欧阳中石书沈鹏诗词选》《中石夜读词钞》，主要著作有《中国逻辑史》《书法与中国文化》《中国书法史鉴》《章草便检》等。

J0105357

千字文　（楷书）张志和书；（梁）周兴嗣次韵

太原　希望出版社 1999 年 102 页 26cm（16 开）

ISBN：7-5379-2254-3 定价：CNY10.00

J0105358

三环汉字正书格　孟凡西著

天津　天津人民美术出版社 1999 年 92 页

25×26cm ISBN：7-5305-0917-9 定价：CNY12.00

J0105359

颜体大楷水写字帖　聂文豪编

南昌　江西美术出版社 1999 年 26cm（16 开）

ISBN：7-80580-590-3 定价：CNY6.80

　　编者聂文豪（1944— ），生于江西省南昌市。历任中国民间文艺家协会会员，江西省书法家协会会员，中国民协书法艺术交流专业委员会副主任。

J0105360

颜真卿楷书部首水写帖　郭永琰编写

北京　中国书店 1999 年 22 页 26cm（16 开）

ISBN：7-80568-906-7 定价：CNY7.50

J0105361

颜真卿楷书结构水写帖　郭永琰编写

北京　中国书店 1999 年 22 页 26cm（16 开）

ISBN：7-80568-910-5 定价：CNY7.50

J0105362

颜真卿楷书毛边纸描红本　（1）周飞跃，何蕊主编

长沙　湖南美术出版社 1999 年 26×38cm

ISBN：7-5356-1240-7 定价：CNY3.20

J0105363

颜真卿楷书毛边纸描红本　（2）周飞跃，何蕊主编

长沙　湖南美术出版社 1999 年 26×38cm

ISBN：7-5356-1241-5 定价：CNY3.20

J0105364

颜真卿楷书入门　路振平，周旭编著

长沙　湖南美术出版社 1999 年 68 页 29cm（15 开）

ISBN：7-5356-1286-5 定价：CNY8.00

（新编楷书入门）

　　编者路振平（1946— ），河南长葛人。历任湖南省中医药研究院文献信息研究所副研究员，湖南省书法家协会常务理事，湖南省青年书法家协会副主席，湖南省省直书画家协会副主席，中国书法家协会会员。书法著作有《行书基础与创新》《王羲之行书结构习字帖》等。

J0105365
虞世南楷书水写帖　吴函隽编
上海　上海教育出版社　1999 年　20 页　19×26cm
ISBN：7-5320-6127-2 定价：CNY5.00

J0105366
怎样临习爨宝子碑　许雅琼编；中国书法家
协会书法培训中心编
桂林　漓江出版社　1999 年　48 页　26cm（16 开）
ISBN：7-5407-2400-5 定价：CNY10.00
（金钥匙书法名帖自学丛书）

J0105367
赵孟頫楷书水写帖　吴圣麟编
上海　上海教育出版社　1999 年　20 页　19×26cm
ISBN：7-5320-6126-4 定价：CNY5.00

草书书法作品

J0105368
草书集韵　（□卷）□□辑
明　刻本

J0105369
草书集韵　（□卷）
明　刻本
　　分二册。八行十四字黑口四周双边。

J0105370
草诀百韵歌　（一卷）（明）郭谌辑
明万历　刻本
　　本书由《草韵辨体五卷》《草诀百韵歌一卷》
《后韵草韵诀歌一卷》《草诀续韵歌一卷》（明）郭
谌辑合订。郭谌（1488—1578），明朝著名书法家。
德平（今山东德州临邑县）郭家村人。字信夫，号
盘浒居士。诗、书法、绘画俱佳，书法尤为出名。
画作有《西山漫兴卷轴》，著作有《草韵辨体》等。

J0105371
草诀百韵歌　（一卷）（明）郭谌辑
潞藩　明崇祯七年［1634］刻本
　　本书由《草韵辨体五卷》《草诀百韵歌一卷》
《后韵草韵诀歌一卷》《草诀续韵歌一卷》（明）郭
谌辑合订。

J0105372
草诀百韵歌　（一卷）（明）郭谌辑
吴兴丁氏 民国三十年［1941］影印本
　　本书由《草韵辨体五卷》《草诀百韵歌一卷》
《后韵草韵诀歌一卷》《草诀续韵歌一卷》（明）郭
谌辑合订。

J0105373
草诀续韵歌　（一卷）（明）郭谌辑
明万历　刻本
　　本书由《草韵辨体五卷》《草诀百韵歌一卷》
《后韵草韵诀歌一卷》《草诀续韵歌一卷》（明）郭
谌辑合订。

J0105374
草诀续韵歌　（一卷）（明）郭谌辑
潞藩 明崇祯七年［1634］刻本
　　本书由《草韵辨体五卷》《草诀百韵歌一卷》
《后韵草韵诀歌一卷》《草诀续韵歌一卷》（明）郭
谌辑合订。

J0105375
草诀续韵歌　（一卷）（明）郭谌辑
吴兴丁氏 民国三十年［1941］影印本
　　本书由《草韵辨体五卷》《草诀百韵歌一卷》
《后韵草韵诀歌一卷》《草诀续韵歌一卷》（明）郭
谌辑合订。

J0105376
草韵辨体　（五卷）（明）郭谌辑
明万历　刻本
　　本书由《草韵辨体五卷》《草诀百韵歌一卷》
《后韵草韵诀歌一卷》《草诀续韵歌一卷》（明）郭
谌辑合订。

J0105377
草韵辨体　（五卷）（明）郭谌辑
内府 明万历十二年［1584］刻本
　　分四册。七行十二字白口四周双边。

J0105378
草韵辨体　（五卷）（明）郭谌辑
闵齐伋 明崇祯六年［1633］刻本
　　分十册。六行大小共十二字白口四周双边。

J0105379

草韵辨体 （明）郭谌辑；（明）闵齐伋摹

明崇祯六年［1633］刻本　线装

　　六行十二字白口四周双边。

J0105380

草韵辨体 （五卷）（明）郭谌辑

潞藩　明崇祯七年［1634］刻本

　　本书由《草韵辨体五卷》《草诀百韵歌一卷》《后韵草韵诀歌一卷》《草诀续韵歌一卷》（明）郭谌辑合订。

J0105381

草韵辨体 （五卷）（明）郭谌辑；（明）闵齐伋摹

北京新民印书馆　1941 年　影印本　线装

　　据明崇祯六年（1633）刻版影印。分五册。

J0105382

草韵辨体 （五卷）（明）郭谌辑

吴兴丁氏　民国三十年［1941］影印本

　　本书由《草韵辨体五卷》《草诀百韵歌一卷》《后韵草韵诀歌一卷》《草诀续韵歌一卷》（明）郭谌辑合订。

J0105383

后韵草韵诀歌 （一卷）（明）郭谌辑

明万历　刻本

　　本书由《草韵辨体五卷》《草诀百韵歌一卷》《后韵草韵诀歌一卷》《草诀续韵歌一卷》（明）郭谌辑合订。

J0105384

后韵草韵诀歌 （一卷）（明）郭谌辑

潞藩　明崇祯七年［1634］刻本

　　本书由《草韵辨体五卷》《草诀百韵歌一卷》《后韵草韵诀歌一卷》《草诀续韵歌一卷》（明）郭谌辑合订。

J0105385

后韵草韵诀歌 （一卷）（明）郭谌辑

吴兴丁氏　民国三十年［1941］影印本

　　本书由《草韵辨体五卷》《草诀百韵歌一卷》《后韵草韵诀歌一卷》《草诀续韵歌一卷》（明）郭谌辑合订。

J0105386

新编历代草书韵海 （十卷）（明）陈鼎新辑

明崇祯三年［1630］刻本

J0105387

御制草韵辨体 （明）郭谌辑；（明）闵齐伋摹

明崇祯六年［1633］刻本　线装

　　分六册。六行大小字单双行不等白口四周双边。

J0105388

［草诀百韵歌］

清　抄本　线装

J0105389

草诀歌 （一卷）（清）佟徽年辑

［清］稿本

　　本书由《草字汇不分卷》《草诀歌一卷》（清）佟徽年辑合订。

J0105390

草书重珍 （八集）（清）陈伯龄辑

清　刻本　有图　包背装

　　分二册。附：《印隽》。行字不一白口四周单边单鱼尾。

J0105391

草韵汇编 （二十六卷）（清）陶南望辑

清　刻本

　　陶南望，清初书法家。字逊亭，号一篑山人。上海人。

J0105392

草韵汇编 （二十六卷）（清）陶南望辑

南村草堂　清乾隆十九年［1754］刻本

J0105393

草韵汇编 （二十五卷　卷首一卷）（清）陶南望辑

清乾隆二十年［1755］刻本　线装

　　分九册。行字不一白口四周单边。

J0105394

草韵汇编 （二十五卷　首一卷）（清）陶南望辑

清乾隆二十年［1755］刻本

J0107509
草韵汇编 （二十六卷）（清）陶南望辑
挹云书屋 清道光十二年［1832］刻本

J0105395
草字汇 （不分卷）（清）石梁辑
武林大成斋 清 刻本

J0105396
草字汇 （不分卷）（清）佟徽年辑
［清］稿本
　　本书由《草字汇不分卷》《草诀歌一卷》（清）佟徽年辑合订。

J0105397
草字汇 （十二卷）（清）石梁辑摹
清 刻本 线装
　　分六册。

J0105398
草字汇 （十二卷）（清）石梁辑
大成斋 清乾隆五十二年［1787］刻本

J0105399
草字汇 （十二卷）（清）石梁辑
大成斋 清乾隆五十二年［1787］刻本
　　分六册。行字不一白口四周双边。

J0105400
草字汇 （清）石梁编
清乾隆五十二年［1787］

J0105401
草字汇 （十二卷）（清）石梁辑摹
敬义斋 清乾隆五十三年［1788］刻本 线装
　　分六册。白口左右双边。

J0105402
草字汇 （十二卷）（清）石梁辑摹
清道光五年［1825］刻本 线装
　　分六册。

J0105403
草字汇 （十二卷）（清）石梁集
［蕴玉山房］清咸丰己未［1859］25cm（小16开）

线装
　　本字汇集清以前50余名家的草字。每字旁注小楷及书家名号。分一函十二册。白口四周双边。

J0105404
草字汇 （十二卷）（清）石梁辑摹
清咸丰九年［1859］刻本 线装
　　分六册。行字不一白口四周双边。

J0105405
草字汇 （十二卷）（清）石梁辑摹
清同治八年［1869］刻本 线装
　　分六册。行字不一白口四周双边。

J0105406
草字汇 （十二卷）（清）石梁集
上海 同文书局 清光绪十二年［1886］石印本
线装
　　分六册。三行大小字字数不等白口四周双边。

J0105407
草字汇 （十二卷）（清）石梁辑摹
上海 涵芬楼 民国六年［1917］影印本 线装
　　分六册。据乾隆间刻本影印。

J0105408
草字汇 （十二卷）［清］石梁集
上海 商务印书馆 民国二十二年［1933］
国难后第1版 影印本 20cm（32开）
定价：大洋一元六角（全6册）
　　第1册子集与丑集；第2册寅集与卯集；第3册辰集与巳集；第4册午集与未集；第5册申集与酉集；第6册戌集与亥集。

J0105409
草字汇 （十二卷）（清）石梁辑摹
上海 商务印书馆 民国二十四年［1935］
国难后3版 影印本 线装
　　分六册。

J0105410
草字汇 （清）石梁集
上海 上海古籍书店 1978年 影印本 2册

20cm（32 开）定价：CNY3.40

J0105411
草字汇　（清）石梁编
郑州　中州古籍出版社　1990 年　735+43 页
20cm（32 开）精装　ISBN：7-5348-0324-1
定价：CNY17.82
　　本字汇集清以前 50 余名家的草字。每字旁
注小楷及书家名号。

J0105412
草字汇　（清）石梁集
上海　上海书店出版社　1995 年　影印本
30+751 页　20cm（32 开）精装
ISBN：7-80569-899-6　定价：CNY32.00

J0105413
双钩十七帖　（不分卷）（清）王宏撰书
清乾隆　写本　朱墨双钩　线装

J0105414
草字编　（不分卷）（清）梁民宪辑
竹深荷静斋　清咸丰九年［1859］刻本

J0105415
草字编　（不分卷）（清）梁民宪辑
清光绪八年［1882］刻本

J0105416
草诀歌　潘飞声编
清光绪二十二年［1896］

J0105417
草诀歌　（一卷）（明）郭谌辑
清光绪二十二年［1896］刻本

J0105418
草书编类　（一卷）（清）李薛编
清宣统三年［1911］石印本　线装
　　分八册。四行字数不等黑口四周单边双
鱼尾。

J0105419
草书编类　（一卷）（清）李滨辑
清宣统三年［1911］石印本

本书由《草说十五卷》《草书编类一卷》（清）
李滨辑合订。分八册。四行字数不等黑口四周
单边双鱼尾。

J0105420
草说　（十五卷）（清）李滨辑
清宣统三年［1911］石印本　线装
　　本书由《草说十五卷》《草书编类一卷》（清）
李滨辑合订。分八册。四行字数不等黑口四周
单边双鱼尾。

J0105421
草字汇法帖　（清）石梁辑摹
上海　同文书局　清宣统三年［1911］石印本　线装
　　分六册。

J0105422
草字汇法帖　（十二卷）（清）石梁辑
上海　同文书局　清宣统三年［1911］石印本

J0105423
草字汇法帖　（十二卷）（清）石梁辑
上海　同文书局　民国元年［1912］石印本　线装
　　分六册。

J0105424
初拓章草草诀歌　佚名书
上海　艺苑真赏社　民国　影印本　线装

J0105425
原刻草字汇法帖　（清）石梁书
民国　影印本　线装
　　分五册。据乾隆五十二年（1787）年刻本
影印。

J0105426
正草商务应用尺牍
上海　昌文书局　民国十七年［1928］28+28 页
18cm（15 开）

J0105427
卓君庸真草缩印　（第一册）卓君庸书
北平　自青榭刊　1928 年　3 版　影印本　14×22cm
定价：五角

J0105428

苏黎照公事略集古草书本　苏应时辑

民国二十八年［1939］影印本　线装

J0105429

临标准草书千字文　于右任著

重庆　正中书局　1943 年　21 叶　28cm（16 开）
环筒页装　定价：国币三元

　　本书为民国时期中国草书作品。

J0105430

临标准草书千字文　于右任手临

重庆　正中书局　1947 年　21 叶　28cm（15 开）

J0105431

标准草书范本千字文　于右任著

上海　大众出版社　1944 年　91 页　20cm（32 开）

J0105432

标准草书千字文　于右任手临

［1945 年］［44］页　24cm（27 开）

　　本书每字旁注有楷体字。书末附刘延涛的跋。作者于右任（1878—1964），政治家、教育家、书法家。原名伯循，以字行，号骚心。陕西三原县人。代表作品《右任诗存》《右任文存》《右任墨存》《标准草书》等。

J0105433

标准草书　于右任著

重庆　卫聚贤　1947 年　再版 42 页　26cm（16 开）
定价：国币一千元

J0105434

标准草书　（第六次修正本）于右任编

上海　中华书局　民国三十七年［1948］铅印暨石印本　线装

J0105435

增订草字汇　［清］石竖庵原著

上海　广益书局　［1949］新 3 版
影印本 253 页 19cm（32 开）定价：十二元

J0105436

元康里巎草书述笔法　故宫博物院藏

北京　文物出版社　1959 年　线装本

定价：CNY2.20

J0105437

元康里巎书述笔法　（元）康里巎书

北京　文物出版社　1959 年　12 页　42cm（8 开）
线装本　统一书号：7068.80　定价：CNY2.20

　　作者康里巎（1295—1345），元代书法家。字子山，号正斋、恕叟，史传多作康里巎巎。康里（今属新疆）人。幼时入学国子监，曾任礼部尚书、翰林学士。代表作有《谪龙说卷》《李白古风诗卷》《述笔法卷》等。

J0105438

标准草书　（第十次本）于右任编著

台北　中央文物供应社　1967 年　27cm（16 开）
线装　定价：TWD35.00

J0105439

毛主席词二首　（草书字帖）林散之书

南京　江苏人民出版社　1977 年　22cm（30 开）
统一书号：7100.031　定价：CNY0.30

　　本书系中国现代草书法帖。

J0105440

毛主席诗词三十九首草书帖　徐之谦书

北京　荣宝斋　1977 年　75 页　26cm（16 开）
统一书号：8030.1071　定价：CNY0.45

　　本书系中国现代草书法帖。

J0105441

薰诀集字　王世镗编著

北京　文物出版社　1980 年　25cm（15 开）
统一书号：8068.842　定价：CNY1.30

　　《薰诀》即草字诀，是从《急就章》《十七帖》《智永千字文》《书谱》《三希堂帖》和《草字汇》等 20 种有关草书的帖书中选辑而成的。本书共集 1500 多字，编成韵文。据旧本影印而成。编著王世镗（1868—1933），书法家。字鲁生，号积铁子、积铁老人。天津人，代表作品有《书诀》《论草书今章之故》等。

J0105442

中国历代书法家草字选　董天庆辑

成都　四川人民出版社　1982 年　200 页
21cm（32 开）统一书号：8118.975　定价：CNY1.31

本书收集有历代草字3200多个，另有附录的《草诀百韵歌》所收的草字4200余个，关于草字旁一一注明楷字和书家姓名。

J0105443
中国历代书法家草字选 （续编）董天庆辑
成都 四川美术出版社 1990年 262页
20cm（32开）ISBN：7-5410-0076-0
定价：CNY8.50

J0105444
标准草书 于右任编
上海 上海古籍书店 1983年 影印本 70页
22cm（32开）定价：CNY0.90

J0105445
草书大字典
北京 中国书店 1983年 影印本 3册（1754页）
19cm（32开）定价：CNY7.00
　　本书据上海扫叶山房石印本影印。

J0105446
草书大字典
北京 中国书店 1995年 影印本
3册（28+1754页）19cm（32开）精装
ISBN：7-80568-063-9 定价：CNY48.00
　　本书据上海扫叶山房石印本影印。

J0105447
草字编 （第一册）洪钧陶编
北京 文物出版社 1983年 958页 26cm（16开）
统一书号：8068.1125
定价：CNY20.00，CNY30.00（精装）
　　全书共收自汉至明历代书家130余人的作品，从传世的碑帖、墨迹及其影印本等530余件法帖中鉴选，按字分部剪帖影印。

J0105448
草字编 （第二册）洪钧陶编
北京 文物出版社 1983年 2132页 26cm（16开）
统一书号：8068.1130
定价：CNY22.00，CNY32.00 元（精装）

J0105449
草字编 （第三册）洪钧陶编

北京 文物出版社 1984年 2133-3248页
26cm（16开）统一书号：8068.1131
定价：CNY21.00，CNY31.00（精装）

J0105450
草字编 （第四册）洪钧陶编
北京 文物出版社 1984年 1035页 26cm（16开）
定价：CNY21.00，CNY31.00（精装）

J0105451
历代名家草字选 聂文豪编
南昌 江西人民出版社 1983年 350页
25cm（小16开）统一书号：8110.503
定价：CNY2.40

J0105452
历代名家草字选 聂文豪等著
南昌 江西人民出版社 1985年 2版 347页
26cm（16开）统一书号：8110.503 定价：CNY3.10
　　本书是一部一字多草的草字选。根据王羲之、王献之、柳公权、颜真卿、怀素、张旭等400余位书法家的部分墨迹选编而成，共收常用字3200余个，选草字约25000个。

J0105453
历代名家草字选 聂文豪等选编
南昌 江西美术出版社 1991年 2版 重印本
347页 26cm（16开）ISBN：7-80580-031-6
定价：CNY6.00
　　本书根据王羲之、怀素、张旭等400余位历代书法家墨迹选编，收常用字3200余个，选草字约25000个，按简化字偏旁部首编排。

J0105454
历代名家草字选 聂文豪等选编
南昌 江西美术出版社 1998年 2版 重印本
14+347页 26cm（16开）ISBN：7-80580-508-3
定价：CNY16.00

J0105455
舒同字帖 （草）舒同书；中国书法家协会编辑部编
北京 中国文联出版社 1984年 有照片
38cm（6开）统一书号：8355.35 定价：CNY1.50
　　作者舒同（1905—1998），书法家。号宜禄，又名文藻，江西东乡人，毕业于江西抚州省立师范学校。曾任中共山东省委第一书记，陕西省委书记，中国人民解放军军事科学院副院长，中国书法家协会第一任主席，中国书法家协会名誉主席。出版《舒同字帖》《舒同书法》《舒同书法艺术》等。

J0105456
增订草字汇　（清）石梁编
武汉　武汉市古籍书店　1984年　影印本　253页
19cm（32开）统一书号：48.323　定价：CNY1.40

J0105457
标准草书字汇　胡公石编著
银川　宁夏人民出版社　1985年　257页
26cm（16开）统一书号：8157.511　定价：CNY5.00
　　本书以《千字文》为母体，收常用字6000多个，有楷体笔画检字表。作者胡公石（1912—1997），学者、书法家。江苏盐城人，毕业于上海国立暨南大学。历任宁夏文史研究馆馆长，宁夏书画院院长，中国书法家协会理事，江苏省文史研究馆副馆长，标准草书学社社长等职。出版有《标准草书千字文》《标准草书字汇》。

J0105458
标准草书字汇　胡公石编著
银川　宁夏人民出版社　1992年　257页
26cm（16开）ISBN：7-227-00829-3
定价：CNY11.00

J0105459
标准草书字汇　胡公石编著
银川　宁夏人民出版社　1994年　257页
26cm（16开）ISBN：7-227-00829-3
定价：CNY12.70

J0105460
标准草书字汇　胡公石编著
银川　宁夏人民出版社　1999年　257页　有照片
26cm（16开）ISBN：7-227-01964-0
定价：CNY19.80

J0105461
草书唐诗三百首　么喜龙书
石家庄　河北美术出版社　1985年　228页

26cm（16开）统一书号：8087.1226　定价：CNY4.20
　　本书收录作者以草书书写的唐诗300首。作者么喜龙（1950—　　），国家一级美术师。生于沈阳。历任沈阳市文史研究馆副馆长、沈阳书画院名誉院长、辽宁画院特聘画师、沈阳大学书法艺术教授、美国天普美术学院荣誉院长兼名誉教授。主要著作有《两体注释千家诗》《草书唐诗三百首》《么喜龙书法作品集》等。

J0105462
于右任书千字文　洛川县文化馆编
西安　陕西人民美术出版社　1985年　影印本
38页　38cm（6开）定价：CNY2.60

J0105463
标准草书　（千字文）于右任编著
成都　巴蜀书社　1986年　再版［35页］
26cm（16开）定价：CNY2.85

J0105464
草诀百韵歌　《历代碑帖法书选》编辑组编
北京　文物出版社　1986年　26cm（16开）
统一书号：8068.1502　定价：CNY0.48
（历代碑帖法书选）

J0105465
草诀百韵歌　《历代碑帖法书选》编辑组编
北京　文物出版社　1997年　26cm（16开）
统一书号：8068.1502　ISBN：7-5010-0572-9
定价：CNY4.20
（历代碑帖法书选）

J0105466
阮退之草书册　阮退之书
广州　岭南美术出版社　1986年　10cm（64开）
统一书号：8260.1731　定价：CNY1.95
　　本书收入96幅图。作者遗墨23帧，并将每幅局部放大。秦咢生、王贵忱为食作序、题签。

J0105467
沈粲草书千文卷　沈粲书；上海书画出版社编
上海　上海书画出版社　1986年　49页　34cm（15开）
统一书号：8172.1479　定价：CNY2.25

J0105468

沈鹏书归去来辞　　沈鹏书
哈尔滨 黑龙江美术出版社 1986 年 54 页
34×19cm 统一书号：8358.436 定价：CNY2.45
　　本书收入 53 幅图，是中国现代草书作品。
作者沈鹏（1931—　　），书法家、美术评论家、诗
人。生于江苏江阴。历任中国文联副主席、中
国书法家协会主席、中国美术出版总社顾问以
及《中国书画》主编、炎黄书画院副院长、中国
书画函授大学教授、《书法之友》杂志名誉主席等
职。书法作品有著作：《书画论评》《沈鹏书画谈》
《三余吟草》《沈鹏书法选》《沈鹏书法作品集》。

J0105469

唐怀素草书千字文　（唐释）怀素书
台北 花正书局 1986 年 31 页 35cm（15 开）
定价：TWD180.00
　　作者怀素（737—799 年），唐代书法家。字
藏真，俗姓钱，永州零陵（今湖南零陵）人。传世
书法作品有《自叙帖》《苦笋帖》《圣母帖》《论书
帖》《小草千文》等。

J0105470

王觉斯草书诗卷　　王觉斯书
南京 江苏美术出版社 1986 年 16 页 35cm（8 开）
统一书号：8353.7.015 定价：CNY3.60

J0105471

草字辨异手册　　沈道荣编著
上海 上海书画出版社 1987 年 118 页
26cm（16 开）ISBN：7-80512-036-6
定价：CNY1.80
　　作者沈道荣（1939—　　），湖南临湘人。中国
书法家协会会员。专著有《草字辨异手册》《硬
笔草体辨异字帖》《历代名句硬笔字帖》《欧阳询
楷书字汇》等。

J0105472

刘炳森楷书滕王阁序　　刘炳森书；长城出版
社编辑
北京 长城出版社 1987 年 96 页 26cm（16 开）
ISBN：7-80017-039-X 定价：CNY2.90
　　本书用颜体书写，原作是作者先后出访美国
和西德时的四条屏书展品，书风凝重稳健。

J0105473

赵敏生草书胡笳十八拍　　赵敏生书
西安 陕西人民出版社 1987 年 51 页 26cm（16 开）
ISBN：7-224-00026-4 定价：CNY2.20

J0105474

真草唐诗一百首　　薛铸书
西安 三秦出版社 1987 年 100 页 26cm（16 开）
定价：CNY2.95

J0105475

草书大字典　（历代名人法帖汇辑）
石家庄 河北人民出版社 1988 年 影印本 2 册
20cm（32 开）ISBN：7-202-00197-7
定价：CNY25.00
　　本书根据名家碑帖、真迹，旁采草书要领、
韵会，共收真字 6070 字，字头均按部首及笔画分
卷排列，草书下注作者姓名。上起汉魏，下迄明
清。搜罗名家 741 位所书名体草字 49500 字，比
通行的草字汇搜罗更为丰富而详备。

J0105476

草书方便字典　　王亚夫编著
沈阳 辽宁美术出版社 1988 年 89 页 20cm（32 开）
统一书号：8161.1173 ISBN：7-5314-0018-9
定价：CNY1.20
　　本书是以繁体字、简化字或异体字加以对照
的方式编制的字典。共列字 5319 个。作者王亚
夫（1920—　　），著名书法家。

J0105477

常用草书习字帖　（1）姜公醉编
成都 四川美术出版社 1988 年 64 页 26cm（16 开）
ISBN：7-5410-0243-7 定价：CNY2.50

J0105478

常用草书习字帖　（2）姜公醉编
成都 四川美术出版社 1988 年 ［64 页］
26cm（16 开）ISBN：7-5410-0244-5
定价：CNY2.50

J0107595

常用草书习字帖　（3）姜公醉编
成都 四川美术出版社 1988 年 ［64 页］
26cm（16 开）ISBN：7-5410-0245-3

定价：CNY2.50

J0105479
常用草书习字帖 （4）姜公醉编
成都　四川美术出版社　1988 年　64 页　26cm（16 开）
ISBN：7-5410-0246-1　定价：CNY2.50

J0105480
常用草书习字帖 （5）姜公醉编
成都　四川美术出版社　1988 年 ［64 页］
26cm（16 开）ISBN：7-5410-0247-X
定价：CNY2.50

J0105481
范曾历下吟草　范曾书；马安泉编
济南　山东美术出版社　1988 年　45 页　26cm（16 开）
ISBN：7-5330-0115-X　定价：CNY2.95
　　本书系中国现代草书作品选集。作者范曾
（1938—　），画家、学者。字十翼，别署抱冲斋
主，江苏南通人。毕业于中央美术学院中国画系。
历任中央工艺美术学院讲师、副教授，南开大学
东方艺术系教授、博士生导师，中国艺术研究院
终身研究员等。代表作品有《庄子显灵记》《范
曾自述》《老子出关》《钟馗神威》等。

J0105482
雨浪墨迹　高先佑书
南宁　广西人民出版社　1988 年　100 页
26cm（16 开）精装　ISBN：7-219-00767-1
定价：CNY8.50
　　本书系中国现代草书作品。

J0105483
草书七言歌软硬笔字帖　王振起书
郑州　中州古籍出版社　1989 年　26cm（16 开）
ISBN：7-5348-0259-8　定价：CNY2.40

J0105484
草字编　（简编）洪钧陶编；启功校订
北京　文物出版社　1989 年　1087 页　26cm（16 开）
精装　ISBN：7-5010-0186-3　定价：CNY55.00
　　本书系汉至明历代书家所书草体字汇编，有
附表。作者启功（1912—2005），满族，中国现代
著名书法家。字元伯，北京人。曾任北京师范大
学教授、中央文史研究馆副馆长，中国书协名誉

主席等职、世界华人书画家联合会创会主席、中
国佛教协会、故宫博物院、国家博物馆顾问，西
泠印社社长。

J0105485
草字编　（简编）洪钧陶编；启功校订
北京　文物出版社　1996 年　1087+22+16 页
26cm（16 开）精装　ISBN：7-5010-0283-5

J0105486
董其昌草书　（明）董其昌书
北京　中国书店　1989 年　26cm（16 开）
ISBN：7-80568-015-9　定价：CNY3.50
　　作者董其昌（1555—1636），明代著名书画
家。字玄宰，号思白，别号香光居士，松江华亭
（今上海）人。主要作品有《岩居图》《秋兴八景图》
《昼锦堂图》等。

J0105487
薰诀集字　（全石刻）王世镗编著
西安　陕西人民美术出版社　1989 年　82 页　有肖像
26cm（16 开）ISBN：7-5368-0108-4
定价：CNY3.60
　　本书系作者 1917 年自书《增改草诀歌》刻石
未成，又于 1924 年另辑由《急就章》《月仪》《淳
化阁》《十七帖》《书谱》《三希堂》等 20 多种帖
中选辑而成，共 1500 余字，五字一句有韵可读，
伴有注解释文，篆书、章草、今草及结构关系。
楷、行、隶注释为沙品三、张士如、岳渊亭、杜勉
常、王韫山、胡介人、张叔亮、徐泽生、程履端等
九人。原石刻现陈列汉中市博物馆。作者王世
镗（1868—1933），书法家。字鲁生，号积铁子、
积铁老人。天津人，代表作品有《书诀》《论草书
今章之故》等。

J0105488
汉代简牍草字编　陆锡兴编著
上海　上海书画出版社　1989 年　306 页
26cm（16 开）精装　定价：CNY25.00

J0105489
明唐荆川草书诗稿真迹书　唐顺之书
天津　天津大港华康印刷厂　1989 年　15 页
35cm（12 开）定价：CNY1.50

J0105490
萧嘉辉书白屋诗三首　萧嘉辉书
重庆 重庆出版社 1989 年 134+29 页 19cm（32 开）
ISBN：7-5366-1064-5 定价：CNY2.65
　　本书系中国现代草书书法作品。

J0105491
于右任草书精品初集　于右任书
台北 书艺出版社 1989 年 80 页 31cm（10 开）
定价：TWD150.00
（书艺碑帖 A11）

J0105492
于右任草书精品二集　于右任书
台北 书艺出版社 1989 年 80 页 31cm（10 开）
定价：TWD150.00
（书艺碑帖 A12）

J0105493
于右任先生遗墨　（心经）于右任书
北京 团结出版社 1989 年 55 页 35cm（15 开）
ISBN：7-80061-011-X 定价：CNY5.80
　　本书是作者于 1955 年 5 月用草书书写的《般若波罗蜜多心经》，共 558 字。

J0105494
标准草书　于右任编著
上海 上海书店 1990 年 70 页 26cm（16 开）
ISBN：7-80569-228-9 定价：CNY2.10
　　书中编排有检字表、标准草书千字文、凡例、释例等。

J0105495
标准草书千字文　于右任书；西安书法函授学院，陕西于右任书法学会供稿
西安 三秦出版社 1990 年 57 页 有照片 37cm（8 开）ISBN：7-80546-278-X 定价：CNY6.40

J0105496
草书查真大字典　刘风，刘甫丰编
长沙 湖南教育出版社 1990 年 1444 页 26cm（16 开）精装 ISBN：7-5355-1151-1
定价：CNY45.00
　　本书按草字笔段编码法的编码顺序进行编排。每个草字都注明了书家和楷书字。字典正文之前详细介绍了编者创制的草字笔段编码法。按照此法查阅本字典迅速便利，解决了草书难于识别的困难。共收录历代书法家的草书 35000 多个字。

J0105497
简草谱　周善甫编著
成都 四川美术出版社 1990 年 110 页 26cm（16 开）ISBN：7-5410-0442-1
定价：CNY4.70
　　本书系中国草书法帖。

J0105498
黎心斋草书联摘　黎心斋书
1990 年 26cm（16 开）

J0105499
草诀辨疑　（明）范文明辑
北京 中国书店 1991 年 132 页 26cm（16 开）
ISBN：7-80568-298-4 定价：CNY7.00
　　本书由《草诀辨疑》与宋代米芾所辑的《集古草诀》合订，并附释文。

J0105500
草说
北京 中国书店 1991 年 20cm（32 开）
精装 ISBN：7-80568-314-X 定价：CNY25.00
　　中国草书书法字典。

J0105501
古代名家草字汇　（清）石梁编
北京 北京古籍出版社 1991 年 影印本 738 页 26cm（16 开）ISBN：7-5300-0057-8
定价：CNY29.30

J0105502
古代名家草字汇　（清）石梁编
北京 北京古籍出版社 1991 年 影印本 738 页 26cm（大 16 开）精装 ISBN：7-5300-0058-6
定价：CNY47.20
　　这是一部清代著名的草书字典，共 12 卷。按部首排列，约 14000 多草书常用字，每字都是古代著名书法家的墨迹，并均注明了书法家的名字，包括汉代到明代近 90 位书法家。

J0105503

行草千字文　张仲愈编著

北京　海洋出版社 1991 年 30 页 26cm（16 开）

ISBN：7-5027-1153-8 定价：CNY2.00

　　作者张仲愈（1923—　　），书法家。山东荣成市人。历任中国书法家协会会员，中国书画院研究员，世界华人艺术家协会特邀艺术顾问、人民画报书画院高级顾问、北京青少年教育协会顾问，东城区书画协会副主席等。代表作品《行草章法举要》《怎样临习圣教序》《行书千字文》等。

J0105504

临池墨宝荟萃　（草书习字帖）许振轩编撰

合肥　安徽美术出版社 1991 年　重印本 57 页

26cm（16 开）ISBN：7-5398-0059-3

定价：CNY2.50

　　本书是《草诀百运歌》《标准草书千字文》《书谱》的集成与详解。

J0105505

新编汉字草书字谱　田幕人编

北京　北京燕山出版社 1991 年 384 页

19cm（小 32 开）ISBN：7-5402-0054-5

定价：CNY16.90

　　本书作者将收录于 1957 年版《新华字典》的全部楷书字逐字谱写，形诸草书，并按汉字偏旁部首系统编排。

J0105506

玉宝斋法帖草诀歌

天津　天津人民美术出版社 1991 年 18 页

25cm（15 开）ISBN：7-5305-0259-X

定价：CNY2.10

J0105507

章草便检　欧阳中石等编著

北京　新华出版社 1991 年 507 页 26cm（16 开）

ISBN：7-5011-1288-6 定价：CNY34.00

　　章草是我国行时于汉代的一种字体，是隶书的草体，是今草的始源，当代著名书法家欧阳中石和他的几位弟子，把许多资料集中，将 15800 字分部编排成这部章草字典。作者欧阳中石（1928—2020），著名文化学者、书法家、书法教育家。山东肥城市人。毕业于北京大学哲学系。历任首都师范大学教授、博士生导师、中国书法文化研究所所长、中国书法家协会顾问、中国画研究院院务委员。书法作品有《欧阳中石书沈鹏诗词选》《中石夜读词钞》，主要著作有《中国逻辑史》《书法与中国文化》《中国书法史鉴》《章草便检》等。

J0105508

赵少昂自写诗　赵少昂著

台北　艺术图书公司 1991 年 83 页 30cm（10 开）

定价：TWD600.00

　　作者赵少昂（1905—1998），画家、教授。字叔仪，原籍广东番禺。"岭南派"著名画家，历任广州市立美术学校中国画系主任、广州大学美术科教授。出版有《少昂近作集》《少昂画集》《赵少昂画集》《实用绘画学》。

J0105509

集行草字典　宋立文主编

上海　上海古籍出版社 1992 年 1137+65 页

26cm（16 开）精装 ISBN：7-5325-1139-1

定价：CNY36.00

　　本书收集了自汉代至今两千多年间的行、草书体汉字共计 31600 多个编为字典，其字均容易识别、书法精美。

J0105510

欧阳询李怀琳草书习字帖　（旁注楷书）（唐）

欧阳询，(唐)李怀琳书；颜砺、颜娥主编

北京　北京出版社 1992 年 38 页 26cm（16 开）

ISBN：7-200-01680-2 定价：CNY2.50

（历代名家草书译丛）

　　作者欧阳询（557-641），唐朝著名书法家。字信本，唐朝潭州临湘(今湖南长沙)人，楷书四大家之一。与同代的虞世南、褚遂良、薛稷三位并称初唐四大家。楷书有《九成宫醴泉铭》《皇甫诞碑》《化度寺碑》《虞恭公温彦博碑》，行书有《仲尼梦奠帖》《行书千字文》。书法著作有《八诀》《传授诀》《用笔论》《三十六法》。

J0105511

饶介草书习字帖　（旁注楷书）（元）饶介书；

颜砺、颜娥主编

北京　北京出版社 1992 年 38 页 26cm（16 开）

ISBN：7-200-01684-5 定价：CNY2.50

（历代名家草书译丛）

作者饶介(1300—1367)，元代著名书法家。字介之，自号华盖山樵，临川(今江西)人，书迹有《杂诗帖》《琴珍帖》《仿四家书》《兰亭帖》等。

J0105512

书圣草字汇　　洪彬，林祯编

长春　吉林文史出版社　1992年　150页
26cm(16开)　ISBN：7-80528-614-0
定价：CNY6.90

本书共收字800个，均为草书，取自历代名人手迹和碑帖。

J0105513

宋高宗米芾草书习字帖　(旁注楷书)(宋)赵构，(宋)米芾书；颜砺，颜娥主编

北京　北京出版社　1992年　32页　26cm(16开)
ISBN：7-200-01683-7　定价：CNY2.20
(历代名家草书译丛)

作者米芾(1051—1107)，北宋书法家、画家、书画理论家。祖籍太原，出生于湖北襄阳，长期居润州(今江苏镇江)。初名黻，后改芾，字元章，号襄阳居士、海岳山人等。书画自成一家，枯木竹石，山水画独具风格特点。在书法也颇有造诣，擅篆、隶、楷、行、草等书体，长于临摹古人书法。代表作品有《宝晋英光集》《宝章待访录》《书史》《画史》《砚史》。

J0105514

草韵汇编　(清)陶南望辑

北京　北京出版社　1993年　2册(1404页)
26cm(16开)　精装　ISBN：7-200-02078-8
定价：CNY96.00
(中国书法大字典系列)

本书依清代官韵《佩文诗韵》分韵编次，共106韵。陶南望，清初书法家。字逊亭，号一簣山人。上海人。

J0105515

高才林草字千文　　高才林书

西安　三秦出版社　1993年　25页　有照片
26cm(16开)　ISBN：7-80546-699-8
定价：CNY3.40

作者高才林(1930—　　)，陕西彬县人，离休干部，彬县于右任书法学会会长。

J0105516

怀素草书一百天　(唐释)怀素书；程方平编制

北京　中央民族学院出版社　1993年　100页
37cm　ISBN：7-81001-341-6　定价：CNY7.80
(一百天毛笔速成名帖习字系列)

编者程方平，教授。浙江衢州人，历任国家教委高等教育研究中心副研究员，教育与科普研究所所长，中国比较教育学会、陶行知研究会常务理事，中国书法协会会员等职。著有《新师说》《教育情报学简论》《隋唐五代的儒学》《辽金元教育史》《历代名帖速藏习字系列》等。

J0105517

毛笔钢笔正草字帖　　陈之望书

台北　益群书店　1993年　4版　178页　21cm(32开)
ISBN：957-552-203-6　定价：TWD120.00
(书法范帖总汇)

J0105518

王羲之草书入门　(晋)王羲之书；路振平编著

北京　中国国际广播出版社　1993年　104页
26cm(16开)　ISBN：7-5078-0205-1
定价：CNY8.80

J0105519

新编真草千字文　　赵云起著

长春　时代文艺出版社　1993年　42页　有照片
26cm(16开)　ISBN：7-5387-0681-X
定价：CNY5.00

作者赵云起(1919—1993)，天津文史研究馆特约馆员，中国书法家协会会员。

J0105520

中国历代名家书法草书集粹　　君如，闻赋编

北京　团结出版社　1993年　影印本　155页
26cm(16开)　ISBN：7-80061-764-5
定价：CNY9.90

J0105521

草书　　陆伟编著

上海　上海人民美术出版社　1994年　141页
26cm(16开)　ISBN：7-5322-1227-0
定价：13.00
(中国历代书法精品丛书)

本书收有王献之、黄庭坚、傅山等数10位

历代草书名家的作品。

J0105522
草书辨认字典　胡文沛编著
南京　江苏美术出版社　1994 年　407 页
19cm（32 开）ISBN：7-5344-0418-5
定价：CNY14.50
　　作者胡文沛，徐州市市级机关任职。

J0105523
常用草书速查手册　（四角号码）樊中岳编
武汉　湖北美术出版社　1994 年　307 页
19cm（小 32 开）ISBN：7-5394-0512-0
定价：CNY6.00
（书法篆刻工具丛书）
　　编者樊中岳（1943—　），研究员、编辑。湖北武汉人。历任湖北省文史研究馆馆员，西泠印社社员，中国书法家协会会员《书法报》编辑兼记者、中国硬笔书法家协会常务理事、中国书法协会会员。出版有《篆书》《金文》《汉印》《鸟虫篆》等。

J0105524
硬笔书法草决百韵歌　王惠松书
北京　北京工业大学出版社　1994 年　106 页
19cm（小 32 开）ISBN：7-5639-0420-4
定价：CNY3.80
　　作者王惠松（1955—　），硬笔书法家。江苏南京人。历任中国硬笔书法家协会会员、中国现代青年硬笔书法家协会常务理事、江苏省硬笔书法家协会副秘书长。代表作品有小楷临《黄庭经》《乐毅论》《灵飞经》等。

J0105525
中国草书大字典　李志贤等编著
上海　上海书画出版社　1994 年　1423 页
27cm（大 16 开）精装　ISBN：7-80512-784-0
定价：CNY145.00

J0105526
中国草书名帖精华　（一）沈鹏主编
北京　北京出版社　1994 年　554 页　26cm（16 开）
ISBN：7-200-02349-3　定价：CNY46.00
　　本书收陆机《平复帖》、王羲之《表乱帖》、黄庭坚《廉颇蔺相如传》等 41 帖。作者沈鹏

（1931—　），书法家、美术评论家、诗人。生于江苏江阴。历任中国文联副主席、中国书法家协会主席、中国美术出版总社顾问以及《中国书画》主编、炎黄书画院副院长、中国书画函授大学教授、《书法之友》杂志名誉主席等职。书法作品有著作：《书画论评》《沈鹏书画谈》《三余吟草》《沈鹏书法选》《沈鹏书法作品集》。

J0105527
中国草书名帖精华　（二）沈鹏主编
北京　北京出版社　1994 年　573 页　26cm（16 开）
ISBN：7-200-02351-5　定价：CNY46.00
　　本书收黄庭坚《诸上座》、范成大《与先之帖》、祝允明《曹植诗》等 28 帖。

J0105528
中国草书名帖精华　（三）沈鹏主编
北京　北京出版社　1994 年　578 页　26cm（16 开）
ISBN：7-200-02353-1　定价：CNY46.00
　　本书收祝允明《洛神赋》、董其昌《琵琶行》、王铎《书诗卷》等 17 帖。

J0105529
中国草书名帖精华　（三）沈鹏主编
北京　北京出版社　1994 年　578 页
28cm（大 16 开）精装　ISBN：7-200-02354-X
定价：CNY56.00

J0105530
中国章草名帖精华　佟韦主编
北京　北京出版社　1994 年　407页　28cm（大 16 开）
ISBN：7-200-02343-4　定价：CNY46.00
（中国书法名帖精华丛书）
　　主编佟韦（1929—　），满族，书法家。原名佟遇鹏，笔名冬韦，冬青，韦人等。辽宁昌图人。历任中国书法家协会副主席，中国诗书画研究院艺术顾问。代表作品有《书坛纪事》《佟韦书集》等。

J0105531
中国章草名帖精华　佟韦主编
北京　北京出版社　1994 年　407页　28cm（大 16 开）
精装　ISBN：7-200-02344-2　定价：CNY56.00
（中国书法名帖精华丛书）

J0105532
《草诀百韵歌》略笺　王梦赓编著
天津　南开大学出版社　1995 年　320 页
20cm（32 开）ISBN：7-310-00688-7
定价：CNY11.20
　　　作者王梦赓（1938—　），研究员。字宝坻，
曾用字厉影，号京东乡人、醉墨斋主，天津人。
历任沈阳故宫博物院研究室主任、研究员、沈阳
市政协委员。

J0105533
繁简体草书字帖　黎凡编著
长沙　湖南美术出版社　1995 年　152 页　33×18cm
ISBN：7-5356-0746-2　定价：CNY29.50
　　　作者黎凡（1932—2014），教授。出生于青海
循化。曾任兰州大学新闻系书法教授、中国书法
教育研究会常务理事，甘肃省书法教育研究会会
长，九州书法教育学院教授，香港东方文化中心
书画委员会委员等。代表作品《行书字贴》《简
化字草书研究》等。

J0105534
胡公石书标准草书草圣千文　胡公石书
杭州　西泠印社　1995 年　26cm（16 开）
ISBN：7-80517-157-2　定价：CNY9.80
　　　作者胡公石（1912—1997），学者、书法家。
江苏盐城人，毕业于上海国立暨南大学。历任宁
夏文史研究馆馆长，宁夏书画院院长，中国书法
家协会理事，江苏省文史研究馆副馆长，标准草
书学社社长等职。出版有《标准草书千字文》《标
准草书字汇》。

J0105535
两体草诀歌　陈祥耀［书］
福州　海峡文艺出版社　1995 年　35×18cm
ISBN：7-80534-749-2　定价：CNY4.00

J0105536
草书辨似大字典　田幕人编著
沈阳　春风文艺出版社　1996 年　16+67+519 页
26cm（16 开）精装　ISBN：7-5313-1586-6
定价：CNY118.00

J0105537
草书大字典　扫叶山房编

天津　天津古籍出版社　1996 年［影印版］
2 册（1754 页）26cm（16 开）精装
ISBN：7-80504-545-3　定价：CNY185.00
（历代书法工具书丛典）

J0105538
常用章草速查手册　（四角号码）樊中岳编
武汉　湖北美术出版社　1996 年　307 页
19cm（小 32 开）ISBN：7-5394-0620-8
定价：CNY9.80
（书法篆刻工具丛书）

J0105539
宋徽宗　（草书千字文）许礼平主编；宋薇宗作
香港　香港汉墨轩出版公司　1996 年　85 页
29cm（16 开）ISBN：962-7530-30-1
（名家翰墨丛刊 中国名家法书全集 2）

J0105540
常用黄草字库　黄彰任书
［衡东县］衡东县老年科学技术工作者协会
1997 年　翻印本　192 页　20cm（32 开）
ISBN：7-80078-212-3

J0105541
常用黄草字库　黄彰任书
杭州　浙江大学出版社　1997 年　20+190 页
20cm（32 开）ISBN：7-308-01924-1
定价：CNY10.50

J0105542
程元草书集　程元书
北京　北京图书馆出版社　1997 年　30 页
26cm（16 开）ISBN：7-5013-1329-6
定价：CNY48.00

J0105543
吴未淳草书百家姓　吴未淳书
北京　中国和平出版社　1997 年　58 页　26cm（16 开）
ISBN：7-80101-076-0　定价：CNY10.00
（当代名家书百家姓）

J0105544
真草互读大字典　王宏编
北京　中国青年出版社　1997 年　1416+23 页

26cm（16开）精装 ISBN：7-5006-2748-3
定价：CNY138.00

J0105545
草书集粹 （于右任选字标准草书千字文） 于右任书；苏门改编
合肥 安徽美术出版社 1998年 85页 有肖像
37cm ISBN：7-5398-0709-1 定价：CNY19.80

J0105546
草书五十种 黎禾编撰
太原 山西教育出版社 1998年 53页 26cm（16开）
ISBN：7-5440-1231-X 定价：CNY5.90
（书法精华）

J0105547
草书异部同形大字典 刘少英编著
北京 北京图书馆出版社 1998年 1123页
26cm（16开）精装 ISBN：7-5013-1449-7
定价：CNY269.00
　　作者刘少英（1961— ），书法家。字撰堂，号一量，河北人，毕业于香港艺术学院研究生班。中国现代硬笔书法研究会秘书长。出版有《历代名言帖谱》《负闲杂艺》。

J0105548
草书字符歌诀 王润宇，王丽强编著
西安 陕西人民美术出版社 1998年 12+108页
26cm（16开）ISBN：7-5368-1023-7
定价：CNY25.00

J0105549
历代草书大典 阎金富等主编
天津 天津古籍出版社 1998年 784页
26cm（16开）精装 ISBN：7-80504-615-8
定价：CNY85.00
（历代书法丛典）

J0105550
罗宪成难字草字汇 罗宪成书
兰州 甘肃人民美术出版社 1998年 122页
26cm（16开）ISBN：7-80588-247-9
定价：CNY23.80

J0105551
王冬龄草书唐诗卅首 王冬龄书
合肥 安徽教育出版社 1998年 62页 有照片
37cm ISBN：7-5336-2117-4 定价：CNY12.00
（中国当代名家系列丛帖）
　　作者王冬龄（1945— ），书法家。江苏台东人，毕业于中国美术学院。中国书法家协会学术委员、中国书法进修学院副院长、浙江省书协副主席、美国明尼苏达大学客座教授。代表作品《书画艺术》。

J0105552
草书 刘恒著
北京 书目文献出版社 1999年 166页
26cm（16开）ISBN：7-5013-1585-X
定价：CNY28.00
（中国书法赏析丛书）
　　作者刘恒（1959— ），字树恒，北京人。任中国书法家协会研究部副编审、中国书法家协会学术委员会委员等职，著有《历代尺牍书法》《中国书法全集·张瑞图卷》。

J0105553
草书千字文 （智永 怀素 陈淳 于右任） 刘兆英编著
西安 陕西旅游出版社 1999年 250页
26cm（16开）ISBN：7-5418-1650-7
定价：CNY29.80
（五体千字文）

J0105554
方子丹教授临文衡山诗卷怀素自叙帖 方子丹书
台北 弃井庵 1999年 再版 26cm（16开）

J0105555
简繁字对照标准草书字典 徐海道著
成都 四川人民出版社 1999年 34+208页
26cm（16开）ISBN：7-220-04360-0
定价：CNY26.00

J0105556
历代名家草书字典 季琳，盈洲选编
杭州 浙江古籍出版社 1999年 10+590+11页
26cm（16开）

本书精选历代草书的名帖名刻和名家法书中的优秀范字，从前汉到明清。为浙江古籍出版社出版的篆、隶、楷、行、草五体字典中的一部。

J0105557

历代书法名家草书集字丛帖　（第一辑）杜江主编

天津　天津人民美术出版社　1999 年　4 册

29cm（16 开）ISBN：7-5305-1079-7

定价：CNY100.00

J0105558

旁注楷书三希堂草书字帖

北京　北京古籍出版社　1999 年　276 页

28cm（16 开）ISBN：7-5300-0040-3

定价：CNY21.00

J0105559

千字文　（草书）（隋释）智永书；张志和主编；（梁）周兴嗣次韵

太原　希望出版社　1999 年　101 页　26cm（16 开）

ISBN：7-5379-2258-6　定价：CNY10.00

　　作者智永，隋代书法家、佛教大师。名法极，浙江会稽人。代表作临摹《真草千字文》。

J0105560

实用草书字典　范韧庵编著

上海　上海书店出版社　1999 年　800 页

20cm（32 开）精装　ISBN：7-80622-502-1

定价：CNY75.00

　　本书所收书迹以今草为主，兼及章草、行草，以昭示彼此间的内在脉络。共收首文 4448 个，连重文合计 25790 余字。

J0105561

现代汉字草书汇编　罗大张编著

北京　中国摄影出版社　1999 年　417 页

26cm（16 开）ISBN：7-80007-310-6

定价：CNY60.00

（中国文联晚霞文库）

J0105562

于右任草书碑刻　孙中山纪念馆编

南京　江苏人民出版社　1999 年　2 版　114 页

38cm（6 开）线装　ISBN：7-214-02445-4

定价：CNY130.00

行书书法作品

J0105563

张船山自写诗册　（清）张船山书

上海　神州国光社　1909 年　26 页　有画像

23×31cm　定价：大洋一元二角

　　作者张问陶（1764—1814），清代书画家、诗人、诗论家。字仲冶，一字柳门，号船山、蜀山老猿。四川遂宁人。代表作品《船山诗草》。

J0105564

苏轼书法精选　（行书）（北宋）苏轼书；刘贞安审定

民国　拓本　47cm（8 开）线装

J0105565

宋拓米襄阳行书　（宋）米襄阳书

上海　商务印书馆　1915 年　30cm（5 开）

定价：大洋一元

J0105566

定武兰亭肥本　（宋仲温藏）（东晋）王羲之书；（唐）汤普澈拓摹

上海　有正书局　1916 年　影印本［37］页

32cm（10 开）定价：大洋二元

　　此本为（唐）汤普澈所拓摹，附鉴赏家题识。

J0105567

黄山谷行书华严疏墨宝

上海　有正书局　1925 年　5 版　30cm（16 开）

定价：大洋八角

　　本书为珂罗版精印中国宋代行书法帖。

J0105568

名人行楷楹联　丁鹤庐编辑

上海　西泠印社　民国二十三年［1934］影印本

线装

J0105569

标准行书之研究　黄仲明撰

上海　商务印书馆　民国二十五年［1936］

影印本　线装

J0105570

行书练习本　文字改革出版社编

北京　文字改革出版社　1961年　影印本　44页

19cm（32开）统一书号：9060.468　定价：CNY0.09

J0105571

兰亭墨迹汇编　（八种　附录三种）兰亭墨迹

汇编编辑委员会编

北京　北京出版社　1963年　影印本　线装

　　分九册。

J0105572

兰亭墨迹汇编　《兰亭墨迹汇编》编辑委员会编

北京　北京出版社［1964年］1函9册44cm（9开）

线装　定价：CNY60.00

J0105573

兰亭墨迹汇编

北京　北京出版社　1985年　影印本　41cm（8开）

精装　统一书号：8071.533　定价：CNY27.00

　　本书选与王羲之《兰亭序》相关的11种临

摹本及诗册，包括唐代虞世南临兰亭序（兰亭八

柱第1本）、唐代褚遂良摹兰亭序（兰亭八柱第2

本）、唐代冯承素摹兰亭序（兰亭八柱第3本）、唐

代柳公权书兰亭诗（兰亭八柱第4本）、元代赵孟

頫临定武本兰亭序、元俞和临定武本兰亭序、唐

人书兰亭序（佛洞本）及唐代陆柬之临兰亭诗等。

J0105574

郭沫若书七言行书联　（绫裱卷轴）

上海　朵云轩　1965年

J0105575

毛主席诗词行书字帖　武汉市三工艺美术社

供稿

武汉　湖北人民出版社　1972年　26cm（16开）

统一书号：9106.32　定价：CNY0.15

J0105576

毛主席诗词　（行书字帖）费新我书

南京　江苏人民出版社　1975年　34页

统一书号：7100.005　定价：CNY0.30

J0105577

毛主席诗词行书字帖　骆恒光书

杭州　浙江人民出版社　1975年　38页　26cm（16开）

统一书号：7103.936　定价：CNY0.27

　　骆恒光（1943—　），书法家。号翼之，浙江

诸暨人。毕业于浙江美术学院。历任浙江教育

出版社美术编辑，中国硬笔书法家协会副主席，

中国书法家协会会员、浙江分会理事，浙江省书

法理论研究会副会长兼秘书长。著有《骆恒光论

书》《行书法图说》《王羲之圣教序及其笔法》。

J0105578

敬录华主席《贵在鼓劲》　（行书）王维德书

兰州　甘肃人民出版社　1978年　26页　26cm（16开）

统一书号：8096.631　定价：CNY0.36

　　作者王维德（1931—　），书法家。号岳川，

生于甘肃民勤。出版有《行书字帖》《王维德书

法集》。

J0105579

鲁迅诗歌　费新我书；荣宝斋编辑

北京　荣宝斋　1978年　70页　22cm（30开）

统一书号：8030.1068　定价：CNY0.45

　　本书为中国现代行书法帖。

J0105580

行楷字帖　辽宁美术出版社编辑

沈阳　辽宁美术出版社　1979年　16页　26cm（16开）

统一书号：8117.1628　定价：CNY0.30

　　本书系辽宁美术出版社编辑中国古代行楷

法帖。

J0105581

秦咢生行书册　秦咢生书

广州　广东人民出版社　1979年　48页　26cm（16开）

统一书号：8111.2056　定价：CNY0.26

　　作者秦咢生（1900—1996），书法家、印学艺

术家。原名寿南，字古循，初名岳生，嗣改译生。

曾任中国书法协会理事，广东省书法家协会广东

分会主席，广东文史馆副馆长等职。著有《秦咢

生石头记》《秦咢生行书册》《秦咢生手书宋词》

《秦咢生自书诗》《秦咢生诗书篆刻选集》等。

J0105582

秦咢生行书册　秦咢生书

广州　广东人民出版社　1981年　25cm（16开）

统一书号：8111.2285　定价：CNY0.49

J0105583
行草大字典　书学会编纂
北京 中国书店 1981 年 2 册 19cm（32 开）
定价：CNY3.50
　　本书系中国行草法帖。

J0105584
行草大字典　书学会编纂
台北 大孚书局 1983 年 21cm（32 开）
精装 定价：TWD250.00
　　本书系书学会编纂中国行草字典。

J0105585
行草大字典　书学会编纂
北京 北京出版社 1992 年 754 页 26cm（16 开）
精装 ISBN：7-200-01719-1 定价：CNY29.50

J0105586
行草大字典
北京 中国书店 1995 年 2 版（影印本）
19cm（小 32 开）精装 ISBN：7-80568-062-0
定价：CNY30.00

J0105587
行草大字典　书学会编纂
北京 北京出版社 1998 年 影印本 754 页
26cm（16 开）精装 ISBN：7-200-01719-1
定价：CNY65.00
（中国书法大字典系列）

J0105588
行草大字典　（上）肖劳编
北京 中国书店 1982 年 影印本 80 页
19cm（小 32 开）定价：CNY3.50（2 册）

J0105589
行草大字典　（下）肖劳编
北京 中国书店 1982 年 影印本 62 页
19cm（小 32 开）定价：CNY3.50（2 册）

J0105590
古诗文行书帖　湖南美术出版社编著
长沙 湖南美术出版社 1983 年 84 页 19cm（32 开）
统一书号：8233.500 定价：CNY0.91
　　本书系湖南美术出版社编著中国现代行书

法帖。

J0105591
袖珍旧体诗行楷字帖　李华锦书
兰州 甘肃人民出版社 1983 年 1 册 13cm（60 开）
统一书号：7096.171 定价：CNY0.24
　　作者李华锦（1941— ），书法家、教授。生于江苏镇江市，毕业于北京电影学院美术系。曾在长春电影制片厂工作，后任中央党校教授。

J0105592
袖珍革命烈士诗抄行书字帖　杨瑞云书
兰州 甘肃人民出版社 1984 年 1 册 14cm（64 开）
统一书号：7096.194 定价：CNY0.24

J0105593
行草　（上册）上海书画出版社编
上海 上海书画出版社 1985 年 影印本 283 页
33cm（5 开）统一书号：7172.197 定价：CNY4.50
（书法自学丛帖）

J0105594
行草　（中册）上海书画出版社编
上海 上海书画出版社 1985 年 315 页 33cm（5 开）
统一书号：7172.197 定价：CNY5.00
（书法自学丛帖）

J0105595
行草　（下册）上海书画出版社编
上海 上海书画出版社 1985 年 302 页 33cm（5 开）
统一书号：7172.197 定价：CNY4.80
（书法自学丛帖）

J0105596
兰亭序帖三种　故宫博物院编辑
北京 紫禁城出版社 1985 年 19 页 26cm（16 开）
统一书号：8314.028 定价：CNY0.40
（历代碑帖墨迹选）

J0105597
兰亭序帖三种　故宫博物院《历代碑帖墨迹选》编辑组编辑
北京 紫禁城出版社 1998 年 20 页 26cm（16 开）
ISBN：7-80047-255-8 定价：CNY3.10
（故宫博物院珍藏历代碑帖墨迹选 第一集 7）

J0105598

古今劝学诗帖 （行楷）王忠国书
长春 吉林教育出版社 1986年 17页 10cm（64开）
统一书号：8375.3 定价：CNY0.56

J0105599

集晋王羲之行书《现代诗词》 （晋）王羲之
书；范韧庵，李志贤辑集；上海书画出版社编
上海 上海书画出版社 1986年 139页
25cm（小16开）定价：CNY2.40

　　作者王羲之（303—361），东晋著名书法家。
字逸少，山东临沂人。代表作《兰亭序》《黄庭经》
《乐毅论》《十七帖》《兰亭集序》《初月帖》等。

J0105600

集句对联字帖 王翼奇选辑；骆恒光写帖
杭州 浙江古籍出版社 1986年 132页
20cm（32开）统一书号：7347.4 定价：CNY1.65

J0105601

集王羲之行书《现代诗词》 上海书画出版
社编
上海 上海书画出版社 1986年 139页
25cm（小16开）统一书号：8172.1430
定价：CNY2.40
　　本书系中国东晋时代行书法书。

J0105602

临池墨宝荟萃 （行书习字帖）许振轩编撰
合肥 安徽美术出版社 1986年 28页 26cm（16开）
定价：CNY0.60
　　本书收入32幅图。选编《唐·怀仁集王羲之
圣教序》《元·赵孟頫书洛神赋》等。

J0105603

任政行书字帖 任政书
南宁 广西民族出版社 1986年 46页 有照片
26cm（16开）定价：CNY0.90

J0105604

任政行书字帖 任政书
南宁 广西民族出版社 1987年 46页 有照片
26cm（16开）ISBN：7-5363-0171-5
定价：CNY0.96

J0105605

宋米芾方圆庵记 （宋）米芾书
上海 上海书画出版社 1987年 影印本 22页
26cm（16开）定价：CNY0.12
（历代名帖自学选本）

　　本书系中国北宋行草碑帖。作者米芾
（1051—1107），北宋书法家、画家、书画理论家。
祖籍太原，出生于湖北襄阳，长期居润州（今江
苏镇江）。初名黻，后改芾，字元章，号襄阳居士、
海岳山人等。书画自成一家，枯木竹石，山水画
独具风格特点。在书法也颇有造诣，擅篆、隶、
楷、行、草等书体，长于临摹古人书法。代表作
品有《宝晋英光集》《宝章待访录》《书史》《画
史》《砚史》。

J0105606

宋拓米襄阳行书 （北宋）米襄阳书
天津 天津市古籍书店 1987年 影印 54页
26cm（16开）定价：CNY1.23

J0105607

王宝洺行书 王宝洺书写
北京 中国盲文出版社 1987年 40页 26cm（16开）
ISBN：7-5002-0121-4 定价：CNY1.30

J0105608

文君行书字帖 （唐人绝句六十首）徐文君书
哈尔滨 黑龙江人民出版社 1987年 46页 26cm
（16开）ISBN：7-207-00118-5 定价：CNY1.05

J0105609

吴玉如行书千字文 吴玉如书
天津 天津古籍出版社 1987年 22页 26cm（16开）
ISBN：7-80504-067-2 定价：CNY0.65

J0105610

徐廉夫行书墨迹二种 徐廉夫书
上海 上海书画出版社 1987年 ［26］页
33cm（10开）定价：CNY1.25

J0105611

周慧珺行书字帖 （古代爱国诗词选）周慧
珺书
上海 上海书画出版社 1987年 85页 33cm（5开）
统一书号：7172.252 定价：CNY1.40

中国现代行书法帖。

J0105612

行草字帖　吴柏年, 张铣民选编

南京 江苏古籍出版社 1988年 57页 26cm(16开)

ISBN: 7-80519-092-5 定价: CNY3.00

(书法学习丛书)

J0105613

历代行书墨迹精华　张铁英, 梁扬编

北京 北京燕山出版社 1988年 128页

26cm(16开) ISBN: 7-5402-0035-9

定价: CNY4.00

　　本书选编自王羲之起的历代名家书法中的行书作品。其中有颜真卿、苏轼、赵孟頫、董其昌和何绍基等的行书作品。

J0105614

王羲之赵孟頫心经合册　(东晋)王羲之,
(元)赵孟頫书

天津 天津古籍出版社 1988年 13页 26cm(16开)

ISBN: 7-80504-080-X 定价: CNY0.70

　　本书为中国东晋、元代书法作品集。作者王羲之(303-361), 东晋著名书法家。字逸少, 山东临沂人。代表作《兰亭序》《黄庭经》《乐毅论》《十七帖》《兰亭集序》《初月帖》等。作者赵孟頫(1254—1322), 元代著名书画家、诗人。字子昂, 号松雪道人等。浙江吴兴(今浙江湖州市)人。能诗善文, 精绘艺, 工书法, "楷书四大家"之一。作品有《秋郊饮马图》《秀石疏林图》《松石老子图》等, 著有《松雪斋文集》等。

J0105615

硬笔行书欣赏　刘任年书

香港 万里书店 1988年 199页 21cm(32开)

定价: HKD18.00

J0105616

常用对联行书字帖　骆恒光写帖

北京 中国城市经济社会出版社 1989年

94页 30cm(10开) ISBN: 7-5074-0166-9

定价: CNY4.80

　　作者骆恒光(1943—　), 书法家。号翼之, 浙江诸暨人。毕业于浙江美术学院。历任浙江教育出版社美术编辑, 中国硬笔书法家协会副主席, 中国书法家协会会员、浙江分会理事, 浙江省书法理论研究会副会长兼秘书长。著有《骆恒光论书》《行书法图说》《王羲之圣教序及其笔法》。

J0105617

行草章法举要　张仲愈著

北京 科学技术文献出版社 1989年 26cm(16开)

ISBN: 7-5023-0783-4 定价: CNY4.80

J0105618

行书习字帖　介满盈编写

兰州 甘肃人民出版社 1989年 54页 19×26cm

ISBN: 7-226-00512-3 定价: CNY2.10

J0105619

红楼梦诗词曲赋行书字帖　林宪民书

福州 福建美术出版社 [1989年] 40页

36cm(12开) 定价: CNY2.30

　　作者林宪民(1914—1999), 书法家。福建福州人。福建省文史研究馆馆员, 中日友好书道场教授, 福州林则徐书画院院长, 中国书法家协会会员。出版有《红楼梦诗词曲赋行书字帖》《古诗文标准行草书字帖》《历代爱国诗行草字帖》《四季风景诗字帖》等。

J0105620

简化字成语联句行草书例　阿敏书

北京 电子工业出版社 1989年 22页 38cm(6开)

ISBN: 7-5053-0416-X 定价: CNY2.70

J0105621

毛笔行书字帖　许宝驯临写

上海 上海教育出版社 1989年 19cm(32开)

定价: CNY0.60

J0105622

水写书法字帖　(4 行书)杨为国编著

杭州 浙江美术学院出版社 1989年 19cm(32开)

定价: CNY0.92

　　作者杨为国(1955—　), 书法家、教授。出生于浙江杭州。历任中国书画艺术委员会副主席, 中国书法家协会会员, 中国硬笔书法协会副主席、中国美院出版社编辑, 浙江省书法家协会会员, 北京大学回宫格书法艺术学校校长。碑帖

作品有《自书告身》《勤礼》等。

J0105623
宋拓米襄阳行书　（宋）米芾书
成都 成都古籍书店 1989 年 影印本 26cm（16 开）
定价：CNY1.20

　　本书是中国宋代行书碑帖。作者米芾
（1051—1107），北宋书法家、画家、书画理论家。
祖籍太原，出生于湖北襄阳，长期居润州（今江
苏镇江）。初名黻，后改芾，字元章，号襄阳居士、
海岳山人等。书画自成一家，枯木竹石，山水画
独具风格特点。在书法也颇有造诣，擅篆、隶、
楷、行、草等书体，长于临摹古人书法。代表作
品有《宝晋英光集》《宝章待访录》《书史》《画
史》《砚史》。

J0105624
吴建贤行书宋人七绝百首　吴建贤书
合肥 安徽美术出版社 1989 年 100 页
32×19cm（10 开）ISBN：7-5398-0028-3
定价：CNY5.50

J0105625
虞愚自写诗卷　虞愚著
厦门 厦门大学出版社 1989 年 有照片
26cm（16 开）ISBN：7-5615-0224-9
定价：CNY6.00

　　本书是中国现代行书书法作品。

J0105626
张昕若书前出师表　张昕若书
北京 北京工业大学出版社 1989 年 22 页
有照片 26cm（16 开）ISBN：7-5639-0061-6
定价：CNY2.20

　　本书是中国现代行书书法作品。

J0105627
古今对联行书字帖　董晖书
南宁 广西民族出版社 1990 年 179 页
26cm（16 开）ISBN：7-5363-0910-4
定价：CNY4.90

　　本书是中国古今对联行书帖。

J0105628
李雁行草千字文　李雁书

南宁 广西民族出版社 1990 年 126 页
19cm（32 开）ISBN：7-5363-0703-9
定价：CNY4.00

　　作者李雁，广西南宁市人。历任广西书画院
副院长，广西艺术创作中心副主任，广西书协副
主席。作品集有《李雁书法选》《李雁狂墨》《李
雁行草千字文》《李雁金琵琶书法集》等。

J0105629
七绝名篇钢笔毛笔对照字帖　钱沛云书
福州 福建人民出版社 1990 年 4 版 61 页
26cm（16 开）ISBN：7-211-01162-9
定价：CNY2.10

　　作者钱沛云（1946—　　），著名硬笔书法家。
字鹤斋，浙江上虞人，毕业于上海师大中文系。
中国书法家协会会员，中国书画函授大学书法系
教授。主要作品有《楷书基础知识》《怎样写快
写好钢笔字》《钢笔书法技巧要领》《红楼梦诗词
钢钢笔行书书帖》等。

J0105630
诗词行楷字帖　杨向阳书
长沙 湖南文艺出版社 1990 年 48 页 26cm（16 开）
ISBN：7-5404-0604-6 定价：CNY2.00

　　本字帖选择中小学生语文课本的格律诗词
和现代诗。书后附"研习要领"及"技法精要"，
还开设了"书法医院"，列出图表九幅。作者杨向
阳，书画家、学者、教授。号楚布，字书地人，湖
南湘潭人。历任湖南科技大学艺术学院院长，中
国当代书画家协会副主席，齐白石画院副院长，
中国工业设计协会常务理事等职。主要代表著
作有《三体书》《书法要略》《简繁对照字帖》《书
法基础》。

J0105631
唐诗绝句三百首行楷字帖　陶上谷书
上海 同济大学出版社 1990 年 121 页
26cm（16 开）ISBN：7-5608-0640-6
定价：CNY3.15

　　作者陶上谷（1946—　　），书法家。江苏连
云港人。江苏射阳印刷厂厂长、工艺美术师，中
国书法家协会江苏分会会员、省轻工美术学会
会员。

J0105632

王同顺行书宋词　王同顺书

上海　上海书店　1990 年　1 册　35×19cm（12 开）

ISBN：7-80569-313-7　定价：CNY3.50

J0105633

王羲之行书选字　（放大本）田旭中选编

成都　成都出版社　1990 年　34 页　37cm（9 开）

ISBN：7-80575-046-7　定价：CNY4.80

（历代碑帖抚萃）

　　编者田旭中（1953—　），书画家、作家。四川成都人。历任中国书法家协会四川分会会员。四川省书学学会理事。

J0105634

真行草大字典　书学会编纂

长沙　岳麓书社　1990 年　754+75 页

19cm（32 开）精装　ISBN：7-80520-189-7

定价：CNY9.50

J0105635

中国行书大字典　范韧庵，李志贤编著

上海　上海书画出版社　1990 年　1322 页

26cm（16 开）精装　ISBN：7-80512-412-4

定价：CNY65.00

　　本书选收从汉代的居延简牍、武威医简到近代大家沈尹默、潘伯鹰的墨迹，凡单字 4089 个，历代名家单字的重文近 30000 个。不少单字的重文多达 80 至 90 之数。选自行书碑帖和真迹中，千姿百态的同一单字对读者深入理解各种书法风格流派形成，都是相当有益的。编著者李志贤（1950—　），书法家。生于上海，广东番禺人。历任中国书法家协会会员，上海书法家协会理事，上海静安区书法协会副主席，朵云轩古玩公司任业务副总经理。编写有《书法词典》《我这五十年李志贤书法集》《李志贤书法河南安阳展——我这五十年（三）》《李志贤书法台湾高雄展——我这五十年（四）》。

J0105636

常用六千汉字行草字汇　林宪民著

福州　福建美术出版社　1991 年　250 页

26cm（16 开）ISBN：7-5393-0169-4

定价：CNY9.50

　　作者林宪民（1914—1999），书法家。福建福州市人。福建省文史研究馆馆员，中日友好书道场教授，福州林则徐书画院院长，中国书法家协会会员。出版有《红楼梦诗词曲赋行书字帖》《古诗文标准行草书字帖》《历代爱国诗行草字帖》《四季风景诗字帖》等。

J0105637

历代名家行书精选　陈利华编

北京　中国城市出版社　1991 年　89 页　26cm（16 开）

ISBN：7-5074-0640-7　定价：CNY3.60

　　本书选编了晋、唐至明、清 16 位著名书法家的 22 件作品。

J0105638

毛主席诗词行书字帖　李华锦书

青岛　青岛出版社　1991 年　75 页　26cm（16 开）

ISBN：7-5436-0741-7　定价：CNY2.90

J0105639

米芾行书字帖　（宋）米芾书；李弘原，李小凡选辑

北京　北京出版社　1991 年　40 页　19cm（32 开）

ISBN：7-200-01281-5　定价：CNY1.80

　　本帖辑印米芾行书名作《苕溪诗帖》《天马赋》和《蜀素帖》三种，既可供习行者临摹，也可供书法爱好者鉴赏。作者米芾（1051—1107），北宋书法家、画家、书画理论家。祖籍太原，出生于湖北襄阳，长期居润州（今江苏镇江）。初名黻，后改芾，字元章，号襄阳居士、海岳山人等。书画自成一家，枯木竹石，山水画独具风格特点。在书法也颇有造诣，擅篆、隶、楷、行、草等书体，长于临摹古人书法。代表作品有《宝晋英光集》《宝章待访录》《书史》《画史》《砚史》。

J0105640

商用字汇　（行书）刘元祥写作

台北　文史哲出版社　1991 年　12+308 页

26×38cm　ISBN：957-547-038-9

定价：TWD900.00

J0105641

岳阳楼记行楷字帖　杨向阳书

长沙　湖南美术出版社　1991 年　32 页　26cm（16 开）

ISBN：7-5356-0468-4　定价：CNY1.30

　　作者杨向阳，书画家、学者、教授。号楚布，

字书地人，湖南湘潭人。历任湖南科技大学艺术学院院长，中国当代书画家协会副主席，齐白石画院副院长，中国工业设计协会常务理事等职。主要代表著作有《三体书》《书法要略》《简繁对照字帖》《书法基础》。

J0105642

赵孟頫祝允明行书字帖　陈洪典编
北京 中国城市出版社 1991 年 43 页 26cm（16 开）
ISBN：7-5074-0568-0 定价：CNY2.00

J0105643

中国古代著名行书墨迹精选　谢光辉选编
桂林 广西师范大学出版社 1991 年 44 页
38cm（6 开）ISBN：7-5633-1164-5
定价：CNY4.00

本帖精选了晋、唐、宋代最著名书家的行书名作 16 种。

J0105644

行书单字笔法字帖　孙怀德编著
北京 北京出版社 1992 年 54 页 28cm（大 16 开）
ISBN：7-200-01771-X 定价：CNY3.10

本书取虎、龙、舞、寿、飞等单字，逐个写成行书示范，并译解其笔势、笔画、侧露等方法，还旁列历代行草大家羲、献、钟等人写这个字范的本。作者孙怀德，北京雁翎美术学校校长。

J0105645

行书单字笔法字帖　孙怀德编著
北京 北京出版社 1998 年 2 版 58 页
28cm（大 16 开）ISBN：7-200-01771-X
定价：CNY8.00

J0105646

行书精萃总览　蒋昌诗编著
成都 电子科技大学出版社 1992 年 700 页
有照片 20cm（32 开）ISBN：7-81016-455-4
定价：CNY19.80

编著者蒋昌诗（1938—　　），教师。名金沙，四川三台人。毕业于四川师范学院中文系。历任四川省财政学校高级讲师、成都市书法家协会会员等。著有《现代实用文体写作》《现代实用写作》《现代实用书法训练指导》《行书精粹总览》等。

J0105647

黄庭坚行书字帖　（宋）黄庭坚书；王成觉，萧里群选辑
北京 北京出版社 1992 年 53 页 26cm（16 开）
ISBN：7-200-01638-1 定价：CNY2.30

作者黄庭坚（1045—1105），北宋文学家、书法家。字鲁直，号山谷道人。江西省九江人。代表作品有《松风阁诗帖》《诸上座帖》，著有《山谷集》《山谷词》《论古人书》等。

J0105648

兰亭序古帖八种　曾菩编
北京 北京广播学院出版社 1992 年 242 页
26cm（16 开）ISBN：7-81004-330-7
定价：CNY14.30

本书八种本计为：唐虞世南本、唐褚遂良本、唐冯承素本、元赵孟頫本、元俞和临定武本、定武本、褚遂良临碑拓本和冯承素碑拓本。

J0105649

米芾行书结构习字帖　路振平主编
沈阳 春风文艺出版社 1992 年 38 页 26cm（16 开）
ISBN：7-5313-0732-4 定价：CNY2.70

J0105650

米芾行书墨迹精选　（放大本）（宋）米芾书；田旭中，邓代昆编
成都 成都出版社 1992 年 38cm（8 开）
定价：CNY5.80
（历代碑帖抚萃）

作者米芾，北宋著名书法家。作者米芾（1051—1107），北宋书法家、画家、书画理论家。祖籍太原，出生于湖北襄阳，长期居润州（今江苏镇江）。初名黻，后改芾，字元章，号襄阳居士、海岳山人等。书画自成一家，枯木竹石，山水画独具风格特点。在书法也颇有造诣，擅篆、隶、楷、行、草等书体，长于临摹古人书法。代表作品有《宝晋英光集》《宝章待访录》《书史》《画史》《砚史》。编者田旭中（1953—　　），书画家、作家。四川成都人。历任中国书法家协会四川分会会员。四川省书学学会理事。编者邓代昆（1949—　　），书画篆刻家。成都人，任中国书画函授大学四川分校书法系主任、副教授。出版有《新中国国礼艺术大师·精品六人集》《神州国光·巴蜀卷》《共和国书法大系》等。

J0105651

王羲之行书规范习字帖　（晋）王羲之书；陈友林编
南宁　广西美术出版社 1992 年　2 版　30 页
26cm（16 开）ISBN：7-80582-195-X
定价：CNY1.70
（古代名家书法规范习字帖）

J0105652

王羲之书行草字典　（钟克豪藏版）（晋）王羲之书
台北　书艺出版社 1992 年　重印本　16+452 页
19cm（32 开）ISBN：7-5062-2284-1
定价：CNY11.90

J0105653

学生行书字帖与讲座　戴京编著
成都　四川教育出版社 1992 年 96 页 26cm（16 开）
ISBN：7-5408-1780-1　定价：CNY3.65
　　本书字帖以行楷为主，间有少量行草，范文主要选自现行课本，并讲述了书法渊源、笔法、临摹等。

J0105654

中国行草书法大字典　王宝铭编
北京　海洋出版社 1992 年 1116 页 26cm（16 开）
ISBN：7-5027-1827-3　定价：CNY76.00

J0105655

中国名诗百首行楷字帖　陶上谷书
上海　复旦大学出版社 1992 年 120 页
26cm（16 开）ISBN：7-309-00806-5
定价：CNY5.50
　　作者陶上谷（1946—　），书法家。江苏连云港人。江苏射阳印刷厂厂长、工艺美术师、中国书法家协会江苏分会会员、省轻工美术学会会员。

J0105656

行书兰亭序一百天　程方平编制
北京　中央民族学院出版社 1993 年 100 页
37cm　ISBN：7-81001-342-4　定价：CNY7.80
（一百天毛笔速成名帖习字系列）

J0105657

历代名家行草字典　路振平主编
北京　中国大百科全书出版社 1993 年　621 页
26cm（16 开）精装　ISBN：7-5000-5220-X
定价：CNY49.80
　　本字典共收古今中外 59 位著名书法家 252 部行书、草书碑帖，上起晋代王羲之，下至现代郭沫若，其中包括：颜真卿、柳公权、欧阳询、王铎等。主编路振平（1946—　），河南长葛人。历任湖南省中医药研究院文献信息研究所副研究员，湖南省书法家协会常务理事，湖南省青年书法家协会副主席，湖南省省直书画家协会副主席，中国书法家协会会员。书法著作有《行书基础与创新》《王羲之行书结构习字帖》等。

J0105658

历代名家行书鉴赏　陈利华，贾润海编
北京　人民中国出版社 1993 年　158 页
26cm（16 开）ISBN：7-80065-120-7
定价：CNY7.80
　　选编了晋、唐至明清时期 16 位著名书法家的 20 多篇作品。

J0105659

书法妙语行书　王景润书
北京　北京体育学院出版社 1993 年　79 页
26cm（16 开）ISBN：7-81003-605-X
定价：CNY5.50
　　精选了 150 余条书法常用的佳句妙语，是初学行书朋友的难得范本。

J0105660

中国历代名家书法行书集粹　君如，闻赋编
北京　团结出版社 1993 年　影印本　155 页
26cm（16 开）ISBN：7-80061-761-0
定价：CNY9.90

J0105661

标准实用硬笔行书教程　孟凡刚著
杭州　中国美术学院出版社 1994 年　191 页
26cm（16 开）ISBN：7-81019-331-1
定价：CNY16.20
　　中国现代书法作品。

J0105662

常用行书速查手册 （四角号码）樊中岳编
武汉 湖北美术出版社 1994年 307页
19cm（小32开）ISBN：7-5394-0511-2
定价：CNY6.00
（书法篆刻工具丛书）

J0105663

常用简化字行书字帖 夏时雨书
北京 中国书籍出版社 1994年 122页
26cm（16开）ISBN：7-5068-0210-4
定价：CNY6.60

J0105664

古今对联行书字帖 毛孝弢书
北京 中国书籍出版社 1994年 94页 26cm（16开）
ISBN：7-5068-0386-0 定价：CNY6.00
　　作者毛孝弢（1950—　），笔名萧涛、岭文、田心梅、舒林。浙江省书法家协会会员、中国硬笔书法家协会会员，浙江省书法研究会理事等。出版有《古今对联行书字帖》《咏花诗钢笔字帖》等。

J0105665

行书古文十篇 崔子崇书
北京 中国书店 1994年 61页 26cm（16开）
ISBN：7-80568-612-2 定价：CNY4.80

J0105666

行书基础入门 段志华编著
北京 国际文化出版公司 1994年 74页
26cm（16开）ISBN：7-80105-217-X
定价：CNY6.20
（书法技法丛书）
　　编著者段志华（1942—　），书法家。字石羽，号野草，逊志斋主，湖北武汉人，毕业于首都师范大学。历任北京教育学院崇文分院艺术室任职，中国书协法培训中心副教授，中国书法家协会会员。出版著作有《常用汉字正楷字帖》《行书技法与赏析》《行书字帖》等。

J0105667

历代名家行书字帖 景山编
哈尔滨 哈尔滨出版社 1994年 398页
26cm（16开）ISBN：7-80557-759-5

定价：CNY31.20
　　本辑选编历代著名书法家王羲之、苏东坡、董其昌等人的书法艺术精品。

J0105668

米芾蜀素帖临写法 吴柏森编著
上海 上海书店 1994年 26cm（16开）
ISBN：7-80569-893-7 定价：CNY3.80

J0105669

欧阳询行书《千字文》笔法举要 （唐）欧阳询原书；孔墨丁编
西安 陕西摄影 1994年 43页 26cm（16开）
ISBN：7-80591-075-8 定价：CNY3.70
（如何临习行书）
　　作者欧阳询（557-641），唐朝著名书法家。字信本，唐朝潭州临湘（今湖南长沙）人，楷书四大家之一。与同代的虞世南、褚遂良、薛稷三位并称初唐四大家。楷书有《九成宫醴泉铭》《皇甫诞碑》《化度寺碑》《虞恭公温彦博碑》，行书有《仲尼梦奠帖》《行书千字文》。书法著作有《八诀》《传授诀》《用笔论》《三十六法》。

J0105670

青少年行书范本 廖蕴玉著
南宁 广西美术出版社 1994年 66页 26cm（16开）
ISBN：7-80582-631-5 定价：CNY5.00
　　作者廖蕴玉（1925—　），教师。字琢之，广东五华人。历任中山大学教师、中国书法家协会会员、中国书法家协会广东省分会理事、广东省文史研究馆名誉馆员。

J0105671

任政行楷千家诗帖 任政书
杭州 浙江古籍出版社 1994年 103页 19×35cm
ISBN：7-80518-252-3 定价：CNY8.50

J0105672

宋词选粹 杨再春书写；谢振杰选编
北京 北京体育大学出版社 1994年 90页
19cm（小32开）ISBN：7-81003-836-2
定价：CNY3.80
（硬笔行书大系）
　　中国现代书法作品。

J0105673
王羲之行书《兰亭序》笔法举要　（晋）王羲之书；孔墨丁编
西安　陕西摄影　1994年　44页　26cm（16开）
ISBN：7-80591-075-8　定价：CNY3.70
（如何临习行书）

J0105674
小学优秀课文精选钢笔行楷字帖　王惠松书
兰州　甘肃人民美术出版社　1994年　179页　19cm（小32开）ISBN：7-80588-076-X
定价：CNY5.50
　　中国现代书法作品。作者王惠松（1955— ），硬笔书法家。江苏南京人。历任中国硬笔书法家协会会员、中国现代青年硬笔书法家协会常务理事、江苏省硬笔书法家协会副秘书长。代表作品有小楷临《黄庭经》《乐毅论》《灵飞经》等。

J0105675
颜真卿祭侄稿技法　张敏编著
长沙　湖南文艺出版社　1994年　82页　26cm（16开）
ISBN：7-5404-1276-3　定价：CNY5.00
　　作者张敏，湖南省青年书法家协会副秘书长。

J0105676
中国行草大字典　路振平主编
海口　海南国际新闻出版中心　1994年　13+621页　26cm（16开）精装　ISBN：7-80609-007-X
定价：CNY68.00（HKD180，USD24）

J0105677
中国行书名帖精华　（一）周而复主编
北京　北京出版社　1994年　607页　28cm（大16开）
ISBN：7-200-02345-0　定价：CNY46.00
（中国书法名帖精华丛书）
　　主编周而复（1949—2004），作家。生于江苏南京，毕业于上海光华大学。历任上海市委宣传部副部长，文化部副部长，中国书法家协会顾问等职。代表作品《上海的早晨》《山谷里的春天》《北望楼杂文》，出版有《周而复书法作品选》《周而复文集》《周而复书琵琶行》等。

J0105678
中国行书名帖精华　（一）周而复主编

北京　北京出版社　1994年　607页　26cm（16开）
精装　ISBN：7-200-02346-9　定价：CNY56.00
（中国书法名帖精华丛书）

J0105679
中国行书名帖精华　（二）周而复主编
北京　北京出版社　1994年　605页　26cm（16开）
ISBN：7-200-02347-7　定价：CNY46.00
（中国书法名帖精华丛书）
　　本书收有俞和、金琮、唐寅等31位历代书法名人的作品。

J0105680
中国行书名帖精华　（二）周而复主编
北京　北京出版社　1997年　605页　26cm（16开）
精装　ISBN：7-200-02348-5　定价：CNY66.00
（中国书法名帖精华丛书）

J0105681
中学生钢笔行楷规范字帖　（初中新编语文教材范文选粹）钱沛云书
上海　上海科学技术文献出版社　1994年　170页　19cm（小32开）ISBN：7-5439-0287-7
定价：CNY4.10
　　作者钱沛云（1946— ），著名硬笔书法家。字鹤斋，浙江上虞人，毕业于上海师大中文系。中国书法家协会会员，中国书画函授大学书法系教授。主要作品有《楷书基础知识》《怎样写快写好钢笔字》《钢笔书法技巧要领》《红楼梦诗词钢钢笔行书书帖》等。

J0105682
行草章法举要　张仲愈编著
北京　西苑出版社　1995年　96页　26cm（16开）
ISBN：7-80108-044-0　定价：CNY10.00
（书法入门丛书）
　　编著张仲愈（1923— ），书法家。山东荣成市人。历任中国书法家协会会员，中国书画院研究员，世界华人艺术家协会特邀艺术顾问、人民画报书画院高级顾问、北京青少年教育协会顾问，东城区书画协会副主席等。代表作品《行草章法举要》《怎样临习圣教序》《行书千字文》等。

J0105683
行书编　刘建编

北京　文物出版社　1995 年　1048+61 页
26cm（16 开）精装 ISBN：7-5010-0779-9
定价：CNY150.00

J0105684
行体字库　上海书画出版社编
上海　上海书画出版社　1995 年　173 页
26cm（16 开）ISBN：7-80512-487-6
定价：CNY25.00
（现代装潢美术字字库丛书）

J0105685
胡问遂行书字帖　胡问遂书
上海　上海教育出版社　1995 年　62 页　26cm（16 开）
ISBN：7-5320-4171-9 定价：CNY9.70
　　作者胡问遂（1918—1999），书法家。浙江绍
兴人。历任上海中国画院一级美术师、中国书法
家协会理事、上海书法家协会主席团成员、上海
文史馆馆员。代表作品《大楷习字帖》《七律·到
韶山》《七律·自嘲》《常用字字帖》等。

J0105686
兰亭全编　张志清，吴龙辉编；赵东明摄影
石家庄　花山文艺出版社　1995 年
2 册（800+742 页）有照片 28cm（大 16 开）
精装 ISBN：7-80611-301-0 定价：CNY350.00

J0105687
毛笔钢笔行书教程　卢桐编写
银川　宁夏少年儿童出版社　1995 年　30 页
26cm（16 开）ISBN：7-80620-022-3
定价：CNY3.90
（卢桐系列书法教程 2）
　　作者卢桐（1947—　），书法家、国家二级美
术师。生于辽宁沈阳，祖籍河北饶阳。历任沈
阳民族书画院院长，中国书法艺术研究院艺术委
员会理事，东北大学客座教授。出版有《卢桐书
法集》。

J0105688
毛笔行书一百天　程方平编著
北京　中央民族大学出版社　1995 年　100 页
26cm（16 开）ISBN：7-81001-907-4
定价：CNY6.80
　　编著程方平，教授。浙江衢州人，历任国家

教委高等教育研究中心副研究员，教育与科普研
究所所长，中国比较教育学会、陶行知研究会常
务理事，中国书法协会会员等职。著有《新师说》
《教育情报学简论》《隋唐五代的儒学》《辽金元
教育史》《历代名帖速藏习字系列》等。

J0105689
米芾行书技法　张敏编著
长沙　湖南文艺出版社　1995 年　70 页　37cm
ISBN：7-5404-1354-9 定价：CNY9.30
（书法技巧实用丛书）

J0105690
米芾行书帖　（宋）米芾书；聂文豪，聂可愚编
南昌　江西美术出版社　1995 年　26cm（16 开）
ISBN：7-80580-290-4 定价：CNY3.80
　　作者米芾（1051—1107），北宋书法家、画
家、书画理论家。祖籍太原，出生于湖北襄阳，
长期居润州（今江苏镇江）。初名黻，后改芾，字
元章，号襄阳居士、海岳山人等。书画自成一
家，枯木竹石，山水画独具风格特点。在书法也
颇有造诣，擅篆、隶、楷、行、草等书体，长于临
摹古人书法。代表作品有《宝晋英光集》《宝章
待访录》《书史》《画史》《砚史》。编者聂文豪
（1944—　），生于江西省南昌市。历任中国民间
文艺家协会会员，江西省书法家协会会员，中国
民协书法艺术交流专业委员会副主任。

J0105691
唐颜真卿祭侄稿及其笔法　（唐）颜真卿书；
周国成编撰
杭州　西泠印社　1995 年　重印本 40 页
26cm（16 开）ISBN：7-80517-133-5
定价：CNY4.85
　　颜真卿（709-785），唐代书法家。字清臣。
历任监察御史、殿中侍御史。代表作品有《韵海
镜源》《吴兴集》《庐陵集》等，均佚。宋人辑有
《颜鲁公集》。

J0105692
**王羲之　颜真卿　米芾　黄庭坚四体对照
行书自学字帖**　卢建华编
上海　上海人民美术出版社　1995 年　69 页
35cm（15 开）ISBN：7-5322-1262-9
定价：CNY11.80

作者卢建华，华东师大任教。

J0105693
王羲之行书帖　（晋）王羲之书；聂文豪，聂可愚编
南昌　江西美术出版社　1995年　26cm（16开）
ISBN：7-80580-289-0　定价：CNY3.80

J0105694
新法行书范本　翟奋编
北京　中国书店　1995年　影印本　重印本　1册
26cm（16开）ISBN：7-80568-337-9
定价：CNY17.50

J0105695
行书笔法与章法要典　李有来著
北京　农村读物出版社　1996年　107页
26cm（16开）ISBN：7-5048-2219-1
定价：CNY12.50

J0105696
行书技法指南　张晓明著
上海　上海书店出版社　1996年　139页　有书影
26cm（16开）ISBN：7-80622-136-0
定价：CNY20.00

J0105697
行书结构100法　庹纯双编著
成都　四川辞书出版社　1996年　50页　26cm（16开）
ISBN：7-80543-555-3　定价：CNY6.00
（庹氏回米格标准字帖　行书系列）

J0105698
行书结构入门字谱　廖蕴玉著
南宁　广西美术出版社　1996年　有照片
26cm（16开）ISBN：7-80625-012-3
定价：CNY6.80
（书法入门字谱丛书）
　　作者廖蕴玉（1925—　　），教师。字琢之，广东五华人。历任中山大学教师、中国书法家协会会员、中国书法家协会广东省分会理事、广东省文史研究馆名誉馆员。

J0105699
行书名帖精品集成　克炎，寒石选辑

哈尔滨　黑龙江美术出版社　1996年　影印本
136页　33cm　ISBN：7-5318-0325-9
定价：CNY22.60
（历代分体书法名作丛书）

J0105700
行书启蒙　夏时雨书
北京　社会科学文献出版社　1996年　78页
26cm（16开）ISBN：7-80050-748-3
定价：CNY36.00（全套）
（夏时雨书法启蒙丛书）

J0105701
行书书写入门　赵岩崚编著
太原　山西人民出版社　1996年　90页　26cm（16开）
ISBN：7-203-03543-3　定价：CNY7.80
（书法系列丛书）

J0105702
米芾《蜀素帖》技法赏析　（宋）米芾书；赵熊编撰
西安　陕西人民美术出版社　1996年　45页
26cm（16开）ISBN：7-5368-0852-6
定价：CNY4.95
（古今书法技法丛书　行书字帖）
　　作者米芾（1051—1107），北宋书法家、画家、书画理论家。祖籍太原，出生于湖北襄阳，长期居润州（今江苏镇江）。初名黻，后改芾，字元章，号襄阳居士、海岳山人等。书画自成一家，枯木竹石，山水画独具风格特点。在书法也颇有造诣，擅篆、隶、楷、行、草等书体，长于临摹古人书法。代表作品有《宝晋英光集》《宝章待访录》《书史》《画史》《砚史》。

J0105703
米芾行书字帖　（宋）米芾书；庹纯双编著
成都　四川辞书出版社　1996年　73页　26cm（16开）
ISBN：7-80543-554-5　定价：CNY8.00
（庹氏回米格标准字帖　行书系列）

J0105704
钱君匋行书游黄山记　钱君匋书
上海　上海画报出版社　1996年　28cm（大16开）
ISBN：7-80530-223-5　定价：CNY10.00
（书法自学丛书）

作者钱君匋(1907—1998)，编审，书画家。浙江桐乡人。名玉堂、锦堂，字君匋，号豫堂、禹堂。现通用名为钱君陶。毕业于上海艺术师范学校。曾任西泠印社副社长、上海文艺出版社编审、上海市政协委员等职。代表作品《长征印谱》《君长跋巨卯选》《鲁迅印谱》《钱君陶印存》。

J0105705

唐人五言诗二十四首　　张瑞琦书；赵熊编撰
西安　陕西人民美术出版社　1996年　45页
26cm(16开) ISBN：7-5368-0788-0
定价：CNY4.80
(古今书法技法丛书 行书字帖)

J0105706

颜真卿祭侄文稿　　(唐)颜真卿书
天津　天津古籍出版社　1996年　45页　37cm
ISBN：7-80504-434-1　定价：CNY16.80
(行书字范 7)

颜真卿(709-785)，唐代书法家。字清臣。历任监察御史、殿中侍御史。代表作品有《韵海镜源》《吴兴集》《庐陵集》等，均佚。宋人辑有《颜鲁公集》。

J0105707

硬笔行书习字帖　　(50天速成法)王海舰编著
北京　印刷工业出版社　1996年　100页
26cm(16开) ISBN：7-80000-206-3
定价：CNY7.00

编著者王海舰(1958—　)，北京市海淀区教委社教办任职，中国硬笔书法家协会会员、中国书画家协会会员、北京硬笔书法学会会员。

J0105708

怎样临摹米芾蜀素帖　　朱野坪编著
南京　江苏古籍出版社　1996年　102页
26cm(16开) ISBN：7-80519-700-8
定价：CNY9.80
(名碑名帖实用临摹丛书)

J0105709

朱家济行草四种　　(名家书艺探源)朱家济书
杭州　浙江人民美术出版社　1996年　34页
33×19cm ISBN：7-5340-0662-7　定价：CNY6.00

作者朱家济(1902—1969)，书法家。字豫卿，又字虞卿、余清。毕业于北京大学，曾任浙江美术学院教授。出版有《朱家济行楷六种》等。

J0105710

狄梁公碑习字帖　　(宋)黄庭坚书
太原　山西教育出版社　1997年　73页　26cm(16开)
ISBN：7-5440-0955-6　定价：CNY9.80
(行书自学辅导丛帖 3)

作者黄庭坚(1045—1105)，北宋文学家、书法家。字鲁直，号山谷道人。江西省九江人。代表作品有《松风阁诗帖》《诸上座帖》，著有《山谷集》《山谷词》《论古人书》等。

J0105711

感兴诗习字帖　　(元)赵孟頫书
太原　山西教育出版社　1997年　73页　26cm(16开)
ISBN：7-5440-0956-4　定价：CNY9.80
(行书自学辅导丛帖 4)

J0105712

行书基础教程　　李松编著
北京　教育科学出版社　1997年　45页　20cm(32开)
ISBN：7-5041-1750-1　定价：CNY5.00
(中国书画艺术电视教学片 书法篇)

编著者李松(1932—　)，中国美术家协会理事、理论委员会委员、中国画研究院院务委员。

J0105713

行书技法百日通　　白春国，王克孝执笔
北京　中国书籍出版社　1997年　59页　26cm(16开)
ISBN：7-5068-0530-8　定价：CNY6.00
(五大书体技法入门丛书)

J0105714

行书学习指南　　王景芬著
北京　金盾出版社　1997年　187页　26cm(16开)
ISBN：7-5082-0331-3　定价：CNY12.00

J0105715

米芾书法精选　　(行书)(宋)米芾书；彩泓等编
北京　中国画报出版社　1997年　46页　26cm(16开)
ISBN：7-80024-406-7　定价：CNY7.00

J0105716
米芾蜀素帖临摹教程
上海 上海人民美术出版社 1997 年 114 页
26cm（16 开）ISBN：7-5322-1772-8
定价：CNY16.20
（中国历代名家碑帖临摹教程 行书）

J0105717
苏轼书法精选 （行书）（北宋）苏轼书；子良
等编
北京 中国画报出版社 1997 年 46 页 26cm（16 开）
ISBN：7-80024-409-1 定价：CNY7.00

J0105718
王羲之行书描红本
南京 江苏文艺出版社 1997 年 48 页 26cm（16 开）
ISBN：7-5399-1075-5 定价：CNY3.50

J0105719
吴未淳行书百家姓 吴未淳书
北京 中国和平出版社 1997 年 58 页 26cm（16 开）
ISBN：7-80101-075-2 定价：CNY10.00
（当代名家书百家姓）

J0105720
赵孟頫行楷二种解析字帖 王之鏻编著
北京 新时代出版社 1997 年 127 页 26cm（16 开）
ISBN：7-5042-0347-5 定价：CNY13.00
（书法字海解析丛帖 第一集）

J0105721
曹宝麟行书宋词四十首 曹宝麟书
合肥 安徽教育出版社 1998 年 62 页 有照片
37cm ISBN：7-5336-2115-8 定价：CNY12.00
（中国当代名家系列丛帖）

　　作者曹宝麟（1946—　），书法家，书法理论
家，学者。生于上海，祖籍江苏无锡。斋号晏庐。
历任中国书法家协会学术委员会委员，暨南大学
文化艺术中心教授等职。著有《抱瓮集》《中国
书法全集·蔡襄卷》《曹宝麟书法精选》等。

J0105722
行书五十种 王四海，黄海编撰
太原 山西教育出版社 1998 年 53 页 26cm（16 开）
ISBN：7-5440-1234-4 定价：CNY5.90

（书法精华）

J0105723
黄庭坚《寒食诗跋》行书大字谱 杨世全，
方祥勇编著
南宁 广西美术出版社 1998 年 47 页 38cm（6 开）
ISBN：7-80625-378-5 定价：CNY13.00
（书法大字谱 第二辑）

J0105724
历代行书大典 赵俊民等主编
天津 天津古籍出版社 1998 年 784 页
26cm（16 开）精装 ISBN：7-80504-614-X
定价：CNY85.00
（历代书法丛典）

J0105725
王砚辉书古文四篇 王砚辉书
西安 陕西人民美术出版社 1998 年 30 页
有彩照 29cm（16 开）ISBN：7-5368-1127-6
定价：CNY7.80

J0105726
玉龙松涛行书字苑 周嘉谟书
昆明 云南民族出版社 1998 年 29cm（16 开）
ISBN：7-5367-1685-0 定价：CNY15.00

J0105727
中小学生毛笔字帖 （行楷）靳一石编辑
北京 金盾出版社 1998 年 90 页 26cm（16 开）
ISBN：7-5082-0723-8 定价：CNY6.00

J0105728
周慧珺行楷书千字文 周慧珺著
北京 中国和平出版社 1998 年 45 页 26cm（16 开）
ISBN：7-80037-826-8 定价：CNY6.00
（当代名家书千字文丛书）

J0105729
行书千字文 （欧阳询 赵构 赵孟頫 王宠）刘
兆英编著
西安 陕西旅游出版社 1999 年 250 页
26cm（16 开）ISBN：7-5418-1650-7
定价：CNY29.80
（五体千字文）

J0105730

历代名家行书字典　怡齐选编

杭州　浙江古籍出版社　1999 年　12+619+12 页
26cm（16 开）

　　本书精选历代行书的名碑名帖和名家法书
中的优秀范字，从东晋到明清。为浙江古籍出版
社出版的篆、隶、楷、行、草五体字典中的一部。

J0105731

米芾蜀素帖　（宋）米芾书

福州　福建美术出版社　1999 年　110 页
26cm（16 开）ISBN：7-5393-0758-7
定价：CNY13.00
（书法名帖　放大临摹本）

　　作者米芾（1051—1107），北宋书法家、画
家、书画理论家。祖籍太原，出生于湖北襄阳，
长期居润州（今江苏镇江）。初名黻，后改芾，字
元章，号襄阳居士、海岳山人等。书画自成一家，
枯木竹石，山水画独具风格特点。在书法也颇有
造诣，擅篆、隶、楷、行、草等书体，长于临摹古
人书法。代表作品有《宝晋英光集》《宝章待访
录》《书史》《画史》《砚史》。

J0105732

千字文　（行书）（元）赵孟頫书；张志和主编；
（梁）周兴嗣次韵

太原　希望出版社　1999 年　101 页　26cm（16 开）
ISBN：7-5379-2256-X　定价：CNY10.00

J0105733

实用大字帖　（晋王羲之《兰亭序》选字本）江
理平，方允其编著

上海　上海画报出版社　1999 年　44 页　26cm（16 开）
ISBN：7-80530-512-9　定价：CNY7.00
（画报写字丛书）

　　本册的字选自晋王羲之《兰亭序》，按笔画、
结构的序列编排，各字例一律配印演示行笔过程
的副图。

J0105734

王铎枯兰复花赋　（清）王铎书

福州　福建美术出版社　1999 年　102 页
26cm（16 开）ISBN：7-5393-0761-7
定价：CNY12.00
（书法名帖　放大临摹本）

　　作者王铎（1592—1652 年），明末清初书画
家。字觉斯，号十樵、嵩樵，又号痴庵、痴仙道
人，别署烟潭渔叟，河南孟津人。作品有《拟山
园帖》《琅华馆帖》《雪景竹石图》等

篆刻理论、篆刻史

J0105735

宝颜堂订正古今印史　（明）徐官撰

明　刻本　线装
　　分二册。八行十八字白口四周单边。

J0105736

学古编　（一卷）（元）吾邱衍撰

明　刻本
（唐宋丛书）

　　作者吾邱衍（1272—1311），元代金石学家、
篆刻家。一作吾衍，字子行，号贞白，又号竹房、
别署真白居士、布衣道士，浙江龙游人。著有《周
秦石刻释音》《闲居录》《竹素山房诗集》《学古
编》等。

J0105737

学古编　（一卷）（元）吾邱衍撰

明　刻本
（王氏书画苑）

J0105738

学古编　（一卷）（元）吾邱衍撰

明　刻本

J0105739

学古编　（二卷 附录一卷）（元）吾邱衍撰

金陵　荆山书林　明万历二十五年［1597］刻本
（夷门广牍）

　　收于《夷门广牍》一百〇六种一百六十二
卷中。

J0105740

学古编　（二卷 附录一卷）（元）吾邱衍撰

荆山书林　明万历二十五年［1597］刻本
（夷门广牍）

　　收于《夷门广牍》五十五种九十一卷中。

J0105741
学古编 （一卷）（元）吾邱衍撰
荆山书林 明万历二十五年［1597］刻本 线装
（夷门广牍）
　　　九行十八字白口四周单边单鱼尾。收于《夷门广牍》书法中。

J0105742
学古编 （二卷）（元）吾邱衍撰；（明）何震续
明天启 刻本 线装
　　　分二册。十行十八字白口四周单边。

J0105743
学古编 （一卷）（元）吾邱衍撰
明末 刻本
（广百川学海）

J0107864
学古编 （一卷）（元）吾邱衍撰
明末 刻本
（锦囊小史）
　　　收于《锦囊小史》四十一种四十二卷中。

J0105744
学古编 （二卷）（元）吾邱衍撰；（明）何震续
沈延铨 明天启二年［1622］刻本
　　　本书由《学古编二卷》（元）吾邱衍撰；（明）何震续、《正韵篆二卷》（明）沈延铨撰合订。

J0105745
学古编 （二卷）（元）吾邱衍撰；（明）何震续
沈延铨 明天启二年［1622］刻本
　　　十行十八字白口四周单边。

J0105746
学古编 （一卷）（元）吾邱衍撰
张氏 明崇祯四年［1631］刻本
（闲中八种）

J0105747
学古编 （一卷）（元）吾邱衍撰
李际期宛委山堂 清初 刻本 重修 线装
（说郛）
　　　明末刻清初李际期宛委山堂重修汇印本。收于《说郛》卷第九十七中。

J0105748
学古编 （一卷）（元）吾邱衍撰
李际期宛委山堂 清初 刻本 续刻
（说郛）
　　　明末刻清初李际期宛委山堂续刻汇印本。

J0105749
学古编 （元）吾邱衍撰
清 抄本 毛装
　　　本书由《学古编》（元）吾邱衍撰、《洞天清禄集》《洞天清禄》（宋）赵希鹄撰合订。

J0105750
学古编 （一卷）（元）吾邱衍撰
清 刻本 重修 线装
（说郛）
　　　九行二十字白口左右双边单鱼尾。收于《说郛》卷第九十七中。

J0105751
学古编 （一卷）（元）吾邱衍撰
清顺治 刻本 线装
（说郛）
　　　收于《说郛》卷第九十七中。

J0105752
学古编 （一卷）（元）吾邱衍撰
清 抄本
　　　有缪荃孙校。

J0105753
学古编 （一卷）（元）吾邱衍撰
［清］稿本
（艺苑丛钞）

J0105754
学古编 （一卷）（元）吾邱衍撰
清 抄本

J0105755
学古编 （一卷）（元）吾邱衍撰
孔继涵家 清乾隆 抄本
（微波榭钞书三种）

J0105756

学古编 （一卷）（元）吾邱衍撰
内府 清乾隆 写本
（四库全书）

J0105757

学古编 （元）吾邱衍撰
鲁郡吾氏竹素山房 清乾隆四十二年［1777］
刻本 线装
　　十行十八字黑口左右双边双鱼尾。

J0105758

学古编 （一卷）（元）吾邱衍撰
吾氏竹素山房 清乾隆四十二年［1777］刻本
　　吾氏竹素山房刻吾子行本

J0105759

学古编 （一卷）（元）吾邱衍撰
张氏 清嘉庆十年［1805］刻本
（学津讨原）

J0105760

学古编 （一卷）（元）吾邱衍撰
张氏照旷阁 清嘉庆十年［1805］刻本
（学津讨原）
　　本书收于《学津讨原》二十集一百七十三种
一千五十一卷第十五集中。作者吾邱衍（1272—
1311），元代金石学家、篆刻家。一作吾衍，字子
行，号贞白，又号竹房、别署真白居士、布衣道
士，浙江龙游人。著有《周秦石刻释音》《闲居录》
《竹素山房诗集》《学古编》等。

J0105761

学古编 （一卷）（元）吾邱衍撰
凤篁馆 清嘉庆十七年［1812］刻本
　　本书由《学古编一卷》（元）吾邱衍撰、《续
三十五举一卷》（清）桂馥撰合订。

J0105762

学古编 （一卷）（元）吾邱衍撰
海虞顾湘 清道光 刻本 线装
（篆学琐著）
　　九行二十一字黑口四周双边。

J0105763

学古编 （二卷）（元）吾邱衍撰；（明）何震续
海虞顾氏 清道光二十年［1840］刻本
（篆学丛书）

J0105764

学古编 （二卷）（元）吾邱衍撰，（明）何震续
海虞顾氏 清道光二十年［1840］刻本
（篆学琐著）

J0105765

学古编 （一卷）（元）吾邱衍撰
海虞顾氏 清道光二十年［1840］刻本
（篆学琐著）

J0105766

学古编 （元）吾邱衍撰
清同治至光绪 刻本 线装
（丁氏八千卷楼丛刻）
　　十一行二十一字小字双行同白口左右双边
单鱼尾。

J0105767

学古编 （二卷 附录一卷）（元）吾邱衍撰
民国 影印本
（夷门广牍）
　　据明万历二十五年金陵荆山书林刻本影印。

J0105768

学古编 （元）吾邱衍撰
上海 商务印书馆 民国十一年［1922］影印本
线装
（学津讨原）
　　收于《学津讨原》第十五集中。

J0105769

学古编 （一卷）（元）吾邱衍撰
上海 商务印书馆 民国十一年［1922］影印本
（学津讨原）
　　据清嘉庆十年张氏刻本影印。

J0105770

学古编 （一卷）（元）吾邱衍撰
泰东图书局 民国十一年［1922］影印本 线装
（王氏书画苑）

据明刻本影印。

J0105771

学古编 （元）吾邱衍撰
台北 台湾商务印书馆 1983年 影印本 1册
（景印文渊阁四库全书 子部 一四五 第839册）

J0105772

学古编 （一卷）（元）吾邱衍撰
扬州 江苏广陵古籍刻印社 1985年 刻本 重印
线装
（武林往哲遗著）
　　收于《武林往哲遗著》前编中。

J0105773

亦政堂订正古今印史 （明）徐官撰
明 刻本 线装
　　分二册。八行十八字白口四周单边。

J0105774

亦政堂订正古今印史 （一卷）（明）徐官撰
沈氏亦政堂 明万历 刻本
（亦政堂镌陈眉公普秘笈）
　　八行（十八至十九）字九行（十八至二十）字
不等白口四周单边。收于《亦政堂镌陈眉公普秘
笈》一集五十种八十八卷中。

J0105775

印书 （二卷）（明）朱闻辑；（明）赵宦光删
依山堂 明 抄本

J0105776

印书 （二卷）（明）朱闻辑；（明）赵宦光删
清初 抄本

J0105777

古今印史 （一卷 附录一卷）（明）徐官撰
明隆庆三年［1569］刻本

J0105778

古今印史 （一卷）（明）徐官撰
明末 刻本
（广百川学海）

J0105779

古今印史 （一卷）（明）徐官撰

李际期宛委山堂 清初 刻本 重修 线装
（说郛）
　　明末刻清初李际期宛委山堂重修汇印本。
收于《说郛续》卷第三十六中。

J0105780

古今印史 （一卷 附录一卷）（明）徐官撰
李际期宛委山堂 清初 刻本 续刻
（说郛）
　　明末刻清初李际期宛委山堂续刻汇印本。

J0105781

古今印史 （一卷）（明）徐官撰
两浙督学周南李际期宛委山堂 清 刻本 重印
线装
（说郛续）
　　九行二十字小字双行同白口左右双边单鱼
尾。收于《说郛续》卷第三十六中。

J0105782

古今印史 （一卷）（明）徐官撰
清顺治 刻本 线装
（说郛）
　　收于《说郛续》卷第三十三中。

J0105783

古今印史 （一卷）（明）徐官撰
清 刻本 重修 线装
（说郛）
　　九行二十字白口左右双边单鱼尾。收于《说
郛续》卷第三十六中。

J0105784

古今印史 （一卷）（明）徐官撰
清乾隆五十九年［1794］抄本

J0105785

古今印史 （一卷）（明）徐官撰
海虞顾湘 清道光 刻本 线装
（篆学琐著）
　　九行二十二字小字双行同黑口四周双边。
顾湘（1829—1880），清常熟人。字翠岚，号兰江、
兰 生、石墩山人、石墩山民、东郭硕夫等。黄彦
弟子。嗜金石，工篆刻，熟悉印典。编刊《印苑》
《名印传真》，与弟浩辑有《小石山房印谱》。藏

书数万卷，精于版本校勘，尤喜刻书，其小石山房刊汲古阁校刻书尤多，校刻曲阜桂馥所著《续三十五举》世称精善。另编刊有《篆学琐著》《小石山房丛书》《玲珑山馆丛书》等。著有《汲古阁版本考》。

J0105786

古今印史 （一卷）（明）徐官撰
海虞顾氏　清道光二十年［1840］刻本
（篆学琐著）

J0105787

陈眉公重订学古编 （一卷　附录一卷）（元）吾邱衍撰
沈氏尚白斋　明万历　刻本
（陈眉公订正秘籍）
　　八行十八字白口四周单边。

J0105788

陈眉公重订学古编 （一卷）（元）吾邱衍撰
沈氏尚白斋　明万历三十四年［1606］刻本
（尚白斋镌陈眉公订正秘籍）
　　八行十八字白口四周单边。收于《尚白斋镌陈眉公订正秘籍》二十种四十八卷中。

J0105789

古今印则 （二卷）（明）程远撰
项氏宛委堂　明万历　刻本

J0105790

印章论 （一卷）（明）金光先撰
明万历　刻本　钤印

J0105791

印史 （五卷）（明）何通撰
明天启　刻暨钤印本　绿印　毛装

J0105792

印史 （五卷）（明）何通撰
明天启　刻本　钤印

J0105793

印史 （五卷）（明）何通撰
明天启　刻本　钤印
　　分六册。

J0105794

耕砚斋印稿
清　钤印本　线装

J0105795

耕砚斋印稿 （不分卷）□□辑
清　钤印本

J0105796

古今印说补 （一卷）（清）□□撰；（清）沈清佐辑
［清］稿本
（沈茛村选钞印学）

J0105797

国朝印识 （二卷　补遗一卷，近编一卷）（清）冯承辉撰
苏州　文学山房　清　木活字印本
　　本书由《历朝印识一卷补遗一卷》《国朝印识二卷补遗一卷近编一卷》合订。

J0105798

国朝印识 （二卷　近编一卷）（清）冯承辉撰
［清］稿本
　　本书由《印识一卷补遗一卷》《国朝印识二卷近编一卷》（清）冯承辉撰合订。

J0105799

国朝印识 （二卷　近编一卷）（清）冯承辉撰
清道光　刻本
　　本书由《印识一卷补遗一卷》《国朝印识二卷近编一卷》（清）冯承辉撰合订。

J0105800

国朝印识 （二卷　近编一卷）（清）冯承辉撰
文学山房　清道光十七年［1837］活字印本

J0105801

国朝印识 （二卷　补遗一卷，近编一卷）（清）冯承辉撰
民国　木活字印本
（遯盦印学丛书）
　　本书由《历朝印识一卷补遗一卷》《国朝印识二卷补遗一卷近编一卷》合订。

J0105802
汉匋庵印集 （不分卷）（清）菊侪篆刻
清 钤印本

J0105803
嘉显堂图书会要 （一卷）（清）何剑湖撰
［清］稿本

J0105804
嘉显堂图书会要 （清）何剑湖镌并篆
清乾隆四十二年［1777］刻本 线装
　　　　九行二十一字白口四周双边单鱼尾。

J0105805
嘉显堂图书会要 （一卷）（清）何剑湖撰
清乾隆四十二年［1777］刻本

J0105806
镌书八要 （一卷）（清）梁登庸撰
李淑桂 清 抄本

J0105807
历朝印识 （一卷 补遗一卷）（清）冯承辉撰
苏州 文学山房 清 木活字印本
　　　　本书由《历朝印识一卷补遗一卷》《国朝印
识二卷补遗一卷近编一卷》合订。

J0105808
论篆 （一卷）（唐）李阳冰撰
李际期宛委山堂 清初 刻本 重修 线装
（说郛）
　　　　明末刻清初李际期宛委山堂重修汇印本。
收于《说郛》卷第八十六中。作者李阳冰，唐代
文学家、书法家。字少温，祖籍河北赵县。代表
作品《三坟记》《谦卦铭》《怡亭铭》等。

J0105809
论篆 （一卷）（唐）李阳冰撰
李际期宛委山堂 清初 刻本 续刻
（说郛）
　　　　明末刻清初李际期宛委山堂续刻汇印本。
收于《说郛》中。

J0105810
论篆 （一卷）（唐）李阳冰撰

清 抄本
（书家要览）

J0105811
论篆 （一卷）（唐）李阳冰撰
清顺治 刻本 线装
（说郛）
　　　　收于《说郛》卷第八十七中。

J0105812
论篆 （一卷）（唐）李阳冰撰
海虞顾氏 清道光二十年［1840］刻本
（篆学琐著）

J0105813
论篆 （一卷）（唐）李阳冰撰
常熟鲍氏 清同治至光绪 刻本
（后知不足斋丛书）

J0105814
旅窗清课 （清）孙蟠撰
清 刻本 线装
　　　　分二册。

J0105815
旅窗清课 （清）孙蟠撰
乐老堂 清嘉庆二十年［1815］刻本 线装
　　　　九行十四字白口四周双边单鱼尾。

J0105816
缪篆分韵 （五卷 补五卷）（清）桂馥辑
清 抄本
　　　　桂馥（1736—1805），学者、戏曲作家、文字
训诂学家。字冬卉，号未谷，山东曲阜人。乾隆
庚戌（1790）进士。著有《说文解字义证》《札朴》
《缪篆分韵》等。一说：生卒年为1733—1802。

J0105817
缪篆分韵 （五卷）（清）桂馥辑
清乾隆五十四年［1789］刻本

J0105818
缪篆分韵 （五卷 补五卷）（清）桂馥辑
归安姚氏咫进斋 清嘉庆元年［1796］刻本

J0105819

缪篆分韵 （五卷 补五卷）（清）桂馥辑
苏州 振新书局 清光绪五年［1879］石印本

J0105820

缪篆分韵 （五卷 补五卷）（清）桂馥辑
苏州 振新书局 民国二年［1913］石印本

J0105821

缪篆分韵 （清）桂馥编
上海 上海书店 1986 年 402 页 21cm（32 开）
定价：CNY2.35

J0105822

缪篆分韵 （清）桂馥编
上海 上海书店 1991 年 重印本 402 页
20cm（32 开）ISBN：7-80569-500-8
定价：CNY4.60
　　篆刻用篆书工具书。

J0105823

缪篆分韵补 （五卷）（清）桂馥辑
桂氏 清嘉庆元年［1796］刻本

J0105824

七家印跋 （不分卷）（清）秦祖永辑
清 抄本
　　秦祖永（1825—1884），字逸芬，又字撷芬，号桐阴、桐阴生、邻烟外史等。江苏梁溪（今无锡）人。著有《咸丰六年自序》《桐阴论画》《桐阴画诀》，辑有《画学心印》等。

J0105825

七家印跋 （不分卷）（清）秦祖永辑
上海 神州国光社 民国三年［1914］
（美术丛书）

J0105826

清秘录 （一卷 续录一卷）（清）吴骞撰
［清］手稿本
　　作者吴骞（1733—1813），清代藏书家、文学家。浙江海宁人。字槎客、葵里，号愚谷，别号兔床、漫叟等。所辑《拜经楼丛书》校勘精审，著名于世。著有《拜经楼诗集》《拜经楼诗集续编》《愚谷文存》等。

J0105827

秋水园印说 （一卷）（清）陈炼撰
［清］稿本
（昭代丛书）
　　本书又名《印说》。

J0105828

秋水园印说 （一卷）（清）陈炼撰
吴江沈氏世楷堂 清道光 刻本
（昭代丛书）
　　本书又名《印说》。

J0105829

秋水园印说 （一卷）（清）陈炼撰
吴江沈氏世楷堂 清末 刻本 重印 线装
（昭代丛书）
　　九行二十字白口左右双边单鱼尾。收于《昭代丛书》别编辛集中。

J0105830

秋水园印说 （一卷）（清）陈炼撰
吴江沈氏世楷堂 清光绪 刻本 重印 线装
（昭代丛书）
　　九行二十字小字双行同白口左右双边单鱼尾。收于《昭代丛书》辛集中。

J0105831

秋水园印说 （一卷）（清）陈炼撰
吴江沈廷镛 民国八年［1919］重修本 线装
（昭代丛书）
　　清道光吴江沈氏世楷堂刻民国八年吴江沈廷镛重修本。收于《昭代丛书》辛集别编中。

J0105832

沈莨村选钞印学 （清）沈清佐编
［清］稿本
　　本书包括：《印证笺》《古今印说补》《印谱摘要》《印说》。

J0105833

许氏说篆 （二卷）（清）许容撰
清 抄本 线装
　　分二册。作者许容，篆刻作品有《谷园印谱》《柳舫集印》《韫光楼印谱》等。

J0105834

许氏说篆 （二卷）（清）许容撰

清康熙十四年［1674］刻本 线装

　　分二册。八行十八字小字双行同白口四周双边单鱼尾。

J0105835

许氏说篆 （三卷）（清）许容撰

师古斋 清康熙十四年［1675］刻本

J0105836

许氏说篆 （二卷）（清）许容辑

清康熙十五年［1675］刻本 线装

　　分二册。八行十八字小字双行同白口四周双边单鱼尾。

J0105837

续三十五举 （一卷）（清）桂馥撰

［清］稿本

J0105838

续三十五举 （一卷）（清）桂馥撰

［清］稿本

（昭代丛书）

J0105839

续三十五举 （一卷）（清）桂馥撰

诒清堂 清康熙三十六至四十二年［1697–1703］刻本

（昭代丛书）

J0105840

续三十五举 （一卷）（清）桂馥撰

张海鹏 清嘉庆 刻本

（泽古斋重钞）

J0105841

续三十五举 （一卷）（清）桂馥撰

虞山张氏 清嘉庆十一年至十七年［1806–1812］刻本 增修

（借月山房汇钞）

J0105842

续三十五举 （一卷）（清）桂馥撰

风篁馆 清嘉庆十七年［1812］刻本

本书由《学古编一卷》（元）吾邱衍撰、《续三十五举一卷》（清）桂馥撰合订。

J0105843

续三十五举 （一卷）（清）桂馥撰

吴江沈氏世楷堂 清道光 刻本

（昭代丛书）

J0105844

续三十五举 （一卷）（清）桂馥撰

上海陈氏 清道光四年［1824］刻本 重编

（泽古斋重钞）

　　本书清道光四年陈璜重编补刻借月山房汇钞本。

J0105845

续三十五举 （清）桂馥撰

孔炳如 清道光十五年［1835］抄本 有图 线装

J0105846

续三十五举 （一卷）（清）桂馥撰

金山钱氏 清道光十六至二十二年［1836–1842］刻本

（指海）

　　据借月山房汇钞本重编增刻。

J0105847

续三十五举 （一卷）（清）桂馥撰

海虞顾湘 清道光二十年［1840］刻本

（篆学琐著）

J0105848

续三十五举 （一卷）（清）桂馥撰

番愚潘氏 道光二十五年至咸丰元年［1845–1851］刻本

（海山仙馆丛书）

J0105849

续三十五举 （一卷）（清）桂馥撰

金山钱氏 清道光二十六年［1846］重编本

（式古居汇钞）

　　清道光二十六年金山钱氏重编汇印借月山房汇钞本。

J0105850

续三十五举 （一卷）（清）桂馥撰

番愚潘氏　清道光二十七年［1847］刻本　线装
（海山仙馆丛书）

　　九行二十一字黑口左右双边。

J0105851

续三十五举　（一卷）（清）桂馥撰
吴江沈氏世楷堂　清末　刻本　重印　线装
（昭代丛书）

　　九行二十字白口左右双边单鱼尾。收于《昭
代丛书》广编己集中。

J0105852

续三十五举　（一卷）（清）桂馥撰
清同治　刻本

J0105853

续三十五举　（一卷　再续一卷）（清）桂馥撰
吴江沈氏世楷堂　清光绪　刻本　重印　线装
（昭代丛书）

　　九行二十字小字双行同白口左右双边单鱼
尾。收于《昭代丛书》己集中。

J0105854

续三十五举　（一卷）（清）桂馥撰
清光绪　刻本
（吉林探源书舫丛书）

J0105855

续三十五举　（一卷）（清）桂馥撰
仁和葛氏　清光绪二至七年［1876–1881］刻本
巾箱
（啸园丛书）

J0105856

续三十五举　（一卷）（清）桂馥撰
仁和葛氏啸园　清光绪三年［1877］刻本　线装

　　九行二十字小字双行同黑口四周双边单
鱼尾。

J0105857

续三十五举　（一卷）（清）桂馥撰
归安姚氏　清光绪九年［1883］刻本
（咫进斋丛书）

J0105858

续三十五举　（一卷）（清）桂馥撰
吴江沈廷镛　民国八年［1919］重修本　线装
（昭代丛书）

　　清道光吴江沈氏世楷堂刻民国八年吴江沈
廷镛重修本。收于《昭代丛书》己集广编中。

J0105859

续三十五举　（一卷）（清）桂馥撰
上海　博古斋　民国九年［1920］影印本
（借月山房汇钞）

　　据清张氏刻本影印。

J0105860

续三十五举　（一卷）（清）桂馥撰
上海　大东书局　民国二十四年［1935］影印本
（指海）

　　据清金山钱氏重编增刻借月山房汇钞本
影印。

J0105861

续三十五举　（清）桂馥撰
长沙　商务印书馆　1939年［78］页　18cm（32开）
（丛书集成初编　1540）

　　本书为中国古代印章学专著，由《续三十五
举》（清）桂馥撰、《再续三十五举》（清）姚晏著、
《古今印史》（明）徐官著、《印章集说》（明）文彭
述、《秦玺始末》（明）沈德符著、《篆学指南》（明）
赵宧光著合订。

J0105862

续三十五举　（清）桂馥撰
北京　中华书局　1985年　新1版　1册　18cm（32开）
统一书号：17018.151
（丛书集成初编）

　　中国清代篆刻美术史，包括：《再续三十五
举》（清）姚晏著、《古今印史》（明）徐官著、《印
章集说》（明）文彭述、《秦玺始末》（明）沈德符著、
《篆学指南》（明）赵宧光著。

J0105863

印典　（八卷）（清）朱象贤辑
宝砚山房　清　刻本
　　本书由《墨池编二十卷》（宋）朱长文撰、《印
典八卷》（清）朱象贤辑合订。

J0105864
印典 （八卷）（清）朱象贤辑
吴县朱氏就闲堂 清康熙六十一年［1722］刻本

J0105865
印典 （八卷）（清）朱象贤撰
就闲堂 清雍正十一年［1733］刻本 线装
　　　　分四册。十一行二十一字小字双行三十二字黑口四周双边双鱼尾。

J0105866
印典 （八卷）（清）朱象贤辑
朱之劢 清雍正十一年［1733］刻本

J0105867
印典 （八卷）（清）朱象贤辑
清雍正十一年［1733］刻本
　　　　本书由《墨池编二十卷》（宋）朱长文撰、《印典八卷》（清）朱象贤辑合订。

J0105868
印典 （八卷）（清）朱象贤辑
内府 清乾隆 写本
（四库全书）

J0105869
印典 （八卷）（清）朱象贤辑
清乾隆 刻本 重修
　　　　据清康熙六十一年［1722］吴县朱氏就闲堂刻本重修

J0105870
印典 （八卷）（清）朱象贤辑
清乾隆 刻本
　　　　本书由《墨池编二十卷》（宋）朱长文撰、《印典八卷》（清）朱象贤辑合订。

J0105871
印典 （八卷）（清）朱象贤撰
台北 台湾商务印书馆 1983年 影印本 1册
（景印文渊阁四库全书 子部 一四五 第839册）
　　　　本书由《印典》（清）朱象贤撰、《羯鼓录》（唐）南卓撰合订。

J0105872
印人姓氏里居 （一卷）（清）汪启淑撰
清 抄本
　　　　作者汪启淑（1728—1799），清著名藏书家、金石学家、篆刻家。字慎仪，号秀峰，自称印癖先生，安徽歙县人。编著有《飞鸿堂印谱》《飞鸿堂印人传》《水槽清眼录》等。

J0105873
印识 （一卷 补遗一卷）（清）冯承辉撰
［清］稿本
　　　　本书由《印识一卷补遗一卷》《国朝印识二卷近编一卷》（清）冯承辉撰合订。

J0105874
印识 （一卷 补遗一卷）（清）冯承辉撰
清道光 刻本
　　　　本书由《印识一卷补遗一卷》《国朝印识二卷近编一卷》（清）冯承辉撰合订。

J0105875
印说 （一卷）（清）□□撰；（清）沈清佐辑
清 稿本
（沈莨村选钞印学）

J0105876
印谈 （一卷）（明）沈野撰
南通州陈嵩秀 清 抄本
　　　　本书由《周公瑾说一卷》（明）周应愿撰、《印谈一卷》（明）沈野撰、《印旨一卷》（明）程远撰合订。

J0105877
印谈 （一卷）（明）沈野撰
民国 木活字印本
（遯盦印学丛书）

J0105878
印文考略 （一卷）（清）鞠履厚撰
［清］稿本
（昭代丛书）
　　　　作者鞠履厚（1723-1786后），清代篆刻家。字坤皋，号樵霞，又号一草主人。江苏奉贤（上海）人。活动于清乾隆间。

J0105879

印文考略　（一卷）（清）鞠履厚撰

清乾隆二十一年［1756］刻本

　　本书由《印文考略一卷》《印文考略补一卷》
《汉隶辨异歌一卷》（清）鞠履厚撰合订。

J0105880

印文考略补　（一卷）（清）鞠履厚撰

清乾隆二十一年［1756］刻本

　　本书由《印文考略一卷》《印文考略补一卷》
《汉隶辨异歌一卷》（清）鞠履厚撰合订。

J0105881

印文考略　（一卷）（清）鞠履厚撰

留耕堂 清乾隆三十九年［1774］刻本

J0105882

印文考略　（一卷）（清）鞠履厚撰

吴江沈氏世楷堂 清道光 刻本

（昭代丛书）

J0105883

印文考略　（一卷）（清）鞠履厚撰

吴江沈氏世楷堂 清末 刻本 重印 线装

（昭代丛书）

　　九行二十字白口左右双边单鱼尾。收于《昭
代丛书》坤编庚集。

J0105884

印文考略　（一卷）（清）鞠履厚撰

吴江沈氏世楷堂 清光绪 刻本 重印 线装

（昭代丛书）

　　九行二十字小字双行同白口左右双边单鱼
尾。收于《昭代丛书》庚集。

J0105885

印文考略　（一卷）（清）鞠履厚撰

吴江沈廷镛 民国八年［1919］重修本 线装

（昭代丛书）

　　清道光吴江沈氏世楷堂刻民国八年吴江沈
廷镛重修本。收于《昭代丛书》坤编庚集。

J0105886

印学探源

清 抄本

　　本书包括:《芥子园图章会纂》《印旨》《通
雅摘抄》《印谱名目》《印人姓氏里居》。

J0105887

印学正衡　［清］万枢园撰

清 抄本 毛装

J0105888

印旨　（一卷）（明）程远撰

南通州陈嵩秀 清 抄本

　　本书由《周公瑾说一卷》（明）周应愿撰、《印
谈一卷》（明）沈野撰、《印旨一卷》（明）程远撰
合订。

J0105889

印旨　（一卷）（明）程远撰

清 抄本

（印学探源）

J0105890

印宗　（二卷）（清）李瑞撰

［清］稿本

　　有清郑复光补并跋。

J0105891

再续三十五举　（一卷）（清）姚晏撰

［清］稿本

（昭代丛书）

J0105892

再续三十五举　（一卷）（清）姚晏撰

清 刻本

　　十三行二十三字白口左右双边。

J0105893

再续三十五举　（一卷）（清）姚晏撰

清道光 刻本

（昭代丛书）

J0105894

再续三十五举　（一卷）（清）姚晏撰

海虞顾湘 清道光二十年［1840］刻本

（篆学琐著）

J0105895
再续三十五举 （一卷）（清）姚晏撰
吴江沈氏世楷堂 清末 刻本 重印 线装
（昭代丛书）

　　九行二十字白口左右双边单鱼尾。收于《昭
代丛书》广编己集中。

J0105896
再续三十五举 （一卷）（清）姚晏撰
清光绪 刻本
（吉林探源书舫丛书）

J0105897
再续三十五举 （一卷）（清）姚晏撰
归安姚氏 清光绪九年［1883］刻本
（咫进斋丛书）

J0105898
再续三十五举 （一卷）（清）姚晏撰
吴江沈廷镛 民国八年［1919］重修本 线装
（昭代丛书）

　　清道光吴江沈氏世楷堂刻民国八年吴江沈
廷镛重修本。收于《昭代丛书》广编己集中。

J0105899
周公瑾印说 （一卷）（明）周应愿撰
南通州陈嵩秀 清 抄本
　　本书由《周公瑾说一卷》（明）周应愿撰、《印
谈一卷》（明）沈野撰、《印旨一卷》（明）程远撰
合订。

J0105900
篆学一隅 （十二卷）（清）程璞撰
［清］稿本

J0105901
负暄野录 （二卷）（宋）陈槱撰
长塘鲍氏 清乾隆至宣统 刻本 重印 线装
（知不足斋丛书）

　　收于《知不足斋丛书》第二十六集中。

J0105902
负暄野录 （二卷）
桐川顾氏 清咸丰 刻本 重印 线装
（读画斋丛书）

九行二十一字黑口左右双边。收于《读画斋
丛书》辛集中。

J0105903
镌书八要 （一卷）（清）梁登庸撰
清乾隆 刻本

J0105904
镌书八要 （一卷）（清）梁登庸撰
兰陵居士 清光绪元年［1875］抄本

J0105905
论印绝句 （一卷 续编一卷）（清）吴骞辑
海昌吴氏 清乾隆至嘉庆 刻本 线装
（拜经楼丛书）

　　分三册。九行二十字小字双行同黑口四周
双边单鱼尾。收于《拜经楼丛书》中。吴骞（1733—
1813），清代藏书家、文学家。浙江海宁人。字槎
客、葵里，号愚谷，别号兔床、漫叟等。所辑《拜
经楼丛书》校勘精审，著称于世。著有《拜经楼
诗集》《拜经楼诗集续编》《愚谷文存》等。

J0105906
论印绝句 （一卷）（清）吴骞辑
海虞顾湘 清道光二十年［1840］刻本
（篆学琐著）

J0105907
论印绝句 （一卷）（清）吴骞辑
仁和王氏 清道光二十年［1840］刻本 线装
（漱六编）

J0105908
论印绝句 （一卷 续编一卷）（清）吴骞辑
仁和葛氏 清光绪二至七年［1876–1881］刻本
巾箱
（啸园丛书）

J0105909
论印绝句 （清）吴骞辑
仁和葛元煦 清光绪五年［1879］刻本 线装
　　九行二十字小字双行同黑口四周双边单
鱼尾。

J0105910

论印绝句 （一卷）（清）吴骞辑
上海 神州国光社 民国三年［1914］线装
（美术丛书续集）

　　　　收于《美术丛书续集》第九集中。

J0105911

论印绝句 （一卷 续编一卷）（清）吴骞辑
上海 博古斋增辑 民国十一年［1922］影印本
（拜经楼丛书）

　　　　据清吴氏刻本影印。

J0105912

论印绝句十二首 （清）钟大源等撰
海昌吴氏拜经楼 清乾隆至嘉庆 刻本 线装
（拜经楼丛书）

　　　　分二册。九行二十字黑口四周双边单鱼尾。

J0105913

印人传 （三卷）（清）周亮工撰
内府 清乾隆 写本
（四库全书撤出）

　　　　收于《四库全书撤出》中。作者周亮工
（1612—1672），明末清初文学家、篆刻家、收藏
家。字元亮，号陶庵。出生于江苏南京，祖籍河
南开封。明崇祯进士，仕清后官户部右侍郎。著
有《赖古堂集》《读画录》等。

J0105914

印人传 （三卷）（清）周亮工撰
海虞顾湘 清道光二十年［1840］刻本
（篆学琐著）

J0105915

印述 （一卷）（清）计世祺辑
万石楼 清乾隆三年［1738］刻本 钤印

J0105916

印戈说 （一卷）（清）徐坚辑
徐氏褒馆 清乾隆十一年［1746］刻本 钤印

J0105917

印戈说 （一卷）（清）徐坚辑
海虞顾湘 清道光二十年［1840］刻本
（篆学琐著）

J0105918

汉隶辨异歌 （一卷）（清）鞠履厚撰
清乾隆二十一年［1756］刻本

　　　　本书由《印文考略一卷》《印文考略补一卷》
《汉隶辨异歌一卷》（清）鞠履厚撰合订。作者鞠
履厚（1723-1786 后），清代篆刻家。字坤皋，号
樵霞，又号一草主人。江苏奉贤（上海）人。活
动於清乾隆间。著有《印文考略》等。

J0105919

印人姓氏 （一卷）（清）鞠履厚辑
清乾隆二十二年［1757］刻本

J0105920

坤皋铁笔 （清）鞠履厚治印
清乾隆二十八年［1763］钤印本 线装

　　　　分二册。白口四周双边。

J0105921

金粟逸人逸事 （一卷）（清）朱琰撰
钱人龙 清乾隆三十二年［1767］刻本

　　　　本书由《竹云题跋四卷》（清）王澍撰、《金
粟逸人逸事一卷》（清）朱琰撰合订。

J0105922

金粟逸人逸事 （一卷）（清）朱琰撰
山阴宋氏 清光绪十三年［1887］刻本
（忏花盦丛书）

　　　　据清光绪间山阴宋氏刻本汇印。本书由《竹
云题跋四卷》（清）王澍撰、《金粟逸人逸事一卷》
（清）朱琰撰合订。

J0105923

续纂印说 （清）何剑湖撰
清乾隆四十二年［1776］刻本 线装
（嘉显堂图书会要）

　　　　九行二十一字小字双行同白口四周双边单
鱼尾。

J0105924

三十五举 （一卷）（元）吾邱衍撰
清乾隆四十三年［1778］刻本

　　　　作者吾邱衍（1272—1311），元代金石学家、
篆刻家。一作吾衍，字子行，号贞白，又号竹房、
别署真白居士、布衣道士，浙江龙游人。著有《周

秦石刻释音》《闲居录》《竹素山房诗集》《学古编》等。

J0105925
三十五举 （一卷 附校勘记一卷）（元）吾邱衍撰；（清）姚觐元校勘
清光绪 刻本
（吉林探源书舫丛书）

J0105926
三十五举 （一卷）（元）吾邱衍撰
清光绪二至七年［1876–1881］刻本 巾箱
（啸园丛书）

J0105927
三十五举 （一卷 附校勘记一卷）（元）吾邱衍撰；（清）姚觐元校勘
归安姚氏 清光绪九年［1883］刻本
（咫进斋丛书）

J0105928
飞鸿堂印人传 （八卷）（清）汪启淑撰
汪启淑［自］清乾隆五十四年［1789］刻本
　　分二册。八行十四字，无直格白口四周双边。

J0105929
飞鸿堂印人传 （八卷）（清）汪启淑撰
清乾隆五十四年［1789］刻本

J0105930
飞鸿堂印人传 （八卷）（清）汪启淑撰
海虞顾湘 清道光二十年［1840］刻本
（篆学琐著）

J0105931
篆学测解 （二十九卷 声韵表一卷）（明）韩洽撰
韩氏 清嘉庆二十五年［1820］刻本

J0105932
秦玺始末 （一卷）（明）沈德符撰
六安晁氏 清道光十一年［1831］木活字印本
（学海类编）
　　收于《学海类编》四百三十二种八百三卷集余五考据中。

J0105933
秦玺始末 （一卷）（明）沈德符撰
上海 涵芬楼 民国九年［1920］影印本
（学海类编）
　　据清道光十一年六安晁氏木活字印本影印。收于《学海类编》四百三十三种八百六卷中。

J0105934
印章集说 （一卷）（明）文彭撰
六安晁氏 清道光十一年［1831］木活字印本
（学海类编）

J0105935
印章集说 （一卷）（明）文彭撰
上海 涵芬楼 民国九年［1920］影印本
（学海类编）
　　据清道光十一年六安晁氏木活字印本影印。收于《学海类编》四百三十三种八百六卷中。

J0105936
印文合璧 （清）孔广禧汇参
清道光十三年［1833］刻本 线装
　　八行二十字白口四周双边。

J0105937
敦好堂论印 （一卷）（清）吴先声撰
海虞顾湘 清道光二十年［1840］刻本
（篆学琐著）

J0105938
古今印制 （一卷）（清）孙光祖撰
海虞顾湘 清道光二十年［1840］刻本
（篆学琐著）

J0105939
六书缘起 （一卷）（清）孙光祖撰
海虞顾氏 清道光二十年［1840］刻本
（篆学琐著）

J0105940
论印绝句 （一卷）（清）丁敬撰
仁和王氏 清道光二十年［1840］刻本
（漱六编）
　　作者丁敬（1695—1765），清代书画家、篆刻家。字敬身，别号砚林、胜怠老人等。浙江钱塘人。主要作品有《武林金石记》《砚林诗集》《砚林印存》《寿寿初稿》等。

J0105941
说篆 （一卷）（清）许容撰
海虞顾湘 清道光二十年［1840］刻本
（篆学琐著）

　　作者许容，篆刻作品有《谷园印谱》《柳舫集印》《韫光楼印谱》等。

J0105942
印辨 （一卷）（清）高积厚撰
海虞顾湘 清道光二十年［1840］刻本
（篆学琐著）

J0105943
印述 （一卷）（清）高积厚撰
海虞顾湘 清道光二十年［1840］刻本
（篆学琐著）

J0105944
印说 （一卷）（清）陈炼撰
海虞顾湘 清道光二十年［1840］刻本
（篆学琐著）

J0105945
印学管见 （一卷）（清）冯承辉撰
海虞顾湘 清道光二十年［1840］刻本
（篆学琐著）

J0105946
印言 （一卷）（清）陈炼撰
海虞顾湘 清道光二十年［1840］刻本
（篆学琐著）

J0105947
印章考 （一卷）（清）方以智撰
海虞顾湘 清道光二十年［1840］刻本
（篆学琐著）

J0105948
印章要论 （一卷）（明）朱简撰
海虞顾湘 清道光二十年［1840］刻本
（篆学丛书）

J0105949
印章要论 （一卷）（明）朱简辑
海虞顾湘 清道光二十年［1840］刻本
（篆学琐著）

J0105950
印旨 （一卷）（明）程远撰
海虞顾湘 清道光二十年［1840］刻本
（篆学琐著）

J0105951
印旨 （一卷）（明）程远撰
海虞顾湘 清道光二十年［1840］刻本
（篆学丛书）

J0105952
再续三十五举 （一卷）（清）桂馥撰
海虞顾湘 清道光二十年［1840］刻本
（篆学琐著）

J0105953
重定续三十五举 （一卷）（清）桂馥撰
海虞顾湘 清道光二十年［1840］刻本
（篆学琐著）

J0105954
篆印发微 （一卷）（清）孙光祖撰
海虞顾湘 清道光二十年［1840］刻本
（篆学琐著）

J0105955
［海阳由溪瑶原怡园各景印谱］ （清）程芝华辑
清道光二十四年［1844］钤印本 线装
　　分四册。白口半页四周单边。

J0105956
摹印述 （一卷）（清）陈澧撰
清咸丰 刻本 线装
（广雅丛书）
　　收于《广雅丛书》之《东塾遗书》中。

J0105957
摹印述 （清）陈澧撰
广雅书局 清光绪 刻本 线装
（广雅丛书）

分二册。收于《广雅丛书》之《东塾遗书》中。

J0105958
摹印述 （一卷）（清）陈澧撰
广雅书局　清光绪　刻本　线装
（广雅丛书）

　　十一行二十八字小字双行同黑口四周单边
单鱼尾。收于《广雅丛书》东塾遗书中。

J0105959
摹印述 （一卷）（清）陈澧撰
清光绪　刻本
（求宝斋丛书）

J0105960
摹印述 （一卷）（清）陈澧撰
王保慧　清光绪三十二年［1906］抄本

J0105961
续三十五举 （清）黄子高撰
清末　石印本　线装

　　八行十六字黑口左右双边单鱼尾。

J0105962
续三十五举 （一卷）（清）黄子高撰
清光绪　刻本
（学海堂丛刻）

J0105963
宗工铁笔 （清）温□玉篆刻
清末　钤印本　线装

　　分八册。

J0105964
云庄印话 （一卷）（清）阮充辑
西泠印社　清咸丰八年［1858］木活字印本

J0105965
［般若心经印谱］
清光绪元年［1875］钤印本　线装

J0105966
摹印传灯 （二卷）（清）叶尔宽撰
羊城冯氏　清光绪　刻本　线装
（翠琅玕馆丛书）

九行二十一字黑口左右双边。收于《翠琅玕
馆丛书》第三集中。

J0105967
续印人传 （八卷）（清）汪启淑撰
羊城冯氏　清光绪　刻本
（翠琅玕馆丛书）

　　作者汪启淑（1728—1799），清著名藏书家、
金石学家、篆刻家。字慎仪，号秀峰，自称印癖
先生，安徽歙县人。编著有《飞鸿堂印谱》《飞鸿
堂印人传》《水槽清暇录》等。

J0105968
用印琐言 （不分卷）（清）梁垣光篆刻并辑
清光绪　钤印本　线装

　　本书由《星堂印存不分卷》《用印琐言不分
卷》《梁星堂凿刻各体书画印章铁笔单不分卷》
（清）梁垣光篆刻并辑合订。

J0105969
三十五举 （一卷）（清）桂馥撰
仁和葛氏啸园　清光绪三年［1877］刻本　线装

　　本书由《三十五举一卷》（元）吾邱衍撰、《续
三十五举一卷》（清）桂馥撰合订。

J0105970
西泠六家印存 （六卷）（清）傅栻辑
傅氏华延年室　清光绪九年［1883］钤印本

J0105971
印石寻源 （一卷　附一卷）（清）马泌撰
师蒋　清光绪十三年［1887］抄本

J0105972
篆学丛书 （三十种　2）（清）顾湘辑
虞山飞鸿延年室　清光绪十四年［1888］刻本
后印　线装

　　本书包括：《六书缘起一卷》（清）孙光祖纂、
《古今印制一卷》（清）孙光祖纂、《篆印发微一卷》
（清）孙光祖纂、《古印考略一卷》（清）夏一驹撰、
《续三十五举一卷》（清）桂馥撰、《再续三十五举
一卷》（清）桂馥撰、《重定续三十五举一卷》（清）
桂馥撰、《印说一卷》（清）陈炼撰、《印言一卷》（清）
陈炼撰、《论印绝句一卷》（清）沉心撰、《印学管
见一卷》（清）冯承辉撰、《印人传三卷》（清）周

亮工撰、《续印人传八卷》（清）汪启淑撰。分八册。
九行二十一字黑口四周双边。

J0105973
古铁斋印学管见 （一卷）（清）冯承辉撰
苍溪 清光绪十九年［1893］刻本

J0105974
畹香小筑藏印 （四卷）（清）张杞生辑
清光绪二十四年［1898］钤印本

J0105975
百玺斋印存 （不分卷）（清）胡养元篆刻
清光绪三十一年［1905］钤印本

J0105976
［**北平荣宝斋摹制印谱**］ 荣宝斋编
北平荣宝斋 民国 钤印本 线装

J0105977
［**古铜印谱**］
民国 钤印本 线装

J0105978
［**古香斋印选**］
民国 钤印本 线装

J0105979
［**经利彬藏印**］ 经利彬藏
民国 钤印本 线装

J0105980
［**明人印谱**］
民国 钤印本 线装
　　　红色边框。

J0105981
［**青秋阁印谱**］
民国 钤印本 线装

J0105982
［**邵章印存**］ 邵章藏并辑
民国 钤印本 线装
　　　分八册。

J0105983
［**同古堂印谱**］
同古堂 民国 钤印本 线装
　　　黑色花边。

J0105984
［**心经印谱**］
民国 钤印本 线装

J0105985
滨虹集印存 黄朴存辑
民国 钤印本 线装
　　　分四册。

J0105986
绩语堂论印汇录 （一卷）（清）魏锡曾辑
［西泠印社］民国 木活字印本
（遯盦印学丛书）

J0105987
摹印秘论 （一卷）（清）汪维堂辑
民国 木活字印本
（遯盦印学丛书）

J0105988
石言馆印课 周康元辑
民国 钤印本 线装
　　　分二册。黑色边框。

J0105989
说印 贺孔才撰；崔仲明录
武强贺孔才 民国 抄本 朱丝栏 线装

J0105990
学古编三十五举 （元）吾邱衍撰；（清）许文
兴注
民国 抄本 蓝丝栏 线装
　　　分二册。

J0105991
印说 （一卷）（清）万寿祺撰
民国 木活字印本
（遯盦印学丛书）

J0105992

印说 （一卷）（清）万寿祺撰

上海 神州国光社 民国二年［1913］线装

（美术丛书续集）

　　收于《美术丛书续集》第一集中。作者万寿祺（1603—1652），明末清初书法家。江苏徐州人，一作铜山人。字年少。明崇祯举人。工书善画，精篆刻。著有《隰西草堂集》。

J0105993

印学集成 （一卷）（清）马泌撰

［西泠印社］民国 木活字印本

（遯盦印学丛书）

J0105994

印学三十五举·汉印义法合刊 杜进商（畬孙）著

上海 惜荫书斋［民国］［40］页［19cm］（32开）

（三定簃丛书）

　　本书内容与汉印义法、印章学相关。

J0105995

篆刻学讲义 陆和九撰

民国 石印本 有图 线装

J0105996

津步联吟 （清）吴重憙，（清）李葆恂撰；李放辑

京师 义州李放 民国五年［1916］刻本 线装

J0105997

学篆必携续三十五举 （清）黄子高撰

上海 商务印书馆 1917年 石印本 22叶 26cm（16开）线装 定价：大洋二角

　　本书为古代篆刻理论专著。

J0105998

治印杂说 王世篆

西泠印社 民国六年［1917］木活字本 线装

J0105999

遁庵印学丛书 （十七种）吴隐辑

上海 西泠印社 民国十一年［1922］木活字本 线装

　　本丛书包括：《印史一卷》（明）文彭撰、《印说一卷》（清）万寿祺撰、《印谈一卷》（明）沉野撰、《摹印秘论一卷》（清）汪维堂撰、《印典八卷》（清）朱象贤撰、《篆刻针度八卷》（清）陈克恕撰、《东里子集别编一卷》（清）马泌撰、《云庄印话一卷》（清）阮充辑、《印识一卷，补遗一卷，国朝印识二卷，近编一卷》（清）冯承辉纂、《宝印集六卷》（清）王之佐辑、《摹印述一卷》（清）陈澧撰等。分二十六册。吴隐（1867—1922），近代篆刻家、书法家。原名金培，字石泉、石潜，号潜泉等，浙江绍兴人。杭州西泠印社创始人之一。

J0106000

清甯馆治印杂说 张可中撰

民国十六年［1927］线装

（庸庵遗集）

J0106001

金石索 冯云鹏，冯云鹓编

上海 商务印书馆 民国十八年［1929］

（国学基本丛书）

　　本书为清代金石学著作，包括三代至汉末的铜器与碑碣、瓦砖的图谱，铭文的拓片及各种铭文、碑刻的介绍考证。全书分金索6章、石索6章，共计900余种。

J0106002

三续三十五举 马光楣撰

花史馆 民国十八年［1929］刻本 线装

J0106003

篆刻要言 张孝申撰

上海 中华书局 民国十八年［1929］铅印暨影印本 再版 线装

J0106004

印母 （一卷）（明）杨士修辑

民国二十二年［1933］

（艺海一勺）

J0106005

周公谨印说删 （一卷）（明）杨士修辑

民国二十二年［1933］

（艺海一勺）

J0106006

篆刻学 寿鉨撰

北平 铭泉阁 民国二十二年［1933］线装

J0106007

篆刻入门 孔云白撰

上海 商务印书馆 民国二十四年［1935］
石印本 有图 线装

J0106008

槐堂摹印浅说 陈衡恪撰；王道远录

王道远 民国二十五年［1936］石印本 朱墨套
印 线装

　　作者陈衡恪（1876—1923），近代著名书画篆
刻家。字师曾，号槐堂。江西义宁（今江西省修
水县）人。曾留学日本。任教于通州师范学校、
长沙第一师范、北京女子高等师范学校、北京美
术专门学校。代表作品有《中国绘画史》《文人
画之价值》。

J0106009

摹印传灯 （二卷）（清）叶尔宽撰

西泠印社 民国二十五年［1936］木活字本
线装

（西泠印社印学丛书）

J0106010

说印 江浦寂园叟撰；西畴农父补辑

晚翠轩 民国二十五年［1936］线装

J0106011

篆法点书辨诀 （一卷）（清）鞠履厚辑

上海 中国印书社 民国二十五年［1936］石印本
　　作者鞠履厚（1723—1786后），清代篆刻家。
字坤皋，号樵霞，又号一草主人。江苏奉贤（上海）
人。活动于清乾隆间。著有《印文考略》等。

J0106012

篆刻学类要 劳笃文纂录

思宜馆 民国二十七年［1938］线装

J0106013

金石篆刻研究 李健著

上海 中国联合出版公司 1943年 186页 有图
19cm（32开）定价：国币二十五元

本书为中国篆刻研究专著，分3篇：第1篇
论述篆刻的意义、与金石学之关系；第2篇论述
篆刻制度、手法、刀法、封泥、印谱等；第3篇记
述石印、刻玉、刻铜等。

J0106014

治印术 包凯著

南京 中国文化服务社 1947年 110页 有图
18cm（15开）定价：国币12,000元

　　本书内分3编。上编介绍印章之源流、种类
等；中编介绍治印工具、准备；下编说明治印的
修养等。

J0106015

［傅滉印谱］ 傅滉篆刻

傅滉 1953年 钤印本 线装

J0106016

毛主席沁园春雪 （篆刻小图片）丁希农刻

兰州 甘肃人民出版社 1962年 12张（套）
15cm（25开）定价：CNY0.50

J0106017

怎样治印 娄师白编著

北京 人民美术出版社 1962年 116页 有图
19cm（32开）统一书号：8027.3856 定价：CNY1.56

　　作者娄师白（1918—2010），著名国画家。原
名娄绍怀，曾用名娄少怀，字亦鸣，斋号老安馆。
生于北京，祖籍湖南浏阳。毕业于辅仁大学美术
系。历任中国美协会员，中国画研究会理事、副
会长，中国国际书画艺术研究院研究员，燕京书
画社顾问，中国书画函授大学名誉教授等。代表
作品《春暖人间》《雏鸭》《漓江帆影》《长白积
雪》等。

J0106018

印章概述 罗福颐，王人聪著

北京 三联书店 1963年 156页 有图 19cm（32开）
统一书号：11002.339 定价：CNY1.30

　　本书为印章学专著。

J0106019

印章概述 罗福颐，王人聪著

香港 中华书局香港分局 1973年 155页
19cm（32开）ISBN：962-231-508-9

定价: HKD12.00

J0106020

昊昌硕篆刻选集
[北京] 朵云轩 1965 年 19cm(32 开)
定价: CNY0.05

J0106021

昊昌硕篆刻选集
[北京] 朵云轩 1965 年 19cm(32 开) 线装
定价: CNY1.50

J0106022

鲁迅手稿文摘之一 (木版水印, 绫裱立轴)
北京 荣宝斋 1974 年 [1 轴]
　　中国现代篆刻作品。

J0106023

鲁迅手稿文摘之二 (木版水印, 绫裱立轴)
北京 荣宝斋 1974 年 [1 轴]
　　中国现代篆刻作品。

J0106024

毛主席诗词《七律·冬云》 (木版水印, 绫裱
立轴) 沈尹默书
北京 荣宝斋 1974 年 [1 轴]
　　中国现代篆刻作品。

J0106025

印章艺术 赖恬昌编; 赖嘉年译
香港 中华书局香港分局 1979 年 198 页
20cm(32 开) 精装
　　本书为印章研究专著。

J0106026

香港中文大学文物馆藏印集 香港中文大
学编
香港 香港中文大学 1980 年 271页 26cm(16 开)
定价: HKD80.00
(香港中文大学文物馆藏品专刊 2)

J0106027

中国篆刻艺术 韩天衡执笔
上海 上海书画出版社 1980 年 76 页 19cm(32 开)
统一书号: 7172.143 定价: CNY0.23

　　作者韩天衡(1940—)，教授、书法家。号
豆庐, 上海中国画院副院长, 上海交通大学兼职
教授, 西泠印社副社长。代表作品有《韩天衡印
选》《韩天衡书画印选》《韩天衡画集》等。

J0106028

重订六书通 (清)毕既明篆订
北京 中国书店 1980 年 影印本 360 页
21cm(32 开) 定价: CNY1.90

J0106029

篆刻字典
台北 美术屋 [1980—1989 年] 2 册(1772 页)
26cm(16 开) 精装

J0106030

订正六书通 (明)闵齐伋,(清)毕弘述篆订
上海 上海古籍书店 1981 年 510页 21cm(32开)
定价: CNY2.30
　　本书又名:《篆字汇》。

J0106031

古玺新编 故宫博物院编
北京 文物出版社 1981 年 520 页 26cm(16 开)
精装 定价: CNY23.00

J0106032

近百年来对古玺印研究之发展 罗福颐著
杭州 西泠印社 1982 年 影印本 92 页
19cm(32 开) 统一书号: 819.1.136 定价: CNY0.49
　　本书总结了近百年来对古玺印研究之成果,
对研究篆刻学、金石学、古文字学、历史、文物、
考古等, 有一定参考价值。

J0106033

古肖形印臆释 王伯敏著
上海 上海书画出版社 1983 年 127 页
19cm(32 开) 统一书号: 7172.177 定价: CNY2.80
　　本书按印章所肖之禽兽虫鱼以及楼阁等60
种形象分类, 每类先列名称和朱文印迹, 再举参
考图例, 然后释文介绍作品年代、名称、出处与
内容。作者王伯敏(1924—2013), 美术史论家、
画家、诗人。浙江台州人。曾担任中国美术学院
教授, 美术学博士生导师。著有《中国绘画通史》
《中国版画史》《中国美术通史》等。

J0106034

篆学丛书 （唐）李阳冰等著；顾翠岚校刊
北京 中国书店 1983年 影印本 2册（938页）
19cm（32开）定价：CNY3.60
　　作者李阳冰，唐代文学家、书法家。字少温，祖籍河北赵县。代表作品《三坟记》《谦卦铭》《怡亭铭》等。

J0106035

篆刻浅谈 姜仪生编著
合肥 安徽人民出版社 1984年 107页
25cm（小16开）统一书号：8102.1281
定价：CNY1.85
　　本书共分5章：篆刻（治印）源流、金石家的流派、入印文字、篆刻（治印）技法、篆刻（治印）设备。

J0106036

历代印学论文选 韩天衡编
杭州 西泠印社 1985年 2册（1025页）
20cm（32开）统一书号：8191.318 定价：CNY6.00
　　本书汇辑历代印学论著，上自唐代，下至民国。分上下册，上册为第一编：印学论著；下册为第二编，包括印谱序记、印章款识、论印诗词。

J0106037

历代印学论文选 韩天衡编订
杭州 西泠印社 1999年 2册（21+907页）
20cm（32开）ISBN：7–80517–297–8
定价：CNY35.00
　　本书包括四个部分：印学论著、印谱序记、印章款识、论印诗词。

J0106038

五镫精舍印话 （王献唐遗书）王献唐著
济南 齐鲁书社 1985年 459页 26cm（16开）
统一书号：8206.57 定价：CNY5.70
　　本书是一部印学书稿，内容涉及印史、印谱、印章形制、印文考释等印学知识的各个方面，对于了解印学源流、研究古文字、探讨古代典章制度，均有参考价值。

J0106039

篆刻艺术的欣赏 王北岳著
台北 文化建设委员会 1985年 2版

63页 有彩照 21cm（32开）定价：TWD50.00
（文化资产丛书 9）

J0106040

篆刻艺术的欣赏 王北岳著
台北 文化建设委员会 1987年 3版
63页 有彩照 21cm（32开）
定价：TWD50.00（工本费）
（文化资产丛书 9）

J0106041

华夏之美 （篆刻）何寄澎主编；林素清著
台北 幼狮文化事业公司 1986年 216页 有图
26cm（16开）精装 定价：旧台币10.00

J0106042

篆刻学 （元）吾邱衍等撰
台北 世界书局 1986年 5版（影印本）
15cm（40开）精装
（中国学术名著第五辑 艺术丛编第一集
第二十七册）

J0106043

当代印学论文选 哈尔滨市书法协会，辽宁
美术出版社编
沈阳 辽宁美术出版社 1987年 170页
26cm（16开）定价：CNY2.65

J0106044

金石篆刻字典 魏吉成编辑
台北 常春树书坊 1987年 586页 21cm（32开）
精装 定价：TWD600.00

J0106045

来楚生印章艺术 单晓天，张用博编著
上海 上海书画出版社 1987年 286页
19cm（32开）统一书号：8172.1427 定价：CNY2.40
　　编著者单晓天（1921—1987），书画篆刻家。原名孝天，字琴宰，浙江绍兴人。历任中国书法家协会会员，中国书协上海分会常务理事。出版有《鲁迅诗歌印谱》《晓天印稿》《单晓天临钟王小楷八种》等。

J0106046

印学论丛 （西泠印社八十周年论文集）西泠

印社编

杭州 西泠印社 1987 年 421 页 有照片
20cm（32 开）ISBN：7-80517-003-7
定价：CNY3.30

　　本书为西泠印社 80 周年纪念大会有关篆刻、书法、绘画等方面论文的选编。

J0106047
印学史　沙孟海著
杭州 西泠印社 1987 年 195 页 20cm（32 开）
ISBN：7-80517-002-9
定价：CNY2.80，CNY4.50（精装）

　　本书分上下两编：上编"印章旧制"，下编"印学体系"。正文后附录 6 篇：朱简的《印经缵绪篇》，周亮工的《与黄济叔札》，赵之谦的《书扬州吴让之印稿》，魏锡曾的《吴让之印谱跋》和《论印诗二十四首》，沙孟海的《印学形成的几个阶段》。作者还指出印章的 7 种用途。作者沙孟海（1900—1992），书法家。原名文若，字孟海，号石荒、沙村。生于浙江鄞县，毕业于浙江省立第四师范学校。曾任浙江大学中文系教授、浙江美术学院教授、西泠印社社长、西泠书画院院长、浙江省博物馆名誉馆长、中国书法家协会副主席。代表作品《集王圣教序》。

J0106048
中国印学年表　韩天衡编著
上海 上海书画出版社 1987 年 396 页
19cm（32 开）精装 定价：CNY4.00

　　编著韩天衡（1940—　），教授、书法家。号豆庐，上海中国画院副院长，上海交通大学兼职教授，西泠印社副社长。代表作品有《韩天衡印选》《韩天衡书画印选》《韩天衡画集》等。

J0106049
中国印学年表　（增补本）韩天衡编著
上海 上海书画出版社 1993 年 510 页
20cm（32 开）精装 ISBN：7-80512-639-9
定价：CNY24.50

J0106050
篆刻入门与欣赏　陈冠群编著
台北 常春树书坊 1987 年 231 页 19cm（32 开）
定价：TWD100.00
（中国人的书 C153）

J0106051
中国的印章　大众书局编辑部编
高雄 大众书局编辑部 1988 年 再版 影印
361 页 22cm（30 开）精装 定价：TWD400.00

J0106052
篆刻字典　（日）青山杉雨监修,（日）师村妙石编
深圳 海天出版社 1988 年 2 册（1772 页）
26cm（16 开）精装 ISBN：7-80542-092-0
定价：CNY98.00

J0106053
篆刻字典　（日）中西庚南编；吉林文史出版社编
长春 吉林文史出版社 1988 年 822 页
20cm（32 开）精装 ISBN：7-80528-089-4
定价：CNY17.00

J0106054
丁丑劫余印存释文　邱德修著
台北 五南图书出版公司 1989 年 限定版
影印本 2 册 有图 31cm（10 开）精装
定价：TWD8000.00

J0106055
齐白石谈篆刻艺术　杨广泰编撰
北京 北京图书馆出版社 1989 年 29 页
26cm（16 开）ISBN：7-5013-0793-8
定价：CNY3.20

J0106056
齐白石谈篆刻艺术　杨广泰编撰
北京 书目文献出版社 1989 年 29 页 19cm（32 开）
定价：CNY3.20

J0106057
篆刻初步　李刚田,吉欣章著
郑州 河南美术出版社 1989 年 175 页
20cm（32 开）ISBN：7-5401-0031-1
定价：CNY4.00

J0106058
吴昌硕　齐白石　徐悲鸿　傅抱石四大名家款印　许礼平编
香港 翰墨轩出版公司 1990 年 1 册 29cm（15 开）
ISBN：962-7530-01-8 定价：HKD550.00

J0106059
中国雅趣品录　（印石选）周宗濂摄
台北　鸿禧艺术文教基金会 1990 年 278 页
31cm（10 开）精装
（鸿禧美术馆）

J0106060
中国篆刻学　吴清辉编著
杭州　西泠印社 1990 年 223 页 26cm（16 开）
ISBN：7-80517-061-4 定价：CNY14.00
　　本书分"历代印章"、"篆刻流派"、"印章类
式"、"印质"、"印钮"、"篆书源流"、"篆法"、"章
法"、"刀法"、"款识法"、"刻印法"、"用印法"等
12 章，还精选了各时期的印章 900 多方，篆书碑
帖 150 多种，并附《中国篆刻史简表》。作者吴清
辉，中国现代篆刻家。

J0106061
中国篆刻学　吴清辉编著
杭州　西泠印社 1999 年 2 版 226 页 有图
26cm（16 开）ISBN：7-80517-061-4
定价：CNY28.00

J0106062
篆刻唐诗三百首　王玺铭篆刻
西安　三秦出版社 1990 年 302 页 26cm（16 开）
精装 ISBN：7-80546-266-6 定价：CNY12.50
　　作者王玺铭（1944— ），字丑石，号悔迟、
求索斋主，辽宁省职工书法家协会会员。

J0106063
篆刻字汇　林健编写
福州　海峡文艺出版社 1990 年 554 页 有肖像
26cm（16 开）精装 ISBN：7-80534-248-2
定价：CNY30.00
　　本书汇编作者 20 多年所见历代各种篆刻文
字，逐字手写整理，共收楷书字头 2305 个，篆刻
文字 10693 个。全书竖排。以繁体楷书为字头。
下列篆刻文字。本书系手写本，不注出处，不作
考据引证之用。作者林健（1942— ），书法篆刻
家。字力帆，福建福州人。历任西泠印社社员、
中国书法家协会会员、福州市书法篆刻研究会理
事兼秘书长、福州画院特约画师。著有《篆刻字
汇》《蒲砚斋书法篆刻》《力帆林建印存》。

J0106064
当代印社志　沈沉主编
哈尔滨　黑龙江人民出版社 1991 年 307 页
有图 26cm（16 开）ISBN：7-207-02017-1
定价：CNY27.00

J0106065
四川近现代徽章集　（一）袁愈高编
成都　四川大学出版社 1991 年 231 页
19cm（小 32 开）ISBN：7-5614-0465-4
定价：CNY8.00

J0106066
杨仲子金石遗稿　粟子编
北京　人民美术出版社 1991 年 92 页 21cm（32 开）
ISBN：7-102-00716-7 定价：CNY5.00

J0106067
增订篆刻入门　（上）严一萍编著
台北县　艺文印书馆 1991 年 18+644 页 有图
21cm（32 开）精装 定价：旧台币 20.00（全 2 册）
（严一萍先生全集）
　　作者严一萍（1912—1987），原名城，又名志
鹏，字大钧，以号行。浙江嘉兴人。东亚大学法
科政治经济系毕业。在台湾创办艺文印书馆，任
经理并编辑《中国文字》杂志。著有《殷墟医徵》
《殷商史记》《陆宣公年谱》等。

J0106068
增订篆刻入门　（下）严一萍编著
台北县　艺文印书馆 1991 年 645-1278 页 有图
21cm（32 开）精装 定价：旧台币 20.00（全 2 册）
（严一萍先生全集）

J0106069
中国的印章与篆刻　王志敏，闪淑华
北京　商务印书馆 1991 年 116 页 有照片
19cm（小 32 开）ISBN：7-100-01335-6
定价：CNY2.35
（中国文化史知识丛书）

J0106070
中国的印章与篆刻　王志敏，闪淑华
北京　商务印书馆 1997 年 144 页 有彩照
19cm（小 32 开）ISBN：7-100-02253-3

定价：CNY11.40
（中国文化史知识丛书）

J0106071
篆刻述要　王绍尊著
太原　山西人民出版社　1991 年　251 页
20cm（32 开）ISBN：7-203-01991-8
定价：CNY14.80
　　本书包括印章沿革、类别、印章文字、印章体式及明清印派、篆刻四法——章法、字法、笔法、刀法、篆刻实践、印章用法等。是作者从事篆刻五十年来的回顾。总结了齐白石先生的篆刻教学和自己从事篆刻多年的体会。

J0106072
当代篆刻家大辞典　（一）沈沉主编
哈尔滨　哈尔滨出版社　1992 年　714 页　有照片
26cm（16 开）精装　ISBN：7-80557-531-2
定价：CNY64.50
　　本书共 37 卷，收录已故篆刻家、老、中、青篆刻家 1350 位、篆刻 4000 方，介绍了入典者的篆刻艺术。

J0106073
齐白石篆刻艺术的研究　　崔峻豪著
台北　文史哲出版社　1992 年　287 页　21cm（32 开）
ISBN：957-547-176-8　定价：TWD280.00
（艺术丛刊 10）

J0106074
印钮艺术　施宝霖著
上海　上海书店　1992 年　90 页　有彩图
26cm（16 开）ISBN：7-80569-556-3
定价：CNY28.00
　　本书分年代简述印钮艺术的源流，并辑著者刻和乐石斋藏石章印钮图录。

J0106075
重订六书通　（清）闵齐鹤；（清）毕弘述增补
天津　天津市古籍书店　1992 年　影印本
19cm（32 开）定价：CNY6.80
　　本书按《洪武正韵》部次编排，首列《说文》篆文，下列古文、籀文、金文及多种印章文字。

J0106076
篆刻字形字典　李新之编著
大连　大连出版社　1992 年　625 页　20cm（32 开）
精装　ISBN：7-80555-571-0　定价：CNY22.00
　　全书设篆刻字 5000 个字头，分楷字、异体字，楷字下依次为小篆、大篆和缪篆字形，按康熙字典部首检字法排列。

J0106077
方寸万千　（中国篆刻艺术鉴赏）林乾良著
南宁　广西人民出版社　1993 年　174 页　有彩图
19cm（小 32 开）ISBN：7-219-02302-2
定价：CNY5.00
（青年艺术鉴赏丛书）
　　本书介绍了篆刻和印章的历史、流派、理论、名家、名作、技法和国内外概况等。作者林乾良（1932—　　　），教授。号印迷，福建福州人，毕业于浙江医科大学。历任中国书协、西泠印社成员，又为西湖印社、龙渊印社及美国金石社之名誉社长。著有《瓦当印谱》《方寸万千》等。

J0106078
印款刻拓常识　潘德熙编
上海　上海书画出版社　1993 年　54 页　20cm（32 开）
ISBN：7-80512-367-5　定价：CNY3.00
（篆刻入门丛书）

J0106079
印学论谈　（西泠印社九十周年论文集）王伯敏等著
杭州　西泠印社　1993 年　407 页　有图　20cm（32 开）
ISBN：7-80517-113-0　定价：CNY12.50
　　本书收入 27 篇中外印学论文，包括《明代篆刻艺术发展分期的刍议》《云中汉印考》《新加坡篆刻发展史》等。作者王伯敏（1924—2013），美术史论家、画家、诗人。浙江台州人。曾担任中国美术学院教授，美术学博士生导师。著有《中国绘画通史》《中国版画史》《中国美术通史》等。

J0106080
中国印石　叶伟夫著
沈阳　辽宁人民出版社　1993 年　803 页　有图
20cm（32 开）精装　ISBN：7-205-02093-X
定价：CNY26.50
　　本书内容包括：中国印章的起源和特点研

究、中国印章的篆刻艺术、文房中金石材料的研究、印石和印石艺术、中国历代印章图例等。作者叶伟夫(1956—　　)，字肖柯，中国青年书法理论家协会会员，中国书法艺术研究院艺术委员会理事，中华石社艺术委员会顾问。

J0106081
中国印学年鉴　（1988—1992）金鑑才主编；于良子等撰稿
杭州　西泠印社　1993年　435页　26cm（16开）
精装　ISBN：7-80517-103-3　定价：CNY65.80
　　　本书收录 1988—1992 年间中国印坛诸方面的材料，包括 313 个印学社团和 1962 位印人，条目约 5400 个。

J0106082
中国印章鉴赏　刘一闻编著
上海　上海书画出版社　1993年　144页　有彩图
20cm（32开）ISBN：7-80512-768-9
定价：CNY40.00
（玩物指南丛书）
　　　编著者刘一闻(1949—　　)，书法家、篆刻家。斋号别部斋、得涧楼。生于上海，祖籍山东日照。历任中国书法家协会理事，西泠印社社员，上海市书法家协会常务理事兼篆刻创作委员会副主任，上海博物馆副研究员。出版有《刘一闻印稿》。

J0106083
中国印章鉴赏　刘一闻著
香港　万里书店　1993年　143页　有图　21cm（32开）
ISBN：962-14-0759-1　定价：HKD65.00
（玩物指南丛书）
　　　本书为香港万里书店与上海书画出版社合作出版。

J0106084
篆刻的临摹　黄尝铭编著
台北　真微书屋出版社　1993年　63页　21cm（32开）
ISBN：957-99997-0-8　定价：TWD160.00
（真微书屋篆刻讲座　1）

J0106085
篆刻器具常识　符骥良著
上海　上海书画出版社　1993年　80页　20cm（32开）

ISBN：7-80512-241-5　定价：CNY3.80
（篆刻入门丛书）
　　　本书介绍了印泥、印材、篆刻所用之工具及材料和印钮。

J0106086
篆刻通论　李梢著
北京　学苑出版社　1993年　354页　19cm（小32开）
ISBN：7-5077-0503-X　定价：CNY4.70
　　　本书介绍了篆刻历史、技法，对篆刻美学进行了探讨。

J0106087
篆刻欣赏常识　汤兆基编著
上海　上海书画出版社　1993年　134页　有图
20cm（32开）ISBN：7-80512-315-2
定价：CNY5.50
（篆刻入门丛书）
　　　本书介绍了对篆刻艺术的章法、刀法、书法、字法、意境、款式、材料等进行欣赏的常识。编著者汤兆基(1942—　　)，工艺美术师。浙江湖州人。任职于上海工艺美术研究所，中国书法家协会会员、中国美术家协会上海分会会员。出版有《篆刻自学指导》《篆刻问答100题》《篆刻欣赏常识》《汤兆基书画篆刻集》等。

J0106088
篆刻印文常识　吴瓯著
上海　上海书画出版社　1993年　100页
20cm（32开）ISBN：7-80512-598-8
定价：CNY4.30
（篆刻入门丛书）
　　　本书介绍了篆刻印文源流，印文的运用、书写，印文笔画的处理，篆刻印文常见弊病和印文可参用的文字。

J0106089
篆刻章法常识　庄新兴编著
上海　上海书画出版社　1993年　97页　有图
20cm（32开）ISBN：7-80512-368-3
定价：CNY4.00
（篆刻入门丛书）
　　　本书介绍了篆刻布局和章法的关系、历代印章的布局、篆刻的章法及合理灵活运用章法。

J0106090

篆刻直解　马士达著

南京 江苏教育出版社 1993 年 119 页 有照片
20cm（32 开）ISBN：7-5343-1661-8
定价：CNY7.40

　　本书分篆刻是印章、篆刻是书法、篆刻是艺术 3 章。作者马士达（1943—2012），书法篆刻家。别署骥者、老马、玄庐。祖籍涟水。曾任教于南京师范大学。代表作品有《篆刻直解》《印谱》《五体书法创作实录》等。

J0106091

篆刻篆书字典　李铁良撰著

台北 笛藤出版图书公司 1993 年 542 页
21cm（32 开）塑装 ISBN：957-710-028-7
定价：TWD600.00

　　作者李铁良（1942—　），研究员。黑龙江哈尔滨人，毕业于中国人民大学。历任黑龙江省教育情报研究会副理事长，哈尔滨市教育学会副会长，哈尔滨市陶行知研究会常务理事，《校长与教师》主编等职。出版有《篆刻篆书字典》《常用字篆字汇》《报头图案集》等。

J0106092

当代篆刻评述　辛尘著

北京 中国轻工业出版社 1994 年 173 页
19cm（小 32 开）ISBN：7-5019-1580-6
定价：CNY6.00

　　本书分 3 章：当代篆刻发展概述、当代篆刻类型评析、当代篆刻的历史地位。

J0106093

民国篆刻艺术　孙洵著

南京 江苏美术出版社 1994 年 215 页
19cm（32 开）ISBN：7-5344-0365-0
定价：CNY21.80

　　本书收录自辛亥革命以来至 1949 年在印坛有影响的 182 位篆刻家及部分作品。

J0106094

印钮漫话　龚展著

上海 上海书店出版社 1994 年 93 页 有彩图
18cm（小 32 开）ISBN：7-80569-954-2
定价：CNY5.00
（闲暇丛书）

J0106095

印石鉴赏与珍藏　张丰荣编著

台北 冠伦出版社 1994 年 112 页 有照片
26cm（16 开）精装 ISBN：957-8629-38-9
定价：TWD350.00
（艺术之旅 5）

J0106096

怎样学篆刻　王琪森著

上海 上海文化出版社 1994 年 217 页
19cm（32 开）ISBN：7-80511-674-1
定价：CNY5.70
（怎么办丛书）

　　本书分 3 编：篆刻技巧、篆刻源流和篆刻艺理。作者王琪森（1954—　），篆刻家。上海人。历任中国作家协会会员，中国书法家协会会员，西泠印社社员，上海美术家协会会员。代表作品《上海六记》《上海打将军》《上海·1912》《王琪森篆刻》《楷、行、草、隶、篆书法技艺》。

J0106097

中国古代印论史　黄惇著

上海 上海书画出版社 1994 年 10+325 页
20cm（32 开）ISBN：7-80512-707-7
定价：CNY18.00

　　作者黄惇（1947—　），书法家、篆刻家。号风斋，生于江苏太仓，祖籍扬州。历任南京艺术学院教授，艺术学、美术学博士生导师，南京艺术学院研究院副院长、艺术学研究所所长，《艺术学研究》学刊主编。作品有《水乡秋色》《太湖夜舟》《秋染山寨》等，著有《历代书法名作赏析》《中国古代印论史》等。

J0106098

中国刻字艺术　黄任重著

贵阳 贵州人民出版社 1994 年 167 页 有照片
26cm（16 开）ISBN：7-221-03487-7
定价：CNY25.00

　　本书分中国刻字艺术概要、中国石刻艺术、中国木刻艺术、历代名家论刻字艺术等 7 章。

J0106099

中国篆刻　徐银森编著

台北 淑馨出版社 1994 年 335 页 20×22cm
精装 ISBN：957-531-332-1 定价：TWD480.00

（吾土吾民文物丛书 9）

J0106100
中国篆刻大字典　颜迈，陈子介主编
贵阳　贵州教育出版社 1994 年　3 册（3960 页）
29cm（16 开）精装 ISBN：7-80583-534-9
定价：CNY300.00

J0106101
中国篆刻大字典　颜迈，陈子介主编
贵阳　贵州教育出版社 1995 年　重印本
3 册（10+3960 页）26cm（16 开）精装
ISBN：7-80583-734-1 定价：CNY600.00

J0106102
篆刻的形式美　刘江著
杭州　浙江人民美术出版社 1994 年　94 页
26cm（16 开）ISBN：7-5340-0421-7
定价：CNY15.00

J0106103
篆刻美学　刘江著
杭州　中国美术学院出版社 1994 年　10+333 页
有附图 20cm（32 开）ISBN：7-81019-180-2
定价：CNY20.00

J0106104
篆刻五十讲　吴颐人编著
上海　上海人民出版社 1994 年　167 页　有图
21×19cm ISBN：7-208-01666-6 定价：CNY19.80

J0106105
1995 全国第二届刻字艺术展作品集　中国
书法家协会刻字研究会编
青岛　青岛出版社 1995 年　126 页 29cm（16 开）
ISBN：7-5436-1366-2 定价：CNY168.00
　　中国现代篆刻作品。

J0106106
古今玺印评改　张文康著
上海　上海远东出版社 1995 年 84 页 26cm（16 开）
ISBN：7-80514-455-9 定价：CNY18.00

J0106107
日本的篆刻　（闲章名品选）（日）高畑常信编；

徐梦嘉译评
杭州　西泠印社 1995 年　225 页 20cm（32 开）
ISBN：7-80517-155-6 定价：CNY18.00

J0106108
印史拾遗　佚名辑
1995 年 钤印本 线装
　　分四册。

J0106109
印章　刘一闻著
上海　上海古籍出版社 1995 年　254 页　有彩图
及插图 19cm（32 开）ISBN：7-5325-1976-7
定价：CNY11.00
（文物鉴赏丛书）

J0106110
印章边栏分类　王本兴著
郑州　河南美术出版社 1995 年 197 页　有图
26cm（16 开）ISBN：7-5401-0510-0
定价：CNY40.00
　　作者王本兴（1948— ），画家。字根旺，号
惠山泥人，江苏无锡人，毕业于南京大学。江苏
省国画院特聘书画家，江苏省甲骨文学会副会
长，江苏省文联任职。有作品《庐山小景》《燕子
矶》等。

J0106111
玉石乾坤　（篆刻艺术赏析）刘江著
台北　书泉出版社 1995 年 369 页 21cm（32 开）
ISBN：957-648-425-1 定价：TWD400.00
（艺术现场 10）

J0106112
中国历代玺印精品博览　萧高洪主编
南昌　江西人民出版社 1995 年　525 页
有肖像与附图 20cm（32 开）精装
ISBN：7-210-01332-6 定价：CNY28.00
　　主编萧高洪（1959—2003），研究员。湖南衡
阳人，毕业于江西师范大学历史系。历任江西社
会科学院历史研究所副所长、研究员，中国书法
家协会会员，西泠印社社员。著有《中国历代玺
印精品博览》《隋唐宋印风——附辽夏金》《篆刻
学》《印章历史与文化——萧高洪印论文选》等。

J0106113
中国印石心赏 苏晋云［编著］
杭州 浙江人民美术出版社 1995 年 95 页 有彩图
29cm（16 开）精装 ISBN：7-5340-0552-3
定价：CNY160.00
　　本书重点是介绍石美，包括"清水出芙蓉""天竺绝绘""石门绿""古来稀""君子"等
100 余枚印章。

J0106114
少年刻印入门 曹齐著
上海 上海人民美术出版社 1996 年 68 页
有插图 20cm（32 开）ISBN：7-5322-1527-X
定价：CNY5.90
　　本书以对中国篆刻进行通俗解说为内容的
少年读物。

J0106115
实用篆刻大字典 王达明编
天津 天津古籍出版社 1996 年 570 页
19cm（小 32 开）精装 ISBN：7-80504-499-6
定价：CNY36.00

J0106116
玺印鉴赏与收藏 罗伯健编著
长春 吉林科学技术出版社 1996 年 221 页
有图版及照片 19cm（小 32 开）
ISBN：7-5384-1554-8 定价：CNY18.00
（古董鉴赏收藏丛书）

J0106117
印章鉴赏与收藏 顾惠敏编著
上海 上海书店出版社 1996 年 211 页 有附图
20cm（32 开）ISBN：7-80622-107-7
定价：CNY48.00
（古玩宝斋丛书）
　　作者顾惠敏，友谊华侨公司古玩研究室
任职。

J0106118
印章名作欣赏 吴颐人编著
上海 上海书店出版社 1996 年 99 页 26cm（16 开）
ISBN：7-80622-113-1 定价：CNY24.00
　　编著者吴颐人（1942—　），书画家。别署
宁坞、壬壶、忘我庐等，上海人。历任上海闵行

书画院院长，西泠印社社员，中国书法家协会
会员。主要著作有《篆刻五十讲》《篆刻法》《篆
刻跟我学》《印章名作欣赏》《常用汉字演变图
说》等。

J0106119
印章篆刻艺术欣赏 阮宗华著
太原 山西教育出版社 1996 年 262 页
19cm（小 32 开）ISBN：7-5440-0852-5
定价：CNY8.60
（美育丛书 美术系列）

J0106120
中国印石图谱 童辰翊编著
上海 上海远东出版社 1996 年 492 页
28cm（大 16 开）精装 ISBN：7-80613-379-8
定价：CNY540.00

J0106121
中国印章史 王廷洽著
上海 华东师范大学出版社 1996 年 189 页
有插图 20cm（32 开）ISBN：7-5617-1643-5
定价：CNY12.00

J0106122
篆刻欣赏 叶一苇著
北京 中国青年出版社 1996 年 286 页
20cm（32 开）ISBN：7-5006-2177-9
定价：CNY13.60
　　作者叶一苇（1918—2013），书法篆刻家、诗
人、学者。字航之，号纵如，别署熟溪子、龙马
山人。浙江省文史馆馆员、西泠印社理事。代表
作品有《篆刻丛谈》《中国篆刻简史》《一苇诗词
选》等。

J0106123
篆刻之美 曹齐著
台北 艺术图书公司 1996 年 再版 106 页
有图 26cm（16 开）ISBN：957-672-056-7
定价：TWD380.00
（文物鉴赏丛书 5）

J0106124
古今百家篆刻名作欣赏 吴颐人，舒文扬编著
上海 学林出版社 1997 年 203 页 20cm（32 开）

ISBN：7-80616-293-3 定价：CNY11.00

J0106125

王石平篆刻印论作品集 王石平著

西安 陕西人民美术出版社 1997年 88页 有画像 29cm（16开）ISBN：7-5368-0995-6 定价：CNY25.00

J0106126

中国印石趣赏 高山著

上海 上海人民美术出版社 1997年 135页 29cm（16开）精装 ISBN：7-5322-1525-3 定价：CNY98.00

　　外文书名：Appreciating Chinese Seal Stone.

J0106127

中国篆刻 刘一闻，吴友琳著

上海 上海古籍出版社 1997年 107页 有图 19cm（小32开）ISBN：7-5325-2255-5 定价：CNY8.40

（中华文明宝库）

　　本书以对中国篆刻进行通俗解说为内容的少年读物。作者刘一闻（1949— ），书法家、篆刻家。斋号别部斋、得涧楼。生于上海，祖籍山东日照。历任中国书法家协会理事，西泠印社社员，上海市书法家协会常务理事兼篆刻创作委员会副主任，上海博物馆副研究员。出版有《刘一闻印稿》。

J0106128

中国篆刻大辞典 李毅峰主编

郑州 河南美术出版社 1997年 87+1248+96页 26cm（16开）精装 ISBN：7-5401-0566-6 定价：CNY160.00

　　主编李毅峰（1964— ），学者、教育家。天津人，毕业于天津南开大学和中央美术学院。历任中国美术家协会中国画艺术委员会委员，中国美术家协会河山画会理事，天津美术家协会副主席，新疆大山水研究所名誉所长，天津画院特聘画师，天津人民美术出版社社长等职。代表作品《高山幽居图》《苍岩》《山水妙音》等。

J0106129

篆刻入门基础 张羽翔，黄文斌编著

南宁 广西美术出版社 1997年 78页 26cm（16开）

ISBN：7-80625-260-6 定价：CNY14.50

J0106130

篆刻艺术赏析 刘江编著

南宁 广西美术出版社 1997年 183页 26cm（16开）ISBN：7-80625-246-0 定价：CNY32.00

J0106131

篆刻指南 揭晓编著

北京 军事科学出版社 1997年 152页 20cm（32开）ISBN：7-80137-053-8 定价：CNY9.00

（周末文化生活丛书）

　　编著者揭晓（1959— ），原名揭小中，别名白露秋分，号晴阴斋主，江西东乡人。历任空军政治部干部，中国书法家协会会员，舒同书法研究会副会长，舒同博物馆馆长，中国中外名人文化研究会艺术委员会会员。代表作品《第十一届亚洲运动会得主印集》《篆刻指南》《百将印汇》等。

J0106132

篆刻字典 奕颜，毛宏立编辑

呼和浩特 内蒙古人民出版社 1997年 17+669+36页 20cm（32开）精装 ISBN：7-204-03880-0 定价：CNY49.80

J0106133

金刚般若波罗蜜经 李世勤选编

北京 民族出版社 1998年 影印本 有图及像 经折装 ISBN：7-105-03100-X 定价：CNY930.00

　　据明万历间刻本影印。

　　版权页及书名页书名为：《明刻三十二篆体金刚经》。

J0106134

山东新出土古玺印 赖非主编

济南 齐鲁书社 1998年 16+185页 26cm（16开）

ISBN：7-5333-0676-7 定价：CNY48.00

J0106135

西泠印社国际印学研讨会论文集

杭州 西泠印社 1998年 585页 有图 20cm（32开）

ISBN：7-80517-317-6 定价：CNY86.00

J0106136

篆刻常用字字典　刘江主编

杭州　西泠印社　1998 年　50+605 页

13cm（64 开）精装　ISBN：7-80517-330-3

定价：CNY22.80

J0106137

篆刻津梁　孙福民编著

成都　四川美术出版社　1998 年　138 页

26cm（16 开）ISBN：7-5410-1387-0

定价：CNY38.80

　　编著者孙福民，花鸟画家，书法篆刻家。山东乳山人，空军某部中校。

J0106138

篆刻起步　张耕源编著

杭州　浙江少年儿童出版社　1998 年　40 页

26cm（16 开）ISBN：7-5342-1816-0

定价：CNY4.00

J0106139

当代十家篆刻字典　容铁，古泥主编

北京　北京广播学院出版社　1999 年　17+760 页

26cm（16 开）ISBN：7-81004-690-X

定价：CNY88.00

　　本字典依据当代篆刻十家出版的个人篆刻集和发表过的印拓编制而成，共约 7000 方，收录单字 2080 字，重文 19000 字。主编古泥（1964—　），艺术家。别署卜屋，河北迁安县人。国家一级美术师。出版作品有《当代青年篆刻家精品选集：古泥》。

J0106140

反字篆刻字典　（日）牛洼梧十编；窦金兰译

天津　天津人民美术出版社　1999 年　304 页

20cm（32 开）精装　ISBN：7-5305-1004-5

定价：CNY27.00

　　本书为天津人民美术出版社与二玄社合作出版。

J0106141

黄宾虹金石篆印丛编　黄宾虹著；赵志钧编

北京　人民美术出版社　1999 年　349 页　有插图

20cm（32 开）ISBN：7-102-01893-2

定价：CNY28.00

　　本书收录了作者写的《叙摹印》《叙造墨》《四巧工传》《叙印谱》《篆法探源序》等多篇关于金石篆印的论文。作者黄宾虹（1865—1955），山水画家。初名懋质，后改名质，字朴存，号宾虹，别署予向。生于浙江金华，原籍安徽歙县，代表作《山居烟雨》《新安江舟中作》等，著有《黄山画家源流考》《虹庐画谈》《画法要旨》等作品。

J0106142

历代篆刻风格赏评　辛尘著

杭州　中国美术学院出版社　1999 年　204 页

26cm（16 开）ISBN：7-81019-690-1

定价：CNY28.00

（书法教学丛书）

J0106143

实用印章起步　康永杰著

北京　华夏出版社　1999 年　203 页　有插图

19cm（小 32 开）ISBN：7-5080-1539-8

定价：CNY13.00

J0106144

印迷丛书　林乾良主编

杭州　西泠印社　1999 年　2 册（176；277 页）

20cm（32 开）ISBN：7-80517-362-1

定价：CNY38.00

　　本书内容包括：印迷藏印印话、印款丛谈、容膝楼印话、叶林论印简、篆刻三字歌。主编林乾良（1932—　），教授。号印迷，福建福州人，毕业于浙江医科大学。历任中国书协、西泠印社成员，又为西湖印社、龙渊印社及美国金石社之名誉社长。著有《瓦当印谱》《方寸万千》等。

J0106145

印章三千年　蔡国声著

上海　上海文化出版社　1999 年　237 页　有照片及图　20cm（32 开）ISBN：7-80646-050-0

定价：CNY19.50

（中国民间收藏精编丛书）

　　作者蔡国声（1941—　），书法家，文物鉴定专家。浙江定海人。历任中国书法家协会会员、上海书法家协会理事、西泠印社社员。出版《珍宝鉴别指南》《古玩与收藏》《蔡国声隶书阿房宫赋》《过眼云烟录——蔡国声谈古玩鉴赏》。

J0106146

篆刻趣谈　叶一苇著

杭州　西泠印社　1999 年　247 页　19cm（小 32 开）
ISBN：7-80517-426-1　定价：CNY23.80

　　本书为散文式的篆刻欣赏书，书中形式有两条线：一条是明线，即一印一文，可随意浏览，文印对照；另一条是暗线，全书探讨了取材问题、"印语"研究、形式探索、技法发展等。

J0106147

篆刻问答一百题　汤兆基编著

上海　上海书画出版社　1999 年　118 页　有图
19cm（小 32 开）ISBN：7-80635-364-X
定价：CNY7.50

　　本书以问答的形式回答了 105 道有关篆刻的历史、名称由来、种类、特征、技法、使用工具的基本知识。编著者汤兆基（1942—　　），工艺美术师。浙江湖州人。任职于上海工艺美术研究所，中国书法家协会会员、中国美术家协会上海分会会员。出版有《篆刻自学指导》《篆刻问答 100 题》《篆刻欣赏常识》《汤兆基书画篆刻集》等。

J0106148

篆刻学习指南　王志安著

北京　金盾出版社　1999 年　117 页　26cm（16 开）
ISBN：7-5082-0705-X　定价：CNY9.50

J0106149

篆刻艺术赏析　朱关田主编

重庆　重庆出版社　1999 年　198 页　有图
20cm（32 开）ISBN：7-5366-4163-X
定价：CNY12.00
（新世纪百科知识金曲）

篆刻法

J0106150

诸家篆式法

明末至清初　写本　蓝丝栏　有图　线装
　　分四册。

J0106151

诸家篆式法　（不分卷）□□辑

明末至清初　写本

J0106152

摹印篆分韵　（五卷）（清）唐诏撰

［清］手稿本

　　本书由《摹印篆分韵五卷》《总字一卷》《偏旁假借通用书法备查一卷》（清）唐诏撰合订。

J0106153

偏旁假借通用书法备查　（一卷）（清）唐诏撰

［清］手稿本

　　本书由《摹印篆分韵五卷》《总字一卷》《偏旁假借通用书法备查一卷》（清）唐诏撰合订。

J0106154

印文详解　（清）刘维坊篆刻

［清］稿本

J0106155

印文详解　（清）刘维坊篆刻

清道光　刻本　钤印

J0106156

印文详解　（清）刘维坊篆刻

清道光二十八年［1848］钤印本　有像　线装
　　分四册。

J0106157

印文详解　（清）刘维坊篆镌

北京　中国书店　1999 年　137 页　26cm（16 开）
ISBN：7-80568-915-6　定价：CNY20.00

　　清人印作集。刘氏字言可，号乐山，生平善篆刻。此谱为其辑自刻印作汇编而成，书成于清道光二十八年（1848）。

J0106158

篆刻鍼度　（八卷）（清）陈克恕撰

清　抄本

　　作者陈克恕（1741—1809），篆刻家。浙江海宁人。字体行，号目耕，又字吟香、健清、妙果山人等。著有《篆刻针度》《篆学示斯》《篆体经眼》等。

J0106159

篆刻鍼度　（八卷）（清）陈克恕撰

［清］稿本

J0106160
篆刻鍼度 （三卷）（清）陈克恕撰
清 抄本
（碎佩丛铃）

J0106161
篆刻鍼度 （八卷）（清）陈克恕撰
清乾隆 刻本 线装
　　九行二十字黑口左右双边。

J0106162
篆刻鍼度 （八卷）（清）陈克恕撰
陈氏存几希斋 清乾隆五十一年［1786］刻本
　　分四册。九行二十字细黑口左右双边。

J0106163
篆刻鍼度 （八卷）（清）陈克恕撰
清末 抄本 线装
　　分四册。

J0106164
篆刻鍼度 （八卷）（清）陈克恕撰
广东 清同治四年［1865］刻本 线装
　　分二册。九行二十字小字双行同黑口左右双边。

J0106165
篆刻鍼度 （八卷）（清）陈克恕撰
仁和葛氏啸园 清光绪三年［1877］刻本 线装
　　分二册。九行二十字黑口四周双边单鱼尾。

J0106166
篆刻鍼度 （八卷）（清）陈克恕撰
武昌 益善书局 清宣统三年［1911］刻本 线装
　　分二册。十行二十二字黑口左右双边单鱼尾。

J0106167
篆刻鍼度 （八卷）（清）陈克恕撰
民国［影印本］19cm（32开）
（啸园丛书）
　　据清光绪年间版本影印。收于《啸园丛书》第二函中。

J0106168
篆刻鍼度 （清）陈目耕著

北京 北京市中国书店 1983年 影印本 144页 19cm（32开）定价：CNY0.60
　　本书据清乾隆五十一年金石华馆藏版影印。

J0106169
篆刻鍼度 （八卷）（清）陈克恕撰
清乾隆五十一年［1786］刻本

J0106170
篆刻鍼度 （八卷）（清）陈克恕撰
广东 清同治四年［1865］刻本

J0106171
篆刻鍼度 （八卷）（清）陈克恕撰
仁和葛氏 清光绪二至七年［1876–1881］刻本
巾箱
（啸园丛书）

J0106172
篆刻鍼度 （八卷）（清）陈克恕撰
浦城李氏酌海楼 清光绪二十三年［1897］刻本

J0106173
篆镂心得 （一卷）（清）孔继浩撰
清 抄本
　　九行十七字无格。

J0106174
总字 （一卷）（清）唐诏撰
［清］手稿本
　　本书由《摹印篆分韵五卷》《总字一卷》《偏旁假借通用书法备查一卷》（清）唐诏撰合订。

J0106175
篆印心法 （一卷）（清）张在辛撰
清乾隆至宣统 刻本 重印 线装
（琐言）
　　九行十八字白口左右双边单鱼尾。收于《琐言》中。

J0106176
篆印心法 （一卷）（清）张在辛撰
清乾隆十三年［1748］刻本
（琐言）

J0106177

印章集说 （一卷）（明）甘旸撰

海虞顾湘 清道光 刻本 线装

（篆学琐著）

　　九行二十一字白口四周双边单鱼尾。

J0106178

印章集说 （一卷）（明）甘旸撰

海虞顾氏 清道光二十年［1840］刻本

（篆学琐著）

J0106179

篆学琐著 （三十种）（清）顾湘辑

海虞顾氏 清道光 刻本 线装

　　分八册。九行二十二字小字双行同黑口四周双边。

J0106180

篆学琐著 （三十种 1）（清）顾湘辑

海虞顾湘 清道光 刻本 线装

　　本书包括：《论篆一卷》（唐）李阳冰撰、《五十六种书法一卷》（唐）韦续撰、《学古编一卷》（元）吾邱衍撰、《古今印史一卷》（明）徐官撰、《篆学指南一卷》（明）赵宦光撰、《印章集说一卷》（明）甘旸撰、《学古编二卷》（元）吾邱衍撰，（明）何震续、《印旨一卷》（清）程远撰、《印经一卷》（清）朱闻撰、《印章要论一卷》（清）朱简撰、《篆刻十三略一卷》（清）袁三俊撰、《印章考一卷》（清）方以智撰、《敦好堂论印一卷》（清）吴先声撰、《说篆一卷》（清）许容撰、《印辨一卷》（清）高积厚撰、《印述一卷》（清）高积厚撰、《印戋说一卷》（清）徐坚撰。　分十二册。九行二十一字黑口四周双边。

J0106181

篆学琐著 （三十种 2）（清）顾湘辑

海虞顾湘 清道光 刻本 线装

　　本书包括：《六书缘起一卷》《古今印制一卷》《篆印发微一卷》（清）孙光祖篆、《古印考略一卷》（清）夏一驹撰、《续三十五举一卷》《再续三十五举一卷》（清）桂馥撰。《印说一卷》（清）陈烁撰、《印言一卷》（清）陈烁撰、《论印绝句一卷》（清）沈心撰、《印学管见一卷》（清）冯承辉撰、《印人传三卷》（清）周亮工撰、《续印人传八卷》（清）汪启淑撰。分十二册。九行二十一字黑口四周双边。

双边。顾湘（1829—1880），清常熟人。字翠岚，号兰江、兰生、石墩山人、石墩山民、东郭顽夫等。黄彦弟子。嗜金石，工篆刻，熟悉印典。编刊《印苑》《名印传真》，与弟浩辑有《小石山房印谱》。藏书数万卷，精于版本校勘，尤喜刻书，其小石山房刊汲古阁校刻书尤多，校刻曲阜桂馥所著《续三十五举》世称精善。另编刊有《篆学琐著》《小石山房丛书》《玲珑山馆丛书》等。著有《汲古阁版本考》。

J0106182

篆学琐著 （三十种）（清）顾湘辑

海虞顾湘 清道光 刻本 线装

　　分六册。九行二十一字黑口四周双边。

J0106183

篆学琐著 （三十种）（清）顾湘辑

海虞顾湘 清道光 刻本 线装

　　分八册。九行二十一字黑口四周双边。

J0106184

篆学琐著 （三十种）（清）顾湘辑

海虞顾湘 清道光 刻本 线装

　　分八册。九行二十一字小字双行同黑口四周双边。

J0106185

篆学琐著 （清）顾湘辑

海虞顾氏 清道光二十年［1840］刻本

　　本书包括：《论篆一卷》（唐）李阳冰撰、《五十六种书法一卷》（唐）韦续撰、《学古编一卷》（元）吾邱衍撰、《古今印史一卷》（明）徐官撰、《篆学指南一卷》（明）赵宦光撰、《印章集说一卷》（明）甘旸撰、《学古编二卷》（元）吾邱衍撰，（明）何震续、《印旨一卷》（清）程远撰、《印经一卷》（清）朱简撰、《印章要论一卷》（清）朱简撰、《篆刻十三略一卷》（清）袁三俊撰、《印章考一卷》（清）方以智撰、《敦好堂论印一卷》（清）吴先声撰、《说篆一卷》（清）许容撰、《印辨一卷》（清）高积厚撰、《印述一卷》（清）高积厚撰、《印戋说一卷》（清）徐坚撰、《六书缘起一卷》（清）孙光祖撰、《古今印制一卷》（清）孙光祖撰、《篆印发微一卷》（清）孙光祖撰、《古印考略一卷》（清）夏一驹撰、《续三十五举一卷再续三十五举一卷重定续三十五举一卷》；（清）桂馥撰、《印说一卷》(清)陈炼撰、《印言一卷》(清)陈炼撰、《论印绝句一卷》(清)吴骞辑、《印学管见一卷》(清)冯承辉撰、《印人传三卷》(清)周亮工撰、《续印人传八卷》(清)汪启淑撰。

J0106186
篆学琐著　(清)顾湘辑
虞山飞鸿延堂　清光绪十四年[1888]刻本

J0106187
篆学指南　(一卷)(明)赵宧光撰
海虞顾湘　清道光　刻本　线装
(篆学琐著)
　　九行二十一字黑口四周双边单鱼尾。

J0106188
篆学指南　(一卷)(明)赵宧光撰
六安晁氏　清道光十一年[1831]木活字印本
(学海类编)

J0106189
篆学指南　(一卷)(明)赵宧光撰
海虞顾湘　清道光二十年[1840]刻本
(篆学琐著)

J0106190
篆学指南　(一卷)(明)赵宧光撰
上海　涵芬楼　民国九年[1920]影印本
(学海类编)
　　据清道光十一年六安晁氏木活字印本影印。

J0106191
秦玺始末　(一卷)(明)沈德符撰
六安晁氏　清道光十一年[1831]木活字印本
(学海类编)

J0106192
秦玺始末　(一卷)(明)沈德符撰
上海　涵芬楼　民国九年[1920]影印本
(学海类编)
　　据清道光十一年六安晁氏木活字印本影印。

J0106193
篆刻十三略　(一卷)(清)袁三俊撰
海虞顾氏　清道光二十年[1840]刻本

(篆学琐著)

J0106194
篆刻十三略　(一卷)(清)袁三俊撰
常熟鲍氏　清同治至光绪　刻本
(后知不足斋丛书)

J0106195
篆学丛书　(三十种 1)(清)顾湘辑
虞山飞鸿延年室　清光绪十四年[1888]刻本
后印　线装
　　本书包括:《论篆一卷》(唐)李阳冰撰、《五十六种书法一卷》(唐)韦续撰、《学古编一卷》(元)吾邱衍撰、《古今印史一卷》(明)徐官撰、《篆学指南一卷》(明)赵宧光撰、《印章集说一卷》(明)甘旸撰、《学古编二卷》(元)吾邱衍撰,(明)何震续、《印旨一卷》(清)程远撰、《印经一卷》(清)朱闻撰、《印章要论一卷》(清)朱简撰、《篆刻十三略一卷》(清)袁三俊撰、《印章考一卷》(清)方以智辑、《敦好堂论印一卷》(清)吴先声撰、《说篆一卷》(清)许容撰、《印辨一卷》(清)高积厚撰、《印述一卷》(清)高积厚撰、《印戋说一卷》(清)徐坚撰。　分八册。九行二十一字黑口四周双边。

J0106196
篆学丛书　(三十种 2)(清)顾湘辑
虞山飞鸿延年室　清光绪十四年[1888]刻本
后印　线装
　　分八册。九行二十一字黑口四周双边。

J0106197
篆学丛书　(三十种)(清)顾湘辑
虞山飞鸿延年室　清光绪十四年[1888]刻本
重印　线装
　　分四册。九行二十一字黑口四周双边。顾湘(1829—1880),清常熟人。字翠岚,号兰江、兰生、石墩山人、石墩山民、东郭顽夫等。黄彦弟子。嗜金石,工篆刻,熟悉印典。编刊《印苑》《名印传真》,与弟浩辑有《小石山房印谱》。藏书数万卷,精于版本校勘,尤喜刻书,其小石山房刊汲古阁校刻书尤多,校刻曲阜桂馥所著《续三十五举》世称精善。另编刊有《篆学琐著》《小石山房丛书》《玲珑山馆丛书》等。著有《汲古阁版本考》。

J0106198

篆学丛书 （三十三种 1）（清）顾湘辑
上海 文瑞楼 民国七年［1918］石印本 线装
　　分十六册。

J0106199

篆学丛书 （三十三种 2）（清）顾湘辑
上海 文瑞楼 民国七年［1918］石印本 线装
　　分十六册。

J0106200

摹印要诀 （不分卷）（清）仰嘉祥辑
中国图书公司 清宣统三年［1911］石印本
　　本书由《篆法探源不分卷》（明）朱之蕃撰、
（清）李登重订；（清）仰嘉祥音注、《习篆要诀不
分卷》《摹印要诀不分卷》（清）仰嘉祥辑合订。

J0106201

习篆要诀 （不分卷）（清）仰嘉祥辑
中国图书公司 清宣统三年［1911］石印本
　　本书由《篆法探源不分卷》（明）朱之蕃撰；
（清）李登重订；（清）仰嘉祥音注、《习篆要诀不
分卷》《摹印要诀不分卷》（清）仰嘉祥辑合订。

J0106202

篆法探源 （明）朱之蕃撰；（清）李登重订；仰
嘉祥音注
中国图书公司 清宣统三年［1911］石印本 线装
　　白口四周单边。

J0106203

篆法探源 （不分卷）（明）朱之蕃撰；（清）李
登重订；（清）仰嘉祥音注
中国图书公司 清宣统三年［1911］石印本
　　本书由《篆法探源不分卷》（明）朱之蕃撰；
（清）李登重订；（清）仰嘉祥音注、《习篆要诀不
分卷》《摹印要诀不分卷》（清）仰嘉祥辑合订。

J0106204

篆学入门 （不分卷）曾朴撰
［民国］稿本

J0106205

印章集说 （一卷）（明）文彭撰
上海 涵芬楼 民国九年［1920］影印本

（学海类编）
　　据清道光十一年六安晁氏木活字印本影印。

J0106206

双勾倩影 蔡谈作
民国十七年［1928］钤印本 线装

J0106207

怎样刻印章 陈寿荣编
上海 上海人民美术出版社 1963 年 104 页
有图 19cm（32 开）统一书号：T8081.5286
定价：CNY0.44
　　本书介绍印章知识和刻法。共 7 部分：印
章的艺术价值和用途、印章的发展概况、刻印章
的方法和要求、刻印章的用具、对初学刻印章者
的建议、各家印语摘编（附录）、附图。编者陈寿
荣（1916—2003），画家。字春甫，晚号春翁，山
东潍坊人。历任西泠印社社员，中国书法家协
会会员，中国美术家协会会员，山东万印楼印社
社长，潍坊北海书画院名誉院长。代表作品《历
代美术家》《历代仕女》《聊斋百美》《飞鹰百
态》等。

J0106208

怎样刻印章 陈寿荣著
上海 上海人民美术出版社 1980 年 修订本
122 页 19cm（32 开）统一书号：T8081.5286
定价：CNY0.29
（工农兵美术技法丛书）

J0106209

怎样刻印章 （修订本）陈寿荣编著
上海 上海人民美术出版社 1998 年 重印本
122 页 19cm（32 开）ISBN：7-5322-0621-1
定价：CNY4.80

J0106210

篆刻入门 孔云白编著
台北 台湾商务印书馆 1972 年 6 版 影印本
136 页 17cm（40 开）定价：TWD0.40
（人人文库 292）

J0106211

篆刻入门 孔云白著
上海 上海书店 1979 年 影印本 134 页

20cm（32 开）定价：CNY0.60

J0106212
篆刻入门　　孔云白著
上海　上海书店　1985 年　影印本　重印本　134 页
有图　21cm（32 开）定价：CNY0.70

J0106213
篆刻入门　　孔云白编
北京　中国书店　1988 年　影印本　20cm（32 开）
ISBN：7-80568-044-2 定价：CNY2.00

J0106214
嘉显堂图书会要　　何剑湖撰
台北　文海出版社　1974 年　影印本　220 页
20cm（32 开）精装
（清代稿本百种汇刊 48 子部）
　　中国美术篆刻技法。

J0106215
篆刻学　　邓散木著
北京　人民美术出版社　1979 年　150 页
26cm（16 开）统一书号：8027.6878 定价：CNY2.30
　　本书为篆刻学家邓散木的遗著，总结了他几
十年的实践心得和经验，对于印章的源流，各家
篆刻流派，章法、刀法作了论述和介绍。作者邓
散木（1898—1963），著名书法、篆刻家。原名菊
初。字散木，别号粪翁等。出生于上海，中国书
法研究社社员。代表作品《篆刻学》《中国书法
演变史》。

J0108346
治印艺术　　谷溪编
北京　朝花美术出版社　1984 年　19×26cm
统一书号：8028.2344 定价：CNY0.95
（美术技法画库 5）
　　本书是中国篆刻艺术技法集。

J0106216
治印艺术　　谷溪编
北京　朝花美术出版社　1987 年　18 页　19×26cm
统一书号：8028.2344 定价：CNY0.95
（美术技法画库）

J0106217
篆刻丛谈　　叶一苇著
杭州　西泠印社　1985 年　143 页　20cm（32 开）
统一书号：8191.337 定价：CNY0.78
　　本书从印史的发展来看篆刻艺术的发展，
分析历代篆刻名家之作，阐述继承与创新的关
系。附有书法和印章图例。作者叶一苇（1918—
2013），书法篆刻家、诗人、学者。字航之，号纵
如，别署熟溪子、龙马山人。浙江省文史馆馆员、
西泠印社理事。代表作品有《篆刻丛谈》《中国
篆刻简史》《一苇诗词选》等。

J0106218
篆刻丛谈　（续集）叶一苇著
杭州　西泠印社　1987 年　141 页　20cm（32 开）
ISBN：7-80517-006-1 定价：CNY1.08
　　分析战国古玺、秦印、汉印及圆朱文印的艺
术价值，探索了闲章的特点以及风格、篆法、刀
法、章法的变化，并论述了大小篆借用、玺印的
质疑、摹印与谬篆等问题。

J0106219
篆刻艺术　　王北岳著；陈振宇摄影
台北　汉光文化事业公司　1985 年　128 页　有照片
26cm（16 开）ISBN：0-914929-88-7
定价：TWD270.00
（中华之美系列丛书）

J0106220
篆刻技法　　梁秀伟，马光兆编著
郑州　河南科学技术出版社　1986 年　100 页
有图　19cm（32 开）定价：CNY1.10
（青年自学技术丛书）

J0106221
篆刻学　（元）吾邱衍等撰
台北　世界书局　1986 年 5 版　影印本　15cm（40 开）
精装　定价：旧台币 2.60
（中国学术名著 第五辑）
　　作者吾邱衍（1272—1311），元代金石学家、
篆刻家。一作吾衍，字子行，号贞白，又号竹房、
别署真白居士、布衣道士，浙江龙游人。著有《周
秦石刻释音》《闲居录》《竹素山房诗集》《学古
编》等。

J0106222
篆刻要略　张邯著
石家庄　河北美术出版社 1986 年 69 页
10cm（64 开）统一书号：8087.1019 定价：CNY1.80
　　本书介绍篆刻的基本知识，包括识篆、写
篆、临篆、刻印的章法等 9 章。并附有篆刻作品
及边款。

J0106223
青少年篆刻五十讲　吴颐人编著
天津　天津人民美术出版社 1987 年 155 页
有图 26cm（16 开）ISBN：7-5305-0034-1
定价：CNY6.00

J0106224
青少年篆刻五十讲　吴颐人编著
天津　天津人民美术出版社 1987 年 159 页
有图 26cm（16 开）定价：CNY5.00

J0106225
治印管见录　黄高年著
天津　天津市古籍书店 1987 年 影印本 71 页
19cm（32 开）定价：CNY0.58

J0106226
篆刻艺术　刘江著
杭州　浙江美术学院出版社 1987 年 118 页
26cm（16 开）定价：CNY1.70
（美术自学丛书）

J0106227
篆刻艺术　刘江著
杭州　浙江美术学院出版社 1988 年 2 版
103 页 26cm（16 开）ISBN：7-81019-013-X
定价：CNY4.35
（美术基础技法教材丛书）

J0106228
刻印技法图解　曹齐著
上海　上海人民美术出版社 1989 年 61 页
19cm（32 开）ISBN：7-5322-0608-4
定价：CNY1.60

J0106229
实用篆刻起步　邓锡禄编著

桂林　广西师范大学出版社 1989 年 96 页
19cm（32 开）ISBN：7-5633-0471-1
定价：CNY1.20

J0106230
篆刻技法　刘江著
杭州　西泠印社 1989 年 144 页 20cm（32 开）
ISBN：7-80517-043-6 定价：CNY2.90
　　本书对字的结构、用笔、变体，章法的规律、
章法与印形、章法与边款，执刀、运刀、刀法与
笔意，款向、款式、边款刻法，以及临摹、临刻、
仿作、朱印、墨印、拓款等，都有详尽的指导，并
附 300 方印章图例。

J0106231
篆刻简解　高石农编著
南京　江苏古籍出版社 1989 年 109 页
19cm（32 开）ISBN：7-80519-148-4
定价：CNY1.60
（书法学习丛书）

J0106232
篆刻启蒙与技法　刘振英编著
北京　北京体育学院出版社 1989 年 136 页
19cm（32 开）ISBN：7-81003-196-1
定价：CNY1.90

J0106233
篆刻入门　郭冰光编著
香港　明天出版社 1989 年 112 页 19cm（32 开）
ISBN：962-277-075-4 定价：HKD22.00
（新编书法丛书）
　　本书为香港明天出版社与广东人民出版社
合作出版。编著者郭冰光（1952—　　），原名嘉，
字石士，号石乐斋，中国书法家协会广东分会会
员，广州市书法家协会会员。

J0106234
中国印章艺术　戴林编著
北京　北京美术摄影出版社 1990 年 147 页
19cm（32 开）ISBN：7-80501-076-5
定价：CNY5.10
　　编著者戴林（1914—1980），教授，画家。原
名戴子治，河北深州人，毕业于北平北华美专。
曾任教于北京艺术学院、北京师范学院、首都师

范大学，中国美术家协会会员。作品有《竹间仙鹤》《花开春满园》等。

J0106235
篆刻学　寿石工著
天津　天津市古籍书店　1990 年　影印本　31 页
19cm（32 开）定价：CNY0.60
　　本书原是作者在国立美专任教时的讲义。书中对印章起源、文字究探、篆刻三法、风格流派以及篆刻工具的制作等都作了阐述。作者寿石工（1888—1950），篆刻家，书法家。名玺，字石工，号珏庵，别署印丐。出生于浙江绍兴。著有《铸梦庐篆刻学》《篆刻学讲义》《珏庵词》等。

J0106236
篆刻法　吴颐人编著
上海　上海书店　1991 年　228 页　26cm（16 开）
ISBN：7-80569-391-9　定价：CNY18.00
　　本书分上、中、下 3 编。上编为学习方法、工具、材料等治印要领；中编介绍印章源流、流派，及近现代篆刻家的风格和师承关系；下篇介绍有关篆刻的资料和参考书目。附学习印章 2000 多枚。系作者长期治印和教学经验与心得的总结。编著者吴颐人（1942—　　），书画家。别署宁坞、壬壶、忘我庐等，上海人。历任上海闵行书画院院长，西泠印社社员，中国书法家协会会员。主要著作有《篆刻五十讲》《篆刻法》《篆刻跟我学》《印章名作欣赏》《常用汉字演变图说》等。

J0106237
篆刻入门　庄伯和编译
北京　世界图书出版公司　1991 年　86 页
19cm（32 开）ISBN：7-5062-1002-9
定价：CNY2.90
（金石篆刻丛书 1）
　　编译者庄伯和，台湾民俗研究专家，著有《年画仕女的戏味与造形美》《民俗美术探访录》《台湾民艺造型》等。

J0106238
篆刻入门　庄伯和编译
台北　台湾艺术图书公司　1991 年　86 页
19cm（小 32 开）ISBN：7-5062-1002-9
定价：CNY2.90

（金石篆刻丛书 4）
　　本书为台湾艺术图书公司与世界图书出版公司合作出版。

J0106239
《说文解字》与篆刻艺术　暴拯群著
郑州　河南人民出版社　1992 年　169 页
18cm（小 32 开）ISBN：7-215-01692-7
定价：CNY2.90
（许慎与《说文》小丛书）

J0106240
篆刻入门　郭冰光编著
广州　广东人民出版社　1992 年　112 页
19cm（小 32 开）ISBN：7-218-00768-6
定价：CNY3.50
（新编书法丛书）
　　本书为广东人民出版社与明天出版社合作出版。编著者郭冰光（1952—　　），原名嘉，字石士，号石乐斋，中国书法家协会广东分会会员，广州市书法家协会会员。

J0106241
篆刻学类要注释　李毅峰编著
天津　天津人民美术出版社　1992 年　216 页
19cm（小 32 开）ISBN：7-5305-0291-3
定价：CNY8.10
　　本书成书于民国二十七年，论述了历代篆刻学经典中有关篆刻理论及技巧。全书按原文、题解、注释、会笺、按语 5 方面内容顺序编撰。编著者李毅峰（1964—　　），学者、教育家。天津人，毕业于天津南开大学和中央美术学院。历任中国美术家协会中国画艺术委员会委员，中国美术家协会河山画会理事，天津美术家协会副主席，新疆大山水研究所名誉所长，天津画院特聘画师，天津人民美术出版社社长等职。代表作品《高山幽居图》《苍岩》《山水妙音》等。

J0106242
篆刻艺术　王北岳著
台北　汉光文化事业公司　1992 年　12 版　127 页
29cm（16 开）ISBN：957-629-096-1
定价：TWD270.00
（中华之美系列丛书）

J0106243

篆刻艺术纵横谈 （篆刻艺术的历史观与美学观）陈振濂著

上海 上海书画出版社 1992 年 304 页

20cm（32 开）ISBN：7-80512-137-0

定价：CNY6.50

本书介绍了印式、印篆、印技、印学、印家、印史、印谱、印制、印活。作者陈振濂（1956— ），书法家。号颐斋。生于上海，浙江鄞县人。曾任浙江大学人文学院副院长，中国文联副主席，中国书法家协会副主席，中国文艺评论家协会副主席，浙江省文联副主席，西泠印社副社长。著作有《书法美学》《大学书法教材集成》。

J0106244

篆刻自学指导 汤兆基编著

上海 上海书店 1992 年 136 页 26cm（16 开）

ISBN：7-80569-467-2 定价：CNY9.80

（上海老干部大学教育丛书）

本书讲授了篆刻的刀法及书法、章法、边款等技巧。编著者汤兆基（1942— ），工艺美术师。浙江湖州人。任职于上海工艺美术研究所，中国书法家协会会员、中国美术家协会上海分会会员。出版有《篆刻自学指导》《篆刻问答 100 题》《篆刻欣赏常识》《汤兆基书画篆刻集》等。

J0106245

天衡印谭 韩天衡著

上海 上海书店 1993 年 385 页 20cm（32 开）

ISBN：7-80569-896-1 定价：CNY17.00

本书作者借鉴我国古代和近现代的美学观点、美学理论，对各种印章流派进行分析研究，结合自己在实践中的体会探究和掌握印章艺术的规律。

J0106246

中国的篆刻艺术与技巧 叶一苇著

北京 中国青年出版社 1993 年 201 页

19cm（小 32 开）ISBN：7-5006-1321-0

定价：CNY4.60

本书共 4 章，介绍印章的艺术与历史、篆刻艺术的兴起及发展、篆刻艺术的技法、使用工具、艺术欣赏等，配有 431 幅篆刻作品。作者叶一苇（1918—2013），书法篆刻家、诗人、学者。

字航之，号纵如，别署熟溪子、龙马山人。浙江省文史馆馆员、西泠印社理事。代表作品有《篆刻丛谈》《中国篆刻简史》《一苇诗词选》等。

J0106247

篆刻 陈茗屋等撰

上海 上海辞书出版社 1993 年 288 页 有附图

17cm（40 开）ISBN：7-5326-0231-1

定价：CNY9.60

（文化生活小百科）

J0106248

篆刻刀法常识 童衍方编著

上海 上海书画出版社 1993 年 68 页 有图

20cm（32 开）ISBN：7-80512-261-X

定价：CNY3.50

（篆刻入门丛书）

本书包括刀法概论、刻刀的选用、刀法介绍、用刀琐谈、历代玺印用刀简析和明清流派印章。

J0106249

篆刻技法入门 朱鸿祥编著

北京 中国旅游出版社 1993 年 228 页 有图

20cm（32 开）ISBN：7-5032-0614-4

定价：CNY8.50

本书介绍了篆刻艺术的基本知识，并编集了 54 位名家的作品，同时对 14 位篆刻家的作品进行了评介。编著者朱鸿祥（1936— ），教授。山东乐陵人，毕业于中央工艺美术学院。历任中国《设计》杂志社主编，中央工艺美术学院教授，北京服装学院、山东轻工业学院兼职教授。著作有《朱鸿祥篆刻选》《篆刻技法入门》《明清私藏印选集》等。

J0106250

篆刻艺术 徐利明编著

南京 江苏美术出版社 1993 年 72 页 26cm（16 开）

ISBN：7-5344-0296-4 定价：CNY4.20

（中级美术自学丛书 美术家之路）

本书共 8 讲，其中有：识篆与篆刻用字、篆刻的基本技法与程序、篆刻章法常识例解等。编著者徐利明，南京艺术学院教授。出版有《徐利明书画篆刻》。

J0106251
篆刻基础入门　董雁编著
北京　国际文化出版公司　1994年　74页
26cm（16开）ISBN：7-80105-217-X
定价：CNY6.20
（书法技法丛书）
　　编著者董雁（1968—　），北京人。字子人，
号若鸿，室名抱素斋。毕业于首都师范大学书法
专业。北京市书法家协会篆刻研究会会员，任职
于清华大学美术学院。书画、篆刻作品辑入《当
代名家唐诗宋词元曲书画集》《中国印学年鉴》
等专集。

J0106252
篆刻入门　许亦农著
南昌　江西美术出版社　1994年　2版　61页
26cm（16开）ISBN：7-80580-187-8
定价：CNY9.00

J0106253
中国篆刻技法　陈天银编著
成都　四川大学出版社　1995年　292页　有插图
26cm（16开）ISBN：7-5614-1169-3
定价：CNY34.00
　　编著者陈天银（1964—　），篆刻家。字铁夫，
号麓台居士，贵州瓮安人。历任锦千书画院院长，
夜郎印社社长，神州篆刻艺术函授学校校长。主
要著作有《中国篆刻大字典》《中国篆刻技法》
《新编实用对联手册》等。

J0106254
学篆刻　李欣编著
北京　中国计量出版社　1996年　73页　26cm（16开）
ISBN：7-5026-0925-3　定价：CNY10.50

J0106255
篆刻基础技法　李毅峰编著
天津　天津人民美术出版社　1996年　51页
有插图　26cm（16开）ISBN：7-5305-0578-5
定价：CNY5.10
（美术基础技法丛书）

J0106256
篆刻基础技法　李毅峰编著
天津　天津人民美术出版社　1999年　51页

有插图　26cm（16开）ISBN：7-5305-0578-5
定价：CNY5.10
（美术基础技法丛书）

J0106257
篆刻入门　孔云白著
上海　上海书店　1996年　影印本　134页　有图
20cm（32开）ISBN：7-80569-141-X
定价：CNY5.50

J0106258
吴昌硕篆刻及其刀法　刘江著
杭州　西泠印社　1997年　117页　26cm（16开）
ISBN：7-80517-161-0　定价：CNY19.80

J0106259
印章篆刻入门　吴永著
上海　百家出版社　1997年　104页　26cm（16开）
ISBN：7-80576-624-X　定价：CNY13.00

J0106260
篆刻技巧入门奥秘　莫英泉著
沈阳　辽宁美术出版社　1997年　重印本　206页
26cm（16开）ISBN：7-5314-1440-6
定价：CNY28.00
（百业精技入门奥秘系列丛书）

J0106261
篆刻教程　王建全编著
乌鲁木齐　新疆人民出版社　1997年　104页
26cm（16开）ISBN：7-228-04171-2
定价：CNY14.80
（书法自学丛书）

J0106262
篆刻教程　刘江著
杭州　中国美术学院出版社　1997年
2版（修订版）156页　有插图　26cm（16开）
ISBN：7-81019-567-0　定价：CNY17.50
（书法教学丛书）

J0106263
篆刻艺术与刻印技法　章用秀编著
天津　天津人民美术出版社　1997年　153页
26cm（16开）ISBN：7-5305-0612-9

定价：CNY18.50

J0106264
吴让之篆刻及其刀法　于良子编
杭州　西泠印社　1998 年　68 页　26cm（16 开）
ISBN：7-80517-308-7　定价：CNY12.00

J0106265
雅子说篆刻　张雅琳著
北京　中国物资出版社　1998 年　74 页　26cm（16 开）
ISBN：7-5047-1552-2　定价：CNY16.80

J0106266
篆刻基础　赵远强编著
北京　中国社会出版社　1998 年　116 页　有图
26cm（16 开）ISBN：7-80088-987-4
定价：CNY15.00
（美术与设计基础丛书）

J0106267
篆刻入门　沈爱良编著
上海　上海人民美术出版社　1998 年　56 页　有图
19cm（小 32 开）ISBN：7-5322-1981-X
定价：CNY5.00
（少年艺术技能入门丛书）

J0106268
篆刻自修　吴瓯等著
上海　上海书画出版社　1998 年　251 页　有图
19cm（小 32 开）ISBN：7-80635-245-7
定价：CNY8.10
（海螺·绿叶文库　艺苑自修）

J0106269
海山仙馆名园拾萃　广州市荔湾区文化局编
广州　花城出版社　1999 年　192 页　29cm（16 开）
软精装　ISBN：7-5360-3124-6　定价：CNY250.00

J0106270
黄牧甫篆刻及其刀法　陈大中编
杭州　西泠印社　1999 年　40 页　26cm（16 开）
ISBN：7-80517-314-1　定价：CNY9.00
　　作者陈大中（1962—　　），书法家。本名陈建
中，斋名三湖居，生于江苏无锡市。毕业于浙江
美术学院（今中国美术学院）。历任中国美术学院

副教授、西泠印社社员、中国书法家协会会员、
浙江省书法家协会理事。著有《隶书训练新技》
《篆书训练新技》《隶书教程》等。

J0106271
教你学篆刻　张石莽编著
北京　中国计划出版社　1999 年　42 页　26cm（16 开）
ISBN：7-80058-817-3　定价：CNY6.50
（21 世纪美术权威教程）

J0106272
逯国胜教你篆刻　逯国胜编
南京　南京大学出版社　1999 年　有图　29cm（16 开）
ISBN：7-305-03437-1　定价：CNY7.50
（名家美术课堂　艺术入门教程）
　　本书简要讲解了印章的历史知识和篆刻技
法。内容包括：刻印的工具及材料、选石与捡
字、篆刻的章法、执刀运刀与刀法、一般刻印的
步骤、边款的刻法与拓法、铃印、如何临摹汉印、
汉印精选、范印以及历代印章欣赏。

J0106273
齐白石篆刻及其刀法　汪星燚编著
杭州　西泠印社　1999 年　59 页　26cm（16 开）
ISBN：7-80517-408-3　定价：CNY13.00
　　本书主要介绍了齐白石篆刻中点、横、竖、
斜、弧、折、曲、叉、边界等基本点画的笔法与刀
法，用笔、用刀与结字、章法等内容。

J0106274
吴昌硕篆刻及其章法　刘江著
杭州　西泠印社　1999 年　116 页　26cm（16 开）
ISBN：7-80517-375-3　定价：CNY18.50

J0106275
新编篆刻技法　马光兆编著
北京　中国国际广播出版社　1999 年　332 页
20cm（32 开）ISBN：7-5078-0997-8
定价：CNY26.00

J0106276
篆刻　潘德熙，童衍方著
上海　上海书画出版社　1999 年　135 页　有图
17×19cm　精装　ISBN：7-80635-526-X
定价：CNY20.00

（美术技法丛书）

　　本书是篆刻艺术技法入门书。在技法篇部分，介绍篆刻需要那些工具和材料、怎样刻印面；印史篇部分，重点介绍古玺印和明清各种流派印章的发展概况。

J0106277
篆刻　潘德熙，童衍方著
上海　上海书画出版社　1999 年　135 页　17×19cm
ISBN：7-80635-412-3　定价：CNY15.00
（美术技法丛书）

J0106278
篆刻技法入门　（古今名家名作精解）董雁编著
北京　中国世界语出版社　1999 年　74 页
26cm（16 开）ISBN：7-5052-0416-5
定价：CNY6.80
（中国书法艺术精解丛书）

历代印谱

J0106279
陈寄生图书苑　（不分卷）（明）陈旅辑
明　刻本　钤印

J0106280
陈寄生图书苑　（不分卷）（明）陈旅辑
明　刻本　钤印
　　　分三册。

J0106281
承清馆印谱　（初集一卷，续集一卷）（明）张灏辑
明　刻本　钤印

J0106282
承清馆印谱　（一卷　续集一卷）（明）张灏撰
明　刻本　钤印
　　　分二册。

J0106283
汉晋印谱　（不分卷）（宋）吴孟思辑；（宋）王厚之考
明　刻本

J0106284
历代帝王传国玺谱　（一卷）（宋）郑文宝撰
明　抄本

J0106285
历代帝王传国玺谱　（一卷）（宋）郑文宝撰
明　抄本
　　　本书由《历代帝王传国玺谱一卷》《桂苑丛谈一卷》（宋）郑文宝撰合订。十行行无定守蓝格白口四周单边。

J0106286
曲水轩印志　（二卷）（明）黄赏篆刻并辑
明　刻本　钤印

J0106287
石云先生印谱释考　（三卷）（明）孙枝撰
［明］抄本
（石云先生遗稿）

J0106288
石云先生印谱释考　（明）孙枝撰
姜志邹　明万历四十五年［1617］刻本　线装
　　　本书由《石云先生金石评考》《石云先生印谱释考》（明）孙枝撰、《琅邪王羲之世系谱》（明）孙枝考图；（明）姜志邹编的合订。

J0106289
新刻名公印隽儒林重珍　（□卷）（明）熊经辑
书林陈国晋　明　刻本

J0106290
严髻珠先生印稿　（一卷）（明）严栻篆刻
明　钤印本

J0106291
印正附说　（明）甘旸撰
明　刻本　线装
　　　八行二十字白口四周双边。

J0106292
印正附说　（一卷）（明）甘旸撰
明万历　刻本

J0106293
印正附说 （一卷）（明）甘旸撰
清　抄本

J0106294
印正附说 （明）甘旸述
民国　抄本　蓝丝栏　线装
　　分二册。

J0106295
丛珠馆印谱 （二卷）（明）曹一鲲篆刻
明万历　刻本　钤印

J0106296
甘氏印集 （四卷）（明）甘旸篆刻
明万历　刻本　钤印

J0106297
古今印选 （二卷　续一卷）（明）吴可贺辑
明万历　刻本　钤印

J0106298
汇姓印苑 （二卷）（明）王梦弼篆刻
明万历　刻本　蓝格钤印
　　分二册。

J0106299
集古印谱 （六卷）（明）王常辑；（明）顾从德校
上海顾氏芸阁　明万历　刻本　朱印　线装
　　分六册。朱口四周单边。

J0106300
求定斋印章 （一卷）（明）吴迥篆刻
明万历　刻本　钤印

J0106301
苏氏印略 （一卷）（明）苏宣篆刻并辑
明万历　刻本　钤印

J0106302
苏氏印略 （二卷）（明）苏宣篆刻并辑
明万历四十五年［1617］钤印本

J0106303
苏氏印略 （三卷）（明）苏宣篆刻并辑

明万历四十五年［1617］钤印本

J0106304
苏氏印略 （四卷）（明）苏宣篆刻
明万历四十五年［1617］刻本　钤印

J0106305
晓采居印印 （二卷）（明）吴迥篆刻并辑
明万历　刻本　钤印

J0106306
晓采居印印 （四卷）（明）吴迥篆刻并辑
明万历　刻本　钤印

J0106307
新安休邑程衔发刻古今印章 （一卷）（明）
宋侃篆刻
明万历　钤印本

J0106308
虚白斋印赋 （二卷）（明）王应麒辑
明万历　钤印本

J0106309
印选 （五卷）（明）知希斋编辑
明万历　钤印本　线装
　　分五册。

J0106310
印选 （五卷）（明）孙如兰辑
明万历　钤印本

J0106311
珍善斋印 （四卷）（明）吴迥篆刻并辑
明万历　钤印本

J0106312
汉晋印章图谱 （一卷）［（宋）吴孟思撰］；（宋）
王厚之［考订］
茅一相　明万历八年［1580］刻本
（欣赏编）
　　收于《欣赏编》十种十四卷中。

J0106313
漪兰馆印选 （二卷）（明）张楚锡辑

明万历十五年［1587］钤印本

J0106314
摹印千字文　（一卷）（明）冯文魁篆刻
明万历二十年［1592］刻本　钤印

J0106315
古今印选　（四卷）（明）方用光辑
明万历三十一年［1603］刻本

J0106316
程氏印谱　（二卷）（明）程大宪篆刻并辑
程氏滋苏馆　明万历三十六年［1608］钤印本

J0106317
明臣印谱　（二卷）（明）詹荷篆刻
明万历三十六年［1608］钤印本

J0106318
印隽　（四卷）（明）梁袠篆刻并辑
明万历三十八年［1610］钤印本

J0106319
鸿栖馆印选　（不分卷）（明）吴忠篆刻
明万历四十三年［1615］钤印本

J0106320
鸿栖馆印选　（一卷）（明）吴忠篆刻
明万历四十三年［1615］钤印本

J0106321
方元长印谱　（五卷）（明）方逢吉篆刻；（明）
朱统□辑
明万历四十八年［1620］钤印本

J0106322
古今印赏　（□卷）（明）释隆彩篆刻
明天启　刻本　钤印

J0106323
皇明印史　（四卷）（明）邵潜篆刻并辑
明天启　刻本　钤印
　　　分四册。

J0106324
皇明印史　（四卷）（明）邵潜篆刻并辑
清　抄本

J0106325
江氏图书府　（一卷）（明）江从治辑
明天启元年［1621］钤印本

J0106326
印问　（二卷）（明）周麟篆刻
六书阁　明天启元年［1621］钤印本

J0106327
正韵篆　（二卷）（明）沈延铨撰
沈延铨　明天启二年［1622］刻本
　　　本书由《学古编二卷》（元）吾邱衍撰；（明）
何震续、《正韵篆二卷》（明）沈延铨撰合订。

J0106328
菌阁藏印　（二卷）（明）朱简篆刻；（明）韩霖辑
明天启五年［1625］钤印本

J0106329
印可　（不分卷）（明）吴正旸篆刻并辑
明天启五年［1625］钤印本

J0106330
印选　（四卷）（明）何震篆刻；（明）韩霖辑
明天启六年［1626］钤印本

J0106331
怀古堂印稿　（明）陆鼎篆刻并辑
明崇祯　刻本　钤印
　　　分二册。

J0106332
怀古堂印稿　（二卷）（明）陆鼎篆刻并辑
明崇祯十一年［1638］钤印本　蓝色

J0106333
稽古印鉴　（不分卷）（明）程齐篆刻
明崇祯　钤印本

J0106334
集何雪渔印谱　（二卷）（明）金贤辑

明崇祯元年［1628］刻本　钤印

J0106335
集何雪渔印谱　（二卷）（明）金贤辑
明崇祯　刻本　钤印
　　　分二册。

J0106336
学山记　（一卷）（明）张灏辑
明崇祯　刻本　钤印
　　　本书由《学山堂印谱八卷》《学山记一卷》
《学山纪游一卷》《学山题咏一卷》（明）张灏辑
合订。

J0106337
学山纪游　（一卷）（明）张灏辑
明崇祯　刻本　钤印
　　　本书由《学山堂印谱八卷》《学山记一卷》
《学山纪游一卷》《学山题咏一卷》（明）张灏辑
合订。

J0106338
学山堂印谱　（八卷）（明）张灏辑
明崇祯　刻本　钤印
　　　本书由《学山堂印谱八卷》《学山记一卷》
《学山纪游一卷》《学山题咏一卷》（明）张灏辑
合订。

J0106339
学山堂印谱　（十卷）（明）张灏辑
明崇祯　钤印本

J0106340
学山堂印谱　（四卷）（明）张灏藏
明崇祯　钤印本　线装
　　　分四册。

J0106341
学山堂印谱　（四卷）（明）张灏辑
明崇祯　钤印本

J0106342
学山堂印谱　（五卷　首一卷）（明）张灏辑
明崇祯　刻本　钤印

J0106343
学山堂印谱　（明）张灏编
上海　上海古籍出版社　1992年　363页
26cm（16开）精装　ISBN：7-5325-1143-X
定价：CNY20.80

J0106344
学山题咏　（一卷）（明）张灏辑
明崇祯　刻本　钤印
　　　本书由《学山堂印谱八卷》《学山记一卷》
《学山纪游一卷》《学山题咏一卷》（明）张灏辑
合订。

J0106345
演露堂印赏　（不分卷）（明）夏树芳辑
明崇祯　刻本　钤印

J0106346
印品　（不分卷）（明）范孟嘉篆刻
明崇祯　刻本　钤印

J0106347
印章小集　（一卷）（明）释性空篆刻
明崇祯元年［1628］钤印本

J0106348
姓苑印章　（二卷）（明）江万全辑
明崇祯二年［1629］钤印本

J0106349
印经　（一卷）（明）朱简辑
明崇祯二年［1629］钤印本
　　　本书由《印经一卷》《印图一卷》（明）朱闻
辑合订。

J0106350
印经　（一卷）（明）朱简撰
海虞顾氏　清道光二十年［1840］刻本
（篆学丛书）

J0106351
印经　（一卷）（明）朱简辑
海虞顾氏　清道光二十年［1840］刻本
（篆学琐著）

J0106352
印图 （一卷）（明）朱简辑
明崇祯二年［1629］钤印本
　　本弓由《印经一卷》《印图一卷》（明）朱简
辑合订。

J0106353
印总 （一卷）（明）吴斗篆刻
明崇祯三年［1630］钤印本

J0106354
百何图章 （不分卷）（明）俞百何篆刻
明崇祯五年［1632］钤印本

J0106355
银黄小史 （不分卷）（明）姜思经篆刻；（明）
姜思复辑
明崇祯六年［1633］钤印本

J0106356
郑弘佑印谱 （一卷）（明）郑基相篆刻
明崇祯六年［1633］钤印本

J0106357
胡君实印隽 （不分卷）（明）胡文淳篆刻
明崇祯七年［1634］钤印本

J0106358
印商 （一卷）（明）程云衢篆刻
明崇祯七年［1634］钤印本

J0106359
鹊化堂摘集古今印则 （一卷）（明）宋之弼篆
刻；（明）胡襄麟辑
明崇祯十三年［1640］钤印本

J0106360
宝籀斋文玉 （二卷）（明）丁日新篆刻
明崇祯十六年［1643］钤印本

J0106361
［印汇］ （清）载洵辑
清 钤印本 线装

J0106362
百家姓印谱 （一卷）（清）伯闻篆刻
清 钤印本

J0106363
百善印谱 （不分卷）（清）汪鑅篆刻
高洲氏草梦庵［清］钤印本

J0106364
宝苏堂印存 （不分卷）□□辑
清 钤印本

J0106365
宝砚斋印谱 （一卷）（清）林皋篆刻
清 影印本

J0106366
宝砚斋印谱 （四卷）（清）林皋篆刻
清康熙 刻本

J0106367
北窗印悦 （一卷）（清）钱应金辑
清 钤印本

J0106368
皕宋楼藏印 （不分卷）（清）陆新源辑
清 钤印本

J0106369
波斋百二甲子印 （一卷）（清）钱觐篆刻
清初 刻本 钤印

J0106370
传国玺谱 （一卷）（宋）郑文宝撰
李际期宛委山堂 清初 刻本 续刻
（说郛）
　　明末刻清初李际期宛委山堂续刻汇印本。

J0106371
传国玺谱 （一卷）（宋）郑文宝撰
清 刻本 重修 线装
（说郛）
　　九行二十字白口左右双边单鱼尾。收于《说
郛》卷第九十七中。

J0106372
春彝轩印谱 （不分卷）（清）□□篆刻
清 钤印本

J0106373
存几希斋印存 （四卷）（清）陈克恕篆刻
清 钤印本
　　作者陈克恕（1741—1809），篆刻家。浙江海宁人。字体行，号目耕，又字吟香、健清、妙果山人等。著有《篆刻针度》《篆学示斯》《篆体经眼》等。

J0106374
邓石如印谱 （不分卷）（清）邓琰篆刻
清 钤印本

J0106375
丁黄印存合册 （不分卷）（清）丁敬,（清）黄易篆刻
清 钤印本
　　作者黄易（1744—1802），字大易，号小松、秋盦，又号秋影庵主、散花滩人。浙江钱塘人，兼擅篆刻，与丁敬都并称"丁黄"，为"西泠八家"之一。曾任监生、官济宁同知。绘有《访碑图》，著有《小蓬莱阁金石文字》等。

J0106376
丁黄印存合册 （不分卷）（清）丁敬篆刻,（清）黄易篆刻
上海 有正书局 清末至民国初 钤印本

J0106377
丁黄印存合册 （清）丁敬身,（清）黄易篆刻
上海 有正书局 清光绪至民国初 钤印本 线装
　　分四册。

J0106378
丁敬身先生印谱 （一卷）（清）丁敬篆刻
清 钤印本

J0106379
丁氏古鉨斋印存 （一卷）□□辑
清 钤印本

J0106380
对山印稿 （不分卷）（清）杨燮篆刻
清 钤印本

J0106381
对山印稿 （不分卷）（清）杨燮篆刻
嗜抄书斋 清道光 钤印本

J0106382
对山印稿 （清）杨燮作;（清）杨森编
清道光六年［1826］钤印本 线装
　　分四册。黑色边框。

J0106383
二百九十汉印存 （清）佚名编
清 钤印本 线装

J0106384
飞鸿堂印谱 （五集四十卷）（清）汪启淑藏并辑
清 影印本 有像 线装
　　据清乾隆钤印本影印 分二十册。

J0106385
飞鸿堂印谱 （初集八卷 二集八卷 三集八卷 四集八卷 五集八卷）（清）汪启淑辑
清乾隆 刻本 钤印

J0106386
飞鸿堂印谱 （二集八卷）（清）汪启淑辑
汪氏飞鸿堂 清乾隆十三年［1748］刻本 钤印
　　分四册。

J0106387
飞鸿堂印谱 （初集八卷 二集八卷 三集八卷 四集八卷 五集八卷）（清）汪启淑辑
清末 影印本
　　据清乾隆钤印本影印。

J0106388
飞鸿堂印谱 （清）汪启淑编
上海 上海古籍出版社 1992 年 794 页
26cm（16 开）精装 ISBN：7-5325-1144-8
定价：CNY36.00
　　编者汪启淑（1728—1799），清著名藏书家、金石学家、篆刻家。字慎仪，号秀峰，自称印癖

先生，安徽歙县人。编著有《飞鸿堂印谱》《飞鸿堂印人传》《水槽清暇录》等。

J0106389
飞鸿堂印谱　（清）汪启淑编
扬州　江苏广陵古籍刻印社　1998年　880页
有插图　26cm（16开）精装
ISBN：7-60101-255-7　定价：CNY98.00

J0106390
飞鸿堂印余　（十二卷）（清）汪启淑辑
［清］稿本

J0106391
封氏印谱　（四卷）（清）封大受篆刻
清　钤印本

J0106392
感应经印谱　（不分卷）
清　钤印本　线装

J0106393
高氏家藏印集　（一卷）（清）高积厚藏；（清）
高师谦辑
高师谦　清　刻本　钤印

J0106394
古铜印汇　（清）潘正炜藏并编
清　钤印本　线装
　　　分二册。

J0106395
古印杂存　（不分卷）□□辑
清　钤印本

J0106396
汉印存残稿　（二卷）
清　钤印本　线装
　　　分二册。

J0106397
翰墨因缘馆印存　（不分卷）□□辑
清　钤印本

J0106398
合肥李氏望云草堂珍藏田黄石章总目
（一卷）
望云草堂　清　抄本

J0106399
后飞鸿堂印谱　（不分卷）（清）汪厚昌辑
清　钤印本

J0106400
胡氏篆草　（不分卷）（明）胡正言篆刻
清初　钤印本
　　　作者胡正言，明末书画篆刻家、出版家。字曰从，号十竹，原籍安徽休宁。代表作品《印存玄览》《十竹斋笺谱》《六书正伪》《印存初集》等。

J0106401
黄小松先生印谱　（一卷）（清）黄易篆刻
［清］钤印本
（西泠五家印谱）

J0106402
悔迟斋印存　（三十卷）（清）谢绳祖篆刻并辑
清　钤印本　线装
　　　分十六册。

J0106403
悔迟斋印存　（三十卷）（清）谢绳祖篆刻并辑
清　钤印本

J0106404
季木藏印　（清）吴轩集
清　钤印本　线装
　　　分四册。

J0106405
葭轩印略　（不分卷）（清）杜世伯篆刻；（清）
桂文珋辑
隐竹居　清　钤印本

J0106406
芥子园图章会纂　（一卷）（清）李渔撰
绿荫堂　清　刻本
　　　本书由《芥子园图章会纂一卷》（清）李渔撰、

《芥子园画传四集四卷》(清)丁皋等撰辑合订。

J0106407

芥子园图章会纂 (清)李渔纂辑
清 刻本 2册 有图 线装

　　本书由《芥子园画传四集》(清)丁皋辑、《芥子园图章会纂》(清)李渔纂辑合订。

J0106408

芥子园图章会纂 (一卷)(清)李渔撰
清嘉庆二十三年[1818]刻本

　　本书由《芥子园图章会纂一卷》(清)李渔撰、《芥子园画传四集四卷》(清)丁皋等撰辑合订。

J0106409

芥子园图章会纂 (一卷)(清)李渔撰
绿荫堂 清 刻本

J0106410

芥子园图章会纂 (二卷)(清)李渔撰
清 抄本
(印学探源)

J0106411

芥子园图章会纂 (一卷)(清)李渔撰
清嘉庆二十三年[1818]刻本

J0106412

芥子园图章会纂 (清)李渔纂辑
清 刻本 线装

　　分二册。十行二十一字白口四周单边。

J0106413

金石则效 (六卷，镌书八要一卷)(清)梁登庸篆刻
李淑桂 清 钤印暨抄本 线装
　　分四册。

J0106414

精篆集腋 (一卷)□□辑
梓经仙馆 清 钤印本

J0106415

敬修堂印谱 (清)童昌龄篆刻
清 钤印本 线装

J0106416

敬修堂印谱 (不分卷)(清)童昌龄篆刻
清 钤印本

J0106417

九华山人钱凑印谱 (一卷)(清)钱凑篆刻
清 钤印本

J0106418

旧印杂存
清 钤印本 线装
　　分四册。

J0106419

快乐印 (清)石成金篆
崇让堂 清 刻本 线装
(家宝全集)

　　白口边框不一单鱼尾。收于《家宝全集》四集中。

J0106420

快乐印 (清)石成金篆
清 刻本 线装
(家宝全集)

　　白口四周单边单鱼尾。收于《家宝全集》四集中。

J0106421

快乐印 (清)石成金篆
上海书局 清光绪二十一年[1895]石印本 线装
(传家宝全集)

　　白口四周单边双鱼尾。收于《传家宝全集》四集中。

J0106422

赖古堂印谱 (不分卷)(清)周亮工辑
清初 钤印本

　　周亮工(1612—1672)，明末清初文学家、篆刻家、收藏家。字元亮，号陶庵。出生于江苏南京，祖籍河南开封。明崇祯进士，仕清后官户部右侍郎。著有《赖古堂集》《读画录》等。

J0106423

赖古堂印谱 (不分卷)(清)周亮工辑
清初 钤印本

分二册。八行二十字白口四周双边。

J0106424
赖古堂印谱 （四卷）（清）周在浚，（清）周在延，（清）周在建藏并辑
清 钤印本 线装
　　分四册。

J0106425
赖古堂印谱 （四卷）（清）周亮工辑
清康熙 刻本 钤印
　　分四册。

J0106426
赖古堂印谱 （四卷）（清）周亮工辑
周氏赖古堂 清康熙六年［1667］钤印本

J0106427
赖古堂印谱 （四卷）（清）周在浚，（清）周在延，（清）周在建辑
周氏赖古堂 清康熙六年［1667］钤印本
　　分八册。

J0106428
赖古堂印谱 （清）周亮工编
上海 上海古籍出版社 1992 年 影印本 224 页
26cm（16 开）精装 ISBN：7-5325-1145-6
定价：CNY18.35
　　本书所收多为周氏家族成员的字号斋室和见志怡情的言句，约 600 多方，均为明末清初篆刻家所镌精品。

J0106429
兰石轩印草 （一卷）庞裁篆刻
清 钤印本

J0106430
兰石轩印草 庞士龙篆刻
清光绪 影印本 线装
　　黑口四周双边。

J0106431
历朝印识 （清）冯承辉撰
苏州 文学山房 清 木活字本 线装
　　分二册。十一行二十一字白口四周双边单

鱼尾。

J0106432
历朝印识 （四卷 补遗一卷）（清）冯承辉撰
民国 木活字印本
（遯盦印学丛书）
　　本书由《历朝印识四卷补遗一卷》《国朝印识二卷补遗一卷近编一卷》合订。

J0106433
历代琴印 （不分卷）□□辑
雕虫馆 清 刻本

J0106434
聊且居印赏 （一卷）（清）史惟德篆刻
清 钤印本

J0106435
聊自娱斋印存 （不分卷）（清）赵之谦篆刻
清 钤印本

J0106436
梅花诗梦庵印存 （不分卷）（清）胡栻篆刻
清 钤印本

J0106437
名人印存 （一卷）（清）薛鏓辑
薛鏓 清 钤印本

J0106438
钱叔盖先生印谱 （一卷）（清）钱松篆刻
清 钤印本
（西泠五家印谱）
　　作者钱松（1818—1860），清代篆刻家、书画家。字叔盖，号耐青，别号未道士，西郭外史等。出生于浙江钱塘。作品有《礼器碑》《石门颂》等。

J0106439
钱叔盖先生印谱 （不分卷）（清）钱松篆刻；（清）高邕辑
清光绪 石印本

J0106440
钱叔盖先生印谱 （清）钱叔盖篆刻；（清）高

邕辑
清光绪三年［1877］钤印本　线装
　　　分四册。

J0106441
强易窗印稿　（一卷）（清）强行健篆刻
［清］稿本
　　　清陈祖范、胡鼎跋，清来谦鸣、朱星渚题诗。

J0106442
秦汉印章拾遗　（不分卷）
清　钤印本
　　　分三册。

J0106443
清仪阁藏名人遗印　（一卷）（清）张廷济辑
清　钤印本

J0106444
秋水轩印存　（清）江湄篆刻
清　刻本暨钤印本　线装
　　　黑口四周双边。

J0106445
秋水轩印存　（不分卷）（清）江湄篆刻
清同治　钤印本

J0106446
秋水轩印存　（清）江湄篆
清同治十年［1871］钤印本　线装
　　　分二册。黑口四周双边。

J0106447
秋水园印谱　（二卷）（清）陈炼篆刻
清　钤印本

J0106448
秋水园印谱　（一卷）（清）陈炼篆刻
清乾隆　钤印本

J0106449
阮芸台藏印　（清）阮元藏
清　钤印本　剪贴　线装
　　　分四册。作者阮元（1764—1849），清代著
名学者。字伯元，号芸台、雷塘庵主，晚号怡性

老人。江苏仪征人。在经史、数学、天算、舆地、
编纂、金石、校勘等方面都有造诣，代表作品有
《经籍籑诂》《畴人传》《小沧浪笔谈》《耋年自述
卷》等。

J0106450
阮芸台藏印　（不分卷）题（清）阮元辑
清　钤印本

J0106451
瑞安林氏印存　（不分卷）（清）赵之琛篆刻
清　刻本　钤印

J0106452
三琴趣斋藏印　（第一集不分卷）□□辑
清　刻本　钤印

J0106453
三星赞印谱　（不分卷）（清）汤铭篆刻
如兰馆　清　钤印本

J0106454
十钟山房印举　（不分卷）（清）陈介祺辑
陈氏十钟山房　清　钤印本

J0106455
十钟山房印举　（一百九十一卷）（清）陈介祺辑
清光绪九年［1883］钤印本

J0106456
十钟山房印举　（清）陈介祺编
北京　中国书店　1985 年　402 页　影印本　26cm
（16 开）定价：CNY36.00
　　　本书根据 1922 年涵芬楼影印的印谱。

J0106457
十钟山房印举　（清）陈介祺编
北京　中国书店 1986 年　影印本　2 册　26cm（16 开）
定价：CNY36.00

J0106458
十钟山房印举　（清）陈介祺编
北京　中国书店　1994 年　重印本　2 册
26cm（16 开）精装　ISBN：7-80568-541-X
定价：CNY120.00

中国清代印谱。

J0106459
石隐印玩　（不分卷）□□辑
清　钤印本

J0106460
史印　（不分卷）（清）童昌龄篆刻
香溪童氏　清　钤印本

J0106461
适园印存　（二卷）（清）吴咨篆刻；（清）王国
钧辑
清　钤印本

J0106462
寿石山房摹秦范汉印存　（不分卷）（清）汪
鑅篆刻
清　钤印本

J0106463
漱石轩印集　（不分卷）（清）钟权篆刻
清　钤印本

J0106464
漱石轩印集　（四卷）（清）钟权篆刻
清同治十三年［1874］钤印本
　　本书由《漱石轩印存四卷》《漱石轩印集四
卷》（清）钟权篆刻合订。

J0106465
漱石轩印集　（四卷）（清）钟权篆刻
清光绪二年［1876］影印本
　　本书由《漱石轩印存四卷》《漱石轩印集四
卷》（清）钟权篆刻合订。

J0106466
双虞壶斋印存　（六卷）（清）吴式芬辑
清　钤印本

J0106467
双虞壶斋印存　（清）吴式芬辑
上海　上海书店　1987年　186页　26cm（16开）
定价：CNY4.50，CNY5.10（精装）
（中国历代印谱丛书）

J0106468
四知堂印谱　（不分）（清）钱廷栋篆刻；（清）
杨德敷摹
清　钤印本

J0106469
松谷印遗　（清）项泰增篆刻；（清）项怀述辑
清　钤印本　线装

J0106470
松筠桐荫馆集印　（清）郭伟绩辑
清乾隆　钤印本　线装

J0106471
松筠桐荫馆集印补　（不分卷）（清）郭伟绩辑
清　钤印本

J0106472
松月居士集印　［庆宽辑］
［清］钤印本　线装
　　分八册。白口半页四周单边。

J0106473
松月居士集印　庆宽辑
民国十二年［1923］钤印本　线装
　　分十六册。

J0106474
惕庵印谱　（六卷）（清）梁登庸篆刻
李淑桂　清　钤印本

J0106475
惕庵印谱　（五卷）（清）梁登庸篆刻
清乾隆　刻本　钤印

J0106476
惕庵印谱　（五卷　镌书八要一卷）（清）梁登庸
篆刻并撰
清乾隆　钤印暨刻本　线装
　　分六册。

J0106477
铁华庵印谱　（不分卷）（清）赵之琛篆刻；（清）
叶为铭辑
清　钤印本

J0106478
铁华庵印谱 （不分卷）（清）赵之琛篆刻；（清）
叶为铭辑
西泠印社 清光绪三十一年［1905］钤印本

J0106479
图书府［印谱］（六卷）（清）释自彦集
清 钤印暨刻本 线装
　　分六册。

J0106480
图章汇篆 （一卷）（清）李渔撰
芥子园 清康熙至嘉庆 刻本
　　本书由《芥子园画传初集五卷二集八卷三集
四卷四集四卷》（清）王概，（清）王蓍，（清）王臬
辑、《图章汇篆一卷》（清）李渔撰合订。

J0106481
王氏印谱 （一卷）（清）王大增篆刻
清 钤印本

J0106482
望古遥集
清 钤印本 线装
　　分四册。

J0106483
望古遥集 （不分卷）（清）程继篆刻
清康熙至乾隆 钤印本

J0106484
文三桥先生印谱 （一卷）（明）文彭篆刻；（清）
荣誉辑
荣誉得月簃 清 钤印本

J0106485
文亭二集印字 （一卷）□□辑
清 钤印本

J0106486
问奇亭印谱 （四卷）（清）陆廷槐辑
清 刻本暨钤印本 线装
　　分四册。黑口四周双边单鱼尾。

J0106487
问奇亭印谱 （四卷）（清）陆廷槐辑
清 刻本 钤印

J0106488
问奇亭印谱 （四卷）（清）陆廷槐辑
清嘉庆 钤印本

J0106489
吴愙斋所藏历代玉印章 （一卷）（清）吴大
澂辑
清 钤印本

J0106490
吴氏印谱 （宋）吴孟思撰；（宋）王厚之考订
李际期宛委山堂 清初 刻本 重修 有图 线装
（说郛）
　　明末刻清初李际期宛委山堂重修汇印本。
收于《说郛》卷第九十七中。

J0106491
吴氏印谱 （宋）吴孟思撰；（宋）王厚之考
李际期宛委山堂 清初 刻本 续刻
（说郛）
　　明末刻清初李际期宛委山堂续刻汇印本。

J0106492
吴氏印谱 （一卷）（宋）吴孟思撰；（宋）王厚
之考
清顺治 刻本 线装
（说郛）
　　收于《说郛》卷第九十七中。

J0106493
吴氏印谱 （一卷）（宋）吴孟思撰；（宋）王厚
之考
清 刻本 重修 有图 线装
（说郛）
　　本书又名《汉晋印章图谱》。九行二十字白
口左右双边单鱼尾。收于《说郛》卷第九十七中。

J0106494
奚铁先生印谱 （一卷）（清）奚冈篆刻
清 钤印本
（西泠五家印谱）

收于《西泠五家印谱》中。作者奚冈(1746—1803),清代篆刻家、书画家。字纯章、铁生,号萝龛、蝶野子、散木居士等。原籍歙县(今属安徽),一作黟县(今属安徽)。曾作《冬花庵烬馀稿》《溪山素秋图》《蕉竹幽兰图》《春林归翼图》等。

J0106495

香南精舍印存　(一卷)(清)崇恩辑

清　钤印本　线装

J0106496

香亭印谱　(明)文彭篆;(清)莫绳孙集

清　钤印本　线装

分二册。白口四周双边单鱼尾。

J0106497

香亭印谱　(不分卷)(明)文彭篆刻;(清)莫绳孙辑

清　钤印本

J0106498

啸云楼集印　(不分卷)(清)汪启淑辑

清　钤印本

J0106499

徐袖海吴昌硕印谱　(不分卷)(清)徐三庚,吴昌硕篆刻

清　钤印本

作者徐三庚(1826—1890),清代著名书法家、篆刻家。字辛古,号袖海、大横,别号荐未道人、似鱼室主等。浙江上虞人。代表作品有《金罍山民印存》。

J0106500

研林铁书　(一卷)(清)丁敬篆刻

清　钤印本

J0106501

艳秋阁印谱　(不分卷)(清)孙慧翼辑

清　钤印本

J0106502

杨龙石印存　(一卷)(清)杨澥篆刻

清　钤印本

J0106503

杨龙石印存　(清)杨澥刻

清乾隆四十六年至清末[1781-1911]钤印本线装

分二册。白口半页四周单边。

J0106504

杨龙石印存　(一卷)(清)杨澥篆刻

西泠印社　清光绪三十四年[1908]钤印本

J0106505

一经堂印谱　(不分卷)(清)李伟人篆刻

石屋山房　清　钤印本

J0106506

衣云印存　(一卷)(清)罗聘篆刻并辑

清　钤印本

作者罗聘(1733—1799),清代画家。字遯夫,号两峰,又号衣云、师莲老人等。祖籍安徽歙县。代表作有《物外风标图》《两峰蓑笠图》《丹桂秋高图》《谷清吟图》《画竹有声图》等。著有《香叶草堂集》。

J0106507

忆兰轩印存　(四卷)(清)吴子牧篆刻

清　钤印本

J0106508

印萃　(不分卷)(清)聂际茂篆刻

清　刻本　钤印

J0106509

印萃　(一卷)□□辑

清　钤印本

J0106510

印存

清　钤印本　线装

(高遵阁丛书)

J0106511

印存　(一卷)(清)余松山篆刻

清　刻本　钤印

J0106512
印灯笺 （清）尹树民镌并抄
清 钤印暨抄本 线装

J0106513
印谱摘要 （一卷）（清）沈清佐辑
［清］稿本
（沈筐村选钞印学）

J0106514
印香阁印谱 （不分卷）（清）赵锡绶篆刻
清 钤印本

J0106515
印选 （五卷）（清）知希斋辑
清 刻本

J0106516
印章篆稿 （四卷）（清）韦承元篆；（清）韦庆棱续稿本
［清］稿本

J0106517
印证笺 （一卷）（清）尹树民撰
清 稿本
（沈莨村选钞印学）

J0106518
印证笺 （一卷）（清）尹树民撰
清 抄本 钤印

J0106519
有竹山房印癖 （二卷）（清）邹端篆刻
清 钤印本

J0106520
有竹山房印癖 （四卷）（清）邹端篆刻
清道光 刻本 钤印

J0106521
玉玺谱 （一卷）（唐）徐令信撰
李际期宛委山堂 清初 刻本 续刻
（说郛）
　　明末刻清初李际期宛委山堂续刻汇印本。

J0106522
玉玺谱 （一卷）（唐）徐令信撰
清 刻本 重修 线装
（说郛）
　　九行二十字白口左右双边单鱼尾。收于《说郛》卷第九十七中。

J0106523
御制九字回文图书谱 （不分卷）
清 钤印本

J0106524
御制九字回文图书谱 （不分卷）
清 钤印本
　　分二册。

J0106525
韵次印宗 （清）佚名编
清 抄本 线装
　　分四册。

J0106526
张氏印谱 （六卷）题张□□篆刻
相印轩 清 钤印本

J0106527
张氏印谱 （六卷）
相印轩 清 钤印本
　　分六册。

J0106528
张一川印谱 （不分卷）（清）张一川篆刻
清 钤印本

J0106529
张仪山图章谱 （不分卷）（清）张仪山辑
清 钤印本

J0106530
赵次闲先生印谱 （一卷）（清）赵之琛篆刻
清 钤印本
（西泠五家印谱）

J0106531
赵撝叔手刻印存 （二卷）（清）赵之谦篆刻

清　钤印本

J0106532
赵仲穆印谱　（不分卷）（清）赵穆篆刻
清　钤印本

J0106533
种玉山庄铁笔　（一卷）（清）袁嵩龄篆刻
清　钤印本

J0106534
朱补筌印谱　（一卷）（清）朱补筌篆刻
清　钤印本

J0106535
宗工铁笔　（不分卷）（清）温□玉篆刻
清　钤印本

J0106536
印存初集　（四卷）（明）胡正言撰
胡氏十竹斋垒　清顺治四年［1647］刻本　钤印
　　分四册。

J0106537
印存初集　（四卷）（明）胡正言篆刻
胡氏十竹斋　清顺治四年［1647］钤印本

J0106538
印存初集　（四卷）（明）胡正言撰
胡氏十竹斋　清顺治四年［1647］刻本　钤印
　　分四册。作者胡正言，明末书画篆刻家、出
版家。字曰从，号十竹，原籍安徽休宁。代表作
品《印存玄览》《十竹斋笺谱》《六书正伪》《印存
初集》等。

J0106539
汉灯　（二卷）（清）薛铨篆刻
清顺治十七年［1660］钤印本

J0106540
印存玄览　（四卷）（明）胡正言篆刻
胡氏蒂古堂　清顺治十七年［1660］刻本

J0106541
印存玄览　（四卷）（明）胡正言篆刻

胡氏蒂古堂　清顺治十七年［1660］刻本
　　分二册。

J0106542
仓箍心法　（二卷）（清）芮维新篆刻
清康熙元年［1662］钤印本

J0106543
立雪斋印谱　（四卷）（清）程大年篆刻
清康熙　钤印本

J0106544
能尔斋印谱　（六卷）（清）钱桢辑
清康熙　钤印本

J0106545
芮遁斋先生印谱　（不分卷）（清）芮维新篆刻
清康熙　钤印本

J0106546
拾翠　（一卷）（清）谢敷远篆刻
清康熙　钤印本

J0106547
雯庵印谱　（不分卷）（清）程朝瑞篆刻
雁峰堂　清康熙　钤印本

J0106548
相印轩藏印谱　（四卷）（清）张在辛等辑
清康熙　钤印本

J0106549
许默公印谱　（一卷）（清）许容篆刻
清康熙　钤印本
　　作者许容，篆刻作品有《谷园印谱》《柳舫
集印》《榀光楼印谱》等。

J0106550
四本堂印史　（一卷）（清）罗文质辑
清康熙十年［1671］钤印本

J0106551
赖古堂别集印人传　（三卷）（清）周亮工撰
周在浚等　清康熙十二年［1673］刻本
　　本书又名:《印人传》《周栎园印人传》。

J0106552
赖古堂别集印人传 （三卷）（清）周亮工撰
周在浚等 清康熙十二年［1673］刻本
　　分三册。九行十八字白口四周单边。

J0106553
印鉴 （二卷）（清）许容篆
清康熙二十一年［1682］钤印本 线装
　　分二册。白口四周双边单鱼尾。

J0106554
谷园印谱 （六卷）（清）胡介祉藏；（清）许容篆刻
燕赵胡介祉 清康熙二十五年［1686］钤印本 线装
　　分六册。

J0106555
谷园印谱 （六卷）（清）许容篆刻；（清）胡介祉辑
清康熙二十五年［1686］刻本 钤印

J0106556
谷园印谱 （四卷）（清）许容篆刻；（清）胡介祉辑
清康熙二十五年［1686］钤印本

J0106557
印隽 （一卷）（清）陈伯龄辑
清康熙二十六年［1687］刻本

J0106558
褒清堂游艺集 （不分卷）（清）江星羽篆刻
清康熙二十七年［1688］钤印本

J0106559
韫光楼印谱 （二卷）（清）许容篆刻
清康熙二十八年［1689］钤印本

J0106560
敦好堂印证 （不分卷）（清）吴先声撰
清康熙三十四年［1695］刻本

J0106561
长啸斋摹古小技 （二卷）（清）孙拔篆刻
清康熙三十六年［1697］钤印本

J0106562
金石红文 （六卷）（清）吴熙篆刻；（清）李继烈辑
李继烈 清康熙四十年［1701］钤印本

J0106563
金石红文 （六卷）（清）吴熙篆刻；（清）李继烈辑
李继烈 清康熙四十年［1701］刻本 钤印
　　分六册。

J0106564
文雄堂印谱 （二卷）（清）周廷佐篆刻；（清）周梦彪辑
清康熙四十五年［1706］钤印本

J0106565
衡素斋印稿 （二卷）（清）俞嶔奇篆刻
清康熙四十六年［1707］钤印本

J0106566
愚谱 （不分卷）（清）姚弘倜篆刻
清康熙四十六年［1707］钤印本

J0106567
谷园印存 （二卷）（清）许容篆刻
燕越胡氏 清康熙五十年［1711］钤印本

J0106568
一叶轩印楷 （不分卷）（清）张炎辑，（清）严垓辑
惟一草堂 清康熙五十一年［1712］钤印本

J0106569
谦斋印谱 （二卷）（清）沈凤篆刻
清康熙五十三年［1714］钤印本

J0106570
谦斋印谱 （不分卷）（清）沈凤篆刻
清雍正六年［1728］钤印本

J0106571
谦斋印谱 （清）沈凤篆刻

清乾隆 钤印本 线装
　　分二册。

J0106572
谦斋印谱 （不分卷）（清）沈凤篆刻
清乾隆 钤印本

J0106573
谦斋印谱 （二卷）（清）沈凤篆刻
清乾隆十八年［1753］钤印本

J0106574
对山草堂印谱 （一卷）（清）徐照篆刻
清康熙五十九年［1720］钤印本

J0106575
文昌帝君阴骘文印谱 （不分卷）（清）王效通
篆刻
清雍正 钤印本

J0106576
真赏斋印林 （一卷）（清）董士标篆刻；（清）
郎遂辑
清雍正 钤印本

J0106577
观妙斋集印 （一卷）（清）徐贞木篆刻；（清）
徐寅篆刻
清雍正七年［1729］钤印本

J0106578
珍珠船印谱 （四卷）（清）金一畴辑
清雍正八年［1730］钤印本

J0106579
珍珠船印谱 （三集不分卷）（清）金一畴辑
清乾隆 钤印本

J0106580
珍珠船印谱 （二集不分卷）（清）金一畴辑
清乾隆四年［1739］钤印本

J0106581
醉爱居印赏 （二卷 又一卷）（清）王睿章辑；
徐达照考订

王祖昚 清乾隆五年［1735］刻本 钤印
　　分三册。

J0106582
醉爱居印赏 （二卷，又一卷）（清）王睿章篆
刻；（清）徐达照考订
王祖昚 清乾隆 钤印本

J0106583
醉爱居印赏 （二卷）（清）王睿章辑；（清）徐
达照考订
王祖昚 清乾隆五年［1740］刻本 钤印
　　分二册。

J0106584
醉爱居印赏 （二卷）（清）王睿章辑；（清）徐
达照考订
王祖昚 清乾隆五年［1740］刻本 钤印
　　分三册。

J0106585
醉爱居印赏 （二卷）（清）王睿章篆刻
陈敬威 清乾隆五十九年［1794］钤印本

J0106586
半斋篆草 （一卷）（清）赵世雍篆刻
清乾隆 钤印本

J0106587
楚桥印稿 （一卷）（清）黄学圯篆刻
雪声堂 清乾隆 钤印本 线装
　　分二册。

J0106588
楚桥印稿 （一卷）（清）黄学圯篆刻
雪声堂 清乾隆 钤印本

J0106589
春浮书屋印谱 （一卷）（清）沈六泉篆刻
清乾隆 钤印本

J0106590
畊先印谱 （一卷）（清）李荣曾篆刻
大拜堂 清乾隆 钤印本

J0106591
静观楼印言 （二卷）（清）王睿章篆刻
清乾隆 刻本 钤印

J0106592
镌篆法辩 （一卷）（清）华昌朝辑;（清）王睿
章篆刻
华钟元 清乾隆 刻本 钤印
　　本书由《印圃正宗不分卷》《镌篆法辩一卷》
（清）华昌朝辑;（清）王睿章篆刻合订。

J0106593
坤皋铁笔 （二卷 余集一卷，补遗一卷）（清）
鞠履厚篆刻
清乾隆 刻本 钤印
　　本书由《坤皋铁笔二卷》（清）鞠履厚篆刻、
《研山印草一卷》（清）王玉如篆刻合订。

J0106594
两汉印萃 （不分卷）（清）郑支宗篆刻
清乾隆 钤印本

J0106595
秦汉印谱 （清）程从龙编
清乾隆 钤印本 毛装
　　分三册。

J0106596
秋室印剩 （八卷）（清）汪启淑辑
清乾隆 刻本 钤印

J0106597
书学印谱 （二卷）（清）王紟篆刻
清乾隆 钤印本

J0106598
书学印谱 （二卷）（清）王紟篆刻
曝书堂 清乾隆四十九年［1784］钤印本 线装
　　分四册。

J0106599
四香堂摹印 （不分卷）（清）巴慰祖篆刻
清乾隆 刻本 钤印

J0106600
四香堂摹印 （不分卷）（清）巴慰祖篆刻
清乾隆 刻本 钤印
　　分二册。半叶四格黑口四周单边。

J0106601
松雪堂印萃 （清）郭启翼刻
清乾隆 钤印本 蓝色边框 线装
　　分四册。

J0106602
松雪堂印萃 （四卷）（清）郭启翼篆刻
清乾隆五十年［1785］钤印本

J0106603
孙春山先生制印集 （二卷）（清）孙春山篆刻
清乾隆 钤印本

J0106604
吴墨冶印谱 （不分卷）（清）吴元臣篆刻
清乾隆 刻本 钤印

J0106605
西轩印谱 （不分卷）（清）冯锡闉篆刻
大树堂 清乾隆 钤印本

J0106606
惜阴楼印存 （不分卷）（清）吴元臣篆刻
清乾隆 钤印本

J0106607
续古印式 （二卷）（清）黄锡藩撰
清乾隆 刻本

J0106608
研山印草 （一卷）（清）王玉如篆刻
清乾隆 钤印本

J0106609
研山印草 （一卷）（清）王玉如篆刻
清乾隆 刻本 钤印
　　本书由《坤皋铁笔二卷》（清）鞠履厚篆刻、
《研山印草一卷》（清）王玉如篆刻合订。

J0106610
研山印草 （一卷）（清）王玉如篆刻
清乾隆二十二年［1757］钤印本
　　　　本书由《研山印草》（清）王玉如篆刻、《印人姓氏一卷》（清）鞠履厚辑合订。

J0106611
研山印草 （一卷）（清）王玉如篆刻
清嘉庆二年［1797］重修本
　　　　据清乾隆钤印本重修。本书由《坤皋铁笔二卷》（清）鞠履厚篆刻、《研山印草一卷》（清）王玉如篆刻合订。

J0106612
印存 （不分卷）（清）陈克恕篆刻
存几希斋 清乾隆 钤印本
　　　　作者陈克恕（1741—1809），篆刻家。浙江海宁人。字体行，号目耕，又字吟香、健清、妙果山人等。著有《篆刻针度》《篆学示斯》《篆体经眼》等。

J0106613
印存 （不分卷）（清）陈克恕篆刻
存几希斋 清乾隆 钤印本
　　　　分二册。有清陆费墀、吴锡麒、桂馥、陈鳣、祝鷹、祝堃、沈世炜、查莹跋。

J0106614
印圃正宗 （不分卷）（清）华昌朝辑；（清）王睿章篆刻
华钟元 清乾隆 刻本 钤印
　　　　本书由《印圃正宗不分卷》《镌篆法辩一卷》（清）华昌朝辑；（清）王睿章篆刻合订。

J0106615
印谱 （一卷）（清）胡志仁篆刻
清乾隆 刻本 钤印

J0106616
止原印略 （一卷）（清）张纯篆刻
清乾隆 钤印本

J0106617
籀斯遗意印谱 （一卷）（清）王宜秋篆刻
清乾隆 钤印本

J0106618
西亭十二客印纪 （一卷）（清）高凤翰篆刻
清乾隆二年［1737］钤印本
　　　　作者高凤翰（1683—1749），清代国画家。字西园，号南阜，山东胶州人。代表作品《砚史》《南阜集》等。

J0106619
南华篆刻 （一卷）（清）饶师清篆刻
清乾隆七年［1742］钤印本
　　　　本书由《西厢篆草一卷》《南华篆刻一卷》（清）饶师清篆刻合订。

J0106620
西厢篆草 （一卷）（清）饶师清篆刻
清乾隆七年［1742］钤印本
　　　　本书由《西厢篆草一卷》《南华篆刻一卷》（清）饶师清篆刻合订。

J0106621
墨雨堂印馆 （二卷）（清）释湛福篆刻
清乾隆十年［1745］钤印本

J0106622
赵凡夫先生印谱 （十二卷）（明）赵宧光篆刻；（清）章宗闵辑
冲规草堂 清乾隆十年［1745］钤印本

J0106623
澄怀堂印谱 （四卷）（清）王玉如篆刻；（清）叶锦辑
清乾隆十一年［1746］钤印本

J0106624
望华楼印谱 （不分卷）（清）朱崇典辑
清乾隆十二年［1747］刻本 钤印

J0106625
印籍 （一卷）（清）胡志仁篆刻
清乾隆十三年［1748］钤印本

J0106626
春晖堂印始 （八卷）（清）吴苍雷篆刻
清乾隆十四年［1749］钤印本

J0106627
耕云书屋印谱　（一卷）（清）邢德厚篆刻
耕云书屋　清乾隆十六年［1751］钤印本

J0106628
闲中弄笔　（不分卷）（清）沈荣铭篆刻
清乾隆十七年［1752］钤印本

J0106629
锦囊印林　（四卷）（清）汪启淑辑
汪氏香雪亭　清乾隆十九年［1754］钤印本

J0106630
锦囊印林　（四卷）（清）汪启淑辑
汪氏香雪亭　清乾隆十九年［1754］刻本　钤印
　　分四册。

J0106631
西京职官印录　（二卷）（清）徐坚辑
徐氏　清乾隆十九年［1754］刻本

J0106632
墨花禅印稿　（二卷）（清释）续行篆刻
清乾隆二十年［1755］钤印本

J0106633
墨花禅印稿　（五卷）（清释）续行篆刻
清乾隆三十年［1765］钤印本

J0106634
坤皋铁笔　（不分卷）（清）鞠履厚辑；（清）严
煜释文
清乾隆二十一年［1756］刻本　钤印
　　鞠履厚（1723-1786后），清代篆刻家。字坤
皋，号樵霞，又号一草主人。江苏奉贤（上海）人。
活动于清乾隆间。著有《印文考略》等。

J0106635
坤皋铁笔　（不分卷）（清）鞠履厚辑；（清）严
煜释文
清乾隆二十八年［1763］钤印本

J0106636
坤皋铁笔　（二卷　余集一卷，补遗一卷）（清）
鞠履厚篆刻

清嘉庆二年［1797］重修本
　　据清乾隆钤印本重修。本书由《坤皋铁笔二
卷》（清）鞠履厚篆刻、《研山印草一卷》（清）王
玉如篆刻合订。

J0106637
秋室印粹　（四卷）（清）汪启淑辑
汪启淑　清乾隆二十一年［1756］刻本　钤印
　　分四册。汪启淑（1728—1799），清著名藏书
家、金石学家、篆刻家。字慎仪，号秀峰，自称
印癖先生，安徽歙县人。编著有《飞鸿堂印谱》
《飞鸿堂印人传》《水槽清暇录》等。

J0106638
我娱斋摹印　（一卷）（清）高积厚篆刻
清乾隆二十一年［1756］钤印本

J0106639
印人姓氏　（一卷）（清）鞠履厚辑
清乾隆二十二年［1757］钤印本
　　本书由《研山印草》（清）王玉如篆刻、《印
人姓氏一卷》（清）鞠履厚辑合订。

J0106640
爱古楼印谱　（一卷）（清）朱勇钧篆刻
清乾隆二十七年［1762］钤印本

J0106641
超然楼印赏　（八卷）（清）陈链篆刻；（清）盛
宜梧辑
清乾隆二十七年［1762］钤印本

J0106642
垂棘山房藏印　（六卷）（清）梁登庸篆刻并辑
清乾隆二十七年［1762］钤印本

J0106643
垂棘山房印存　（六种）（清）梁登庸篆刻并
编撰
清乾隆二十七年［1762］刻暨钤印本　线装
　　分六册。

J0106644
读书乐篆谱　（一卷）（清）王纯熙篆刻
清乾隆二十七年［1762］刻本

J0106645
友石轩印谱　（一卷）（清）钱浦云篆刻
清乾隆二十七年［1762］钤印本

J0106646
地山印稿　（五卷）（清）金镠篆刻
清乾隆二十八年［1763］钤印本

J0106647
芸斋印谱　（一卷）（清）刁峻岩篆刻
忠恕堂　清乾隆三十年［1765］钤印本

J0106648
保阳篆草　（不分卷）（清）聂际茂篆刻
清乾隆三十二年［1767］钤印本

J0106649
退斋印类　（十卷）（清）汪启淑辑
汪启淑［自刊］清乾隆三十二年［1767］刻本
钤印
　　分十册。

J0106650
退斋印类　（十卷）（清）汪启淑辑
汪启淑［自刊］清乾隆三十二年［1767］刻本
钤印
　　分六册。

J0106651
退斋印类　（十卷）（清）汪启淑辑
清乾隆三十二年［1767］刻本　钤印

J0106652
文昌帝君阴骘文印谱　（不分卷）（清）陈清才
篆刻
钱塘庄氏　清乾隆三十四年［1769］刻本　钤印

J0106653
琴鹤堂藏印　（四卷）（清）赵冠儒辑
清乾隆三十六年［1771］钤印本

J0106654
袖珍印赏　（四卷）（清）汪启淑辑
清乾隆三十六年［1771］刻本　钤印

J0106655
伴书轩印草　（一卷）（清）项士松篆刻
清乾隆三十九年［1774］钤印本

J0106656
鹤滩山房印谱　（不分卷）（清）张利川撰
清乾隆四十一年［1776］钤印本

J0106657
黄山印薮　（不分卷）（清）项怀述篆刻
清乾隆四十一年［1776］钤印本

J0106658
黄山印薮　（清）别峰先生篆刻
翕县项怀述伊蔚斋　清光绪二十二年［1896］钤
印本　线装

J0106659
黄山印薮　（不分卷）（清）项怀述篆刻
清光绪二十二年［1896］钤印本

J0106660
述古印说　（清）何剑湖撰并篆
清乾隆四十二年［1776］刻暨钤印本　线装
（嘉显堂图书会要）
　　九行二十一字小字双行同白口四周双边单
鱼尾。

J0106661
远村印谱　（清）施象塈篆并辑
尹邑施象塈　清乾隆四十一年［1776］钤印本
线装
　　分四册。白口四周双边单鱼尾。

J0106662
集印　（一卷）（清）郭伟绩等篆刻
清乾隆四十三年［1778］钤印本
　　本书由《松筠桐荫馆印谱三卷》《集印一卷》
（清）郭伟绩等篆刻合订。

J0106663
静乐居印娱　（四卷）（清）汪启淑辑
清乾隆四十三年［1778］刻本　钤印

J0106664
松筠桐荫馆印谱 （三卷）（清）郭伟绩等篆刻
清乾隆四十三年［1778］钤印本
　　本书由《松筠桐荫馆印谱三卷》《集印一卷》
（清）郭伟绩等篆刻合订。

J0106665
啸月楼印赏 （六卷）（清）戴启伟篆刻
清乾隆四十三年［1778］钤印本

J0106666
啸月楼印赏 （一卷）（清）戴启伟撰
上海　神州国光社　民国六年［1917］线装
（美术丛书后集）
　　收于《美术丛书后集》第八集中。

J0106667
抱经楼日课编 （四卷）（清）卢登焯篆刻
卢氏抱经楼　清乾隆四十四年［1779］钤印本

J0106668
抱经楼日课编 （四卷）（清）卢登焯辑
卢氏抱经楼　清乾隆四十四年［1779］刻本
　　分四册。

J0106669
格言印谱 （一卷）
清乾隆四十六年［1781］钤印本

J0106670
师古堂说印 （一卷）（清）李宜开篆刻
清乾隆四十六年［1781］钤印本
　　本书由《师古堂印谱五卷》《师古堂说印一
卷》（清）李宜开篆刻合订。

J0106671
师古堂印谱 （五卷）（清）李宜开篆刻
清乾隆四十六年［1781］钤印本
　　本书由《师古堂印谱五卷》《师古堂说印一
卷》（清）李宜开篆刻合订。

J0106672
四本堂印谱 （不分卷）（清）陈森年辑
清乾隆四十七年［1782］钤印本

J0106673
松园印谱 （不分卷）（清）贾永篆刻
福寿堂　清乾隆四十八年［1783］钤印本

J0106674
乐老堂集古百廿寿 （二卷）（清）孙蟠篆刻
乐老堂　清乾隆四十九年［1784］钤印本

J0106675
遂高园园额印章 （一卷）题梅影草堂主人辑
清乾隆四十九年［1784］钤印本

J0106676
海寿篆稿 （四卷）（清）姚大源篆刻
湖西草堂　清乾隆五十二年［1787］钤印本

J0106677
含翠轩印存 （四卷）（清）钱世征篆刻
清乾隆五十三年［1788］钤印本

J0106678
悔堂印外 （八卷）（清）汪启淑藏并辑
清乾隆五十三年［1788］钤印本

J0106679
安拙窝印寄 （八卷）（清）汪启淑辑
清乾隆五十四年［1789］刻本　钤印

J0106680
吟香阁印谱 （一卷）（清）吴绂篆刻
清乾隆五十四年［1789］钤印本

J0106681
古意盘礴 （一卷）（清）杨介寿篆刻
清嘉庆至道光　刻本　钤印
（浸月楼印记）

J0106682
浸月楼图书稿 （一卷）（清）杨介寿篆刻
清嘉庆至道光　刻本　钤印
（浸月楼印记）

J0106683
浸月楼图书印记 （一卷）（清）杨介寿篆刻
清嘉庆至道光　刻本　钤印

（浸月楼印记）

J0106684
浸月楼印稿诗存　（一卷）（清）杨介寿篆刻
清嘉庆至道光　刻本　钤印
（浸月楼印记）

J0106685
浸月楼印记　（一卷）（清）杨介寿篆刻
清嘉庆至道光　刻本　钤印
　　本书包括：《浸月楼图书印记一卷》《浸月楼
图书稿一卷》《陋室铭一卷》《浸月楼印稿诗存一
卷》《古意盘礴一卷》。

J0106686
两京名贤印录　（二卷）（清）许兆熊篆刻
清嘉庆　钤印本

J0106687
柳舫集印　（不分卷）（清）许容篆刻；（清）封
保祺摹刻
清嘉庆　钤印本
　　本书由《柳舫集印不分卷》《夏小正印谱不
分卷》（清）许容篆刻；（清）封保祺摹刻合订。

J0106688
柳舫集印　（二卷）（清）许容篆；（清）封保
祺摹
清嘉庆　钤印本　线装
　　分六册。作者许容，篆刻作品有《谷园印谱》
《柳舫集印》《韫光楼印谱》等。

J0106689
陋室铭　（一卷）（清）杨介寿篆刻
清嘉庆至道光　刻本　钤印
（浸月楼印记）

J0106690
墨妙楼铁笔　（三卷　附一卷）（清）温纯篆刻
清嘉庆元年［1796］钤印本

J0106691
秋苹印草　（二卷　续集二卷）（清）华文彬篆刻
清嘉庆至道光　钤印本

J0106692
松崖藏印　（八卷）（清）金械辑
清嘉庆　钤印本

J0106693
铜鼓书堂藏印谱　（不分卷）（清）查礼辑
铜鼓书堂　清嘉庆　钤印本

J0106694
夏小正印谱　（不分卷）（清）许容篆刻；（清）
封保祺摹刻
清嘉庆　钤印本
　　本书由《柳舫集印不分卷》《夏小正印谱不
分卷》（清）许容篆刻；（清）封保祺摹刻合订。

J0106695
瑶原十六景　（不分卷）（清）程鸿绪篆刻
清嘉庆　钤印本

J0106696
语石轩集印　（一卷）（清）李文沐，（清）封保
祺篆刻
清嘉庆　钤印本

J0106697
语石轩集印　（清）李文沐，（清）封保祺摹刻
清嘉庆十八年［1813］钤印本　线装
　　分二册。

J0106698
云留小住印志　（不分卷）（清）徐学干篆刻
清嘉庆　刻本　钤印

J0106699
云留小住印志　（二卷）（清）徐学干篆刻
清道光　刻本　钤印

J0106700
汉印分韵　袁日省原本；谢云生摹录
漱艺堂开雕　清嘉庆二年［1797］刻本

J0106701
历朝史印　（十卷）（清）黄学圮篆刻并辑
黄氏楚桥书屋　清嘉庆二年［1797］刻本　钤印

J0106702

历朝史印　（十卷）（清）黄学坨篆刻；（清）吴
叔元释
清道光　刻暨钤印本　线装
　　分六册。

J0106703

历朝史印　（十卷）（清）黄学坨篆刻并辑
清道光九年［1829］钤印本

J0106704

西轩篆要　（清）冯印摹辑；（清）袁枚鉴定
大树堂　清嘉庆二年［1797］刻本　线装
　　七行字数不等四周双边。

J0106705

选集汉印分韵　（二卷）（清）谢云生摹录
漱艺堂　清嘉庆二年［1797］刻本　线装
　　本书由《选集汉印分韵》《续集汉印分韵》合
订。分八册。六行字数不一白口四周双边。

J0106706

选集汉印分韵　（二卷）（清）谢云生摹录
漱艺堂　清嘉庆二年［1797］刻本　线装
　　本书由《选集汉印分韵》《续集汉印分韵》合
订。分四册。六行字数不一白口四周双边。

J0106707

茗花山馆印谱　（十卷）（清）张庆焘篆刻；（清）
徐以坤辑
小芳兰轩　清嘉庆三年［1798］钤印本

J0106708

续集汉印分韵　（二卷）（清）谢景卿辑
漱艺堂　清嘉庆八年［1803］刻本
　　本书由《选集汉印分韵》《续集汉印分韵》合
订。谢景卿（1735—1806），字殿扬，号云隐，又
号芸隐。出生于广东南海（今佛山）。著有《鸡肋
草》，辑有《选集、续集汉印分韵》。传世印谱有
《云隐印稿》《云隐印选》《紫石山房印蜕》等。

J0106709

续集汉印分韵　（二卷）（清）谢云生篆摹
清嘉庆八年［1803］刻本　线装
　　本书由《选集汉印分韵》《续集汉印分韵》合

订。分八册。六行字数不一白口四周双边。

J0106710

续集汉印分韵　（二卷）（清）谢云生篆摹
清嘉庆八年［1803］刻本　线装
　　分四册。六行字数不一白口四周双边。

J0106711

映雪堂印谱　（一卷）（清）孙履仁篆刻；（清）
孙汝舟辑
清嘉庆八年［1803］钤印本

J0106712

云峰书屋集印谱　（六卷）（清）赵锡绶篆刻；
（清）赵清远辑
德润堂　清嘉庆九年［1804］钤印本

J0106713

竹亭摹勒　（一卷）（清）赵锡绶篆刻
德润堂　清嘉庆十一年［1806］刻本　钤印

J0106714

兰襟印草　（二卷）（清）周玉阶篆刻
清嘉庆十五年［1810］钤印本

J0106715

吾竹轩印谱　（不分卷）（清）冯春圃篆刻
清嘉庆十五年［1810］钤印本

J0106716

蔓棠轩印章　（一卷）（清）王兆兴篆刻
清嘉庆十六年［1811］石印本　钤印

J0106717

石斋印存　（不分卷）□□辑
清嘉庆十八年［1813］钤印本　线装
　　分八册。

J0106718

印商　（四卷）（清）孟锡麟篆刻
清嘉庆十八年［1813］钤印本

J0106719

清承堂印赏　（初集四卷　二集四卷）（清）张孝
嗣辑

松陵张氏 清嘉庆十九年[1814]钤印本

J0106720
芸械先生印存 （一卷）（题）（清）芸械篆刻
清嘉庆二十年[1815]钤印本

J0106721
云留小生印谱 （六卷）（清）徐学干篆刻
清嘉庆二十一年[1816]刻本 钤印

J0106722
古铁斋印谱 （一卷）（清）冯承辉篆刻并撰
云间冯氏 清嘉庆二十二年[1817]钤印本
　　本书由《古铁斋印谱一卷》《印学管见一卷》
（清）冯承辉篆刻并撰合订。

J0106723
万石山房印草 （不分卷）（清）陈苾篆刻
乐寿陈氏万石山房 清嘉庆二十二年[1817]
钤印本

J0106724
万石山房印草 （清）陈苾篆刻
乐寿陈氏万石山房 清嘉庆二十二年[1817]
钤印本 线装

J0106725
印学管见 （一卷）（清）冯承辉篆刻并撰
云间冯氏 清嘉庆二十二年[1817]钤印本
　　本书由《古铁斋印谱一卷》《印学管见一卷》
（清）冯承辉篆刻并撰合订。

J0106726
绀雪斋集印谱 （四卷）（清）陈梣淦辑
清嘉庆二十三年[1818]钤印本

J0106727
师古堂印谱 （三卷）（清）刘绍藜篆刻并辑
刘氏万花阁 清嘉庆二十四年[1819]刻本
钤印
　　本书由《师古堂印谱三卷》《印文辑略二卷》
（清）刘绍藜篆刻并辑合订。

J0106728
印文辑略 （二卷）（清）刘绍藜篆刻并辑

刘氏万花阁 清嘉庆二十四年[1819]刻本
钤印
　　本书由《师古堂印谱三卷》《印文辑略二卷》
（清）刘绍藜篆刻并辑合订。

J0106729
[对山印稿] （清）杨燮作；（清）杨森编
清道光 钤印本 线装
　　分八册。半页四周黑色双边。

J0106730
次闲印存 （不分卷）（清）赵之琛篆刻
清道光 钤印本

J0106731
古蜗篆居印述 （四卷）（清）程邃篆；（清）程
芝华摹
清道光 钤印本 线装
　　分二册。白口四周单边。作者程邃（1607—
1692），明末清初篆刻家、书画家。字穆倩、朽民，
号垢区、青溪，生于上海松江，祖籍安徽歙县。
代表作品有《仿黄子久深岩飞瀑图》《知鱼堂书
画录》《山水图》等，著有《会心吟》。

J0106732
晋斋印稿 （不分卷）（清）康甫氏篆刻
清道光 钤印本

J0106733
摹古印存 （五卷）（清）胡之森篆刻
清道光 钤印本
　　本书由《青琅玕馆印存一卷》《摹古印存五
卷》（清）胡之森篆刻合订。

J0106734
青琅玕馆印存 （一卷）（清）胡之森篆刻
清道光 钤印本
　　本书由《青琅玕馆印存一卷》《摹古印存五
卷》（清）胡之森篆刻合订。

J0106735
仁奉印草 （不分卷）（清）朱钟瑞篆刻
清道光 钤印本

J0106736

仁奉印草 （清）朱钟瑞篆刻

清道光十九年［1839］钤印本 线装

分四册。

J0106737

双婵娟室印存 （不分卷）□□辑

清道光 钤印本

J0106738

松舫居士印谱 （不分卷）（清）胡宗姚篆刻

清道光 钤印本

J0106739

孙氏养正楼印存 （六卷）（清）孟介臣篆刻；
（清）孙阜昌辑

清道光 钤印本

本书又名《养正楼福禄寿印存》。

J0106740

王梅花馆印赏 （不分卷）（清）严熙豫辑

清道光 钤印本 线装

J0106741

望益居印稿 （不分卷）（清）刘绍虞篆刻

清道光 钤印本

J0106742

小石山房印谱 （四卷 别集一卷 附集一卷）
（清）顾湘，（清）顾浩辑

顾氏 清道光 钤印本

顾浩，字凤一。江苏常熟人。顾湘子。活
动于清代道光年间，癖嗜金石，与父顾湘于道光
十一年（1831）辑《小石山房印谱》六册。

J0106743

小石山房印谱 （四卷）（清）顾湘，（清）顾
浩辑

海虞顾氏小石山房 清道光八年［1828］钤印本

本书由《小石山房印谱四卷》《归去来辞一
卷》《集名刻一卷》（清）顾湘，（清）顾浩辑合订。

J0106744

小石山房印谱 （八卷 附三卷）（清）顾湘，
（清）顾浩辑

虞山顾氏小石山房 清道光八年［1828］钤印本

J0106745

小石山房印谱 （清）海虞顾等编辑

清道光戊子年［1828］影印本 20cm（32开）
线装

分一函六册。半叶行款不一四周单边。

J0106746

小石山房印谱 （清）湘翠岚，浩凤一共编

清道光十年［1830］

J0106747

小石山房印谱 （六卷）（清）顾湘，（清）顾
浩辑

海虞顾湘小石山房 清道光十二年［1832］
钤印本 线装

J0106748

小石山房印谱 （四卷）（清）顾湘，（清）顾
浩辑

海虞顾氏 清同治八年［1869］钤印本

本书由《小石山房印谱四卷》《归去来辞一
卷》《集名刻一卷》《集金玉晶石铜牙瓷竹木类印
一卷》（清）顾湘，（清）顾浩辑合订。

J0106749

小石山房印谱 （四卷）（清）顾湘，（清）顾
浩辑

清宣统三年［1911］石印本

本书由《小石山房印谱四卷》《归去来辞一
卷》《集名刻一卷》《集金玉晶石铜牙瓷竹木类印
一卷》（清）顾湘，（清）顾浩辑合订。

J0106750

小石山房印谱 （清）顾湘，（清）顾浩编辑

北京 北京市中国书店 1985年 影印本 1册
19cm（32开）定价：CNY4.50

J0106751

小石山房印谱 （清）顾湘，（清）顾浩编辑

北京 中国书店 1996年 影印本 重印本 1册
19cm（32开）ISBN：7-80568-187-2
定价：CNY12.00

J0106752
小石山房印苑　（十二卷）（清）顾湘辑
清道光　钤印本

J0106753
小石山房印苑　（十二卷）（清）顾湘辑
海虞顾氏　清光绪三十年［1850］钤印本

J0106754
也宜书屋藏印　（清）杨星曜辑
清道光　钤印本　线装
　　　分四册。黑口半页四周单边。

J0106755
也宜书屋藏印　（不分卷）（清）杨星曜辑
清道光　钤印本

J0106756
宜长乐斋印学　（不分卷）（清）李彦士篆刻
清道光　钤印本

J0106757
蛰庵印存　（不分卷）（清）□□辑
清道光元年［1821］钤印本

J0106758
种榆仙馆印谱　（八卷）（清）陈鸿寿篆刻
清道光元年［1821］钤印本

J0106759
种榆仙馆印谱　（清）种榆主人篆刻
上海　西泠印社　清宣统二年［1910］钤印本
线装
　　　分六册。

J0106760
种榆仙馆印谱　（清）陈鸿寿篆刻
民国　钤印本　线装

J0106761
种榆仙馆印谱　（清）陈鸿寿篆刻
民国　钤印本　线装
　　　本书由《吉罗庵印谱》（清）蒋仁篆刻、《小
蓬莱阁印谱》（清）黄易篆刻、《冬花庵印谱》（清）
奚冈篆刻、《求是斋印谱》（清）陈豫钟篆刻、《种

榆仙馆印谱》（清）陈鸿寿篆刻合订。

J0106762
书体篆印谱　（不分卷）（清）郝裕衡篆刻
崇厚堂　清道光三年［1823］钤印本

J0106763
文秘阁印稿　（不分卷）（清）杨心源篆刻
清道光三年［1823］钤印本

J0106764
陶峰小课　（一卷）（清）朱其镜篆刻
清道光六年［1826］钤印本

J0106765
补罗迦室印谱　（不分卷）（清）赵之琛篆刻
清道光八至十一年［1828－1831］钤印本
　　　本书由《补罗迦室印谱不分卷》《补罗迦室
印谱二集不分卷》（清）赵之琛篆刻合订。

J0106766
补罗迦室印谱　（二集　不分卷）（清）赵之琛
篆刻
清道光八至十一年［1828－1831］钤印本
　　　本书由《补罗迦室印谱不分卷》《补罗迦室
印谱二集不分卷》（清）赵之琛篆刻合订。作者
赵之琛（1781—1852），篆刻家、书画家。字次闲，
号献父，别署宝月山人。浙江钱塘人，"西泠八家"
之一。代表作品有《秋菊竹石图之琛》《双钩竹
石图》《补罗迦室集》等。

J0106767
补罗迦室印谱　（不分卷）（清）赵之琛篆刻
西泠印社　清光绪十四年［1888］钤印本

J0106768
补罗迦室印谱　（不分卷）（清）赵之琛篆刻
西泠印社　清宣统二年［1910］钤印本

J0106769
归去来辞　（一卷）（清）顾湘,（清）顾浩辑
海虞顾氏小石山房　清道光八年［1828］钤印本
　　　本书由《小石山房印谱四卷》《归去来辞一
卷》《集名刻一卷》（清）顾湘,（清）顾浩辑合订。

J0106770

归去来辞　（一卷）（清）顾湘,（清）顾浩辑
海虞顾氏　清同治八年［1869］钤印本
　　　本书由《小石山房印谱四卷》《归去来辞一卷》《集名刻一卷》《集金玉晶石铜牙瓷竹木类印一卷》（清）顾湘,（清）顾浩辑合订。

J0106771

归去来辞　（一卷）（清）顾湘,（清）顾浩辑
清宣统三年［1911］石印本
　　　本书由《小石山房印谱四卷》《归去来辞一卷》《集名刻一卷》《集金玉晶石铜牙瓷竹木类印一卷》（清）顾湘,（清）顾浩辑合订。

J0106772

集名刻　（一卷）（清）顾湘,（清）顾浩辑
海虞顾氏小石山房　清道光八年［1828］钤印本
　　　本书由《小石山房印谱四卷》《归去来辞一卷》《集名刻一卷》（清）顾湘,（清）顾浩辑合订。

J0106773

集名刻　（一卷）（清）顾湘,（清）顾浩辑
海虞顾氏　清同治八年［1869］钤印本
　　　本书由《小石山房印谱四卷》《归去来辞一卷》《集名刻一卷》《集金玉晶石铜牙瓷竹木类印一卷》（清）顾湘,（清）顾浩辑合订。

J0106774

集名刻　（一卷）（清）顾湘,（清）顾浩辑
清宣统三年［1911］石印本
　　　本书由《小石山房印谱四卷》《归去来辞一卷》《集名刻一卷》《集金玉晶石铜牙瓷竹木类印一卷》（清）顾湘,（清）顾浩辑合订。

J0106775

汉学斋仿古印谱　（清）吴贞卿,（清）吴小华刻
清道光十二年［1832］钤印本　线装
　　　分二册。绿色边框。

J0106776

汉学斋仿古印谱　（不分卷）（清）吴贞卿篆刻,（清）吴小华篆刻
清道光十二年［1832］钤印本

J0106777

延古堂印谱　（四卷　续三卷,附一卷）（清）黄鹓辑
古闽黄氏延古堂　清道光十三年［1833］刻本钤印

J0106778

蓬园印萃　（四卷）（清）王赞勋篆刻
清道光十五年［1835］钤印本　线装
　　　分四册。

J0106779

醉经书馆印谱　（不分卷）（清）吴祺篆刻;（清）周炳释
寸耕轩　清道光十六年［1836］钤印本

J0106780

艳秋阁印存　（四卷）（清）孙慧翼辑
清道光十八年［1838］刻本　钤印

J0106781

求是于古斋印存　（六卷）（清）祝尧龄辑
清道光十九年［1839］钤印本

J0106782

述古堂印谱　（八卷）（清）程椿篆刻
清道光十九年［1839］钤印本

J0106783

秦汉三十体印证　（二卷）（清）李阳辑
李氏宝籀堂　清道光二十年［1840］刻本　线装

J0106784

学古斋印谱　（不分卷）（清）宋倜篆刻
清道光二十年［1840］钤印本

J0106785

二树紫藤花馆印选　（不分卷）（清）杜从庵辑
清道光二十一年［1841］钤印本

J0106786

二树紫藤花馆印选　（清）周彦篆
清末至民国初　影印本　线装
　　　分四册。

J0106787
二树紫藤花馆印选 （不分卷）（清）杜从庵辑
清光绪二十七年［1901］石印本

J0106788
二树紫藤花馆印选 顾子巨辑
法轮印字局 民国四年［1915］钤印本 线装
　　　分四册。绿色边框。

J0106789
摹古印谱 （五卷）（清）胡之森摹刻
宣州 江夏胡之森青琅轩馆 清道光二十二年
［1842］钤印本 线装
　　　分五册。

J0106790
绿野印草 （一卷）（清）冯葆光篆刻
清道光二十三年［1843］钤印本

J0106791
五种曲句印谱 （不分卷）（清）荔卿篆刻
朗吟楼 清道光二十三年［1843］钤印本

J0106792
阴骘文印言 （一卷）（清）王兆与篆刻
清道光二十三年［1843］钤印本

J0106793
印文法 （一卷）（清）胡圻篆刻
清道光二十三年［1843］钤印本

J0106794
海阳由溪瑶原怡园名景印谱 （不分卷）
（清）程芝华辑
清道光二十四年［1844］钤印本

J0106795
感应篇印谱 （二卷）（清）程得寿篆刻；（清）
戴文灿释
聘永堂 清道光二十六年［1846］刻本
　　　本书由《感应篇印谱二卷》《阴骘文印谱一
卷》《觉世训印谱一卷》（清）程得寿篆刻；（清）
戴文灿释合订。

J0106796
古梅阁仿完白山人印剩 （一卷）（清）王尔
度篆刻；（清）邓传密辑
清道光二十六年［1846］钤印本 线装
　　　分二册。

J0106797
古梅阁仿完白山人印剩 （一卷 续编一卷）
（清）王尔度篆刻
清同治十一年［1872］钤印本

J0106798
古梅阁仿完白山人印剩 （一卷 续编一卷）
（清）王尔度篆刻；（清）陈以和辑
王氏古梅阁 清光绪元年［1875］钤印本

J0106799
古梅阁仿完白山人印剩续编 （一卷）（清）
王尔度篆刻
清同治十一年［1872］钤印本 线装
　　　分二册。

J0106800
觉世训印谱 （一卷）（清）程得寿篆刻；（清）
戴文灿释
聘永堂 清道光二十六年［1846］刻本
　　　本书由《感应篇印谱二卷》《阴骘文印谱一
卷》《觉世训印谱一卷》（清）程得寿篆刻；（清）
戴文灿释合订。

J0106801
阴骘文印谱 （一卷）（清）程得寿篆刻；（清）
戴文灿释
聘永堂 清道光二十六年［1846］刻本
　　　本书由《感应篇印谱二卷》《阴骘文印谱一
卷》《觉世训印谱一卷》（清）程得寿篆刻；（清）
戴文灿释合订。

J0106802
澹园印谱 （不分卷）（清）王锐一篆刻；（清）
吴江元辑
刘鸿瓜斋 清道光二十七年［1847］钤印本

J0106803
伊蔚斋印谱 （一卷）（清）项怀述篆刻

项元翰云香阁 清道光二十七年［1847］刻本
钤印

J0106804
绿秋盦集印 （二卷）（清）爰恩鉴辑
清道光二十八年［1848］钤印本 线装
    分二册。

J0106805
印原 （二卷）（清）顾浩篆刻并注
爽来精舍 清道光二十八年［1848］刻本
    作者顾浩，字凤一。江苏常熟人。顾湘子。
活动于清代道光年间，癖嗜金石，与父顾湘于道
光十一年（1831）辑《小石山房印谱》六册。

J0106806
小飞文馆印存 （不分卷）（清）又栩篆刻
清道光二十九年［1849］钤印本

J0106807
印痴篆稿 （四卷）（清）黄鹓篆刻
清道光二十九年［1849］钤印本 线装
    分四册。

J0106808
石隐山房印草 （不分卷）（清）文石篆刻
清道光三十年［1850］钤印本 线装
    分四册。四周双边单鱼尾。

J0106809
适园印谱 （不分卷）（清）吴咨篆刻
陈以穌 清道光三十年［1850］钤印本

J0106810
小石山房名印传真 （六卷）（清）顾湘辑
清道光三十年［1850］钤印本
    顾湘（1829—1880），清常熟人。字翠岚，号
兰江、兰 生、石墩山人、石墩山民、东郭顽夫
等。黄彦弟子。嗜金石，工篆刻，熟悉印典。编
刊《印苑》《名印传真》，与弟浩辑有《小石山房
印谱》。藏书数万卷，精于版本校勘，尤喜刻书，
其小石山房刊汲古阁校刻书尤多，校刻曲阜桂馥
所著《续三十五举》世称精善。另编刊有《篆学
琐箸》《小石山房丛书》《玲珑山馆丛书》等。著
有《汲古阁版本考》。

J0106811
柏叶庵印存 （清）戈履征篆刻
山阴俞廉三 清末 钤印本 线装
    本书附有《戈青侯传》。

J0106812
柏叶庵印存 （不分卷）（清）戈履征篆刻
山阴俞廉三 清末 钤印本

J0106813
柏叶庵印存 （不分卷）（清）戈履征篆刻
清宣统二年［1910］钤印本

J0106814
柏叶庵印存 （二卷）（清）戈履征篆刻
清宣统二年［1910］刻本
    本书由《柏叶庵印存二卷》（清）戈履征篆刻、
《浮芥亭印存一卷》（清）俞廉三篆刻合订。

J0106815
宝史斋印存 （不分卷）陆树基辑
清末至民国初 钤印本

J0106816
春晖堂印始 （八卷）（清）吴苍雷篆刻
清末 石印本

J0106817
憺庵印存 （清）吴在篆刻
清末 钤印本 线装
    分二册。白口半页四周单边。

J0106818
憺庵印存 （不分卷）（清）吴在篆刻
清末 钤印本

J0106819
二金蜨堂印谱 （不分卷）（清）赵之谦篆刻
清末 刻本 钤印

J0106820
二金蜨堂印谱 （不分卷）（清）赵之谦篆刻
傅氏有万憙斋 清光绪三年［1877］钤印本

J0106821
二金蝶堂印谱　（不分卷）（清）赵之谦篆刻
清光绪十五年［1889］钤印本

J0106822
二金蝶堂印谱　（清）赵之谦编
台北　艺文印书馆　1989年　2版　影印本
212页　20cm（32开）精装　定价：旧台币 15.00
　　编者赵之谦（1829—1884），晚清书画家。浙江绍兴人，初字益甫，号冷君，号悲庵、梅庵、无闷等。著有《六朝别字记》《悲庵居士文存》等，篆刻有《二金蝶堂印存》等。

J0106823
福庵所藏印存　王褆辑
清末　钤印本　线装
　　分二册。

J0106824
福庵所藏印存　（不分卷）王褆辑
清末　钤印本

J0106825
海虞李钟印存　（不分卷）李钟篆刻
清末　钤印本

J0106826
吉罗居士印谱　（一卷）（清）蒋仁篆刻
清末　钤印本
（西泠四家印谱）

J0106827
吉罗居士印谱　（清）蒋仁篆
西泠印社　清光绪末至民国初　钤印本　线装
　　分二册。

J0106828
集脮成裘
清末　钤印本　线装
　　分八册。

J0106829
集脮成裘　（不分卷）□□辑
清末　钤印本

J0106830
结古欢室印存　（不分卷）□□辑
清末　刻本

J0106831
芥弥精舍印萃　（不分卷）（清）沈煦孙辑
清末　钤印本

J0106832
芥弥精舍印萃　沈煦孙藏并辑
民国三年［1914］钤印本　线装
　　分二十册。

J0106833
聚学轩印存　（不分卷）□□辑
清末　钤印本

J0106834
冷淡庵印谱　（清）李望之篆刻
清末　钤印本　线装
　　分四册。

J0106835
冷淡庵印谱　（不分卷）（清）李望之篆刻
清末　钤印本

J0106836
龙泓山人印谱　（一卷）（清）丁敬篆刻
清末　钤印本
（西泠四家印谱附存四家）

J0106837
曼生印谱　（一卷）（清）陈鸿寿篆刻
清末　钤印本
（西泠四家印谱）

J0106838
蒙泉外史印谱　（清）奚冈篆刻
清末　钤印本　线装
　　分二册。作者奚冈（1746—1803），清代篆刻家、书画家。字纯章、铁生，号萝龛、蝶野子、散木居士等。原籍歙县（今属安徽），一作黟县（今属安徽）。曾作《冬花庵烬馀稿》《溪山素秋图》《蕉竹幽兰图》《春林归翼图》等。

J0106839

蒙泉外史印谱 （一卷）（清）奚冈篆刻
清末　钤印本
（西泠四家印谱）

J0106840

蒙泉外史印谱 （一卷）（清）奚冈篆刻
清末　钤印本

J0106841

蒙泉外史印谱 （一卷）（清）奚冈篆刻
白石斋　清光绪十一年［1885］钤印本

J0106842

渺一斋刻印自存稿 （清）杨仲子篆刻
清末至民国初　钤印本　线装
　　　分十一册。

J0106843

渺一斋刻印自存稿 （不分卷）（清）杨仲子篆刻
清末至民国初　钤印本

J0106844

耐青印谱 （一卷）（清）钱松篆刻
清末　钤印本
（西泠四家印谱附存四家）

J0106845

清仪阁印存 （一卷）（清）沈□辑
昌羊室　清末　钤印本

J0106846

秋堂印谱 （一卷）（清）陈豫钟篆刻
清末　钤印本
（西泠四家印谱）

J0106847

秋影庵主印谱 （一卷）（清）黄易篆刻
清末　钤印本
（西泠四家印谱）
　　　作者黄易（1744—1802），字大易，号小松、
秋盒，又号秋影庵主、散花滩人。浙江钱塘人，
兼擅篆刻，与丁敬都并称"丁黄"，为"西泠八家"
之一。曾任监生、官济宁同知。绘有《访碑图》，
著有《小蓬莱阁金石文字》等。

J0106848

粟香行箧印存
清末至民国初　钤印本　毛装
（江阴金氏家藏稿）

J0106849

铁云藏印初集 （不分卷）（清）刘鹗辑
刘鹗抱残守缺斋　清光绪　钤印本

J0106850

铁云藏印续集 （不分卷）（清）刘鹗辑
刘鹗抱残守缺斋　清末　钤印本

J0106851

文三桥印谱 （不分卷）（明）文彭篆刻
清末　钤印本

J0106852

五鹤堂印谱 （不分卷）（清）梁阆斋篆刻
清咸丰　钤印本

J0106853

西泠四家印谱附存四家 （一卷）（清）丁丙辑
清末　钤印本
　　　本书包括:《龙泓山人印谱一卷》（清）丁敬
篆刻、《吉罗居士印谱一卷》（清）蒋仁篆刻、《蒙
泉外史印谱一卷》（清）奚冈篆刻、《秋堂印谱一
卷》（清）陈豫钟篆刻、《秋影庵主印谱一卷》（清）
黄易篆刻、《次闲印谱一卷》（清）赵之琛篆刻、《耐
青印谱一卷》（清）钱松篆刻、《曼生印谱一卷》（清）
陈鸿寿篆刻。

J0106854

西寿图印存 （一卷）□□辑
清末　钤印本

J0106855

敦让生印存 （一卷）方仰之篆刻
清末　钤印本

J0106856

一簣轩印谱 （不分卷）（清）陈其浩篆刻
清末　钤印本

J0106857
印草 （不分卷）□□辑
清末 钤印本

J0106858
印存
清末 钤印本 线装

J0106859
印存 （不分卷）□□辑
清末 钤印本

J0106860
印汇 （不分卷）（清）爱新觉罗载洵辑
清末 钤印本

J0106861
印谱 （清）寿玺篆刻
清末至民国初 钤印本 线装
　　分十六册。

J0106862
印谱 （不分卷）□□辑
清末 钤印本

J0106863
赵㧑叔印存 （清）赵之谦篆刻
清末 钤印本 线装
　　分二册。

J0106864
周氏阴骘文印谱 （不分卷）（清）周清缮篆刻
清咸丰 钤印本

J0106865
竹荫斋主人印谱 （清）云舫氏选
清末 钤印本 线装

J0106866
竹荫斋主人印谱 （不分卷）（清）云舫氏选
清末 钤印本

J0106867
爱石轩印存 （不分卷）（清）赵文卿篆刻
清咸丰二年［1852］钤印本

J0106868
华黍斋集印 （四卷）（清）张学宗辑
清咸丰二年［1852］钤印本 线装
　　分四册。

J0106869
少耕草堂印草 （不分卷）（清）王骏生篆刻
清咸丰二年［1852］钤印本 线装
　　分二册。蓝色边框。

J0106870
听秋山馆印谱 （不分卷）（清）张沄篆刻
清咸丰二年［1852］钤印本

J0106871
三余印可 （四卷）（清）黄鹓篆刻；（清）张学宗藏
清咸丰三年［1853］钤印本 线装
　　分四册。

J0106872
三余印可 （四卷）（清）黄鹓篆刻；（清）张学宗辑
清咸丰三年［1853］钤印本

J0106873
慎思堂印谱 （一卷）（清）黄鹓篆刻；（清）张学宗辑
清咸丰五年［1855］钤印本

J0106874
清仪阁古印偶存 （一卷）（清）张廷济辑
清咸丰六年［1856］钤印本

J0106875
采柏园古印泽存 （不分卷）（清）凌坛辑
清咸丰七年［1857］钤印本

J0106876
何子万印谱 （四卷）（清）何屿篆刻
清咸丰七年［1857］钤印本

J0106877
竹根印谱 （不分卷）（清）孙韡篆刻
清咸丰八年［1858］钤印本

本书又名《孙漱石印谱》。

J0106878
挈妙室印略　（二卷）（清）赵荣篆刻
赵荣研妙室　清咸丰九年［1859］刻本　钤印

J0106879
古印集成　（清）唐诏辑
清同治　钤印本　线装
　　　分四册。

J0106880
古印集成　（不分卷）（清）唐诏辑
清同治　钤印本

J0106881
剑秋印书　（四卷）（清）董剑秋辑
清同治　钤印本

J0106882
匏庐集印　（不分卷）（清）沈重乡辑
清同治　钤印本

J0106883
钱胡印谱　（一卷）（清）钱松篆刻,（清）胡震
篆刻
清同治　钤印本
　　　作者钱松（1818—1860），清代篆刻家、书画
家。字叔盖，号耐青，别号未道士，西郭外史等。
出生于浙江钱塘。作品有《礼器碑》《石门颂》等。

J0106884
钱胡印谱　（清）钱松,（清）胡震篆刻
清同治三年［1864］钤印本　线装
　　　分十册。

J0106885
实事求是斋印谱　（不分卷）（清）方梅垞篆刻
清同治二年［1863］钤印本

J0106886
胡震钱松印谱　（不分卷）（清）严荄辑
清同治三年［1864］钤印本

J0106887
近古堂三经印章　（清）钱桢篆刻

清同治三年［1864］刻本　朱墨套印　线装
　　　分四册。

J0106888
新心别馆印存　（不分卷）（清）王肇基篆刻并辑
清同治三年［1864］钤印本

J0106889
月令七十二候印谱　（不分卷）（清）何瑛篆刻
并辑
清同治三年［1864］钤印本

J0106890
二金蜨堂癸亥以后印稿　（一卷）（清）赵之
谦篆刻;（清）朱志复辑
清同治四年［1865］钤印本

J0106891
乐石斋印谱　（一卷）（清）何昆玉篆刻
高要何氏　清同治五年［1866］钤印本

J0106892
抱楼居印存　（一卷）（清）陈淑和篆刻
清同治六年［1867］钤印本

J0106893
砺卿印草　（一卷）（清）徐基德篆刻
清同治六年［1867］钤印本
　　　本书又名《望杏花馆印草》。

J0106894
劝善印谱　（不分卷）（清）张澂集传;（清）陈
彰五篆;（清）伏景春刻
古歙洪氏留馀堂　清同治七年［1868］刻本
钤印　线装

J0106895
松霜阁印集　（四卷）（清）王璐篆刻;（清）朱
大镛释文
清同治七年［1868］钤印本　线装

J0106896
武林五家印选　（不分卷　附录一卷）
清同治七年［1868］钤印本

J0106897

集金玉晶石铜牙瓷竹木类印　（一卷）（清）
顾湘,（清）顾浩辑

海虞顾氏　清同治八年［1869］钤印本

　　本书由《小石山房印谱四卷》《归去来辞一卷》《集名刻一卷》《集金玉晶石铜牙瓷竹木类印一卷》（清）顾湘,（清）顾浩辑合订。顾浩，字凤一。江苏常熟人。顾湘子。活动于清代道光年间，癖嗜金石，与父顾湘于道光十一年（1831）辑《小石山房印谱》六册。作者顾湘（1829—1880），清常熟人。字翠岚，号兰江、兰　生、石墩山人、石墩山民、东郭颟夫等。黄彦弟子。嗜金石，工篆刻，熟悉印典。编刊《印苑》《名印传真》，与弟浩辑有《小石山房印谱》。藏书数万卷，精于版本校勘，尤喜刻书，其小石山房刊汲古阁校刻书尤多，校刻曲阜桂馥所著《续三十五举》世称精善。另编刊有《篆学琐著》《小石山房丛书》《玲珑山馆丛书》等。著有《汲古阁版本考》。

J0106898

集金玉晶石铜牙瓷竹木类印　（一卷）（清）
顾湘,（清）顾浩辑

清宣统三年［1911］石印本

　　本书由《小石山房印谱四卷》《归去来辞一卷》《集名刻一卷》《集金玉晶石铜牙瓷竹木类印一卷》（清）顾湘,（清）顾浩辑合订。

J0106899

锡山林敬堂印谱　（不分卷）（清）林敬堂篆刻

清同治八年［1869］钤印本

J0106900

小咏楼印存　（不分卷）（清）沈云焕篆刻

清同治八年［1869］钤印本

J0106901

飞鸿堂印萃　（□卷）（清）董威篆刻

清同治九年［1870］钤印本

J0106902

风云际会法　（一卷）（清）胡圻篆刻

寿石斋　清同治九年［1870］钤印本

J0106903

滕王阁印　（不分卷）（题）磨铁闲人篆刻

清同治九年［1870］钤印本

　　本书由《醉石山房印存》《滕王阁印》合订。

J0106904

醉石山房印存　（不分卷）（题）磨铁闲人篆刻

清同治九年［1870］钤印本

　　本书由《醉石山房印存》《滕王阁印》合订。

J0106905

胡若川金石刀法　（一卷）（清）胡圻篆刻

清同治十一年［1872］钤印本

J0106906

程少峰印谱　（不分卷）（清）程铭篆刻

清同治十二年［1873］钤印本

J0106907

傅文卿集印　（不分卷）（清）傅文卿辑

清同治十二年［1873］钤印本

J0106908

漱石轩印存　（四卷）（清）钟权篆刻

清同治十三年［1874］钤印本

　　本书由《漱石轩印存四卷》《漱石轩印集四卷》（清）钟权篆刻合订。

J0106909

漱石轩印存　（四卷）（清）钟权篆刻

清光绪二年［1876］影印本

　　本书由《漱石轩印存四卷》《漱石轩印集四卷》（清）钟权篆刻合订。

J0106910

漱石轩印存　（不分卷）（清）钟权篆刻

清光绪十一年［1885］钤印本

J0106911

百举斋印谱　（清）何昆玉篆刻

清光绪　钤印本　线装
　　分四册。

J0106912

百举斋印谱　（清）何昆玉篆刻

清光绪二十一年［1895］钤印本　线装
　　分十二册。

J0106913

半舫印存 （不分卷）（清）王琛辑
清光绪 钤印本

J0106914

餐三华室印谱 （一卷）（清）王仁俊辑
清光绪 钤印本

J0106915

承雷居印稿 （不分卷）（清）陈汤奏篆刻
清光绪 钤印本

J0106916

澄怀堂印剩 （不分卷）（清）王玉如篆刻；（清）
陈筱春辑
清光绪 钤印本 经折装

J0106917

此静轩印稿 （不分卷）（清）姚濬熙篆刻
清光绪元年［1875］钤印本

J0106918

二金蜨斋印谱初集 （初集不分卷，二集不分
卷）（清）赵之谦篆刻
西泠印社 清光绪 钤印本

J0106919

斐然斋印存 （不分卷）（清）徐中立篆刻
清光绪 钤印本

J0106920

封泥考略 （十卷）（清）吴武芬，（清）陈介祺
藏并辑；（清）翁大年考编
上海 清光绪 抄本 10 册
　　本书收入四川、西安、山东、临淄出土的秦
汉及少量战国封泥，共849方。内容包括：官
印、私印、闲印，每种都有原大拓片，并附考释。
最早的封泥资料专书，对研究古代官制有重要
价值。

J0106921

封泥考略 （十卷）（清）吴武芬，（清）陈介祺编
上海 清光绪三十年［1904］石印本 10 册

J0106922

封泥考略 （清）吴武芬，（清）陈介祺编
北京 中国书店 1990 影印本 20cm（大 32 开）
精装 ISBN：7-80568-139-2 定价：CNY28.00

J0106923

古高士传印谱 （不分卷）（清）赵穆篆刻
清光绪 钤印本

J0106924

古印藏真 （清）杨其光篆刻
添茅小屋 清光绪 钤印本 线装
　　分八册。

J0106925

古印藏真 （不分卷）（清）杨其光篆刻
添茅小屋 清光绪 钤印本

J0106926

观自得斋印集 （不分卷）（清）徐士恺辑
徐氏观自得斋 清光绪 钤印本

J0106927

观自得斋印集 （清）徐士恺藏并辑
石埭徐士恺 清光绪二十年［1894］钤印本 线装
　　分十六册。

J0106928

观自得斋印记 （不分卷）（清）赵之谦篆刻；
（清）徐士恺辑
清光绪 钤印本

J0106929

杭郡印辑 （清）丁仁编辑
西泠印社 清光绪 钤印本 线装
　　分八册。六行十二字白口四周单边。

J0106930

杭郡印辑 （六卷）（清）丁仁辑
西泠印社 清光绪 钤印本

J0106931

黄穆甫印稿 （不分卷）（清）黄士陵篆刻
清光绪 钤印本
　　作者黄士陵（1849—1908），篆刻家。字牧甫，

亦作穆甫、穆父，安徽黟县人。代表作品《心经
印谱》。

J0106932
既涿斋印谱 （不分卷）（清）王恩重篆刻
清光绪 钤印本

J0106933
近鄹斋印存 （不分卷）（清）钱庚篆刻
清光绪 钤印本

J0106934
卷石阿印草 （一卷）（清）张定篆刻
清光绪 钤印本

J0106935
可读庐印存 （一卷）金城辑
清光绪 钤印本

J0106936
梁星堂凿刻各体书画印章铁笔单 （不分卷）
（清）梁垣光篆刻并辑
清光绪 钤印本 线装
　　本书由《星堂印存不分卷》《用印琐言不分
卷》《梁星堂凿刻各体书画印章铁笔单不分卷》
（清）梁垣光篆刻并辑合订。

J0106937
两汉儒林印谱 （不分卷）（清）夏道生篆刻
清光绪 钤印本

J0106938
榴荫山房印谱 （二卷）（清）叶鸿翰篆刻
清光绪 钤印本

J0106939
榴荫山房印谱 （清）叶鸿翰篆刻
永嘉叶鸿翰 清光绪三十四年［1908］钤印本
线装
　　分二册。

J0106940
梅石庵印鉴 （不分卷）（清）谢庸篆刻
清光绪 钤印本

J0106941
梅石临百二古铜印谱 （不分卷）（清）谢庸篆刻
清光绪 钤印本

J0106942
铭雀砚斋印存 （不分卷）（清）黄霖泽辑
清光绪 钤印本

J0106943
青箱堂印隽 （四卷）（清）王健□篆刻
清光绪 钤印本

J0106944
求志居集印 （四卷）（清）罗振铺篆刻
清光绪 钤印本

J0106945
纫佩斋集印 （不分卷）（清）沈祥龙辑
清光绪 钤印本

J0106946
三宜堂印谱 （不分卷）宗韶篆刻
清光绪 钤印本

J0106947
善吾庐印谱 （不分卷）（清）金铨篆刻
清光绪 钤印本 线装

J0106948
圣庙祀典爵里姓氏印谱 （清）赵穆父篆刻
清光绪 钤印本 线装
　　分六册。

J0106949
圣庙祀典爵里姓氏印谱 （不分卷）（清）赵
穆篆刻
清光绪 钤印本

J0106950
师曼制印 （不分卷）（清）谭锡瓒篆刻
清光绪 钤印本

J0106951
十琴轩黄山印册 （二卷）（清）郑沐篆刻
清光绪 钤印本

J0106952
似鸿轩印稿　（不分卷）（清）吴诵清篆刻
清光绪　钤印本

J0106953
守如印存　（不分卷）（清）吴杰篆刻
清光绪　钤印本

J0106954
松下清斋印集　（不分卷）（清）吴敬赐篆刻
清光绪　钤印本

J0106955
遂庵印存　（不分卷）□□辑
清光绪　拓印本

J0106956
听鹂轩印稿　（一卷）（清）马寿石篆刻
清光绪　钤印本

J0106957
听松别馆印存　（不分卷）（清）徐之元辑
清光绪　钤印本

J0106958
玩月草堂印存　（清）冯士墣篆刻
清光绪　钤印本　线装
　　分四册。

J0106959
玩月草堂印存　（四卷）（清）冯士墣篆刻
清光绪　钤印本

J0106960
玩月草堂印存　（四卷）（清）冯士墣篆刻
河间冯氏　清光绪七年［1881］钤印本

J0106961
未虚室印赏　（不分卷）（清）钱松篆刻；（清）高邕辑
清光绪　钤印本
　　作者钱松(1818—1860)，清代篆刻家、书画家。字叔盖，号耐青，别号未道士，西郭外史等。出生于浙江钱塘。作品有《礼器碑》《石门颂》等。

J0106962
西泠四家印谱　（附存四家）（清）佚名辑
清光绪　钤印本　线装
　　分十二册。

J0106963
星堂印存　（不分卷）（清）梁垣光篆刻并辑
清光绪　钤印本
　　本书由《星堂印存不分卷》《用印琐言不分卷》《梁星堂凿刻各体书画印章铁笔单不分卷》（清）梁垣光篆刻并辑合订。

J0106964
削觚庐印存　（不分卷）吴昌硕篆刻
清光绪　钤印本
　　作者吴昌硕(1844—1927)，晚清民国时期国画家、书法家、篆刻家。原名俊，俊倾，字昌硕。浙江安吉人。代表作品有《瓜果》《灯下观书》《姑苏丝画图》等，出版有《吴昌硕画集》《吴昌硕作品集》《苦铁碎金》《缶庐近墨》《吴苍石印谱》《缶庐印存》等。

J0106965
游戏三昧　（不分卷）（清）释竹禅篆刻
清光绪元年［1875］钤印本

J0106966
又栩印草　（不分卷）（清）濮又栩辑
清光绪　钤印本

J0106967
云石山房印寄　（不分卷）□□辑
清光绪　钤印本

J0106968
仲穆橅刻秦汉印存　（不分卷）（清）赵穆篆刻
清光绪　钤印本

J0106969
周栎园印人传　（三卷）（清）周亮工撰
羊城冯氏　清光绪　刻本
（翠琅玕馆丛书）

J0106970
竹禅人印谱

竹禅　清光绪元年［1875］钤印本　线装
　　　分四册。白口四周双边单鱼尾。

J0106971
竹影集印　（不分卷）□□辑
清光绪　钤印本

J0106972
紫荆花馆印存月令　（不分卷）□□辑
清光绪　钤印本　线装

J0106973
自怡轩印集　（不分卷）（清）王綱堂辑
清光绪　钤印本

J0106974
蔬笋馆印存　（不分卷）（清）符翕篆刻
清光绪二年［1876］钤印本

J0106975
蔬笋馆印存
民国　钤印本　线装

J0106976
青城石室印谱　（一卷）（清）那木都鲁荣叙篆刻
刘康源　清光绪四年［1878］钤印本

J0106977
消夏印存　（六卷）（清）哈芬布
退步斋　清光绪四年［1878］钤印本

J0106978
印林　（不分卷）杨守敬篆刻
清光绪四年［1878］钤印本
　　　作者杨守敬（1839—1915），清代地理学家、书法家、金石学家。代表作品有《水经注疏》《日本访书志》《湖北金石志》等。

J0106979
印林　杨守敬藏并编
宜都杨守敬　民国　钤印本　线装
　　　分六册。

J0106980
印香篆册　（不分卷）（清）丁澐辑

清光绪四年［1878］钤印本

J0106981
存养斋印存　（一卷）（清）万青选篆刻
清光绪五年［1879］钤印本

J0106982
道古轩印谱　（清）张石篆刻
清光绪六年［1880］钤印本　线装
　　　分三册。

J0106983
道古轩印谱　（不分卷）（清）张石篆刻
清光绪六年［1880］钤印本

J0106984
印林从新　（二卷）（清）张昌甲篆刻
清光绪六年［1880］钤印本

J0106985
冬花庵印存　（一卷）（清）奚冈篆刻
大兴傅栻　清光绪七年［1881］钤印本
（西泠四家印存）
　　　作者奚冈（1746—1803），清代篆刻家、书画家。字纯章、铁生，号萝龛、蝶野子、散木居士等。原籍歙县（今属安徽），一作黟县（今属安徽）。曾作《冬花庵烬馀稿》《溪山素秋图》《蕉竹幽兰图》《春林归翼图》等。

J0106986
冬花庵印存　（一卷）（清）奚冈篆刻
清光绪三十年［1904］钤印本
（西泠八家印选）

J0106987
读画轩印存　（四卷）（清）王俊辑
清光绪七年［1881］钤印本

J0106988
吉罗庵印存　（一卷）（清）蒋仁篆刻
大兴傅栻　清光绪七年［1881］钤印本
（西泠四家印存）

J0106989
吉罗庵印存　（一卷）（清）蒋仁篆刻

清光绪三十年［1904］钤印本
（西泠八家印选）

J0106990
泠四家印存　（一卷）（清）傅栻辑
大兴傅栻　清光绪七年［1881］钤印本
　　　本书包括：《龙泓馆印存一卷》（清）丁敬
篆刻。

J0106991
龙泓馆印存　（一卷）（清）丁敬篆刻
大兴傅栻　清光绪七年［1881］钤印本
（西泠四家印存）

J0106992
西泠四家印存　（清）傅栻藏并辑
大兴傅栻　清光绪七年［1881］钤印本　线装
　　　分二册。

J0106993
小蓬莱阁印存　（一卷）（清）黄易篆刻
大兴傅栻　清光绪七年［1881］钤印本
（西泠四家印存）
　　　作者黄易（1744—1802），字大易，号小松、
秋盦，又号秋影庵主、散花滩人。浙江钱塘人，
兼擅篆刻，与丁敬都称"丁黄"，为"西泠八家"
之一。曾任监生、官济宁同知。绘有《访碑图》，
著有《小蓬莱阁金石文字》等。

J0106994
小蓬莱阁印存　（一卷）（清）黄易篆刻
清光绪三十年［1904］钤印本
（西泠八家印选）

J0106995
清华堂印稿　（不分卷）（清）蔡锡康篆刻
清光绪八年［1882］钤印本

J0106996
印印　（不分卷）（清）杨沂孙篆；（清）殷用霖刻
陈浚贤　清光绪八年［1882］钤印本
　　　作者杨沂孙（1812—1881），清书法家。字子
与，号咏春，晚号濠叟。江苏常熟人。代表作品
有《赠少卿尊兄七言联》《文字说解问伪》《完白
山人传》《石鼓赞》。

J0106997
友石山房印存　（不分卷）（清）张璨篆刻；（清）
何沅篆刻
崔英文　清光绪八年［1882］钤印本

J0106998
友石山房印存　（清）崔英文藏并编
清光绪八年［1882］钤印本　线装
　　　分四册。

J0106999
齐鲁古印攈　（清）高庆龄藏辑
上海　上海书店　1989年　108页　26cm（16开）
精装　ISBN：7-80569-150-9　定价：CNY10.00,
CNY6.60（平装）
（中国历代印谱丛书）

J0107000
齐鲁古印攈　（四卷）（清）高庆龄辑
高氏古雪书庄　清光绪九年［1883］钤印本

J0107001
守研生印存六卷　（不分卷）（清）王祖光篆刻
王祖光守研书屋　清光绪九年［1883］钤印本

J0107002
学古退斋印存　（不分卷）（清）朱记荣辑
敬业书屋　清光绪九年［1883］钤印本

J0107003
玉连环室印存　（不分卷）
崇川徐氏金石斋　清光绪九年［1883］钤印本

J0107004
槐庐集古印谱　（四卷）（清）朱记荣辑
古吴孙溪槐庐　清光绪十至十一年［1884-1885］
钤印本　线装
　　　本书又名《行素草堂集古印谱》。

J0107005
石室印萃　（不分卷）（清）丁善长篆刻
万卷堂　清光绪十年［1884］钤印本

J0107006
次闲印谱　（不分卷）（清）赵之琛篆刻

清光绪十一年［1885］钤印本

J0107007
希吕印存　（不分卷）（清）李经畲篆刻
清光绪十一年［1885］钤印本

J0107008
竹雪轩印集　（二卷）（清）蔡濬源辑
清光绪十一年［1885］钤印本

J0107009
竹雪轩印集　（八卷）（清）蔡濬源辑
清光绪十三年［1887］钤印本　线装
　　分四册。

J0107010
竹雪轩印集　（八卷）（清）蔡濬源辑
清光绪十三年［1887］钤印本

J0107011
七十二候印谱　（不分卷）（清）童晏篆刻
清光绪十二年［1886］钤印本

J0107012
百寿印册　（不分卷）（清）冯士埙篆刻
清光绪十三年［1887］钤印本

J0107013
亦复如是斋印存　（二卷）（清）恩元篆刻
清光绪十三年［1887］钤印本　线装
　　分二册。绿色花边框。

J0107014
亦复如是斋印存　（二卷）（清）恩元篆刻
清光绪十三年［1887］钤印本

J0107015
遁庵集古印存　（不分卷）吴隐辑
杭州　西泠印社　清光绪十四年［1888］钤印本

J0107016
继善印略　（不分卷）（清）翁继善辑
清光绪十四年［1888］钤印本

J0107017
十六金符斋印存　（清）吴大澂编
吴县吴大澂　清光绪十四年［1888］钤印本
线装
　　分三十册。编者吴大澂（1835—1902），清代
官员、学者、金石学家、书画家。原名大淳，字
止敬、清卿，号恒轩，别号白云山樵等。江苏吴
县人，同治进士。主要作品《说文古籀补》《皇华
纪程》等。

J0107018
十六金符斋印存　（清）吴大澂编
吴县吴大澂　清光绪十四年［1888］钤印本
线装
　　分十册。白口半页四周单边。

J0107019
十六金符斋印存　（清）吴大澂辑
西泠印社　清宣统元年［1909］钤印本　线装
　　分三十册。

J0107020
十六金符斋印存　（清）吴大澂藏辑
上海　上海书店　1989年　363页　26cm（16开）
精装　ISBN：7-80569-156-8
定价：CNY22.00，CNY18.50（平装）
（中国历代印谱丛书）

J0107021
味古堂印存　（不分卷）（清）冯兆年辑
清光绪十四年［1888］钤印本

J0107022
百寿印谱　（清）蔡学苏辑
盱南蔡学苏　清光绪十五至十六年［1889-1890］
钤印本　线装
（三余书屋丛书）
　　十行二十二字黑口四周单边双鱼尾。

J0107023
观自得斋印集　（清）赵之谦著
石埭徐氏　清光绪十五年［1889］

J0107024
聊自娱斋印集　（不分卷）（清）赵之谦篆刻

石埭徐氏　清光绪十五年［1889］钤印本

J0107025
聊自娱斋印集　（不分卷）（清）赵之谦篆刻
清光绪二十九年［1903］钤印本

J0107026
乾干修斋集锦谱　（不分卷）（清）崔家澍辑
清光绪十六年［1890］钤印本

J0107027
颐素斋印景　（不分卷）（清）何伯源辑
清光绪十六年［1890］钤印本

J0107028
澹如居印谱　（不分卷）（清）吴金标辑
清光绪十七年［1891］钤印本

J0107029
续齐鲁古印攈　（十六卷）（清）郭申堂辑
清光绪十八年［1892］钤印本　线装
　　　分十六册。

J0107030
续齐鲁古印攈　（清）郭裕之藏辑
上海　上海书店　1989 年　影印本　194 页
32cm（20 开）定价：CNY14.50，CNY11.00（精装）
（中国历代印谱丛书）

J0107031
续齐鲁古印攈　（十六卷）（清）郭裕之辑
清光绪十八年［1892］钤印本

J0107032
圣谕十六条印谱　（一卷）（清）孙思敬篆刻
会稽漱芳书屋　清光绪十九年［1893］钤印本

J0107033
石琴吟馆印存　（不分卷）伊立勋篆刻
清光绪十九年［1893］钤印本

J0107034
漱芳书屋集古　（三卷）（清）孙思敬篆刻
清光绪十九年［1893］钤印本

J0107035
双桐草堂印存　双桐草堂辑
清光绪十九年［1893］钤印本　线装

J0107036
双桐草堂印存　（不分卷）（清）双桐草堂主
人辑
清光绪十九年［1893］钤印本

J0107037
宜轩印娱　（一卷）黄宾虹辑
古歙黄氏　清光绪十九年［1893］钤印本

J0107038
百将百美合璧印谱　（清）赵穆篆刻
武进赵穆　清光绪二十年［1894］钤印本　线装
　　　分八册。

J0107039
百将印谱　（一卷）（清）赵穆篆刻并辑
清光绪二十年［1894］钤印本
　　　本书由《赵仲穆百美印谱一卷》《百将印谱
一卷》（清）赵穆篆刻并辑合订。

J0107040
伴石山房印存　（不分卷）（清）梅勒篆刻并辑
清光绪二十年［1894］刻本　钤印

J0107041
伴石山房印谱　（不分卷）（清）希侨篆刻
清光绪二十年［1894］影印本
　　　本书又名《伴石斋印存》。

J0107042
伴石斋印存　（清）希侨篆刻
清光绪二十年［1894］影印本　线装
　　　分二册。四周单边。

J0107043
灵芬馆印存　（二卷）（清）郭麐篆刻
清光绪二十年［1894］钤印本

J0107044
秋晓庵印存　（不分卷）（清）潘仪增辑
清光绪二十年［1894］钤印本

J0107045
张叔未印存　（一卷）（清）张廷济辑
上海　神州国光社　清光绪二十年［1894］钤印本
　　本书又名《清仪阁印存》。

J0107046
赵仲穆百美印谱　（一卷）（清）赵穆篆刻并辑
清光绪二十年［1894］钤印本
　　本书由《赵仲穆百美印谱一卷》《百将印谱
一卷》（清）赵穆篆刻并辑合订。

J0107047
缶庐印存　（不分卷）吴昌硕篆刻
杭州　西泠印社　清光绪二十一年［1895］钤印本
（潜泉印丛）

J0107048
撷华斋古印谱　（清）刘瑞源藏；（清）尹彭寿编
清光绪二十一年［1895］钤印本　线装
　　分六册。

J0107049
撷华斋古印谱　（不分卷）（清）刘瑞源藏；（清）
尹彭寿辑
清光绪二十一年［1895］钤印本

J0107050
二弩精舍印赏　（不分卷）赵时棡篆刻
清光绪二十二年［1896］钤印本

J0107051
皇朝清篆略　（不分卷）（清）隆光辑
清光绪二十二年［1896］抄本

J0107052
浚县衙斋二十四咏印章　（不分卷）（清）黄
璟篆刻
上海　点石斋　清光绪二十二年［1896］影印本
　　据本书清光绪十八年（1892）钤印本影
印。本书由《浚县衙斋二十四咏印章不分卷》
《四百三十二峰草堂印章不分卷》《陕州衙斋
二十一咏印章不分卷》合订。白口四周单边上下
两栏。

J0107053
陕州衙斋二十一咏印章　（清）黄璟篆刻
上海　点石斋　清光绪二十二年［1896］影印本
线装
　　分三册。白口四周单边上下两栏。

J0107054
陕州衙斋二十一咏印章　（不分卷）（清）黄
璟篆刻
上海　点石斋　清光绪二十二年［1896］影印本
　　据清光绪十八年钤印本影印。本书由《浚县
衙斋二十四咏印章不分卷》《四百三十二峰草堂印
章不分卷》《陕州衙斋二十一咏印章不分卷》合订。

J0107055
四百三十二峰草堂印章　（清）黄璟篆刻
上海　点石斋　清光绪二十二年［1896］影印本
线装
　　分三册。白口四周单边上下两栏。

J0107056
四百三十二峰草堂印章　（不分卷）（清）黄
璟篆刻
上海　点石斋　清光绪二十二年［1896］影印本
　　据清光绪十八年钤印本影印。本书由《浚县
衙斋二十四咏印章不分卷》《四百三十二峰草堂
印章不分卷》《陕州衙斋二十一咏印章不分卷》
合订。

J0107057
铁如意斋印存　（不分卷）（清）赵穆篆刻
清光绪二十二年［1896］钤印本

J0107058
听雨庵印存　（不分卷）□□辑
清光绪二十二年［1896］钤印本

J0107059
古今印萃　（不分卷）（清）胡玉瀛编辑
北平　胡玉瀛　清光绪二十三年［1897］钤印本
线装
　　分二十六册。

J0107060
汉魏六朝帝王纪元印史　（不分卷）（清）郭

瑛篆刻
清光绪二十三年［1897］钤印本

J0107061
苍茫独立楼印选　（不分卷）（清）孙思敬篆刻
清光绪二十四年［1898］钤印本

J0107062
馈石斋印存　（不分卷）（清）丁可钧篆刻
清光绪二十四年［1898］钤印本

J0107063
吉祥草堂印谱　（不分卷）（清）王衡篆刻
清光绪二十五年［1899］钤印本

J0107064
似潜庐印存　（一卷）（清）张叔田篆刻
清光绪二十五年［1899］钤印本

J0107065
松雪庐印汇
清光绪二十五年［1899］钤印本　线装
　　黑色边框。

J0107066
松雪庐印汇　（不分卷）
清光绪二十五年［1899］钤印本

J0107067
雪庐百印　（清）王琛篆刻
清光绪二十五年［1899］钤印本　线装
　　分二册。

J0107068
雪庐百印　（不分卷）（清）王琛辑
清光绪二十五年［1899］刻本　钤印

J0107069
雪庐百印　（不分卷 续不分卷）（清）王琛辑
温州府署刻 清光绪二十九年［1903］刻本　钤印

J0107070
雪庐百印　（二卷 续册二卷）（清）王琛篆刻
雪苑王琛 清光绪三十二年［1906］钤印本　线装
　　分四册。

J0107071
雪庐百印　（不分卷 续不分卷）（清）王琛辑
清光绪三十二年［1906］钤印本

J0107072
雪庐百印续册　（清）王琛篆刻
温州府署 清光绪二十九年［1903］钤印本　线装

J0107073
［缶庐印存］　吴昌硕刻
清光绪二十六年［1900］钤印本　线装
　　分三册。

J0107074
二金蝶堂印存　（□卷）（清）赵之谦篆刻;（清）
沈毓庆辑
清光绪二十六年［1900］钤印本

J0107075
缶庐印集　（不分卷）吴昌硕篆刻
清光绪二十六年［1900］钤印本

J0107076
红楼华影印谱　（不分卷）（清）蒋武祖篆刻
清光绪二十六年［1900］钤印本

J0107077
石华馆印集　（四卷）（清）蒋霞倩篆刻
清光绪二十六年［1900］钤印本

J0107078
石印山房印谱　（不分卷）（清）广玉篆刻
香山达宽 清光绪二十六年［1900］钤印本

J0107079
阴骘文印存　（不分卷）（清）方芝孙篆刻
清光绪二十六年［1900］钤印本

J0107080
拙樗山房印似　（一卷）题拙樗子篆刻
清光绪二十六年［1900］钤印本

J0107081
名家篆刻印谱　（不分卷）费师洪辑

清光绪二十七年［1901］拓本

J0107082
七家印谱汇存　（不分卷）（清）严信厚辑
小长芦馆　清光绪二十七年［1901］钤印本

J0107083
琴鹤堂印谱　（清）继良辑
清光绪二十七年［1901］钤印本　有像　线装
　　分八册。

J0107084
琴鹤堂印谱　（八卷）（清）继良辑
清光绪二十七年［1901］钤印本　有像　线装
　　分八册。

J0107085
琴鹤堂印谱　（不分卷）（清）继良辑
清光绪二十七年［1901］钤印本

J0107086
鸿雪山房印谱　（不分卷）（清）姚肇昌篆刻
清光绪二十八年［1902］钤印本

J0107087
松风轩印谱　（不分卷）（清）金耀篆刻
清光绪二十九年［1903］钤印本

J0107088
红楼梦人名西厢记词句印玩　（四卷）（清）
赵穆篆刻；（清）叶为铭续；（清）季悲昜辑
清光绪三十年［1904］钤印本

J0107089
红楼梦人名西厢记词句印玩　（清）赵仲穆，
（清）叶叶舟篆刻
北京　北京晨报星期画报部　民国十七年［1928］
钤印本　线装
　　分四册。

J0107090
萍寄室印存　（一卷）（清）赵之琛篆刻
清光绪三十年［1904］钤印本
（西泠八家印选）
　　作者赵之琛（1781—1852），篆刻家、书画

家。字次闲，号献父，别署宝月山人。浙江钱塘
人，"西泠八家"之一。代表作品有《秋菊竹石图
之琛》《双钩竹石图》《补罗迦室集》等。

J0107091
求是斋印存　（一卷）（清）陈豫钟篆刻
清光绪三十年［1904］钤印本
（西泠八家印选）

J0107092
泉唐丁氏八家印谱　丁仁辑
清光绪三十年［1904］钤印本
　　本书包括：《砚林印存一卷》（清）丁敬篆刻、
《小蓬莱阁印存一卷》（清）黄易篆刻、《吉罗庵印
存一卷》（清）蒋仁篆刻、《冬花庵印存一卷》（清）
奚冈篆刻、《求是斋印存一卷》（清）陈豫钟篆刻、
《种榆仙馆印存一卷》（清）陈鸿寿篆刻、《萍寄室
印存一卷》（清）赵之琛篆刻、《铁庐印存一卷》（清）
钱松篆刻。

J0107093
实斋印存　（一卷）（清）杨秉信篆刻并辑
清光绪三十年［1904］钤印本

J0107094
铁卢印存　（一卷）（清）钱松篆刻
清光绪三十年［1904］钤印本
（西泠八家印选）
　　作者钱松（1818—1860），清代篆刻家、书画
家。字叔盖，号耐青，别号未道士，西郭外史等。
出生于浙江钱塘。作品有《礼器碑》《石门颂》等。

J0107095
铁卢印存　（四卷）（清）钱松篆刻
杭州　西泠印社　清宣统元年［1909］石印本

J0107096
退补斋印谱　（四卷）（清）盛育才辑
清光绪三十年［1904］钤印本

J0107097
学山堂印存　（四卷）（清）顾湘辑
清光绪三十年［1904］钤印本
　　顾湘（1829—1880），清常熟人。字翠岚，号
兰江、兰　生、石墩山人、石墩山民、东郭顽夫

等。黄彦弟子。嗜金石，工篆刻，熟悉印典。编
刊《印苑》《名印传真》，与弟浩辑有《小石山房
印谱》。藏书数万卷，精于版本校勘，尤喜刻书，
其小石山房刊汲古阁校刻书尤多，校刻曲阜桂馥
所著《续三十五举》世称精善。另编刊有《篆学
琐著》《小石山房丛书》《玲珑山馆丛书》等。著
有《汲古阁版本考》。

J0107098

砚林印存 （一卷）（清）丁敬篆刻
清光绪三十年［1904］钤印本
（西泠八家印选）

    作者丁敬（1695—1765），清代书画家、篆刻
家。字敬身，别号砚林、胜怠老人等。浙江钱塘
人。主要作品有《武林金石记》《砚林诗集》《砚
林印存》《寿寿初稽》等。

J0107099

友石轩印存 （不分卷）（清）杨秉信篆刻
清光绪三十年［1904］钤印本

J0107100

友石轩印存 （清）杨秉信刻
清宣统 钤印本 线装
    白口四周双边单鱼尾。

J0107101

友石轩印存 （不分卷）（清）杨秉信篆刻
清宣统 钤印本

J0107102

友石斋印萃 （不分卷）（清）王荫南辑
曲阳王氏 清光绪三十年［1904］钤印本

J0107103

云鹤山房印谱 （不分卷）（清）蔡以篯篆刻
并辑
清光绪三十年［1904］钤印本

J0107104

种榆仙馆印存 （一卷）（清）陈鸿寿篆刻
清光绪三十年［1904］钤印本
（西泠八家印选）

J0107105

钱胡两家印辑 （不分卷）（清）钱松篆刻,（清）
胡震篆刻
西泠印社 清光绪三十一年［1905］钤印本

    作者钱松（1818—1860），清代篆刻家、书画
家。字叔盖，号耐青，别号未道士，西郭外史等。
出生于浙江钱塘。作品有《礼器碑》《石门颂》等。

J0107106

钱胡两家印辑 （不分卷）（清）钱松篆刻,（清）
胡震篆刻
西泠印社 清光绪三十一年［1905］拓本

J0107107

逸园印谱 （不分卷）西泠印学社辑
西泠印学社 清光绪三十一年［1905］石印本

J0107108

种榆仙馆印选 （一卷）（清）陈鸿寿篆刻；（清）
双凤条馆主辑
双凤条馆 清光绪三十一年［1905］钤印本

J0107109

南浮义渡印谱 （不分卷）（清）罗葆祺辑
清光绪三十二年［1906］钤印本

J0107110

完白山人篆刻偶存
上海 有正书局 清光绪三十二年［1906］
石印本 线装
    分二册。

J0107111

亦爱庐印存 （不分卷）（清）朱锟篆刻
清光绪三十二年［1906］钤印本

J0107112

印汇 （不分卷）西泠印社辑
清光绪三十二年［1906］钤印本

J0107113

福庵藏印 （十六卷）王褆辑
清光绪三十三年［1907］钤印本

J0107114
福庵藏印 （不分卷）王禔辑
西泠印社　清宣统元年［1909］钤印本

J0107115
芥弥精舍金石汇存 （不分卷）（清）张鹤亭篆刻
沈煦孙芥弥精舍　清光绪三十三年［1907］
钤印本

J0107116
菊园印谱 （清）奎聚五藏并辑
清光绪三十三年［1907］钤印本　线装
　　　分六册。

J0107117
菊园印谱 （不分卷）（清）奎聚五辑
清光绪三十三年［1907］钤印本

J0107118
飞鸿堂印存 （四卷）（清）汪启淑辑
清光绪三十四年［1908］摹刻稿本

J0107119
求是斋印谱 （不分卷）（清）陈豫钟篆刻
西泠印社　清光绪三十四年［1908］钤印本

J0107120
求是斋印谱 （清）陈豫钟篆刻
民国　钤印本　线装

J0107121
求是斋印谱 （清）陈豫钟篆刻
民国　钤印本　线装
　　　本书由《吉罗庵印谱》（清）蒋仁篆刻、《小
蓬莱阁印谱》（清）黄易篆刻、《冬花庵印谱》（清）
奚冈篆刻、《求是斋印谱》（清）陈豫钟篆刻、《种
榆仙馆印谱》（清）陈鸿寿篆刻合订。

J0107122
天倪阁印谱 倪露刻
清光绪三十四年［1908］钤印本　线装
　　　分二册。

J0107123
天倪阁印谱 （不分卷）（清）倪璐辑
清光绪三十四年［1908］石印本

J0107124
印记 （一卷）李中辑
清光绪三十四年［1908］钤印本

J0107125
宾虹藏印 （不分卷）黄宾虹辑
清宣统　钤印本

J0107126
二铭室印谱 （不分卷）（清）章厚斋篆刻
清宣统元年［1909］钤印本

J0107127
胡鼻山人印谱 （一卷）（清）胡震篆刻
西泠印社　清宣统元年［1909］钤印本

J0107128
罗两峰印存 （一卷）（清）罗聘篆刻
上海　清宣统　影印本
　　　作者罗聘（1733—1799），清代画家。字遯夫，
号两峰，又号衣云、师莲老人等。祖籍安徽歙县。
代表作有《物外风标图》《两峰蓑笠图》《丹桂秋
高图》《谷清吟图》《画竹有声图》等。著有《香
叶草堂集》。

J0107129
敏求轩印存 （不分卷）（清）管又坪篆刻
清宣统元年［1909］钤印本

J0107130
诗品印谱 （四卷）翁寿虞篆刻
清宣统元年［1909］钤印本　线装
　　　分四册。

J0107131
诗品印谱 （四卷）（清）翁寿虞篆刻
清宣统元年［1909］钤印本

J0107132
铁耕小筑印集 （不分卷）（清）刘庆祥篆刻
清宣统元年［1909］钤印本

J0107133
铁耕斋印存 （清）雷悦篆刻
清宣统元年［1909］钤印本　线装
　　分二册。

J0107134
铁耕斋印存 （不分卷）雷悦篆刻
清宣统元年［1909］钤印本

J0107135
杨啸邨印谱 （一卷）（清）杨大受篆刻
西泠印社　清宣统元年［1909］钤印本

J0107136
逸园印辑 （不分卷）叶铭辑
清宣统　钤印本

J0107137
印人传 （三卷）（清）周亮工撰
风雨楼　清宣统至民国初　铅印本
（风雨楼丛书）

J0107138
浮芥亭印存 （一卷）（清）俞廉三篆刻
清宣统二年［1910］刻本
　　本书由《柏叶庵印存二卷》（清）戈履征篆刻、
《浮芥亭印存一卷》（清）俞廉三篆刻合订。

J0107139
江西谷印谱 （一卷）（清）江尊篆刻
西泠印社　清宣统二年［1910］钤印本
（浙西四家印谱）

J0107140
磬室所藏玺印 （不分卷）罗振玉辑
上虞罗振玉磬室　清宣统三年［1910］钤印本
　　罗振玉（1866—1940），古文字学家，金石收
藏家。浙江上虞人。字叔蕴，又字叔言，号雪堂、
陆庵。任学部参事，兼京师大学堂农科监督，辛
亥后任伪满监察院长。著有《殷虚书契前编》、编
《三代吉金文存》《西城精舍杂文甲编》《松翁近
稿》等。

J0107141
磬室所藏玺印 罗振玉藏并编

上虞罗振玉磬室　清宣统三年［1911］钤印本
线装
　　分八册。

J0107142
磬室所藏玺印续谱 罗振玉藏并编
上虞罗振玉磬室　民国元年［1912］钤印本　线装
　　分四册。

J0107143
屠琴隖印谱 （一卷）（清）屠倬篆刻
西泠印社　清宣统二年［1910］钤印本
（浙西四家印谱）
　　作者屠倬（1781—1828），清代官员、画家。
字孟昭，号琴邬，晚年号潜园老人，钱塘（今浙江
杭州）人。传世有《是程堂诗文集》。

J0107144
西泠五家印谱 （清）□□辑
清宣统二年［1910］钤印本
　　本书包括:《丁敬身先生印谱一卷》（清）丁
敬篆刻、《钱叔盖先生印谱一卷》（清）钱松篆刻、
《奚铁生先生印谱一卷》（清）奚冈篆刻、《黄小松
先生印谱一》（清）黄易篆刻、《赵次闲先生印谱
一卷》（清）赵之琛刻。

J0107145
啸月轩印存 （不分卷）（清）王炜篆刻
清宣统二年［1910］钤印本

J0107146
徐间渠印谱 （一卷）（清）徐楙篆刻
西泠印社　清宣统二年［1910］钤印本
（浙西四家印谱）

J0107147
养自然斋印存 （不分卷）（清）陈雷篆刻
西泠印社　清宣统二年［1910］钤印本

J0107148
鸳湖四山印集 （四卷）吴隐辑
西泠印社　清宣统二年［1910］钤印本
　　吴隐（1867—1922），近代篆刻家、书法家。
原名金培，字石泉、石潜，号潜泉等，浙江绍兴
人。杭州西泠印社创始人之一。

J0107149
鸳糊四山印谱　西泠印社编
西泠印社　清宣统二年［1910］拓本　线装
　　分二册。

J0107150
赵懿子印谱　（一卷）（清）赵懿篆刻
西泠印社　清宣统二年［1910］钤印本
（浙西四家印谱）

J0107151
浙西四家印谱　（不分卷）吴隐辑
西泠印社　清宣统二年［1910］钤印本
　　本书包括：《屠琴鸥印谱一卷》（清）屠倬篆
刻、《赵懿子印谱一卷》（清）赵懿篆刻、《江西谷
印谱一卷》《清）江尊篆刻、《徐问渠印谱一卷》《清）
徐楙篆刻。

J0107152
［明文彭刻石］　（明）文彭书
北平　古物陈列所　民国　影印本　线装

J0107153
［饮冰室印存］　梁启超藏
民国　钤印本　线装
　　梁启超（1873—1929），中国近代政治家、教
育家、史学家、文学家。字卓如，号任公，别署
饮冰室主人。著有《变法通议》《饮冰室合集》等。

J0107154
［周少白先生竹节印］　吴寿曾辑
民国　钤印本　线装
　　绿色边框。

J0107155
耤斋铁笔　姜忠奎篆刻
荣成姜忠奎　民国　钤印本　手稿　线装
　　分二册。

J0107156
百寿图印集　王寿曾篆
民国　钤印本　线装

J0107157
澹一斋章谱　（一卷）（清）孙璃篆刻
民国　刻本
（云南丛书）

J0107158
澹一斋章谱　孙璃辑
云南图书馆　民国八年［1919］石印本　线装
（云南丛书）

J0107159
邓石如印存　（不分卷）（清）邓琰篆刻
上海　有正书局　民国　石印本

J0107160
蜨芜斋自制印逐年存稿　寿鉥作
民国　钤印本　线装

J0107161
丁龙泓印谱　（不分卷）（清）丁敬篆刻
西泠印社　民国　钤印本

J0107162
冬花庵印谱　（清）奚冈篆刻
民国　钤印本　线装
　　作者奚冈（1746—1803），清代篆刻家、书画
家。字纯章、铁生，号萝龛、蝶野子、散木居士
等。原籍歙县（今属安徽），一作黟县（今属安徽）。
曾作《冬花庵烬馀稿》《溪山素秋图》《蕉竹幽兰
图》《春林归翼图》等。

J0107163
冬花庵印谱　（清）奚冈篆刻
民国　钤印本　线装
　　本书由《吉罗庵印谱》（清）蒋仁篆刻、《小
蓬莱阁印谱》（清）黄易篆刻、《冬花庵印谱》（清）
奚冈篆刻、《求是斋印谱》（清）陈豫钟篆刻、《种
榆仙馆印谱》（清）陈鸿寿篆刻合订。

J0107164
方介庵篆刻
民国　钤印本　线装
　　分二册。黑色边框。

J0107165
飞鸿遗迹 （二卷）（清）汪启淑旧藏
民国　影印本　线装
　　分二册。

J0107166
飞鸿遗迹 （二卷）（清）汪启淑辑
半亩寄庐　民国二十六年［1937］影印本

J0107167
焚香运甓庐印存
民国　钤印本　线装
　　蓝色边框。

J0107168
凤山楼印志 （八卷）宋岐辑
山阴宋岐　民国　钤印本　线装
　　分七册。

J0107169
伏庐藏印　陈汉第辑
仁和陈汉第　民国　钤印本　线装
　　分五册。

J0107170
伏庐藏印 （十二卷）陈汉第辑
民国　影印本　线装
　　分六册。

J0107171
伏庐藏印 （十二卷）陈汉第辑
上海　商务印书馆　民国十四年［1925］影印本
线装
　　分六册。

J0107172
伏庐藏印 （十二卷）陈汉第辑
上海　商务印书馆　民国十六年［1927］影印本
再版　线装
　　分六册。白纸本。

J0107173
伏庐藏印 （十二卷）陈汉第辑
上海　商务印书馆　民国二十五年［1936］
影印本　线装

分六册。

J0107174
伏庐藏印　陈汉第编
上海　上海书店　1987年　影印本　121页
26cm（16开）定价：CNY3.50
（中国历代印谱丛书）
　　编者陈汉弟（1874—1949），近代金石家。字
仲恕，号伏庐，生于杭州。有《伏庐印存》传世。

J0107175
古兵精舍古印汇初集 （六卷）
民国　钤印本　线装
　　分六册。

J0107176
观月听琴室印存　陈晋藩刻
民国　钤印本　线装
　　分四册。

J0107177
观自得斋集缶庐印谱　吴昌硕刻
民国　钤印本　剪帖蓝色边框　线装
　　分八册。

J0107178
挥云阁印薰 （一卷）（清）薛廖篆刻
薛廖　清宣统三年［1911］钤印本

J0107179
缋园藏印
民国　钤印本　线装

J0107180
吉罗庵印谱 （清）蒋仁篆刻
民国　钤印本　线装
　　本书由《吉罗庵印谱》（清）蒋仁篆刻、《小
蓬莱阁印谱》（清）黄易篆刻、《冬花庵印谱》（清）
奚冈篆刻、《求是斋印谱》（清）陈豫钟篆刻、《种
榆仙馆印谱》（清）陈鸿寿篆刻合订。

J0107181
介庵印谱 （一卷）（清释）湛福篆刻
民国　刻本
（云南丛书）

J0107182
介庵印谱　（清释）湛福篆刻
云南图书馆　民国四年［1915］影印本　线装
（云南丛书）
　　据石屏袁氏藏本影印。

J0107183
金罍山民手刻印存　徐三庚篆刻
民国　钤印本　线装
　　分二册。

J0107184
金罍山人印存　（不分卷）（清）徐三庚篆刻
西泠印社　民国　钤印本

J0107185
金石印藏
民国　钤印本　线装

J0107186
乐石斋名贤印谱
民国　影印本　线装
　　分六册。

J0107187
乐唐印存　乐唐篆刻
民国　钤印本　线装

J0107188
伦池斋印谱
民国　钤印本　线装
　　分十册。

J0107189
黔山人黄牧甫先生印存　（二集）黄士陵篆刻
民国　影印本　有像　线装
　　分四册。作者黄士陵（1849—1908），篆刻家。
字牧甫，亦作穆甫、穆父，安徽黟县人。代表作
品《心经印谱》。

J0107190
乔大壮印蜕　乔大壮篆刻
民国　影印本　有像　线装
　　分二册。据乔大壮藏印钤拓影印。

J0107191
秦汉印谱　佚名编
民国　钤印本　线装

J0107192
秦汉印谱
民国　钤印本　线装
　　分四册。

J0107193
清宫汉印选　魏璋篆刻
民国　钤印本　粘贴　线装
　　分四册。

J0107194
清学部所属印集
民国　钤印本　线装

J0107195
石谷山房印谱
民国　钤印本　线装

J0107196
石湖渔隐印稿　（不分卷）陈寿伯篆刻
清宣统三年［1911］钤印本

J0107197
双隐楼印存
民国　钤印本　线装

J0107198
汜凫亭印撷　刘希淹篆刻；周暹，劳笃文辑
民国　影印本　线装

J0107199
侣鸿轩印稿
民国　［影印本］　27cm（16开）

J0107200
嵩云居藏印　（袁世凯）集
民国　钤印本　线装
　　分四册。

J0107201
娑罗花树馆藏印

民国　钤印本　线装
分六册。

J0107202
潭西书屋集印　贺孔才辑
民国　钤印本　线装

J0107203
铁笔留痕　佚名篆
民国　线装
分二册。

J0107204
味秋吟馆红书　（一卷）（清）谷清篆刻
云南丛书处　民国　刻本　线装
（云南丛书）

J0107205
吴仓石印谱　吴俊卿篆
上海　有正书局　民国初　钤印本　线装
分四册。

J0107206
吴仓石印谱　吴昌硕篆
民国　钤印本　线装
分四册。

J0107207
吴让之印谱　（清）吴熙载辑
上海　有正书局　民国　钤印本　线装
分二册。

J0107208
吴圣俞先生印谱　（一卷）（清）吴咨篆刻
清宣统三年［1911］石印本
本书又名《适园印印》《适园印存》。

J0107209
小蓬莱阁印谱　（清）黄易篆刻
民国　钤印本　线装
作者黄易（1744—1802），字大易，号小松、秋盦，又号秋影庵主、散花滩人。浙江钱塘人，兼擅篆刻，与丁敬都并称"丁黄"，为"西泠八家"之一。曾任监生、官济宁同知。绘有《访碑图》，著有《小蓬莱阁金石文字》等。

J0107210
小蓬莱阁印谱　（清）黄易篆刻
民国　钤印本　线装
本书由《吉罗庵印谱》（清）蒋仁篆刻、《小蓬莱阁印谱》（清）黄易篆刻、《冬花庵印谱》（清）奚冈篆刻、《求是斋印谱》（清）陈豫钟篆刻、《种榆仙馆印谱》（清）陈鸿寿篆刻合订。

J0107211
续百家姓印谱　（清）吴大澂编
民国　影印本　线装
编者吴大澂（1835—1902），清代官员、学者、金石学家、书画家。原名大淳，字止敬、清卿，号恒轩，别号白云山樵等。江苏吴县人，同治进士。主要作品《说文古籀补》《皇华纪程》等。

J0107212
雪园藏印　孙壮辑
民国　钤印本　线装
分三册。

J0107213
宜振书室印存　（不分卷）席素谦篆；李木生刻
清宣统三年［1911］钤印本

J0107214
印存
民国　钤印本　线装

J0107215
印丐印存　寿铢篆刻
民国　钤印本　线装
分四册。

J0107216
印谱
民国　钤印本　线装

J0107217
印谱
民国　钤印本　线装
分七册。

J0107218

印谱 （一卷）

民国 钤印本 线装

J0107219

印象 佚名刻

深刻印社 民国 钤印本 线装

J0107220

长洲章氏用印 章钰辑

长洲章钰 民国 钤印本 线装

　　绿色边框。

J0107221

赵次闲印谱 赵次闲篆

民国 钤印本 线装

　　分四册。

J0107222

甄古斋印谱 （一卷）（清）王石经篆刻

上海 商务印书馆 民国 影印本

J0107223

甄古斋印谱 （清）王石经篆刻

上海 商务印书馆 民国十二年［1923］影印本

线装

J0107224

甄古斋印谱 王石经篆

上海 商务印书馆 民国十七年［1928］3 版

线装

J0107225

甄古斋印谱 王石经篆

上海 商务印书馆 民国十九年［1930］影印本

线装

J0107226

绳斋印稿 （一卷）（清）陈继德篆刻

上海 广益书局 民国二至四年［1913–1915］线装

（古今文艺丛书）

J0107227

悲庵印剩 （清）赵之谦篆刻

西泠印社 民国三年［1914］钤印本 线装

分三册。

J0107228

十瓶斋印谱 （清）孙铸篆刻

云南图书馆 民国三年［1914］影印本 线装

（云南丛书）

　　分二册。

J0107229

玉兰仙馆印谱 （二卷）（清）董熊篆刻；周庆

云辑

吴兴周庆云梦坡室 民国三年［1914］影印本

线装

　　分二册。

J0107230

万六千古玺斋印攗 周大篆刻

汉阳周大 民国四年［1915］影印本 线装

J0107231

古墨斋印剩 杨炎祚篆刻

古墨斋 民国五年［1916］钤印本 线装

　　分二册。

J0107232

恶庵印存 （一卷）周暹辑

建德周氏 民国五年［1916］影印本 线装

　　据原印影印。

J0107233

恶厂印存 周明锦篆刻

建德周暹 民国五年［1916］影印本 线装

J0107234

隋唐以来官印集存 （一卷，补遗一卷，附录

一卷）罗振玉辑

上虞 罗振玉［自刊］丙辰［1916］影印本

37cm（8 开）线装

　　罗振玉（1866—1940），古文字学家，金石收藏

家。浙江上虞人。字叔蕴，又字叔言，号雪堂、陆

庵。任学部参事，兼京师大学堂农科监督，辛亥后

任伪满监察院长。著有《殷虚书契前编》、编《三代

吉金文存》《西城精舍杂文甲编》《松翁近稿》等。

J0107235
完白山人印谱 ［(清)邓石如篆刻］;(清)丁仁,(清)吴隐共审定
杭州 西泠印社 民国五年［1916］2 册
　　吴隐(1867—1922),近代篆刻家、书法家。原名金培,字石泉、石潜,号潜泉等,浙江绍兴人。杭州西泠印社创始人之一。

J0107236
赵撝叔印谱二集 (清)赵之谦篆刻
杭州 西泠印社 民国六年［1917］钤印本 有照片及像 线装
　　分四册。

J0107237
冰晖阁印掇 杨祚职篆
民国七年［1918］钤印本 有像 线装
　　分二册。黑色边框。

J0107238
茧庐印存 茧庐氏篆
民国七至九年［1918-1920］钤印 线装
　　分二册。

J0107239
藕花庵印存 徐星舟篆刻
民国七年［1918］钤印本 有像 线装
　　分四册。

J0107240
望云轩印集 陈浏藏并编
丹徒陈浏 民国七年［1918］钤印 线装
　　分十册。

J0107241
缶庐印存 (八卷)吴昌硕辑
民国八年［1919］钤印本 线装
　　分八册。

J0107242
鲁学斋自用印谱 柯昌泗辑
柯昌泗 民国九年［1920］钤印本 线装

J0107243
砚林印款 (一卷)(清)丁敬撰

上海 神州国光社 民国元年［1920］
(美术丛书)

J0107244
东莞印人传 容庚,容庚祖辑
民国十年［1921］钤印本 线装

J0107245
乾隆宝谱 (一卷 附录一卷)(清)高宗弘历敕辑
武进陶氏涉园 民国十九至二十年［1920-1921］影印本
(百川书屋丛书)

J0107246
铁梅居士印存 林承弼篆
福州 民国十年［1921］钤印本 有像 线装
　　黑色边框。

J0107247
春晖堂印谱 (四卷)(清)吴苍雷篆刻;(清)汪启淑鉴藏
上海 上海印学社 民国十二年［1923］影印本 线装
　　分四册。

J0107248
程荔江印谱 (清)程从龙藏并辑
上海 商务印书馆 民国十三年［1924］影印本 线装
　　分二册。

J0107249
读雪斋印存 (清)孙汝梅篆刻;孙壮辑
北平孙壮 民国十三年［1924］钤印本 线装

J0107250
读雪斋印谱 (清)孙汝梅集;孙壮辑
上海 商务印书馆 民国十三年［1924］影印本 线装
　　分二册。

J0107251
环玺斋巨印简 冯如玠辑
民国十三年［1924］钤印本 线装

J0107252
梁仓室印存　陈衡恪篆刻
民国十三年［1924］钤印本　线装
　　分八册。作者陈衡恪（1876—1923），近代著名书画篆刻家。字师曾，号槐堂。江西义宁（今江西省修水县）人。曾留学日本。任教于通州师范学校、长沙第一师范、北京女子高等师范学校、北京美术专门学校。代表作品有《中国绘画史》《文人画之价值》。

J0107253
梦坡室金玉印痕　（甲子编）周庆云辑
乌程周氏梦坡室　民国十三年［1924］钤印本线装
　　分四册。

J0107254
梦坡室金玉印痕　周庆云藏并辑
周氏梦坡室　民国十三年［1924］钤印本　线装
　　分五册。

J0107255
染仓室印存　陈衡恪篆刻
民国十三年［1924］钤印本　线装
　　分八册。

J0107256
闇修斋古印拾坠　佚名辑
民国十四年［1925］钤印本　粘贴　线装
　　分二册。

J0107257
澄秋馆印存　陈宝琛编
民国十四年［1925］钤印本　线装
　　分十册。

J0107258
澄秋馆印存　陈宝琛编
上海　上海书店　1988 年　144 页　20cm（32 开）
定价：CNY0.80
（中国历代印谱丛书）

J0107259
两罍轩印考漫存　（九卷）（清）吴云辑并考释
丁志传　民国十四年［1925］刻本　重修　线装

分四册。作者吴云（1811—1883），清代著名书画家、藏书家。字少甫，号平斋，晚号退楼主人，生于浙江湖州。精于鉴别与考据。著有《醉石山房诗文钞》。

J0107260
意园古今官印匀　（八卷）侯汝承辑
京师　民国十四年［1925］钤印暨木活字本
有图　线装
　　分八册。

J0107261
古玉玺印　周庆云藏；陈直考订
吴兴周庆云梦坡室　民国十五年［1926］钤印本
线装

J0107262
读雪斋印遗　（清）孙汝梅篆刻；孙壮辑
北平孙壮　民国十六年［1927］钤印本　线装

J0107263
卧韬轩藏黄朗村诗品印谱　（清）黄鹓篆刻；
胡恩光藏并辑
京师　析津胡恩光卧韬轩　民国十六年［1927］
钤印本　线装
　　分二册。

J0107264
治家格言印文　毛承澜篆
北平毛承澜　民国十六年［1927］影印本　朱墨
套印　线装

J0107265
福庵印稿　王褆篆刻
民国十七年［1928］钤印本　线装
　　分四册。

J0107266
戊辰印存　文如居士辑
民国十七年［1928］钤印本　线装
　　绿色边框。

J0107267
续封泥考略　（六卷）周明秦撰
北京　京华书局　钤印本　10 册

本书由《续封泥考略》《再续封泥考四卷略》合订。

J0107268
续封泥考略 （四卷）（清）吴重喜考藏；翁大年编释
台北　文海出版社有限公司　影印本
2 册（462 页）21cm（32 开）
（清代稿本百种汇刊 43 史部）

J0107269
再续封泥考略 （四卷）周明秦撰
北京　京华书局　钤印本　10 册

J0107270
志庐藏印 朱鸿达辑
民国十八年［1929］钤印本　线装

J0107271
放庐藏印 孟昭鸿藏并编
诸城孟昭鸿静修堂　民国十九年［1930］钤印本
线装
　　孟昭鸿（1883—1947），当代书法家、藏书家。字方陆，中年改字方儒，自署曰放庐，山东诸城人。早年师宗著名学者郭金篆，工诗文、擅汉隶；精治印、善鉴赏。主要作品有《放庐印存》《放庐诗集》《汉印文字类纂》。

J0107272
清代玉玺谱 佚名辑撰
上海　会文堂新记书局　民国十九年［1930］
石印暨影印本　线装

J0107273
古玉印汇 方岩篆刻并编订
上海　西泠印社　民国二十一年［1932］影印本
线装

J0107274
瀞乐宦刻印留痕 （第一集）杨昭俊篆刻并辑
北京　杨昭俊　民国二十一年［1932］钤印本　线装
　　分五册。

J0107275
瀞乐宦印存 杨昭俊篆刻并辑

北京　杨昭俊　民国二十一年　［1932］钤印本
线装
　　分五册。

J0107276
南皮张氏碧葭精舍印谱 （己巳集）宝熙录
民国二十一年［1932］影印本　朱墨套印　线装

J0107277
秋草诗人姚茫父印存 姚华篆刻
民国二十一年［1932］钤印本　线装
　　作者姚华（1876—1930），学者、文学家、书画家和教育家。字重光、一鄂，号茫茫、茫父，贵州贵筑（今贵阳市）人。曾任贵州省参议院议员，北京女子师范学校校长。代表作品有《弗堂类稿》《莲花庵书画集》《贵阳姚华茫父颖拓》《金石系》《黔语》等。

J0107278
散朗轩刻印留痕 （第一集）徐燊章篆刻；杨昭俊辑
北京　杨昭俊　民国二十一年　［1932］钤印本
线装
　　分五册。

J0107279
散朗轩印存 徐燊章篆刻；杨昭俊辑
北京　杨昭俊　民国二十一年　［1932］钤印本
线装
　　分五册。

J0107280
铁柔铁笔 （二十种，二十卷）杨鹏升篆刻；许御良编
上海　西泠印社　民国二十一年［1932］钤印本
线装

J0107281
冷雪庵知见印谱录目 李文褵编
北平　青梅书店　1933 年　46 页　19cm（32 开）
定价：二角
　　本书辑集元、明、清、民国的印谱 483 种。

J0107282
祥止印草 罗祥止篆刻；张佩琳辑

民国二十二［1933］钤印本　线装
　　分二册。

J0107283
印字类纂　　孟方儒纂摹
杭州　西泠印社　民国二十二年［1933］石印本
有肖像　27cm（大16开）
　　分四册。作者孟昭鸿（1883—1947），当代书
法家、藏书家。字方陆，中年改字方儒，自署曰
放庐，山东诸城人。早年师宗著名学者郭金纂，
工诗文、擅汉隶；精治印、善鉴赏。主要作品有
《放庐印存》《放庐诗集》《汉印文字类纂》。

J0107284
宝鸿堂藏印　　朱鸿达辑
民国二十三年［1934］钤印本　有图　线装
　　分十二册。

J0107285
封泥考略　（一卷）陈直撰
民国二十三至二十五年［1934-1936］石印本
（摹庐丛著）

J0107286
刘贞晦印存　　刘景晨篆刻；方岩编
上海　永嘉方岩　民国二十三年［1934］影印本
线装

J0107287
寿石工甲戌刻印
民国二十三年［1934］钤印本　线装
　　黑色花边框。

J0107288
晓林书屋印集　（四卷）王骥篆刻
民国二十三年［1934］钤印本　线装
　　分四册。

J0107289
半塘老人钤印　（清）王鹏运篆刻；王序梅藏
并编
临桂王序梅　民国二十四年［1935］钤印本　线装
　　作者王鹏运（1849—1904），晚清官员、词
人。字佑遐，中年自号半塘老人，又号鹜翁，晚
年号半塘僧鹜。广西临桂（今桂林）人，原籍山

阴（今浙江绍兴）。同治九年举人。著有《味梨词》
《鹜翁词》等集，后删定为《半塘定稿》。曾汇刻《花
间集》及宋、元诸家词为《四印斋所刻词》。

J0107290
锄月庐仿古印集　（二集）周启人篆刻
浙江　杭州周启人锄月庐　民国二十四年［1935］
钤印本　线装
　　分二册。

J0107291
横云山民印聚　　张鲁厂藏；胡公寿辑
民国二十四年［1935］钤印本　线装
　　分二册。

J0107292
梅奴印存　　谢翰华篆刻
民国二十四年［1935］钤印本　线装
　　分二册。

J0107293
相印轩印存　（四卷）渠丘集印社辑
渠丘集印社　民国二十四年［1935］钤印本　线装
　　分六册。

J0107294
黟山人黄牧甫先生印存　（二集少牧印附一
卷）黄士陵篆刻；黄廷荣辑并篆刻印附
上海　西泠印社　民国二十四年［1935］影印本
有像　线装
　　分四册。

J0107295
古玺今选　　张果约选
龙眠张果约　民国二十五年［1936］钤印本　线装
　　分五册。

J0107296
寄斯庵印痕　　张志鱼篆刻；王耀，张树芳编辑
北平　寄斯庵　民国二十五年［1936］影印暨铅
印本　线装
　　分四册。

J0107297
寄斯庵印痕　　张志鱼篆刻

北京　张志鱼　民国三十年［1941］影印本　有像
线装

J0107298

寄斯庵印痕　张志鱼辑
北京　中国书店　1988 年　影印本　222 页
18cm（15 开）定价：CNY3.20

J0107299

金石翰墨雅集　郑佩珊著
北平　益文图章行　1936 年　重订 5 版　34 页
26cm（16 开）定价：大洋六角
　　本书介绍各种图章及铜墨盒的刻制。

J0107300

麋砚斋印存　宣和印社辑
民国二十五年［1936］钤印本　线装
　　分二十册。

J0107301

王冰铁印存　王大炘篆刻
上海　中华书局　民国二十五年［1936］影印本
再版　线装
　　分五册。

J0107302

印商　（二卷）（清）林霔篆刻
林葆恒　民国二十五年［1936］石印本
　　本书由《印商二卷》《印说十则一卷》（清）
林霔篆刻合订。

J0107303

印说十则　（一卷）（清）林霔篆刻
林葆恒　民国二十五年［1936］石印本
　　本书由《印商二卷》《印说十则一卷》（清）
林霔篆刻合订。

J0107304

粤东印谱考　冼玉清著
广州　岭南大学　1936 年　44 页　27cm（16 开）
　　本书收"集印谱"18 种，"自镌印谱"14 种，
"篆刻字书类"9 种。

J0107305

两浙藏书家印章考　蒋复璁著

浙江省立图书馆　1937 年　25 页　27cm（16 开）

J0107306

似鸿轩印稿
民国二十六年［1937］影印本　线装

J0107307

自怡悦斋印存　李清安篆刻
通州李清安自怡悦斋　民国二十六年［1937］钤
印本　线装
　　分四册。

J0107308

钝刀集　石师编
重庆　石师［发行者］［1938 年］石印本
19cm（32 开）环筒页装

J0107309

黄澹庵先生印谱　（清）黄梓庠篆刻
［重庆］绿荫山馆　民国二十八年［1939］影印
本　有像　线装

J0107310

伏庐选藏鉨印汇存　陈汉第藏并编
上海　西泠印社　民国二十九年［1940］影印本
线装
　　分三册。

J0107311

金罍印摭　（清）徐三庚篆刻；张咀英藏并编
孝水望云草堂　民国二十九年［1940］钤印本
线装
　　分四册。作者徐三庚（1826—1890），清代著
名书法家、篆刻家。字辛古，号袖海、大横，别
号荐未道人、似鱼室主等。浙江上虞人。代表作
品有《金罍山民印存》。

J0107312

兰石轩印草劫余集　庞裁篆；庞士龙辑
民国二十九年［1940］钤印本　线装

J0107313

明清画家印鉴　王季铨,（德）孔达（Contag）编
长沙　商务印书馆　1940 年　［76］+631 页　有图
26cm（16 开）精装　定价：国币三十元

本书主要收明、清画家和收藏家的印章，计有 495 家，另附录宋、元画家 23 家，共收印章图样 6000 余方。每家均列姓名、字号、籍贯、时代、画料、杂记，每个印章也有简略文字说明。中、德文对照。

J0107314
明清画家印鉴　　王季铨，(德)孔达合编
台北 台湾商务印书馆 1971 年 3 版 631 页 26cm(16 开) 精装 定价：TWD15.00
　　本书系中国明清时代的画家印谱鉴赏集

J0107315
渠亭印选　　渠亭印社辑；张介礼重编
民国二十九年[1940] 钤印本 线装

J0107316
渠亭印选　　渠亭印社辑
民国二十九年[1940] 钤印本 线装
　　分四册。

J0107317
息庵印存　　沈筱庄篆刻；沈彤辑
民国二十九年[1940] 影印本 线装

J0107318
赵古泥印存　　赵古泥篆刻
常熟庞氏兰石轩 民国三十年[1941] 钤印本 线装
　　分二册。

J0107319
邓印存真　　葛昌楹集
当湖葛昌楹传朴堂 民国三十三年[1944] 钤印本 线装
　　分二册。

J0107320
泱泱丛刊　　王王孙[篆刻]
1947 年 再版 1 册 20cm(32 开) 线装
　　本书为民国时期中国汉字印谱选集。

J0107321
沓飞馆印留　　吴泽篆刻
民国三十七年[1948] 钤印本 有像 线装

分二册。

J0107322
聂松岩诗品印谱　　(清)聂际茂刻
曾毅公 1949 年 钤印本 线装

J0107323
聂松岩诗品印谱　　(清)聂际茂刻
[1949] 钤印本 线装

J0107324
印章参考资料　　丁吉甫编
南京 南京艺术学院 1961 年 98 页 有图 26cm(16 开) 定价：CNY2.00

J0107325
汉铜印丛　　(十二卷)(清)汪启淑辑
北京 中华书局 1962 年 石印本 朱墨 20cm(32 开) 线装 统一书号：8018.3
　　分一函四册。半叶无竖栏字数不等四周单边。汪启淑(1728—1799)，清著名藏书家、金石学家、篆刻家。字慎仪，号秀峰，自称印癖先生，安徽歙县人。编著有《飞鸿堂印谱》《飞鸿堂印人传》《水槽清眼录》等。

J0107326
汉铜印丛　　(一至四册)(清)汪启淑编
[北京] 中华书局 1962 年 毛边纸本 线装 定价：CNY4.00

J0107327
吴昌硕篆刻选集　　(清)吴昌硕作；上海书画出版社编辑
上海 朵云轩 1965 年 22cm(16 开) 线装 定价：CNY0.50
　　作者吴昌硕(1844—1927)，晚清民国时期国画家、书法家、篆刻家。原名俊，俊倾，字昌硕。浙江安吉人。代表作品有《瓜果》《灯下观书》《姑苏丝画图》等，出版有《吴昌硕画集》《吴昌硕作品集》《苦铁碎金》《缶庐近墨》《吴苍石印谱》《缶庐印存》等。

J0107328
吴昌硕篆刻选集　　(清)吴昌硕作；上海书画出版社编辑

上海 上海书画出版社 1978年 28页 24cm（16开）
统一书号：8172.369 定价：CNY0.40

J0107329
畸园印存　李泰仁著
1972年

J0107330
鲁迅笔名印谱　荣宝斋编
北京 荣宝斋 1976年 156页 20cm（32开）
统一书号：8030-966 定价：CNY1.50

J0107331
汉印文字征　罗福颐编
北京 文物出版社 1978年 644页 26cm（16开）
精装 统一书号：7068.624 定价：CNY8.00

J0107332
汉印文字征　罗福颐编
香港 中华书局香港分局 1979年 影印本
26cm（16开）精装

J0107333
汉印文字征补遗　罗福颐编
北京 文物出版社 1982年 影印本 26cm（16开）
统一书号：7068.1096 定价：CNY2.20
　　本书继《汉印文字征》新版出版后，又据全
国各博物馆新入藏汉玺印文字编撰而成。新补
字约400，既可补前书之未备，又可证《说文》的
讹误佚失。

J0107334
汉印分韵合编
上海 上海古籍书店 1979年 影印本 437页
20cm（32开）定价：CNY1.90
　　本书系中国汉代篆刻字典。

J0107335
鲁迅印谱　钱君匋刻
广州 广东人民出版社 1979年 166页
20cm（32开）统一书号：8111.1802 定价：CNY1.20
　　作者钱君匋（1907—1998），编审、书画家。
浙江桐乡人。名玉堂、锦堂，字君陶，号豫堂、禹
堂。现通用名为钱君陶。毕业于上海艺术师范学
校。曾任西泠印社副社长、上海文艺出版社编审、

上海市政协委员等职。代表作品《长征印谱》《君
长跋巨卯选》《鲁迅印谱》《钱君陶印存》。

J0107336
上海博物馆藏印选　上海书画出版社编辑
上海 上海书画出版社 1979年 150页
26cm（16开）统一书号：8172.376 定价：CNY3.25
　　本书收入自战国至清初官私印中具有代表
性的印蜕，附上海博物馆复制的战国至晋印章的
泥封墨拓本。书中所选印章在质地材料上，有金、
银、铜、玉等；在文字表现上，有大篆、小篆、隶
书、九叠文和押书等；形式多样，除了文字印，
还有不同内容的肖形印，或禽或兽，或人或图文
相间。末编有钮式择要，是历代各式印钮及印文
的黑白照片。

J0107337
西泠四家印谱　西泠印社编辑部编辑
杭州 西泠印社 1979年 2版 89页 26cm（16开）
定价：CNY2.50
　　本书收录了清代"西泠四家"——丁敬、蒋
仁、黄易、奚冈的印谱作品。这四位同属"浙派"
的篆刻大家，风格比较接近，但又各具特色。

J0107338
赵之谦印谱　（清）赵之谦篆刻；上海书画出版
社编
上海 上海书画出版社 1979年 98页 24cm（26开）
统一书号：8172.417 定价：CNY1.40
（晚清六家印谱 之一）
　　本书汇集了清代著名书画家、篆刻家赵
之谦20至40余岁的作品，自用印部分依印文
多少为序，其余印章则分别编录。作者赵之谦
（1829—1884），晚清书画家。浙江绍兴人，初
字益甫，号冷君，号悲庵、梅庵、无闷等。著有
《六朝别字记》《悲庵居士文存》等，篆刻有《二
金蝶堂印存》等。

J0107339
汉印文字汇编
台北 美术屋［1980—1989年］836页
26cm（16开）精装

J0107340
明清篆刻流派印谱　方去疾著

上海　上海书画出版社　1980 年　223 页
19cm（32 开）统一书号：8172.542 定价：CNY5.00

　　本书为明清篆刻流派艺术史的印学论著，选
择明代中叶到晚清 500 多年间不同风格、流派的
124 名印人，辑录反映作者各个时期风貌的印章
859 方，边款 428 面，其中许多印蜕是从未发表
过的精品。

J0107341

汪关印谱　（明）汪关作；上海书画出版社编
上海　上海书画出版社　1980 年　48 页 24cm（16 开）
统一书号：8172.452 定价：CNY0.65

　　本书收录汪关所刻印章 142 款。汪关治印，
善使冲刀，刀法朴茂稳实，章法一丝不苟，为明
代篆刻家中力追汉法的开创者。作者汪关（约
1573-1644），明代篆刻家。原名汪东阳，字杲禾，
歙县（今属安徽）人。著有《宝印斋印式》等。

J0107342

古玺汇编　故宫博物院编
北京　文物出版社　1981 年　520 页　26cm（16 开）
精装　统一书号：8068.771 定价：CNY25.00

J0107343

古玺汇编　故宫博物院编；罗福颐主编
北京　文物出版社　1981 年　520 页　26cm（16 开）
定价：CNY13.00

J0107344

李尹桑印存　李尹桑刻
香港　于今书屋　1981 年　影印本　344 页　有肖像
21cm（32 开）定价：HKD50.00

J0107345

吴让之印存　吴让之刻；西泠印社编
杭州　西泠印社　1981 年　59 页　19cm（32 开）
统一书号：8191.137 定价：CNY0.95

　　吴让之是晚清篆刻大家，本书所选印章多为
他的自用印，皆是精心之作。本书影印自原藏于
西泠印社、魏稼孙手拓而成的拓本。原拓本一印
一页，现改为数印一页。

J0107346

吴让之印存　（清）吴让之刻
杭州　西泠印社　1998 年　2 版　97页　26cm（16开）

ISBN：7-80517-306-0 定价：CNY26.10
（西泠印社印谱丛编 明清名家系列）

　　作者吴让之（1799—1870），清代书法家、篆
刻家。原名廷飏，字熙载，号让之，江苏仪征人。

J0107347

中国形玺印汇　（初集）康殷辑
香港　博雅斋　1981 年　238 页 26cm（16 开）

　　康殷（1926—1999），古文字学家、古玺印专
家、篆刻家、书法家、画家。别署大康，祖籍河
北乐亭，生于辽宁义县。毕业于吉林师范大学美
术系。曾任中央文史研究馆馆员、首都师范大学
研究员、中国书法家协会理事、中国美术家协会
会员等。著有《古文字形发微》《文字源流浅说》
《古文字学新论》《说文部首诠释》，编纂中国第
一部古印玺全集《印典》。

J0107348

故宫博物院藏古玺印选　罗福颐主编
北京　文物出版社　1982 年　174 页 25cm（15 开）
统一书号：8068.957　定价：CNY3.90（胶版纸），
CNY2.80（凸版纸）

　　本书收集上起战国、下至元明历代官私玺印
845 方。书中除印文外，另附有印纽原大照片。

J0107349

黄牧甫印谱　（清）黄牧甫印
杭州　西泠印社　1982 年　117 页　25cm（15 开）
统一书号：8191.164 定价：CNY2.50

　　本书收集晚清篆刻家黄牧甫的刻印 500 多
方，附有边跋。作者黄牧甫（1849—1908），晚清
篆刻家。名士陵，别号黟山人等，安徽黟县人。
著有《竹瑞堂集》。

J0107350

兰亭序印谱　浙江省书法家协会辑
浙江　西泠印社篆刻组　1982 年　钤印本　线装

J0107351

梅奴谢翰华印稿　谢翰华篆刻
1982 年　钤印本　线装
　　分二册。

J0107352

明清画家印鉴　孔达，王季铨合编

台北 台湾商务印书馆 1982 年 台 5 版 65+631 页
26cm（16 开）精装 定价：TWD14.00

J0107353
西泠后四家印谱
杭州 西泠印社 1982 年 103 页 25cm（16 开）
统一书号：8191.165 定价：CNY2.50
　　本印谱收录陈豫钟，陈鸿寿，赵之琛，钱松
等 4 人的印谱 348 方，并附有印面释文和边款
释文。

J0107354
二百兰亭斋古铜印存　（清）吴云编
杭州 西泠印社 1983 年 119 页 25cm（15 开）
统一书号：8191.192 定价：CNY2.50
　　本书共收秦汉官私铜印 700 余方，是研究我
国印章发展历史及学习我国古代篆刻艺术的必
备之书。

J0107355
古图形玺印汇　康殷著
石家庄 河北美术出版社 1983 年 269 页
19cm（32 开）统一书号：8087.460 定价：CNY3.90
　　本书辑录中国春秋战国和两汉时期的古代
图形玺印 800 余方，序言中介绍了古图形玺印的
知识。

J0107356
古图形玺印汇　（续集）康殷辑
石家庄 河北美术出版社 1993 年 重印本
196 页 26×15cm ISBN：7-5310-0403-8
定价：CNY29.00
　　本集中所收印拓，除采自多种国内外古印名
谱外；还选自乐守勋拓传的乐少云藏印、台湾王
北岳著《篆刻艺术》等。共 500 余方。

J0107357
吴让之印谱　方去疾编订
上海 上海书画出版社 1983 年 200 页
22cm（16 开）统一书号：8172.682 定价：CNY3.34
　　本书共收印稿 415 方，边款 227 面，是历来
编纂的吴让之印谱中最为完整的一部。

J0107358
中州古代篆刻选　牛济普编著

郑州 中州书画社 1983 年 123 页 16cm（25 开）
统一书号：8219.297 定价：CNY1.80
　　本书选编殷商、战国、秦汉、魏、晋印陶、古
钵、封泥、印章二百作余方，每方附有篇要说明。

J0107359
封泥汇编　吴幼潜编
上海 上海古籍书店 1984 年 186 页 21cm（32 开）
定价：CNY1.10
　　封泥，亦名泥封，是印章按于泥土上作为门
户和包裹封口的凭记。

J0107360
故宫博物院藏肖形印选　叶其峰主编
北京 人民美术出版社 1984 年 303 页
19cm（32 开）统一书号：8027.8855
定价：CNY16.80
　　本书为中国古代印谱，选录了 303 方印。其
中有故宫博物院收藏的肖形印，其中包括陈氏万
印楼、吴氏双虞壶斋、黄氏衡斋、陈氏伏庐、徐
茂斋诸家的藏品。

J0107361
明清篆刻选　上海书画出版社编
上海 书画出版社 1984 年 111 页 19cm（32 开）
定价：CNY2.00

J0107362
问经堂印谱
台北 新文丰出版公司 1984 年 影印本 3 册
26cm（16 开）线装 定价：旧台币 40.00
　　本书系中国古代印谱。

J0107363
中国印谱极选　黄石老人编著
台北 星光出版社 1984 年 218 页 19cm（32 开）
定价：TWD95.00
（双子星丛书 310）

J0107364
周叔弢先生捐献玺印选　天津市艺术博物馆编
天津 天津人民美术出版社 1984 年 27cm（16 开）
精装 统一书号：8073.50291 定价：CNY8.00
　　本书收录了周叔弢先生捐献的古玺印及秦
汉印章共 434 方，每页两印，并附释文。

J0107365

丁丑劫余印存　丁辅之等集拓
上海　上海书店　1985 年　影印本　2 册　34×20cm
精装　定价：CNY70.00

　　本书以收藏明清两代印章著称的丁鹤庐、葛
晏庐、俞荔庵、高络园等浙西 4 家，于丁丑年间
（1937 年）遇兵火之劫，所藏散佚大半。为防其
劫余的印章再遭散佚，乃合四家藏印汇辑成谱，
题名为《丁丑劫余印存》，于 1939 年钤拓成书，
仅成 21 部。本书影印时由著名书法家沙孟海题
鉴，著名篆刻家叶露渊、韩天衡作序。

J0107366

十钟山房印举选　（清）陈介祺辑；上海书画
出版社编
上海　上海书画出版社　1985 年　262 页
26cm（16 开）统一书号：8172.1446 定价：CNY6.60

　　本书为近代著名的集古印谱，所收皆六朝前
玺印，按印式、印材举列。今据朵云轩所藏光绪
九年本，精选有代表和艺术性者二千钮，增补释
文，以成本书。

J0107367

吴昌硕印谱　上海书画出版社编
上海　上海书画出版社　1985 年　251 页
24cm（16 开）定价：CNY5.00

　　辑吴昌硕篆刻艺术中较有特点的印作 1150
余枚，其中大部分附有边款墨拓。本印谱拓文附
有释文。

J0109507

傅大卣手拓印章集存　傅大卣辑
北京　中华书局　1986 年　208 页　19cm（32 开）
统一书号：9018.189　定价：CNY3.50
（明清名人治印　第 14 种）

　　本书收录上起明末何震，下至近人张大千的
篆刻作品 300 方左右。附有每一印人及部分印
主的小传与佚事。

J0107368

西泠印社社员印集　吴昌硕等作
杭州　西泠印社　1986 年　220 页　26cm（16 开）
统一书号：8191.446　定价：CNY4.20

　　本书汇集西泠印社成立 80 余年来 100 位著
名篆刻家的作品 800 多方。

J0107369

吉林大学藏古玺印选　吉林大学历史系文物
陈列室编
北京　文物出版社　1987 年　128 页　26cm（16 开）
ISBN：7-5010-0005-0　定价：CNY5.30

J0107370

秦汉南北朝官印征存　罗福颐主编；故宫博
物院研究室玺印组编
北京　文物出版社　1987 年　480+53 页
26cm（16 开）精装　统一书号：8068.1188
定价：CNY25.00

J0107371

秦汉鸟虫篆印选　韩天衡编订
上海　上海书店　1987 年　影印本　120 页
26cm（16 开）定价：CNY3.50，CNY4.50（精装）

　　韩天衡（1940—　　），教授、书法家。号豆庐，
上海中国画院副院长，上海交通大学兼职教授，
西泠印社副社长。代表作品有《韩天衡印选》《韩
天衡书画印选》《韩天衡画集》等。

J0107372

西泠四家印谱
杭州　西泠印社　1987 年　3 版　84 页 26cm（16 开）
ISBN：7-80517-004-5　定价：CNY3.00

　　本书收录了清代"西泠四家"——丁敬、蒋
仁、黄易、奚冈的印谱作品。这四位同属"浙派"
的篆刻大家，风格比较接近，但又各具特色。

J0107373

新出历代玺印集释　王人聪编著
香港　香港中文大学文物馆　1987 年　133 页
28cm（16 开）ISBN：962-7101-05-2
定价：HKD150.00
（香港中文大学文物馆专刊 3）

J0107374

中国古代闲章拾萃　朱旭初编
南京　江苏美术出版社　1987 年　178 页
19cm（32 开）定价：CNY5.80

　　本书收录了南京博物馆所藏中国古代闲章
200 枚，边款 95 枚。闲章随宋代文人画开始而兴
起，以成为篆刻艺术的重要门类。编者朱旭初，
独立艺术评论家、文博专家。历任上海博物馆副

馆长兼教育部主任,美国普林斯顿大学艺术与考古系客座教授,纽约大都会博物馆东方部特邀研究员,加州大学伯克利学院艺术史系客座教授。

J0107375

中国古代闲章拾萃　朱旭初编

南京 江苏美术出版社 1998 年 重印本 178 页 19cm(32 开) ISBN:7–5344–0120–8

定价:CNY13.00

J0107376

中国画画家印鉴款识　上海博物馆编

北京 文物出版社 1987 年 2 册(1635 页) 26cm(16 开) 统一书号:8068.1313 精装

ISBN:7–5010–0000–X 定价:CNY130.00

J0107377

中国画家落款印谱　(日) 斋藤谦编纂

北京 中国书店 1987 年 428 页 26cm(16 开)

定价:CNY11.00

J0107378

中国书画家印鉴款识　上海博物馆编

北京 文物出版社 1987 年 2 册(1635 页) 26cm(16 开) 精装 定价:CNY130.00 (全二册)

　　本书收录唐宋元明清直至当代(截至 1983 年) 已故书画家、收藏家 1200 人的印鉴 19500 方,款识 3800 多条,按姓氏笔画依次编排。

J0107379

中国书画家印鉴款识　上海博物馆编

北京 文物出版社 1992 年 2 册(1635 页) 26cm(16 开) 精装 ISBN:7–5010–0000–X

定价:CNY150.00(全二册)

　　本书收录唐宋元明清直至当代(截至 1983 年) 已故书画家、收藏家 1200 人的印鉴 19500 方,款识 3800 多条,按姓氏笔画依次编排。

J0107380

陈师曾印谱　陈衡恪治印

北京 荣宝斋 1988 年 76 页 26cm(16 开) ISBN:7–5003–0028–X 定价:CNY2.60

　　本书是作者所刻 380 方印章的辑录。刀法平实自然,布局严谨,深受石鼓文的影响。作者陈衡恪(1876—1923),近代著名书画篆刻家。字

师曾,号槐堂。江西义宁(今江西省修水县) 人。曾留学日本。任教于通州师范学校、长沙第一师范、北京女子高等师范学校、北京美术专门学校。代表作品有《 中国绘画史 》《 文人画之价值 》。

J0107381

赫连泉馆古印存　罗振玉编

上海 上海书店 1988 年 159 页 26cm(16 开) 精装 ISBN:7–80569–037–5 定价:CNY8.50

(中国历代印谱丛书)

J0107382

诗品印谱　(清) 黄朗村刻

北京 中国和平出版社 1988 年 96 页 26cm(16 开) ISBN:7–80037–117–4 定价:CNY4.50

　　本书是清嘉道年间印人黄朗村篆刻集中的根据诗品篆刻的印谱集。

J0107383

杨廷珍百寿印谱　(清) 杨廷珍作

武汉 湖北人民出版社 1988 年 1 册 26cm(16 开)

定价:CNY0.70

J0107384

中国古今名印欣赏　吴颐人著

西安 三秦出版社 1988 年 110 页 有图 26cm(16 开) ISBN:7–80546–014–0

定价:CNY5.50

J0107385

敦煌印集　钱默君,张济华编

兰州 兰州大学出版社 1989 年 108 页 26cm(16 开) ISBN:7–311–00216–8

定价:CNY5.40

J0107386

吉金斋古铜印谱　(清) 何昆玉藏辑

上海 上海书店 1989 年 247 页 26cm(16 开) ISBN:7–80569–158–4

定价:CNY12.50,CNY16.00(精装)

(中国历代印谱丛书)

J0109527

明清藏书家印鉴　林申清编

上海 上海书店 1989 年 210+19 页 26×15cm

ISBN：7-80569-131-2 定价：CNY8.00

本书共收明清两代藏书家128人印鉴近千方，其中包括名号印、藏书章、书斋章、闲章等。均据原寸套红影印，每印旁附释文。每藏书家附有简略传记，记述姓名、字号、籍贯、藏书楼名及重要履历等。共210幅图。有印文的四角号码索引。

J0107387

滕王阁序印谱 胡润芝藏

南昌 江西人民出版社 1989年 76页 26×15cm
ISBN：7-210-00091-7 定价：CNY3.40

J0107388

魏石经室古玺印景 周进藏辑

上海 上海书店 1989年 143页 26cm（16开）
精装 ISBN：7-80569-152-5 定价：CNY11.00
（中国历代印谱丛书）

J0107389

印海拾遗 （近代十名家印选）韩佛之辑

北京 科学技术文献出版社 1989年 23×13cm
ISBN：7-5023-0795-8 定价：CNY3.80

J0107390

云南少数民族官印集 云南省少数民族古籍整理出版规划办公室编

昆明 云南民族出版社 1989年 202页 有照片
19cm（32开） ISBN：7-5367-0186-1
定价：CNY3.20
（云南省少数民族古籍译丛 第20辑）

J0107391

黄牧甫印集 （清）黄牧甫篆刻；叶玉宽选编

合肥 安徽美术出版社 1990年 154页 有画像
26cm（16开） ISBN：7-5398-0062-3
定价：CNY6.50

本书收作者各个时期创作的印蜕和部分印章边款，共783方。作者黄牧甫（1849—1908），晚清篆刻家。名士陵，别号黟山人等，安徽黟县人。著有《竹瑞堂集》。

J0107392

南海遗珠印谱

台北 1990年 61页 25cm（小16开）
ISBN：957-9067-16-3 定价：TWD130.00

J0107393

簠斋古印集 （清）陈介祺编

北京 中国书店 1990年 影印本 168页
26cm（16开） 精装 ISBN：7-80568-103-1
定价：CNY29.00

J0107394

荣宝斋藏三家印选 熊伯齐编著

北京 荣宝斋 1990年 133页 26cm（16开）
ISBN：7-5003-0089-1 定价：CNY9.60，CNY15.60

本书精选了吴昌硕、陈师曾、齐白石等百余方三家印稿。共108方。编著者熊伯齐（1944—　），书法家、国家一级美术师。又名光汉，号容生，锦里生，天府民。生于四川成都市。西泠印社理事、西泠印社篆刻创作研究室主任、中国书法家协会理事等。出版《熊伯齐印选》《熊伯齐书法集》等。

J0107395

铁云藏印选 徐敦德编

杭州 西泠印社 1990年 103页 26cm（16开）
ISBN：7-80517-060-6 定价：CNY5.70

本书所收先秦古玺、秦汉魏晋等代印章均选自西泠印社藏《铁云藏印》初续集。铁云为清代学者刘鹗的字。刘鹗（1857—1909），清末小说家。谱名震远，原名孟鹏，字云抟、公约。后更名鹗，字铁云，号老残。江苏丹徒（今镇江市）人。著有《铁云藏龟》《老残游记》。

J0107396

闻一多印选 闻立鹏，张同霞编

北京 文物出版社 1990年 96页 有照片
20cm（32开） ISBN：7-5010-0418-8
定价：CNY7.00

J0107397

正续汉印分韵 （清）袁予三，（清）谢景卿编著

天津 天津市古籍书店 1990年 影印本 78页
19cm（32开） 定价：CNY2.20

本书为研习篆刻必备的工具书。编著者谢（1735—1806），字殿扬，号云隐，又号芸隐。出生于广东南海（今佛山）。著有《鸡肋草》，辑有《选集、续集汉印分韵》。传世印谱有《云隐印稿》《云隐印选》《紫石山房印蜕》等。

J0107398

百寿图考印谱　葛许光刻

合肥　安徽美术出版社　1991 年　100 页

21cm（32 开）ISBN：7-5398-0178-6

定价：CNY4.70

　　本书查对了经、史、子、集等 70 余种古书，选出有关寿字的印文百条汇编成册。作者葛许光，安徽省徽派金石研究会会长。

J0107399

共墨斋汉印谱　（清）周铣诒，周銮诒藏辑

上海　上海书店　1991 年　影印本　113 页

25cm（小 16 开）精装　ISBN：7-80569-365-X

定价：CNY12.00

（中国历代印谱丛书）

　　周銮诒（1859—1886），清代藏书家。字仲泽，号季谟，曾官任清朝翰林院编修。主要作品《尔雅韵》《朝见存碑目》《壹学斋丛稿》《香姜室词》等。作者周铣诒（？ -1917），清末民初金石学家、藏书家。字荔樵、笠樵，号仲泽。湖南永明人。编辑有《永明周氏岳色堂印董》《鈢印及六朝唐宋官印谱录》等。

J0107400

共墨斋汉印谱　（清）周铣诒，（清）周銮诒藏辑

上海　上海书店　1991 年　113 页　26cm（16 开）

ISBN：7-80569-370-6　定价：CNY8.00

（中国历代印谱丛书）

J0107401

汉印分韵合编　上海书店编

上海　上海书店　1991 年　影印本　重印本　437 页

20cm（32 开）ISBN：7-80569-139-8

定价：CNY4.90

　　本书根据《汉印分韵》正集、续集和三集合编影印而成，共收单字约 2000 余个，集汉代印文 1.5 万多字。

J0107402

湖南省博物馆古玺印集　湖南省博物馆编

上海　上海书店　1991 年　154 页　有图

26cm（16 开）精装　ISBN：7-80569-367-6

定价：CNY25.00

　　本书收录湖南省博物馆藏古玺印 595 方，并以时代为经编排，大体分为战国至秦、两汉至南北朝、唐宋以来 33 个阶段。

J0107403

金代官印集　景爱编

北京　文物出版社　1991 年　267 页　26cm（16 开）

ISBN：7-5010-0521-4　定价：CNY38.00

　　本书共辑录传世和出土的金代官印 554 方，按官印的类别析为十五卷。每方官印均有文字说明，介绍该印发现或出土的时间、地点、印面尺寸、印背印侧字款等。

J0107404

燚秋馆藏古封泥　陈宝琛藏并辑

上海　上海书店　1991 年　影印本　42 页

26cm（16 开）精装　ISBN：7-80569-364-1

定价：CNY8.50

（中国历代印谱丛书）

　　本书收集了燚秋馆藏的 240 余枚古封泥。

J0107405

燚秋馆藏古封泥　陈宝琛藏辑

上海　上海书店　1991 年　42 页　26cm（16 开）

ISBN：7-80569-369-2　定价：CNY4.50

（中国历代印谱丛书）

J0107406

鲁迅著作印谱　吴颐人刻

太原　山西人民出版社　1991 年　124 页

26cm（16 开）ISBN：7-203-01980-2

定价：CNY7.00

　　本书原名《鲁迅书名印谱》，共 35 石，最早于 1973 年初冬的《上海市书法篆刻展览》上与读者见面。其他各组印作也曾在鲁迅百年诞辰纪念时发表，分别刊载于《江苏画刊》《富春江画报》等杂志，香港《镜报》杂志对此谱有专文介绍。在纪念鲁迅诞辰 110 周年之际出版此书。

J0107407

明清名人刻印精品汇存　葛昌楹，胡洤编

上海　上海古籍出版社　1991 年　2 册（750+40 页）

27cm（大 16 开）精装　ISBN：7-5325-1073-5

定价：CNY422.00

J0107408

鸟虫篆大鉴　徐谷甫编篆

上海 上海书店 1991年 935页 19cm（小32开）
塑精装 ISBN：7-80569-368-4 定价：CNY35.00

　　本书收集了从秦汉到当代印人的作品。上编收集历代鸟虫篆印章1500余枚；下编为鸟虫篆文字汇编，共收单字1300余字。作者徐谷甫（1949—　　），篆刻家。别署谷夫、榖夫，号忍斋、城北徐公。生于上海。历任西泠印社社员，中国书法家协会会员，国家艺术书画院画师，上海殷商甲骨文研究院副院长、特邀研究员，韶山美术研究院副院长、篆刻院院长；上海名家艺术研究协会理事等。代表作品有《鸟虫篆大鉴》等。

J0107409
西藏历代藏印　　欧朝贵，其美编
拉萨 西藏人民出版社 1991年 117页
26cm（16开）ISBN：7-223-00328-6
定价：CNY5.50

　　本书收录了西藏元、明、清代和民国时期及其他印章共160枚。

J0107410
西泠八家印选　　丁仁编
上海 上海古籍出版社 1991年 影印本 570页
26cm（16开）精装 ISBN：7-5325-1142-1
定价：CNY28.00

　　本书是丁仁于1904年将家藏丁敬等8人之印石精拓，同时逐枚详加按语，除印文、边款释文外，并述及每方印章之材质、印文之典故史实和印石收藏缘由等。编者丁仁（1879—1949），篆刻家、书画家。原名仁友，字辅之，号鹤庐，浙江杭州人。西泠印社创始人之一。作品有《西泠八家印谱》《杭郡印辑》《悲盦印媵》等。

J0107411
玺印集林　　林树臣编
上海 上海书店 1991年 264页 有图
27cm（大16开）精装 ISBN：7-80569-366-8
定价：CNY22.00
（中国历代印谱丛书）

J0107412
玺印集林　　林树臣编
上海 上海书店 1991年 264页 27cm（大16开）
ISBN：7-80569-371-4 定价：CNY18.00
（中国历代印谱丛书）

J0107413
中国首都博物馆印章选集
香港 澂心斋 1991年 钤印本 线装
　　分四册。

J0107414
丁敬印谱　　（清）丁敬刻
上海 上海书店 1992年 112页 26cm（16开）
ISBN：7-80569-561-X 定价：CNY6.00
（明清篆刻家印谱丛书）

　　作者丁敬（1695—1765），字敬身，别号砚林、钝丁、龙泓外史孤云石叟、胜怠老人等，浙江钱塘人。

J0107415
独峰藏印集　　黄志深，吴学斌编
南宁 广西美术出版社 1992年 58页 25×15cm
ISBN：7-80582-466-5 定价：CNY5.50

　　黄独峰先生为国画家。本书是其收藏印印谱，多为近现代刻家珍品。编者吴学斌（1958—　　），画家。笔名雪冰，壮族，广西邕宁人。历任宁夏军区鱼得水书画院名誉院长，广西民族书画院高级书画师，欧阳修艺术研究会美术研究员，中国石涛艺术研究学会副秘书长。作品有《雄关万里图》等，出版《黄独峰艺术生涯》等。

J0107416
古玉印精萃　　韩天衡，孙慰祖编订
上海 上海书店 1992年 重印本 115页
26cm（16开）ISBN：7-80569-127-4
定价：CNY7.50

　　本书内容为战国、秦、汉时期的古玉印。

J0107417
吉林出土古代官印　　张英等编
北京 文物出版社 1992年 217页 26cm（16开）
ISBN：7-5010-0617-2 定价：CNY30.00

　　本书汇辑省内各地出土汉晋、宋辽金、东夏以及元明清官印180方，按年代编次，对其形制特点，秩品职掌，均作详细分述与考证。

J0107418
君匋艺术院藏印集　　君匋艺术院编
杭州 浙江人民美术出版社 1992年 78页
29cm（16开）精装 ISBN：7-5340-0326-1

定价：CNY68.00

　　本书收自清至现代的金石家陈鸿寿、赵次闲、吴熙载、徐三庚、齐白石、易大厂、赵叔孺、陈师曾、来楚生等所刻印章24枚。赵之谦所刻印章29枚、吴昌硕所刻印章40枚、黄牧甫所刻印章25枚，共计118枚。本印集以彩色制版，把印章原件的形状色彩忠实地显现出来，同时，把不少佳作放大，使其刀法之妙和布白之变一一呈现于读者之前。钱君匋（1907—1998），编审，书画家。名玉堂、锦堂，字君匋，号豫堂、禹堂。现通用名为钱君匋。曾任西泠印社副社长、上海文艺出版社编审、上海市政协委员等职。代表作品《长征印谱》《君长跋巨卯选》《鲁迅印谱》《钱君陶印存》。

J0107419

钱松印谱　（清）钱松刻
上海　上海书店　1992年　104页　26cm（16开）
ISBN：7-80569-560-1　定价：CNY6.00
（明清篆刻家印谱丛书）

　　作者钱松（1818—1860），清代篆刻家、书画家。字叔盖，号耐青，别号未道士，西郭外史等。出生于浙江钱塘。作品有《礼器碑》《石门颂》等。

J0107420

吴昌硕石交集校补　沙匡世校补
上海　上海书画出版社　1992年　94页
19cm（小32开）ISBN：7-80512-510-4
定价：CNY2.60

　　本书列吴昌硕早年师友传略共51人，收绿印70余方，每印皆有主名与传文配合，有创作年份者均加注明。石交集是吴昌硕早年所作印谱与印主传略之稿本。沙孟海序。吴昌硕（1844—1927），晚清民国时期国画家、书法家、篆刻家。原名俊，俊倾，字昌硕。浙江安吉人。代表作品有《瓜果》《灯下观书》《姑苏丝画图》等，出版有《吴昌硕画集》《吴昌硕作品集》《苦铁碎金》《缶庐近墨》《吴苍石印谱》《缶庐印存》等。

J0107421

吴昌硕印影　吴昌硕篆刻；戴山青主编
北京　北京广播学院出版社　1992年　616页
26cm（16开）ISBN：7-81004-216-5
定价：CNY40.00

　　本书收印2100余方。主编戴山青（1944—

2004），书法家。字云父，曾任"现代书法学会"秘书长。

J0107422

吴昌硕篆刻字典　戴山青编
北京　北京广播学院出版社　1992年　191页
26cm（16开）ISBN：7-81004-358-7
定价：CNY38.70

J0107423

印商　（清）林霆编
北京　中国书店　1992年　19cm（小32开）
ISBN：7-80568-359-X　定价：CNY2.50

　　本书收集作者的"印说十则"及篆刻精品百方。作者林霆，字德澍，号雨苍，别号桃花洞口渔人，擅长印章篆刻。

J0107424

赵之琛印谱　（清）赵之琛刻
上海　上海书店　1992年　158页　26cm（16开）
ISBN：7-80569-557-1　定价：CNY8.80
（明清篆刻家印谱丛书）

　　作者赵之琛（1781—1852），篆刻家、书画家。字次闲，号献父，别署宝月山人。浙江钱塘人，"西泠八家"之一。代表作品有《秋菊竹石图之琛》《双钩竹石图》《补罗迦室集》等。

J0107425

中国闲章艺术集锦　季崇建等编
上海　上海古籍出版社　1992年　582页
26cm（16开）精装　ISBN：7-5325-1146-4
定价：CNY29.30

　　本书选上起春秋战国，下至现代篆刻名家的历代闲章2000多方，并收录边款。在前言中介绍了中国闲章艺术的发展和有关知识。

J0107426

紫砂款识汇编　黄怡嘉编辑
［香港］盈记唐人工艺出版社　1992年　271页
有图　28cm（大16开）精装　定价：TWD1200.00
（唐人工艺丛书　3）

J0107427

二百兰亭斋古铜印存　（清）吴云编集
杭州　西泠印社　1993年　2版　119页　26cm（16开）

ISBN：7-80517-093-2　定价：CNY13.00

　　本书共收秦汉官私铜印 700 余方，是研究我国印章发展历史及学习我国古代篆刻艺术的必备之书。外文书名：200 Selected ancient bronze seals of Lantingzhai. 吴云（1811—1883），清代著名书画家、藏书家。字少甫，号平斋，晚号退楼主人，生于浙江湖州。精于鉴别与考据。著有《醉石山房诗文钞》。

J0107428

黄士陵印谱　（清）黄士陵治印
上海　上海书店 1993 年 2 册（488 页）26cm（16 开）
ISBN：7-80569-558-X　定价：CNY27.50
（明清篆刻家印谱丛书）

　　本书汇集了黄士陵作品 1700 余印。作者黄士陵（1849—1908），篆刻家。字牧甫，亦作穆甫、穆父，安徽黟县人。代表作品《心经印谱》。

J0107429

徐三庚印谱　（清）徐三庚刻
上海　上海书店 1993 年　182 页　25×15cm
ISBN：7-80569-559-8　定价：CNY12.00
（明清篆刻家印谱丛书）

　　作者徐三庚（1826—1890），清代著名书法家、篆刻家。字辛古，号袖海、大横，别号荐未道人、似鱼室主等。浙江上虞人。代表作品有《金罍山民印存》。

J0107430

印典　（一）康殷，任兆凤主辑
北京　国际文化出版公司 1993 年　1 册
26cm（16 开）精装　ISBN：7-80049-631-7
定价：CNY105.00

　　全编共收古印谱百余种，印拓 4 万余方。时间上起晚周，下至六朝之官私玺印、封泥，而以宋元押及个别唐宋印本为附。康殷（1926—1999），古文字学家、古玺印专家、篆刻家、书法家、画家。别署大康，祖籍河北乐亭，生于辽宁义县。毕业于吉林师范大学美术系。曾任中央文史研究馆馆员、首都师范大学研究员、中国书法家协会理事、中国美术家协会会员等。著有《古文字形发微》《文字源流浅说》《古文字学新论》《说文部首诠释》，编纂中国第一部古印玺全集《印典》。

J0107431

印典　（二）康殷，任兆凤主辑
北京　国际文化出版公司 1993 年　1 册
26cm（16 开）精装　ISBN：7-80049-631-7
定价：CNY105.00

J0107432

印典　（三）康殷，任兆凤主辑
北京　国际文化出版公司 1994 年　1 册
26cm（16 开）精装　ISBN：7-80049-631-7
定价：CNY105.00

J0107433

印典　（四）康殷，任兆凤主辑
北京　国际文化出版公司 1994 年　1 册
26cm（16 开）精装　ISBN：7-80049-631-7
定价：CNY105.00

J0107434

古印精粹　魏广君编
郑州　河南美术出版社 1994 年　340 页
26cm（16 开）ISBN：7-5401-0363-9
定价：CNY42.50
（景文轩画廊艺术丛书　第一辑）

J0107435

清代台湾职官印录　台湾银行经济研究室编
南投县　台湾省文献委员会 1994 年　重印
ISBN：957-00-3873-X　定价：TWD360.00
（台湾历史文献丛刊）

　　本书由《清代台湾职官印录》与蒋元枢著的《重修台郡各建筑图说》合订。

J0107436

文雅堂宋元古印辑　杨广泰辑
文雅堂 1994 年　钤印本　线装
　　分四册。

J0107437

吴昌硕书画用印谱　吴昌硕作；邢捷［编］
天津　天津古籍出版社 1994 年　122 页
18cm（小 32 开）ISBN：7-80504-416-3
定价：CNY9.20
（名家书画用印谱丛书）

J0107438

亦无楼宋元铜印辑　戴山青辑

亦无楼主 1994 年　影印本　线装

分四册。据原印谱影印。

J0107439

花押印汇　施元亮编著

上海　上海书画出版社 1995 年　12+187 页

26cm（16 开）ISBN：7-80512-817-0

定价：CNY39.00

J0107440

李叔同印存　李叔同作

天津　天津人民美术出版社 1995 年　215 页

有照片 25cm（小 16 开）精装

ISBN：7-5305-0524-6　定价：CNY60.00

作者李叔同（1880—1942），音乐家、美术教育家、书法家、戏剧活动家。法名演音，号弘一，晚号晚晴老人，后被人尊称为弘一法师。曾任浙江两级师范学校音乐、图画教师，南京高等师范学校音乐、图画教师。代表作品《送别》《南京大学校歌》《三宝歌》等。

J0107441

宋元古印辑存　（图集）杨广泰编选

北京　文物出版社 1995 年　10+182 页 20cm（32 开）

ISBN：7-5010-0835-3　定价：CNY18.00

J0107442

吴昌硕篆刻艺术研究　刘江著

杭州　西泠出版社 1995 年　392 页　20cm（32 开）

定价：CNY29.80

本书共四编，即：吴昌硕生平及艺术概况、吴昌硕篆刻艺术的特征、吴昌硕篆刻艺术特征形成探源、吴昌硕篆刻年谱及研究资料。

J0107443

五桂山房用印藏印集　欧初编著

广州　岭南美术出版社 1995 年　112 页

28cm（大 16 开）ISBN：7-5362-1275-5

定价：CNY80.00

J0107444

印章藏珍　张寿平著

台北　淑馨出版社 1995 年　280 页 21cm（32 开）

精装　ISBN：957-531-412-3 定价：TWD480.00

J0107445

中国历代篆刻精品 100 案赏析　董惠宁编著

济南　山东科学技术出版社 1995 年　205 页

29cm（16 开）ISBN：7-5331-1575-9

定价：CNY138.00，USD50.00

（工艺的·美术的·文物的·中华艺术精品 100 丛书 4）

编著者董惠宁（1955—　），教师。江苏南京人。毕业于南京艺术学院，留校任教，兼《艺苑》杂志编辑部编辑，江苏省书法家协会会员，南京印社社员。

J0107446

中国肖形印大全　温廷宽编

太原　山西古籍出版社 1995 年　490 页 26×15cm

ISBN：7-80598-070-5　定价：CNY68.00

J0107447

伏庐玺印　上海书画出版社编

上海　上海书画出版社 1996 年　12cm（60 开）

精装　ISBN：7-80635-044-6　定价：CNY35.00

J0107448

汉铜印原　（清）汪启淑编

杭州　西泠印社 1996 年　252 页 26cm（16 开）

ISBN：7-80517-194-7　定价：CNY40.00

J0107449

黄牧甫印影　（清）黄牧甫篆刻；戴山青编

北京　荣宝斋出版社 1996 年　2 册（530 页）

26cm（16 开）ISBN：7-5003-0287-8

定价：CNY66.00

作者黄牧甫（1849—1908），晚清篆刻家。名士陵，别号黟山人等，安徽黟县人。著有《竹瑞堂集》。作者戴山青（1944—2004），书法家。字云父，曾任"现代书法学会"秘书长。

J0107450

黄牧甫篆刻字典　（清）黄士陵篆刻；纪容建编

北京　北京广播学院出版社 1996 年　13+205 页

26cm（16 开）ISBN：7-81004-625-X

定价：CNY25.00

J0107451

近现代书画名家印鉴　金怀英编

上海　上海书画出版社　1996 年　630 页

12cm（60 开）精装　ISBN：7-80635-069-1

定价：CNY35.00

J0107452

明清帝后宝玺　徐启宪，李文善主编；故宫博

物院编

北京　紫禁城出版社　1996 年　325 页　37cm

精装　ISBN：7-80047-217-5　定价：CNY900.00

J0107453

上海博物馆中国历代印章馆　（中英文本）

上海博物馆［编］

上海　上海博物馆　1996 年　52 页　29cm（16 开）

定价：CNY30.00

　　外 文 书 名：Shanghai Museum Chinese Seal

Gallery.

J0107454

常熟博物馆藏印集　钱浚，吴慧虞编

北京　人民美术出版社　1997 年　86 页　26cm（16 开）

ISBN：7-102-01792-8　定价：CNY46.00

J0107455

古玺印与古玺印鉴定　叶其峰著

北京　文物出版社　1997 年　256 页　有图

26cm（16 开）ISBN：7-5010-0866-3

定价：CNY90.00

J0107456

黄宾虹藏秦汉印拾遗　于希宁编

北京　荣宝斋出版社　1997 年　53 页　23cm

ISBN：7-5003-0403-X　定价：CNY18.00

　　编者于希宁（1913—2007），教授、画家。山

东潍坊人，毕业于上海新华艺术专科学校国画

系。曾任山东艺术学院教授、名誉院长、中国画

研究院院委，山东画院院长等职。主要作品《北

魏石窟拓片选》《殷周青铜花纹演变初探》《论画

梅》《写意画花》等。

J0107457

明清私藏印选集　朱鸿祥编著

北京　中国纺织出版社　1997 年　194 页

26cm（16 开）ISBN：7-5064-1247-0

定价：CNY22.50

　　编著者朱鸿祥（1936—　　），教授。山东乐

陵人，毕业于中央工艺美术学院。历任中国《设

计》杂志社主编，中央工艺美术学院教授，北京

服装学院、山东轻工业学院兼职教授。著作有《朱

鸿祥篆刻选》《篆刻技法入门》《明清私藏印选

集》等。

J0107458

秦汉印典　金怀英编

上海　上海书画出版社　1997 年　803 页

26cm（16 开）精装　ISBN：7-80635-095-0

定价：CNY148.00

J0107459

秦汉印章　陈尔臣藏辑

福州　海峡文艺出版社　1997 年　200 页

26cm（16 开）ISBN：7-80534-987-8

定价：CNY40.00

J0107460

释迦如来密行化迹全谱　（四卷）（清释）开

慧募刻；（清）永珊编

北京　生活·读书·新知三联书店　1997 年

影印本　有图　线装　ISBN：7-108-00130-6

定价：CNY360.00

　　分四册。白口四周单边。

J0107461

天津市艺术博物馆藏古玺印选　李东琬主

编；天津市艺术博物馆编

北京　文物出版社　1997 年　48+157 页　26cm（16 开）

ISBN：7-5010-0958-9　定价：CNY96.00

　　主编李东琬（1937—　　），女，天津市艺术博

物馆副研究馆员。

J0109603

印典精华　康殷，任兆凤原辑；康默如，任鸿

禹选编

北京　国际文化出版公司　1997 年　2 册（22+774 页）

19cm（小 32 开）ISBN：7-80105-587-X

定价：CNY49.00

　　编者康默如（1957—　　），著名书法家，号少

康，字龙友，生于广东广州，祖籍河北乐亭。国家

博物馆研究馆员。代表作品有《苦笋》《风信》等。

J0107462

中国藏书家印鉴　林申清编著
上海　上海书店出版社　1997年　270+43页
26cm（16开）精装　ISBN：7-80622-333-9
定价：CNY72.00

J0107463

中国画家落款印谱　（日）斎藤谦编纂
北京　中国书店　1997年　重印本　428页
26cm（16开）ISBN：7-80568-798-6
定价：CNY54.00

J0107464

巴蜀铜印　高文，高成刚编著
上海　上海书店出版社　1998年　79页　26cm（16开）
ISBN：7-80622-493-9　定价：CNY25.00

J0107465

古玺印精品集成　庄新兴主编
上海　上海古籍出版社　1998年　725页
26cm（16开）精装　ISBN：7-5325-2330-6
定价：CNY120.00

J0107466

汉铜印丛　（清）汪启淑集印；徐敦德释文
杭州　西泠印社　1998年　99页　26cm（16开）
ISBN：7-80517-275-7　定价：CNY17.00

J0107467

鹤庐印存　顾荣木编
北京　荣宝斋出版社　1998年　300页　26cm（16开）
ISBN：7-5003-0424-2　定价：CNY48.00

J0109610

黄牧甫印存　（清）黄牧甫刻
杭州　西泠印社　1998年　80页　26cm（16开）
ISBN：7-80517-305-2　定价：CNY17.90
（西泠印社印谱丛编　明清名家系列）

J0107468

近现代篆刻名家精品　（吴昌硕印集）贾德江
编；吴昌硕作
北京　北京工艺美术出版社　1998年　29cm（16开）

ISBN：7-80526-316-7　定价：CNY10.00
　　作者吴昌硕（1844—1927），晚清民国时期国
画家、书法家、篆刻家。原名俊，俊倾，字昌硕。
浙江安吉人。代表作品有《瓜果》《灯下观书》《姑
苏丝画图》等，出版有《吴昌硕画集》《吴昌硕作
品集》《苦铁碎金》《缶庐近墨》《吴苍石印谱》
《缶庐印存》等。

J0107469

钱君匋藏印谱　（黄士陵）[清]黄士陵[刻]
合肥　安徽美术出版社　1998年　162页　26×13cm
ISBN：7-5398-0685-0　定价：CNY23.00

J0107470

钱君匋藏印谱　（吴昌硕）[清]吴昌硕[刻]
合肥　安徽美术出版社　1998年　112页　26×13cm
ISBN：7-5398-0684-2　定价：CNY18.00

J0107471

钱君匋藏印谱　（赵之谦）（清）赵之谦刻
合肥　安徽美术出版社　1998年　116页　26×13cm
ISBN：7-5398-0683-4　定价：CNY19.50
　　赵之谦（1829—1884），晚清书画家。浙江
绍兴人，初字益甫，号冷君，号悲庵、梅庵、无闷
等。著有《六朝别字记》《悲庵居士文存》等，篆
刻有《二金蝶堂印存》等。

J0107472

西泠后四家印谱　（清）陈豫钟等作
杭州　西泠印社　1998年　2版　102页　26cm（16开）
ISBN：7-80517-154-8　定价：CNY17.80

J0107473

西泠四家印谱　（清）丁敬等作
杭州　西泠印社　1998年　4版　84页　29cm（16开）
ISBN：7-80517-153-X　定价：CNY17.80
　　本书收录了清代"西泠四家"——丁敬、蒋
仁、黄易、奚冈的印谱作品。这四位同属"浙派"
的篆刻大家，风格比较接近，但又各具特色。

J0107474

续百家姓印谱　[清]吴大澂编辑；胡琦峻增补
北京　中国物资出版社　1998年　142页
26cm（16开）ISBN：7-5047-1432-1
定价：CNY28.00

J0107475

中国历代印章目录　华光普主编

北京　中国民族摄影艺术出版社　1998 年　464 页
有图　19cm（小 32 开）ISBN：7-80069-235-3
定价：CNY26.00

J0107476

传朴堂藏印菁华　葛昌楹，葛书征编

上海　上海书店出版社　1999 年　183 页
26cm（16 开）ISBN：7-80622-518-8
定价：CNY50.00
（中国历代印谱丛书）

　　本部印谱所收的 400 方印章，共涉及作者 124
人，自明代中叶起，至清末止的一些重要印家，
大致收罗在内。所收印章亦大都是各家的精品。

J0107477

汉晋南北朝印风　（上）庄新兴主编

重庆　重庆出版社　1999 年　204 页　26cm（16 开）
精装　ISBN：7-5366-4116-8　定价：CNY48.00
（中国历代印风系列）

　　本册是《汉晋南北朝印风》的上册，主要
介绍西汉官印、东汉官印、三国官印、晋官印、
十六国官印和南北朝官印，约 1110 多方。

J0107478

汉晋南北朝印风　（中）庄新兴主编

重庆　重庆出版社　1999 年　200 页　26cm（16 开）
精装　ISBN：7-5366-4117-6　定价：CNY45.00
（中国历代印风系列）

　　本册是《汉晋南北朝印风》的中册，主要介
绍西汉、东汉、三国、晋、十六国和南北朝 800
年间的私印，约 1200 方。

J0109622

汉晋南北朝印风　（下）庄新兴主编

重庆　重庆出版社　1999 年　190 页　26cm（16 开）
精装　ISBN：7-5366-4118-4　定价：CNY45.00
（中国历代印风系列）

　　本册是《汉晋南北朝印风》的下册，主要介
绍西汉、东汉、三国、晋、十六国和南北朝 800
年间的私印，共 1100 多方。

J0107479

黄牧甫流派印风　李刚田主编

重庆　重庆出版社　1999 年　225 页　26cm（16 开）
精装　ISBN：7-5366-4129-X　定价：CNY50.00
（中国历代印风系列）

　　黄士陵（1849—1908），字牧甫，出生于安徽
省黟县，清代著名篆刻家，他继承前人"印外求
印"和"印从书出"的主张，不局限于汉印模式，
技法独树一帜。主编李刚田（1946—　　），书法家、
篆刻家、书法篆刻理论家。号司工、石鱼斋主人、
仓父等，河南洛阳人。历任中国书法家协会理事，
中国书协篆刻艺术委员会副主任，西泠印社副社
长，中国艺术研究院篆刻院研究员，郑州市书法
家协会主席。出版有《李刚田篆刻选集》《李刚
田书法篆刻集》等。

J0107480

乐只室古玺印存　高络园编

上海　上海书店出版社　1999 年　107 页
26cm（16 开）ISBN：7-80622-621-4
定价：CNY28.00
（中国历代印谱丛书）

　　《乐只室古玺印存》为高时敷于一九四四年
选所藏古玺印之精者钤拓而成。

J0107481

历代图形印吉语印印风　吴颐主编

重庆　重庆出版社　1999 年　203 页　26cm（16 开）
精装　ISBN：7-5366-4133-8　定价：CNY45.00
（中国历代印风系列）

　　本书从汇编的角度更多的着眼于选取作品
的典型风貌和代表性，全书分为肖形印和吉语印
两大类，共选入肖形印 885 方，吉语印 293 方。

J0107482

明代印风　黄惇主编

重庆　重庆出版社　1999 年　288 页　26cm（16 开）
精装　ISBN：7-5366-4121-4　定价：CNY65.00
（中国历代印风系列）

　　本书包括明代初中期文人印章艺术钩沉、晚
明文人流派篆刻艺术的勃兴、图版、明代印人传
和明代印学年表。

J0107483

明清瓷器押印印风　黄惇主编

重庆　重庆出版社　1999 年　198 页　26cm（16 开）
精装　ISBN：7-5366-4134-6　定价：CNY52.00

（中国历代印风系列）

本书内容包括：中国历代印风总序、明清青花瓷器押印初探、明代青花瓷器纪年印、清代青花瓷器纪年印等。主编黄惇（1947— ），书法家、篆刻家。号风斋，生于江苏太仓，祖籍扬州。历任南京艺术学院教授，艺术学、美术学博士生导师，南京艺术学院研究院副院长、艺术学研究所所长，《艺术学研究》学刊主编。作品有《水乡秋色》《太湖夜舟》《秋染山寨》等，著有《历代书法名作赏析》《中国古代印论史》等。

J0107484

秦代印风　　许雄志主编

重庆　重庆出版社　1999年　253页　26cm（16开）精装　ISBN：7-5366-4115-X　定价：CNY60.00（中国历代印风系列）

本书内容包括中国历代印风总序、秦印概说、132个中国秦代各种官印和666个中国秦代私印以此介绍秦代印谱的发展情况。主编许雄志（1963— ），教授。别署少孺，斋号未央室、百印楼，生于河南郑州，祖籍江苏海门。历任中国书协篆书委员会委员、中国书协培训中心教授、西泠印社理事、河南省书协副主席兼篆刻委员会主任等。代表作品有《许雄志书法作品集》等。

J0107485

清初印风　　申生主编

重庆　重庆出版社　1999年　235页　有图版26cm（16开）精装　ISBN：7-5366-4122-2定价：CNY55.00（中国历代印风系列）

本卷所收除清初印作外，也收入受清初印风影响的清中期印作。所收印作止于乾隆时代，大抵反映了当时的文人篆刻状况。书前有介绍文章《清初的印坛及印风》。

J0107486

清代徽宗印风　（上）张郁明主编

重庆　重庆出版社　1999年　268页　26cm（16开）精装　ISBN：7-5366-4123-0　定价：CNY60.00（中国历代印风系列）

本书是一部清代篆刻流派——徽宗的印风研究专著，内容既有徽宗珍品印章的精拓照片，也有徽宗印人的生平和时代背景材料等的介绍，是研究清代印章、篆刻史的重要参考资料。主编

者张郁明（1942— ），书法家。扬州教育学院任教，中国书法家协会会员，清代扬州画派研究会副会长。

J0107487

清代徽宗印风　（下）张郁明主编

重庆　重庆出版社　1999年　240页　26cm（16开）精装　ISBN：7-5366-4124-9　定价：CNY55.00（中国历代印风系列）

本书收录了邓石如、吴让之、吴咨等人的印章，以及清代徽宗印人传、清代徽宗印学年表。

J0107488

清代浙派印风　（上）余正主编

重庆　重庆出版社　1999年　210页　26cm（16开）精装　ISBN：7-5366-4125-7　定价：CNY50.00（中国历代印风系列）

本书是中国历代印风系列之一，书中收入了清代浙派丁敬、蒋仁、黄易、奚冈、陈豫钟、陈鸿寿的印谱。

J0107489

清代浙派印风　（下）余正主编

重庆　重庆出版社　1999年　154页　26cm（16开）精装　ISBN：7-5366-4126-5　定价：CNY35.00（中国历代印风系列）

本卷收入清代浙派篆刻家赵之琛、钱松、屠倬、胡震、严坤、赵懿、陈祖望等人的印谱。书后有《清代浙派印学年表》。

J0107490

讱庵集古印存　（清）汪启淑集印；徐敦德释文

杭州　西泠印社　1999年　286页　26cm（16开）ISBN：7-80517-424-5　定价：CNY45.00

本印谱从文字形体和刻印风格来看，该谱所收录印章中大部分是汉印，也有部分战国古玺和魏晋南北朝直至清代乾隆年间的印章。

J0107491

十钟山房印举粹编　　上海书画出版社编

上海　上海书画出版社　1999年　502页13cm（64开）精装　ISBN：7-80635-362-3定价：CNY28.00

《十钟山房印举》为近代著名的集古印谱，所收皆六朝前玺印，按印式、印材类举，故名"印举"。

J0107492

隋唐宋印风 （附辽夏金）箫高洪主编

重庆 重庆出版社 1999年 250页 26cm（16开）

精装 ISBN：7-5366-4119-2 定价：CNY57.00

（中国历代印风系列）

　　本书的意图在于准确的勾勒隋、唐、宋(包括辽夏金)时期的印风发展脉络，在印蜕的收集和筛选上，力求关照各朝各代、各印种，以反映这数百年的嬗替变化。

J0107493

吴昌硕流派印风 茅子良主编

重庆 重庆出版社 1999年 259页 26cm（16开）

精装 ISBN：7-5366-4128-1 定价：CNY60.00

（中国历代印风系列）

　　本卷收入了吴昌硕及属于吴昌硕流派的徐新周、赵云壑、赵古泥等人的印作。书首有介绍文章《真气弥满 神采华章——吴昌硕流派印风》。

J0107494

西泠印社古铜印选 徐敦德选编

杭州 西泠印社 1999年 86页 26cm（16开）

ISBN：7-80517-100-9 定价：CNY18.80

J0107495

先秦印风 徐畅主编

重庆 重庆出版社 1999年 221页 26cm（16开）

精装 ISBN：7-5366-4114-1 定价：CNY50.00

（中国历代印风系列）

　　本卷收入殷商、西周、春秋、战国时代玺印印谱。书前有介绍文章《先秦玺印艺术风格述略》。

J0107496

元代印风 黄惇主编

重庆 重庆出版社 1999年 284页 26cm（16开）

精装 ISBN：7-5366-4120-6 定价：CNY65.00

（中国历代印风系列）

　　本书内容包括：论元代文人印章发展的三个阶段，元代押印研究以及元代官印、元代文人印、元代押印、元代印人传、元代印学年表。

J0107497

赵叔孺王福庵流派印风 余正主编

重庆 重庆出版社 1999年 238页 26cm（16开）

精装 ISBN：7-5366-4130-3 定价：CNY55.00

（中国历代印风系列）

　　本书收入赵叔孺王福庵流派钟以敬、方介堪、赵叔孺、王福庵、陈巨来、谈月色、吴朴堂等人的印谱。

J0107498

赵之谦印风（附胡钁） 吴瓯主编

重庆 重庆出版社 1999年 215页 26cm（16开）

精装 ISBN：7-5366-4127-3 定价：CNY50.00

（中国历代印风系列）

　　本书收入了晚清篆刻家赵之谦的篆刻作品，共记收入赵之谦印迹384方。卷首有介绍文章《汉后隋前有此人——论赵之谦的篆刻艺术》。

J0107499

中国历代印风系列 黄惇总主编

重庆 重庆出版社 1999年 21册 26cm（16开）

　　本丛书包括《先秦印风》《秦代印风》《汉晋南北朝印风》（上、中、下）《隋唐宋印风（附辽夏金）》《元代印风》《清初印风》《清代徽宗印风》（上、中、下）、《吴昌硕流派印风》等册。

J0107500

中国玺印篆刻全集 （1 玺印 上）庄新兴，茅子良卷主编

台北县 锦年国际公司 1999年 182+66页 有图 30cm（10开）精装 ISBN：957-720-381-7

（中国美术分类全集）

J0107501

中国玺印篆刻全集 （2 玺印 下）庄新兴，茅子良卷主编

台北县 锦年国际公司 1999年 205+89页 有图 30cm（10开）精装 ISBN：957-720-382-5

（中国美术分类全集）

J0107502

中国玺印篆刻全集 （3 篆刻 上）茅子良，庄新兴卷主编

台北县 锦年国际公司 1999年 189+79页 有图 30cm（10开）精装 ISBN：957-720-383-3

（中国美术分类全集）

J0107503

中国玺印篆刻全集 （4 篆刻 下）茅子良，

庄新兴卷主编
台北县 锦年国际公司 1999 年 225+84 页 有图
30cm（10 开）精装 ISBN：957-720-384-1
（中国美术分类全集）

J0107504
中国玺印篆刻全集 （1 玺印 上）庄新兴，
茅子良主编；中国玺印篆刻全集编辑委员会编
上海 上海书画出版社 1999 年 182+66 页
29cm（16 开）精装 ISBN：7-80635-359-3
定价：CNY330.00
（中国美术分类全集）

J0107505
中国玺印篆刻全集 （2 玺印 下）庄新兴，
茅子良主编；中国玺印篆刻全集编辑委员会编
上海 上海书画出版社 1999 年 205+89 页
29cm（16 开）精装 ISBN：7-80635-360-7
定价：CNY330.00
（中国美术分类全集）

J0107506
中国玺印篆刻全集 （3 篆刻 上）中国玺印
篆刻全集编辑委员会编；茅子良，庄新兴卷主编
上海 上海书画出版社 1999 年 16+189+79 页
29cm（16 开）精装 ISBN：7-80635-357-7
定价：CNY330.00
（中国美术分类全集）

J0107507
中国玺印篆刻全集 （4 篆刻 下）中国玺印
篆刻全集编辑委员会编；茅子良，庄新兴卷主编
上海 上海书画出版社 1999 年 225+84 页
29cm（16 开）精装 ISBN：7-80635-358-5
定价：CNY330.00
（中国美术分类全集）

现代印谱

J0107508
受斋印存 （不分卷）（清）白采篆刻
清嘉庆十五年［1810］钤印本

J0107509
陈少梅自用印廿八钮 陈少梅篆刻
民国 钤印本 线装
　　作者陈少梅（1909—1954），国画家。名云彰，
又名云鹤，号升湖，字少梅，以字行。生于湖南
衡山。曾任中国美术家协会天津分会主席、天津
美术学校校长。主要作品有《江南春》《丛林远
岭》等。

J0107510
杨浣石印存 杨浣石篆刻
北平 荣宝斋 民国 钤印本 线装
　　分二册。

J0107511
杨浣石印存 杨祚职治印
北平 荣宝斋 民国 钤印本 线装
　　黑色边框。

J0107512
杨鹏升印谱 （三十六种，三十六卷）杨鹏升
篆刻；稣平编
荣宝斋等 民国二十一至二十五年［1932-1936］
钤印本 有像 线装
　　分十二册。

J0107513
杨鹏升印谱 （四集）杨鹏升篆；稣平编
民国二十五年［1936］拓本 线装
　　分四册。

J0107514
现代篆刻 （第九集）刘景晨篆
民国二十三年［1934］影印本 朱印 线装

J0107515
士一居印存 张樾丞篆刻；张少丞，张幼丞辑
北平 同古堂 民国二十四年［1935］影印本 有
照片 线装
　　本书由同古堂和邃雅堂联合出版。

J0107516
石言馆印存 周康元篆刻
民国三十二年［1943］影印本 线装

J0107517

瞿秋白笔名印谱（一卷）方去疾，吴朴堂，吴朴堂刻印

上海 上海人民美术出版社 1959年 影印本 80页 22cm（20开）线装 统一书号：T8081.4712 定价：CNY2.50

　　本书由魏绍昌收集资料编写文字稿，由方去疾、吴朴堂、单孝天篆印，又存瞿秋白原印两方。

J0107518

长征印谱　钱君匋刻

上海 上海人民美术出版社 1962年 影印本 28cm（大16开）线装 统一书号：T8081.5214 定价：CNY2.80

　　本书所收作品以1934年中国工农红军第一方面军长征所经的城市关隘、名山大川为题材，共百方，按征途所经年月编次。各印的边跋，参照《中国工农红军长征概述》等整理，依照原拓本板样，以宣纸印刷、线装。作者钱君匋（1907—1998），书画家。现通用名为钱君匋。浙江桐乡人。名玉堂、锦堂，字君匋，号豫堂、禹堂。毕业于上海艺术师范学校。曾任西泠印社副社长、上海文艺出版社编审、上海市政协委员等职。代表作品《长征印谱》《君长跋巨卯选》《鲁迅印谱》《钱君陶印存》。

J0107519

长征印谱　钱君匋篆刻

上海 上海人民美术出版社 1962年 影印本 线装

J0107520

长征印谱　钱君匋刻

上海 上海人民美术出版社 1979年 2版 102页 20cm（32开）统一书号：8081.5214 定价：CNY1.30

　　本书所收作品以1934年中国工农红军第一方面军长征所经的城市关隘、名山大川为题材，共百方，按征途所经年月编次。各印的边跋，参照《中国工农红军长征概述》等整理，依照原拓本板样，以宣纸印刷、线装。

J0107521

古巴谚语印谱　方去疾等篆刻

北京 朝花美术出版社 1964年 26页 有图 21cm（32开）统一书号：8028.1920 定价：CNY0.35

J0107522

新印谱（革命样板戏唱词选刻）

上海 上海书画社 1972年 62页 有图 19cm（32开）定价：CNY0.30

J0107523

新印谱（第二集）韩天衡等作

上海 上海书画社 1973年 54页 有图 19cm（32开）统一书号：8172.2 定价：CNY0.27

J0107524

新印谱（第三集）徐志伟等治印；上海书画社编

上海 上海书画社 1975年 62页 19cm（小32开）定价：CNY0.30

J0107525

安特精舍印存　陈巨来治印

香港 文友堂书局 [1976年] 222页 有肖像 19cm（32开）精装

　　中国现代汉字印谱选。作者陈巨来（1905—1984），篆刻家。原名斝，字巨来，后以字行，号塙斋，别署安持等，浙江平湖乍浦镇人，寓居上海。出版有《安持精舍印话》。

J0107526

鲁迅笔名印谱　郁重今篆刻；李允经整理；荣宝斋编辑；杭州书画社供稿

杭州 西泠印社 1976年 钤印本 线装

　　分二册。

J0107527

鲁迅在厦门著作篇名印谱　厦门大学鲁迅纪念馆编辑

1977年 20cm（32开）

J0107528

学大庆印集　胡铁生治印；上海工艺美术研究室供稿

北京 人民美术出版社 1977年 63页 19cm（32开）定价：CNY0.78

J0107529

学大庆印集　胡铁生治印

北京 荣宝斋 1977年 63页 27cm（大16开）

线装本

　　中国现代篆刻作品。

J0107530

百花齐放印谱　陈左黄治印

济南　山东人民出版社　1978年　160页

20cm（32开）统一书号：8099.1716　线装

定价：CNY3.50

J0107531

百花齐放印谱　陈左黄治印

济南　山东人民出版社　1978年

26cm（16开）统一书号：8099.1717

定价：CNY2.50

J0107532

黄景岳印辑　黄景岳著

台北　长歌出版社　1978年　32页　19cm（32开）

定价：TWD40.00（USD2.00）

（长歌文学丛刊）

J0107533

叶剑英副主席《攻关》诗　林健篆刻

福州　福建人民出版社　1978年　1页　20cm（32开）

定价：CNY0.03

　　中国现代印谱。

J0107534

革命胜迹印谱　王个簃等篆刻；闻立树等编辑

杭州　西泠印社　1979年　121页　26cm（16开）

统一书号：8.193.103　定价：CNY2.75

　　收入45位著名印人的121方篆刻作品。

J0107535

革命胜迹印谱　（原拓本）闻立树等编辑

杭州　西泠印社　1979年　5册　钤印本　线装

J0107536

毛主席诗词刻石　韩登安等作

上海　上海书画出版社　1979年　78页　24cm（26开）

统一书号：8172.444　定价：CNY1.25

　　本书系中国现代印谱专著。作者韩登安（1905—1976），书画家、篆刻家。原名竞，一字仲铮，别署耿斋、印农等，曾任西泠印社总干事。有《续说文作篆通假》《明清印篆选录》《西泠印社性迹留痕》等。

J0107537

毛主席诗词印谱选　李立刻印

长沙　湖南人民出版社　1979年　102页

20cm（32开）统一书号：8109.229　定价：CNY1.43

　　本书系中国现代印谱专著。作者李立（1925—2014），书法家、教授。原名心挚，湖南湘潭县（今属株洲）人。历任中国书法家协会理事，中国书法家协会湖南分会副主席、顾问，湖南省工艺美术书画研究会会长，湖南高等轻工业专科学校教授，西泠印社成员。代表作品《毛主席诗词印谱选》《李立金石书画集》等。

J0107538

现代篆刻选辑　（第一辑）齐璜等作

上海　上海书画出版社　1979年　38页　24cm（16开）

统一书号：8172.493　定价：CNY0.67

　　本书选刊齐璜、杜兆霖、王提、宁斧成等十几位现代篆刻家的代表作品。作者齐白石（1864—1957），近现代中国绘画大师，国画家、篆刻家。湖南湘潭人。原名纯之，字渭青，号兰亭，后改名璜，字濒生，号白石等。历任国立北京艺术专科学校和京华美术专科学校教习、教授，中央美术学院名誉教授，中国文学艺术界联合会主席团委员，中国画研究会和中国美术家协会主席，中国画院名誉院长。代表作有《蛙声十里出山泉》《墨虾》等。著有《白石诗草》《齐白石作品集》《白石老人自述》等。

J0107539

阿育王寺胜迹印谱　卢石臣篆刻

上海　卢静安　1980年　钤印本　线装

J0107540

毛泽东诗词四十三首印谱　周哲文刻

北京　人民美术出版社　1980年　140页

27cm（16开）统一书号：8027.7256

定价：CNY17.00

　　本书系中国现代印谱。作者周哲文（1916—2001），书法篆刻家、社会活动家。生于福建福州，祖籍福建长乐。福州画院副院长，民盟中央文化委员会委员。出版有《毛泽东诗词四十三首印谱》《怀念敬爱周总理诗词印谱》《周哲文篆刻集》《周哲文从艺六十年》等专集。

J0107541

毛泽东诗词四十三首印谱　周哲文篆刻
北京　外文出版社　1980 年　影印本　精装
　　本书为北京外文出版社与北京人民美术出版社合作出版。

J0107542

现代印章选集　丁吉甫编选辑
南京　江苏人民出版社　1980 年　98 页　25cm（16 开）
统一书号：8100.3.289　定价：CNY2.80
　　本书收集全国 17 个省市、90 位篆刻作者的印章作品 518 方。

J0107543

现代篆刻选辑　（第二辑）赵云壑等作
上海　上海书画出版社　1980 年　38 页　24cm（16 开）
统一书号：8172.516　定价：CNY0.68
　　本书选刊齐璜、杜兆霖、王提、宁斧成等十几位现代篆刻家的代表作品。

J0107544

银川印选　曹佑安等作
银川　宁夏人民出版社　1980 年　88 页　19cm（32 开）
统一书号：8157.329　定价：CNY0.60
　　本书选编宁夏回族自治区 5 位著名书法家的篆刻精品共计 141 方。印选内容以坚持党的四项基本原则，歌颂党的富民政策为主。

J0107545

程与天金石书法展览　程与天书
［沈阳］文苑书法篆刻函授部　1981 年　146 页有照片　19cm（32 开）

J0107546

鲁迅诗印谱　单晓天篆刻
上海　单晓天　1981 年　钤印本　线装

J0107547

钱刻鲁迅笔名印集　钱君匋篆刻并撰文
长沙　湖南美术出版社　1981 年　336 页20cm（32 开）统一书号：8233.145　定价：CNY3.54
　　本书共收鲁迅笔名印章 168 方，用朱砂红色印制，每方印章下附边款，用黑色印刷，另附有文字说明，考释每一笔名的成因及所著编目。作者钱君匋（1907—1998），编审，书画家。浙江桐乡人。名玉堂、锦堂，字君匋，号豫堂、禹堂。现通用名为钱君陶。毕业于上海艺术师范学校。曾任西泠印社副社长、上海文艺出版社编审、上海市政协委员等职。代表作品《长征印谱》《君长跋巨卯选》《鲁迅印谱》《钱君陶印存》。

J0107548

王曼硕印存　王曼硕篆刻；天津杨柳青画社编辑
天津　天津杨柳青画社　1981 年　40 页　19cm（32 开）
统一书号：7174.019　定价：CNY0.70

J0107549

安持精舍印话　陈巨来治印；上海人民美术出版社编辑
上海　上海人民美术出版社　1982 年19cm（小 32 开）精装　定价：CNY11.60
　　作者陈巨来（1905—1984），篆刻家。原名斝，字巨来，后以字行，号塙斋，别署安持等，浙江平湖乍浦镇人，寓居上海。出版有《安持精舍印话》。

J0107550

安持精舍印最　陈巨来治印；上海人民美术出版社编辑
上海　上海人民美术出版社　1982 年　19cm（32 开）
精装　统一书号：8081.13007　定价：CNY11.60
　　本印谱选收印章 400 余方，书末附有《安特精舍印话》一文。

J0107551

李世伟篆刻作品选　李世伟等篆刻；王廷风，于植元编
沈阳　辽宁美术出版社　1982 年　83 页　19cm（32 开）
统一书号：8161.0106　定价：CNY3.20
　　本书除编选李世伟的部分篆刻作品外，书前有序，书后有跋。编者王廷风（1933—2011），书法家。辽宁海城人。历任中国书法家协会理事，辽宁书法学会副主席，中国书法家协会理事，《书法艺术》杂志主编等。代表作品有《李世伟篆刻作品集》。

J0107552

齐燕铭印谱　齐燕铭刻
上海　上海书画出版社　1982 年　43 页　22cm（30 开）

统一书号：8172.587　定价：CNY1.10

　　本书选编了作者各个时期的印蜕117方，边款47面，按年代编排，每方印附有释文。

J0107553

王个簃印集　王个簃篆刻

杭州　西泠印社　1982年　113页　25cm（16开）

统一书号：8191.198　定价：CNY2.50

J0107554

西湖诗印集　浙江人民美术出版社

杭州　浙江人民美术出版社　1982年　100页

19cm（32开）统一书号：7156.5　定价：CNY1.90

　　本书选唐至清吟咏西湖十景最有代表性的诗词76首，由西泠印社社员刘江、徐银森、张根源、余正、朱关田、祝遂之、李早、沈继良等8人镌刻诗词中的佳句，或以朱文、白文，或以秦玺、汉印，或以吴派、齐派等形式与风格传达西湖之美。

J0107555

现代篆刻选辑　（一）齐璜等［编辑］

上海　上海书画出版社　1979年　38页

24cm（20开）统一书号：8172.493

定价：CNY0.67

J0107556

现代篆刻选辑　（二）赵云壑［编辑］

上海　上海书画出版社　1980年　38页

24cm（20开）统一书号：8172.516

定价：CNY0.68

J0107557

现代篆刻选辑　（三）易孺等［编辑］

上海　上海书画出版社　1982年　38页　24cm（20开）

统一书号：8172.661　定价：CNY0.70

J0107558

现代篆刻选辑　（四）赵石、乔曾劬等［编辑］

上海　上海书画出版社　1983年　38页　24cm（20开）

统一书号：8172.811　定价：CNY0.70

J0107559

现代篆刻选辑　（五）丁尚痩等［编辑］

上海　上海书画出版社　1984年　38页　24cm（20开）

统一书号：817.1155　定价：CNY0.70

J0107560

金禹民印存　金禹民篆刻；金煜编

长沙　湖南美术出版社　1983年　120页

16cm（25开）统一书号：8233.410　定价：CNY1.97

　　本书收有当代金石篆刻名家金禹民篆刻的印章313方，分为自用印、名章、收藏印、闲章、肖形印等部分。

J0107561

兰沙馆印式　（沙孟海篆刻集）沙孟海作

上海　上海书画出版社　1983年　52页　20cm（32开）

统一书号：8172.1051　定价：CNY1.05

　　本书选入印80方，边款100面。每方印有释文，从中可以看到沙孟海篆刻深厚的功力及风格的演变。作者沙孟海（1900—1992），书法家。原名文若，字孟海，号石荒、沙村。生于浙江鄞县，毕业于浙江省立第四师范学校。曾任浙江大学中文系教授、浙江美术学院教授、西泠印社社长、西泠书画院院长、浙江省博物馆名誉馆长、中国书法家协会副主席。代表作品《集王圣教序》。

J0107562

李白凤印谱　李白凤治印

郑州　中州书画社　1983年　87页　21cm（32开）

统一书号：8219.351　定价：CNY1.35

J0107563

现代篆刻选辑　（第四辑）赵石，乔曾劬刻印；上海书画出版社编

上海　上海书画出版社　1983年　38页　24cm（16开）

定价：CNY0.70

　　本辑选入近代较有影响的篆刻家赵石、乔曾劬的篆刻作品，印蜕133方，边款45面。

J0107564

心碑　傅嘉仪刻

西安　陕西人民美术出版社　1983年　118幅

18cm（32开）统一书号：8199.547　定价：CNY1.10

　　本书以印章刻写周恩来总理名号、笔名及革命活动地点。

J0107565

顿立夫治印　（初集）杨广泰主编

北京 荣宝斋［1984年］75 页 20cm（32 开）

定价：CNY2.10

J0107566

黄山七十二峰印谱　刘友石篆刻

合肥 黄山书社 1984 年 72 页 16cm（25 开）

统一书号：8379.1 定价：CNY0.90

（锦绣黄山丛书）

　　本书系中国现代印谱专著。作者刘友石
（1929—2013），篆刻家。江苏武进人，上海铁笔
金石书画院高级篆刻师。代表作品有《毛主席诗
词三十七首印谱》《黄山七十二峰印谱》《唐诗印
谱》等。

J0107567

茅盾笔名印集　中国书法家协会浙江分会，
浙江省桐乡县文化局编

杭州 浙江人民出版社 1984 年 126 页
19cm（32 开）统一书号：8103.539 定价：CNY2.25

　　本书收有中国文学巨匠茅盾的笔名印蜕
125 方。

J0109716

淑度百印集　刘淑度著

北京 北京师范大学出版社 1984 年 214 页
有肖像 20cm（32 开）统一书号：10243.25

定价：CNY3.00

　　本书为女篆刻家刘淑度的篆刻集，选录 100
印。大部分附有文字说明。反映刘淑度治印的
风格与水平。

J0107568

现代篆刻选辑　（第五辑）丁尚庚等作

上海 上海书画出版社 1984 年 38 页 24cm（16 开）

统一书号：8172.1155 定价：CNY0.70

　　本书选刊齐璜、杜兆霖、王提、宁斧成等十
几位现代篆刻家的代表作品。

J0107569

野意楼印赏　（岭南印综吴子复卷）吴子复刻

广州 岭南美术出版社 1984 年 影印本 1 册
19cm（32 开）统一书号：8260.0969 定价：CNY1.50

　　本书收吴氏精刻印章及旁款 155 模。其书法

"以隶笔作印"，绝非以隶书入印，只是以隶笔篆
印，因此深得汉碑由篆转隶而欲隶还篆的韵味。

J0107570

云台二十八将印谱　郑多铿著

台北 1984 年 65 页 19cm（32 开）

J0107571

陈子奋先生治印　陈子奋篆刻

福州 福建美术出版社 1985 年 42 页 24cm（26 开）

统一书号：8421.117 定价：CNY1.10

　　从作者自藏印拓中选出所刻印章 184 纽，边
款 80 多种，具有古茂闲雅，灵气蕴涵的独特风
格。作者陈子奋（1898—1976），画家。福建长
乐人。字意芗，原名起，号无寐，晚年别署水叟。
历任福建省文史研究馆馆员、国画研究会理事
长、美术家协会福建分会副主席、福州美协主席
等职。著有《寿山石小志》《甲骨文集联》《籀文
汇联》《古钱币文字类纂》等。

J0107572

邓散木厕简楼印存　邓散木，毕民望著

上海 华东师范大学出版社 1985 年 74 页
24cm（26 开）统一书号：8135.005 定价：CNY2.00

　　本书刊印邓散木先生所制印章 257 方，均为
40 年代的作品。

J0107573

婕芜斋印稿　（寿石工篆刻集）上海书画出版
社编

上海 上海书画出版社 1985 年 68 页 23cm（10 开）

统一书号：8172.1241 定价：CNY1.45

J0107574

婕芜斋印稿　（寿石工篆刻集）上海书画出版
社编

上海 上海书画出版社 1987 年 68 页 23cm（10 开）

线装 ISBN：7-80512-146-X

统一书号：8173.1241 定价：CNY1.50

　　本书收录婕芜斋主寿石工所刻 149 印，选自
《婕芜斋自制印逐年存稿》。作者寿石工（1888—
1950），篆刻家，书法家。名玺，字石工，号珏庵，
别署印丐。出生于浙江绍兴。著有《铸梦庐篆刻
学》《篆刻学讲义》《珏庵词》等。

J0107575

顿立夫治印　（初集）顿立夫篆刻
北京 荣宝斋 1985年 75页 有照片 26cm（16开）
定价：CNY2.10

J0107576

顿立夫治印续集　顿立夫篆刻
北京 荣宝斋 1985年 76页 26cm（16开）
统一书号：8030.1389-2 定价：CNY2.10

J0107577

顿立夫篆书唐诗六十首　顿立夫篆刻
北京 荣宝斋 1985年 60页 26cm（16开）
统一书号：8030.1389-3 定价：CNY2.10

J0107578

韩天衡印选　韩天衡篆刻
上海 上海书店 1985年 86页 26cm（16开）
定价：CNY2.50
　　本书系韩天衡篆刻中国现代印谱。作者韩
天衡（1940—　），教授、书法家。号豆庐，上海
中国画院副院长，上海交通大学兼职教授，西泠
印社副社长。代表作品有《韩天衡印选》《韩天
衡书画印选》《韩天衡画集》等。

J0107579

河北十人篆刻集　吴守明编
石家庄 河北美术出版社 1985年 88页 有照片
26cm（16开）定价：CNY2.00
　　本书系河北李瑞卿、刘铁峰、秦彪等十人的
篆刻合集。作者吴守明（1938—　），书画家。河
北滦县人，历任中国美术家协会会员，中国书法
家协会会员，河北省山水画研究会会长。代表作
品《黄河颂》《长城进行曲》等，出版有《山水画
变革要述》《山水画构图》《吴守明画集》等。

J0107580

怀念敬爱的周总理诗词印谱　周哲文篆刻
福州 福建人民出版社 1985年 58页 有照片
20cm（32开）统一书号：8173.1036 定价：CNY2.00
　　本书收印谱116方，其中边款33首。书前
有茅盾、叶圣陶、臧克家的题签、题词和冰心
的一篇介绍篆刻家周哲文的短文。作者周哲文
（1916—2001），书法篆刻家、社会活动家。生
于福建福州，祖籍福建长乐。福州画院副院长，

民盟中央文化委员会委员。出版有《毛泽东诗
词四十三首印谱》《怀念敬爱周总理诗词印谱》
《周哲文篆刻集》《周哲文从艺六十年》等专集。

J0107581

黄鹤印稿　黄鹤著
上海 学林出版社 1985年 有肖像 19cm（32开）
统一书号：8259.005 定价：CNY2.00
　　本书系作者十五学印后作品百余方。

J0107582

黄山胜迹印痕　忻可权作
合肥 黄山书社 1985年 73页 19cm（32开）
统一书号：8379.6 定价：CNY1.05
（锦绣丛书）
　　中国现代碑帖印谱集。

J0107583

来楚生印存　来楚生篆刻；上海书画出版社编
上海 上海书画出版社 1985年 40页 26cm（16开）
统一书号：8172.1376 定价：CNY0.90
　　来楚生的篆刻创作取法汉印、旁参古玺。本
书收录来楚生约150方印，基本上反映了他的篆
刻风格。作者来楚生（1903—1975），画师。浙江
萧山人，原名来稷勋、号负翁，笔名然犀室、安
处楼等。曾任上海美专、新华艺专教师，中国美
术家协会会员。主要作品有《来楚生画集》《来
楚生法书集》《来楚生篆书千字文》《来楚生草书
千字文》等。

J0107584

钱君匋刻长跋巨印选　钱君匋作
上海 上海人民美术出版社 1985年 202页
20cm（32开）统一书号：8081.14054
定价：CNY4.20
　　本书共收作者1954年至1983年所刻印章
140方，石章一部分大至70厘米、80厘米见方，
多是刀刻诗、词句。作者钱君匋（1907—1998），
编审，书画家。浙江桐乡人。名玉堂、锦堂，字
君匋，号豫堂、禹堂。现通用名为钱君陶。毕业
于上海艺术师范学校。曾任西泠印社副社长、上
海文艺出版社编审、上海市政协委员等职。代表
作品《长征印谱》《君长跋巨卯选》《鲁迅印谱》
《钱君陶印存》。

J0107585
瞿秋白笔名印谱 方去疾刻印
上海 上海人民美术出版社 1985 年 105 页
23cm（20 开）统一书号：8081.4712 定价：CNY3.20
　　本书由魏绍昌收集资料编写文字稿，方去疾、吴朴堂、单孝天篆印，又存瞿秋白原印两方。

J0107586
十二古琴人家印谱 陈尧廷篆刻
西安 陕西人民美术出版社 1985 年 95 页
19cm（32 开）统一书号：8199.964 定价：CNY1.50
（长安印丛 3）
　　本书所选印文有：毛泽东词《浪淘沙·北戴河》，汉麒麟阁十一将，闲文，姓名，自用印等。作者陈尧廷（1903—1968），篆刻家。号琴痴，又号十二古琴人家。出生于陕西西安。发起成立"西京金石书画学会"。出版有《十二古琴人家印谱》。

J0107587
书画用印选 沙曼翁篆刻；吴越中，张进贤编
长沙 湖南美术出版社 1985 年 208 页
25cm（20 开）统一书号：8233.767 定价：CNY5.80
　　本书选辑了沙曼翁、杨白匋、张舜德等篆刻家近 300 方作品。

J0107588
汤涤生纪年印存 汤成沅著
台北 印林双月刊 1985 年 12+195 页 21cm（32 开）
精装 定价：TWD40.00

J0107589
汤涤生肖形印谱 汤涤生篆刻
台北［印林双月刊社］［1985 年］144 页 有图
19cm（32 开）定价：TWD150.00

J0107590
香港四家印谱 梁秋白等著；友声印社编辑室编
香港 友声印社编辑室 1985 年 1 册 20cm（32 开）
定价：HKD30.00

J0107591
晓天印稿 单晓天著
杭州 西泠印社 1985 年 54 页 26cm（16 开）
统一书号：8191.432 定价：CNY1.40

（西泠印社社员篆刻作品集）
　　作者单晓天（1921—1987），书画篆刻家。原名孝天，字琴宰，浙江绍兴人。历任中国书法家协会会员，中国书协上海分会常务理事。出版有《鲁迅诗歌印谱》《晓天印稿》《单晓天临钟王小楷八种》等。

J0107592
《红楼梦》印谱 王少石篆刻；冯其庸题评
南京 江苏古籍出版社 1986 年 135 页
16cm（26 开）定价：CNY2.50

J0107593
柏涛治印 徐焕荣篆刻
天津蓟县 古渔阳工艺美术公司 1986 年 钤印本 有像 线装
　　分四册。

J0107594
大康印稿 大康篆
大康 1986 年 钤印本 线装
　　分四册。

J0107595
方介堪印选 方介堪篆刻
北京 北京师范大学出版社 1986 年 102 页
有影印本 20cm（32 开）定价：CNY2.95

J0107596
方介堪印选 方介堪刻
上海 上海书店 1986 年 102 页 10cm（64 开）
定价：CNY2.95

J0107597
格言印谱 黄正雄刻
上海 上海人民美术出版社 1986 年 52 页
10cm（64 开）统一书号：8081.15053
定价：CNY2.20

J0107598
海棠花馆印赏 （岭南印综余鞠庵卷）余鞠庵刻
广州 岭南美术出版社 1986 年 174 页
20cm（32 开）统一书号：8260.1699
定价：CNY1.90

J0107599

静乐簃印稿　叶潞渊著

上海　上海书画出版社　1986年　70页　24cm（12开）

统一书号：8172.1506　定价：CNY1.70

　　作者叶潞渊（1907—1994），篆刻家、印学家和书画家。原名丰，又字潞渊，以字行；号露园、寒碧主人，晚号露园、潞翁等。江苏吴县人。著作有《现代篆刻第四集》《静乐簃印稿》《叶潞渊印存》《潞翁自刻石印集》等。

J0107600

开创新局面印集　胡铁生编刻

北京　轻工业出版社　1986年　93页　26cm（16开）

统一书号：8042.001　定价：CNY1.60

J0107601

孔平孙印集　孔平孙作

香港　专业出版社　1986年　118页　21cm（32开）

定价：HKD30.00

J0107602

孔平孙印集　孔平孙著

香港　专业出版社　1994年　345页　21cm（32开）

J0107603

娄师白印草　娄师白篆刻

1986年　钤印本　线装

　　分二册。作者娄师白（1918—2010），著名国画家。原名娄绍怀，曾用名娄少怀，字亦鸣，斋号老安馆。生于北京，祖籍湖南浏阳。毕业于辅仁大学美术系。历任中国美协会员，中国画研究会理事、副会长，中国国际书画艺术研究院研究员，燕京书画社顾问，中国书画函授大学名誉教授等。代表作品《春暖人间》《雏鸭》《漓江帆影》《长白积雪》等。

J0107604

罗福颐印选　罗福颐作；纪宏章编

北京　文物出版社　1986年　92页　20cm（32开）

统一书号：8068.1462　定价：CNY1.90

J0107605

茅盾印谱　吴颐人篆刻；钱君匋撰文

长沙　湖南美术出版社　1986年　310页

20cm（32开）统一书号：8233.990　定价：CNY6.20

　　本书收入茅盾篆刻笔名147个，边跋附刊笔名所出篇名。

J0107606

朴堂印稿　吴朴堂作

上海　上海书画出版社　1986年　54页　26cm（16开）

统一书号：8172.1667　定价：CNY1.70

　　本书选收吴朴堂治印代表作187枚。所收印章都附有释文。

J0107607

台湾地名印谱　徐梦嘉治印

北京　北京师范大学出版社　1986年　204页

16cm（26开）定价：CNY3.00

J0107608

天童十景印谱　卢石臣篆刻

上海　1986年　影印本　朱墨套印　线装

J0109761

浙江　（篆刻选）

杭州　西泠印社　1986年　92页　25cm（小16开）

定价：CNY3.50

J0107609

浙江篆刻选

杭州　西泠印社　1986年　92页　25cm（小16开）

统一书号：8191.442　定价：CNY3.50

　　本书共收沙孟海、诸乐山、方介堪、韩登安、邹梦禅等著名篆刻家及篆刻新秀92人的优秀作品600余方。

J0107610

浙江篆刻选

杭州　西泠印社　1986年　90页　30cm（10开）

定价：CNY3.50

（现代浙江书画篆刻选集）

　　共收沙孟海、诸乐山、方介堪、韩登安、邹梦禅等著名篆刻家及篆刻新秀92人的优秀作品600余方。

J0107611

周哲文篆刻选集　天津人民美术出版社编

天津　天津人民美术出版社　1986年　152页

24cm（大16开）统一书号：8073.50393

定价: CNY8.00

J0107612

朱复戡篆刻　朱复戡著

上海　上海书画出版社 1986 年 62 页 26cm(16 开)

统一书号: 8147.1577 定价: CNY1.48

　　作者朱复戡(1902—1989), 书画家、金石家。原名义方, 字百行, 号静龛。历任朱复戡艺术研究室主席, 上海美术专科教授, 中国画委员会常委。代表作品《复戡印存》《朱复戡大篆》《朱复戡金石书画选》等。

J0107613

《西泠印社首届全国篆刻作品评展》作品选　西泠印社编辑部编

杭州　西泠印社 1987 年 152 页 27cm(16 开)

ISBN: 7-80517-012-6 定价: CNY3.00

　　从全国篆刻作品评展征集到的篆刻作品中精选的有代表性的作品, 作者遍及 29 个省市和港澳地区。

J0107614

安木治印　[安木著]

香港　香港东方文化中心 1987 年 有图 19cm(32 开)

J0107615

大千印留　方去疾编

上海　上海书画出版社 1987 年 45 页 26×16cm

统一书号: CN8172.1891 定价: CNY1.50

　　编者方去疾(1922—2001), 篆刻家。原名正孚, 号心斋、宋玺斋等, 浙江温州人。历任中国书法家协会副主席, 西泠印社副社长, 上海市文联副主席等职。出版有《明清篆刻流派印谱》。

J0107616

红楼梦人物印谱　倪品之治印

北京　中国书店 1987 年 111 页 19cm(32 开)

定价: CNY1.60

J0107617

金陵名胜印谱　许炯篆刻

南京　江苏人民出版社 1987 年 100 页 有肖像 23cm(10 开) 定价: CNY2.60, CNY3.60(精装)

J0107618

珏庵藏印　(寿石工藏印精品选集)

上海　上海书画出版社 1987 年 42 页 26cm(16 开)

定价: CNY1.40

　　寿玺(1889—1950), 书法篆刻家, 字石工

J0107619

龙琢龙　龙黔石作

北京　长城出版社 1987 年 100 页 23×13cm

ISBN: 7-80017-045-4 定价: CNY2.80

　　中国现代篆刻作品。作者龙黔石(1952—　　), 书画家、篆刻家。字云海、号天水, 生于贵州江口县。历任北京龙文化促进会会长, 中国龙文化书画院院长, 北京华夏神龙艺术研究院院长, 中联国兴书画院副院长, 中国书法协会北京分会会员。代表作品《中华九龙壁画》。

J0107620

宁斧成印存　宁斧成刻

天津　天津杨柳青画社 1987 年 124 页 19cm(32 开) ISBN: 7-80503-007-3

定价: CNY1.56

　　作者宁斧成(1898—1966), 书法家。字宗侯, 号老腐, 别署腐成, 辽宁海城人。出版有《宁斧成书法篆刻集》《宁斧成印存》等。

J0107621

齐白石手批师生印集　齐白石等篆刻; 北京图书馆编辑

北京　书目文献出版社 1987 年 钤印本 有像 线装

(印谱丛刊)

　　分十八册。作者齐白石(1864—1957), 近现代中国绘画大师, 国画家、篆刻家。湖南湘潭人。原名纯之, 字渭青, 号兰亭, 后改名璜, 字濒生, 号白石等。历任国立北京艺术专科学校和京华美术专科学校教习、教授, 中央美术学院名誉教授, 中国文学艺术界联合会主席团委员, 中国画研究会和中国美术家协会主席, 中国画院名誉院长。代表作有《蛙声十里出山泉》《墨虾》等。著有《白石诗草》《齐白石作品集》《白石老人自述》等。

J0107622

钱君匋篆刻选　钱君匋篆刻

北京　人民美术出版社 1987 年 152 页

20cm（32 开）统一书号：8027.8275 定价：CNY3.50

作者钱君匋（1907—1998），编审、书画家。浙江桐乡人。名玉堂、锦堂，字君匋，号豫堂、禹堂。现通用名为钱君陶。毕业于上海艺术师范学校。曾任西泠印社副社长、上海文艺出版社编审、上海市政协委员等职。代表作品《长征印谱》《君长跋巨卯选》《鲁迅印谱》《钱君陶印存》。

J0107623

钱君匋刻书画家印谱　钱君匋刻

杭州　西泠印社　1987 年　76 页　26cm（16 开）
ISBN：7-80517-020-7 定价：CNY1.80

本书汇集作者为黄宾虹、张大千、潘天寿、丰子恺、刘海粟、沙孟海、林散之、朱屺瞻等艺术家和书画家刻的印章。

J0107624

丝路　赵熊，傅嘉仪篆刻

西安　陕西人民美术出版社　1987 年　114 页
19cm（32 开）统一书号：8199.777 定价：CNY2.90（长安印丛 2）

本书用印章的形式，镌刻连接丝绸之路的古国城池，关口道隘、山川河流名称。作者赵熊、傅嘉仪均为从印数十年的篆刻艺术家，为西安终南印社创始人。

J0107625

苔芳馆印存　刘晖制印；张鸿修；魏娲娥主编

北京　三秦出版社　1987 年　69 页　26cm（16 开）
统一书号：8388.011 定价：CNY3.60

J0107626

五人篆刻选　刘博琴等作

北京　人民美术出版社　1987 年　114 页
20cm（32 开）统一书号：8027.8212 定价：CNY2.20

J0107627

现代篆刻选辑　（第六辑）高络园等作

上海　上海书画出版社　1987 年　38 页
26×15cm（21 开）ISBN：7-80512-067-6
定价：CNY1.15

本书选刊齐璜、杜兆霖、王提、宁斧成等十几位现代篆刻家的代表作品。

J0107628

熊伯齐印选　熊伯齐篆刻

北京　北京体育学院出版社　1987 年　58 页
24cm（16 开）统一书号：8451.10
ISBN：7-81003-038-8 定价：CNY1.20

J0107629

一足印稿　邓散木治印

哈尔滨　哈尔滨地图出版社　1987 年　78 页
25cm（小 16 开）统一书号：9459.0018
ISBN：7-80529-003-2 定价：CNY2.90

作者邓散木（1898—1963），著名书法、篆刻家。原名菊初。字散木，别号粪翁等。出生于上海，中国书法研究社社员。代表作品《篆刻学》《中国书法演变史》。

J0107630

右石印选　右石篆刻

重庆　重庆出版社　1987 年　90 页　有肖像
19cm（32 开）统一书号：8114.643
ISBN：7-5366-0286-3 定价：CNY1.18

J0107631

长安胜迹印谱　终南印社篆刻

西安　陕西人民美术出版社　1987 年　142 页
19cm（32 开）统一书号：8199.902 定价：CNY2.35（长安印丛 4）

本书为西安终南印社诸治印艺术家的作品集。终南印社以研究印章为主，又十分重视书法、绘画，本书主要作者有宫葆诚、陈少默、李滋煊等。

J0107632

中国荣获第二十三届奥运会金、银、铜牌的英雄印谱　帅民风篆刻

北京　人民体育出版社　1987 年　71 页 19cm（32 开）
统一书号：10015.4 定价：CNY1.25

J0107633

1988 全国首届篆刻艺术展作品集　中国书法家协会篆刻研究委员会编

南京　江苏美术出版社　1988 年　243 页
26cm（16 开）ISBN：7-5344-0045-7
定价：CNY9.80

J0107634

邓散木印谱　　邓散木篆刻

天津　天津杨柳青画社　1988 年　93 页　19cm（32 开）

ISBN：7-80503-029-4　定价：CNY2.85

（篆刻丛书）

J0107635

邓斋印赏　　邓尔雅刻

广州　岭南美术出版社　1988 年　20cm（32 开）

ISBN：7-5362-0254-7　定价：CNY4.90

（岭南印综　邓尔雅卷）

　　本书收入作者印模及边款 85 幅，由邓氏外孙黄大德为本书撰写序言，扉页印邓氏《治印诗六首》及手书篆联"活泼泼地；如印印泥"一副。全书囊括有邓派最擅长的古今文、各体书，造象形、单刀铁线等等各种刻法；印模中还有张大千、高剑父、伍德彝、潘致中等的刻作。作者邓尔雅（1884—1954），篆刻家，书法家，画家。原名溥霖，字季雨，别名尔雅，号尔疋，宠恩等。出生于北京，祖籍广东东莞。就读于广雅书院。著有《篆刻危言》《文字源流》《艺觚草稿》《绿绮台琴史》等。

J0107636

法门寺印谱　（汉英对照）江海沧篆刻

西安　陕西人民美术出版社　1988 年　56 页

19cm（小 32 开）　定价：CNY1.00

（长安印丛）

J0107637

关增铸印谱　（关增铸篆刻艺术）关增铸作

北京　北京燕山出版社　1988 年　26×37cm

精装　ISBN：7-5402-0098-7　定价：CNY8.00

J0107638

纪念孙中山先生篆刻集　　杭州逸仙书画社编

北京　文物出版社　1988 年　84 页　有肖像

26cm（16 开）　ISBN：7-5010-0151-0

定价：CNY6.00

J0107639

靖学书印　　靖学书

西安　陕西人民美术出版社　1988 年　26cm（16 开）

ISBN：7-5368-0063-0　定价：CNY3.55

J0107640

乐只室印谱　　上海书店编辑

上海　上海书店　1988 年　273 页

ISBN：7-80569-038-3　定价：CNY11.00

J0107641

聊斋印谱　　崔基旭篆刻

合肥　安徽美术出版社　1988 年　19cm（32 开）

ISBN：7-5398-0049-6　定价：CNY1.60

J0107642

陆康所劚印存　　多雅堂编

香港　多雅堂　1988 年　有照片　22cm（30 开）

J0107643

齐白石印汇　　齐白石作；重庆市博物馆编

成都　巴蜀书社　1988 年　164 页　26cm（16 开）

ISBN：7-80523-121-4　定价：CNY9.00

　　作者齐白石（1864—1957），近现代中国绘画大师，国画家、篆刻家。湖南湘潭人。原名纯之，字渭青，号兰亭，后改名璜，字濒生，号白石等。历任国立北京艺术专科学校和京华美术专科学校教习、教授，中央美术学院名誉教授，中国文学艺术界联合会主席团委员，中国画研究会和中国美术家协会主席，中国画院名誉院长。代表作有《蛙声十里出山泉》《墨虾》等。著有《白石诗草》《齐白石作品集》《白石老人自述》等。

J0107644

岐岖治印　　岐岖刻

西安　三秦出版社　1988 年　28 页　15cm（64 开）

定价：CNY1.00

（终南印丛）

J0107645

曲公印存　　曹卒之作

长春　时代文艺出版社　1988 年　181 页　有肖像

19cm（32 开）　ISBN：7-5387-0088-9

定价：CNY3.50

J0107646

魏杰治印　　魏杰刻

西安　三秦出版社　1988 年　28 页　15cm（64 开）

定价：CNY1.00

（终南印丛）

作者魏杰（1962— ），书法家、教授。自号补牢斋、冰斋，陕西西安人。历任中国书协会员，终南印社副社长。出版作品有《当代青年篆刻家精选集：魏杰》。

J0107647
吴子建印集 ［吴子建著］
上海 上海书店 1988 年 76 页 26cm（16 开）
定价：CNY3.20

J0107648
心画 （唐泽平印集）唐泽平刻
西安 陕西人民教育出版社 1988 年 100 页
有照片 19cm（32 开）ISBN：7-5419-0943-2

J0107649
宿悦篆刻 宿悦刻
北京 中国文联出版公司 1988 年 50 页
26cm（16 开）定价：CNY1.70

J0107650
杨广泰刻心经印谱 杨广泰篆刻
北京 书目文献出版社 1988 年 57 页 24cm（24 开）
ISBN：7-5013-0452-1 定价：CNY5.20

J0107651
一解千从 （小鱼印谱）小鱼著
台北 汉艺色研文化事业公司 1988 年 1 册
26cm（16 开）定价：TWD250.00
（艺术丛书 3）

J0107652
安徽现代篆刻选集 张一楫选编
合肥 安徽美术出版社 1989 年 92 页 26×15cm
ISBN：7-5398-0061-5 定价：CNY3.50
    本书是中国安徽省的现代篆刻印谱集。

J0107653
百凤图印谱 杨坚水编刻
广州百印堂 1989 年 钤印本 线装
    分二册。作者杨坚水（1936— ），戏剧舞台美术家。字羊冰，号九都山人，福建南安。毕业于上海戏剧学院舞台美术系并留校任教。后历任广州军区空军政治部文工团舞台美术设计、广东话剧院实验剧团副团长、儿童剧团团长、艺

术创作室主任等职。出版有《百龙图印谱》《观世音像百印谱》《孙中山百图印谱》等。

J0107654
百龙图印谱 杨坚水编刻
广州百印堂 1989 年 钤印本 线装
    分二册。

J0107655
沧海印社篆刻集 韩焕峰，张建国编
石家庄 河北美术出版社 1989 年 89 页
26cm（16 开）ISBN：7-5310-0237-X
定价：CNY6.00

J0107656
邓散木印谱 邓散木篆刻
哈尔滨 哈尔滨地图出版社 1989 年 289 页
有照片 26cm（16 开）ISBN：7-80529-074-1
定价：CNY14.50
    本书印谱由邓散木艺术陈列馆供稿。作者邓散木（1898—1963），著名书法、篆刻家。原名菊初。字散木，别号粪翁等。出生于上海，中国书法研究社社员。代表作品《篆刻学》《中国书法演变史》。

J0107657
丁吉甫印选 丁吉甫篆刻
上海 上海书店 1989 年 74 页 27cm（16 开）
定价：CNY4.60

J0107658
韩天衡印谱 韩天衡篆刻
天津 天津杨柳青画社 1989 年 160 页
19cm（32 开）ISBN：7-80503-073-1
定价：CNY7.00
（篆刻丛书 3）

J0107659
厚薄治印 厚薄刻
成都 四川大学出版社 1989 年 128 页
19cm（32 开）ISBN：7-5614-0207-4
定价：CNY3.00

J0107660
胡一平篆刻集 胡一平篆刻

北京 中国文联出版公司 1989 年 25×12cm
ISBN：7-5059-0605-4 定价：CNY6.10

J0107661

腼腼印拾　骆腼腼篆刻
北京 现代出版社 1989 年 61 页 25×12cm
ISBN：7-80028-840-5 定价：CNY4.80
　　作者骆腼腼（1958—　），北京荣宝斋书法篆刻家、美术师。

J0107662

龙凤呈祥印谱　杨坚水编刻
广州百印堂 1989 年 钤印本 线装
　　分四册。作者杨坚水（1936—　），戏剧舞台美术家。字羊冰，号九都山人，福建南安人。毕业于上海戏剧学院舞台美术系并留校任教。后历任广州军区空军政治部文工团舞台美术设计、广东话剧院实验剧团副团长、儿童剧团团长、艺术创作室主任等职。出版有《百龙图印谱》《观世音像百印谱》《孙中山百图印谱》等。

J0107663

骆芃芃印章选　骆芃芃刻
北京 现代出版社 1989 年 61 页 26cm（16 开）
ISBN：7-80028-084-5 定价：CNY4.80
　　本书封面题名：《芃芃印拾》。系中国现代印谱专著。

J0107664

去疾印稿　方去疾刻；上海书画出版社编
上海 上海书画出版社 1989 年 184 页
26×15cm（21 开）ISBN：7-80512-234-2
定价：CNY6.78
　　本书作者不仅是一位艺术风格独树一帜的篆刻家，还是著述丰硕的印学家。仅以他编订出版的《明清篆刻流派印谱》为例，乃印学界第一次对这个领域进行的突破性总结分析。作者方去疾（1922—2001），篆刻家。原名正孚，号心斋、宋玺斋等，浙江温州人。历任中国书法家协会副主席，西泠印社副社长，上海市文联副主席等职。出版有《明清篆刻流派印谱》。

J0107665

式熊印稿　高式熊治印；上海书画出版社编
上海 上海书画出版社 1989 年 74 页 26cm（16 开）

ISBN：7-80512-195-8 定价：CNY3.06
　　本书作者擅篆刻、书法及印学鉴定，书法出规入矩，端雅大方；后又喜摹印作，对历代印谱、印人流派极有研究。其书法楷、行、篆、隶兼擅，著有《西泠印社同人印传》等。作者还是著名的印泥制作大师，曾受教于西泠印社早期社员，收藏家鲁庵印泥创始人张鲁庵先生，得张先生真传。齐白石先生曾长期使用高式熊的印泥，并能保证五十年不走色。作者高式熊（1921—2019），书法家、金石篆刻家。浙江鄞县人。历任中国书协会员、西泠印社名誉副社长、上海市书协顾问、上海市文史研究馆馆员。代表作品《西泠印社同人印传》《高式熊印稿》等。

J0107666

宋庆龄藏印　上海孙中山故居宋庆龄故居和陵园管理委员会编
上海 上海书店 1989 年 27 页［21×19cm］
定价：CNY3.20

J0107667

田成科印稿　田成科篆刻
北京 轻工业出版社 1989 年 100 页 有照片
19cm（32 开）ISBN：7-5019-0617-3
定价：CNY2.50

J0107668

王镛篆刻选　王镛刻
北京 荣宝斋 1989 年 100 页 26cm（16 开）
定价：CNY6.80
　　本书收集作者近百方篆刻作品。作者王镛（1948—　），别署凸斋、鼎楼主人等。生于北京，山西太原人。硕士毕业于中央美术学院。历任中央美术学院教授、书法艺术研究室主任、中国书法家协会篆刻艺术委员会副主任。

J0107669

熊建平篆刻集　熊建平刻
芒市 德宏民族出版社 1989 年 76 页 有照片
26cm（16 开）ISBN：7-80525-054-5
定价：CNY4.60

J0107670

叶大根治印　叶大根篆刻
南京 南京出版社 1989 年 64 页 19cm（32 开）

定价: CNY3.00

J0107671
又耳氏刻汉画
南宁 广西人民出版社 1989年 26页 26×11cm
ISBN: 7-219-01411-2 定价: CNY1.00

J0107672
中国当代书画家印选　志峰著; 福建省出版
对外贸易公司编辑
福州 福建美术出版社 1989年 128页 有彩照
30×21cm ISBN: 7-5393-0059-1 定价: CNY35.00
(志峰治石 1)
　　本书由福建美术出版社和新加坡新天书局
联合出版。

J0107673
白山印社作品选集　金意庵等编著
长春 长春出版社 1990年 82页 26×15cm
ISBN: 7-80573-261-2 定价: CNY5.20
　　编著者金意庵(1915—2002), 满族, 书法
家、学者、诗人、鉴赏考据家。本名启族, 姓爱
新觉罗, 生于北京。曾任吉林师范学院教授, 中
国书协篆刻艺术委员会会员, 吉林省书法家协会
名誉主席, 吉林省书画院名誉院长等。代表作品
《洞庭春色赋》《中山松醪赋》等。

J0107674
北疆印社印选　廉信主编
呼和浩特 内蒙古人民出版社 1990年 54页
有照片 26cm(16开) ISBN: 7-204-01063-9
定价: CNY5.00

J0107675
北京七人印选　熊伯齐等篆刻
北京 团结出版社 1990年 70页 有照片
26cm(16开) ISBN: 7-80061-426-3
定价: CNY4.80
　　本书汇集了熊伯齐、王镛、陈宝全、崔志强、
刘恒、陈平、于连成七位中青年篆刻家的篆刻作
品。共有篆刻作品三百余方。

J0107676
萃文阁印集　田利河, 王靓编
北京 北京出版社 1990年 100页 有彩照

26cm(16开) ISBN: 7-200-00987-3
　　本印谱汇集了七位篆刻家的479枚篆刻作
品, 较全面地反映了萃文阁篆刻艺术的风貌。

J0107677
当代印人名鉴　熊伯齐, 许延慈主编
北京 中国书店 1990年 249页 19cm(32开)
ISBN: 7-80568-119-8 定价: CNY8.50
　　本书是一部收录我国中华人民共和国成立
后在世的当代印坛的代表人物、金石家、篆刻家
以及传刻青年传略及作品的汇纂。主编熊伯齐
(1944—), 书法家、国家一级美术师。又名光
汉, 号容生, 锦里生, 天府民。生于四川成都市。
西泠印社理事、西泠印社篆刻创作研究室主任、
中国书法家协会理事等。出版《熊伯齐印选》《熊
伯齐书法集》等。

J0107678
当代中年著名篆刻家作品选　上海书画出版
社编
上海 上海书画出版社 1990年 26cm(16开)
ISBN: 7-80512-362-4 定价: CNY4.20

J0107679
凡将斋印存　(马衡印谱)马衡篆刻
北京 紫禁城出版社 1990年 201页 有肖像
25×13cm(24开) ISBN: 7-80047-093-8
定价: CNY12.00
　　本书从故宫博物院收藏的"马衡藏印"中遴
选出印章201方, 主要是以姓名印、斋号鉴藏印、
闲章为主。作者马衡(1881—1955), 金石学家,
考古学家。

J0107680
高龙现代形拓艺术作品选　高龙拓; 刘红编
辑; 史济才译
北京 中国广播电视出版社 1990年 209页
26cm(16开) ISBN: 7-5043-0272-4
定价: CNY7.50
　　外文书名: Contemporary Image Seal Cuttings
by Gao Long. 作者高龙, 雕塑家、画家、篆刻家、
形拓艺术家。历任中国王森然学术研究会理事,
美国油画家协会会员, 美国高龙多元艺术研究会
主持人, 中国广播电影电视部艺术家协会副主席
兼秘书长, 中国九三学社书画研究会理事。

J0107681

淮河流域名胜印谱　朱庆亮刻

北京 学苑出版社 1990年 104页 26cm（16开）

ISBN：7-5077-0224-3 定价：CNY6.00

　　作者朱庆亮，字仲明，号克石，淮南印社社长。

J0107682

黄文宽印谱　黄文宽治印；杨广泰编

北京民政局工艺美术品厂 1990年 钤印本

线装 定价：CNY210.00

　　分二册。

J0107683

矫毅生肖印选　矫毅篆刻

上海 上海书店 1990年 61页 26cm（16开）

ISBN：7-80569-275-0 定价：CNY4.20

　　作者矫毅（1917—2011），高级工艺美术师。字力挺，号燕瓦楼主，室名曲逆书屋。江苏吴县人，毕业于江苏省立教育学院，先后在苏州工艺美术厂、苏州工艺美术研究所、苏州艺石斋从事篆刻研究工作。历任中国书法家协会会员，西泠印社社员，中国工艺美术学会会员，江苏省工艺美术学会史论委员会委员等。出版《矫毅书画篆刻特集》《矫毅刻兔印特集》等。

J0107684

刘淑度刻石残存集　刘淑度篆刻

北京 北京图书馆［1990—1999年］钤印本 线装

　　分三册。

J0107685

刘一闻印稿　刘一闻篆刻

上海 上海书店 1990年 94页 26cm（16开）

ISBN：7-80569-285-8 定价：CNY5.50

　　作者刘一闻（1949—　），书法家、篆刻家。斋号别部斋、得涧楼。生于上海，祖籍山东日照。历任中国书法家协会理事，西泠印社社员，上海市书法家协会常务理事兼篆刻创作委员会副主任，上海博物馆副研究员。出版有《刘一闻印稿》。

J0107686

马丁篆刻集　马丁篆

南京 南京出版社 1990年 74页 26cm（16开）

ISBN：7-80560-190-9 定价：CNY3.80

　　本书系中国现代印谱专著。作者马丁（1945—　），原名无羁，别署墨香馆主、六塘隐士、欣庐后人，江苏淮阴人。淮阴市野草印社社长。

J0107687

马一浮篆刻　马一浮篆刻；夏宗禹编

北京 华夏出版社 1990年 44页 20cm（32开）

ISBN：7-80053-950-4 定价：CNY5.00

　　本册选编马一浮的篆刻精品百余方。作者马一浮（1883—1967），哲学家、理学家、佛学家、翻译家、书法家。幼名福田，后更名浮，字一浮。浙江会稽（今浙江绍兴）人。代表作品有《泰和会语》《宜山会语》《复性书院讲录》《尔雅台答问》等。

J0107688

秦兵马俑印谱　秦始皇兵马俑博物馆编

西安 三秦出版社 1990年 155页 23cm（10开）

ISBN：7-80546-285-2 定价：CNY6.00

J0107689

全国印社篆刻联展作品集

杭州 西泠印社 1990年 2版 125页 38cm（6开）

ISBN：7-80517-063-0 定价：CNY11.00

J0107690

石开印存　石开刻

上海 上海书店 1990年 85页 26×15cm

ISBN：7-80569-282-3 定价：CNY5.10

　　作者石开（1951—　），书法篆刻家。别名吉甬，生于福建福州市。福建省书法家协会副主席、中国书法家协会篆刻委员、中国书法进修学院教授。出版有《石开印存》《石开书法集》《当代篆刻名家精品·石开卷》。

J0107691

台湾千印选　阎正，程与天编

太原 山西人民出版社 1990年 120页 有肖像

26cm（16开）ISBN：7-203-01563-7

定价：CNY5.80

　　本书介绍了台湾篆刻界各类代表人物的作品和生平成就，集台湾34位篆刻家的作品1108多方印作。

J0107692

泰山名胜印谱　安廷山主编
北京 军事科学出版社 1990 年 231 页 有照片
20cm（32 开）精装 ISBN：7-80021-250-5
定价：CNY20.00

J0107693

泰山名胜印谱　安廷山主编
北京 军事科学出版社 1990 年 231 页 有照片
20cm（32 开）ISBN：7-80021-239-4
定价：CNY16.00

J0107694

唐醉石治印选集　唐醉石治印；湖北省文史
研究馆编
武汉 长江文艺出版社 1990 年 150 页 有肖像
26cm（16 开）ISBN：7-5354-0385-9
定价：CNY5.80

　　本书精选作者治印 583 方。包括：自用印
59 方、有边款《急就章》姓名印 74 方、有边款闲
章及姓名印 79 方、未拓边款闲章姓名印 371 方。
其中内封手迹首次发表。作者唐醉石（1886—
1969），篆刻家。原名源邺、字李侯，湖南长沙人。
历任湖北省文物管理委员会主任、湖北省文史研
究馆副馆长。西泠印社创社社员，东湖印社创社
社长。存世作品有《醉石山农印稿》。

J0107695

文天祥正气歌印谱　李立刻
长沙 湖南美术出版社 1990 年 52 页 26cm（16 开）
ISBN：7-5356-0424-2 定价：CNY17.00

　　作者李立（1925—2014），书法家、教授。原
名心挈，湖南湘潭县（今属株洲）人。历任中国
书法家协会理事，中国书法家协会湖南分会副
主席、顾问，湖南省工艺美术书画研究会会长，
湖南高等轻工业专科学校教授，西泠印社成员。
代表作品《毛主席诗词印谱选》《李立金石书画
集》等。

J0107696

现代书斋名印赏　古吴轩出版社编辑
苏州 古吴轩出版社 1990 年 1 册 26cm（16 开）
ISBN：7-80574-001-1 定价：CNY11.60

　　本书辑入 109 人的印章共一百九十三方。
每页正面是书斋印章，注明某人所刻，反面是所

起斋名的原因或用意及主人简介。本印集是向
现代文艺家、作家征集的室名用印。

J0107697

现代印选　陈寿荣，刘云鹤编
杭州 西泠印社 1990 年 138 页 26cm（16 开）
ISBN：7-80517-050-9 定价：CNY9.50

　　本书反映了现代篆刻家作品的篆刻艺术，勾
划出近百年来篆刻发展的历程。附有作者小传。
编者陈寿荣（1916—2003），画家。字春甫，晚号
春翁，山东潍坊人。历任西泠印社社员，中国书
法家协会会员，中国美术家协会会员，山东万印
楼印社社长，潍坊北海书画院名誉院长。代表作
品《历代美术家》《历代仕女》《聊斋百美》《飞鹰
百态》等。

J0107698

叶潞渊印存　叶潞渊篆刻
上海 上海书店 1990 年 96 页 26×15cm（21 开）
ISBN：7-80569-286-6 定价：CNY5.50

J0107699

周哲文篆刻集　周哲文刻
福州 福建美术出版社 1990 年 277 页
30cm（10 开）精装 ISBN：7-5393-0118-X
定价：CNY40.00

　　本书作者不袭前人窠臼，使刀如笔，独创
一格，尤以边款刀法为最。作品共 1400 方。作
者周哲文（1916—2001），书法篆刻家、社会活动
家。生于福建福州，祖籍福建长乐。福州画院
副院长，民盟中央文化委员会委员。出版有《毛
泽东诗词四十三首印谱》怀念敬爱周总理诗词
印谱》《周哲文篆刻集》《周哲文从艺六十年》等
专集。

J0107700

左夫刻印选集　陈左夫治印
杭州 西泠印社 1990 年 62 页 27×16cm
ISBN：7-80517-062-2 定价：CNY3.00

　　本书为作者印作佳选，其治印风格具有鲜明
的现代感，空间对比强烈，粗犷雄健，富有神韵。

J0107701

百寿印举　冯宗陈著
上海 上海书店 1991 年 50 页 21cm（32 开）

ISBN：7-80569-312-9 定价：CNY2.70

本书收作者寿字印百枚。作者冯宗陈，书法家。又名陈立，号屯公。

J0107702

第十一届亚洲运动会金牌得主印集　揭晓治印

北京 北京体育学院出版社 1991年 59页 有照片 26cm（16开）ISBN：7-81003-535-5 定价：CNY8.00

本书共收入中国、朝鲜、日本等15个国家和地区的金牌得主的印章263枚，且有许多运动员的签名。作者揭晓（1959—　），原名揭小中，别名白露秋分，号晴阴斋主，江西东乡人。历任空军政治部干部，中国书法家协会会员，舒同书法研究会副会长，舒同博物馆馆长，中国中外名人文化研究会艺术委员会会员。代表作品《第十一届亚洲运动会得主印集》《篆刻指南》《百将印汇》等。

J0107703

姜丕中治印　姜丕中著

香港 香港武陵庄书画印社 1991年 106页 26cm（16开）定价：HKD50.00

J0107704

金文和印存　金文和篆刻

北京 新华出版社 1991年 71页 19cm（小32开）ISBN：7-5011-1446-3 定价：CNY4.20

本书共选出作者发表与未发表的篆刻作品350方。作者金文和（1933—　），满族，字穆如，号醉石斋主，生于北京。历任河北石油物探局文联秘书长，中国书法家协会会员、河北分会理事，河北省篆刻研究会副会长等。

J0107705

军事后勤篆刻选　军械杂志编

北京 金盾出版社 1991年 58页 26cm（16开）ISBN：7-80022-417-1 定价：CNY7.00

本书收集了生活、战斗在中国人民解放军后勤战线上的干部、战士、职工，宣传军队后勤的警句、箴言作品200余枚，真草隶篆，书体各异。

J0107706

齐白石印影　戴山青编

北京 荣宝斋 1991年 254页 20cm（32开）ISBN：7-5003-0102-2 定价：CNY17.80

本书收集齐白石近4000方印章。包括齐白石各时期的姓名字号与斋闲文印等，共约1500余方。是迄今为止收录齐白石印拓最多的印谱。外文书名：A Collection of Qi Baishi's Seal Impressions.

J0107707

全国第二届篆刻艺术展作品集　中国书法家协会篆刻艺术委员会编

北京 国际文化出版公司 1991年 276页 26cm（16开）ISBN：7-80049-740-2 定价：CNY22.00

本书收入了全国第二届篆刻艺术展的作品473件。

J0107708

全国第三届篆刻艺术展作品集　中国书法家协会篆刻艺术委员会编

北京 荣宝斋出版社 1994年 251页 26cm（16开）ISBN：7-5003-0273-8 定价：CNY32.00

J0107709

全国第四届篆刻艺术展览作品集　中国书法家协会篆刻艺术委员会编

北京 荣宝斋出版社 1998年 224页 28cm（大16开）ISBN：7-5003-0429-3 定价：CNY56.00

J0107710

沈阳篆刻作品集　哲成主编

沈阳 沈阳出版社 1991年 110页 有肖像 26cm（16开）ISBN：7-80556-779-4 定价：CNY17.00

本集荟萃沈阳的篆刻作者的近期作品百余方。作者哲成，沈阳市书法家协会任职。

J0109869

石言印稿　石言刻

南宁 广西美术出版社 1991年 110页 有照片 26cm（16开）ISBN：7-80582-121-6 定价：CNY10.00

J0107711

唐诗印谱 刘友石篆刻

上海 上海古籍出版社 1991 年 162 页

20cm（32 开）ISBN：7-5325-1001-8

定价：CNY8.90

作者刘友石（1929—2013），篆刻家。江苏武进人，上海铁笔金石书画院高级篆刻师。代表作品有《毛主席诗词三十七首印谱》《黄山七十二峰印谱》《唐诗印谱》等。

J0107712

吴颐人印存 吴颐人篆刻

上海 上海书店 1991 年 83 页 26×16cm

ISBN：7-80569-465-6 定价：CNY5.60

作者吴颐人（1942—　），书画家。别署宁坞、壬壶、忘我庐等，上海人。历任上海闵行书画院院长，西泠印社社员，中国书法家协会会员。主要著作有《篆刻五十讲》《篆刻法》《篆刻跟我学》《印章名作欣赏》《常用汉字演变图说》等。

J0107713

西泠印社第二届全国篆刻作品评展作品选 西泠印社编

杭州 西泠印社 1991 年 76 页 26cm（16 开）

ISBN：7-80517-087-8 定价：CNY5.00

J0107714

西泠印社第三届篆刻作品评展作品选 西泠印社［编］

杭州 西泠印社 1995 年 109 页 26cm（16 开）

ISBN：7-80517-139-4 定价：CNY16.00

J0107715

野草堂篆刻集 郑久康著

北京 文津出版社 1991 年 149 页 有照片

26cm（16 开）精装 ISBN：7-80554-094-2

定价：CNY16.00

作者郑久康（1952—　），号野草堂主人，梦然居士，北京市人。

J0109875

邕江印社篆刻选集 杨宇云，茹世保编

南宁 广西美术出版社 1991 年 64 页

19cm（小 32 开）ISBN：7-80582-251-4

定价：CNY2.50

本书共收 33 位作者的印拓，大多是近年来创作的。

J0107716

余任天印集 余任天篆刻

杭州 西泠印社 1991 年 114 页 26cm（16 开）

ISBN：7-80517-064-9 定价：CNY9.80

作者余任天（1908—1984），画家。曾用名栋年，字天庐，居室名任、归汉室等，浙江诸暨人。代表作品《天庐画谈》《历代书画家补遗》《陈老莲年谱》。

J0107717

大刀阔斧齐白石 （白石老人印稿总览）齐白石作

台北 盈记唐人工艺出版社 1992 年 2 册

25cm（小 16 开）定价：TWD750.00

作者齐白石（1864—1957），近现代中国绘画大师，国画家、篆刻家。湖南湘潭人。原名纯之，字渭青，号兰亭，后改名璜，字濒生，号白石等。历任国立北京艺术专科学校和京华美术专科学校教习、教授，中央美术学院名誉教授，中国文学艺术界联合会主席团委员，中国画研究会和中国美术家协会主席，中国画院名誉院长。代表作有《蛙声十里出山泉》《墨虾》等。著有《白石诗草》《齐白石作品集》《白石老人自述》等。

J0107718

大康印稿 康殷［治印］

北京 国际文化出版公司 1992 年 有画像

26cm（16 开）ISBN：7-80049-904-9

定价：CNY9.00

作者康殷（1926—1999），古文字学家、古玺印专家、篆刻家、书法家、画家。别署大康，祖籍河北乐亭，生于辽宁义县。毕业于吉林师范大学美术系。曾任中央文史研究馆馆员、首都师范大学研究员、中国书法家协会理事、中国美术家协会会员等。著有《古文字形发微》《文字源流浅说》《古文字学新论》《说文部首诠释》，编纂中国第一部古印玺全集《印典》。

J0109879

当代著名篆刻家作品精选 重庆出版社编

重庆 重庆出版社 1992 年 90 页 26cm（16 开）

ISBN：7-5366-1639-2 定价：CNY6.25

本书收入 15 位当代篆刻家中的后起之秀，中青年篆刻家的代表作。

J0107719

邓散木印集　邓国治编

石家庄 河北美术出版社 1992 年 85 页
有肖像 26cm（16 开）ISBN：7-5310-0469-0
定价：CNY7.90

　　本书介绍了邓散木一生严谨的治学态度、刻苦的艺术实践精神和辉煌的艺术成就。收入其 1918—1963 年各个时期的篆刻代表作品 334 方，均注明创作年代和印材，附边款 113 帧。书后附邓散木年表等。邓散木（1898—1963），著名书法、篆刻家。原名菊初。字散木，别号粪翁等。出生于上海，中国书法研究社社员。代表作品《篆刻学》《中国书法演变史》。

J0107720

邓小平革命足迹篆刻　翁志强篆刻

北京 中国文联出版公司 1992 年 88 页
26cm（16 开）ISBN：7-5059-1555-X
定价：CNY7.90

　　这本印集以印学语言记录了邓小平同志生活、学习、战斗和工作过的重要单位名、地名及主要活动、经历，展现了邓小平同志的光辉历程。作者翁志强（1969—　　），教授。字石劭，号三石，福建阳人，任职于福州大学化学化工学院，"闽江学者"特聘教授。香港大陆青年文艺家协会会员。

J0107721

枫林集　（傅庞如契刻作品）傅庞如刻

武汉 湖北美术出版社 1992 年 62 页 有图
17cm（24 开）ISBN：7-5394-0293-8
定价：CNY38.00，CNY45.00（精装）

　　本书收傅庞如契刻作品 62 幅图。

J0107722

高龙形拓精粹　高龙刻；刘红编辑

北京 北京市民政局工艺美术品厂 1992 年
钤印本 线装

　　分四册。作者高龙，雕塑家、画家、篆刻家、形拓艺术家。历任中国王森然学术研究会理事，美国油画家协会会员，美国高龙多元艺术研究会主持人，中国广播电影电视部艺术家协会副主席

兼秘书长，中国九三学社书画研究会理事。

J0107723

华夏龙图　鲁杰，鲁辉著

成都 四川人民出版社 1992 年 97 页 26cm（16 开）
ISBN：7-220-01705-7 定价：CNY15.00

　　本书对各个时代、分散在全国各地的 60 多种不同类型的龙的资料进行了甄别、整理，再以金石雕刻成龙图印章。作者鲁杰（1945—　　），四川古建筑科研所所长、成都古建筑工程公司经理，中国传统建筑研究会常务理事。出版有《华夏古亭》《华夏龙图——福、禄、寿、喜》。作者鲁辉（1967—　　），成都古建筑工程公司从事专业雕塑。

J0107724

蒋维崧印存　蒋维崧治印

北京 中华书局 1992 年 150 页 25cm（小 16 开）
ISBN：7-101-00961-1 定价：CNY16.00

　　本书收有作者多年刻治的印章 490 方。作者蒋维崧（1915—2006），语言学家、书法篆刻家。字峻斋，江苏常州人，毕业于南京中央大学。历任山东大学教授，中国书法家协会理事，篆刻艺术委员会委员，中国书协山东分会主席等。曾主持《汉语大词典》山东编写组工作，著有《汉字浅学》，出版《蒋维崧印存》《蒋维崧书迹》《蒋维崧书法集》等。

J0107725

来楚生印谱　熊伯齐编

北京 荣宝斋 [1992 年] 74 页 21×17cm
ISBN：7-5003-0092-1 定价：CNY7.30

　　本书收集来楚生篆刻和肖形印作品近 200 方。大都为首次发表。其篆刻用刀洒脱自然，在刻制肖形印方面有独特成就。

J0107726

梁晓庄印存　梁晓庄篆刻

上海 上海书店 1992 年 40 页 26×15cm
ISBN：7-80569-503-2 定价：CNY3.50

J0107727

刘铁峰篆刻　刘铁峰篆刻

北京 人民美术出版社 1992 年 95 页 有照片
26cm（16 开）ISBN：7-102-01062-1

定价：CNY9.00

作者刘铁峰(1945—)，国家二级美术师。又署铁锋，耕石斋主人、痴汉堂主人。河北山海关人。任职于秦皇岛海上安全监督局，中国书法家协会会员，河北省篆刻研究会理事等。

J0107728

刘文泉印痕　　刘文泉篆刻

青岛　青岛出版社　1992年　94页　26×15cm

ISBN：7-5436-0517-1　定价：CNY8.50

作者刘文泉(1935—)，山东招远人，青岛画院副院长，中国美术家协会会员，中国书法家协会会员。

J0107729

卢石臣闲章集　　卢静安作

香港　黄简　1992年　79页　26cm(16开)

J0107730

民间吉祥字篆荟　　董洲等编

天津　天津杨柳青画社　1992年　66页　16×18cm

ISBN：7-80503-164-9　定价：CNY3.60

J0107731

齐白石篆刻字典　　齐白石书；戴山青编

北京　北京广播学院出版社　1992年　180页

26cm(16开)　ISBN：7-81004-328-5

定价：CNY14.00

本书汇集齐氏印章2000余方，将印章上篆字编为字典。作者齐白石(1864—1957)，近现代中国绘画大师，国画家、篆刻家。湖南湘潭人。原名纯之，字渭青，号兰亭，后改名璜，字濒生，号白石等。历任国立北京艺术专科学校和京华美术专科学校教习、教授，中央美术学院名誉教授，中国文学艺术界联合会主席团委员，中国画研究会和中国美术家协会主席，中国画院名誉院长。代表作有《蛙声十里出山泉》《墨虾》等。著有《白石诗草》《齐白石作品集》《白石老人自述》等。

J0109893

钱君匋精品印选　　钱君匋刻

天津　天津市古籍书店　1992年　304页　26×15cm

定价：CNY35.00

作者钱君匋(1907—1998)，编审，书画家。浙江桐乡人。名玉堂、锦堂，字君匋，号豫堂、禹堂。现通用名为钱君匋。毕业于上海艺术师范学校。曾任西泠印社副社长、上海文艺出版社编审、上海市政协委员等职。代表作品《长征印谱》《君长跋巨卯选》《鲁迅印谱》《钱君匋印存》。

J0107732

秋石印社作品集　　秋石印社编

上海　学林出版社　1992年　85页　26×15cm

ISBN：7-80510-765-3　定价：CNY10.00

J0107733

神州名泉印谱　　高明远著

郑州　河南教育出版社　1992年　102页　有彩照

25cm(小16开)　ISBN：7-5347-1095-2

定价：CNY10.00

作者高明远(1949—)，满族，画家、书法家、金石篆刻家。字则达，号野夫，北京人。历任中国人民对外友好协会干部，中国美术家协会会员，中国民间艺术研究会会员，中国山水画会会员。出版有《高明远山水画集》《高明远书画篆刻作品文论集》《高明远山水画作品精选》等。

J0107734

孙子兵法印谱　　单保童篆刻

沈阳　白山出版社　1992年　290页　26cm(16开)

ISBN：7-80566-279-7　定价：CNY18.00

本书依据《孙子兵法》全文，以多种字体共治印1026钮。作者单宝桐(1935—)，又名保童，字一村，沈阳军区退休干部。

J0107735

一勺斋印存　　贾鹏著

济南　山东文艺出版社　1992年　64页　26cm(16开)

ISBN：7-5329-0885-2　定价：CNY8.00

本书收录作者创作的印章253方。作者贾鹏，书法家、画家。字欣生，号席贝，室名一勺斋。历任中国书法协会员，中国楹联学会会员，中国现代民族书画家协会副主席。代表作品《一勺斋印存》《治印要略》等。

J0107736

印魔集　　孙竹著

北京　红旗出版社　1992年　160页　有照片

26cm（16 开）ISBN：7-80068-150-5
定价：CNY18.00

　　本书收集 663 方印痕，50 首"吟印诗"，19 幅书法绘画。

J0107737

张寒月金石篆刻选集　张寒月编
上海　上海古籍出版社 1992 年　影印本　232 页　有照片　26cm（16 开）精装
ISBN：7-5325-1295-9　定价：CNY28.80

　　编者张寒月（1906—2005），书法家。本名政，字莲光，号兆，别署寒月斋主。江苏苏州人。历任中国书法家协会江苏分会理事、西泠印社社员、苏州市文联艺术指导委员会委员、苏州市书法家协会顾问、东吴印社顾问等。出版有《寒月斋主印存》《张寒月金石篆刻选集》等。

J0107738

张会利篆刻选　张会利著
合肥　安徽美术出版社 1992 年　20cm（32 开）精装　ISBN：7-5398-0260-X　定价：CNY13.80

　　作者张会利（1950—　　），字县然，号圣三，济宁财政学校任教。

J0107739

赵海明印选　赵海明篆刻
北京　北京工艺美术出版社 1992 年　70 页　有照片　26cm（16 开）ISBN：7-80526-087-7
定价：CNY6.00

　　本书编入作者艺术印章作品 260 方，内容为书法、诗词、艺术等方面的格言、名句。作者赵海明（1962—　　），篆刻家。字子谦，黑龙江呼兰人。历任北京图书馆馆员，中国艺术研究院图书馆馆长，中国书法家协会会员。

J0107740

赵远强组合篆刻　赵远强篆
北京　中央民族大学出版社 1992 年　93 页　有照片　25×26cm　ISBN：7-81001-269-X
定价：CNY29.80

J0107741

志峰治石　（急就篇）贺飞白主编
武汉　湖北美术出版社 1992 年　有照片　29cm（16 开）精装　ISBN：7-5394-0329-2

定价：CNY138.00

J0107742

朱学德篆刻　（泰山名胜专集）朱学德篆刻
济南　山东美术出版社 1992 年　42 页　26cm（16 开）ISBN：7-5330-0472-8　定价：CNY4.20

　　作者朱学德（1935—　　），书法篆刻家、工艺美术师。字仁山，生于山东莱州。中国书协山东分会首届理事，济南美术总厂高级工艺美术师。

J0107743

白鹃楼印蜕　方介堪篆刻
上海　上海书店 1993 年　78 页　25×15cm
ISBN：7-80569-708-6　定价：CNY7.00

J0107744

百树谱　杞居发著
武汉　中国地质大学出版社 1993 年　159 页　19cm（小 32 开）ISBN：7-5625-0814-3
定价：CNY6.00

　　本书将篆刻艺术与树木的基本知识有机的结合起来，用篆刻的形式表现树名，以简洁的文字表述树木的基本知识。作者杞居发（1952—　　），字益坚，号行人，湖北郧县人。

J0107745

陈茗屋印痕　陈茗屋［制印］
杭州　西泠印社 1993 年　65 页　26×15cm
ISBN：7-80517-112-2　定价：CNY12.00

J0107746

陈叔常印存　陈叔常刻
福州　福建美术出版社 1993 年　48 页　26cm（16 开）ISBN：7-5393-0202-X　定价：CNY3.50

　　作者陈叔常（1910—1976），原名经，以字行，福建福州人。幼习美术，中年后专攻篆刻。

J0107747

雕虫札记　叶一苇著
上海　上海书店 1993 年　113 页　有照片　20cm（32 开）ISBN：7-80569-750-7
定价：CNY6.50

　　本书系中国现代印谱。作者叶一苇（1918—2013），书法篆刻家、诗人、学者。字航之，号纵如，别署熟溪子、龙马山人。浙江省文史馆馆员、西泠印社理事。代表作品有《篆刻丛谈》《中国篆刻简史》《一苇诗词选》等。

J0107748
范正红篆刻集　　范正红著
济南　齐鲁书社　1993 年　157 页　25×15cm
ISBN：7-5333-0383-0　定价：CNY16.80
　　作者范正红(1964—　)，篆刻家。字孔阳，生于山东济宁，毕业于曲阜师大中文系。历任中国书法家协会篆刻委员会委员、山东印社社长、西泠印社社员、山东省书法家协会副主席兼篆刻委员会主任、山东省高校书画研究会副主席、山东省艺术品鉴定委员会鉴定专家等职。出版有《范正红篆刻集》《范正红书画篆刻》《中国书法家全集·金农》《水浒印话》等。

J0107749
高络园印存　　高络园刻
上海　上海书店　1993 年　90 页　26cm(16 开)
ISBN：7-80569-707-8　定价：CNY7.80

J0107750
古楚三名印谱·并叙　　马丁篆刻；马超骏叙文
南京　南京出版社　1993 年　100 页　20cm(32 开)
ISBN：7-80560-754-0　定价：CNY4.60
　　本书包括：淮阴名人印叙、名胜印叙和名特产印叙3部分。作者马丁(1945—　)，原名无羁，别署墨香馆主、六塘隐士、欣庐后人，江苏淮阴人。淮阴市野草印社社长。

J0107751
浩泉印赏　　李浩泉刻
广州　岭南美术出版社　1993 年　有照片
21×12cm　ISBN：7-5362-0885-5　定价：CNY21.00
(岭南印综　李浩泉卷)

J0107752
淮阴名人名胜印谱　　杨彭篆刻
南京　南京出版社　1993 年　123页　19cm(小32开)
ISBN：7-80560-881-4　定价：CNY5.80
　　作者杨彭(1956—　)，字大年，号蕴书楼主人，江苏省淮阴商厦任职。

J0107753
黄惇印集　　黄惇刻

上海　上海书店　1993 年　84 页　26cm(16 开)
ISBN：7-80569-745-0　定价：CNY7.50

J0107754
郎冠英印集　　郎冠英治印
北京　同心出版社　1993 年　58 页　25×25cm
ISBN：7-80593-020-1　定价：CNY32.00
　　作者郎冠英(1928—　)，满族，字观颖，号悔翁，眇翁。曾任北京市党史研究室主任，北京市书法家协会篆刻艺术研究会会员。著有《郎冠英印集》和《向往集》。

J0107755
崂山名胜印谱　　陈博州篆刻
济南　山东美术出版社　1993 年　104 页　26×15cm
ISBN：7-5330-0748-4　定价：CNY15.00
　　作者陈博州(1947—　)，本名陈继明，室号餐霞阁，印社社长。山东书法协会会员，山东美术家协会会员。

J0107756
陆康印选　　陆康作
上海　上海书店　1993 年　87 页　25×15cm
ISBN：7-80569-710-8　定价：CNY7.00

J0107757
茅大容印辑　　茅大容作
上海　上海书店　1993 年　82 页　25×15cm
ISBN：7-80569-711-6　定价：CNY6.80

J0107758
琼苑揽胜　　(故宫御苑胜景印谱)英愔著
北京　紫禁城出版社　1993 年　89 页　25×13cm
ISBN：7-80047-142-X　定价：CNY18.00
　　本书收有单士元、溥杰、胡絜青等名人的题字式贺词，御花园、乾隆花园、清宫戏台的印谱。

J0107759
汤兆基印存　　汤兆基作
上海　上海书店　1993 年　87 页　25×15cm
ISBN：7-80569-709-4　定价：CNY6.80
　　作者汤兆基(1942—　)，工艺美术师。浙江湖州人。任职于上海工艺美术研究所，中国书法家协会会员、中国美术家协会上海分会会员。出版有《篆刻自学指导》《篆刻问答100题》《篆刻欣赏常识》《汤兆基书画篆刻集》等。

J0107760

天津黄崖关长城篆刻碑林集　方放主编
天津　天津杨柳青画社　1993 年　122 页　有照片
26×15cm　ISBN：7-80503-245-9　定价：CNY20.00
　　本书共收入 144 位篆刻家以歌颂长城为主
题的篆刻作品。

J0107761

仙石阁雕刻篆刻选　胡福巨，胡福建著
北京　科学普及出版社　1993 年　91 页　有彩照
26cm（16 开）　ISBN：7-110-03620-0
定价：CNY28.00

J0107762

永义印存　蒋永义刻
南京　南京出版社　1993 年　有彩照　23cm
ISBN：7-80560-740-0　定价：CNY18.00

J0107763

豫园印痕　陈华康篆刻；周道南编
上海　上海科学技术文献出版社　1993 年
56 页　26×15cm　ISBN：7-5439-0266-4
定价：CNY5.50
　　本书汇集了当代名家篆刻形式的诗句，描绘
了上海豫园各处的景点。作者周道南，上海市中
学教师。

J0107764

中华炎帝故乡印谱　袁寅章主编
西安　陕西人民美术出版社　1993 年　63 页
有照片　26cm（16 开）　ISBN：7-5368-0563-2
定价：CNY12.00
　　本书收有组印近 200 方，并介绍了宝鸡的地
望、景观、历史名人逸事及当地的土特产等。主
编袁寅章（1938—　），中国书画家协会理事、宝
鸡印社副社长。

J0107765

祝遂之印存　祝遂之治
上海　上海书店　1993 年　92 页　20cm（32 开）
ISBN：7-80569-712-4　定价：CNY7.50
　　作者祝遂之（1952—　），书法家、教授。上
海人，硕士毕业于中国美术学院中国画系书法专

业。历任中国美术学院中国画系教师，浙江美术
学院教授，中国书法家协会学术委员，西泠印社
社员。著有《祝遂之书画集》《祝遂之印谱》《中
国篆刻通议》《祝遂之写书谱》等。

J0107766

醉石斋印存　（历代哲理诗选辑）林阳发治印
福州　福建美术出版社　1993 年　87 页　有照片
26cm（16 开）　ISBN：7-5393-0203-8
定价：CNY7.20

J0107767

白石遗朱　（聚石楼藏印）王文甫编
上海　上海人民美术出版社　1994 年　146 页
24×13cm　ISBN：7-5322-1316-1
定价：CNY19.80，CNY27.80（精装）

J0107768

鲍复兴印存　鲍复兴刻
上海　上海书店　1994 年　有照片　26×15cm
ISBN：7-80569-925-9　定价：CNY12.00

J0107769

蔡照波篆刻　蔡照波篆刻
广州　岭南美术出版社　1994 年　113 页　有照片
26cm（16 开）　ISBN：7-5362-1094-9
定价：CNY9.80

J0107770

曹新元印选　曹新元编
北京　中国连环画出版社　1994 年　48 页　有照片
26×15cm　ISBN：7-5061-0627-2　定价：CNY10.00

J0107771

当代名人漫像印谱　任秉惠，刘健篆
成都　巴蜀书社　1994 年　123 页　19cm（小 32 开）
ISBN：7-80523-647-X　定价：CNY4.00

J0107772

高原印集　高原刻
武汉　湖北教育出版社　1994 年　124 页　有照片
20cm（32 开）　ISBN：7-5351-1261-7
定价：CNY8.80

J0107773

江河颂篆刻集 李世嵘篆刻

兰州 兰州大学出版社 1994 年 108 页 有照片

26cm（16 开）ISBN：7–311–00764–X

定价：CNY9.60

（中国·兰州·兰山印丛 12）

本书收有作者篆刻作品 200 余个。作者李世嵘（1953—　），美术编辑。又名石嵘，甘肃兰州人。历任兰州炼油化工总厂电视台美术编辑，中原书画院高级画师，甘肃美术家协会、书法家协会会员，甘肃国画家学会会员，兰州西苑书画研究院副院长等职。出版有《长江三峡印谱》《江河颂篆刻集》《李世嵘画选》《李世嵘书法集》等。

J0107774

李贺忠印选 李贺忠著

呼和浩特 内蒙古人民出版社 1994 年 96 页

26cm（16 开）ISBN：7–204–02606–3

定价：CNY25.80

J0107775

刘江篆刻选 刘江篆刻

杭州 西泠印社 1994 年 98 页 26cm（16 开）

ISBN：7–80517–134–3 定价：CNY14.50

J0107776

齐白石书画用印谱 齐白石篆刻；邢捷［编］

天津 天津古籍出版社 1994 年 132 页

19cm（小 32 开）ISBN：7–80504–415–5

定价：CNY9.60

（名家书画用印谱丛书）

作者齐白石（1864—1957），近现代中国绘画大师，国画家、篆刻家。湖南湘潭人。原名纯之，字渭青，号兰亭，后改名璜，字濒生，号白石等。历任国立北京艺术专科学校和京华美术专科学校教习、教授，中央美术学院名誉教授，中国文学艺术界联合会主席团委员，中国画研究会和中国美术家协会主席，中国画院名誉院长。代表作有《蛙声十里出山泉》《墨虾》等。著有《白石诗草》《齐白石作品集》《白石老人自述》等。

J0107777

齐白石印影 （续集）齐白石治；戴山青编

北京 荣宝斋［1994 年］224+46 页 26×15cm

ISBN：7–5003–0207–X 定价：CNY23.80

外 文 书 名：A Collection of Qi Baishi's Seal Impressions. 编者戴山青（1944—2004），书法家。字云父，曾任"现代书法学会"秘书长。

J0107778

钱刻文艺家印谱 钱君匋刻；胥智芬编

上海 上海人民美术出版社 1994 年 23×13cm

ISBN：7–5322–1338–2 定价：CNY23.00

作者钱君匋（1907—1998），编审，书画家。浙江桐乡人。名玉堂、锦堂，字君陶，号豫堂、禹堂。现通用名为钱君陶。毕业于上海艺术师范学校。曾任西泠印社副社长、上海文艺出版社编审、上海市政协委员等职。代表作品《长征印谱》《君长跋巨卯选》《鲁迅印谱》《钱君陶印存》。

J0107779

绍尊刻印 王绍尊［篆］

太原 山西人民出版社 1994 年 201 页 有照片

33cm ISBN：7–203–03315–5 定价：CNY40.00

J0107780

帅立志篆刻集 帅立志刻

南宁 广西美术出版社 1994 年 97 页 有彩图

29cm（16 开）ISBN：7–80582–750–8

定价：CNY60.00

J0107781

徐徐斋印痕 李元茂作

郑州 河南美术出版社 1994 年 91 页 有彩照

26×15cm ISBN：7–5401–0432–5

定价：CNY15.00，CNY25.00（精装）

J0107782

玉柱印痕 王辛大主编

杭州 西泠印社 1994 年 81 页 有照片

29cm（16 开）精装 ISBN：7–80517–165–3

定价：CNY128.00

J0107783

云龙印谱 寇云龙篆刻；梁志超编

西安 陕西人民美术出版社 1994 年 78 页

19cm（小 32 开）ISBN：7–5368–0550–0

定价：CNY5.30

J0107784

张大千书画用印谱　　张大千作；邢捷［编］

天津　天津古籍出版社　1994年　126页

18cm（小32开）ISBN：7-80504-417-1

定价：CNY9.40

（名家书画用印谱丛书）

　　作者张大千（1899—1983），国画大师、山水画大家、书法家。四川内江人，祖籍广东番禺。代表作有《爱痕湖》《长江万里图》《四屏大荷花》《八屏西园雅集》等。

J0107785

茶禅治印　［高茶禅治印］

［高君芷刊］［1995年］20cm（32开）

定价：［馈赠］

J0107786

戴春帆印存　　戴春帆刻

上海　上海书画出版社　1995年　52页　26cm（16开）

ISBN：7-80512-931-2　定价：CNY12.00

　　作者戴春帆，上海篆刻名家。字月，号松桥，别署阿松、沐晖楼。

J0107787

冯登紫篆刻选集　　冯登紫刻

郑州　河南美术出版社　1995年　82页　26cm（16开）

ISBN：7-5401-0470-8　定价：CNY15.00

　　作者冯登紫（1920—2017），河南息县人。历任河南省委宣传部副部长，河南老年书画研究会副会长，河南省书画院顾问。

J0107788

郭子宣治印　　郭子宣刻

北京　西苑出版社　1995年　影印本　94页

26cm（16开）线装　ISBN：7-80108-065-3

定价：CNY39.80

　　作者郭子宣（1923—　　），山东潍坊人。毕业于潍坊市职工业余大学。曾任潍坊市图书馆副馆长，中国书法家协会会员，中国博物馆学会会员，中国老年书画研究会会员，山东省摄影家协会会员，山东省博物馆、考古、民俗学会会员。

J0107789

韩登安印存　　韩登安［治印］；余正，韩经世编选

杭州　西泠印社　1995年　110页　有照片

26cm（16开）ISBN：7-80517-187-4

定价：CNY22.00

　　作者韩登安（1905—1976），书画家、篆刻家。原名竞，一字仲铮，别署耿斋、印农等，曾任西泠印社总干事。有《续说艾作篆通假》《明清印篆选录》《西泠印社性迹留痕》等。

J0107790

红楼梦人物印谱　　杨匡海，俞玉龙著

上海　百家出版社　1995年　116页　20cm（32开）

ISBN：7-80576-501-4　定价：CNY20.00

J0107791

蓝云印存　　蓝云刻

天津　天津古籍出版社　1995年　120页　有照片

26cm（16开）ISBN：7-80504-473-2

定价：CNY35.00

　　作者蓝云（1916—1992），篆刻家。字胜青，别署石斋主人、栖鹤亭长，天津北仓人。历任中国书法家协会、天津市书法家协会会员，内蒙古北疆印社顾问等。外文书名：A Collection of Lan Yun's Seal Impressions.

J0107792

刘恒篆刻集　　刘恒篆

北京　东方出版社　1995年　62页　有照片

26cm（16开）ISBN：7-5060-0572-7

定价：CNY8.00

J0107793

罗冠群　潘懋勋篆刻集　　罗冠群，潘懋勋刻

福州　海风出版社　1995年　63页　有照片

26cm（16开）ISBN：7-80597-079-3

定价：CNY20.00

J0107794

马东生印集　　马东生治印

北京　民族出版社　1995年　83页　26×15cm

ISBN：7-105-02576-X　定价：CNY33.00

　　作者马东生（1954—　　），字石缘，号四骏堂主，河北青县人。第二炮兵军人俱乐部干事，北京市书协会员。

J0107795

乔大壮印集　乔无疆编

上海 上海书画出版社 1995 年 303 页 有照片

19cm（小 32 开）ISBN：7–80512–855–3

定价：CNY38.00

J0107796

青云题画诗辑印集　谢庆升著

呼和浩特 内蒙古人民出版社 1995 年

32+447 页 有照片 26cm（16 开）

ISBN：7–204–02873–2 定价：CNY57.00

　　作者谢庆升（1939—　　），书画家。字青云，

号思齐轩主、龙城布衣。生于辽宁建昌。赤峰丝

绸厂工艺美术师，中国美协内蒙古分会会员。

J0107797

施定全印集　施定全刻

沈阳 辽宁美术出版社 1995 年 32 页 26cm（16 开）

ISBN：7–5314–1368–X 定价：CNY18.80

　　作者施定全（1945—　　），书法家。字省三，

号三丰堂人，江苏海门人。曾任辽宁警官高等专

科学校宣传部长、副教授，中国书法家协会辽宁

分会会员，大连印社社员。作品《施定全印集》。

J0107798

石华篆刻选集　骆石华著；甘肃省文史研究

馆，兰山印社编

兰州 甘肃文化出版社 1995 年 168 页 有彩照

26cm（16 开）ISBN：7–80608–019–8

定价：CNY19.50

（墨苑丛书 5）

J0107799

石缘斋印集　（初集）孙福民治印

成都 四川美术出版社 1995 年 108 页 有彩照

26cm（16 开）ISBN：7–5410–1093–6

定价：CNY38.00

　　作者孙福民，花鸟画家，书法篆刻家。山东

乳山人，空军某部中校。

J0107800

首届国际篆刻艺术交流展作品集

北京 荣宝斋出版社 1995 年 174 页 26cm（16 开）

ISBN：7–5003–0334–3 定价：CNY32.00

J0107801

书眷印痕　刘树娟著

贵阳 贵州教育出版社 1995 年 80 页 有照片

19cm（小 32 开）ISBN：7–80583–623–X

定价：CNY5.20

J0107802

思微室印存　朱关田作

杭州 西泠印社 1995 年 60 页 26cm（16 开）

精装 ISBN：7–80217–186–6 定价：CNY45.00

　　中国现代篆刻作品。作者朱关田

（1944—　　），书法家、篆刻家、书法史家。字曼

倬，斋号思微室，浙江绍兴人，毕业于浙江美术

学院。历任中国书法家协会常务理事、学术委员

会副主任，西泠印社副社长等职。著有《中国书

法全集·颜真卿卷》《中国书法全集·李邕卷》等。

J0107803

中国当代印坛大观　冯联承主编

天津 天津大学出版社 1995 年 363 页 有肖像

26cm（16 开）精装 ISBN：7–5618–0733–3

定价：CNY78.00

　　主编冯联承（1948—　　），画家。生于河北唐

山市，笔名冯界桥、冯上，曾用名冯连城，字光

先，号壁卿。肄业于海军第一航空兵学校。曾任

亚太国际文化艺术交流促进会秘书长、中国龙文

化艺术研究会主席、中国美术家协会河北省分会

会员，河北省雕塑家协会会员，工艺美术高级工

程师。主要作品有《百塔图》《冯联承书法集》《中

国当代印坛大观》等。

J0107804

中国书画名家签名钤章艺术总览　庹纯双，

蒋往主编

成都 四川辞书出版社 1995 年 27+523 页 有照

片 26cm（16 开）精装 ISBN：7–80543–471–9

定价：CNY128.00

J0107805

朱复戡篆印墨迹　朱复戡［篆刻］；张文康编

上海 上海远东出版社 1995 年 166 页 有照片

26cm（16 开）ISBN：7–80514–456–7

定价：CNY38.00

J0107806

诸乐三书画篆刻集　　诸乐三制

北京 人民美术出版社 1995年 有图 38cm（8开）
ISBN：8027.8951 定价：CNY46.50

　　本书选入作者绘画作品105幅，书法作品16幅，篆刻作品58方。书后附有对作者的评介文《老笔纷披无俗虑》。作者诸乐三（1902—1984），书画篆刻家、艺术教育家。原名文萱、字乐三、号希斋，别署南屿山人。历任中国美术学院教授、研究生导师，西泠印社副社长，中国书法家协会名誉理事，中国美术家协会浙江分会副主席等。代表作《蜀葵》《红梅图》《九秋风露》等。

J0107807

诸乐三篆刻集　　诸乐三制

北京 荣宝斋出版社 1995年 97页 有肖像
26×15cm ISBN：7-5003-0286-X 定价：CNY25.00

J0107808

曹化一篆刻选　　曹化一著

呼和浩特 内蒙古人民出版社 1996年 68页
有照片 26cm（16开）ISBN：7-204-03176-8
定价：CNY11.80

J0107809

陈伯良印存　　陈伯良刻

台北 台北市浙江海宁同乡会 1996年 104页
26cm（16开）

J0107810

国际肖形印谱　　（二）沈沉主编

哈尔滨 哈尔滨出版社 1996年 105页
26cm（16开）ISBN：7-80557-938-5
定价：CNY30.00

J0107811

韩天衡篆刻精选　　韩天衡刻

北京 荣宝斋出版社 1996年 102页 26cm（16开）
精装 ISBN：7-5003-0309-2 定价：CNY68.00

J0107812

金保书篆刻百家姓　　金保书篆刻

天津 天津教育出版社 1996年 127页
24cm（26开）ISBN：7-5309-2020-0
定价：CNY6.50

J0107813

孔平孙印集　　（师生联作篇）冯康侯著

台北 永辉印刷广告公司 1996年 241页
21cm（32开）

J0107814

李刚田篆刻选集　　李刚田篆刻

北京 荣宝斋出版社 1996年 124页 有照片
26cm（16开）ISBN：7-5003-0339-4
定价：CNY25.00

　　外文书名：Selection of Seal Cutting Works by Li Gangtian. 作者李刚田（1946—　），书法家、篆刻家、书法篆刻理论家。号司工、石鱼斋主人、仓父等，河南洛阳人。历任中国书法家协会理事，中国书协篆刻艺术委员会副主任，西泠印社副社长，中国艺术研究院篆刻院研究员，郑州市书法家协会主席。出版有《李刚田篆刻选集》《李刚田书法篆刻集》等。

J0107815

齐白石印集　　陈奇峰编

香港 翰墨轩出版公司 1996年 297页
29cm（16开）ISBN：962-7530-27-1
定价：HKD320.00
（名家翰墨丛刊 H1）

J0107816

陕西省首届篆刻艺术展作品集　　傅嘉仪，岐岖编

西安 陕西人民美术出版社 1996年 160页
30cm（10开）ISBN：7-5368-0885-2
定价：CNY32.00

J0107817

上海菜篮子　　石鸿熙著

北京 中国农业科技出版社 1996年 10+132页
25cm（小16开）ISBN：7-80119-211-7
定价：CNY32.00

　　本书系中国现代印谱。

J0107818

帅鼎刻岳阳楼记　　帅鼎刻

南昌 江西美术出版社 1996年 1折 25cm（15开）
折装 ISBN：7-80580-250-5 定价：CNY2.50

　　作者帅鼎（1952—　），南昌篆刻者。又名

帅小毛，江西南昌人。南昌铁路局南昌南车站职工，江西省书法家协会会员。篆刻作品有《百福图》《般若波罗蜜多心经》《沁园春·雪》《岳阳楼记》等。

J0107819

孙家潭印存　孙家潭编
天津　天津人民美术出版社　1996 年　134 页
有照片　26cm（16 开）ISBN：7-5305-0584-X
定价：CNY29.00

外文书名：A Collection of Sun Jiatan's Seal Impressions. 编者孙家潭（1948—　），书法家。别署其子等，副研究员，西泠印社社员，中国书法家协会会员，大海印社常务副社长。出版有《大风堂古印举——孙家潭藏古玺印杂记》《孙家潭印存》《庆堂铭壶》《孙家潭艺踪》等。

J0107820

王红篆刻集　王红刻
南宁　广西美术出版社　1996 年　67 页　26cm（16 开）
ISBN：7-80625-019-0　定价：CNY18.00

J0107821

现代作家艺术家印集　弘征刻
长沙　湖南美术出版社　1996 年　202 页　有照片
23cm　ISBN：7-5356-0859-0　定价：CNY36.80

J0107822

谢梅奴印痕　谢梅奴著
［香港］［谢梅奴自刊］1996 年　98 页　有照片
29cm（16 开）精装

J0107823

谢梅奴印痕　谢梅奴作；罗列编辑
香港　香港飞通公司　1996 年　98 页　有照片
30cm（10 开）精装

J0107824

姚江名人名胜篆刻　叶文龙篆刻
杭州　西泠印社　1996 年　113 页　28cm（大 16 开）
ISBN：7-80517-192-0　定价：CNY50.00

J0107825

易斋王丹百印存　（一卷）王丹篆刻
杭州　艺林堂　1996 年　影印本　线装

ISBN：7-981-00-8476-5

作者王丹（1963—　），画家。号易斋，生于锦州。锦州画院专业画家，西泠印社社员，出版作品有《王丹篆刻选集》等。

J0107826

奥上锦堂篆刻作品集　（日）奥上锦堂刻
北京　北京大学出版社　1997 年　120 页　有照片
26cm（16 开）ISBN：7-301-03561-6
定价：CNY25.00

J0107827

百家姓印谱　（名家刻名人名章）胡琦峻辑
北京　中国和平出版社　1997 年　139 页
26cm（16 开）ISBN：7-80101-174-0
定价：CNY20.00

J0107828

曹节篆刻选　［曹节作］
北京　文化艺术出版社　1997 年　122 页　有照片
26cm（16 开）ISBN：7-5039-1606-0
定价：CNY60.00

本书收录了作者的篆刻印谱，包括"自强不息""清风草堂""悠久高明博厚""轻松伴白云""暗香疏影"等。作者曹建国（1949—2005），书法篆刻家、音乐家。原名曹节。河北昌黎人。曾任中国电影乐团民族乐团团长。创作的埙曲有《伤别离》《幽谷》《寒春》《绵》等。书法著作有《曹节篆刻选》。

J0107829

崔连魁印存　崔连魁篆刻
呼和浩特　内蒙古人民出版社　1997 年　88 页
有彩照　26cm（16 开）ISBN：7-204-03671-9
定价：CNY28.00

J0107830

第二届国际篆刻艺术交流展作品集　荣宝斋出版社编辑
北京　荣宝斋出版社　1997 年　124 页　26cm（16 开）
ISBN：7-5003-0391-2　定价：CNY28.00

J0107831

冯锡宽篆刻千山名胜印谱　冯锡宽著
沈阳　春风文艺出版社　1997 年　103 页　有彩照

26cm（16 开）ISBN：7-5313-1810-5
定价：CNY48.50

J0107832
桂材印赏　　吴桂材著
广州　岭南美术出版社　1997 年　83 页　有照片
26cm（16 开）ISBN：7-5362-1535-5
定价：CNY28.00
（岭南印综　吴桂材卷）

J0107833
黄绮刻印集　　黄绮［作］
北京　文物出版社　1997 年　11+175 页
26cm（16 开）ISBN：7-5010-0967-8
　　作者黄绮（1914—2005），学者、教育家、书法家。号九一，生于安徽安庆，毕业于西南联大。曾任教于安徽大学、天津津沽大学、河北大学，中国书法家协会副主席，河北省书法家协会主席、中国语言学会理事、中国音韵研究会理事等。篆刻作品和理论专著有《黄绮八十寿辰书画展览作品选》《黄绮书画精品集》《黄绮书法刻印集》和《黄绮论书款跋》等。

J0107834
蓟园印集　　侯及名作
合肥　安徽教育出版社　1997 年　149 页
20cm（32 开）ISBN：7-5336-2085-2
定价：CNY7.90

J0107835
蒋启韶篆刻　　蒋启韶刻
上海　上海书店出版社　1997 年　90 页　26cm（16 开）
ISBN：7-80622-245-6　定价：CNY25.50

J0107836
内蒙古名胜印谱　　牛泽甫，刘凤玲著
呼和浩特　远方出版社　1997 年　117 页
27cm（大 16 开）ISBN：7-80595-382-1
定价：CNY32.00

J0107837
齐白石篆刻集　　齐白石作；张荫培编
北京　人民美术出版社　1997 年　388 页　有照片
26cm（16 开）精装　ISBN：7-102-01365-5
定价：CNY78.00

　　作者齐白石（1864—1957），近现代中国绘画大师，国画家、篆刻家。湖南湘潭人。原名纯之，字渭青，号兰亭，后改名璜，字濒生，号白石等。历任国立北京艺术专科学校和京华美术专科学校教习、教授，中央美术学院名誉教授，中国文学艺术界联合会主席团委员，中国画研究会和中国美术家协会主席，中国画院名誉院长。代表作有《蛙声十里出山泉》《墨虾》等。著有《白石诗草》《齐白石作品集》《白石老人自述》等。

J0107838
齐白石篆刻自藏印海外遗珠　　张寿平著
台北　淑馨出版社　1997 年　131 页　21×22cm
精装　ISBN：957-531-557-X　定价：TWD380.00

J0107839
启斋藏印　　（二卷）钱君匋篆刻；朱屺瞻藏
香港　华宝斋书社有限公司　1997 年　影印本
线装　ISBN：962-7989-24-X　定价：CNY180.00
　　分二册。据 1977 年钤印本影印。作者钱君匋（1907—1998），编审，书画家。浙江桐乡人。名玉堂、锦堂，字君陶，号豫堂、禹堂。现通用名为钱君陶。毕业于上海艺术师范学校。曾任西泠印社副社长、上海文艺出版社编审、上海市政协委员等职。代表作品《长征印谱》《君匋跋巨卯选》《鲁迅印谱》《钱君陶印存》。朱屺瞻（1892—1996），国画家。历任上海美术专科学校教授，上海新华艺术专科学校绘画研究所主任，中国美术家协会顾问、中国书法家协会理事，上海美术家协会常务理事，上海中国画院画师，上海师范大学艺术系教授等职。代表作品《朱屺瞻画集》《癖斯居画谈》《朱屺瞻画选》。

J0107840
全国第三届刻字艺术展作品集　　（1997）中国书法家协会刻字研究会编
天津　天津杨柳青画社　1997 年　115 页
28cm（大 16 开）ISBN：7-80503-369-2
定价：CNY138.00

J0107841
十二生肖百刻图　　（百凤和鸣）陈冠英，张维萍编著
深圳　海天出版社　1997 年　116 页　26cm（16 开）
ISBN：7-80615-456-6

定价：CNY230.00，CNY270.00（精装）（全套）
（陈冠英　张维萍生肖篆刻艺术）

　　本书为每一种生肖治100方字图俱佳的各个不同的印，从而形成12个气势恢弘的生肖印方阵。

J0107842
十二生肖百刻图　（百福骈臻）陈冠英，张维萍编著
深圳　海天出版社 1997 年 121 页 26cm（16 开）
ISBN：7-80615-456-6
定价：CNY230.00，CNY270.00（精装）（全套）
（陈冠英　张维萍生肖篆刻艺术）

J0107843
十二生肖百刻图　（百虎撼岳）陈冠英，张维萍编著
深圳　海天出版社 1997 年 123 页 26cm（16 开）
ISBN：7-80615-456-6
定价：CNY230.00，CNY270.00（精装）（全套）
（陈冠英　张维萍生肖篆刻艺术）

J0107844
十二生肖百刻图　（百骏腾骧）陈冠英，张维萍编著
深圳　海天出版社 1997 年 118 页 26cm（16 开）
ISBN：7-80615-456-6
定价：CNY230.00，CNY270.00（精装）（全套）
（陈冠英　张维萍生肖篆刻艺术）

J0107845
十二生肖百刻图　（百龙飞升）陈冠英，张维萍编著
深圳　海天出版社 1997 年 118 页 26cm（16 开）
ISBN：7-80615-456-6
定价：CNY230.00，CNY270.00（精装）（全套）
（陈冠英　张维萍生肖篆刻艺术）

J0107846
十二生肖百刻图　（百牛迎春）陈冠英，张维萍编著
深圳　海天出版社 1997 年 122 页 26cm（16 开）
ISBN：7-80615-456-6
定价：CNY230.00，CNY270.00（精装）（全套）
（陈冠英　张维萍生肖篆刻艺术）

J0107847
十二生肖百刻图　（百犬昌运）陈冠英，张维萍编著
深圳　海天出版社 1997 年 118 页 26cm（16 开）
ISBN：7-80615-456-6
定价：CNY230.00，CNY270.00（精装）（全套）
（陈冠英　张维萍生肖篆刻艺术）

J0107848
十二生肖百刻图　（百蛇幻美）陈冠英，张维萍编著
深圳　海天出版社 1997 年 122 页 26cm（16 开）
ISBN：7-80615-456-6
定价：CNY230.00，CNY270.00（精装）（全套）
（陈冠英　张维萍生肖篆刻艺术）

J0107849
十二生肖百刻图　（百兔攀桂）陈冠英，张维萍编著
深圳　海天出版社 1997 年 117 页 26cm（16 开）
ISBN：7-80615-456-6
定价：CNY230.00，CNY270.00（精装）（全套）
（陈冠英　张维萍生肖篆刻艺术）

　　本书为每一种生肖治100方字图俱佳的各个不同的印，从而形成12个气势恢弘的生肖印方阵。本册为兔属卷。

J0107850
十二生肖百刻图　（百豚赐福）陈冠英，张维萍编著
深圳　海天出版社 1997 年 119 页 26cm（16 开）
ISBN：7-80615-456-6
定价：CNY230.00，CNY270.00（精装）（全套）
（陈冠英　张维萍生肖篆刻艺术）

J0107851
十二生肖百刻图　（百羊交泰）陈冠英，张维萍编著
深圳　海天出版社 1997 年 118 页 26cm（16 开）
ISBN：7-80615-456-6
定价：CNY230.00，CNY270.00（精装）（全套）
（陈冠英　张维萍生肖篆刻艺术）

J0107852
十二生肖百刻图　（百猿献瑞）陈冠英，张维

萍编著

深圳 海天出版社 1997 年 117 页 26cm（16 开）

ISBN：7-80615-456-6

定价：CNY230.00，CNY270.00（精装）（全套）

（陈冠英 张维萍生肖篆刻艺术）

　　本书为每一种生肖治 100 方字图俱佳的各个不同的印，从而形成 12 个气势恢弘的生肖印方阵。

J0107853

唐炼百印稿　　唐炼百刻

上海 上海书店出版社 1997 年 90 页 有图 26cm（16 开）ISBN：7-80622-223-5

定价：CNY25.50

J0107854

新编百家姓印谱　　胡琦峻编

北京 中国标准出版社 1997 年 123 页 23cm

ISBN：7-5066-1338-7 定价：CNY18.00

J0107855

友竹草堂军旅拾印　　陈少华篆刻

北京 解放军文艺出版社 1997 年 132 页 20cm（32 开）ISBN：7-5033-0867-2

定价：CNY22.00

J0107856

安多民肖形印　　安多民［刻］

太原 山西人民出版社 1998 年 94 页 26cm（16 开）

ISBN：7-203-03802-5 定价：CNY28.00

J0107857

百将印汇　　揭晓篆刻

北京 军事科学出版社 1998 年 100 页 28cm（大 16 开）ISBN：7-80137-183-6

定价：CNY20.00

　　本书汇集了百名将军的印信，几乎涵盖了中国人民解放军各个历史时期。作者揭晓（1959—　），原名揭小中，别名白露秋分，号晴阴斋主，江西东乡人。历任空军政治部干部，中国书法家协会会员，舒同书法研究会副会长，舒同博物馆馆长，中国中外名人文化研究会艺术委员会会员。代表作品《第十一届亚洲运动会得主印集》《篆刻指南》《百将印汇》等。

J0107858

陈浩刻人名百印　　陈浩刻

杭州 西泠印社［1998 年］109 页 26cm（16 开）

ISBN：7-80517-316-8

定价：CNY28.00，CNY40.00（精装）

J0107859

大风堂遗赠印辑　　嵇若昕著；台北故宫博物院编辑委员会编

台北 台北故宫博物院 1998 年 166 页 有照片 30cm（10 开）精装 ISBN：957-562-334-7

　　外文书名：A collection of the Seals of Chang Dai-Chien Bequeathed to the National Palace Museum.

J0107860

当代大写意篆刻集　　梅杰编

北京 中国文联出版公司 1998 年 128 页 有照片 28cm（大 16 开）ISBN：7-5059-2928-3

定价：CNY48.50

J0107861

韩天衡篆刻近作·字汇　　韩天衡作；施伟国编

天津 天津古籍出版社 1998 年 80+13+438 页 20cm（32 开）精装 ISBN：7-80504-593-3

定价：CNY50.00

　　作者韩天衡（1940—　），教授、书法家。号豆庐，上海中国画院副院长，上海交通大学兼职教授，西泠印社副社长。代表作品有《韩天衡印选》《韩天衡书画印选》《韩天衡画集》等。

J0107862

济南七十二名泉　　姜宝港篆刻

济南 山东友谊出版社 1998 年 79 页地图 26cm（16 开）ISBN：7-80551-984-6

定价：CNY10.00

J0107863

近现代篆刻名家精品　　（陈巨来印集）贾德江编；陈巨来作

北京 北京工艺美术出版社 1998 年 29cm（16 开）

ISBN：7-80526-320-5 定价：CNY10.00

　　作者陈巨来（1905—1984），篆刻家。原名斝，字巨来，后以字行，号塙斋，别署安持等，浙江平湖乍浦镇人，寓居上海。出版有《安持精舍印话》。

J0107864

近现代篆刻名家精品 （陈师曾印集）贾德江编；陈师曾作

北京 北京工艺美术出版社 1998年 29cm（16开）

ISBN：7-80526-319-1 定价：CNY10.00

作者陈衡恪（1876—1923），近代著名书画篆刻家。字师曾，号槐堂。江西义宁（今江西省修水县）人。曾留学日本。任教于通州师范学校、长沙第一师范、北京女子高等师范学校、北京美术专门学校。代表作品有《中国绘画史》《文人画之价值》。

J0107865

近现代篆刻名家精品 （邓散木印集）贾德江编；邓散木作

北京 北京工艺美术出版社 1998年 29cm（16开）

ISBN：7-80526-318-3 定价：CNY10.00

J0107866

近现代篆刻名家精品 （黄牧甫印集）贾德江编；黄牧甫作

北京 北京工艺美术出版社 1998年 29cm（16开）

ISBN：7-80526-315-9 定价：CNY10.00

J0107867

近现代篆刻名家精品 （来楚生印集）贾德江编；来楚生作

北京 北京工艺美术出版社 1998年 29cm（16开）

ISBN：7-80526-321-3 定价：CNY10.00

J0107868

近现代篆刻名家精品 （齐白石印集）贾德江编；齐白石作

北京 北京工艺美术出版社 1998年 29cm（16开）

ISBN：7-80526-317-5 定价：CNY10.00

作者齐白石（1864—1957），近现代中国绘画大师，国画家、篆刻家。湖南湘潭人。原名纯之，字渭青，号兰亭，后改名璜，字濒生，号白石等。历任国立北京艺术专科学校和京华美术专科学校教习、教授，中央美术学院名誉教授，中国文学艺术界联合会主席团委员，中国画研究会和中国美术家协会主席，中国画院名誉院长。代表作有《蛙声十里出山泉》《墨虾》等。著有《白石诗草》《齐白石作品集》《白石老人自述》等。

J0107869

近现代篆刻名家精品 （沙孟海印集）贾德江编；沙孟海作

北京 北京工艺美术出版社 1998年 29cm（16开）

ISBN：7-80526-322-1 定价：CNY10.00

作者沙孟海（1900—1992），书法家。原名文若，字孟海，号石荒、沙村。生于浙江鄞县，毕业于浙江省立第四师范学校。曾任浙江大学中文系教授、浙江美术学院教授、西泠印社社长、西泠书画院院长、浙江省博物馆名誉馆长、中国书法家协会副主席。代表作品《集王圣教序》。

J0107870

来一石篆刻选 来一石刻

北京 荣宝斋出版社 1998年 105页 有照片 26cm（16开）ISBN：7-5003-0423-4

定价：CNY28.00

（荣宝斋印谱 当代系列）

作者来一石（1963— ），教师。本名来萧敏，生于浙江萧山，浙江农业大学艺术教研室主任，出版作品有《当代青年篆刻家精选集：来一石》。

J0107871

李文馥印章艺术选

成都 中国成都飞机工业公司 1998年 72页 26cm（16开）定价：CNY40.00

J0107872

辽宁文史资料 （总第四十九辑 同心篇）孙援主编；程与天篆刻；中国人民政治协商会议辽宁省委员会学习宣传和文史委员会编

沈阳 辽宁人民出版社 1998年 235页 有照片 21cm（32开）ISBN：7-205-04342-5

定价：CNY20.00

本书内容包括：中国人民政治协商会议第八届全国委员会部分常务委员名章及附录。

J0107873

刘泽荣篆刻选 刘泽荣著

长沙 湖南美术出版社 1998年 141页 有照片 24×14cm 精装 ISBN：7-5356-1184-2

定价：CNY62.00

J0107874

企高金石 李企高刻

上海　上海书店出版社 1998 年 80 页 26cm（16 开）
ISBN：7-80622-339-8 定价：CNY25.50

J0107875
丘石篆刻选集　丘石刻
杭州　西泠印社 1998 年 106 页　有彩照
26cm（16 开）ISBN：7-80517-320-6
定价：CNY22.00
（西泠印社印谱丛编　当代篆刻家系列）

J0107876
全日本篆刻联盟上海展　上海博物馆主办
1998 年　146 页 26cm（16 开）

J0107877
世界名人肖像印　张耕源［篆］
杭州　西泠印社 1998 年 58 页 26cm（16 开）
ISBN：7-80517-338-9 定价：CNY38.00

J0107878
苏宝星篆刻集　苏宝星［作］
福州　福建美术出版社 1998 年 73 页　有彩照
26cm（16 开）ISBN：7-5393-0750-1
定价：CNY20.00

J0107879
唐锦腾篆刻作品集　唐锦腾著
香港　香港中文大学艺术系 1998 年 98 页
28cm（大 16 开）ISBN：962-85210-2-0
（香港中文大学艺术系丛书 8）
　　　外文书名：Seal Carvings by Tong Kam Tang.

J0107880
王丹篆刻选集　王丹篆
北京　荣宝斋出版社 1998 年 240 页　有照片
26cm（16 开）ISBN：7-5003-0422-6
定价：CNY38.00
（荣宝斋印谱　当代系列）
　　　作者王丹（1963—　　），画家。号易斋，生于
锦州。锦州画院专业画家，西泠印社社员，出版
作品有《王丹篆刻选集》等。

J0107881
中国现当代书画名家印款　中国艺术研究院
艺术品鉴定研究室编著

北京　文化艺术出版社 1998 年　502 页
26cm（16 开）精装　ISBN：7-5039-1791-1
定价：CNY280.00

J0107882
周节之印存　周节之刻
宁波　宁波出版社 1998 年 114 页 26cm（16 开）
ISBN：7-80602-231-7 定价：CNY28.00

J0107883
'99 上海市书法篆刻系列大展　（3　上海篆
刻作品集）上海市书法家协会编
上海　上海书画出版社 1999 年 102 页
29cm（16 开）ISBN：7-80635-542-1
定价：CNY325.00（全 3 册）
　　　本书收入了上海市书法家协会会员涂建共、
王志毅、刘葆国、鲁峰、蒋英坚、李志坚、朱德
仁、王德之、李文骏等多人的篆刻作品。

J0107884
陈大中篆刻选　陈大中刻
北京　荣宝斋 1999 年 95 页　有照片 26cm（16 开）
ISBN：7-5003-0472-2 定价：CNY28.00
（荣宝斋印谱　当代系列）
　　　本书收入作者的篆刻作品《皮相》《人间
真色》《西泠中人》《三湖居士》《如意》《和气》
《勇于不敢》《平安》等。作者陈大中（1962—　　），
书法家。本名陈建中，斋名三湖居，生于江苏无
锡市。毕业于浙江美术学院（今中国美术学院）。
历任中国美术学院副教授、西泠印社社员、中国
书法家协会会员、浙江省书法家协会理事。著
有《隶书训练新技》《篆书训练新技》《隶书教
程》等。

J0107885
崔志安刻字作品集　崔志安篆刻
天津　天津人民美术出版社 1999 年　107 页
有图 36×20cm 精装 ISBN：7-5305-1135-1
定价：CNY126.00
　　　作者崔志安（1950—　　），美术编辑，书法
家。字大安，号东庄草堂，生于河北容城。毕业
于鲁迅美术学院。历任辽河石油报美术编辑，中
国美术家协会会员，中国工笔画学会会员，中国
书法家协会会员。代表作品有《打工妹》《生灵》
《元曲·叹世》《霜降》等。

J0107886

当代青年篆刻家精选集 （陈平）[陈平作]

石家庄 河北教育出版社 1999 年

2 册(100；100 页) 有照片 27cm(大 16 开)

ISBN：7-5434-3574-8

定价：CNY120.00, CNY230.00（精装）

　　本书收录了《我用我法》《地上文章》《引梦入家山》《高卧一天秋》《不知明朝落谁家》等陈平篆刻作品 100 方。作者陈平(1960—)，教授。北京人。毕业于中央美术学院。历任中央美术学院书法艺术研究室讲师、中国美术家协会会员、中国书法家协会会员。主要作品《半村半郭人家》《淡静的日子》《家乡美景眼画》等。

J0107887

当代青年篆刻家精选集 （崔自默）[崔自默作]

石家庄 河北教育出版社 1999 年

2 册(100；102 页) 有照片 27cm(大 16 开)

ISBN：7-5434-3576-4

定价：CNY120.00, CNY230.00（精装）

　　本书收录了《独照之匠》《千里在掌》《浑茫之人》《青杏小》《湖水二三尺》《如是我闻》等崔自默篆刻作品 100 方。作者崔自默(1967—)，画家。河北深泽人。毕业于西北轻工业学院和南开大学，艺术史学博士。中国艺术研究院专职创作员。代表作《为道日损》《章草艺术》《艺文十说》《心鉴》《心裁》。

J0107888

当代青年篆刻家精选集 （葛冰华）[葛冰华作]

石家庄 河北教育出版社 1999 年

2 册(100；100 页) 有照片 27cm(大 16 开)

ISBN：7-5434-3582-9

定价：CNY120.00, CNY230.00（精装）

　　本书收录了《小城三月》《黑如墨》《浪迹》《太阳》《一寸光阴一寸金》《平安》等葛冰华篆刻作品 100 方。作者葛冰华(1960—)，篆刻家、教授。号一隅斋王，生于黑龙江龙江县。黑龙江省呼兰师专历史系书法副教授，石魂印社社长。出版作品有《当代青年篆刻家精选集：葛冰华》。

J0107889

当代青年篆刻家精选集 （古泥）[古泥作]

石家庄 河北教育出版社 1999 年

2 册(100；100 页) 有照片 27cm(大 16 开)

ISBN：7-5434-3580-2

定价：CNY120.00, CNY230.00（精装）

　　本册收录了《卜屋》《古泥印信》《人与梅花一样清》《道外无物》《偶然欲书》《古泥高兴》等古泥篆刻作品 100 方。作者古泥(1964—)，艺术家。别署卜屋，河北迁安县人。国家一级美术师。出版作品有《当代青年篆刻家精品选集：古泥》。

J0107890

当代青年篆刻家精选集 （韩大星）[韩大星作]

石家庄 河北教育出版社 1999 年

2 册(100；100 页) 有照片 27cm(大 16 开)

ISBN：7-5434-3584-5

定价：CNY120.00, CNY230.00（精装）

　　本书收录了《江枫之印》《沙门净慧》《明寿居士》《大汉朔风》《只管打坐》《山外有山》等韩大星篆刻作品 100 方。作者韩大星(1957—)，篆刻家。字北辰，别署明铸，号宜斋、抱庐、三秋堂等。生于河北保定，祖籍河北高阳县。中国书法家协会会员、河北省青年书法家协会副主席。出版作品有《当代青年篆刻家精选集：韩大星》。

J0107891

当代青年篆刻家精选集 （来一石）[来一石作]

石家庄 河北教育出版社 1999 年

2 册(100；103 页) 有照片 27cm(大 16 开)

ISBN：7-5434-3585-3

定价：CNY120.00, CNY230.00（精装）

　　本书收录了《天下伤心男子》《问政青丘》《雄心散漫白云间》《一石斋》《居士既醉》等来一石篆刻作品 100 方。作者来一石(1963—)，教师。本名来萧敏，生于浙江萧山，浙江农业大学艺术教研室主任，出版作品有《当代青年篆刻家精选集：来一石》。

J0107892

当代青年篆刻家精选集 （刘彦湖）[刘彦湖作]

石家庄 河北教育出版社 1999 年

2 册(100；103 页) 有照片 27cm(大 16 开)

ISBN：7-5434-3575-6

定价：CNY120.00, CNY230.00（精装）

本书收录了《磐石子》《阿湖》《珍重万千》《阳关三叠》《步步高》《六朝造像》《孤云生远》等刘彦湖篆刻作品100方。作者刘彦湖（1960— ），自号洪孤草堂主人，吉林盘石县人。出版作品有《当代青年篆刻家精选集：刘彦湖》。

J0107893

当代青年篆刻家精选集 （王丹）［王丹作］
石家庄 河北教育出版社 1999年
2册（100；103页）有照片 27cm（大16开）
ISBN：7-5434-3578-0
定价：CNY120.00, CNY230.00（精装）

本书收录了《清风高节是家传》《真水无香》《看万山红遍》《月苦风凄》《无事相见》等王丹篆刻作品100方。作者王丹（1963— ），画家。号易斋，生于锦州。锦州画院专业画家，西泠印社社员，出版作品有《王丹篆刻选集》等。

J0107894

当代青年篆刻家精选集 （魏杰）［魏杰作］
石家庄 河北教育出版社 1999年
2册（100；103页）有照片 27cm（大16开）
ISBN：7-5434-3577-2
定价：CNY120.00, CNY230.00（精装）

本书收录了《自在身》《心虚是吾师》《肖形印》《自相矛盾》《无心心自安》《三省吾身》等魏杰篆刻作品100方。作者魏杰（1962— ），书法家、教授。自号补牢斋、冰斋，陕西西安人。历任中国书协会员，终南印社副社长。出版作品有《当代青年篆刻家精选集：魏杰》。

J0107895

当代青年篆刻家精选集 （徐海）［徐海作］
石家庄 河北教育出版社 1999年
2册（100；100页）有照片 27cm（大16开）
ISBN：7-5434-3571-3
定价：CNY120.00, CNY230.00（精装）

本册收录了《徐海印信》《事不宜迟》《江南草长》《守矩》《良工心苦》《沉迷至今》《一孔之见》等徐海篆刻作品100方。作者徐海（1969— ），生于北京，四川泸州人。中国书法家协会会员，出版作品有《当代青年篆刻家精选集：徐海》。

J0107896

当代青年篆刻家精选集 （徐庆华）［徐庆华作］
石家庄 河北教育出版社 1999年
2册（100；104页）有照片 27cm（大16开）
ISBN：7-5434-3579-9
定价：CNY120.00, CNY230.00（精装）

本书收录了《百代过客》《水流花开》《平常心》《福才之印》《知度》《三十而立》等徐庆华篆刻作品100方。作者徐庆华（1963— ），教授。字来，号了一，别署一斋，生于上海。历任上海书法家协会副主席，上海市青年书法家协会名誉主席，中国西瀛书会名誉会长。上海交通大学媒体与设计学院副教授、硕士生导师中国书协会员，西泠印社社员，出版有《易经书法》等。

J0107897

当代青年篆刻家精选集 （徐正廉）［徐正廉作］
石家庄 河北教育出版社 1999年
2册（100；102页）有照片 27cm（大16开）
ISBN：7-5434-3572-1
定价：CNY120.00, CNY230.00（精装）

本书收录了《九梅书屋》《龙行虎步》《印学永昌》《中庸之道》《朝三暮四》《水木清幽》等徐正廉篆刻作品100方。作者徐正廉（1953— ），书法家。本名徐正濂，号楚三，生于上海，出版作品有《当代青年篆刻家精选集：徐正廉》。

J0107898

当代青年篆刻家精选集 （许雄志）［许雄志作］
石家庄 河北教育出版社 1999年
2册（100；102页）有照片 27cm（大16开）
ISBN：7-5434-3581-0
定价：CNY120.00, CNY230.00（精装）

本册收录了《少孺》《相信自己》《司马相如》《云在青山外》《王晨私印》《中庸》《幽》等许雄志篆刻作品100方。作者许雄志（1963— ），教授。别署少孺，斋号未央室、百印楼，生于河南郑州，祖籍江苏海门。历任中国书协书委员会委员、中国书协培训中心教授、西泠印社理事、河南省书协副主席兼篆刻委员会主任等。代表作品有《许雄志书法作品集》等。

J0107899

当代青年篆刻家精选集 （燕守谷）［燕守谷作］
石家庄 河北教育出版社 1999年

2 册（100；100 页）有照片 27cm（大 16 开）

ISBN：7-5434-3573-X

定价：CNY120.00，CNY230.00（精装）

　　本书收录了《溪村精舍》《亚洲雄风》《随遇而安》《日日烟霞看不足》《自度》等燕守谷篆刻作品 100 方。作者燕守谷（1959—　），山东平邑人，中国书法家协会会员，山东印社副社长，出版作品有《当代青年篆刻家精选集：燕守谷》。

J0107900

当代青年篆刻家精选集　（张永强）[张永强作]

石家庄 河北教育出版社 1999 年

2 册（100；100 页）有照片 27cm（大 16 开）

ISBN：7-5434-3583-7

定价：CNY120.00，CNY230.00（精装）

　　本书收录了《梅墨生印》《喜出望外》《曾经沧海》《美人颜色古人诗》《山河大地》《张弛》等张永强篆刻作品 100 方。作者张永强（1963—　），法号明庵，又号明瓒，生于河北石家庄，祖籍陕西岐山县。中国书法家协会会员，河北省青年书法家协会副主席。出版作品有《当代青年篆刻家精选集：张永强》。

J0107901

当代青年篆刻家精选集　（朱培尔）[朱培尔作]

石家庄 河北教育出版社 1999 年

2 册（100；103 页）有照片 27cm（大 16 开）

ISBN：7-5434-3570-5

定价：CNY120.00，CNY230.00（精装）

　　本书收录了《佛像四尊》《无为》《幽人清事》《空诸一切》《十面埋伏》《行藏在我》《卧雪》等朱培尔篆刻作品 100 方。作者朱培尔（1962—　），书法家、国家一级美术师。生于江苏无锡。中国书协会员，西泠印社社员，《中国书法》执行编辑、主编助理，中国书协篆刻艺术专业委员会秘书长。出版有《朱培尔作品集》《当代青年篆刻家精选集：朱培尔》。

J0107902

当代篆刻名家精品集　（陈国斌）

石家庄 河北教育出版社 1999 年

2 册（100；104 页）27cm（大 16 开）

ISBN：7-5434-3568-3

定价：CNY120.00，CNY230.00（精装）

J0107903

当代篆刻名家精品集　（崔志强）

石家庄 河北教育出版社 1999 年

2 册（100；102 页）有照片 27cm（大 16 开）

ISBN：7-5434-3565-9

定价：CNY120.00，CNY230.00（精装）

J0107904

当代篆刻名家精品集　（韩天衡）

石家庄 河北教育出版社 1999 年

2 册（100；102 页）27cm（大 16 开）

ISBN：7-5434-3561-6

定价：CNY120.00，CNY230.00（精装）

J0107905

当代篆刻名家精品集　（黄惇）

石家庄 河北教育出版社 1999 年

2 册（100；104 页）27cm（大 16 开）

ISBN：7-5434-3566-7

定价：CNY120.00，CNY230.00（精装）

J0107906

当代篆刻名家精品集　（李刚田）

石家庄 河北教育出版社 1999 年

2 册（100；105 页）27cm（大 16 开）

ISBN：7-5434-3567-5

定价：CNY120.00，CNY230.00（精装）

J0107907

当代篆刻名家精品集　（刘一闻）

石家庄 河北教育出版社 1999 年

2 册（100；102 页）27cm（大 16 开）

ISBN：7-5434-3563-2

定价：CNY120.00，CNY230.00（精装）

J0107908

东石印痕　王雷主编

天津 天津人民美术出版社 1999 年 90 页

26cm（16 开）ISBN：7-5305-1107-6

定价：CNY38.00

（当代书法篆刻艺术丛书 东石印社社员作品集）

J0107909

符骥良印存　[符骥良刻]

合肥 黄山书社 1999 年 178 页 26cm（16 开）

ISBN：7-80630-402-9 定价：CNY39.80

J0107910

快斋兰亭序正气歌印痕　陈世瑶著
福州 海潮摄影艺术出版社 1999 年 143 页
有彩照 26cm（16 开）ISBN：7-80562-577-8
定价：CNY28.00

J0107911

辽宁篆刻作品集　荣宝斋出版社编
北京 荣宝斋出版社 1999 年 89 页 26cm（16 开）
ISBN：7-5003-0456-0 定价：CNY23.00

J0107912

刘冰庵篆刻书法选集　刘冰庵［作］；张天骥编
北京 人民美术出版社 1999 年 80 页 有照片
26cm（16 开）ISBN：7-102-01937-8
定价：CNY22.00

J0107913

刘焕章篆刻艺术　刘焕章刻
北京 荣宝斋出版社 1999 年 115 页 26cm（16 开）
ISBN：7-5003-0483-8 定价：CNY49.00
　　本书收入作者的篆刻作品《东石槽》《爷爷
遗风》《长乐》《长年》《端午藏书》《春鸣》《春
曲》等。

J0107914

穆奎信篆刻集　穆奎信编
天津 天津人民美术出版社 1999 年 68 页
有照片 26cm（16 开）ISBN：7-5305-1063-0
定价：CNY32.00

J0107915

欧阳杰印选　［欧阳杰刻］
北京 国际文化出版公司 1999 年 16 页 有照片
27cm（大 16 开）ISBN：7-80105-709-0
定价：CNY28.00
（当代著名书画家丛书）

J0107916

齐白石丁二仲经亨颐简经纶来楚生印风
苏金海主编
重庆 重庆出版社 1999 年 228 页 26cm（16 开）
精装 ISBN：7-5366-4131-1 定价：CNY52.00

（中国历代印风系列）
　　本卷收入齐白石、丁二仲、经亨颐、简经纶、
来楚生的印谱，书后附有他们的印人传记和印人
年表。

J0107917

瞿秋白笔名印谱　周仰谷等创作
天津 天津人民美术出版社 1999 年 103 页
28×14cm ISBN：7-5305-1106-8 定价：CNY46.00
　　作者周仰谷（1952—　），江苏常州人。常州
印社社长，中国书法家协会会员。

J0107918

世界当代印坛大观　冯界桥编
北京 印刷工业出版社 1999 年 287 页
20cm（32 开）精装 ISBN：7-80000-289-6
定价：CNY128.00

J0107919

万里长城印谱　李世嵘篆刻
兰州 甘肃人民美术出版社 1999 年 104 页
26cm（16 开）ISBN：7-80588-317-3
定价：CNY20.00
　　本书将前后 20 多个王朝和诸侯国家修筑过
的、总长度在 10 万里以上的长城的沿线名胜古
迹，以篆刻的形式集为册谱，收入约 300 多方印
作。作者李世嵘（1953—　），美术编辑。又名石
嵘，甘肃兰州人。历任兰州炼油化工总厂电视台
美术编辑，中原书画院高级画师，甘肃美术家协
会、书法家协会会员，甘肃国画家学会会员，兰
州西苑书画研究院副院长等职。出版有《长江三
峡印谱》《江河颂篆刻集》《李世嵘画选》《李世
嵘书法集》等。

J0107920

心经印集　林健等［刻］；上海书店出版社编
上海 上海书店出版社 1999 年 129 页
21cm（32 开）ISBN：7-80622-432-7
定价：CNY16.50
　　《心经》是《般若波罗蜜多心经》的略称。本
书汇集了林健、方介堪、黄土陵等 8 位名家的《心
经》印谱。

J0107921

宜琛印稿　林宜琛著

福州　福建教育出版社　1999 年　98 页
25cm（小 16 开）ISBN：7-5334-2670-3
定价：CNY25.00

J0107922
鄞州名胜印谱
杭州　西泠印社　1999 年　1 函 2 册（100 叶）
有图照片 29cm（16 开）线装
ISBN：7-80517-370-2 定价：CNY600.00

J0107923
张大千印存　　四川省文化厅等编
成都　四川人民出版社　1999 年　26cm（16 开）
ISBN：7-220-04444-5 定价：CNY76.00

J0107924
中国当代篆刻家作品集　　韩碧池编
上海　上海书画出版社　1999 年　243 页　有照片
39cm（8 开）精装　ISBN：7-80635-419-0
定价：CNY450.00
　　　本书收录钱君匋、方去疾、江成之、刘江、
吴颐人、余正、林健、林剑丹等三十位篆刻家的
篆刻作品。

J0107925
中国当代篆刻家作品集　　韩碧池编
上海　上海书画出版社　1999 年　243 页　有照片
38cm（6 开）精装　ISBN：7-80635-403-4
定价：CNY420.00

J0107926
中华人民共和国国歌歌词篆刻　　童婴编著
青岛　青岛出版社　1999 年　64 页　26cm（16 开）
ISBN：7-5436-2065-0 定价：CNY24.00

J0107927
篆字印汇　　傅嘉仪编著
上海　上海书店出版社　1999 年　2 册（1716+36 页）
26cm（16 开）精装　ISBN：7-80622-421-1
定价：CNY380.00

外文书法

J0107928
俄文习字帖　　薛鸿达编
上海　新亚书店［发行者］1951 年　2 册（32+31 页）
19cm（32 开）定价：旧币［10，000］元

J0107929
中华俄文习字帖　（斜体）胡叔炜编
上海　中华书局股份有限公司［发行者］1951 年
影印本　40 页　15×20cm 定价：旧币 4，000 元

J0107930
中华俄文习字帖　（正体）胡叔炜编
上海　中华书局股份有限公司［发行者］1951 年
影印本　40 页　15×20cm 定价：旧币 4，000 元

J0107931
俄文书法示范　　章光华，韦威华编
北京　时代出版社　1956 年　29 页　10×15cm
统一书号：9016.103 定价：CNY0.16

J0107932
拉丁字母绘写手册　（日）佐藤敬之辅著；文
字改革出版社译注
北京　文字改革出版社　1959 年　110 页
26cm（16 开）精装　统一书号：9060.146
定价：CNY1.80

J0107933
英语习字帖　　胡叔炜缮写
北京　人民教育出版社　1962 年　20 页　13×19cm
统一书号：K7012.792 定价：CNY0.13

J0107934
英语习字帖　（斜体行书）人民教育出版社编辑
北京　人民教育出版社　1964 年　17 页　21cm（32 开）
统一书号：K7012.874 定价：CNY0.07

J0107935
英语习字帖　　上海市大学英语教材编写组编
上海　上海人民出版社　1973 年　32 页　19cm（32 开）
统一书号：W7171.255 定价：CNY0.12

J0107936
外文美术字　中国出口商品包装总公司辽宁
省分公司编辑
中国出口商品包装总公司辽宁省分公司
1977 年　330 页　25cm（16 开）

J0107937
外文美术字　中国出口商品包装总公司辽宁
省公司编
沈阳　中国出口商品包装总公司辽宁省公司
1977 年　330 页　29×28cm（12 开）
定价：CNY7.59

J0107938
日本书道与花道　香港艺术馆编
香港　香港艺术馆　1978 年　64 页　有图
23cm（10 开）ISBN：962-215-010-1
定价：HKD10.50
　　外文书名：Japanese Calligraphy & Ikebana.

J0107939
西式美术字设计　陈占森编著
香港　得利书店　1980 年　115 页　26cm（16 开）

J0107940
英文书写示范　金绳曾，陆肇基编著
上海　上海外语教育出版社　1980 年　88 页
19cm（32 开）统一书号：7218.010 定价：CNY0.38
　　本书为英文书法学习用书。

J0107941
英语习字帖　（斜体行书）人民教育出版社编辑
北京　人民教育出版社　1980 年　17 页　20cm（32 开）
统一书号：7012.0139 定价：CNY0.07

J0107942
英语习字帖（斜体行书）人民教育出版社编辑
北京　人民教育出版社　1980 年　3 版　17 页
20cm（32 开）定价：CNY0.07

J0107943
100 体英文美术字　裘可
香港　万里书店　1982 年　重印本　130 页
21cm（32 开）定价：HKD10.00，CNY8.00

J0107944
俄语书写　冯介安，朱玉龙编
北京　人民教育出版社　1983 年　48 页　19cm（32 开）
统一书号：7012.0666 定价：CNY0.25

J0107945
日本少字数书法刻字作品选　人民美术出版
社编
北京　人民美术出版社　1985 年　73 页　26cm（16 开）
统一书号：8027.8896 定价：CNY1.65

J0107946
日本书法史　（日）木神莫山著；陈振濂译
上海　上海书画出版社　1985 年　108 页　有图
20cm（32 开）统一书号：8172.1071 定价：CNY0.78
　　本书附《日中书法史对照年表》图。

J0107947
实用外文字体手册　钱震之编
上海　上海翻译出版公司　1985 年　196 页
17cm（32 开）统一书号：8311.14 定价：CNY1.95
　　编者钱震之，美术编辑。江苏常州人。曾
任上海印刷技术研究所所长、中国美术家协会会
员、上海翻译出版公司高级美术顾问等。著有《实
用装饰图案手册》《实用外文字体设计手册》《国
外书籍封面设计选》等。

J0107948
日本现代书法　郑丽芸，曹瑞纯译
上海　上海书画出版社　1986 年　326 页
20cm（32 开）统一书号：8172.1489 定价：CNY2.55

J0107949
手岛右卿书迹　（日）手岛右卿书
桂林　漓江出版社　1986 年　46 页　10cm（64 开）
统一书号：8256.226 定价：CNY6.50
　　本书为日本现代书法作品集。

J0107950
手岛右卿书迹　（日）手岛右卿书
桂林　漓江出版社　1986 年　46 页　26cm（16 开）
定价：CNY3.00

J0107951
拉丁字母美术体　陆星辰编绘

成都 四川美术出版社 1987 年 124 页 12×18cm
ISBN：7-5410-0062-0 定价：CNY2.00

J0107952
实用剪贴外文字母 （a 种本）上海科学技术
出版社书籍装帧艺术研究会编
上海 上海科学技术出版社 1987 年 224 页
26cm（16 开）ISBN：7-5323-0144-3
定价：CNY8.65

J0107953
实用剪贴外文字母 （b 种本）上海科学技术
出版社书籍装帧艺术研究会编
上海 上海科学技术出版社 1987 年 212 页
26cm（16 开）统一书号：15119.2607
ISBN：7-5323-0145-1 定价：CNY8.20

J0107954
外文美术字 文郁等编绘
西安 陕西人民美术出版社 1987 年 270 页
13×19cm（32 开）定价：CNY1.25
（美术参考资料）

J0107955
外文美术字绘写手册 赵宜生编绘
上海 上海科学技术出版社 1987 年 270 页
17cm（32 开）定价：CNY2.40

J0107956
英文草体行书结构与书写 徐锦华，吴旭明
编著
上海 上海翻译出版公司 1987 年 134 页
13cm（60 开）统一书号：17311.12 定价：CNY1.00

J0107957
最新外文美术字 张福昌编
南京 江苏美术出版社 1987 年 124 页
26cm（16 开）统一书号：CN8353.6.063
定价：CNY3.50
　　编者张福昌（1943—　　），教授。江苏无锡人，
毕业于无锡轻工业学院。历任无锡轻工业学院
工业设计系主任、教授，中国室内装饰协会常务
理事。出版《视错觉在设计上的应用》《设计概
论》《工业设计全书》等。

J0107958
最新外文美术字 江苏美术出版社［编］
南京 江苏美术出版社 1992 年 重印本 124 页
26cm（16 开）ISBN：7-5344-0252-2
定价：CNY7.40

J0107959
外文变体字母
杭州 浙江人民美术出版社［1988 年］1 册
11×26cm（30 开）定价：CNY0.40

J0107960
新编英文美术字组 2800 例 荣官，陆菁，凤
宝编绘
上海 上海科学技术文献出版社 1988 年 230 页
16×18cm ISBN：7-80513-213-5 定价：CNY4.50

J0107961
装饰外文美术字 刘心跃编
上海 上海书画出版社 1988 年 77 页 19cm（32 开）
ISBN：7-80512-197-4 定价：CNY0.82
（大世界画库 实用美术编）

J0107962
组合字体 （日）桑山弥三郎著；张福昌译
杭州 浙江人民美术出版社［1988 年］187 页
26cm（16 开）ISBN：7-5340-0070-X
定价：CNY5.10
（世界图形设计丛书）
　　本书收入各种字体 700 幅。作者桑山弥三郎，
日本著名字体、视觉传达要素研究专家。作者张
福昌（1943—　　），教授。江苏无锡人，毕业于无
锡轻工业学院。历任无锡轻工业学院工业设计
系主任、教授，中国室内装饰协会常务理事。出
版《视错觉在设计上的应用》《设计概论》《工业
设计全书》等。

J0107963
国外英文变体美术字集 朱天明编
上海 上海科技教育出版社 1989 年 280 页
13×19cm ISBN：7-5428-0244-5 定价：CNY3.70

J0107964
日本书法通鉴 陈振濂编著
郑州 河南美术出版社 1989 年 931 页

26cm（16 开）精装 ISBN：7-5401-0078-8
定价：CNY46.50

　　本书正文以日本历史时代分章，各章前有对该时期书法艺术的论述。古代作品 1650 件，附有作品评介及书家传略，近代作品包括现代汉字书法、近代诗文、前卫派等各种风格、各个流派的代表作品则只注明作者及作品名称。编著者陈振濂（1956—　），书法家。号颐斋。生于上海，浙江鄞县人。曾任浙江大学人文学院副院长、中国文联副主席、中国书法家协会副主席、中国文艺评论家协会副主席、浙江省文联副主席、西泠印社副社长。著作有《书法美学》《大学书法教材集成》。

J0107965
外文美术字　　鲁里，梁友编
天津　天津人民美术出版社 1989 年 94 页
26cm（16 开）ISBN：7-5305-0211-5
定价：CNY9.00

J0107966
外文字体 1000 例　　王蓉生编
上海　上海书画出版社 1989 年 354 页
19cm（32 开）ISBN：7-80512-312-8
定价：CNY10.00
（实用美术资料丛书）

J0107967
英文商用组字 1500　　习嘉编
香港　万旦书店 1989 年 重印本 150 页
26cm（16 开）ISBN：7-5062-0349-9
定价：CNY4.70
　　本书为英文美术字汇编。

J0107968
创意英文字设计　　白淑芬主编
台北　专业出版社 1990 年 191 页 有图
21cm（32 开）定价：TWD100
（美术美工系列）

J0107969
梵字的写法　　（日）德山晖纯著；李琳编修
台北　常春树书坊 1990 年 212 页 27cm（16 开）
精装 定价：TWD500.00
（学佛雅集）

J0107970
设计用外文字体手册　　刘春明，伯虔编
成都　四川美术出版社 1990 年 153 页
26cm（16 开）ISBN：7-5410-0485-5
定价：CNY13.50

J0107971
实用外文字体精选　　池民海编
厦门　鹭江出版社 1990 年 300 页 17×19cm
ISBN：7-80533-332-7 定价：CNY5.40
　　本书精选各具特色的外文字母以及阿拉伯数字 300 种。

J0107972
外国美术字欣赏与设计　　陈信根编著
上海　上海科学普及出版社 1990 年 194 页
17cm（32 开）ISBN：7-5427-0225-4
定价：CNY4.50

J0107973
外文美术字参考　　吴之勋作
北京　朝花美术出版社 1990 年 16 页
27cm（大 16 开）定价：CNY2.20
（美术技法画库 19）

J0107974
西方书法指南　　（英）马丁著；王旭，肖君编译
北京　北京语言学院出版社 1990 年 162 页
20cm（32 开）ISBN：7-5619-0104-6
定价：CNY3.50

　　本书内容包括书写的发展演变、媒介与材料、基本字体、布局与设计、特殊应用。著者原题：朱迪·马丁。

J0107975
英文商用组字范例 1200　　小冈，兰清编
北京　北京体育学院出版社 1990 年 120 页
26cm（16 开）ISBN：7-81003-165-1
定价：CNY5.50
（实用美术装潢资料大全丛书）

J0107976
英文艺术字　　陈彦君编
台南　世峰出版社 1990 年 284 页 21cm（32 开）
定价：TWD100.00

（美术丛书 6）

本书为英文美术字专著。

J0107977

英文字母变体精例 400　子叶，黄矜编绘

北京 北京体育学院出版社 1990 年 140 页 26cm（16 开）ISBN：7-81003-214-3

定价：CNY6.25

（实用美术装潢资料大全丛书）

J0107978

外文美术字　邹家政，杨海涛编绘

北京 朝花美术出版社 1991 年 重印本 93 页 13×19cm（32 开）ISBN：7-5056-0097-4

定价：CNY1.40

作者邹家政（1947—　），湖南冷水江市人，湖南湘潭纺织厂图案室工艺美术设计师。

J0107979

英文美术字大全　黄伟光编

北京 世界图书出版公司 1991 年 重印本 105 页 20cm（32 开）ISBN：7-5062-0914-4

定价：CNY2.20

本书收入的每一个英文字母，均包括正体、罗马体、草体、斜体等 280 种书写方法，总计 7280 个美术字。

J0107980

英文书写技法入门　熊和生编著

西安 西北工业大学出版社 1991 年 103 页 19cm（小 32 开）ISBN：7-5612-0323-3

定价：CNY1.80

本书介绍了几种常用书写体的特点、用途并书写了大量的示例。书中还介绍书写姿势、方法以及斜体行书的笔画写法。

J0107981

英 文 写 法 天 天 练　（英）古尔迪（Gourodie，Tom）原著；乐嘉渝译

西安 西北工业大学出版社 1991 年 113 页 19cm（小 32 开）ISBN：7-5612-0343-8

定价：CNY1.85

本书是企鹅丛书之一，采用中英文对照，提供了书写的技巧和字帖。外文书名：The Book of Handwriting. 作者汤姆·古尔迪（Tom Gourodie），

英国著名书法家。

J0107982

多形字体设计　千里香编

南宁 广西民族出版社 1992 年 192 页 17×19cm ISBN：7-5363-1756-5 定价：CNY8.96

J0107983

实用外文字帖　华雷编著

上海 上海交通大学出版社 1992 年 184 页 19cm（小 32 开）ISBN：7-313-01113-X

定价：CNY3.25

本书主要介绍拉丁字母及其派生的汉语拼音字母、英文字母、意大利文字母等的字体，还有从属的装饰线体、自由手写体等多种体例。

J0107984

英文流行书法指南　杨发河编译

深圳 海天出版社 1992 年 84 页 13×19cm ISBN：7-80542-427-6 定价：CNY2.50

J0107985

英文美术设计　林丛编著

台南 信宏出版社 1992 年 181 页 21cm（32 开）ISBN：957-538-321-4 定价：TWD120.00

（美术 71）

J0107986

英文字帖　（意大利体 手写印刷体 圆体）朱淑贤，闵志平编写

北京 北京工业大学出版社 1992 年 55 页 19cm（小 32 开）ISBN：7-5639-0194-9

定价：CNY1.20

本书是英文书法的入门书，从基本笔画、结构开始教如何写好英文字母、单词、句子及段落，全书汇集了国外英文书法研究的新成果及作者十几年的心血。

J0107987

英文字帖　（意大利体 手写印刷体 圆体）朱淑贤，闵志平编写

北京 北京工业大学出版社 1995 年 117 页 19cm（小 32 开）ISBN：7-5639-0456-5

定价：CNY4.60

J0107988

英文字帖 （意大利体 手写印刷体 圆体）朱
淑贤，闵志平编写
北京 北京工业大学出版社 1998 年 2 版
117 页 19cm（小 32 开）ISBN：7-5639-0456-5
定价：CNY4.60

J0107989

郑孝通英文连写 郑孝通编著
北京 北京师范大学出版社 1992 年 63 页
13×26cm ISBN：7-303-01525-6 定价：CNY2.50
    本书内容：1. 带线格一般连写体；2. 无线
格一般连写体；3. 英文行草体；4. 附：板书基本
要求，密集型连写，个人签署集萃。外文书名：
English Running Handwriting by Zheng Xiao-tong.
作者郑孝通，中国科技大学任教。

J0107990

阿拉伯书法艺术 周顺贤，袁义芬编著
银川 宁夏人民出版社 1993 年 228 页 有图
18×17cm ISBN：7-227-00922-X 定价：CNY9.00
    编著者周顺贤（1938— ），教授。上海外国
语大学督导组督学，南京大学金陵学院阿拉伯语
专业主任。著有《雪莱对现代阿拉伯文学的影响》
《歌德与阿拉伯文学》《托尔斯泰与阿拉伯文学》
《一千零一夜与十日谭》《莎翁笔下的女王与邵基
笔下的女王》等。

J0107991

现代文字 图形设计大系 （1）宗湖编著
南宁 广西美术出版社 1993 年 154 页
26cm（16 开）ISBN：7-80582-597-1
定价：CNY9.80
（现代设计家丛书）
    本书包括欧美的英文与图形设计和实用新
潮英文字两部分。

J0107992

现代文字 图形设计大系 （2）宗湖等编著
南宁 广西美术出版社 1993 年 154 页
26cm（16 开）ISBN：7-80582-598-X
定价：CNY9.80
（现代设计家丛书）
    本书汇辑了欧美与亚洲的设计资料，作者
有美国的罗伯特、瑞士的罗宾、日本的田中一光

等。编著者宗湖（1955— ），编审、教授。本名
黄宗湖。广西玉林人。毕业于无锡轻工业学院
设计系和日本爱知县立艺术大学。历任广西美
术出版社总编辑，中国书籍装帧艺术委员会常务
理事，广西书籍装帧艺术委员会主任，中国美术
家协会会员，广西美术家协会理事，广西书画院
国画家等。代表作品《当代中国画技法赏析》。

J0107993

英文美术字 童曼之编写
长沙 湖南美术出版社 1993 年 166 页 17×19cm
ISBN：7-5356-0600-8 定价：CNY11.80
    作者童曼之（1935— ），编辑。生于湖南
长沙，毕业于岳阳师范，后入湖南艺术学院美术
系。历任湖南美术出版社副编审，中国出版者协
会装帧艺术研究会、美协湖南分会会员。

J0107994

英文字体造型 260 朱天明编
上海 上海交通大学出版社 1993 年 262 页
20cm（32 开）ISBN：7-313-00130-4
定价：CNY7.20
    本书提供了广告、书籍装帧、包装装潢等均
适用的 260 种英文字体、造型。

J0107995

21 世纪新潮外文字体设计 左乾等主编
长春 时代文艺出版社 1994 年 190 页 17×19cm
ISBN：7-5387-0816-2 定价：CNY9.80

J0107996

商用外文艺术字设计 羚羊编著
北京 华龄出版社 1994 年 319 页 有彩图
26cm（16 开）ISBN：7-80082-455-1
定价：CNY48.00

J0107997

实用外文字母 傅廷煦选编
南昌 江西美术出版社 1994 年 132 页
26cm（16 开）ISBN：7-80580-148-7
定价：CNY12.00

J0107998

实用英文书法艺术 闵志平，朱淑贤编著
南京 江苏教育出版社 1994 年 133 页 19×26cm

ISBN：7-5343-2139-5
定价：CNY4.00，CNY7.50（精装）

J0107999
英文书法字帖　　金云法书写
合肥 安徽教育出版社 1994年 106页 20×21cm
ISBN：7-5336-1630-8 定价：CNY4.50

J0108000
日本篆刻艺术　　韩天雍编著
上海 上海书画出版社 1995年 277页
20cm（32开）ISBN：7-80512-782-4
定价：CNY22.00
　　编著者韩天雍（1957— ），教师。辽宁沈阳
人，毕业于浙江美术学院。历任中国美术学院国
画系副教授、书法系教授。代表作品《日本篆刻
艺术》。

J0108001
现代外文字体
杭州 浙江人民美术出版社 1995年 131页
17×19cm ISBN：7-5340-0609-0 定价：CNY7.50

J0108002
英文花体美术字设计　　（图集）田旭桐，侯芳
编著
南昌 江西美术出版社 1995年 154页
26cm（16开）ISBN：7-80580-279-3
定价：CNY13.00
　　编著者田旭桐（1962— ），教师。北京人，
毕业于中央工艺美术学院。清华美院教授、硕士
生导师。作品有《天街连晓雾》《隔溪烟雨》《一
池清水泛鱼苗》等。

J0108003
英文赠言钢笔字帖　　薛菲著
杭州 浙江文艺出版社 1995年 217页
20cm（32开）ISBN：7-5339-0782-5
定价：CNY7.80

J0108004
英语实用书写字帖　　姬少军编
武汉 湖北少年儿童出版社 1995年 81页
26cm（16开）ISBN：7-5353-1343-4
定价：CNY3.50

J0108005
日本书法史　　陈振濂著
沈阳 辽宁教育出版社 1996年 520页
20cm（32开）ISBN：7-5382-4683-5
定价：CNY20.00
（大学书法教材集成）
　　外文书名：History of Japanese Calligraphy. 作
者陈振濂（1956— ），书法家。号颐斋。生于上
海，浙江鄞县人。曾任浙江大学人文学院副院长，
中国文联副主席，中国书法家协会副主席，中国
文艺评论家协会副主席，浙江省文联副主席，西
泠印社副社长。著作有《书法美学》《大学书法
教材集成》。

J0108006
外文字体创意设计　　郑军编
哈尔滨 黑龙江美术出版社 1996年 196页
21×19cm ISBN：7-5318-0363-1 定价：CNY19.20

J0108007
新编外文美术字体　　程铁生编绘
沈阳 辽宁美术出版社 1996年 241页 19×26cm
ISBN：7-5314-1383-3 定价：CNY29.00
　　作者程铁生（1938— ），教师。辽宁铁岭人，
毕业于长春师范学校。曾任教师，木材厂美工。
潜心研究美术字。出版有《实用装饰美术字》。

J0108008
英文字体设计3000例　　车立军等编
长春 吉林美术出版社 1996年 217页 有图
26cm（16开）ISBN：7-5386-0580-0
定价：CNY22.50
（万国图案系列）

J0108009
外文组合字体　　张然编
杭州 浙江人民美术出版社 1997年 167页
17×19cm ISBN：7-5340-0740-2 定价：CNY11.00
（美术工具书）

J0108010
新编外文美术字200例　　佳玉等编
北京 中古文联出版公司 1997年 164页
13×19cm ISBN：7-5059-2362-5
定价：CNY10.00

J0108011
英文习字帖　（凹槽式）金光华编写
上海 上海教育出版社 1997 年 11+16 页
19cm（小 32 开）ISBN：7-5320-5767-4
定价：CNY10.00

J0108012
英文字母标志　李而成编
杭州 浙江人民美术出版社 1997 年 167 页
17×19cm ISBN：7-5340-0726-7 定价：CNY11.00
（美术工具书）

J0108013
外文美术字　陈星编绘
南宁 广西美术出版社 1998 年 146 页 17×18cm
ISBN：7-80625-389-0 定价：CNY8.80

（实用美术丛书 1）

作者陈星(1983—)，作家，教授。毕业于杭州师范学院中文系。历任杭州师范学院学报编辑部主任、编审，杭州市师范学院弘一大师·丰子恺研究中心主任、教授，研究生导师。著有《功德圆满——护生画集创作史话》《天心月圆——弘一大师》《丰子恺新传》《重访散文的家园》《李叔同歌曲寻绎》。

J0108014
形与意·西方书法之美
澳门 澳门市政厅 1998 年 有图 25×25cm
ISBN：972-97628-4-8
　　外文书名：Forma D Concepcao，Beleza Da Caligrafia Occidental.

雕　塑

雕塑理论、雕塑艺术史

J0108015
岳仑雕刻展览会会刊　岳仑编
上海［1931年］［40］页 有照片 27cm（16 开）
　　本书内收人体雕刻照片 9 幅。岳仑业师法
国布德尔、柏赫纳、普罗斯特三人的小传，以及
《为岳仑个展书怀》《刚克雕刻展览会以后》等。

J0108016
西洋雕刻简史　（美）Murray Sheehan 著；朱无
挂译
上海 商务印书馆 1934年 114 页 有图
18cm（32 开）定价：大洋七角

J0108017
西洋雕刻简史　（美）Murray Sheehan 著；朱无
挂译
上海 商务印书馆 1935年 再版 114 页 有图
19cm（32 开）定价：大洋七角

J0108018
中国古代陶塑艺术　秦廷棫辑
上海 艺苑真赏社 1954年 70叶 有图 36cm（6 开）
精装 定价：旧币 200,000 元

J0108019
中国古代陶塑艺术　秦廷棫辑
秦廷棫自刊 1955年 修订本 有图 37cm（8 开）
精装 定价：CNY20.00

J0108020
中国古代陶塑艺术　秦廷棫辑
秦廷棫自刊 1956年 修订本 有图 36cm（6 开）

J0108021
中国古代陶塑艺术　秦廷棫编
北京 中国古典艺术出版社 1957年 影印本
修订本 72 页 有图 36cm（6 开）精装
统一书号：8029.25 定价：CNY12.00

J0108022
希腊雕刻简史　唐德鉴编著
北京 朝花美术出版社 1955年 影印本 175 页
有图 26cm（16 开）定价：CNY6.00
　　本书系统介绍希腊雕刻，包括：雅典娜的道
路、古代希腊概况、克里特—米奈文化、古风时
期、过渡时期、全盛时期、希腊化时期。共收有
175 幅图。

J0108023
装饰雕刻的形象和主题　（苏）穆希娜
（В.И.Мухина）著；钱景长译
上海 上海人民美术出版社 1955年 有图
20cm（32 开）定价：CNY0.44
（造型艺术理论译丛）
　　本书论述了装饰雕刻的特殊手法，认为它取
决于雕刻的材料，建筑物结构，时代的世界观和
意识形态所产生的历史因素。并分别论述石膏、
木材、石料、大理石、青铜、赤铜、玻璃，以及新
型材料不锈钢等的性能特点和装饰效果。共有
图 8 幅。

J0108024

中国古代雕塑　宋仪编

北京 朝花美术出版社 1956年 影印本 有图

17cm（40开）定价：CNY0.16

（群众美术画库）

J0108025

雕塑家的笔记　（苏）梅尔库罗夫（С.Д.

Меркуров）著；彭鸿远译

北京 朝花美术出版社 1957年 69页 有图版

18cm（15开）统一书号：8028.1256 定价：CNY0.36

　　花岗石胸像纪念碑，也出自他手。作者

塞尔盖·德米特里叶维奇·梅尔库罗夫（Сергей

Дмитриевич Меркуров，1881–1952），苏联雕塑

家。主要作品有《领袖之死》《26名巴库政委遭

枪杀》等。

J0108026

敦煌莫高窟　（366–1956）敦煌文物研究所编

兰州 甘肃人民出版社 1957年［26cm］（16开）

定价：CNY2.00

　　本书系中国敦煌石窟艺术评论。

J0108027

敦煌莫高窟艺术　潘絜兹著

上海 上海人民出版社 1957年 21cm（32开）

定价：CNY0.90，CNY1.40（精装）

　　作者潘絜兹（1915—2002），著名工笔人物画

家。浙江宣平人，原名昌邦。毕业于北京京华美

术学院。历任中国历史博物馆美术组组长，《美

术》月刊编辑，《中国画》主编，北京画院专业画

师及艺术委员会副主任，北京工笔画会会长，中

国美术家协会北京分会副主席等职。代表作品

《石窟艺术的创造者》《岳飞抗金图》《白居易场

面炭翁诗意》等。

J0108028

敦煌艺术叙录　谢稚柳著

［北京］古典文学出版社 1957年 21cm（32开）

定价：CNY2.40

　　作者谢稚柳（1910—1997），书画家、书画

鉴定家。原名稚，字稚柳，后以字行，晚号壮暮

翁，斋名鱼饮溪堂等。江苏常州人。历任上海市

文物保护委员会编纂、副主任、上海市博物馆顾

问、中国书法家协会理事、国家文物局全国古代

书画鉴定小组组长等。编著有《敦煌石室记》《敦

煌艺术叙录》《水墨画》《唐五代宋元名迹》等。

J0108029

中国古代雕塑　（第二册）傅天仇编

北京 朝花美术出版社 1957年 影印本 有图

17cm（40开）统一书号：T8028.1525

定价：CNY0.16

（群众美术画库）

　　编者傅天仇（1920—1990），雕塑艺术家、美

术教育家。广东南海人。中央美术学院雕塑系

主任、教授，中国美术家协会理事，全国城市雕

塑艺术委员会秘书长。《中国美术全集·秦汉雕

塑分册》主编、《中国美术辞典》雕塑学科主编、

首都城市雕塑艺术委员会委员。

J0108030

苏联雕塑家马尼泽尔创作经验谈　（苏）马

尼泽尔（М.Манизер）著；马文启译

北京 人民美术出版社 1958年 32页 有图

20cm（32开）统一书号：T8027.1374

定价：CNY0.60

J0108031

犍陀罗式雕刻艺术　丁文光编著

北京 人民美术出版社 1959年［63页］有图

19cm（32开）统一书号：8027.3201 定价：CNY0.75

J0108032

四川汉代雕塑艺术　迅冰编

北京 中国古典艺术出版社 1959年 74页

有照片 26cm（16开）精装 统一书号：8029.116

定价：CNY11.70

J0108033

苏联彫塑家夏达尔评传　［苏］科尔宾斯基

著；林文霞，杨廉坤译

北京 人民美术出版社 1959年 21cm（32开）

定价：CNY1.30

J0108034

雕塑艺术　Wingert，P.S. 等著；陈宽仁译

台北 广文书局 1973年 3版 248页 有图

21cm（32开）定价：TWD60.00

J0108035

罗丹艺术论　（法）罗丹（A.Rodin）口述；
（法）葛塞尔（P.Gsell）记；沈琪译
北京　人民美术出版社　1978 年　154 页
19cm（32 开）统一书号：8027.6750　定价：CNY0.58

　　本书共有 11 章，附 53 幅图。其中既有罗
丹本人的作品，也有文中提及的其他美术家的作
品。外文书名：Auguste Rodin L'art。

J0108036

罗丹艺术论　（法）罗丹（Auguste Robin）口述；
（法）葛赛尔（Paul Gsell）笔记；沈琪译
北京　人民美术出版社　1987 年　2 版　125 页
有图版　20cm（32 开）统一书号：8027.6750
定价：CNY1.50

　　作者奥古斯特·罗丹（Auguste Rodin，1840–
1917），法国杰出雕塑家。毕业于巴黎美术工艺
学校。代表作品有《思想者》《吻》《巴尔扎克像》
等，著有《艺术论》。

J0108037

罗丹艺术论　（法）罗丹口述；（法）葛赛尔笔记
台北　雄狮图书公司　1983 年　再版　175 页　有图
21cm（32 开）定价：TWD100.00

　　外 文 书 名：Auguste Rodin's Entretiens Sur
L'art.

J0108038

罗丹艺术论　（插图珍藏本）（法）葛赛尔著；
傅雷译；傅敏编
北京　中国社会科学出版社　1999 年　312 页
有图　21cm（32 开）ISBN：7–5004–2611–9
定价：CNY68.00
（傅雷译名著插图本系列）

　　本书是法国近代雕塑作品评论集。译者傅
雷（1908—1966），文学翻译家、外国文学研究
家。江苏南汇（今属上海市）人。字怒安，号怒庵，
笔名小青等。就读于法国巴黎大学，曾任上海美
专教授，中国作协上海分会理事及书记处书记等
职，法国巴尔扎克研究协会会员。生平翻译外国
名著多部，有《约翰·克利斯朵夫》《高老头》《托
尔斯泰传》《贝多芬传》《艺术哲学》等，代表著
作《傅雷家书》。

J0108039

杰出的雕刻家米开朗琪罗　朱龙华著
北京　商务印书馆　1981 年　37 页　有插图
19cm（32 开）统一书号：11017.530
定价：CNY0.24
（外国历史小丛书）

　　本 书 是 米 开 朗 琪 罗（Michelangelo,
Buonarroti, 1475–1564）雕塑的评论集。作者朱
龙华（1931—　　），广西桂林人，北京大学历史系
教授。1956 年毕业于北京大学，随后在北大历史
系任教，担任世界古代史的教学与研究。主要著
作有《古代世界史参考图集》《希腊艺术》《意大
利文艺复兴》《世界历史：上古部分》《外国历史
故事（3）》《艺术通史 文艺复兴以前的艺术》等，
编有《波提切利》，译著有《文艺复兴时期的佛罗
伦萨》。

J0108040

希腊古典雕刻　朱龙华著
北京　商务印书馆　1981 年　37 页　19cm（32 开）
统一书号：11017.503　定价：CNY0.22
（外国历史小丛书）

J0108041

西洋雕塑百讲　左秀灵主编
台北　名山出版社　1982 年　1 册　有图　21cm（32 开）
定价：TWD150.00

J0108042

现代雕塑史　里德（Read，H.）著；李长俊译
台北　大陆书店　1982 年　273 页　20cm（32 开）
定价：TWD180.00
（美术译丛 3）

J0108043

中外雕塑比较研究　吴树人著
台北［台湾］文物供应社　1982 年　204 页　有彩
照肖像　21cm（32 开）精装　定价：旧台币 3.89
（中华文化丛书 艺术）

J0108044

中国雕塑史图录　（第一卷）史岩编
上海　上海人民美术出版社　1983 年　377 页
26cm（16 开）精装　统一书号：8081.12960
定价：CNY8.80

（中国美术图录丛书）

本书是中国雕塑史第 1 卷，整套丛书上起新石器时代，下迄清代末期。所有史迹按时代排列。编者史岩（1904—1994），教授。生于江苏宜兴，毕业于上海大学美术系。曾任金陵大学文学院副教授，国立敦煌艺术学院华东分院图书馆馆长，浙江美术学院教授、博士生导师。著作有《色彩学》《室内装饰美术》《绘画的理论与实际》《东洋美术史》等。

J0108045

雕林漫步　刘开渠等著

沈阳　辽宁美术出版社 1984 年 172 页 19cm（32 开）统一书号：8101.0234 定价：CNY2.63

作者刘开渠（1904—1993），雕塑家、教授。江苏徐州府萧县人（今属安徽）。就读于北平美术学校和法国巴黎国立高等美术学院雕塑系。曾任杭州艺术专科学校（中国美术学院）教授。创作浮雕有《淞沪战役阵亡将士纪念碑》《胜利渡长江解放全中国》《支援前线》《欢迎解放军》等。

J0108046

西方雕刻欣赏　周方白，陆传纹编

上海　上海人民美术出版社 1984 年 59 页 25cm（16 开）统一书号：8081.13876 定价：CNY1.25

本书介绍一些西方雕刻，包括古代的希腊、罗马及其后文艺复兴时期的作品共有 59 幅图。

J0108047

中外城市园林雕塑图选　钱海源编著

长沙　湖南美术出版社 1984 年 20cm（32 开）定价：CNY6.30

本书介绍了有关城市园林雕塑方面的知识及资料。其中国内部分 78 幅，国外部分 141 幅。编著者钱海源（1940—　　），一级美术师，别名磊明、柳絮，江西清江人。毕业于广州美术学院雕塑系。擅长雕塑、美术史论。中国美术家协会会员。主要作品有《长征路上》《母亲》《西游记》。著作有《应当正确评价徐悲鸿》等。

J0108048

雕塑家刘开渠　崔开宏，刘米娜编著

长沙　湖南美术出版社 1985 年 126 页 有图 20cm（32 开）统一书号：8233.778 定价：CNY1.10

本书系中国雕塑理论探讨与雕塑美术家人物评论。

J0108049

古代埃及艺术　刘汝醴著

上海　上海人民美术出版社 1985 年 219 页 有图 19cm（32 开）统一书号：8081.13867 定价：CNY3.60

本书系刘汝醴著古代埃及雕塑画册。

J0108050

关于罗丹　（日记择抄）熊秉明著

台北　雄狮图书公司 1985 年 2 版 192 页 有照片 20cm（32 开）定价：TWD140.00

奥古斯特·罗丹（Auguste Rodin，1840—1917），法国杰出雕塑家。毕业于巴黎美术工艺学校。代表作品有《思想者》《吻》《巴尔扎克像》等，著有《艺术论》。作者熊秉明（1922—2002），艺术家、哲学家。生于江苏南京，祖籍云南。毕业于西南联合大学和巴黎大学。巴黎第三大学东方语言文学院教授。代表作品有《张旭与草书》《中国书法理论体系》。

J0108051

关于罗丹——日记择抄　熊秉明著

长沙　湖南美术出版社 1987 年 244 页 有图 19cm（32 开）ISBN：7-5356-0046-8 定价：CNY2.50

J0108052

关于罗丹——日记择抄　熊秉明著

北京　三联书店 1993 年 182 页 有图 20cm（32 开）ISBN：7-108-00586-7 定价：CNY9.80

本书是作者四五十年代在欧学习雕刻的记录，书中以罗丹为中心，环绕美学、艺评、哲思、民族自省等思索艺术的本质、生命的本质。

J0108053

鲁迅与新兴木刻运动　马蹄疾，李允经编著

北京　人民美术出版社 1985 年 393 页 有图 20cm（32 开）统一书号：8029.9210 定价：CNY1.35

本书共分 6 部分：鲁迅——中国新兴木刻运动的导师、鲁迅与木刻社团、鲁迅与木刻青年、鲁迅与木刻书刊、鲁迅与木刻展览、鲁迅所评论过的中国木刻作品图文对读。

J0108054

罗丹论 （奥）里尔克著；梁宗岱译
成都 四川美术出版社 1985 年 78 页 有图
19cm（32 开）统一书号：8373.35 定价：CNY1.10
　　本书是法国近代雕塑作品的美术评论。作
者里尔克（Rainer Maria Rilke，1875–1926）奥地
利诗人。毕业于布拉格大学。代表作有《祈祷书》
《新诗集》《杜伊诺哀》等。

J0108055

希腊古代雕刻 范景中编译
天津 天津人民美术出版社 1985 年 78 页
26cm（16 开）统一书号：8073.50299
定价：CNY2.60

J0108056

非洲雕刻 张荣生编译
上海 上海人民美术出版社 1986 年 123 页
20cm（32 开）统一书号：8081.14598
定价：CNY2.60
　　本书用 42 幅图展现了非洲雕刻的独特魅力。
作者张荣生（1932—　），教授。别名荣升，辽宁
营口人，毕业于哈尔滨外国语学院。任中央美术
学院俄语老师、编译，共同课教研室主任、教授。
编著有《非洲岩石艺术》《柯罗——艺术家·人》
《非洲雕刻》《俄汉对照美术专业常用词汇编》等。

J0108057

移情的艺术 （中国雕塑初探）傅天仇著
上海 上海人民美术出版社 1986 年 244 页
有图 20cm（32 开）统一书号：8081.14081
定价：CNY2.30
　　本书是一本关于中国现代雕塑美术批评的
书籍。作者傅天仇（1920—1990），雕塑艺术家、
美术教育家。广东南海人。中央美术学院雕塑
系主任、教授，中国美术家协会理事，全国城市
雕塑艺术委员会秘书长。《中国美术全集·秦汉
雕塑分册》主编、《中国美术辞典》雕塑学科主编、
首都城市雕塑艺术委员会委员。

J0108058

中国雕塑史纲 曾堉著
台北 南天书局公司 1986 年 145 页 22cm（30开）
精装 定价：TWD360.00
（南天艺术系列）

J0108059

外国雕塑掇英 俞永康著
上海 上海教育出版社 1987 年 235 页 有插图
19cm（32 开）ISBN：7-5320-0294-2
定价：CNY1.70
（中学生文库）

J0108060

印度雕刻 （英）法布里（Fabri，C.）著；王镛，
孙士海译
北京 文化艺术出版社 1987 年 56 页 有图版
20cm（32 开）统一书号：8228.153 定价：CNY2.70
　　作者法布里，原名查尔斯·法布里（1899—
1968），侨居印度的英国著名考古学家、艺术史
家。外文书名： Indian Sculpture.

J0108061

中国雕塑史图录 （第二卷）史岩编
上海 上海人民美术出版社 1987 年 385–860 页
有照片 26cm（16 开）精装 统一书号：8081.13501
定价：CNY14.50
（中国美术史图录丛书）
　　本书是中国雕塑史第 2 卷，整套丛书上起
新石器时代，下迄清代末期。所有史迹按时代排
列。编者史岩（1904—1994），教授。生于江苏
宜兴，毕业于上海大学美术系。曾任金陵大学文
学院副教授，国立敦煌艺术学院华东分院图书馆
馆长，浙江美术学院教授、博士生导师。著作有
《色彩学》《室内装饰美术》《绘画的理论与实际》
《东洋美术史》等。

J0108062

中国雕塑史图录 （第三卷）史岩编
上海 上海人民美术出版社 1987 年 25cm（15 开）
精装 统一书号：8081.13678 定价：CNY15.50
（中国美术史图录丛书）
　　本书是中国雕塑史第 3 卷，整套丛书上起新
石器时代，下迄清代末期。所有史迹按时代排列。

J0108063

中华雕刻史 （上册）郑家瑝，邓淑苹编著
台北 台湾商务印书馆 1987 年 225 页 有图
21cm（32 开）定价：TWD225.00
（中华科学技艺史丛书）

J0108064

凝重与飞动 （中国雕塑与中国文明）王可平著
北京 国际文化出版公司 1988 年 193 页 有照片
20cm（32 开）ISBN：7–80049–181–1
定价：CNY2.30
（蓦然回首 对中国传统文化的反思 第二辑）
　　中国雕塑史研究。

J0108065

现代雕塑简史 （英）里德（Read, H.）著；林荣森译
长沙 湖南美术出版社 1988 年 333 页 有图
19cm（32 开）ISBN：7–5356–0175–8
定价：CNY4.30
　　本书叙述了现代美术的发现、各个派别之间的相互联系、相互影响及不同倾向，并介绍了众多的现代雕塑家和他们的作品。有图 400 幅。
外文书名：A Concise History of Modern Sculpture.
作者里德（Herbert Read, 1893–1968），英国诗人、艺术批评家、美学家。英国美学学会主席。著有《艺术的真谛》《今日之艺术》《现代艺术哲学》等。

J0108066

现代雕塑简史 （英）里德（Read, H.）著；余志强，栗爱平译
成都 四川美术出版社 1989 年 171 页 有图版
20cm（32 开）ISBN：7–5410–0225–9
定价：CNY4.85
　　外文书名：A Concise History of Modern Sculpture. 里德（1893—1968），英国社会学家、艺术史家

J0108067

血与火的文明 （古代墨西哥雕刻艺术）李建群著
北京 人民美术出版社 1988 年 83 页 有附图
19cm（32 开）ISBN：7–102–00382–X
定价：CNY2.00
（世纪美术文库）

J0108068

中国雕刻艺术 庄伯和著
台北 文化建设委员会 1988 年
63 页 21cm（32 开）

（文化资产丛书 36）
　　作者庄伯和，台湾民俗研究专家，著有《年画仕女的戏味与造形美》《民俗美术探访录》《台湾民艺造型》等。

J0108069

中国雕塑艺术史 王子云著
北京 人民美术出版社 1988 年 2 册 有图
26cm（16 开）精装 ISBN：7–102–00233–5
定价：CNY30.00
　　本书上册为文字，各章均论述各个时期的历史概况、艺术发展、造形特点及其成就。全书纲目分明，不仅重视大型巨制的石窟、陵墓造像，同时也不忽视民间喜闻乐见的一般雕塑。下册全部为图版，共选入各个时期的雕塑作品 760 幅。作者王子云（1897—1990），画家、雕塑家、美术教育家。原名青路，字子云，出生于江苏徐州府萧县。毕业于国立北京美术学校，后考入法国巴黎国立高等美术学院。代表作品《杭州之雨》《唐十八陵全景图》，著有《中国雕塑艺术史》等。

J0108070

中国石窟雕刻艺术史 荆三林著
北京 人民美术出版社 1988 年 181 页 有图版
20cm（32 开）ISBN：7–102–00291–2
定价：CNY1.80
　　本书论述中国雕刻造像艺术的起源、兴盛、衰落，以及对石窟寺院遗存的调查与研究等情况。同时对中国雕刻造像艺术的历史条件、物质遗存的地理分布、中国雕刻造像艺术各时期的特征、中国佛寺的地位和发展等作了介绍。书后附有石窟寺院遗迹年代一览表和图片百余幅。作者荆三林（1916—1991），史学家。河南汜水县人，毕业于开封私立中州中学。历任南京国立社会教育学院、中央大学、兰州大学、西北大学、厦门大学、郑州大学教授。主要著作有《安特生彩陶分布说之矛盾》《史前中国》《西北民族研究》《中国石窟雕刻艺术史》《考古学通论》等。

J0108071

中国原始社会雕塑艺术 杨晓能编著
香港 香港大道文化出版社 1988 年 168 页
有图 27cm（16 开）精装 ISBN：962–7084–51–4
　　外文书名：Sculpture of Prehistoric China.

J0108072

雕塑的魅力　崔开宏著

北京　人民美术出版社　1989 年　110 页　有图版

19cm（32 开）ISBN：7-102-00455-9

定价：CNY2.85

（世纪美术文库）

J0108073

法国雕塑三大家　（罗丹、布德尔、马约尔）

杨蔼琪编著

北京　人民美术出版社　1989 年　91 页　有图

19cm（32 开）ISBN：7-102-00422-2

定价：CNY2.55

（世纪美术文库）

J0108074

古今雕塑艺术　钱海源编著

长沙　湖南教育出版社　1989 年　317 页

19cm（32 开）ISBN：7-5355-0937-1

定价：CNY4.95

　　编著者钱海源（1940—　　），一级美术师，别名磊明、柳絮，江西清江人。毕业于广州美术学院雕塑系。擅长雕塑、美术史论。中国美术家协会会员。主要作品有《长征路上》《母亲》《西游记》。著作有《应当正确评价徐悲鸿》等。

J0108075

世界雕塑史　（美）肯拜尔等著；钱景长，钱景渊译

杭州　浙江美术学院出版社　1989 年　154 页

有图　26cm（16 开）ISBN：7-81019-015-6

定价：CNY6.95

J0108076

中国雕塑史册　（第五卷　唐陵石雕艺术）王鲁豫编著

北京　学苑出版社　1989 年　26cm（16 开）

ISBN：7-80060-694-5　定价：CNY24.70

　　编著者王鲁豫（1956—　　），研究员。中国艺术研究院研究生部美术系中国雕塑史专业博士，主编《古代艺术辞典》。

J0108077

中国古代雕塑漫谈　任荣著

上海　上海教育出版社　1989 年　232 页　有图版

19cm（32 开）ISBN：7-5320-0721-9

定价：CNY2.60

（中学生文库）

J0108078

鬼斧神工　（中外雕塑艺术鉴赏）杨成寅，黄幼钧著

南宁　广西人民出版社　1990 年　258 页　有彩图

19cm（32 开）ISBN：7-219-01628-X

定价：CNY4.90

（青年艺术鉴赏丛书）

　　本书系杨成寅、黄幼钧对世界雕塑的批评。附印中外雕塑名作图照 107 幅。作者杨成寅（1926—2016），美术理论家、雕塑家。河南南阳市人，毕业于中央美院研究生班并留校任教。曾任《美术理论资料》《美术译丛》等刊物编辑，中国美术学院教授，中国美术家协会会员。雕塑作品有《晨读》《汤显祖像》《谢文锦像》等。黄幼钧（1959—），萧山市农校校长。

J0108079

鬼斧神工　（中外雕塑艺术鉴赏）杨成寅，黄幼钧著

台北　书泉出版社　1994 年　376 页　21cm（32 开）

ISBN：957-648-346-8　定价：TWD400.00

（艺术现场 6）

J0108080

生命·神祇·时空　（雕塑文化论　博士学位毕业论文）孙振华著

杭州　浙江美术学院出版社　1990 年　183 页

有照片　20cm（32 开）ISBN：7-81019-077-9

定价：CNY5.50

　　作者孙振华（1956—），浙江美术学院美术史论系任教。

J0108081

艺术家眼中的世界　（爱米尔 - 安托瓦尼·布德尔关于艺术与生活的随笔）（法）布德尔（Bourdelle, A.）著；孔凡平，孙丽荣编译

沈阳　辽宁美术出版社　1990 年　315 页　有附图

20cm（32 开）ISBN：7-5314-0862-7

定价：CNY5.50

　　作者埃米尔 - 安托万·布德尔（Emile Antoine Bourdelle，1861-1929），法国著名雕塑家。毕业

于巴黎国立美术学院。曾拜 A. 罗丹为师，并一度为罗丹的助手。主要作品有《阿波罗头像》《弓箭手赫拉克勒斯》《贝多芬》等。

J0108082
中国雕塑史图录 （第四卷）史岩编
上海 上海人民美术出版社 1990 年 1901 页 有图 26cm（16 开）精装 ISBN：7-5322-0433-2
定价：CNY28.00
（中国美术史图录丛书）

本书是中国雕塑史第 4 卷，整套丛书上起新石器时代，下迄清代末期。所有史迹按时代排列。本卷含五代、两宋、元、明、清时代的雕塑艺术品图片。编者史岩（1904—1994），教授。生于江苏宜兴，毕业于上海大学美术系。曾任金陵大学文学院副教授，国立敦煌艺术学院华东分院图书馆馆长，浙江美术学院教授、博士生导师。著作有《色彩学》《室内装饰美术》《绘画的理论与实际》《东洋美术史》等。

J0108083
中国古代雕塑艺术 季崇建著
上海 上海古籍出版社 1990 年 186 页 19cm（32 开）定价：CNY2.10
（文物鉴赏丛书）

J0108084
中国夏商雕塑艺术 杨晓能编著
香港 大道文化出版社 1990 年 7+302 页 有彩图表格 27cm（大 16 开）
外文书名：Sculpture of Xia & Shang China.

J0108085
中国夏商雕塑艺术 杨晓能编著
香港 大岛出版有限公司 1998 年 302 页 有图 27cm（16 开）精装 ISBN：962-7084-50-6
外文书名：Sculpture of Xia & Shang China.

J0108086
龙盘虎踞 （中国古典雕刻的文化方位）陈云岗著
西安 陕西人民教育出版社 1991 年 271 页 19cm（小 32 开）ISBN：7-5419-1781-8
定价：CNY5.95
（羊角丛书）

本书主要论述中国古典雕刻的美学特征。从 5 个层面上比较中西方古典雕刻在各自文化大背景中的生成、发展、变化等方位之差。着力于对其艺术分析和对工匠心态的把握，剖析作品背后的精神底蕴和情感因素；艺术特征和文化特征。作者陈云岗（1956—   ），著名雕塑家，教授。毕业于西安美术学院雕塑系。历任国家画院雕塑院（执行）院长，西安美术学院雕塑系主任、中国美术家协会雕塑艺术委员会委员、全国城市雕塑建设指导委员会艺术委员会委员。代表作品《大江东去》《中国老子》等。

J0108087
世界雕塑 杨庚新编著
长沙 湖南少年儿童出版社 1991 年 100+12 页 26×23cm ISBN：7-5358-0595-7 定价：CNY9.90
（世界美术欣赏丛书）

本书精选世界各国雕塑作品，其中有《维林多夫女神像》《掷铁饼者》《雅典娜处女像》《阿芙罗蒂德》《马土腊佛立像》《大卫像》《阿波罗与达莫尼》《国王和王后》等。共 100 幅图，每幅图配有 500 字的说明，卷尾配有 16 幅彩色图版。

J0108088
中国雕塑史话 顾森著
北京 商务印书馆 1991 年 132 页 有彩照 19cm（小 32 开）ISBN：7-100-01319-4
定价：CNY2.25
（中国文化史丛书）

本书内容包括：《原始雕塑与民间雕塑》《青铜雕塑》《俑》《陵墓雕塑》《佛教雕塑》《玉、石雕刻与盆景》。

J0108089
中华雕刻史 （下册）那志良等编著
台北 台湾商务印书馆 1991 年 298 页 有照片 21cm（32 开）ISBN：957-05-0279-7
定价：TWD250.00
（中华科学技艺史丛书）

J0108090
雕塑雕塑 王朝闻著
长春 东北师范大学出版社 1992 年 570 页 有彩图 20cm（32 开）精装 ISBN：7-5602-0440-6
定价：CNY20.00

（艺术美学丛书）

本书阐述了什么是雕塑美、怎样欣赏和创作雕塑美等。包括耐看与乏味、摹仿与虚构、形式美与形式、基本形与美丑等14章。作者王朝闻（1909—2004），雕塑家、文艺理论家、美学家。生于四川合江。别名王昭文，更名王朝闻，笔名汶石、廖化、席斯珂。就读于成都艺专、杭州国立艺专。历任中央美术学院副教务长、中国美术家协会副主席、中国艺术研究院副院长等。代表作品《浮雕毛泽东像》《圆雕刘胡兰像》等。

J0108091
华夏审美文化的集结　（中国的雕塑艺术）王可平著
杭州　浙江美术学院出版社　1992年　163页
20cm（32开）ISBN：7-81019-179-9
定价：CNY8.80

本书介绍了中国雕塑的种类、独特的发展道路、中国雕塑艺术的审美特征以及文化传统与中国雕塑的关系。作者王可平（1958—　），中国人民大学美学研究所教师。

J0108092
林毓豪　《广州美术研究》编辑部编
广州　岭南美术出版社　1992年　127页　有照片
19cm（32开）ISBN：7-5362-0824-3
定价：CNY6.50
（广东美术家丛书）

本书编入了雕塑家林毓豪的自传、艺术与生活，精选了部分作品照片，并收入对其作品进行了评论与赏析的文章。

J0108093
罗丹雕塑精选　（第1-3辑）（法）罗丹（Rodin, A.）作
北京　外文出版社　1992年　3册　30cm（10开）
ISBN：7-119-01581-8　定价：CNY24.00

J0108094
雕塑——空间的艺术　朱国荣著
上海　知识出版社　1993年　272页　有图
20cm（32开）ISBN：7-5015-5496-X
定价：CNY8.50

本书阐述了从原始社会至20世纪80年代间外国雕塑艺术的历史进程。作者朱国荣

（1947—　），上海人。上海美术家协会任职，中国美术家协会会员。

J0108095
惠安石雕　壮兴发，王式能编著
福州　福建人民出版社　1993年　56页　有彩照
26cm（16开）ISBN：7-211-02132-2
定价：CNY25.00
（福建风物系列　第一辑）

本书介绍了惠安石雕的发展史及其作品、石雕名匠、作品流传等。外文书名：The Art of Hui An Stone Carving.

J0108096
罗丹艺术论　（罗丹谈艺）葛赛尔记述；傅雷译
新店［台湾］新地文学出版社　1993年　203页
21cm（32开）ISBN：957-8545-20-7
定价：TWD240.00

译者傅雷（1908—1966），文学翻译家、外国文学研究家。江苏南汇（今属上海市）人。字怒安，号怒庵，笔名小青等。就读于法国巴黎大学，曾任上海美专教授，中国作协上海分会理事及书记处书记等职，法国巴尔扎克研究协会会员。生平翻译外国名著多部，有《约翰·克利斯朵夫》《高老头》《托尔斯泰传》《贝多芬传》《艺术哲学》等，代表著作《傅雷家书》。

J0108097
西方雕塑　（二次大战前后的范例）陈卫和编著
长沙　湖南美术出版社　1993年　129页　有彩照
19cm（小32开）ISBN：7-5356-0550-8
定价：CNY19.00
（实验艺术丛书）

本书陈述了艺术家的艺术历程及艺术语言形式。卷首有《西方二次大战前后的雕塑概述》，介绍这一时期现代艺术的各个流派。共收辑作品130余件。外文书名：Highlights of Western Sculptures Before and After the 2nd World War. 编著者陈卫和，画家。中国艺术研究院艺术学硕士，英国杜信大学美术史论博士。中央美术学院研究部副研究员。

J0108098
中国雕塑史　陈少丰著
广州　岭南美术出版社　1993年　697页　有照片

26cm（16 开）精装 ISBN：7-5362-1009-4

定价：CNY135.00

外文书名：A History of Chinese Sculpture.

J0108099

中国雕塑史册 （第三卷 汉晋南北朝石雕艺术）王鲁豫编著

北京 北京广播学院出版社 1993 年 有图

26cm（16 开）ISBN：7-81004-382-X

定价：CNY24.70

外文书名：A History of Chinese Stone Carving Art：The Mausoleum Stone Carving Art of Han and Jin and Southern ＆ Northern Dynasty. 编著者王鲁豫（1956— ），研究员。中国艺术研究院研究生部美术系中国雕塑史专业博士，主编《古代艺术辞典》。

J0108100

中国雕塑史册 （第三卷 汉晋南北朝石雕艺术）王鲁豫编著

北京 北京广播学院出版社 1993 年 有图

26cm（16 开）精装 ISBN：7-81004-381-1

定价：CNY35.00

外文书名：A History of Chinese Stone Carving Art：The Mausoleum Stone Carving Art of Han and Jin and Southern ＆ Northern Dynasty.

J0108101

中外雕塑名作欣赏 朱铭编著

济南 山东教育出版社 1993 年 406 页

26cm（16 开）精装 ISBN：7-5328-1362-2

定价：CNY150.00

编著者朱铭（1937—2011），教授。江苏泰州人，毕业山东师范大学艺术系。历任山东艺术学院教授，中国美术家协会会员，山东美协理事，山东省广告协会副会长。

J0108102

此刻此地你我共有 （后现代主义与当代雕塑、建筑）孔新苗，张萍著

北京 中国社会出版社 1994 年 263 页 有插图

19cm（小 32 开）ISBN：7-80088-543-7

定价：CNY6.50

（后现代主义文化丛书 5 ）

J0108103

雕塑美 王朝闻，简平选辑

武汉 湖北教育出版社 1994 年 152 页 有图

19cm（小 32 开）ISBN：7-5351-1353-2

定价：CNY4.00

（中学生美学文库）

J0108104

画海雕林探美 左庄伟著

北京 北京出版社 1994 年 252 页 有彩照

20cm（32 开）ISBN：7-200-02118-0

定价：CNY7.50

（青少年探美丛书）

本书阐述了绘画雕塑艺术欣赏规律、中国与西洋绘画比较、西洋雕塑美等问题。

J0108105

诗情凝固——雕塑 朱琦著

北京 中国美术学院出版社 1994 年 176 页

有彩图 19cm（小 32 开）ISBN：7-81019-347-3

定价：CNY12.00

（艺术迷宫指南丛书）

本书为中国美术学院出版社与蓝鲸艺术图书发展公司合作出版。

J0108106

郑于鹤雕塑艺术论集 华夏等著

北京 北京工艺美术出版社 1994 年 184 页

有图版 19cm（小 32 开）ISBN：7-80526-133-4

定价：CNY13.50

本书收有文章 12 篇，其中有《郑于鹤的雕塑艺术》《郑于鹤艺术的蜕变》等。作者华夏，《美术》杂志主编。郑于鹤（1934— ），雕塑家。江苏徐州人。历任中央工艺美院泥塑教员，北京工艺美术研究所创作员，北京装潢印刷厂美术师，中国历史博物馆研究员，中国美术家协会会员。作品有《戈壁鼓声》《小泥塑系列》等。出版有《郑于鹤彩塑集》《郑于鹤的泥人世界》等。

J0108107

中国雕塑史 孙振华著

杭州 中国美术学院出版社 1994 年 167 页

有附图 26cm（16 开）ISBN：7-81019-366-X

定价：CNY17.50

外 文 书 名：A Concise History of Chinese

Sculpture. 作者孙振华，深圳雕塑院任教，中国美术家协会会员。

J0108108

雕风塑韵　杨学芹编著

石家庄　河北少年儿童出版社　1995 年　260 页
20cm（32 开）精装　ISBN：7–5376–1320–6
定价：CNY15.20
（中国民间文化　雕塑）

　　作者杨学芹（1931—　　），女，原名杨学勤，西安美术学院副教授，中国美术家协会会员。

J0108109

雕塑鉴识　冯贺军著

桂林　广西师范大学出版社　1995 年　273 页
19cm（小 32 开）精装　ISBN：7–5633–1974–3
定价：CNY48.00
（中国文物鉴定丛书）

　　作者冯贺军（1963—　　），研究员。天津人，毕业于天津南开大学。故宫博物院馆员。参加编辑《故宫博物院文物珍品全集·铭刻与雕塑》《故宫博物院藏品大系·雕塑卷》《中华艺术通史·明代卷》《中国美术·明清至近代》等。

J0108110

气韵生动的中国雕塑　胡国瑞著

沈阳　辽宁古籍出版社　1995 年　155 页　有图
19cm（小 32 开）ISBN：7–80507–280–9
定价：CNY43.00（艺术卷）
（中华民族优秀传统文化丛书　艺术卷）

J0108111

西方雕塑史话　庄圩著

上海　上海文艺出版社　1995 年　166 页
19cm（小 32 开）ISBN：7–5321–1318–3
定价：CNY3.00
（希望美育文库）

J0108112

中国雕塑史话　肖博著

上海　上海文艺出版社　1995 年　151 页
19cm（32 开）
（希望美育文库）

　　本书内容共分 7 章，包括："中国早期的雕塑""创造'世界第八奇迹'的秦代雕塑""博大

沉雄的两汉雕塑""中外合流的魏晋南北朝雕塑""中国雕塑艺术的黄金时代——隋唐雕塑""中国雕塑艺术的'白银时代'——五代两宋雕塑""日渐衰微的元明清雕塑"。

J0108113

中国雕塑史话　肖博著

北京　中国少年儿童出版社　1996 年　151 页
有插图 19cm（32 开）ISBN：7–5007–3009–8
定价：非卖品
（希望书库 5–46 总 350）

　　本书为中国少年儿童出版社与中国青年出版社合作出版。

J0108114

中国古代雕塑艺术　闻惠芬编著

北京　北京科学技术出版社　1995 年　137 页
有图 19cm（小 32 开）ISBN：7–5304–1666–9
定价：CNY3.90
（中国历史知识全书　灿烂文化）

J0108115

雕塑艺术欣赏　（人与雕塑）王宁宇著

太原　山西教育出版社　1996 年　271 页　有插图
19cm（小 32 开）ISBN：7–5440–0801–0
定价：CNY8.80
（美育丛书　美术系列）

　　作者王宁宇（1945—　　），美术史研究员。河南孟津人，毕业于西安美术学院。曾在陕西省工艺美术公司、陕西省群众艺术馆、陕西省文化厅群众文化处工作。曾任陕西雕塑院艺术委员会副主任、研究员，中国美术家协会会员。编著有《陕西民间美术研究》等。

J0108116

鬼斧神工　（中国古代雕刻研究）邢永川著

西安　陕西人民教育出版社　1996 年　165 页
21cm（32 开）ISBN：7–5419–6372–0
定价：CNY9.50

　　作者邢永川（1938—　　），雕塑家。出生于山西交城县，毕业于西安美术学院雕塑系。历任西安美术学院雕塑系教授、主任、硕士生导师，中国美术家协会会员，中国雕塑学会会员，中国美协陕西分会常务理事，陕西省雕塑艺术委员会主任，雕塑代表作品《老汉们》等。

J0108117
西方雕塑史话　　左庄伟著
北京　中国少年儿童出版社　1996 年　166 页
有插图 19cm（小 32 开）ISBN：7–5007–3010–1
定价：非卖品
（希望书库 6–59 总 428）
　　本书为中国少年儿童出版社与中国青年出版社合作出版。

J0108118
自然·空间·雕塑　　（现代雕塑透视）侯宜人著
台北　亚太图书出版社　1996 年　重印本　348 页
有图 23cm（30 开）ISBN：957–8510–40–3
定价：TWD400.00
（艺术生活 3）
　　外文书名：Nature Space Sculpture.

J0108119
"上帝"的手艺　　（中外雕塑精品欣赏）朱国荣
编著
上海　少年儿童出版社　1997 年　10+332 页
有图 19cm（32 开）ISBN：7–5324–3092–8
定价：CNY14.00
（艺术长廊丛书）
　　编著者朱国荣（1947— ），上海人。上海美术家协会任职，中国美术家协会会员。

J0108120
"上帝"的手艺　　（中外雕塑精品长廊）朱国荣
编著
上海　少年儿童出版社　1998 年　159 页　有图
19cm（小 32 开）ISBN：7–5324–3467–2
定价：CNY5.80
（海螺·绿叶文库　长河浪涛）

J0108121
雕塑艺术　　周细刚著
上海　上海古籍出版社　1997 年　107 页　有图
19cm（小 32 开）ISBN：7–5325–2291–1
定价：CNY8.40
（中华文明宝库）

J0108122
画说中华文化形象　　（中华雕塑）刘梦溪，黄
克剑主编；刘兴珍编著

南宁　广西教育出版社　1997 年　64 页　29cm（16 开）
精装　ISBN：7–5435–2596–8　定价：CNY78.00

J0108123
精美的雕塑　　周磊编著
广州　广州出版社　1997 年　116 页 19cm（小 32 开）
ISBN：7–80592–708–1　定价：CNY92.00（全辑）
（百科世界丛书　第四辑 63）

J0108124
世界雕塑名品图鉴　　张荣生主编
哈尔滨　黑龙江美术出版社　1997 年　380 页
26cm（16 开）ISBN：7–5318–0394–1
定价：CNY58.00，CNY76.00（精装）
　　外文书名：The Illustration of the Classic Statue World. 主编张荣生（1932— ），教授。别名荣升，辽宁营口人，毕业于哈尔滨外国语学院。任中央美术学院俄语老师、编译，共同课教研室主任、教授。编著有《非洲岩石艺术》《柯罗——艺术家·人》《非洲雕刻》《俄汉对照美术专业常用词汇编》等。

J0108125
中国传统雕塑　　顾森［编著］
北京　商务印书馆　1997 年　196 页　有彩照
19cm（小 32 开）ISBN：7–100–02236–3
定价：CNY14.00
（中国文化史知识丛书）

J0108126
中国的碑雕画塑　　余增德编著
上海　上海文化出版社　1997 年　23+121 页
有照片 19cm（小 32 开）ISBN：7–80511–375–0
定价：CNY8.00
（神州风物丛书）

J0108127
中国雕塑史　　梁思成著
天津　百花文艺出版社　1997 年　172 页　有照片
21cm（32 开）ISBN：7–5306–2558–6
定价：CNY14.00

J0108128
藏族雕刻艺术　　旺姆，安旭主编
北京　中国档案出版社　1998 年　143 页

29cm（16 开）精装　ISBN：7-80019-746-8
定价：CNY160.00

J0108129
陈明达古建筑与雕塑史论　陈明达著
北京 文物出版社 1998 年 307 页 有照片
26cm（16 开）ISBN：7-5010-1037-4
定价：CNY130.00
（中国古建史论丛书）

J0108130
城市的眼睛 （世界景观雕塑漫谈）朱国荣著
上海 复旦大学出版社 1998 年 227 页 有插图
20cm（32 开）ISBN：7-309-02077-4
定价：CNY12.00
（缪斯书系）

J0108131
大足石窟艺术　黎方银著
重庆 重庆出版社 1998 年 2 版 296 页 有彩
照及图 19cm（小 32 开）ISBN：7-5366-1343-1
定价：CNY15.00
　　本书从历史和艺术的角度对大足石窟所反
映的内容，作了介绍。作者黎方银（1962—　），
学者。就读于复旦大学和重庆师范大学文物与
博物馆专业。历任大足县文管所所长，重庆大足
石刻艺术博物馆馆长，大足石刻研究院院长，重
庆市文物鉴定组成员。出版有《中国大足石刻》
《大足石刻铭文录》《大足北山石窟分期》等。

J0108132
印度雕塑 （图集）毛小雨著
南昌 江西美术出版社 1998 年 125 页 25×23cm
ISBN：7-80580-511-3
定价：CNY98.00，CNY108.00（精装）

J0108133
中国原始雕塑研究　张晓凌著
长春 吉林美术出版社 1998 年 198 页 有图
20cm（32 开）ISBN：7-5386-0819-2
定价：CNY16.80
　　作者张晓凌（1956—　），教授。生于安徽。
毕业于安徽阜阳师范学院艺术系和中国艺术研
究院。曾任中国艺术研究院美术研究所副所长，
中国艺术研究院院长助理、研究生院院长，中

国国家画院院长等。著有《中国原始艺术精神》
《中国原始雕塑》《观念艺术：解构与重建的诗
学》等。

J0108134
哈尔滨冰灯艺术大观　王景富著
哈尔滨 哈尔滨出版社 1999 年 373 页 有地图
及彩照 20cm（32 开）ISBN：7-80639-254-8
定价：CNY29.80
　　本书记录了哈尔滨冰灯艺术的历史进程，总
结了哈尔滨冰灯艺术的发展规律，介绍了哈尔滨
冰灯艺术的有关知识。作者王景富（1938—　），
编辑。黑龙江呼兰县人。黑龙江省作家协会会员、
黑龙江省科普作家协会会员等。著有《哈尔滨冰
灯艺术大观》。

J0108135
明清竹刻艺术　嵇若昕著
台北 台北故宫博物院 1999 年 268 页 有照片
21cm（32 开）ISBN：957-562-350-9
（故宫丛刊 甲种 41）

J0108136
凝固的旋律 （雕塑艺术）叶庆文著
杭州 浙江人民美术出版社 1999 年 144 页
20cm（32 开）ISBN：7-5340-0836-0
定价：CNY15.00
（艺术教育图典）

J0108137
走向荒原　孙振华著
南宁 广西美术出版社 1999 年 386 页
20cm（32 开）ISBN：7-80625-704-7
定价：CNY30.00
（中国当代美术理论家文丛）
　　现代中国雕塑艺术理论文集。作者孙振华
（1956—　），出生于湖北省荆州市，深圳雕塑院
院长、国家一级美术师。

雕塑技法

J0108138
观石录 （一卷）（清）高兆撰
清 抄本
　　本书由《端溪砚石考一卷》《观石录一卷》（清）高兆撰合订。

J0108139
观石录 （一卷）（清）高兆撰
张海鹏 清嘉庆 刻本
（泽古斋重钞）

J0108140
观石录 （一卷）（清）高兆撰
上海陈氏 清道光四年［1824］刻本 重编补刻
（泽古斋重钞）
　　借月山房汇钞本。

J0108141
观石录 （清）高兆撰
扫叶山房 清末至民国初 石印本 线装
（广虞初新志）
　　十六行三十六字白口四周双边单鱼尾。收于《广虞初新志》卷之四十中。

J0108142
后观石录 （一卷）（清）毛奇龄撰
清乾隆 印本 线装
（西河合集）
　　据清康熙刻本印。收于《西河合集》文集中。作者毛奇龄（1623—1716），清初经学家、文学家。原名甡，又名初晴，字大可，又字于一、齐于，号秋晴，又号初晴、晚晴等，绍兴府萧山县（今浙江杭州市萧山区）人。著有《西河合集》。

J0108143
后观石录 （一卷）（清）毛奇龄撰
清嘉庆元年［1796］刻本 重修 线装
（西河合集）
　　十行二十字小字双行同白口四周单边。收于《西河合集》文集中。

J0108144
纪奇珍翡翠三绝之雕制经过　　张文棣著
［上海］张文棣［1933年］8页 20cm（32开）

J0108145
创作版画雕刻法　　赖少麒编译
上海 形象艺术社 1934年 85页 有图
20cm（32开）定价：大洋六角
　　此书据《木刻画的雕刻法与印刷法》《木版画的作法》两书编译而成。本书内分：木版画概说、木版画的用具、磨刀的方法、刻版、印版的用具、德国的木版刀等11节。书末附《日本的木刻画史》。

J0108146
雕塑浅说　　熊松泉编
上海 商务印书馆 1934年 66页 有图
18cm（15开）定价：大洋三角五分
　　本书共8章，分别对塑造、石膏像、木雕和铸造等的技法作了介绍。

J0108147
雕塑浅说　　熊松泉编
上海 商务印书馆 1937年 3版 66页 有图
20cm（32开）定价：国币1.50
（新中学文库）

J0108148
雕塑浅说　　熊松泉编
上海 商务印书馆 1950年 4版 66页 有图
18cm（15开）统一书号：77832 定价：旧币4.00

J0108149
语石 （上）（清）叶昌炽撰
上海 商务印书馆 1936年 109页 18cm（小32开）
（万有文库 第二集 395）
　　古代石刻的历史渊源和书法艺术研究。

J0108150
语石 （中）（清）叶昌炽撰
上海 商务印书馆 1936年 111–227页
18cm（小32开）
（万有文库 第二集 395）
　　古代石刻的历史渊源和书法艺术研究。

J0108151

语石 （下）（清）叶昌炽撰

上海 商务印书馆 1936 年 229–331 页

18cm（小 32 开）

（万有文库 第二集 395）

　　古代石刻的历史渊源和书法艺术研究。

J0108152

木刻雕法谈　刘岘，王大化刻制

重庆 未名木刻社 1939 年 32 叶 有图

21cm（32 开）定价：二角五分

　　本书以图文并茂的形式，介绍了木刻作品的创作方法及技巧，包括：木刻雕法谈、木板的种类、刀子的种类等。最后附有刘岘、王大化的作品 8 幅。作者刘岘（1915—1990），版画家。河南兰封县人（现为兰考县）。毕业于日本东京美术学校学习。历任人民文学出版社美术编审，中国美术馆研究部主任。出版《阿 Q 正传画集》《怒吼吧中国之图》《罪与罚图》《子夜之图》《刘岘木刻选集》等。

J0108153

苏联纪念碑雕刻问题　（苏）汤姆斯基著；杨成寅译

［上海］中央美院华东分院［1950—1957 年］

11 页 27cm（16 开）

　　译者杨成寅（1926—2016），美术理论家、雕塑家。河南南阳市人，毕业于中央美院研究生班并留校任教。曾任《美术理论资料》《美术译丛》等刊物编辑，中国美术学院教授，中国美术家协会会员。雕塑作品有《晨读》《汤显祖像》《谢文锦像》等。

J0108154

苏联纪念碑雕刻问题　（苏）汤姆斯基（Томский）著；杨成寅译

上海 华东人民美术出版社 1954 年 44 页 有图

20cm（32 开）定价：旧币 5,000 元

（造型艺术理论译丛）

J0108155

怎样刻木刻　杨可扬，赵延年著；全国美术协会上海分会编辑

上海 大东书局 1950 年 116 页 有图 18cm（15 开）

定价：七元

（新美术学习丛书）

　　本书为木刻雕塑技法基础知识。作者杨可扬（1914—2010），版画家。原名杨嘉昌，笔名 A 扬、阿扬等，浙江遂昌人。历任中国木刻研究会浙区理事，中华全国木刻协会常务理事，上海版画会会长等。代表作品有《木合工厂》《老教师》《张老师早!》《江南古镇》《上海，您好!》等。作者赵延年（1924—2014），教授、版画家。生于浙江湖州，就读于上海美专学习木刻。历任浙江美术学院教授，浙江版画家协会名誉会长，浙江漫画研究会顾问等。作品有《负木者》《鲁迅先生》《起来饥寒交迫的奴隶》等，出版有《赵延年版画选》。

J0108156

雕刻初步　（塑造与翻制）И.М. 柴柯夫著；杨成寅，翁祖亮译

［上海］中央美术学院华东分院研究室

［1952—1958 年］21 页 有图 27cm（16 开）

（美术参考资料 技术知识 57）

　　译者杨成寅（1926—2016），美术理论家、雕塑家。河南南阳市人，毕业于中央美院研究生班并留校任教。曾任《美术理论资料》《美术译丛》等刊物编辑，中国美术学院教授，中国美术家协会会员。雕塑作品有《晨读》《汤显祖像》《谢文锦像》等。

J0108157

雕刻初步技法　（苏）柴柯夫（И.М.Чайков）著；杨成寅，翁祖亮译

上海 新艺术出版社 1954 年 75 页 有图

18cm（15 开）定价：旧币 5,600 元

J0108158

巨型圆雕塑造翻制与装配工程　李文华编

上海 上海科学技术出版社 1956 年 58 页

有图 19cm（32 开）统一书号：15119.287

定价：CNY0.30

J0108159

语石　（十卷）（清）叶昌炽撰

台北 台湾商务印书馆 1956 年 影印本

2 册（331 页）19cm（小 32 开）定价：TWD1.90

（国学基本丛书 第 1 集 40）

J0108160

语石 （清）叶昌炽著

上海 上海书店 1986年 影印 180页 20cm（32开）

定价：CNY2.00

　　本书系古代石刻的历史渊源和书法艺术研究。

J0108161

中国北部的石窟雕塑艺术 温廷宽著

［北京］朝花美术出版社 1956年 定价：CNY0.55

J0108162

广东石湾陶器 张维持编著

［广州］广东人民出版社 1957年 定价：CNY0.44

J0108163

广东石湾陶器 张维持著

广州 广东旅游出版社 1991年 156页

21cm（32开）ISBN：7-80521-260-0

定价：CNY10.00

　　本书包括广东石湾区的概况、石湾窑的起源、陶业史、石湾陶业组织和发展、陶器的制造过程和技术、陶器的模仿与创造、陶器的类别和艺术特色、艺人及其主要作品评价。书中收入历代石湾陶器杰作及陶器款识 56 幅。

J0108164

小学泥工 杨洪仪著

南京 江苏人民出版社 1957年 65页 有图

18cm（32开）统一书号：7100.377 定价：CNY0.19

　　本书是中国现代泥塑雕塑技法。

J0108165

漆器制造技术 轻工业部工艺美术局编

北京 轻工业出版社 1958年 定价：CNY0.27

J0108166

怎样做雕塑 傅天仇等编

北京 人民美术出版社 1958年 121页 有图版

21cm（32开）定价：CNY0.75

　　编者傅天仇（1920—1990），雕塑艺术家、美术教育家。广东南海人。中央美术学院雕塑系主任、教授，中国美术家协会理事，全国城市雕塑艺术委员会秘书长。《中国美术全集·秦汉雕塑分册》主编，《中国美术辞典》雕塑学科主编、

首都城市雕塑艺术委员会委员。

J0108167

怎样做雕塑 傅天仇编著

北京 人民美术出版社 1962年 38页 有图

19cm（32开）统一书号：T8027.3636

定价：CNY0.26

J0108168

北京刻瓷 北京市工艺美术研究所编著

北京 轻工业出版社 1959年 12页 有照片

19cm（32开）统一书号：15042.668

定价：CNY0.10

J0108169

怎样刻木刻 李平凡编著

北京 人民美术出版社 1959年 50页 有图

19cm（32开）统一书号：T8027.2114

定价：CNY0.25

　　编著者李平凡（1922—2011），版画家。原名李文琨，别名里肯，天津津南人。历任人民美术出版社编辑、编审，《版画世界》主编，日本国际版画研究会顾问，平凡友好画院名誉院长。出版有《平凡木刻版画》《李平凡画文集》《李平凡画集》等，编辑《中华人民版画集》《中国古代木刻画选集》《中国水印版画》等。

J0108170

怎样刻木刻 李平凡编著

北京 人民美术出版社 1964年 2版 40页

有图 19cm（32开）统一书号：T8027.2114

定价：CNY0.25

J0108171

简易雕塑方法 甘肃省群众艺术馆编

兰州 甘肃省群众艺术馆 1960年 8页 有图

19cm（32开）

　　本书系兰州艺术学院美术工厂业务知识。

J0108172

景德镇瓷雕艺术的新面貌 景德镇陶瓷研究所编

景德镇 景德镇人民出版社 1960年 16页 有图

19cm（32开）定价：CNY0.15

J0108173

木刻术　张志纯译
台北　徐氏基金会　1970 年　98 页　有图
20cm（32 开）定价：TWD25.00，HKD3.50
　　本书系中国现代木刻集。

J0108174

直接石刻术　张志纯译
台北　徐氏基金会　1970 年　133 页　有图
20cm（32 开）定价：TWD30.00，HKD5.00
（科学图书大库）
　　本书是中国石雕雕塑技法研究。

J0108175

陶瓷雕塑术　任腾阁译
台北　徐氏基金会　1973 年　再版　348 页
20cm（32 开）定价：TWD60.00，HKD10.00
（科学图书大库）

J0108176

宝石雕琢术　张志纯译
台北　徐氏基金会　1975 年　116 页　有图
20cm（32 开）
（科学图书大库）

J0108177

雕塑术　蔡养生译
台北　徐氏基金会　1976 年　22 页　有图
20cm（32 开）
（科学图书大库）

J0108178

基本塑造法　郭为美译
台北　徐氏基金会　1976 年　137 页　有图
20cm（32 开）
（科学图书大库）
　　本书为中国现代雕塑技法研究。

J0108179

木刻术　叶其中译
台北　徐氏基金会　1977 年　48 页　有图
20cm（32 开）
（科学图书大库）

J0108180

珠宝雕刻法　张志纯译
台北　徐氏基金会　1977 年　101 页　20cm（32 开）

J0108181

雕塑技法　叶庆文，王大进编著
上海　上海人民美术出版社　1980 年　102 页
有图　19cm（32 开）统一书号：8081.11754
定价：CNY0.35
（工农兵美术技法丛书）

J0108182

寿山石小志　陈清狂补编
福州　福州书画社　1980 年　47 页　19cm（32 开）

J0108183

竹刻艺术　金西厓，王世襄著
北京　人民美术出版社　1980 年　92+48 页
21cm（32 开）统一书号：8027.7225
定价：CNY1.40
　　本书介绍自明代中叶以来竹刻的发展简史，
分析各时期竹刻作品的特色，包括竹刻的选材、
竹刻的工具、竹刻的制作方法。从刻法、名称、
题材、设计打稿到握刀、运刀等具体作法。共有
48 幅图。作者王世襄（1914—2009），收藏家、文
物鉴赏家、学者。字畅安，生于北京，祖籍福建
福州。曾任中国营造学社助理研究员，文物博
物馆研究所、文物保护科学技术研究所副研究
员，文化部文物局中国文物研究所研究员。代
表作品有《竹刻鉴赏》《髹饰录解说》《明式家具
珍赏》等。作者金西厓（1890—1979），竹刻艺术
家。浙江吴兴（今湖州）人。著有《可读庐竹刻拓
本》《竹素流风》《刻竹小言》《西厓刻竹》《竹刻
艺术》等。

J0108184

竹刻艺术　（图集）刘硕识编著
上海　上海书店出版社　1996 年　166 页
26cm（16 开）ISBN：7-80622-062-3
定价：CNY70.00

J0108185

木刻的实习与创作　邵克萍编著
上海　上海人民美术出版社　1982 年　133 页
21cm（32 开）统一书号：8081-12545

定价：CNY1.30

本书共分4章：木刻的基本知识；工具、材料和使用方法；木刻的实习；木刻创作。附图版77幅。

J0108186
木刻技法浅析　周建夫著
天津　天津人民美术出版社　1982年　116页
19cm（32开）统一书号：8073.50204
定价：CNY1.20

本书分14个问题，着重论述了木刻的特点和艺术特色。书中附图68幅，作者对每幅画都着重从技法表现上和画面的艺术处理上一一作了分析。作者周建夫（1937—　　），教授、画家。山西阳高人，毕业于中央美术学院。历任《北京周报》美术编辑，中央美术学院教授、教务处长，中国美术家协会会员。作品有《凉山道》《山西对面是陕西》，出版有《木刻技法分析》《周建夫人体素描》等。

J0108187
潘秉衡琢玉技艺　王名时编著
北京　轻工业出版社　1982年　87页　有照片
19cm（32开）统一书号：15042.1753
定价：CNY0.36
（工艺美术丛书　2）

本书对我国著名老艺人潘秉衡的生平、从艺以及他生前对玉器艺术的研究，技艺、技巧、创作观，艺术上的深入生活及博学、钻研等，均有较详细的记述和分析。

J0108188
世界名木刻欣赏　何睿晃编著
台北　艺术图书公司　1982年　125页　有图
20cm（32开）定价：TWD90.00

J0108189
寿山石志　方宗珪著
福州　福建人民出版社　1982年　156页　有照片
17cm（32开）统一书号：10173.383
定价：CNY2.00

本书内容有：寿山矿区地质，矿床分布及矿石的形成，寿山石品种分类及其鉴别方法；寿山石雕传统艺术的形成发展以及各种流派的特色；寿山石雕的设计、制作技法以及磨光、上蜡、煨

煅等技术；寿山石印章的制作、钮式和薄意等装饰艺术；历代有关寿山石文著、诗词等资料。

J0108190
印石辨　石巢著
香港　中华书局香港分局　1982年　74页
19cm（小32开）

J0108191
东阳木雕技艺　周鲁兵写
杭州　浙江科学技术出版社　1984年　113页
有图照　19cm（32开）统一书号：15221.59
定价：CNY0.33

本书介绍了作者有关木雕方面的经验。

J0108192
木雕教室
台北　美劳教育出版公司　1984年　98页　有图
19cm（32开）定价：TWD90.00
（彩色工艺丛书　1）

J0108193
漆器工艺技法撷要　沈福文，李大树著
北京　轻工业出版社　1984年　77页　19cm（32开）
统一书号：15042.1853　定价：CNY0.54

J0108194
城市雕塑设计　（1）白佐民，艾鸿镇编著
天津　科学技术出版社　1985年　154页
18cm（15开）精装　定价：CNY2.90
（建筑设计参考资料）

本书内容包括：城市雕塑的特征与类型、选题、选址、构想手法、视觉特征、基座与总平面设计、材料结构与照明方式、避雷设计等。

J0108195
皮雕技法的基础与应用　苏雅汾著
台南　著者　1986年　152页　有图　28cm（大16开）
精装　定价：TWD380.00

外文书名：The Basic Technique of Leather Sculpture and its Applying.

J0108196
皮雕艺术　（从小器物到室内装饰）（日）松永淳子，（日）折茂美穗著；宋思萱译

台南 成大书局 1986年 180页 有图 20cm(32开)
定价:TWD195.00

J0108197
木刻艺术　赵延年著
杭州 浙江美术学院出版社 1987年 重印本 66页
有附图 26cm(16开) 统一书号:8440.011
定价:CNY2.00
(美术自学丛书)

J0108198
皮雕艺术技法　新形象出版公司编辑部编著
永和[台湾] 新形象出版公司 1987年 135页
有图 27cm(16开) 精装
(活门工艺设计丛书)

J0108199
陶艺技法 1.2.3　李亮一著
台北 雄狮图书公司 1987年 再版 181页 有图
26cm(16开) 定价:TWD360.00
(雄狮美术)

J0108200
雕塑基础技法　蒋朔,吴少湘编著
北京 人民美术出版社 1988年 25页 有彩图
26cm(16开) ISBN:7-102-00321-8
定价:CNY3.70
　　本书从雕塑的概念谈起,讲了雕塑的材料选
择;工具的种类和运用以及雕塑的步骤;新的雕
塑手段等。

J0108201
根艺创作与欣赏　彭春生,朱大保著
北京 中国林业出版社 1988年 106页 有彩图
18cm(15开) ISBN:7-5038-0292-8
定价:CNY3.70
　　本书介绍中国根艺简史、分类和根料种类
以及根艺品创作的全过程,包括根料的采集、艺
术构思、制作技艺(截、雕、拼、饰)、命名及陈设
等。并就根艺欣赏、品评标准和各地根艺的风格,
结合典型作品进行了初步的探索。附有全国各
地优秀根艺作品的彩色、黑白照片100余幅。

J0108202
根艺创作与欣赏　彭春生等编著

北京 中国林业出版社 1995年 2版 125页
有彩图 17×18cm ISBN:7-5038-1426-8
定价:CNY19.80
　　外文书名:Creating and Appreciating of Root
Art. 编著者彭春生(1941—　),河北安平人,北
京林业大学园林系副教授,中国盆景艺术家协会
理事。

J0108203
黄杨木雕技法　叶润周著
北京 轻工业出版社 1988年 100页 有图
19cm(32开) ISBN:7-5019-0315-8
定价:CNY2.20

J0108204
金属精密雕刻和制作　(义大利精雕见习录)
张鸿基著
台北 五洲出版社 1988年 594页 有图
26cm(16开) 精装 定价:TWD880.00

J0108205
巴林石志　胡福巨著
北京 北京出版社 1989年 58页 21cm(32开)
ISBN:7-200-00958-X 定价:CNY5.00
　　本书系中国现代雕塑技法。

J0108206
雕塑技法　刘家洪著
北京 人民美术出版社 1989年 146页 有图
19cm(32开) ISBN:7-102-00159-2
定价:CNY2.20

J0108207
雕塑头像技法　(苏)皮萨烈夫斯基著;傅宏
堃译
成都 四川美术出版社 1989年 48页 26cm(16开)
ISBN:7-5410-0284-4 定价:CNY4.00
　　本书为苏联现代肖像雕塑技法研究。

J0108208
铁画艺术　杨光辉,张开理编著
南京 江苏美术出版社 1989年 97页 有图
19cm(32开) ISBN:7-5344-0096-1
定价:CNY1.85

J0108209
现代环境雕塑设计　吴顺平著
济南 山东美术出版社 1989 年 130 页 有照片
21cm（32 开）ISBN：7-5330-0184-2
定价：CNY6.00
（新世纪美术设计丛书）

J0108210
装饰雕塑　何宝森著
杭州 浙江美术学院出版社 1989 年 14 页
有图版 26cm（16 开）ISBN：7-81019-047-4
定价：CNY4.50
（设计教材丛书）
　　作者何宝森（1938—　），画家、雕塑家、美
术教育家。云南昆明市人。毕业于中央工艺美
术学院陶瓷系。曾任中国工艺雕塑专业委员会
会长，中央工艺美术学院教授。出版有《忘山写
牛》《装饰画的形式美》《香香画集》等。

J0108211
雕塑　吴少湘，蒋朔著
北京 解放军出版社 1990 年 153 页 有彩照
19cm（32 开）ISBN：7-5065-1393-5
定价：CNY4.15
（培养军地两用人才技术丛书）

J0108212
雕塑基础　（泥塑）何小兵主编
长沙 湖南教育出版社 1990 年 107 页 17×18cm
ISBN：7-5355-1194-5 定价：CNY1.90
　　本书系中等职业技术学校教材。

J0108213
雕塑技法　李良仁编著
台北 艺风堂出版社 1990 年 206页 26cm（16开）
精装 ISBN：957-9394-03-2 定价：TWD400.00
（实用技法丛书 2）

J0108214
雕塑技法　何恒雄著
台北 东大图书公司 1990 年 145 页 有图
24cm（26 开）精装 ISBN：957-19-0086-9
定价：TWD322.00
（沧海丛刊）

J0108215
雕塑技法　何恒雄著
台北 东大图书股份有限公司 1990 年 145 页
有照片图 23cm（32 开）ISBN：957-19-0087-7
定价：CNY44.82

J0108216
青田石雕志　夏法起著
香港 香港书谱出版社 1990 年 168 页 有照片
21cm（32 开）
　　本书的青田石雕是指以青田石为材料雕制
而成的中国传统工艺品。青田石产于中国东部
浙江省的青田县，这里历来被人们称为"中国石
雕之乡"。青田石雕自成流派，奔放大气，细腻精
巧，形神兼备。基调为写实而尚意。2006 年，青
田石雕入选第一批国家级非物质文化遗产名录。

J0108217
台湾没落的行业　（木刻专集）杨国斌著
永和[台湾]新形象出版事业公司 1990 年 132 页
有图 26cm（16 开）精装 定价：TWD400.00
　　中国现代木刻雕塑技法。

J0108218
中国根艺　马驷骥著
北京 华艺出版社 1990 年 218 页 有照片
20cm（32 开）ISBN：7-80039-367-6
定价：CNY5.00
　　阐述了中国根艺的历史、现状、创作特点、
构思制作、工艺处理等艺术与技术问题。作者马
驷骥（1938—　），一级美术师。笔名三马，堂号
天趣堂。辽宁盖县人，毕业于中央美术学院附中。
中国电影家协会会员，中国美术家协会会员。作
品有中国画《连年如意》，根雕《雄鹰》，出版有
《中国根艺》《中国根艺美术家辞典》《中国根艺
美术》《马驷骥根艺美术画册》等。

J0108219
周轻鼎谈动物雕塑　周轻鼎讲；杨成寅记录
整理
上海 上海人民美术出版社 1990 年 189 页
有照片 20cm（32 开）ISBN：7-5322-0063-9
定价：CNY5.70
　　本书是作者在一些动物雕塑培训班上的讲
稿。有 16 页图。作者周轻鼎（1896—1984），雕

塑家、教授。湖南安仁县人，毕业于上海美术
专科学校。历任杭州国立艺术专科学校雕塑系
主任、教授，浙江美术学院雕塑系主任、教授。
出版有《周轻鼎动物雕塑选》《周轻鼎谈动物
雕塑》。

J0108220

木雕的艺术　阮雍崇，谌硕人著
广州 岭南美术出版社 1991 年 80 页 26cm（16 开）
ISBN：7-5362-0563-5 定价：CNY25.00
　　本书介绍了木雕的工具、木材、技法，并对
木雕的"艺术性"进行了广泛的评介。附图 173
幅，其中有 34 幅彩图。作者阮雍崇（1938—　　），
教授。生于山东威海，毕业于广州美术学院雕塑
系。南京艺术学院工艺美术系任教。作者谌硕
人（1941—　　），南京艺术学院工艺美术系任教。

J0108221

陶艺的传统技法　（陶艺的传统性色彩技法）
陶青山编著
台北 武陵出版有限公司 1991 年 重印本 338 页
有彩照 21cm（32 开）ISBN：957-35-0300-X
定价：TWD350.00
（美术陶瓷丛书 30）

J0108222

根艺技法　张卫著
桂林 漓江出版社 1992 年 127 页 有彩图
19cm（小 32 开）ISBN：7-5407-0984-X
定价：CNY3.85
（中国民间艺术丛书）
　　本书介绍了根艺创作的形式法则、制作实例
及根的陈设、欣赏等。作者张卫（1963—　　），
笔名归真、广西柳州人。柳州铁路局盆景艺术
协会理事、广西工艺美术学会石艺根艺研究会
理事。

J0108223

立体纸雕　（1）李密玲编辑；涂世坤绘
台北 巧集出版社 1992 年 155 页 有图
21cm（32 开）ISBN：957-662-057-0
定价：TWD90.00
（美术丛书 10）

J0108224

木雕工艺　谭均平编
北京 中国林业出版社 1992 年 278 页 有彩照
26cm（16 开）ISBN：7-5038-0804-7
定价：CNY14.00
　　本书介绍了木雕工艺的起源及奴隶社会、封
建社会、新中国成立以来木雕工艺概况，并介绍
了我国各地有代表性的木雕工艺。

J0108225

中国根艺论文选　（上）常任侠，马驷骥主编
北京 文化艺术出版社 1992 年 198 页
20cm（32 开）ISBN：7-5039-1181-6
定价：CNY8.50
（中国工艺美术学会根艺研究会理论丛书）
　　本书收《浅谈根的艺术》《概谈自然美》《黄
杨树根雕艺术初探》《根艺欣赏》等论文 52 篇。
作者常任侠（1904—1996），著名艺术考古学家、
东方艺术史研究专家、诗人。别名季青，生于安
徽颍上县。毕业于南京中央大学文学院，并留
校任教。历任国立北平艺术专科学校特级教授，
中央美术学院教授，国家文物鉴定委员会委员。
代表作品有《毋亡草》《祝梁怨》《亚细亚之黎
明》等。

J0108226

中国树根艺术　钟明，张江华著
武汉 湖北美术 1992 年 202 页 有彩图
19cm（小 32 开）ISBN：7-5394-0354-3
定价：CNY9.80
　　本书论述了树根艺术的基本理论、基本技法
和根艺创作的美学思想及作品欣赏等。作者钟
明（1952—　　），教师。又名钟鸣，笔名汉根，四
川简阳人。中国工艺美术学会根艺研究会会员，
湖北书画专修学院副教授。

J0108227

冰雪艺术美学　杨治经著
北京 今日中国出版社 1993 年 214 页
20cm（32 开）ISBN：7-5072-0679-3
定价：CNY6.80
　　外文书名：Ice & Snow Artistic Aesthetics. 作
者杨治经，哈尔滨冰雪雕塑专家。

J0108228
陈根竹刻艺术　陈根著；广东中华民族文化
促进会文化委员会编辑
广州　广州出版社 1993 年 38 页 有彩照
23×21cm　ISBN：7-80592-005-2 定价：CNY3.88
　　本书介绍了竹刻历史和陈根竹刻的刀法，并
展示了陈根的部分竹刻作品。作者陈根，民间
艺人。

J0108229
雕塑技法　孙胜银编
南京　江苏美术出版社 1993 年 90 页 有照片
26cm（16 开）ISBN：7-5344-0301-4
定价：CNY5.20
（中级美术自学丛书　美术家之路）

J0108230
改良捏面土作法分析（入门）　（水果、动物篇
浮雕合订）林丽云作
台北　绮丽粘土出版社 1993 年 36 页 有图
27cm（大 16 开）定价：TWD480.00
（立体造型教育丛书）

J0108231
根雕技法　李苍彦著
北京　解放军文艺出版社 1993 年 67 页 有彩照
18×18cm　ISBN：7-5033-0377-8 定价：CNY6.50
（军旅知识文库）
　　作者李苍彦（1941—　），高级工艺美术师。
北京人。历任中国民间文艺家协会会员，北京市
美术家协会会员，北京博物馆学会理事，中国工
艺美术家协会会员等职。代表作品《手工艺品制
作技法》《工艺品制作》等。

J0108232
泥塑与玩具制做　吴清珍等著
石家庄　河北美术出版社 1993 年 80 页
14×20cm　ISBN：7-5310-0571-9
定价：CNY4.60
（儿童美术大全）
　　作者吴清珍（1945—　），女，教师。河北新
乐人，天津幼儿师范学校讲师，中国剪纸学会会
员，天津职工美术研究会会员。

J0108233
屠一道根艺　朱保钧主编；常州园林绿化管理
局编
南京　江苏人民出版社 1993 年 26cm（16 开）
ISBN：7-214-01018-6 定价：CNY35.00
　　本书图文并茂地介绍了屠一道先生的创作
经历、经验和根雕艺术作品。外文书名：Selected
Works of Stump Art by Tu Yidao.

J0108234
纸雕创作艺术　（制作学习与技法）（美）凯萨
琳·齐格勒（KathleenZiegler）等著；苏幸香译
台北　龙溪国际图书公司 1993 年 152 页
26cm（16 开）精装 定价：TWD600.00

J0108235
走向新雕塑　胥建国著
北京　中国文联出版公司 1993 年 112 页 有照片
19cm（小 32 开）ISBN：7-5059-1852-4
定价：CNY4.70
　　本书参阅国内外的城市环境雕塑的优秀设
计来阐述雕塑与形体、空间、环境的关系等问
题。作者胥建国（1962—　），雕塑家。山东莱芜
人，毕业于中央工艺美术学院雕塑。中央工艺美
术学院装饰艺术系雕塑教研室主任。代表作品
《永远盛开的紫荆花》。

J0108236
薄意艺术　（图册）林文举作
上海　上海书店出版社 1994 年 197 页
29cm（16 开）精装 ISBN：7-80569-883-X
定价：CNY180.00
　　中国现代浮雕研究摄影作品集。

J0108237
儿童泥工制作　何妙娴，何妙涓编
广州　广东高等教育 1994 年 79 页 有彩照
19cm（小 32 开）ISBN：7-5361-1320-X
定价：CNY6.30

J0108238
青田石雕技法　周百琦，张澄之编
杭州　浙江科学技术出版社 1994 年 146 页
19cm（小 32 开）ISBN：7-5341-0621-4
定价：CNY16.50

编者张澄之，杭州市工艺美术研究所任职。

J0108239

天津黄崖关长城竹刻名联集　方放主编
天津　天津杨柳青画社　1994 年　107 页　有照片
26cm（16 开）ISBN：7-80503-252-1
定价：CNY55.00，CNY61.00（精装）

J0108240

纸雕插画　（半立体纸雕）李汉文著
台北　迅通文化公司　1994 年　127 页　有图
26cm（16 开）ISBN：957-8549-05-9
定价：TWD380.00
（迅通纸艺丛书 3）

J0108241

中国根艺　童南庆著
台北　淑馨出版社　1994 年　139 页　有照片
20×22cm　精装　ISBN：957-531-341-0
定价：TWD380.00
（吾土吾民文物丛书 10）

J0108242

中国玉石雕刻工艺技术　赵永魁，张加勉著
北京　北京工艺美术出版社　1994 年　481 页
有彩图 20cm（32 开）ISBN：7-80526-101-6
定价：CNY36.00

J0108243

中国玉石雕刻工艺技术　赵永魁，张加勉著
北京　北京工艺美术出版社　1998 年　2 版　481 页
有图 20cm（32 开）ISBN：7-80526-167-9
定价：CNY36.00

J0108244

儿童捏塑艺术　林冰心著
福州　福建教育出版社　1995 年　102 页　有彩图
19×17cm　ISBN：7-5334-1918-9　定价：CNY11.00

J0108245

根雕制作技法　王少英著
北京　北京工艺美术出版社　1995 年　100 页
有插图 20cm（32 开）ISBN：7-80526-147-4
定价：CNY7.00
（中国传统手工技艺丛书 第一期书目）

J0108246

烹饪工艺大趋势　（剖面叠合立体象形图解）
刘平著
北京　中国商业出版社　1995 年　130 页
26cm（16 开）ISBN：7-5044-2208-8
定价：CNY32.00
　　作者刘平（1963—　），四川宜宾人，宜宾市
酒都饭店特级烹调师。

J0108247

石雕的艺术　（图集）曹崇恩，廖慧兰著
广州　岭南美术出版社　1995 年　95 页 26cm（16 开）
ISBN：7-5362-1276-3　定价：CNY38.00
　　作者曹崇恩（1933—　），雕塑艺术家，教
授。出生于广东灵山县，就读于中南美术专科学
校雕塑系。历任广州美术学院教授、中国美术家
协会会员。主要作品有《向秀丽像》《彭湃像》《国
际奥林匹克运动委员会主席萨马兰奇铜像》等。

J0108248

寿山石鉴赏　方宗珪编著
台北　南天书局　1995 年　143 页　有彩图
21cm（32 开）ISBN：957-638-277-7
定价：TWD320.00
（玩物指南丛书）
　　编著方宗珪（1942—　），书画家。字方石，
号季子，生于福建福州，毕业于福州工艺美术学
校。历任中国美术家协会福建分会会员，福建省
工艺美术学会副理事长，福州市工艺美术馆馆长
等。编著《寿山石志》等。

J0108249

寿山石欣赏　陈锡铭等编著
台北　华盛成国际艺术公司　1995 年　237 页
30cm（10 开）精装　ISBN：957-99370-0-1
定价：TWD2500.00

J0108250

帅立志刻字艺术　（图集）帅立志刻；施兴良摄
南宁　广西美术出版社　1995 年　94 页　20×29cm
ISBN：7-80582-950-0　定价：CNY100.00

J0108251

陶瓷雕塑　熊钢如，洪秀明编著
北京　中国轻工业出版社　1995 年　241 页　有插图

19cm（32 开）ISBN：7-5019-1799-X
定价：CNY15.00

编著者熊钢如（1941—　），高级工艺美术师。生于江西丰城河州乡，毕业于景德镇陶瓷学院美术系。任景德镇市雕塑瓷厂厂长，江西省陶瓷工业公司副总经理，景德镇陶瓷馆馆长，景德镇市陶瓷研究所所长等职。有瓷雕作品《初耕》《铸》《水浒一百零八将》等。

J0108252
根雕艺术　时勇著
开封 河南大学出版社 1996 年 111 页 有彩照
20cm（32 开）ISBN：7-81041-348-1
定价：CNY13.00

J0108253
木雕技法　滕文金著
杭州 中国美术学院出版社 1996 年 76 页
26cm（16 开）ISBN：7-81019-510-7
定价：CNY33.00

外文书名：The Technique of Wood-Carving.
作者滕文金（1937—　），雕塑家。出生于山东莱州，毕业于中央美术学院。历任深圳雕塑院副院长，深圳市城市雕塑领导小组办公室主任。中国美术家协会会员、中国雕塑家协会会员、中国一级美术师。作品有深圳莲花山《邓小平》青铜塑像；银湖宾馆《迎宾图》大理石雕刻。

J0108254
木雕制作技法　李友生著
北京 北京工艺美术出版社 1996 年 100 页
有图 20cm（32 开）ISBN：7-80526-170-9
定价：CNY7.00
（中国传统手工技艺丛书）

J0108255
塑造基础与陶瓷雕塑　李葆年著
哈尔滨 黑龙江美术出版社 1996 年 重印本
277 页 有图 20cm（32 开）
ISBN：7-5318-0113-2 定价：CNY27.00

本书系统介绍塑造及其基础训练以及塑造在陶瓷雕塑中的应用、技艺手法等方面的知识。作者李葆年（1933—　），陶瓷雕塑艺术家。生于北京。出版有《塑造基础与陶瓷雕塑》，塑造《柳宗元》坐像，绘制壁刻《武陵英杰图》人物群像。

J0108256
中国根艺　马驷骥，张二滨编著
北京 金盾出版社 1996 年 56+65 页 有图
26cm（16 开）ISBN：7-5082-0287-2
定价：CNY19.80

外文书名：Chinese Root Art. 编著者马驷骥（1938—　），一级美术师。笔名三马，堂号天趣堂。辽宁盖县人，毕业于中央美术学院附中。中国电影家协会会员，中国美术家协会会员。作品有中国画《连年如意》，根雕《雄鹰》，出版有《中国根艺》《中国根艺美术家辞典》《中国根艺美术》《马驷骥根艺美术画册》等。作者张二滨，女，编辑。中国环境科学出版社副总编、副编审，《中国根艺》刊物副主编，中国根艺美术学会副主席。

J0108257
装饰雕塑　（图册）赵萌著
长春 吉林美术出版社 1996 年 62 页 26cm（16 开）
ISBN：7-5386-0577-0 定价：CNY21.50
（现代艺术设计丛书）

J0108258
装饰雕塑设计　张锠主编，中央工艺美术学院装饰艺术设计系［编］
哈尔滨 黑龙江美术出版社 1996 年 327 页 有彩照及图 26cm（16 开）ISBN：7-5318-0368-2
定价：CNY98.00，CNY128.00（精装）

J0108259
雕塑　翟小实，张丹编著
沈阳 辽宁美术出版社 1997 年 112 页 有插图
29cm（16 开）ISBN：7-5314-1779-0
定价：CNY50.00
（材料与技法丛书）

J0108260
雕塑教学　张润垲，张得蒂著
南昌 江西美术出版社 1997 年 48 页 有图
26cm（16 开）ISBN：7-80580-442-7
定价：CNY28.00

J0108261
雕塑艺术　叶庆文编著
杭州 中国美术学院出版社 1997 年 190 页
有图 26cm（16 开）ISBN：7-81019-627-8

定价：CNY25.50
（美术教材丛书）

J0108262
根艺　靳文生著
天津　天津人民美术出版社　1997 年　46 页
26cm（16 开）ISBN：7-5305-0635-8
定价：CNY12.00
（中国民间工艺美术技法丛书）

J0108263
三晋古木雕艺术　路玉章,黄顺荣著
太原　山西科学技术出版社　1997 年　95 页
有照片　19cm（小 32 开）ISBN：7-5377-1458-4
定价：CNY5.00
　　本书内容共分 5 章，包括："三晋古木雕概
说"、"三晋古木雕的艺术成就"、"三晋木雕艺术
图案分类"、"三晋古木雕雕刻技术"、"三晋木雕
技法"。

J0108264
装饰雕塑艺术　许正龙著
南昌　江西美术出版社　1997 年　88 页　有图
26cm（16 开）ISBN：7-80580-441-9
定价：CNY49.00
　　作者许正龙（1963—　），教授、艺术家。生
于江西上饶市，毕业于清华大学美术学院。中国
雕塑学会、北京美术家协会会员、中国工艺美术
学会雕塑专业委员会副秘书长。代表作品《火柴》
《惊蛰》《苍茫》等，出版有《装饰雕塑艺术》《雕
塑构造》等。

J0108265
雕塑　王黎明著
济南　山东美术出版社　1998 年　36 页 26cm（16 开）
ISBN：7-5330-1266-6 定价：CNY9.80
（金手指美术自学丛书）

J0108266
雕塑入门　石向东著
南宁 广西美术出版社　1998 年　48 页 26cm（16 开）
ISBN：7-80625-493-5 定价：CNY12.00
（美术基础入门画库　第二辑）

J0108267
根雕　周学森著
武汉　湖北人民出版社　1998 年　109 页　有图
19cm（小 32 开）ISBN：7-216-02402-8
定价：CNY6.00
（小小珍玩）

J0108268
木雕　方炳海著
上海　上海人民美术出版社　1998 年　76 页
有照片　19cm（小 32 开）精装
ISBN：7-5322-1895-3 定价：CNY28.00
（艺林撷珍丛书）

J0108269
寿山石欣赏
珠海　珠海出版社　1998 年　29cm（16 开）精装
ISBN：7-80607-378-7 定价：CNY680.00

J0108270
图解根雕艺术　汪传龙编著
合肥　安徽科学技术出版社　1998 年　182 页
26cm（16 开）ISBN：7-5337-1683-3
定价：CNY48.00
（中国园林艺术图解系列）

J0108271
"新世纪的希望"城市雕塑设计方案选　赵
知敬主编；首都城市雕塑艺术委员会编
北京　文化艺术出版社　1999 年　96 页　有图照片
29cm（16 开）ISBN：7-5039-1889-6
定价：CNY85.00

J0108272
彩色泥塑　章献明编著
杭州　浙江人民美术出版社　1999 年　31 页
26cm（16 开）ISBN：7-5340-1019-5
定价：CNY11.00

J0108273
雕塑　陈刚编著
重庆　西南师范大学出版社　1999 年　55 页
26cm（16 开）ISBN：7-5621-1313-0
定价：CNY23.00

J0108274

雕塑技法 （人体雕塑）（美）布鲁诺·卢切斯（Bruno Lucchesi）雕塑；（美）马吉特·马姆斯特拉姆（Margit Malmstrom）文、摄影；俞可译

南宁 广西美术出版社 1999 年 139 页 29cm（16 开）ISBN：7-80625-616-4

定价：CNY39.00

（美术译丛）

　　本书为广西美术出版社与华森·哥特出版社合作出版。外文书名：Modeling the Figure in Clay. 作者 B. 卢切斯，通译：B. 卢凯西；M. 马姆斯特拉姆，通译：M. 马尔姆斯特伦。

J0108275

雕塑技法 （肖像雕塑）（美）布鲁诺·卢切斯（Bruno Lucchesi）雕塑；（美）马吉特·马姆斯特拉姆（Margit Malmstrom）文、摄影；牟百冶译

南宁 广西美术出版社 1999 年 149 页 29cm（15 开）ISBN：7-80625-614-8

定价：CNY39.00

（美术译丛）

　　本书为广西美术出版社与华森·哥特出版社合作出版。外文书名：Modeling the Figure in Clay.

J0108276

雕塑技法 （头像雕塑）（美）彼得·鲁宾诺（Peter Rubino）著；牟百冶译

南宁 广西美术出版社 1999 年 156 页 29cm（12 开）ISBN：7-80625-612-1

定价：CNY43.00

（美术译丛）

　　本书为广西美术出版社与华森·哥特出版社合作出版。外文书名：Modeling the Figure in Clay.

J0108277

雕塑技法 （头像雕塑）（美）彼得·鲁宾诺（Peter Rubino）著；牟百冶译

南宁 广西美术出版社 1999 年 156 页 29cm（12 开）精装 ISBN：7-80625-613-X

定价：CNY53.00

（美术译丛）

　　本书为广西美术出版社与华森·哥特出版社合作出版。外文书名：Modeling the Figure in Clay.

J0108278

雕塑技法 苏立群著

南京 江苏美术出版社 1999 年 146 页 28cm（大 16 开）ISBN：7-5344-0974-8

定价：CNY38.00

（美术技法大全）

J0108279

雕塑与环境 （城市雕塑文集）上海市城市雕塑委员会选编

上海 上海书画出版社 1999 年 420 页 有插图 20cm（32 开）ISBN：7-80635-533-2

定价：CNY45.00

　　本书收《上海应发展城市雕塑》《上海城市雕塑应更上一层楼》《对城市雕塑说几句话》《规划·环境艺术·雕塑》《访欧随想录》等 73 篇文章。

J0108280

凤翔泥塑 王瑶安，华年编；王春林等摄影

长沙 湖南美术出版社 1999 年 40 页 26cm（16 开）ISBN：7-5356-1186-9 定价：CNY16.00

（中国民间美术丛书 绝活儿 第一辑）

J0108281

根雕艺术 段志安著

武汉 湖北科学技术出版社 1999 年 121 页 有彩图 20cm（32 开）ISBN：7-5352-2248-X

定价：CNY18.00

（花木盆景休闲系列）

J0108282

浚县泥咕咕 倪宝诚，华年编；倪铬等摄影

长沙 湖南美术出版社 1999 年 40 页 26cm（16 开）ISBN：7-5356-1185-0 定价：CNY16.00

（中国民间美术丛书 绝活儿 第一辑）

　　编者倪宝诚（1935—　　），画家。山东临朐人。历任河南省群众艺术馆研究员、中国美术家协会会员、中国民间工艺学术委员会委员、河南人民出版社美术编辑室主任、河南省群众艺术馆研究员，河南省民间美术学会会长等职。作品有连环画《红心》《跳轿》《大地回春》《保家卫国》等。主编有《大河风——河南民间美术文集》《朱仙镇门神》《玩具》《民间美术与现代美术》等著作。

J0108283

民间造型图谱　林德才编绘

广州　岭南美术出版社　1999 年　123 页　19×26cm

ISBN：7-5362-1980-6　定价：CNY23.00

J0108284

泥塑·工艺雕塑　李友生主编

济南　山东美术出版社　1999 年　255 页　有图
26cm（16 开）ISBN：7-5330-1152-X

定价：CNY49.00

（设计艺术系列）

　　本书包括：泥塑塑造的基本要则和造型手
段、泥塑制作的条件和工具、头、胸像的塑造、
浮雕、动物塑造、工艺雕塑设计概论、陶瓷雕塑
等内容。

J0108285

石湾陶塑艺术　林明体著；岭南文库编辑委
员会，广东中华民族文化促进会编

广州　广东人民出版社　1999 年　387 页　有图
20cm（32 开）ISBN：7-218-02089-5

定价：CNY25.00，CNY35.00（精装）

（岭南文库）

　　本书记载了石湾陶艺的历史与发展及其工
艺特色，从美学角度审视了石湾陶瓷艺术的意蕴
美、艺术美、生活美、科学美及地方特色，提出
了石湾陶瓷艺术发展中存在的问题等。作者林
明体（1935—　），工艺美术师。广东新会人。中
国工艺美术学会会员，民间工艺美术专业委员会
副主任委员等。著有《广东工艺美术史料》《岭
南民间百艺》《石湾陶雕艺术》《佛山秋色》《佛
山工艺美术品志》等。

J0108286

玉雕技法　陈咸益著

南京　江苏美术出版社　1999 年　206 页
28cm（大 16 开）ISBN：7-5344-0945-4

定价：CNY45.00

（美术技法大全）

中国雕塑作品综合集

J0108287

现代西画图案雕刻集　教育部第二次全国美
术展览会管理委员会编

上海　商务印书馆［1937 年］1 册　30cm（15 开）
精装

（教育部第二次全国美术展览会专集　第三种）

　　本书内分西画、图案、雕刻 3 部分，收 200
余幅作品。

J0108288

现代造型艺术社模型目录　现代造型艺术
社编

上海　现代造型艺术社　1951 年　12 页　18cm（32 开）

J0108289

我也要干　吴介琴作

［北京］朝花出版社　1954 年［38cm］（［8 开］）

定价：CNY0.08

　　中国现代雕塑像作品。作者吴介琴
（1927—　），雕塑家。四川成都人，别名吴家骥。
硕士毕业于中央美术学院雕塑系，任职于雕塑艺
术研究所、中央美术学院雕塑创作研究室。作品
有《我也要干》《唐俑胸像》《人与大地》等。

J0108290

新中国雕塑选集　朝花美术出版社编辑

北京　朝花美术出版社　1954 年　影印本　41 页
有图　25cm（16 开）

定价：旧币 19,000 元，旧币 40,000 元（精装）

　　本书选编雕塑家王朝闻、刘开渠、王丙召、
苏晖、傅天仇、萧传玖、滑田友、王监乙、张德
蒂、张润凯等在 50 年代初期创作的雕塑作品共
41 件。有革命导师、战斗英雄、劳动模范、革命
先烈、工人、农民、少年儿童等形象，作品反映
了中国各族人民的劳动和幸福生活。刘开渠为
本书作序。

J0108291

歌唱友谊　时宜等作

［北京］朝花出版社　1955 年［1］张　39cm（8 开）

定价：CNY0.10

J0108292

广岛被炸十年祭 （雕塑）萧传玖等作

［北京］朝花出版社 1955 年 定价：CNY0.10

　　作者萧传玖（1914—1968），雕塑家。生于湖南长沙，就读于杭州艺术专科学校。历任中央美术学院华东分院雕塑系主任、教授。雕塑作品《毛主席像》《伐木工人》《东海渔民》《苏州姑娘》等，出版有《萧传玖人像素描集》。

J0108293

间歇 林家长，夏乙乔作

［北京］朝花出版社 1955 年 ［1］张 39cm（8 开）定价：CNY0.10

J0108294

民间雕塑工艺 中央美术学院工艺美术研究室编

［北京］朝花出版社 1955 年 ［1］张 39cm（8 开）定价：CNY0.10

J0108295

民间雕塑工艺 中央美术学院工艺美术研究室编辑

北京 朝花美术出版社 1955 年 影印本 有图 20cm（32 开）定价：CNY1.40

J0108296

母与子 张德华作

［北京］朝花出版社 1955 年 ［1］张 39cm（8 开）定价：CNY0.10

　　作者张德华（1931— ），女，教授。山东青岛人，中国雕塑艺术创作研究所，中国美术家协会会员。

J0108297

唐代雕塑选集 王子云，何正璞编

［北京］朝花出版社 1955 年 ［1］张 定价：CNY2.70

　　编者王子云（1897—1990），画家、雕塑家、美术教育家。原名青路，字子云，出生于江苏徐州府萧县。毕业于国立北京美术学校，后考入法国巴黎国立高等美术学院。代表作品《杭州之雨》《唐十八陵全景图》，著有《中国雕塑艺术史》等。

J0108298

小画家 （雕塑）李守仁作

［北京］朝花出版社 1955 年 ［1］张 39cm（8 开）定价：CNY0.10

J0108299

中国古代雕塑集 刘开渠编

北京 人民美术出版社 1955 年 有图 26cm（16 开）定价：CNY3.80，CNY5.10（精装）

J0108300

中印友谊 史美英，张德蒂作

［北京］朝花出版社 1955 年 ［1］张 39cm（8 开）定价：CNY0.10

J0108301

第二届全国美术展览会雕塑选集 人民美术出版社编辑

北京 人民美术出版社 1956 年 影印本 31 页 有图 21cm（32 开）统一书号：8027.957 定价：CNY1.30

J0108302

民间雕塑艺术 宋仪，詹惠娟编

北京 朝花美术出版社 1956 年 影印本 有图 18cm（15 开）定价：CNY0.16（群众美术画库）

J0108303

新中国雕塑 鲁少飞编

北京 朝花美术出版社 1957 年 影印本 20 页 有图 17cm（32 开）统一书号：T8028.1265 定价：CNY0.16（群众美术画库）

J0108304

中国人民解放军建军卅年美展雕塑集 解放军画报社编；谢茄声等塑

上海 上海人民美术出版社 1958 年 有图 26cm（16 开）统一书号：T8081.4293 定价：CNY1.80

　　本书介绍了建军 30 年美展雕塑作品 50 多幅图。

J0108305
"大跃进"雕塑选　俞薿, 谷浩编
北京 人民美术出版社 1959 年 有图
19cm（32 开）定价：CNY0.43

J0108306
雕塑　湖南群众艺术馆编
长沙 湖南人民出版社 1959 年 19 页
有图 19cm（24 开）统一书号：8109.288
定价：CNY0.34
（湖南民间工艺美术选集）

J0108307
雕塑作品选　赵树同等作
上海 上海人民美术出版社 1959 年 37 帧
有图 25cm（15 开）统一书号：T8081.4367
定价：CNY1.60

J0108308
福建民间雕塑　福建省手工业管理局编
福州 福建人民出版社 1959 年 20 页 有照片
18cm（15 开）统一书号：8104.156 定价：CNY0.20
（福建省工艺美术丛书）

J0108309
雕塑小辑　（1）广州雕塑工厂编
上海 上海人民美术出版社 1960 年 10 页
有图 16cm（25 开）统一书号：T8031.8316
定价：CNY0.40
　　明信片，中国雕塑作品。

J0108310
动物雕塑　周轻鼎作
上海 上海人民美术出版社 1960 年 影印本 12 页
有图 19cm（32 开）统一书号：T8081.8448
定价：CNY0.60

J0108311
石寨山古代铜铸艺术　文物出版社编
［北京］文物出版社 1960 年 25 张（套）
20cm（32 开）统一书号：7068.1045
定价：CNY2.00
　　中国古代雕塑作品。

J0108312
张充仁雕塑选　张充仁作；人民美术出版社
编辑
北京 人民美术出版社 1960 年 15 页 有图
26cm（16 开）统一书号：8027.3122 定价：CNY1.70

J0108313
刘开渠雕塑集　刘开渠作；人民美术出版社编
北京 人民美术出版社 1961 年 影印本［32］页
37cm（8 开）精装 统一书号：8027.3819
定价：CNY6.00
　　本书选辑作者的浮雕（包括局部图）以及其
他雕塑作品的图片共 16 幅。作者刘开渠（1904—
1993），雕塑家、教授。江苏徐州府萧县人（今属
安徽）。就读于北平美术学校和法国巴黎国立高
等美术学院雕塑系。曾任杭州艺术专科学校（中
国美术学院）教授。创作浮雕有《淞沪战役阵亡
将士纪念碑》《胜利渡长江解放全中国》《支援前
线》《欢迎解放军》等。

J0108314
刘开渠雕塑集　刘开渠作
济南 山东美术出版社 1987 年 有肖像
27cm（16 开）统一书号：8332.850 精装
ISBN：7-5330-0000-5 定价：CNY9.80
　　本书收入作者的雕塑作品 54 幅。

J0108315
雕塑小辑　（2）高秀兰等作
上海 上海人民美术出版社 1963 年 8 张（套）
16cm（25 开）定价：CNY0.40
　　明信片，中国雕塑作品。

J0108316
农村人物　（雕塑小画片）马改户等作
西安 长安美术出版社 1963 年 8 张（套）
15cm（64 开）定价：CNY0.50

J0108317
潘鹤作品选集　中国美术家协会，人民美术
出版社编
北京 人民美术出版社 1964 年［32］页 有图
26cm（16 开）精装 统一书号：8027.4239
定价：CNY3.50
　　中国现代雕塑画册。

J0108318

雕塑作品选　上海人民美术出版社编辑
上海　上海人民美术出版社　1965 年　18 幅
39cm（4 开）统一书号：T8081.9070
定价：CNY2.50

J0108319

四川雕塑小辑　上海人民美术出版社编辑
上海　上海人民美术出版社　1965 年　10 张（套）
13cm（64 开）定价：CNY0.70

J0108320

罪恶的收租院　上海人民美术出版社编
上海　上海人民美术出版社　1966 年　8 张
76cm（2 开）定价：CNY0.96
　　本书为中国现代雕塑作品集。

J0108321

罪恶的收租院　上海人民美术出版社编
上海　上海人民美术出版社　1966 年　8 张
53cm（4 开）定价：CNY0.48

J0108322

毛泽东思想胜利万岁　（大型雕塑）辽宁省
"革命委员会"毛主席著作出版办公室编辑
[沈阳] 辽宁省"革命委员会"毛主席著作出版办
公室　1971 年　34 张　17cm（40 开）定价：CNY0.80

J0108323

毛泽东思想胜利万岁　（大型雕塑）辽宁省
"革命委员会"毛主席著作出版办公室编辑
[沈阳] 辽宁省"革命委员会"毛主席著作出版
办公室　1971 年　34 张　27cm（16 开）
定价：CNY4.00，　CNY7.50（精装）

J0108324

矿工的儿子　（雕塑）蔡修齐作
北京　人民美术出版社　1974 年　39cm（8 开）
定价：CNY0.04

J0108325

伟大的领袖　亲密的战友　（毛主席和周副
主席、朱总司令在一起 雕塑）仇志海等作
北京　人民美术出版社　1977 年　39cm（8 开）
定价：CNY0.13

J0108326

伟大的领袖　亲密的战友　（雕塑）仇志海
等作
上海　上海人民出版社　1977 年　38cm（6 开）
定价：CNY0.10
　　中国现代雕塑作品。

J0108327

伟大的领袖和导师毛主席　（雕塑）毛主席
纪念堂雕塑创作组作
北京　人民美术出版社　1977 年　39cm（8 开）
定价：CNY0.14

J0108328

毛主席纪念堂北大厅内的毛主席塑像　胡
敦志，王振民摄影
上海　上海人民美术出版社　1978 年　53cm（4 开）
定价：CNY0.30

J0108329

陈夏雨雕塑集　陈夏雨作
台北　雄狮图书公司　1979 年　70 页　有图　20cm
（32 开）定价：TWD160.00
（台湾美术家 1）

J0108330

四川雕塑选　中国美术家协会四川分会，四川
人民出版社编
成都　四川人民出版社　1979 年　27 幅（套）
38cm（6 开）统一书号：8118.526
定价：CNY7.40

J0108331

文浩雕塑选　文浩作
呼和浩特　内蒙古人民出版社　1979 年　34 页
24cm（16 开）统一书号：M8089.306
定价：CNY0.63
　　本雕塑选收有毛泽东、王若飞、李裕智、李
四光、白求恩和草原英雄小姐妹等艺术塑像作品
44 件。

J0108332

甘肃雕塑作品选
兰州　甘肃人民出版社　1981 年　20 幅　26cm（16 开）
统一书号：8096.834 定价：CNY0.60

J0108333

中国古代雕塑百图　王子云编著
北京　人民美术出版社　1981年［200页］19cm
（32开）统一书号：8027.7295　定价：CNY1.55
　　本书选编自旧石器时代至清代的雕塑作品
100件，全书共100幅图。编著者王子云（1897—
1990），画家、雕塑家、美术教育家。原名青路，
字子云，出生于江苏徐州府萧县。毕业于国立北
京美术学校，后考入法国巴黎国立高等美术学
院。代表作品《杭州之雨》《唐十八陵全景图》，
著有《中国雕塑艺术史》等。

J0108334

雕塑小品　潘文甫作
杭州　浙江人民美术出版社　1982年　31页
19cm（32开）统一书号：8156.185　定价：CNY1.10
　　本书收有石膏、陶塑、木雕、瓷塑等各种小
型雕塑31幅。

J0108335

袁晓岑雕塑选集　袁晓岑作
北京　人民美术出版社　1983年　61幅　36cm（6开）
统一书号：8027.7562　定价：CNY3.50
　　本画册收集了作者61幅雕塑作品。作者袁
晓岑（1915—2008），雕塑家、画家、教授。贵州
普定县人，毕业于云南大学。历任云南文联创作
研究部副主任，云南艺术学院系主任、副院长，
云南省画院名誉院长。出版有《袁晓岑画辑》等。

J0108336

中国雕塑　（第一辑）《中国雕塑》筹备组编
北京　人民美术出版社　1983年　26cm（16开）
统一书号：8027.8276　定价：CNY1.15
　　本书是图文并茂的雕塑丛刊，主要发表和介
绍中国雕塑艺术以及评介与报道文章。

J0108337

周轻鼎动物雕塑选　周轻鼎作；奚天鹰等摄影
杭州　浙江人民美术出版社　1983年　12页
19cm（32开）统一书号：8156.196　定价：CNY2.10
　　本选辑收入著者的作品共12幅。作者周轻
鼎（1896—1984），雕塑家、教授。湖南安仁县人，
毕业于上海美术专科学校。历任杭州国立艺术
专科学校雕塑系主任、教授，浙江美术学院雕塑
系主任、教授。出版有《周轻鼎动物雕塑选》《周

轻鼎谈动物雕塑》。

J0108338

1985（雕塑摄影挂历）
沈阳　辽宁美术出版社　1984年　78cm（2开）

J0108339

道坦雕塑选　陈道坦作
上海　上海人民美术出版社　1984年　44页
19cm（32开）统一书号：8081.13715
定价：CNY1.40
　　本书介绍了作者有关雕塑方面的经验。

J0108340

刘焕章雕刻选
北京　外文出版社　1984年　117页　25cm（15开）
定价：CNY20.00
　　本书选编刘焕章雕刻作品107幅，全部彩色
精印。

J0108341

南朝陵墓雕刻　林树中编著
北京　人民美术出版社　1984年　58页　26cm（16开）
定价：CNY1.80
（中国古代美术作品介绍）
　　编著者林树中（1926—2014），美术史论家。
别名光望，字树中，浙江平阳人。曾任南京艺术
学院教授，中国美术家协会会员。代表作品有《朱
德像》《山间烟雾》等，著作有《海外藏中国历代
名画》等。

J0108342

未来　（程亚男雕塑作品）程亚男作
北京　人民美术出版社　1984年　8页　26cm（16开）
折装　统一书号：8027.9018　定价：CNY0.35
（新美术画库）

J0108343

雏鹰　（司徒兆光雕塑作品）司徒兆光作
北京　人民美术出版社　1985年　26cm（16开）
统一书号：8027.9594　定价：CNY0.40
（新美术画库 12）

J0108344

傅天仇雕塑集　傅天仇作

北京 人民美术出版社 1985年 59页 26cm(16开)
统一书号：8027.9215 定价：CNY4.20

　　本书选入作者创作的雕塑作品50件，还有
局部图29件。作者博天仇(1920—1990)，雕塑
艺术家、美术教育家。广东南海人。中央美术
学院雕塑系主任、教授，中国美术家协会理事，
全国城市雕塑艺术委员会秘书长。《中国美术全
集·秦汉雕塑分册》主编、《中国美术辞典》雕塑
学科主编、首都城市雕塑艺术委员会委员。

J0108345

刘焕章雕塑选　　刘焕章作
沈阳 辽宁美术出版社 1985年 25cm(15开)
定价：CNY21.00

J0108346

1987-1988 雕塑与环境台历　　朱小未，李德
华编摄
天津 天津科学技术出版社 1986年 12页
19cm(32开) 定价：CNY2.55

J0108347

奥运之光　　(郭选昌雕塑作品选)郭选昌作
北京 人民美术出版社 1986年 10cm(64开)
统一书号：8027.9674 定价：CNY0.45
(新美术画库)

J0108348

徽州明清民居雕刻　　汪立信，鲍树民著
北京 文物出版社 1986年 [108页] 21cm(32开)
定价：CNY2.40

J0108349

黎志文个展　　(雕塑)黎志文作
台北 春之艺廊 1986年 有图 26cm(16开)

J0108350

黎志文个展　　黎志文作
台北 诚品画廊 1989年 23页 有彩图
26cm(16开)
　　中国现代雕塑作品。外文书名：Sculptures
by Lai Chi Man.

J0108351

夏肖敏雕塑作品选　　北京市建筑艺术雕塑工

厂编
北京 人民美术出版社 1986年 1册 18cm(32开)
统一书号：8027.9628 定价：CNY2.05

J0108352

叶毓山雕塑选　　叶毓山作
成都 四川美术出版社 1986年 98页 有照片
29cm(16开) 统一书号：8373.753

J0108353

叶毓山雕塑作品　　(汉英对照)叶毓山作
重庆 重庆出版社 1986年 10张(套) 有照片
15cm(40开) 定价：CNY1.20

J0108354

中国当代女雕塑家作品选集　　郭振华，张得
蒂选编
长沙 湖南美术出版社 1986年 199页
21cm(32开) 统一书号：8233.807 定价：CNY14.00
　　本书收有中国当代41位女雕塑家的207件
雕塑作品，其中包括：石雕、铸铜、玻璃钢、陶
瓷、木雕和泥雕作品。

J0108355

朱铭雕刻　　(1)朱铭作
台北 艺风堂出版社 1986年 104页
25cm(小16开) 精装 定价：TWD400.00
(雕刻系列 1 人间)
　　外文书名：Ju Ming Sculptures.

J0108356

工艺品——罗汉　　姜长庚摄
长沙 湖南美术出版社 1987年 1张 76cm(2开)
定价：CNY0.23
　　本作品为中国现代雕塑摄影。

J0108357

觉醒　　(龙德辉的雕塑作品)龙德辉作
北京 人民美术出版社 1987年 [4]页
26cm(16开) 折装 定价：CNY0.55
(新美术画库 26)
　　作者龙德辉(1932—　　)，雕塑家。别名龙
炳灵，四川达县人。毕业于西南美术专科学校雕
塑系。历任四川美术学院雕塑系教授、主任，中
国美术家协会会员，四川省城市雕塑艺术委员会

委员。代表作品有《叶挺将军像》《江竹筠烈士像》等。

J0108358

生命　（伍明万的雕塑作品）伍明万作
北京　人民美术出版社　1987 年　26cm（16 开）
折装　定价：CNY0.55
（新美术画库 25）

J0108359

1989：雕塑艺术　（摄影挂历）
西安　陕西人民美术出版社　1988 年　78cm（3 开）
定价：CNY8.20

J0108360

李炳荣雕塑集　李炳荣作
广州　岭南美术出版社　1988 年　20 页　有照片
26cm（16 开）　ISBN：7-5362-0250-4
定价：CNY4.50

J0108361

卢进桥雕刻艺术　肖立松，宋献科编著；王抗生等摄
北京　轻工业出版社　1988 年　127 页　有图版
19cm（32 开）　ISBN：7-5019-0356-5
定价：CNY4.15

J0108362

王平现代雕塑作品选　王平著
北京　北京工艺美术出版社　1988 年　48 页
26cm（16 开）　ISBN：7-80526-014-1
定价：CNY12.00

J0108363

五羊塑像　何沛行摄
广州　岭南美术出版社　1988 年　1 张　78cm（2 开）
定价：CNY0.70
　　本作品为年画形式的中国城市建筑雕塑摄影。

J0108364

中国高等美术学院雕塑集　（广州美术学院分卷）潘鹤，李汉仪主编
长沙　湖南美术出版社　1988 年　38×27cm
ISBN：7-5356-0173-1　定价：CNY10.00
（中国高等美术学院作品全集）
　　主编潘鹤（1925—　　），雕塑家、书画家。广东南海人。别名潘思伟。曾在华南人民文艺学院学习。广州美术学院雕塑系终身教授、中国美术家协会常务理事、全国城市雕塑艺术委员会副主任。创作大型户外雕塑《珠海渔女》等一百多座，安放在国内外 60 多座城市。代表作品《潘鹤雕塑作品选集》《潘鹤水彩纪游》。

J0108365

中国高等美术学院雕塑集　（湖北美术学院分卷）刘正德主编
长沙　湖南美术出版社　1988 年　38cm（6 开）
ISBN：7-5356-0172-3　定价：CNY7.00
（中国高等美术学院作品全集）
　　主编刘正德，中国现代雕塑家。

J0108366

中国高等美术学院雕塑集　（鲁迅美术学院分卷）田金铎主编
长沙　湖南美术出版社　1988 年　37cm（8 开）
ISBN：7-5356-0168-5　定价：CNY9.80
（中国高等美术学院作品全集　雕塑集）
　　主编田金铎（1932—2019），雕塑家。河北束鹿人。毕业于鲁迅美术学院雕塑系，留校任教。历任雕塑系副主任、主任，雕塑系教授。中国美术家协会雕塑艺术委员会委员，雕塑作品有《走向世界》《稻香千里》《森林之神》。

J0108367

中国高等美术学院雕塑集　（四川美术学院分卷）龙德辉主编
长沙　湖南美术出版社　1988 年　37×26cm
ISBN：7-5356-0171-5　定价：CNY11.50
　　主编龙德辉（1932—　　），雕塑家。别名龙炳灵，四川达县人。毕业于西南美术专科学校雕塑系。历任四川美术学院雕塑系教授、主任，中国美术家协会会员，四川省城市雕塑艺术委员会委员。代表作品有《叶挺将军像》《江竹筠烈士像》等。

J0108368

中国高等美术学院雕塑集　（天津美术学院分卷）王之江主编
长沙　湖南美术出版社　1988 年　37cm（8 开）

ISBN: 7-5356-0167-7 定价: CNY5.30
(中国高等美术学院作品全集 雕塑集)

主编王之江(1917—2010), 雕刻家、艺术教育家、水彩画家。黑龙江巴彦县人。毕业于日本东京大学艺术科雕塑专业。历任天津美术学院教授、全国城市雕塑艺术委员会委员、天津市城市雕塑规划组艺术委员会委员。代表作品有《学》《马三立像》《滦水情》等。

J0108369

中国高等美术学院雕塑集 (西安美术学院分卷) 邢永川主编
长沙 湖南美术出版社 1988年 37cm(8开)
ISBN: 7-5356-0166-9 定价: CNY6.80
(中国高等美术学院作品全集 雕塑集)

主编邢永川(1938—), 雕塑家。出生于山西交城县, 毕业于西安美术学院雕塑系。历任西安美术学院雕塑系教授、主任、硕士生导师, 中国美术家协会会员, 中国雕塑学会会员, 中国美协陕西分会常务理事, 陕西省雕塑艺术委员会主任, 雕塑代表作品《老汉们》等。

J0108370

中国高等美术学院雕塑集 (浙江美术学院分卷) 王卓予主编
长沙 湖南美术出版社 1988年 37cm(8开)
ISBN: 7-5356-0169-3 定价: CNY6.80
(中国高等美术学院作品全集 雕塑集)

主编王卓予(1927—2010), 雕塑家、教授。江西南康人, 毕业于中央美术学院华东分院。历任浙江美术学院雕塑系主任、教授, 浙江省美协副主席、全国城市雕塑艺术委员会委员、浙江省雕塑家协会主席。雕塑代表作品《潘天寿》《拼搏者》《陈毅像》等。

J0108371

中国高等美术学院雕塑集 (中央美术学院分卷) 钱绍武, 曹春生主编
长沙 湖南美术出版社 1988年 37×26cm
ISBN: 7-5356-0170-7 定价: CNY8.50
(中国高等美术学院作品全集)

主编钱绍武(1928—), 雕刻家, 书法家。江苏无锡人。毕业于中央美术学院, 曾赴苏留学, 历任中央美术学院雕塑系主任、国家教委艺术教育委员会委员、全国城市雕塑艺术委员会委员、中国国家画院雕塑院院长等职。擅长雕塑、绘画、书法。代表作品有《大路歌》《江丰头像》《李大钊纪念碑》出版《素描与随想》《素描人体选集》。

J0108372

广东传统雕刻艺术
香港 区域市政局 1989年 143页 有图 33cm(5开) ISBN: 962-7213-05-5

本书为湖南美术出版社与广东民间工艺馆合作出版。外文书名: Guangdong Traditional Carvings.

J0108373

胡博作品选 (雕塑、陶艺、素描、随笔) 胡博作
长沙 湖南美术出版社 1989年 16×18cm
ISBN: 7-5356-0281-9 定价: CNY9.50

J0108374

徽州大观 (徽派雕刻艺术) 汪观清主编; 陶宇亮撰文; 汪大刚摄影
上海 上海人民美术出版社 1989年 130页 26cm(16开) 精装 ISBN: 7-5322-0517-7
定价: CNY65.00

本书章节分为: 桃花源中、徽贾滥觞、东南邹鲁、神仙世界、雕刻空间、邑中百工。内容包括: 从地理环境、文化、宗教、经济等方面论述徽派竹木砖石雕刻艺术的形成、发展、成熟、流播的历程和独特的艺术风格。附录一篇, 介绍古徽州的沿革变迁。有130幅图。主编汪观清(1931—), 艺术家。号耕莘堂主, 安徽歙县人。历任上海人民美术出版社副编审, 中国美术家协会会员, 上海市美术家协会理事。出版有《汪观清画集》《怎样画牛》《名家教画》等。

J0108375

九龙公园雕塑廊 香港市政局编
香港 香港市政局 1989年 45页 29cm(16开)
定价: HKD20.00

外文书名: The Sculpture Kowloon Park.

J0108376

孺子牛 (程允贤雕塑作品选) 程允贤作
北京 人民美术出版社 1989年 26cm(16开)
折装 ISBN: 7-102-00451-6
(新美术画库 32)

作者程允贤(1928—2005)，雕塑学家、学者。出生于江西南昌。毕业于国立湖北师范学院中国文学系，中国美术家协会会员。代表作《美国的城市雕塑》《程允贤雕塑作品选》。

J0108377
蔡根　蔡根作
台北　诚品画廊 1990 年　有图 25×25cm
　　中国现代雕塑选集。外文书名：Tsai Ken.

J0108378
朱铭十二生肖　朱铭雕刻
台北　敦煌艺术出版社 1990 年 [34] 页 有彩图
26cm(16 开) 定价：TWD300.00
　　本书外文书名：The Sculptures of the Twelve
Animals by Ju Ming。

J0108379
1992：雕塑艺术　（挂历）
沈阳　辽宁美术出版社 1991 年　76cm(2 开)
定价：CNY17.80

J0108380
1993：雕塑艺术 　（挂历）
沈阳　辽宁美术出版社 1992 年　77cm(2 开)
定价：CNY18.80

J0108381
程允贤肖像雕塑选集　程允贤刻
北京　中国华侨出版公司 1991 年　有彩照
25×26cm ISBN：7-80074-533-3 定价：CNY32.70
　　本画册收集了作者 40 年艺术创作的精品，具有很高的艺术价值和欣赏价值。

J0108382
杨振荣雕塑　杨振荣刻
福州　福建美术出版社 1991 年　26cm(16 开)
ISBN：7-5393-0129-5 定价：CNY5.50
（福建省画院作品集成）
　　本集选收作者雕塑作品等 39 幅。包括：《水仙花神》《文天祥》《李白醉酒》等雕塑作品。作者杨振荣(1943—　　)，福建泉州人毕业于广州美术学院雕塑系。福建省画院专业雕塑家，二级美术师。任泉州市美协副主席。代表作品有《毛泽东同志起草古田会议决议》《李冰治水》《马

可·波罗》等，出版《杨振荣雕塑》集。

J0108383
1993：雕塑艺术 　（挂历）
杭州　浙江人民美术出版社 1992 年 77cm(2 开)
定价：CNY21.50

J0108384
胡文伟雕塑集　胡文伟著
香港　活动学校出版社 1992 年 有图 26cm(16 开)

J0108385
南京古今雕刻 　（摄影集）南京雕塑家建筑家
协会编
南京　南京出版社 1992 年 106 页 26cm(16 开)
精装　ISBN：7-80560-644-7 定价：CNY68.00
　　外文书名：Ancient and Modern Carvings and
Sculptures in Nanjing.

J0108386
上海城市雕塑 　（图集）上海市城市雕塑委员
会编
北京　知识出版社 1992 年　84 页 26×24cm
ISBN：7-5015-5504-4 定价：CNY25.00
　　外文书名：Shanghai Urban Sculptures.

J0108387
滑田友　滑田友作；刘育和编
北京　人民美术出版社 1993 年　78 页 26×23cm
ISBN：7-102-00894-5 定价：CNY30.00
　　中国现代雕塑作品画册。作者滑田友(1901—1986)，雕刻家、美术教育家。原名滑廷友，字舜卿，生于江苏淮阴。历任中央美术学院教授，全国城市雕塑艺术委员会委员，中国美术家协会理事。作品有《深思》《母亲》《轰炸》，出版有《滑田有》。

J0108388
镌雕　述鼎著
台北　艺术图书公司 1993 年 127 页 有照片
31cm(10 开) 精装 ISBN：957-672-094-X
定价：TWD600.00
（民间艺术 4）
　　外文书名：Art of Folk Carvings.

J0108389
塑作　述鼎著
台北 艺术图书公司 1993 年 109 页 有图
31cm（10 开）精装 ISBN：957-672-085-0
定价：TWD600.00
（民间艺术 2）
　　外文书名：Art of Folk Handicrafts.

J0108390
叶润周黄杨木雕精品集　叶润周编
上海 上海书画出版社 1993 年 25×26cm
精装 ISBN：7-80512-745-X 定价：CNY48.00

J0108391
朱祖德雕塑集　朱祖德著
昆明 云南美术出版社 1993 年 67 页 有彩照
18×17cm ISBN：7-80586-013-0 定价：CNY15.00
　　本书收入了作者的雕塑作品近 60 幅，包括
《空间》《刺》《天题》等。作者朱祖德（1949—
1992），美术师。上海人，就读于四川美术学院雕
塑系和中央工艺美术学院。曾任云南省工艺美
术研究所工艺美术师。作品有《新苗》《应答》《护
林》等。

J0108392
朱照林雕塑作品选集　朱照林［作］
郑州 河南美术出版社 1994 年 25×26cm
ISBN：7-5401-0367-1 定价：CNY68.00

J0108393
陈日钧雕塑选　陈日钧作
广州 岭南美术出版社 1995 年 29cm（16 开）
ISBN：7-5362-1335-2 定价：CNY18.00
　　作者陈日钧（1949—　），湛江市园林管理处
园林雕塑设计人员。

J0108394
福州雕刻艺术　（图集）福州雕刻工艺品总厂编
福州 福建美术出版社 1995 年 73 页 29cm（16 开）
ISBN：7-5393-0372-7 定价：CNY80.00

J0108395
江苏油画雕塑院作品选　江苏省美术馆编
［南京］［江苏省美术馆］［1995—1999 年］
45 页 有图 27cm（大 16 开）

外文书名：Jiangsu Institute of Oil Painting and
Sculpture Selected Works.

J0108396
张德华雕塑　张德华作
北京 中国摄影出版社 1995 年 26×23cm
ISBN：7-80007-107-3 定价：CNY35.00
　　外文书名：Zhang Dehua's Sculptures. 作者张
德华（1931—　），女，教授。山东青岛人，中国
雕塑艺术创作研究所，中国美术家协会会员。

J0108397
黄映蒲意念雕塑专辑　黄映蒲创作
台中县 黄映蒲雕塑事务所 1996 年 48 页
19×26cm 精装 ISBN：957-97180-1-6
　　外文书名：Huang Ying-Pu's Idea Collections
in Sculpture.

J0108398
上海博物馆中国古代雕塑馆　（中英文本）
上海博物馆［编］
上海 上海博物馆 1996 年 32 页 29cm（18 开）
　　外文书名：Ancient Chinese Sculpture Gallery
Shanghai Museum.

J0108399
中国现代城市雕塑　（图集）吴成槐编著
沈阳 辽宁美术出版社 1996 年 216 页
26cm（16 开）ISBN：7-5314-1395-7
定价：CNY128.00
　　编著吴成槐（1943—　），满族，编辑。辽宁
沈阳人。辽宁民族出版社社长兼总编辑，辽宁美
术家协会、辽宁摄影家协会会员。连环画作品有
《南下路上》《大桥争夺战》，编辑设计图书《海外
藏明清绘画珍品——沈周卷》《20 世纪中国摄影
文献》。

J0108400
黄良臣雕塑西画展专辑　赖万发，詹秀铃，
林良莲［编辑］
彰化县［台湾］彰化县立文化中心 1997 年 76 页
有肖像有彩照 26cm（16 开）
ISBN：957-00-9603-9
　　本专辑属于磺溪美展——彰化县美术家接
力展的第 11 辑。

J0108401
司徒兆光雕塑集　司徒兆光作；陈杜宇编
北京　荣宝斋出版社　1997 年　38 页　25×26cm
ISBN：7-5003-0389-0 定价：CNY48.00
　　外文书名：The Sculpture of Situ Zhaoguang A
Photo Album.

J0108402
惟楚有材　（长沙世界之窗大型雕塑人物卷）
魏文彬主编
长沙　湖南美术出版社　1997 年　111 页
26cm（16 开）ISBN：7-5356-1023-4
定价：CNY48.00

J0108403
北京城市雕塑集　（2）宣祥鎏主编；首都城
市雕塑艺术委员会编
北京　中国建筑工业出版社　1998 年　110 页
29cm（16 开）ISBN：7-112-02462-5
定价：CNY80.00

J0108404
陈禾衣雕塑精品集　陈禾衣塑
南宁　广西美术出版社　1998 年　48 页　有照片
29cm（16 开）ISBN：7-80625-608-3
定价：CNY60.00

J0108405
穿越时空　（中央美术学院建院 80 周年雕塑系
历任教师论文选集）殷双喜，隋建国主编
西安　陕西人民美术出版社　1998 年　258 页
27cm（大 16 开）ISBN：7-5368-1132-2
定价：CNY29.80

J0108406
雕塑·现实　（中央美术学院建校 80 周年雕塑
系教师作品）隋建国，段海康主编
北京　人民美术出版社　1998 年　88 页
27cm（大 16 开）ISBN：7-102-01502-X
定价：CNY55.00

J0108407
何鄂雕塑艺术　张玄英主编
兰州　甘肃人民美术出版社　1998 年　147 页
27×25cm　ISBN：7-80588-248-7

定价：CNY180.00

J0108408
刘毅作品选　刘毅雕；中国雕塑杂志社编
北京　中国轻工业出版社　1998 年　68 页
25×25cm　ISBN：7-5019-2379-5
定价：CNY84.00
（当代中国雕塑家作品集）

J0108409
平台——'98 青年雕塑家作品集　程允贤，
吴成槐主编
沈阳　辽宁美术出版社　1998 年　70 页
28cm（大 16 开）ISBN：7-5314-2051-1
定价：CNY38.00
　　外 文 书 名：Hathpace：Works Collection of
Youth Sculpturers'98. 主编程允贤（1928—2005），
雕塑学家、学者。出生于江西南昌。毕业于国
立湖北师范学院中国文学系，中国美术家协会
会员。代表作《美国的城市雕塑》《程允贤雕塑
作品选》。作者吴成槐（1943—　），满族，编辑。
辽宁沈阳人。辽宁民族出版社社长兼总编辑，辽
宁美术家协会、辽宁摄影家协会会员。连环画作
品有《南下路上》《大桥争夺战》，编辑设计图书
《海外藏明清绘画珍品——沈周卷》《20 世纪中
国摄影文献》。

J0108410
上海城市雕塑　（1990-1997 第二集）章永浩
主编；上海市城市雕塑委员会编
上海　上海画报出版社　1998 年　94 页　25×26cm
ISBN：7-80530-371-1 定价：CNY75.00

J0108411
王小蕙作品选　中国雕塑杂志社编
北京　中国轻工业出版社　1998 年　71 页
25×25cm　ISBN：7-5019-2189-X 定价：CNY84.00
（当代中国雕塑家作品集）

J0108412
吴地民间偶像艺术　（吴文化公园民间偶像艺
术集锦）高燮初主编
南京　江苏美术出版社　1998 年　95 页　25×26cm
ISBN：7-5344-0859-8 定价：CNY49.00
（吴文化艺术丛书　第五辑）

吴文化公园位于无锡市北郊西高山，是一座荒山为依托由中国农民办起的第一家大型文化园林，建有稻丰圩、蚕桑巷、船桥史馆、交通馆、江南风情苑、教育馆、人文馆和学生教育营地等17个馆区。本图集再现了该园各种民间塑像、彩绘、线刻神像等。

J0108413

中国佛教雕塑　（上）李再钤编著
台北 台湾历史博物馆 1998 年 246 页 有照片 30cm（10 开）精装 ISBN：957-02-2290-5
　　外文书名：Buddhist Sculpture in China

J0108414

中国佛教雕塑　（下）李再钤编著
台北 台湾历史博物馆 1998 年 248 页 有照片 30cm（10 开）精装 ISBN：957-02-2292-1
　　外文书名：Buddhist Sculpture in China

J0108415

中央美术学院雕塑艺术创作研究所雕塑五十年　（1955—1998）殷双喜编著
香港 中国出版社 1998 年 340 页 有图 27cm（大 16 开）ISBN：962-8397-03-6

J0108416

"鬼村"艺影　（1999.9）李瑞生著；张新民，李北辰摄
广州 广东人民出版社 1999 年 168 页 29cm（16 开）ISBN：7-218-03210-9
定价：CNY99.00
　　作者李瑞生（1938—2018），美术教育家、美术家。生于吉林省，毕业于长春电影学院。曾在长春电影制片厂从事设计工作、任教于吉林艺术学院美术系和深圳大学。作品有连环画《金牛山》，彩色画册《小护青年》《孙悟空三打白骨精》《白蛇传》等。

J0108417

广州雕塑院作品选集　（1956—1999）广州市文化局主编
广州 岭南美术出版社 1999 年 123 页 28×28cm 精装 ISBN：7-5362-1921-0 定价：CNY230.00
（广州雕塑院作品丛书）
　　本书选编了广州雕塑院自 1956 年成立以来，

老、中、青 3 代雕塑家的 100 多件各具代表性作品，反映了雕塑院的发展历程和创作成就。

J0108418

扩散　（当代雕塑七人作品集）李刚等作；殷双喜等撰稿
北京 人民美术出版社 1999 年 45 页 28cm（大 16 开）ISBN：7-102-02098-8
定价：CNY30.00
　　本书收入李刚、张玮、喻高、唐颂武、邵康、仲松、刘宝成七位艺术家的不同风格的现代雕塑作品多件。

J0108419

唐大禧雕塑选　唐大禧作；广州市文化局编
广州 岭南美术出版社 1999 年 78 页 28×28cm ISBN：7-5362-1921-0 定价：CNY180.00
（广州雕塑院作品丛书）

J0108420

王克庆作品集　王克庆［作］
北京 三联书店 1999 年 163 页 28×27cm ISBN：7-108-01371-1 定价：CNY180.00
　　本书为现代中国雕塑绘画画册。作者王克庆（1933—　　），画家、教授。又名王克安，安徽含山县人。硕士毕业于中央美术学院雕塑系，后留校任教。历任全国城市雕塑建设指导委员会主任，中央美术学院教授。作品有《源远流长》《五卅惨案》《陶渊明》等。出版有《王克庆作品集》。

J0108421

吴为山雕塑　吴为山［作］；速加摄影
北京 人民美术出版社 1999 年 96 页 29×28cm ISBN：7-102-02011-2 定价：CNY95.00

J0108422

中国城市雕塑 50 年　（1949—1999）王朝闻，吴良镛主编
西安 陕西人民美术出版社 1999 年 412 页 29×28cm 精装 ISBN：7-5368-1194-2
定价：CNY398.00
　　外文书名：50 Years of Urban Sculpture in China. 主编王朝闻（1909—2004），雕塑家、文艺理论家、美学家。生于四川合江。别名王昭文，

更名王朝闻，笔名汶石、廖化、席斯珂。就读于成都艺专、杭州国立艺专。历任中央美术学院副教务长、中国美术家协会副主席、中国艺术研究院副院长等。代表作品《浮雕毛泽东像》《圆雕刘胡兰像》等。

J0108423

走向新空间 （当代雕塑艺术　邢永川）邢永川[作]

长沙　湖南美术出版社　1999 年　26cm（16 开）

ISBN：7-5356-1307-1　定价：CNY22.00

（中国当代艺术家系列　陆）

　　作者邢永川（1938—　），雕塑家。出生于山西交城县，毕业于西安美术学院雕塑系。历任西安美术学院雕塑系教授、主任、硕士生导师，中国美术家协会会员，中国雕塑学会会员，中国美协陕西分会常务理事，陕西省雕塑艺术委员会主任，雕塑代表作品《老汉们》等。

J0108424

走向新空间 （当代雕塑艺术　胡博）胡博[作]

长沙　湖南美术出版社　1999 年　26cm（16 开）

ISBN：7-5356-1307-1　定价：CNY22.00

（中国当代艺术家系列　陆）

　　本书介绍了作者雕塑 20 座，其中包括：《构成》《雨中曲》《游子归来》《喜开镰》《孔雀女》《鸣鹿》《大虎》《合力》《心声》等。

J0108425

走向新空间 （当代雕塑艺术　张海平）张海平[作]

长沙　湖南美术出版社　1999 年　26cm（16 开）

ISBN：7-5356-1307-1　定价：CNY22.00

（中国当代艺术家系列　陆）

　　本书介绍了雕塑家张海平的雕塑作品。展现了《军魂》的崇高、《创世纪》的壮美、《顽强》的雄健、《胜利》的气势以及《韵》的秀美等。

J0108426

走向新空间 （当代雕塑艺术　周鹏生）周鹏生[作]

长沙　湖南美术出版社　1999 年　26cm（16 开）

ISBN：7-5356-1307-1　定价：CNY22.00

（中国当代艺术家系列　陆）

中国木刻、木雕作品

J0108427

新中国的木刻　陈烟桥著

上海　商务印书馆　1951 年　54 页　15cm（40 开）

定价：旧币 2,200 元

（人民百科小册）

　　本书内容包括：《鲁迅与中国新木刻》《中国新木刻运动》《为创造新中国的木刻而斗争》。作者陈烟桥（1911—1970），版画家。曾用名陈炳奎，笔名李雾城、米启郎。就读于广州市立美术专科学校西画科和上海新华艺术专科学校西洋画系。历任《新华日报》美术科主任，中国美术家协会上海分会副秘书长、美协广西分会主席等。代表作品有木刻《建设中的佛子岭》《鲁迅和他的伙伴们》等。

J0108428

百合花　力群作

[北京] 朝花出版社　1955 年　[1] 张　39cm（8 开）

定价：CNY0.10

　　中国现代木刻作品。作者力群（1912—2012），画家。原名郝力群。山西灵石人，毕业于国立杭州艺术专科学校。历任中国版画家协会副主席，山西省美术院名誉院长，山西省美术家协会名誉主席。木刻版画作品有《鲁迅像》《病》《收获》。

J0108429

办嫁妆 （套色木刻）赵延年作

上海　上海人民美术出版社　1955 年

定价：CNY0.15

　　中国现代木刻作品。

J0108430

补网　李桦作

[北京] 朝花出版社　1955 年　[1] 张　39cm（8 开）

定价：CNY0.10

　　李桦木刻作品。作者李桦（1907—1994），教授、画家。曾用名浪沙、小泉。广东番禺人。毕业于广州市立美术学校，留学日本。历任中央美术学院教授兼版画系主任，中国文联全国委员，中国版画家协会主席等。代表作品《怒吼吧，中国》，组画《怒潮》《征服黄河》等。

J0108431
到治淮工地上　（套色木刻）杨可扬作
上海　上海人民美术出版社　1955年
定价：CNY0.15

中国现代木刻作品。作者杨可扬（1914—2010），版画家。原名杨嘉昌，笔名Ａ扬、阿扬等，浙江遂昌人。历任中国木刻研究会浙区理事，中华全国木刻协会常务理事，上海版画会会长等。代表作品有《木合工厂》《老教师》《张老师早！》《江南古镇》《上海，您好！》等。

J0108432
广州光孝寺古代木雕像图录　商承祚辑
上海　上海出版公司　1955年　影印本　40页
有图　30cm（15开）精装　定价：旧币36,000元

J0108433
和时间赛跑　（套色木刻）赵延年作
上海　上海人民美术出版社　1955年
定价：CNY0.15

赵延年套色木刻作品。作者赵延年（1924—2014），教授、版画家。生于浙江湖州，就读于上海美专学习木刻。历任浙江美术学院教授，浙江版画家协会名誉会长，浙江漫画研究会顾问等。作品有《负木者》《鲁迅先生》《起来饥寒交迫的奴隶》等，出版有《赵延年版画选》。

J0108434
剪窗花　张建文作
[北京]朝花出版社　1955年　[1]张　39cm（8开）
定价：CNY0.10

中国现代木刻作品。

J0108435
金色的山川　肖林作
[北京]朝花出版社　1955年　[1]张　39cm（8开）
定价：CNY0.10

中国现代木刻作品。作者肖林（1929—1981），画家。别名马秉铎，河北定县（现定州）人。毕业于华北联合大学文艺学院美术系。曾任人民美术出版社创作室创作员。主要作品有《白求恩大夫》《永远前进》《向英雄黄继光的母亲报告学习成绩》等。

J0108436
牧歌　（套色木刻）张漾兮作
上海　上海人民美术出版社　1955年
定价：CNY0.15

中国现代木刻作品。

J0108437
辟雪前进　关夫生作
[北京]朝花出版社　1955年　[1]张　39cm（8开）
定价：CNY0.10

关夫生木刻作品。

J0108438
秋耕　古元作
北京　人民美术出版社　1955年　[1]张　39cm（8开）
定价：CNY0.10

作者古元（1919—1996），画家。字帝源，生于广东珠海。曾就读于鲁迅艺术学院。历任中央美术学院教授、院长，中国美术家协会协会副主席，中国版画家协会主席。作品有《减租会》《烧毁旧地契》《人桥》《刘志丹和赤卫军》《枣园灯光》等。出版有《古元木刻选》《古元水彩画选》等。

J0108439
扫雪　古元作
北京　人民美术出版社　1955年　[1]张　39cm（8开）
定价：CNY0.10

古元木刻作品。

J0108440
谁先到校　彦涵作
北京　人民美术出版社　1955年　[1]张　39cm（8开）
定价：CNY0.10

彦涵木刻作品。作者彦涵（1916—2011），版画家、美术教育家。江苏连云港人。中央美术学院教授，中国美术家协会艺术委员会主任。出版有《彦涵版画》《彦涵画集》《彦涵中国画集》《文学之画》等。

J0108441
夕阳　彦涵作
[北京]朝花出版社　1955年　[1]张　39cm（8开）
定价：CNY0.10

彦涵木刻作品。

J0108442

西湖的春天 （套色木刻）张漾兮作

上海 上海人民美术出版社 1955 年

定价：CNY0.15

　　张漾兮套色木刻作品。作者张漾兮（1912—1964），四川成都人，毕业于四川美术专门学校西画科。历任成都《新民报》编辑，四川省立艺术专科学校教师。代表作品有《送饭到田间》《西泠桥》，出版有《张漾兮木刻选集》。

J0108443

新的声音 黄永玉作

［北京］朝花出版社 1955 年［1］张 39cm（8 开）

定价：CNY0.10

　　黄永玉木刻作品。作者黄永玉（1924— ），土家族，教授。历任中央美术学院教授，全国政协委员，中国美术家协会常务理事、副主席。作品有《春潮》《百花》《人民总理人民爱》《阿诗玛》等。出版有《黄永玉木刻集》《黄永玉画集》。

J0108444

饮马 吴燃作

［北京］朝花出版社 1955 年［1］张 39cm（8 开）

定价：CNY0.10

　　吴燃木刻作品。作者吴燃（1928— ），美术家。安徽萧县人。历任部队文工团员、美术编辑、创作员等，中国美术家协会会员，中国版画家协会理事，天津美术家协会副主席，天津画院一级美术师。主要作品有《汲水》《下岗》《沃野》《山涧秋色》《长天秋水》《井台》等。

J0108445

在夏耕中 （套色木刻画）陈望作

［广州］华南人民出版社 1955 年［1］张 39cm（8 开）定价：CNY0.06

　　中国现代木刻作品。作者陈望（1922—2006），画家。生于广东揭阳县，毕业于广西省立艺术师范学校。曾任汕头地区文联副主席、汕头市文联名誉主席。作品有《农民诵诗》《早年》等，出版有《木刻选集》《陈望版画集》等。

J0108446

治淮工地上的解放军工程队 （套色木刻）沈柔坚作

上海 上海人民美术出版社 1955 年

定价：CNY0.15

　　中国现代木刻作品。作者沈柔坚（1919—1998），画家，教授。福建诏安人。历任上海大学美术学院教授，中国美术家协会常务理事，中国美术家协会上海分会副主席，中国版画家协会副主席。代表作品《拉纤者》《田野》《拾草》《为了正义》《庆功图》等。

J0108447

傍晚 赖深如作

武汉 长江文艺出版社 1956 年 1 张

定价：CNY0.05

　　中国现代木刻作品图片。

J0108448

布谷鸟叫了 吴凡作

［成都］四川人民出版社 1956 年 1 张 定价：CNY0.05

　　中国现代木刻作品图片。作者吴凡（1923—2015），画家。重庆人。历任中国美协理事，中国版画家协会理事、四川美术家协会副主席。现为四川美术家协会顾问，一级美术师，四川省诗书画院艺术顾问，成都画院顾问。出版有《吴凡作品集》《吴凡版画集》《吴凡艺术》等。

J0108449

藏族农家 牛文作

武汉 长江文艺出版社 1956 年 1 张

定价：CNY0.05

　　中国现代木刻作品图片。作者牛文（1922—2009），著名版画家，一级美术师。生于山西灵石，毕业于延安鲁迅文艺学院美术系。离休老红军。曾任中国美协理事、中国美协四川分会副主席、秘书长。版画作品有《丈地》《东方红太阳升》。出版有《牛文作品选集》《牛文版画选》《雪山红日》。

J0108450

到海岸上去 黄树德作

武汉 长江文艺出版社 1956 年 1 张

定价：CNY0.05

　　中国现代木刻作品图片。作者黄树德（1931— ），版画家。广东南海人，曾进修于广州美术学院油画系。历任海军南海舰队美术创作组组长、部队专职画家，广东水彩画研究会副会长，广东岭南美术出版社社长兼总编辑，中国美术家协会会员，中国版画家协会理事。出版有《黄树德版画集》《海之歌—黄树德水彩版画集》等。

J0108451
冬至　赵宗藻作
北京 朝花美术出版社 1956 年 1 张
定价：CNY0.10
　　中国现代木刻作品图片。作者赵宗藻（1931— ），版画家。就读于苏州美术专科学校和南京大学美术系。历任中国美术学院版画系主任、副院长，中国版画协会副主席。代表作有《婺江边上》《四季春》《乡干集会》《黄山松》等。

J0108452
高原峡谷　李唤民作
［成都］四川人民出版社 1956 年 1 张
定价：CNY0.05
　　中国现代木刻作品图片。

J0108453
瓜叶菊　力群作
北京 朝花美术出版社 1956 年 1 张
定价：CNY0.10
　　中国现代木刻作品图片。作者力群（1912—2012），画家。原名郝力群。山西灵石人，毕业于国立杭州艺术专科学校。历任中国版画家协会副主席，山西省美术院名誉院长，山西省美术家协会名誉主席。木刻版画作品有《鲁迅像》《病》《收获》。

J0108454
海燕　柯华作
武汉 长江文艺出版社 1956 年 1 张
定价：CNY0.05
　　中国现代木刻作品图片。

J0108455
鲁迅在北大讲课　肖林作
北京 朝花美术出版社 1956 年 1 张
定价：CNY0.10
　　中国现代木刻作品图片。作者肖林（1929—1981），画家。别名马秉铎，河北定县（现定州）人。毕业于华北联合大学文艺学院美术系。曾任人民美术出版社创作室创作员。主要作品有《白求恩大夫》《永远前进》《向英雄黄继光的母亲报告学习成绩》等。

J0108456
南方的原野　彭忠定作
武汉 长江文艺出版社 1956 年 1 张
定价：CNY0.05
　　中国现代木刻作品图片。

J0108457
农村小景　宋克君作
武汉 长江文艺出版社 1956 年 1 张
定价：CNY0.05
　　中国现代木刻作品图片。

J0108458
热情的印度人民　古元作
北京 朝花美术出版社 1956 年 1 张
定价：CNY0.10
　　中国现代木刻作品图片。作者古元（1919—1996），画家。字帝源，生于广东珠海。曾就读于鲁迅艺术学院。历任中央美术学院教授、院长，中国美术家协会协会副主席，中国版画家协会主席。作品有《减租会》《烧毁旧地契》《人桥》《刘志丹和赤卫军》《枣园灯光》等。出版有《古元木刻选》《古元水彩画选》等。

J0108459
森林新城市　古元作
北京 朝花美术出版社 1956 年 1 张
定价：CNY0.10
　　中国现代木刻作品图片。

J0108460
社里的羊群　杨先让作
北京 朝花美术出版社 1956 年 1 张
　　中国现代木刻作品图片。作者杨先让（1930— ），画家、教授。生于山东牟平，毕业于中央美术学院绘画系。历任人民美术出版社编辑和创作员，中央美术学院民间美术系主任、教授，中国民间美术学会常务副会长等职务。代表作品有《晌午》《渔村》《杨先让木刻选集》《黄河十四走民艺考》等。

J0108461

狮子滩工地之夜　杜咏樵作

武汉　长江文艺出版社　1956 年　1 张

定价：CNY0.05

中国现代木刻作品图片。

J0108462

石灰窑　陈经伟作

武汉　长江文艺出版社　1956 年　1 张

定价：CNY0.05

中国现代木刻作品图片。

J0108463

是工地又是学校　李少言作

武汉　长江文艺出版社　1956 年　1 张

定价：CNY0.05

中国现代木刻作品图片。作者李少言（1918—2002），画家。山东临沂人。曾任中国美术家协会副主席、中国版画家协会副主席、四川省文联副主席等。作品有黑白木刻《重建》《川藏路上水帘洞》，套色木刻《老街新貌》等，出版有《李少言版画选》《李少言作品选集》等。

J0108464

送饭到田间　张漾兮作

北京　朝花美术出版社　1956 年　1 张

定价：CNY0.12

中国现代木刻作品图片。

J0108465

他做买卖回来　张怀江作

上海　上海人民美术出版社　1956 年　1 张

定价：CNY0.14

中国现代木刻作品图片。作者张怀江（1922—1989），版画家、教授。原名隆超，笔名施木、槐岗等。浙江乐清人，毕业于上海美术专科学校，从版画家野夫学习木刻。曾任杭州西湖艺专为版画系讲师，浙江美术学院教务长、教授。代表作有《鲁迅和方志敏》《农村妇女》等。

J0108466

在林中　卢西林作

武汉　长江文艺出版社　1956 年　1 张

定价：CNY0.05

中国现代木刻作品图片。

J0108467

珍惜每一颗粮食　彦涵作

北京　朝花美术出版社　1956 年　1 张

定价：CNY0.10

中国现代木刻作品图片。作者彦涵（1916—2011），版画家、美术教育家。江苏连云港人。中央美术学院教授，中国美术家协会艺术委员会主任。出版有《彦涵版画》《彦涵画集》《彦涵中国画集》《文学之画》等。

J0108468

捉麻雀　肖林作

北京　朝花美术出版社　1956 年　1 张

定价：CNY0.10

中国现代木刻作品图片。作者肖林（1929—1981），画家。别名马秉铎，河北定县（现定州）人。毕业于华北联合大学文艺学院美术系。曾任人民美术出版社创作室创作员。主要作品有《白求恩大夫》《永远前进》《向英雄黄继光的母亲报告学习成绩》等。

J0108469

东阳木雕　上海人民美术出版社编辑

上海　上海人民美术出版社　1958 年　影印本　29 页　有图　18cm（15 开）统一书号：T8081.3484

定价：CNY0.90

（工艺美术丛书）

J0108470

江加走木偶雕刻　江加走作

上海　上海人民美术出版社　1958 年　影印本　50 页　有图　30cm（10 开）活页

统一书号：T8081.3356　定价：CNY16.00

本书选印粉彩木偶头 42 件，包括传统戏曲里的生、旦、净、丑、末各种行当。书前有周海宇撰文 1 篇，论述泉州的木偶戏和木偶头的起源、演变和发展；介绍江加走生平及其在木偶头雕刻艺术上卓越的成就。

J0108471

湛江木刻选　中国美术家协会广州分会编

北京　人民美术出版社　1959 年　16 页　有图　18cm（15 开）统一书号：T8027.2835

定价：CNY1.58

J0108472
"大跃进" 的花朵　（套色木刻）张家瑞作
［沈阳］辽宁美术出版社 1960 年［1 张］
定价：CNY0.08

J0108473
孩子　（水印套色木刻画）李平凡刻
北京 人民美术出版社 1960 年 定价：CNY0.15

J0108474
鲁迅象　（木刻）颜仲作
北京 人民美术出版社 1960 年［1 张］
定价：CNY0.06

J0108475
旅顺木刻选　陈辛一等作
［沈阳］辽宁美术出版社 1960 年 10 张（套）
定价：CNY0.28

J0108476
木刻　修军等作
北京 人民美术出版社 1960 年［1 张］
定价：CNY0.50

J0108477
秋　（木刻）修军作
［西安］长安美术出版社 1960 年［1 张］
定价：CNY0.10

J0108478
漾兮木刻选集　张漾兮刻
上海 上海人民美术出版社 1960 年 1 册 有图
21cm（32 开）精装 统一书号：T808I.4558
定价：CNY4.80
　　本书收集作者从 1938—1958 年间的作品 38
幅图，分建国前后两部分。1949 年以前作品，反
映了成都和川西农村的苦难状况，如《人市》《煤
矿工人》《抢米》等。中华人民共和国成立后作
品，题材大多为中华人民共和国成立后的社会新
面貌新气象。作者张漾兮（1912—1964），四川成
都人，毕业于四川美术专门学校西画科。历任成
都《新民报》编辑，四川省立艺术专科学校教师。
代表作品有《送饭到田间》《西泠桥》，出版有《张
漾兮木刻选集》。

J0108479
这里亦开始了　（套色木刻）陆田作
［南宁］广西人民出版社 1960 年［1 张］
定价：CNY0.03

J0108480
解放区木刻　邹雅，李平凡编
北京 人民美术出版社 1962 年 影印本［169］页
有图 27cm（16 开）精装 统一书号：8027.3442
定价：CNY16.60
　　本书收力群、古元、邹雅等创作的木刻作
品 144 幅。这些作品是作者亲身经历的实录，真
实地表现了晋察冀等解放区及新四军军民艰苦
奋斗和亲密团结的生活情况。作者邹雅（1916—
1974），版画家、山水画家。江苏无锡市，毕业于
延安鲁迅艺术学院。历任人民美术出版社副社
长、副总编辑，北京画院院长。出版有《邹雅画
集》。编者李平凡（1922—2011），版画家。原名
李文琨，别名里肯，天津津南人。历任人民美术
出版社编辑、编审，《版画世界》主编，日本国际
版画研究会顾问，平凡友好画院名誉院长。出版
有《平凡木刻版画》《李平凡画文集》《李平凡画
集》等，编辑《中华人民版画集》《中国古代木刻
画选集》《中国水印版画》等。

J0108481
李桦木刻选
［天津］天津美术出版社 1964 年 11 张（套）
12cm（60 开）定价：CNY0.52

J0108482
彦涵木刻选
［天津］天津美术出版社 1964 年 15 张（套）
12cm（60 开）定价：CNY0.68
　　中国现代版画作品。

J0108483
南海前哨钢八连　（木刻组画）广州部队 "钢
八连组画" 创作组作；章明配诗
北京 人民美术出版社 1965 年 8 幅 26cm（16 开）
统一书号：T8027.4596 定价：CNY0.70

J0108484
反帝风暴　（丹塔木组雕）上海工艺美术工厂
创作

上海 上海人民出版社 1972 年 有图 11×15cm
统一书号：8.3.400 定价：CNY0.46

J0108485
木雕小辑　上海人民出版社编辑
上海 上海人民出版社 1972 年 有图 15cm（40 开）
统一书号：8.3.395 定价：CNY0.46

J0108486
张路木刻集　张路作
北京 人民美术出版社 1980 年 76 页
25cm（小 16 开）统一书号：8027.7502
定价：CNY2.00

J0108487
装饰动物木刻　吴家华绘
上海 上海人民美术出版社 1981 年 154 页
19cm（32 开）统一书号：8081.12468
定价：CNY0.42
　　作者吴家华（1932—　 ），版画家。出生于贵
州贵阳，毕业于贵阳师范学院艺术科美术专业，
并留校任教。历任中国美术家协会、版画家协会、
藏书票研究会会员，贵州版画研究会副会长，贵
州民族学院特聘客座教授。代表作品有《吴家华
版画选集》。

J0108488
武威汉代木雕　甘肃省博物馆供稿；张明川，
吴怡如编著
北京 人民美术出版社 1984 年 37 页
27cm（大 16 开）定价：CNY1.35
（中国古代美术作品介绍）
　　《中国古代美术作品介绍》是一套文图并茂
介绍中国古代优秀美术作品的丛书，内容包括绘
画、雕塑、工艺、书法、印章等。

J0108489
园林木雕图案　周爱国，李小非编绘
重庆 重庆出版社 1984 年 128 页 19cm（32 开）
统一书号：8114.227 定价：CNY1.60
　　本图案集分苏州、无锡、上海、杭州和各地
综合五部分。

J0108490
马改户木雕选　马改户作

西安 陕西人民美术出版社 1985 年 26cm（16 开）
统一书号：8199.884 定价：CNY3.75
　　本书系中国现代木雕画册专著。

J0108491
车木造型艺术　宓风光绘编
北京 轻工业出版社 1987 年 105 页 26cm（16 开）
ISBN：7-5019-0023-X 定价：CNY1.20
　　作者宓风光（1956—　 ），浙江省工艺美术大
师。生于浙江嵊州市。浙江泥人宓研究所所长，
中国工艺美术家协会、浙江省美协会员。代表作
品有《中国戏剧百脸谱》《老北京人》《屈原》等。

J0108492
徽州木雕艺术　安徽美术出版社编
合肥 安徽美术出版社 1988 年 25cm（15 开）
ISBN：7-5398-0034-8
（徽州三雕艺术丛书）
　　本书以木雕实物图片，展示了徽州木雕艺术
在徽派版画的影响下，从雕镂手法上的平面浅浮
雕刻一至两层式高浮雕和透雕，借助线刻造型达
到奔放沉雄、粗犷憨拙的民间艺术风格的形成过
程，呈现了明清木雕的艺术格调趋于装饰性和细
腻工整的特点，许多木雕均使用了圆雕手法。分
梁架、隔扇·窗格、栏杆·挂落、家具·杂件 4 编。
共收有 800 余幅图。外文书名：Wood Carvings in
HuiZhou District.

J0108493
中国古木雕艺术　刘奇俊著
台北 艺术家出版社 1988 年 206 页 有图
21cm（32 开）定价：TWD250.00
（艺术家丛刊）

J0108494
中国古木雕艺术　刘奇俊著
台北 艺术家出版社 1994 年 再版 206 页 有图
21cm（32 开）定价：TWD250.00
（艺术家丛刊）

J0108495
来自深山的心雕图腾　（陈炯辉的木雕世界）
陈炯辉著
台北 帝门艺术中心 1990 年 143 页 有彩图
21cm（32 开）定价：TWD300.00

J0108496
十二生肖根雕艺术
天津　天津杨柳青画社 1990 年 12 张 13cm（64 开）

J0108497
朱铭木刻集　（水牛群像）朱铭作；清韵艺术
中心编
台北　清韵国际事业公司 1990 年 有图
30cm（10 开）定价：TWD400.00

J0108498
马驷骥根艺美术　马驷骥著
大连　大连出版社 1992 年 28cm（大 16 开）
ISBN：7-80555-662-8 定价：CNY25.00
　　外文书名：Mr.Ma Siji's Roots Art. 作者马驷
骥（1938—　），一级美术师。笔名三马，堂号天
趣堂。辽宁盖县人，毕业于中央美术学院附中。
中国电影家协会会员，中国美术家协会会员。作
品有中国画《连年如意》，根雕《雄鹰》，出版有
《中国根艺》《中国根艺美术家辞典》《中国根艺
美术》《马驷骥根艺美术画册》等。

J0108499
湘南民间木雕　（图集）李宗孝编
长沙　湖南美术出版社 1992 年 有图
19cm（小 32 开）ISBN：7-5356-0513-3
定价：CNY12.50
　　本图集介绍了清代湘南民间木雕的发展历
史、艺术风格等。

J0108500
1994：根艺　（挂历）
青岛　青岛出版社 1993 年 76×53cm
定价：CNY28.00

J0108501
孙宗泉泰山根雕艺术　孙宗泉作
北京　东方出版社 1993 年 26×24cm
ISBN：7-5060-0371-6 定价：CNY29.00
　　外文书名：Mount Taishan Art of Root Garvings
by Sun Zongquan.

J0108502
滕文金木雕选集　（图集）滕文金作
北京　人民美术出版社 1993 年 26×23cm

ISBN：7-102-01214-4 定价：CNY36.00
　　作者滕文金（1937—　），雕塑家。出生于山
东莱州，毕业于中央美术学院。历任深圳雕塑院
副院长，深圳市城市雕塑领导小组办公室主任。
中国美术家协会会员、中国雕塑家协会会员、中
国一级美术师。作品有深圳莲花山《邓小平》青
铜塑像；银湖宾馆《迎宾图》大理石雕刻。

J0108503
东阳木雕艺术　旭文等编著
上海　上海书画出版社 1994 年 118 页 有彩图
26cm（16 开）精装 ISBN：7-80512-766-2
定价：CNY88.00
　　外文书名：Wooden Sculpture Arts of Dong
Yang.

J0108504
玲珑木雕　（福建传统木雕 1994.4.15—1994.6.25）
香港　香港大学冯平山博物馆 1994 年 144 页
有图 30cm（10 开）定价：HKD200.00

J0108505
白族木雕图案　张增堂主编；陈永发绘著；大
理州城乡建设环境保护局编
昆明　云南美术出版社 1995 年 200 页
28cm（大 16 开）
　　木雕工艺在白族地区有着悠久的历史，享有
盛誉。为保护珍贵民族艺术不再流失，作者搜集
整理了民间艺术图案，并绘编成册。

J0108506
独步云天　（傅新民根艺作品集）傅新民［作］
福州　福建美术出版社 1995 年 27+97 页
25×25cm ISBN：7-5393-0311-5 定价：CNY120.00
　　作者傅新民（1949—　），画家、美术大师。
号新萌，江西南昌人。历任中国根艺美术学会理
事，厦门市根艺美术学会会长。代表作品有《新
萌现代水墨画展》《新萌现代重彩水墨画展》等。

J0108507
根雕珍品集　（冯刘成珍藏）
郑州　河南美术出版社 1995 年 52 页 29cm（16 开）
精装 ISBN：7-5401-0474-0 定价：CNY98.00
　　外文书名：Rootcarving Treasures：Collected
by Feng Liucheng.

J0108508
江南民间木雕艺术图集　朱开益编绘
上海　上海书店出版社 1995 年 246 页 18×17cm
ISBN：7-80569-995-X 定价：CNY18.00
（中国传统图案丛书）

　　　　作者朱开益（1945—　），画家。浙江余姚人，
毕业于浙江美术学院。历任浙江省美术家协会
会员，浙江省中国花鸟画家协会理事，宁波画院
画师、副研究员。出版有《江南民间木雕艺术图
集》《朱开益画集》。

J0108509
木雕　（李松林艺师）王耀庭著
台北　台湾教育部 1995 年 297 页 有照片
38cm（8 开）精装 ISBN：957-00-5054-3
定价：TWD2800.00
（重要民族艺术艺师生命史 2）

J0108510
民俗意匠　李瑞生著
长春　吉林美术出版社 1996 年 40 页 29cm（16 开）
ISBN：7-5386-0232-1 定价：CNY26.00
　　本书收入作者木雕作品 60 幅。

J0108511
台湾木雕标本图录　陈奇禄著
台北　南天书局 1996 年 198 页 有插图
27cm（大 16 开）精装 ISBN：957-638-351-X
定价：TWD640.00

J0108512
王家黄杨木雕艺术　张树贤主编；应杭华，
杨乐平摄影
北京　今日中国出版社 1996 年 53 页 25×26cm
ISBN：7-5072-0827-3 定价：CNY68.00
（今日中国艺术家画库）

J0108513
根雕艺术　陈纪周主编
济南　山东科学技术出版社 1997 年 256 页
26cm（16 开）ISBN：7-5331-2042-6
定价：CNY168.00
（自然文化系列丛书）

J0108514
根魂　（刘勇根雕艺术选集）刘勇著
北京　大众文艺出版社 1997 年 59 页
28cm（大 16 开）ISBN：7-80094-391-7
定价：CNY45.00

J0108515
无语心声　（木雕作品集）杨松林主编
济南　山东画报出版社 1997 年 77 页 29×28cm
ISBN：7-80603-120-0 定价：CNY160.00
　　外文书名：Speechless Expression：Woodcarv-
ings.

J0108516
广西根艺　丁乐玉，欧阳广主编
南宁　广西美术出版社 1998 年 235 页
29cm（16 开）ISBN：7-80625-601-6
定价：CNY96.00

J0108517
明清民居木雕精粹　（浙中地区民居建筑木
雕）周君言著
上海　上海古籍出版社 1998 年 230 页
29cm（16 开）精装 ISBN：7-5325-2318-7
定价：CNY180.00

J0108518
思接千载　（宋代大型木雕佛像）罗博宏编著
台北　上图企业有限公司 1998 年 222 页
30cm（10 开）精装 ISBN：957-98337-0-2
定价：TWD2500.00
　　外文书名：Reminiscent in Thousands of Years
Buddhistic Sculptures Since Sung Dynasty.

J0108519
王文松根雕暨书法作品集　王文松［作］
北京　民族出版社 1998 年 62 页 有彩图
26cm（16 开）ISBN：7-105-03245-6
定价：CNY38.00

J0108520
中国奇石根艺　蒋则君主编
北京　新华出版社 1998 年 878 页 20cm（32 开）
精装 ISBN：7-5011-4047-2 定价：CNY120.00

J0108521

动物名片　（根雕·书画·小品）钟兵编
广州 广东人民出版社 1999 年 149 页
17cm（40 开） ISBN：7-218-03086-6
定价：CNY29.80

J0108522

徽州木雕　张国标编著
哈尔滨 黑龙江美术出版社 1999 年 77 页
29cm（16 开） ISBN：7-5318-0610-X
定价：CNY35.00
（中华民俗艺术精粹丛书）

　　编著者张国标（1936—　　），教授、研究馆员。安徽巢县人，毕业于安徽师范学院艺术系。历任中国古版画研究会会员，全国民间美术学会安徽分会常务理事，黄山市美术家协会副主席。画作有《战宏图》《墨雨布丘壑点点故乡情》《恨不题诗满山谷》，著有《新安画派史论》《徽派版画艺术》《海阳漫话》等。

J0108523

李燕军木瓢雕刻艺术　李燕军[作]
昆明 云南美术出版社 1999 年 63 页 29cm（16 开）
ISBN：7-80586-549-3 定价：CNY58.00
　　本书为现代中国木瓢雕刻画册，中英文本。
外 文 书 名：Li Yanjun's Wooden Dipper Carving
Works.

J0108524

邰清孝根艺作品选
济南 山东美术出版社 1999 年 28 页 29cm（16 开）
ISBN：7-5330-1278-X 定价：CNY38.00
　　外 文 书 名：Selected Works of Artistic Root
Carving by Tai Qing Xiao.

中国石刻、石雕、金属雕刻作品

J0108525

定山刻石　（不分卷）（清）陈浏篆刻并辑
清 钤印本

J0108526

伊阙石刻图表　关百益[著]

开封 河南省立博物馆 民国二十四年［1935］
2 册 有照片 32cm（10 开）

J0108527

泰山社会写生石刻诗画集　冯玉祥，赵望云作
武昌 抗战画刊社 1938 年 96 页［19×26cm］
　　本书系冯玉祥作诗及书法，赵望云作画。作者赵望云（1906—1977），画家。河北束鹿人。曾任西北军政委员会文化部文物处处长、中国美术家协会常务理事、陕西省美术家协会首任主席、陕西省文化局副局长等职。主要作品有《农村写生集》《西北旅行画集》《埃及写生画集》《赵望云画集》等。

J0108528

西湖石窟艺术　浙江省文物管理委员会编
［杭州］浙江人民出版社 1956 年 26cm（16 开）
定价：CNY2.80

J0108529

江浙砖刻选集　陈从周编
北京 朝花美术出版社 1957 年 影印本 64 页
有图 18cm（15 开）统一书号：8028.1664
定价：CNY1.70

J0108530

青田石刻的故事　叶中鸣著
杭州 浙江人民出版社 1957 年 41 页 有图
20cm（32 开）统一书号：R10103.122
定价：CNY0.24

J0108531

陕西省博物馆藏石刻选集　陕西省博物馆编
［北京］文物出版社 1957 年 有图 定价：CNY1.40

J0108532

寿山石雕　吴敏等编辑
福州 福建人民出版社 1958 年 影印本 18 页
有图 18cm（32 开）定价：CNY0.18
（福建省工艺美术丛书）

　　本书介绍的寿山石是福州特产。寿山石雕久享盛名。本书为彩色画册，收有寿山石雕作品18 件。编吴敏（1931—　　），画家。擅长宣传画。浙江平湖人。1949 年参军，海军政治部创作室创作员。1983 年获全国宣传画创作荣誉奖。作

品有《敌人磨刀我们　也要磨刀》《神圣的使命》（在全国宣传画展览中获奖）、《光荣：万里海疆的保卫者》等。

J0108533

四川邛崃唐代龙兴寺石刻　冯国定等编
北京　中国古典艺术出版社　1958 年　51 页
26cm（16 开）精装　统一书号：8029.38
定价：CNY5.20

J0108534

成都万佛寺石刻艺术　（四川省博物馆藏品专集）刘志远，刘延壁编
北京　中国古典艺术出版社　1959 年　51 页
26cm（16 开）精装　统一书号：8029.37
定价：CNY3.80

J0108535

茂陵　（霍去病墓石刻介绍）陕西省博物馆，陕西省文物管理委员会合编
［西安］长安美术出版社　1959 年　定价：CNY0.17

J0108536

陕北东汉画象石刻选集　陕西省博物馆，陕西省文管会合编
北京　文物出版社　1959 年　定价：CNY2.50

J0108537

首都人民英雄纪念碑雕塑集　人民美术出版社编辑
北京　人民美术出版社　1959 年　［26 页］有图
19cm（32 开）统一书号：8027.3005 定价：CNY1.25

J0108538

山西石雕艺术　（摄影集）山西省博物馆编
北京　朝花美术出版社　1962 年　［68］页
26cm（16 开）统一书号：8028.1840 定价：CNY4.20

J0108539

王子若摹刻研史手牍
［北京］文物出版社　1962 年　线装本
定价：CNY3.50
　　本书系中国现代石刻作品。

J0108540

河南出土空心砖拓片集　河南省文化局文物工作队第一，二队编
北京　人民美术出版社　1963 年　26cm（16 开）
定价：CNY3.90

J0108541

河南邓县彩色画像砖　河南省文化局文物工作队编
上海　上海人民美术出版社　1963 年　15cm（64 开）
经折装　定价：CNY2.00

J0108542

苏州砖刻　郭翰编
上海　上海人民美术出版社　1963 年　30cm（10 开）
精装本　定价：CNY8.00
　　本书介绍的苏州砖刻主要取材于戏曲，也有结合书法和绘画创作的。共集苏州市留存的自清康熙至民国时期砖雕门楼 20 座及砖刻 120 块，并附有 8000 多字序言和图版说明。有《状元游街》和民间故事《八仙祝寿》《鲤鱼跳龙门》及社会生活的捕鱼、砍柴、放牧等，还有花鸟、马鹿、龙凤等吉庆建筑装饰图案。

J0108543

长征组雕　（寿山石雕）福州雕刻厂《长征组雕》创作组集体创作
福州　福建人民出版社　1976 年　1 张　76cm（2 开）
定价：CNY0.14

J0108544

毛主席像　（浮雕）王朝闻作
北京　人民美术出版社　1977 年　2 幅（套）
39cm（8 开）定价：CNY0.13

J0108545

长征组雕
成都　四川人民出版社　1979 年　44 页
25cm（小 16 开）统一书号：8118.519
定价：CNY1.10
　　本书为中国现代雕塑画册。

J0108546

青田石雕　夏法起编
杭州　浙江人民出版社　1980 年　33 页　19cm（32 开）

统一书号：8103.505　定价：CNY0.19

J0108547

贯休十六罗汉象　（五代释）贯休绘
杭州　浙江人民美术出版社　1981 年　16 幅
27cm（16 开）统一书号：8156.111　定价：CNY1.20
　　本书系贯休绘中国五代十国时期石雕图集。

J0108548

南阳汉代画像石刻　闪修山等编
上海　上海人民美术出版社　1981 年
27cm（大 16 开）统一书号：8081.12128
定价：CNY1.30
　　南阳汉代画像石刻为汉代著名文化遗存，本
书有 70 幅图。

J0108549

永泰公主石椁线刻画　《陕西古代美术巡礼》
编辑小组编；卢桂兰撰文；罗忠民摄影
西安　陕西人民美术出版社　1981 年　22cm（30 开）
统一书号：8199.176　定价：CNY0.55
（《陕西古代美术巡礼》）

J0108550

汉画选　张万夫编
天津　天津人民美术出版社　1982 年　212 页
25cm（15 开）统一书号：8073.50175
定价：CNY3.20
　　本书精选中国四川、山东、河南、徐州、陕
北汉代画像石、画像砖石刻拓片 167 幅，秦汉瓦
当 29 幅，并附有北魏、北周、唐代石刻画 21 幅。
共有 217 幅图。编者张万夫（1939—　），画家。
河北怀来人，毕业于天津美院。历任天津人民美
术出版社连环画编辑室编辑，画册编辑室主任、
编审。版画作品有《支援农业第一线》等，论著
有《汉画石、画像砖浅析》等。

J0108551

寿山石雕　福建人民出版社编辑
福州　福建人民出版社　1982 年　1 张 24cm（16 开）
统一书号：8173.605　定价：CNY1.50
　　本画册收有寿山石雕作品 24 幅。

J0108552

冯玉祥先生在泰山刻石选　泰山文物风景管

理局编
泰安　泰山文物风景管理局　1984 年　63 页
19cm（32 开）

J0108553

宋陵石雕　林树中，王鲁豫编著
北京　人民美术出版社　1984 年　42 页　有图
25cm（16 开）统一书号：8027.8662
定价：CNY1.45
（中国古代美术作品介绍）
　　编著者王鲁豫（1956—　），研究员。中国艺
术研究院研究生部美术系中国雕塑史专业博士，
主编《古代艺术辞典》。

J0108554

北魏孝子棺线刻画　黄明兰编著
北京　人民美术出版社　1985 年　17 页　有折图
19cm（32 开）统一书号：8027.8664　定价：CNY1.35
（中国古代美术作品介绍）

J0108555

大足石刻研究　刘长久等编著
成都　四川省社会科学院出版社　1985 年
576 页 27cm（16 开）统一书号：8316.10
定价：CNY8.50，CNY10.00（精装）
　　本书分为 3 编：上编《大足石刻研究文选》，
中编《大足石刻志略校注》，下编《大足石刻内容
总录》。

J0108556

青田石雕　（汉英对照）张侯权摄影
上海　上海人民美术出版社　1985 年　12 张
14cm（64 开）定价：CNY0.94

J0108557

陕西古代石雕刻　（1）王子云编
西安　陕西人民美术出版社　1985 年　140 页
30cm（15 开）定价：CNY10.00，CNY11.50（精装）
　　本书是陕西现存石雕刻中圆雕和浮雕作品
的汇集。共收辑 140 件石雕刻珍品。编者王子
云（1897—1990），画家、雕塑家、美术教育家。
原名青路，字子云，出生于江苏徐州府萧县。毕
业于国立北京美术学校，后考入法国巴黎国立高
等美术学院。代表作品《杭州之雨》《唐十八陵
全景图》，著有《中国雕塑艺术史》等。

J0108558

少林寺石刻艺术选　苏思义，杨晓捷编
北京 文物出版社 1985 年 26cm（16 开）
统一书号：8068.1440 定价：CNY5.40

J0108559

王建墓石刻艺术　温廷宽编著；邹毅，盛明摄影
成都 四川人民出版社 1985 年 72 页 27cm（16 开）
定价：CNY4.20
　　本书收入石刻作品 30 多幅。

J0108560

徐州汉画像石　徐州市博物馆编
［南京］江苏美术出版社 1985 年 38cm（8 开）
统一书号：8353.6.034
定价：CNY13.50，CNY16.50（精装）
　　本书收录徐州市及所辖邳县等 6 县出土和发现的汉代画像石、画像砖拓片 270 幅，书前有张道一作序。

J0108561

精致温润的玉器　那志良著
台北 1986 年 64 页 有彩照 21cm（32 开）
定价：TWD60.00
（文化资产丛书 25）

J0108562

泰山刻石选　山东省出版总社泰安分社编；马铭初等注释
济南 山东人民出版社 1986 年 91 页 17cm（32 开）
定价：CNY0.60

J0108563

北魏宁懋石室线刻画　郭建邦编著
北京 人民美术出版社 1987 年 39 页 有冠图 26cm（16 开）统一书号：8027.8561 定价：CNY2.10
（中国古代美术作品介绍）

J0108564

青田石雕与传说　董秉弟编著
北京 中国建设杂志社 1987 年 203 页 有图 18cm（32 开）
　　编著者董秉弟（1940—　　），书画家。浙江青田人。历任《今日中国》《桥》杂志社和青田广播电视局记者，中国硬笔书法家协会会员，中国作家协会浙江分会会员。代表作品有《毛泽东头像》等青田石雕。

J0108565

大足石刻艺术　王肇翰著
重庆 重庆出版社 1988 年 168 页 有图 19cm（小 32 开）定价：CNY2.00
（长江旅游系列图书）

J0108566

孔子事迹图　论语箴言印　石可刻
济南 齐鲁书社 1988 年 96 页 有肖像 20cm（32 开）ISBN：7-5333-0025-4
（孔子文化大全）
　　本书以山东汉画像石刻的艺术风格，参照有资料中孔子生平事迹，归纳成 24 个画面，后有《论语箴言印》。

J0108567

人民英雄纪念碑浮雕艺术　马丁，马刚编
北京 科学普及出版社 1988 年 44 页 17×19cm
ISBN：7-110-00764-2 定价：CNY1.50
　　本书记录了中国老一辈杰出雕塑家傅天仇、吴良镛等对人民英雄纪念碑的规划布局、建筑造型、浮雕装饰的功绩。配有多幅珍贵的工作照片及浮雕图片。显示了中国浮雕艺术的当代水平。编者马丁（1945—　　），原名无羁，别署墨香馆主、六塘隐士、欣庐后人，江苏淮阴人。淮阴市野草印社社长。

J0108568

唐十八陵石刻　（三百里雕刻艺术馆）程征，李惠编
西安 陕西人民美术出版社 1988 年 135 页 25×23cm 定价：CNY8.15
　　本书介绍唐十八陵皇帝及皇亲陵墓，收录陵墓前神道两侧现遗存盛中、晚唐时期唐太宗昭陵，高宗乾陵，武则天母杨氏顺陵，中宗定陵，睿宗桥陵，玄宗泰陵等大量石刻珍品。分别按唐代礼仪制度集中分类编排：1.陵墓；2.瑞兽；3.鸵鸟；4.鞍马；5.文武侍臣；6.虎狮；7.华表、碑饰等。编者程征（1944—　　），教授。生于湖北英山县，祖籍湖南衡山。毕业于西安美术学院，历任《美术》杂志编辑，陕西省国画院艺术委员会主任，西安美术学院美术史论系教授、博士研究

生导师，中国美术家协会理论委员会委员。主要著作有《速写技法》《中国历代雕塑·秦始皇陵俑塑》《唐十八陵石刻》等。

J0108569

中国古代石刻丛话　李发林著

济南 山东教育出版社 1988 年 124 页

19cm（小 32 开）定价：CNY1.00

（中国文化史知识丛书）

J0108570

龙门石窟造像选萃　郭丙均，龙门文管所编著

郑州 河南美术出版社 1989 年 115 页

19cm（32 开）ISBN：7-5401-0071-0

定价：CNY3.95

J0108571

西藏石刻　孙振华摄

合肥 安徽美术出版社 1989 年 166 页

30×22cm（16 开）精装 ISBN：7-5398-0045-3

定价：CNY80.00

　　本书展示的西藏石刻具有宗教色彩。西藏高原的特殊地理环境和历史条件，产生了特殊的民族心理素质。在石刻上还涂有鲜艳的色彩。经过漫长的历史演变和成千上万的虔诚信徒的努力，形成了西藏摩崖造像和玛尼石刻造像艺术。这些艺术珍品，分别来自拉萨药王山、昌都察雅、山南洛扎、日喀则、阿里日土等地。共有 187 幅石刻照片，可谓鲜为人知，给"西藏学"研究者们提供了珍贵的资料。

J0108572

福建华安仙字潭摩崖石刻研究　福建省考古博物馆学会编

北京 中央民族学院出版社 1990 年 326 页

19cm（小 32 开）ISBN：7-81001-196-0

定价：CNY4.10

J0108573

贺兰山岩画　（拓本）王系松等编

银川 宁夏人民出版社 1990 年 106 页

27cm（大 16 开）定价：CNY15.00

J0108574

中国宁夏贺兰山岩画拓片精选　许成等编

银川 宁夏人民出版社 1990 年 16 张

27cm（大 16 开）ISBN：7-227-00592-5

定价：CNY3.50

J0108575

本兴砖刻　王本兴篆刻

南京 江苏美术出版社 1991 年 19cm（小 32 开）

ISBN：7-5344-0216-6 定价：CNY3.50

　　作者王本兴（1948— ），画家。字根旺，号惠山泥人，江苏无锡人，毕业于南京大学。江苏省国画院特聘书画家，江苏省甲骨文学会副会长，江苏省文联任职。有作品《庐山小景》《燕子矶》等。

J0108576

方宗珪论寿山石　方宗珪著

香港 八龙书屋 1991 年 106 页 有图及照片

21cm（32 开）ISBN：962-732-810-3

定价：HKD30.00

　　方宗珪（1942— ），书画家。字方石，号季子，生于福建福州，毕业于福州工艺美术学校。历任中国美术家协会福建分会会员，福建省工艺美术学会副理事长，福州市工艺美术馆馆长等。编著《寿山石志》等。

J0108577

青田石雕　董秉弟编著

北京 文物出版社 1991 年 44 页 有图版

26cm（16 开）ISBN：7-5010-0553-2

定价：CNY30.00

　　本书主要包括图版目录，青田石雕艺术概述，艺师名录及图版等。编著者董秉弟（1940— ），书画家。浙江青田人。历任《今日中国》《桥》杂志社和青田广播电视局记者，中国硬笔书法家协会会员，中国作家协会浙江分会会员。代表作品有《毛泽东头像》等青田石雕。

J0108578

设计艺术　（3 环艺）陈云岗，李淞编

西安 陕西人民教育出版社 1991 年 25cm（24开）

ISBN：7-5419-2287-0 定价：CNY4.50

（设计艺术引导丛书）

　　编者陈云岗（1956— ），著名雕塑家，教授。毕业于西安美术学院雕塑系。历任国家画院雕塑院（执行）院长，西安美术学院雕塑系主任、中国美术家协会雕塑艺术委员会委员、全国

城市雕塑建设指导委员会艺术委员会委员。代
表作品《大江东去》《中国老子》等。

J0108579

巍然天地间 （重庆歌乐山烈士群雕）叶毓山
雕塑设计
重庆 重庆出版社 1991 年 24×24cm 精装
ISBN：7-5366-1546-9 定价：CNY14.50
　　外 文 书 名：Martyrs Crowd-Statue of Gelo
Mountain in Chongqing.

J0108580

吴蘅铜刻选　吴蘅刻
上海 上海人民美术出版社 1991 年 53 页
20cm（32 开）ISBN：7-5322-0878-8
定价：CNY2.80
　　作者吴蘅（1960— ），铜刻艺术家。号青篁
斋主人，毕业于上海大学美术学院国画系。上海
市书法家协会会员、中国美术家协会上海分会海
墨画社画师、高级工艺美术师。

J0108581

中国玉器全集 （6 清）李久芳主编；中国玉
器全集编辑委员会编
石家庄 河北美术出版社 1991 年 358 页
有照片 26cm（16 开）精装
ISBN：7-5310-0354-6 定价：CNY270.00
（中国美术分类全集）
　　本书内容分专论、彩色图版、图版说明 3 部
分。主编李久芳（1930— ），生于河北抚宁。历
任国家文物鉴定委员会委员，中国文物学会玉
器研究会理事，中国工艺美术学会鼻烟壶研究会
理事，中国博物馆学会会员，故宫博物院研究馆
员。主编有《故宫博物院藏元明清雕漆》《全国
出土文物珍品选》《金属胎珐琅卷》《竹木牙角雕
刻卷》《清代鼻烟壶卷》等。

J0108582

中国玉器全集 （1 原始社会）牟永抗，云西
正主编；中国玉器全集编辑委员会编
石家庄 河北美术出版社 1993 年 312 页
28cm（大 16 开）精装 ISBN：7-5310-0422-4
定价：CNY320.00
（中国美术分类全集）

J0108583

中国玉器全集 （3 春秋·战国）贾峨主编；中
国玉器全集编辑委员会编
石家庄 河北美术出版社 1993 年 309 页
28cm（大 16 开）精装 ISBN：7-5310-0538-7
定价：CNY320.00
（中国美术分类全集）

J0108584

中国玉器全集 （4 秦·汉—南北朝）卢兆荫
主编
石家庄 河北美术出版社 1993 年 327 页 有图
28cm（大 16 开）精装 ISBN：7-5310-0539-5
定价：CNY320.00
（中国美术分类全集）
　　主编卢兆荫（1927— ），中国社会科学员
考古研究所研究员。福建莆田人。毕业于福建
协和大学历史系。从事汉唐考古发掘和研究
工作。

J0108585

中国玉器全集 （5 隋·唐—明）杨伯达主编
石家庄 河北美术出版社 1993 年 320 页
28cm（大 16 开）精装 ISBN：7-5310-0540-9
定价：CNY340.00
（中国美术分类全集）
　　主编杨伯达（1927— ），研究馆员。生于
辽宁旅顺，祖籍山东蓬莱，毕业于华北大学美术
系。历任故宫博物院副院长、中国博物馆学会副
理事长。编著有《中国金银器、玻璃器、珐琅器
全集》《中国玉器全集补遗》等。

J0108586

中国玉器全集 （2 商·西周）中国玉器全集
编辑委员会编；陈志达，方国锦卷主编
石家庄 河北美术出版社 1997 年 重印本 319 页
29cm（12 开）精装 ISBN：7-5310-0537-9
定价：CNY340.00
（中国美术分类全集）

J0108587

八闽瑰宝 （第一集 中国寿山石藏品致珍赏）
陈维棋主编
香港 香港神友艺术出版公司 1992 年 450 页
26cm（16 开）ISBN：7-5393-0183-X

定价：CNY360.00

　　本书收有彩色图版800幅、名人书法185幅、古今名人篆刻300枚、名人白描和照片36帧。本书与福建美术出版社合作出版。

J0108588

八闽瑰宝 （第二集 中外历代名人寿山石藏品大观）陈维棋主编

福州 福建美术出版社 1993年 558页

26cm（16开）

J0108589

八闽瑰宝 （第三集 中外寿山石藏品荟萃）陈维棋主编

福州 福建美术出版社 1996年 390页

26cm（16开）

J0108590

黎日晃雕塑集 黎日晃著

香港 活动学校出版社 1992年 有图 26cm（16开）

J0108591

寿山石雕艺术 陈石编著

香港 八龙书屋 1993年 277页 有图 31cm（10开）

精装 ISBN：962-732-825-1

　　作者陈石原名：蔚石。

J0108592

寿山石珍品集 张丰荣编著

台北 冠伦出版社 1993年 112页 有图

26cm（16开）精装 ISBN：957-8629-27-3

定价：TWD350.00

（艺术之旅 2）

J0108593

寿山石全书 方宗珪著

上海 上海书店出版社 1994年 205页 有彩图

20cm（32开）ISBN：7-80569-748-5

定价：CNY15.00

　　本书分寿山纪胜、寿山石种分类、寿山石开采史略、寿山石雕刻工艺、寿山石雕艺人传略等11章。方宗珪（1942— ），书画家。字方石，号季子，生于福建福州，毕业于福州工艺美术学校。历任中国美术家协会福建分会会员，福建省工艺美术学会副理事长，福州市工艺美术馆馆长

等。编著《寿山石志》等。

J0108594

百团大战纪念碑浮雕群 （英汉对照）叶曙光著

天津 天津杨柳青画社 1995年 60页

28cm（大16开）ISBN：7-80503-262-9

定价：CNY35.00

（叶曙光美术作品集）

　　本书为中国现代摄影集。外文书名：Group Relief Sculptures in the Monument to the Hundred-Regiment Battle：A Collection of Works of Art of Ye Shuguang. 作者叶曙光，北京人，天津美术学院任教。

J0108595

合山奇石 覃九宏等著

桂林 漓江出版社 1995年 71页 有彩图

29cm（16开）ISBN：7-5407-1816-1

定价：CNY78.00

　　本书为中国现代雕塑作品。

J0108596

青田石雕瑰宝 董秉弟著/摄影

上海 上海科学技术文献出版社 1995年 88页

有照片 29cm（16开）ISBN：7-5439-0810-7

定价：CNY176.00，USD36.00

　　外 文 书 名：The Gem of Qingtian Stone Carving.

J0108597

寿山石图鉴 陈石编著

台北 南天书局 1995年 重印本 208页

28cm（16开）精装 ISBN：957-638-074-X

定价：TWD1800.00

J0108598

徐州汉画像石 徐毅英主编

北京 中国世界语出版社 1995年 87页

28cm（大16开）ISBN：7-5052-0277-4

定价：CNY88.00

J0108599

赤玉丹霞 （陈京先生珍藏昌化鸡血石文物）

台湾历史博物馆编辑委员会编辑

台北　台湾历史博物馆　1996 年　274 页　有图
31cm（10 开）精装　ISBN：957-00-8286-0

J0108600

焦山石刻研究　袁道俊编著
南京　江苏美术出版社　1996 年　29cm（16 开）
精装　ISBN：7-5344-0543-2　定价：CNY38.00

J0108601

寿山石雕荟萃　方宗珪主编；福州寿山石研
究会编
福州　福建美术出版社　1996 年　91 页　29cm（16 开）
ISBN：7-5393-0385-9　定价：CNY138.00
　　本书为中国石雕摄影集。

J0108602

寿山石考　张俊勋作；熊寥译注
台北　艺术图书公司　1996 年　203 页　有图
21cm（32 开）ISBN：957-672-248-9
定价：TWD450.00
（中华艺术导览 8）
　　本书作者汇集了前人研究寿山石的成果。
书中详细介绍了寿山石的质地和外观、寿山石的
产地、采掘、加工和辨异，使读者对寿山石的全
貌，有比较全面的了解。译注者熊寥（1943—　），
著名陶瓷学家、教授。江西景德镇人。中国美术
学院教授。撰有《中国陶瓷美术史》《欧洲瓷器
史》等。

J0108603

中国青田石　（名石·名雕·名家）陈慕榕编著
杭州　浙江人民出版社　1996 年　155 页
29cm（16 开）精装　ISBN：7-213-01446-3
定价：CNY210.00，USD150.00
　　中英文本。外文书名：China's Qingtian
Stone.

J0108604

中国狮子雕塑艺术　朱国荣编著
上海　上海书店出版社　1996 年　120 页
26cm（16 开）ISBN：7-80622-173-5
定价：CNY80.00
　　编著者朱国荣（1947—　），上海人。上海美
术家协会任职，中国美术家协会会员。

J0108605

青田石全书　夏法起著
上海　上海书店出版社　1997 年　198 页　有图
20cm（32 开）ISBN：7-80622-224-3
定价：CNY38.00

J0108606

中国青田石雕
杭州　浙江摄影出版社　1997 年　292 页
29cm（16 开）精装　ISBN：7-80536-454-0
定价：CNY420.00
　　本书为中国石雕摄影集。中英文本。

J0108607

林碧英寿山石雕　李福生编
福州　福建美术出版社　1998 年　97+15 页　有彩照
29cm（16 开）精装　ISBN：7-5393-0643-2
定价：CNY165.00
　　外文书名：Carving of Shou Shan Stone by Lin
Biying. 编者李福生（1946—　），高级工艺美术
师。河北宛平县人，毕业于福州工艺美术学校雕
塑专业。福建省工艺美术工业总公司工艺美术
师、中国工艺美术学会会员，代表作有《中国成
语典故》《清明上河图》《千里走单骑》《月圆良
宵》等，编有《林碧英寿山石雕》。

J0108608

施禀谋作品选　施禀谋作；中国雕塑杂志社编
北京　中国轻工业出版社　1998 年　72 页
25×25cm　ISBN：7-5019-2256-X　定价：CNY84.00
（当代中国雕塑家作品集）

J0108609

寿山石文化　王植伦，陈石著
厦门　鹭江出版社　1998 年　278 页　有图及彩照
20cm（32 开）ISBN：7-80610-678-2
定价：CNY26.00

J0108610

黄忠忠寿山石雕艺术　黄忠忠作
福州　福建美术出版社　1999 年　49 页　19×21cm
ISBN：7-5393-0638-6　定价：CNY38.00

J0108611

徽州石雕　张国标编著

哈尔滨　黑龙江美术出版社　1999年　77页
29cm（16开）ISBN：7-5318-0609-6
定价：CNY35.00
（中华民俗艺术精粹丛书）

　　编著者张国标（1936—　　），教授、研究馆
员。安徽巢县人，毕业于安徽师范学院艺术系。
历任中国古版画研究会会员，全国民间美术学会
安徽分会常务理事，黄山市美术家协会副主席。
画作有《战宏图》《墨雨布丘壑点点故乡情》《恨
不题诗满山谷》，著有《新安画派史论》《徽派版
画艺术》《海阳漫话》等。

J0108612
刘焕章雕纽艺术　［刘焕章刻］
北京　荣宝斋出版社　1999年　86页　26cm（16开）
ISBN：7-5003-0484-6　定价：CNY68.00
　　本书收录刘焕章印钮作品百余方，由廖贻训
及朱丹分别作序及后记。

中国竹刻、竹雕、漆雕作品

J0108613
竹人录　（二卷）（清）金元钰撰
嘉定　光明印刷社　民国十一年［1922］

J0108614
嘉定的竹刻　吕舜祥著
云庐　1958年　油印本　66页　有图　19cm（32开）
（云庐丛刊4）

J0108615
中国古代雕漆锦地艺术之研究　吴凤培著
台北［台北］故宫博物院　1982年　349页　有图
21cm（32开）
（故宫丛刊甲种27）

J0108616
中国竹刻艺术　（2）叶义，谭志成编
香港　香港艺术馆　1982年　351页　有图
26cm（16开）精装　ISBN：962-215-041-1
定价：HKD85.00
　　外文书名：Chinese Bamboo Carving.

J0108617
故宫博物院藏雕漆　故宫博物院编
北京　文物出版社　1985年　294页　35cm（18开）
精装　统一书号：8068.1379　定价：CNY85.00

J0108618
徐孝穆刻竹　徐孝穆刻
上海　上海书店　1988年　108页［20cm］（32开）
ISBN：7-80569-063-4　定价：CNY5.50

J0108619
徽州竹雕艺术　（图册）宋子龙编；吴敏撰文
摄影
合肥　安徽美术出版社　1994年　87页　25×26cm
ISBN：7-5398-0339-8
　　外　文　书　名：Art of Bamboo Carving of Hui
Zhou District.

中国泥塑、塑像、陶雕作品

J0108620
东北抗日联军烈士纪念像　秦毓宗，张季
曾作
［北京］朝花出版社　1954年　定价：CNY0.08

J0108621
工农兵　凌春德等作
［北京］朝花出版社　1954年　1张　38cm（8开）
定价：CNY0.08
　　中国现代塑像作品。作者凌春德（1926—　　），
雕塑家。四川梁平人，毕业于重庆国立艺专。北
平国立艺专教员、中央美术学院任雕塑教员、雕
塑创作室研究员。雕塑作品有《前进》《列宁》《白
求恩胸像》《青春》等。

J0108622
护厂　萧传玖作
［北京］朝花出版社　1954年　［38cm］（[8开]）
定价：CNY0.08
　　作者萧传玖（1914—1968），雕塑家。生于湖
南长沙，就读于杭州艺术专科学校。历任中央美
术学院华东分院雕塑系主任、教授。雕塑作品《毛

主席像》《伐木工人》《东海渔民》《苏州姑娘》
等，出版有《萧传玖人像素描集》。

J0108623
炼钢工人　谷浩作
［北京］朝花出版社　1954 年　1 张　38cm（8 开）
定价：CNY0.08
　　中国现代塑像作品。

J0108624
刘胡兰　王朝闻作
［北京］朝花出版社　1954 年　1 张　38cm（8 开）
定价：CNY0.08
　　中国现代塑像作品。作者王朝闻（1909—
2004），雕塑家、文艺理论家、美学家。生于四川
合江。别名王昭文，更名王朝闻，笔名汶石、廖
化、席斯珂。就读于成都艺专、杭州国立艺专。
历任中央美术学院副教务长、中国美术家协会副
主席、中国艺术研究院副院长等。代表作品《浮
雕毛泽东像》《圆雕刘胡兰像》等。

J0108625
泥人张作品选　张明山等作
北京　人民美术出版社　1954 年　影印本　36 页
有图　25cm（12 开）定价：旧币 17,000 元
　　本书是中国民间艺术家"泥人张"泥塑作品
画册。共有 24 幅图。

J0108626
牛郎织女　张景祜作
［北京］朝花出版社　1954 年　1 张　38cm（8 开）
定价：CNY0.10
　　中国塑像作品。作者张景祜（1892—1967），
工艺家、雕塑家。字培承，天津人。曾任中国文
联全国委员、中国美术家协会常务理事。代表作
品有《惜看作画》《将相和》等。

J0108627
牛郎织女　张景祜作
［北京］朝花出版社　1955 年　定价：CNY0.08
　　张景祜塑像作品。

J0108628
苏联红军　卢鸿基作
［北京］朝花出版社　1954 年　38cm（8 开）

定价：CNY0.08
　　中国现代塑像作品。作者卢鸿基（1910—
1985），教授。又名卢隐、卜鳌，字圣时。海南琼
海人。入国立杭州艺术专科学校学习，后从刘开
渠学雕塑。曾任浙江美术学院雕塑系主任、教授，
中央美术学院华东分院雕塑系教授。作品有《大
连苏军烈士纪念碑铜像》《琼崖游击队员》等。

J0108629
伟大的雕刻艺术——云冈　刘汝醴编
［上海］四联出版社　1954 年　42 页　20cm（32 开）
定价：1,700 元
（祖国文化小丛书）

J0108630
惜春作画　张景祜作
［北京］朝花出版社 1954 年 1 张 定价：CNY0.10
　　中国现代雕塑像作品。

J0108631
惜春作画　张景祜作
天津　天津人民出版社　1957 年　1 张
定价：CNY0.10
　　本作品为泥塑年历画片。

J0108632
渔女　张玉亭作
［北京］朝花出版社　1954 年　1 幅　26cm（16 开）
定价：CNY0.10

J0108633
志愿军　苏晖作
［北京］朝花出版社　1954 年　定价：CNY0.08
　　中国现代塑像作品。

J0108634
泥人张　张明山等作；阿维编
北京　朝花美术出版社　1955 年　影印本　有图
17cm（40 开）定价：CNY0.16
（群众美术书库）
　　中国现代泥塑画册。

J0108635
云南筇竹寺塑像　廖英编
［北京］中国古典艺术出版社　1956 年

26cm（24 开）定价：CNY1.40

J0108636

瓷塑　潘绍棠编

北京 朝花美术出版社 1957 年 23 页 有图

15cm（40 开）定价：CNY0.16

　　编者潘绍棠（1929－），教授，美术家。号布南，河北唐山人。毕业于国立北平艺术专科学校。曾任教于中央美术学院、哈尔滨艺术学院。曾任广州美术学院教师、副院长。作品有《先驱者》《希望之光》《展翅》等。编有《怎样做雕塑》《瓷塑》《世界雕塑全集》。出版有《潘绍棠作品集》。

J0108637

陶俑　陈万里编

［北京］中国古典艺术出版社 1957 年 有图

26cm（16 开）精装 定价：CNY6.40

　　本书内容包括：《汉彩绘女舞俑》《汉男舞俑》《汉彩绘女俑》《汉女舞俑》《汉陶狗》《隋女乐俑》《唐女舞俑》等。

J0108638

雕塑集　曾新泉等作

汉口 长江文艺出版社 1959 年 22 幅 有图

18×26cm 定价：CNY1.10

J0108639

龙门石窟　龙门保管所编

［北京］文物出版社 1961年 精装 定价：CNY18.00

　　本作品系龙门石窟彩塑图录。

J0108640

惠山泥人　柳家奎编

上海 上海人民美术出版社 1962 年 ［85］页 有图

18cm（15 开）统一书号：T8081.5239

定价：CNY1.30

（工艺美术丛书）

J0108641

无锡惠山彩塑　徐沄秋，吴山编

北京 朝花美术出版社 1963 年 1 册 有图

19cm（32 开）统一书号：8028.1856 定价：CNY2.30

　　本书介绍江苏无锡的民间美术——惠山彩塑，共收图 45 幅。

J0108642

泥人张　天津市艺术博物馆藏

北京 文物出版社 1964 年 8 页 有图

18cm（15 开）统一书号：7068.1078 定价：CNY0.56

　　本书为中国现代泥塑图集。

J0108643

四川大邑地主庄园陈列馆收租院泥塑群象　（画册）中国美术家协会，人民美术出版社编

北京 人民美术出版社 1965 年 ［20］页 有图

18cm（32 开）统一书号：T8027.4747

定价：CNY0.14

J0108644

四川大邑地主庄园陈列馆收租院泥塑群象　（画册）中国美术家协会，人民美术出版社编

北京 人民美术出版社 1966 年 重印本 ［17］页

有图 18cm（32 开）统一书号：T8027.4747

定价：CNY0.14

J0108645

毛主席的好学生焦裕禄　（泥塑组象）鲁迅美术学院师生集体创作；辽宁美术出版社编辑

沈阳 辽宁美术出版社 1966 年 有图 12×19cm

统一书号：T8117.996 定价：CNY0.14

J0108646

收租院泥塑群像　人民美术出版社编

北京 人民美术出版社 1966 年 8 张（袋）

附说明书 1 册 27×40cm 统一书号：T8027.4881

定价：CNY1.10

J0108647

天津彩塑　（1）

天津 天津美术出版社 1966 年 12 张

［15cm］（46 开）定价：CNY0.96

J0108648

天津彩塑

天津 天津人民美术出版社 1977 年 10 幅

17cm（32 开）统一书号：8073.80047

定价：CNY0.50

J0108649

天津彩塑　（摄影明信片辑 汉英文对照）

天津　天津人民美术出版社　1980 年　10 张（套）
76cm（2 开）定价：CNY0.55

J0108650
收租院　甘肃人民出版社编辑
兰州　甘肃人民出版社　1970 年　60 页　有图
19cm（32 开）统一书号：10096.160 定价：CNY0.12
　　中国现代泥塑作品图集。

J0108651
革命现代泥塑　（收租院 画册）人民美术出
版社编
北京　人民美术出版社　1971 年　59 页　有图
19cm（32 开）统一书号：8027.5385
定价：CNY0.25
　　本书为中国现代泥塑"收租院"画册集，描
述了地主刘文彩收租的场景。

J0108652
革命现代舞剧《红色娘子军》（雕塑辑）浙
江美术学院创作
［杭州］浙江人民出版社　1972 年　15 张（套）
13×18cm　统一书号：72–4.21 定价：CNY0.37

J0108653
惠山泥人　惠山泥人厂创作
上海　上海人民出版社　1973 年　8 页　有彩图
17cm（40 开）统一书号：8171.628 定价：CNY0.39
　　彩色明信片。

J0108654
矿工血泪仇
北京　人民出版社　1973 年　76 页　有图
13×15cm　统一书号：8071.101 定价：CNY0.20
　　本书根据门头沟煤矿阶级教育展览编辑，系
中国现代泥塑照片集。

J0108655
石湾艺术陶器　广东省佛山市石湾美术陶瓷
厂供稿
广州　广东人民出版社　1973 年　10 张（套）有图
17cm（32 开）统一书号：8111.1151 定价：CNY0.46
　　中国现代工艺美术陶瓷雕塑明信片，中、英
文对照。

J0108656
收租院　大邑县安仁"人民公社"等编
成都　四川人民出版社　1973 年　96 页　19cm（32 开）
定价：CNY0.50
　　中国现代泥塑作品。

J0108657
大寨精神赞　（组雕）《大寨精神赞》组雕创作
组作；昔阳县社员业余美术编辑组编
北京　人民美术出版社　1975 年　40 页　24cm（26 开）
统一书号：8027.6205 定价：CNY0.64

J0108658
黄陂农民泥塑
武汉　湖北人民出版社　1975 年　40 页　19cm（32 开）
统一书号：8106.1584 定价：CNY0.27

J0108659
农奴愤　（大型泥塑）中央"五七"艺术大学美
术学院赴藏雕塑组等集体创作
北京　人民美术出版社　1976 年　85 页　24cm（27 开）
统一书号：8027.6309 定价：CNY2.50
　　本画册反映西藏奴隶主压榨农奴的情景的
等身群像泥塑作品图集。本书与西藏人民出版
社合作出版。

J0108660
大庆雕塑选　大庆工人业余美术编辑组编
北京　人民美术出版社　1977 年　19cm（32 开）
定价：CNY0.55

J0108661
石湾陶艺：香港艺术馆　（14.10.77–17.12.77）
澳门市政厅及香港市政局联合举办；［香港艺术
馆设计］
香港　香港艺术馆　1977 年　26cm（16 开）
　　外 文 书 名：Shek–wan Pottery：Hong Kong
Museum of Art.

J0108662
湖北黄陂农民泥塑选　湖北省"革命委员会"
文化局编
武汉　湖北人民出版社　1978 年　42 页　20cm（32 开）
统一书号：8106.1092 定价：CNY0.40

J0108663

收租院泥塑选　四川省大邑阶级教育展览馆，四川人民出版社编
成都　四川人民出版社 1978 年 12 幅 26cm（16 开）
套装　统一书号：8118.418 定价：CNY0.30

J0108664

重庆工人雕塑选　重庆市总工会编
［重庆］［重庆市总工会］1978 年 18cm（32 开）

J0108665

《收租院》雕塑集　上海人民美术出版社，四川人民出版社编辑
上海　上海人民美术出版社 1979 年 73 页
40cm（8 开）精装　统一书号：8081.11620
定价：CNY18.00
　　本书系中国现代金属雕刻和泥塑图集。

J0108666

天津彩塑作品选
天津　天津人民美术出版社 1979 年 42 幅
25cm（16 开）精装　统一书号：8073.50126
定价：CNY14.00
　　本书共收有民间艺术家"泥人张"泥塑作品 42 幅图，是有关天津彩塑的图集。

J0108667

北京采塑　（中国少数民族）中央民族学院，北京市工艺美术研究所编
北京　人民美术出版社 1980 年 54 张 15cm（64 开）
散页　统一书号：8027.7063 定价：CNY3.00

J0108668

大同寺庙塑像　丁洁因编
天津　天津人民美术出版社 1982 年 46 页
26cm（16 开）统一书号：8073.50203
定价：CNY1.30

J0108669

福建瓷塑　福建人民出版社编辑
福州　福建人民出版社 1982 年 24cm（26 开）
统一书号：8173.570 定价：CNY1.30
　　本画册收有王泽坚等工艺大师的瓷塑作品 20 幅。

J0108670

惠山泥人　无锡市泥人研究所编；平原摄影
上海　上海人民美术出版社 1982 年 16 幅
19cm（32 开）统一书号：8081.12530
定价：CNY1.45
　　本画辑选编了无锡惠山各个时期、各种形式的惠山泥人作品 16 幅，彩色精印，并附有英文说明和目录。

J0108671

林毓豪雕塑选　林毓豪作
广州　岭南美术出版社 1982 年 24 页 26cm（16 开）
统一书号：8260.0351 定价：CNY0.50
　　本书选登了作者的雕塑作品 31 件。

J0108672

无锡泥塑　（摄影 1983 年年历）徐彬摄影
杭州　西泠印社 1982 年 1 张 54cm（4 开）
定价：CNY0.20

J0108673

张淑敏彩塑艺术　张淑敏作
长沙　湖南美术出版社 1982 年 80 页 19cm（32 开）
统一书号：8233.258 定价：CNY9.70
　　本书收有张淑敏的泥塑作品 79 件，分为舞蹈、戏曲、中外古典文学作品、银幕人物、童话故事、中国少年民族和其他七部分。

J0108674

彩塑　黄亚细作
北京　人民美术出版社 1983 年 19 页 20cm（32 开）
统一书号：8027.7901 定价：CNY1.10

J0108675

惠山彩塑　（摄影 1984 年农历甲子年年历）连广摄影
成都　四川人民出版社 1983 年 54cm（4 开）
定价：CNY0.18（铜版纸），CNY0.08（胶版纸）

J0108676

向往　（张德华雕塑作品）张德华作
北京　人民美术出版社 1984 年 8 页 25cm（16 开）
折装　统一书号：8027.9017 定价：CNY0.35
（新美术画库）
　　本书介绍了作者有关雕塑方面的经验。作

者张德华(1931—　　)，女，教授。山东青岛人，中国雕塑艺术创作研究所，中国美术家协会会员。

J0108677
庄稼陶塑选　庄稼作
广州　岭南美术出版社　1984年　有肖像
30cm（10开）统一书号：8260.1400
定价：CNY10.50
　　中国现代陶瓷雕塑个人作品图集。收入作者1955年至1983年的主要作品62件。作者庄稼(1931—　　)，工艺美术大师。普宁人。曾任广东佛山石湾美术陶瓷厂副厂长兼创作室主任和艺术顾问，中国工艺美术学会雕塑研究会副会长，广东省工艺美术学会副理事长，佛山美术家协会主席等职。代表作品有《诗圣杜甫》《汉武帝》《弃官寻母》等。

J0108678
趣味纸粘土　陈伯顺著
香港　同心舍　1985年　47页　有图　24cm（16开）
定价：HKD22.00

J0108679
厦门彩塑　福建美术出版社编辑
福州　福建美术出版社　1985年　24cm（16开）
统一书号：8421.130　定价：CNY1.80
　　本书展示的厦门彩塑是福建省厦门市著名的民间工艺品之一，它具有着悠久的历史。产品造型生动、色彩绚丽，具有独特的地方风格。本书是中国现代彩塑画册。

J0108680
珠海渔女塑像　（摄影　1986年农历丙寅年年历）李志均摄影
广州　岭南美术出版社　1985年　1张　39cm（4开）
定价：CNY0.20

J0108681
昆明筇竹寺罗汉选编　赵榴撰文；杨长福，鲍载禄摄；北京市特种工艺工业公司年鉴画册组编
北京　北京工艺美术出版社　1986年　12张
37cm（8开）统一书号：8437.18　定价：CNY4.00
　　中国现代泥塑作品。

J0108682
历史、神话与传说　（胡锦超先生捐赠石湾陶塑）香港艺术馆编
香港　香港艺术馆　1986年　554页　32cm（12开）
精装　ISBN：962-215-074-8　定价：HKD177.00
　　外文书名：History, Lore and Legend.

J0108683
石湾现代陶器　（摄影集）梅文鼎等作；赖荣祖，李海基摄影
广州　岭南美术出版社　1986年　77页　24cm（16开）
统一书号：8260.1728
　　本书集3位石湾著名雕塑家，梅文鼎、曾力、曾鹏的陶器艺术品共107件。作品展示出陶都石湾的生气和陶瓷之国的崭新面貌。

J0108684
郑于鹤彩塑集　郑于鹤作
北京　人民美术出版社　1986年　113页　有照片
18cm（15开）统一书号：8027.9347　定价：CNY7.15

J0108685
郑于鹤的泥人世界　郑于鹤作
石家庄　河北美术出版社　1986年　46页
24cm（26开）统一书号：8087.1658　定价：CNY7.90
　　本书收入作者中国现代泥塑作品55幅图。作者郑于鹤(1934—　　)，雕塑家。江苏徐州人。历任中央工艺美院泥塑教员，北京工艺美术研究所创作员，北京装潢印刷厂美术师，中国历史博物馆研究员，中国美术家协会会员。作品有《戈壁鼓声》《小泥塑系列》等。出版有《郑于鹤彩塑集》《郑于鹤的泥人世界》等。

J0108686
1988：瓷雕　（挂历）
南昌　江西人民出版社　[1987年]（3开）
定价：CNY6.70

J0108687
1988：瓷雕　（挂历）
杭州　浙江人民美术出版社　1987年　（3开）
定价：CNY6.50

J0108688
泥人张彩塑艺术　天津市艺术博物馆编

北京 文物出版社 1987年 有图版 26cm（16开）
统一书号：8068.1579 定价：CNY18.00

　　本书以丰富、生动的图片资料对天津"泥人张"民间艺术进行了翔实的介绍，收录有其创始人张明山及传人张玉亭、张景祜等人的代表性作品：《白蛇传》《品箫侍女》《黛玉葬花》《持帽翁》《吹糖人》《渔妇》《钟馗嫁妹》《挑花布》《火烧望海楼》等，共有彩色图片115幅。

J0108689

石湾艺术陶器　《石湾艺术陶器》编委会编辑
广州 岭南美术出版社 1987年 133页
34cm（10开）精装 ISBN：7-5362-0011-0
定价：CNY120.00

　　本书收入选自广东省、广州市、佛山市几所博物馆及广东民间工艺馆的馆藏珍品，以及著名文物收藏家商承祚等的家藏秘玩，石湾美术陶瓷厂搜罗的古今陶艺佳作。收入精品140件，共有图片160幅。书后附有介绍文章7篇。

J0108690

石湾艺术陶器　《石湾艺术陶器》编委会编辑
广州 岭南美术出版社 1992年 重印本 133页
34cm（10开）精装 ISBN：7-5362-0011-0
定价：CNY180.00

J0108691

1989：陶塑　（挂历）
石家庄 河北美术出版社 1988年 78cm（3开）
定价：CNY8.00

J0108692

景德镇瓷雕——麒麟送子　（摄影 1988年年历）陈春轩，姜长庚摄
南昌 江西人民出版社［1988年］1张 78cm（2开）
定价：CNY0.40

J0108693

石湾陶器　香港市政局香港艺术馆编辑
香港 香港市政局香港艺术馆 1988年 95页
29cm（15开）ISBN：962-215-088-8
　　外文书名：Shiwan Pottery.

J0108694

四川汉代画象艺术选　吕林编

成都 四川美术出版社 1988年 142页
［30cm］（10开）定价：CNY11.00
　　中国汉代雕塑作品。

J0108695

博采众艺　芳华吐艳　（无锡惠山手捏戏曲泥人集锦）喻湘涟泥人手捏；范光林摄影；陈灿星编文
北京 人民美术出版社 1990年 2张 80×60cm
定价：CNY1.05

J0108696

宜兴陶艺　（茶具文物馆罗桂祥珍藏）香港艺术馆编制
香港 香港市政局 1990年 249页 有彩图表格
31cm（12开）定价：TWD250.00
　　外文书名：The Art of the Yixing Potter.

J0108697

中国惠山泥人　无锡惠山泥人研究所编
北京 北京工艺美术出版社 1990年 80页
有图版 24×27cm 精装 ISBN：7-80526-027-3
定价：CNY33.50

　　本画册收入历代惠山泥人作品100件。其中包括明末清初的《蚕猫》、清代的《大阿福》等明清时期作品20余件；近代、当代著名艺人创作的《三有趣》《断桥》《麒麟》等70余件作品。书中每件作品注有名称、尺寸，图释说明、作品制作年代、艺术特点及历史文化背景等。书后有著名泥人艺术家的小传。

J0108698

中国惠山泥人　（汉英对照）无锡泥人研究所编
北京 北京工艺美术出版社 1990年 80页 有图版 30cm（12开）精装 ISBN：7-80526-029-X
定价：CNY40.00

J0108699

黄炳光陶塑集　黄炳光著
香港 活动学校出版社 1992年 有图 26cm（16开）

J0108700

姜波陶艺作品集　姜波作
郑州 河南美术出版社 1992年 26cm（16开）
ISBN：7-5401-0244-6 定价：CNY14.00

（中国美术家丛书）

中国现代陶瓷工艺品摄影集。外文书名：A Collection of Pottery Works by Jiang Bo. 作者姜波（1959—　），山东烟台人。中国轻工业部郑州轻工业学院工业艺术设计系任教，中国工艺美术学会会员。

J0108701

景德镇瓷雕作品选　（一）刘远长主编
北京　文化艺术出版社　1992 年　111 页
32cm（10 开）ISBN：7-5039-1130-1
定价：CNY45.00
本书选收景德镇雕塑瓷厂十几位瓷雕艺术家的百余件艺术珍品。外文书名：Selected Porcelain Carving Works in Jingdezhen.

J0108702

"泥人张" 张钺的作品　张泽珣编著
西安　陕西人民美术出版社　1994 年　144 页
29cm（16 开）精装　ISBN：7-5368-0643-4
定价：CNY280.00

J0108703

胡江作品集　胡江作
广州　岭南美术出版社　1994 年　25×26cm
ISBN：7-5362-1095-7　定价：CNY29.00

J0108704

台湾历史博物馆馆藏石湾陶　黄永川主编
台北　台湾历史博物馆　1995 年　160 页　有彩图
地图 30cm（10 开）精装　ISBN：957-00-5275-9
外　文　书　名：The Shih-Wan Ceramics Collection of the National Museum of History.

J0108705

西藏脱模泥塑　（图集）张鹰编著
北京　人民美术出版社　1995 年　192 页
19cm（32 开）ISBN：7-102-01465-1
定价：CNY20.00
（西藏艺术丛书）

J0108706

儿童陶塑　（图集）谢丽芳编
长沙　湖南美术出版社　1996 年　95 页　25×26cm
ISBN：7-5356-0915-5　定价：CNY58.00

编者谢丽芳（1949—　），女，油画家。出生于湖南隆回，毕业于湖南省戏剧学校。历任衡阳地区祁剧团舞美设计、广告宣传、衡阳市群众艺术馆美术干部，长沙铁路二中学幼师美术教育，湖南省妇女儿童活动中心儿童美术研究室主任，副研究馆员。出版有《儿童色彩画》《儿童陶塑》《儿童黑白画》《儿童创意画》等。

J0108707

石湾陶瓷艺术史　佛山大学石湾陶瓷艺术研究课题组编著
广州　中山大学出版社　1996 年　117 页　有彩图
25×26cm　精装　ISBN：7-306-01173-1
定价：CNY280.00

J0108708

感受泥性　（当代陶艺邀请展　图册）广东美术馆编
沈阳　辽宁美术出版社　1997 年　104 页
26cm（16 开）ISBN：7-5314-1783-9
定价：CNY60.00
（现代陶艺丛书　第一辑）

J0108709

孔子及七十二贤彩塑集　汤思佳，陈修林编著；陈修林，陈萧丁雕塑
香港　香港孔教学院　1997 年　88 页　29cm（16 开）
ISBN：962-851-651-5　定价：HKD98.00

J0108710

吴地三百六十行泥塑　高燮初主编
上海　上海画报出版社　1997 年　119 页　20×19cm
ISBN：7-80530-251-0　定价：CNY40.00
（吴文化艺术丛书）

J0108711

交趾陶　（林洸沂作品欣赏与研究　1980-1998）林洸沂作
台北县　橘子出版社　1998 年　334 页　有图
20×22cm　ISBN：957-8401-34-5
定价：TWD1000.00

J0108712

天津近代人物蜡像馆图册　李家璘主编
天津　天津杨柳青画社　1998 年　29cm（16 开）

ISBN：7-80503-225-4
（天津市历史博物馆丛书）

　　本书通过"天津近代人物蜡像馆"的蜡像、浮雕，反映了近现代天津历史的全貌，包容了天津近现代历史发展各方面的代表人物。本书与天津新闻图片社合作出版。

J0108713

于庆成泥塑艺术　（中英文本）［于庆成作］；月正元，刘继成主编
北京　中国文联出版公司　1998 年　60 页
25×24cm　ISBN：7-5059-3034-6　定价：CNY76.00
（中国当代艺术家）

　　本图集收录 60 幅泥塑，其中包括：《妹妹你大胆地往前走》《糖葫芦》《阴凉》《王老五》《沃土》《小草》等。

J0108714

中国紫砂　徐秀棠著
上海　上海古籍出版社　1998 年　232 页
26cm（16 开）精装　ISBN：7-5325-2335-7
定价：CNY180.00

　　本书内容共分 10 章，包括："紫砂陶起源与发展的文化背景"、"出品"、"紫砂陶艺传授的'科班'格律"、"紫砂壶的印记及款识"、"紫砂壶的装饰艺术"、"紫砂雕塑及其他品种"、"读壶"、"紫砂陶的文学欣赏"、"名人名作略论"、"紫砂陶的文化意味和艺术精神"。

J0108715

庄稼陶塑选集　庄稼作
广州　岭南美术出版社　1998 年　177 页　37cm
精装　ISBN：7-5362-1871-0　定价：CNY320.00

　　作者庄稼（1931—　），工艺美术大师。普宁人。曾任广东佛山石湾美术陶瓷厂副厂长兼创作室主任和艺术顾问，中国工艺美术学会雕塑研究会副会长，广东省工艺美术学会副理事长，佛山美术家协会主席等职。代表作品有《诗圣杜甫》《汉武帝》《弃官寻母》等。

J0108716

彩塑人间　（台湾交趾陶艺术展）苏启明主编
台北　台湾历史博物馆　1999 年　144 页　有彩图
30cm（12 开）ISBN：957-02-5127-1

J0108717

民俗器物图录　（石湾陶）
台北　1999 年　165 页　28cm（大 16 开）精装
ISBN：957-02-3870-4　定价：TWD1000.00

J0108718

泥泥狗　倪宝诚编著
哈尔滨　黑龙江美术出版社　1999 年　76 页
有彩图　29cm（16 开）ISBN：7-5318-0607-X
定价：CNY35.00
（中华民俗艺术精粹丛书）

　　编著者倪宝诚（1935—　），画家。山东临朐人。历任河南省群众艺术馆研究员、中国美术家协会会员、中国民间工艺学术委员会委员、河南人民出版社美术编辑室主任、河南省群众艺术馆研究员，河南省民间美术学会会长等职。作品有连环画《红心》《跳轿》《大地回春》《保家卫国》等。主编有《大河风——河南民间美术文集》《朱仙镇门神》《玩具》《民间美术与现代美术》等著作。

J0108719

中国工艺美术大师阮文辉作品选　（2 铁笔泥刀）阮文辉著
兰州　甘肃民族出版社　1999 年　118 页　有图
20cm（32 开）ISBN：7-5421-0695-3
定价：CNY112.00（全 7 册）
（冷余斋艺丛）

　　本册收作者的工艺美术创作方面的雕刻葫芦和手捏泥人的图片，同时收录了作者谈葫芦工艺品制作和泥人制作的经验。

J0108720

中国工艺美术大师阮文辉作品选　（3 诗书画印）阮文辉著
兰州　甘肃民族出版社　1999 年　118 页　有图
20cm（32 开）ISBN：7-5421-0695-3
定价：CNY112.00（全 7 册）
（冷余斋艺丛）

J0108721

中国工艺美术大师阮文辉作品选　（4 葫芦棚闲话）阮文辉著
兰州　甘肃民族出版社　1999 年　118 页　有图
20cm（32 开）ISBN：7-5421-0695-3

定价：CNY112.00（全 7 册）
（冷余斋艺丛）

J0108722
中国工艺美术大师阮文辉作品选　（6　冷余艺谈）阮文辉著
兰州　甘肃民族出版社　1999 年　118 页　有图
20cm（32 开）ISBN：7-5421-0695-3
定价：CNY112.00（全 7 册）
（冷余斋艺丛）

J0108723
中国工艺美术大师阮文辉作品选　（7　风雨历程）阮文辉著
兰州　甘肃民族出版社　1999 年　118 页　有图
20cm（32 开）ISBN：7-5421-0695-3
定价：CNY112.00（全 7 册）
（冷余斋艺丛）
　　本册收作者的工艺美术创作方面的雕刻葫
芦和手捏泥人的图片，同时收录了作者谈葫芦工
艺品制作和泥人制作的经验。

中国其他材料雕塑作品

（贝雕、冰雕、玉雕等）

J0108724
上海玉雕　陈秋草编
上海　上海人民美术出版社　1957 年　影印本
29 页　有图　18cm（32 开）精装
统一书号：T8081.2111　定价：CNY0.80
（工艺美术丛书）

J0108725
月曼清游　（清）陈枚画稿；陈祖章等雕刻
北京　文物出版社［1961 年］影印本　12 幅
25cm（小 16 开）定价：CNY1.20

J0108726
矿工愤　（淮南大通煤矿万人坑阶级教育展览馆泥塑部分）淮南大通煤矿万人坑阶级教育展览馆供稿

合肥　安徽人民出版社　1972 年　有图　21cm（32 开）
统一书号：8102.577　定价：CNY0.30

J0108727
上海牙雕　上海玉石雕刻厂创作；上海人民出版社编辑
上海　上海人民出版社　1972 年　10 张（套）
有照片　17cm（50 开）统一书号：9171.422
定价：CNY0.46

J0108728
上海玉雕　（中、英文对照）上海玉石雕刻厂创作；上海人民出版社编辑
上海　上海人民出版社　1972 年　15 张（套）
15cm（40 开）统一书号：8.3.412　定价：CNY0.60

J0108729
上海玉雕　（彩色明信片　中、英文对照）
上海　上海人民出版社　1973 年　15 张（套）
17cm（50 开）
　　明信片，中国玉器艺术作品摄影集。

J0108730
收租院泥塑图选　（一）
［成都］四川人民出版社　1972 年　9cm（64 开）
定价：CNY0.04

J0108731
收租院泥塑图选　（二）
［成都］四川人民出版社　1972 年　9cm（64 开）
定价：CNY0.04

J0108732
广州牙雕与玉雕　广东人民出版社编辑
广州　广东人民出版社　1973 年　有图　17cm（40 开）
统一书号：8111.1089　定价：CNY0.46
　　本书收有彩色图片，文字有中、英文对照。

J0108733
北京牙雕　北京市特种工艺工业公司编
北京　轻工业出版社　1975 年　10 幅　17cm（40 开）
统一书号：8042.001　定价：CNY0.50

J0108734
上海玉雕小辑　（第一辑）上海人民美术出版

社编辑

上海 上海人民美术出版社 1978 年 10 幅

18cm（32 开）统一书号：8081.11161

定价：CNY0.59

J0108735

上海玉雕小辑 （第二辑）上海人民美术出版

社编辑

上海 上海人民美术出版社 1978 年 10 幅

18cm（32 开）统一书号：8081.11162

定价：CNY0.59

J0108736

林清卿薄意艺术 林清卿著；郭功森著

广州 花城出版社 1984 年 33 页 26cm（16 开）

统一书号：8261.38 定价：CNY1.90

　　薄意是施于石印周面的一种浮雕艺术。本

书中所收拓片，为我国当代寿山石雕魁首郭功森

所藏。

J0108737

幽谷清泉——屈原九歌图之一 （南京仿古

牙雕 摄影 1985 年年历）王小滨摄影

南京 江苏美术出版社 1984 年 54cm（4 开）

定价：CNY0.20

J0108738

徽州墨模雕刻艺术 石谷风编

合肥 黄山书社 1985 年 120 页 25×23cm（13开）

统一书号：8379.2 定价：CNY6.65

（安徽艺林丛书）

　　本书精选了中国徽州地区的墨模雕刻艺

术拓片 5 套，共 110 幅。编者石谷风（1919—

2016），国画家。原名石振华，别号“野人”，湖北

黄梅县人，毕业于北平艺专国画科。安徽省博物

馆任职，从事文物考古工作多年。作品有《霜晨

月》《雨中岚山》《黄山松石》。出版有《古风堂

艺谈》《石谷风动物画辑》《石谷风画集》《石谷

风的动物画》。

J0108739

1988：贝雕 （挂历）

沈阳 辽宁美术出版社 1987 年（3 开）

定价：CNY6.50

J0108740

砖雕 甘肃省工艺美术公司，甘肃省工艺美术

学会供稿；王堃，罗代奎编

西安 陕西人民美术出版社 1987 年 116 页

有彩图 21cm（32 开）定价：CNY6.50

　　本书为建筑装饰雕刻图集。

J0108741

贝雕 马海滨摄

福州 福建科学技术出版社 1988 年 10 张

13cm（60 开）定价：CNY1.60

　　明信片，中国贝雕艺术作品摄影集。

J0108742

冰城·冰灯 王景富著

哈尔滨 哈尔滨出版社 1988 年 240 页

有照片 19cm（32 开）ISBN：7-80557-041-8

定价：CNY7.60

　　本书的冰城篇主要介绍了冰城哈尔滨的冰

雪风情，如冰雪运动、冰雪狩猎、冰上婚礼、冰

雪佳节、冰雪文化等。另有冰灯篇主要介绍了冰

灯史话、冰灯种类、冰灯制作、冰景奇观等。附

有部分彩色图片。作者王景富（1938— ），编辑。

黑龙江呼兰县人。黑龙江省作家协会会员、黑龙

江省科普作家协会会员等。著有《哈尔滨冰灯艺

术大观》。

J0108743

关氏所藏中国牙雕 高美庆编辑

香港 香港中文大学文物馆 1990 年 382 页

有照片 29cm（16 开）精装 定价：HKD160.00

　　外 文 书 名：Chinese Ivories from the Kwan

Collection.

J0108744

1992：玉堂富贵 （挂历）华安，程焱摄

上海 上海人民美术出版社［1991 年］

76cm（2 开）定价：CNY18.00

　　中国玉器艺术作品摄影集。

J0108745

保值田黄与印石 李英豪著

香港 博益出版集团公司 1992 年 125 页 有图

21cm（32 开）ISBN：962-17-1006-5

定价：HKD55.00

（博益生活通系列）

J0108746
保值田黄与印石　李英豪著
台北　出版社有限公司　1993 年　2 版　125 页
有图　21cm（32 开）ISBN：957-672-010-9
定价：TWD250.00
（精致生活丛书 25）

J0108747
1994：瑰宝　（挂历）
上海　上海人民美术出版社［1993 年］76×53cm
定价：CNY32.00
　　中国玉器艺术作品摄影集。

J0108748
1995：玲珑　（挂历）
上海　上海画报出版社　1994 年　有图　77×53cm
定价：CNY35.80
　　中国玉器艺术作品摄影集。

J0108749
瓜果造型世界　于令仪编选
北京　中国书籍出版社　1994 年　35 页　有图
17×18cm ISBN：7-5068-0200-7 定价：CNY3.80
（少儿艺术教育技法丛书）
　　作者于令仪，女，北京市朝阳区新源里少年
之家工艺美术高级教师。

J0108750
雷宇砖刻选　雷宇篆
乌鲁木齐　新疆美术摄影出版社　1996 年　64 页
17×19cm ISBN：7-80547-472-9 定价：CNY20.00

J0108751
中国肖生玉雕　香港艺术馆制作
香港　香港市政局　1996 年　189 页　有照片
34cm（10 开）ISBN：962-215-141-8
定价：HKD130.00
　　外文书名：Chinese Jade Animals.

J0108752
台湾玉石全集　王庆祥总编辑
花莲县　台湾玉石收藏家联谊会　1997 年
358 页　有彩图地图　30cm（10 开）精装

ISBN：957-97193-1-4 定价：TWD3200.00
　　外文书名：A Comprehensive Study on Taiwan
Jades.

J0108753
范达鱼骨雕塑艺术　张守义编
北京　朝华出版社　1998 年　92 页　17×19cm
ISBN：7-5054-0564-0 定价：CNY30.00

J0108754
佛像　（卷一）贾文涛，季源业编选
天津　天津人民美术出版社　1999 年　91 页
13×13cm　精装　ISBN：7-5305-1048-7
定价：CNY18.50
（宗教艺术写真　佛教艺术造像）

J0108755
佛像　（卷二）贾文涛，季源业编选
天津　天津人民美术出版社　1999 年　91 页
13×13cm　精装　ISBN：7-5305-1049-5
定价：CNY18.50
（宗教艺术写真　佛教艺术造像）

J0108756
徽州砖雕　吴仕忠，胡廷夺编著
哈尔滨　黑龙江美术出版社　1999 年　77 页
29cm（16 开）ISBN：7-5318-0611-8
定价：CNY35.00
（中华民俗艺术精粹丛书）

J0108757
金刚　（卷一）贾文涛，季源业编选
天津　天津人民美术出版社　1999 年　91 页
13×13cm　精装　ISBN：7-5305-1050-9
定价：CNY18.50
（宗教艺术写真　佛教艺术造像）

J0108758
菩萨　（卷一）贾文涛，季源业编选
天津　天津人民美术出版社　1999 年　91 页
13×13cm　精装　ISBN：7-5305-1045-2
定价：CNY18.50
（宗教艺术写真　佛教艺术造像菩萨）
　　中国现代佛教艺术造像菩萨雕塑摄影集。

J0108759
菩萨 （卷二）贾文涛，季源业编选
天津　天津人民美术出版社　1999 年　91 页
13×13cm　精装　ISBN：7-5305-1046-0
定价：CNY18.50
（宗教艺术写真　佛教艺术造像）
　　中国现代佛教艺术造像菩萨雕塑摄影集。

各国雕塑作品

J0108760
蓬蓬雕刻集 （法）蓬蓬作；王济远，张澄江选辑
上海　商务印书馆　1933 年　28cm（6 开）精装
定价：大洋二元六角
（新艺术丛刊）
　　本书收动物雕刻图片 18 幅，为作者 1906 年
至 1931 年间的作品。

J0108761
近代雕刻杰作集 繁花编译
上海　繁花［发行者］1934 年　20+56 页　有图
22cm（14 开）定价：大洋九角五分
　　本书分法国之部、罗丹的杰作、德国之部、
美国之部等 4 部分，收 201 幅雕刻作品。

J0108762
马若雕刻集 黎叔平选辑
上海　中华书局　1937 年　36cm（6 开）
活页精装　定价：国币一元八角
　　本书收法国画家马若的雕刻作品 22 幅。书
前有《马若传略》和《作品说明》。

J0108763
中德学会举办德国古今木刻展览会 （中德
文对照）王熙庸译
［南京］1938 年　50 页　24cm（26 开）线装
　　本书为中德文对照的展览会目录，共 185
件展品，分古代雕刻名师之作品、现代之木
刻、实用木刻三部分。外文书名：Der Deutsche
Holzschnitt in Vergangenheit und Gegenwart.

J0108764
柏林苏联红军烈士纪念碑 （苏）别洛勃里斯
基作；程应铨译
北京　建筑工程出版社　1954 年　52 页　有图
26cm（16 开）定价：CNY2.00
　　苏联现代雕塑作品。

J0108765
印度阿旃陀石窟绘画 中印友好协会编
［北京］朝花出版社　1955 年　［1］张　39cm（8 开）
定价：CNY7.00，CNY11.00（精装）

J0108766
罗丹雕刻 （法）罗丹（Auguste Rodin）作
北京　朝花美术出版社　1957 年　12 张
19cm（小 32 开）散页　统一书号：8028.1505
定价：CNY1.00

J0108767
米开兰哲罗雕刻选 陈允鹤编
北京　朝花美术出版社　1957 年　50 页　有图
18cm（15 开）统一书号：T8028.1383
定价：CNY1.20
　　编者陈允鹤（1933—　），上海宝山人。笔
名云鹤。结业于文化学院。曾任中国美术出版
研究委员会会长、《中国艺术》季刊主编、中国美
术家协会插图装帧艺术委员会委员。编著出版
有《永恒之美：谈希腊艺术》《米开朗基罗雕刻》
《伦勃朗》等。

J0108768
柯宁科夫 上海市中苏友好协会宣传部编
上海　上海人民美术出版社　1959 年　影印本
有图　19cm（32 开）统一书号：T8081.8074
定价：CNY1.00

J0108769
西欧造型艺术参考资料 中国青年艺术剧院编
北京　中国青年艺术剧院　1960 年　有图
26×28cm（10 开）精装

J0108770
印度尼西亚民间雕刻 （印尼）杜拉编
北京　人民美术出版社　1961 年　影印本
［115］页　37cm（8 开）精装

统一书号：8027.1051 定价：CNY45.00

　　本书收藏的印尼民间雕刻作品共 83 件，为印度尼西亚雕塑画册。

J0108771

穆希娜　张之进编
上海　上海人民美术出版社　1962 年　16 张（套）
19cm（32 开）定价：CNY1.28

　　苏联雕塑家穆希娜的雕塑作品。

J0108772

当代意大利雕塑　香港博物美术馆编
香港　香港市政局　1974 年　98 页　有图
24cm（15 开）定价：HKD15.00

　　外文书名：Contemporary Italian Sculpture.

J0108773

希腊雕刻　李再钤编著
台北　雄狮图书公司　1976 年　299 页　有图
21cm（32 开）精装　定价：TWD240.00

J0108774

南斯拉夫雕塑家梅斯特罗维奇，克尔什尼奇作品选集　（南）梅斯特罗维奇（I.Mestrovic），克尔什尼奇（F.Krsinic）作；人民美术出版社编辑
北京　人民美术出版社　1979 年　66 幅
25cm（小 16 开）统一书号：8027.6985
定价：CNY3.20

　　南斯拉夫现代雕塑图集。

J0108775

西洋雕塑百图　杨蔼琪等编著；人民美术出版社编辑室编
北京　人民美术出版社　1980 年　200 页
19cm（32 开）统一书号：8027.7283 定价：CNY1.40
（美术百图丛书）

　　本书介绍了从古代埃及、西亚、希腊到近代欧洲各国较著名的雕塑作品。并通过这些雕塑名作及每件作品的文字介绍，可使爱好美术的读者了解有关西洋雕塑艺术的一些基本知识。共 100 幅图。

J0108776

西洋雕塑百图　人民美术出版社编辑室编
北京　人民美术出版社　1983 年　重印本　200 页

19cm（32 开）统一书号：8027.7283
定价：CNY1.80

J0108777

西洋雕塑百图
北京　人民美术出版社　1995 年　重印　100 叶
19cm（32 开）ISBN：7-102-00302-1
定价：CNY9.00
（美术百图丛书）

　　本书介绍了从古代埃及、西亚、希腊到近代欧洲各国较著名的雕塑共一百图。其中包括狮身人面像、书吏凯伊像、愉快的收获者、掷铁饼者、雅典娜神像等。

J0108778

希腊雕刻　陈允鹤编著
北京　人民美术出版社　1980 年　47 页　25cm（16 开）
统一书号：8027.7459 定价：CNY0.80
（外国美术介绍丛书）

　　本书介绍古代希腊的雕刻艺术。共有图 50 幅。编著者陈允鹤（1933—　），上海宝山人。笔名云鹤。结业于文化学院。曾任中国美术出版研究委员会会长、《中国艺术》季刊主编、中国美术家协会插图装帧艺术委员会委员。编著出版有《永恒之美：谈希腊艺术》《米开朗基罗雕刻》《伦勃朗》等。

J0108779

罗丹　（雕塑集）陈允鹤编
北京　人民美术出版社　1981 年　15 页　有图版
22cm（30 开）统一书号：8027.7630 定价：CNY1.80

　　本书编选罗丹较有代表性的雕塑作品，其中《青铜时代》《思想者》《加莱义民》《巴尔扎克》《雨果》等都是举世闻名的杰作，并附有不同角度的局部特写图。共有图 62 幅。奥古斯特·罗丹（Auguste Rodin，1840-1917），法国杰出雕塑家。毕业于巴黎美术工艺学校。代表作品有《思想者》《吻》《巴尔扎克像》等，著有《艺术论》。

J0108780

维纳斯像　（1982 年年历）金铎摄
沈阳　辽宁美术出版社　1981 年　39cm（8 开）
定价：CNY0.12，CNY0.25（铁皮包边）

J0108781

布德尔 （雕塑集）（法）布德尔（A.Bourdelle）
作；王之江，杨蔼琪编
北京 人民美术出版社 1982 年 19cm（32 开）
统一书号：8027.7711 定价：CNY2.40

　　本画册选了布德尔各个时期的代表作品 77
余幅，书后附生活照片 5 幅和一些草稿。作者埃
米尔－安托万·布德尔（Emile Antoine Bourdelle，
1861-1929），法国著名雕塑家。毕业于巴黎国
立美术学院。曾拜 A. 罗丹为师，并一度为罗丹
的助手。主要作品有《阿波罗头像》《弓箭手赫
拉克勒斯》《贝多芬》等。编者王之江（1917—
2010），雕刻家、艺术教育家、水彩画家。黑龙江
巴彦县人。毕业于日本东京大学艺术科雕塑专
业。历任天津美术学院教授、全国城市雕塑艺术
委员会委员、天津市城市雕塑规划组艺术委员会
委员。代表作品有《学》《马三立像》《滦水情》等。

J0108782

泰国雕塑艺术 （第七届亚洲艺术节）香港艺
术馆编
香港 香港市政局 1982 年 196 页 有图地图
26cm（16 开）精装 ISBN：962-215-045-4
定价：HKD83.00

　　外文书名：Sculpture's from Thailand.

J0108783

本乡新 （1905—1980）本乡新作
上海 上海人民美术出版社 1983 年 96 页
19cm（32 开）统一书号：8081.1306 定价：CNY1.40
（世界美术家画库）

　　本书选录了本乡新的作品 56 幅，并附有画
家生平介绍。

J0108784

吕德　卡尔波
上海 上海人民美术出版社 1983 年 63 页
20cm（32 开）统一书号：8081.12879
定价：CNY1.00
（世界美术家画库）

　　本书为法国近代雕塑图集。主要介绍了吕
德和卡尔波两个艺术家的作品，并评介了他们的
创作活动、作品特色等。

J0108785

美国雕塑百图 卢业强，崔开宏译
北京 人民美术出版社 1983 年 100 页
19cm（32 开）统一书号：8027.8582 定价：CNY1.75
（美术百图丛书）

　　本书收入 19 世纪到 20 世纪初期美国著名
雕塑家的代表性作品共 100 幅。

J0108786

南斯拉夫现代雕塑选 晨朋编
北京 人民美术出版社 1983 年 146 幅
19cm（32 开）统一书号：8027.8244 定价：CNY1.90

　　本画册收入南斯拉夫现代雕塑作品 146 幅。
作品题材广泛反映了解放斗争历史和人民的生
活与劳动。

J0108787

麦尼埃的雕塑 （比）麦尼埃作；王朝闻编
长沙 湖南美术出版社 1985 年 19cm（32 开）
统一书号：8233.761 定价：CNY0.75

　　本书系比利时现代雕塑画册，共收作品
34 幅。

J0108788

美国的城市雕塑 程允贤著
广州 岭南美术出版社 1985 年 96 页 20cm（32 开）
统一书号：8260.0963 定价：CNY5.90

　　本书是作者依据 1981 年秋在美国考察期间
拍摄和搜集的照片资料著编撰的，包括城市建筑
环境及风土人情。作者程允贤（1928—2005），雕
塑学家、学者。出生于江西南昌。毕业于国立
湖北师范学院中国文学系，中国美术家协会会
员。代表作《美国的城市雕塑》《程允贤雕塑作
品选》。

J0108789

外国城市雕塑选 王卓予，韦天瑜编
上海 上海人民美术出版社 1985 年 111 页
18cm（32 开）统一书号：8081.1341 定价：CNY1.90

　　本书编选了埃及、希腊、意大利、法国、印
度等 20 多个国家的城市雕塑作品 110 多幅。编
者王卓予（1927—2010），雕塑家、教授。江西南
康人，毕业于中央美术学院华东分院。历任浙
江美术学院雕塑系主任、教授，浙江省美协副主
席、全国城市雕塑艺术委员会委员、浙江省雕塑

家协会主席。雕塑代表作品《潘天寿》《拼搏者》《陈毅像》等。

J0108790
维纳斯 （摄影 1986 年年历）周道明，黎江摄影
杭州 浙江人民美术出版社 1985 年 1 张
78cm（2 开）定价：CNY0.30

J0108791
维纳斯 （摄影 1989 年年历）黎江摄
杭州 浙江人民美术出版社 1988 年 1 张
78cm（2 开）定价：CNY0.50

J0108792
1987：国外城市雕塑 （挂历）
武汉 湖北科学技术出版社 1986 年 78cm（2 开）
定价：CNY5.80

J0108793
亨利摩尔的艺术 香港艺术馆编
香港 香港市政局 1986 年 394 页 有图
29cm（15 开）精装 ISBN：962-215-071-3
　　本书为亨利摩尔的雕塑作品摄影集。外文书名：The Art of Heng Moore. 亨利·斯宾赛·摩尔（Henry Spencer Moore，1898-1986），英国雕塑家。以大型铸铜雕塑和大理石雕塑作品闻名于世。代表作品有《斜倚的人形》《家庭群像》《王与后》等。

J0108794
亨利摩尔艺术全集 艺术家杂志主编
台北 艺术家出版社 1986 年 272 页 有图
21cm（32 开）定价：TWD250.00
　　本书是亨利摩尔作品摄影集。外文书名：The art of Heng Moore.

J0108795
罗丹 （1840—1917）（法）罗丹（Rodin, A.）作；胡博闻著
上海 上海人民美术出版社 1986 年 79 页
19cm（32 开）统一书号：8081.14074
定价：CNY2.20
（世界美术家画库）
　　作者奥古斯特·罗丹（Auguste Rodin，1840-1917），法国杰出雕塑家。毕业于巴黎美术工艺

学校。代表作品有《思想者》《吻》《巴尔扎克像》等，著有《艺术论》。

J0108796
世界人体雕塑选 陈旭编
桂林 漓江出版社 1986 年 197 幅 10cm（64 开）
统一书号：8256.234 定价：CNY15.00
（人体美术丛书）
　　本书精选国外人体雕塑，如米隆的《掷铁饼者》、阿历山德罗斯的《维纳斯》、米开朗基罗的《大卫》、罗丹的《思想者》等，分古埃及古希腊时期、文艺复兴时期和近代、现代 4 部分。各个时期的作品，表现了大师们崇尚健美人体的理想，歌颂英雄主义、正义和悲壮的精神，渴望光明、思索真理的激情，以及在急速发展的现代社会对人体美的重新思索与塑造。共 197 幅图。

J0108797
苏联现代雕塑选 （全苏第一届雕塑展览会部分作品）曹春生，司徒兆光编著
长沙 湖南美术出版社 1986 年 53 页 20cm（32 开）
统一书号：8233.959 定价：CNY6.50
　　本书中的作品选自 1983 年 6 月在莫斯科举办的"全苏第一届雕塑展览会"的展品，共有 236 幅雕塑照片，较为全面地反映了苏联当时的雕塑水平。

J0108798
巴黎雕塑 （一）
西安 三秦出版社 1987 年 7 张 15cm（40 开）
定价：CNY1.50

J0108799
巴黎雕塑 （二）
西安 三秦出版社 1987 年 7 张 15cm（40 开）
定价：CNY1.50

J0108800
法国凡尔赛宫雕塑 蒋昌一摄
长沙 湖南美术出版社 1987 年 2 张 53cm（4 开）
定价：CNY0.60

J0108801
凡尔赛宫雕塑 蒋昌一摄影
长沙 湖南美术出版社 1987 年 8 张 13cm（60 开）

定价：CNY1.60

　　明信片，法国宫殿建筑装饰雕塑艺术作品摄影集。

J0108802

欧美雕塑名作欣赏　　欧阳英等编著
上海　上海人民出版社　1987年　271页+图88页
有图　19cm（32开）统一书号：7074.332
定价：CNY3.00，CNY3.90（精装）
（当代大学丛书）

　　编著者欧阳英，浙江美术学院任教。

J0108803

世界雕塑欣赏　　何恭上编著
台北　艺术图书公司　1987年　再版　104页　有图
21cm（32开）定价：TWD120.00

J0108804

世界现代城市雕塑　　（日）田村明著；之冲译
上海　上海人民美术出版社　1987年　140页
20×18cm　统一书号：8081.15543
ISBN：7-5322-0005-1　定价：CNY18.00

　　外文书名：Modern Sculptures in Public Place of World.

J0108805

世界现代城市雕塑　　上海人民美术出版社
编；（日）田村明著文；之冲译
上海　上海人民美术出版社　1987年　140页
20cm（32开）ISBN：7-5322-0005-1
定价：CNY4.70，CNY18.00

J0108806

苏联城市雕塑　　（图册）曹春生，司徒兆光编
西安　陕西人民出版社　1987年　19cm（32开）
统一书号：8199.994　定价：CNY5.80

　　本书是根据作者在苏联考察城市雕塑期间，实地拍摄的大量不同题材、风格的雕塑照片中有选择地从艺术与思想特征方面进行梳理编辑而成的。

J0108807

苏联现代雕塑　　李玉兰编
天津　天津人民美术出版社　1987年　138页
有照片　21cm（32开）ISBN：7-5305-0027-9

定价：CNY4.90

J0108808

外国雕饰艺术1000例　　曲渊主编
长沙　湖南美术出版社　1987年　211页
17cm（32开）统一书号：8233.1153
ISBN：7-5356-0082-4　定价：CNY3.00

J0108809

夏达尔　摩希娜　　（苏）夏达尔，（苏）摩希娜作；杨樱林编
北京　人民美术出版社　1987年　[32]页
26cm（16开）统一书号：8027.10174
定价：CNY1.25
（外国美术介绍）

　　本书是苏联雕塑作品集，收有两位雕塑家的作品45幅图。

J0108810

自由女神　　（摄影　1988年年历）王洪洵摄影
天津　天津人民出版社　1987年　1张（4开）
定价：CNY0.30

J0108811

城市雕塑　　（汉英对照）杨海水编
北京　外文出版社　1988年　10张　15cm（64开）
定价：CNY1.70

J0108812

雕塑作品集　　詹鸿昌摄
长沙　湖南美术出版社　1988年　8张　15cm（64开）
定价：CNY1.60
（世界美术名作集粹）

J0108813

法国世界民族艺术博物馆浮雕　　（法）阿尔弗雷德·穰尼俄（A.Tanniot）作
昆明　云南人民出版社　1988年　66幅　26cm（16开）
ISBN：7-222-00169-7　定价：CNY9.85

　　本书是20世纪20、30年代法国雕刻家阿尔弗雷德·穰尼俄的杰作。作品把五大洲民族风情、神话传说浓缩在墙面上。其中有非洲黑人部落的狩猎、采摘场面；有东南亚地区黄种人的耕的场景；有地中海沿岸及法国本土的白种人起航的画面；有亚热带风光以及18、19世海船的布帆。

J0108814

黑非洲雕刻　李森，马晓宁编

北京　工人出版社　1988 年　19cm（32 开）

ISBN：7-5008-0061-4　定价：CNY5.20

（外国美术资料丛书）

　　本书选有非洲 20 多个国家各个时期创作的 260 多件代表作品。包括：雕像、面具、头饰、器具和装饰物。以强烈的节奏感和大胆的夸张变形为特点。黑非洲雕刻在世界原始艺术中，占有十分重要的地位。它以独特的造型艺术语言，揭示出热带非洲各部族的社会风俗、宗教信仰、美学观念等丰富内涵。

J0108815

米开朗基罗雕刻　陈允鹤编著

北京　人民美术出版社　1988 年　20cm（32 开）

ISBN：7-102-00328-5　定价：CNY8.00

　　本书选编米开朗基罗的雕刻作品，其中如《哀悼基督》《大卫》《摩西》《梅迪奇陵墓雕刻》《勃鲁托斯》等均为传世名作。共有图片 93 幅（包括部分局部图）。作者米开朗其罗·博那罗蒂（Michelangelo Buonarroti，1475—1564），文艺复兴时期意大利艺术家。在雕刻、绘画、建筑等方面均有杰出的成就，尤以雕刻为最。代表作品《大卫》《摩西》《奴隶》《创世纪》等。编著者陈允鹤（1933—　），上海宝山人。笔名云鹤。结业于文化学院。曾任中国美术出版研究委员会会长、《中国艺术》季刊主编、中国美术家协会插图装帧艺术委员会委员。编著出版有《永恒之美：谈希腊艺术》《米开朗基罗雕刻》《伦勃朗》等。

J0108816

现代世界十人雕塑集　李克勤编译

沈阳　辽宁美术出版社　1988 年　168 页

20cm（32 开）ISBN：7-5314-0029-4

定价：CNY6.80

　　本书详细地介绍了 20 世纪以来现代西方雕塑各流派中有影响的 10 位雕塑家，以及他们的代表作品。其中包括：康斯坦丁·布朗库希（法籍罗马尼亚雕塑家）、安利·罗兰斯（法国雕塑家）、安瑞·培布斯奈（法籍俄国雕塑家）、亚利山大·亚尔奇本克（美籍乌克兰雕塑家）、让·阿尔普（法国雕塑家）、欧希普·扎德金（俄国雕刻家）、亨利·摩尔（美国雕刻家）、玛里诺·玛里尼（意大利雕刻家）、阿贝特·杰克梅弟（瑞士雕刻家）、加克

莫·曼兹（意大利雕刻家）。外文书名：10 Masters Modern Sculdture Works.

J0108817

现代苏联雕塑　章永浩编

上海　上海人民美术出版社　1988 年　93 页

26cm（16 开）ISBN：7-5322-0245-3

定价：CNY5.50

　　本书有苏联现代雕塑像共 170 幅图。

J0108818

伊万·麦什特洛维奇　（南斯拉夫）麦什特洛维奇（Mestrovic，Ivan）作；龚田夫编译

北京　中央民族学院出版社　1988 年　32 页

有图　26cm（16 开）ISBN：7-81001-031-X

定价：CNY3.90

　　外文书名：Ivan Mestrovic.

J0108819

国外雕塑　胡振宇摄影

杭州　浙江人民美术出版社　1989 年　26cm（16 开）

精装　ISBN：7-5340-0116-1　定价：CNY36.00

　　本书选辑有传统的古典雕刻，以及二次大战前后因袭传统的雕刻家的作品以及现代新的雕塑作品，内容迥异，风格多样。共有 91 幅图。

J0108820

美国超级写实主义雕塑　（美）杜安·汉森，（美）约翰·迪安德烈亚作；上海人民美术出版社编

上海　上海人民美术出版社　1989 年　26×23cm

ISBN：7-5322-0464-2　定价：CNY25.00

　　本书收入 51 幅雕塑图。其中均采用矽胶和玻璃纤维创作的作品，都是以真人大小缩放比例，打造了栩栩如生的拟人塑像。

J0108821

日本水中雕塑　（摄影　1990 年年历）徐加昌摄影

沈阳　辽宁美术出版社　1989 年　1 张　54cm（4 开）

定价：CNY0.55

J0108822

世界雕塑全集　（东方部分　上册　远古时期至十九世纪末）潘绍棠编著

郑州　河南美术出版社　1989 年　549 页

29cm（16开）精装　ISBN：7-5401-0099-0
定价：CNY45.00
　　外文书名：World Sculptures. 编著者潘绍棠（1929— ），教授，美术家。号布南，河北唐山人。毕业于国立北平艺术专科学校。曾任教于中央美术学院、哈尔滨艺术学院。曾任广州美术学院教师、副院长。作品有《先驱者》《希望之光》《展翅》等。编有《怎样做雕塑》《瓷塑》《世界雕塑全集》。出版有《潘绍棠作品集》。

J0108823
世界雕塑全集　（东方部分　下册　十九世纪末至今）郑觐，李学锋编著
郑州　河南美术出版社　1990年　550页　有照片
26cm（16开）精装　ISBN：7-5401-0125-3
定价：CNY45.00
　　外文书名：World Sculptures. 编著者李学锋（1957— ），编辑。河南沈丘县人。历任河南美术出版社编辑，河南省社会科学院环境艺术研究所名誉副所长，中国美术家协会河南分会会员。合编著有《世界雕塑全集 东方部分 下册：十九世纪末至今》等。作者郑觐（1931— ），雕塑家、美术教育家。字湖边，生于湖北武昌。历任中国美术家协会会员，中国雕塑学会会员，中国工艺美术协会雕塑委员会委员。合编著有《世界雕塑全集》等。

J0108824
世界雕塑全集　（西方部分　上册　远古时期至十九世纪末）潘绍棠编著
郑州　河南美术出版社　1990年　777页　有照片
26cm（16开）精装　ISBN：7-5401-0124-5
定价：CNY45.00
　　外文书名：World Sculptures.

J0108825
世界雕塑全集　（西方部分　下册　十九世纪末至今）郑觐编著
郑州　河南美术出版社　1989年　611页　有照片
26cm（16开）精装　ISBN：7-5401-0100-8
定价：CNY45.00
　　外文书名：World Sculptures.

J0108826
外国人体雕塑百图　毛君炎编

北京　人民美术出版社　1989年　87页　19cm（32开）
ISBN：7-102-00598-9　定价：CNY6.20
（人体美术系列 2）

J0108827
1992：世界雕塑荟萃　（挂历）费正摄
石家庄　河北美术出版社　1991年　76cm（2开）
定价：CNY17.00

J0108828
非洲艺术　梁宇编
上海　上海人民美术出版社　1991年　104页
21×18cm　ISBN：7-5322-0520-7　定价：CNY6.00
　　本书有图105幅。

J0108829
世界雕塑全集　（第一册　东方部分　上册　远古时期至十九世纪末）潘绍棠编著
台北　博远出版公司　1992年　549页　有图
29cm（16开）精装　ISBN：957-8534-29-9
定价：TWD1400.00
　　外文书名：World Sculptures. 编著者潘绍棠（1929— ），教授，美术家。号布南，河北唐山人。毕业于国立北平艺术专科学校。曾任教于中央美术学院、哈尔滨艺术学院。曾任广州美术学院教师、副院长。作品有《先驱者》《希望之光》《展翅》等。编有《怎样做雕塑》《瓷塑》《世界雕塑全集》。出版有《潘绍棠作品集》。

J0108830
世界雕塑全集　（第二册　东方部分　下册　十九世纪末至今）郑觐，李学锋编著
台北　博远出版公司　1992年　556页　有图
29cm（16开）精装　ISBN：957-8534-30-2
定价：TWD1400.00
　　外文书名：World Sculptures.

J0108831
世界雕塑全集　（第三册　西方部分　上册　远古时期至十九世纪末）潘绍棠编著
台北　博远出版公司　1992年　777页　有图
29cm（16开）精装　ISBN：957-8534-27-2
定价：TWD1500.00
　　外文书名：World Sculptures.

J0108832
世界雕塑全集 （第四册　西方部分　下册
十九世纪末至今）郑巍编著
台北　博远出版公司 1992 年 647 页 有图
29cm（16 开）精装 ISBN：957-8534-28-0
定价：TWD1500.00
　　外文书名：World Sculptures.

J0108833
维纳斯 （1993 年年历）周仁德摄
南京　江苏美术出版社 1992 年 1 张 68cm（3 开）
定价：CNY0.90

J0108834
雕塑家看国外雕塑 　张润垲，张得蒂编著
南昌　江西美术出版社 1993 年 105 页
26cm（16 开）ISBN：7-80580-147-9
定价：CNY66.00
　　本书收雕塑作品图片分为：饰性雕塑、雕塑
公园、公墓雕塑、室内雕塑、民俗雕塑等。

J0108835
雕塑家看国外雕塑 　张润垲，张得蒂编著
南昌　江西美术出版社 1996 年 重印本 105 页
26cm（16 开）ISBN：7-80580-147-9
定价：CNY66.00
　　本书收雕塑作品图片分为：饰性雕塑、雕塑
公园、公墓雕塑、室内雕塑、民俗雕塑等。

J0108836
非洲艺术精品集 　缪迅编
天津　天津人民美术出版社 1993 年 565 页
26cm（16 开）精装 ISBN：7-5305-0336-7
定价：CNY98.00

J0108837
20 世纪欧美具象艺术 （祖尼加）（墨）弗朗
西斯科·祖尼加（Francisco Zuniga）作；啸声编
南昌　江西美术出版社 1995 年 67 页 26cm（16 开）
ISBN：7-80580-246-7 定价：CNY33.00
　　作者弗朗西斯科·祖尼加（Francisco Zuniga，
1912-1998），墨西哥雕塑家。生于哥斯达黎加。
作者啸声（1938—　　），教授、艺术史专家。原
名邢啸声，生于上海，祖籍北京。出版有《现代
拉丁美洲艺术》《西方中世纪雕刻》《巴尔蒂斯》

《西班牙绘画》《神曲插图集》等。

J0108838
法兰克福城市雕塑 （摄影 1996 年年历）方
钧强摄
北京　中国连环画出版社 1995 年 1 张
77×53cm 定价：CNY2.90

J0108839
20 世纪欧美非具象艺术 （费罗）（法）阿尔
贝·费罗（Albert Feraud）[作]；啸声编
南昌　江西美术出版社 1996 年 75 页 26cm（16 开）
ISBN：7-80580-334-X 定价：CNY38.00
　　外文书名：Feraud. 作者费罗（Albert Feraud，
1921—　　），法国雕塑家。法兰西研究院美术
院士。

J0108840
法国雕刻 　啸声[编]
南昌　江西美术出版社 1996 年 129 页 26×24cm
ISBN：7-80580-349-8
定价：CNY89.00，CNY108.00（精装）
　　外文书名：La Sculpture Francaise. 编者啸声
（1938—　　），教授、艺术史专家。原名邢啸声，
生于上海，祖籍北京。出版有《现代拉丁美洲艺
术》《西方中世纪雕刻》《巴尔蒂斯》《西班牙绘
画》《神曲插图集》等。

J0108841
国外古典雕刻图形 3000 例 　舒阳等编
长春　吉林美术出版社 1996 年 199 页
26cm（16 开）ISBN：7-5386-0585-1
定价：CNY19.00
（万国图案系列）

J0108842
克里斯托夫·芒克 （德）克里斯托夫·芒克作；
高迎进等主编
石家庄　河北美术出版社 1996 年 67 页
28cm（大 16 开）ISBN：7-5310-0870-X
定价：CNY49.00
（20 世纪末欧洲艺术家大系）
　　本书为德国现代雕塑摄影集，中英文本。

J0108843

马塞尔·哈尔东　（德）马塞尔·哈尔东作；高迎进等主编；叶本度译

石家庄　河北美术出版社　1996 年　75 页

28cm（大 16 开）ISBN：7-5310-0872-6

定价：CNY54.00

（20 世纪末欧洲艺术家大系）

J0108844

欧洲城市雕塑　王玉良编著

沈阳　辽宁美术出版社　1996 年　158 页

28cm（大 16 开）ISBN：7-5314-1417-1

定价：CNY128.00

　　外文书名：European City Sculptures. 编著者王玉良（1949—　　），画家、教授。历任清华大学美术学院绘画系教授，中国美术家协会会员，庞薰琹艺术研究会副主任，清华大学张仃艺术研究会委员，清华大学吴冠中艺术研究会学术委员会委员。

J0108845

乔治·阿伦斯　（德）乔治·阿伦斯作；高迎进等主编；赵长江，韩丽华译

石家庄　河北美术出版社　1996 年　59 页

28cm（大 16 开）ISBN：7-5310-0868-8

定价：CNY45.00

（20 世纪末欧洲艺术家大系）

　　本书为德国现代雕塑摄影集，中英文本。

J0108846

世界雕塑全集　（东方部分　上册　远古时期至十九世纪末）潘绍棠编著

郑州　河南美术出版社　1996 年　3 版　修订本

549 页　28cm（16 开）精装

ISBN：7-5401-0125-3　定价：CNY210.00（全套）

　　本册分中国、日本、朝鲜、印度、东南亚、埃及、中东古代雕刻、非洲、拉丁美洲几大部分介绍了多种类多风格的雕塑艺术。编著者潘绍棠（1929—　　），教授，美术家。号布南，河北唐山人。毕业于国立北平艺术专科学校。曾任教于中央美术学院、哈尔滨艺术学院。曾任广州美术学院教师、副院长。作品有《先驱者》《希望之光》《展翅》等。编有《怎样做雕塑》《瓷塑》《世界雕塑全集》。出版有《潘绍棠作品集》。

J0108847

世界雕塑全集　（东方部分　下册　十九世纪末至今）郑觊，李学锋编著

郑州　河南美术出版社　1996 年　3 版　修订本

556 页　26cm（16 开）精装

ISBN：7-5401-0125-3　定价：CNY210.00（全套）

　　本册内容包括：日本现代雕塑、中国现代雕塑、中国台湾现代雕塑、中国香港现代雕塑、印度现代雕塑等共 11 个部分。编著者郑觊（1931—　　），雕塑家、美术教育家。字湖边，生于湖北武昌。历任中国美术家协会会员，中国雕塑学会会员，中国工艺美术协会雕塑委员会委员。合编著有《世界雕塑全集》等。编著者李学锋（1957-），河南省沈丘县人，河南美术出版社编辑，河南省社会科学院环境艺术研究所名誉副所长，中国美术家协会河南分会会员。合编著有《世界雕塑全集　东方部分　下册：十九世纪末至今》等。

J0108848

世界雕塑全集　（西方部分　上册　远古时期至十九世纪末）潘绍棠编著

郑州　河南美术出版社　1996 年　3 版　修订本

777 页　28cm（16 开）精装

ISBN：7-5401-0125-3　定价：CNY250.00（全套）

　　本册按一般习惯分为 4 个主要历史时期，即古希腊和古罗马的雕刻、中世纪以宗教为主的雕刻、文艺复兴时期的雕刻，从巴洛克到 19 世纪西方雕刻，共选入各时期图片 2000 余幅。编著者潘绍棠（1929—　　），教授，美术家。号布南，河北唐山人。毕业于国立北平艺术专科学校。曾任教于中央美术学院、哈尔滨艺术学院。曾任广州美术学院教师、副院长。作品有《先驱者》《希望之光》《展翅》等。编有《怎样做雕塑》《瓷塑》《世界雕塑全集》。出版有《潘绍棠作品集》。

J0108849

世界雕塑全集　（西方部分　下册　十九世纪末至今）郑觊编著

郑州　河南美术出版社　1996 年　3 版　修订本

646 页　28cm（16 开）精装

ISBN：7-5401-0125-3　定价：CNY250.00（全套）

　　本册收录了西欧、美国现代雕塑，美国当代雕塑，苏联现代雕塑，南斯拉夫现代雕塑、东德现代雕塑、波兰现代雕塑等世界各国 19 世纪末

至今的雕塑作品。

J0108850
城市雕塑环境艺术　陈连富编著
哈尔滨 黑龙江美术出版社 1997 年 241 页
29cm（16 开）ISBN：7-5318-0378-X
定价：CNY118.00
（环境艺术设计丛书）

J0108851
城市环境雕塑　姜竹青编
杭州 浙江人民美术出版社 1997 年 48 页
26cm（16 开）ISBN：7-5340-0691-0
定价：CNY19.50

J0108852
世界城市环境雕塑　（美国卷）（日）樋口正一
郎著；李东译
北京 中国建筑工业出版社 1997 年 199 页
30cm（16 开）ISBN：7-112-03232-6
定价：CNY195.00

J0108853
世界城市环境雕塑　（欧洲卷）（日）樋口正一
郎著；魏德辉译
北京 中国建筑工业出版社 1997 年 199 页
30cm（16 开）ISBN：7-112-03231-8
定价：CNY195.00

J0108854
世界城市环境雕塑　（日本卷）（日）竹田直树
著；高履泰译
北京 中国建筑工业出版社 1997 年 192 页
30cm（16 开）ISBN：7-112-03233-4
定价：CNY190.00

J0108855
世界城市环境雕塑　（日本卷）（日）竹田直树
著；高履泰译
台北 淑馨出版社 1997 年 192 页 有照片
30cm（16 开）ISBN：957-531-578-2
定价：TWD1200.00

J0108856
世界城市环境雕塑　（欧洲卷）（日）樋口正一

郎著；魏德辉译
台北 淑馨出版社 1997 年 198 页 30cm（16 开）
ISBN：957-531-579-0 定价：TWD1200.00

J0108857
世界城市环境雕塑　（美国卷）（日）樋口正一
郎著；李东译
台北 淑馨出版社 1997 年 198 页 30cm（16 开）
ISBN：957-531-580-4 定价：TWD1200.00

J0108858
城市雕塑艺术　陈绳正著
沈阳 辽宁美术出版社 1998 年 207 页
29cm（16 开）精装 ISBN：7-5314-1814-2
定价：CNY99.00

J0108859
欧洲雕塑拾贝　（博物馆藏与画廊雕塑 摄影
集）李全民，石萍编著
哈尔滨 黑龙江科学技术出版社 1998 年 165 页
25×26cm 精装 ISBN：7-5388-3311-0
定价：CNY130.00

J0108860
欧洲雕塑拾贝　（城市环境雕塑 摄影集）李
全民，石萍编著
哈尔滨 黑龙江科学技术出版社 1998 年 150 页
25×26cm 精装 ISBN：7-5388-3226-2
定价：CNY110.00

J0108861
世界华人画家三峡刻石　《世界华人画家三
峡刻石》编委会编
武汉 湖北人民出版社 1998 年 12+262 页 37cm
精装 ISBN：7-216-02218-1 定价：CNY760.00

J0108862
西班牙雕刻　啸声编
南昌 江西美术出版社 1998 年 147 页
25×23cm 精装 ISBN：7-80580-481-8
定价：CNY118.00

J0108863
埃及雕塑　王岚，余大喜编
南昌 江西美术出版社 1999 年 125 页

25×26cm ISBN：7-80580-576-8
定价：CNY89.00，CNY108.00（精装）

J0108864
标志雕塑艺术　　许正龙著
南昌 江西美术出版社 1999年 81页
26cm(16开) ISBN：7-80580-642-X
定价：CNY45.00
　　本书介绍了标志性雕塑的概念、标志性雕塑的形成以及标志性雕塑设计的原则及作品。作者许正龙(1963—)，教授、艺术家。生于江西上饶市，毕业于清华大学美术学院。中国雕塑学会、北京美术家协会会员、中国工艺美术学会雕塑专业委员会副秘书长。代表作品《火柴》《惊蛰》《苍茫》等，出版有《装饰雕塑艺术》《雕塑构造》等。

J0108865
传世雕塑　　刘素丽等主编
乌鲁木齐 新疆青少年出版社 1999年 142页
21cm(32开) ISBN：7-5371-3513-4
定价：CNY29.60
（世界美术名家名作）
　　本书简要介绍了世界著名雕塑作品"劳塞尔的维纳斯"、"迈锡尼女人头像"、"掷铁饼者"、"命运三女神"、"法尔奈斯大力神"等。

J0108866
非洲雕塑　　缪迅，南风编著
南昌 江西美术出版社 1999年 187页
26cm(16开) 精装 ISBN：7-80580-630-6
定价：CNY138.00
（世界雕塑系列丛书）
　　本书收入非洲27个国家的500余件作品，其中有古代的陶塑、青铜和象牙雕塑，近代的木雕、石雕以及现代的玻璃钢和金属雕塑等。

J0108867
国外现代雕塑　　吕品昌编著
南昌 江西美术出版社 1999年 84页
25×24cm 精装 ISBN：7-80580-556-3
定价：CNY72.00

J0108868
黑非洲雕刻　　梁宇，张亚力编著

长春 吉林美术出版社 1999年 247页
28cm(大16开) ISBN：7-5386-0859-1
定价：CNY68.00
　　外文书名：Sculpture of Black Africa. 作者梁宇(1944—)，我国驻非洲使馆从事外交工作、任文化参赞。编著者张亚力(1950—)，编辑。吉林长春人，毕业于鲁迅美术学院附中。吉林美术出版社编辑室主任、副编审。插图作品《死神》《神秘的女人》《港台小说》等，书籍装帧作品《水浒人物》《书刊插图艺术集》，作品有《克韦尔》《巴巴》《瓜亚萨明》《苏轼二赋》等。

J0108869
金属雕塑艺术　　李秀勤编著
南昌 江西美术出版社 1999年 90页
26cm(16开) ISBN：7-80580-603-9
定价：CNY49.00

J0108870
马约尔　　（法）阿里斯蒂德·马约尔（Aristide Maillol）[作]；啸声编
南昌 江西美术出版社 1999年 75页
26cm(16开) ISBN：7-80580-553-9
定价：CNY38.00
（世界雕塑家之林）

J0108871
漫步欧洲　　（现代城市雕塑）王培波编著
济南 山东美术出版社 1999年 234页
29cm(16开) ISBN：7-5330-1350-6
定价：CNY198.00
　　本书介绍了法国、西班牙、英国、德国、意大利、瑞士、丹麦、荷兰、比利时、奥地利、土耳其、希腊等欧洲国家的城市雕塑。

J0108872
让克洛　　（法）乔治·让克洛-莫塞（Georges Jeanclos-Mosse）[作]；啸声编
南昌 江西美术出版社 1999年 75页
26cm(16开) ISBN：7-80580-555-5
定价：CNY38.00
（世界雕塑家之林）
　　编者啸声(1938—)，教授、艺术史专家。原名邢啸声，生于上海，祖籍北京。出版有《现代拉丁美洲艺术》《西方中世纪雕刻》《巴尔蒂斯》《西班牙绘画》《神曲插图集》等。

J0108873
日本环境雕塑　（图片与文本）田卫平著
哈尔滨　黑龙江美术出版社　1999 年　187 页
29cm（16 开）ISBN：7-5318-0604-5
定价：CNY75.00
　　　作者田卫平（1956—　　），画家、教授。别名
田畋，生于哈尔滨，毕业于中央工艺美术学院。
历任哈尔滨大学美术系装饰艺术教研室副教授、
主任，中国美术家协会会员。代表作品《万仞城
垣》《田卫平线描人体作品集》《现代装饰艺术》。

J0108874
维格兰德公园雕塑摄影集　应立国摄
天津　天津人民美术出版社　1999 年　42 页
29cm（16 开）ISBN：7-5305-1115-7
定价：CNY28.00
　　　作者应立国（1952-），生于北京，现居澳大
利亚悉尼市。

J0108875
意大利陵园雕塑　郭润文编著
南昌　江西美术出版社　1999 年　111 页
25cm（小 16 开）精装　ISBN：7-80580-568-7
定价：CNY108.00

摄影艺术

摄影艺术、摄影艺术理论

J0108876
半农谈影　刘半农著
［北京］［真光摄影社］1927 年　66 页
19cm（32 开）定价：大洋三角
　　本书为刘半农专门谈摄影的佳作，也是中国
第一本摄影艺术专著。刘半农的主要摄影作品
有《舞》《夕照》《垂条》《山雨欲来风满楼》等。
他创作的特色是注重意境的渲染，着眼于个性
情趣的表达。虽然拍摄的绝大多数作品是风光
静物，但表现手法却变化多样，思想格调也不相
同。刘半农对摄影有独到的见解，主张中国的摄
影作品应具有自己的民族风格。

J0108877
半农谈影　刘半农著
上海　开明书店 1928 年　再版 65 页　有照片
19cm（32 开）定价：大洋三角

J0108878
半农谈影　刘半农著
上海　开明书店 1930 年　3 版 65 页　有照片
19cm（32 开）定价：大洋三角

J0108879
半农谈影　刘半农著
上海　开明书店 1934 年　4 版 65 页　有照片
19cm（32 开）定价：大洋五角五分

J0108880
美术摄影大纲　罗伯古德沙尔著；甘乃光编译
上海　良友图书公司 1931 年　3 版 126 页　有图
20cm（32 开）定价：大洋一元五角
　　本书首先论述摄影是不是艺术、美术摄影的
意义、题材的搜集，其次介绍晚景与朝景、人事
作品、肖像、人工配光、建筑物、静物等摄影法。
书中有 10 余幅照片，是编译者增加的。

J0108881
摄影之原理与技术　徐景宗著
上海　中华书局 1950 年　16cm（26 开）
定价：CNY1.15

J0108882
论摄影艺术　（苏）爱凯尔契克（Ю.И.Екельчик）
著；傅鹤鸣译
上海　中国摄影出版社 1954 年　86 页　有图
18cm（15 开）定价：旧币 9,000 元

J0108883
论摄影艺术　（苏）Ю.也开立契克（Ю.Ексльчик）
著；傅鹤鸣译
上海　四联出版社 1955 年　新 1 版 47 页　有图
19cm（32 开）定价：CNY0.70

J0108884
摄影的取景和构图　穆一龙著
上海　中国摄影出版社 1955 年　110 页　有图
18cm（32 开）定价：CNY0.85

J0108885

摄影艺术的造型技巧　（苏）Ю. 叶凯尔契克
（Ю.Екельчик）著；亚庄译；摄影工作社编
上海　上海人民美术出版社　1955 年　有图
19cm（32 开）定价：CNY1.41
（摄影丛书）

J0108886

摄影艺术的造型技巧　（苏）叶凯尔契克，
Ю. 著；亚庄译；摄影工作社编
上海　上海人民美术出版社　1959 年　2 版　98 页
有图　19cm（32 开）统一书号：8081.0670
定价：CNY0.95
（摄影丛书）
　　本书据 1951 年苏联国立电影出版社译，附
有插图 71 帧。

J0108887

怎样在工艺品上印制照片　（苏）雅科甫列夫
［著］；吴定洪译
上海　上海文化出版社　1955 年［1 张］54cm（4 开）
定价：CNY0.27

J0108888

摄影佳作欣赏　狄源沧编著
上海　上海文化出版社　1956 年　44 页　有照片
14×18cm　统一书号：T8077.45　定价：CNY0.42

J0108889

图片剪裁　魏南昌著
上海　上海人民美术出版社　1956 年　54 页
有插图　20cm（32 开）统一书号：T8081.1731
定价：CNY0.42
（摄影知识丛书）

J0108890

俄罗斯最早的摄影艺术家　（苏）C. 莫洛佐夫
著；吴颂廉，丁耀琳译；李四昌校
上海　上海人民美术出版社　1957 年　124 页
15cm（25 开）统一书号：T8081.2039
定价：CNY0.70
（摄影知识丛书）

J0108891

摄影构图　（苏）德科（А.Дыко），（苏）格洛夫

尼亚（А.Головня）著；罗幼纶译
北京　中国电影出版社　1957 年　148 页　有图版
21cm（32 开）统一书号：8061.109　定价：CNY1.60
　　本书作者在总结苏联摄影艺术创作实践的
基础上，提出自己的摄影构图理论，并对摄影
创、摄影构图、造型表现、照明的运用方面进行
了论述。书中附有构图的实际练习和 140 多幅
摄影图片。

J0108892

摄影构图　（苏）德科（А.Дыко），（苏）格洛夫
尼亚（А.Головня）著；罗幼纶译
北京　中国电影出版社　1980 年　2 版　191 页
20cm（32 开）统一书号：8061.109　定价：CNY1.90

J0108893

摄影学理论　（第一分册）（美）凯纳斯·米斯
主编；刘海生，凌畹君译
北京　中国电影出版社　1957 年　92 页　有图
19cm（32 开）统一书号：15061.12　定价：CNY0.70
　　本书根据 1954 年修订后的美国凯纳斯·米
斯主编的原书第一部分译出。内容包括："感光
材料""卤化银颗粒的大小""凝胶的制备和性质"
等。外文书名：The Theory of the Photographic
Process.

J0108894

摄影学理论　（第二分册）（美）凯纳斯·米斯
主编；刘海生，凌畹君译
北京　中国电影出版社　1958 年　217 页　有图
19cm（32 开）统一书号：15061.28
定价：CNY1.50
　　外文书名：The theory of the photographic
process.

J0108895

摄影学理论　（第三分册）（美）凯纳斯·米斯
主编；王慧敏译
北京　中国电影出版社　1958 年　132 页　有图
20cm（32 开）统一书号：15061.33　定价：CNY0.90
　　外文书名：The Theory of the Photographic Process.

J0108896

摄影学理论　（第四分册）（美）凯纳斯·米斯
主编著；刘海生译

北京 中国电影出版社 1961 年 277 页 有图表
21cm（32 开）统一书号：15061.87
定价：CNY1.35
　　外 文 书 名：The Theory of the Photographic
Process.

J0108897

摄影学理论 （第五分册）（美）凯纳斯·米斯
主编；刘海生，王慧敏译
北京 中国电影出版社 1962 年 280 页 有图表
21cm（32 开）统一书号：15061.101 定价：CNY1.40
　　外 文 书 名：The Theory of the Photographic
Process.

J0108898

世界摄影作品欣赏 狄源沧编选
上海 上海文化出版社 1957 年 影印本 92 页
18cm（32 开）统一书号：8077.104 定价：CNY0.65
　　编选者狄源沧（1926—2003），摄影家、摄影
评论家。江苏太仓县人。字公望。毕业于北京
大学历史系。中国摄影家协会会员。主要摄影
作品有《睡莲》《白菊》《知春亭》。出版著作有《摄
影佳作欣赏》《世界摄影佳作欣赏》等。

J0108899

摄影构图入门 钟秀山编译
香港 前进书局 1958 年 59 页 有图 18cm（32 开）
定价：HKD3.00

J0108900

世界摄影作品欣赏 狄源沧选编
香港 万里书店 1958 年 87 页 有图 18cm（32 开）
定价：HKD2.20

J0108901

苏联摄影四十年
［1958 年］361 页 有照片 21cm（32 开）

J0108902

感光测定 ［法］L. 罗贝尔，［法］杜伯华著；王
慧敏译
北京 中国电影出版社 1959 年 252 页
20cm（32 开）统一书号：15061.148 定价：CNY1.10

J0108903

红外线摄影 ［苏］C.M. 索洛维也夫著；李鹏，
谷昌照译
北京 中国电影出版社 1959 年 定价：CNY0.34

J0108904

简明摄影手册 ［苏］B.B. 普斯科夫著；何泽
人，麦振夏译
上海 上海人民美术出版社 1959 年
定价：CNY1.90

J0108905

简明摄影知识 陈勃著
上海 上海人民美术出版社 1959 年 61 页
有图表 17cm（40 开）统一书号：T8081.4388
定价：CNY0.20
（实用摄影知识丛书）
　　本书论述了摄影技术基本知识、照相机和胶
卷的种类与结构及性能、光线的变化和胶卷的感
光度的关系、光圈和快门的使用、距离和光圈的
关系以及怎样进行冲洗胶卷和印放照片的基本
技术等。作者陈勃（1925—2015），摄影家。河北
阜北人。历任中国摄影学会副秘书长、《中国摄
影》杂志主编、中国图片社经理等。代表作品《雨
越大干劲越大》《金鱼》《妙不可言》等。著作有
《简明摄影知识》。

J0108906

摄影基本技术 石林著
上海 上海人民美术出版社 1959 年
定价：CNY0.18
（实用摄影知识丛书）

J0108907

摄影洗印化学 赤心编著
北京 中国电影出版社 1959 年 定价：CNY1.30

J0108908

摄影应用光学 张印泉编著
北京 中国电影出版社 1959 年 精装
定价：CNY2.30

J0108909

摄影造型基本原则 （德）郡台尔·燕斯著；张
琛译

上海　上海人民美术出版社 1959 年 113 页　有图
19cm（32 开）统一书号：T8081.4386
定价：CNY0.44

J0108910
摄影照明术　［英］霍华德·克利克斯著；王慧
敏译
北京　中国电影出版社 1959 年　定价：CNY1.00

J0108911
显影　［英］C.I. 雅可伯逊著；张慰祖译
上海　上海人民美术出版社 1959 年
定价：CNY1.40

J0108912
相纸的类型与性能　虞孝宽著
上海　上海人民美术出版社 1959 年
定价：CNY0.24
（实用摄影知识丛书）

J0108913
怎样布置小暗房　杨子颐著
上海　上海人民美术出版社 1959 年
定价：CNY0.20
（实用摄影知识丛书）

J0108914
照相机的结构与性能　上海人民美术出版社编
上海　上海人民美术出版社 1959 年
定价：CNY0.20
（实用摄影知识丛书）

J0108915
自制电子闪光器　［德］海恩兹·格士林，［德］
罗道夫·章柏著；李量为译
上海　上海人民美术出版社 1959 年　56 页
20cm（大 32 开）统一书号：T8081.4385
定价：CNY0.36

J0108916
简明摄影知识　陈勃著
广州　艺术画报社 1961 年 61 页　有图
17cm（40 开）定价：CNY0.20
（实用摄影知识丛书）
　　本书论述了摄影技术基本知识、照相机和

胶卷的种类与结构及性能、光线的变化和胶卷的
感光度的关系、光圈和快门的使用以及怎样进行
冲洗胶卷和印放照片的基本技术等。作者陈勃
（1925—2015），摄影家。河北阜北人。历任中国
摄影学会副秘书长、《中国摄影》杂志主编、中国
图片社经理等。代表作品《雨越大干劲越大》《金
鱼》《妙不可言》等。著作有《简明摄影知识》。

J0108917
摄影创作初步　郑景康著
上海　上海人民美术出版社 1961 年 100 页
有图表 19cm（32 开）统一书号：8081.4747
定价：CNY0.40
　　作者郑景康（1904—1978），摄影大师、新闻
摄影记者。广东中山人。毕业于上海美术专科
学校。摄影作品有《陕北与江南》《挥手之间》《南
泥湾之秋》《开荒》，著有《景康摄影集》《摄影
讲座》。

J0108918
摄影构图原理　（英）李却特 N·海尔著；谢汉
俊译
上海　上海人民美术出版社 1962 年 80 页
有图 21cm（32 开）统一书号：T8081.3389
定价：CNY0.55

J0108919
摄影艺术论文选集　（第一集）中国摄影学会
理论研究部编
上海　上海人民美术出版社 1962 年 233 页
有照片 20cm（32 开）统一书号：8081.5194
定价：CNY2.60（精装），CNY1.60

J0108920
国际摄影译文丛刊　（4）中国摄影学会理论
研究部编
1963 年 86 页　有图 19cm（32 开）

J0108921
摄影配方常识　（增订本）虞孝宽著
上海　上海人民美术出版社 1966 年 140 页
18cm（42 开）定价：CNY0.36
（实用摄影知识丛书）

J0108922
努力塑造工农兵英雄形象 （业余美术、摄影
学习资料）昆明市毛泽东思想宣传站编
昆明［昆明市毛泽东思想宣传站］1971 年
48 页 有照片 19cm（32 开）

J0108923
赞革命的摄影和美术 黑龙江新闻图片社编
哈尔滨 黑龙江人民出版社 1971 年 44 页
有照片 20cm（32 开）统一书号：8093.091
定价：CNY0.47

J0108924
简明摄影知识 陈勃著
上海 上海人民出版社 1972 年 79 页 有图
18cm（15 开）统一书号：8.3.483 定价：CNY0.18
（实用摄影知识丛书）

J0108925
照片着色技术 吴壬麟著
上海 上海人民出版社 1972 年 52 页
19cm（小 32 开）统一书号：8.3.549
定价：CNY0.20
（实用摄影知识丛书）

J0108926
艺术摄影欣赏 潘日波编
台北 华联出版社 1975 年 127 页 有图
21cm（32 开）精装 定价：TWD60.00

J0108927
简明摄影知识 龙吼编
西安 陕西人民出版社 1976 年 120 页
13cm（60 开）统一书号：8094.352 定价：CNY0.27

J0108928
简明摄影知识 赣夫编
西安 陕西人民出版社 1976 年 104 页 有照片
13cm（60 开）统一书号：8094.352
定价：CNY0.27，CNY0.65（精装）

J0108929
摄影综论 姚都生译
台北 徐氏基金会 1976 年 193 页 有照片
20cm（32 开）定价：旧台币 2.40

（科学图书大库）

J0108930
简明摄影知识 陈勃著
上海 上海人民美术出版社 1978 年 重印本
79 页 19cm（32 开）统一书号：8081.4388
定价：CNY0.20
（实用摄影知识丛书）
　　本书论述了摄影技术基本知识、照相机和胶
卷的种类与结构及性能、光线的变化和胶卷的感
光度的关系、光圈和快门的使用、距离和光圈的
关系以及怎样进行冲洗胶卷和印放照片的基本
技术等。

J0108931
简明摄影知识 陈勃著
上海 上海人民美术出版社 1984 年 2 版
重印本 79 页 有图 18cm（15 开）
统一书号：8081.4388 定价：CNY0.18
（实用摄影知识丛书）

J0108932
摄影丛刊 （第 1 辑）上海人民美术出版社编辑
上海 上海人民美术出版社 1979 年 110 页
19cm（32 开）定价：CNY0.78

J0108933
摄影丛刊 （第 2 辑）上海人民美术出版社编辑
上海 上海人民美术出版社 1980 年 118 页
19cm（32 开）定价：CNY0.78

J0108934
摄影丛刊 （第 3 辑）上海人民美术出版社编辑
上海 上海人民美术出版社 1980 年 94 页
19cm（32 开）定价：CNY0.78

J0108935
摄影丛刊 （第 4 辑）上海人民美术出版社编辑
上海 上海人民美术出版社 1980 年 94 页
有彩图 19cm（32 开）定价：CNY0.78

J0108936
摄影丛刊 （第 5 辑）上海人民美术出版社编辑
上海 上海人民美术出版社 1980 年 94 页
19cm（32 开）定价：CNY0.78

J0108937
摄影丛刊 （第 6 辑）上海人民美术出版社编辑
上海　上海人民美术出版社　1981 年　94 页
19cm（32 开）定价：CNY0.78

J0108938
摄影丛刊 （第 7 辑）上海人民美术出版社编辑
上海　上海人民美术出版社　1981 年　94 页
有照片　19cm（32 开）定价：CNY0.78

J0108939
摄影丛刊 （第 8 辑）上海人民美术出版社编辑
上海　上海人民美术出版社　1982 年　94 页
有彩图　19cm（32 开）统一书号：8081.12662
定价：CNY0.78

J0108940
摄影丛刊 （第 9 辑）上海人民美术出版社编辑
上海　上海人民美术出版社　1982 年　94 页
有彩图　19cm（32 开）统一书号：8081.12794
定价：CNY0.78

J0108941
摄影丛刊 （第 10 辑）上海人民美术出版社编辑
上海　上海人民美术出版社　1982 年　94 页
有彩图　19cm（32 开）统一书号：8081.12964
定价：CNY0.78

J0108942
摄影丛刊 （第 11 辑）上海人民美术出版社编辑
上海　上海人民美术出版社　1983 年　94 页
19cm（32 开）统一书号：8081.13142
定价：CNY0.78

J0108943
摄影丛刊 （第 12 辑）上海人民美术出版社编辑
上海　上海人民美术出版社　1983 年　94 页
19cm（32 开）统一书号：8081.13318
定价：CNY0.78

J0108944
摄影丛刊 （第 13 辑）上海人民美术出版社编辑
上海　上海人民美术出版社　1983 年　94 页
19cm（32 开）统一书号：8081.13509
定价：CNY0.78

J0108945
摄影丛刊 （第 14 辑）上海人民美术出版社编辑
上海　上海人民美术出版社　1986 年　94 页
有彩图　19cm（32 开）统一书号：8081.14128
定价：CNY0.95

J0108946
摄影丛刊 （第 15 辑）上海人民美术出版社编辑
上海　上海人民美术出版社　1988 年　94 页
有彩照　19cm（32 开）ISBN：7-5322-0178-3
定价：CNY1.60

J0108947
摄影理论年会论文稿 （1980 年）中国摄影
家协会编
北京　中国摄影家协会　1980 年　316 页
26cm（16 开）

J0108948
摄影理论年会论文稿 （1981 年）中国摄影
家协会编
北京　中国摄影家协会　1981 年　284 页
26cm（16 开）

J0108949
摄影理论年会论文集 （1982—1983 年）中
国摄影家协会编
北京　中国摄影家协会［1984 年］226 页
26cm（16 开）

J0108950
摄影构图与表现方法　韦彰，徐国兴编
北京　中国摄影出版社　1981 年　91 页　19cm（32 开）
统一书号：8226.3　定价：CNY0.58
　　编者韦彰，教授。广西南宁人，北京电影学
院教授、硕士研究生导师，中国老摄影家协会理
事。编有《摄影技术与技法》《摄影构图与表现
方法》。

J0108951
摄影技术与技法　韦彰，徐国兴编
北京　中国摄影出版社　1981 年　111 页
20cm（32 开）统一书号：8226.1　定价：CNY0.56

J0108952

摄影美学　刘靖华著

台北 五洲出版社 1981 年 318 页 有图
19cm（32 开）定价：TWD130.00

J0108953

世界摄影史　曾恩波编著

艺术图书公司［1981 年］288 页 有照片
20cm（32 开）统一书号：8226.9 定价：CNY2.50

J0108954

中国摄影史料　（第一辑）中国摄影家协会创
作理论研究部编

北京 中国摄影家协会创作理论研究部 1981 年
32 页 有照片 26cm（16 开）

J0108955

中国摄影史料　（第二辑）中国摄影家协会创
作理论研究部编

北京 中国摄影家协会创作理论研究部 1981 年
32 页 有照片 26cm（16 开）

J0108956

中国摄影史料　（第三辑）中国摄影家协会创
作理论研究部编

北京 中国摄影家协会创作理论研究部 1982 年
40 页 26cm（16 开）

J0108957

中国摄影史料　（第四辑）中国摄影家协会创
作理论研究部编

北京 中国摄影家协会创作理论研究部 1982 年
32 页 有照片 26cm（16 开）

J0108958

中国摄影史料　（第五、六辑）中国摄影家协
会创作理论研究部编

北京 中国摄影家协会创作理论研究部 1983 年
76 页 有照片 26cm（16 开）

J0108959

光与影　（第 1 辑）江苏人民出版社编辑

南京 江苏人民出版社 1982 年 40 页 26cm（16 开）
定价：CNY0.65
（摄影艺术丛刊）

J0108960

光与影　（第 2 辑）江苏人民出版社编辑

南京 江苏人民出版社 1982 年 40 页 26cm（16 开）
定价：CNY0.65
（摄影艺术丛刊）

J0108961

光与影　（第 3 辑）江苏人民出版社编辑

南京 江苏人民出版社 1982 年 40 页 26cm（16 开）
定价：CNY0.65
（摄影艺术丛刊）

J0108962

光与影　（第 4 辑）江苏人民出版社编辑

南京 江苏人民出版社 1982 年 40 页 26cm（16 开）
定价：CNY0.65
（摄影艺术丛刊）

J0108963

光与影　（第 5 辑）江苏人民出版社编辑

南京 江苏人民出版社 1983 年 40 页 26cm（16 开）
定价：CNY0.65
（摄影艺术丛刊）

J0108964

光与影　（第 6 辑）江苏人民出版社编辑

南京 江苏人民出版社 1983 年 40 页 26cm（16 开）
定价：CNY0.65
（摄影艺术丛刊）

J0108965

光与影　（第 7 辑）江苏人民出版社编辑

南京 江苏人民出版社 1983 年 40 页 26cm（16 开）
定价：CNY0.65
（摄影艺术丛刊）

J0108966

摄影理论和实践　石少华著

北京 新华出版社 1982 年 357 页 21cm（32 开）
统一书号：7203.024 定价：CNY1.35

　　本书收录了作者 1944—1966 年间发表的文
章 28 篇，内容有关于摄影艺术与创作，中国摄
影史 3 个方面的理论和实践经验。书后附作者
摄影作品 29 幅。作者石少华（1918—1998），摄
影艺术家。原籍广东番禺，出生于香港。毕业于

陕北公学、抗日军政大学。历任新华社副社长、新华出版社社长、中国老年摄影协会会长等职。代表作品《毛主席和小八路》《埋地雷》《白洋淀上的雁翎队》等。

J0108967
人像照片整修 熊正寅编著
上海 上海人民美术出版社 1983 年 60 页
19cm（小 32 开）定价：CNY0.28
（实用摄影知识丛书）
　　本书简明地介绍了修正人像放大照片的工具和材料，整修照片操作的基本方法和技术、技巧。同时还扼要地分析了室内人像摄影各类灯光效果，人体的面部、骨骼、肌肉，以及人的表情同整修的关系。

J0108968
摄影创作的艺术表现 柳成行著
北京 长城出版社 1983 年 226 页 19cm（32 开）
统一书号：8269.29 定价：CNY0.75
　　本书对摄影艺术的民族形式、风格、流派、抓与摆的关系、摄影构图、专题摄影、画论与摄影等问题，从理论与实践上作了较详细的论述。

J0108969
摄影创作实践 徐国兴编
北京 中国摄影出版社 1983 年 163 页
19cm（32 开）统一书号：8226.15 定价：CNY0.76
　　本书共收 8 篇文章，其中有《新闻摄影》《抓拍十法》《农村摄影》《人像摄影创作基本规律》《舞台艺术摄影》等。

J0108970
摄影构图 （美）克莱门茨（Clements, B.），（美）罗森菲尔德（Resenfeld, D.）著；涂绍基译
台北 众文图书公司 1983 年 208 页 有图
29cm（16 开）精装 定价：TWD500.00
（众文摄影经典丛书 5）

J0108971
摄影构图学 （美）克莱门茨（B.Clements），（美）罗森菲尔德（D.Rosenfeld）著；姜雯等译
北京 长城出版社 1983 年 259 页 19cm（32 开）
统一书号：8269.32 定价：CNY1.00
　　本书较系统地论述了摄影构图的原理和实

践，探讨了摄影与美学、心理学等方面的联系和多种训练方法。书中有 500 多幅照片和插图。

J0108972
摄影构图一百廿例 吴印咸著
北京 新华出版社 1983 年 242 页 21cm（32 开）
统一书号：7203.030 定价：CNY1.60
　　本书是作者所编《摄影构图》一书的补充，书中选辑了 120 幅摄影作品，加以简要说明，并绘制图解，帮助读者更易理解摄影构图。作者吴印咸（1900—1994），摄影艺术家、导演。原名吴荫诚，祖籍安徽歙县，生于江苏沭阳。曾在上海美术专科学校学习。历任东北电影制片厂厂长，北京电影学院副院长兼摄影系主任，文化部电影局顾问，中国摄影家协会副主席，中国电影摄影师学会副理事长，全国文学艺术联合会委员等。代表作品《生死同心》《风云儿女》《坚苦的奋斗》。

J0108973
摄影构图原理 （美）安德烈亚斯·法宁格（A.Feininger）著；张益福译
沈阳 辽宁美术出版社 1983 年 127 页
19cm（32 开）统一书号：8161.0288 定价：CNY0.75
　　本书据美国摄影书籍出版公司 1973 年版译出。全书共六章：技术、艺术——给人深刻印象的照片；构图的目的；构图的性质；构图的原理；构图的因素；构图的形式。译者张益福（1934—　　），摄影教育家。山东潍坊市人。毕业于北京电影学院摄影系，历任北京电影学院摄影系教授、摄影学院副院长兼教务主任，《人像摄影》杂志编委。主要著作有《摄影技巧研究》《人像摄影》《摄影色彩构成》等。

J0108974
发现·捕抓·创造 （摄影欣赏札记 山东省第一期高级摄影培训班教材）韩子善［编］
［济南］1984 年 170 页 20cm（32 开）
　　本书为山东省第一期高级摄影培训班教材。

J0108975
画家谈摄影
北京 中国摄影出版社 1984 年 119+12 页 有图
19cm（32 开）统一书号：8226.22 定价：CNY0.80
　　本书作者以自己的切身感受，论述绘画与

摄影的形象思维的异同之处、彩色与黑白影调的区别及其艺术价值、人像摄影的表现个性和表现手法、形式与内容的统一，以及体现民族特点等问题。

J0108976

简明摄影辞典　胡钟才，李文方编著
哈尔滨　黑龙江人民出版社　1984年　407页
19cm（32开）精装　统一书号：8093.939
定价：CNY3.15

本辞典收入摄影词语2100余条，内容涉及摄影应用光学、基础光学、光电学、激光理论、摄影感光学、光化学、染料理论、高分子理论、光度学、照相机及照相机制造、胶片及摄影材料生产工艺、摄彩分类、摄影理论、摄影美学、摄彩技法、暗房工艺、暗房特技、摄影艺术、摄影史、摄彩家、摄影发明家、相机设计家等方面，是摄影科学技术、摄影艺术、摄影理论的综合性工具书。收入的辞条，以摄彩术为主，对电影摄影、电视摄像、特种照相等方面的名词术语仅收录常见的、重要的词目。一些词条附有插图。

J0108977

摄影构图　吴印咸著
哈尔滨　黑龙江人民出版社　1984年　136页
21cm（32开）统一书号：8093.971　定价：CNY2.30

本书作者结合拍摄的205幅照片，论述了摄影画面构图的基本知识，包括如何选择拍摄位置，主体、陪体及环境背景的处理，构图中的空间处理与画面格式处理，影调、线条、光线与构图的关系等。其中附有彩色照片48幅。作者吴印咸（1900—1994），摄影艺术家、导演。原名吴荫诚，祖籍安徽歙县，生于江苏沭阳。曾在上海美术专科学校学习。历任东北电影制片厂厂长，北京电影学院副院长兼摄影系主任，文化部电影局顾问，中国摄影家协会副主席，中国电影摄影师学会副理事长，全国文学艺术联合会委员等。代表作品《生死同心》《风云儿女》《坚苦的奋斗》。

J0108978

摄影美的探索　葛新德著
太原　山西人民出版社　1984年　162页　有照片
21cm（32开）统一书号：8088.1659　定价：CNY1.70

本书分3个部分，收录了作者近几年写的关于摄影创作、摄影美学的随笔、杂谈、评论30篇、

J0108979

什么是沙龙摄影　麦烽，伍小仪编辑
香港　摄影画报公司　1984年　104页　有照片
21cm（32开）定价：HKD20.00
（摄影艺术丛刊）

J0108980

怎样欣赏艺术摄影　陈绍文著
香港　摄影画报公司　1984年　112页　有图
20cm（32开）ISBN：962-7006-25-4
定价：HKD28.00
（摄影艺术丛刊）

J0108981

怎样用好照相机　毛继良编文摄影；范建平，薛兵绘图
南京　江苏科学技术出版社　1984年　90页
17cm（40开）定价：CNY0.56
（为你服务小画丛）

J0108982

中国摄影史话　伍素心编著
沈阳　辽宁美术出版社　1984年　370页　有照片
19cm（32开）统一书号：8161.0504　定价：CNY2.63

本书分为上下编共5部分，上编内容为我国古代对光学的探索实践和理论；下编内容为现代摄影技术传入中国后，清政府如何利用摄影新闻照片进行政治宣传，以及第一次国内革命战争至解放战争时期的新闻摄影活动。书中附有照片插图120多幅。

J0108983

抓与摆的辩证　周大奎［编］
［济南］1984年　13页　20cm（32开）

本书为山东省第一期高级摄影培训班教材。

J0108984

当代摄影大师　（二十位人性的见证者）阮义忠作
台北　雄狮图书公司　1985年　253页　26cm（16开）
定价：TWD280.00
　　外　文　书　名：20 Great Photographers as

Eyewitnesses of the Humanity. 作 者 阮 义 忠（1950—　），台湾著名摄影家。生于台湾宜兰县。美国《当代摄影家》一书的华人摄影家之一。代表作《当代摄影大师》《当代摄影新锐》。

J0108985
拍出精采照片　海纪柯（Hedgecoe, J.）著；高寒梅编译
台北　艺术图书公司　1985 年　111 页　有图
20cm（32 开）定价：TWD160.00
（现代摄影丛书 3）
　　外 文 书 名：John Hedgecoe's Taking Great Photographs.

J0108986
摄影构图　　曼德（Mante, H.）著；黄崇钟译
台北　时报文化出版公司　1985 年　107 页　有图
21cm（32 开）

J0108987
摄影构图技术　　寓农编著
香港　万里书店　1985 年　146 页　18cm（32 开）

J0108988
摄影配色　　曼德（Mante, H.）著；梁景峰译
台北　时报文化出版公司　1985 年　107 页　有图
21cm（32 开）定价：TWD240.00

J0108989
摄影之友　（1985 年第 1 期　总第 1 期）《摄影之友》编辑部编
广州　中国摄影家协会广东分会　1985 年
［41 页］26cm（16 开）ISSN：1004–0153
定价：CNY3.80
　　本刊栏目有：《理论探讨》《摄影生涯》《摄影作品》《摄影技术、技巧》《作品赏析》等。

J0108990
摄影之友　（1985 年第 2 期　总第 2 期）《摄影之友》编辑部编
广州　中国摄影家协会广东分会　1985 年
［40 页］26cm（16 开）ISSN：1004–0153
定价：CNY3.80

J0108991
摄影之友　（1985 年第 3 期　总第 3 期）《摄影之友》编辑部编
广州　中国摄影家协会广东分会　1985 年
［40 页］26cm（16 开）ISSN：1004–0153
定价：CNY3.80

J0108992
摄影之友　（1985 年第 4 期　总第 4 期）《摄影之友》编辑部编
广州　中国摄影家协会广东分会　1985 年
［40 页］26cm（16 开）

J0108993
图解摄影构图技术　　寓农编著
香港　万里书店　1985 年　146 页　有图　18cm（32 开）
定价：HKD18.00

J0108994
中国摄影史　（抗日根据地和解放区部分）
1985 年　油印本　195 页　27cm（16 开）

J0108995
中外摄影参考　（1）《中外摄影参考》编辑部编
济南　山东大学出版社　1985 年　100 页　有照片
26cm（16 开）统一书号：8338.1　定价：CNY1.00
　　本刊系不定期的摄影文摘丛刊。主要选载选译中外各种书籍、报刊中摄影方面有参考价值的文章，报道世界摄影动态，汇集各种摄影信息，刊登摄影佳作。

J0108996
中外摄影参考　（2）《中外摄影参考》编辑部编
济南　山东大学出版社　1985 年　100 页　有照片
26cm（16 开）统一书号：8338.2　定价：CNY1.00

J0108997
摄影家的眼睛　　胡武功著
西安　陕西人民美术出版社　1986 年　352 页
19cm（32 开）统一书号：8199.1175　定价：CNY1.95
　　本书汇集了有关摄影基础理论、欣赏与批评以及随笔、杂谈等 47 篇。作者胡武功（1949—　），摄影记者。生于陕西西安。现任陕西省摄影家协会主席。出版文集《摄影家的眼睛》《中国影像革命》，摄影画册《胡武功摄影作品集》

《四方城》《西安记忆》《藏着的关中》等。

J0108998

摄影美的演替　丁遵新著

沈阳　辽宁美术出版社　1986 年　175 页　有照片
19cm（32 开）统一书号：8161.0844 定价：CNY1.30

　　作者丁遵新（1933—　　），摄影记者。出生于
湖北兴山。历任《湖北画报》《湖北日报》《湖北
卫生》杂志摄影记者，中国摄影家协会理论委员
会委员，中国摄影家协会湖北分会副主席。著有
《摄影美的演替》等。

J0108999

摄影美学初探　《摄影美学初探》编委会编

西安　陕西人民美术出版社　1986 年　442 页
20cm（32 开）统一书号：8199.1176 定价：CNY2.90

J0109000

摄影艺术论文集　（选自全国第三届摄影理论
年会）朱家实主编

北京　中国摄影出版社　1986 年　262 页
10cm（64 开）统一书号：8226.47 定价：CNY3.00

J0109001

摄影与观察艺术　（加）帕特森（Petterson，F.）
著；姜雯，李淳译

北京　长城出版社　1986 年　146 页　18cm（32 开）
统一书号：8269.59 定价：CNY5.80

　　本书作者在书中深入探索了摄影创作方法
和技巧，内容分为"学会观察"、"学会想象"、"学
会表现"三个部分。外文书名：Photography and
the Art of Seeing. 作者帕特森，加拿大著名摄影理
论家。

J0109002

世界摄影史话　（英）兰福德（Langford，M.）著；
谢汉俊译

北京　中国摄影出版社　1986 年　186 页
20cm（32 开）统一书号：8226.29 定价：CNY1.35

　　外文书名：The Story of Photography.

J0109003

外国摄影十大名家　狄源沧编著

长沙　湖南美术出版社　1986 年　196 页
21cm（32 开）定价：CNY2.40

J0109004

外国摄影十大名家　狄源沧编著

长沙　湖南美术出版社　1987 年　2 版　196 页
21cm（32 开）定价：CNY2.40

J0109005

中国摄影发展历程　吴群著

北京　新华出版社　1986 年　520 页　有图
19cm（32 开）统一书号：7203.120 定价：CNY2.80

　　作者吴群，中国国际文化传播中心艺术培
训学校副校长，中国音乐家协会表演艺术委员会
手风琴学会理事，北京音乐家协会手风琴学会副
会长。

J0109006

A·亚当斯论摄影　（美）亚当斯（Adams，A.）
著；谢汉俊译

北京　中国摄影出版社　1987 年　88+273 页
有照片　20cm（32 开）统一书号：8226.42
定价：CNY6.10

　　全书分"想象与影象"、"影象控制"、"光孔
与光门"、"光线与胶片"、"曝光与测光"、"分区
曝光法"、"滤镜与预感"、"自然光摄影"、"人造
光摄影"、"暗室冲洗液"、"暗室装备与冲洗方
法"、"冲洗中的影调控制"12 章。插图 300 余幅。
作者亚当斯（1902—1984），美国艺术摄影家，摄
影教育家。

J0109007

A·亚当斯论摄影　（美）亚当斯（Adams，Ansel）
著；谢汉俊编译

北京　中国摄影出版社　1991 年　273 页　有照片
20cm（32 开）ISBN：7-80007-074-8
定价：CNY7.40

J0109008

A·亚当斯论摄影　谢汉俊编著

北京　中国摄影出版社　1999 年　335 页　有照片
20cm（32 开）ISBN：7-80007-298-3
定价：CNY24.00

J0109009

当代摄影新锐 17 位影象新生代　阮义忠著

台北　雄狮图书公司　1987 年　221 页　有照片
26cm（16 开）定价：TWD280.00

外文书名：17 Newborn Stars of Contemporary Photography. 作者阮义忠（1950—　　），台湾著名摄影家。生于台湾宜兰县。美国《当代摄影家》一书的华人摄影家之一。代表作《当代摄影大师》《当代摄影新锐》。

J0109010
构图　常山编著
杭州　浙江摄影出版社　1987 年　59 页　有照片
19cm（32 开）ISBN：7-80536-019-7
定价：CNY3.90
　　本书通过对 35 幅优秀彩色照片的赏析，从拍摄角度的效果、反差与对比、色块的组合、透视与变形、画面中的错视、影调的作用、布光造型等多方面对摄影构图进行系统的介绍。

J0109011
摄影构画基础　李兴国著
北京　北京广播学院出版社　1987 年　227 页
有彩图　19cm（32 开）定价：CNY2.70
（电视节目制作丛书）
　　作者李兴国（1954—　　），满族，教授。生于河北丰宁县，毕业北京广播学院。中国传媒大学影视艺术学院院长，中国电视艺术协会第六届顾问。著有《摄影构图基础》等。

J0109012
摄影构画基础　李兴国著
北京　北京广播学院出版社　1995 年　重印本
227 页　有彩图　19cm（32 开）
ISBN：7-81004-020-0　定价：CNY6.00
（电视节目制作丛书）

J0109013
摄影构图纵横谈　刘锡朋，夏放著
天津　天津人民美术出版社　1987 年　115 页
有照片　19cm（32 开）ISBN：7-5305-0074-0
定价：CNY3.30
　　作者夏放（1940—　　），研究员。天津人。毕业于北京大学图书馆学系专修科。历任天津市艺术研究所研究员，中国民俗摄影协会副会长，中国人像摄影学会理事，天津艺术摄影学会副会长等。作者刘锡朋（1934—　　），别名慕容芹，天津人，毕业于中央美术学院版画系，留校任教。曾任天津市群众艺术馆副馆长，天津市文化局文

化电影处处长。作品《少女与蛇郎》《大沽口》《海港》《不见黄河心不死》等，编著有《摄影构图纵横谈》《中国历代器皿图集》等。

J0109014
摄影家创作经验谈　龙西祖等主编
长沙　湖南美术出版社　1987 年　354 页　有照片
19cm（32 开）统一书号：8233.1100
ISBN：7-5356-0012-3　定价：CNY3.40
（摄影家谈创作丛书）

J0109015
摄影鉴赏　叶导编著
上海　上海人民美术出版社　1987 年　94 页
有插图　19cm（32 开）ISBN：7-5322-0022-1
定价：CNY0.76
（摄影自学丛书）

J0109016
摄影美学漫笔　朱羽君著
北京　长城出版社　1987 年　266 页　19cm（32 开）
统一书号：8269.139　ISBN：7-80017-015-2
定价：CNY1.70

J0109017
摄影审美心理学　王振民著
济南　山东文艺出版社　1987 年　279 页　有图版
20cm（32 开）ISBN：7-5329-0049-5
定价：CNY2.70
（文化哲学丛书）
　　本书作者论述了摄影家艺术观察的知觉定势、记忆的心理机制、现象在艺术构思中的表现和特点、摄影艺术审美意象生成的心理契机和艺术造型的物化要素、摄影审美心理活动规律和特性等理论。书末附有 123 幅插图。作者王振民（1937—　　），教授。中国人民大学中文系教授、文艺理论教研室主任，中国摄影家协会、中国文艺理论学会会员。

J0109018
摄影艺术赏析　龙憙祖著
成都　四川美术出版社　1987 年　326 页　有图
20cm（32 开）ISBN：7-5410-0006-X
定价：CNY2.50

J0109019

摄影艺术与美学　司有仑主编

沈阳 辽宁美术出版社 1987 年 143 页 有附图
19cm（32 开）ISBN：7-5314-0008-1
定价：CNY1.65

J0109020

摄影与观察艺术　（加）帕特森（Patterson，F.）
著；钟肇恒译

杭州 浙江摄影出版社 1987 年 126 页 有照片
19cm（32 开）ISBN：7-80536-018-9
定价：CNY3.90
（摄影艺术译丛）

　　作者帕特森，加拿大著名摄影理论家。

J0109021

摄影原理与表现技巧　龙吼，薛京一编著

西安 陕西人民美术出版社 1987 年 408 页
有照片 19cm（32 开）统一书号：10199.57
定价：CNY3.90

　　本书分为 16 章，内容包括：摄影光学、色彩
的关系与原理、摄影的方法与技巧、室内的洗印
操作等。

J0109022

现代摄影　郑国裕编著

台北 艺风堂出版社 1987 年 2 版 216 页 有图
26cm（16 开）精装 定价：TWD400.00
（现代美工丛书 10）

J0109023

现代摄影观念探求　夏放，刘锡朋编

天津 天津杨柳青画社 1987 年 227 页
20cm（32 开）ISBN：7-80503-013-8
定价：CNY1.35

　　本书从不同角度，围绕摄影理论和创作中
体现的现代意识，进行深入的研究和探求。共
收集有 20 篇文章。编者夏放（1940—　），研究
员。天津人。毕业于北京大学图书馆学系专修科。
历任天津市艺术研究所研究员，中国民俗摄影协
会副会长，中国人像摄影学会理事，天津艺术摄
影学会副会长等。编者刘锡朋（1934—　），别名
慕容芹，天津人，毕业于中央美术学院版画系，
留校任教。曾任天津市群众艺术馆副馆长，天津
市文化局文化电影处处长。作品《少女与蛇郎》

《大沽口》《海港》《不见黄河心不死》等，编著有
《摄影构图纵横谈》《中国历代器皿图集》等。

J0109024

亚当斯：40 幅作品的诞生　（美）亚当斯著；
魏学礼译

杭州 浙江摄影出版社 1987 年 158 页 有肖像
19cm（32 开）ISBN：7-80536-015-4
定价：CNY3.20
（摄影艺术译丛）

　　本书内容包括世界著名摄影大师亚当斯创
作生平的回忆，以及创作的艺术构思、造型手段
和技术措施。书中选出的 40 幅作品是从 3 万张
作品中精选出来的代表作。作者亚当斯（1902—
1984），美国艺术摄影家，摄影教育家。

J0109025

中国摄影史　（1840—1937）胡志川，马运增
主编

北京 中国摄影出版社 1987 年 342+48 页
有照片 20cm（32 开）统一书号：8226.41
定价：CNY6.80

　　本书分 2 编："鸦片战争至五四运动时期
（1980—1919）"；"五四运动至'七七'事变时期
（1919—1937）"。书中有插图 229 幅。

J0109026

自然物摄影　（加）帕特森（Patterson，F.）著；
姜雯，李孝贤译

杭州 浙江摄影出版社 1987 年 100 页
19cm（32 开）统一书号：8364.149
ISBN：7-80536-017-0 定价：CNY4.60
（摄影艺术译丛）

　　外文书名：Photography of Natural Things. 作
者帕特森，加拿大著名摄影理论家。译者李孝
贤（1923—　），摄影艺术家。生于上海，中国摄
影家协会《国际摄影》杂志编委，中国翻译工作
者协会会员，中国摄影家协会会员。合译《弱光
摄影》。

J0109027

陈复礼摄影作品评价　陈复礼摄；陈绍文撰述
香港 摄影画报公司 1988 年 159 页 有照片
21cm（32 开）ISBN：962-7006-40-8
定价：HKD50.00

J0109028
当代摄影大师 （20 位人性见证者）阮义忠著
北京 中国摄影出版社 1988 年 284 页
20cm（32 开）ISBN：7–80007–013–1
定价：CNY6.90
（摄影家参考丛书）

　　本书介绍了 20 位 20 世纪杰出摄彩家的生
平经历、主要作品及影像风格。20 位摄影家包
括：奥古斯特·桑德、保罗·史川德、亚历山大·罗
钦可、迦克·昂利·拉帝格、安德烈·柯特兹等。
作者阮义忠（1950—　　），台湾著名摄影家。生于
台湾宜兰县。美国《当代摄影家》一书的华人摄
影家之一。代表作《当代摄影大师》《当代摄影
新锐》。

J0109029
摄影百科辞典　　颜志刚编著
长沙 湖南大学出版社 1988 年 359 页
19cm（32 开）ISBN：7–314–00246–0
定价：CNY4.50

　　外　文　书　名：Concise Encyclopedia of
Photography. 编著者颜志刚（1948—　　），教授。
历任复旦大学新闻学院摄影专业主任、教授，上
海新闻摄影学会学术委员会主任，中国新闻摄影
学会学术委员。出版《摄影技艺教程》《数码摄
影教程》《摄影百科辞典》等。

J0109030
摄影的平面设计　　王珠珍，杨克林著
杭州 浙江摄影出版社 1988 年 139 页 有照片
19cm（32 开）ISBN：7–80536–031–6
定价：CNY2.85

　　本书通过大量图例，阐述了形的发现与设
计、形的平面构成、平面的分割、肌理及肌理的
组合等四个方面的摄影原理，介绍了照片拍摄过
程中进行平面设计的艺术手法和成功经验。

J0109031
摄影家参考丛书　　陈申主编
北京 中国摄影出版社 1988 年 7 册 20cm（32 开）

　　本丛书包括：《当代摄影大师：20 位人性见
证者》《谈美国摄影》《摄影名作的诞生》《摄影
构图的最佳选择》《摄影的特性与美学》《当代摄
影新锐》《瞬间——普利策摄影奖获奖作品》。

J0109032
摄影美欣赏　　韩子善编著
昆明 云南人民出版社 1988 年 163 页 有照片
19cm（32 开）ISBN：7–222–00252–9
定价：CNY2.05

J0109033
摄影美学特征　　郑铁林编著
兰州 甘肃科学技术出版社 1988 年 201 页
20cm（32 开）ISBN：7–5424–0121–1
定价：CNY2.55

J0109034
摄影艺术欣赏　　朱羽君，刘书亮编著
上海 上海教育出版社 1988 年 225 页
19cm（32 开）ISBN：7–5320–0655–7
定价：CNY2.05
（中学生文库）

J0109035
摄影与视觉心理　　（加）帕特森著；何岑成译
北京 中国摄影出版社 1988 年 80 页 有彩照
19cm（32 开）ISBN：7–80007–015–8
定价：CNY2.60
（国际摄影译丛）

J0109036
摄影指南 1220 条　　陈晓钟，陈晓东译
沈阳 辽宁美术出版社 1988 年 202 页 有图
19cm（32 开）ISBN：7–5314–0010–3
定价：CNY2.50

J0109037
实 用 摄 影　　（苏）塔 米 茨 基（Тамицкий,
Э.Д.），（苏）戈尔巴托夫（Горбатов, В.А.）著；
张汉玺译
北京 文化艺术出版社 1988 年 374 页
19cm（32 开）ISBN：7–5039–0259–0
定价：CNY3.50

J0109038
现代摄影艺术　　夏放著
重庆 重庆出版社 1988 年 163 页 19cm（32 开）
ISBN：7–5366–0578–1 定价：CNY3.95
（艺术美丛书）

J0109039

现状与思考　（第一届军事摄影理论研讨会文集）解放军画报社编辑

北京 长城出版社 1988 年 302 页 20cm（24 开）

ISBN：7-80017-085-3 定价：CNY3.00

J0109040

艺术摄影欣赏　丁之才，曹志培编

兰州 甘肃科学技术出版社 1988 年 79 页

有照片 19cm（32 开）ISBN：7-5424-0117-3

定价：CNY1.05

（美育知识丛书）

J0109041

中国近代摄影艺术美学文选　龙熹祖编著

天津 天津人民美术出版社 1988 年 658 页

有图 19cm（32 开）ISBN：7-5305-0110-0

定价：CNY5.50

J0109042

阿威顿　龙熹祖主编

成都 四川美术出版社 1989 年 69+86 页

有图 20cm（32 开）ISBN：7-5410-0426-X

定价：CNY4.90

（外国摄影名家丛书）

　　本书为美国摄影艺术鉴赏。阿威顿（Avedon Richard, 1923-2004），美国摄影艺术家。

J0109043

比索夫　龙熹祖主编

成都 四川美术出版社 1989 年 19+22 页

有照片 20cm（32 开）ISBN：7-5410-0425-1

定价：CNY2.00

（外国摄影名家丛书）

　　本书为瑞士摄影艺术家介绍。

J0109044

当代中国摄影艺术思潮　游棣主编；北京市摄影家协会，中华老人文化交流促进会编辑部编

北京 国际文化出版公司 1989 年 399 页 有照片

20cm（32 开）ISBN：7-80049-386-5

定价：CNY5.50

J0109045

歌星、电影演员　（摄影）

北京 中国电影出版社 1989 年 1 张 76cm（2 开）

定价：CNY0.50

J0109046

国际得奖摄影作品选评　伍素心编

上海 上海人民美术出版社 1989 年 249 页

有照片 20cm（32 开）ISBN：7-5322-0461-8

定价：CNY7.70

　　本书收有摄影作品 115 幅。

J0109047

卡帕　龙熹祖主编

成都 四川美术出版社 1989 年 45+39 页

有照片 20cm（32 开）ISBN：7-5410-0427-8

定价：CNY2.70

（外国摄影名家丛书）

　　罗伯特·卡帕（Robert Capa, 1913—1954），匈牙利裔美籍摄影记者。

J0109048

曼·瑞　龙熹祖主编

成都 四川美术出版社 1989 年 187+87 页

有照片 20cm（32 开）ISBN：7-5410-0428-6

定价：CNY6.50

（外国摄影名家丛书）

　　曼·瑞（Man Ray, 1890-1979），美国摄影师，著名达达和超现实主义艺术家。

J0109049

摄影·怪圈·谜　骆飞著

北京 长城出版社 1989 年 217 页 有照片

19cm（32 开）ISBN：7-80017-075-6

定价：CNY2.70

　　作者骆飞，中国摄影家协会会员。

J0109050

摄影构图　张赫嵩著

北京 中国摄影出版社 1989 年 64 页 有彩照

19cm（32 开）ISBN：7-80007-004-2

定价：CNY1.90

（自学摄影丛书）

J0109051

摄影佳作精析　狄源沧编著

南京 江苏人民出版社 1989 年 128 页

20cm（32 开）ISBN：7-214-00335-X
定价：CNY6.00
（《光与影》摄影技术）

　　外文书名：Appreciation of Successful Photographs.

J0109052
摄影美的创造　葛新德编著
天津　天津人民美术出版社 1989 年 227 页
有彩照 19cm（32 开）ISBN：7-5305-0189-5
定价：CNY10.00

J0109053
摄影美学论稿　卢火著
哈尔滨　黑龙江教育出版社 1989 年 376 页
19cm（32 开）ISBN：7-5316-0903-7
定价：CNY4.60

J0109054
摄影探讨　陕西老年摄影学会，陕西妇女摄影
学会编
西安　陕西旅游出版社 1989 年 173 页
20cm（32 开）ISBN：7-5418-0108-9
定价：CNY2.00

J0109055
摄影艺术论文集　（1986—1988）盛继润等主
编；中国摄影家协会编
福州　海潮摄影艺术出版社 1989 年 303 页
有彩照 26cm（16 开）ISBN：7-80562-001-6
定价：CNY6.00

　　本书汇集了1986—1988 年第四届全国摄影
艺术理论年会和刊物上发表的论文60 篇。主要
内容包括：摄影艺术基础理论、摄彩艺术各种流
派的探讨、摄影文化、摄影创新与借鉴、摄彩美
学、摄影体裁、摄影本质特征、摄影主体意识、
摄影未来学等等。

J0109056
摄影艺术论文集　（1989—1994）中国摄影家
协会编
北京　中国摄影出版社 1994 年 301 页
26cm（16 开）ISBN：7-80007-116-2
定价：CNY16.00

J0109057
摄影与社会　（法）弗伦德（Freund, G.）著；盛
继润，黄少华译
杭州　浙江摄影出版社 1989 年 170 页 有照片
19cm（32 开）ISBN：7-80536-042-1
定价：CNY3.95
（摄影艺术译丛）

　　本书分 2 部分：第 1 部分回顾 19 世纪的摄
影史；第 2 部分论述了自新闻摄影诞生以来，摄
影在大众传播中所起的作用。把摄影作为一种
社会力量来加以探讨，提出"摄影是艺术表现与
社会结构之间如何连续不断地相互影响，以及
相互赋于新形式的一个具体例子"。外文书名：
Photography and Society. 作者弗伦德（1912- ），法
国摄影家。

J0109058
摄影知识手册　胡慰如编
北京　中国商业出版社 1989 年 279 页
19cm（32 开）定价：CNY3.80

J0109059
摄影纵横谈　（加）帕特森（Patterson, F.）著；
李孝贤，姜雯译
北京　长城出版社 1989 年 169 页 有彩照
19cm（32 开）ISBN：7-80017-074-8
定价：CNY8.20

　　外文书名：Photography for the Joy of It. 作者
帕特森，加拿大著名摄影理论家。

J0109060
新闻摄影一百四十年　蒋齐生著
北京　新华出版社 1989 年 295 页 有照片
21cm（32 开）ISBN：7-5011-0372-0
定价：CNY3.75

　　作者蒋齐生（1917—1997），新闻摄影理论
家、高级编辑。陕西户县人。曾任新华通讯社新
闻摄影编辑部副主任、新闻摄影家协会常务理
事、中国新闻摄影学会会长等。作品有《老舍》
《肖三》《郭沫若》《吴晗》等，出版《新闻摄影论
集》《新闻摄影一百四十年》《新闻摄影的价值与
规律》《摄影史记》等。

J0109061
安瑟·亚当斯创作回忆录　（美）亚当斯

（Adams，A.）著；袁瑶瑶，魏学礼译
台北 摄影家出版社 1990 年 260 页 有图
27cm（16 开）精装 定价：TWD700.00

美国现代摄影家回忆录。作者亚当斯（1902—1984），美国艺术摄影家，摄影教育家。

J0109062

暗室常用技法　唐光波著
上海 上海画报出版社 1990 年 49 页 有照片
19cm（32 开）ISBN：7-80530-017-8
定价：CNY1.50
（未来摄影家小丛书）

J0109063

变焦镜头的选择与使用　苏祖良著
上海 上海画报出版社 1990 年 71 页 有照片
19cm（32 开）定价：CNY1.30
（未来摄影家小丛书）

J0109064

当代摄影新锐　（17 位影象新生代）阮义忠著
北京 中国摄影出版社 1990 年 253 页 有照片
20cm（32 开）ISBN：7-80007-052-2
定价：CNY6.55
（摄影家参考丛书）

本书介绍和探讨 17 位当代摄影者的创作理论与风格。有罗伯·罗逊柏格、杜安·麦可斯、雷尼·布里、杰利·尤斯曼、李·佛瑞兰德等。书中有摄影者的生平事迹，书末附有作者自传《影像的反省》。作者阮义忠（1950—　），台湾著名摄影家。生于台湾宜兰县。美国《当代摄影家》一书的华人摄影家之一。代表作《当代摄影大师》《当代摄影新锐》。

J0109065

国外摄影佳作赏析　董云章著
上海 上海画报出版社 1990 年 81 页 有照片
19cm（32 开）ISBN：7-80530-025-9
定价：CNY1.55
（未来摄影家小丛书）

本书系作者对外国现代摄影技术评论。作者董云章（1943—　），摄影家。上海人，历任中国摄影家协会会员，中国艺术摄影学会会员，中国人像摄影学会会员等。编著有《通向世界摄影名作之路》《人像摄影艺术纵横谈》《风光摄影技

巧》等。

J0109066

拍照，为生命写真　（家庭生活摄影实践与思考）陈炼主编
北京 中国妇女出版社 1990 年 229 页 有照片
19cm（32 开）ISBN：7-80016-245-1
定价：CNY4.20

本书通过家庭生活摄影，讲述了生活小故事，从中告诉我们家庭摄影应如何提高。

J0109067

浅谈彩色摄影　倪永清著
上海 上海画报出版社 1990 年 37 页 19cm（32 开）
ISBN：7-80530-016-X 定价：CNY1.45
（未来摄影家小丛书）

J0109068

摄影　四川老年大学编
兰州 甘肃人民出版社 1990 年 173 页
21cm（32 开）定价：CNY2.50

J0109069

摄影 150 年　王德蓓编译
上海 上海画报出版社 1990 年 19 页 19cm（32 开）
ISBN：7-80530-011-9 定价：CNY1.40
（未来摄影家小丛书）

本书介绍了摄影自 1840 年以来所经过的历程。

J0109070

摄影 150 年　（1839—1989）谢汉俊编著
沈阳 辽宁美术出版社 1990 年 319 页
19cm（32 开）定价：CNY10.80

J0109071

摄影表现手法　（美）雅各布斯（Jacobs，L.，Jr.）著；董云章译
沈阳 辽宁美术出版社 1990 年 199 页 有照片
19cm（32 开）ISBN：7-5314-0247-4
定价：CNY4.50

J0109072

摄影大词典　徐国兴主编
北京 中国旅游出版社 1990 年 532 页

19cm（32 开）精装 ISBN：7-5032-0274-2
定价：CNY14.00

J0109073

摄影画面构图的形式规律　康大荃著
成都 成都出版社 1990 年 114 页 有照片
19cm（32 开）ISBN：7-80575-047-5
定价：CNY2.30

J0109074

摄影史记 （摄影术与摄影文化150年）蒋齐
生主编；中国新闻摄影学会编辑
北京 新华出版社 1990 年 192 页
29×21cm（16 开）精装 ISBN：7-5011-0878-1
定价：CNY65.00

　　本书以编年史形式，介绍摄影术和摄影文
化在中国的演进，图文并重形式，配有珍贵照
片 600 余幅。展现了摄影术与摄影文化诞生 150
年来的发展历程和基本面貌。本书末附有《摄
影文化的兴起》一文，全书中英文对照。外文书
名：Historical Memoirs of Photography. 主编蒋齐
生（1917—1997），新闻摄影理论家、高级编辑。
陕西户县人。曾任新华通讯社新闻摄影编辑部
副主任、新闻摄影家协会常务理事、中国新闻
摄影学会会长等。作品有《老舍》《肖三》《郭沫
若》《吴晗》等，出版《新闻摄影论集》《新闻摄
影一百四十年》《新闻摄影的价值与规律》《摄影
史记》等。

J0109075

摄影术语辞典 （日、英、汉对照）郑晓东等译
北京 中国电影出版社 1990 年 509 页
19cm（32 开）精装 ISBN：7-106-00106-6
定价：CNY10.00

J0109076

摄影术语小辞典 （日）竹村嘉夫著；丁一编译
北京 中国摄影出版社 1990 年 279 页
19cm（32 开）ISBN：7-80007-055-7
定价：CNY4.55

　　本辞典共收入摄影常用术语及有关辞条共
1279 条。作者竹村嘉夫（1925—　），日本水产工
学研究所主任研究员。译者丁一（1925—　），翻
译家、摄影家、科普作家。

J0109077

摄影与社会 （法）弗伦德（Freund, G.）著；盛
继润，黄少华译
台北 摄影家出版社 1990 年 205 页 有图
27cm（16 开）精装 定价：TWD490.00

　　外文书名：Photography & Society. 作者弗伦
德（1912—　），法国摄影家。

J0109078

瞬间 （林孙杏摄影艺术赏析）林孙杏摄影
上海 上海画报出版社 1990 年 54 页 19×21cm
ISBN：7-80530-012-7 定价：CNY10.30

J0109079

瞬间构思　普赖特著；陈新锜译
杭州 浙江摄影出版社 1990 年 183 页
26cm（16 开）ISBN：7-80536-091-X
定价：CNY14.00

　　本书针对人物、场景、风景、运动和表演、
自然和野生动物、假日和业余活动和静物等 7 个
专题，针对 82 幅摄影作品构思经过、拍摄全过
程作了详细的叙述，并附有光比、调焦、速度等
有效参数。

J0109080

瞬间凝固的美 （摄影艺术）任一权，夏放编著
北京 高等教育出版社 1990 年 158 页 有图
20cm（32 开）ISBN：7-04-003189-2
定价：CNY2.25
（艺术教育丛书）

　　本书简要介绍摄影的产生及发展，并从审
美的角度阐述摄影艺术的本体构成、摄影艺术的
分类和流派、摄影艺术创作与欣赏及现代摄影艺
术特征等方面的内容和有关问题。配有大量摄
影艺术作品插图。编著者任一权（1934—　），编
审、理论评论家。笔名黄岩、一荃。生于江苏南
京，祖籍浙江黄岩县。任大连市群众艺术馆摄影。
出版有《摄影艺术论文集》《当代中国摄影艺术
史》《世界摄影艺术流派图谱》。

J0109081

未来摄影家小丛书 （1990 年）徐炳兴主编
上海 上海画报出版社［1990 年］10 册
19cm（32 开）

　　本套丛书 1990 年版内容包括：《摄影 150 年》

《家庭摄影的乐趣》《男性摄影的魅力》《浅谈彩色摄影》《暗室常用技法》《舞台剧照的拍摄》《风景人像摄影》《摄影常见病解答》《国外摄影佳作赏析》《变焦镜头的选择与使用》等10部摄影专著。

J0109082

未来摄影家小丛书　（1991年）徐炳兴主编
上海　上海画报出版社［1991年］10册
19cm（32开）

　　本套丛书1991年版内容包括：《园林摄影》《体育摄影》《创作与抓拍》《黑白摄影》《摄影揽趣》《闪光人像摄影》《时装摄影》《摄影曝光漫谈》《静物摄影》《动物摄影》等10部摄影专著。

J0109083

未来摄影家小丛书　（1992年）徐炳兴主编
上海　上海画报出版社［1992年］10册
19cm（32开）

　　本套丛书1992年版内容包括：《海派摄影漫谈》《摄影艺术欣赏浅谈》《摄影热线电话》《向名家学摄影》《巧用摄影》《旅游摄影》《风光摄影》《儿童摄影》《影室人像摄影》《摄影常见病解答》等10部摄影专著。

J0109084

现代英汉摄影词典　孙晶璋等编译
上海　上海人民美术出版社　1990年　557页
18cm（32开）精装　ISBN：7-5322-0436-7
定价：CNY17.00

　　本书主要取材于国际通用的各种原版现代摄影辞书。内容包括专业摄影、艺术摄影、电影和动画摄影、电视、摄影器材、感光材料、暗室加工、制版印刷、摄影编辑的常用术语，以及艺术、物理、化学、光学机械、电子、心理等学科与摄影有关的术语。共收录400幅图，词目5000余条。

J0109085

现代主义摄影名家名作　周振德编著
上海　上海人民美术出版社　1990年　149页
20cm（32开）ISBN：7-5322-0792-7
定价：CNY5.00

　　本摄影集选入国外50位现代主义摄影家的代表性作品近百幅，介绍摄影作者概况，分析作品的艺术特色和思想内容，并附有摄影作者的肖像。

J0109086

宝钢建设十年　（1978-1988 摄影集）朱尔沛主编
上海　百家出版社［1991年］27cm（大16开）
精装　ISBN：7-80576-047-X　定价：CNY16.00

J0109087

大跨越：纪念贵阳解放40年　刘伯华等摄影
贵阳　贵州人民出版社　1991年　27cm（16开）
ISBN：7-221-02375-1　定价：CNY30.00

J0109088

登封少林风光　（摄影集）中共登封县委，登封县人民政府编
北京　中国旅游出版社　1991年　162页
27cm（大16开）精装　ISBN：7-5032-0450-8
定价：CNY80.00

J0109089

洞庭湖　（摄影集）施友义，李相时主编
北京　华艺出版社　1991年　77页　27cm（大16开）
ISBN：7-80039-278-3　定价：CNY15.50

　　主编施友义（1947—　），画家。笔名石奇，福建平潭人。曾任中国美术家协会福建分会会员，福建出版集团编审，华艺出版社副社长。出版有《施友义国画选》《侯官县烈女歼仇》《千里送京娘》《千古名媛》。

J0109090

奋起的广西　（摄影集）《奋起的广西》编辑委员会编辑
南宁　广西人民出版社　1991年　116页
27cm（大16开）精装　ISBN：7-219-01888-6
定价：CNY50.00

J0109091

丰富的菜篮子　（乌鲁木齐三大副食品基地生产建设　维汉对照）乌鲁木齐市农业委员会，中国农业银行乌鲁木齐市支行编
乌鲁木齐　新疆美术摄影出版社　1991年　104页
27cm（26开）ISBN：7-80547-044-8
定价：CNY38.00

J0109092

甘肃公路画册　王兆泽主编
兰州　甘肃人民出版社　1991 年　27cm（大 16 开）
ISBN：7-226-00797-5

J0109093

构图与用光　沈卫译
杭州　浙江摄影出版社　1991 年　101 页　有照片
26cm（16 开）ISBN：7-80536-114-2
定价：CNY7.50
（柯达摄影指南）

　　外文书名：Mastering Composition and Light.

J0109094

光辉的历程　伟大的成就　（摄影集）姚玉
明，景献琢主编；王世龙等摄
郑州　河南美术出版社　1991 年　234 页
27cm（大 16 开）精装　ISBN：7-5401-0213-6
定价：CNY75.00

　　王世龙（1930—　），摄影家。河南平舆人，
曾用名于一。曾任中国人民解放军军报随军摄
影记者，河南新乡日报社摄影美术组长，河南日
报社摄影记者，河南人民出版社摄影编辑、编辑
室主任、编审委员等职。中国摄影家协会常务
理事。作品有《秋收完毕》《山里俏》《山村在欢
唱》等。

J0109095

广安门站　（汉英对照）王开利主编
北京　新华出版社　1991 年　27cm（大 16 开）
ISBN：7-5011-1494-3　定价：CNY10.00

J0109096

沪上诗境　吴永甫主编
上海　上海人民美术出版社　1991 年　72 页
27cm（大 16 开）ISBN：7-5322-0997-0
定价：CNY29.50

　　本书以古画、摄影配以古诗的形式介绍了上
海的风光。

J0109097

加格达奇铁路分局　（摄影集）裴继尧主编
北京　中国铁道出版社　1991 年　80 页
27cm（大 16 开）ISBN：7-113-01226-4
定价：CNY30.00

J0109098

简明摄影基础　谷威编著
太原　希望出版社　1991 年　125 页　19cm（32 开）
ISBN：7-5379-0858-3　定价：CNY2.20

　　本书为中小学第二课堂推荐教材。编著者
谷威，山西省文联党组书记、编审，山西省摄影
家协会主席。

J0109099

克拉玛依　（摄影集）克拉玛依市人民政府外
事办公室，克拉玛依市地名委员会办公室编
乌鲁木齐　新疆美术摄影出版社　1991 年
27cm（16 开）ISBN：7-80547-080-4
定价：CNY12.00

J0109100

南国明珠——珠海　（摄影集）林海能等摄
影；林华轩等撰文
北京　华艺出版社　1991 年　48 页　27cm（大 16 开）
ISBN：7-80039-279-1　定价：CNY8.50

J0109101

内蒙古人民出版社　（1951-1991 摄影集）内
蒙古人民出版社 40 年画册编辑组编
呼和浩特　内蒙古人民出版社　1991 年　58 页
27cm（大 16 开）ISBN：7-204-01524-X
定价：CNY30.00

J0109102

青海湖风情　（摄影集）施友义主编；刘谨等
摄影
北京　华艺出版社　1991 年　27cm（大 16 开）
ISBN：7-80039-442-5　定价：CNY17.50

J0109103

少林功夫画册　（汉英对照）邢雁主编
北京　中国画报出版社［1991 年］120 页
27cm（大 16 开）ISBN：7-80024-084-3
定价：CNY50.00

J0109104

绍兴　（摄影集）陈新等摄影
杭州　浙江人民美术出版社［1991 年］119 页
27cm（大 16 开）精装　ISBN：7-5340-0308-3
定价：CNY70.00

（中国风光摄影画册系列）

J0109105

摄影百科全书 （摄影艺术与摄影流派）（英）
兰福德（Langford, M.）著；宋铁军，马驰译
北京 中国人民大学出版社 1991 年 288 页
有彩照及照片 20cm（32 开）
ISBN：7-300-00911-5 定价：CNY6.60

　　本书共分两编，分别介绍了光的特性及摄影者对光线的处理方法、摄影构图的手段，以及摄影史上有重大影响的 9 个流派和代表人物及作品。外文书名：The Complete Encyclopaedia of Photography.

J0109106

摄影艺术构图 马棣麟著
上海 复旦大学出版社 1991 年 239 页
20cm（32 开）ISBN：7-309-00638-0
定价：CNY3.00
（电视业务系列丛书）

　　本书从摄影构图的原理、特征和目的要求入手，阐述了摄影构图的美学基础，视觉心理关系及构图的具体方法。

J0109107

摄影艺术构图 马棣麟著
上海 复旦大学出版社 1993 年 重印本 239 页
20cm（32 开）ISBN：7-309-01047-7
定价：CNY5.00
（电视业务系列丛书）

J0109108

摄影艺术构图 马棣麟著
上海 复旦大学出版社 1995 年 重印本 239 页
20cm（32 开）ISBN：7-309-01333-6
定价：CNY7.50
（电视业务系列丛书）

J0111281

摄影艺术观念 李松峰编著
台北 1991 年 145 页 有照片 21cm（32 开）
ISBN：957-36-0004-8 定价：TWD400.00

J0109109

摄影艺术鉴赏 马棣麟著

上海 上海文化出版社 1991 年 58 页 有彩照
20cm（32 开）ISBN：7-80511-376-9
定价：CNY6.35

J0109110

摄影艺术与技巧 （英）布莱克著；中国摄影家协会江西分会翻译小组编译
北京 中国摄影出版社 1991 年 249 页 有插图
20cm（32 开）ISBN：7-80007-054-9
定价：CNY3.85

　　本书以世界著名摄影家的作品、众多的摄影手法和广泛的创作题材，为读者提供了形式多样的摄影范例。本书对摄影艺术、职业道德等方面作了较多的阐述。书中还解答了一些摄影创作常遇到的实际问题。

J0109111

摄影作品欣赏 潘永顺编著
长春 吉林美术出版社 1991 年 93 页 17×17cm
ISBN：7-5386-0212-7 定价：CNY8.70

　　作者潘永顺，吉林日报摄影部副主任、吉林省新闻摄影学会常务理事、副秘书长。

J0109112

生活摄影 杨克林，庄彻著
杭州 浙江摄影出版社 1991 年 101 页 有插图
19cm（32 开）ISBN：7-80536-130-4
定价：CNY2.95
（跟我学摄影丛书）

J0109113

瞬间造型 邓伟著
杭州 浙江摄影出版社 1991 年 95 页 有彩照
19cm（32 开）ISBN：7-80536-120-7
定价：CNY3.90

　　本书从摄影的取景框里的世界、光的力量、光的韵律、线与型、色彩的语言、人与镜头的对话、灯光肖像刍议等多个方面探索了摄影艺术与其他艺术之间的关系，全书配有百幅照片。作者邓伟（1959—2013），著名摄影家。北京人，毕业于北京电影学院摄影系，毕业后留校任教。清华大学美术学院教授，博士生导师。曾师从画家李可染、美学家朱光潜。出版有《中国文化人影录》《邓伟眼中的世界名人》等。

J0109114

腾飞的玉泉 （摄影集）中共呼和浩特市玉泉区委编辑

呼和浩特　内蒙古人民出版社　1991 年　47 页

27cm（大 16 开）ISBN：7-204-01528-2

定价：CNY10.00

J0109115

通向优美照片的 20 条路　朱枢著

成都　成都出版社　1991 年　94 页　有照片

13×14cm　ISBN：7-80575-124-2　定价：CNY5.80

J0109116

乌江情 （摄影集）贵州人民出版社美术编辑部编；黄永通，李舜卿摄影；李发模配诗

贵阳　贵州人民出版社　1991 年　46 页

27cm（大 16 开）定价：CNY38.00

J0109117

夏威夷采风　高广志，许魁武摄

沈阳　辽宁美术出版社　1991 年　103 页

19cm（32 开）ISBN：7-5314-0888-0

定价：CNY18.50

　　本书通过 108 幅图片介绍了美国夏威夷岛的地理位置、历史沿革以及岛上的风土人情。其内容包括独具特色的城市建筑、公园游乐园的奇特美景、火山喷发时的壮观场面、建在火山之巅的天文台、古朴粗犷的土族文化风俗，以及海滨浴场里千姿百态的各国游人和珍珠港纪念馆等。

J0109118

新疆·昌吉 （摄影集）新疆昌吉回族自治州党委宣传部编

乌鲁木齐　新疆美术摄影出版社　1991 年　29 页

19cm（小 32 开）ISBN：7-80547-070-7

J0109119

许昌 （摄影集）王日新主编；蔡玉琦等摄影

北京　华艺出版社　1991 年　90 页　27cm（大 16 开）

ISBN：7-80039-276-7　定价：CNY30.00

J0109120

学会创造性观察　（美）彼得森著；杨伟华译

北京　中国摄影出版社　1991 年　60 页　有彩照

19cm（小 32 开）ISBN：7-80007-072-7

定价：CNY4.30

（摄影译丛）

　　本书作者是美国职业摄影家，他在书中选用了 100 余幅照片作对比性的分析，使读者对摄影观察这一概念有全新的认识。译者杨伟华（1964—　　），中国摄影家协会会员。

J0109121

延安精神 （摄影集）中国延安精神研究会，晋察冀文艺研究会编

沈阳　辽宁美术出版社　1991 年　144 页

27cm（大 16 开）精装　ISBN：7-5314-0908-9

定价：CNY65.00

J0109122

叶挺将军摄影集 （纪念叶挺将军逝世四十五周年）中国人民革命军事博物馆等编

北京　中国画报出版社　1991 年　144 页

27cm（大 16 开）精装　ISBN：7-80024-090-8

定价：CNY96.00

　　本书为中国画报出版社与中国摄影出版社合作出版。

J0109123

玉树赛马节 （摄影集）青海玉树藏族自治州文化局编

北京　文物出版社　1991 年　39 页　19cm（小 32 开）

ISBN：7-5010-0551-6　定价：CNY12.00

J0109124

云南民族文化艺术 （摄影集）云南省文化厅编

昆明　云南人民出版社　1991 年　160 页

27cm（大 16 开）ISBN：7-222-00929-9

定价：CNY66.00

　　本书通过 200 余幅彩色照片和简明文字，介绍云南悠久的历史、灿烂的文化，特别是改革开放以来的云南民族文化艺术的发展和成就。全书分为《走进民族历史文化的长库》《翻开民族文化艺术的新篇》《徜徉在民族民间艺术的海洋》三个部分。

J0109125

中国·军事博物馆 （摄影集）中国军事博物馆编

北京　中国华侨出版公司　1991 年　27cm（大 16 开）

精装 ISBN：7-80074-543-0

J0109126

中国焦作 （摄影集）牛尚清撰文；程守利等摄影；李荣宝英译
北京 华艺出版社 1991年 77页 27cm（大16开）
ISBN：7-80039-268-6 定价：CNY30.00

J0109127

中国平阳 （摄影集）伍兆澄主编
北京 华艺出版社 1991年 61页 27cm（大16开）
ISBN：7-80039-073-2 定价：CNY17.00

J0109128

中国少数民族风情 （西南册 摄影集）施友义主编
北京 华艺出版社 1991年 125页 28cm（大16开）
ISBN：7-80039-277-5 定价：CNY40.00

　　主编施友义（1947—　　），画家。笔名石奇，福建平潭人。曾任中国美术家协会福建分会会员，福建出版集团编审，华艺出版社副社长。出版有《施友义国画选》《侯官县烈女歼仇》《千里送京娘》《千古名媛》。

J0109129

中原铁道 （摄影集）施友义主编
北京 华艺出版社 1991年 132页 28cm（大16开）
ISBN：7-80039-444-1 定价：CNY38.00

J0109130

壮乡垦歌 （摄影集）广西农垦局《壮乡垦歌》编委会编
北京 农业出版社 1991年 27cm（大16开）
ISBN：7-109-02060-6 定价：CNY30.00

J0109131

走向现代化的中国——国家重点建设项目影鉴 （摄影集）新华社中国记者杂志社编辑；余振鹏主编
北京 中国摄影出版社 1991年 399页 39cm（8开）
精装 ISBN：7-80007-081-6

J0109132

海派摄影漫谈 杨元昌编
上海 上海画报出版社 1992年 82页 有图

18×10cm ISBN：7-80530-078-X 定价：CNY1.95
（未来摄影家小丛书）

J0109133

美国ICP摄影百科全书 王景堂等翻译
北京 中国摄影出版社 1992年 594页 有照片
26cm（16开）精装 ISBN：7-80007-092-1
定价：CNY58.00

　　本书共收词条约1300个，插图500余幅。设有分类词目表，按词条释文内容分为8个类目：摄影艺术、摄影门类、人物、摄影科学、工艺技法、器材、名词术语。

J0109134

浅谈摄影构图 马玲玲著
上海 上海人民美术出版社 1992年 44页
有照片 19cm（32开）ISBN：7-5322-0853-2
定价：CNY1.00
（学摄影小丛书）

J0109135

上海摄影史 上海摄影家协会，上海大学文学院编
上海 上海人民美术出版社 1992年 305页
有图 20cm（32开）ISBN：7-5322-1172-X
定价：CNY10.00

　　本书叙述了上海早期至中华人民共和国成立以来的摄影发展脉络，其中包括：新闻摄影、摄影读物、人物摄影、影视摄影等。外文书名：History of Photography in Shanghai.

J0109136

摄影的特性与美学 （苏）A.瓦尔坦诺夫著；罗晓风译
北京 中国摄影出版社 1992年 188页 有照片
20cm（32开）ISBN：7-80007-057-3
定价：CNY3.30
（摄影家参考丛书）

　　本书将新闻学与艺术学相结合，阐释摄影的纪实形式，表现能力等。

J0109137

摄影画面的虚与实 王复遵著
上海 上海人民美术出版社 1992年 45页
有照片 19cm（32开）ISBN：7-5322-0953-9

定价: CNY1.00

（学摄影小丛书）

J0109138

摄影名作的诞生 （英）坎贝尔著；林少忠译

北京 中国摄影出版社 1992 年 138 页 有图版

20cm（32 开） ISBN: 7-80007-093-X

定价: CNY5.40

（摄影家参考丛书）

　　本书通过许多世界第一流摄影家的作品，对摄影创作的可能性进行探索。译者林少忠（1924—2016），摄影家、艺术评论家。出生于陕西麟游，肄业于山东大学。中国摄影家协会会员，中国翻译工作者协会会员。先后任《国际摄影》《中国摄影》杂志编辑、编委。撰译著作有《投影名作的诞生》《进入摄影》等。

J0109139

摄影艺术欣赏浅谈 黄晓斌著

上海 上海画报出版社 1992 年 76 页

有图 18×10cm ISBN: 7-80530-074-7

定价: CNY1.80

（未来摄影家小丛书）

J0109140

摄影与流派 谢汉俊编著

沈阳 辽宁美术出版社 1992 年 2 版 319 页

有彩图及照片 19cm（小 32 开）

ISBN: 7-5314-0231-9 定价: CNY10.80

　　本书原名为"摄影 150 年"，内容主要是各种摄影流派和风格的产生发展情况。

J0109141

瞬间的跋涉 （一个摄影者的手记）李江树著

上海 上海人民出版社 1992 年 203 页 有彩照

18×19cm ISBN: 7-208-01412-4 定价: CNY11.40

　　本书收入谈摄影艺术的短文、摄影作品等，分为断片、画幅、先行者、从容的凝视、视觉的沉思等 7 部分。

J0109142

谈美国摄影 （美）李元著

北京 中国摄影出版社 1992 年 138 页 有插图

20cm（32 开） ISBN: 7-80007-088-3

定价: CNY4.80

（摄影家参考丛书）

　　本书共收集作者的 17 篇文章，主要介绍了美国摄影发展的社会背景、摄影传统、摄影理论和对作品的评价。作者李元（1936- ），哲学博士，美国鲁格斯大学任教。代表作品:《表现主义的风光摄影》《创意与思维》《谈美国摄影》等。

J0109143

摄影构图 颜鸿蜀著

上海 上海人民美术出版社 1993 年 186 页

有彩照 20cm（32 开） ISBN: 7-5322-1077-4

定价: CNY6.60

（摄影小百科丛书）

J0109144

摄影构图的最佳选择 （德）韦伯著；贺西安，李海靖译

北京 中国摄影出版社 1993 年 159 页 有图

19cm（小 32 开） ISBN: 7-80007-086-7

定价: CNY5.40

（摄影家参考丛书）

　　本书论述图片构成的原则及其视觉基础。作者恩斯特·韦伯（Ernst Weber），教授。出生于德国维登堡，毕业于莱比锡大学。柏林艺术学院摄影学教授，德国摄影协会会员等。

J0109145

摄影构图的最佳选择 （德）恩斯特·韦伯著；贺西安，李海靖译

北京 中国摄影出版社 1998 年 重印本 159 页

有图 20cm（32 开） ISBN: 7-80007-086-7

定价: CNY13.00

（摄影家参考丛书）

J0109146

摄影美学 吴化学著

北京 中国文联出版公司 1993 年 262 页 有照片

20cm（32 开） ISBN: 7-5059-1761-7

定价: CNY8.40

　　本书阐述了摄影美的发展历程、构成要素、分类、体裁以及摄影美的民族化、摄影工作者的修养等。作者吴化学（1914—2005），摄影家、记者。生于山东寿光县，原名吴金声。曾任《曙光报》记者组长，《前锋报》采编主任、新闻学校校长、新华社记者、中央记者组组长。著作有《摄影工

作讲授提纲》《舞台艺术摄影》《摄影美学》。

J0109147

摄影——神奇的眼睛　韩子善编著
石家庄　河北教育出版社　1993 年　129 页
有彩图及插图　19cm（小 32 开）
ISBN：7-5434-1617-4　定价：CNY3.10
（小博士文库）

J0109148

摄影——神奇的眼睛　韩子善［编著］
石家庄　河北教育出版社　1997 年　2 版　重印本
129 页　有图　19cm（小 32 开）
ISBN：7-5434-1617-4　定价：CNY3.60
（小博士文库）

J0109149

永恒的瞬间　（摄影美的欣赏）段东泰著
太原　希望出版社　1993 年　81 页　有照片
19cm（小 32 开）ISBN：7-5379-1166-5
定价：CNY4.55
（发现美的眼睛丛书）
　　本书收《摄影作品的意境美》《摄影作品的
构图美》《摄影技艺的运用》等文章。

J0109150

光与影的奥秘　薛华克著
杭州　浙江摄影出版社　1994 年　82 页
19cm（小 32 开）ISBN：7-80536-269-6
定价：CNY6.5
（创意摄影丛书）

J0109151

胡健摄影评论集　陈光忠等著；湖南省电影
发行放映公司，吉林省电影发行放映学会编
长沙　湖南省电影发行放映公司　1994 年　108 页
20cm（32 开）
　　本书收入吴印咸作序，陈光忠、郑洞天、张
艺谋、柏雨果、滕文骥等人评论、鉴赏文章 24
篇。本书与吉林省电影发行放映学会合作出版。

J0109152

霍克尼论摄影　（和保罗·乔伊斯的谈话录）
（英）保罗·乔伊斯（Paul Joyce）著；李孝贤，郭
昌晖译
北京　中国摄影出版社　1994 年　212 页　有照片
及彩图　20cm（32 开）ISBN：7-80007-140-5
定价：CNY7.90
　　外　文　书　名：Hockney on Photography：
Conversation with Paul Joyce.

J0109153

梁惠湘摄影文集　梁惠湘著
福州　海潮摄影艺术出版社　1994 年　166 页
19cm（32 开）ISBN：7-80562-188-8
定价：CNY8.80
　　作者梁惠湘（1930—　），摄影家。广东省摄
影家协会名誉主席，广东省国际文化交流中心理
事，广东华夏文化促进会理事。出版有《梁惠湘
摄影文集》《梁惠湘黑白摄影作品展》《梁惠湘反
转片摄影作品展》等。

J0109154

美好一瞬　（摄影技巧与造型）李文忠，夏锦
尧编著
北京　科学技术文献出版社　1994 年　210 页
有彩照　19cm（小 32 开）ISBN：7-5023-2066-0
定价：CNY8.60
（乐在其中系列书）

J0109155

日本当代摄影大师　曾慧玉著
台北　雄狮图书公司　1994 年　109 页　有照片
26cm（16 开）ISBN：957-8980-23-X
定价：TWD320.00
（雄狮丛书　9-012）

J0109156

陕西摄影史记　陕西老年摄影学会
西安　陕西摄影出版社　1994 年　125 页　有照片
19cm（小 32 开）ISBN：7-80591-064-2
定价：CNY10.50

J0109157

摄影的哲学思考　傅拉瑟（Flusser, V.）著；
李文吉译
台北　远流出版事业公司　1994 年　101 页
21cm（32 开）ISBN：957-32-2129-2
定价：TWD150.00
（传播学名著译丛）

外文书名：Towards a Philosophy of Photography.

J0109158
摄影家的眼睛　许安琪著
杭州 浙江摄影出版社 1994年 98页 19cm（32开）
ISBN：7-80536-250-5 定价：CNY5.80
（创意摄影丛书）

J0109159
摄影理论与实践　徐国兴主编
北京 中国摄影出版社 1994年 重印本 285页
有照片 20cm（32开）统一书号：8226·54
定价：CNY18.00

J0109160
摄影入门　朱如娅，蒋洁编著
桂林 广西师范大学出版社 1994年 76页
19cm（32开）ISBN：7-5633-1836-4
定价：CNY1.80
（中等师范学校课外活动丛书）

J0109161
摄影特区　陈惠芬著
香港 明窗出版社 1994年 241页 有照片
17cm（40开）ISBN：962-357-700-1
定价：HKD35.00

J0109162
摄影艺术的美学特征　徐国兴主编；王振民
［编］
北京 中国摄影出版社 1994年 重印本 296页
有照片 20cm（32开）统一书号：8226.57
定价：CNY13.50
　　王振民（1937—　），教授。中国人民大学中
文系教授、文艺理论教研室主任，中国摄影家协
会、中国文艺理论学会会员。

J0109163
摄影造型法则　徐国兴主编
北京 中国摄影出版社 1994年 重印本 203页
有照片 20cm（32开）统一书号：8226.53
定价：CNY14.00

J0109164
摄影作品赏析　陈和毅编
北京 中国摄影出版社 1994年 重印本 225页
有图 20cm（32开）ISBN：7-80007-029-8
定价：CNY14.50

J0109165
西方摄影流派及其大师们　（日）重森弘淹
著；吕琳，陶新中译编
北京 中国摄影出版社 1994年 259页 有照片
20cm（32开）ISBN：7-80007-130-8
定价：CNY10.80
　　作者重森弘淹（1926—　），日本东京综合摄
影专科学校校长，日本摄影评论家协会会员等

J0109166
西方摄影纵览　萧绪珊著
北京 中国人民大学出版社 1994年 342页
有图 20cm（32开）ISBN：7-300-01711-8
定价：CNY18.00
　　本书结合西方摄影作品，研究考察了西方国
家摄影发展的现状。

J0109167
业余摄影创作指导　蔡林编著
成都 四川科学技术出版社 1994年 181页
有附图 19cm（32开）ISBN：7-5364-2773-5
定价：CNY9.80，CNY13.00（精装）
　　本书分为镜头、光线、构图、摄影艺术鉴赏
等11部分。作者蔡林（1948—　），画家、摄影家、
作家。生于四川营山，中国人民解放军成都部队
某部电化教育中心副主任、高级工程师，中国摄
影家协会会员、四川省摄影家协会会员。出版有
《摄影大百科辞典》《新英汉摄影技术词典》《大
学摄影教材》。

J0109168
中外摄影之最　刘树启编著
北京 中国友谊出版公司 1994年 21+471页
有照片 19cm（小32开）ISBN：7-5057-0838-4
定价：CNY8.80

J0109169
20世纪外国摄影名家名作　狄源沧编著
南昌 江西美术出版社 1995年 168页

26cm（16 开）ISBN：7-80580-291-2

定价：CNY58.00, CNY68.00（精装）

　　编著者狄源沧(1926—2003)，摄影家、摄影评论家。江苏太仓县人。字公望。毕业于北京大学历史系。中国摄影家协会会员。主要摄影作品有《睡莲》《白菊》《知春亭》。出版著作有《摄影佳作欣赏》《世界摄影佳作欣赏》等。

J0109170

20 世纪外国摄影名家名作 （2）狄源沧编著

南昌 江西美术出版社 1997 年 148 页

26cm（16 开）ISBN：7-80580-385-4

定价：CNY58.00, CNY68.00（精装）

J0109171

陈复礼摄影艺术研究　陈勃，丁遵新主编

北京 中国摄影出版社 1995 年 370 页 有照片

21cm（32 开）ISBN：7-80007-187-1

定价：CNY22.80, CNY30.30（精装）

　　本书是陈复礼摄影艺术研究论文集，收录《陈复礼简论》（丁遵新）、《永不休止地攀登艺术高峰——记陈复礼摄影之路》（陈勃）、《心画心声——论陈复礼先生的诗化摄影》（夏放）、《没有大流派　只有大艺术——陈复礼摄影艺术的美学特色和价值》（徐澎）等。主编陈勃(1925—2015)，摄影家。河北阜北人。历任中国摄影学会副秘书长、《中国摄影》杂志主编、中国图片社经理等。代表作品《雨越大干劲越大》《金鱼》《妙不可言》等。著作有《简明摄影知识》。

J0109172

国外商业摄影赏析　宿志刚，唐东平编著

沈阳 辽宁画报出版社 1995 年 140 页

26cm（16 开）ISBN：7-80601-065-3

定价：CNY54.00

J0109173

论超现实摄影 （历史形构与影像应用）游本宽著

台北 远流出版事业公司 1995 年 185 页

21cm（32 开）ISBN：957-32-2518-2

定价：TWD200.00

（传播馆 106）

J0109174

莫内 （捕捉光与色彩的瞬间）［帕坦］（Patin, S.）著；张容译

台北 时报文化企业公司 1995 年 175 页 有照片

18cm（小 32 开）ISBN：957-13-1750-0

定价：TWD250.00

（发现之旅 22）

J0109175

摄影创作指南　许小平编著

南京 江苏人民出版社 1995 年 127 页 有照片

18×17cm ISBN：7-214-01398-3 定价：CNY10.90

（光与影 摄影艺丛）

　　编著者许小平(1948—　)，摄影师。上海人。历任上海摄影家协会理论会员、上海大学美术学院摄影系客座讲师和上海长宁区业大摄影系讲师。

J0109176

摄影构图　孔祥竺著

沈阳 辽宁美术出版社 1995 年 216 页 有彩图

20cm（32 开）ISBN：7-5314-1340-X

定价：CNY22.50

　　作者孔祥竺(1931—　)，教授。河南人。历任中国电影家协会会员，中国摄影家协会会员，中国老摄影家协会理事，北京电影学院教授。出版有《摄影艺术表现方法》《电影艺术词典》《摄影构图》。

J0109177

图说摄影构图　林路编著

福州 福建科学技术出版社 1995 年 107 页

19cm（32 开）ISBN：7-5335-0947-1

定价：CNY5.30

J0109178

当代中国摄影艺术史 （1949—1989）陈昌谦主编；佟树珩等撰

北京 中国摄影出版社 1996 年 247 页

20cm（32 开）ISBN：7-80007-196-0

定价：CNY14.60

J0109179

摄影创意 36 计 （上卷）骆飞著

北京 中国摄影出版社 1996 年 90 页 有照片

20cm（32 开）ISBN：7-80007-209-6

定价：CNY9.00

J0109180

摄影构图语言　林路著

杭州 浙江摄影出版社 1996 年 140 页 有照片

20cm（32 开）ISBN：7-80536-378-1

定价：CNY14.80

（摄影语言丛书）

J0109181

摄影审美纵横　王振民等著

太原 山西教育出版社 1996 年 451 页 有照片

19cm（小 32 开）ISBN：7-5440-0849-5

定价：CNY15.30

（美育丛书 其他艺术系列）

　　作者王振民（1937—　），教授。中国人民大学中文系教授、文艺理论教研室主任，中国摄影家协会、中国文艺理论学会会员。

J0109182

摄影瞬间语言　林路著

杭州 浙江摄影出版社 1996 年 132 页 有照片

20cm（32 开）ISBN：7-80536-377-3

定价：CNY14.50

（摄影语言丛书）

J0109183

摄影作品研究　韦彰编著

沈阳 辽宁美术出版社 1996 年 246 页

20cm（32 开）ISBN：7-5314-1391-4

定价：CNY30.00

　　编著者韦彰，教授。广西南宁人，北京电影学院教授、硕士研究生导师，中国老摄影家协会理事。编有《摄影技术与技法》《摄影构图与表现方法》。

J0109184

瞬间纪事　（一个摄影家的坦诚）王世龙著

郑州 河南美术出版社 1996 年 12+241 页

有照片 20cm（32 开）ISBN：7-5401-0568-2

定价：CNY15.00

　　作者王世龙（1930—　），摄影家。河南平舆人，曾用名于一。曾任中国人民解放军军报随军摄影记者，河南新乡日报社摄影美术组长，河南日报社摄影记者，河南人民出版社摄影编辑、编辑室主任、编审委员等职。中国摄影家协会常务理事。作品有《秋收完毕》《山里俏》《山村在欢唱》等。

J0109185

中国潮汕之春　（陈复礼先生摄影艺术研究）

杨绍明主编，世界华人摄影学会编

上海 上海教育出版社 1996 年 145 页 有彩图

21cm（32 开）ISBN：7-5320-4871-3

定价：CNY20.00

　　主编杨绍明（1942—　），社会活动家。毕业于北京大学历史系。新华社摄影记者，中国摄影家协会副主席，世界华人摄影学会会长，当代摄影学会主席，中国人民对外友好协会理事等职。

J0109186

中国摄影家协会四十年　（1956~1996）袁毅平等摄影

北京 中国摄影出版社 1996 年 125 页

28cm（大 16 开）ISBN：7-80007-217-7

定价：CNY60.00

　　外 文 书 名：The 40Th Anniversary of the Founding of the Chinese Photographers' Association.

J0109187

国外摄影名家创作思维与拍摄技巧　林路著

长春 吉林摄影出版社 1997 年 153 页 有照片

19cm（小 32 开）ISBN：7-80606-138-X

定价：CNY11.00

（摄影技巧丛书）

J0109188

摄影的奥秘　侯贺良著

济南 山东教育出版社 1997 年 184 页

21cm（32 开）ISBN：7-5328-2500-0

定价：CNY22.00

　　外文书名：Mystery of Photography.

J0109189

摄影化妆　李秀莲著

台北 扬智文化事业公司 1997 年 修订版

170 页 有图 26cm（16 开）精装

ISBN：957-9272-12-3 定价：TWD1000.00

（现代美学 1）

外　文　书　名：The Art of the Photographical Make-Up.

J0109190
摄影化妆　李秀莲著；吴嘉宝摄影
杭州 浙江摄影出版社 1997 年 164 页
26cm（16 开）精装 ISBN：7-80536-460-5
定价：CNY93.80

J0109191
摄影论　韩丛耀著
北京 解放军出版社 1997 年 296 页 有照片
20cm（32 开）ISBN：7-5065-3206-9
定价：CNY29.00
　　外文书名：Photography.

J0109192
摄影美学基础　杨恩璞著
沈阳 辽宁美术出版社 1997 年 230 页 有照片
20cm（32 开）ISBN：7-5314-1616-6
定价：CNY23.20

J0109193
摄影色彩语言　姜锡祥著
杭州 浙江摄影出版社 1997 年 84 页 有照片
20cm（32 开）ISBN：7-80536-391-9
定价：CNY17.20
（摄影语言丛书）
　　作者姜锡祥（1955—　　），上海同济大学电教中心摄影技术制作室实验师，上海摄影家协会会员，上海青年摄影家协会理事。

J0109194
摄影艺术　周伯华等主编
北京 电子工业出版社 1997 年 233 页
26cm（16 开）ISBN：7-5053-4132-4
定价：CNY20.00
（电化教育丛书）

J0109195
摄影艺术学概论　卓昌勇等著
沈阳 辽宁美术出版社 1997 年 10+301 页
有照片 20cm（32 开）ISBN：7-5314-1653-0
定价：CNY22.00
　　作者卓昌勇（1944—　　），教授。四川重庆人，

毕业于西南师大。重庆师范学院影像工程系教授，中国美术家协会四川分会会员。著有《教学美术》《现代居室装饰画技法》。

J0109196
探索与追求　（湖南摄影艺术论文集）湖南摄影艺术论文集编委会编
长沙 湖南美术出版社 1997 年 345 页
20cm（32 开）ISBN：7-5356-0961-9
定价：CNY25.00

J0109197
现代摄影构图　（美）布莱恩·彼得森（Bryan Peterson）著；光辉译
沈阳 辽宁美术出版社 1997 年 135 页
26cm（16 开）ISBN：7-5314-1772-3
定价：CNY58.00
（美国摄影系列· ）
　　外文书名：How to Compose Great Photographs.

J0109198
新编中外摄影佳作精析　狄源沧编著
南京 江苏人民出版社 1997 年 175 页 有照片
19×17cm ISBN：7-214-01865-9 定价：CNY20.00
（光与影摄影艺丛）

J0109199
永恒的瞬间　（中外摄影精品欣赏）周振德编著
上海 少年儿童出版社 1997 年 319 页 有照片
19cm（小 32 开）ISBN：7-5324-3094-4
定价：CNY13.50
（艺术长廊丛书）

J0109200
幽默摄影与拍摄技巧　谢建华著
长春 吉林摄影出版社 1997 年 161 页 有照片
19cm（小 32 开）ISBN：7-80606-113-4
定价：CNY16.80

J0109201
葡萄牙摄影史　（葡）安东尼奥·塞纳著；亦潜译
北京 中国文联出版社 1998 年 209 页 有照片
20cm（32 开）ISBN：7-5059-3118-0
定价：CNY15.60

（葡萄牙文化丛书）

本书介绍了 1839—1991 年期间的葡萄牙摄影史。全书分为 7 个部分，搜集了大量文献与照片。

J0109202
人体摄影 150 年　顾铮著
广州　广东旅游出版社 1998 年 247 页
29cm（16 开）ISBN：7-80521-937-0
定价：CNY78.00

J0109203
摄影构图　应善昌，倪建勇著
杭州　浙江摄影出版社 1998 年 重印本 112 页
有彩照及图 19cm（32开）ISBN：7-80536-426-5
定价：CNY7.50
（跟我学摄影 摄影入门）

J0109204
摄影构图 50 例　吕其若，孙淑萍著
成都　四川科学技术出版社 1998 年 101 页
有照片 19cm（小 32 开）ISBN：7-5364-3596-7
定价：CNY5.00
（业余摄影家丛书 第二辑）

J0109205
摄影构图艺术　李兴国著
北京　北京师范大学出版社 1998 年 376 页
有图 20cm（32 开）

本书对摄影构图艺术的基本理论作了系统的阐述；着重描述了摄影画面构图的基本思路和规律、画面拍摄技巧和方法、画面视觉语言的形成以及画面美学等内容。作者李兴国（1954—　），满族，教授。生于河北丰宁县，毕业北京广播学院。中国传媒大学影视艺术学院院长，中国电视艺术协会第六届顾问。著有《摄影构图基础》等。

J0109206
摄影美随想　韩子善著
北京　中国工人出版社 1998 年 352 页
20cm（32 开）ISBN：7-5008-2057-7
定价：CNY25.00
（现代摄影人丛书）

J0109207
摄影与构图　曹家俊著
杭州　浙江教育出版社 1998 年 494 页
20cm（32 开）ISBN：7-5338-2805-4
定价：CNY18.50

J0109208
摄影作品的鉴赏　李英杰，窦海军著
成都　四川科学技术出版社 1998 年 98 页
有照片 19cm（小 32 开）ISBN：7-5364-3594-0
定价：CNY5.50
（业余摄影家丛书 第二辑）

作者李英杰（1979—　），黑龙江省艺术学校副教授；张华，黑龙江省艺术学校讲师。

J0109209
实用摄影构图　张益福著
杭州　浙江摄影出版社 1998 年 127 页 有彩照
20cm（32 开）ISBN：7-80536-511-3
定价：CNY28.00

J0109210
书写摄影　（相片的文本与文化）郭力昕著
台北　元尊文化企业公司 1998 年 292 页 有照片
21cm（32 开）ISBN：957-8399-62-6
定价：TWD250.00
（风格馆 风格人文）

J0109211
谁在乎摄影　（用心捕捉大自然）孙启元著
台北　郭良惠新事业公司 1998 年 287 页 有照片
21cm（32 开）定价：TWD380.00
外文书名：Outdoor Photographer.

J0109212
台湾摄影隅照　黄翰荻著
台北　元尊文化企业公司 1998 年 207 页 有照片
21cm（32 开）ISBN：957-8286-58-9
定价：TWD200.00
（风格馆 风格人文）

J0109213
中国摄影史　（1937—1949）蒋齐生等编著
北京　中国摄影出版社 1998 年 170 页 有照片
20cm（32 开）ISBN：7-80007-168-5

定价：CNY13.00

J0109214

重庆一日摄影佳作赏析 冯建新编著
重庆 重庆出版社 1998 年 71 页 19×19cm
ISBN：7-5366-3991-0 定价：CNY26.00

J0109215

创 意 摄 影 完 全 指 南 ［迈克尔·兰福德］
Michael Langford 著；许瑜菁译
台北 猫头鹰出版社 1999 年 240 页 有照片
22cm（30 开）精装 ISBN：957-9684-80-4
定价：TWD450.00
（Diy 生活百科 2）
　　外文书名：Creative Photography.

J0109216

动人的摄影作品 （完美的构图秘诀 图集）
［R. 希克斯］Roger Hicks 编著；庄胜雄译
长沙 湖南科学技术出版社 1999 年 92 页
26cm（16 开）ISBN：7-5357-2545-7
定价：CNY29.80
（现代摄影百科 2）
　　译者庄胜雄，著有《人像摄影：如何拍出神韵与个性》《现代摄影百科（11）：特殊摄影效果》《现代摄影百科7 静物与近摄 探索微细世界》；译有《摄影室与灯光》等。

J0109217

构图的诀窍 蔡明发著
台北 渡假出版社 1999 年 本版 235 页
21cm（32 开）ISBN：957-623-193-0
定价：TWD520.00
（实用摄影指南 4）
　　外文书名：How to Compose a Picture.

J0109218

光影艺术探秘
沈阳 辽宁美术出版社 1999—2000 年 3 册
26cm（16 开）
（21 世纪摄影系列丛书）

J0109219

画报图典丛书 邓明主编
上海 上海画报出版社 1999 年 5 册 26cm（16 开）

J0109220

论摄影 （美）苏珊·桑塔格（Susan Sontag）著；艾红华，毛建雄译
长沙 湖南美术出版社 1999 年 234 页
19cm（小 32 开）ISBN：7-5356-1279-2
定价：CNY16.00
（实验艺术丛书 12）

J0109221

摄影创造思维 董云章编著
沈阳 辽宁美术出版社 1999 年 96 页 有照片
29cm（16 开）ISBN：7-5314-2293-X
定价：CNY30.00
（21 世纪摄影系列丛书 光影艺术探秘）
　　本书介绍了摄影发散思维法、摄影逆向思维法、摄影联想思维法、摄影联结思维法、摄影量化思维法等，并分别配有一定数量的分析范例。

J0109222

摄影创作手册 秦恺著
台北 雄狮图书公司 1999 年 再版 166 页
有照片 24cm（26 开）ISBN：957-8980-76-0
定价：TWD480.00
（雄狮图书 07-017）
　　外文书名：Photo-design Handbook.

J0109223

摄影的文化阐释 潘嘉来编著
北京 人民美术出版社 1999 年 146 页
20cm（32 开）ISBN：7-102-02061-9
定价：CNY14.00

J0109224

摄影工作者快门生涯转转弯 林碧云著
台北 大旗出版社 1999 年 206 页 有照片
21cm（32 开）ISBN：957-8219-07-5
定价：TWD200.00
（工商企管系列 004）

J0109225

摄影构图赏析 陈仲光编著
南宁 广西美术出版社 1999 年 90 页 有图
29cm（16 开）ISBN：7-80625-620-2
定价：CNY33.60
　　编著者陈仲光（1942—　），教师。广东台

山市人。广州美术学院教育系任教，历任广州美术家协会、广东省摄影家协会、中国人像摄影学会、美国摄影学会会员。

J0109226

摄影美的创造　陈宝生著

西安　陕西人民美术出版社　1999 年　80 页
有照片　20cm（32 开）ISBN：7-5368-1099-7
定价：CNY75.00（全套）
（陈宝生摄影艺术集　4）

　　作者陈宝生（1939—　），摄影家。山西吕梁人。中国摄影家协会会员，中国书法家协会会员，陕西省榆林地区文联副主席，榆林地区摄影家协会主席。先后出版有《塞上风光》《长城内外》《无定河》等 9 部图集和《陈宝生摄影作品集》及《摄影家与实践》理论专著。代表作《农家乐》《黄土魂》《大河号子》等。

J0109227

摄影美学七问　（与陈传兴 / 汉宝德 / 黄春明的对话录）阮义忠著

北京　中国摄影出版社　1999 年　211 页　有照片
20cm（32 开）ISBN：7-80007-291-6
定价：CNY26.00
（摄影家参考丛书）

　　作者阮义忠（1950—　），台湾著名摄影家。生于台湾宜兰县。美国《当代摄影家》一书的华人摄影家之一。代表作《当代摄影大师》《当代摄影新锐》。

J0109228

摄影思维与艺术　赵增锴，林承武著

北京　中国青年出版社　1999 年　280 页　有照片
20cm（32 开）ISBN：7-5006-3509-5
定价：CNY14.30

　　本书介绍了摄影的创作艺术，其中包括：生活是摄影艺术的土壤、创新是走向成功的必由之路、真实是摄影艺术的生命等。

J0109229

摄影艺术论　陈宝生著

西安　陕西人民美术出版社　1999 年　229 页
有照片　20cm（32 开）ISBN：7-5368-1099-7
定价：CNY75.00（全套）
（陈宝生摄影艺术集　5）

J0109230

摄影艺术系统理论　宋岗著

福州　海潮摄影艺术出版社　1999 年　80 页　有照片
29cm（18 开）精装　ISBN：7-80562-689-8
定价：CNY83.00

　　本书主要内容包括：摄影艺术理论的引论——摄影基础理论、摄影艺术创作的构图经营系统、摄影艺术创作的意识表现系统、摄影艺术创作整体风格的理性经营。

J0109231

摄影作品欣赏与创作　徐嘉文编著

昆明　云南美术出版社　1999 年　198+32 页
有照片　20cm（32 开）ISBN：7-80586-599-X
定价：CNY17.00

　　本书讲述了世界摄影艺术流派、摄影语言的特征、摄影艺术的活力在于创新等。

J0109232

世界摄影艺术图典　敦以，何积惠编著

上海　上海画报出版社　1999 年　318 页
26cm（16 开）精装　ISBN：7-80530-524-2
定价：CNY82.00
（画报图典丛书）

J0109233

思辨新视角　（摄影文化论）曾建平，谢琳著

北京　中国文联出版社　1999 年　176 页　有照片
20cm（32 开）ISBN：7-5059-3364-7
定价：CNY91.00（全套）
（岭东文丛　4）

J0109234

台湾摄影教育的想像、论述与实践　（1999年国际摄影专题学术研讨会论文集）台湾摄影教育学会编著

台北　摄影教育学会　1999 年　264 页　有照片
26cm（16 开）ISBN：957-99147-3-7

　　本书探讨台湾本土的摄影教育问题，并结合台湾本土教育问题的复杂性，作全面而宏观的分析。涉及多个方面，小学、中学和大学的摄影课程，各年龄层的教育理念，本书都有深入的研究。外文书名：Imagination, Discourse, and Practice.

J0109235

通向世界摄影名作之路　董云章编著

沈阳 辽宁美术出版社 1999 年 104 页 有照片

29cm（16 开）ISBN：7–5314–2312–X

定价：CNY30.00

（21 世纪摄影系列丛书 光影艺术探秘）

　　本书介绍了 100 幅世界摄影名作，从中提炼总结出多种艺术方法，供摄影爱好者借鉴。编著者董云章（1943—　　），摄影家。上海人，历任中国摄影家协会会员，中国艺术摄影学会会员，中国人像摄影学会会员等。编著有《通向世界摄影名作之路》《人像摄影艺术纵横谈》《风光摄影技巧》等。

J0109236

西方摄影流派与大师作品　林路著

杭州 浙江摄影出版社 1999 年 16+308 页

有照片 20cm（32 开）ISBN：7–80536–567–9

定价：CNY37.50

J0109237

写真与塑造　陈宝生著

西安 陕西人民美术出版社 1999 年 136 页

有照片 20cm（32 开）ISBN：7–5368–1099–7

定价：CNY75.00（全套）

（陈宝生摄影艺术集 3）

J0109238

影海赏美　（摄影艺术四十八美）胡国钦著

福州 海潮摄影艺术出版社 1999 年 253 页

有照片 20cm（32 开）精装

ISBN：7–80562–431–3 定价：CNY38.00

J0109239

永恒的瞬间　（摄影艺术）薛华克著

杭州 浙江人民美术出版社 1999 年 127 页

20cm（32 开）ISBN：7–5340–0836–0

定价：CNY15.00

（艺术教育图典）

J0109240

幽默摄影　刘梓钰，夏放著

杭州 浙江摄影出版社 1999 年 181 页 有照片

20cm（32 开）ISBN：7–80536–628–4

定价：CNY30.00

（摄影现代艺术丛书）

　　作者夏放（1940—　　），研究员。天津人。毕业于北京大学图书馆学系专修科。历任天津市艺术研究所研究员，中国民俗摄影协会副会长，中国人像摄影学会理事，天津艺术摄影学会副会长等。

J0109241

云南摄影艺术论丛　李先绪主编；云南省摄影家协会编

昆明 云南美术出版社 1999 年 273 页

20cm（32 开）ISBN：7–80586–629–5

定价：CNY9.80

　　本书收录了 36 名作者的 65 篇论文。这些论文有介绍民俗摄影经验的，有阐发风光摄影感受的，有总结新闻摄影成就的，有畅谈人像摄影体会的，较集中地展示了艺术家们长期艺术实践的感悟和经验，并从多角度、多层面地进行了艺术的理性思考与理论总结。

J0109242

中国新锐艺术　（23 位前卫艺术家作品实录）张念潮主编

北京 中国世界语出版社 1999 年 191 页

22cm（30 开）ISBN：7–5052–0434–3

定价：CNY48.00

（胜蓝艺术书库）

　　外文书名：China New–Art.

各种摄影艺术（摄影技术）

J0109243

照相术　（常识谈话 第 6 册）孙毓修编

上海 商务印书馆 1918 年 28 页 21×17cm

　　本书为关于摄影技术的儿童读物。

J0109244

照相术　（常识谈话 第 6 册）孙毓修编

上海 商务印书馆 1922 年 3 版 28 页 19cm（22 开）

J0109245

简明照相法　商务印书馆编译所译述

上海 商务印书馆 1921 年 19 页 12cm（36 开）
定价：大洋五分

J0109246
袖珍摄影良友 高维祥, 林泽苍著
上海 中国摄影学会 1926 年 200 页
［14×21cm］（27 开）精装
　　本书分 17 章, 介绍摄影的基本知识。有摄影术的沿革、摄影器及镜头的选择、择光配景术等。书末附中国摄影协会章程。

J0109247
摄影初步 舒新城编著
上海 中华书局 1929 年 228 页 19cm（32 开）
定价：银一元五角

J0109248
摄影初步 舒新城编著
上海 中华书局 1935 年 4 版 10+228 页
有照片 18cm（32 开）定价：银一元五角

J0109249
摄影初步 舒新城编著
上海 中华书局 1948 年 8 版 10+228 页 有图
18cm（32 开）定价：国币七元

J0109250
增广摄影良友 林泽苍, 高维祥编著
上海 中国摄影学会 1929 年 4 版 增订版
504+10 页 19cm（32 开）精装
　　本书又名《摄影大全》, 分 17 章, 介绍摄影的基本知识。有摄影术的沿革、摄影器及镜头的选择、择光配景术等。

J0109251
摄影实习指导书 吴静山著
上海 世界书局 1930 年 328 页 18cm（32 开）
定价：（银）九角

J0109252
摄影实习指导书 吴静山著
上海 世界书局 1933 年 4 版 328 页 有图
18cm（32 开）定价：（银）九角

J0109253
照相 江苏省立教育学院研究实验部编
无锡 江苏省立教育学院研究实验部 1931 年
10 页 18cm（15 开）定价：大洋三分
（民众科学问答丛书 19）
　　本书为摄影基本知识读本。正文页书名题：照相机。

J0109254
摄影学 ABC 吴静山著
上海 ABC 丛书社 1932 年 4 版 131 页 有图
18cm（32 开）定价：五角
（ABC 丛书）

J0109255
摄影学 ABC 吴静山著
上海 ABC 丛书社 1934 年 5 版 131 页
19cm（32 开）精装 定价：六角
（ABC 丛书）
　　本书内容为摄影基本知识。

J0109256
摄影学 ABC 吴静山著
上海 ABC 丛书社 1934 年 5 版 131 页
19cm（32 开）定价：五角
（ABC 丛书）

J0109257
摄影实习指导 吴静山著
上海 世界书局 民国二十九年［1940］新 1 版
225 页 19cm（32 开）定价：国币二元四角
（民国籍粹 续）

J0109258
摄影实习指导 吴静山著
上海 世界书局 1947 年 新 3 版 重排本 225 页
有图 18cm（32 开）

J0109259
怎样学照相 陈品琼编辑
［上海］世界书局 1942 年 赣 1 版 22 页
19cm（32 开）定价：国币二角
（小学自然故事 第二组）
　　本书为小学高年级及初中适用的摄影普及读物。

J0109260
户外摄影　　钟秀山编著
香港 前进书局 1949 年 60 页 有照片
18cm（15 开）定价：HKD3.00

J0109261
柯达摄影术　　上海柯达公司［编］
上海 上海柯达公司［1950—1955 年］224 页
有照片 20cm（32 开）精装

J0109262
摄影入门　（续集）陈怀德编著
1950 年 210 页 有图 18cm（32 开）定价：旧币
20 元（普及本），旧币 40 元（铜版纸本）
（中国摄影丛书 6）
　　编著者陈怀德（1915-？），江苏溧阳人。曾
任中国摄影学会常务理事长。英国皇家摄影学
会会员。主要摄影作品有《同心合力》《黄山之
晨》《嘉陵江畔》等。

J0109263
摄影手册　　陈怀德编撰
上海 中国摄影出版社 1950 年 60 页 有图
18cm（32 开）定价：十二元
（中国摄影丛书 5）

J0109264
摄影手册　　陈怀德编著
上海 中国摄影出版社 1952 年 2 版 增订本
120 页 15cm（40 开）定价：旧币 1,2000 元
（中国摄影丛书 5）

J0109265
摄影入门　　陈怀德编著
陈怀德 1951 年 2 版 120 页 有图表
18cm（32 开）定价：旧币 20,000 元
（中国摄影丛书 4）

J0109266
摄影问答　　陈怀德编著
上海 中国摄影出版社 1952 年 78 页 有图
14cm（64 开）定价：旧币 7,500 元
（中国摄影丛书 7）

J0109267
摄影问答　　陈怀德编著
上海 四联出版社 1955 年 新 1 版 42 页 有图
14cm（45 开）定价：CNY0.30

J0109268
新闻摄影　　毛松友著
上海 中华书局 1952 年 188 页 有图 20cm（32 开）
定价：旧币 11,600 元
　　作者毛松友（1911—2000），摄影师。别名仿
梅，浙江江山县人。毕业于中国公学大学。曾就
职于第二轻工业部。出版有《晋祠风光》《天龙
山石窟艺术》《五台山胜景》等。

J0109269
大众摄影　　陈怀德编撰
上海 中国摄影出版社 1953 年 60 页 有照片
10×15cm 定价：旧币 7,500 元

J0109270
闪光摄影　（摄影原理与实务）陈怀德编著
上海 中国摄影出版社 1953 年 30 页 有图
18cm（32 开）定价：旧币 5,000 元
　　本书介绍了闪光灯应用方面的摄影基本
知识。

J0109271
摄影入门　　陈怀德编撰
上海 中国摄影出版社 1953 年 3 版 38 页
19cm（32 开）定价：旧币 15,000 元
（中国摄影丛书）

J0109272
摄影须知　　林泽苍编著
上海 三和出版社 1954 年 2 版 修订本
316 页 有照片 18cm（32 开）

J0109273
实用摄影技术讲座　（第二辑 摄影技术进一
步操作法）（苏）B. 米古林著；傅鹤鸣译
上海 上海文化出版社 1954 年 223 页
19cm（32 开）

J0109274
实用摄影技术讲座　（第三辑 摄影技术的掌

握）（苏）B. 米古林著；傅鹤鸣译
上海　上海文化出版社　1954 年　223 页
19cm（32 开）定价：6，500 元

J0109275
大众摄影　陈怀德编著
上海　四联出版社　1955 年　新 1 版　60 页
10 × 15cm　定价：CNY0.27

J0109276
地理摄影　卢村禾著
［上海］新知识出版社 1955 年［1 张］54cm（4 开）
定价：CNY0.27

J0109277
镜头的选择和应用　陈邕麟编著
上海　中国摄影出版社　1955 年　200 页　有表图
18cm（15 开）定价：CNY1.85

J0109278
摄影入门　陈怀德编著
上海　四联出版社　1955 年　新 1 版　102 页　有图
18cm（32 开）定价：CNY0.50

J0109279
摄影须知　林泽苍编著
上海　新科学书店　1955 年　再版　增订本　370 页
有图表 20cm（32 开）定价：旧币二元

J0109280
怎样学习拍照　陈怀德编著
上海　上海文化出版社　1955 年　75 页　有图
18cm（15 开）定价：CNY0.29

J0109281
农业摄影　（苏）柯利（H. Г .Колли）著；吴颂
廉，杨逊先译
上海　上海人民美术出版社　1956 年　79 页
21cm（32 开）统一号号：T8081.1725
定价：CNY0.60
（摄影知识丛书）

J0109282
人象摄影　魏南昌著
上海　上海人民美术出版社　1956 年　144 页

有图　21cm（32 开）统一书号：8081.1739
定价：CNY1.10
（摄影知识丛书）

J0109283
摄影的实践　（苏）B . 米库林（ B .Микулин）
著；景耳译
上海　上海人民美术出版社　1956 年　165 页
19cm（32 开）定价：CNY1.25
（摄影丛书）

J0109284
摄影入门　陈怀德编著
上海　上海文化出版社　1956 年　139 页　有图
19cm（32 开）定价：CNY0.44

J0109285
摄影原理与实用　张印泉著
上海　上海人民美术出版社　1956 年
21cm（大 32 开）定价：CNY2.10
（摄影译丛）

　　本书共有 10 章，主要章节为：光学常识与
镜头、摄影机、感光片、滤色镜和偏振镜、摄影
光源、感光、负片的摄影和处理、印相与放大和
彩色摄影。主要内容涉及光学、化学、摄影器材、
感光材料、拍摄技术技巧、暗室制作、印相与放
大，乃至色彩与彩色摄影等。书中附有 200 幅
图。作者张印泉（1900—1971），河北丰润县人。
毕业于北京国立政法大学经济系，历任新华社新
闻摄影部研究员，中国摄影学会副主席，中国文
学艺术界联合会全国委员会委员。作品有《力挽
狂澜》《雪地惊鹅》《前进》，著有《摄影原理与实
用》《人造光摄影》《摄影应用光学》等。

J0109286
摄影原理与实用　张印泉著
上海　上海人民美术出版社　1959 年　2 版
增订本　482 页　有图　19cm（32 开）
统一书号：8081.1686　定价：CNY1.75

J0109287
青 年 业 余 摄 影　（苏）Д . 布尼莫维奇（ Д.
Бунимович）著；虞孝宽译
上海　上海人民美术出版社　1957 年　192 页
有图　20cm（32 开）统一书号：8081.2835

定价：CNY0.10
（摄影知识丛书）

J0109288
人造光摄影　张印泉著
上海　上海人民美术出版社 1957 年 117 页
有图 19cm（32 开）统一书号：T8081.1738
定价：CNY0.65
（摄影丛书）

J0109289
闪光摄影和自制闪光器　夏元鼎著
上海　上海科学技术出版社 1957 年 131 页
19cm（32 开）统一书号：15119.585
定价：CNY0.60

J0109290
实用摄影技术讲座　（第一辑 摄影技术基本
知识）(苏) B. 米古林著；傅鹤鸣译
上海　上海文化出版社 1954 年 86 页 19cm（32 开）
定价：10，000 元

J0109291
实用摄影技术讲座　（第一辑）(苏) B. 米古林
著；傅鹤鸣译
上海　上海文化出版社 1956 年 修订本 86 页
19cm（32 开）统一书号：8077.50 定价：CNY0.42

J0109292
实用摄影技术讲座　（第二辑）(苏) B. 米古林
著；傅鹤鸣译
上海　上海文化出版社 1957 年 修订本 223 页
19cm（32 开）统一书号：8077.83 定价：CNY0.65

J0109293
实用摄影技术讲座　（第三辑）(苏) B. 米古林
著；傅鹤鸣译
上海　上海文化出版社 1957 年 修订本 330 页
19cm（32 开）统一书号：8077.84 定价：CNY0.50

J0109294
在户外摄影中滤色镜的应用　(苏)乌·乌·德
莫霍夫斯基(B . B . Луковский)著；刘世一等译
上海　上海人民美术出版社 1957 年 100 页
有图表 21cm（32 开）统一书号：8081.2888

定价：CNY0.75
（摄影知识丛书）

J0109295
在苏联摄影实习的体会　袁苓著
上海　上海人民美术出版社 1957 年 96 页
有插图 21cm（32 开）统一书号：T8081.1715
定价：CNY0.80
（摄影知识丛书）

J0109296
摄影技法　毛松友著
上海　上海人民美术出版社 1958 年 230 页
有图 20cm（32 开）统一书号：8081.3388
定价：CNY1.20
　　作者毛松友(1911—2000)，摄影师。别名仿
梅，浙江江山县人。毕业于中国公学大学。曾就
职于第二轻工业部。出版有《晋祠风光》《天龙
山石窟艺术》《五台山胜景》等。

J0109297
摄影零话　（业余摄影读物）可欣编著
太原　山西人民出版社 1958 年 55 页
有图 19cm（32 开）统一书号：13088.9
定价：CNY0.20

J0109298
摄影手册　陈怀德著
香港　万里书店 1958 年 136 页 有图表
19cm（32 开）定价：HKD1.60
（万里摄影丛书）

J0109299
摄影小经验　科学画报编辑部编
上海　科技卫生出版社 1958 年 67 页 19cm（32 开）
统一书号：15110.780 定价：CNY0.24
（科学画报丛书）

J0109300
摄影原理与实用　张印泉著
香港　万里书店 1958 年 420 页 22cm（16 开）
定价：HKD5.00

J0109301

用人工照明摄影 （苏）西莫诺夫
（А.Симонов）著；罗亚庄译
上海　上海人民美术出版社　1958 年　75 页
有图　18cm（15 开）统一书号：8081.3210
定价：CNY0.46

J0109302

怎样拍摄风景 薛子江著
上海　上海人民美术出版社　1958 年　37+17 页
有图　18cm（15 开）统一书号：T8081.4240
定价：CNY0.30
（实用摄影知识丛书）

　　本书介绍了在拍摄风景照片时应把握的技
巧，内容包括：题材的确定、取景和角度的选择，
对景物中动态的掌握、光线的运用，以及拍摄云
景、雾景、彩霞、雨景、雪景等拍摄经验。作者
薛子江（1910—1962），摄影家。广东顺德人。英
国皇家摄影学会高级会员，中国新闻社摄影记
者，中国摄影家协会第一、二届常务理事等。主
要作品有《衡山初晓》《千里江陵一日还》《日出
而作》等。

J0109303

怎样拍摄风景 薛子江著
广州　艺术画报社　1961 年　37 页　有照片
18cm（15 开）定价：CNY0.30
（实用摄影知识丛书）

J0109304

怎样拍摄风景 薛子江著
上海　上海人民美术出版社　1980 年　重印本
42 页　19cm（32 开）统一书号：8081.4240
定价：CNY0.27
（实用摄影知识丛书）

J0109305

少年摄影工作室 （苏）布尼莫维奇，Д.著；
虞孝宽译
上海　上海人民美术出版社　1959 年　58 页
有图表　21cm（32 开）统一书号：T8081.4384
定价：CNY0.40

J0109306

实用摄影 毛松友著

香港　万里书店　1959 年　186 页　有图　19cm（32 开）
定价：HKD2.50

J0109307

实用摄影技术讲座 （第一册）（苏）В.米古林
著；傅鹤鸣编译
上海　上海人民美术出版社　1959 年　118 页
有图表　19cm（32 开）统一书号：8081.5107
定价：CNY0.50

J0109308

实用摄影技术讲座 （第二册）（苏）В.米古林
著；傅鹤鸣编译
上海　上海人民美术出版社　1960 年　120 页
有图表　19cm（32 开）统一书号：8081.4748
定价：CNY0.50
　　本书原名《摄影技术 25 讲》。

J0109309

实用摄影技术讲座 （第三册）（苏）В.米古林
著；傅鹤鸣编译
上海　上海人民美术出版社　1960 年　147 页
有图表　19cm（32 开）统一书号：8081.4749
定价：CNY0.62

J0109310

照相业技术革新 商业部饮食服务局编
上海　上海科学技术出版社　1959 年　185 页
有图表　19cm（32 开）统一书号：15119.1266
定价：CNY0.54

J0109311

和摄影爱好者谈谈新闻摄影 （苏）帕·依·贝
奇科夫，П.И.著；佚夫译
上海　上海人民美术出版社　1960 年　65 页
有图　19cm（32 开）统一书号：8081.4881
定价：CNY0.42
　　本书系帕·依·贝奇科夫，П.И.著，佚夫译
新闻摄影技术。

J0109312

怎样组织摄影小组 （苏）Н.科里（Н.Колли）
著；虞孝宽译
上海　上海人民美术出版社　1960 年　94 页
有图　20cm（32 开）统一书号：8081.4654

定价：CNY0.46

　　本书内容为摄影技术讲座教材 15 课。

J0109313

摄影的正确曝光　（美）莫尔根，W.D.（美）里斯特，H.M. 著；王慧敏译

北京 中国电影出版社 1961 年 120 页 有图表 19cm（32 开）统一书号：15061.86

定价：CNY0.52

　　外文书名：Correct Exposure in Photography.

J0109314

怎样拍摄机件　杨小佛著

上海 上海人民美术出版社 1961 年 85 页

有图表 17cm（40 开）统一书号：T8081.5027

定价：CNY0.38

（实用摄影知识丛书）

J0109315

怎样使用曝光表　刘杰东著

上海 上海人民美术出版社 1961 年 70 页

有图表 18cm（15 开）统一书号：T8081.4920

定价：CNY0.24

（实用摄影知识丛书）

J0109316

彩色摄影　（苏）Д.З.布尼莫维奇著；苏祖良译

上海 上海人民美术出版社 1962 年

19cm（小 32 开）定价：CNY0.78

J0109317

彩色摄影与彩色空中摄影基础　（苏）M.H.崔干诺夫著；俞浩清等译

[北京] 中国工业出版社 1962 年 21cm（32 开）

定价：CNY0.72

J0109318

彩色显影　（苏）契利佐夫，（苏）邦迦尔德著；陈兆初，谢宜凤译

北京 中国电影出版社 1962 年 218 页

21cm（32 开）统一书号：15061.95 定价：CNY1.20

J0109319

舞台艺术摄影　吴化学著

上海 上海人民美术出版社 1962 年 [61] 页

有图 17cm（32 开）统一书号：T8081.5144

定价：CNY0.32

（实用摄影知识丛书）

　　本书主要论述了舞台艺术摄影的作用和特点；舞台艺术摄影必备的器材；如何正确曝光、选择合适的位置和角度、调整焦距和用光、掌握光圈和快门；确定画面的构图和抓取剧中人的性格等方法；戏剧、舞蹈、音乐、杂技、曲艺、木偶和皮影等不同演出拍摄时应注意事项、具体方法和技巧等。作者吴化学（1914—2005），摄影家、记者。生于山东寿光县，原名吴金声。曾任《曙光报》记者组长，《前锋报》采编主任、新闻学校校长、新华社记者、中央记者组组长。著作有《摄影工作讲授提纲》《舞台艺术摄影》《摄影美学》。

J0109320

舞台艺术摄影　吴化学著

上海 上海人民美术出版社 1964 年 2 版

增订本 66 页 有图 18cm（32 开）

统一书号：T8081.5144 定价：CNY0.42

J0109321

舞台艺术摄影　吴化学著

上海 上海人民美术出版社 1983 年 3 版 80 页

19cm（32 开）统一书号：8081.5144

定价：CNY0.46

（实用摄影知识丛书）

J0109322

怎样对光　虞孝宽著

上海 上海人民美术出版社 1962 年 15cm（64 开）

定价：CNY0.24

（实用摄影知识丛书）

J0109323

怎样正确估计曝光　吴印咸著

上海 上海人民美术出版社 1962 年 40 页

有图表 17cm（40 开）统一书号：T8081.5094

定价：CNY0.38

（实用摄影知识丛书）

　　本书为摄影初学者介绍了在学习摄影曝光技术中面临的问题。包括：在不具备测光表的条件下，如何掌握正确估计曝光的技术；影响曝光的各种因素有光线的照度、物体的亮度、胶片的感光度等，影响正确估计曝光；正确估计曝光的

具体方法等。附图 23 幅。

J0109324

怎样正确估计曝光　　吴印咸著
上海　上海人民出版社　1972 年　19cm（32 开）
统一书号：8.3.552　定价：CNY0.30
（实用摄影知识丛书）

J0109325

怎样正确估计曝光　　吴印咸著
上海　上海人民美术出版社　1978 年　重印本
45 页　19cm（32 开）统一书号：8081.5094
定价：CNY0.30
（实用摄影知识丛书）

　　本书叙述摄影初学者在不具备测光表的条件下，如何掌握正确估计曝光的技术。书中列举影响曝光的各种因素，如光线的照度、物体的亮度、胶片的感光度等，都会影响正确估计曝光。针对上述的各种因素，介绍了怎样正确估计曝光的具体方法。附图列 23 幅。

J0109326

怎样正确估计曝光　　吴印咸著
上海　上海人民美术出版社　1984 年　2 版　45 页
19cm（小 32 开）定价：CNY0.30
（实用摄影知识丛书）

J0109327

照片在报纸上的运用形式　　洪克著
上海　上海人民美术出版社　1962 年
19cm（小 32 开）定价：CNY0.38

J0109328

照相技术　　上海市饮食福利公司编
［北京］中国财政经济出版社　1962 年
21cm（32 开）定价：CNY1.47
　　本书系中等专业学校试用教材。

J0109329

怎样运用自然光　　张亚生著
上海　上海人民美术出版社　1963 年　51 页
19cm（32 开）统一书号：8081.5332　定价：CNY0.24
（实用摄影知识丛书）

　　本书论述了自然光在摄影造型上的作用，自然光的规律，自然光的几种类型，自然光的强弱变化和光位变化对摄影的影响；顺光、侧光、逆光和散射光的作用和在摄影时的运用；以及如何掌握室内运用自然光的特征，及对室内单光源、双光源和多光源的照明处理方法。

J0109330

怎样运用自然光　　张亚生著
上海　上海人民美术出版社　1981 年　2 版
51 页　19cm（32 开）统一书号：8081.5332
定价：CNY0.30
（实用摄影知识丛书）

J0109331

怎样拍摄人像　　吴印咸著
上海　上海人民美术出版社　1965 年　60 页
有图　17cm（40 开）统一书号：T8081.5368
定价：CNY0.26
（实用摄影知识丛书）

　　本书主要论述了拍摄人像照片的基本表现方法。如抓取典型瞬间、脸形缺陷的补救方法、掌握"光比"和修版等问题。附图 12 幅。作者吴印咸（1900—1994），摄影艺术家、导演。原名吴荫诚，祖籍安徽歙县，生于江苏沭阳。曾在上海美术专科学校学习。历任东北电影制片厂厂长，北京电影学院副院长兼摄影系主任，文化部电影局顾问，中国摄影家协会副主席，中国电影摄影师学会副理事长，全国文学艺术联合会委员等。代表作品《生死同心》《风云儿女》《坚苦的奋斗》。

J0109332

怎样拍摄人像　　吴印咸著
上海　上海人民美术出版社　1982 年　2 版
68 页　19cm（32 开）统一书号：8081.5368
定价：CNY0.33
（实用摄影知识丛书）

J0109333

室内自然光摄影　　吴颂廉著
上海　上海人民美术出版社　1966 年　35 页　有图表　18cm（32 开）统一书号：T8081.5599
定价：CNY0.22
（实用摄影知识丛书）

J0109334

室内自然光摄影　　吴颂廉著

上海　上海人民美术出版社　1979 年　2 版

52 页　19cm（32 开）统一书号：8081.11582

定价：CNY0.28

（实用摄影知识丛书）

J0109335

彩色照相　　张仪尊编著

台北　正中书局　1970 年　4 版　94 页　有图

20cm（32 开）

（应用科学丛书）

J0109336

摄影基本知识　　贵州日报社编

贵州　贵州日报社　1972 年　92 页　19cm（32 开）

J0109337

摄影经验谈　　方劲著

香港　万里书店　1972 年　177 页　有照片

19cm（32 开）定价：HKD6.00

J0109338

摄影浅谈　　吉雅编

呼和浩特　内蒙古自治区人民出版社　1972 年

74 页　有图表　19cm（32 开）统一书号：8089.01

定价：CNY0.33

J0109339

彩色摄影　　徐振亚编

呼和浩特　内蒙古人民出版社　1973 年

19cm（32 开）统一书号：8089.10　定价：CNY0.56

J0109340

摄影常识　　王金城，刘志平编写；边世良插图

长春　吉林人民出版社　1973 年　86 页　有图表

19cm（32 开）统一书号：15091.116

定价：CNY0.20

J0109341

摄影基本知识　　湖北日报社编

武汉　湖北人民出版社　1973 年　97 页　有图

19cm（32 开）统一书号：7106.913　定价：CNY0.26

J0109342

英汉摄影电影技术词汇　（征求意见稿）天

津市感光胶片厂长安资料室编

天津　天津市感光胶片厂长安资料室　1973 年

油印本　2 册（1120 页）26cm（16 开）

J0109343

怎样拍摄夜景　　张韫磊著

上海　上海人民出版社　1973 年　19cm（32 开）

定价：CNY0.23

（实用摄影知识丛书）

　　　作者张韫磊（1926—　），记者。山东莱州人。

人民画报社高级记者，中国老摄影家协会理事。

出版专著有《怎样拍夜景》《神州风光》（画册）等。

J0109344

怎样拍摄夜景　　张韫磊著

上海　上海人民美术出版社　1978 年　新 1 版

36 页　19cm（32 开）统一书号：8081.11184

定价：CNY0.23

（实用摄影知识丛书）

J0109345

彩色照相加工配方集　（日）笹井明著；彩色

照相加工配方集翻译小组译

北京　燃料化学工业出版社　1974 年

19cm（小 32 开）定价：CNY0.25

J0109346

胶卷与照相纸的性能　　屠惠霖，李志宏编著

上海　上海人民出版社　1974 年　19cm（小 32 开）

定价：CNY0.28

（实用摄影知识丛书）

J0109347

体育摄影　　体育报摄影组编写

上海　上海人民出版社　1975 年　85 页　19cm（32 开）

统一书号：8171.963　定价：CNY0.40

（实用摄影知识丛书）

J0109348

体育摄影　　体育报摄影组编写

上海　上海人民美术出版社　1979 年　新 1 版

85 页　有图　19cm（32 开）

统一书号：8081.11258　定价：CNY0.40

（实用摄影知识丛书）

　　本书针对不同体育项目的特点，论述了体育摄影的特点和基本知识。附图 24 幅。

J0109349

海底摄影　朱畅敏编著

香港 万里书店 1976 年 118 页 18cm（15 开）

定价：HKD7.00

　　外文书名：Underwater Photography

J0109350

海底摄影技术　邱国华编著

台北 华联出版社 1976 年 118 页 有图

20cm（32 开）

　　外文书名：Underwater Photography.

J0109351

黑白摄影技法　陈绍文著

香港 万里书店 1976 年 184 页 22cm（32 开）

定价：HKD10.00

J0109352

实用摄影艺术　陈迹著

香港 万里书店 1976 年 125 页 有图 23cm（16 开）

定价：HKD7.00

　　外文书名：Practical Photography.

J0109353

照相术　马宏藻译

台北 徐氏基金会 1976 年 52 页 有图

20cm（32 开）定价：旧台币 0.60

（科学图书大库 第四集 10）

J0109354

近摄技术　邹保罗编著

台北 华联出版社 1977 年 159 页 有图

20cm（32 开）定价：TWD60.00

J0109355

摄影基础　林峰菁等著

香港 摄影画报社 1977 年 新增版 118 页

有照片 19cm（小 32 开）

（摄影画报丛书）

J0109356

摄影基础　林峰菁等著

香港 摄影画报社 1981 年 新增版 118 页

20cm（32 开）

（摄影画报丛书）

　　新增版内容增加了闪灯摄影及彩色摄影 2 章。

J0109357

摄影秘诀　（特殊摄影专辑）陈慧英编译

台北 华联出版社 1977 年 124 页 有照片

20cm（32 开）定价：TWD50.00

　　外文书名：Occult Arts of Photography.

J0109358

黑白摄影　邢俊章著

台北 徐氏基金会 1978 年 4 版 141 页

21cm（32 开）定价：旧台币 1.80

（科学图书大库）

J0109359

近摄技术　邹保罗编著

香港 万里书店 1978 年 159 页 23cm（10 开）

J0109360

看图学摄影　姚苇芝编著

香港 万里书店 1978 年 103 页 有照片

19cm（32 开）定价：HKD5.20

　　外文书名：Photography Illustrated.

J0109361

巧用你的摄影机　王荣光，陈大文编著

香港 万里书店 1978 年 124 页 有照片图

19cm（32 开）定价：HKD5.60

　　外文书名：All Manner of Photography.

J0109362

巧用你的摄影机　王荣光，陈大文编著

香港 万里书店 1984 年 3 版 124 页 有照片，

图 19cm（32 开）定价：HKD11.00

　　外文书名：All Manner of Photography.

J0109363

新闻摄影　（摄影技术讲义 上册）复旦大学新闻系编

上海 复旦大学新闻系 1978 年 291 页 有照片
18cm（32 开）

J0109364
新闻摄影 （摄影技术讲义 下册）复旦大学新
闻系编
上海 复旦大学新闻系 1978 年 有照片
19cm（小 32 开）

J0109365
35mm 单镜反光机 （摄影指南）陈远宗编著
香港 万里书店 1979 年 151 页 有图
23cm（10 开）定价：HKD11.00
　　本书为摄影技术指南工具书。外文书名：
35mm Single Lens Reflex.

J0109366
彩色摄影知识　蔡义鸿编
石家庄 河北人民出版社 1979 年 155 页
19cm（32 开）统一书号：8086.1025 定价：CNY0.65
（摄影丛书）
　　本书分为 3 章：阐述彩色片的色彩照片是怎
样形成的、介绍怎样拍摄彩色片、介绍彩色片的
洗印。书中附有彩色感光材料和彩色校正分析
仪，并有插图。

J0109367
翻摄基本技术　陈石林著
上海 上海人民美术出版社 1979 年 3 版
72 页 19cm（32 开）统一书号：8081.11520
定价：CNY0.20
（实用摄影知识丛书）

J0109368
摄影 ABC　何锦雄编著
香港 万里书店 1979 年 176 页 19cm（32 开）

J0109369
摄影常识　蔡见新编著
香港 万里书店 1979 年 75 页 有照片图
18cm（32 开）定价：HKD3.00

J0109370
摄影基本功　李昭编著
香港 万里书店 1979 年 102 页 有图 19cm（32 开）

定价：HKD6.00
　　外文书名：The Basic Photography.

J0109371
摄影问答　蔡见新编著
香港 万里书店 1979 年 74 页 有照片图
18cm（32 开）定价：HKD2.60
　　外文书名：Photography and Camera.

J0109372
摄影问答 （1）解君华编
上海 上海人民美术出版社 1979 年 136 页
19cm（32 开）统一书号：8081.11393
定价：CNY0.33
　　本书选编了 100 个问题，针对摄影构图、摄
影曝光、摄影技术、翻拍技术、暗室工艺等基本
知识做了回答。书中附图表和照片 53 幅。

J0109373
摄影问答 （2）一夫编著
上海 上海人民美术出版社 1980 年 145 页
19cm（32 开）统一书号：8081.11867
定价：CNY0.35

J0109374
摄影问答 （3 彩色摄影专辑）解君华编著
上海 上海人民美术出版社 1986 年 214 页
19cm（32 开）统一书号：8081.14474
定价：CNY1.30

J0109375
摄影问答 （4）赵仰山，赵德苏编著
上海 上海人民美术出版社 1987 年 126 页
有照片 19cm（32 开）统一书号：8081.15054
定价：CNY1.10

J0109376
摄影问答 （5 实用人物摄影 ABC）朱光明等
编著
上海 上海人民美术出版社 1992 年 160 页
有照片 19cm（32 开）ISBN：7-5322-0876-1
定价：CNY3.20
　　本书共编选条目 104 条，从人物摄影的定
义、范围和要求，对人物摄影的器材配备、构图、
用光、各种题材的拍摄技法、特技摄影以及被摄

对象表情、动作、姿势表现手法和外貌缺陷弥补技巧等作了系统阐述。附有照片和插图 86 幅。

J0109377
摄影问答 （6 实用暗室特技 ABC）唐光波编著
上海 上海人民美术出版社 1993 年 99 页
有照片 19cm（32 开）ISBN：7-5322-1187-8
定价：CNY2.50

本书收有条目 42 条，内容含暗室特技的定义、范围、要求着手等。

J0109378
摄影问答 （7 实用摄影特技 ABC）陈文襄，朱文良编著
上海 上海人民美术出版社 1992 年 109 页
有插图 19cm（32 开）ISBN：7-5322-1259-9
定价：CNY4.60

J0109379
摄影问答 （8 实用人造光摄影 ABC）张益福著
上海 上海人民美术出版社 1995 年 103 页
有插图及照片 19cm（32 开）
ISBN：7-5322-1171-1 定价：CNY5.80

J0109380
摄影用光 吴印咸著
北京 中国摄影出版社 1979 年 73 页 19cm（32 开）
统一书号：8028.3023 定价：CNY1.90

本书分为 9 章：光的造形、光的分类及其使用、光源、光线与层次、光线的衔接、人物近景、棚内布景的用光、曝光问题、色光与校色。书内附有摄影作品 70 幅，插图 180 多幅。作者吴印咸（1900—1994），摄影艺术家、导演。原名吴荫诚，祖籍安徽歙县，生于江苏沭阳。曾在上海美术专科学校学习。历任东北电影制片厂厂长、北京电影学院副院长兼摄影系主任，文化部电影局顾问，中国摄影家协会副主席，中国电影摄影师学会副理事长，全国文学艺术联合会委员等。代表作品《生死同心》《风云儿女》《坚苦的奋斗》。

J0109381
黑白摄影技术 中国人民大学新闻系编写
北京 中国人民大学出版社 1980 年 154 页
21cm（32 开）统一书号：8011.1 定价：CNY0.71

J0109382
黑白摄影技术 中国人民大学新闻系摄影教研室编
北京 中国人民大学出版社 1987 年 2 版
修订本 191 页 有图 20cm（32 开）
ISBN：7-300-00202-1 定价：CNY1.50

J0109383
摄影初步 屠景明编
台北 华联出版社 ［1980 年］122 页 19cm（32 开）

J0109384
摄影技术 上海市饮食服务公司编
北京 中国财政经济出版社 1980 年 471 页
21cm（32 开）统一书号：15166.155
定价：CNY2.50

J0109385
相机跑天下 张志纯译
台北 徐氏基金会 1980 年 212 页 有图
20cm（32 开）定价：旧台币 2.20
（科学图书大库）

J0109386
业余摄影实用手册 徐光春著
合肥 安徽科学技术出版社 1980 年 318 页
19cm（32 开）统一书号：15200.14
定价：CNY1.00

J0109387
业余摄影实用手册 徐光春著
合肥 安徽科学技术出版社 1982 年 2 版
350 页 19cm（32 开）统一书号：15200.14
定价：CNY1.10

本书除介绍摄影方面的基本知识和操作技能外，还针对业余摄影活动的实际情况，解答了一些疑难问题。

J0109388
业余摄影实用手册 徐光春著
合肥 安徽科学技术出版社 1985 年 345 页
19cm（32 开）统一书号：15200.14 定价：CNY1.75

J0109389
业余摄影实用手册 徐光春编著

合肥　安徽科学技术出版社　1993 年　3 版
重印本　345 页　有照片　19cm（32 开）
ISBN：7-5337-0273-6　定价：CNY4.50

J0109390
最新彩色摄影百科全书
台北　自然科学文化事业公司［1980—1989 年］
216 页　19cm（32 开）

J0109391
采访摄影入门　　陈和毅著
北京　工商出版社　1981 年　86 页　有照片
18cm（15 开）统一书号：8246.006
定价：CNY0.30
（大众摄影指南丛书）

J0109392
单镜反光机彩色摄影　　张汉彪编著
香港　万里书店　1981 年　111 页　有图 18cm（15 开）
定价：HKD11.00
　　外 文 书 名：Colour Photo with Single Lens
Reflex.

J0109393
灯光人像摄影　　姚经才等著
北京　中国摄影出版社　1981 年　87 页　有照片
19cm（32 开）统一书号：8226.7 定价：CNY0.50

J0109394
动体摄影　　（英）唐·莫利（D.Morley）著；晓影译
天津　天津人民美术出版社　1981 年　148 页
19cm（32 开）统一书号：8073.50162
定价：CNY0.80
（国际摄影丛书）

J0109395
风光摄影技巧　　张韫磊著
北京　工商出版社　1981 年　81 页　19cm（32 开）
统一书号：8246.007 定价：CNY0.35

J0109396
各种题材摄影研究　　韦彰，徐国兴编
北京　中国摄影出版社　1981 年　107 页
19cm（32 开）统一书号：8226.2 定价：CNY0.62
　　编者韦彰，教授。广西南宁人，北京电影学

院教授、硕士研究生导师，中国老摄影家协会理
事。编有《摄影技术与技法》《摄影构图与表现
方法》。

J0109397
国外摄影技法　　狄源沧，王发瑭编
长春　吉林人民出版社　1981 年　19cm（32 开）
统一书号：8091.1140 定价：CNY2.30
（摄影知识丛书）

J0109398
简明摄影技术　　张韫磊编著
北京　工商出版社　1981 年　98 页　有图照
18cm（15 开）统一书号：8246.005
定价：CNY0.35
（大众摄影指南丛书）

J0109399
摄影百问百答　　曾子芸编著
香港　得利书局　1981 年　144 页　19cm（小 32 开）

J0109400
摄影布光技法　　寓农编著
香港　万里书店　1981 年　198 页　有图
18cm（32 开）定价：HKD18.00
　　外文书名：Lighting Technique for Photogra-
phy.

J0109401
摄影的艺术　　刘东野编著
台北　华联出版社　1981 年　112 页　有图
19cm（32 开）定价：TWD50.00

J0109402
摄影技术基础　　马运增，徐国兴著
上海　上海人民美术出版社　1981 年　182 页
19cm（32 开）统一书号：8081.12389
定价：CNY0.50

J0109403
摄影手册　　庄修田编著
香港　艺术图书公司　1981 年　253 页　有照片
20cm（32 开）

J0109404

综合摄影手册　李建生编写

贵阳 贵州人民出版社 1981 年 299 页

19cm（32 开）统一书号：15115.136

定价：CNY1.00

　　本书介绍如何掌握曝光、如何取景和拍摄动物体、如何拍摄人像、如何翻拍与复印、暗室技术、特别技术工艺、彩色摄影、如何制作幻灯片、照片的人工上色、拍摄技巧、拍摄配方、照相机、感光材料等有关摄影艺术、技术问题。

J0109405

综合摄影手册　李建生编写

贵阳 贵州人民出版社 1987 年 2 版 增订本

367 页 19cm（32 开）定价：CNY2.10

J0109406

创意摄影　涂绍基译

台北 众文图书公司 1982 年 283页 26cm（16开）精装

（众文摄影经典丛书 1）

J0109407

电子闪光灯摄影　张汉彪编著

香港 万里书店 1982 年 106 页 有图

18cm（15 开）定价：HKD13.00

　　外文书名：Flash Photo.

J0109408

黑白与彩色摄影　姜国宪编

兰州 甘肃人民出版社 1982 年 226 页

19cm（32 开）统一书号：15096.50

定价：CNY0.71

　　本书主要介绍黑白与彩色摄影的基础知识及若干技术问题的处理方法，摄影技术表现技巧等。

J0109409

模特儿摄影　施瓦茨（Schwarz, T.）著；张子扬译

台北 众文图书公司 1982 年 126页 20cm（32 开）

定价：TWD120.00

（众文摄影家丛书 8）

J0109410

摄影技法　胡启佑编著

广州 科学普及出版社广州分社 1982 年 153 页

有照片 19cm（32 开）统一书号：8051.6007

定价：CNY1.50

　　本书内容包括：摄影机的操作，测光表及电子闪光灯的应用，测视光源色温及滤光镜的运用，特殊技法，彩色加工工艺过程等 10 部分，每个部分针对摄影过程中所遇到的实际技术问题，提出见解和有效的处理方法。

J0109411

摄影技法　王德荣著

济南 山东科学技术出版社 1982 年 188 页

19cm（32 开）统一书号：15195.103

定价：CNY1.00

　　本书简明扼要地讲述了摄影基本知识。专门介绍了摄影的一些新设备、新工艺、新技法，着重介绍了摄影、彩色片的加工艺术技巧。

J0109412

摄影技法与采访　王振山著

西宁 青海人民出版社 1982 年 238 页

19cm（32 开）统一书号：8097.470 定价：CNY0.85

　　本书阐述了新闻摄影理论，摄影技术、技巧及摄影创新技法的运用等。作者王振山，摄影记者。山东人，新华通讯社主任记者，中国新闻摄影学会会员。

J0109413

摄影技术 200 问　于海寰编译

沈阳 辽宁美术出版社 1982 年 285 页

19cm（32 开）统一书号：8161.0002 定价：CNY1.50

J0109414

摄影技术集锦　（美）巴特等著；熊大成译

北京 中国摄影出版社 1982 年 72页 19cm（32 开）

统一书号：8226.12 定价：CNY0.68

（国际摄影译丛）

J0109415

摄影经验谈　李幼岐编著

台北 华联出版社 1982 年 126 页 有图

20cm（32 开）定价：TWD100.00

J0109416

摄影经验谈 （美）阿尔弗雷德·艾森斯塔德著；
刘庆云译；江宁生校
北京 中国摄影出版社 1982 年 37 页
有图 19cm（32 开）统一书号：8226.10
定价：CNY0.58
（国际摄影译丛）

J0109417

摄影入门 杜裕民编
沈阳 辽宁人民出版社 1982 年 66 页 有照片
19cm（32 开）统一书号：15090.108
定价：CNY0.62
　　本书较全面系统地介绍了照相机、照相机附
件、摄影技法、摄影实践、暗室技术等基础知识。
收有照片 42 幅。

J0109418

摄影入门 姜达编
成都 四川人民出版社 1982 年 243 页 有照片
19cm（32 开）统一书号：8118.1075 定价：CNY0.84
　　本书共有 9 章，包括：摄影感光材料、书中
照相机与像、摄影的主要步骤与方法、负电处
理、自然光人像摄影、照片印放、初学者容易发
生的问题、照片调色、彩色摄影。书中附有插图
和照片 28 幅。

J0109419

摄影实践 柳成行著
北京 长城出版社 1982 年 183 页 有照片
19cm（32 开）统一书号：8269.9 定价：CNY0.60
　　本书共收入 18 篇各有侧重的拍摄实践文章。

J0109420

摄影特技 徐光春著
合肥 安徽科学技术出版社 1982 年 243 页
19cm（32 开）统一书号：15200.26
定价：CNY0.77

J0109421

新闻摄影论集 蒋齐生著
北京 新华出版社 1982 年 370 页 有照片
21cm（32 开）统一书号：7203.013
定价：CNY1.20
　　本书中涉及新闻摄影的性质、任务和特点，

新闻摄影的真实性原则和艺术特性，摄影采访活
动的基本规律和摄影技法，新闻摄影的美学和摄
影艺术的关系等问题。

J0109422

业余摄影手册 任友编著
南宁 广西人民出版社 1982 年 156 页
19cm（32 开）统一书号：15113.92
定价：CNY0.48
　　本书采用问答的形式解答了许多疑难问题。
除介绍黑白片和色彩片的摄影基本知识和实际
操作技术外，还针对业余摄影的特点和经常遇到
的实际问题，介绍了 20 多条摄影经验和 70 多个
摄影实用配方。

J0109423

业余摄影手册 任友编著
南宁 广西科学技术出版社 1991 年
2 版（修订本）150 页 19cm（小 32 开）
ISBN：7-80565-090-X 定价：CNY2.00

J0109424

自学摄影捷径 鲍明编著
台北 华联出版社 1982 年 171 页 有图
19cm（32 开）定价：TWD75.00

J0109425

1983 全国新闻摄影理论年会论文集 全国
新闻摄影理论年会论文编辑组编
1983 年 549 页 20cm（32 开）

J0109426

1985 全国新闻摄影理论年会论文集 全国
新闻摄影理论年会论文编辑组编
全国新闻摄影理论年会论文编辑组 1985 年
454 页 20cm（32 开）
　　本书收入 1985 年 10 月在安徽滁县举行的
第二届全国新闻摄影年会论文 64 篇。

J0109427

近距摄影 刘励中编著
天津 天津人民美术出版社 1983 年 58 页
19cm（小 32 开）定价：CNY0.65

J0109428

人体摄影艺术　陈真章编辑
台北　众文图书公司　1983 年　223 页　有照片
29cm（16 开）精装　定价：TWD600.00
（众文摄影经典丛书　7）

J0109429

人物摄影指南　（英）艾利森·特拉普莫尔著；
陈葭生，陈寿祜译
北京　中国摄影出版社　1983 年　120 页
19cm（32 开）统一书号：8226.16 定价：CNY0.78
（国际摄影译丛）

　　本书详细地介绍了人物摄影的拍摄方法、表
现方法。关于如何拍摄儿童、青少年、少女、老
人以及聚会、婚礼、旅游等活动，都有清晰通畅
的介绍。

J0109430

人像摄影　吴印咸著
西安　陕西人民美术出版社　1983 年　162 页
19cm（32 开）精装　统一书号：8199.435
定价：CNY3.40，CNY2.30（平装）
（吴印咸摄影艺术著作集　一）

　　本书介绍了人像摄影所使用的器材、构图、
用光、形象处理、影调、滤色镜、曝光等拍摄技
巧和艺术处理的方法，并对肖像、带环境的人
像、群像等分别作了论述。书中附有黑白及彩色
人像照片 400 余幅。

J0109431

商品摄影　涂绍基译
台北　众文图书公司　1983 年　136 页　有图
29cm（16 开）精装　定价：TWD500.00
（众文摄影经典丛书　6）

J0109432

摄影 ABC　黄次石著
北京　中国摄影出版社　1983 年　117 页　有照片
19cm（32 开）统一书号：8226.13 定价：CNY0.65
（摄影小丛书）

J0109433

摄影基础知识　龙吼编
西安　陕西科学技术出版社　1983 年　65 页
19cm（32 开）统一书号：8202.10 定价：CNY0.27

（青年学艺丛书）

　　本书内容分 6 部分：照相机、胶卷的基本
知识、滤色镜的作用及使用效果、曝光的基本知
识、室外摄影的基本知识、胶卷的冲洗和照片
洗印。

J0109434

摄影入门　吴恒编
西安　陕西人民美术出版社　1983 年　129 页
25cm（15 开）统一书号：8199.546 定价：CNY0.41

J0109435

摄影手册　贺修桂等编写
北京　中国摄影出版社　1983 年　587 页
21cm（32 开）定价：CNY2.20

　　本手册从摄影实践出发，系统地阐述摄影技
术的基本知识，以及有关技术的理论问题。

J0109436

摄影特殊技法　（日）児岛昭雄著；林道生编译
台北　志文出版社　1983 年　183 页　有图
22cm（16 开）精装　定价：TWD120.00
（新潮艺术丛书　2）

J0109437

摄影艺术讲座　朱羽君著
北京　长城出版社　1983 年　2 版　176 页
有照片　19cm（32 开）统一书号：8269.26
定价：CNY0.70

　　本书主要是谈摄影艺术创作中的问题，其中
如章法、角度、线条、影调、光线、色彩等都是围
绕着解决创作中的表现方法问题来谈的，技术问
题很少涉及。

J0109438

图解闪灯人像摄影　林嘉编著
香港　万里书店　1983 年　141 页 19cm（32 开）
（业余拍友丛书）

J0109439

图解艺术人像摄影　亮仪编著
香港　万里书店　1983 年　148 页　有图
19cm（32 开）定价：HKD15.00
（业余拍友丛书）

J0109440
吴印咸摄影著作集 （1 人像摄影）吴印咸著
西安 陕西人民美术出版社 1983 年 1 册 有图
19cm（32 开）精装 统一书号：8199.575
定价：3.40

J0109441
吴印咸摄影著作集 （3 摄影用光）吴印咸著
西安 陕西人民美术出版社 1985 年 130 页
有插图 19cm（32 开）精装 统一书号：8199.664
定价：CNY4.20
　　本书系统地论述了摄影用光的各有关问题，
包括光线的种类、光线的性质、光线的投射方向
和照明效果以及自然光与人工光光线处理的技
巧和应注意的问题。作者吴印咸（1900—1994），
摄影艺术家、导演。原名吴荫诚，祖籍安徽歙
县，生于江苏沭阳。曾在上海美术专科学校学习。
历任东北电影制片厂厂长，北京电影学院副院长
兼摄影系主任，文化部电影局顾问，中国摄影家
协会副主席，中国电影摄影师学会副理事长，全
国文学艺术联合会委员等。代表作品《生死同心》
《风云儿女》《坚苦的奋斗》。

J0109442
吴印咸摄影著作集 （5 风光摄影）吴印咸著
西安 陕西人民美术出版社 1985 年 166 页
有照片 19cm（32 开）精装 统一书号：8199.662
定价：CNY4.50
　　本书系统地阐述了风光摄影的意义、取材、
要求、意境、构图、用光、影调与色调、季节与
气候特征以及夜景的拍摄等方面的问题，并列举
了作者拍摄的 107 幅黑白及彩色照片加以具体
说明。

J0109443
吴印咸摄影著作集 （6 摄影滤色镜使用法）
吴印咸著
西安 陕西人民美术出版社 1985 年 116 页
有插图 19cm（32 开）精装 统一书号：8199.660
定价：CNY5.30
　　本书从技术和艺术的角度，系统地介绍了黑
白摄影和色彩摄影所使用的各种滤色镜的原理、
作用、使用方法和注意事项。并附有 74 幅黑白
及彩色照片。

J0109444
肖像摄影 （德）奥·克罗伊（O.R.Croy）著；汪
之一，王慧敏译
北京 中国电影出版社 1983 年 145 页 有照片
21cm（32 开）统一书号：15061.190
定价：CNY0.92
　　本书主要论述了人物、器材和用途、被摄主
体、特殊领域中的肖像、理想的底片、一幅好照
片、彩色肖像、色彩的本质、色彩语言的基础知
识，彩色构成及彩色摄影技巧等问题。外文书名：
The Photographic Portrait.

J0109445
采光 雅各布斯（Jacobs，L）著；涂绍基译
台北 众文图书公司 1984 年 168 页 有图
21cm（32 开）定价：TWD150.00
（众文摄影丛书 12）

J0109446
大自然摄影 廖大伟编译
台北 大藏文化书业公司 1984 年 再版 152 页
有照片 19cm（32 开）精装 定价：TWD270.00
（艺术丛书 2）

J0109447
儿童摄影 崔薏萍译
台北 众文图书公司 1984 年 127 页 有照片
21cm（32 开）定价：TWD180.00
（众文摄影家丛书 13）
　　外文书名：Basic Child Photography.

J0109448
光线的应用 邱吉雄译
台北 众文图书公司 1984 年 156 页 有图
21cm（32 开）精装 定价：TWD260.00
（众文摄影家丛书 26）
　　外文书名：How to Use Light Creatively.

J0109449
婚礼、团体、庆典摄影 伯克（Burk，T.）著；
崔薏萍译
台北 众文图书公司 1984 年 225 页 有彩照
21cm（32 开）精装 定价：TWD320.00
（摄影家丛书 19）
　　外文书名：Wedings，Group and Ceremonies.

J0109450

结婚摄影 宋佩译
台北 众文图书公司 1984 年 145 页 有照片
21cm（32 开）定价：TWD150.00
（众文摄影家丛书 18）
　　外文书名：Wedding Photography.

J0109451

滤色镜的应用 （日）久保走一等编著；金铎
编译
沈阳 辽宁美术出版社 1984 年 182 页
19cm（32 开）定价：CNY1.25
　　本书译自日本玄光社出版的《摄影技巧》
（PHOTO TECHNIC）专号，全面介绍了彩色和
黑白滤色镜的用法及作用。

J0109452

滤色镜原理 （德）克劳斯（H.Clauss）著；黄守
诚译
上海 上海人民美术出版社 1984 年 168 页
19cm（32 开）统一书号：8081.13500
定价：CNY0.90
（国外摄影译丛）
　　本书通过深入浅出的论述，以及 155 幅照
片、插图和许多简明的表格，对滤色镜的原理和
应用作了全面的介绍。

J0109453

女性的摄影 廖大伟编译
台中 大藏文化书业公司 1984 年 再版 修订本
144 页 20cm（32 开）
（艺术丛书 3）

J0109454

女性的摄影 廖大伟编译
台北 大藏文化书业有限公司 1984 年
修订再版 144 页 21cm（32 开）精装
定价：TWD270.00
（1000 万人摄影术 2）

J0109455

女性的摄影 林添福编著
台北 唐代文化事业有限公司 1987 年 再版
143 页 21cm（32 开）精装 定价：TWD270.00
（1000 万人摄影术 2）

J0109456

曝光控制与照明 （美）艾博特，（美）库珀著；
江永昌译
台北 众文图书公司 1984 年 215 页 有图
21cm（32 开）精装 定价：TWD220.00
（众文摄影家丛书 20）
　　外文书名：Exposure Control and Lighting.

J0109457

闪光灯 200 种使用诀窍 沃盖尔（Voogel,
E.），基齐（Keyzer, P.）著；宋佩译
台北 众文图书公司 1984 年 有图
21cm（32 开）定价：TWD120.00
（摄影家丛书 24）
　　外文书名：200 Flash Tips.

J0109458

商业摄影布光 习嘉编著
香港 万里书店 1984 年 2 版 107 页 有图
26cm（16 开）定价：HKD25.00
（工商美术丛书）
　　外文书名：Commercial Photo Lighting.

J0109459

摄影的探讨 张博治编译
台北 雪山图书公司出版部 1984 年 144 页
有彩照 20cm（32 开）精装 定价：TWD210.00

J0109460

摄影记录手册 涂绍基译
台北 众文图书公司 1984 年 152 页 21cm（32 开）
定价：TWD150.00
（众文摄影家丛书 22）
　　外文书名：Photography Notes.

J0109461

摄影技艺百讲 习嘉编著
香港 万里书店 1984 年 重印本 190 页 有图
19cm（32 开）定价：HKD18.00
　　外文书名：Hundred Hints for Photography.

J0109462

摄影曝光控制 刘国典著
北京 中国电影出版社 1984 年 133 页 有照片
20cm（32 开）统一书号：15061.200

定价：CNY0.90

J0109463
摄影千题解答　麦烽，邢依坚编辑
香港 摄影画报公司 1984 年 再版 104 页
20cm（32 开）ISBN：962-7006-18-1
定价：HKD14.00
（摄影艺术丛刊）

J0109464
摄影设计实务　刘弘章著
台北 正心出版社 1984 年 160 页 有图
26cm（16 开）精装 定价：TWD950.00
（商业摄影系列丛书 1）

J0109465
摄影术精华　林峰菁等著；伍小仪，邓福全编辑
香港 摄影画报公司 1984 年 有图 20cm（32 开）
ISBN：962-7006-29-7 定价：HKD20.00

J0109466
摄影特技　（法）彼埃尔·莫尼埃（P.Monier）著；
韩福桂译
沈阳 辽宁美术出版社 1984 年 269 页
19cm（32 开）定价：CNY1.25
　　外文书名：Photo Trucage.

J0109467
特殊的摄影　廖大伟编译
台中 大藏文化书业公司 1984 年 144 页 有图
21cm（32 开）精装 定价：TWD270.00
（艺术丛书 4）

J0109468
图解风景摄影技巧　鲁争编著
香港 万里书店 1984 年 134 页 有照片
19cm（32 开）定价：HKD15.00
（业余拍友丛书）

J0109469
唯美人像摄影　宋珮译
台北 众文图书公司 1984 年 146 页 有图
21cm（32 开）定价：TWD180.00
（众文摄影家丛书 17）
　　外文书名：Glamour Photography.

J0109470
新闻摄影　科布里（Kobre，K.）著；李纬华译
台北 众文图书公司 1984 年 302 页 30cm（10 开）
精装
（众文摄影经典丛书 8）

J0109471
新闻摄影的历史和现状　（山东省第一期高
级摄影培训班教材）蒋齐生［编］
1984 年 62 页 20cm（32 开）

J0109472
新闻摄影实践百例　中国社会科学院新闻研
究所，新闻摄影研究室编
北京 长城出版社 1984 年 364 页 19cm（32 开）
统一书号：8269.30 定价：CNY0.95
　　本书是我国老一代摄影记者撰写的新闻摄
影采访的实践经验。包括采访毛主席、周总理等
领袖人物，以及采访拍摄政治、军事、工业、农
业、科技、民族、体育等不同题材的活动情况，
不但有摄影采访规律的探索，也有在各种不同情
况下拍摄的切身感受。绝大多数作者是在抗日
战争、解放战争期间从事摄影报道工作的。书中
附有照片 200 幅。

J0109473
怎样拍纪念照　张韫磊著
郑州 河南科学技术出版社 1984 年 78 页
19cm（32 开）统一书号：8245.1 定价：CNY0.95
　　本书为简明而实用的摄影知识读物，介绍
了各种生活纪念照的拍摄方法。作者张韫磊
（1926—　），记者。山东莱州人。人民画报社高
级记者，中国老摄影家协会理事。出版专著有《怎
样拍夜景》《神州风光》(画册)等。

J0109474
怎样拍纪念照　张韫磊著
郑州 河南科学技术出版社 1984 年 74 页
有照片 19cm（小 32 开）统一书号：8245.1
定价：CNY1.30

J0109475
冰雪摄影　岳鹏飞著
沈阳 辽宁美术出版社 1985 年 70 页 19cm（32 开）
统一书号：8161.0709 定价：CNY1.00

　　本书主要介绍了有关冰雪摄影的基本知识，同时还介绍了一些浅显的摄影理论和基本的拍摄技巧、方法以及一些必须了解和掌握的有关知识。

J0109476

冰雪摄影　　岳鹏飞著
上海　上海人民美术出版社　1992年　42页
有照片　18cm（32开）ISBN：7-5322-0927-X
定价：CNY1.00
（学摄影小丛书）

J0109477

彩色摄影与彩色胶片　　（英）乔治·韦克菲尔德著；张益福编译
长沙　湖南科学技术出版社　1985年　90页
20cm（32开）统一书号：8204.22 定价：CNY1.15
　　本书分别介绍了彩色反转片、彩色负片、彩色胶片的曝光、照明、人工光源、彩色胶片与滤色镜等有关知识。

J0109478

大自然摄影手册　　Lzzi，G.，Mezzatesta，F. 著；徐慕亦译
高雄　大众书局　1985年　246页　有图　27cm（16开）
精装　定价：TWD800.00
（现代摄影百科全书）
　　　外文书名：Nature Photo Handbook.

J0109479

儿童摄影技术　　习嘉编著
香港　万里书店　1985年　148页　有图　18cm（15开）
定价：HKD25.00
　　　外文书名：Child Photography.

J0109480

风光摄影　　吴印咸著
西安　陕西人民美术出版社　1985年　166页
19cm（32开）统一书号：8199.661 定价：CNY3.10

J0109481

广告摄影　　萨洛姆（Salomon，A.）著；王灿芬编译
台北　艺术图书公司　1985年　144页　有彩照
21cm（32开）定价：TWD180.00
（现代摄影丛书 8）
　　　外文书名：Advertising Photography.

J0109482

活用摄影入门　　摩威（Moldvay，A.）著；大拇指出版社编辑部译
台北　时报文化出版企业公司　1985年　120页
有图　21cm（32开）定价：TWD220.0

J0109483

基础摄影　　（如何摄制杰出的照片）杨能富编译
台北　艺术图书公司　1985年　79页　有图
21cm（32开）定价：TWD150.00
（现代摄影丛书 1）
　　　外文书名：Basic Photography.

J0109484

近摄之美　　艾利克森（Ericksenn，L.）摄影；辛恩巴芙（Sincebaugh，E.）撰文；高寒梅译
台北　艺术图书公司　1985年　144页　有照片
20cm（32开）定价：TWD140.00
（现代摄影丛书）
　　　外文书名：Adventures in Closeup Photography.

J0109485

旅游摄影举要　　美国消费者指南编辑部编；武仲译
北京　人民美术出版社　1985年　113页
20cm（32开）统一书号：8027.10268
定价：CNY2.40
　　本书介绍了29幅具有高超技法和艺术创造性的照片，每一张都具有如何表现和怎样拍摄的详细说明。

J0109486

浅谈摄影　　王灿芬编译
台北　艺术图书公司　1985年　112页　有照片
20cm（32开）定价：TWD150.00
（现代摄影丛书 2）
　　　外文书名：How to Take Pictures.

J0109487

人工光摄影　　（美）安塞·亚当斯著；杨新连译
合肥　安徽科学技术出版社　1985年　196页
20cm（32开）定价：CNY1.10

本书介绍了人工光、人工照明的特点和基本布光的方法。并介绍了人工照明在室内摄影中的应用。

J0109488

人像摄影术

香港 影艺出版公司 1985年 再版 126页 有图 26cm（16开）定价：HKD40.00

（专业摄影丛书）

J0109489

人像摄影用光法 （英）纳伯格著；沙人文，王胜林译

北京 中国摄影出版社 1985年 160页 有照片 26cm（16开）统一书号：8226.25 定价：CNY3.20

J0109490

摄影 ABC 胡哲编译

台北 艺术图书公司 1985年 148页 有图 21cm（32开）定价：TWD240.00

（现代摄影丛书 4）

J0109491

摄影表现技巧 鲁争编著

台北 余氏出版社 1985年 155页 有图 20cm（32开）定价：TWD140

（业余摄影丛书）

J0109492

摄影创作实例 陈贤才著

台北 众文图书公司 1985年 139页 有彩照 21cm（32开）精装 定价：TWD250.00

（众文摄影家丛书 30）

J0109493

摄影基础教程 复旦大学新闻系新闻摄影教研组编

上海 复旦大学出版社 1985年 512页 有图 19cm（32开）统一书号：7253.013 定价：CNY2.20

（新闻学基础教材丛书）

J0109494

摄影技巧研究 张益福著

济南 山东美术出版社 1985年 203页 有照片 19cm（32开）统一书号：8332.441 定价：CNY2.98

本书共有11章，主要内容包括：构图、用光、影调层次、曝光技术、滤色镜、拍摄人像、拍摄风光与建筑、彩色摄影、静物摄影、舞台摄影、内光摄影。有图180余幅。作者张益福（1934—　　），摄影教育家。山东潍坊市人。毕业于北京电影学院摄影系，历任北京电影学院摄影系教授、摄影学院副院长兼教务主任，《人像摄影》杂志编委。主要著作有《摄影技巧研究》《人像摄影》《摄影色彩构成》等。

J0109495

摄影技艺 毛松友著

沈阳 辽宁美术出版社 1985年 173页 有照片 19cm（32开）统一书号：8161.0841 定价：CNY1.10

本书内容分为8个部分：取景的艺术、照片的构图、摄影的用光、色调的表现、色彩的表现、滤色镜的作用、广角与望远镜、光圈与快门的运用等。作者毛松友（1911—2000），摄影师。别名仿梅，浙江江山县人。毕业于中国公学大学。曾就职于第二轻工业部。出版有《晋祠风光》《天龙山石窟艺术》《五台山胜景》等。

J0109496

摄影经典 杨能富编译

台北 艺术图书公司 1985年 159页 有图 21cm（32开）定价：TWD250.00

（现代摄影丛书 7）

J0109497

摄影滤色镜使用法 吴印咸著

西安 陕西人民美术出版社 1985年 116页 有照片 19cm（32开）统一书号：8199.659 定价：CNY4.00

（吴印咸摄影艺术著作集 6）

J0109498

摄影手册 崔永洪等编著

呼和浩特 内蒙古人民出版社 1985年 785页 有照片 20cm（32开）定价：CNY2.85

本书册分为2个部分。第1部分包括摄影简论、摄影技术和摄影技巧；第2部分包括摄影及摄影分类、照相机机器附件、镜头、感光材料、摄影化学、暗房技术、用光和构图等。

J0109499
摄影手册　徐枫编著
成都　四川科学技术出版社 1985 年　341 页
19cm（32 开）统一书号：8298.1 定价：CNY2.25
　　本书内容分五章，内容为：介绍镜头、滤色
镜、照相机类型、摄影用光和构图以及感光材料
等。编者徐枫（1932—　　），摄影记者。江苏徐州
人，徐州日报主任记者，中国摄影家协会会员、
江苏省摄影家协会常务理事。著有《舞蹈概论》
《人体律动的诗篇——舞蹈》《中国舞剧史纲》
《舞蹈艺术概论》等。

J0109500
摄影手册　徐枫编著
成都　四川科学技术出版社 1990 年　2 版
修订本 643 页　有彩照 20cm（32 开）
精装　ISBN：7-5364-1588-5 定价：CNY8.90

J0109501
摄影特殊效果　（美）冈特·里希特，（美）安塞
尔姆·斯普林著；张泽明译
北京　中国摄影出版社 1985 年 47 页 20cm（32 开）
定价：CNY1.30
（国际摄影译丛）

J0109502
摄影问题 400 解　寓农编著
香港　万里书店 1985 年　168 页　有图
19cm（32 开）ISBN：962-14-0238-7
定价：HKD18.00

J0109503
摄影知识　施民志，锡祯编
北京　解放军出版社 1985 年　269 页 19cm（32 开）
统一书号：8185.1 定价：CNY1.85
（培养军地两用人才技术丛书）

J0109504
摄影知识手册　赵仰山，谷威，赵德苏著
太原　山西人民出版社 1985 年　367 页
19cm（32 开）统一书号：8088.2103 定价：CNY2.10
　　本书内容包括摄影机件、黑白摄影、暗室技
术、彩色摄影等四部分。

J0109505
摄影知识手册　赵仰山等著
太原　山西人民出版社 1989 年　重印本 367 页
19cm（32 开）统一书号：8088.2103
ISBN：7-203-00909-2 定价：CNY4.20
　　本书内容包括摄影机件、黑白摄影、暗室技
术、彩色摄影等四部分。

J0109506
摄影指导　司马小萌著
郑州　河南科学技术出版社 1985 年　123 页
19cm（32 开）统一书号：8245.2 定价：CNY1.80
　　本书通过问答的形式，为初学摄影者解答了
有关摄影的各种具体问题。

J0109507
实用摄影手册　（英）W.D. 依曼钮尔（Emanuel，
W.D.），（英）L.A. 曼海姆（Mannhein，L.A.）著；译
济南　山东科学技术出版社 1985 年　213 页
有照片 19cm（32 开）统一书号：15195.174
定价：CNY1.90
　　本书是摄影通俗读物。内容包括：照相机
的一般知识、拍照知识、拍摄各种场合下的景物
的摄影技法和各种照片的加工知识。外文书名：
All-in-one Camera Book.

J0109508
图解彩色艺术摄影　亮仪编著
香港　万里书店 1985 年　2 版 156 页　有照片
19cm（32 开）定价：HKD20.00
（业余拍友丛书）

J0109509
图解动体摄影技巧　凌致远编著
香港　万里书店 1985 年　2 版 154 页　有照片
19cm（32 开）定价：HKD15.00
（业余拍友丛书）

J0109510
怎样拍摄特技照片　鲁争著
香港　香港得利书局 1985 年　116 页　有图
20cm（32 开）定价：HKD22.00
　　外　文　书　名：How to Take Special Effects
Photography.

J0109511
照相　梅林编
郑州 河南科学技术出版社 1985 年 178 页
19cm（32 开）统一书号：15245.45 定价：CNY0.75
（青年自学技术丛书）
　　本书共分 8 章：照相机的选择和使用、感光
材料、拍照技术、怎样冲洗胶卷、冲洗药液、底
片的修整技术、照片制作技术、照片着色。

J0109512
自习摄影实技　（风景篇）（日）儿岛昭雄著；
吴耀德编译
台南 王家出版社 1985 年 220 页 有图
20cm（32 开）定价：TWD240.00

J0109513
最新摄影入门　王慧真编著
台南 综合出版社 1985 年 190 页 有图
19cm（32 开）定价：TWD130.00

J0109514
彩色摄影　张宝安编著
福州 福建科学技术出版社 1986 年 206 页
19cm（小 32 开）统一书号：8211.5
定价：CNY2.00
（摄影丛书）
　　编著者张宝安，摄影家。华东师范大学教授，
上海市摄影家协会副主席。

J0109515
彩色摄影 250 问　韩福桂译
沈阳 辽宁美术出版社 1986 年 385 页
19cm（小 32 开）定价：CNY3.10

J0109516
彩色摄影入门　永昌编著
哈尔滨 黑龙江科学技术出版社 1986 年 425 页
20cm（32 开）定价：CNY3.50

J0109517
彩色摄影入门　林添福编著
台北 唐代文化事业公司 1986 年 143 页 有图
21cm（32 开）精装 定价：TWD300.00
（摄影丛书 1）

J0109518
彩色摄影指南　林添福编著
台北 唐代文化事业公司 1986 年 151 页 有图
21cm（32 开）精装 定价：TWD300.00
（摄影丛书 2）
　　外文书名：Photography Guide Book.

J0109519
大自然摄影　林添福编著
台北 唐代文化事业公司 1986 年 152 页 有照片
21cm（32 开）精装 定价：TWD270.00
（摄影丛书 3）
　　外文书名：Photography： Nature.

J0109520
初学照相技术　夏放编写
北京 农业出版社 1986 年 28 页 19cm（32 开）
统一书号：17144.92 定价：CNY0.16

J0109521
鹤·孔雀·马的动态　北京工艺美术出版社编
北京 北京工艺美术出版社 1986 年 20cm（32 开）
统一书号：8473.15 定价：CNY3.40

J0109522
简明摄影技术　张德汪编
广州 广东科学技术出版社 1986 年 82 页
19cm（32 开）统一书号：13182.144
定价：CNY0.47

J0109523
美国纽约摄影学院摄影教材　（上册）孙建
秋等译
北京 中国摄影出版社 1986 年 442 页 有图片
26cm（16 开）统一书号：8226.37 定价：CNY7.60

J0109524
美国纽约摄影学院摄影教材　（下册）孙建
秋等译
北京 中国摄影出版社 1986 年 443–856 页
有彩图 26cm（16 开）统一书号：8226.38
定价：CNY7.60

J0109525
美国纽约摄影学院摄影教材　（上册）孙建

秋等译

北京　中国摄影出版社　1988 年印　442 页　有照片及彩图　26cm（16 开）ISBN：7-80007-020-4

定价：CNY8.90

　　据 1986 年版印。

J0109526

美国纽约摄影学院摄影教材 （下册）孙建秋等译

北京　中国摄影出版社　1988 年印　443-856 页　有照片彩图　26cm（16 开）

　ISBN：7-80007-021-2　定价：CNY8.90

　　据 1986 年版印

J0109527

美国纽约摄影学院摄影教材 （上册）孙建秋等译

北京　中国摄影出版社　1989 年　10+442 页　有照片　26cm（16 开）ISBN：7-80007-020-4

定价：CNY38.00

　　外文书名：New York Institute of Photography.

J0109528

美国纽约摄影学院摄影教材 （下册）孙建秋等译

北京　中国摄影出版社　1989 年　10+443-856 页　26cm（16 开）ISBN：7-80007-021-2

定价：CNY38.00

　　外文书名：New York Institute of Photography.

J0109529

摄影表现技巧　林家祥编著

台北　众文图书公司　1986 年　再版　417 页　有图　21cm（32 开）精装　定价：TWD300.00

（摄影家丛书 1）

J0111706

摄影广告的艺术构思与表现　刘立宾著

沈阳　辽宁美术出版社　1986 年　198 页　有彩照　20cm（32 开）定价：CNY3.90

　　本书分为上下两篇，上篇为摄影广告画面的创作，下篇为摄影广告的综合创作。附 200 余幅插图以及 150 幅国内的彩色摄影告。作者刘立宾（1944—　　），现任中国商务广告协会副会长兼秘书长、《国际广告》杂志社社长兼总编辑，兼任

中国传媒大学博士生导师、多所大学客座教授。《中国广告作品年鉴》主编、《中国营销创意作品年鉴》主编等。

J0109530

摄影讲座　彭国平著

南昌　江西人民出版社　1986 年　290 页　20m（32 开）统一书号：8110.1376

定价：CNY1.70

　　作者彭国平，南昌大学任教。

J0109531

摄影经验谈　王尚平编著

兰州　甘肃科学技术出版社　1986 年　132 页　19cm（32 开）统一书号：8463.1　定价：CNY0.72

J0109532

摄影入门 100 问　石超丁，谷威编著

沈阳　辽宁美术出版社　1986 年　123 页　19cm（32 开）统一书号：8161.0929　定价：CNY1.10

　　本书通过问答形式，对初学摄影者挑选、掌握、使用和保护照相机；拍摄不同题材的黑白和彩色照片；排除使用照相机的小故障；暗房中西、印放等基础知识做了系统介绍。

J0109533

摄影之路　中国摄影编辑部编

沈阳　辽宁美术出版社　1986 年　110 页　20cm（32 开）统一书号：8161.0923　定价：CNY3.90

J0109534

摄影之路　（Ⅱ）中国摄影编辑部编

沈阳　辽宁美术出版社　1988 年　69+32 页　有照片　20cm（32 开）ISBN：7-5314-0016-2

定价：CNY2.30

J0109535

室内摄影　（美）林奇著；吴振鑫译

北京　中国摄影出版社　1986 年　169 页　19cm（32 开）统一书号：8226.39　定价：CNY1.50

（国际摄影译丛）

J0109536

室内摄影　（美）林奇著；吴振鑫译

北京　中国摄影出版社　1987 年　重印本　169 页

有照片及图 19cm（32 开）定价：CNY1.50
（国际摄影译丛）

J0109537
图解近摄技术 易统编著
香港 万里书店 1986 年 157 页 有图 18cm（32 开）
（业余拍友丛书）

J0109538
图解摄影入门 （日）佐藤正治著；廖志方译
台南 成大书局 1986 年 221 页 有图
20cm（32 开）定价：TWD130.00

J0109539
图解夜景与弱光摄影 习嘉编著
香港 万里书店 1986 年 232 页 有图
18cm（32 开）定价：HKD25.00
（业余拍友丛书）

J0109540
现代美术设计广告摄影艺术专辑 （1986 年
第 1 辑）《广告文艺》编辑部编
济南 山东文艺出版社 1986 年 44 页 26cm（16 开）
统一书号：17331.1 定价：CNY2.60

J0109541
艺术人体百态 陈卫中等编
福州 福建人民出版社 1986 年 156 页
25cm（15 开）统一书号：8173.1055 定价：CNY0.50
　　本书为人体艺术摄影作品集，选入 1000 多
幅照片。内容包括基本人体动态、艺术人体造型、
日常生活形态 3 个部分。外文书名：Hundreds of
Artistic Poses of Human Booy.

J0109542
照相基本知识 中国刑事警察学院刑事技术
教研室编
北京 群众出版社 1986 年 199 页 19cm（32 开）
统一书号：13067.75 定价：CNY1.05

J0109543
彩色风光摄影 （德）舍德勒（H.Schottle）著；
董云章译
沈阳 辽宁美术出版社 1987 年 104 页
19cm（32 开）统一书号：8161.1151 定价：CNY1.50

J0109544
彩色风光摄影 （德）舍德勒（H.Schottle）著；
董云章译
沈阳 辽宁美术出版社 1990 年 104 页 有彩照
19cm（32 开）精装 ISBN：7-5314-0723-X
定价：CNY2.30

J0109545
彩色摄影 丁定编著
上海 上海人民美术出版社 1987 年 68 页
19cm（32 开）统一书号：8081.15595
ISBN：7-5322-001803 定价：CNY1.20
（摄影自学丛书）

J0109546
动植物摄影 张蓉蓓编译
台北 唐代文化事业公司 1987 年 142 页 有图
21cm（32 开）精装 定价：TWD270.00
（摄影丛书 8）
　　外文书名：Photography for Animals and Plants.

J0109547
风光摄影 谢新发编著
上海 上海人民美术出版社 1987 年 98 页
19cm（32 开）ISBN：7-5322-0020-5
定价：CNY0.80
（摄影自学丛书）
　　编著者谢新发，擅长年画摄影。主要作品有
《节日欢舞》《风光摄影》《怎样拍摄夜景》等。

J0109548
黑白摄影 潘世聪编著
上海 上海人民美术出版社 1987 年 96 页
19cm（32 开）ISBN：7-5322-0016-7
定价：CNY0.80
（摄影自学丛书）
　　本书从摄影技术的基础入手，介绍了照相
机、镜头等摄影工具的使用方法，同时介绍了黑
白摄影中怎样正确的感光、摄影光源的使用、取
景、照片质量标准、初学者常见错误等内容，书
中有图 21 幅。

J0109549
花卉摄影 刘修仁著
沈阳 辽宁美术出版社 1987 年 94 页 有彩照

19cm（32 开）定价：CNY1.10

J0109550
花卉摄影 何炳富著
北京 中国摄影出版社 1987 年 110 页 有彩图
19cm（32 开）ISBN：7–80007–009–3
定价：CNY1.18
（自学摄影丛书 第一辑）

　　作者何炳富（1940— ），摄影师。上海人，
军事科学院摄影师，中国摄影家协会会员。

J0109551
家庭摄影艺术 童宁编著；孙增田绘画
北京 科学技术文献出版社 1987 年 103 页
有图 19cm（32 开）统一书号：8176.4
定价：CNY1.20

J0109552
家庭摄影艺术 童宁编著
北京 科学技术文献出版社 1992 年 103 页
有图 19cm（32 开）统一书号：8176.4
定价：CNY1.20

J0109553
简明摄影词典 照耀编
北京 中国旅游出版社 1987 年 333 页
19cm（32 开）精装 ISBN：7–5032–0013–8
定价：CNY5.50

J0109554
军事摄影 林庭松，曹文，孟隰生著
昆明 云南人民出版社 1987 年 197 页 有图
20cm（32 开）ISBN：7–222–00067–4
定价：CNY1.95

　　本书内容根据军事方面的需求，专门论述军
队、军人、战争方面的摄影知识。

J0109555
旅游摄影 秦蒲荆著
北京 中国摄影出版社 1987 年 92 页 有照片
19cm（32 开）ISBN：7–80007–008–5
定价：CNY0.98
（自学摄影丛书 第一辑）

J0109556
人的千姿百态 （1）
长沙 湖南美术出版社 1987 年 26cm（16 开）
统一书号：8233.1091 ISBN：7–5356–0007–7
定价：CNY11.50
　　本书为人像摄影艺术。

J0109557
人的千姿百态 （2）
长沙 湖南美术出版社 1987 年 26cm（16 开）
ISBN：7–5356–0008–5 定价：CNY11.50

J0109558
人物摄影 杨克林编著
上海 上海人民美术出版社 1987 年 91 页
19cm（32 开）定价：CNY0.76
（摄影自学丛书）

J0109559
人物摄影术
香港 影艺出版公司 1987 年 136 页 有照片
29cm（18 开）定价：HKD45.00
（影艺丛书）
　　外文书名：People Photography.

J0109560
人像摄影 王国庆，涂绍基译
台北 众文图书公司 1987 年 再版 208 页
有照片 21cm（32 开）精装 定价：TWD300.00
（众文摄影家丛书 14）

J0109561
人像摄影艺术纵横谈 朱枢著
成都 四川人民出版社 1987 年 107 页 有图版
19cm（32 开）ISBN：7–220–00099–5
定价：CNY1.16

J0109562
商业摄影的奥秘 （美）格雷·柏韦勒著；王序，
云流编译
桂林 漓江出版社 1987 年 104 页 19cm（32 开）
ISBN：7–5407–0077–7 定价：CNY6.95

　　译者王序（1955— ），教授、设计师。生于
广东潮安，广州美术学院设计系毕业。湖南大学
设计艺术学院教授，广东美术馆设计总监，香港

设计师协会执行委员。创建王序设计公司任创意总监。国际平面设计联盟、美国平面艺术协会会员。主编出版有《设计交流》《薪火》《平面设计师之设计历程》等。

J0109563

少年摄影 姚福成编著

上海 少年儿童出版社 1987 年 94 页 有照片

19cm（32 开）统一书号：R13024.195

定价：CNY0.70

（少年科技活动丛书）

J0109564

摄影的乐趣 美国柯达公司编；杜业可译

北京 中国摄影出版社 1987 年 144 页 有彩照

17cm（32 开）定价：CNY13.20

J0109565

摄影技法 管绍熙著

北京 中国摄影出版社 1987 年 80 页 有图

19cm（32 开）ISBN：7-80007-003-4

定价：CNY0.76

（自学摄影丛书 第一辑）

J0109566

摄影技术 甘肃省农村应用技术广播学校编

兰州 甘肃科学技术出版社 1987 年 217 页

19cm（32 开）ISBN：7-5424-0038-X

定价：CNY1.35

J0109567

摄影技艺 100 例 宣相权选编

北京 中国摄影出版社 1987 年 115 页

19cm（32 开）统一书号：8226.48 定价：CNY0.75

（摄影小丛书）

J0109568

摄影技艺 100 例 宣相权选编

北京 中国摄影出版社 1988 年 重印本 115 页

19cm（32 开）统一书号：8226.48

ISBN：7-80007-018-2 定价：CNY1.00

（摄影小丛书）

J0109569

摄影实用袖珍手册 盛继润编写

长沙 湖南美术出版社 1987 年 182 页

13cm（60 开）塑精装 ISBN：7-5356-0021-2

定价：CNY1.10

J0109570

摄影特技 徐光春著

合肥 安徽科学技术出版社 1987 年 2 版 修订本

243 页 19cm（32 开）ISBN：7-5337-0076-7

定价：CNY1.30

J0109571

摄影特技 晓一编著

上海 上海人民美术出版社 1987 年 108 页

有照片 19cm（32 开）ISBN：7-5322-0017-5

定价：CNY0.86

（摄影自学丛书）

J0109572

摄影用光 孙占全著

北京 中国摄影出版社 1987 年 86 页 有图版

19cm（32 开）ISBN：7-80007-002-6

定价：CNY1.25

（自学摄影丛书 第一辑）

J0109573

生活摄影 赵丰生，王立永编著

沈阳 辽宁美术出版社 1987 年 86 页 有照片

19cm（32 开）定价：CNY1.00

　　本书从人们日常生活入手，详细论述有关生活摄影，以及各种生活场景和题材的拍摄方法和要领。其中包括人像拍摄，妇女、老人、儿童的拍摄，节假日拍摄，雪景拍摄，城乡风景拍摄、夜景拍摄等。

J0109574

十种景色 六种题材 丛思等编著

上海 上海人民美术出版社 1987 年 102 页

19cm（32 开）定价：CNY0.82

（摄影自学丛书）

　　本书为摄影技术普及读物。

J0109575

体育摄影 中国体育记者协会摄影学会编辑

北京 人民体育出版社 1987 年 48 页 26cm（16 开）

统一书号：7015.2421 ISBN：7-5009-0151-8

定价：CNY1.45

　　外文书名：Sports Photography.

J0109576

体育摄影术　伍小仪，邓福全编辑

香港　摄影画报公司　1987年　95页　有照片
21cm（32开）ISBN：962-7006-37-8

定价：HKD25.00

J0109577

雪·雨·雾的拍摄　高明义著

北京　长城出版社　1987年　70页　有照片
19cm（32开）ISBN：7-80017-004-7

定价：CNY1.20

J0109578

一分钟摄影课　（美）阿尔瓦·多恩著；周确译

杭州　浙江摄影出版社　1987年　119页
19cm（32开）统一书号：8364.179
ISBN：7-80536-014-6　定价：CNY2.30

J0109579

照相馆技术与技法　北京市饮食服务总公司，北京市人像摄影研究会编

北京　中国摄影出版社　1987年　90页　有照片
26cm（16开）统一书号：8226.40　定价：CNY8.90

J0109580

彩色摄影基础　张乃光编著

西安　陕西科学技术出版社　1988年　298页
19cm（28开）ISBN：7-5369-0120-8

定价：CNY2.45

J0109581

电子照相机摄影问答　吕其若编著

沈阳　辽宁科学技术出版社　1988年　69页
19cm（小32开）定价：CNY0.90

J0109582

东北三省新闻摄影论文集　（第2辑）蒋少武主编

沈阳　辽宁美术出版社　1988年　343页
19cm（小32开）定价：CNY2.50

J0109583

风光摄影实践谈　李子青著

长沙　湖南美术出版社　1988年　76页　19cm（32开）
ISBN：7-5356-0193-6　定价：CNY1.30

　　作者李子青（1935—　），江西画报社高级记者，美国纽约摄影学会荣誉高级会士。

J0109584

工业摄影　俎瑞亭著

北京　长城出版社　1988年　141页　有彩照
19cm（32开）ISBN：7-80017-064-0

定价：CNY1.70

　　作者俎瑞亭（1943—　），摄影记者。河北昌黎人。解放军画报社摄影记者，中国摄影家协会会员。代表作品《车过二郎山》《大闹革新十年间》《不夜的钢城》，著有《工业摄影》《室内摄影》。

J0109585

黑白摄影广告图选　朱成方，潘加豹编

南京　江苏科学技术出版社　1988年　38页
26cm（16开）ISBN：7-5345-0361-2

定价：CNY1.75

J0109586

旅游摄影　夏勋南著

杭州　浙江摄影出版社　1988年　107页
19cm（32开）ISBN：7-80536-030-8

定价：CNY1.50

J0109587

拍摄技术百科　（日）石川宽夫等著；孟春，齐稚忠译

哈尔滨　黑龙江科学技术出版社　1988年　425页
有彩图　19cm（32开）ISBN：7-5388-0185-5

定价：CNY4.95

　　本书内容有58篇，每篇独立地介绍一项实用拍摄技术，其中包括风光、人像、静物、动物、体育、舞台等摄影技术以及大量的科学摄影技术及特技摄影。

J0109588

拍摄技术百科　（日）石川宽夫等著；孟春，齐稚忠译

哈尔滨　黑龙江科学技术出版社　1995年

重印本 425 页 有照片 19cm（32 开）
ISBN：7-5388-1826-X 定价：CNY14.80

J0109589
青少年摄影入门　张益福著
长沙 湖南科学技术出版社 1988 年 125 页
19cm（32 开）ISBN：7-5357-0428-X
定价：CNY1.75

J0109590
趣味摄影　陈文襄著
杭州 浙江摄影出版社 1988 年 76 页 19cm（32 开）
ISBN：7-80536-029-4 定价：CNY1.20

J0109591
人体摄影的艺术表现　黑马编
长沙 湖南美术出版社 1988 年 24cm（26 开）
定价：CNY15.00

J0109592
人物摄影　王杰著
北京 中国摄影出版社 1988 年 104 页 有照片
19cm（32 开）ISBN：7-80007-007-7
定价：CNY1.30
（自学摄影丛书）
　　作者王杰（1933—　　），河北省群艺馆研究馆
员，中国音乐家协会会员，河北音协常务理事，
中国社会音乐研究会理事。

J0109593
如何使用 35mm 相机　陈廷川译
台北 众文图书公司 1988 年 再版 123 页 有图
21cm（32 开）定价：TWD180.00
　　外文书名：How to Use Your 35mm Camera.

J0109594
傻瓜机与彩照　汪诚编著
兰州 甘肃少年儿童出版社 1988 年 367 页
19cm（32 开）ISBN：7-5422-0092-5
定价：CNY3.45
（人与世界丛书）
　　本书主要介绍中、低档傻瓜相机的使用和性
能。其中有关傻瓜照相机的基本常识和使用方
法；摄影原理；彩色摄影基础；彩色摄影技巧等。
还附有摄影和摄影器材名词（中、外文）索引、摄

影常见外文名词及缩写词汇。

J0109595
闪光灯应用技术　狄生编著
太原 山西科学教育出版社 1988 年 119 页
有附图 19cm（32 开）ISBN：7-5377-0041-9
定价：CNY1.70

J0109596
摄影技巧　张炳如著
成都 四川科学技术出版社 1988 年 129 页
有照片图 19cm（32 开）ISBN：7-5364-0758-0
定价：CNY2.40

J0109597
摄影技巧图解——风光和人　朱枢编著
成都 四川人民出版社 1988 年 135 页 有照片
19cm（32 开）ISBN：7-220-00485-0
定价：CNY8.00

J0109598
摄影技术讲座　卢学志等著
北京 新华出版社 1988 年 174 页 19cm（小 32 开）
定价：CNY1.40

J0109599
摄影技术问答　照耀编著
南宁 广西人民出版社 1988 年 513 页 有图版
19cm（32 开）ISBN：7-219-00519-9
定价：CNY3.15

J0109600
摄影入门　Cole, S. 著；王国庆译
台北 众文图书公司 1988 年 再版 132 页 有图
21cm（32 开）定价：TWD120.00
（众文摄影家丛书 7）
　　外文书名：Basic Photography.

J0109601
摄影实践指导　姚忠保编著
武汉 中国地质大学出版社 1988 年 213 页
有照片 19cm（32 开）ISBN：7-5625-0068-1
定价：CNY2.35

J0109602

摄影艺术讲座　朱羽君编导主讲
北京 中国建筑工业出版社 1988 年 145 页
有照片插图 19cm（32 开）ISBN：7-112-00607-4
定价：CNY3.35
　　本书为中央电视台电视教育用书。

J0109603

摄影知识浅谈　王鹏飞，吴志敏编著
北京 电子工业出版社 1988 年 90 页 19cm（32 开）
ISBN：7-5053-0378-3 定价：CNY1.20

J0109604

摄影指南　李瑞雨著
天津 新蕾出版社 1988 年 172 页 有照片
19cm（32 开）ISBN：7-5307-0049-9
定价：CNY1.60

J0109605

摄影自学教程　张益福著
沈阳 辽宁美术出版社 1988 年 326 页 有照片
19cm（32 开）ISBN：7-5314-0040-5
定价：CNY4.80
　　本书共 9 章，从摄影技术和摄影艺术两大方面，阐述摄影所使用的器材、拍摄技术、艺术技巧等方面的专业知识，附黑白插图 140 幅、彩色插图 42 幅。作者张益福(1934—　)，摄影教育家。山东潍坊市人。毕业于北京电影学院摄影系，历任北京电影学院摄影系教授、摄影学院副院长兼教务主任，《人像摄影》杂志编委。主要著作有《摄影技巧研究》《人像摄影》《摄影色彩构成》等。

J0109606

生活摄影入门　徐枫编著
成都 四川科学技术出版社 1988 年 172 页
有照片 19cm（32 开）ISBN：7-5364-0543-X
定价：CNY2.10
　　编著者徐枫(1932—　)，摄影记者。江苏徐州人，徐州日报主任记者，中国摄影家协会会员、江苏省摄影家协会常务理事。著有《舞蹈概论》《人体律动的诗篇——舞蹈》《中国舞剧史纲》《舞蹈艺术概论》等。

J0109607

实用摄影手册　刘小元编著
南京 江苏美术出版社 1988 年 168 页 有附图
19cm（32 开）ISBN：7-5344-0006-6
定价：CNY1.99

J0109608

实用摄影特技　卡尔·伯纳特，克伦·诺奎伊著；熊大成译
北京 中国摄影出版社 1988 年 113 页 有照片
19cm（32 开）ISBN：7-80007-027-1
定价：CNY2.85
（国际摄影译丛）
　　外文书名：Practical Effects in Photography.

J0109609

现代摄影百问百答　邹若闲，盛继润编著
上海 上海文化出版社 1988 年 268 页
19cm（32 开）ISBN：7-80511-215-0
定价：CNY2.80
　　本书按照问答题形式回答了摄影技术、旅游摄影技巧、暗室制作和暗室特技等 200 个技术问题。

J0109610

小摄影迷　金维克著
北京 科学普及出版社 1988 年 129 页
19cm（小 32 开）定价：CNY1.15

J0109611

新闻摄影概论　陈书泉编著
成都 四川大学出版社 1988 年 139 页 有照片
19cm（32 开）ISBN：7-5614-0129-9
定价：CNY0.99

J0109612

新闻摄影基础　马棣麟著
北京 中国广播电视出版社 1988 年 218 页
19cm（32 开）ISBN：7-5043-0182-5
定价：CNY2.20

J0109613

业余摄影手册　齐涤昔编著
银川 宁夏人民出版社 1988 年 319 页 有图
19cm（32 开）ISBN：7-227-00195-4

定价: CNY2.30
（现代生活丛书）

本书主要介绍照相机基本知识，以及摄彩步骤、摄影常识、拍摄方法、造型技巧外、自我练习方法。

J0109614
高低调人像摄影技巧 谭炼秋摄影编著
长沙 湖南科学技术出版社 1989 年 39+36 页
19cm（32 开）ISBN: 7-5357-0473-5
定价: CNY3.00

J0109615
高级黑白摄影 马丁 L. 泰勒等编；马军，戴伟清译
杭州 浙江摄影出版社 1989 年 95 页 26cm（16 开）
ISBN: 7-80536-051-0 定价: CNY6.90
（柯达摄影丛书）

本书介绍了黑白摄影的简史，对摄影的基本原理；摄影的种类；黑白影像的特点；照片的表达手段，以及如何操纵摄影器械、选择胶卷、冲洗印放照片等，都作了较详尽的叙述。

J0109616
高级黑白摄影 马丁 L. 泰勒等著；马军，戴伟清译
杭州 浙江摄影出版社 1990 年 重印本 95 页
26cm（16 开）精装 ISBN: 7-80536-051-0
定价: CNY11.00
（柯达摄影丛书）

J0109617
广告摄影 张宗尧主编
大道文化有限公司 1989 年 48 页 28cm（16 开）
定价: CNY5.50

J0109618
广告摄影丛刊 （第一辑）刘超主编
北京 中国摄影出版社 1989 年 48 页
29cm（16 开）ISBN: 7-80007-025-5
定价: CNY5.50

J0109619
广告摄影丛刊 （第二辑）张宗尧主编
北京 中国摄影出版社 1989 年 48 页 29×21cm

ISBN: 7-80007-025-5 定价: CNY5.50

J0109620
广告摄影丛刊 （第五辑）张宗尧主编
香港 香港东阳广告出版社 1990 年 48 页 有图
29cm（16 开）定价: HKD6.00
外文书名: Advertising Photography.

J0109621
广告摄影丛刊 （第六辑）张宗尧主编
香港 香港东阳广告出版社 1991 年 48 页
有图 29cm（16 开）ISBN: 962-7605-01-8
定价: HKD6.00
外文书名: Advertising Photography.

J0109622
广告摄影丛刊 （第八辑）张宗尧主编;《广告摄影》丛刊编辑部，广东省广告摄影研究会编
香港 香港东阳广告出版社 1992 年 48 页
有照片 29cm（16 开）ISBN: 962-7605-01-8
定价: CNY7.00
本书与广东省新华书店［发行］合作出版。
外文书名: Advertising Photography.

J0109623
广告摄影丛刊 （第十辑）张宗尧主编;《广告摄影》丛刊编辑部，广东省广告摄影研究会编
香港 香港东阳广告出版社 1993 年 48 页
有照片 29cm（16 开）ISBN: 962-7605-01-8
定价: CNY9.80
本书与广东省新华书店［发行］合作出版。
外文书名: Advertising Photography.

J0109624
广告摄影丛刊 （第十七辑）张宗尧主编;《广告摄影》丛刊编辑部，广东省广告摄影研究会编
广州 岭南美术出版社 1995 年 52 页
28cm（大 16 开）ISBN: 7-5362-1179-1
定价: CNY9.80
外文书名: Advertising Photography.

J0109625
国外广告摄影 鲁昌麟，徐冰若编著
北京 人民美术出版社 1989 年 115 页 有彩照
20cm（32 开）ISBN: 7-102-00096-0

定价: CNY3.60

J0109626
家庭摄影技巧　金耀耿著
杭州　浙江大学出版社　1989 年　165 页　有图
19cm（32 开）ISBN: 7-308-00449-X
定价: CNY2.05
　　作者金耀耿(1955—　　)，生于杭州。浙江国
际书画交流协会理事、中国书法家协会会员、浙
江书法家协会理事。擅长书法、国画。代表作品
有《家庭摄影艺术》《摄影技术》《摹拟画像》等。

J0109627
家庭摄影问答　刘小元著
南京　江苏美术出版社　1989 年　186 页　有照片
19cm（32 开）ISBN: 7-5344-0074-0
定价: CNY3.20

J0109628
建筑摄影　杨晓利著
北京　中国摄影出版社　1989 年　113 页　有图
19cm（32 开）ISBN: 7-80007-033-6
定价: CNY1.60
（摄影小丛书）

J0109629
教孩子学摄影　韦学渊编著
武汉　湖北少年儿童出版社　1989 年　182 页
有照片　19cm（32 开）ISBN: 7-5353-0519-9
定价: CNY2.40

J0109630
近距摄影　黄天海译
杭州　浙江摄影出版社　1989 年　95 页　有彩照
26cm（16 开）ISBN: 7-80536-054-5
定价: CNY6.90
（柯达摄影丛书）

J0109631
近距摄影　黄天海译
杭州　浙江摄影出版社　1990 年　95 页　26cm（16 开）
精装　ISBN: 7-80536-054-5　定价: CNY11.00
（柯达摄影丛书）

J0109632
近摄微距摄影术　伍小仪，邓福全著
香港　摄影画报公司　1989 年　再版　120 页　有图
照片　21cm（32 开）定价: HKD25.00

J0109633
景观摄影　赵国光编著
西安　陕西人民出版社　1989 年　144 页
26cm（16 开）ISBN: 7-224-00618-1
定价: CNY3.45

J0109634
看的艺术　（美）德里克·多伊芬格著；谷峰译
杭州　浙江摄影出版社　1989 年　95 页　26cm（16 开）
ISBN: 7-80536-050-2　定价: CNY6.90
（柯达摄影丛书）
　　本书系摄影技术基础知识。

J0109635
看的艺术　（美）德里克·多伊芬格著；谷峰译
杭州　浙江摄影出版社　1990 年　95 页　26cm（16 开）
精装　ISBN: 7-80536-050-2　定价: CNY11.00
（柯达摄影丛书）

J0109636
滤光镜　张益福译
杭州　浙江摄影出版社　1989 年　95 页　26cm（16 开）
ISBN: 7-80536-049-9　定价: CNY6.90
（柯达摄影丛书）

J0109637
魅力人体摄影　美国米诺尔塔公司，美国道
布尔戴公司著；李江译
南京　江苏人民出版社　1989 年　58 页　有彩照
19cm（32 开）ISBN: 7-214-00240-X
定价: CNY5.40
（《光与影》摄影译丛）

J0109638
女体姿势照片集　（美术设计资料）（香港）林
丛译
香港　万里书店　1989 年　143 页　有照片
26cm（16 开）

J0109639
人体基本姿势照片集 （美术设计用）林丛译
香港 万里书店 1989 年 175 页 有照片
26cm（16 开）

J0109640
人体摄影的艺术表现　邹建平编辑
长沙 湖南美术出版社 1989 年 24cm（27 开）
ISBN：7-5356-0264-9 定价：CNY15.00
　　编者邹建平（1955—　），生于湖南新化，毕业于湖南师范大学，修业于广州美术学院油画系，现任职湖南美术出版社副社长，湖南美术家协会副主席，中国美术家协会会员，北京圣之空间董事。

J0109641
人体摄影艺术 （摄影集）
西安 陕西人民美术出版社 1989 年 96 页
26cm（16 开）ISBN：7-5368-0147-5
定价：CNY23.00

J0109642
人体摄影艺术　杨克林等编
上海 上海画报出版社 1989 年 130 页
26cm（16 开）ISBN：7-80530-007-0
定价：CNY27.00，CNY44.00（1997 年）
　　本摄影集收录人体摄影照片 126 幅，表现了早期人体摄影、现代人体摄影的开端、现代人体摄影 3 个不同时期的人体摄影表现特点。

J0109643
人体摄影艺术
天津 天津人民美术出版社 1989 年 84 页
25cm（15 开）ISBN：7-5305-0204-2
定价：CNY32.00

J0109644
人体摄影艺术与技巧　拉希编；陈晓钟译
沈阳 辽宁美术出版社 1989 年 92 页 有彩照
26cm（16 开）ISBN：7-5314-0222-X
定价：CNY20.00

J0109645
人像摄影艺术　上海市人像摄影学会编
上海 上海画报出版社 1989 年 40 页 有照片
20×19cm ISBN：7-80530-005-4 定价：CNY14.00

J0111823
人与光的艺术 （摄影集）
北京 团结出版社 1989 年 119 页 26cm（16 开）
ISBN：7-80061-131-0 定价：CNY46.00

J0109646
摄影技巧 （美）约翰·海奇科著；吕铁峰译
沈阳 辽宁美术出版社 1989 年 199 页 有图
19cm（32 开）ISBN：7-5314-0049-9
定价：CNY5.40

J0109647
摄影技术问答　阎宝光，何宝珠编
北京 印刷工业出版社 1989 年 149 页 有图
20cm（24 开）ISBN：7-80000-029-X 定价：
CNY1.95

J0109648
摄影技术与技巧　胡维标等编
福州 福建科学技术出版社 1989 年 207 页
有彩照 19cm（32 开）ISBN：7-5335-0252-3
定价：CNY3.60
（摄影丛书）
　　本书选集了 20 位摄影家的关于摄影艺术与技巧实践方面的文章 20 余篇，彩色照片与黑白照片 100 余幅，介绍了风光摄影、旅游摄影、生活摄影、人像摄影、舞台摄影、新闻摄影等的摄影技巧。书中还记述获奖摄影作品的艺术构思、拍摄经过及拍摄体会等。编者胡维标（1939—　），著名风光摄影家。江苏镇江市人。毕业于中国人民解放军防化学兵工程指挥学院新闻系。中国摄影家协会会员。摄影作品以旅游风光、古今建筑、文物为主。主要作品有《长城风光》《北京风光荟萃》《故宫》《天安门》。

J0109649
摄影实用技术集锦　王永生编著
天津 天津大学出版社 1989 年 248 页 有彩照
19cm（32 开）ISBN：7-5618-0138-6
定价：CNY4.25

J0109650
摄影万象　于芦笛，金维东选编

杭州　浙江摄影出版社　1989 年　234 页
19cm（32 开）ISBN：7-80536-036-7
定价：CNY3.00
　　本书选编世界摄影名家从人像、风光、动物、静物、广告到舞台、体育等常见摄影题材角度，论述不同摄影题材的 61 种拍摄技法。

J0109651
摄影一月通　蔡林，杨雪丽编著
成都　四川科学技术出版社　1989 年　324 页
有照片　19cm（32 开）ISBN：7-5364-1202-9
定价：CNY5.90
　　编著者蔡林（1948—　），画家、摄影家、作家。生于四川营山，中国人民解放军成都部队某部电化教育中心副主任、高级工程师，中国摄影家协会会员、四川省摄影家协会会员。出版有《摄影大百科辞典》《新英汉摄影技术词典》《大学摄影教材》。

J0109652
摄影一月通　蔡林，杨雪丽编著
成都　四川科学技术出版社　1998 年　2 版
14+465 页　有照片　19cm（小 32 开）
ISBN：7-5364-1202-9　定价：CNY18.00

J0109653
摄影与航空摄影　戴勇书等著
北京　解放军出版社　1989 年　204 页　26cm（16 开）
定价：CNY8.00
　　本书论述了黑白摄影和彩色摄影的基本原理，包括航摄仪、航摄景物的光谱，航空摄影的有关技术问题，以及航测对行航摄的技术要求。附录介绍摄影常见药品及配方、常见航空胶卷的性能等。

J0109654
摄影自学教程　刘少雄著
武汉　湖北科学技术出版社　1989 年　364 页
26cm（16 开）ISBN：7-5352-0371-X
定价：CNY9.80

J0109655
实用摄影知识　黄克勤著
武汉　武汉出版社　1989 年　97 页　有彩图
19cm（32 开）ISBN：7-5430-0244-2
定价：CNY2.20

J0109656
特技摄影　美国米诺尔塔公司，美国道布尔戴公司著；司大宇译
南京　江苏人民出版社　1989 年　68 页　有照片
19cm（32 开）ISBN：7-214-00239-6
定价：CNY4.80
（《光与影》摄影译丛）

J0109657
现代风光摄影技巧　王梧生著
上海　上海文艺出版社　1989 年　66 页　有彩照
19cm（32 开）ISBN：7-5321-0491-5
定价：CNY4.20
　　作者王梧生（1942—　），高级摄影师。江苏江宁人。中国摄影家协会会员，广西艺术摄影学会副会长，桂林市艺术摄影学会会长，华中理工大学美术摄影研究室副主任，桂林市展览馆馆长。著有《现代风光摄影技巧》《桂林山水摄影集》等；摄影作品有《奇峰红叶》《晓雾船影》《金光冲破水中天》等。

J0109658
肖像摄影技巧　（美）卡瑞·波恩斯汀著；武仲译
北京　人民美术出版社　1989 年　88 页　20cm（32 开）
ISBN：7-102-00505-9　定价：CNY3.65

J0109659
肖像摄影技巧　（美）波恩斯汀著；武仲译
北京　人民美术出版社　1991 年　2 版　89 页
21cm（32 开）ISBN：7-102-00505-9
定价：CNY4.70

J0109660
朱云风摄影艺术　朱云风摄；宣奉华编著
桂林　漓江出版社　1989 年　113 页　有彩图
19cm（32 开）ISBN：7-5407-0426-8
定价：CNY13.80

J0109661
自动曝光相机拍摄诀窍　（美）伯恩鲍姆著；张益福译
杭州　浙江摄影出版社　1989 年　133 页
19cm（32 开）ISBN：7-80536-060-X
定价：CNY3.60

J0111840

135 相机摄影指南 （美)伊斯曼·柯达公司著；熊大成译

南京 江苏人民出版社 1990 年 19cm（32 开）

ISBN：7-214-00507-7 定价：CNY6.90

（《光与影》摄影艺丛）

　　本书介绍了 135 相机摄影过程中的操作、曝光、日光、闪光摄影、可互换式镜头、构图等方面内容。

J0109662

灯光摄影 张益福著

上海 上海人民美术出版社 1990 年 103 页

有彩照 19cm（32 开）ISBN：7-5322-0457-X

定价：CNY1.80

（实用摄影知识丛书）

　　本书着重叙述了灯光摄影的特点、灯光的种类和造型效果、各种布光的方法、灯光摄影的曝光及闪光摄影等问题。作者张益福(1934—　)，摄影教育家。山东潍坊市人。毕业于北京电影学院摄影系，历任北京电影学院摄影系教授、摄影学院副院长兼教务主任，《人像摄影》杂志编委。主要著作有《摄影技巧研究》《人像摄影》《摄影色彩构成》等。

J0109663

东北三省新闻摄影论文集 （第 3 辑）刘洪山主编

哈尔滨 黑龙江人民出版社 1990 年 310 页

19cm（32 开）ISBN：7-207-01862-2

定价：CNY4.10

J0109664

儿童照片的拍摄秘诀 美国米诺尔塔公司，美国道布尔戴公司著；马有基，张泳艾译

南京 江苏人民出版社 1990 年 78 页 有图

19cm（32 开）ISBN：7-214-00465-8

定价：CNY5.00

（《光与影》摄影艺丛）

J0109665

翻拍摄影技法 董岩青编著

天津 天津人民美术出版社 1990 年 63 页 有彩照 19cm（小 32 开）定价：CNY2.80

　　编著者董岩青(1925—　)，山东蓬莱人。笔名冬山，别名董宝珊。中国摄影家协会会员，天津摄影家协会理事、顾问。作品有《我为祖国献石油》《早班车》《古街新雪》等。

J0109666

风光摄影 谭尚忍，包于飞著

杭州 浙江摄影出版社 1990 年 80 页 有照片

19cm（32 开）定价：CNY2.90

（跟我学摄影丛书）

　　本书通过准备器材、取景、构图、深度与层次、色彩、如何用光、镜头的选用、几种常用的滤光镜、几种特定题材的拍摄法等章节，论述风光摄影的技术、技巧和方法，书中有 80 多幅照片。作者谭尚忍(1940—　)，上海人。上海美术家协会和上海摄影家协会会员，上海人民美术出版社副编审。作品有《儿童武书》《民族英雄岳飞》等。

J0109667

风景人像摄影 朱光明著

上海 上海画报出版社 1990 年 59 页 有照片

19cm（32 开）ISBN：7-80530-019-4

定价：CNY1.50

（未来摄影家小丛书）

J0109668

广告摄影技巧 李晓东，任绍春译

沈阳 辽宁美术出版社 1990 年 254 页

19cm（32 开）ISBN：7-5314-0721-3

定价：CNY6.30

J0109669

黑白暗房技术 （美)伯恩鲍姆著；张铭译

杭州 浙江摄影出版社 1990 年 93 页 26cm（16 开）

精装 ISBN：7-80536-051-0 定价：CNY11.00

（柯达摄影丛书）

J0109670

家庭趣味摄影 60 则 尹力文，李海虹编著

北京 知识出版社 1990 年 95 页 有彩照

19cm（32 开）ISBN：7-5015-0352-4

定价：CNY9.50

　　本书从相机的技巧、构图、光线的运用、专题摄影、特殊效果方面，详尽介绍了 60 余种摄影技巧、开拓主题思路的方法和巧用照相器材的小窍门。

J0109671

家庭摄影的乐趣　杨克林著
上海　上海画报出版社　1990 年　29 页　有照片
19cm（32 开）ISBN：7-80530-013-5
定价：CNY1.05
（未来摄影家小丛书）

J0109672

家庭摄影小百科　张锦等编著
北京　农村读物出版社　1990 年　163 页
19cm（32 开）ISBN：7-5048-1309-5
定价：CNY2.60

J0109673

家庭摄影指南　晓庭，饮水编
广州　暨南大学出版社　1990 年　170 页
19cm（32 开）定价：CNY2.90

J0109674

家庭生活摄影　刘长新著
长春　吉林美术出版社　1990 年　185 页　有照片
19cm（32 开）ISBN：7-5386-0198-8
定价：CNY4.80

J0109675

男性摄影的魅力　杨元昌，寿光武编著
上海　上海画报出版社　1990 年　72 页　有照片
19cm（32 开）ISBN：7-80530-015-1
定价：CNY1.50
（未来摄影家小丛书）
　　本书共收作品 30 幅，用黑白灰摄影艺术表
现男性的摄影技术。

J0109676

女性摄影入门　（日）藤田和宣著；江明宏编译
台南　信宏出版社　1990 年　207 页　有照片
21cm（32 开）ISBN：957-538-139-4
定价：TWD120.00
（摄影　10）

J0109677

女性摄影入门　（日）藤田和宣著；江明宏编译
台南　信宏出版社　1993 年　207 页　有照片
21cm（32 开）ISBN：957-538-139-4
定价：TWD130.00

J0109678

青少年摄影　《青少年摄影》编写组编
上海　上海科技教育出版社　1990 年　115 页
有图　19cm（32 开）ISBN：7-5428-0483-9
定价：CNY1.40

J0109679

人体摄影教程　（联邦德国）卡尔夫主编；菲
思译
北京　中国电影出版社　1990 年　125 页
28cm（16 开）ISBN：7-106-00471-5
定价：CNY38.50
　　本书分 8 章，阐述了人体摄影的基本态度
和方法、对模特的选择与指导、光线在人体上的
运用、室内拍摄与外景拍摄、人体的抓拍、环境
的重要性、艺术人体摄影及其规律、高调人体摄
影与低调人体摄影等艺术、技术等各方面。附
有百余幅彩色及黑白人体摄影作品。外文书名：
School of Nude Photography.

J0109680

人像摄影　美国米诺尔塔公司，美国道布尔戴
公司著；董云章译
南京　江苏人民出版社　1990 年　84 页　有图
19cm（32 开）ISBN：7-214-00481-X
定价：CNY5.00
（《光与影》摄影艺丛）

J0109681

如何拍出女性的魅力　众文图书股份有限公
司编辑部编译
台北　众文图书股份有限公司　1990 年　214 页
有照片 22cm（25 开）定价：TWD250.00
（摄影家丛书　32）

J0109682

傻瓜照相机拍摄技巧　蔡林编著
成都　四川科学技术出版社　1990 年　173 页
有照片 19cm（32 开）ISBN：7-5364-1672-5
定价：CNY5.00
　　本书介绍了傻瓜相机拍摄对象的选择、拍
摄时机的把握以及用光、色彩、构图等知识。作
者蔡林（1948—　），画家、摄影家、作家。生于
四川营山，中国人民解放军成都部队某部电化
教育中心副主任、高级工程师，中国摄影家协会

会员、四川省摄影家协会会员。出版有《摄影大百科辞典》《新英汉摄影技术词典》《大学摄影教材》。

J0109683
傻瓜照相机拍摄技巧　蔡林编著
成都　四川科学技术出版社　1996年
2版(修订版)364页　有照片　19cm(小32开)
ISBN：7-5364-1672-5　定价：CNY15.00
(拍摄技艺丛书)

J0109684
摄影采访与图片编辑教程　孔繁根著
北京　中国人民大学出版社　1990年　396页
有照片　20cm(32开)　ISBN：7-300-00684-1
定价：CNY4.60

J0109685
摄影常见病解答　陈文襄著
上海　上海画报出版社　1990年　85页　有照片
19cm(32开)　ISBN：7-80530-024-0
定价：CNY1.50
(《未来摄影家》小丛书)

J0109686
摄影常见病解答　陈文襄编
上海　上海画报出版社　1992年　2版　87页
有图　19cm(32开)　ISBN：7-80530-024-0
定价：CNY1.50
(《未来摄影家》小丛书)

J0109687
摄影常见病解答　陈文襄等编著
上海　上海画报出版社　1998年　199页　有图
19cm(32开)　ISBN：7-80530-319-3
定价：CNY14.00
(画报摄影丛书)

J0109688
摄影初学 ABC　金建等编
北京　学苑出版社　1990年　265页　19cm(32开)
ISBN：7-5077-0103-4　定价：CNY3.50

J0109689
摄影的艺术享受　蔡耀生，侠谷译

杭州　浙江摄影出版社　1990年　147P　19×18cm
ISBN：7-80536-059-6　定价：CNY7.00
(摄影艺术译丛)

J0109690
摄影基础　刘涤民主编；潘中淑，徐世浩编
北京　高等教育出版社　1990年　342页　有彩图
20cm(32开)　ISBN：7-04-002922-7
定价：CNY2.60

J0109691
摄影基础与实践　郭万章编写
北京　气象出版社　1990年　82页　19cm(32开)
ISBN：7-5029-0371-2　定价：CNY1.60

J0109692
摄影技术技巧　钟山编
长春　长春出版社　1990年　255页　19cm(小32开)
定价：CNY3.60

J0109693
摄影技艺教程　颜志刚著
上海　复旦大学出版社　1990年　500页
20cm(24开)　ISBN：7-309-00364-9
定价：CNY6.50
　　作者颜志刚(1948—　)，教授。历任复旦大学新闻学院摄影专业主任、教授，上海新闻摄影学会学术委员会主任，中国新闻摄影学会学术委员。出版《摄影技艺教程》《数码摄影教程》《摄影百科辞典》等。

J0109694
摄影技艺教程　颜志刚著
上海　复旦大学出版社　1994年　2版　637页
有图　20cm(32开)　ISBN：7-309-01347-6
定价：CNY12.70
　　本书内容包括：镜头、相机、曝光与测光、摄影构图、彩色胶卷冲洗技术等19章。

J0109695
摄影技艺教程　颜志刚著
上海　复旦大学出版社　1997年　3版　19+588页
有图　20cm(32开)　ISBN：7-309-01347-6
定价：CNY22.00

J0109696

摄影禁忌一百条　谷威著

太原　山西科学教育出版社　1990 年　100 页

有照片　19cm（32 开）ISBN：7-5377-0265-9

定价：CNY5.00

　　本书对摄影技术上、创作中、实践中应注意的问题和禁忌进行了阐述。作者谷威，山西省文联党组书记、编审，山西省摄影家协会主席。

J0109697

摄影曝光指导　（英）雷纳德·根特著；张汉玺译

北京　中国摄影出版社　1990 年　207 页

19cm（32 开）ISBN：7-80007-056-5

定价：CNY2.90

（国际摄影译丛）

J0109698

摄影趣谈　李志昭编著

上海　上海画报出版社　1990 年　92 页　有照片

17cm（32 开）ISBN：7-80530-009-7

定价：CNY4.40

（知识画库）

J0109699

摄影入门　刘申五编著

长春　吉林大学出版社　1990 年　170 页

19cm（32 开）ISBN：7-5601-0717-6

定价：CNY2.50

（入门丛书　第一辑）

J0109700

摄影入门　张苏中著

杭州　浙江摄影出版社　1990 年　151 页　有照片

19cm（32 开）ISBN：7-80536-087-1

定价：CNY2.50

（跟我学摄影丛书）

J0109701

摄影小经验 200 条　马椿年［著］

南宁　广西美术出版社　1990 年　241 页　有照片

18cm（32 开）ISBN：7-80582-040-6

定价：CNY3.20

J0109702

摄影小经验 200 条　马椿年著

南宁　广西美术出版社　1991 年　241 页　有照片

19cm（小 32 开）ISBN：7-80582-184-4

定价：CNY3.60

　　本书涉及使用器材、曝光技术、用光技巧、闪光方法、拍摄技巧、彩色摄影、画面构图拍摄实践等内容。

J0109703

摄影小诀窍　杭志忠著

杭州　浙江摄影出版社　1990 年　108 页　有照片

19cm（32 开）ISBN：7-80536-089-8

定价：CNY1.98

（跟我学摄影丛书）

J0109704

摄影小诀窍　杭志忠著

杭州　浙江摄影出版社　1997 年　108 页　有照片

19cm（32 开）ISBN：7-80536-435-4

定价：CNY6.40

（跟我学摄影　生活摄影）

J0109705

摄影艺术的必由之路　（关于摄影技艺的交流）（苏）德克著；施鹏飞，刘杭生译

杭州　浙江摄影出版社　1990 年　258 页　有照片

19cm（32 开）ISBN：7-80536-061-8

定价：CNY6.90

　　本书共有 18 章，分别论述对摄影艺术的初步认识、影像的造型、光线的运用、色调的处理、空间透视原理的掌握、影像立体感及纹理的表现、影像清晰度的调整、画面动感的体现、摄影的体裁和样式、彩色摄影的技巧技法等等。

J0109706

摄影艺术技巧　周长泰编著

沈阳　辽宁美术出版社　1990 年　644 页　有彩照

19cm（32 开）ISBN：7-5314-0230-0

定价：CNY12.00

　　本书共有 9 章。第 1 章摄影艺术的表现方法，第 2 章人像摄影，第 3 章风景摄影，第 4 章谈新闻摄影，第 5 章花卉摄影，第 6 章体育摄影，第 7 章舞台摄影，第 8 章工业摄影，第 9 章夜间摄影。

J0109707

生物科学摄影技术　傅文瑜编
上海　复旦大学出版社 1990 年 164 页
19cm（小 32 开）定价：CNY1.30

J0109708

实用摄影 300 问　史锡彬编
济南　山东科学技术出版社 1990 年 212 页
19cm（32 开）ISBN：7-5331-0831-0
定价：CNY3.10
　　本书介绍了摄影器材，摄影基本技法，摄影
实践，底片、照片等各方面的知识。

J0109709

实用摄影技术技巧　（上册）阎宝光，何宝珠编
北京　印刷工业出版社 1990 年 275 页　有彩照
20cm（32 开）ISBN：7-80000-046-X
定价：CNY5.75
　　本书选编了近年来发表在《摄影世界》上的
有关摄影技术技巧方面的一些文章。本册内容
包括相机、镜头、滤镜的运用以及构图、用光等
方面的知识。

J0109710

实用摄影技术技巧　（中册）阎宝光，何宝珠编
北京　印刷工业出版社 1991 年 163 页　有插图
20cm（32 开）ISBN：7-80000-060-5
定价：CNY3.30
　　本书选编了近年来发表在《摄影世界》上的
有关摄影技术技巧方面的一些文章。内容包括
人像、生活照、旅游照以及天体、风光、云雨闪
电、花鸟虫鱼等自然景物的摄影知识。

J0109711

实用摄影技术技巧　（下册）阎宝光，何宝珠编
北京　印刷工业出版社 1991 年 200 页　有插图
20cm（32 开）ISBN：7-80000-062-1
定价：CNY4.70
　　本书内容包括农业、工业、交通、建筑、文
物、舞台、医学、体育、广告等专业摄影方面的
知识。

J0109712

体育摄影理论与实践　胡越等著
北京　奥林匹克出版社 1990 年 2 册（252+333 页）

有图 20cm（32 开）ISBN：7-80067-003-1
定价：CNY9.50
　　本书论述了体育摄影在我国的兴起、发展、
体育摄影的特征、创作规律、社会功能及竞技体
育和群众体育的拍摄方法、技巧等。

J0109713

文物之美　（与专业摄影技术）林杰人著
台北　东大图书公司 1990 年 216 页　有图
23cm（15 开）精装　ISBN：957-19-0108-3
定价：旧台币 10.67

J0109714

舞台剧照的拍摄　马玲玲编著
上海　上海画报出版社 1990 年 26 页　有照片
19cm（32 开）ISBN：7-80530-018-6
定价：CNY1.10
（未来摄影家小丛书）

J0109715

现代广告摄影　孙自镁著
北京　机械工业出版社 1990 年 198 页　有彩照
20cm（32 开）ISBN：7-111-02182-7
定价：CNY5.90
（现代广告丛书 7）
　　本书主要论述现代广告摄影艺术的理论与
技法，并配有 260 余幅广告摄影实例照片。

J0109716

现代摄影技艺 150 问　王刃等编著
北京　金盾出版社 1990 年 238 页 19cm（32 开）
ISBN：7-80022-170-9 定价：CNY2.90
　　本书对摄影器材的使用、摄影美学的原则，
摄影的各种技法及暗房工艺等作了介绍。

J0109717

现代摄影技艺 150 问　王刃等编著
北京　金盾出版社 1992 年　重印本 238 页
有彩照 19cm（32 开）ISBN：7-80022-248-9
定价：CNY3.20
　　本书根据当代摄影技术的发展，综合实践经
验，用问答的形式，对摄影器材的使用，摄影美
学的基本原则，摄影的技法及暗房工艺作了全面
介绍。

J0109718
现代摄影技艺 150 问　王刃等编著
北京 金盾出版社 1994年 229页 19cm（小32开）
ISBN：7-80022-832-0 定价：CNY4.50

J0109719
现代摄影滤镜的使用　美国米诺尔塔公司，
美国道布尔戴公司著；司大宇译
南京 江苏人民出版社 1990年 65页 有图
19cm（32开）定价：CNY5.00
（《光与影》摄影艺丛）

J0109720
肖像摄影照明技巧　（美）约翰·哈特著；薛
林，杨丽杰译
沈阳 辽宁美术出版社 1990年 156页 有照片
19cm（32开）ISBN：7-5314-0719-1
定价：CNY2.50

J0109721
新闻摄影的价值与规律　蒋齐生著
成都 四川教育出版社 1990年 337页 有照片
20cm（32开）ISBN：7-5408-0142-0
定价：CNY5.20
　　本书讨论了新闻摄影的任务、特点、价值、
规律、方法等，并列举了29幅高水平的照片。
作者蒋齐生（1917—1997），新闻摄影理论家、高
级编辑。陕西户县人。曾任新华通讯社新闻摄
影编辑部副主任、新闻摄影家协会常务理事、中
国新闻摄影学会会长等。作品有《老舍》《肖三》
《郭沫若》《吴晗》等，出版《新闻摄影论集》《新
闻摄影一百四十年》《新闻摄影的价值与规律》
《摄影史记》等。

J0109722
野外摄影指南　（美）摩德维著；徐世群，邓依
铭译
成都 四川人民出版社 1990年 125页 有彩照
19cm（32开）ISBN：7-220-01008-7
定价：CNY2.70

J0109723
中小学生学摄影　郭志全，史建华主编
北京 北京美术摄影出版社 1990年 170页
有图 19cm（32开）ISBN：7-80501-104-4

定价：CNY3.60

J0109724
中学生摄影入门　元子著
南京 江苏美术出版社 1990年 120页
19cm（32开）ISBN：7-5344-0132-1
定价：CNY1.55

J0109725
自然光与夜间摄影　美国米诺尔塔公司，美
国道布尔戴公司著；颜志刚译
南京 江苏人民出版社 1990年 79页 有图
19cm（32开）ISBN：7-214-00470-4
定价：CNY5.00
（《光与影》摄影艺丛）

J0109726
最新摄影技术　国丰书局编著
台北 国丰文化出版社 1990年 223页 有图
31cm（10开）精装 定价：TWD1200.00

J0109727
遨游瞬间世界　（一个摄影记者的札记）许必
华著
郑州 河南美术出版社 1991年 276页 有照片
20cm（32开）ISBN：7-5401-0146-6
定价：CNY4.20

J0109728
捕捉动态　唐颂，毛蓉辉译
杭州 浙江摄影出版社 1991年 101页
26cm（16开）ISBN：7-80536-112-6
定价：CNY7.50
（柯达摄影指南）
　　本书为动态摄影技术指南。外文书名：How
to Catch the Action.

J0109729
出色的旅游摄影　薛华克译
杭州 浙江摄影出版社 1991年 101页 有照片
26cm（16开）ISBN：7-80536-109-6
定价：CNY7.50
（柯达摄影指南）
　　本书共有5章。第1章简述旅游摄影的乐
趣和意义。第2章介绍旅游摄影应该携带的器材、

保管器材的方法以及对照相机故障的紧急处理。第3章谈如何在不同环境中选择恰到好处的拍摄角度，提炼出优秀的主题。第4章告知摄影者如何借助敏锐的观察力，抓住旅行地的特点，拍摄具有独特氛围和感染力的作品。第5章分步讲解照片的剪裁、裱装和整理，以及幻灯片的编排、装框和放映，书中配有140幅图。外文书名：Taking Better Travel Photos.

J0109730

创作与抓拍　　张国威著
上海　上海画报出版社　1991年　70页　有照片
18cm（小32开）ISBN：7-80530-046-1
定价：CNY1.70
（未来摄影家小丛书）

J0109731

当代新闻摄影学　　王振山著
西宁　青海人民出版社　1991年　518页　有照片
20cm（32开）ISBN：7-225-00445-X
定价：CNY10.00
　　本书主要阐述了新闻摄影记者的任务、职责、素质和修养，摄影的技术、技巧和表现方法，新闻摄影的题材、体裁和图片编辑工作。作者王振山，摄影记者。山东人，新华通讯社主任记者，中国新闻摄影学会会员。

J0109732

动物摄影　　张词祖编著
上海　上海画报出版社　1991年　41页　有照片
18cm（小32开）ISBN：7-80530-040-2
定价：CNY1.35
（《未来摄影家》小丛书）

J0109733

风光摄影　　（八位世界风光摄影大师的艺术和技术）（美）森德（Sund, H.）等摄影；桑顿（Thornton, G.）撰文；田承强译
成都　四川美术出版社　1991年　127页
26cm（16开）ISBN：7-5410-0580-0
定价：CNY25.00

J0109734

广告摄影　　侯福梁著
杭州　浙江摄影出版社　1991年　80页　有图

19cm（小32开）ISBN：7-80536-128-2
定价：CNY2.90
（跟我学摄影丛书）

J0109735

黑白摄影　　林孙杏，吴钢著
上海　上海画报出版社　1991年　54页　有照片
18cm（小32开）ISBN：7-80530-041-0
定价：CNY1.60
（未来摄影家小丛书）

J0109736

黑白摄影教程　　（美）亨利・霍伦斯坦（Horenstein, H.）著；李之聪译
北京　中国摄影出版社　1991年　237页　有照片
20cm（32开）ISBN：7-80007-070-0
定价：CNY5.40
　　本书详细介绍了照相机和镜头的性能与特点、曝光方法、胶片冲洗与照片放大技术、照片修饰与托裱技术等。外文书名：Black and White Photography. 作者亨利・霍伦斯坦（Henry Horenstein），美国罗得岛设计学院摄影课教授。

J0109737

黑白摄影教程　　（美）亨利・霍伦斯坦（Horenstein, Henry）著；李之聪译
北京　中国摄影出版社　1994年印　237页　有照片　20cm（32开）ISBN：7-80007-070-11
定价：CNY7.80
　　本书是美国院校摄影课程的教材，以黑白摄影与暗室技术为中心，从胶片感光基本知识入手，介绍了照相机及镜头的功能、曝光方法、胶片冲洗与照片放大技术等内容。外文书名：Black and White Photography A Basic Manual.

J0109738

黑白影调的魔力　　陈红，肖鹭译
杭州　浙江摄影出版社　1991年　95页　26cm（16开）
ISBN：7-80536-111-8
定价：CNY6.90，CNY11.00（精装）
（柯达摄影指南）
　　外文书名：The Magic of Black-and White.

J0109739

获得优秀照片的途径　　（摄影创作30讲）（日）

佐藤正治著；石守贵译
北京　中国摄影出版社　1991 年　204 页　有照片
19cm（小 32 开）ISBN：7-80007-062-X
定价：CNY3.80
（国际摄影译丛）

　　本书包括标准镜头、立幅摄影构图、动态和
静态描写要点，以及在不同的季节、不同时间、
不同背景的摄影方式、方法等。作者佐藤正治
（1930—　），日本三重县人，日本大学艺术学部
摄影专业讲师。

J0109740
家庭情趣摄影　　黎明，秀清译
杭州　浙江摄影出版社　1991 年　101 页　有照片
26cm（16 开）ISBN：7-80536-117-7
定价：CNY7.50
（柯达摄影指南）
　　　外文书名：Photographing Friends and Family.

J0109741
家庭摄影新知　　予文等编写
北京　农村读物出版社　1991 年　214 页
19cm（32 开）ISBN：7-5048-1585-3
定价：CNY3.10
（居家必备）
　　　本书介绍了摄影基础知识和家庭摄影技巧。

J0109742
家庭生活彩照拍摄　　钟文毅编著
上海　上海译文出版社　1991 年　64 页
19cm（小 32 开）ISBN：7-5327-1169-2
定价：CNY6.90

J0109743
简明摄影艺术手册　　刘茂昭编著
郑州　河南科学技术出版社　1991 年　149 页
19cm（小 32 开）ISBN：7-5349-0696-2
定价：CNY4.40

J0109744
建筑摄影的奥秘　　桦林译
杭州　浙江摄影出版社　1991 年　101 页　有彩照
26cm（16 开）ISBN：7-80536-116-9
定价：CNY7.50
（柯达摄影指南）

　　　外文书名：Photographing Buildings.

J0109745
建筑摄影艺术　　楼庆西著
北京　清华大学出版社　1991 年　128 页　有照片
17×18cm ISBN：7-302-00865-5　定价：CNY15.00
　　本书包括建筑摄影构图的线条与透视，建筑
摄影中的主体与环境的关系，国外建筑摄影艺术
等。外文书名：Photography of Architecture. 作者
楼庆西，教授。浙江衢州人，毕业于清华大学建
筑系。历任清华大学教授，清华大学古建筑研究
所所长。主要著作有《中国建筑艺术全集——建
筑装修与装饰》《中国建筑的门文化》《中国古建
筑二十一讲》《凝视——楼庆西建筑摄影集》等。

J0109746
静物摄影　　齐涤昔，徐宜著
上海　上海画报出版社　1991 年　96 页　有照片
18cm（小 32 开）ISBN：7-80530-039-9
定价：CNY2.00
（未来摄影家小丛书）

J0109747
立体摄影　　李锦松著
台北　李锦松　1991 年　132 页　有照片　附件
21×21cm　定价：TWD600.00
　　　外文书名：Stereo Photographic.

J0109748
旅途摄影　　曹宠，张颖编著
上海　复旦大学出版社　1991 年　120 页　有照片
19cm（小 32 开）ISBN：7-309-00550-3
定价：CNY2.50

J0109749
旅游摄影技巧　　夏道陵著
上海　上海文化出版社　1991 年　50 页　有彩照
20cm（32 开）ISBN：7-80511-416-1
定价：CNY4.95
　　本书介绍了摄影艺术的表现方法和拍摄技
巧，内容包括器材的准备、方法与技巧、问题解
答等 4 部分。

J0109750
旅游摄影手册　　虹桥，杨宸译

昆明 云南人民出版社 1991 年 107 页 有照片
18cm（小 32 开）ISBN：7-222-00900-0
定价：CNY7.50

J0109751
青年摄影技巧 100 例　刘德潜编著
沈阳 辽宁科学技术出版社 1991 年 114 页
有附彩图 26cm（16 开）ISBN：7-5381-1184-0
定价：CNY6.50
（生活 100 例丛书）

J0109752
趣味摄影　梅林编著
郑州 河南科学技术出版社 1991 年 76 页
有附照片 20cm（32 开）ISBN：7-5349-0531-1
定价：CNY4.50
　　本书概述了 40 余种各具特色的摄影技
法，并配以近百幅艺术创作。编著者赵梅林
（1943—　），字维泰，生于江苏。历任国家高级
美术师，江苏省美术家协会会员，南京印社社
员，江苏省花鸟画研究会理事，文化部华夏文化
遗产中国画院艺术委员会委员，故宫紫禁城书
画艺术协会理事等。出版有《中国近现代名家画
集——赵梅林》。

J0109753
人像摄影　朱光明著
上海 上海科学技术出版社 1991 年 231 页
有图 19cm（32 开）ISBN：7-5323-2577-6
定价：CNY3.60
　　本书从概论、构图、用光、技艺解析、拍摄
实践、制作加工等 6 个方面总结拍摄人像的技术
和方法。书中附有作者有代表性的作品 8 幅。

J0109754
人像写真　高扬，曹越兰译
杭州 浙江摄影出版社 1991 年 75 页 26cm（16 开）
ISBN：7-80536-119-3
定价：CNY5.90，CNY9.50（精装）
（柯达摄影指南）
　　外文书名：The Art of Portraits.

J0109755
色彩的魅力　西辰，晓宇译
杭州 浙江摄影出版社 1991 年 101 页 有彩照

26cm（16 开）ISBN：7-80536-110-X
定价：CNY7.50
（柯达摄影指南）
　　外文书名：Make Color Work for You.

J0109756
闪光人像摄影　顾云兴著
上海 上海画报出版社 1991 年 57 页 有照片
18cm（小 32 开）ISBN：7-80530-038-0
定价：CNY1.65
（未来摄影家小丛书）
　　作者顾云兴（1926—　），摄影师、教授。历
任中国华侨摄影学会理事，上海华侨摄影协会副
秘书长。

J0109757
少儿学摄影　朱育文主编
海口 海南摄影美术出版社 1991 年 71 页
19×9cm
　　本书从少儿学摄影的角度，介绍相机、快
门、光圈、焦距、正确曝光、选购胶卷和相纸等
摄影基本知识。

J0109758
少年儿童摄影初阶　蔡林编著
成都 四川科学技术出版社 1991 年 258 页
有照片 19cm（小 32 开）ISBN：7-5364-1772-1
定价：CNY5.55
　　本书以讲座形式，系统介绍了照相机的构
造、摄影曝光、摄影构图、负片冲洗、彩色摄影
及不同题材照片，并以 100 幅插图、20 幅黑白照
片和 24 幅彩色照片作为文字叙述的补充和例证。
编著者蔡林（1948—　），画家、摄影家、作家。
生于四川营山，中国人民解放军成都部队某部电
化教育中心副主任、高级工程师，中国摄影家协
会会员、四川省摄影家协会会员。出版有《摄影
大百科辞典》《新英汉摄影技术词典》《大学摄影
教材》。

J0109759
少年摄影入门　刘学稼编著
长沙 湖南少年儿童出版社 1991 年 47 页
有照片 26cm（16 开）ISBN：7-5358-0671-6
定价：CNY1.90
　　本书内容涉及照相机、胶卷、曝光、构图、

用光、洗印及不同题材和彩色摄影的技巧与方法。

J0109760
摄影初学 365　寒秋编
北京　中国广播电视出版社　1991 年　225 页
19cm（小 32 开）ISBN：7-5043-1186-3
定价：CNY3.85

J0109761
摄影大师的启示　尹青译
杭州　浙江摄影出版社　1991 年　101 页　有照片
26cm（16 开）ISBN：7-80536-113-4
定价：CNY6.90，CNY11.00（精装）
（柯达摄影指南）
　　外文书名：Learning from the Experts.

J0109762
摄影广告纵横谈　丁允朋著
上海　上海人民美术出版社　1991 年　132 页
有彩照　20cm（32 开）ISBN：7-5322-0855-9
定价：CNY6.80
　　本书内容包括广告摄影的共性、个性、广告摄影的作业法、广告形象与广告摄影创意等。附有彩图 24 幅，黑白插图 60 幅。

J0109763
摄影技巧与暗房技术　刘忠政编；白正衡编
北京　海洋出版社 1991 年 113 页 19cm（小 32 开）
ISBN：7-5027-1051-5　定价：CNY1.80

J0109764
摄影技术　山东省科学技术协会主编；鲁克等编著
北京　中国青年出版社　1991 年　362 页　有彩照
19cm（32 开）ISBN：7-5006-0942-6
定价：CNY4.60
（青年学艺指南丛书）
　　本书共分为 8 章。内容包括：介绍摄影发展史；介绍照相机的类型、结构、使用和维修；介绍感光胶片的种类、规格、结构与感光原理；介绍黑白摄影技术的摄影方法、曝光、光源、滤色镜；介绍商业服务性摄影技术；介绍彩色摄影技术的光源、色温、光光线、曝光、风光、夜景等；介绍暗室设备与冲洗技术；介绍摄影造型与表现方法。

J0109765
摄影镜头的使用技巧　沙占祥著
北京　中国摄影出版社　1991 年　442 页　有图
20cm（32 开）ISBN：7-80007-080-8
定价：CNY6.40
　　本书论述了各类摄影镜头的成像特点、拍摄效果、应用技巧和使用注意事项，并系统介绍了摄影镜头各类附件的性能与应用知识。书中精选了 400 余幅典型照片进行分析。作者沙占祥（1942—　），教授。河北石家庄人，毕业于北京电影学院工程系。历任北京电影学院摄影系教授、博士生导师，北京电影学院学术委员会委员、中国摄影家协会理事、中国摄影器材行业委员会常务委员等。出版专著有《摄影镜头的性能与选择》《摄影镜头的使用技巧》《照相机的构造与使用》等。

J0109766
摄影揽趣　陈文襄著
上海　上海画报出版社　1991 年　118 页　有照片
18cm（小 32 开）ISBN：7-80530-045-3
定价：CNY2.30
（未来摄影家小丛书）

J0109767
摄影曝光漫谈　杨嘉华著
上海　上海画报出版社　1991 年　63 页　有照片
18cm（小 32 开）ISBN：7-80530-047-4
定价：CNY1.70
（未来摄影家小丛书）

J0109768
摄影入门　刘申五编著
长春　吉林大学出版社　1991 年　184 页　有彩照
19cm（32 开）ISBN：7-5601-0996-9
定价：CNY3.30
　　本书内容包括照相机基本知识、彩色摄影、摄影技法 30 种、常见摄影名词解释等。

J0109769
摄影入门　杜裕民编著
沈阳　辽宁科学技术出版社　1991 年　重印本 66 页
有照片　19cm（32 开）ISBN：7-5381-0071-7

定价: CNY2.95

J0109770
摄影入门　林承先编著
北京 中国广播电视出版社 1991 年 184 页
有照片 19cm（32 开）ISBN：7-5043-0626-6
定价: CNY3.40

J0109771
摄影用光　倪秀玲著
杭州 浙江摄影出版社 1991 年 78 页 有插图
19cm（32 开）ISBN：7-80536-131-2
定价: CNY1.85
（跟我学摄影丛书）

J0109772
摄影抓拍技巧　武仲编译
北京 人民美术出版社 1991 年 95 页 有照片
20cm（32 开）ISBN：7-102-00531-8
定价: CNY3.80
　　本书从理论和实践方面详细地介绍和讲解
了关于瞬间抓拍的知识和技巧，并选收美国部分
著名摄影家近百幅高水平的抓拍作品。

J0109773
生活快照　易秋译
杭州 浙江摄影出版社 1991 年 101 页 有照片
26cm（16 开）ISBN：7-80536-115-0
定价: CNY7.50
（柯达摄影指南）
　　外文书名：Photographing the Drama of Daily
Life.

J0109774
生活摄影　杨克林，庄彻著
杭州 浙江摄影出版社 1991 年 93 页 有插图
19cm（32 开）ISBN：7-80536-130-4
定价: CNY2.95
（跟我学摄影丛书）

J0109775
生活摄影　杨克林，庄彻著
杭州 浙江摄影出版社 1997 年 93 页 有照片
19cm（32 开）ISBN：7-80536-436-2
定价: CNY5.90

（跟我学摄影 生活摄影）

J0109776
十万个不要　（摄影篇）张锦等编著
北京 农村读物出版社 1991 年 11+320 页
19cm（小 32 开）ISBN：7-5048-1660-4
定价: CNY4.90, CNY7.50（精装）

J0109777
时装摄影　李维良著
上海 上海画报出版社 1991 年 20 页 有照片
18cm（32 开）ISBN：7-80530-044-5
定价: CNY1.40
（未来摄影家小丛书）

J0109778
时装摄影　李维良著
上海 上海人民美术出版社 1994 年 99 页 有照片
20cm（32 开）ISBN：7-5322-1277-6
定价: CNY15.00
（摄影小百科丛书）

J0109779
实用摄影技术问答　夏同珩，曾宪阳编写
贵阳 贵州科技出版社 1991 年 328 页 有彩照
19cm（32 开）ISBN：7-80584-032-6
定价: CNY4.85
　　本书采用问答的形式，介绍不同类型的照相
机、不同功能的镜头、不同的滤色镜、光圈与焦
距、不同闪光灯、摄影冲洗放大技术以及不同环
境下身影的艺术与技术等。

J0109780
实用摄影入门　蔡林编著
成都 四川美术出版社 1991 年 170 页 有图
19cm（32 开）ISBN：7-5410-0598-3
定价: CNY3.64
（中国农村文库）
　　编著者蔡林（1948—　），画家、摄影家、作
家。生于四川营山，中国人民解放军成都部队某
部电化教育中心副主任、高级工程师，中国摄影
家协会会员、四川省摄影家协会会员。出版有《摄
影大百科辞典》《新英汉摄影技术词典》《大学摄
影教材》。

J0109781

特殊环境的拍摄　丁建民，王志章译

杭州　浙江摄影出版社　1991 年　101 页　有彩照

26cm（16 开）ISBN：7–80536–108–8

定价：CNY7.50

（柯达摄影指南）

　　外文书名：Dealing with Difficult Situations.

J0109782

体育摄影　（英）鲍威尔等著；吕铁峰译

沈阳　辽宁美术出版社　1991 年　242 页　有照片

19cm（小 32 开）ISBN：7–5314–0899–6

定价：CNY5.60

　　本书介绍怎样对不同类型的摄影艺术作品

进行分类管理，如何解决不同体育项目存在的摄

影技术问题等。

J0109783

体育摄影　李志昭著

上海　上海画报出版社　1991 年　53 页　有照片

18cm（小 32 开）ISBN：7–80530–042–9

定价：CNY1.75

（未来摄影家小丛书）

J0109784

微弱光摄影　美国柯达公司业余图书室编；沈

俭译

福州　海潮摄影艺术出版社　1991 年　52 页

有照片　17×19cm　ISBN：7–80562–016–4

定价：CNY4.00

（海潮世界摄影译丛）

　　本书从技术角度介绍了微弱光摄影的基本

知识，包括家庭室内微弱光摄影，微弱光摄影的

曝光量的测定，照相机的持握技巧等 5 章。

J0109785

现代摄影技法　（美）巴塞著；胡昌平译

沈阳　辽宁美术出版社　1991 年　164 页　有彩图

19cm（小 32 开）ISBN：7–5314–0880–5

定价：CNY5.00

J0109786

现代摄影技术　贾菊生编著

天津　天津人民美术出版社　1991 年　166 页

有照片　19cm（小 32 开）ISBN：7–5305–0271–9

定价：CNY5.40

　　本书介绍了基本的摄影知识，并增写了一

部分现代摄影遇到的新器材、新技术等方面的

问题。

J0109787

小品摄影技法　邓君瑜著

长沙　湖南科学技术出版社　1991 年　44 页

有彩图　19cm（小 32 开）ISBN：7–5357–0834–X

定价：CNY2.80

J0109788

业余摄影小窍门　徐立群编著

沈阳　沈阳出版社　1991 年　194 页　19cm（小 32 开）

ISBN：7–80556–543–0　定价：CNY2.15

J0109789

园林摄影　周仁德，丁虹著

上海　上海画报出版社　1991 年　41 页

19cm（小 32 开）ISBN：7–80530–043–7

定价：CNY1.35

（《未来摄影家》小丛书）

J0109790

怎样拍好纪念照　杨恩璞著

北京　中国摄影出版社　1991 年　84 页　有照片

19cm（小 32 开）ISBN：7–80007–069–7

定价：CNY2.30

　　本书介绍了相机的选择，正确曝光的重

要性、彩色照片的色彩配置、滤光镜的应用等

拍摄好纪念照的摄影基础知识。作者杨恩璞

（1939—　　），青年电影制片厂艺术创作室主任。

J0109791

怎样为儿童拍照　（美）斯托著；陈泉，王慧译

沈阳　辽宁美术出版社　1991 年　98 页

19cm（小 32 开）ISBN：7–5314–0913–5

定价：CNY4.60

J0109792

掌握色彩　海波译

杭州　浙江摄影出版社　1991 年　101 页

26cm（16 开）ISBN：7–80536–118–5

定价：CNY7.50

（柯达摄影指南）

外文书名：Mastering Color.

J0109793
专业摄影年鉴　　印刷与设计杂志社编
台北　设计家文化出版事业公司　1991 年　340 页
有照片　30cm（10 开）精装　定价：TWD1200.00
（1991 台湾创意百科 5）

J0109794
自然风光的摄影技巧　　（各行各业用气象）苏
茂著
北京　气象出版社　1991 年　145 页　有照片
19cm（小 32 开）ISBN：7-5029-0597-9
定价：CNY2.80
（应用气象丛书）
　　本书从气象与摄影艺术的关系出发，详细介
绍了如何运用气象因素进行摄影艺术创作，以及
如何拍摄这些奇妙的景观和注意事项。

J0109795
彩色摄影　　颜鸿蜀著
杭州　浙江摄影出版社　1992 年　126 页
19cm（32 开）ISBN：7-80536-149-5
定价：CNY4.90
（跟我学摄影丛书）
　　本书主要论述彩色基本知识和技术，内容包
括：常见的几种彩色摄影、彩色胶片、彩色胶片
曝光、光线的色彩与色温、彩色摄影常用的滤
镜、色彩常识、人的色彩、色彩配合、彩色胶片
处理等。书中附有彩色照片 80 多幅。

J0109796
常备摄影数据手册　　瞿彩康编著
杭州　浙江摄影出版社　1992 年　90 页
19cm（小 32 开）ISBN：7-80536-176-2
定价：CNY2.70

J0109797
创意人像摄影　　闻向著
上海　上海人民美术出版社　1992 年　47 页
有照片　18cm（32 开）ISBN：7-5322-0956-3
定价：CNY1.10
（学摄影小丛书）

J0109798
灯光摄影布光技法　　周祖贻编著
上海　上海人民美术出版社　1992 年　150 页
20cm（32 开）ISBN：7-5322-0857-5
定价：CNY6.80
（摄影小百科丛书）

J0109799
儿童摄影　　徐枫著
南宁　广西美术出版社　1992 年　173 页　有图
19cm（小 32 开）ISBN：7-80582-437-1
定价：CNY3.80
　　作者徐枫（1932—　　），摄影记者。江苏徐州
人，徐州日报主任记者，中国摄影家协会会员、
江苏省摄影家协会常务理事。著有《舞蹈概论》
《人体律动的诗篇——舞蹈》《中国舞剧史纲》
《舞蹈艺术概论》等。

J0109800
儿童摄影　　（美）苏珊娜·察兹著；黄少华编译
福州　海潮摄影艺术出版社　1992 年　88 页
17×19cm　ISBN：7-80562-019-9　定价：CNY17.80
（海潮世界摄影译丛）
　　本书包括儿童摄影的基本法则、技术理论、
制图原理、拍摄实践等四个方面。内容涉及肖像
的拍摄、婴儿的拍摄、不同年龄儿童的拍摄，两
个以上儿童的拍摄以及儿童与大人的拍摄、儿童
与宠物的拍摄等。书中配有彩照 150 幅。

J0109801
儿童摄影　　谢新发，潘文龙著
上海　上海画报出版社　1992 年　52 页　有图
18×10cm　ISBN：7-80530-071-2　定价：CNY1.50
（未来摄影家小丛书）
　　作者谢新发，擅长年画摄影。主要作品有
《节日欢舞》《风光摄影》《怎样拍摄夜景》等。

J0109802
风光摄影　　林孙杏，吴钢著
上海　上海画报出版社　1992 年　51 页　有图
18×10cm　ISBN：7-80530-080-1　定价：CNY1.55
（《未来摄影家》小丛书）

J0109803
高等摄影教程　　（英）迈克尔·杰·兰福德著；

郭大梁等译
北京 中国电影出版社 1992 年 有图 26cm（16 开）
ISBN：7-106-00126-0 定价：CNY8.40

本书为专业摄影人员的教科书，内容包括：彩色摄影、黑白摄影的基本原理；摄影设备和广告材料；照相印刷复制等。

J0109804
公共摄影手册 陈文襄，唐光波著
上海 上海人民美术出版社 1992 年 219 页
有照片 20cm（32 开）ISBN：7-5322-1041-3
定价：CNY5.60

J0109805
国外人像摄影技巧 上海人民美术出版社编辑
上海 上海人民美术出版社 1992 年 94 页
有照片 19cm（小 32 开）ISBN：7-5322-1186-X
定价：CNY3.80

J0109806
国外摄影名家的经验与技巧 沈美新编著
上海 上海文艺出版社 1992 年 269 页 有彩照
18×17cm ISBN：7-5321-0711-6 定价：CNY11.80

本书针对摄影过程中经常遇到的对焦、构图、变焦、人像摄影等问题，结合 100 多位著名摄影家的拍摄经验，对拍摄技巧进行了叙述。

J0109807
黄山摄影指南 袁廉民著
合肥 安徽美术出版社 1992 年 155 页 有彩照
19cm（小 32 开）ISBN：7-5398-0226-X
定价：CNY8.50

本书内容包括：认识黄山的自然规律、黄山－自然美的宝库、黄山摄影实践、探求黄山摄影的民族风格 4 章。作者袁廉民（1932—　），国家一级摄影师。浙江慈溪人。历任中国摄影家协会理事、中国老摄影家协会理事、安徽摄影家协会名誉主席、英国皇家摄影学会会士、世界华人摄影学会会员。代表作品有《蒸蒸日上》《松魂》等。

J0109808
基础摄影学 刘永泰编著
台北 正文书局 1992 年 242 页 有图
26cm（16 开）ISBN：957-40-0068-0

定价：TWD320.00
外文书名：Basic Guide to Photography.

J0109809
家庭彩色摄影指南 张源生著
南昌 江西美术出版社 1992 年 143 页
19cm（36 开）ISBN：7-80580-082-0
定价：CNY3.90
（摄影自学丛书）

J0109810
家庭彩色摄影指南 张源生著
南昌 江西美术出版社 1995 年 143 页
19cm（36 开）ISBN：7-80580-082-0
定价：CNY4.20
（摄影自学丛书）

J0109811
家庭摄影实用指南 呈玉，一平著
北京 海洋出版社 1992 年 199 页 19cm（32 开）
ISBN：7-5027-2632-2 定价：CNY3.20

J0109812
家庭妆扮与摄影指南 杨霖，王群主编
北京 中国国际广播出版社 1992 年 200 页
有插图 19cm（小 32 开）ISBN：7-5078-0354-6
定价：CNY3.60
（"家庭好帮手"系列丛书）

J0109813
简明摄影教程 张明远，杜衍纯主编
济南 山东大学出版社 1992 年 299 页 有照片
19cm（小 32 开）ISBN：7-5607-0777-7
定价：CNY4.70

J0109814
柯达实用摄影百科全书选译 （卷一）美国
柯达公司，美国摄影书籍出版公司编；张益福译
济南 山东美术出版社 1992 年 212 页 有彩照
20cm（32 开）ISBN：7-5330-0449-3
定价：CNY12.50

本书重点介绍了摄影理论及技巧部分，外文书名：Encyclopedia of Practical Photography.

J0109815
快门曝光闪光灯 张丰荣编著
台北 冠伦出版社 1992 年 104 页 有照片
26cm（16 开）ISBN：957-8629-22-2
定价：TWD250.00
（摄影艺术丛书 6）

J0109816
旅游摄影 双木著
上海 上海画报出版社 1992 年 75 页 有图
18×10cm ISBN：7-80530-075-5 定价：CNY1.80
（未来摄影家小丛书）

J0109817
旅游摄影指南 梁二平著
南宁 广西美术出版社 1992 年 254 页
19cm（小 32 开）ISBN：7-80582-497-5
定价：CNY5.30
　　本书分为旅游摄影基础知识、特殊天气
摄影、地貌摄影、动物摄影、旅游纪念摄影等
19 章。

J0109818
旅游摄影指南 刘修仁著
广州 岭南美术出版社 1992 年 230 页 有彩照
19cm（小 32 开）ISBN：7-5362-0725-5
定价：CNY5.70

J0109819
漫谈旅游摄影 叶导著
上海 上海人民美术出版社 1992 年 51 页
有照片 20×10cm ISBN：7-5322-0955-5
定价：CNY1.10
（学摄影小丛书）
　　本书主要介绍旅游摄影的技巧，内附图
40 幅。

J0109820
明星照片的拍摄技法 （美）伯恩斯坦著；陈
晓钟，司大宇译
南京 江苏人民出版社 1992 年 192 页 19×17cm
ISBN：7-214-00862-9 定价：CNY19.50
（《光与影》摄影艺丛）
　　作者加里·伯恩斯坦，美国著名商业作家、
摄影家。

J0109821
摩登居室 （摄影集）应善昌主编；张雷摄
杭州 浙江摄影出版社 1992 年 26cm（16 开）
ISBN：7-80536-141-X 定价：CNY9.40
（摩登丛书）

J0109822
农村青年学摄影 常春主编
上海 上海人民美术出版社 1992 年 71 页
20×10cm ISBN：7-5322-1072-3 定价：CNY2.30
（学摄影小丛书）
　　主编常春（1933— ），河北阜城人。原名李
凤楼。先后任《解放日报》记者、上海人美社编
辑室主任等职，并兼任《摄影家》杂志主编。中
国摄协上海分会会员。主要作品有《出击》《横
跨激流》《上工》等。

J0109823
拍摄人的乐趣 董云章译
沈阳 辽宁美术出版社 1992 年 232 页 有照片
19cm（小 32 开）ISBN：7-5314-0939-9
定价：CNY6.50
　　本书讲述了如何拍好人物照片的种种技巧。
内容分 3 部分：1. 人是一个表现的世界；2. 拍摄
人的器材和技术；3. 如何拍摄人。

J0109824
曝光·影调·层次 张益福译著
沈阳 辽宁美术出版社 1992 年 重印本 120 页
有照片 19cm（32 开）ISBN：7-5314-0944-5
定价：CNY3.50
　　本书阐述了曝光和显影对底片影调层次的
关系，曝光表的种类、性能和使用方法，测定胶
片实用感光度的办法，扩展和压缩底片影调与层
次的技巧，并通过黑白及彩色照片 50 余幅、示
意图 20 余幅，举例说明了各种情况下黑白摄影
和彩色摄影的测光和曝光方法以及控制影调与
层次的技巧。

J0109825
巧用摄影 董云章著
上海 上海画报出版社 1992 年 92 页 有图
18×10cm ISBN：7-80530-073-9 定价：CNY1.95
（《未来摄影家》小丛书）

J0109826

请您步入摄影王国 （摄影者之友）王广林,
巴镇纬著

南京 江苏美术出版社 1992 年 246 页 有照片
19cm（小 32 开）ISBN：7-5344-0230-1

定价：CNY4.40

　　作者王广林（1944— ），记者。江苏铜山人,
历任新华日报社摄影部主任,中国摄影家协会会
员,江苏新闻摄影协会副会长,江苏年画研究会
理事。作者巴镇纬（1946— ），江苏吴县人,从
事新闻工作。

J0109827

趣味家庭摄影艺术指南　张武生编

武汉 湖北人民出版社 1992 年 17×18cm
ISBN：7-216-00875-8 定价：CNY5.80

　　本书主要从儿童、情侣、旅游、婚礼等几个
方面以图文并茂的形式,对每幅照片从艺术欣
赏、拍摄时所用的角度、光线等方面进行讲解。

J0109828

人体摄影技法　武仲编译

北京 人民美术出版社 1992 年 103 页
20cm（32 开）ISBN：7-102-01097-4

定价：CNY8.80

J0109829

人物摄影　（美）伊孜著；薛林等译

沈阳 辽宁美术出版社 1992 年 220 页 有照片
及 图 19cm（小 32 开）ISBN：7-5314-0924-0

定价：CNY5.90

　　本书介绍人物像拍摄技巧及其构图方式,语
言等知识。

J0109830

人物摄影指南　（意）古列尔莫·伊齐（Izzi,
Guglielmo）著；夫拓等译

上海 上海人民美术出版社 1992 年 197 页
有照片 20cm（32 开）ISBN：7-5322-0896-6

定价：CNY6.80

（世界摄影文库）

　　外文书名：Photographing People.

J0109831

人像摄影的最佳角度　闻向著

上海 上海人民美术出版社 1992 年 47 页
有照片 19cm（32 开）ISBN：7-5322-0954-7

定价：CNY1.10

（学摄影小丛书）

J0109832

人像摄影入门　温素文,刘申五编著

长春 吉林大学出版社 1992 年 184 页 有照片
19cm（小 32 开）ISBN：7-5601-1278-1

定价：CNY4.30

（入门丛书）

　　编著温素文（1931— ），女。照相技师。辽
宁新民人。历任中国摄影家吉林分会会员,长春
电影制片厂人像摄影师,长春市摄影家协会常务
理事、副主席。作品有《重逢》《松花湖之秋》《湖
满渔歌》,编写《人像摄影入门》。

J0109833

人像摄影艺术纵横谈　董云章著

上海 上海画报出版社 1992 年 229 页 有照片
19cm（32 开）ISBN：7-80530-066-6

定价：CNY10.20

（摄影家丛书）

　　本书是探索人像摄影艺术理论和实践问题
的论文集,主要内容有人像摄影的艺术规律和美
学特征、审美观念演变、民族化与时代性、传统
与创新、社会功能等。书中附照片112幅,收有
44篇文章。

J0109834

日常生活摄影　崔永洪编著

沈阳 辽宁美术出版社 1992 年 186 页 有彩照
19cm（32 开）ISBN：7-5314-0961-5

定价：CNY6.60

　　本书阐述生活摄影的心理学；春、夏、秋、
冬四季摄影；风、云、雨、雾等不同天气的拍摄；
全家福、夫妻合影、新婚旅游、家庭生活小照；
花卉、盆景、静物摄影等。

J0109835

如何自拍婚纱礼服照　陈文襄著

上海 上海人民美术出版社 1992 年 46 页
有照片 18cm（32 开）ISBN：7-5322-0862-1

定价：CNY1.10

（学摄影小丛书）

J0109836

闪光摄影　朱成章著

上海　上海人民美术出版社　1992 年　131 页

有彩照　20cm（32 开）ISBN：7-5322-0899-0

定价：CNY6.00

（摄影小百科丛书）

　　本书介绍了电子摄影闪光灯的性能、使用方法、工作原理、室内闪光灯、多灯闪光等基本摄影方法和知识。附有插图 190 幅，以及 23 幅中外闪光灯摄影佳作。

J0109837

摄影 250 忌　蔡林著

成都　电子科技大学出版社　1992 年　313 页

有彩照　19cm（小 32 开）ISBN：7-81016-436-8

定价：CNY6.25

　　本书总结了摄影活动中应忌讳的 250 个问题，内容包括：照相器材的选购，拍摄方面的忌讳，闪光摄影方面的忌讳等。作者蔡林（1948—　　），画家、摄影家、作家。生于四川营山，中国人民解放军成都部队某部电化教育中心副主任、高级工程师，中国摄影家协会会员、四川省摄影家协会会员。出版有《摄影大百科辞典》《新英汉摄影技术词典》《大学摄影教材》。

J0109838

摄影常识词典　（英汉）艾立克·里查德著；周道明，奚末果译

杭州　中国美术学院出版社　1992 年　210 页

20×10cm　精装　ISBN：7-81019-337-6

定价：CNY14.00

　　译者周道明，中国美术学院从事摄影教学、编辑工作。

J0109839

摄影的"天敌"与"良友"（细质点与摄影）

高秀峰著

南宁　广西美术出版社　1992 年　111 页　有照片

19cm（小 32 开）ISBN：7-80582-309-X

定价：CNY3.80

　　本书用科学的方法回答了细质点在各种不同光照下，用各种不同胶卷，各种不同焦距镜头，在不同距离，不同地域和不同季节拍摄，对摄影的利和弊。作者高秀峰（1935—　　），摄影记者。浙江浦江人，中国摄影家协会会员，中国新闻摄影学会会员，民族画报主任记者。

J0109840

摄影的创造力　（美）费宁格著；薛林，杨丽杰译

沈阳　辽宁美术出版社　1992 年　256 页　有照片

19cm（小 32 开）ISBN：7-5314-0963-1

定价：CNY7.50

　　本书内容包括：摄影概述、被摄体、摄影者、照片 4 部分。

J0109841

摄影方法　姜锡祥编著

上海　同济大学出版社　1992 年　180 页　有照片

20cm（32 开）ISBN：7-5608-0992-8

定价：CNY4.50

　　本书介绍了摄影的基本原理与方法，广告、人物、建筑摄影的特点、方法及摄影鉴赏知识等。编著者姜锡祥（1955—　　），上海同济大学电教中心摄影技术制作室实验师，上海摄影家协会会员，上海青年摄影家协会理事。

J0109842

摄影技术问答　朱清宇，曾立新编著

杭州　浙江摄影出版社　1992 年　253 页　有图

19cm（小 32 开）ISBN：7-80536-156-8

定价：CNY4.10

J0109843

摄影技术问答　曾立新，朱清宇编著

杭州　浙江摄影出版社　1996 年　253 页　有图

19cm（小 32 开）ISBN：7-80536-433-8

定价：CNY12.00

（跟我学摄影　摄影常识）

J0109844

摄影秘诀　陈文襄编著

上海　上海科学技术文献出版社　1992 年　246 页

有彩照　19cm（32 开）ISBN：7-5439-0073-4

定价：CNY4.20

　　本书包括曝光、构图、家庭生活摄影、风光摄影、静物夜景摄影及近摄与翻拍等技巧。

J0109845

摄影秘诀　陈文襄编著

上海　上海科学技术文献出版社　1995 年

重印本　246 页　有彩照　19cm（32 开）
ISBN：7-5439-0073-4　定价：CNY8.00
　　本书包括曝光、构图、家庭生活摄影、风光
摄影、静物夜景摄影及近摄与翻拍等技巧。

J0109846
摄影名家经验谈　周振德著
上海　上海人民美术出版社　1992 年　44 页
有照片　18cm（32 开）ISBN：7-5322-0892-3
定价：CNY1.00
（学摄影小丛书）

J0109847
摄影热线电话　陈文襄著
上海　上海画报出版社　1992 年　116 页　有图
18×10cm　ISBN：7-80530-076-3　定价：CNY2.10
（未来摄影家小丛书）

J0109848
摄影手册　贺修桂等编写
北京　中国摄影出版社　1992 年　587 页
21cm（32 开）统一书号：8226.13　定价：CNY2.90
　　本手册内容包括：摄影光学、照相光度学、
照相机、摄影光源、滤光镜、侧光与曝光、感光
材料、摄影技法、暗室工艺、暗室加工技术、彩
色扩印技术、照相机用电池、摄影附件、单位换
算、摄影常见外文缩写词汇英汉对照表、常见国
外照相机译名表等。

J0109849
摄影万事通　李唐，姚旗著
北京　知识出版社　1992 年　214 页　有照片
19cm（小 32 开）ISBN：7-5015-0714-7
定价：CNY5.50
　　本书介绍了拍好照片的方法、条件和如何拍
好婚礼、儿童、美人、风景照片，并附摄影作品
欣赏，人像缺陷修正。

J0109850
摄影向导　（英）迈克尔·兰福特（Langford，
Michael）著；陆柱国译
北京　人民美术出版社　1992 年　219 页　有照片
26cm（16 开）ISBN：7-102-01128-8
定价：CNY24.00
　　本书介绍了学习摄影的基本知识，如：摄

影光学基本知识、相机的使用、拍摄技巧、暗
室操作等。外文书名：The Step by Step Guide
to Photography. 作者迈克尔·兰福特（Michael
Langford），摄影家。英国伦敦皇家艺术学院高级
导师、评议员，英国皇家摄影学会、摄影家联合
会高级会士等。

J0109851
摄影要法　元子著
南京　江苏美术出版社　1992 年　326 页　有图
19cm（小 32 开）ISBN：7-5344-0233-6
定价：CNY8.80

J0109852
时装广告摄影　余专一著
北京　世界知识出版社　1992 年　134 页　有照片
20cm（32 开）ISBN：7-5012-0456-X
定价：CNY9.00
（广告世界系列丛书　4）
　　本书图文并茂介绍了时装摄影的历史沿革；
所需要的器材；时装摄影与模特儿的关系；时装
摄影的技术；时装摄影与广告的关系等。外文书
名：Fashion Advertising Photography. 作者余专一
（1952—　　），现在北京针棉织品进出口公司广告
宣传部门工作，任该部门副经理。

J0109853
时装摄影　包铭新主编
上海　上海科学技术出版社　1992 年　199 页
有照片　18×17cm　ISBN：7-5323-2630-6
定价：CNY7.50
　　本书阐述了时装摄影的技巧和流派，分析了
时装摄影的理论，探讨了摄影与时装、历史、心
理学诸方面的关系。

J0109854
特殊效果摄影技法　莫卫宁，薛佳编译
北京　人民美术出版社　1992 年　165 页　有照片
20cm（32 开）ISBN：7-102-01151-2
定价：CNY6.80
　　本书内容分：聚焦的技巧、带色滤光镜的作
用、利用幻灯投影再创作等 13 个部分。

J0109855
图说景物摄影　高琴著

福州　福建科学技术出版社　1992 年　104 页
有附彩图 19cm（小 32 开）
ISBN：7-5335-0547-6　定价：CNY4.05

　　本书内容包括：气象、天文、植物、夜景等
9 大类，118 幅作品，介绍各类景物的特点，拍摄
技巧及摄影家的立意构思，表现手法等。

J0109856

图说人物摄影　　李世雄编著
福州　福建科学技术出版社　1992 年　104 页
有附彩图 19cm（小 32 开）ISBN：7-5335-0542-5
定价：CNY4.05

　　本书以图文对应的形式，对人物摄影的有关
技艺问题作了实用性的解说。

J0109857

网点剜空特技摄影　　胡建瑜著
沈阳　辽宁美术出版社　1992 年　有照片
19cm（32 开）ISBN：7-5314-0928-3
定价：CNY10.50

　　本书介绍作者通过探索和实践网点剜空特
技摄影的新技法。这种技法不需要剪辑拼凑，不
需要黑底、叠印、拼放等暗房技巧。通过剜空法，
在一张底片上进行多次隔离曝光，完成一幅梦幻
般的奇特作品。本书附有 100 多幅图。

J0109858

现代实用摄影技术　　郭志全主编
北京　科学普及出版社　1992 年　346 页
19cm（32 开）ISBN：7-110-02315-X
定价：CNY6.20

　　本书采取逐题解答的方式解答了近 500 个
技术问题。介绍了现代摄影器材的使用，各类题
材的拍摄方法，近摄和翻拍技术，红外线、紫外
线、X 射线、显微摄影，实用暗室技术等。

J0109859

向名家学摄影　　林路著
上海　上海画报出版社　1992 年　98 页　有图
18×10cm　ISBN：7-80530-072-0　定价：CNY1.70
（未来摄影家小丛书）

J0109860

影室人像摄影　　顾云兴著
上海　上海画报出版社　1992 年　87 页　有图

18×10cm　ISBN：7-80530-077-1　定价：CNY2.10
（未来摄影家小丛书）

J0109861

怎样给小宝宝拍照　　陈文襄著
上海　上海人民美术出版社　1992 年　51 页
有照片　20×10cm　ISBN：7-5322-0806-5
定价：CNY1.10
（学摄影小丛书）

　　本书介绍婴幼儿拍摄的基本知识和技术，附
有 38 幅图。

J0109862

怎样拍好照片　　（美）罗宾斯著；韩程伟译
杭州　浙江摄影出版社　1992 年　125 页　有插图
19cm（32 开）ISBN：7-80536-152-5
定价：CNY3.50

　　本书共 14 章，以生活快照为例，介绍了拍
摄好照片的方式方法。内容涉及胶片的选择、照
相机的使用、不同人物的处理、各种生活情趣的
表现、几种特殊的摄影技巧、照片的合理利用、
偶然出现的差错分析等等。外文书名：How to
Make Good Pictures.

J0109863

怎样拍摄家庭生活照　　张颖著
上海　上海人民美术出版社　1992 年　37 页
有照片　20×10cm　ISBN：7-5322-0846-X
定价：CNY1.00
（学摄影小丛书）

　　本书介绍家庭生活照拍摄的各种题材类型
及其构图特色。在具体拍摄技术上，重点阐述
了在室内外散射光、室内电子闪光灯、电灯光、
室外阳光等不同情况下光线的特点及用光技巧。
还提供了有关拍摄生活照时器材方面的知识。
书中附有图例。

J0109864

怎样拍摄舞台照片　　陈莹著
上海　上海人民美术出版社　1992 年　42 页
有照片　18cm（32 开）ISBN：7-5322-0875-3
定价：CNY1.00
（学摄影小丛书）

　　本书收入照片 30 幅。

J0109865
怎样拍摄夜景　谢新发著
上海　上海人民美术出版社　1992 年　60 页
有照片　20×10cm　ISBN：7-5322-0945-8
定价：CNY1.20
（学摄影小丛书）
　　本书中附有照片 32 幅。

J0109866
照片拍摄技巧　薛华克编译
杭州　浙江摄影出版社　1992 年　154 页　有照片
19cm（32 开）ISBN：7-80536-171-1
定价：CNY6.90
　　本书分别论述了照相机、镜头和附件、摄影
器材的实际操作，以及在不同场合下应采取的拍
摄方法。本书采用图文并举的形式，以大量精
美图片展示摄影艺术。外文书名：Photographic
Techniques.

J0109867
职业时装摄影　（美）罗伯特·法伯（Farber,
Robert）著；徐建生译
北京　中国电影出版社　1992 年　104 页　有照片
26cm（16 开）ISBN：7-106-00544-4
定价：CNY13.00
　　本书介绍了时装摄影的发展历史、分类、专
业特点、风格、创作经验，以及获取时装摄影艺
术成功的诀窍。汇集了作者精美作品 100 余幅。
外文书名：Professional Fashion Photography. 作者
罗伯特·法伯，美国当代著名的时装艺术摄影
大师。

J0109868
植物摄影　张亚生编著
上海　上海人民美术出版社　1992 年　73 页
有彩照　20cm（32 开）ISBN：7-5322-0861-3
定价：CNY4.80
（摄影小百科丛书）
　　本书讲述了植物摄影的器材选择、题材范
围、表现方法、特技运用以及插花与盆景的拍摄
等。附有彩图 24 幅。

J0109869
自然光摄影　尹福康著
上海　上海人民美术出版社　1992 年　43 页

有照片　18cm（32 开）ISBN：7-5322-0891-5
定价：CNY1.00
（学摄影小丛书）
　　作者尹福康（1927—　），摄影家。江苏南京
人。曾任上海人民美术出版社副编审、上海市摄
影家协会副主席等职。主要作品有《烟笼峰岩》
《向荒山要宝》《晒盐》《工人新村》等。

J0109870
爱意家庭　（最新室内布置 摄影集）绿蒂编著
武汉　华中师范大学出版社　1993 年　26cm（16 开）
ISBN：7-5622-1197-3　定价：CNY22.00
（形象设计丛书）

J0109871
彩色夜景摄影　张宝安著
上海　上海人民美术出版社　1993 年　111 页
有图　20cm（32 开）ISBN：7-5322-0926-1
定价：CNY6.50
　　作者张宝安，摄影家。华东师范大学教授，
上海市摄影家协会副主席。

J0109872
初学摄影常见失误　潘世聪著
上海　上海人民美术出版社　1993 年　37 页
有照片　19cm（32 开）ISBN：7-5322-1231-9
定价：CNY1.50
（学摄影小丛书）

J0109873
初学摄影入门　江明宏编译
台南　信宏出版社　1993 年　196 页　有照片
21cm（32 开）ISBN：957-538-045-2
定价：TWD140.00
（摄影 8）

J0109874
初学摄影入门　江明宏编译
台南　信宏出版社　1995 年　196 页　有照片图
21cm（32 开）ISBN：957-538-045-2
定价：TWD150.00
（摄影 8）

J0109875
大众摄影入门　马奇编著

长春 吉林科学技术出版社 1993 年 重印本
245 页 19cm（32 开）ISBN：7–5384–0859–2
定价：CNY3.90

　　本书介绍了照相机的构造及使用方法，黑
白、彩色感光片，摄影感光，各种题材的摄影等
13 章内容。

J0109876
动态摄影　范达明著
杭州 浙江摄影出版社 1993 年 98 页 有彩图
19cm（小 32 开）ISBN：7–80536–196–7
定价：CNY6.00
（跟我学摄影丛书）

　　本书介绍了摄影器材的配备、题材的选择、
动态的构成、瞬间的捕捉和动感的表现等。

J0109877
儿童摄影　罗英著
杭州 浙江摄影出版社 1993 年 101 页 有彩照
19cm（小 32 开）ISBN：7–80536–186–X
定价：CNY6.00
（跟我学摄影丛书）

J0109878
儿童摄影　罗英著
杭州 浙江摄影出版社 1997 年 104 页 有照片
19cm（32 开）ISBN：7–80536–438–9
定价：CNY7.00
（跟我学摄影 生活摄影）

J0109879
二十世纪新浪潮黑白摄影新技法　袁草田
编著
香港 利文出版社 1993 年 192 页 有照片
21cm（32 开）定价：HKD60.00

J0109880
风景摄影的艺术　林家祥著
台北 众文图书公司 1993 年 333 页 有照片
21cm（32 开）ISBN：957–532–160–X
定价：TWD450.00
（摄影家丛书）

J0109881
跟我学摄影　杨改学，郭凤忠编著

兰州 甘肃教育出版社 1993 年 317 页 有插图
19cm（小 32 开）ISBN：7–5423–0413–5
定价：CNY6.50

J0109882
广告摄影　达夫，鄂玉璋编译
哈尔滨 黑龙江科学技术出版社 1993 年 282 页
有彩照 19cm（小 32 开）ISBN：7–5388–1965–7
定价：CNY11.00

　　本书收入文章 30 篇，介绍了广告摄影基础
知识和典型商品，以及题材的拍摄实例与技巧。

J0109883
广告摄影　张泽明编译
北京 中国电影出版社 1993 年 重印本 190 页
有附图 26cm（16 开）ISBN：7–106–00115–5
定价：CNY9.50

　　本书共 9 章，分别论述了广告摄影的历史；
广告摄影的构思与制作；物体摄影的美学知识；
感光材料与摄影器材；摄影棚内和棚外各类广告
照片的拍摄要点；特殊摄影方法；广告中的翻摄
与近摄；时装摄彩的历史、风格；拍摄技巧与学
习方法等。收有黑白照片和示意图 200 余幅，彩
色照片 80 余幅。

J0109884
家庭摄影 590 问　陶淇编著
北京 知识出版社 1993 年 566 页 19cm（32 开）
ISBN：7–5015–0838–0 定价：CNY11.00

　　本书介绍了摄影预备知识及人像、风光、夜
景、电视荧屏等各种拍摄技巧，黑白暗房工作的
具体要求等。

J0109885
家庭时新摄影小经验　国强，鸿恩主编
天津 天津科技翻译出版公司 1993 年 202 页
19cm（小 32 开）ISBN：7–5433–0264–6
定价：CNY3.90
（家庭小经验丛书）

　　本书包括：家庭摄影的基本技巧、生活照片
拍摄、家庭冲印放大照片等。

J0109886
剪影倒影投影　常春主编
上海 上海人民美术出版社 1993 年 47 页

20×10cm ISBN：7-5322-1076-6 定价：CNY1.60
（学摄影小丛书）

　　主编常春（1933—　　），河北阜城人。原名李
凤楼。先后任《解放日报》记者、上海人美社编
辑室主任等职，并兼任《摄影家》杂志主编。中
国摄协上海分会会员。主要作品有《出击》《横
跨激流》《上工》等。

J0109887
静物摄影　　李少文著
杭州 浙江摄影出版社 1993 年 68 页 有图
19cm（小 32 开）ISBN：7-80536-185-1
定价：CNY4.50
（跟我学摄影丛书）

J0109888
军事新闻摄影漫谈　　武将，周朝荣著
北京 长征出版社 1993 年 117 页 19cm（小 32 开）
ISBN：7-80015-285-5 定价：CNY3.20

J0109889
旅游摄影　　薛华克，达芒洛杰著
杭州 浙江摄影出版社 1993 年 90 页 有照片
19cm（小 32 开）ISBN：7-80536-183-5
定价：CNY5.80
（跟我学摄影丛书）

J0109890
旅游摄影　　薛华克，达芒洛杰著
杭州 浙江摄影出版社 1997 年 90 页 有照片
19cm（小 32 开）ISBN：7-80536-434-6
定价：CNY5.80
（跟我学摄影 生活摄影）

J0109891
旅游摄影旨趣　　蔡林编著
成都 四川科学技术出版社 1993 年 88 页
有彩照 19cm（32 开）ISBN：7-5364-2366-7
定价：CNY5.00

　　本书以 34 张国内外旅游时拍摄的作品为范
例，进行各种旅游题材技巧的传授和作品分析方
法示范。编著者蔡林（1948—　　），画家、摄影家、
作家。生于四川营山，中国人民解放军成都部队
某部电化教育中心副主任、高级工程师、中国摄
影家协会会员、四川省摄影家协会会员。出版有

《摄影大百科辞典》《新英汉摄影技术词典》《大
学摄影教材》。

J0109892
拍水拍光拍夜景　　张丰荣编著
台北 冠伦出版社 1993 年 96 页 有照片
26cm（16 开）ISBN：957-8629-31-1
定价：TWD250.00
（摄影艺术丛书 9）

J0109893
趣味摄影诀窍技法　　侯志刚著
北京 中国电影出版社 1993 年 80 页 有照片
19cm（32 开）ISBN：7-106-00806-0
定价：CNY4.80

　　本书介绍了几种新颖又实用的摄影方法。
比如怎样将杂志上的时装拍到自己的身上，如何
将自己拍到贺卡上及如何在自己从未到过的地
方留影等。

J0109894
人像摄影　　顾云兴著
郑州 河南科学技术出版社 1993 年 124 页
有照片 18×18cm ISBN：7-5349-1198-2
定价：CNY9.90
（摄影实践丛书）

　　作者顾云兴（1926—　　），摄影师、教授。历
任中国华侨摄影学会理事，上海华侨摄影协会副
秘书长。

J0109895
商品摄影特集　　张丰荣编著
台北 冠伦出版社 1993 年 128 页 26cm（16 开）
ISBN：957-8629-23-0 定价：TWD250.00
（摄影艺术丛书 7）

J0109896
商业摄影与美术设计的配合　　［马歇尔］
（Marshall, H.）编著；刘英凯译
香港 万里书店 1993 年 144 页 有照片
22×23cm 精装 ISBN：962-14-0747-8
定价：HKD138.00
（设计师丛书）

　　外文书名：Art-Directing Photography.

J0109897

商业摄影与美术设计的配合 ［马歇尔］
(Marshall, H.)编著；刘英凯译
台北 新形象出版事业公司 1993 年 144 页
有照片 23cm 精装 ISBN：957-8548-38-9
定价：TWD480.00
（设计师丛书）

　　外文书名：Art-Directing Photography.

J0109898

摄影爱好者实用指南 呈玉著
北京 中国物资出版社 1993 年 199 页
19cm（小 32 开）ISBN：7-5047-0653-1
定价：CNY4.95

J0109899

摄影成败指南 王玮琦编
济南 山东科学技术出版社 1993 年 203 页
有彩照 19cm（小 32 开）ISBN：7-5331-1255-5
定价：CNY7.10

　　本书汇集了摄影中常见的失误现象、综合分析导致失败的原因并提出了解决的方法。

J0109900

摄影成功启示录 丁遵新著
武汉 湖北美术出版社 1993 年 177 页 有照片
19cm（小 32 开）ISBN：7-5394-0398-5
定价：CNY4.80

　　本书内容包括：摄影家成功之路、摄影创作的奥秘、摄影艺术发展趋向 3 部分。作者丁遵新（1933— ），摄影记者。出生于湖北兴山。历任《湖北画报》《湖北日报》《湖北卫生》杂志摄影记者，中国摄影家协会理论委员会委员，中国摄影家协会湖北分会副主席。著有《摄影美的演替》等。

J0109901

摄影初步 达夫，鄂玉璋编译
哈尔滨 黑龙江科学技术出版社 1993 年 295 页
有照片 19cm（小 32 开）ISBN：7-5388-2256-9
定价：CNY8.30

　　本书介绍了照相机和镜头的基本知识、使用方法、各种镜头的拍摄效果及实用摄影的技巧等。

J0109902

摄影的辩证法 谷威著
太原 山西人民出版社 1993 年 161 页
19cm（小 32 开）ISBN：7-203-02806-2
定价：CNY3.80

　　本书对摄影艺术创作中的立意和构思、形式和内容、主题的延伸、摄影语言的特征、形象组合等进行了探索。作者谷威，山西省文联党组书记、编审，山西省摄影家协会主席。

J0109903

摄影技术教程 徐国兴著
北京 中国人民大学出版社 1993 年 566 页
有图 20cm（32 开）ISBN：7-300-01706-1
定价：CNY15.50

　　中国现代摄影技术的高等学校文科教材。

J0109904

摄影趣话 贾庆虎著
西安 陕西人民教育出版社 1993 年 117 页
有彩照 19cm（小 32 开）ISBN：7-5419-4135-2
定价：CNY3.00
（知识趣话丛书）

J0109905

摄影入门 呈玉著
北京 农村读物出版社 1993 年 205 页
19cm（32 开）ISBN：7-5048-2319-8
定价：CNY5.05

J0109906

摄影通 邹若闲主编
南宁 广西人民出版社 1993 年 554 页 有彩照
20cm（32 开）ISBN：7-219-02600-5
定价：CNY15.00

　　本书介绍了照相机使用、人像摄影、生活摄影、旅游风光摄影、新闻摄影等。作者邹若闲，生前为［大众摄影］副编审。

J0109907

摄影小百科 蔡林编著
成都 四川科学技术出版社 1993 年 236 页
有彩照 19cm（小 32 开）ISBN：7-5364-2420-5
定价：CNY7.40

　　编著者蔡林（1948— ），画家、摄影家、作

家。生于四川营山，中国人民解放军成都部队某部电化教育中心副主任、高级工程师，中国摄影家协会会员、四川省摄影家协会会员。出版有《摄影大百科辞典》《新英汉摄影技术词典》《大学摄影教材》。

J0109908
摄影小百科　蔡林编著
成都　四川科学技术出版社　1993 年　236 页
有 图 29cm（小 32 开）　精装　ISBN：7–5364–
2420–5　定价：CNY9.90

J0109909
摄影自学 30 讲　张益福著
南宁　广西人民出版社　1993 年　128 页　有照片
19cm（小 32 开）　ISBN：7–219–02381–2
定价：CNY4.80
　　作者张益福（1934—　），摄影教育家。山东潍坊市人。毕业于北京电影学院摄影系，历任北京电影学院摄影系教授、摄影学院副院长兼教务主任，《人像摄影》杂志编委。主要著作有《摄影技巧研究》《人像摄影》《摄影色彩构成》等。

J0109910
神州旅游摄影创作　谢汉俊著
北京　北京大学出版社　1993 年　201 页　有彩照
19cm（小 32 开）　ISBN：7–301–02269–7
定价：CNY6.90
（健康长寿丛书）
　　本书记述了作者到全国各地旅游进行摄影创作的经历体会，阐述了摄影艺术的新理论、新观点，并选收 29 幅摄影作品进行赏析。

J0109911
实用摄影　林杰人编著
台北　渤海堂文化事业公司　1993 年　275 页
26cm（16 开）　精装　ISBN：957–9324–90–5
定价：TWD720.00

J0109912
实用摄影技艺　马德俊主编
北京　国际文化出版公司　1993 年　406 页
19cm（小 32 开）　ISBN：7–80049–994–4
定价：CNY7.60
　　本书介绍摄影基本原理、摄影的主要步骤和

方法、摄影画面的布局等。

J0109913
实用摄影学　孙亮，孙庆编著
南京　江苏科学技术出版社　1993 年　693 页
有彩照　20cm（32 开）　ISBN：7–5345–1647–1
定价：CNY15.00
　　本书含摄影技艺和专题摄影 2 篇，共 22 章。

J0109914
室内摄影　俎瑞亭著
郑州　河南科学技术出版社　1993 年　97 页
有彩照　18×18cm　ISBN：7–5349–0562–1
定价：CNY6.70
（摄影实践丛书）
　　本书主要论述了室内摄影的特点、一般性规律、拍摄的技巧等。作者俎瑞亭（1943—　），摄影记者。河北昌黎人。解放军画报社摄影记者，中国摄影家协会会员。代表作品《车过二郎山》《大闹革新十年间》《不夜的钢城》，著有《工业摄影》《室内摄影》。

J0109915
谁愿当傻瓜　（摄影两周通）王石之编著
深圳　海天出版社　1993 年　187 页　有图
19cm（小 32 开）　ISBN：7–80542–482–9
定价：CNY3.80
（无师自通丛书　第一辑 5）
　　本书介绍了有关摄影的基本知识。包括：照相机的使用与保养，照相机的镜头、曝光，各种胶片的特点，摄影的构图、用光，人物、风光摄影技巧等。编著者王石之（1946—　），画家。生于黑龙江阿城。毕业于中央美术学院附中。中国美术家协会、中国摄影家协会、北京油画学会、中国舞台美术协会、中国工业设计协会、中国展示设计协会会员。作品有《香山雪夜镶明珠》等。

J0109916
谈拍摄背影　燕草著
上海　上海人民美术出版社　1993 年　36 页
有照片　19cm（小 32 开）　ISBN：7–5322–1249–1
定价：CNY1.50
（学摄影小丛书）

J0109917
体育摄影　周铁侠，官天一编著
郑州 河南科学技术出版社 1993 年 104 页
有彩照 18×18cm ISBN：7-5349-0894-9
定价：CNY9.00
（摄影实践丛书）

　　本书结合图片，论述了体育摄影的特点、规律、技术技巧等。编著者官天一（1940—　），记者、摄影编辑。山东高密人。历任新华社主任记者，中国摄影家协会会员，中国体育摄影学会常务理事。出版有《体育摄影理论与实践》等。作者周铁侠（1943—　），人民体育出版社编审，中国摄影家协会理事，中国体育摄影学会副秘书长。

J0109918
现代摄影基础与技巧　（日）丹边亲铺著
北京 高等教育出版社 1993 年 198 页 有照片
20cm（32 开）ISBN：7-04-004540-0
定价：CNY14.90

　　本书重点对现代 135 单反相机最新技术有代表性的佳能 EOS 系列相机的理论、技术实践等进行了讲解，配有图片，并选登 21 位摄影家的拍摄佳作。作者丹边亲铺，日本佳能公司任职。

J0109919
小小摄影家　周起编
海口 海南出版社 1993 年 178 页 19cm（小 32 开）
ISBN：7-80590-340-9 定价：CNY3.90
（少儿美育文库 美的世界）

　　本书内容包括：照相机的选购与维护、相机的使用方法、动态摄影、学会冲黑白照片等 11 部分。

J0109920
新闻摄影概论　刘云莱编著
北京 新华出版社 1993 年 295 页 有照片
19cm（小 32 开）ISBN：7-5011-1654-7
定价：CNY6.00

　　本书按照理论与实践相结合的原则，讲述了新闻摄影的原理、技能及我国新闻摄影的历史与现状。

J0109921
新闻摄影探新　葛新德，张学斌主编；陕西省

新闻摄影学会编
西安 陕西摄影出版社 1993 年 185 页 有照片
19cm（小 32 开）ISBN：7-80591-006-5
定价：CNY8.60

　　本书收录了《摄影报道深度浅探》《摄影记者基本功浅论》《体育摄影的新趋向》等 40 篇文章。

J0109922
怎样拍摄花卉　史道著
上海 上海人民美术出版社 1993 年 36 页
有照片 19cm（小 32 开）ISBN：7-5322-1225-4
定价：CNY1.50
（学摄影小丛书）

J0109923
中学摄影基础　上海市中学摄影中心教研组编写
上海 上海社会科学院出版社 1993 年 132 页
有照片 19cm（小 32 开）ISBN：7-80515-886-X
定价：CNY4.50

J0109924
最新摄影技法精编　陈文襄编著
上海 上海科学技术文献出版社 1993 年 246 页
有照片 19cm（小 32 开）ISBN：7-5439-0250-8
定价：CNY4.90

J0109925
最新摄影技法精编　陈文襄编著
上海 上海科学技术文献出版社 1997 年
［2 版］（修订本）311 页 有照片 19cm（小 32 开）
ISBN：7-5439-1148-5 定价：CNY17.80

J0109926
初学摄影知识 100 题　张炳忠等编著
北京 华夏出版社 1994 年 142 页
19cm（小 32 开）ISBN：7-5080-0312-8
定价：CNY4.30

J0109927
创意广告摄影实例　胡黎明著
广州 岭南美术出版社 1994 年 100 页 有彩照
28cm（大 16 开）ISBN：7-5362-1035-1
定价：CNY78.00

本书收有彩色广告摄影作品 40 余幅，并附有介绍文字。

J0109928
风景摄影入门 江明宏编译
台南 信宏出版社 1994 年 204 页 有照片
21cm（32 开）ISBN：957-538-400-8
定价：TWD150.00
（摄影 12）

J0109929
黑白摄影的影调和线条 俞珠珍，颜鸿蜀著
上海 上海人民美术出版社 1994 年 119 页
20cm（32 开）ISBN：7-5322-1263-7
定价：CNY6.40
（摄影小百科丛书）

J0109930
建筑摄影艺术 （中国古代建筑篇）楼庆西著
台北 艺术家出版社 1994 年 180 页 有照片
21cm（32 开）ISBN：957-9500-78-9
定价：TWD280.00
（艺术生活丛书 2）
作者楼庆西，教授。浙江衢州人，毕业于清华大学建筑系。历任清华大学教授，清华大学古建筑研究所所长。主要著作有《中国建筑艺术全集——建筑装修与装饰》《中国建筑的门文化》《中国古建筑二十一讲》《凝视——楼庆西建筑摄影集》等。

J0109931
教你按快门 陈敏，陈杰编著
长春 长春出版社 1994 年 204 页 19cm（小 32 开）
ISBN：7-80604-115-X 定价：CNY4.90
（实用科学与生活丛书）

J0109932
精湛摄影入门 ［肖布］Schaub, G. 著；陈见伶译
台北 众文图书公司 1994 年 132 页 有图
27cm（大 16 开）精装 ISBN：957-532-180-4
定价：TWD500.00
（摄影经典丛书 3）
外文书名：Using Your Camera.

J0109933
人体艺术模特摄影技巧 （美）理查德·桑图奇著；吉秀译
北京 中国文联出版公司 1994 年 137 页
25×26cm ISBN：7-5059-1814-1 定价：CNY28.00
本书为美国人 20 年前的黑白作品集，图文并茂地介绍了拍摄人体照的方法技巧等。

J0109934
人像摄影 沈钰浩著
杭州 浙江摄影出版社 1994 年 152 页 有彩图
19cm（小 32 开）ISBN：7-80536-209-2
定价：CNY7.50
（跟我学摄影丛书）

J0109935
如何拍好荷花 赖吉钦摄；张丰荣编辑
台北 冠伦出版社 1994 年 96 页 有照片
21cm（32 开）ISBN：957-8629-41-9
定价：TWD180.00
（现代摄影系列 1）

J0109936
闪光灯摄影入门 江明宏编译
台南 信宏出版社 1994 年 200 页 有照片
21cm（32 开）ISBN：957-538-399-0
定价：TWD150.00
（摄影 9）

J0109937
商品广告摄影指南 韩丛耀编译
南京 江苏人民出版社 1994 年 338 页 19×17cm
ISBN：7-214-01394-0 定价：CNY29.60
（《光与影》摄影艺丛）

J0109938
少儿摄影入门 韩世源编著
北京 首都师范大学出版社 1994 年 74 页
有附图 19cm（小 32 开）ISBN：7-81039-124-0
定价：CNY3.90
（少儿文化技能丛书）
编著者韩世源，中国摄影家协会会员，北京市海淀区中学生摄影协会秘书长。

J0109939
设计摄影　聂宁编著
北京　人民美术出版社　1994 年　13+103 页
26cm（16 开）ISBN：7-102-01350-7
定价：CNY22.00
　　作者聂宁，中央工艺美术学院摄影教师。

J0109940
摄影　金问禔，山豆编著
上海　上海教育出版社　1994 年　90 页　19cm（32 开）
ISBN：7-5320-3619-7　定价：CNY4.50
（课外活动丛书）

J0109941
摄影创作与艺术欣赏　王全大著
海口　海南摄影美术出版社　1994 年　137 页
有照片　19cm（小 32 开）ISBN：7-80571-490-8
定价：CNY6.80
　　本书内容包括：光圈与速度的选择、彩色摄
影的色彩变化及运用、佳作鉴赏等 9 章。作者王
全大（1948—　），摄影家。笔名丹石、江南雨。
江苏武进人。历任中国摄影家协会会员，美国专
业摄影家协会会员，江苏省美术家协会会员，江
苏省漫画家协会副会长、无锡市漫画家协会会
长，香港国际美术报副主编，江南雨艺术院长。
代表作品《无锡古运河》。

J0109942
摄影大百科辞典　蔡林编著
成都　四川科学技术出版社　1994 年　130+1502 页
26cm（16 开）精装　ISBN：7-5364-2761-1
定价：CNY128.00
　　本辞典收录 1 万余摄影词汇，附 700 余幅插
图，包括摄影史、摄影艺术、感光材料、电影、电
视方面的名词术语。编著者蔡林（1948—　），画
家、摄影家、作家。生于四川营山，中国人民解
放军成都部队某部电化教育中心副主任、高级工
程师，中国摄影家协会会员、四川省摄影家协会
会员。出版有《摄影大百科辞典》《新英汉摄影
技术词典》《大学摄影教材》。

J0109943
摄影技术技法　徐国兴主编；李振盛等［编］
北京　中国摄影出版社　1994 年　重印本　361 页
有照片　20cm（32 开）统一书号：8226·52

定价：CNY20.00

J0109944
摄影入门　姜达编著
成都　四川科学技术出版社　1994 年　重印本
243 页　有照片　19cm（32 开）
ISBN：7-5364-0598-7　定价：CNY6.60
　　本书分 9 章：摄影感光材料、照相机与像、
摄影的主要步骤和方法、负电处理、自然光人像
摄影、照片印放、初学摄影容易发生的问题、照
片调色、彩色摄影。插页选用彩色、黑白摄影作
品 28 幅。

J0109945
摄影与集邮　沙金成，梁二平编写
长春　吉林教育出版社　1994 年　187 页
19cm（小 32 开）ISBN：7-5383-2176-4
定价：CNY5.10
（图书角丛书　生活空间系列）

J0109946
实用摄影手册　顾云兴等编写
上海　上海画报出版社　1994 年　60+407 页
13cm（64 开）塑精装　ISBN：7-80530-097-6
定价：CNY6.00
　　本书收条目 1100 余条，包括：拍摄技术、暗
房技术、摄影常见病解答等 7 章。

J0109947
现场光摄影　谢家华著
杭州　浙江摄影出版社　1994 年　92 页　有彩照
19cm（小 32 开）ISBN：7-80536-219-X
定价：CNY6.50
（跟我学摄影丛书）
　　本书内容包括：户外日光摄影、特殊气象景
观的拍摄、在交通工具上拍摄等 8 部分。

J0109948
新编业余摄影实用手册　徐光春编著
合肥　安徽科学技术出版社　1994 年　3 版
371 页　有图　19cm（小 32 开）
ISBN：7-5337-0273-6　定价：CNY8.80
　　本书介绍了照相机、黑白感光片、彩色感光
片的结构与使用，感光原理和技术，印相与放大
技术，几种专门摄影等。书名页题：第三版，版权

页题:第四版。

J0109949

新编业余摄影实用手册　徐光春编著
合肥　安徽科学技术出版社　1994 年　4 版
371 页　有图　19cm（小 32 开）定价：CNY9.20
　　书名页题:第三版,版权页题:第四版。

J0109950

新闻摄影教程　张晓东,陈甫夫编著
大连　辽宁师范大学出版社　1994 年　302 页
19cm（小 32 开）ISBN：7-81042-024-0
定价：CNY7.00

J0109951

新闻摄影手册　朱文良编著
上海　上海文化出版社　1994 年　233 页　有照片
19cm（32 开）ISBN：7-80511-627-X
定价：CNY8.10
　　本书结合当代世界著名摄影家的优秀作品,
阐述了新闻摄影的基础知识、基本理论和采访拍
摄技法。

J0109952

新闻摄影学原理　李晓洁,王春泉著
西安　陕西摄影出版社　1994 年　154 页
20cm（32 开）ISBN：7-80591-083-9
定价：CNY5.20
　　本书内容包括：《新闻摄影与艺术摄影》《新
闻摄影的叙事类型》《新闻摄影与现代生活》等
10 章。

J0109953

学摄影　张宇等编著
福州　福建科学技术出版社　1994 年　167 页
20cm（32 开）ISBN：7-5335-0782-7
定价：CNY6.00

J0109954

怎样拍摄与制作趣味照　马玲玲编著
上海　上海文化出版社　1994 年　102 页　有照片
19cm（32 开）ISBN：7-80511-671-7
定价：CNY3.40
（怎么办丛书）
　　本书通过 50 个拍摄、制作的实例,介绍拍

摄的技巧方法和暗房加工中的窍门所在。

J0109955

抓拍　（纪实摄影新闻摄影的基本方法）蒋铎著
北京　北京工艺美术出版社　1994 年　157 页
有图　19cm（小 32 开）ISBN：7-80526-125-3
定价：CNY10.00

J0109956

135 照相机的使用和拍摄技巧　李以恭,董
介人编著
南京　江苏科学技术出版社　1995 年　178 页
有照片　19cm（小 32 开）ISBN：7-5345-1977-2
定价：CNY10.50

J0109957

报道摄影　徐忠民著
杭州　浙江摄影出版社　1995 年 98 页 19cm（32 开）
ISBN：7-80536-222-X　定价：CNY6.8
（跟我学摄影丛书）

J0109958

创意与思维　（李元的表现主义风光摄影）
[美]李元著
成都　四川美术出版社　1995 年　104 页
26cm（16 开）ISBN：7-5410-0983-0
定价：CNY48.00
　　作者李元,美国鲁格斯大学物理教授,哲学
博士、摄影家。

J0109959

当代新闻摄影　孙沛然,刘大伟主编
郑州　河南美术出版社　1995 年　308 页　有照片
19cm（小 32 开）ISBN：7-5401-0500-3
定价：CNY13.00

J0109960

风光摄影　张韫磊著
沈阳　辽宁美术出版社　1995 年　156 页　有彩图
20cm（32 开）ISBN：7-5314-1247-0
定价：CNY16.80
　　作者张韫磊（1926—　　），记者。山东莱州人。
人民画报社高级记者,中国老摄影家协会理事。
出版专著有《怎样拍夜景》《神州风光》(画册)等。

J0109961
广告摄影技巧　（泰）陈达瑜［编著］
杭州　浙江人民美术出版社　1995 年　48 页
26cm（16 开）ISBN：7-5340-0575-2
定价：CNY19.50
（设计家 丛书）
　　作者陈达瑜，泰国华裔，专业广告摄影家。

J0109962
广告摄影技术教程　刘立宾著
北京　中国摄影出版社　1995 年　575 页　有照片
28cm（大 16 开）ISBN：7-80007-150-2
定价：CNY108.00
　　作者刘立宾（1944—　），现任中国商务广告
协会副会长兼秘书长、《国际广告》杂志社社长兼
总编辑，兼任中国传媒大学博士生导师、多所大
学客座教授。《中国广告作品年鉴》主编、《中国
营销创意作品年鉴》主编等。

J0109963
婚纱摄影 ABC　李建成，翁一著
沈阳　辽宁美术出版社　1995 年　101 页
29cm（12 开）ISBN：7-5314-1346-9
定价：CNY120.00, CNY150.00（精装）
　　外文书名：ANA ABC of Wedding Photography.
作者李建成，摄影师。作者翁一，摄影师。

J0109964
家庭摄像　路石，永强选编；戴永，傅强撰文
杭州　浙江人民美术出版社　1995 年　48 页
26cm（16 开）ISBN：7-5340-0504-3
定价：CNY13.60
（星期天丛书）

J0109965
家庭摄影　夏文宇［编著］
上海　上海文化出版社　1995 年　72 页　有照片
20cm（32 开）ISBN：7-80511-639-3
定价：CNY11.00

J0109966
家庭摄影小常识　白子杰，刘桂芝主编；《家
庭摄影小常识》编写组编写
北京　学苑出版社　1995 年　37 页　19cm（32 开）
ISBN：7-5077-0415-7　定价：CNY2.80

（家庭生活万事通）
　　作者白子杰（1958—　），俗名子介，号阿
丁，北京图书馆任职。

J0109967
家庭实用周末摄影　姜炎著
北京　京华出版社　1995 年　205 页　有照片
19cm（小 32 开）ISBN：7-80600-093-3
定价：CNY9.50
　　作者姜炎（1937—　），摄影家。安徽宿县人，
淮北矿务局摄影员、主任记者，中国摄影家协会
会员、安徽新闻摄影学会副会长。

J0109968
进阶黑白摄影　（Zone System 的理论与实践）
蒋载荣著
台北　雄狮图书公司　1995 年　2 版　189 页
有照片 26cm（16 开）ISBN：957-8980-29-9
定价：TWD460.00

J0109969
旅游摄影　李瑞雨著
天津　天津人民美术出版社　1995 年　86 页
有照片 19cm（小 32 开）ISBN：7-5305-0449-5
定价：CNY4.30
（摄影爱好者丛书）

J0109970
模糊摄影　卓昌勇编著
沈阳　辽宁美术出版社　1995 年　229 页　有照片
及附图 19cm（小 32 开）ISBN：7-5314-1227-6
定价：CNY23.00
　　外文书名：Photography.

J0109971
拍出生命的感动　（实用人物摄影）（英）约
翰·海巨格（John Hedgecoe）著；陈淑华编译
台北　建筑情报季刊杂志社　1995 年　231 页
有照片 24cm（26 开）ISBN：957-575-042-X
定价：TWD550.00
（生活摄影系列）
　　作者约翰·海巨格（John Hedgecoe），英国伦
敦皇家艺术学院摄影教授。

J0109972
曝光技术与技巧　屠明非著
沈阳　辽宁美术出版社　1995 年　206 页　有照片
20cm（32 开）ISBN：7-5314-1251-9
定价：CNY18.80

J0109973
青少年摄影入门指南　沈燕萍，顾爱彬编译
南京　江苏人民出版社　1995 年　152 页　有照片
及图　18×16cm　ISBN：7-214-01397-5
定价：CNY12.00
（《光与影》摄影艺丛）

J0109974
全天候拍摄技巧　张亚生著
杭州　浙江摄影出版社　1995 年　108 页　有照片
19cm（小 32 开）ISBN：7-80536-256-4
定价：CNY7.80
　　　外文书名：All-Weather Photography.

J0109975
人物肖像摄影指南　韩丛耀编译
南京　江苏人民出版社　1995 年　157 页　19×17cm
ISBN：7-214-01529-3　定价：CNY21.00
（光与影摄影艺丛）

J0109976
人像摄影　张益福著
沈阳　辽宁美术出版社　1995 年　194 页　有照片
20cm（32 开）ISBN：7-5314-1246-2
定价：CNY18.80

J0109977
商品广告摄影　（日）薄久夫著；杨伟华等译
北京　中国摄影出版社　1995 年　176 页
26cm（16 开）ISBN：7-80007-143-X
定价：CNY21.70
　　　作者薄久夫（1939—　），日本广告写真家协
会会员。译者杨伟华（1964—　），中国摄影家协
会会员。

J0109978
商业摄影的设计和制作　张苏中编著
上海　上海科技教育出版社　1995 年　167 页
有照片及图 26cm（16 开）ISBN：7-5428-1046-4

定价：CNY19.50
（现代设计丛书）

J0109979
商业摄影技巧　（照明的构造）美工图书社编
台北　邯郸出版社　1995 年　145 页　有照片
26cm（16 开）ISBN：957-9485-27-5
定价：TWD400.00

J0109980
摄像入门　朱羽君著
杭州　浙江摄影出版社　1995 年　94 页
19cm（小 32 开）ISBN：7-80536-268-8
定价：CNY5.80

J0109981
摄影报道的艺术技巧　（专题摄影纵横谈）李
恕著
北京　长城出版社　1995 年　173 页　有照片
19cm（小 32 开）ISBN：7-80017-247-3
定价：CNY7.00
　　　作者李恕（1926—　），山东龙口人，原《解
放军画报》副社长。

J0109982
摄影不求人　饮水编著
武汉　武汉工业大学出版社　1995 年　重印本
214 页　有彩照 19cm（32 开）
ISBN：7-5629-0914-8　定价：CNY7.85

J0109983
摄影基础　刘庆年著
广州　广东高等教育出版社　1995 年　159 页
19cm（小 32 开）ISBN：7-5361-1603-9
定价：CNY4.80
　　　作者刘庆年，深圳大学中国文化与传播系广
告实验室主任。

J0109984
摄影技巧指南　李绍祖主编
北京　团结出版社　1995 年　重印本　10+317 页
19cm（32 开）ISBN：7-80061-085-3
定价：CNY11.85
（家庭实用生活百科丛书）

J0109985
摄影教程　　刘德祖, 徐江保, 刘涛编著
杭州 浙江美术学院出版社 1995 年 10+388 页
有图 21cm（32 开）
　　本书是具有实用性和提高性结合的摄影教程, 内容包括: 相机、感光材料、拍摄技术和艺术、冲洗技术和摄影等几方面主要内容。

J0109986
摄影入门技巧集锦　　陈文襄编著
南京 江苏人民出版社 1995 年 146 页 19×17cm
ISBN: 7-214-01532-3 定价: CNY12.00
（《光与影》摄影艺丛）

J0109987
摄影特技艺术　　张宝安著
福州 福建科学技术出版社 1995 年 192 页
有彩照 20cm（32 开）ISBN: 7-5335-0885-8
定价: CNY13.20
（摄影丛书）
　　作者张宝安, 摄影家。华东师范大学教授, 上海市摄影家协会副主席。

J0109988
摄影艺术的真谛　　张永著
郑州 河南美术出版社 1995 年 223 页 有照片
20cm（32 开）ISBN: 7-5401-0486-4
定价: CNY9.00
　　作者张永（1969—　　）, 河南杞县人, 中共郑州市委宣传部对外宣传处任职。

J0109989
摄影知识问答　　倪洲, 张克军编著
哈尔滨 黑龙江科学技术出版社 1995 年 287 页
有照片 19cm（小 32 开）ISBN: 7-5388-2676-9
定价: CNY9.90

J0109990
生活人像摄影　　夏放著
天津 天津人民美术出版社 1995 年 82 页
有照片 19cm（小 32 开）ISBN: 7-5305-0453-3
定价: CNY3.20
（摄影爱好者丛书）

J0109991
时装摄影精品赏析　　韩子善, 李莉婷编著
北京 中国纺织出版社 1995 年 64 页 26cm（16 开）
ISBN: 7-5064-1189-X 定价: CNY19.80

J0109992
实用区域曝光法　　（英）克里斯·约翰逊著; 陈晓钟, 杨乃卿译
杭州 浙江摄影出版社 1995 年 157 页 有照片
及图 19cm（小 32 开）ISBN: 7-80536-273-4
定价: CNY9.80
　　本书外文书名: The Practical Zone System.
据英国焦点出版社 1986 年版本译出, 浙江摄影出版社拥有本书在中国和东南亚地区的中文版版权。

J0109993
袖珍摄影手册　　董岩青, 红民编著
天津 天津人民美术出版社 1995 年 90 页
17cm（40 开）ISBN: 7-5305-0450-9
定价: CNY3.50
　　中国现代摄影艺术作品。

J0109994
业余摄影 200 题　　齐涤昔等编著
上海 上海书店出版社 1995 年 11+281 页
有照片 18cm（小 32 开）ISBN: 7-80569-953-4
定价: CNY10.00
（闲暇丛书）

J0109995
业余摄影 200 题　　齐涤昔等编著
上海 上海书店 1998 年 192 页 有图
19cm（小 32 开）ISBN: 7-80622-388-6
定价: CNY6.50
（海螺·绿叶文库　艺苑自修）

J0109996
业余摄影技艺图解　　林路编著
福州 福建科学技术出版社 1995 年 384 页
19cm（小 32 开）ISBN: 7-5335-0877-7
定价: CNY12.80

J0109997
业余摄影实用技法　　（图文对照）康诗纬著

合肥　安徽科学技术出版社　1995 年　268 页
有彩照　19cm（小 32 开）ISBN：7-5337-1067-3
定价：CNY9.00

　　作者康诗纬（1943—　　），国家一级摄影师。别名康旻，生于浙江奉化。历任安徽省文联副主席，安徽省摄影家协会主席兼秘书长，安徽省文艺评论家协会副主席，中国摄影家协会理事。出版有《速写》《摄影版画》《业余摄影实用技法》等。

J0109998
用照片做文章　陈家才［著］
北京　民族出版社　1995 年　155 页　有图片
20cm（32 开）ISBN：7-105-02408-9
定价：CNY6.00

　　作者陈家才（1941—　　），记者、编辑。回族，河北大厂回族自治县人。历任国家民族事务委员会文化宣传司副司长，中国摄影家协会会员，中国新闻摄影学会常务理事等职。作品集有《涓滴集》《远方情韵》等，摄影理论专著《用照片做文章》。

J0109999
专业摄影年鉴　杨宗魁总编辑
台北　设计家文化出版事业公司　1995 年　有照片
31cm（10 开）精装　ISBN：957-9570-15-9
定价：TWD1200.00
（1995 台湾创意百科　6）
　　外文书名：Creative Professional Photography.

J0110000
自然风光摄影指南　韩丛耀编译
南京　江苏人民出版社　1995 年　192 页　19×17cm
ISBN：7-214-01530-7　定价：CNY21.00
（《光与影》摄影艺丛）

J0110001
最新摄影实用问答　金丘主编
北京　学苑出版社　1995 年　重印本　10+254 页
19cm（32 开）ISBN：7-5077-0104-2
定价：CNY6.50

J0110002
90 秒钟自学摄影课程　蔡林编著
成都　电子科技大学出版社　1996 年　346 页

有彩照　19cm（小 32 开）ISBN：7-81043-324-5
定价：CNY15.00

　　编著者蔡林（1948—　　），画家、摄影家、作家。生于四川营山，中国人民解放军成都部队某部电化教育中心副主任、高级工程师，中国摄影家协会会员、四川省摄影家协会会员。出版有《摄影大百科辞典》《新英汉摄影技术词典》《大学摄影教材》。

J0110003
常用摄影数据　瞿彩康编著
杭州　浙江摄影出版社　1996 年　90 页
19cm（小 32 开）ISBN：7-80536-432-X
定价：CNY5.60
（跟我学摄影　摄影常识）

J0110004
风景摄影漫话　陈勃著
北京　中国摄影出版社　1996 年　重印本　92 页
有照片　20cm（32 开）ISBN：7-80007-128-6
定价：CNY9.80

　　作者陈勃（1925—2015），摄影家。河北阜北人。历任中国摄影学会副秘书长、《中国摄影》杂志主编、中国图片社经理等。代表作品《雨越大干劲越大》《金鱼》《妙不可言》等。著作有《简明摄影知识》。

J0110005
广告摄影　邹联聪，郝朴宁著
郑州　河南科学技术出版社　1996 年　125 页
有彩图　26cm（16 开）ISBN：7-5349-1862-6
定价：CNY29.80

J0110006
广告摄影创意 100 例　许小平编选
杭州　浙江人民美术出版社　1996 年　48 页
26cm（16 开）ISBN：7-5340-0658-9
定价：CNY19.50
（设计家　丛书）

　　编选者许小平（1948—　　），摄影师。上海人。历任上海摄影家协会理论会员、上海大学美术学院摄影系客座讲师和上海长宁区业大摄影系讲师。

J0110007
广告摄影创意语言　夏放著
杭州　浙江摄影出版社　1996 年　99 页　有照片
20cm（32 开）ISBN：7-80536-386-2
定价：CNY18.50
（摄影语言丛书）
　　作者夏放（1940—　　），研究员。天津人。毕
业于北京大学图书馆学系专修科。历任天津市
艺术研究所研究员，中国民俗摄影协会副会长，
中国人像摄影学会理事，天津艺术摄影学会副会
长等。

J0110008
婚礼人像　顾云兴编著
成都　四川科学技术出版社　1996 年　117 页
有照片 19cm（小 32 开）ISBN：7-5364-0992-3
定价：CNY5.60
（业余摄影家丛书　第一辑）
　　编著者顾云兴（1926—　　），摄影师、教授。
历任中国华侨摄影学会理事，上海华侨摄影协会
副秘书长。

J0110009
婚礼摄影与摄像　周广喜著
北京　中国社会出版社　1996 年　89 页　有彩图
19cm（小 32 开）ISBN：7-80088-857-6
定价：CNY8.50
　　作者周广喜（1944—　　），摄影师。江苏徐州
人。历任徐州市群艺馆摄影工作室主任、副研究
馆员，中国摄影家协会会员，徐州市摄影家协会
副主席，中国民俗摄影协会会员。著有《婚礼摄
影与摄像》《实用摄影教材》。

J0110010
家庭摄影必读　沈遥编著
成都　四川科学技术出版社　1996 年　111 页
有彩照及插图 19cm（32 开）
ISBN：7-5364-0985-0　定价：CNY6.20
（业余摄影家丛书　第一辑）
　　编著者沈遥（1950—　　），摄影师。江苏南
京人，毕业于徐州师范大学。历任中国摄影家协
会会员，江苏省摄影家协会秘书长，南京师范大
学硕士生导师，东南大学兼职教授。曾出版《风
光摄影解构》《现代家庭摄影指南》《特殊环境摄
影》《家庭摄影必读》等。

J0110011
家庭摄影大全　《家庭摄影大全》编写组编
上海　上海科学技术文献出版社　1996 年
23+610 页　有照片 20cm（32 开）精装
ISBN：7-5439-0814-X　定价：CNY28.80

J0110012
家庭摄影技巧　谷威主编
太原　山西科学技术出版社　1996 年　237 页
有彩照 20cm（32 开）ISBN：7-5377-1120-8
定价：CNY12.00
（现代摄影实用技艺丛书）
　　主编谷威，山西省文联党组书记、编审，山
西省摄影家协会主席。

J0110013
建筑摄影　楼庆西著
北京　中国建筑工业出版社　1996 年　107 页
有照片 26cm（16 开）ISBN：7-112-02835-3
定价：CNY11.80
　　作者楼庆西，教授。浙江衢州人，毕业于清
华大学建筑系。历任清华大学教授，清华大学古
建筑研究所所长。主要著作有《中国建筑艺术全
集——建筑装修与装饰》《中国建筑的门文化》
《中国古建筑二十一讲》《凝视——楼庆西建筑摄
影集》等。

J0110014
节日摄影　徐枫编著
成都　四川科学技术出版社　1996 年　重印本
271 页　有彩照 19cm（32 开）
ISBN：7-5364-2116-8　定价：CNY10.50
（摄影技艺丛书）

J0110015
旅游风光摄影　王全大等著
成都　四川科学技术出版社　1996 年　93 页
有彩照 19cm（小 32 开）ISBN：7-5364-0990-7
定价：CNY5.50
（业余摄影家丛书　第一辑）
　　作者王全大（1948—　　），摄影家。笔名丹石、
江南雨。江苏武进人。历任中国摄影家协会会员，
美国专业摄影家协会会员，江苏省美术家协会会
员，江苏省漫画家协会副会长、无锡市漫画家协
会会长，香港国际美术报副主编，江南雨艺术院

长。代表作品《无锡古运河》。

J0110016

魔术彩照及流行摄影　程少岩著

沈阳 辽宁美术出版社 1996年 83页 20cm(32开)

ISBN：7-5314-1412-0 定价：CNY14.00

J0110017

拍摄儿童照片诀窍　徐枫著

成都 四川科学技术出版社 1996年 93页

有彩照及插图 19cm(小32开)

ISBN：7-5364-0991-5 定价：CNY5.50

(业余摄影家丛书 第一辑)

　　作者徐枫(1932—)，摄影记者。江苏徐州人，徐州日报主任记者，中国摄影家协会会员、江苏省摄影家协会常务理事。著有《舞蹈概论》《人体律动的诗篇——舞蹈》《中国舞剧史纲》《舞蹈艺术概论》等。

J0110018

闪光灯的选择与使用　颜志刚著

成都 四川科学技术出版社 1996年 89页 有照片及图 19cm(小32开) ISBN：7-5364-0986-9

定价：CNY5.50

(业余摄影家丛书 第一辑)

　　本书系统地介绍了闪光灯的选择问题和闪光摄影的技术技法。内容包括闪光灯的发光特性、闪光灯的选择、闪光灯摄影曝光常识、自动闪光灯的使用、闪光摄影技术技法以及电池与维护等。作者颜志刚(1948—)，教授。历任复旦大学新闻学院摄影专业主任、教授，上海新闻摄影学会学术委员会主任，中国新闻摄影学会学术委员。出版《摄影技艺教程》《数码摄影教程》《摄影百科辞典》等。

J0110019

少儿摄影　白雪梅著

太原 山西教育出版社 1996年 111页 有照片

26cm(16开) ISBN：7-5440-0962-9

定价：CNY10.50

J0110020

少年摄影入门　曹健，张宇编著

福州 福建科学技术出版社 1996年 156页

有彩图 19cm(32开) ISBN：7-5335-1015-1

定价：CNY8.40

(摄影丛书)

J0110021

少年摄影入门　吴运鸿，杨金华编著

北京 新华出版社 1996年 56页 有照片

26cm(16开) ISBN：7-5335-1015-1

定价：CNY8.40

(少年美术入门系列)

　　编著者吴运鸿(1954—)，艺术家。创作以中国画的山水画为主。生于北京，祖籍山东蓬莱。笔名"鲁人"。中央美术学院中国画专业研究生班毕业。中国外文出版社美术副编审，北京轻工业技术学院美术特聘教授，民建北京市委文化委员会委员。出版专著《少年美术入门系列》《吴运鸿画集》，主编大型艺术丛书《世界美术馆巡览》。与台湾合作出版《西洋美术辞典》一书。国画作品《松山月色图》《春月图》《京剧印象》等。

J0110022

设计摄影　杨谦等编

南京 江苏美术出版社 1996年 96页 26cm(16开)

ISBN：7-5344-0607-2 定价：CNY48.00

(设计系列丛书 10)

　　外文书名：Design Photograph.

J0110023

摄影999　(现代摄影手册)蔡林编著

哈尔滨 黑龙江美术出版社 1996年 32+742页

有照片 20cm(32开) ISBN：7-5318-0313-5

定价：CNY28.80

　　编著者蔡林(1948—)，画家、摄影家、作家。生于四川营山，中国人民解放军成都部队某部电化教育中心副主任、高级工程师，中国摄影家协会会员、四川省摄影家协会会员。出版有《摄影大百科辞典》《新英汉摄影技术词典》《大学摄影教材》。

J0110024

摄影的曝光与测光　颜志刚著

成都 四川科学技术出版社 1996年 97页

有彩照 19cm(小32开) ISBN：7-5364-0994-X

定价：CNY5.50

(业余摄影家丛书 第一辑)

作者颜志刚(1948—　)，教授。历任复旦大学新闻学院摄影专业主任、教授，上海新闻摄影学会学术委员会主任，中国新闻摄影学会学术委员。出版《摄影技艺教程》《数码摄影教程》《摄影百科辞典》等。

J0110025
摄影范例解析　董介人著
杭州　浙江摄影出版社　1996年　182页
19cm(小32开) ISBN：7-80536-264-5
定价：CNY12.80

J0110026
摄影技法　张志和著
乌鲁木齐　新疆美术摄影出版社　1996年　169页
20cm(32开) ISBN：7-80547-478-8
定价：CNY15.00

J0110027
摄影技术与艺术　于素云编著
北京　华夏出版社　1996年　12+359页　20cm(32开)
ISBN：7-5080-1016-7　定价：CNY16.90
作者于素云，摄影工作者。

J0110028
摄影解难　蔡林编著
成都　四川科学技术出版社　1996年　重印本
10+305页　有插图　19cm(32开)
ISBN：7-5364-2980-0　定价：CNY10.00

J0110029
摄影难题解答　徐和德编著
成都　四川科学技术出版社　1996年　103页
有彩照　19cm(小32开) ISBN：7-5364-0987-7
定价：CNY5.50
(业余摄影家丛书　第一辑)

J0110030
摄影入门问答　(日)石谷一雄著
沈阳　辽宁美术出版社　1996年　297页　有照片
19cm(32开) ISBN：7-5314-1404-X
定价：CNY18.00
外文书名：Photography.

J0110031
摄影入门与深造　何炳富著

北京　军事科学出版社　1996年　172页　有彩图
及插图　20cm(32开) ISBN：7-80021-950-X
定价：CNY13.50
(周末文化生活丛书)
作者何炳富(1940—　)，摄影师。上海人，军事科学院摄影师，中国摄影家协会会员。

J0110032
摄影艺术图鉴　《HOW》编委会编
上海　上海文化出版社　1996年　137页
21cm(32开) ISBN：7-80511-855-8
定价：CNY20.00

J0110033
实用婚纱摄影&艺术照摄影学　洪正士著
高雄　皇家出版社　1996年　240页　有照片
31cm(10开) 精装　ISBN：957-99194-0-2
定价：TWD1700.00
外文书名：Professional Photography of Wedding
& Fingure Photographs.

J0110034
实用摄影技术　延百亮著
杭州　浙江摄影出版社　1996年　215页　有照片
21cm(32开)
本书主要内容包括：摄影器材选择；光圈与快门速度的使用；摄影用光；摄影构图；摄影观察与表现；黑白暗房制作技术等。

J0110035
实用摄影手册　陈琳著
南京　江苏人民出版社　1996年　147页　有照片
19cm(小32开) ISBN：7-214-01718-0
定价：CNY4.50
(跨世纪农村书库　首批　求知求乐篇)

J0110036
图说假日摄影　罗英编著
福州　福建科学技术出版社　1996年　125页
18cm(小32开) ISBN：7-5335-1084-4
定价：CNY7.50

J0110037
图说影楼摄影　林路编著
福州　福建科学技术出版社　1996年　108页

19cm（小 32 开）ISBN：7–5335–1047–X
定价：CNY7.00

J0110038
现代儿童摄影技巧　沈美新编
上海　上海文艺出版社　1996 年　94 页　19×17cm
ISBN：7–5321–1024–9　定价：CNY18.00

J0110039
现代家庭摄影　林路编著
上海　上海画报出版社　1996 年　156 页　有照片
28cm（大 16 开）ISBN：7–80530–191–3
定价：CNY28.00

J0110040
新摄影手册　（英）约翰·海吉科（John, Hedgecoe）著；高扬译
杭州　浙江科学技术出版社　1996 年　258 页
28cm（大 16 开）精装　ISBN：7–5341–0931–0
定价：CNY248.00

J0110041
新闻摄影　彭国平主编
武汉　武汉大学出版社　1996 年　10+373 页　有照片及折表　20cm（32 开）ISBN：7–307–02233–8
定价：CNY15.00

J0110042
新闻摄影学　徐忠民著
杭州　杭州大学出版社　1996 年　354 页
20cm（32 开）ISBN：7–81035–878–2
定价：CNY16.00
　　外文书名：Theory of News Photography. 作者徐忠民，杭州大学任教。

J0110043
新闻照片背后的故事　蒙萱著
北京　中国华侨出版社　1996 年　124 页
20cm（32 开）ISBN：7–80074–996–7
定价：CNY10.40

J0110044
学摄影　吴强编著
南宁　广西科学技术出版社　1996 年　186 页
有照片及插图　19cm（小 32 开）

ISBN：7–80619–355–3　定价：CNY7.00
　　编著者吴强，女，北京市东城区宣传部摄影人员，中国摄影家协会会员，中国女摄影家协会理事。

J0110045
彩色风光摄影　（100 题问答）张宝安著
福州　福建科学技术出版社　1997 年　316 页
有照片　20cm（32 开）ISBN：7–5335–1223–5
定价：CNY20.80
（摄影技术问答丛书）
　　作者张宝安，摄影家。华东师范大学教授，上海市摄影家协会副主席。

J0110046
创意曝光技巧　（图集）（美）布莱恩·彼得森著；光辉译
沈阳　辽宁美术出版社　1997 年　127 页
26cm（16 开）ISBN：7–5314–1777–4
定价：CNY58.00
（美国摄影系列）

J0110047
风光摄影技巧　（美）帕特里夏·考尔菲尔德（Patricia Caulfield）著；董云章译
沈阳　辽宁美术出版社　1997 年　135 页
26cm（16 开）ISBN：7–5314–1771–5
定价：CNY58.00
（美国摄影系列）
　　外文书名：Capturing the Landscape with Your Camera.

J0110048
风景照片的拍摄法　（把绮丽景色拍的更美）
江明宏编译
台南　信宏出版社　1997 年　168 页　有照片图
21cm（32 开）ISBN：957–538–492–X
定价：TWD250.00
（摄影 18）
　　外文书名：Landscape Photography.

J0110049
广告摄影的特殊技法　周峰，张苏中编
合肥　安徽美术出版社　1997 年　116 页　19×22cm
精装　ISBN：7–5398–0525–0　定价：CNY40.00

（世界实用美术精品屋）

J0110050
花卉的拍摄方法　（把四季花卉拍得更美）江明宏编译
台南　大坤书局　1997 年　183 页　有照片图
21cm（32 开）ISBN：957–538–486–5
定价：TWD250.00
（摄影 17）
　　外文书名：Flower Photography.

J0110051
华东写真集萃　周瑞金主编；人民日报社华东分社，中国新闻摄影学会编
上海　上海人民出版社　1997 年　38×26cm
ISBN：7–208–02577–0　定价：CNY25.00
　　本书为中国现代新闻与风景摄影集。

J0110052
婚纱艺术摄影
杭州　浙江摄影出版社　1997 年　179 页
26cm（16 开）ISBN：7–80536–468–0
定价：CNY135.00

J0110053
基础摄影教程　邵大浪著
长春　吉林摄影出版社　1997 年　316 页　有照片
19cm（小 32 开）ISBN：7–80606–136–3
定价：CNY18.00

J0110054
家庭摄影技巧　祖茂友，李传德主编
北京　华龄出版社　1997 年　10+308 页　19cm（32 开）
ISBN：7–80082–532–9　定价：CNY11.80
（现代生活技巧丛书）

J0110055
家庭摄影万事通　珂玢主编
北京　中国社会出版社　1997 年　16+336 页
19cm（32 开）ISBN：7–80088–911–4
定价：CNY11.50
（现代文明家庭书架）

J0110056
家庭摄影小百科　林路著
杭州　浙江摄影出版社　1997 年　220 页　有照片

20cm（32 开）ISBN：7–80536–338–2
定价：CNY30.00

J0110057
建筑摄影　邹新运编著
长沙　国防科技大学出版社　1997 年　155 页
有彩照　26cm（16 开）ISBN：7–81024–413–2
定价：CNY18.00

J0110058
论蒋齐生　（蒋齐生新闻摄影理论研讨会文集）
中国新闻摄影学会编
北京　新华出版社　1997 年　299 页　有照片
20cm（32 开）ISBN：7–5011–3839–7
定价：CNY28.00

J0110059
女性摄影　侯福梁著
杭州　浙江摄影出版社　1997 年　76 页　有照片
19cm（32 开）ISBN：7–80536–439–7
定价：CNY5.60
（跟我学摄影　生活摄影）

J0110060
人物广告摄影技巧　（美）杰.巴里·奥瑞克
（J.Barry O'Rourke）著；杨乃卿，陈宇译
沈阳　辽宁美术出版社　1997 年　127 页
26cm（16 开）ISBN：7–5314–1776–6
定价：CNY58.00
（美国摄影系列）
　　外文书名：Hot Shots：How to Photograph Beauty that Sells.

J0110061
人物摄影设计语言　董云章著
杭州　浙江摄影出版社　1997 年　139 页　有照片
20cm（32 开）ISBN：7–80536–390–0
定价：CNY20.00
（摄影语言丛书）

J0110062
人物写真集的摄影法　（包括肖像和快像）江明宏编译
台南　信宏出版社　1997 年　186 页　有照片图
21cm（32 开）定价：TWD250.00

（摄影 16）
　　外文书名：Portrait Photography.

J0110063
人像摄影　　沈钰浩著
杭州 浙江摄影出版社 1997 年 152 页 有照片
19cm（32 开）ISBN：7-80536-437-0
定价：CNY8.50
（跟我学摄影丛书 生活摄影）

J0110064
人像摄影造型与技法　　伍鼎宏摄影撰文
沈阳 辽宁美术出版社 1997 年 99 页 25×27cm
ISBN：7-5314-1622-0
定价：CNY90.00，CNY110.00（精装）
　　作者伍鼎宏（1948—　　），中国人像摄影学会
会员，上海摄影家协会会员。

J0110065
人像摄影照明技巧　　（美）约翰·哈特（John
Hart）著；薛林，杨丽杰译
沈阳 辽宁美术出版社 1997 年 142 页
26cm（16 开）ISBN：7-5314-1773-1
定价：CNY58.00
（美国摄影系列）
　　外文书名：Portrait Lighting Techniques for
Pictures that Sell.

J0110066
山岳摄影　　林文智著
台北 渡假出版社有限公司 1997 年 271 页
23cm ISBN：957-623-179-5 定价：TWD580.00
（实用摄影指南 2）
　　外文书名：Mountain Photography.

J0110067
商业黑白艺术人像摄影指南　　李培林著
南京 江苏人民出版社 1997 年 134 页 有照片
19×17cm ISBN：7-214-01863-2 定价：CNY15.00
（《光与影》摄影艺丛）

J0110068
商业摄影表现技法　　苏民安著
长春 长春出版社 1997 年 94 页 有图
26cm（16 开）ISBN：7-80604-547-3

定价：CNY39.00
（现代人设计、绘画技法系列丛书）

J0110069
少年摄影　　姚福成编著
上海 少年儿童出版社 1997 年 96 页 19cm（32 开）
ISBN：7-5324-3267-X 定价：CNY3.65
（快乐的星期六丛书 第一辑）

J0110070
摄影技法与欣赏　　毛金华主编
长沙 中南工业大学出版社 1997 年 281 页
有照片 19cm（小 32 开）ISBN：7-81020-992-2
定价：CNY12.00

J0110071
摄影技巧百问百答　　《百问百答丛书》编写组
编著
成都 四川科学技术出版社 1997 年 15+236 页
有彩照 19cm（小 32 开）ISBN：7-5364-3645-9
定价：CNY9.50
（百问百答丛书）

J0110072
摄影技巧百问百答　　《百问百答丛书》编写组
编著
成都 四川科学技术出版社 1998 年 2 版
16+278 页 19cm（小 32 开）
ISBN：7-5364-3645-9 定价：CNY9.50
（百问百答丛书）

J0110073
摄影技巧百问百答　　《百问百答丛书》编写组
编著
成都 四川科学技术出版社 1998 年 3 版
16+277 页 19cm（小 32 开）
ISBN：7-5364-3645-9 定价：CNY9.50
（百问百答丛书）

J0110074
摄影技巧金钥匙　　申闰春，高新民主编
北京 西苑出版社 1997 年 11+311 页 20cm（32 开）
ISBN：7-80108-077-7 定价：CNY17.00
（我家金钥匙丛书）

J0110075
摄影技术基础　聂斌等主编
北京　中国检察出版社　1997 年　249 页
20cm（32 开）ISBN：7-80086-472-3
定价：CNY12.00

J0110076
摄影技术手册　徐国兴编
长春　吉林摄影出版社　1997 年　13+56+554 页
20cm（32 开）精装　ISBN：7-80606-076-6
定价：CNY29.80

J0110077
摄影曝光　宋挥，宋伟编著
哈尔滨　黑龙江科学技术出版社　1997 年　318 页
有照片　19cm（小 32 开）ISBN：7-5388-3051-0
定价：CNY18.20
（怎样学摄影丛书）

J0110078
摄 影 师 手 册　（英）约 翰·海 吉 科（John
Hedgecoe）著；司大宇等译
杭州　浙江摄影出版社　1997 年　343 页　有图
29cm（16 开）精装　ISBN：7-80536-451-6
定价：CNY218.00
　　外文书名：The Photographer's Handbook.

J0110079
摄影通用教程　（一）张朝明编著
重庆　西南师范大学出版社　1997 年　121 页
有图　20cm（32 开）ISBN：7-5621-1667-9
定价：CNY21.00

J0110080
生活摄影　李以恭，张亚生编著
南京　江苏科学技术出版社　1997 年　131 页
有彩照及图　19cm（32 开）ISBN：7-5345-2227-7
定价：CNY6.90

J0110081
时装摄影艺术　包铭新，姜骅编著
上海　中国纺织大学出版社　1997 年　109 页
有照片　24cm（27 开）ISBN：7-81038-178-4
定价：CNY38.00
（纺大服饰金版书系）

　　外文书名：Fashion Photograph Artistry.

J0110082
实用的旅游摄影　张丰荣编著；叶树林摄影
台北　冠伦文化事业公司　1997 年　96 页　有照片
21cm（32 开）ISBN：957-8629-57-5
定价：TWD200.00
（现代摄影系列 5）

J0110083
实用摄影 66 讲　张益福著
杭州　浙江摄影出版社　1997 年　248 页　有照片
20cm（32 开）ISBN：7-80536-452-4
定价：CNY23.00

J0110084
实用摄影技巧　韩丛耀编著
北京　金盾出版社　1997 年　76+420 页　有照片及图
19cm（小 32 开）ISBN：7-5082-0514-6
定价：CNY23.50

J0110085
实用摄影技术　袁一鸣主编
北京　高等教育出版社　1997 年　170 页　有照片
20cm（32 开）ISBN：7-04-006052-3
定价：CNY8.40

J0110086
使命·职责·素质　（湖北新闻摄影论集）湖北
省新闻摄影学会编
北京　新华出版社　1997 年　249 页　20cm（32 开）
ISBN：7-5011-3808-7　定价：CNY10.00

J0110087
手把手教你拍摄　李萍，灵璧主编
天津　天津科技翻译出版公司　1997 年　13+366 页
有插图　20cm（32 开）ISBN：7-5433-1024-4
定价：CNY16.80
（走入生活丛书）

J0110088
现代情侣摄影技巧　陈文襄著
上海　上海科学技术文献出版社　1997 年　129 页
有照片　19×21cm　ISBN：7-5439-1009-8
定价：CNY15.80

J0110089
新闻摄影学　吴建著
成都　四川人民出版社　1997 年　407 页
20cm（32 开）ISBN：7-220-03686-8
定价：CNY16.90
（新闻理论与实务系列图书）

J0110090
新闻摄影纵横谈　许必华著
北京　新华出版社　1997 年　256 页　有照片
19cm（小 32 开）ISBN：7-5011-3532-0
定价：CNY9.80
（新闻入门丛书）

J0110091
休闲摄影与拍摄技巧　许小平著
长春　吉林摄影出版社　1997 年　114 页　有照片
19cm（小 32 开）ISBN：7-80606-142-8
定价：CNY11.60
（摄影技巧丛书）
　　　作者许小平（1948—　　），摄影师。上海人。
历任上海摄影家协会理论会员、上海大学美术
学院摄影系客座讲师和上海长宁区业大摄影系
讲师。

J0110092
绚丽世界尽收眼底　（学摄影）黄有为编著
济南　明天出版社　1997 年　11+156 页　有图
20cm（32 开）ISBN：7-5332-2643-7
定价：CNY96.00（全套）
（课外活动丛书）

J0110093
夜间摄影技巧　（美）约翰·卡鲁克（John
Carucci）著；薛林译
沈阳　辽宁美术出版社　1997 年　135 页
26cm（16 开）ISBN：7-5314-1761-8
定价：CNY58.00
（美国摄影系列）
　　　外文书名：Capturing the Night with Your
Camera.

J0110094
照相馆技术大全　袁汝逊，郭志全主编
沈阳　辽宁美术出版社　1997 年　366 页　有图

20cm（32 开）ISBN：7-5314-1642-5
定价：CNY38.60

J0110095
专题摄影　赫重运编著
哈尔滨　黑龙江科学技术出版社　1997 年　151 页
有照片　19cm（小 32 开）ISBN：7-5388-3051-0
定价：CNY9.60
（怎样学摄影丛书）

J0110096
专题摄影　张韫磊，靳福堂著
沈阳　辽宁美术出版社　1997 年　198 页　有图
20cm（32 开）ISBN：7-5314-1631-X
定价：CNY22.60

J0110097
专题摄影入门　王大斌著
杭州　浙江摄影出版社　1997 年　123 页　有照片
20cm（32 开）ISBN：7-80536-267-X
定价：CNY14.00

J0110098
自然美的摄影　江明宏编译
台南　大坤书局　1997 年　151 页　有彩照
21cm（32 开）ISBN：957-538-497-0
定价：TWD280.00
（摄影 1）

J0110099
48 小时摄影快易通　［英］迈克尔·莱格福
（Michael Langford）著；曹韫建译
长春　吉林摄影出版社　1998 年　93 页　有彩照
22cm（30 开）ISBN：7-80606-185-1
定价：CNY23.00

J0110100
产品　（英）罗杰·希克斯（Roger Hicks），（美）法
兰西斯·舒尔茨（Frances Schultz）著；孙连棣译
哈尔滨　黑龙江美术出版社　1998 年　149 页
26cm（16 开）ISBN：7-5318-0455-7
定价：CNY128.00
（专业摄影技法丛书）
　　　本书瑞士洛特维茵（Roto Vision SA）出版公
司授权出版的各种产品的静物摄影技法集。

J0110101
常见题材的拍摄技巧　蔡林著
成都　四川科学技术出版社　1998年　296页
有照片　19cm（32开）ISBN：7-5364-3747-1
定价：CNY15.80
（快速学摄影丛书　1）
　　　　作者蔡林（1948—　），画家、摄影家、作家。
生于四川营山，中国人民解放军成都部队某部电
化教育中心副主任、高级工程师，中国摄影家协
会会员、四川省摄影家协会会员。出版有《摄影
大百科辞典》《新英汉摄影技术词典》《大学摄影
教材》。

J0110102
初级摄影教程　蔡林编著
成都　四川科学技术出版社　1998年　425页
有照片　19cm（小32开）ISBN：7-5364-3692-0
定价：CNY16.50

J0110103
创意摄影　蔡林编著
哈尔滨　黑龙江美术出版社　1998年　重印本
111+497页　有照片及图　20cm（32开）
ISBN：7-5318-0400-X　定价：CNY38.80

J0110104
创意摄影手法　董云章编著
上海　上海画报出版社　1998年　112页　有图
20cm（32开）ISBN：7-80530-318-5
定价：CNY10.00
（画报摄影丛书）
　　　编著者董云章（1943—　），摄影家。上海人，
历任中国摄影家协会会员，中国艺术摄影学会会
员，中国人像摄影学会会员等。编著有《通向世
界摄影名作之路》《人像摄影艺术纵横谈》《风光
摄影技巧》等。

J0110105
当代新潮摄影集粹　狄源沧编著
成都　四川科学技术出版社　1998年　145页
有照片　19cm（小32开）ISBN：7-5364-3600-9
定价：CNY7.50
（业余摄影家丛书　第二辑）

J0110106
定格十八岁　（军旅业余摄影浅谈）程更新著
沈阳　白山出版社　1998年　123页　有图
19cm（小32开）ISBN：7-80566-661-X
定价：CNY6.50
（迷彩军营　3）

J0110107
动态　（英）乔纳森·希尔顿（Jonathan Hilton）著；
项力福，王宇红译
哈尔滨　黑龙江美术出版社　1998年　147页
26cm（16开）ISBN：7-5318-0457-3
定价：CNY128.00
（专业摄影技法丛书）

J0110108
动体摄影技巧　谷威，文灿编著
太原　山西科学技术出版社　1998年　220页
有照片　19cm（小32开）ISBN：7-5377-1378-2
定价：CNY14.00
（现代摄影实用技艺丛书）

J0110109
杜崇才摄影艺术技法集　杜崇才摄影
福州　海风出版社　1998年　144页　17×19cm
ISBN：7-80597-104-8　定价：CNY40.00

J0110110
儿童　（英）乔纳森·希尔顿（Jonathan Hilton）著；
张民，张军译
哈尔滨　黑龙江美术出版社　1998年　149页
26cm（16开）ISBN：7-5318-0456-5
定价：CNY128.00
（专业摄影技法丛书）

J0110111
风光摄影技巧　王敏著
沈阳　辽宁科学技术出版社　1998年　86页
有彩照　26cm（16开）ISBN：7-5381-2676-7
定价：CNY25.00
（跟我学摄影丛书）

J0110112
高校现代广告摄影作品技法赏析　宿志刚，
高向明著

沈阳　辽宁画报出版社　1998 年　104 页
26cm（16 开）ISBN：7-80601-158-7
定价：CNY49.80

J0110113
高扬邓小平理论旗帜 （第七届全国新闻摄
影理论年会论文集）中国新闻摄影学会编
北京　新华出版社　1998 年　442 页　19cm（小 32 开）
ISBN：7-5011-3925-3　定价：CNY16.00

J0110114
跟我学摄影　丰明高编著
长沙　湖南文艺出版社　1998 年　151 页　有照片
30cm（10 开）ISBN：7-5404-1883-4
定价：CNY17.00
（"跟我学"系列丛书　第五辑）

J0110115
广告摄影　宿志刚，唐东平编著
沈阳　辽宁美术出版社　1998 年　152 页　有图
20cm（32 开）ISBN：7-5314-1880-0
定价：CNY24.50

J0110116
孩子成长录　林路著
杭州　浙江摄影出版社　1998 年　110 页　有照片
20cm（32 开）ISBN：7-80536-522-9
定价：CNY26.20
（家庭生活摄影丛书）

J0110117
黑白摄影　丁珊著
杭州　浙江摄影出版社　1998 年　重印本　132 页
有图　19cm（32 开）ISBN：7-80536-424-9
定价：CNY7.00
（跟我学摄影　摄影入门）

J0110118
黑白摄影精技　蒋载荣著；刘嘉渊插图
台北　雄狮图书公司　1998 年　199 页　有照片图
26cm（16 开）精装　ISBN：957-8980-66-3
定价：TWD850.00
（雄狮丛书　09-016）
　　外文书名：Zone System：Approaching The
Perfection of Tone Reproduction.

J0110119
黑白摄影制作技艺　何传真编著
合肥　安徽科学技术出版社　1998 年　123 页
有照片　26cm（16 开）ISBN：7-5337-1585-3
定价：CNY25.00
（实用摄影技术丛书）

J0110120
花卉摄影　（美）艾伦·罗卡奇（Allen Rokach），
（美）安妮·米尔曼（Anne Millman）著；邱敏东，
张俊译
杭州　浙江摄影出版社　1998 年　127 页
26cm（16 开）ISBN：7-80536-475-3
定价：CNY70.00
（摄影现场指导系列）

J0110121
婚礼　（英）乔纳森·希尔顿（Jonathan Hilton）著；
徐晓飞等译
哈尔滨　黑龙江美术出版社　1998 年　149 页
26cm（16 开）ISBN：7-5318-0447-6
定价：CNY128.00
（专业摄影技法丛书）

J0110122
婚礼进行曲　林路著
杭州　浙江摄影出版社　1998 年　95 页　有照片
20cm（32 开）ISBN：7-80536-520-2
定价：CNY24.00
（家庭生活摄影丛书）

J0110123
婚纱摄影　顾云兴著
杭州　浙江摄影出版社　1998 年　95 页　26cm（16 开）
ISBN：7-80536-544-X　定价：CNY50.00
（摄影经营系列）

J0110124
假日旅游记　林路著
杭州　浙江摄影出版社　1998 年　128 页　有照片
20cm（32 开）ISBN：7-80536-521-0
定价：CNY29.80
（家庭生活摄影丛书）

J0110125
教你学摄影　胡昌平编著
北京　中国少年儿童出版社　1998 年　107 页
19cm（小 32 开）ISBN：7-5007-4265-7
定价：CNY4.00
（教你学·教你做小学生实用丛书）

J0110126
静物　（英）罗杰·希克斯（Roger Hicks），（美）法
兰西斯·舒尔茨（Frances Schultz）著；马春华译
哈尔滨　黑龙江美术出版社　1998 年　149 页
26cm（16 开）ISBN：7-5318-0451-4
定价：CNY128.00
（专业摄影技法丛书）

J0110127
居家生活篇　林路著
杭州　浙江摄影出版社　1998 年　113 页　有照片
20cm（32 开）ISBN：7-80536-523-7
定价：CNY27.00
（家庭生活摄影丛书）

J0110128
快速学摄影丛书　（第一辑）
成都　四川科学技术出版社　1998 年　4 册
有照片　19cm（小 32 开）
（快速学摄影丛书）
　　本辑包括：《摄影一点通》《摄影注意事项
222》《摄影正误例解》《常见题材的拍摄技巧》
4 册。

J0110129
快速学摄影丛书　（第二辑）
成都　四川科学技术出版社　1999—2000 年　3 册
有照片　19cm（小 32 开）
　　本辑丛书包括：《彩色摄影易学通》《自动照
相机摄影要领》《摄影小经验与小窍门 333》3 册。

J0110130
旅游摄影　林路编著
上海　上海画报出版社　1998 年　94 页　有彩照
20cm（32 开）ISBN：7-80530-407-6
定价：CNY10.00
（画报摄影丛书）

J0110131
鸟类摄影　（美）艾伦·罗卡奇（Allen Rokach），
（美）安妮·米尔曼（Anne Millman）著；卢林桢译
杭州　浙江摄影出版社　1998 年　127 页
26cm（16 开）ISBN：7-80536-476-1
定价：CNY70.00
（摄影现场指导系列）

J0110132
拍照妙诀　李少文著
杭州　浙江摄影出版社　1998 年　131 页　有照片
20cm（32 开）ISBN：7-80536-453-2
定价：CNY30.00

J0110133
巧用闪光灯 60 例　徐伟编著
成都　四川科学技术出版社　1998 年　184 页
有图　19cm（小 32 开）ISBN：7-5364-3592-4
定价：CNY8.50
（业余摄影家丛书　第二辑）

J0110134
巧用摄影技术　（图集）陈世鸿文；何东向，
李洁绘
沈阳　辽宁美术出版社　1998 年　92 页　20cm（32 开）
ISBN：7-5314-1977-7　定价：CNY8.50
（一点通系列　3）

J0110135
情趣摄影　董云章编著
上海　上海画报出版社　1998 年　200 页　有彩照
20cm（32 开）ISBN：7-80530-406-8
定价：CNY14.00
（画报摄影丛书）

J0110136
人体　（摄影集）（英）罗杰·希克斯（Roger
Hicks），（美）法兰西斯·舒尔茨（Frances Schultz）
著；张军，张民译
哈尔滨　黑龙江美术出版社　1998 年　149 页
26cm（16 开）ISBN：7-5318-0453-0
定价：CNY128.00
（专业摄影技法丛书）

J0110137

人体摄影艺术　　中国民族摄影艺术出版社编
北京　中国民族摄影艺术出版社　1998 年
143 页　29cm（16 开）ISBN：7-80069-219-1
定价：CNY78.00

J0110138

人物摄影 60 例　　韩丛耀著
成都　四川科学技术出版社　1998 年　111 页
有照片　19cm（小 32 开）ISBN：7-5364-3597-5
定价：CNY6.00
（业余摄影家丛书　第二辑）

J0110139

人像摄影　　顾云兴编著
上海　上海画报出版社　1998 年　117 页　有彩照
20cm（32 开）ISBN：7-80530-408-4
定价：CNY10.00
（画报摄影丛书）

　　编著者顾云兴（1926—　），摄影师、教授。
历任中国华侨摄影学会理事，上海华侨摄影协会
副秘书长。

J0110140

人像摄影技巧　　姚殿科著
沈阳　辽宁科学技术出版社　1998 年　122 页
有图　26cm（16 开）ISBN：7-5381-2675-9
定价：CNY25.00
（跟我学摄影丛书）

J0110141

摄影　　华元钦，华文渊著
太原　希望出版社　1998 年　98 页　有图
26cm（16 开）ISBN：7-5379-1906-2
定价：CNY17.00
（艺术入门丛书）

J0110142

摄影工作散论　　石少华著
北京　新华出版社　1998 年　363 页　20cm（32 开）
ISBN：7-5011-4036-7　定价：CNY24.80

　　作者石少华（1918—1998），摄影艺术家。原
籍广东番禺，出生于香港。毕业于陕北公学、抗
日军政大学。历任新华社副社长、新华出版社
社长、中国老年摄影协会会长等职。代表作品
《毛主席和小八路》《埋地雷》《白洋淀上的雁翎

队》等。

J0110143

摄影基本功　　夏放著
天津　天津人民美术出版社　1998 年　135 页
有图　19cm（小 32 开）ISBN：7-5305-0549-1
定价：CNY9.50

J0110144

摄影技法 50 例　　楚雨编著
成都　四川科学技术出版社　1998 年　63 页
有照片　19cm（小 32 开）ISBN：7-5364-3593-2
定价：CNY4.00
（业余摄影家丛书　第二辑）

J0110145

摄影技术　　于素云，张继迎编著
北京　华夏出版社　1998 年　279 页　20cm（32 开）
ISBN：7-5080-1492-8　定价：CNY14.00
（现代教育技术丛书）

J0110146

摄影技艺手册　　李世雄，黄橙编著
南昌　江西科学技术出版社　1998 年　186 页
有彩照及图　26cm（16 开）ISBN：7-5390-1289-7
定价：CNY29.80

J0110147

摄影入门　　许菊慧文
上海　上海人民美术出版社　1998 年　43 页
有照片　19cm（32 开）ISBN：7-5322-1989-5
定价：CNY5.00
（少年艺术技能入门丛书）

　　本书介绍"照相机的基本构成"、"掌握正
确的拍摄要领"、"构图、色调和拍摄的处理"等
内容。

J0110148

摄影入门　　宇慧主编
沈阳　沈阳出版社　1998 年　90 页　有插图
19cm（32 开）ISBN：7-5441-0987-9
定价：CNY98.00（全套）
（审美素质培养丛书　15）

　　主编宇慧，主编的作品有《音乐美与欣赏》
《怎样拉二胡》《怎样吹口哨》等。

J0110149
摄影入门　张苏中著
杭州 浙江摄影出版社 1998年 重印本 151页
有照片 19cm（32开）ISBN：7-80536-423-0
定价：CNY7.90
（跟我学摄影 摄影入门）

J0110150
摄影术　Robert B.Rhode 著；王茂才译
台北 艺术图书公司 1998年 再版 196页
有图 21cm（32开）ISBN：957-672-062-1
定价：TWD200.00
　　外文书名：Introduction to Photography.

J0110151
摄影一点通　蔡林，张元树编著
成都 四川科学技术出版社 1998年 399页
有照片 19cm（32开）ISBN：7-5364-3257-7
定价：CNY15.40
（快速学摄影丛书 1）
　　编著者蔡林（1948—　），画家、摄影家、作家。生于四川营山，中国人民解放军成都部队某部电化教育中心副主任、高级工程师，中国摄影家协会会员、四川省摄影家协会会员。出版有《摄影大百科辞典》《新英汉摄影技术词典》《大学摄影教材》。

J0110152
摄影正误例解　蔡林著
成都 四川科学技术出版社 1998年 339页
有照片 19cm（32开）ISBN：7-5364-3533-9
定价：CNY15.80
（快速学摄影丛书）

J0110153
实用婚纱与艺术照摄影　洪正士著及摄影
南京 江苏人民出版社 1998年 219页
30cm（10开）精装 ISBN：7-214-01864-0
定价：CNY200.00

J0110154
实用摄影技法 108　林路著
杭州 浙江摄影出版社 1998年 211页 有照片
20cm（32开）ISBN：7-80536-559-8
定价：CNY39.00

J0110155
实用摄影指南　胡昌平著
沈阳 辽宁美术出版社 1998年 339页 有附图
20cm（32开）ISBN：7-5314-1840-1
定价：CNY28.00

J0110156
食品　（英）罗杰·希克斯（Roger Hicks），（美）法兰西斯·舒尔茨（Frances Schultz）著；赵忠琴译
哈尔滨 黑龙江美术出版社 1998年 149页
26cm（16开）ISBN：7-5318-0454-9
定价：CNY128.00
（专业摄影技法丛书）

J0110157
室内环境　（英）罗杰·希克斯（Roger Hicks），（美）法兰西斯·舒尔茨（Frances Schultz）著；朱溪豫，刘楠译
哈尔滨 黑龙江美术出版社 1998年 149页
26cm（16开）ISBN：7-5318-0448-4
定价：CNY128.00
（专业摄影技法丛书）

J0110158
树木摄影　（美）艾伦·罗卡奇（Allen Rokach），（美）安妮·米尔曼（Anne Millman）著；应真箭译
杭州 浙江摄影出版社 1998年 127页
26cm（16开）ISBN：7-80536-474-5
定价：CNY70.00
（摄影现场指导系列）

J0110159
特殊环境摄影 50 例　沈遥著
成都 四川科学技术出版社 1998年 157页
有照片 19cm（小 32开）ISBN：7-5364-3595-9
定价：CNY7.50
（业余摄影家丛书 第二辑）
　　作者沈遥（1950—　），摄影师。江苏南京人，毕业于徐州师范大学。历任中国摄影家协会会员，江苏省摄影家协会秘书长，南京师范大学硕士生导师，东南大学兼职教授。曾出版《风光摄影解构》《现代家庭摄影指南》《特殊环境摄影》《家庭摄影必读》等。

J0110160
特殊效果 （英）大卫·戴（David Daye）著；段凤岐等译
哈尔滨 黑龙江美术出版社 1998 年 145 页
26cm（16 开）ISBN：7-5318-0449-2
定价：CNY128.00
（专业摄影技法丛书）

J0110161
图说生活摄影 任慧君编著
福州 福建科学技术出版社 1998 年 149 页
19cm（小 32 开）ISBN：7-5335-1336-3
定价：CNY9.20

J0110162
现代家庭摄影指南 沈遥著
南京 江苏人民出版社 1998 年 116 页 有照片
19cm（小 32 开）ISBN：7-214-02278-8
定价：CNY12.00
（摄影丛书）
　　作者沈遥（1950—　　），摄影师。江苏南京人，毕业于徐州师范大学。历任中国摄影家协会会员，江苏省摄影家协会秘书长，南京师范大学硕士生导师，东南大学兼职教授。曾出版《风光摄影解构》《现代家庭摄影指南》《特殊环境摄影》《家庭摄影必读》等。

J0110163
现代摄影进阶 （1）Roger Hicks 原著；庄胜雄译
台北 授学出版社 1998 年 26cm（16 开）精装
ISBN：957-8472-41-2 定价：TWD1200.00

J0110164
现代摄影进阶 （2）Roger Hicks 原著；庄胜雄译
台北 授学出版社 1998 年 96+96+96 页
26cm（16 开）精装 ISBN：957-8472-42-0
定价：TWD1200.00
　　译者庄胜雄，著有《人像摄影：如何拍出神韵与个性》《现代摄影百科（11）：特殊摄影效果》《现代摄影百科 7 静物与近摄 探索微细世界》；译有《摄影室与灯光》等。

J0110165
现代摄影进阶 （3）Roger Hicks 原著；庄胜

雄译
台北 授学出版社 1998 年 96+96+96 页
26cm（16 开）精装 ISBN：957-8472-43-9
定价：TWD1200.00

J0110166
现代摄影进阶 （4）Roger Hicks 原著；庄胜雄译
台北 授学出版社 1998 年 96+96+96 页
26cm（16 开）精装 ISBN：957-8472-44-7
定价：TWD1200.00

J0110167
向大师学摄影 林路编著
上海 上海画报出版社 1998 年 114 页 有图
20cm（32 开）ISBN：7-80530-317-7
定价：CNY10.00
（画报摄影丛书）

J0110168
肖像 （英）罗杰·希克斯，（美）法兰西斯·舒尔茨著；王宇红译
哈尔滨 黑龙江美术出版社 1998 年 149 页
26cm（16 开）ISBN：7-5318-0452-2
定价：CNY128.00
（专业摄影技法丛书）

J0110169
肖像摄影经营术 （美）汤姆·麦克唐纳德（Tom McDonald）著；尹宏义等译
北京 中国电影出版社 1998 年 重印本 189 页
有照片 29cm（16 开）ISBN：7-106-01406-0
定价：CNY68.00

J0110170
新编 35mm 摄影技术大全 （英）M. 费里曼（Michael Freeman）编著；黎颖刚译
上海 上海科学技术出版社 1998 年 288 页
有照片及图 26cm（16 开）精装
ISBN：7-5323-4930-6 定价：CNY150.00
　　本书包括技术篇、运用篇、高科技影像处理篇、专业技巧篇四部分，主要讲述了摄影的一般技术基础和面对各种摄影题材的处理方法等内容。本书与香港万里机构合作出版。作者费里曼（Michael Freeman），专业摄影师。

J0110171
新闻摄影学　韩丛耀著
南宁　广西美术出版社　1998 年　546 页　有照片
20cm（32 开）ISBN：7-80625-396-3
定价：CNY29.00

J0110172
新闻摄影指南　韩丛耀等著
南京　江苏人民出版社　1998 年　212+24 页
有照片　19×17cm　ISBN：7-214-02193-5
定价：CNY15.00
（摄影丛书）

J0110173
业余摄影创作入门　王杰编著
成都　四川科学技术出版社　1998 年　65 页
有照片　19cm（小 32 开）ISBN：7-5364-3591-6
定价：CNY4.00
（业余摄影家丛书　第二辑）
　　编著王杰（1933—　　），河北省群艺馆研究馆
员、中国音乐家协会会员、河北音协常务理事、
中国社会音乐研究会理事。

J0110174
艺术摄影入门　徐殿奎著
合肥　安徽科学技术出版社　1998 年　77 页
有图　26cm（16 开）ISBN：7-5337-1664-7
定价：CNY28.00
（实用摄影技术丛书）

J0110175
影楼人像　（英）乔纳森·希尔顿（Jonathan
Hilton）著；张士才、张达生译
哈尔滨　黑龙江美术出版社　1998 年　147 页
26cm（16 开）ISBN：7-5318-0450-6
定价：CNY128.00
（专业摄影技法丛书）

J0110176
怎样学摄影　孟春燕主编
沈阳　沈阳出版社　1998 年　113 页　19cm（小 32 开）
ISBN：7-5441-0981-X　定价：CNY138.00（全套）
（学生文体娱乐活动丛书　12）

J0110177
专业图解人体摄影灯光　雪岭编辑部编辑
台北　雪岭文化事业公司　1998 年　143 页　有照片
30cm（10 开）ISBN：957-578-084-1
定价：TWD560.00
（Photo EQ 4）
　　本书为 25 位专业摄影师的「私房菜」灯光，
人体摄影灯光 100 图例。主要介绍人体摄影的灯
光运用，并有作品解说。外文书名：Professional
Lighting for Nude Photograph.

J0110178
自学摄影　成志伟编著
武汉　武汉出版社　1998 年　93 页　有照片
19cm（小 32 开）ISBN：7-5430-1677-X
定价：CNY8.50
（大众文娱休闲丛书）

J0110179
V8 摄影入门　（日）横山诚一著；蒋瑞英译
台北　暖流出版社　1999 年　239 页　有插图
21cm（32 开）ISBN：957-706-244-X
定价：TWD200.00
（摄影教室 2）

J0110180
彩色摄影易学通　蔡林著
成都　四川科学技术出版社　1999—2000 年
24+258 页　有照片　19cm（32 开）
（快速学摄影丛书 2）
　　作者蔡林（1948—　　），画家、摄影家、作家。
生于四川营山，中国人民解放军成都部队某部电
化教育中心副主任、高级工程师，中国摄影家协
会会员、四川省摄影家协会会员。出版有《摄影
大百科辞典》《新英汉摄影技术词典》《大学摄影
教材》。

J0110181
插图摄影　（美）安东尼奥·洛萨皮奥等著；司
大宇译
杭州　浙江摄影出版社　1999 年　157 页
有彩照及图　28cm（大 16 开）精装
ISBN：7-80536-624-1　定价：CNY109.00
（柯达专业摄影丛书）

J0110182
抽象摄影　徐忠民著
杭州　浙江摄影出版社　1999 年　184 页　有照片
20cm（32 开）ISBN：7-80536-614-4
定价：CNY32.00
（摄影现代艺术丛书）

J0110183
创意摄影的奥秘　马椿年著
北京　中国民族摄影艺术出版社　1999 年　155 页
有照片　19cm（32 开）ISBN：7-80069-275-2
定价：CNY8.60
（家庭摄影指南）

J0110184
春季摄影　张亚生著
南京　南京出版社　1999 年　117 页　有彩照及图
19cm（小 32 开）ISBN：7-80614-505-2
定价：CNY8.00
（幸福家庭生活系列　四季摄影）

J0110185
大画幅摄影　（美）莱斯利·D. 斯特贝尔等著；
徐敏译
杭州　浙江摄影出版社　1999 年　110 页
有照片及图　28cm（大 16 开）精装
ISBN：7-80536-625-X　定价：CNY79.00
（柯达专业摄影丛书）

J0110186
大自然与风景　（拍出四季美景　图集）（英）
［R. 希克斯］Roger Hicks 编著；庄胜雄译
长沙　湖南科学技术出版社　1999 年　92 页
26cm（16 开）ISBN：7-5357-2546-5
定价：CNY29.80
（现代摄影百科 6）
　　译者庄胜雄，著有《人像摄影：如何拍出神
韵与个性》《现代摄影百科（11）：特殊摄影效果》
《现代摄影百科 7　静物与近摄　探索微细世界》；
译有《摄影室与灯光》等。

J0110187
冬季摄影　沈秉钧，张成军编著
南京　南京出版社　1999 年　128 页　有彩照及图
19cm（小 32 开）ISBN：7-80614-508-7

定价：CNY8.00
（幸福家庭生活系列　四季摄影）

J0110188
风光摄影　顾纬著
郑州　河南科学技术出版社　1999 年　90 页
有照片　19×17cm　ISBN：7-5349-2347-6
定价：CNY13.50
（摄影实践丛书）

J0110189
风景摄影　（英）迈高·巴塞尔（Michael Busselle）
著；隋梅译
上海　上海书画出版社　1999 年　126 页　22×19cm
ISBN：7-80635-538-3　定价：CNY68.00
（摄影佳作解构）
　　本书分 5 部分：拍摄风景照片的技巧；主题
部分有美丽的乡村景色、海岸景观变化多等；构
图艺术部分有视点的重要性、取景的作用等；光
与影像部分有晴天拍摄的技巧、阴天拍摄技巧
等；照相机与设备部分有选择照相机、使用滤
光镜等；另附专业词汇。外文书名：Landscape
Photograph. 作者迈高·巴塞尔（Michael Busselle），
英国皇家摄影学会院士，长期从事职业摄影。著
有《花卉与庭园摄影》等。

J0110190
风景摄影技法　（日）三轮薰著；赵景华译；王
军校
长春　吉林科学技术出版社　1999 年　175 页
有照片及图　21cm（32 开）ISBN：7-5384-2052-5
定价：CNY31.00
（图解摄影技法译丛）

J0110191
风景摄影入门　雪岭文化编辑部编辑
台北　雪岭文化事业公司　1999 年　110 页　有照片
30cm（10 开）ISBN：957-578-099-X
定价：TWD480.00
（Photo EQ 6）
　　本书是为初学摄影的人所提供的技术帮助，
包括摄影前的准备工作、风景照片的拍摄技巧、
摄影之行的注意事项等。

J0110192

感性的摄影技巧 （日）樱井始著；新形象出版公司编译

台北 新形象出版公司 1999 年 143 页 有彩照 21cm（32 开）ISBN：957-9679-34-7

定价：TWD500.00

（专业摄影系列 2）

　　外 文 书 名：Photography for Cultivating Sensitivity.

J0110193

光线的奥秘 （善用光线拍出好作品 图集） [R. 希克斯] Roger Hicks 编著；庄胜雄译

长沙 湖南科学技术出版社 1999 年 92 页 26cm（16 开）ISBN：7-5357-2577-5

定价：CNY29.80

（现代摄影百科 10）

J0110194

广告摄影 邵大浪著

长春 吉林摄影出版社 1999 年 227 页 有图 20cm（32 开）ISBN：7-80606-267-X

定价：CNY18.00

J0110195

广告摄影基础指南 黄文宗编著

台北 冠伦文化事业公司 1999 年 95 页 有照片 21cm（32 开）ISBN：957-8629-64-8

定价：TWD200.00

（现代摄影系列 6）

J0110196

广告摄影技艺 张戈著

哈尔滨 黑龙江科学技术出版社 1999 年 82 页 26cm（16 开）ISBN：7-5388-3344-7

定价：CNY58.00

J0112377

海景摄影技法 （日）加藤庸二著；李志颖译

长春 吉林科学技术出版社 1999 年 175 页 有照片及图 21cm（32 开）ISBN：7-5384-2049-5

定价：CNY31.50

（图解摄影技法译丛）

　　本书由吉林科学技术出版社和中国建筑工业出版社联合出版。

J0110197

黑白摄影 （英）迈高·巴塞尔（Michael Busselle）著；朱溪豫译

上海 上海书画出版社 1999 年 126 页 22×19cm ISBN：7-80635-539-1 定价：CNY68.00

（摄影佳作解构）

　　本书分 5 部分讲述拍摄黑白照片的技巧。影像部分有用黑与白观察世界、光线与形态的关系、取舍的艺术等；题材部分有以风景为主题、天然生成的图案等；相机部分有相机的类型和规格、镜头的选择等；暗房部分有暗房与冲印材料、胶卷的冲洗技巧等；另附专业词汇。

J0110198

花风景摄影技法 （日）麻贺进照片文字；张艳辉，单宝忠译

长春 吉林科学技术出版社 1999 年 175 页 有照片及图 21cm（32 开）ISBN：7-5384-1992-6

定价：CNY33.00

（图解摄影技法译丛）

　　本书由吉林科学技术出版社和中国建筑工业出版社联合出版。

J0110199

花卉摄影技法 （日）平野隆久著；刘若南等译

长春 吉林科学技术出版社 1999 年 191 页 有照片及图 21cm（32 开）ISBN：7-5384-1994-2

定价：CNY33.50

（图解摄影技法译丛）

　　本书由吉林科学技术出版社和中国建筑工业出版社联合出版。

J0110200

花卉与庭园摄影 （英）迈高·巴塞尔（Michael Busselle）著；隋梅译

上海 上海书画出版社 1999 年 126 页 19×22cm ISBN：7-80635-536-7 定价：CNY68.00

（摄影佳作解构）

　　本书分为：构图、主题、光与影像、照相机与设备、专业词汇五部分，精选了大量沙龙作品，分析拍摄这些照片的创作动机，具体的技术细节，构图要点，以及不同的场景、不同主题在不同的采光条件下处理时要注意的问题等。作者迈高·巴塞尔（Michael Busselle），英国皇家摄影学会院士，长期从事职业摄影。著有《花卉与庭

园摄影》等。

J0110201
花卉与庭园摄影 （摄影佳作解构）（英）迈
高·巴塞尔（MichaelBusselle）著；隋梅译
香港 万里书店 1999 年 126 页 有彩照
19×22cm ISBN：962–14–1647–7 定价：HKD78.00
　　外文书名：Flower & Garden Photography.

J0110202
画意摄影 张钢著
杭州 浙江摄影出版社 1999 年 217 页 有照片
20cm（32 开）ISBN：7–80536–585–7
定价：CNY38.00
（摄影现代艺术丛书）

J0110203
集锦摄影 丁遵新著
杭州 浙江摄影出版社 1999 年 150 页 有照片
20cm（32 开）ISBN：7–80536–587–3
定价：CNY30.00
（摄影现代艺术丛书）

J0110204
济宁市先模人物风采摄影集 王昌铸摄
济南 山东画报出版社 1999 年 102 页 29×28cm
ISBN：7–80603–437–4 定价：CNY160.00

J0110205
家庭摄影、音像和电脑辅导 卢良涛等编
武汉 华中理工大学出版社 1999 年 185 页
19cm（32 开）ISBN：7–5609–1851–4
定价：CNY7.00
（家庭育才百科）

J0110206
教你学会拍照片 于琪林著
北京 中国民族摄影艺术出版社 1999 年 160 页
有图 19cm（32 开）ISBN：7–80069–273–6
定价：CNY8.60
（家庭摄影指南）

J0110207
近距摄影技巧 （美）约翰·肖著；陈昕，尔东译
沈阳 辽宁美术出版社 1999 年 128 页

26cm（16 开）ISBN：7–5314–2277–8
定价：CNY58.00
（美国摄影系列）
　　外文书名：Close–Up Photography.

J0110208
静物与近摄 （探索微细世界 图集）［R. 希克
斯］Roger Hicks 编著；庄胜雄译
长沙 湖南科学技术出版社 1999 年 92 页
26cm（16 开）ISBN：7–5357–2576–7
定价：CNY29.80
（现代摄影百科 7）

J0110209
旅游摄影 梁光溥著
郑州 河南科学技术出版社 1999 年 118 页
有照片 19×17cm ISBN：7–5349–2254–2
定价：CNY15.00
（摄影实践丛书）

J0110210
旅 游 摄 影 （英）迈 高·巴 塞 尔（Michael
Busselle）著；于茂昌译
上海 上海书画出版社 1999 年 126 页 22×19cm
ISBN：7–80635–537–5 定价：CNY68.00
（摄影佳作解构）
　　本书分为：重要的拍摄题材、特殊场面、构
图与布光、摄影器材与技术、专业词汇 5 部分，
精选了大量沙龙作品，分析拍摄这些照片的创作
动机，具体的技术细节，构图要点，以及不同的
场景，不同主题在不同的采光条件下处理时要注
意的问题。

J0110211
美术摄影 邵丽华编著
重庆 西南师范大学出版社 1999 年 98 页
有图版 26cm（16 开）ISBN：7–5621–2111–7
定价：CNY24.00
（21 世纪美术教育丛书）

J0110212
魅力无穷的人像摄影 陈文襄著
北京 中国民族摄影艺术出版社 1999 年 154 页
有照片 19cm（32 开）ISBN：7–80069–274–4
定价：CNY8.60

（家庭摄影指南）

J0110213
你可以拍得更好　（成功摄影要诀　图集）（英）
约翰·海巨格（John Hedgecoe）著；陈淑华译
哈尔滨　黑龙江美术出版社　1999 年　160 页
26cm（16 开）ISBN：7-5318-0567-7
定价：CNY48.80

J0110214
拍出生命的感动　（英）约翰·海巨格（John
Hedgecoe）著；陈淑华，水田工作室译
哈尔滨　黑龙江美术出版社　1999 年　224 页
24cm（26 开）ISBN：7-5318-0644-4
定价：CNY75.00
（海巨格摄影系列　实用人物摄影）
　　本书由黑龙江美术出版社和建筑情报
杂志社联合出版。作者约翰·海巨格（John
Hedgecoe），英国伦敦皇家艺术学院摄影教授。

J0110215
秋季摄影　沈遥著
南京　南京出版社　1999 年　153 页　有彩照及图
19cm（小 32 开）ISBN：7-80614-507-9
定价：CNY8.00
（幸福家庭生活系列　四季摄影）
　　作者沈遥（1950—　），摄影师。江苏南京人，
毕业于徐州师范大学。历任中国摄影家协会会
员，江苏省摄影家协会秘书长，南京师范大学硕
士生导师，东南大学兼职教授。曾出版《风光摄
影解构》《现代家庭摄影指南》《特殊环境摄影》
《家庭摄影必读》等。

J0110216
趣味摄影入门　（日）中谷吉隆著；曾雪玫译
台北　暖流出版社　1999 年　234 页　有照片
21cm（大 32 开）ISBN：957-706-245-8
定价：TWD350.00
（摄影教室　C001）

J0110217
人的千姿百态　（动态）
长沙　湖南美术出版社　1999 年　2 版　26cm（16 开）
ISBN：7-5356-0007-7　定价：CNY19.00
　　本书据英国费邦出版有限公司 1979 年出版

的《人的千姿百态》复制选编。

J0110218
人的千姿百态　（静态）
长沙　湖南美术出版社　1999 年　2 版　26cm（16 开）
ISBN：7-5356-0008-5　定价：CNY18.00

J0110219
人体模特造型写真　古山编著
南昌　江西美术出版社　1999 年　29cm（16 开）
ISBN：7-80580-544-X　定价：CNY39.80

J0110220
人物摄影　（100 题问答）王曙编著
福州　福建科学技术出版社　1999 年　181 页
有照片　20cm（32 开）ISBN：7-5335-1428-9
定价：CNY12.50
（摄影技术问答丛书）

J0110221
人物摄影技法　（日）荒木英仁著；顾时光译
长春　吉林科学技术出版社　1999 年　175 页
有照片及图　21cm（32 开）ISBN：7-5384-2050-9
定价：CNY31.00
（图解摄影技法译丛）
　　本书由吉林科学技术出版社和中国建筑工
业出版社联合出版。

J0110222
人像摄影　（如何拍出神韵与个性　图集）（英）
[R. 希克斯]Roger Hicks 主编；庄胜雄译
长沙　湖南科学技术出版社　1999 年　92 页
26cm（16 开）ISBN：7-5357-2544-9
定价：CNY29.80
（现代摄影百科 5）
　　译者庄胜雄，著有《人像摄影：如何拍出神
韵与个性》《现代摄影百科（11）：特殊摄影效果》
《现代摄影百科 7　静物与近摄　探索微细世界》；
译有《摄影室与灯光》等。

J0110223
人像摄影　（美）唐·布莱尔等著；司大宇译
杭州　浙江摄影出版社　1999 年　119 页　有彩照
28cm（大 16 开）精装　ISBN：7-80536-623-3
定价：CNY99.00

（柯达专业摄影丛书）

J0110224
人像摄影新锐 （3　于仲安婚纱拍摄实例）于仲安摄
北京　中国摄影出版社　1999 年　100 页　有彩照
21cm（32 开）ISBN：7-80007-307-6
定价：CNY56.00
（《中国摄影》丛书）
　　作者于仲安（1958—　　），生于杭州，从事摄影职业，中国摄影家协会会员。

J0110225
人像摄影新锐 （4　亚辰婚纱拍摄实例）亚辰摄；刘榜主编
北京　中国摄影出版社　1999 年　166 页
21cm（32 开）ISBN：7-80007-316-5
定价：CNY78.00
（《中国摄影》丛书）
　　本书收录了亚辰拍摄的 3 套婚纱照和一套家庭照，有室外婚纱、室内婚纱，配有详细的拍摄资料。

J0110226
弱光摄影 （英）鲍勃·吉本斯（Bob Gibbons），（英）彼得·威尔逊（Peter Wilson）著；李孝贤，姜雯译
北京　中国摄影出版社　1999 年　200 页　有照片
20cm（32 开）ISBN：7-80007-314-9
定价：CNY25.00
　　本书包括：夜间和弱光下摄影的基本装备、胶片、滤光片和冲洗、操作技术、夜间的城镇、动物、昆虫和植物、弱光下的风景摄影、夜间的天空、特殊效果等内容。作者鲍勃·吉本斯（Bob Gibbons），英国自由摄影家和作家，为摄影报刊和其他杂志撰稿。合著有《弱光摄影》。作者彼得·威尔逊（Peter Wilson），英国医学领域的专业摄影家。合著《弱光摄影》。译者李孝贤（1923—　　），摄影艺术家。生于上海，中国摄影家协会《国际摄影》杂志编委，中国翻译工作者协会会员，中国摄影家协会会员。合译《弱光摄影》。

J0110227
傻瓜相机摄影技巧 韩丛耀编著
北京　金盾出版社　1999 年　44+313 页　有照片
19cm（小 32 开）ISBN：7-5082-0596-0
定价：CNY18.00

J0110228
山岳摄影技法 （日）中西俊明著；齐东明译
长春　吉林科学技术出版社　1999 年　191 页
有照片及图 21cm（32 开）ISBN：7-5384-1993-4
定价：CNY33.50
（图解摄影技法译丛）
　　本书由吉林科学技术出版社和中国建筑工业出版社联合出版。

J0110229
商业摄影创意与技巧 韩子善著
北京　中国工人出版社　1999 年　181 页　有照片
20cm（32 开）ISBN：7-5008-2251-0
定价：CNY12.00

J0110230
商业摄影技术 （专业人像商品摄影及灯光构成图解）雪岭文化编辑部编译
台北　雪岭文化事业公司　1999 年　152 页　有照片
30cm（10 开）ISBN：957-578-118-X
定价：TWD650.00
（Photo EQ　1）
　　本书内容为日本 35 位专业摄影讲师的专题论述。章节内容包括：光与色的变化、灯光的构成与光线的控制、人像摄影的灯光构成、人像摄影的灯光变化、静物摄影的灯光构成、从商品的摆设到灯光的组合、静物摄影的灯光变化等七大部分。

J0110231
少儿摄影三十六技 夏正达，潘锋编著
上海　上海辞书出版社　1999 年　103 页　17×19cm
ISBN：7-5326-0581-7　定价：CNY28.00

J0110232
摄影·篆刻·盆景制作 潘友根编写
海口　南海出版公司　1999 年　121 页
19cm（小 32 开）
（校园文化活动指导　8）
　　本书为校园文化活动指导丛书之一，主要介绍摄影器材和摄影技巧；篆刻、剪纸和泥塑；盆

景制作；插花等内容。

J0110233
摄影 ABC　　王建华编著
杭州　浙江摄影出版社　1999 年　152 页　有照片
20cm（32 开）ISBN：7-80536-654-3
定价：CNY30.00

J0110234
摄影的奥秘　（少儿摄影入门）思涵著
北京　中国电影出版社　1999 年　119 页　有照片
20cm（32 开）ISBN：7-106-01423-0
定价：CNY16.00

J0110235
摄影技巧 400 问　　王成槐，卢白子［编著］
石家庄　河北科学技术出版社　1999 年　16+356 页
有彩照　19cm（小 32 开）ISBN：7-5375-1911-0
定价：CNY13.00

J0110236
摄影技术要诀　（英）Lewsis, R. 著；黄晓辉等译
长沙　湖南文艺出版社　1999 年　72 页
19cm（小 32 开）ISBN：7-5404-2073-1
定价：CNY12.00
（101 好日子丛书）

J0110237
摄影解惑篇　（解答所有摄影问题　图集）
［R. 希克斯］Roger Hicks 编著；庄胜雄译
长沙　湖南科学技术出版社　1999 年　92 页
26cm（16 开）ISBN：7-5357-2547-3
定价：CNY29.80
（现代摄影百科 3）

J0110238
摄影失误 100 例　　谷威著
南京　江苏人民出版社　1999 年　121 页
20cm（32 开）ISBN：7-214-02620-1
定价：CNY9.00
（现代摄影技法百例丛书）

J0110239
摄影室与灯光　（灯光的控制与应用　图集）
（英）［R. 希克斯］（Roger Hicks）主编；庄胜雄译

长沙　湖南科学技术出版社　1999 年　92 页
26cm（16 开）ISBN：7-5357-2575-9
定价：CNY29.80
（现代摄影百科 8）

J0110240
摄影小经验与小窍门 333　　蔡林著
成都　四川科学技术出版社　1999—2000 年
296 页　有照片　19cm（32 开）定价：CNY17.50
（快速学摄影丛书 2）
　　作者蔡林（1948—　　），画家、摄影家、作家。
生于四川营山，中国人民解放军成都部队某部电
化教育中心副主任、高级工程师，中国摄影家协
会会员、四川省摄影家协会会员。出版有《摄影
大百科辞典》《新英汉摄影技术词典》《大学摄影
教材》。

J0110241
摄影新知识指南　　陈琳著
南京　江苏人民出版社　1999 年　256 页　有照片
19×17cm　ISBN：7-214-02403-9　定价：CNY20.00
（摄影丛书）

J0110242
摄影一周通　　朱正明等著
北京　农村读物出版社　1999 年　133 页　有照片
19cm（小 32 开）ISBN：7-5048-2902-1
定价：CNY12.00
（新编家庭生活实用书库）

J0110243
摄影疑难诊断室　（日）畠田冴子著；新形象
出版公司编辑部编译
台北　新形象出版公司　1999 年　143 页
有照片插图　21cm（32 开）ISBN：957-9679-57-6
定价：TWD500.00
（专业摄影系列 4）

J0110244
摄影艺术与技法　（1）张国清主编
重庆　重庆出版社　1999 年　125 页　有图
20cm（32 开）ISBN：7-5366-4247-4
定价：CNY7.00
（新世纪百科知识金典）

J0110245

摄影艺术与技法　（2）张国清主编
重庆　重庆出版社　1999年　180页　有照片
20cm（32开）ISBN：7-5366-4248-2
定价：CNY12.00
（新世纪百科知识金典）

J0110246

摄影知识　李振荣［著］
北京　解放军出版社　1999年　181页　有图
21cm（32开）ISBN：7-5065-3597-1
定价：CNY6.20
（军地两用知识丛书）

　　本书共分4个部分，分别是照相机的种类与
组成，感光材料的种类、性能及使用，摄影的基
本技术与摄影技巧，暗室技术。

J0110247

摄影指南全集　（用心做个生活摄影家）（英）
约翰·海巨格（John Hedgecoe）著；陈淑华译
哈尔滨　黑龙江美术出版社　1999年　223页
26cm（16开）ISBN：7-5318-0645-2
定价：CNY75.00
（海巨格摄影系列）

J0110248

摄影注意事项222　蔡林著
成都　四川科学技术出版社　1999年　重印本
14+326页　有照片　19cm（32开）
ISBN：7-5364-3746-3　定价：CNY15.40
（快速学摄影丛书　1）

J0110249

实用摄影技术指南　王琦著
北京　中国摄影出版社　1999年　264页　有照片
20cm（32开）ISBN：7-80007-312-2
定价：CNY25.00

　　本书分为：照相机与感光材料（包括照相机
的种类、镜头、滤光镜、照相机的使用等）、摄影
技术（包括调焦、景深、彩色摄影、摄影构图等）、
摄影门类（包括生活摄影、人像摄影、风光摄影
等）3部分。作者王琦（1955—　），河北保定人，
中国摄影家协会会员，四川省泸州医学院电教中
心从事摄影工作。

J0110250

室内静物摄影技巧　（美）加里·珀韦勒（Gary
Perweiler）著；杨乃卿、陈宇译
沈阳　辽宁美术出版社　1999年　111页
26cm（16开）ISBN：7-5314-2229-8
定价：CNY58.00
（美国摄影系列）

　　外文书名：Secrets of Studio Still Life Pho-
tography.

J0110251

水景摄影技法　（日）加藤庸二著；陈及辛等译
长春　吉林科学技术出版社　1999年　175页
有照片及图　21cm（32开）ISBN：7-5384-2051-7
定价：CNY31.50
（图解摄影技法译丛）

　　本书由吉林科学技术出版社和中国建筑工
业出版社联合出版。

J0110252

四季摄影　顾东升主编
南京　南京出版社　1999年　4册　有彩照及图
19cm（小32开）定价：CNY32.00（全4册）
（幸福家庭生活系列）

J0110253

四季摄影　（美）艾伦·罗卡奇（Allen Rokach），
（美）安妮·米尔曼（Anne Millman）著；应真箭译
杭州　浙江摄影出版社　1999年　127页
26cm（16开）ISBN：7-80536-569-5
定价：CNY70.00
（摄影现场指导系列）

J0110254

特殊摄影技术　江明宏编译
台南　信宏出版社　1999年　143页　有图照片
21cm（32开）ISBN：957-538-555-1
定价：TWD280.00
（摄影　3）

J0110255

特殊摄影效果　（拍出令人难忘的作品　图集）
［R.希克斯］Roger Hicks 编著；庄胜雄译
长沙　湖南科学技术出版社　1999年　92页
26cm（16开）ISBN：7-5357-2572-4

定价：CNY29.80
（现代摄影百科 11）

J0110256
体育摄影 唐禹民著
北京 中国摄影出版社 1999 年 166 页 有照片
20cm（32 开）ISBN：7–80007–305–X
定价：CNY18.00
　　本书是一部集摄影知识、体育知识融为一
体的知识性、趣味性的读物，它以个人实践中的
经验和教训为主线，阐述了体育摄影的功能、拍
摄方法、艺术创作等。作者唐禹民（1940—　　），
记者。出生于辽宁朝阳市。历任国家体育总
局中国体育杂志社摄影部主任，中国体育记者
协会理事，中国体育摄影学会副主席兼秘书长
等。著有《抹不掉的记忆》《体育摄影理论与实
践》等。

J0110257
图解摄影技法译丛
长春 吉林科学技术出版社 1999 年 8 册 有照
片及图 21cm（32 开）定价：CNY256.50（合计）
　　本书由吉林科学技术出版社和中国建筑工
业出版社联合出版。

J0110258
夏季摄影 李培林编著
南京 南京出版社 1999 年 121 页 有彩照及图
19cm（小 32 开）ISBN：7–80614–506–0
定价：CNY8.00
（幸福家庭生活系列 四季摄影）

J0110259
现代儿童摄影技巧 陈文襄编著
上海 上海科学技术文献出版社 1999 年 148 页
有照片 19×21cm ISBN：7–5439–1351–8
定价：CNY22.80

J0110260
现代老年人摄影技巧 包文灿编著
上海 上海科学技术文献出版社 1999 年 78 页
有照片 19×21cm ISBN：7–5439–1481–6
定价：CNY13.50

J0110261
现代摄影百科 （丛书）［R. 希克斯］Roger
Hicks 编著
长沙 湖南科学技术出版社 1999 年 12 册
26cm（16 开）

J0110262
相机与镜头 （实用的摄影技巧 图集）［R. 希
克斯］Roger Hicks 编著；庄胜雄译
长沙 湖南科学技术出版社 1999 年 92 页
26cm（16 开）ISBN：7–5357–2543–0
定价：CNY29.80
（现代摄影百科 1）
　　译者庄胜雄，著有《人像摄影：如何拍出神
韵与个性》《现代摄影百科（11）：特殊摄影效果》
《现代摄影百科 7 静物与近摄 探索微细世界》；
译有《摄影室与灯光》等。

J0110263
象征摄影 李江树著
杭州 浙江摄影出版社 1999 年 166 页 有照片
20cm（32 开）ISBN：7–80536–566–0
定价：CNY30.00
（摄影现代艺术丛书）

J0110264
写真诊断室 （日）畠田冴子著；江明宏编译
台南 大坤书局 1999 年 143 页 有彩照图
21cm（32 开）ISBN：957–538–576–4
定价：TWD250.00
（摄影 2）

J0110265
新编摄影入门 徐枫编著
成都 四川科学技术出版社 1999 年 24+256 页
有图 19cm（小 32 开）ISBN：7–5364–3993–8
定价：CNY14.00

J0110266
新潮摄影与拍摄技巧 许小平著
长春 吉林摄影出版社 1999 年 133 页 有图
19cm（小 32 开）ISBN：7–80606–276–9
定价：CNY11.60
（摄影技巧丛书）
　　作者许小平（1948—　　），摄影师。上海人。

历任上海摄影家协会理论会员、上海大学美术学院摄影系客座讲师和上海长宁区业大摄影系讲师。

J0110267
新闻摄影教程　　盛希贵编著
北京　中国人民大学出版社　1999 年　407 页
有照片　20cm（32 开）ISBN：7-300-02944-2
定价：CNY21.00

J0110268
新闻摄影学概论　　许必华主编
北京　新华出版社　1999 年　357 页　有照片
20cm（32 开）ISBN：7-5011-4549-0
定价：CNY25.00

J0110269
艺术作品拍摄技巧　　（美）谢尔登·柯林斯（Sheldan Collins）著；薛林，杨丽杰译
沈阳　辽宁美术出版社　1999 年　176 页　有图及照片　26cm（16 开）ISBN：7-5314-2263-8
定价：CNY58.00
（美国摄影系列）
　　外文书名：How to Photograph Works of Art.

J0110270
英国皇家艺术学院高等摄影教程　　（英）迈克尔·兰福德（Michael Langford）原著；李之聪等译
北京　中国摄影出版社　1999 年　300 页　有图
26cm（16 开）ISBN：7-80007-273-8
定价：CNY45.00
　　本书内容包括：业余摄影和专业摄影、镜头的选择、照相设备、胶片的类型和技术数据、感光材料如何起作用、照明的控制、影调控制、各种摄影器材、冲洗、彩色印放、摄影术的延伸、附录。

J0112452
影长画短五十年　　梁惠湘著；摄影之友杂志社编
广州　广东省摄影家协会　1999 年　342 页　有图照片　21cm（32 开）精装
　　作者梁惠湘（1930—　），摄影家。广东省摄影家协会名誉主席，广东省国际文化交流中心理事，广东华夏文化促进会理事。出版有《梁惠湘摄影文集》《梁惠湘黑白摄影作品展》《梁惠湘反转片摄影作品展》等。

J0110271
园林摄影　　（美）艾伦·罗卡奇（Allen Rokach），（美）安妮·米尔曼（Anne Millman）著；王之光译
杭州　浙江摄影出版社　1999 年　127 页
26cm（16 开）ISBN：7-80536-568-7
定价：CNY70.00
（摄影现场指导系列）

J0110272
运动与动感　　（捕捉精确的一刹那　图集）（英）[R. 希克斯]Roger Hicks 主编；庄胜雄译
长沙　湖南科学技术出版社　1999 年　92 页
26cm（16 开）ISBN：7-5357-2574-0
定价：CNY29.80
（现代摄影百科 9）

J0110273
照片摄影技法　　（日）安藤博著；房颖译
长春　吉林科学技术出版社　1999 年　175 页
21cm（32 开）ISBN：7-5384-2053-3
定价：CNY31.50
（图解摄影技法译丛）
　　本书由吉林科学技术出版社和中国建筑工业出版社联合出版。

J0110274
照相技术要诀　　[M. 朗弗尔德]Michael Langford 著；胡卫星等译
长沙　湖南文艺出版社　1999 年　72 页　有彩图
19cm（小 32 开）ISBN：7-5404-2077-4
定价：CNY12.00
（101 好日子丛书）

J0110275
中国广告摄影年鉴　　（1999）中国广告协会编
长沙　湖南美术出版社　1999 年　219 页　光盘 1 片
29cm（16 开）精装　ISBN：7-5356-1247-4
定价：CNY230.00
　　外文书名：China Advertising Photography Yearbook 1999.

J0110276
中学生学摄影　　杨伟华，韩世源著

北京 中国摄影出版社 1999 年 154 页
20cm（32 开）ISBN：7-80007-315-7
定价：CNY16.80

　　作者杨伟华（1964—　　），中国摄影家协会会
员。作者韩世源，中国摄影家协会会员，北京市
海淀区中学生摄影协会秘书长。

J0110277
抓住大地的生动　（实用风景摄影）（英）约
翰·海巨格（John Hedgecoe）著；陈淑华，水田工
作室译
哈尔滨 黑龙江美术出版社 1999 年 224 页
24cm（26 开）ISBN：7-5318-0566-9
定价：CNY75.00
（海巨格摄影系列）

　　本书分器材装备、摄影的操控、学会如何
看、构图、形成风景的自然因素、风景的元素六
部分，讲述风光摄影实用风景摄影。本书与建筑
情报杂志社合作出版。作者约翰·海巨格（John
Hedgecoe），英国伦敦皇家艺术学院摄影教授。

J0110278
专业人像摄影范例　于仲安主编
杭州 浙江摄影出版社 1999 年 75 页 29×29cm
精装 ISBN：7-80536-638-1 定价：CNY138.00

J0110279
专业摄影的奥秘　钟荣光著
台北 雄狮图书公司 1999 年 244 页
有照片 23×24cm ISBN：957-8980-86-8
定价：TWD800.00

J0110280
自动照相机摄影要领　蔡林著
成都 四川科学技术出版社 1999—2000 年
420 页 有照片 19cm（32 开）
（快速学摄影丛书 2）

中国摄影艺术作品

J0110281
中国摄影年鉴　（1958）中国摄影年鉴编辑委

员会编
北京 人民美术出版社 1958 年 影印本 126 页
25cm（小 16 开）精装 统一书号：8027.1359
定价：CNY6.00

J0110282
中国摄影年鉴　（1981—1983）《中国摄影年
鉴》编辑组编
北京 中国摄影出版社 1984 年 192 页
26cm（16 开）统一书号：8226.27

J0110283
中国摄影年鉴　（1984—1985）中国摄影年鉴
编辑组编
北京 中国摄影出版社 1987 年 163 页 有照片
19cm（32 开）

J0110284
中国摄影年鉴　（1988）中国摄影出版社编辑
香港 大道文化有限公司 1989 年 154 页
26cm（16 开）ISBN：7-80007-026-3

J0110285
第四届全国摄影艺术展览目录　中国摄影
学会主办
北京 中国摄影学会 1960 年 ［40］页 24cm（27开）

J0110286
丰收的喜悦　四川民族出版社美术编辑室摄
成都 四川民族出版社 1960 年 定价：CNY0.03

J0110287
歌唱丰收　魏德忠摄影
郑州 河南人民出版社 1960 年 ［1 张］
定价：CNY0.12

J0110288
苗族婚礼舞
北京 人民美术出版社 1960 年 定价：CNY0.12

J0110289
撒网　曹振云摄影
上海 上海人民美术出版社 1960 年
定价：CNY0.10

J0110290
山茶　程平林，费华摄影
上海　上海人民美术出版社　1960 年
定价: CNY0.10

J0110291
岁朝清供　（摄影集）平原摄影；费华插花
上海　上海人民美术出版社　1960 年
定价: CNY0.18

J0110292
幸福的牧民之家　四川民族出版社美术编辑
室摄
成都　四川民族出版社　1960 年　定价: CNY0.03

J0110293
幸福的童年　吉林画报社供稿
长春　吉林人民出版社　1960 年　定价: CNY0.06

J0110294
野生油菜变成宝　四川民族出版社美术编辑
室摄
成都　四川民族出版社　1960 年　定价: CNY0.03

J0110295
引洮河水上山　茹遂初摄
上海　上海人民美术出版社　1960 年
定价: CNY0.10
　　中国现代摄影集。

J0110296
瓜　江士宏摄
上海　上海人民美术出版社　1961 年［1 张］
定价: CNY0.18

J0110297
杨桃　黄永照摄
上海　上海人民美术出版社　1961 年［1 张］
定价: CNY0.18

J0110298
振羽　张宝玑摄
上海　上海人民美术出版社　1961 年［1 张］
定价: CNY0.18

J0110299
中国摄影艺术展览
香港　中国摄影艺术展览会［1962 年］有图
26cm（16 开）

J0110300
"跟我走！"　牛畏予摄
上海　上海人民美术出版社　1963 年　76cm（2 开）
定价: CNY0.18

J0110301
劳动带来的喜悦　张甸摄
沈阳　辽宁美术出版社　1963 年　54cm（4 开）
定价: CNY0.13
　　作者张甸（1930—　），摄影家。原名张殿宸，
生于河北昌黎，毕业于鲁迅文艺学院美术系。历
任东北画报社摄影组助理记者，辽宁画报社摄影
创作室主任，中国摄影家协会会员。作品有《声
震山河》《草原神鹰》《客人来到草原》。

J0110302
满载归来　田田摄
上海　上海人民美术出版社　1963 年　76cm（2 开）
定价: CNY0.18

J0110303
暖房里采番茄　陈卓志摄
上海　上海人民美术出版社　1963 年　76cm（2 开）
定价: CNY0.18

J0110304
我给娃娃做新衣　吴云龙摄
济南　山东人民出版社　1963 年　76cm（2 开）
定价: CNY0.18

J0110305
织鱼网　（中文、越南文对照版）柳成行摄
上海　上海人民美术出版社　1964 年［1 张］
76cm（2 开）

J0110306
织渔网　柳成行摄
上海　上海人民美术出版社　1963 年　76cm（2 开）
定价: CNY0.18, CNY0.50（精印镶边）

J0110307
朝阳沟　浙江人民美术出版社摄影
［杭州］浙江人民美术出版社 1964 年 4 张
53cm（4 开）定价：CNY0.30

J0110308
第 7 届全国摄影艺术展览作品选　上海人
民美术出版社编辑
上海 上海人民美术出版社 1965 年 10 张（套）
［15cm］（56 开）定价：CNY0.50

J0110309
高歌猛进的肃北蒙族自治县　甘肃民族出版
社编辑
［兰州］甘肃民族出版社 1965 年 12 张（套）
19cm（小 32 开）定价：CNY1.50
　　庆祝肃北蒙族自治县成立十五周年（1950—
1965）摄影作品。

J0110310
红管家　许鸿科编文；周淑丽摄影
郑州 河南人民出版社 1965 年 4 张 53cm（4 开）
定价：CNY0.30

J0110311
龙江颂　叶大开，蔡乃德摄影
福州 福建人民出版社 1965 年 76cm（2 开）
定价：CNY0.15

J0110312
前进中的天祝　甘肃民族出版社编辑
［兰州］甘肃民族出版社 1965 年 11 张（套）
19cm（小 32 开）
　　庆祝天祝藏族自治县成立十五周年（1950—
1965）摄影作品。

J0110313
上海　（中、英、法、西班牙文对照版）
上海 上海人民美术出版社 1965 年 12 张（套）
15cm（64 开）

J0110314
少年宫　（中、英、法、西班牙文对照版）
上海 上海人民美术出版社 1965 年 8 张（套）
15cm（40 开）

J0110315
天津
天津 天津美术出版社 1965 年 12 张（套）
13cm（64 开）定价：CNY0.96

J0110316
延安
［西安］长安美术出版社 1965 年 8 张（套）
15cm（64 开）定价：CNY0.48

J0110317
一颗红心　（剧照）小兵文，张修摄影
［太原］山西人民出版社 1965 年［1 张］
76cm（2 开）定价：CNY0.15

J0110318
"跃进"中的肃南　甘肃民族出版社编辑
［兰州］甘肃民族出版社 1965 年 11 张（套）
19cm（小 32 开）定价：CNY1.40
　　庆祝肃南裕固族自治县成立十周年（1954—
1964）摄影作品。

J0110319
在广阔的天地里　唐大柏摄
［长沙］湖南人民出版社 1965 年［1 张］
76cm（2 开）定价：CNY0.15

J0110320
北京站节日夜景　（中英文对照）铁道部展览
工作处摄影
［北京］人民铁道出版社 1966 年［1 张］
53cm（4 开）定价：CNY0.30

J0110321
北京站前景　（中英文对照）铁道部展览工作
处摄影
［北京］人民铁道出版社 1966 年［1 张］
76cm（2 开）定价：CNY0.30

J0110322
岭南好　广东画报社编
［广州］广东画报社 1966 年 38cm（6 开）

J0110323
农业学大寨　（彩色图片）

[北京] 农村读物出版社 1968 年 32 张
19cm（小 32 开）定价：CNY0.80

J0110324
伟大的导师　伟大的领袖　伟大的统帅
伟大的舵手　毛主席万岁！万岁！万万岁！
上海 上海人民美术出版社 1968 年 10 张
19cm（小 32 开）定价：CNY0.50

J0110325
提高警惕，保卫祖国！随时准备歼灭入侵
之敌！　人民画报社稿
[石家庄] 河北人民美术出版社 1970 年 [1 张]
107cm（全开）定价：CNY0.32

J0110326
"中国人民解放军美术、摄影作品展览"在
北京展出　（第 0667 号）新华社记者摄
[北京] 1972 年 1 幅 11×15cm 定价：CNY1.00

J0110327
红旗渠
[北京] 外文出版社 1972 年 12 张（套）
[17cm]（44 开）定价：CNY0.44
　　　中国现代摄影明信片。

J0110328
"独立自主，自力更生"伟大方针的凯歌
（国产"风庆"轮首航远洋胜利归来）陈春轩摄
上海 上海人民出版社 1974 年 [1 张] 39cm（8 开）

J0110329
上海郊区一瞥　尹福康，张祖林摄
上海 上海人民美术出版社 1974 年 [1 张] 54cm（4 开）
定价：CNY0.26
　　　作者尹福康（1927—　），摄影家。江苏南京
人。曾任上海人民美术出版社副编审、上海市摄
影家协会副主席等职。主要作品有《烟笼峰岩》
《向荒山要宝》《晒盐》《工人新村》等。

J0110330
胜利的颂歌——上海市第五届运动会团体
操红五星组图　郭仁仪摄
上海 上海人民出版社 1974 年 [1 张] 39cm（8 开）
定价：CNY0.13

J0110331
团结起来，争取更大胜利　薛斌摄
北京 人民美术出版社 1974 年 108cm（全开）
定价：CNY0.28

J0110332
团结起来，争取更大胜利　薛斌摄
天津 天津人民美术出版社 1974 年 [1 张]
108cm（全开）定价：CNY0.28

J0110333
团结起来，争取更大胜利　（胶印轴画）薛斌摄
天津 天津杨柳青画店 1974 年 [1 轴]
定价：CNY0.28

J0110334
勇往直前　谢永一摄
上海 上海人民出版社 1974 年 [1 张] 39cm（8 开）
定价：CNY0.13

J0110335
油菜花开　姜长庚摄
上海 上海人民出版社 1974 年 [1 张] 39cm（8 开）
定价：CNY0.13

J0110336
蒸蒸日上的大庆油田　张峻摄
上海 上海人民出版社 1974 年 [1 张] 39cm（8 开）
定价：CNY0.13

J0110337
大寨河山重安排　李安保摄
北京 人民美术出版社 1975 年 53cm（4 开）
定价：CNY0.20

J0110338
地下长城　何作摄
北京 人民美术出版社 1975 年 53cm（4 开）
定价：CNY0.20

J0110339
电影到瑶寨　邵文摄
北京 人民美术出版社 1975 年 53cm（4 开）
定价：CNY0.20

J0110340
广阔天地大有作为　1975 年秋季中国出口商
品交易会编
广州 1975 年秋季中国出口商品交易会 1975 年
有图 17×18cm

J0110341
伙伴　伍振超摄
上海 上海人民出版社 1975 年 38cm（6 开）
定价：CNY0.13
　　中国现代摄影作品，选自《南海诸岛之
一——西沙群岛摄影展览》。

J0110342
家禽饲养　任诗吟摄
北京 人民美术出版社 1975 年 53cm（4 开）
定价：CNY0.20

J0110343
绿洲长渠　林梦星摄
北京 人民美术出版社 1975 年 76cm（2 开）
定价：CNY0.20

J0110344
美术摄影创作学习材料　中共宁德地委宣传
组编
宁德［福建］中共宁德地委宣传组 1975 年
83 页 19cm（32 开）

J0110345
全国各族人民大团结万岁！　薛斌摄
上海 上海人民出版社 1975 年 76cm（2 开）
定价：CNY0.11

J0110346
飒爽英姿　（四条屏）章械华摄；聪聪配诗
［石家庄］河北人民出版社 1975 年 2 张
76cm（2 开）定价：CNY0.28

J0110347
团结起来，争取更大的胜利！　薛斌摄
北京 人民美术出版社 1975 年 53cm（4 开）
定价：CNY0.20

J0110348
西沙雄鹰　任明福摄
上海 上海人民出版社 1975 年 38cm（6 开）
定价：CNY0.13
　　中国现代摄影作品，选自《南海诸岛之
一——西沙群岛摄影展览》。

J0110349
胸怀凌云志　黄旄整摄
上海 上海人民出版社 1975 年 53cm（4 开）
定价：CNY0.13
　　中国现代摄影作品，选自《南海诸岛之
一——西沙群岛摄影展览》。

J0110350
一代新人　韩三当摄
北京 人民美术出版社 1975 年 53cm（4 开）
定价：CNY0.20

J0110351
渔村新医　彭玉璋摄
北京 人民美术出版社 1975 年 76cm（2 开）
定价：CNY0.14

J0110352
在高压过江塔上　牛畏予摄
北京 人民美术出版社 1975 年 53cm（4 开）
定价：CNY0.20

J0110353
金色的田野　浙江人民出版社摄影
杭州 浙江人民出版社 1976 年 1 张 76cm（2 开）
定价：CNY0.14

J0110354
我们衷心爱戴领袖华主席　上海人民出版社摄
上海 上海人民出版社 1976 年 1 张 76cm（2 开）
定价：CNY0.14

J0110355
幸福的回忆　俞颐申，应富棠摄
上海 上海人民出版社 1976 年 1 张 76cm（2 开）
定价：CNY0.14

J0110356

学习理论　返修防修　韩守智摄

北京　人民美术出版社　1976 年　1 张　76cm（2 开）

定价：CNY0.14

J0110357

各族人民的共同心愿　刘励中摄

济南　山东人民出版社　1977 年　76cm（2 开）

定价：CNY0.14

J0110358

刘家峡水电站　（图片集）水利电力部第四工程局编

北京　人民美术出版社　1977 年　81 页　21cm（32 开）

定价：CNY2.40

　　本书为甘肃省临夏回族自治州永靖县水力发电站摄影选集。

J0110359

热烈拥护华主席　衷心爱戴华主席　池一平摄

杭州　浙江人民出版社　1977 年　76cm（2 开）

定价：CNY0.14

J0110360

主课　王秀伟摄

长沙　湖南人民出版社　1977 年　76cm（2 开）

定价：CNY0.11

J0110361

蝶恋花　纪梅摄

石家庄　河北人民出版社　1978 年　2 张（套）76cm（2 开）定价：CNY0.28

J0110362

中国人民解放军摄影作品选集

上海　中国人民解放军总政治部［1978 年］131 页　有照片　30cm（10 开）精装

J0110363

万紫千红处处春　浙江人民出版社摄影

杭州　浙江人民出版社　1979 年［1 张］76cm（2 开）

定价：CNY0.14

J0110364

笑一笑　曾宪阳摄

贵阳　贵州人民出版社　1979 年［1 张］53cm（4 开）

定价：CNY0.18

　　中国风光摄影作品。作者曾宪阳（1940— ），漫画家。贵州贵阳人。曾任贵州省美术出版社副总编辑，贵州省漫画研究会副会长。主要作品有《昨天我发薪》《乱弹琴》《三思而后行》等。

J0110365

胭脂　（剧照）池一平等摄影；双戈，魏峨配诗

杭州　浙江人民出版社　1979 年　2 张　76cm（2 开）

定价：CNY0.28

J0110366

雏凤凌空　张祖道摄

石家庄　河北人民出版社　1980 年　2 张　76cm（2 开）

定价：CNY0.32

　　作者张祖道（1922— ），纪实摄影家。生于湖南浏阳，就读与西南联大社会学系，毕业于清华大学社会学系。历任《新观察》杂志摄影记者，中国摄影家协会理事，出版有《江村纪事》。

J0110367

春草闯堂　汪文华等摄

南京　江苏人民出版社　1980 年　4 张　53cm（4 开）

定价：CNY0.36

J0110368

火焰山　池一平，钱豫强摄影；顾锡东等配诗

杭州　浙江人民美术出版社　1980 年　4 张　76cm（2 开）定价：CNY0.64

　　作者钱豫强（1944— ），浙江嘉善人，历任浙江美术出版社副编审，浙江赛丽美术馆执行馆长。

J0110369

巾帼英雄　王世龙，朱广智摄

郑州　河南人民出版社　1980 年　2 张　76cm（2 开）

定价：CNY0.36

　　作者王世龙（1930— ），摄影家。河南平舆人，曾用名于一。曾任中国人民解放军报随军摄影记者，河南新乡日报社摄影美术组长，河南日报社摄影记者，河南人民出版社摄影编辑、编辑室主任、编审委员等职。中国摄影家协会常务

理事。作品有《秋收完毕》《山里俏》《山村在欢唱》等。

J0110370
卖水　纪梅摄
石家庄　河北人民出版社　1980 年［1］张
76cm（2 开）定价：CNY0.14

J0110371
文成公主　周仓志摄
南京　江苏人民出版社　1980 年　4 张 53cm（4 开）
定价：CNY0.36
　　　作者周仓志，摄影连环画有《李太白与杨贵妃》，黄梅戏《女驸马》四连拍，锡剧《嫦娥奔月》等。

J0110372
谢瑶环　池一平，钱豫强摄影；胡汝慧配诗
杭州　浙江人民美术出版社　1980 年　2 张
76cm（2 开）定价：CNY0.32

J0110373
杨门女将　（剧照）钟文编；新华社记者摄
北京　宝文堂书店　1981 年　2 张 76cm（2 开）
定价：CNY0.26

J0110374
紫禁城帝后生活　（1644—1911）故宫博物院，中国旅游出版社编
北京　中国旅游出版社　1981 年　121 页
25cm（小 16 开）定价：CNY23.00

J0110375
祖国的花朵　尹福康摄
上海　上海人民美术出版社　1981 年［1 张］
76cm（2 开）定价：CNY0.16
　　　作者尹福康（1927—　），摄影家。江苏南京人。曾任上海人民美术出版社副编审、上海市摄影家协会副主席等职。主要作品有《烟笼峰岩》《向荒山要宝》《晒盐》《工人新村》等。

J0110376
百花赠剑　刘震，张煜摄影
天津　天津杨柳青画店　1982 年　76cm（2 开）
定价：CNY0.16

J0110377
宝莲灯　（胶印画轴）刘震，张煜摄影
天津　天津杨柳青画店　1982 年　4 张　78cm（2 开）
定价：CNY1.20

J0110378
宝莲灯　刘震，张煜摄影
天津　天津杨柳青画社　1982 年　76cm（2 开）
定价：CNY0.16

J0110379
钗头凤　刘震，张煜摄影
天津　天津杨柳青画店　1982 年　76cm（2 开）
定价：CNY0.16

J0110380
沉香扇　刘震，张煜摄影
天津　天津杨柳青画店　1982 年　1 张　76cm（2 开）
定价：CNY0.16

J0110381
吹箫引凤　刘震，张煜摄影
天津　天津杨柳青画店　1982 年　76cm（2 开）
定价：CNY0.16

J0110382
春草闯堂　刘震，张煜摄影
天津　天津杨柳青画社　1982 年　76cm（2 开）
定价：CNY0.16

J0110383
春游　刘震，张煜摄影
天津　天津杨柳青画店　1982 年　76cm（2 开）
定价：CNY0.16

J0110384
崔护求浆　刘震，张煜摄影
天津　天津杨柳青画店　1982 年　76cm（2 开）
定价：CNY0.16

J0110385
翠华姑娘　郭佑民，陌生摄影；敬少文配诗
西安　陕西人民美术出版社　1982 年　2 张
76cm（2 开）定价：CNY0.36

J0110386

挡马　刘震，张煜摄影

天津 天津杨柳青画店 1982年［1张］76cm（2开）

定价：CNY0.16

J0110387

对花枪　费文麓等摄影；何凌云编文

北京 中国戏剧出版社 1982年 2张 76cm（2开）

定价：CNY0.32

J0110388

二度梅　池一平摄影；洪毅配词

杭州 浙江人民美术出版社 1982年 76cm（2开）

定价：CNY0.32

J0110389

飞天　（1983年年历）石如摄影

杭州 浙江人民美术出版社 1982年 54cm（4开）

定价：CNY0.19

J0110390

郭暧和金枝　杨如鑫，杨永明摄影

郑州 中州书画社 1982年 76cm（2开）

定价：CNY0.18

　　作者杨永明，云南保山人。曾任德宏州摄影家协会理事、中国橡树摄影网会员。主要作品有《传授》《泼水欢歌》《春眠不觉晓》《相聚喊沙》等。

J0112575

回杯记　刘震，张煜摄影

天津 天津杨柳青画社 1982年 76cm（2开）

定价：CNY0.16

J0110391

火凤凰　高国强摄影

南京 江苏人民出版社 1982年 76cm（2开）

定价：CNY0.18

J0110392

蕉帕记　池一平摄影；洪毅配词

杭州 浙江人民美术出版社 1982年 2张 76cm（2开）定价：CNY0.32

J0110393

节日　靳依摄

太原 山西人民出版社 1982年 76cm（2开）

定价：CNY0.18

J0110394

借当　刘震，张煜摄影

天津 天津杨柳青画社 1982年 76cm（2开）

定价：CNY0.18

J0110395

兰亭会　池一平摄影；方海如配词

杭州 浙江人民美术出版社 1982年 2张 76cm（2开）定价：CNY0.32

J0110396

罗帕记　骆仲琦摄影

天津 天津人民美术出版社 1982年 2张 76cm（2开）定价：CNY0.36

J0110397

吕布和貂蝉　方辉摄影

济南 山东人民出版社 1982年 76cm（2开）

定价：CNY0.16

J0110398

马娘娘　周仓志摄影

天津 天津人民美术出版社 1982年 2张 76cm（2开）定价：CNY0.36

J0110399

巧遇徐文秀　刘震，张煜摄影

天津 天津杨柳青画社 1982年 76cm（2开）

定价：CNY0.16

　　作者张煜（1963—　　），国家二级美术师。字文染，号八公山人，三痴斋主，安徽寿县人。历任中国美术家协会会员，中国书法家协会会员，安徽省直机关书画家协会创作部主任，安徽省青年书法家协会常务理事，安徽省青年美术家协会理事，安徽省书画院特聘画家、合肥市美术家协会理事，合肥市书画院专职画家。作品《清凉世界》《醉彩浓墨写秋山》《万壑泉声松外去》等。代表作品有《张煜水墨画集》。

J0110400

三打陶三春　张祖道摄影

天津　天津人民美术出版社　1982 年　76cm（2 开）

定价：CNY0.36

　　作者张祖道（1922—　），纪实摄影家。生于湖南浏阳，就读与西南联大社会学系，毕业于清华大学社会学系。历任《新观察》杂志摄影记者，中国摄影家协会理事，出版有《江村纪事》。

J0110401

三关点帅　马明俊，顾棣摄影；梁枫编文

太原　山西人民出版社　1982 年　2 张　76cm（2 开）

定价：CNY0.36

　　作者顾棣（1929—　），摄影家。生于河北阜平。《山西画报》原总编辑、山西省摄影家协会原副主席。合作编著的图书有《中国解放区摄影史料》《崇高美的历史再现》《中国摄影史》《沙飞纪念集》等。

J0110402

三堂会审　费文麓，王秉龙摄影

北京　中国戏剧出版社　1982 年　76cm（2 开）

定价：CNY0.13

　　作者王秉龙（1943—　），生于山西祁县。中国戏剧家协会会员，北京美术家协会会员。擅长楷书、魏碑、行书。出版《科学发明家故事》《明史演义》等多部连环画册；改编拍摄并出版了几百种传统戏曲年画，被称为中国戏曲年画摄影第一人。

J0110403

叔侄对枪　费文麓，王秉文摄影

北京　中国戏剧出版社　1982 年　1 张　76cm（2 开）

定价：CNY0.13

J0110404

王昭君　刘震，张煜摄影

天津　天津杨柳青画社　1982 年　1 张　76cm（2 开）

定价：CNY0.16

J0110405

文成公主　刘震，张煜摄影

天津　天津杨柳青画店　1982 年　1 张　76cm（2 开）

定价：CNY0.16

J0110406

喜上眉梢　刘震，张煜摄影

天津　天津杨柳青画店　1982 年　1 张　76cm（2 开）

定价：CNY0.16

J0110407

笑一个　刘震，张煜摄影

天津　天津杨柳青画店　1982 年　1 张　76cm（2 开）

定价：CNY0.16

J0110408

徐九经升官记　池一平摄影；魏峨配词

杭州　浙江人民美术出版社　1982 年　2 张　76cm（2 开）定价：CNY0.32

J0110409

夜宿华亭　刘震，张煜摄影

天津　天津杨柳青画店　1982 年　1 张　76cm（2 开）

定价：CNY0.16

J0110410

一娃好　刘震，张煜摄影

天津　天津杨柳青画社　1982 年　1 张　76cm（2 开）

定价：CNY0.16

J0110411

游园　费文麓，王辉摄影

北京　中国戏剧出版社　1982 年　76cm（2 开）

定价：CNY0.13

J0110412

有趣的书　靳依摄影

太原　山西人民出版社　1982 年　76cm（2 开）

定价：CNY0.18

J0110413

玉娥赏春　梁祖宏摄影

北京　中国戏剧出版社　1982 年　76cm（2 开）

定价：CNY0.13

J0110414

云中落绣鞋　刘震，张煜摄影

天津　天津杨柳青画社　1982 年　76cm（2 开）

定价：CNY0.16

J0110415

云中落绣鞋　池一平，钱豫强摄影；方海如配词
杭州　浙江人民美术出版社　1982 年　2 张
76cm（2 开）定价：CNY0.32

J0110416

正气歌　马欣来编文；费文麓，王秉龙摄影
北京　中国戏剧出版社　1982 年　2 张　76cm（2 开）
定价：CNY0.32

　　作者王秉龙（1943— ），生于山西祁县。中国戏剧家协会会员，北京美术家协会会员。擅长楷书、魏碑、行书。出版《科学发明家故事》《明史演义》等多部连环画册；改编拍摄并出版了几百种传统戏曲年画，被称为中国戏曲年画摄影第一人。

J0110417

状元打更　刘震，张煜摄影
天津　天津杨柳青画社　1982 年　76cm（2 开）
定价：CNY0.16

　　作者张煜（1963— ），国家二级美术师。字文染，号八公山人，三痴斋主，安徽寿县人。历任中国美术家协会会员，中国书法家协会会员，安徽省直机关书画家协会创作部主任，安徽省青年书法家协会常务理事，安徽省青年美术家协会理事，安徽省书画院特聘画家、合肥市美术家协会理事，合肥市书画院专职画家。作品《清凉世界》《醉彩浓墨写秋山》《万壑泉声松外去》等。代表作品有《张煜水墨画集》。

J0110418

百花赠剑　张朝玺摄
天津　天津人民美术出版社　1983 年　76cm（2 开）
定价：CNY0.18

J0110419

北京天坛祈年殿　白亮摄影
北京　中国旅游出版社　1983 年［1 张］76cm（2 开）
定价：CNY0.30

J0110420

采莲乐　尹福康摄影
上海　上海人民美术出版社　1983 年［1 张］
76cm（2 开）定价：CNY0.16

　　作者尹福康（1927— ），摄影家。江苏南京人。曾任上海人民美术出版社副编审、上海市摄影家协会副主席等职。主要作品有《烟笼峰岩》《向荒山要宝》《晒盐》《工人新村》等。

J0110421

陈英卖水　张朝玺，董岩青摄
天津　天津人民美术出版社　1983 年　76cm（2 开）
定价：CNY0.18

J0110422

春红引路　梁祖宏摄
北京　中国戏剧出版社　1983 年　76cm（2 开）
定价：CNY0.13

J0110423

大闹天宫　费文麓摄
北京　中国戏剧出版社　1983 年　76cm（2 开）
定价：CNY0.13

J0110424

大众电影画刊　《大众电影》编辑部编辑
北京　中国电影出版社　1983 年　22cm（32 开）
统一书号：8061.2207 定价：CNY0.40

J0110425

挡马　张朝玺，董岩青摄
天津　天津人民美术出版社　1983 年［1 张］
76cm（2 开）定价：CNY0.18

J0110426

东海人鱼　（1-4）池一平，天鹰摄；张付吉配词
杭州　浙江人民美术出版社　1983 年　2 张
76cm（2 开）定价：CNY0.32

J0110427

樊江关　纪梅摄
石家庄　河北美术出版社　1983 年　76cm（2 开）
定价：CNY0.16

J0110428

丰收的喜悦　陈春轩，封云清摄影
上海　上海人民美术出版社　1983 年［1 张］
76cm（2 开）定价：CNY0.16

J0110429

桂枝新婚待夫妇　　费文麓摄
北京　中国戏剧出版社　1983 年　76cm（2 开）
定价：CNY0.13

J0110430

国防科研结硕果　　（建设现代化、正规化的革命军队之四）解放军画报社编辑
北京　长城出版社［1983 年］［1 张］76cm（2 开）
定价：CNY0.19

J0110431

海军气吞千重浪　　（建设现代化正规化的革命军队之三）解放军画报社编辑
北京　长城出版社［1983 年］［1 张］76cm（2 开）
定价：CNY0.19

J0110432

何文秀　　中定，徐彬摄
杭州　西泠印社　1983 年　2 张　76cm（2 开）
定价：CNY0.32

J0110433

贾宝玉在怡红院　　高国强摄
南宁　江苏人民出版社　1983 年　76cm（2 开）
定价：CNY0.18

J0110434

节日欢舞　　谢新发摄影
上海　上海人民美术出版社　1983 年［1 张］
76cm（2 开）定价：CNY0.16

J0110435

金鱼　　连广摄影
成都　四川人民出版社　1983 年［1 张］
76cm（2 开）定价：CNY0.32

J0110436

金枝玉叶　　（1-4）池一平摄；魏峨配词
杭州　浙江人民美术出版社　1983 年　2 张
76cm（2 开）定价：CNY0.32

J0110437

静心幽趣　　牛嵩林摄影
天津　天津杨柳青画社　1983 年［1 张］
76cm（2 开）定价：CNY0.18

　　本摄影作品表现了我国人民幽静和谐的生活。作者牛嵩林（1925—　　），记者、摄影师。大连庄河市人。历任解放军报社高级记者，中国旅游出版社编辑室主任，中国摄影家协会会员，中国老摄影家协会理事。20 世纪 50 年代至 70 年代，曾担任中央国事采访工作，作品有《伟人的瞬间画册》《周恩来总理纪念册》《民兵画册》《领袖风采》《共和国十大将》等画册。

J0110438

军民共建文明村　　费文麓摄影
北京　中国戏剧出版社　1983 年［1 张］
76cm（2 开）定价：CNY0.13

J0110439

喀什阿帕霍加墓　　冯斐摄影
乌鲁木齐　新疆人民出版社　1983 年［1 张］
53cm（4 开）定价：CNY0.30

J0110440

空军壮志震长空　　（建设现代化正规化的革命军队之三）解放军画报社编辑
北京　长城出版社［1983 年］［1 张］
76cm（2 开）定价：CNY0.19

J0110441

老战士摄影
沈阳　辽宁美术出版社　1983 年［211］页
27cm（16 开）精装　统一书号：8161.0203
定价：CNY20.00
　　本摄影集是从 1982 年在北京举办的老战士摄影作品展览会展出的作品中选编的。

J0110442

琳琅珠玉
乌鲁木齐　新疆人民出版社　1983 年［1 张］
53cm（4 开）定价：CNY0.20

J0110443

刘海　　（一～四）池一平摄影；江炳耀配词
杭州　浙江人民美术出版社　1983 年　2 张
76cm（2 开）定价：CNY0.32

J0110444
刘海戏金蟾　晓庄等摄
南京　江苏人民出版社　1983年　2张　76cm（2开）
定价：CNY0.36

J0110445
陆军豪情撼河山　（建设现代化正规化的革命军队之一）解放军画报社编辑
北京　长城出版社［1983年］［1张］
76cm（2开）定价：CNY0.19

J0110446
牡丹亭　刘效伟，方源生摄；张齐文
南昌　江西人民出版社［1983年］2张
76cm（2开）定价：CNY0.36

J0110447
哪吒大战乾元山　刘震，张煜摄
天津　天津杨柳青画店　1983年　76cm（2开）
定价：CNY0.16

J0110448
哪吒闹海　张朝玺等摄
天津　天津人民美术出版社　1983年　76cm（2开）
定价：CNY0.18

J0110449
鸟兽虫鱼　张亚生等摄影
南京　江苏科学技术出版社　1983年　2张
76cm（2开）定价：CNY0.36

J0110450
牛皋招亲　刘震，张煜摄
天津　天津杨柳青画店　1983年　76cm（2开）
定价：CNY0.16

J0110451
七仙女送子　骆仲琦摄；韩洪文
天津　天津人民美术出版社　1983年　2张
76cm（2开）定价：CNY0.36

J0110452
棋盘山　刘震，张煜摄
天津　天津杨柳青画店　1983年　76cm（2开）
定价：CNY0.16

J0110453
敲起鼓来唱起歌　陈振戈摄影
北京　人民美术出版社　1983年［1张］
76cm（2开）定价：CNY0.16
　　本摄影作品表现了我国人民活泼生动的工作生活。

J0110454
巧理千家事　陈宝生摄影
西安　陕西人民美术出版社　1983年［1张］
76cm（2开）定价：CNY0.16
　　人物摄影作品。作者陈宝生（1939—　），摄影家。山西吕梁人。中国摄影家协会会员，中国书法家协会会员，陕西省榆林地区文联副主席，榆林地区摄影家协会主席。先后出版有《塞上风光》《长城内外》《无定河》等9部图集和《陈宝生摄影作品集》及《摄影家与实践》理论专著。代表作《农家乐》《黄土魂》《大河号子》等。

J0110455
青春之歌　（一～四）雷生等摄
南宁　漓江出版社　1983年　2张　76cm（2开）
定价：CNY0.32

J0110456
晴雯补裘　高国强摄
南京　江苏人民出版社　1983年　53cm（4开）
定价：CNY0.10

J0110457
晴雯撕扇　高国强摄
南京　江苏人民出版社　1983年　53cm（4开）
定价：CNY0.10

J0110458
赏菊　驰古摄
北京　人民美术出版社　1983年［1张］
76cm（2开）定价：CNY0.16

J0110459
是我错　史元编文摄影
南昌　江西人民出版社［1983年］2张
76cm（2开）定价：CNY0.36

J0110460
寿翁献桃　陈春轩摄影
上海　上海人民美术出版社 1983 年［1 张］
53cm（4 开）定价：CNY0.28
　　作者陈春轩（1906—1993），闽剧表演艺术
家。福建闽侯县人。艺名嘉滨弟。曾任福州市
实验闽剧团副团长。中国剧协会员。演出主要
剧目有《八大锤》《长坂坡》《独木关》等。

J0110461
苏六娘　张朝玺，董岩青摄
天津　天津人民美术出版社 1983 年　1 幅
76cm（2 开）定价：CNY0.18

J0110462
唐明皇与杨贵妃　刘震，张煜摄
天津　天津杨柳青画店 1983 年　1 张　76cm（2 开）
定价：CNY0.16

J0110463
挑女婿　张朝玺，董岩青摄
天津　天津人民美术出版社 1983 年　1 张
76cm（2 开）定价：CNY0.18

J0110464
文成公主　杨克林，丁定摄
成都　四川人民出版社 1983 年　1 张　76cm（2 开）
定价：CNY0.16

J0110465
我国历史文化名城　（一）张颖，丁定等摄影
上海　上海人民美术出版社 1983 年［1 张］
76cm（2 开）定价：CNY0.16
　　城市建筑摄影作品。

J0110466
五虎将　庄生摄
南京　江苏人民出版社 1983 年　5 张　78cm（2 开）
定价：CNY0.30

J0110467
武术集锦　农雨摄影
成都　四川人民出版社 1983 年［1 张］
76cm（2 开）定价：CNY0.16

J0110468
西施　方晖摄
济南　山东人民出版社 1983 年　1 张　76cm（2 开）
定价：CNY0.16

J0110469
喜临门　刘震摄
呼和浩特　内蒙古人民出版社 1983 年　1 张
76cm（2 开）定价：CNY0.18

J0110470
喜堂偷看如意郎　梁祖宏摄
北京　中国戏剧出版社 1983 年　1 张　76cm（2 开）
定价：CNY0.13

J0110471
喜相逢　晓庄，亚生摄
南京　江苏人民出版社 1983 年　1 张　76cm（2 开）
定价：CNY0.13

J0110472
香罗带　池一平，郭一清摄；王信厚配词
杭州　浙江人民美术出版社 1983 年　2 张
76cm（2 开）定价：CNY0.32

J0110473
萧姐与秀诗　方晖摄
济南　山东人民出版社 1983 年　1 张　76cm（2 开）
定价：CNY0.16

J0110474
小小马戏团　亚生等摄
南京　江苏人民出版社 1983 年　2 张　76cm（2 开）
定价：CNY0.36

J0110475
校园之中育桃李　费文麓摄
北京　中国戏剧出版社 1983 年　1 张　76cm（2 开）
定价：CNY0.13

J0110476
绣花　范岐山摄影
太原　山西人民出版社 1983 年［1 张］
76cm（2 开）定价：CNY0.18

J0110477

雪梅商霖诉衷情 费文麓摄

北京 中国戏剧出版社 1983 年 1 张 76cm（2 开）

J0110478

阳光下 刘震，张煜摄影

天津 天津杨柳青画店 1983 年［1 张］

76cm（2 开）定价：CNY0.16

J0110479

莺歌燕舞 （一）苏晓，张耿摄

福州 福建人民出版社 1983 年 76cm（2 开）

定价：CNY0.20

J0110480

莺歌燕舞 （二）苏晓，张耿摄

福州 福建人民出版社 1983 年 76cm（2 开）

定价：CNY0.20

J0110481

游园 张朝玺，董岩青摄

天津 天津人民美术出版社 1983 年 76cm（2 开）

定价：CNY0.18

J0110482

玉笛情 费文麓摄

北京 中国戏剧出版社 1983 年 76cm（2 开）

定价：CNY0.13

J0110483

中国园林 （一）晓庄等摄影；杭志忠编文

上海 上海人民美术出版社 1983 年［1 张］

76cm（2 开）定价：CNY0.16

J0110484

钟高娘娘 （1-4）池一平，郭一清摄；张蔚龙

配词

杭州 浙江人民美术出版社 1983 年 2 张

76cm（2 开）定价：CNY0.32

J0110485

遍地黄花 牛嵩林摄影

天津 天津杨柳青画社 1984 年 76cm（2 开）

定价：CNY0.40（铜版纸），CNY0.18（胶版纸）

　　作者牛嵩林（1925— ），记者、摄影师。大

连庄河市人。历任解放军报社高级记者，中国旅游出版社编辑室主任，中国摄影家协会会员，中国老摄影家协会理事。20 世纪 50 年代至 70 年代，曾担任中央国事采访工作，作品有《伟人的瞬间画册》《周恩来总理纪念册》《民兵画册》《领袖风采》《共和国十大将》等画册。

J0110486

春江月 中定，徐彬摄影

杭州 西泠印社 1984 年 2 张 76cm（2 开）

定价：CNY0.32

J0110487

芙蓉出水 钟向东摄

南京 江苏美术出版社 1984 年 76cm（2 开）

定价：CNY0.18

　　作者钟向东（1944— ），画家。别名钟兴、号高联居士，江西兴国长岗人。毕业于赣南师范学院艺术系及中国书画函授大学国画专业。历任江西省美术家协会会员、漫画学会理事、工艺美术学会会员、摄影家协会会员、赣南画院美术事业部主任、特聘画家、赣州市中山书画院特聘画师。主要作品有《郁孤台》《现代风》《希望之星》《考察报告》等。

J0110488

观灯 葛立英摄影

济南 山东美术出版社 1984 年 76cm（2 开）

定价：CNY0.16

J0110489

海姑 程兴怀摄影

济南 山东美术出版社 1984 年 76cm（2 开）

定价：CNY0.16

J0110490

猴王出世 （一～四）池一平摄影；贝庚配词

杭州 浙江人民美术出版社 1984 年 2 张

76cm（2 开）定价：CNY0.32

J0110491

蛟龙扇 （一～四）池一平，郭阿根摄影；张明

配词

杭州 浙江人民美术出版社 1984 年 2 张

76cm（2 开）定价：CNY0.32

J0110492
姐妹情　兆新，基中摄影
南京　江苏美术出版社　1984 年　76cm（2 开）
定价：CNY0.18

J0110493
李天保娶亲　葛庆亚摄影
郑州　河南人民出版社　1984 年　2 张　76cm（2 开）
定价：CNY0.36

J0110494
刘海戏金蟾　佟文军，吴洪生摄影
长沙　湖南美术出版社　1984 年　2 张　76cm（2 开）
定价：CNY0.32

J0110495
龙跃云霄　老永煊摄影
广州　岭南美术出版社　1984 年　76cm（2 开）
定价：CNY0.45

J0110496
梅花梦　（一～四）天鹰，兆欣摄影；徐建光配词
杭州　浙江人民美术出版社　1984 年　2 张
76cm（2 开）定价：CNY0.32

J0110497
牡丹颂　钱万里摄影；陈叔亮书
长沙　湖南美术出版社　1984 年　54cm（4 开）
定价：CNY0.20
　　作者陈叔亮（1901—1991），工艺美术教育家、书画家。浙江黄岩人，名寿颐。毕业于上海美术专科学校。曾在延安鲁迅艺术学院任教，历任华东文化部艺术处副处长、中央工艺美术学院院长、中国美术家协会理事、中国书法家协会副主席。有剪纸艺术专著《窗花》《新美术运动及其他》。

J0110498
穆桂英大破天门阵　刘震，张煜摄影
天津　天津杨柳青画社　1984 年　76cm（2 开）
定价：CNY0.18

J0110499
鸟语花香　钱万里摄影
西安　陕西人民美术出版社　1984 年　2 张
76cm（2 开）定价：CNY0.36

J0110500
群芳竞艳　（一～四）钱豫强等摄影
杭州　浙江人民美术出版社　1984 年　76cm（2 开）
定价：CNY0.32
　　作者钱豫强（1944— ），浙江嘉善人，历任浙江美术出版社副编审，浙江赛丽美术馆执行馆长。

J0110501
群芳争妍　朱力等摄影
合肥　安徽人民出版社　1984 年　2 张　76cm（2 开）
定价：CNY0.36
　　作者朱力（1937— ），画家。安徽全椒人，安徽艺专毕业。安徽美协会员、国家二级美术师、中国美协会员。出版有《朱力画辑》《朱力国画作品选》《朱力画集》等。

J0110502
三夫人　骆仲琦，蔡效文摄；沈锡汶文
天津　天津人民美术出版社　1984 年　2 张
76cm（2 开）定价：CNY0.36

J0110503
三救郎　张英军等编文摄影
南京　江苏美术出版社　1984 年　2 张　76cm（2 开）
定价：CNY0.40

J0110504
三军新容　林庭松，王良元摄影
北京　中国戏剧出版社　1984 年　76cm（2 开）
定价：CNY0.16

J0110505
三潭清漪　刘震摄影
天津　天津杨柳青画社　1984 年　76cm（2 开）
定价：CNY0.40（铜版纸），CNY0.18（胶版纸）

J0110506
三下槐荫　陈谋荃摄影
合肥　安徽人民出版社　1984 年　2 张　76cm（2 开）
定价：CNY0.36

J0110507
赏花 梁祖宏摄影
郑州 河南人民出版社 1984 年 76cm（2 开）
定价：CNY0.16

J0110508
身无彩凤双飞翼 杨克林摄影
北京 人民美术出版社 1984 年 1 张 76cm（2 开）
定价：CNY0.16

J0110509
双龙剑 东长，英军摄影
北京 中国戏剧出版社 1984 年 1 张 76cm（2 开）
定价：CNY0.16

J0110510
送花楼会 池一平摄影
杭州 浙江人民美术出版社 1984 年 1 张
76cm（2 开）定价：CNY0.16

J0110511
天国女状元 边长贵，骆仲琪摄影；杨国梁编文
南昌 江西人民出版社［1984 年］2 张
76cm（2 开）定价：CNY0.36

J0110512
玩会跳船 葛立英摄影
济南 山东美术出版社 1984 年 1 张 76cm（2 开）
定价：CNY0.16

J0110513
文武香球 夏永烈摄；陈元宁，赵振威文
天津 天津人民美术出版社 1984 年 2 张
76cm（2 开）定价：CNY0.36
　　作者夏永烈（1935—　），笔名夏咏，江苏无锡人。江苏太仓师范毕业。历任《新民晚报》《解放日报》等摄影记者，中国摄影家协会上海分会会员，中国摄影家协会会员。主要作品有《鹿跳》《冬练三九》《滑雪队的早锻炼》《长白踏琼瑶》等。

J0110514
西施浣纱 天鹰，凯光摄影
杭州 浙江人民美术出版社 1984 年 1 张
76cm（2 开）定价：CNY0.16

J0110515
嬉戏 王之风摄影
广州 岭南美术出版社 1984 年 1 张 54cm（4 开）
定价：CNY0.25

J0110516
驯兽 长城摄影；王甘良编文
上海 上海人民美术出版社 1984 年 1 张
76cm（2 开）定价：CNY0.16

J0110517
一园春色 韩洪摄影
南京 江苏美术出版社 1984 年 1 张 76cm（2 开）
定价：CNY0.18

J0110518
伊犁昭苏 刘志斌摄影
北京 中国旅游出版社 1984 年 1 张 76cm（2 开）
定价：CNY0.30

J0110519
圆明园遗址过队日 刘震，张煜摄影
天津 天津杨柳青画社 1984 年 76cm（2 开）
定价：CNY0.18

J0110520
中国旅游纪念品 中国旅游产品生产供应公司编辑
北京 北京旅游出版社 1984 年 71 页
19cm（小 32 开）
　　本书收入彩色图片 150 余幅，按省、区分别介绍具有浓厚地方及民族色彩的旅游纪念品，除常见的牙雕，刺绣等品种外，还有许多一般不为人所知的产品（如"墙皮画"等）。书中有中、英文对照说明。

J0110521
朱伯儒和少年儿童在一起 张炳发摄影
北京 中国戏剧出版社 1984 年 76cm（2 开）
定价：CNY0.16

J0110522
拜将入川 张志民摄影；张敏编文
北京 朝花美术出版社 1985 年 2 张 76cm（2 开）
定价：CNY0.48

J0110523
呼延庆打擂　吴明耀编文并摄影
郑州　河南美术出版社　1985 年　2 张　76cm（2 开）
定价：CNY0.40

J0110524
吉日良辰　陈振祥摄
上海　上海人民美术出版社　1985 年　1 张
76cm（2 开）定价：CNY0.20

J0110525
梁山好汉　王广林等摄
南京　江苏美术出版社　1985 年　2 张　76cm（2 开）
定价：CNY0.46
　　作者王广林（1944—　），记者。江苏铜山
人，历任新华日报社摄影部主任，中国摄影家
协会会员，江苏新闻摄影协会副会长，江苏年
画研究会理事。

J0110526
卖水　厉英摄
济南　山东美术出版社　1985 年　1 张　76cm（2 开）
定价：CNY0.20

J0110527
美的回忆　邢延生，刘立宾摄
南京　江苏科学技术出版社　1985 年　1 张
76cm（2 开）定价：CNY0.21

J0110528
那是什么　马元浩摄
南京　江苏科学技术出版社　1985 年　1 张
76cm（2 开）定价：CNY0.21
　　作者马元浩（1944—　），摄影家、导演。毕
业于上海财经学院。中国摄影家协会会员，英国
皇家摄影学会高级会士。出版有《中国古代雕塑
观音》等。

J0110529
我和汪汪　钟向东摄
南京　江苏科学技术出版社　1985 年　1 张
76cm（2 开）定价：CNY0.21

J0110530
祝君健康　周勇摄
武汉　湖北美术出版社　1985 年　1 张　53cm（4 开）
定价：CNY0.12

J0110531
春华秋实　林伟新摄
南昌　江西人民出版社　1986 年　2 张　76cm（2 开）
定价：CNY0.46

J0110532
风姿　湖南美术出版社编
长沙　湖南美术出版社　1986 年　1 张
定价：CNY0.70

J0110533
福寿如意　钱豫强摄
杭州　浙江人民美术出版社　1986 年　1 张
76cm（2 开）定价：CNY0.20
　　作者钱豫强（1944—　），浙江嘉善人，历任
浙江美术出版社副编审，浙江赛丽美术馆执行
馆长。

J0110534
韩世忠与梁红玉　兆欣摄
南京　江苏美术出版社　1986 年　1 张　76cm（2 开）
定价：CNY0.21

J0110535
红玛瑙　冯斐，陈德松摄
乌鲁木齐　新疆人民出版社　1986 年　1 张
78cm（2 开）定价：CNY0.40

J0110536
回眸　湖南美术出版社编
长沙　湖南美术出版社　1986 年　1 张
定价：CNY0.70

J0110537
吉日良辰　韩洪摄
南京　江苏美术出版社　1986 年　1 张　76cm（2 开）
定价：CNY0.21

J0110538
龙凤呈祥　范爱全等摄
天津　天津人民美术出版社　1986 年　2 张
76cm（2 开）定价：CNY0.44

J0110539
人间　（非洲、苏丹、埃塞俄比亚）水禾田著
香港　天地图书公司　1986 年　有照片　18cm（15 开）

J0110540
人间　（非洲、苏丹、埃塞俄比亚）水禾田著
香港　专业出版社　1986 年　有照片　13cm（60 开）

J0110541
神采　湖南美术出版社编
长沙　湖南美术出版社　1986 年　1 张
定价：CNY0.70

J0110542
水上春早来　董岩青摄
天津　天津人民美术出版社　1986 年　1 张
76cm（2 开）定价：CNY0.22
　　作者董岩青（1925—　　），山东蓬莱人。笔名
冬山，别名董宝珊。中国摄影家协会会员，天津
摄影家协会理事、顾问。作品有《我为祖国献石
油》《早班车》《古街新雪》等。

J0110543
我的乐园
杭州　浙江人民美术出版社　1986 年　1 张
76cm（2 开）定价：CNY0.32

J0110544
遐想　湖南美术出版社编
长沙　湖南美术出版社　1986 年　1 张
定价：CNY0.70

J0110545
小憩　（摄影）
北京　人民体育出版社　1986 年　1 张　76cm（2 开）
定价：CNY0.25

J0110546
韵律　湖南美术出版社编
长沙　湖南美术出版社　1986 年　1 张
定价：CNY0.70

J0110547
蒸蒸日上　李长捷摄
成都　四川美术出版社　1986 年　1 张　76cm（2 开）
定价：CNY0.22

J0110548
中国旅游艺术摄影画册　马可强主编
中华人民共和国国家旅游局中国天马图片公司
1986 年　164 页　29cm（16 开）
　　外　文　书　名：China through the Eyes of
Photographers. 本书与香港百能广告有限公司合
作出版。

J0110549
祝君幸福　彭年生摄
武汉　湖北美术出版社　1986 年　1 张　76cm（2 开）
定价：CNY0.50
　　作者彭年生（1955—　　），美术摄影编辑。生
于湖北武汉市，毕业于武汉大学新闻系艺术摄影
专业。历任长江文艺出版社副社长，湖北美术出
版社副社长，中国摄影家协会会员等职。出版有
《思想者——彭年生摄影作品集》《性格肖像——
彭年生摄影作品集》等。

J0110550
祝君长寿　谢安摄
北京　北京美术摄影出版社　1986 年　1 张
76cm（2 开）定价：CNY0.22

J0110551
百年好合　荣卫摄
南京　江苏美术出版社　1987 年　1 张　76cm（2 开）
定价：CNY0.28

J0110552
春色满乾坤　宋士诚摄
重庆　重庆出版社　1987 年　1 张　76cm（2 开）
定价：CNY0.28

J0110553
刚劲挺拔　徐家树摄
太原　山西人民出版社　1987 年　1 张　53cm（4 开）
定价：CNY0.28

J0110554
和鸣　高国强等摄
南京　江苏美术出版社　1987 年　1 张　76cm（2 开）
定价：CNY0.28

J0110555
画眉　郑伟, 陈坚摄
杭州　浙江人民美术出版社　1987 年　2 张
76cm（2 开）定价：CNY0.50

J0110556
玲珑剔透　姜勇摄
长沙　湖南美术出版社　1987 年　1 张　76cm（2 开）
定价：CNY0.70

J0110557
六月雪　（摄影 1988 年年历）建龙, 乐石摄影
天津　天津人民美术出版社　1987 年　1 张
53cm（4 开）定价：CNY0.30

J0110558
龙年大吉　刘春根摄
兰州　甘肃人民出版社　1987 年　1 张　76cm（2 开）
定价：CNY0.50

J0110559
摄影小说选　紫汕, 王昀选编
杭州　浙江摄影出版社　1987 年　26cm（16 开）
ISBN：7-80536-016-2　定价：CNY1.00

J0110560
唐伯虎游春　钱豫强, 郑伟摄
杭州　浙江人民美术出版社　1987 年　1 张
76cm（2 开）定价：CNY0.25

J0110561
喜结同心　郑伟摄
杭州　浙江人民美术出版社　1987 年　1 张
76cm（2 开）定价：CNY0.25

J0110562
喜临门　林伟新摄
杭州　西湖摄影艺术出版社　1987 年　1 张
76cm（2 开）定价：CNY0.24

J0110563
新年快乐　谭尚忍摄
天津　天津人民美术出版社　1987 年　1 张
76cm（2 开）定价：CNY0.28
　　作者谭尚忍（1940—　　），上海人。上海美术

家协会和上海摄影家协会会员，上海人民美术出
版社副编审。作品有《儿童武书》《民族英雄岳
飞》等。

J0110564
雅趣　郭治国摄影
沈阳　辽宁美术出版社　1987 年　1 张　54cm（4 开）
定价：CNY0.30

J0110565
鸳鸯双喜图　林伟新摄影
杭州　西湖摄影艺术出版社　1987 年　1 张
76cm（2 开）定价：CNY0.24

J0110566
中国早期摄影作品选（1840—1919）　中国
摄影出版社编
北京　中国摄影出版社　1987 年　174 页
38cm（12 开）统一书号：8226.36
定价：CNY15.60, CNY18.60（精装）

J0110567
八仙过海　陈春轩, 刘海发摄
上海　上海人民美术出版社　1988 年　1 张
76cm（2 开）定价：CNY0.36

J0110568
白帆竞秀　徐书摄
沈阳　辽宁美术出版社　1988 年　2 张　76cm（2 开）
定价：CNY0.76

J0110569
白兔记　邵华安, 刘海发摄；范迪声编
南昌　江西人民出版社 ［1988 年］2 张
76cm（2 开）定价：CNY0.60

J0110570
百花台传奇　兆欣, 石强摄；姚博初配词
杭州　浙江人民美术出版社　1988 年　2 张
76cm（2 开）定价：CNY0.65

J0110571
斑竹情　王秉龙摄
北京　中国戏剧出版社　1988 年　2 张　76cm（2 开）
定价：CNY0.55

J0110572
蓓蕾　春华摄
武汉　湖北美术出版社　1988年　1张　76cm（2开）
定价：CNY0.76

J0110573
财神　林伟新摄
贵阳　贵州美术出版社［1988年］1张
76cm（2开）定价：CNY0.30

J0110574
彩池争艳　何世尧摄
南京　江苏美术出版社　1988年　1张　78cm（2开）
定价：CNY0.40
　　作者何世尧（1935—　　），摄影家。生于浙江
永康，曾在人民画报社学习摄影，后任人民画报
社摄影记者。作品有《巍巍长城》《静海晨雾》等，
有风光摄影画册《黄龙》《春雨绵绵》。

J0110575
春光无限好　王秉龙摄
北京　中国戏剧出版社　1988年　1张　76cm（2开）
定价：CNY0.26

J0110576
春色满堂　徐斌等摄
郑州　河南美术出版社　1988年　4张（卷轴）
76cm（2开）定价：CNY3.60

J0110577
豆蔻年华　张苏妍摄
南宁　广西人民出版社　1988年　1张　78cm（2开）
定价：CNY0.60

J0110578
福寿康乐　陈春轩，姜长庚摄
南昌　江西人民出版社［1988年］1张
76cm（2开）定价：CNY0.38

J0110579
福寿万年　王秉龙，丁宇光摄
北京　中国戏剧出版社　1988年　1张　76cm（2开）
定价：CNY0.26

J0110580
赶女婿　王秉龙摄
天津　天津人民美术出版社　1988年　1张
76cm（2开）定价：CNY0.38

J0110581
弓带缘　祝英培摄；朱道萍，刘子凡编
南昌　江西人民出版社［1988年］2张
76cm（2开）定价：CNY0.60

J0110582
果蔬丰盈　（汉维对照）苏茂春摄
乌鲁木齐　新疆人民出版社　1988年　1张
76cm（2开）定价：CNY0.65
　　作者苏茂春（1940—　　），回族，副编审。甘
肃静宁县人。新疆美术摄影出版社摄影部副主
任、新疆摄影家协会常务理事。

J0110583
荷花仙子　吴建瑜摄
上海　上海人民美术出版社　1988年　1张
76cm（2开）定价：CNY0.36

J0110584
花亭会　豫强，郑伟摄；金耘，郭兵配词
杭州　浙江人民美术出版社　1988年　2张
76cm（2开）定价：CNY0.65

J0110585
画中游　卞志武摄
杭州　浙江人民美术出版社　1988年　2张
108cm（全开）定价：CNY1.65
　　作者卞志武，摄影家。擅长风光摄影、纪实
摄影和建筑摄影。专注拍摄中国西部壮美的高
原风光、名寺古刹和独特的宗教文化。

J0110586
火焰驹　王秉龙摄
北京　中国戏剧出版社　1988年　2张　76cm（2开）
定价：CNY0.55

J0110587
吉星高照　陈春轩，姜长庚摄
南昌　江西人民出版社［1988年］1张
108cm（全开）定价：CNY1.12

作者姜长庚(1945—　)，摄影家。笔名肖疆等，中国摄影家协会会员。

J0110588
疆场比翼　王秉龙摄
天津　天津人民美术出版社　1988年　2张
76cm(2开)定价：CNY0.80

J0110589
金狮镇宅　余亚万摄
南宁　广西人民出版社　1988年　1张　76cm(2开)
定价：CNY0.44

J0110590
荆钗记　常河摄；王秉龙编
天津　天津人民美术出版社　1988年　2张
76cm(2开)定价：CNY0.80
编者王秉龙(1943—　)，生于山西祁县。中国戏剧家协会会员，北京美术家协会会员。擅长楷书、魏碑、行书。出版《科学发明家故事》《明史演义》等多部连环画册；改编拍摄并出版了几百种传统戏曲年画，被称为中国戏曲年画摄影第一人。

J0110591
镜泊姻缘　池一平，陈坚摄；王云根配词
杭州　浙江人民美术出版社　1988年　2张
76cm(2开)定价：CNY0.65

J0110592
跨凤乘龙　池一平，陈坚摄；龚间明配
杭州　浙江人民美术出版社　1988年　2张
76cm(2开)定价：CNY0.65

J0110593
连年有余　钱惠良摄
石家庄　河北美术出版社　1988年　1张　78cm(2开)
定价：CNY0.54

J0110594
良辰美景　刘大健摄
南京　江苏美术出版社　1988年　1张　76cm(2开)
定价：CNY0.36

J0110595
龙凤呈祥　豫强，郑伟摄
杭州　浙江人民美术出版社　1988年　2张
76cm(2开)定价：CNY0.65

J0110596
龙凤对　蒋元幅摄
武汉　湖北美术出版社　1988年　1张　76cm(2开)
定价：CNY0.76

J0110597
龙宫舞缘　哉许，远纪摄；赵振威配诗
西安　陕西人民美术出版社　1988年　2张
76cm(2开)定价：CNY0.80

J0110598
龙宫舞缘　陈春轩摄
上海　上海人民美术出版社　1988年　1张
76cm(2开)定价：CNY0.36

J0110599
绿牡丹传奇　张潮摄
上海　上海人民美术出版社　1988年　2张
76cm(2开)定价：CNY0.72

J0110600
麻姑献寿　陈春轩，姜长庚摄
南昌　江西人民出版社　[1988年]1张
76cm(2开)定价：CNY0.56

J0110601
美满姻缘　曹震云摄
上海　上海人民美术出版社　1988年　1张
76cm(2开)定价：CNY0.36

J0110602
美满姻缘　徐斌摄
天津　天津人民美术出版社　1988年　1张
76cm(2开)定价：CNY0.38

J0110603
孟丽君　池一平，陈坚摄；吴兆千配词
杭州　浙江人民美术出版社　1988年　2张
76cm(2开)定价：CNY0.65

J0110604
弥勒戏童　浪花摄
石家庄 河北美术出版社 1988 年 1 张 78cm（2 开）
定价：CNY0.54

J0110605
明雌雄剑　晓丁，于速摄
北京 中国戏剧出版社 1988 年 2 张 76cm（2 开）
定价：CNY0.55

J0110606
母子愿　兆欣，石强摄；吕冠杰配词
杭州 浙江人民美术出版社 1988 年 2 张
76cm（2 开）定价：CNY0.65

J0110607
女中郎　刘海发，安安摄；范迪声编
上海 上海人民美术出版社 ［1988 年］2 张
76cm（2 开）定价：CNY0.58

J0110608
琴棋书画屏　豫强，郑伟摄
杭州 浙江人民美术出版社 1988 年 2 张
76cm（2 开）定价：CNY0.65

J0110609
情寄漓江水　董岩青摄
天津 天津人民美术出版社 1988 年 1 张
108cm（全开）定价：CNY1.70

J0110610
秋冬　何兆欣，石强摄；陈元学配诗
天津 天津人民美术出版社 1988 年 2 张
76cm（2 开）定价：CNY0.80

J0110611
热爱和平　春华摄
武汉 湖北美术出版社 1988 年 1 张 76cm（2 开）
定价：CNY0.76

J0110612
如意良缘　陈洪庶摄
天津 天津人民美术出版社 1988 年 2 张
76cm（2 开）定价：CNY0.80

J0110613
三凤求凰　费丈麓摄；天乐编
北京 中国连环画出版社 1988 年 2 张
76cm（2 开）定价：CNY0.95

J0110614
三试浪荡子　晓丁，于速摄
北京 中国戏剧出版社 1988 年 2 张 76cm（2 开）
定价：CNY0.55

J0110615
三脱状元　晓丁，于速摄
北京 中国戏剧出版社 1988 年 2 张 76cm（2 开）
定价：CNY0.55

J0110616
神话故事屏　胡建瑜摄
西安 陕西人民美术出版社 1988 年 2 张
76cm（2 开）定价：CNY0.80

J0110617
神州名胜　肖顺权摄
南京 江苏美术出版社 1988 年 2 张 76cm（2 开）
定价：CNY0.75
　　作者肖顺权（1934—　　），曾用名肖顺泉、肖
舜权。河北博野人。曾任人民美术出版社总编
办公室副主任、摄影部副主任等职。主要作品
有《唐永泰公主墓壁画集》《故宫》《元明清雕
塑》等。

J0110618
双枪陆文龙　张潮摄
上海 上海人民美术出版社 1988 年 1 张
76cm（2 开）定价：CNY0.36

J0110619
双枪陆文龙　张潮摄
上海 上海人民美术出版社 1988 年 2 张
76cm（2 开）定价：CNY0.72

J0110620
双喜图　林伟新摄
南昌 江西人民出版社 ［1988 年］1 张
76cm（2 开）定价：CNY0.56

J0110621
双阳狄青结良缘　晓丁，于速摄
北京 中国戏剧出版社 1988年 1张 76cm（2开）
定价：CNY0.26

J0110622
双阳公主　晓丁，于速摄
北京 中国戏剧出版社 1988年 2张 76cm（2开）
定价：CNY0.55

J0110623
四美图　陈春轩摄
西安 陕西人民美术出版社 1988年 2张
76cm（2开）定价：CNY0.80

J0110624
苏三　晓丁，于速摄
北京 中国戏剧出版社 1988年 2张 76cm（2开）
定价：CNY0.55

J0110625
孙悟空大战狮驼岭　池一平，陈坚摄；潘文德，叶文进配词
杭州 浙江人民美术出版社 1988年 2张
76cm（2开）定价：CNY0.65

J0110626
桃花井　池一平，陈坚摄；顾锡东配词
杭州 浙江人民美术出版社 1988年 2张
76cm（2开）定价：CNY0.65

J0110627
桃李梅　吴极章摄；吴琛，吴沫欣编
上海 上海人民美术出版社 1988年 2张
76cm（2开）定价：CNY0.72

J0110628
腾蛟舞凤　张连诚，唐禹民等摄
天津 天津人民美术出版社 1988年 2张
76cm（2开）定价：CNY0.80

J0110629
天津水上公园鸳鸯亭　胡淮标摄
天津 天津人民美术出版社 1988年 1张
76cm（2开）定价：CNY0.40

J0110630
天女散花　聂雨摄
石家庄 河北美术出版社 1988年 1张 54cm（4开）

J0110631
天女散花　陈春轩，姜长庚摄
南昌 江西人民出版社［1988年］1张
76cm（2开）定价：CNY0.28

J0110632
文武香球　张涵毅摄
上海 上海人民出版社 1988年 1张 76cm（2开）
定价：CNY0.36

J0110633
文武绣球　陈春轩［摄］
西安 陕西人民美术出版社 1988年 1张
76cm（2开）定价：CNY0.40
　　作者陈春轩（1906—1993），闽剧表演艺术家。福建闽侯县人。艺名嘉滨弟。曾任福州市实验闽剧团副团长。中国剧协会员。演出主要剧目有《八大锤》《长坂坡》《独木关》等。

J0110634
乌发珠光　张安吾等摄
石家庄 河北美术出版社 1988年 1张 76cm（2开）
定价：CNY0.90

J0110635
喜成双　陈春轩摄
西安 陕西人民美术出版社 1988年 1张
76cm（2开）定价：CNY0.40

J0110636
喜结良缘　胡铭摄
上海 上海人民美术出版社 1988年 1张
76cm（2开）定价：CNY0.36

J0110637
喜酒公主　池一平，陈坚摄；王云根配词
杭州 浙江人民美术出版社 1988年 2张
76cm（2开）定价：CNY0.65

J0110638
喜气洋洋　天鹰摄

南京 江苏美术出版社 1988 年 1 张 76cm（2 开）
定价：CNY0.36

J0110639
喜迎新年愿您健康快乐事业大进　陈治黄摄
武汉 湖北人民出版社 1988 年 1 张 78cm（2 开）
定价：CNY0.50

J0110640
向荣　（汉维对照）麦粒摄
乌鲁木齐 新疆人民出版社 1988 年 1 张
76cm（2 开）定价：CNY0.60

J0110641
向往　陈振戈摄
西安 陕西人民美术出版社 1988 年 1 张
76cm（2 开）定价：CNY0.40

J0110642
幸福长寿　聂雨摄
石家庄 河北美术出版社 1988 年 1 张 54cm（4 开）
定价：CNY0.40

J0110643
幸福长寿　张董芬摄
武汉 湖北人民出版社 1988 年 1 张 54cm（4 开）
定价：CNY0.35

J0110644
雁门关　丁宇光，于速摄
北京 中国戏剧出版社 1988 年 2 张 76cm（2 开）
定价：CNY0.55

J0110645
阳光和熙　震时摄
武汉 湖北美术出版社 1988 年 1 张 76cm（2 开）
定价：CNY0.76

J0110646
一湾漓江水　万点桂山青　莫文兴摄
石家庄 河北美术出版社 1988 年 1 张 54cm（4 开）
定价：CNY0.54

J0110647
艺苑蓓蕾　何兆欣摄

兰州 甘肃人民出版社 1988 年 10 张 13cm（60 开）
定价：CNY1.80

J0110648
瀛洲轻波　何世尧摄
南京 江苏美术出版社 1988 年 1 张 76cm（2 开）
定价：CNY0.30

J0110649
影苑新蕾　赵荣摄
上海 上海人民美术出版社 1988 年 1 张
76cm（2 开）定价：CNY0.36

J0110650
玉佩良缘　何兆欣摄；岳凌配诗
武汉 湖北美术出版社 1988 年 2 张 76cm（2 开）
定价：CNY0.74

J0110651
玉堂花香　林伟新摄
郑州 河南美术出版社 1988 年 4 张（卷轴）
76cm（2 开）定价：CNY3.60

J0110652
鸳鸯谱　辛影摄
南京 江苏美术出版社 1988 年 4 张 76cm（2 开）
定价：CNY2.50

J0110653
鸳鸯谱　辛影摄
南京 江苏美术出版社 1988 年 2 张 76cm（2 开）
定价：CNY0.75

J0110654
月季花开披朝霞　杨永明摄
郑州 河南美术出版社 1988 年 4 张 78cm（2 开）
定价：CNY0.94
　　作者杨永明，云南保山人。曾任德宏州摄影家协会理事、中国橡树摄影网会员。主要作品有《传授》《泼水欢歌》《春眠不觉晓》《相聚喊沙》等。

J0110655
杂记新花　王跃进，杨永明摄
郑州 河南美术出版社 1988 年 2 张 76cm（2 开）
定价：CNY0.70

J0110656
长寿百年 谢发新［摄］
石家庄 河北美术出版社 1988年 1张 78cm（2开）
定价：CNY0.54

J0110657
周仁献嫂 王秉龙摄
北京 中国戏剧出版社 1988年 2张 76cm（2开）
定价：CNY0.55

J0110658
祝君前程似锦 俞京摄
天津 天津人民美术出版社 1988年 1张
76cm（2开）定价：CNY0.80

J0110659
祝您万事如意迎来充满希望的一年 陈治
黄摄
武汉 湖北人民出版社 1988年 1张 78cm（2开）
定价：CNY0.50

J0110660
姿美珠明 张安吾等摄
石家庄 河北美术出版社 1988年 1张 76cm（2开）
定价：CNY0.40

J0110661
百柯待发 （摄影）
广州 岭南美术出版社 1989年 1张 76cm（2开）
定价：CNY0.48

J0110662
百年好合 胡建瑜摄
天津 天津人民美术出版社 1989年 1张
76cm（2开）定价：CNY0.50

J0110663
拜月亭 池一平，陈坚摄；周攸词
杭州 浙江人民美术出版社 1989年 2张
76cm（2开）定价：CNY0.90

J0110664
比翼双飞 陈春轩摄
天津 天津人民美术出版社 1989年 1张
76cm（2开）定价：CNY0.50

J0110665
并蒂莲开 胡建瑜摄
天津 天津人民美术出版社 1989年 1张
76cm（2开）定价：CNY0.50

J0110666
姹紫嫣红竞争艳 任清威摄
上海 上海人民美术出版社 1989年 1张
76cm（2开）定价：CNY1.00

J0110667
陈十四娘娘 池一平等摄；周洪良词
杭州 浙江人民美术出版社 1989年 2张
76cm（2开）定价：CNY0.90

J0110668
成才名言 林伟新摄；顾志新等书
天津 天津人民美术出版社 1989年 4张（卷轴）
76cm（2开）定价：CNY4.60

J0110669
春光 陈春轩摄
天津 天津人民美术出版社 1989年 1张
76cm（2开）定价：CNY0.50

J0110670
打电话 马家吉摄
天津 天津人民美术出版社 1989年 1张
76cm（2开）定价：CNY1.00

J0110671
大义夫人 豫强，雄伟摄
杭州 浙江人民美术出版社 1989年 2张
76cm（2开）定价：CNY0.90

J0110672
狄仁杰断案传奇 刘耀文编摄
天津 天津人民美术出版社 1989年 2张
76cm（2开）定价：CNY1.10

J0110673
对对鸳鸯 王秉龙摄
石家庄 河北美术出版社 1989年 4张 76cm（2开）
定价：CNY1.40

J0110674
儿童乐园　张董芬摄
长沙 湖南美术出版社 1989年 1张 76cm（2开）
定价：CNY0.70

J0110675
凤楼昭阳　韩志雅，朱永炜摄；李世庭词
杭州 浙江摄影出版社 1989年 2张 76cm（2开）
定价：CNY0.95

J0110676
凤双飞　池一平，陈坚摄；礁石词
杭州 浙江人民美术出版社 1989年 2张
76cm（2开）定价：CNY1.00

J0110677
福字图　光远，豫强摄
杭州 浙江人民美术出版社 1989年 1张
107cm（全开）定价：CNY1.15

J0110678
福字图　光远，豫强摄
杭州 浙江人民美术出版社 1989年 1张（卷轴）
107cm（全开）定价：CNY3.40

J0110679
福字图　光远，豫强摄
杭州 浙江人民美术出版社 1989年 1张
76cm（2开）定价：CNY0.45

J0110680
高山牧场　（西部组画 摄影）陈之涛摄
太原 山西人民出版社 1989年 1张 76cm（2开）
定价：CNY1.10

J0110681
古代仕女屏　张九荣摄
北京 人民美术出版社 1989年 2张 76cm（2开）
定价：CNY1.05
　　作者张九荣，画家、摄影家。摄影作品有年
画《花卉仕女图》《春》等。

J0110682
国舅传奇　豫强等摄；赵雪海词
杭州 浙江人民美术出版社 1989年 2张

76cm（2开）定价：CNY0.90

J0110683
国色天香　（摄影 一）
北京 朝花美术出版社 1989年 1张 76cm（2开）
定价：CNY1.00

J0110684
国色天香　（摄影 二）
北京 朝花美术出版社 1989年 1张 76cm（2开）
定价：CNY1.00

J0110685
国色天香　（摄影 三）
北京 朝花美术出版社 1989年 1张 76cm（2开）
定价：CNY1.00

J0110686
国色天香　（摄影 四）
北京 朝花美术出版社 1989年 1张 76cm（2开）
定价：CNY1.00

J0110687
国色天香　（摄影）豫强，郑伟摄
杭州 浙江人民美术出版社 1989年 1张
76cm（2开）定价：CNY0.45

J0110688
海之歌　朗龙摄
杭州 浙江商务英语出版社 1989年 1张
107cm（全开）定价：CNY2.20

J0110689
合家欢乐　（一）邵黎阳等摄
上海 上海书画出版社 1989年 1张 78cm（3开）
定价：CNY0.75

J0110690
合家欢乐　（二）邵黎阳等摄
上海 上海书画出版社 1989年 1张 78cm（3开）
定价：CNY0.75

J0110691
合家欢乐　（三）邵黎阳等摄
上海 上海书画出版社 1989年 1张 78cm（3开）

定价：CNY0.75

J0110692
合家欢乐 （四）邵黎阳等摄
上海 上海书画出版社 1989 年 1 张 78cm（3 开）
定价：CNY0.75

J0110693
和乐图 （摄影）豫强，郑伟摄
杭州 浙江人民美术出版社 1989 年 1 张
76cm（2 开）定价：CNY1.10

J0110694
和睦 韩志雅，朱永炜摄
杭州 浙江摄影出版社 1989 年 1 张 76cm（2 开）
定价：CNY0.47

J0110695
河曲种马 （西部组画 摄影）陈之涛摄
太原 山西人民出版社 1989 年 1 张 76cm（2 开）
定价：CNY1.10

J0110696
红双喜 韩志雅摄
杭州 浙江摄影出版社 1989 年 1 张 76cm（2 开）
定价：CNY0.47

J0110697
虎将英姿 （摄影）廖德营摄
广州 岭南美术出版社 1989 年 1 张 76cm（2 开）
定价：CNY1.00

J0110698
花丛中 马家吉摄
天津 天津人民美术出版社 1989 年 1 张
76cm（2 开）定价：CNY0.50

J0110699
花烛夜 韩志雅，朱永炜摄
杭州 浙江摄影出版社 1989 年 1 张 76cm（2 开）
定价：CNY0.47

J0110700
华年 韩志雅，朱永炜摄
杭州 浙江摄影出版社 1989 年 1 张 76cm（2 开）

定价：CNY0.47

J0110701
欢聚 （摄影）
北京 中国电影出版社［1989 年］1 张
76cm（2 开）定价：CNY0.50

J0110702
欢乐 马家吉摄
天津 天津人民美术出版社 1989 年 1 张
76cm（2 开）定价：CNY0.50

J0110703
荒唐王爷 康宝编摄
天津 天津人民美术出版社 1989 年 2 张
76cm（2 开）定价：CNY1.10

J0110704
吉祥如意 （摄影）
乌鲁木齐 新疆人民美术出版社 1989 年 1 张
76cm（2 开）定价：CNY1.00

J0110705
假凤虚凰 春玉摄
上海 上海人民美术出版社 1989 年 2 张
76cm（2 开）定价：CNY0.90

J0110706
假凤真鸾 池一平，陈坚摄；袁开祥配词
杭州 浙江人民美术出版社 1989 年 2 张
76cm（2 开）定价：CNY1.00

J0110707
假日 陈玉玲摄
上海 上海人民美术出版社 1989 年 1 张
76cm（2 开）定价：CNY1.00

J0110708
假日泛舟 陈春轩摄
天津 天津人民美术出版社 1989 年 1 张
76cm（2 开）定价：CNY0.50

J0110709
金陵才女 骆仲琦摄；士明，爱玉编文
南京 江苏美术出版社 1989 年 2 张 76cm（2 开）

定价：CNY1.00

J0110710
金梦小姐 （摄影）
石家庄 河北美术出版社 1989年 1张 76cm（2开）
定价：CNY0.90

J0110711
金秋兆丰年 支养年摄
天津 天津人民美术出版社 1989年 2张
76cm（2开）定价：CNY1.10

J0110712
金秋兆丰年 支养年摄
天津 天津人民美术出版社 1989年 4张（卷轴）
76cm（2开）定价：CNY4.60

J0110713
金色的童年 陈振戈等摄
天津 天津人民美术出版社 1989年 2张
76cm（2开）定价：CNY1.10

J0110714
金枝初发荣华叶 （摄影）丁宇光摄
北京 人民美术出版社 1989年 1张 76cm（2开）
定价：CNY0.50

J0110715
锦绣沁香 晋黉摄；依彦才设计
天津 天津人民美术出版社 1989年 2张
76cm（2开）定价：CNY2.20

J0110716
镜头中的词境 黄秋芳编撰；傅金福摄影
台北 汉光文化事业公司 1989年 4版
127页 29cm（16开）ISBN：0-914929-94-1
定价：TWD270.00
（中华之美系列）

J0110717
丽人奏乐园 郭阿根，陈坚摄；顾锡东配诗并
书写
杭州 浙江人民美术出版社 1989年 2张
76cm（2开）定价：CNY0.90

J0110718
连理同心 陈春轩摄
天津 天津人民美术出版社 1989年 1张
76cm（2开）定价：CNY0.50

J0110719
良辰美景 尚雅摄
武汉 湖北美术出版社 1989年 1张 76cm（2开）
定价：CNY0.45

J0110720
梁山伯与祝英台 叶林编摄
北京 文化艺术出版社 1989年 2张 76cm（2开）
定价：CNY1.05

J0110721
两情相依依 （越剧《青龙剑》）徐斌摄
上海 上海人民美术出版社 1989年 1张
76cm（2开）定价：CNY0.45

J0110722
柳毅传书 韩志雅，朱永炜摄
杭州 浙江摄影出版社 1989年 2张 76cm（2开）
定价：CNY0.95

J0110723
麓湖晨曲 谢建良摄
广州 岭南美术出版社 1989年 1张 76cm（2开）
定价：CNY0.48

J0110724
吕四娘三刺雍正帝 戴许摄
南京 江苏美术出版社 1989年 2张 76cm（2开）
定价：CNY1.00

J0110725
绿波轻流画长安 黄继贤摄；宫葆城书
西安 陕西人民美术出版社 1989年 1张
107cm（全开）定价：CNY2.40

J0110726
绿荫下 （摄影）李蕾供稿
天津 天津人民美术出版社 1989年 1张
76cm（2开）定价：CNY0.50

J0110727
美化生活 （摄影 2）
上海 上海人民美术出版社 1989 年 1 张
［78cm］（3 开）定价：CNY0.75

J0110728
美满幸福 陈全福摄
上海 上海人民美术出版社 1989 年 1 张
76cm（2 开）定价：CNY0.45

J0110729
美满姻缘 韩志雅，朱永炜摄
杭州 浙江摄影出版社 1989 年 2 张 76cm（2 开）
定价：CNY0.95

J0110730
梦从现在开始 （摄影）
石家庄 河北美术出版社 1989 年 1 张 76cm（2 开）
定价：CNY0.90

J0110731
末代皇帝 王东明摄
天津 天津人民美术出版社 1989 年 2 张
76cm（2 开）定价：CNY1.10

J0110732
南国情 （之一）晔石，林伟新摄
上海 上海书画出版社 1989 年 2 张 53cm（4 开）
定价：CNY0.50

J0110733
南国情 （之二）晔石，林伟新摄
上海 上海书画出版社 1989 年 2 张 53cm（4 开）
定价：CNY0.50

J0110734
南国情 （之三）晔石，林伟新摄
上海 上海书画出版社 1989 年 2 张 53cm（4 开）
定价：CNY0.50

J0110735
南国情 （之四）晔石，林伟新摄
上海 上海书画出版社 1989 年 2 张 53cm（4 开）
定价：CNY0.50

J0110736
年年幸福 马家吉摄
天津 天津人民美术出版社 1989 年 1 张
76cm（2 开）定价：CNY0.50

J0110737
牛郎织女 林峰编摄
北京 人民美术出版社 1989 年 2 张 76cm（2 开）
定价：CNY1.05
　　作者林峰（1938—　），本名王树林，生于河
北涿州。历任新艺摄影公司技术副总监、市摄协
顾问，国家特级摄影师。著有《林峰作品选》等。

J0110738
女士们从空气的流动中感觉到夏天 （摄影）
石家庄 河北美术出版社 1989 年 1 张 76cm（2 开）
定价：CNY0.90

J0110739
平安 马家吉摄
天津 天津人民美术出版社 1989 年 1 张
76cm（2 开）定价：CNY0.50

J0110740
平平安安 马家吉摄
天津 天津人民美术出版社 1989 年 1 张
76cm（2 开）定价：CNY0.50

J0110741
期待 （摄影）马元浩供稿
兰州 甘肃人民出版社 1989 年 1 张 ［78cm］（3 开）
定价：CNY0.65
　　作者马元浩（1944—　），摄影家、导演。毕
业于上海财经学院。中国摄影家协会会员，英国
皇家摄影学会高级会士。出版有《中国古代雕塑
观音》等。

J0110742
奇双会 池一平等摄；蒋能德，徐逢仙词
杭州 浙江人民美术出版社 1989 年 2 张
76cm（2 开）定价：CNY0.90

J0110743
乾隆皇帝与玉牡丹 子路编摄
天津 天津人民美术出版社 1989 年 2 张

76cm（2开）定价：CNY1.10

J0110744
乔太守乱点鸳鸯谱　子路编摄
天津　天津人民美术出版社　1989年　2张
76cm（2开）定价：CNY1.10

J0110745
乔太守妙点鸳鸯谱　子路编摄
天津　天津人民美术出版社　1990年　2张
76cm（2开）定价：CNY1.10

J0110746
琴棋书画　豫强，益民摄
杭州　浙江人民美术出版社　1989年　2张
76cm（2开）定价：CNY2.30

J0110747
琴棋书画　豫强，益民摄
杭州　浙江人民美术出版社　1990年　2张
76cm（2开）定价：CNY0.90

J0110748
青春的旋律　尹福康等摄
天津　天津人民美术出版社　1989年　2张
76cm（2开）定价：CNY1.10

J0110749
情趣盎然　（摄影）
天津　天津人民美术出版社　1989年　1张
76cm（2开）定价：CNY0.50

J0110750
群芳谱　（1 鲜花点缀更娟秀）大海摄
上海　上海人民美术出版社　1989年　1张
78cm（2开）定价：CNY0.75

J0110751
群芳谱　（2 青春丽人多梦幽）大海摄
上海　上海人民美术出版社　1989年　1张
78cm（2开）定价：CNY0.75

J0110752
群芳谱　（3 一束红艳露幽香）大海摄
上海　上海人民美术出版社　1989年　1张

78cm（2开）定价：CNY0.75

J0110753
群芳谱　（4 淡妆雅致花更艳）大海摄
上海　上海人民美术出版社　1989年　1张
78cm（2开）定价：CNY0.75

J0110754
群芳谱　（5 胭脂洗出妙龄容）大海摄
上海　上海人民美术出版社　1989年　1张
78cm（2开）定价：CNY0.75

J0110755
群芳谱　（6 花容月貌婷婷立）大海摄
上海　上海人民美术出版社　1989年　1张
78cm（2开）定价：CNY0.75

J0110756
群芳谱　（7 花开蕊香总是情）大海摄
上海　上海人民美术出版社　1989年　1张
78cm（2开）定价：CNY0.75

J0110757
群芳谱　（8 纨扇清风怀情思）大海摄
上海　上海人民美术出版社　1989年　1张
78cm（2开）定价：CNY0.75

J0110758
群芳谱　（9 芳情遐思知多少）大海摄
上海　上海人民美术出版社　1989年　1张
78cm（2开）定价：CNY0.75

J0110759
群芳谱　（10 风流绰约含情愫）大海摄
上海　上海人民美术出版社　1989年　1张
78cm（2开）定价：CNY0.75

J0110760
群芳谱　韩志雅，朱永炜摄
杭州　浙江摄影出版社 1989年 1张 107cm（全开）
定价：CNY2.20

J0110761
群芳争艳　兆欣，王伟摄
南京　江苏美术出版社　1989年　4张　76cm（2开）

定价: CNY3.20

J0110762
群星璀璨　谭尚忍等摄
天津　天津人民美术出版社　1989 年　2 张
76cm（2 开）定价: CNY1.10
　　　作者谭尚忍(1940—　)，上海人。上海美术家
协会和上海摄影家协会会员，上海人民美术出版社
副编审。作品有《儿童武书》《民族英雄岳飞》等。

J0110763
让我想一想　（摄影）
北京　人民体育出版社［1989 年］1 张
76cm（2 开）定价: CNY0.50

J0110764
仁义缘　池一平，陈坚摄；何贤芳词
杭州　浙江人民美术出版社　1989 年　2 张
76cm（2 开）定价: CNY0.90

J0110765
荣华富贵　晋夷摄
天津　天津人民美术出版社　1989 年　1 张
76cm（2 开）定价: CNY0.50

J0110766
瑞雪兆丰年　（摄影）
北京　人民体育出版社　1989 年　1 张　76cm（2 开）
定价: CNY1.00

J0110767
沙海行舟　（西部组画　摄影）陈之涛摄
太原　山西人民出版社　1989 年　1 张　76cm（2 开）
定价: CNY1.10

J0110768
沙漠绿洲　（西部组画　摄影）陈绍波摄
太原　山西人民出版社　1989 年　1 张　76cm（2 开）
定价: CNY1.10

J0110769
诗影交辉　云鹤撰
香港　摄影画报公司　1989 年　112 页　21cm（32 开）
ISBN: 962-7006-43-2　定价: HKD35.00

J0110770
十八般武艺　何兆欣摄
杭州　浙江人民美术出版社　1989 年　2 张
76cm（2 开）定价: CNY0.90

J0110771
十二生肖　胡建瑜摄
北京　人民美术出版社　1989 年　2 张　76cm（2 开）
定价: CNY1.05

J0110772
时和景泰　胡维标摄
天津　天津人民美术出版社　1989 年　2 张
76cm（2 开）定价: CNY1.10
　　　作者胡维标(1939—　)，著名风光摄影家。江
苏镇江市人。毕业于中国人民解放军防化学兵工
程指挥学院新闻系。中国摄影家协会会员。摄影
作品以旅游风光、古今建筑、文物为主。主要作品
有《长城风光》《北京风光荟萃》《故宫》《天安门》。

J0110773
仕女图　阿雅摄影；张百行书
济南　山东美术出版社　1989 年　1 张　76cm（2 开）
定价: CNY0.90

J0110774
寿禧　何兆摄制
贵阳　贵州美术出版社［1989 年］1 张
76cm（2 开）
定价: CNY0.18

J0110775
寿字图　豫强，光远摄
杭州　浙江人民美术出版社　1989 年　1 张
76cm（2 开）定价: CNY0.45

J0110776
硕果飘香　任国兴摄
天津　天津人民美术出版社　1989 年　1 张
76cm（2 开）定价: CNY0.50

J0110777
四季飘香　陈春轩等摄；陈骧龙书
天津　天津人民美术出版社　1989 年　2 张
76cm（2 开）定价: CNY1.10

作者陈骧龙(1941—2012),书法家。生于北京,祖籍浙江温州。曾任天津人民美术出版社编辑、中国书法家协会会员,美术家协会天津分会会员。著有《华夏五千年艺术丛书 版画集》《青少年书法五十讲》等。

J0112963
松鹤千年 董永越摄
天津 天津人民美术出版社 1989年 1张
76cm(2开)定价:CNY0.50

J0110778
松鹤延年 钱豫强摄;浦江县工艺美术公司供稿
杭州 浙江人民美术出版社 1989年 1张
76cm(2开)定价:CNY1.60

J0110779
松鹤延年 钱豫强摄
杭州 浙江人民美术出版社 1989年 1轴(卷轴)
107cm(全开)定价:CNY5.40

J0110780
松迎山欢 朗龙摄影
杭州 浙江摄影出版社 1989年 1张 76cm(2开)
定价:CNY2.20

J0110781
苏小小 豫强等摄;赵雪海词
杭州 浙江人民美术出版社 1989年 2张
76cm(2开)定价:CNY0.90

J0110782
唐伯虎传奇 徐晓摄;蒋剑奎编
天津 天津人民美术出版社 1989年 2张
76cm(2开)定价:CNY1.10

J0110783
陶三春成亲 平男编摄
天津 天津人民美术出版社 1989年 2张
76cm(2开)定价:CNY1.10

J0110784
天府揽胜 书帛等摄
南京 江苏美术出版社 1989年 2张 76cm(2开)
定价:CNY1.50

J0110785
天高地远 (西部组画 摄影)赵绍波摄
太原 山西人民出版社 1989年 1张 76cm(2开)
定价:CNY1.10

J0110786
天仙配 叶林编摄
北京 文化艺术出版社 1989年 2张 76cm(2开)
定价:CNY1.05

J0110787
童年童年 (摄影)
北京 人民体育出版社 1989年 1张 76cm(2开)
定价:CNY1.05

J0110788
纨扇清风怀情思 任清威摄
上海 上海人民美术出版社 1989年 1张
76cm(2开)定价:CNY1.00

J0110789
万壑灵风 林伟新摄
天津 天津人民美术出版社 1989年 2张
76cm(2开)定价:CNY1.10

J0110790
王昭君 邢汉明摄;程小武撰
武汉 湖北美术出版社 1989年 2张 76cm(2开)
定价:CNY1.20

J0110791
唯有热能超越温柔 (摄影)
石家庄 河北美术出版社 1989年 1张 76cm(2开)
定价:CNY0.90

J0110792
未来 马元浩摄
兰州 甘肃人民出版社 1989年 1张
[78cm](2开)定价:CNY0.65
    作者马元浩(1944—),摄影家、导演。毕业于上海财经学院。中国摄影家协会会员,英国皇家摄影学会高级会士。出版有《中国古代雕塑观音》等。

J0110793
夕阳情　娄晓曦摄
长沙　湖南美术出版社　1989 年　1 张　76cm（2 开）
定价：CNY0.90
　　作者娄晓曦，摄影家。主要作品有《重庆长江大桥》《雪》《思念》等。

J0110794
喜结良缘　徐晓摄
南京　江苏美术出版社　1989 年　1 张　76cm（2 开）
定价：CNY0.50

J0110795
喜结良缘　陈春轩，杭志忠摄
上海　上海人民美术出版社　1989 年　1 张
76cm（2 开）定价：CNY0.45

J0110796
喜结良缘　池一平等摄
杭州　浙江人民美术出版社　1989 年　2 张
76cm（2 开）定价：CNY0.90

J0110797
喜临门　（一）刘海发摄
上海　上海书画出版社　1989 年　1 张　54cm（4 开）
定价：CNY0.50

J0110798
喜临门　（二）刘海发摄
上海　上海书画出版社　1989 年　1 张　54cm（4 开）
定价：CNY0.50

J0110799
喜临门　（三）刘海发摄
上海　上海书画出版社　1989 年　1 张　54cm（4 开）
定价：CNY0.50

J0110800
喜临门　（四）刘海发摄
上海　上海书画出版社　1989 年　1 张　54cm（4 开）
定价：CNY0.50

J0110801
小憩　娄晓曦摄
长沙　湖南美术出版社　1989 年　1 张　76cm（2 开）
定价：CNY0.90
　　作者娄晓曦，摄影家。主要作品有《重庆长江大桥》《雪》《思念》等。

J0110802
新花　（摄影）
北京　人民体育出版社　1989 年　1 张　76cm（2 开）
定价：CNY0.50

J0110803
新年快乐　崔汉平摄
武汉　湖北美术出版社　1989 年　1 张　53cm（4 开）
定价：CNY0.45

J0110804
幸福　（摄影）马家吉摄
天津　天津人民美术出版社　1989 年　1 张
76cm（2 开）定价：CNY0.50

J0110805
雅趣　钟建明摄影
兰州　甘肃人民出版社 [1989 年] 10 张
15cm（40 开）定价：CNY2.00

J0110806
烟花夫人　王秉龙摄
石家庄　河北美术出版社　1989 年　2 张　76cm（2 开）
定价：CNY1.10

J0110807
瑶池仙品　（摄影）
乌鲁木齐　新疆人民出版社　1989 年　1 张
76cm（2 开）定价：CNY1.00

J0110808
意中良缘　王秉龙编摄
天津　天津人民美术出版社　1989 年　2 张
76cm（2 开）定价：CNY1.10

J0110809
姻缘谱　王秉龙编摄
重庆　重庆出版社　1989 年　2 张　76cm（2 开）
定价：CNY1.00

J0110810
雍容祥瑞　吴澀等摄
天津　天津人民美术出版社　1989 年　2 张
76cm（2 开）定价：CNY1.10

J0110811
游春　王秉龙摄
石家庄　河北美术出版社　1989 年　1 张　76cm（2 开）
定价：CNY0.50

J0110812
羽丽花馥　张词祖摄影并编文
天津　天津人民美术出版社　1989 年　2 张
76cm（2 开）定价：CNY1.10

J0110813
杂记新花　马家吉摄
天津　天津人民美术出版社　1989 年　2 张
76cm（2 开）定价：CNY1.10

J0110814
珍珠　晋萁摄
天津　天津人民美术出版社　1989 年　1 张
76cm（2 开）定价：CNY0.50

J0110815
真好玩　（摄影）
北京　人民体育出版社　1989 年　1 张　76cm（2 开）
定价：CNY0.50

J0110816
祝君万事如意　陈邵摄
石家庄　河北美术出版社　1989 年　1 张　76cm（2 开）
定价：CNY0.90

J0110817
祝您顺风　（一）许骏摄
上海　上海书画出版社　1989 年　1 张　54cm（4 开）
定价：CNY0.50

J0110818
祝您顺风　（二）许骏摄
上海　上海书画出版社　1989 年　1 张　54cm（4 开）
定价：CNY0.50

J0110819
祝您顺风　（三）许骏摄
上海　上海书画出版社　1989 年　1 张　54cm（4 开）
定价：CNY0.50

J0110820
祝您顺风　（四）许骏摄
上海　上海书画出版社　1989 年　1 张　54cm（4 开）
定价：CNY0.50

J0110821
祝您幸福　（一）金定根摄
上海　上海书画出版社　1989 年　1 张　54cm（4 开）
定价：CNY0.50

J0110822
祝您幸福　（二）金定根摄
上海　上海书画出版社　1989 年　1 张　54cm（4 开）
定价：CNY0.50

J0110823
祝您幸福　（三）金定根摄
上海　上海书画出版社　1989 年　1 张　54cm（4 开）
定价：CNY0.50

J0110824
祝您幸福　（四）金定根摄
上海　上海书画出版社　1989 年　1 张　54cm（4 开）
定价：CNY0.50

J0110825
祝您幸运　（之一）林伟新摄
上海　上海书画出版社　1989 年　1 张　54cm（4 开）
定价：CNY0.50

J0110826
祝您幸运　（之二）林伟新摄
上海　上海书画出版社　1989 年　1 张　54cm（4 开）
定价：CNY0.50

J0110827
祝您幸运　（之三）林伟新摄
上海　上海书画出版社　1989 年　1 张　54cm（4 开）
定价：CNY0.50

J0110828
祝您幸运 （之四）林伟新摄
上海 上海书画出版社 1989 年 1 张 54cm（4 开）
定价：CNY0.50

J0110829
祝您长寿 （一）英艺，建敏摄
上海 上海书画出版社 1989 年 1 张 78cm（2 开）
定价：CNY0.75

J0110830
祝您长寿 （二）英艺，建敏摄
上海 上海书画出版社 1989 年 1 张 78cm（2 开）
定价：CNY0.75

J0110831
祝您长寿 （三）刘海发摄
上海 上海书画出版社 1989 年 1 张 78cm（2 开）
定价：CNY0.75

J0110832
祝您长寿 （四）英艺，建敏摄
上海 上海书画出版社 1989 年 1 张 78cm（2 开）
定价：CNY0.75

J0110833
八大锤 王秉龙摄
天津 天津人民美术出版社 1990 年 1 张（2 开）
定价：CNY0.50
    作者王秉龙（1943—   ），生于山西祁县。中国戏剧家协会会员，北京美术家协会会员。擅长楷书、魏碑、行书。出版《科学发明家故事》《明史演义》等多部连环画册；改编拍摄并出版了几百种传统戏曲年画，被称为中国戏曲年画摄影第一人。

J0110834
八仙过海 席智编摄
哈尔滨 黑龙江美术出版社 1990 年 2 张
76cm（2 开）定价：CNY1.15

J0110835
八仙过海 席智编摄
北京 人民美术出版社 1990 年 4 张 76cm（2 开）
定价：CNY2.20

J0110836
百年和合 豫强，益民摄
杭州 浙江人民美术出版社 1990 年 2 张
76cm（2 开）定价：CNY0.90

J0110837
碧桃 少华，麦粒摄
乌鲁木齐 新疆人民出版社 1990 年 1 张（2 开）
定价：CNY0.90

J0110838
草原牧歌 关建骅，柳英虎摄
长沙 湖南美术出版社 1990 年 1 张（2 开）
定价：CNY0.90

J0110839
姹紫嫣红 晓辉摄
北京 人民美术出版社 1990 年 2 张 76cm（2 开）
定价：CNY1.05

J0110840
春光似海 克乔，雷酣摄
天津 天津人民美术出版社 1990 年 2 张
定价：CNY1.10

J0110841
春艳 少华，麦粒摄
乌鲁木齐 新疆人民出版社 1990 年 1 张（2 开）
定价：CNY0.90

J0110842
丛草藏珍梅 高光明摄
乌鲁木齐 新疆人民出版社 1990 年 1 张（2 开）
定价：CNY0.90

J0110843
大地皆春 陈书帛等摄
天津 天津人民美术出版社 1990 年 2 张
定价：CNY1.10

J0110844
挡马 杭志忠摄
上海 上海人民美术出版社 1990 年 1 张（2 开）
定价：CNY0.45

J0110845
貂婵　丁航摄
上海　上海人民美术出版社　1990 年　1 张（2 开）
定价：CNY0.45

J0110846
独秀　少华，麦粒摄
乌鲁木齐　新疆人民出版社　1990 年　1 张（2 开）
定价：CNY0.90

J0110847
风流皇后　祖克勤摄
天津　天津人民美术出版社　1990 年　2 张
76cm（2 开）定价：CNY1.10

J0110848
风姿　谢新发摄
乌鲁木齐　新疆人民出版社　1990 年　1 张（4 开）
定价：CNY0.55

J0110849
封神榜　王胜华等摄
上海　上海人民美术出版社　1990 年　2 张（2 开）
定价：CNY0.90

J0110850
凤凰楼　豫强，益民摄
杭州　浙江人民美术出版社　1990 年　2 张
76cm（2 开）定价：CNY0.90

J0110851
芙蓉情偶　豫强，益民摄
杭州　浙江人民美术出版社　1990 年　1 张
76cm（2 开）定价：CNY1.10

J0110852
福富寿禧　黎阳等摄
上海　上海人民美术出版社　1990 年　4 张
76cm（2 开）定价：CNY4.00

J0110853
福禄寿喜　金宝根摄
上海　上海书画出版社　1990 年　4 张　76cm（2 开）
定价：CNY4.00

J0110854
古寺雄风　崔顺才摄
长沙　湖南美术出版社　1990 年　1 张（2 开）
定价：CNY0.90
　　　作者崔顺才（1950—　　），河北献县人。任
职于天津市群众艺术馆。中国摄影家协会会员。
作品有《仙客来》《瓜棚小景》等。

J0110855
关公　北京电影制版厂编摄
南京　江苏美术出版社　1990 年　2 张　76cm（2 开）
定价：CNY1.00

J0110856
果香迷人：大吉大利　王勇，年新摄
西安　陕西人民美术出版社　1990 年　1 张
78cm（2 开）定价：CNY0.78

J0110857
果香迷人：恭贺新禧　王勇，年欣摄
西安　陕西人民美术出版社　1990 年　1 张
78cm（2 开）定价：CNY0.78

J0110858
果香迷人：阖家幸福　王勇，年欣摄
西安　陕西人民美术出版社　1990 年　1 张
78cm（2 开）定价：CNY0.78

J0110859
果香迷人：锦上添花　王勇，年欣摄
西安　陕西人民美术出版社　1990 年　1 张
78cm（2 开）定价：CNY0.78

J0110860
好年华　（一 恭贺新禧）谢新发摄
西安　陕西人民美术出版社　1990 年　1 张
53cm（4 开）定价：CNY0.58

J0110861
好年华　（二 吉祥如意）谢新发摄
西安　陕西人民美术出版社　1990 年　1 张
53cm（4 开）定价：CNY0.58

J0110862
好年华　（三 阖家幸福）谢新发摄
西安　陕西人民美术出版社　1990 年　1 张

53cm（4开）定价：CNY0.58

J0110863
好年华 （四 一帆风顺）谢新发摄
西安 陕西人民美术出版社 1990 年 1 张
53cm（4开）定价：CNY0.58

J0110864
合家欢乐 许骊，金红定摄
上海 上海书画出版社 1990 年 4 张（2 开）
定价：CNY4.00

J0110865
黑玫瑰 林伟新摄
上海 上海书画出版社 1990 年 1 张（2 开）
定价：CNY1.90

J0110866
红纱巾 马建国摄
长沙 湖南美术出版社 1990 年 1 张 76cm（2 开）
定价：CNY0.90

J0110867
花丛倩影 支柱摄
天津 天津人民美术出版社 1990 年 1 张（2 开）
定价：CNY0.50

J0110868
花好月圆 （一）沈黎摄
上海 上海书画出版社 1990 年 1 张（2 开）
定价：CNY1.00

J0110869
花好月圆 （二）王伶摄
上海 上海书画出版社 1990 年 1 张（2 开）
定价：CNY1.00

J0110870
花好月圆 （三）许骏摄
上海 上海书画出版社 1990 年 1 张（2 开）
定价：CNY1.00

J0110871
花好月圆 （四）张荣摄
上海 上海书画出版社 1990 年 1 张（2 开）

定价：CNY1.00

J0110872
画中情 周培良摄
南京 江苏美术出版社 1990 年 1 张 78cm（2 开）
定价：CNY0.50

J0110873
吉祥如意 尹福康摄
上海 上海人民美术出版社 1990 年 1 张（2 开）
定价：CNY0.45
　　　作者尹福康（1927— ），摄影家。江苏南京人。曾任上海人民美术出版社副编审、上海市摄影家协会副主席等职。主要作品有《烟笼峰岩》《向荒山要宝》《晒盐》《工人新村》等。

J0110874
寄去一片深情
福州 福建美术出版社 1990 年 9 张 15cm（40 开）
定价：CNY2.00

J0110875
假日里 海发摄
上海 上海人民美术出版社 1990 年 1 张
定价：CNY1.00

J0110876
骄车佳人系列画 （一）罗恒摄
天津 天津人民美术出版社 1990 年 1 张
76cm（2 开）定价：CNY0.50

J0110877
骄车佳人系列画 （二）陈春轩摄
天津 天津人民美术出版社 1990 年 1 张
76cm（2 开）定价：CNY0.50

J0110878
骄车佳人系列画 （三）罗恒摄
天津 天津人民美术出版社 1990 年 1 张
76cm（2 开）定价：CNY0.50

J0110879
骄车佳人系列画 （四）建新摄
天津 天津人民美术出版社 1990 年 1 张
76cm（2 开）定价：CNY0.50

J0110880
金童玉女　林伟新摄
上海　上海书画出版社　1990 年　1 张
定价：CNY3.00

J0110881
锦上添花　曾宪和摄
北京　人民美术出版社　1990 年　2 张　76cm（2 开）
定价：CNY1.05

J0110882
锦上添花系列画　谢新发摄
天津　天津人民美术出版社　1990 年　4 张
53cm（4 开）定价：CNY1.20

J0110883
竞艳　陈春轩摄
石家庄　河北美术出版社　1990 年　1 张　76cm（2 开）
定价：CNY1.00

J0110884
军礼　支柱摄
天津　天津人民美术出版社　1990 年　1 张（2 开）
定价：CNY0.50

J0110885
乐手　支柱摄
天津　天津人民美术出版社　1990 年　1 张（2 开）
定价：CNY0.50

J0110886
玲珑　曾汉超摄
长沙　湖南美术出版社　1990 年　1 张（4 开）
定价：CNY2.50

J0110887
龙飞凤舞争玉壶　徐晓摄
天津　天津人民美术出版社　1990 年　2 张
76cm（2 开）定价：CNY1.10

J0110888
龙凤呈祥　丁宇光摄
天津　天津人民美术出版社　1990 年　2 张
76cm（2 开）定价：CNY1.10

J0110889
鸾飞凤舞　梅伦等摄
天津　天津人民美术出版社　1990 年　2 张
76cm（2 开）定价：CNY1.10

J0110890
吕布与貂婵　姚中玉摄
上海　上海人民美术出版社　1990 年　1 张
定价：CNY0.45
　　作者姚中玉，画家。曾任湖南省艺术家书画
院会员、长沙市书法家协会会员等职。主要作品
有《迎风燕舞》《向天歌》《一唱雄鸡天下白》《春
情》《富贵吉祥》等。

J0110891
美的旋律　林林摄
上海　上海人民美术出版社　1990 年　1 张
定价：CNY1.00

J0110892
孟姜女　彭伶编摄
北京　人民美术出版社　1990 年　2 张　76cm（2 开）
定价：CNY1.05

J0110893
孟丽君　徐晓摄
南京　江苏美术出版社　1990 年　2 张　76cm（2 开）
定价：CNY1.00

J0110894
南国姑娘　林伟新，张雄摄
上海　上海书画出版社　1990 年　4 张
定价：CNY3.00

J0110895
南海归舟　鄂毅摄
天津　天津人民美术出版社　1990 年　1 张（2 开）
定价：CNY0.50
　　作者鄂毅（1941—　），摄影家。毕业于中央
工艺美术学院。曾任北京出版社美术编辑、中国
旅游出版社摄影编辑室主任。中国摄影家协会
会员、中国出版摄影艺术委员会副主任。主要作
品《晨歌》《姐妹松》《苍岩毓秀》等，著有《风光
摄影的理论与实践》。

J0110896
南园梦   培良摄；克平，如意编文
南京 江苏美术出版社 1990 年 2 张 76cm（2 开）
定价：CNY1.00

J0110897
鸟悦天香   谭尚忍，张词祖摄
天津 天津人民美术出版社 1990 年 2 张（2 开）
定价：CNY1.10
　　作者谭尚忍（1940— ），上海人。上海美术
家协会和上海摄影家协会会员，上海人民美术出
版社副编审。作品有《儿童武书》《民族英雄岳飞》
等。作者张词祖，主要摄影作品为《海棠枝头》。

J0110898
女驸马   池一平等摄
杭州 浙江人民美术出版社 1990 年 2 张
76cm（2 开）定价：CNY0.90

J0110899
女战士   支柱摄
天津 天津人民美术出版社 1990 年 1 张（2 开）
定价：CNY0.50

J0110900
劈山救母   兆钦摄
济南 山东美术出版社 1990 年 2 张 76cm（2 开）

J0110901
瓢碧坠落红   麦粒摄
乌鲁木齐 新疆人民出版社 1990 年 1 张（2 开）
定价：CNY0.90

J0110902
奇男侠女   徐晓摄；蒋芳编文
南京 江苏美术出版社 1990 年 2 张 76cm（2 开）
定价：CNY1.00

J0110903
乔太守乱点鸳鸯谱   豫强，益民摄
杭州 浙江人民美术出版社 1990 年 2 张
76cm（2 开）定价：CNY0.90

J0113090
青春   马健国摄
长沙 湖南美术出版社 1990 年 1 张（2 开）
定价：CNY0.90

J0110904
青春系列画   王言摄
上海 上海人民美术出版社 1990 年 4 张（2 开）
定价：CNY4.00

J0110905
青蛇传   汪若柏，叶敬华摄；陆家编
天津 天津人民美术出版社 1990 年 2 张
76cm（2 开）定价：CNY1.10

J0110906
情的奉献
福州 福建美术出版社 1990 年 10 张 15cm（40 开）
定价：CNY2.00

J0110907
曲香溢甘露   高光明，麦粒摄
乌鲁木齐 新疆人民出版社 1990 年 1 张（2 开）
定价：CNY0.90

J0110908
群芳竞艳   于宇光摄
天津 天津人民美术出版社 1990 年 2 张
76cm（2 开）定价：CNY1.10

J0110909
戎马良缘   罗恒摄
天津 天津人民美术出版社 1990 年 1 张（2 开）
定价：CNY0.50

J0110910
如愿   许骐摄
上海 上海人民美术出版社 1990 年 4 张（4 开）
定价：CNY2.00

J0110911
塞上情   柳英虎，吴建骅摄
长沙 湖南美术出版社 1990 年 1 张（2 开）
定价：CNY0.90

J0110912
三个小将军   马家吉摄

天津 天津人民美术出版社 1990 年 1 张（2 开）
定价：CNY0.50

J0110913
山河颂系列画　贾明祖等摄
上海 上海人民美术出版社 1990 年 4 张（2 开）
定价：CNY4.00

J0110914
少女欢歌　田英摄
天津 天津人民美术出版社 1990 年 4 张
78cm（2 开）定价：CNY3.00

J0110915
少女与骏马　建新摄
天津 天津人民美术出版社 1990 年 1 张（2 开）
定价：CNY0.50

J0110916
深深的情意
南宁 广西民族出版社 1990 年 10 张 15cm（40 开）
ISBN：7-5363-0756-X 定价：CNY2.00

J0110917
神州大地　（三 湘西天子）池士潭摄
上海 上海书画出版社 1990 年 1 张（2 开）
定价：CNY1.00

J0110918
神州英豪　梅伦，信辉摄
天津 天津人民美术出版社 1990 年 2 张
76cm（2 开）定价：CNY1.10

J0110919
时空寄情
福州 福建美术出版社 1990 年 10 张 15cm（40 开）
定价：CNY2.00

J0110920
墅园　陈东林摄
天津 天津人民美术出版社 1990 年 1 张（2 开）
定价：CNY0.50
　　作者陈东林（1947—　），安徽人。中国摄影家协会会员。主要摄影作品有《茶馆》《元宵节》《茶香迎远客》等。

J0110921
双钩　唐禹民摄
天津 天津人民美术出版社 1990 年 1 张（2 开）
定价：CNY0.50
　　作者唐禹民（1940—　），记者。出生于辽宁朝阳市。历任国家体育总局中国体育杂志社摄影部主任，中国体育记者协会理事，中国体育摄影学会副主席兼秘书长等。著有《抹不掉的记忆》《体育摄影理论与实践》等。

J0110922
双珠凤　王雄伟，陈坚摄
杭州 浙江人民美术出版社 1990 年 2 张
76cm（2 开）定价：CNY0.90

J0110923
思念　金以云摄
长沙 湖南美术出版社 1990 年 1 张（2 开）
定价：CNY0.90

J0110924
四季康乐　童新，童金贵摄
哈尔滨 黑龙江美术出版社 1990 年 2 张
76cm（2 开）定价：CNY1.15
　　作者童金贵，中国美术家协会辽宁省分会会员、辽宁省年画学会理事、丹东市美术家协会理事。

J0110925
四季丽人　兆欣等摄
南京 江苏美术出版社 1990 年 4 张（2 开）
定价：CNY2.20

J0110926
四山图　徐晓，刘传炎摄
天津 天津人民美术出版社 1990 年 2 张（2 开）
定价：CNY1.10

J0110927
岁岁平安　林伟新摄
上海 上海书画出版社 1990 年 4 张（2 开）
定价：CNY4.00

J0113115
天成佳偶　罗恒摄

天津　天津人民美术出版社　1990 年　1 张（2 开）
定价：CNY0.50

J0110928
天海雄风　英侠等摄
天津　天津人民美术出版社　1990 年　2 张（16 开）
定价：CNY1.10

J0110929
甜梦
北京　外文出版社　1990 年　8 张　15cm（40 开）
ISBN：7-119-01303-3　定价：CNY2.00

J0110930
彤相辉映　邵黎阳摄
石家庄　河北美术出版社　1990 年　1 张　76cm（2 开）
定价：CNY1.00
　　　作者邵黎阳（1942—　　），画家。浙江镇海人。历任《解放军报》美术编辑，上海人民美术出版编辑部主任。作品有版画《山高攀》《胜利的旗帜》《航标灯》，油画《房东》《马石山十勇士》《天福山起义》等。著有《藏书票入门》。

J0110931
童稚　晓溪摄
长沙　湖南美术出版社　1990 年　1 张（4 开）
定价：CNY0.40

J0110932
万事如意　刘荣虎，李年才摄
济南　山东美术出版社　1990 年　1 张（4 开）
定价：CNY0.50

J0110933
娓娓动听　周屹摄
北京　人民美术出版社　1990 年　1 张　76cm（2 开）
定价：CNY1.00

J0110934
五朵金花　姚中玉摄
上海　上海人民美术出版社　1990 年　1 张（2 开）
定价：CNY1.00
　　　作者姚中玉，画家。曾任湖南省艺术家书画院会员、长沙市书法家协会会员等职。主要作品有《迎风燕舞》《向天歌》《一唱雄鸡天下白》《春

情》《富贵吉祥》等。

J0110935
西厢记　豫强，益民摄
杭州　浙江人民美术出版社　1990 年　2 张
76cm（2 开）定价：CNY0.90

J0110936
喜结良缘　徐晓，郑余标摄
南京　江苏美术出版社　1990 年　2 张　76cm（2 开）
定价：CNY1.00

J0110937
喜庆有余　建国摄
济南　山东美术出版社　1990 年　1 张　76cm（2 开）
　　　中国现代摄影年画作品。

J0110938
遐想　陈春轩摄
天津　天津人民美术出版社　1990 年　1 张（2 开）
定价：CNY0.50

J0110939
夏的旋律　罗恒摄
天津　天津人民美术出版社　1990 年　1 张（2 开）
定价：CNY0.50

J0110940
鲜花与少女　常春摄
上海　上海书画出版社　1990 年　4 张（4 开）
定价：CNY2.00
　　　作者常春（1933—　　），河北阜城人。原名李凤楼。先后任《解放日报》记者、上海人美社编辑室主任等职，并兼任《摄影家》杂志主编。中国摄协上海分会会员。主要作品有《出击》《横跨激流》《上工》等。

J0110941
香脆噙甘浓　麦粒摄
乌鲁木齐　新疆人民出版社　1990 年　1 张（2 开）
定价：CNY0.90

J0110942
想念您
南宁　广西民族出版社［1990? 年］10 张

15cm（40 开）ISBN：7–5363–0065–2 定价：2.00

J0110943
心曲　姜长庚摄
长沙 湖南美术出版社 1990 年 1 张（2 开）
定价：CNY0.90

J0110944
心曲
北京 外文出版社 1990 年 9 张 15cm（40 开）
ISBN：7–119–01287–8 定价：CNY2.00

J0110945
椰林情侣　林伟新等摄
天津 天津人民美术出版社 1990 年 2 张
76cm（2 开）定价：CNY1.10

J0110946
一帆风顺　王志强摄
天津 天津人民美术出版社 1990 年 1 张（4 开）
定价：CNY0.30

J0110947
怡悦优雅　杨茵等摄
天津 天津人民美术出版社 1990 年 2 张（2 开）
定价：CNY1.10

J0110948
倚窗吟诗图　豫强，益民摄
杭州 浙江人民美术出版社 1990 年 1 张
76cm（2 开）定价：CNY1.10

J0110949
英姿　马家吉摄
天津 天津人民美术出版社 1990 年 1 张（2 开）
定价：CNY0.50

J0110950
影
杭州 浙江摄影出版社［1990 年］10 张
15cm（40 开）定价：CNY2.70

J0110951
韵律　曾汉超摄
长沙 湖南美术出版社 1990 年 1 张 54cm（4 开）

定价：CNY2.50

J0110952
韵律　（摄影）曾汉超摄
长沙 湖南美术出版社［1991 年］1 张
53cm（4 开）定价：CNY2.50

J0110953
枣香郁醉　麦粒摄
乌鲁木齐 新疆人民出版社 1990 年 1 张
定价：CNY0.55

J0110954
真假唐伯虎　徐晓摄影；蒋剑奎编文
沈阳 辽宁美术出版社 1990 年 2 张 76cm（2 开）
定价：CNY1.00

J0110955
争妍　谢新发摄；陈骧龙书法
天津 天津人民美术出版社 1990 年 2 张（2 开）
定价：CNY1.10

J0110956
智慧之光
北京 外文出版社 1990 年 10 张 15cm（40 开）
ISBN：7–119–01288–6 定价：CNY2.00

J0110957
中国摄影家　（总 6 期）《中国摄影家》编辑部编
北京 文化艺术出版社 1990 年 61 页 26cm（16 开）
ISBN：7–5039–0589–1 定价：CNY9.80
　　本书选登"中国摄影家看世界"入选作品及
王文澜、郑鸣、袁学军、谷大彦等人的新作，并
就摄影新观念及发展趋势等问题展开讨论。

J0110958
中国摄影家　（第 7 期）中国艺术研究院摄影
艺术研究院编
北京 文化艺术出版社 1990 年 63 页
28cm（大 16 开）ISBN：7–5039–0659–6
定价：CNY9.80

J0110959
中国摄影家　（总 8 期）朱宪民主编；《中国摄
影家》编辑部编辑

北京 文化艺术出版社 1990 年 64 页 29cm（16 开）
ISBN：7-5039-0685-5 定价：CNY9.80

　　主编朱宪民（1942—　），编辑。生于山东濮城，祖籍河南范县。历任中国艺术研究院编审，《中国摄影家》杂志社社长兼总编辑，中国摄影艺术研究所所长，中国摄影家协会理事，中国艺术摄影学会副会长。著作有《黄河百姓》《中国摄影家朱宪民作品集》《草原人》等。

J0110960
中国摄影家 （总 9 期 中国摄影家看世界作品精选专辑）朱宪民主编；《中国摄影家》编辑部编辑
北京 文化艺术出版社 1990 年 64 页 29cm（16 开）
ISBN：7-5039-0722-3 定价：CNY9.80

J0110961
中日双秀图 胡维标摄
天津 天津人民美术出版社 1990 年 1 张
定价：CNY0.50

　　作者胡维标（1939—　），著名风光摄影家。江苏镇江市人。毕业于中国人民解放军防化兵工程指挥学院新闻系。中国摄影家协会会员。摄影作品以旅游风光、古今建筑、文物为主。主要作品有《长城风光》《北京风光荟萃》《故宫》《天安门》。

J0110962
朱熹与丽娘 戴蔚安摄
天津 天津人民美术出版社 1990 年 2 张
76cm（2 开）定价：CNY1.10

J0110963
珠光 邵黎阳摄
石家庄 河北美术出版社 1990 年 1 张 76cm（2 开）
定价：CNY1.00

　　作者邵黎阳（1942—　），画家。浙江镇海人。历任《解放军报》美术编辑，上海人民美术出版编辑部主任。作品有版画《山高攀》《胜利的旗帜》《航标灯》，油画《房东》《马石山十勇士》《天福山起义》等。著有《藏书票入门》。

J0110964
祝福您
南宁 广西民族出版社［1990 年］10 张

15cm（40 开）ISBN：7-5363-0763-2
定价：CNY2.10

J0110965
祝君长寿 杭邵摄
天津 天津人民美术出版社 1990 年 1 张
定价：CNY0.50

J0110966
祝您好运 （一）张雄摄
上海 上海书画出版社 1990 年 1 张
定价：CNY1.00

J0110967
祝您好运 （二）高永刚摄
上海 上海书画出版社 1990 年 1 张
定价：CNY1.00

J0110968
祝您好运 （三）林伟新摄
上海 上海书画出版社 1990 年 1 张
定价：CNY1.00

J0110969
祝您好运 （四）孔树林摄
上海 上海书画出版社 1990 年 1 张
定价：CNY1.00

J0110970
祝您吉祥如意 年新，王勇摄
西安 陕西人民美术出版社 1990 年 1 张
76cm（2 开）定价：CNY1.10

J0110971
祝您佳节快乐 年新，王勇摄
西安 陕西人民美术出版社 1990 年 1 张
76cm（2 开）定价：CNY1.10

J0110972
祝您平安快乐 年新，王勇摄
西安 陕西人民美术出版社 1990 年 1 张
76cm（2 开）定价：CNY1.10

J0113161
祝您全家幸福 年新，王勇摄

西安 陕西人民美术出版社 1990 年 1 张
76cm（2 开）定价：CNY1.10

J0110973
祝您万事如意 年新，王勇摄
西安 陕西人民美术出版社 1990 年 1 张
76cm（2 开）定价：CNY1.10

J0110974
祝您幸福 谢新发摄
济南 山东美术出版社 1990 年 1 张 53cm（4开）

J0110975
祝您一帆风顺 年新，王勇摄
西安 陕西人民美术出版社 1990 年 1 张
76cm（2 开）定价：CNY1.10

J0110976
祝您长寿 张宝声摄
上海 上海书画出版社 1990 年 4 张
定价：CNY4.00

J0110977
《新疆工人》画册 新疆维吾尔自治区总工会编
北京 中国工人出版社 1991 年 90 页 27cm（16 开）
精装 ISBN：7-5008-0930-1 定价：CNY80.00

J0110978
《新疆工人》画册 新疆维吾尔自治区总工会编
北京 中国工人出版社 1991 年 90 页
27cm（大 16 开）精装 ISBN：7-5008-0931-X
定价：CNY72.00

J0110979
白色档案 （一段被刻意遗忘的恐怖纪实 何经
泰摄影集）何经泰摄；林丽云，陈素香撰文
台北 时报文化出版企业公司 1991 年
有照片 21cm（32 开）ISBN：957-13-0288-0
定价：TWD350.00

J0110980
保家卫国 （摄影）支柱摄
天津 天津人民美术出版社 1991 年 1 张
76cm（2 开）ISBN：7-5305-2217-1
定价：CNY0.60

J0110981
保卫家乡 （摄影）支柱摄
天津 天津人民美术出版社 1991 年 1 张
76cm（2 开）ISBN：7-5305-2217-0
定价：CNY0.60

J0110982
北京荷花灯会 晓路摄影；张皑编文
北京 中国连环画出版社 1991 年 2 张
76cm（2 开）定价：CNY1.00

J0110983
碧波红莲 （剧照四条屏）费文麓摄影；陈国
礼编文
北京 中国连环画出版社 1991 年 2 张
76cm（2 开）定价：CNY1.00

J0110984
碧海扬帆 （摄影）何世尧摄
南京 江苏美术出版社 1991 年 2 张 107cm（全开）
定价：CNY18.00

J0110985
草原红花 （摄影）马家吉摄
天津 天津人民美术出版社 1991 年 1 张
53cm（4 开）ISBN：7-5305-2202-2
定价：CNY0.30

J0110986
姹紫嫣红 （摄影）孙洪魁摄
天津 天津人民美术出版社 1991 年 1 张
76cm（2 开）ISBN：7-5305-2213-5
定价：CNY0.55

J0110987
吹箫引凤 （摄影）高盛奎，张词祖摄
天津 天津人民美术出版社 1991 年 1 张
76cm（2 开）ISBN：7-5305-2194-4
定价：CNY1.10

J0110988
春风燕舞 （摄影四条屏）
北京 人民体育出版社 1991 年 2 张 76cm（2 开）
定价：CNY1.20

J0110989
春花似锦 （摄影）华绍祖摄
天津 天津人民美术出版社 1991 年 1 张
76cm（2 开）ISBN：7-5305-22001
定价：CNY0.55

J0110990
春华 （摄影）韩志雅摄
天津 天津人民美术出版社 1991 年 1 张
76cm（2 开）ISBN：7-5305-2204-9
定价：CNY0.55

J0110991
翠梅 （剧照四条屏）费文麓摄影；张皑编文
北京 中国连环画出版社 1991 年 2 张
76cm（2 开）定价：CNY1.00

J0110992
待发 （摄影）张荣摄
天津 天津人民美术出版社 1991 年 1 张
76cm（2 开）定价：CNY0.55

J0110993
队日 （摄影）孙合营，李如海摄
天津 天津人民美术出版社 1991 年 1 张
76cm（2 开）ISBN：7-5305-2204-4
定价：CNY0.55

J0110994
多彩的世界 （摄影）陈振戈，郝远征摄
天津 天津人民美术出版社 1991 年 1 张
76cm（2 开）ISBN：7-5305-2201-7
定价：CNY0.55

J0110995
飞燕迎春 毛剑摄
上海 上海人民美术出版社 1991 年 4 张
76cm（2 开）定价：CNY4.40

J0110996
风韵 （摄影）
天津 天津人民美术出版社 1991 年 1 张
76cm（2 开）ISBN：7-5305-2197-5
定价：CNY1.10

J0110997
风姿 （摄影）江苏美术出版社编
南京 江苏美术出版社 1991 年 1 张 76cm（2 开）
定价：CNY1.80

J0110998
凤还巢拾玉镯 孙合营，张成摄
天津 天津人民美术出版社 1991 年 2 张
76cm（2 开）ISBN：7-5305-2208-7
定价：CNY1.20

J0110999
佛光 （摄影）陈东林摄
天津 天津人民美术出版社 1991 年 1 张
76cm（2 开）ISBN：7-5305-2206-4
定价：CNY0.55

J0111000
福到了 （摄影）尹春华，张毅康摄
天津 天津人民美术出版社 1991 年 1 张
76cm（2 开）ISBN：7-5305-2208-9
定价：CNY0.55

J0111001
福禄寿喜 （摄影集锦）谢新发，陈冶茹摄
天津 天津人民美术出版社 1991 年 2 张
76cm（2 开）ISBN：7-5305-2193-8
定价：CNY1.20

J0111002
福喜临门 丁宇光摄
天津 天津人民美术出版社 1991 年 2 张
76cm（2 开）ISBN：7-5305-2193-3
定价：CNY1.20

J0111003
福星高照 （剧照四条屏）永春编文；宇光，晓
地摄影
天津 天津人民美术出版社 1991 年 2 张
76cm（2 开）ISBN：7-5305-2194-7
定价：CNY1.20

J0111004
关公 江苏美术出版社编
南京 江苏美术出版社 1991 年 2 张 76cm（2 开）

定价：CNY1.10

J0111005
国威 （摄影）尹春华，李长捷摄
天津 天津人民美术出版社 1991 年 1 张
76cm（2 开）ISBN：7-5305-2210-0
定价：CNY0.55

J0111006
国威 （摄影）尹春华，李长捷摄
天津 天津人民美术出版社 1991 年 1 张
76cm（2 开）ISBN：7-5305-2210-0
定价：CNY1.10

J0111007
国威 （摄影）
天津 天津人民美术出版社 1994 年 1 张
53×77cm 定价：CNY1.20

J0111008
合家团圆 （摄影）张毅康等摄
天津 天津人民美术出版社 1991 年 1 张
76cm（2 开）ISBN：7-5305-2208-8
定价：CNY0.55

J0111009
鹤鸣翠谷 （摄影）张万臣，李杰作
沈阳 辽宁美术出版社 1991 年 1 张 107cm（全开）
定价：CNY3.00
　　作者张万臣（1962— ），满族，军旅书画家。
河北丰宁人，毕业于首都师范大学美术系。历任
中国美术家协会会员，中国国际书画艺术研究会
理事，中国人民解放军总装备部专职画家。出版
有《张万臣画集》。作者李杰（1941— ），河北井
陉人。河北省书法家协会会员，中国人才研究会
会员。

J0111010
红楼传情 （摄影）何兆欣，吴江南摄
天津 天津人民美术出版社 1991 年 1 张
76cm（2 开）ISBN：7-5305-2393-2
定价：CNY0.55

J0113200
花海丽都 （摄影）胡维标摄

天津 天津人民美术出版社 1991 年 1 张
78cm（2 开）ISBN：7-5305-22125
定价：CNY0.55
　　作者胡维标（1939— ），著名风光摄影家。
江苏镇江市人。毕业于中国人民解放军防化学
兵工程指挥学院新闻系。中国摄影家协会会员。
摄影作品以旅游风光、古今建筑、文物为主。主
要作品有《长城风光》《北京风光荟萃》《故宫》
《天安门》。

J0111011
回眸 （摄影）腾俊杰，王美德摄
天津 天津人民美术出版社 1991 年 1 张
76cm（2 开）ISBN：7-5305-22019
定价：CNY0.55

J0111012
火树银花 （摄影）长捷摄
南京 江苏美术出版社 1991 年 1 张 76cm（2 开）
定价：CNY1.70

J0111013
佳偶天成 （摄影）韩志雅摄
天津 天津人民美术出版社 1991 年 1 张
76cm（2 开）ISBN：7-5305-2206-9
定价：CNY0.55

J0111014
桨声灯影秦淮河 （摄影）舟方摄
南京 江苏美术出版社 1991 年 1 张 76cm（2 开）
定价：CNY1.70

J0111015
金鸡独立 （摄影）徐晓，杨中俭摄
北京 人民体育出版社 1991 年 1 张 76cm（2 开）
定价：CNY0.60

J0111016
金玉满堂 （摄影）徐晓，杨中俭摄
天津 天津人民美术出版社 1991 年 1 张
76cm（2 开）ISBN：7-5305-2207-6
定价：CNY0.55

J0111017
锦上添花 （摄影）月木摄

上海 上海人民美术出版社 1991年 4张
53cm（4开）定价：CNY2.40

J0111018
孔雀东南飞 （摄影）高盛奎摄
天津 天津人民美术出版社 1991年 1张
76cm（2开）ISBN：7-5305-2213-2
定价：CNY0.55

J0111019
快乐的队日 （摄影）支柱摄
天津 天津人民美术出版社 1991年 1张
76cm（2开）ISBN：7-5305-2209-5
定价：CNY0.55

J0111020
快乐的队日 （摄影）支柱摄
天津 天津人民美术出版社 1991年 1张
53cm（4开）ISBN：7-5305-2217-5
定价：CNY0.30

J0111021
丽质 （摄影）
南京 江苏美术出版社 1991年 1张 53cm（4开）
定价：CNY0.95

J0111022
连年有余 （摄影）张词祖摄
天津 天津人民美术出版社 1991年 1张
107cm（全开）ISBN：7-5305-2193-1
定价：CNY1.20

J0111023
林海明珠 （摄影）王明智，卞志武摄
天津 天津人民美术出版社 1991年 1张
76cm（2开）ISBN：7-5305-22012
定价：CNY1.10
　　　作者卞志武，摄影家。擅长风光摄影、纪实
摄影和建筑摄影。专注拍摄中国西部壮美的高
原风光、名寺古刹和独特的宗教文化。

J0111024
林海银波 （摄影）何世尧摄
南京 江苏美术出版社 1991年 1张 107cm（全开）
定价：CNY3.85

　　　作者何世尧（1935—　　），摄影家。生于浙江
永康，曾在人民画报社学习摄影，后任人民画报
社摄影记者。作品有《巍巍长城》《静海晨雾》等，
有风光摄影画册《黄龙》《春雨绵绵》。

J0111025
刘三姐家乡美 姜维朴摄影并编文
北京 中国连环画出版社 1991年 2张
76cm（2开）定价：CNY1.00
　　　作者姜维朴（1926—2019），编辑。山东黄县
人，毕业于山东大学文艺系。历任人民美术出版
社《连环画报》编辑室主任、副主编，中国连环画
出版社总编辑等。代表作品有《鲁迅论连环画》
《要摄取事物的本质》《连环画艺术论》等。

J0111026
鸾凤和鸣 江苏美术出版社编
南京 江苏美术出版社 1991年 4张 76cm（2开）
定价：CNY4.40

J0111027
吕布与貂蝉 （剧照四条屏）
上海 上海人民美术出版社 1991年 2张
76cm（2开）定价：CNY1.10

J0111028
绿荫飞瀑 （摄影）董岩青摄
天津 天津人民美术出版社 1991年 1张
107cm（全开）ISBN：7-5305-2199-8
定价：CNY1.20

J0111029
绿荫深处 （摄影）王守平摄
长沙 湖南美术出版社 1991年 1张 76cm（2开）
ISBN：7-5356-1548-X 定价：CNY3.50

J0111030
麻姑献寿 （摄影）高盛奎，郭阿根摄
杭州 浙江人民美术出版社 1991年 1张
76cm（2开）定价：CNY0.50

J0111031
卖油郎独占花魁 钱豫强，汤益民摄
杭州 浙江人民美术出版社 1991年 2张
76cm（2开）定价：CNY1.00

作者钱豫强(1944—　)，浙江嘉善人，历任浙江美术出版社副编审，浙江赛丽美术馆执行馆长。

J0111032
梅花正发竹枝垂竹里梅花相并枝　（摄影）
杨银乐摄；高峡书
西安　陕西人民美术出版社　1991 年　1 张　107cm（全开）定价：CNY2.50

J0111033
美佳乐　福义，胜泉摄
沈阳　辽宁美术出版社　1991 年　2 张　76cm（2 开）ISBN：7-5314-0937-9 定价：CNY1.20

J0111034
美满姻缘　（一　拜月记）胡舟山摄
上海　上海人民美术出版社　1991 年　2 张　78cm（2 开）定价：CNY0.80

J0111035
美满姻缘　（二　牡丹亭）胡舟山摄
上海　上海人民美术出版社　1991 年　2 张　78cm（2 开）定价：CNY0.80

J0111036
明媚　（摄影）邵华安摄
天津　天津人民美术出版社　1991 年　1 张　76cm（2 开）ISBN：7-5305-2202-5
定价：CNY0.55

J0111037
目标在前方　（摄影）支柱摄
天津　天津人民美术出版社　1991 年　1 张　76cm（2 开）ISBN：7-5305-2204-8
定价：CNY0.55

J0111038
牛郎与织女　费文麓摄影
北京　中国连环画出版社［1991 年］2 张　76cm（2 开）定价：CNY1.00

J0113229
胖娃娃　（摄影）
南京　江苏美术出版社　1991 年　1 张　76cm（2开）
定价：CNY0.95

J0111039
霹雳一刀　（摄影四条屏）
北京　人民体育出版社　1991 年　2 张　76cm（2 开）
定价：CNY1.20

J0111040
飘　（摄影）豫强摄
杭州　浙江人民美术出版社　1991 年　1 张　107cm（2 开）定价：CNY4.00

J0111041
琴棋书画　何兆欣，陈行健摄
天津　天津人民美术出版社　1991 年　2 张　76cm（2 开）ISBN：7-5305-2208-5
定价：CNY1.20

J0111042
青春　（摄影）陈治黄摄
天津　天津人民美术出版社　1991 年　1 张　76cm（2 开）ISBN：7-5305-2204
定价：CNY0.55

J0111043
青春　（摄影）豫强摄
杭州　浙江人民美术出版社　1991 年　1 张　76cm（2 开）定价：CNY2.00

J0111044
青春的旋律　（摄影　一～十二）
上海　上海人民美术出版社　1991 年　12 张　76cm（2 开）定价：CNY26.40

J0111045
情思　（摄影）谢新发摄
天津　天津人民美术出版社　1991 年　1 张　76cm（2 开）定价：CNY0.55

J0111046
趣　（摄影）腾俊杰摄
天津　天津人民美术出版社　1991 年　1 张　76cm（2 开）ISBN：7-5305-2200-3
定价：CNY0.55

J0111047
群仙贺寿 （摄影）高盛奎摄
天津 天津人民美术出版社 1991 年 2 张
76cm（2 开）ISBN：7-5305-2203-8
定价：CNY1.20

J0111048
少女与雕塑 （一～四）
上海 上海人民美术出版社 1991 年 4 张
76cm（2 开）定价：CNY4.40

J0111049
摄影艺术屏 胡建瑜摄
北京 人民美术出版社 1991 年 2 张 76cm（2 开）

J0111050
神采奕奕 （摄影）
北京 人民体育出版社 1991 年 1 张 76cm（2 开）
定价：CNY0.60

J0111051
淑女 （摄影）于连武，于淑珍摄
天津 天津人民美术出版社 1991 年 1 张
76cm（2 开）ISBN：7-5305-2207-0
定价：CNY0.55

J0111052
双钩 （摄影）
北京 人民美术出版社 1991 年 1 张 76cm（2 开）
定价：CNY0.60

J0111053
四美图 钱豫强，汤益民摄
杭州 浙江人民美术出版社 1991 年 2 张
76cm（2 开）定价：CNY1.00

J0111054
他乡趣 （摄影）周俊彦，郝远征摄
天津 天津人民美术出版社 1991 年 1 张
76cm（2 开）ISBN：7-5305-2197-9
定价：CNY0.55

J0111055
唐伯虎点秋香 （摄影四条屏）陈坚摄
杭州 浙江人民美术出版社 1991 年 2 张

J0111056
唐名妓李娃传奇 志忠，张潮摄；阿华编文
天津 天津人民美术出版社 1991 年 2 张
76cm（2 开）ISBN：7-5305-2196-8
定价：CNY1.20

J0111057
滕王阁 （摄影）江南等摄
上海 上海人民美术出版社 1991 年 1 张
78cm（2 开）定价：CNY0.80

J0111058
天然图画 （摄影）林伟新摄
南京 江苏美术出版社 1991 年 2 张 107cm（全开）
定价：CNY18.00

J0111059
恬静 （摄影）谢新发摄
天津 天津人民美术出版社 1991 年 1 张
76cm（2 开）定价：CNY0.55

J0111060
恬美 （摄影）陈治黄，牛嵩林摄
天津 天津人民美术出版社 1991 年 1 张
76cm（2 开）定价：CNY0.55
　　作者牛嵩林（1925—　），记者、摄影师。大
连庄河市人。历任解放军报社高级记者，中国旅
游出版社编辑室主任，中国摄影家协会会员，中
国老摄影家协会理事。20世纪50年代至70年代，
曾担任中央国事采访工作，作品有《伟人的瞬间
画册》《周恩来总理纪念册》《民兵画册》《领袖
风采》《共和国十大将》等画册。

J0111061
娃娃店 （剧照四条屏）王春子文；宇光，晓地摄
天津 天津人民美术出版社 1991 年 2 张
76cm（2 开）ISBN：7-5305-21945
定价：CNY1.20

J0111062
为了人民幸福 （摄影）
上海 上海人民美术出版社 1991 年 2 张
76cm（2 开）定价：CNY2.20

J0111063

文君舒怀 （摄影）谢新发摄
天津　天津人民美术出版社　1991 年　1 张
76cm（2 开）ISBN：7-5305-2201-5
定价：CNY0.55

J0111064

喜得真情妻 （剧照四条屏）永春编文；宇光，晓地摄影
天津　天津人民美术出版社　1991 年　2 张
76cm（2 开）ISBN：7-5305-21950
定价：CNY1.20

J0111065

喜寿满堂 （剧照四条屏）永春编文；宇光，晓地摄影
天津　天津人民美术出版社　1991 年　2 张
76cm（2 开）ISBN：7-5305-2194-9
定价：CNY1.20

J0111066

遐想 （摄影）高盛奎摄
天津　天津人民美术出版社　1991 年　1 张
76cm（2 开）ISBN：7-5305-2200-6
定价：CNY0.55

J0111067

仙女下凡 （摄影）高盛奎，周凯光摄
杭州　浙江人民美术出版社　1991 年　1 张
76cm（2 开）定价：CNY0.50

J0111068

向赖宁同学学习 （摄影）沈广森摄
天津　天津人民美术出版社　1991 年　1 张
76cm（2 开）ISBN：7-5305-2209-1
定价：CNY0.55

J0111069

向雷锋同志学习 （摄影）沈广森摄
天津　天津人民美术出版社　1991 年　1 张
76cm（2 开）ISBN：7-5305-2209-0
定价：CNY0.55

J0111070

潇洒 （摄影）江苏美术出版社编

南京　江苏美术出版社　1991 年　1 张　76cm（2 开）
定价：CNY1.80

J0111071

潇洒 （摄影）高盛奎，王志强摄
天津　天津人民美术出版社　1991 年　1 张
76cm（2 开）ISBN：7-5305-2201-0
定价：CNY0.55

J0111072

小宝贝 （摄影）尹春华摄
天津　天津人民美术出版社　1991 年　1 张
76cm（2 开）ISBN：7-5305-2207-3
定价：CNY0.55

J0111073

小骑兵 （摄影）马家吉摄
天津　天津人民美术出版社　1991 年　1 张
76cm（2 开）ISBN：7-5305-2209-2
定价：CNY0.55

J0111074

小憩 （摄影）张黎明摄
天津　天津人民美术出版社　1991 年　1 张
76cm（2 开）ISBN：7-5305-2206-5
定价：CNY0.55

J0111075

小松鼠 （摄影）
南京　江苏美术出版社　1991 年　1 张　53cm（4 开）
定价：CNY0.95

J0111076

小卫士 （摄影）支柱摄
天津　天津人民美术出版社　1991 年　1 张
76cm（2 开）ISBN：7-5305-2204-5
定价：CNY0.55

J0111077

小溪杜鹃红 （摄影）董岩青摄
天津　天津人民美术出版社　1991 年　1 张
107cm（全开）ISBN：7-5305-2199-7
定价：CNY1.20
　　作者董岩青（1925—　），山东蓬莱人。笔名冬山，别名董宝珊。中国摄影家协会会员，天津

摄影家协会理事、顾问。作品有《我为祖国献石油》《早班车》《古街新雪》等。

J0111078
小小侦察兵 （摄影）支柱摄
天津　天津人民美术出版社　1991 年　1 张
76cm（2 开）ISBN：7-5305-2204-7
定价：CNY0.55

J0111079
幸福 （摄影）陈东林，张词祖摄
天津　天津人民美术出版社　1991 年　2 张
76cm（2 开）定价：CNY1.20
　　　作者陈东林（1947—　　），安徽人。中国摄影家协会会员。主要摄影作品有《茶馆》《元宵节》《茶香迎远客》等。作者张词祖，主要摄影作品为《海棠枝头》。

J0111080
幸福快乐 （摄影）何兆欣摄
南京　江苏美术出版社　1991 年　4 张　76cm（2 开）
定价：CNY3.40

J0111081
幸福如愿 （摄影）陈春轩摄
天津　天津人民美术出版社　1991 年　1 张
76cm（2 开）ISBN：7-5305-2197-7
定价：CNY0.55

J0111082
雅 （摄影）
南京　江苏美术出版社　1991 年　1 张　107cm（全开）
定价：CNY3.85

J0111083
阳光 （摄影）
南京　江苏美术出版社　1991 年　1 张　76cm（2 开）
定价：CNY1.80

J0111084
阳光 （摄影）孙合营摄
天津　天津人民美术出版社　1991 年　1 张
76cm（2 开）ISBN：7-5305-2202-3
定价：CNY0.55

J0111085
杨贵妃之谜 费文麓摄影；任衡道编文
北京　中国连环画出版社　1991 年　2 张
76cm（2 开）定价：CNY1.00

J0111086
野拾 （摄影）盛奎，俊卿摄
杭州　浙江人民美术出版社　1991 年　1 张
53cm（4 开）定价：CNY1.20

J0111087
艺海丽珠 （摄影四条屏）
上海　上海人民美术出版社　1991 年　4 张
78cm（2 开）定价：CNY3.20

J0111088
银河女神 （摄影）浙江人民美术出版社编
杭州　浙江人民美术出版社　1991 年　1 张
107cm（全开）定价：CNY4.00

J0111089
英台醉酒结姻缘 沈广森，何子摄；庄秀玲文
天津　天津人民美术出版社　1991 年　2 张
76cm（2 开）ISBN：7-5305-2194-6
定价：CNY1.20

J0111090
友 （摄影）陈东林摄
天津　天津人民美术出版社　1991 年　1 张
76cm（2 开）ISBN：7-5305-2394-2
定价：CNY1.10

J0111091
愉快的航程 （摄影）谢新发，姚中玉摄影
上海　上海人民美术出版社　1991 年　4 张
76cm（2 开）定价：CNY4.40

J0111092
愉快的假日 （摄影）
沈阳　辽宁美术出版社　1991 年　1 张　76cm（2 开）
ISBN：7-5314-0285-3　定价：CNY0.55

J0111093
韵 （摄影）
南京　江苏美术出版社　1991 年　1 张　107cm（全开）

定价：CNY3.85

J0111094
知秋 （摄影）连生摄
南京　江苏美术出版社　1991 年　1 张　53cm（2 开）
定价：CNY0.95

J0111095
中国七大古都　江苏美术出版社编
南京　江苏美术出版社　1991 年　2 张　76cm（2 开）
定价：CNY1.60

J0111096
中国园林 （摄影）陈行健等摄
天津　天津人民美术出版社　1991 年　2 张
76cm（2 开）ISBN：7-5305-2209-9
定价：CNY1.20

J0111097
中华之光 （摄影）黄贝，谷维恒摄
天津　天津人民美术出版社　1991 年　1 张
76cm（2 开）ISBN：7-5305-2201-4
定价：CNY1.10
　　　作者谷维恒（1944—　　），山东人。中国摄影
学会陕西省分会、中国摄影家协会会员。摄影作
品有《石林奇观》《黄山佛光》《悬空寺夜色》等。

J0111098
忠实伙伴 （摄影）石建敏摄
上海　上海人民美术出版社　1991 年　1 张
78cm（2 开）定价：CNY0.80

J0111099
竹林深处 （摄影）陈书帛摄
天津　天津人民美术出版社　1991 年　1 张
76cm（2 开）ISBN：7-5305-22081
定价：CNY0.55

J0113291
祝君幸福 （摄影）陈东林摄
天津　天津人民美术出版社　1991 年　1 张
107cm（全开）定价：CNY1.20

J0111100
祝您猴年大吉 （摄影）中玉摄

上海　上海人民美术出版社　1991 年　1 张
53cm（4 开）定价：CNY0.60

J0111101
祝您圣诞快乐 （摄影）志忠摄
上海　上海人民美术出版社　1991 年　1 张
53cm（4 开）定价：CNY0.60

J0111102
醉心 （摄影）戴心高摄
天津　天津人民美术出版社　1991 年　1 张
76cm（2 开）ISBN：7-5305-2207-6
定价：CNY0.55

J0111103
中国百年摄影图录 （1844—1979）胡志川
编著
福州　福建美术出版社　1992 年　264 页　33cm
ISBN：7-5393-0184-8　定价：CNY140.00
　　　本书通过 547 幅纪实照片，其中早期摄影照
片大多是外国人拍摄的。通过不同历史时期各
阶层人物的活动照片，描绘中华民族近现代的历
史生活情状，即风土民情、风俗习惯、服装礼仪、
文化娱乐、劳动生产、体育运动等，真实展示了
历史形象和历史脉络。

J0111104
祖国卫士　支柱摄
天津　天津人民美术出版社　1992 年　1 张
77×53cm　ISBN：7-5305-2224-3　定价：CNY0.70

J0111105
祖国卫士　支柱摄
天津　天津人民美术出版社　1994 年　1 张
53×77cm　定价：CNY0.80
　　　中国现代摄影年画。

J0111106
班禅大师驻锡地札什伦布寺 （藏汉对照）
丹迥·冉纳班杂撰文；王春树等摄
北京　民族出版社　1993 年　176 页　31×23cm
精装　ISBN：7-105-02035-0　定价：CNY190.00
　　　中国现代摄影作品集。

J0111107
班禅大师驻锡地札什伦布寺 （英汉对照）
丹迥·冉纳班杂撰文；王春树等摄
北京 外文出版社 1993 年 176 页 31×23cm
精装 ISBN：7-119-01586-9 定价：CNY190.00
　　中国现代摄影作品集。

J0111108
北京旅游世界之最
北京 北京美术摄影出版社 1993 年 95 页
25×24cm ISBN：7-80501-156-7 定价：CNY45.00
　　中国现代摄影作品集。

J0111109
碧海晴天　鄂毅摄
南京 江苏美术出版社 1993 年 1 张 53×154cm
定价：CNY4.20
　　作者鄂毅(1941—　)，摄影家。毕业于中央工艺美术学院。曾任北京出版社美术编辑、中国旅游出版社摄影编辑室主任。中国摄影家协会会员、中国出版摄影艺术委员会副主任。主要作品《晨歌》《姐妹松》《苍岩毓秀》等，著有《风光摄影的理论与实践》。

J0111110
并肩走向世界：首届中国昆明出口商品交易会记实 （画册）首届昆交会组委会宣传处，云南对外宣传品制作中心编
昆明 云南人民出版社 1993 年 143 页 29×21cm
ISBN：7-222-01445-4 定价：CNY80.00
　　中国现代摄影作品集。

J0111111
纯真　萧菲摄
上海 上海人民美术出版社 1993 年 1 张
77×53cm 定价：CNY1.65

J0111112
丹江潮　董发亮著
西安 陕西人民美术出版社 1993 年 45 页
20cm（32 开）ISBN：7-5368-0587-X
定价：CNY5.80
　　中国现代摄影作品集。

J0111113
邓颖超在天津　中共天津市委办公厅，中共天津市委宣传部编辑
天津 天津人民美术出版社［1993 年］133 页
37cm 精装 ISBN：7-5305-0238-7
　　中国现代摄影作品集。